P9-AFO-823

LITERATURA HISPANOAMERICANA

ANTOLOGÍA CRÍTICA

Orlando Gómez-Gil
Central Connecticut State College

LITERATURA HISPANOAMERICANA
ANTOLOGÍA CRÍTICA

TOMO I: Desde las culturas indias hasta fines del Romanticismo

HOLT RINEHART WINSTON
New York Toronto London

RECONOCIMIENTOS

Sin la generosa y desinteresada cooperación de los autores incluidos en esta antología, sus herederos o representantes y casas editoras, esta obra no habría sido una realidad. Por ese motivo, tanto el autor como la casa editorial desean dejar constancia de su profunda gratitud a las mencionadas personas y entidades.

Nuestro agradecimiento al señor Adolfo Arango M., y a los herederos de don Tomás Carrasquilla por el cuento titulado «San Antoñito» de Tomás Carrasquilla insertado en esta antología.

Finalmente queremos señalar que muchos autores de primera categoría no han podido ser incluidos por razones de espacio. Esta omisión de ninguna manera representa un juicio adverso para sus obras, sino que responde a la índole de esta antología.

Library of Congress Catalog Number: 71-140657

Printed in the United States of America

ISBN: 0-03-080475-2

23456789 074 987654321

A Ofelia, mi mujer

A Rose Mary, mi hija

A Aurora, mi hermana

Prefacio

Al preparar la presente antología, que se publica en dos tomos, nuestro objetivo ha sido poner al alcance de los estudiantes selecciones representativas de toda la producción literaria de Hispanoamérica. Comenzamos con obras de las culturas indígenas pre-hispánicas para terminar con los autores que se han distinguido en los años más recientes del siglo XX.

En esta obra seguimos básicamente el plan, método y organización de nuestra *Historia crítica de la literatura hispanoamericana* (publicada por Holt, Rinehart and Winston, Inc., en 1968), tan favorablemente acogida por estudiantes y profesores. Todos los géneros literarios, inclusive el teatro, aparecen representados. Por razones de extensión hemos omitido la novela, pero insertamos cuentos u otras producciones de los novelistas más importantes para conocimiento de los alumnos.

Las selecciones se presentan por géneros literarios y por épocas. Cada autor va precedido de una breve introducción crítica diferente de los estudios que componen la *Historia crítica* ya mencionada, obra que da al estudiante el perfil histórico, cultural, social y filosófico, y las características de los distintos períodos o movimientos literarios y que puede ser consultada para estudiar autores no comprendidos aquí. Como esta antología pone su mayor interés en el análisis literario de las obras, estos estudios preliminares presentan un panorama general de las obras más importantes de cada escritor, destacando el aspecto estilístico, a fin de orientar al alumno en la lectura, comprensión y disfrute estético de las selecciones. En cuanto al criterio de elección, no nos ha movido únicamente el gusto o preferencia personal, sino que hemos tomado en consideración la calidad literaria asignada por la mayoría de la crítica y el valor representativo de los textos escogidos, dentro de un período o movimiento determinado. De los escritores que han cultivado más de un género, ofrecemos, siempre que es posible, selecciones de todos aquellos en que han logrado destacarse, a fin de lograr una imagen más completa de sus obras.

En vez de un vocabulario, que no consideramos necesario, explicamos palabras o expresiones de difícil comprensión por medio de notas en español. También hemos usado notas y explicaciones analíticas para ofrecer orientaciones interpretativas sobre pasajes literarios complicados, pero sin intención de interferir con otras opiniones y criterios, ni influir en la libre interpretación que los profesores y alumnos pudieran tener sobre las obras.

Hemos hecho todo lo posible para darle la suficiente flexibilidad al plan de esta antología, de manera que cada profesor pueda adaptarla a las conveniencias de clase y al nivel e índole del curso. La obra tiene material suficiente para cursos «Graduate» y en el caso de cursos «Undergraduate», lo único que tendría que hacer el profesor es seleccionar el material y los autores que, a su juicio, puedan cubrirse en el tiempo de que disponga. Debido a que cada género y cada período literario están ampliamente representados, también puede usarse esta antología en cursos especiales sobre determinadas épocas, géneros, períodos, movimientos o grupos de escritores. Se le ha dado gran importancia a la literatura contemporánea, incluyendo a los autores más recientes, para complacer así tendencias muy precisas de la enseñanza actual.

Deseamos extender nuestro profundo agradecimiento a todas las personas que han cooperado para que esta obra sea una realidad. Una palabra especial de gratitud merece el editor de esta obra, Sr. Mario Hurtado de Holt, Rinehart and Winston, por su inteligente y capaz asistencia. También agradecemos la ayuda de los profesores Osbaldo Acosta, Maria de los Angeles Acosta y Ofelia Gomez-Gil, mi esposa, en la lectura del manuscrito y la corrección de pruebas. Al Dr. Arthur M.

Selvi, Ex-Chairman del Departamento de Lenguas Modernas y Director de la División de Humanidades de Central Connecticut State College debemos muchos consejos y estímulos. Quede también constancia de gratitud para las profesoras Janet Eitvydas y Sharon L. Mooney, quienes nos han ayudado en la preparación del manuscrito.

Si la presente obra, como esperamos, resulta de utilidad para los estudiantes y profesores de la literatura hispanoamericana y contribuye a un conocimiento más amplio de los valores indiscutibles de sus autores, quedarán gratamente compensados los propósitos esenciales que hemos perseguido.

Orlando Gómez-Gil

*Índice general**

*** A fin de lograr una idea más completa de la obra de cada autor, hemos agrupado bajo su nombre todos los géneros literarios presentes en ella. En cursos sobre géneros literarios, bastaría tener este hecho en cuenta.**

III El Barroco

I Las Literaturas Indígenas

Los mayas

Los aztecas

Los incas

La literatura de los mayas

Los mayas, asentados en Guatemala, Honduras, El Salvador y los Estados de Yucatán, Campeche, Tabasco y Chiapas en México, no sólo asombran por los conocimientos que llegaron a poseer en el campo de las matemáticas, la astronomía y otras ciencias, sino también por sus contribuciones en las letras y las artes. Los mayas desarrollaron el primer sistema de escritura en América, pero su alfabeto distaba mucho del nuestro: la lengua escrita consistía en jeroglíficos y también la hacían por medio de dibujos. Este pueblo inteligente tenía gran afición por algunas formas de la literatura y parece que escribieron muchos libros que desaparecieron por causas naturales —el tiempo, inundaciones, sismos— o quemados por los españoles para que los indios adoptaran más fácilmente la cultura europea y la religión cristiana, olvidando al mismo tiempo su cultura, supersticiones e idolatría. Lo que se conserva de esta literatura no son los textos originales, sino transcripciones a caracteres latinos por lo general hechas por indios educados que sabían español, o por cronistas que se basaban en el testimonio de indígenas que conocían su contenido de memoria, y siempre con posterioridad a la conquista. La oral fue otra forma muy común para la transmisión de la literatura.

Hoy se sabe que cultivaron varias formas literarias, que florecieron notablemente al influjo de este pueblo de viva inteligencia y sensibilidad. Todo parece indicar que el arte dramático de los indígenas llegó más allá de los simples cantos, danzas y pantomimas y que conocieron un teatro con técnica más avanzada. Buen ejemplo es la tragedia-danza en lengua quiché (tribu maya de Guatemala) titulada el *Rabinal Achí*, puesta por escrito en 1850 por el indio Bartolo Zis, del pueblo guatemalteco de Rabinal. En 1855 se la dictó al abate Brasseur de Bourbourg, cura párroco de ese pueblo. La obra no tiene semejanzas con el teatro español y sí carácter pagano, pues inclusive termina con el sacrificio humano en la piedra ritual. La parte más interesante es el duelo de palabras entre el guerrero Rabinal (Rabinal Achí) y el guerrero de Queche (Queche Achí), siendo éste sacrificado al final en la piedra ritual del sacrificio.

Entre sus libros más notables figuran los *Libros de Chilam Balam* —de varios pueblos de Yucatán— escritos después de la conquista, adaptando los fonemas de la lengua maya a los caracteres latinos. Las copias que conservamos son copias de copias y provienen de escritura de dibujos o de tradiciones orales. Su contenido ofrece una gran variedad de materias: historia, religión, astronomía y hasta medicina y otros asuntos. Parece escrito por un indígena de Yucatán y expresa la angustia, desesperación y dolor de los indígenas ante la destrucción de su cultura y religión por los conquistadores, hecho que había sido profetizado por uno de sus sacerdotes. La obra más importante de los mayas es el *Popol-Vuh* llamada la «Biblia maya», especie de recopilación de los hechos históricos y legendarios y de las creencias cosmogónicas más importantes. Esa transcripción está basada posiblemente en el Libro del Consejo o Popol-Vuh, escrito en jeroglíficos o dibujos. El manuscrito original se ha perdido y sólo se conserva la copia y traducción al español hecha por el Padre Francisco Ximénez.* Sus narraciones tienen de mitología, religión, cosmogonía, historia y datos legendarios de ese pueblo. La prosa narrativa muestra emoción, soltura y produce un encantamiento especial, como si sobre ella flotara el espíritu de aquella raza vencida, pero inmortalizada a través de la literatura. Sobresale su sentido patriótico y la notable inspiración poética. El tono general de la obra es melancólico, con profundidad filosófica y asomos del misterio e interés que rodean los datos sobre su concepción del mundo y del hombre. De más valor histórico resultan los *Anales de los Cakchiqueles*, con contenido variado y semejante al anterior.

Hay también otros libros, productos de transcripciones, como la *Historia Quiché* (1580) hecha por Juan de Torres y la traducción al español del *Título de los Señores Totonicapan* (1554). Uno de los pueblos más ricos en tradición escrita es el pueblo cakchiquel —tribu maya— que a más del mencionado dejaron sus memorias recopiadas en caracteres latinos y titulada *Memorial de Sololá*.

FUENTE: *Popol-Vuh*, Buenos Aires, Editorial Losada, 1965. Traducción de la versión francesa del profesor Georges Raynaud por Miguel Ángel Asturias y J. M. González de Mendoza.

Popol-Vuh[1]

SIGLO XVI

ii

Este libro es el primer libro, pintado antaño,[2] pero su faz está oculta (hoy) al que ve, al pensador. Grande era la exposición, la historia de cuando se acabaron de medir todos los ángulos del cielo, de la tierra, la cuadrangulación, su medida, la medida de las líneas, en el cielo, en la tierra, en los cuatro ángulos, de los cuatro rincones,[3] tal como había sido dicho[4] por los Constructores, los Formadores, las Madres, los Padres de la vida, de la existencia, los de la Respiración, los de las Palpitaciones, los que engendran,[5] los que piensan, Luz de las tribus, Luz de los hijos, Luz de la prole,[6] Pensadores y Sabios, (acerca de) todo lo que está en el cielo, en la tierra, en los lagos, en el mar. He aquí el relato de cómo todo estaba en suspenso, todo tranquilo, todo inmóvil, todo apacible, todo silencioso, todo vacío, en el cielo, en la tierra.

* Padre Francisco Ximénez (España-Guatemala, 1666-1729).

[1] Su título significa Libro del Consejo o Libro de la Comunidad. Por su asunto ha sido llamado la «Biblia maya». Se conservó mediante la tradición oral hasta mediados del siglo XVI, cuando fue escrito en caracteres latinos por un antiguo sacerdote indígena. Este manuscrito, verdadero original del *Popol-Vuh*, llegó a manos de Fray Francisco Ximénez en Chichicastenango, población de Guatemala, a principios del siglo XVIII. El padre Ximénez no sólo lo conservó amorosamente sino que lo tradujo al castellano, pero dando también en columna paralela, el texto en quiché. El *Popol-Vuh* ha sido traducido a las principales lenguas modernas y goza de fama internacional.

[2] en el pasado

[3] concebían el mundo dividido en tres cuadrados (cielo, tierra, mundo subterráneo). Como el hombre era la figura central, se tienen trece puntos, o sea, 4 ángulos, 4 puntos cardinales en la tierra

[4] ordenado, mandado

[5] generan, procrean

[6] descendientes, hijos, subordinados, vasallos

He aquí la primera historia, la primera descripción. No había un solo hombre, un solo animal, pájaro, pez, cangrejo, madera, piedra, caverna, barranca, hierba, selva. Sólo el cielo existía. La faz de la tierra no aparecía; sólo existían la mar limitada, todo el espacio del cielo. No había nada reunido, junto. Todo era invisible, todo estaba inmóvil en el cielo. No existía nada edificado. Solamente el agua limitada, solamente la mar tranquila, sola, limitada. Nada existía. Solamente la inmovilidad, el silencio, en las tinieblas, en la noche.[7] Sólo los Constructores, los Formadores, los Dominadores, los Poderosos del Cielo, los Procreadores, los Engendradores, estaban sobre el agua, luz esparcida.[8] (Sus símbolos) estaban envueltos en las plumas, las verdes; sus nombres (gráficos)[9] eran, pues, Serpientes Emplumadas. Son grandes Sabios.[10] Así es el cielo, (así) son también los Espíritus del Cielo; tales son, cuéntase, los nombres de los dioses.

Entonces vino la Palabra;[11] vino aquí de los Dominadores, de los Poderosos del Cielo, en las tinieblas, en la noche; fue dicha por los Dominadores, los Poderosos del Cielo hablaron; entonces celebraron consejo,[12] entonces pensaron, se comprendieron, unieron sus palabras, sus sabidurías. Entonces se mostraron, meditaron en el momento del alba;[13] decidieron (construir) al hombre, mientras celebraban consejo sobre la producción, la existencia, de los árboles, de los bejucos,[14] la producción de la vida, de la existencia, en las tinieblas, en la noche, por los Espíritus del Cielo llamados Maestros Gigantes. Maestro Gigante Relámpago[15] es el primero, Huella del Relámpago es el segundo, Esplendor del Relámpago es el tercero; estos tres son los Espíritus del Cielo. Entonces se reunieron con ellos los Dominadores, los Poderosos del Cielo. Entonces celebraron consejo sobre el alba de la vida, cómo se haría la germinación, cómo se haría el alba, quién sostendría, nutriría.[16] «Que eso sea. Fecundaos. Que esta agua parta, se vacíe. Que la tierra nazca, se afirme», dijeron. «Que la germinación se haga, que el alba se haga en el cielo, en la tierra, porque (no tendremos) ni adoración ni manifestación por nuestros construidos, nuestros formados, hasta que nazca el hombre construido, el hombre formado»; así hablaron, por lo cual nació la tierra. Tal fue en verdad el nacimiento de la tierra existente. «Tierra», dijeron, y en seguida nació. Solamente una niebla, solamente una nube (fue) el nacimiento de la materia. Entonces salieron del agua las montañas; al instante salieron las grandes montañas. Solamente por Ciencia Mágica, por el Poder Mágico, fue hecho lo que había sido decidido (concerniente a) los montes, (a) las llanuras: en seguida nacieron simultáneamente en la superficie de la tierra los cipresales, los pinares.

Y los Poderosos del Cielo se regocijaron así: «Sed los bienvenidos, oh Espíritus del Cielo, oh Maestro Gigante (Relámpago), oh Huella del Relámpago, oh Esplendor del Relámpago». «Que se acabe nuestra contrucción, nuestra formación», fue respondido. Primero nacieron la tierra, los montes, las llanuras; se pusieron en camino la aguas; los arroyos caminaron entre los montes; así tuvo lugar la puesta en marcha[17] de las aguas cuando aparecieron las grandes montañas. Así fue el nacimiento de la tierra cuando nació por (orden) de los Espíritus del Cielo, de los Espíritus de la Tierra, pues así se llaman los que primero fecundaron, estando el cielo en suspenso, estando la tierra en suspenso en el agua; así fue fecundada cuando ellos la fecundaron; entonces su conclusión, su composición, fueron meditadas por ellos.

---

[7] Con anterioridad a la existencia del sistema solar, se supone que todo era noche (al no existir la luz), difusamente alumbrada a medias por la luz de los «dioses». Antes de la creación, antes de la humanidad, la materia preexistente estaba confundida con el agua.

[8] diseminada; derramada

[9] sus jeroglíficos y símbolos que bien pueden tener forma de serpentina o de una cubierta emplumada

[10] Sabiduría, Ciencia, Pensamiento (siempre de carácter mágico).

[11] la orden, o sea, la palabra de mando para construir, crear y formar el mundo. Cuando los dioses dicen esa palabra, la tierra nace al instante.

[12] tuvieron una reunión

[13] amanecer; aquí, comienzo (de la tierra, del mundo)

[14] plantas tropicales de tallos muy largos y delgados

[15] resplandor muy brillante que produce el rayo

[16] El hombre invoca a los dioses para que le nutran y sostengan y éstos lo «crean» para que él los sostenga—recíprocamente—en forma espiritual y material

[17] el inicio, comienzo

xiii[18]

Y he aquí la historia de una joven, hija de un jefe llamado Reúne Sangre. Y he aquí que una joven, hija de un jefe, oyó. Reúne Sangre, (era) el nombre de su padre. La de la Sangre, (era) el nombre de la joven. Cuando oyó la historia de las frutas del árbol, que le fue contada por su padre, se maravilló grandemente de tal relato. «¿Por qué no iría yo a ver ese árbol del cual se habla? Por lo que oigo decir, esas frutas son verdaderamente agradables», se dijo ella. Entonces partió[19] sola, (y) llegó al pie del árbol plantado en medio del Juego de Pelota de los Sacrificios. «¡Ah, ah! ¿Son ésas las frutas del árbol? ¡Cuán agradables las frutas de ese árbol! ¿Moriré, me perderé si cojo algunas?», dijo la joven. Entonces el hueso que estaba en medio del árbol habló. «¿Que deseas? Estas bolas redondas en las ramas del árbol no son mas que huesos», dijo la cabeza de Supremo Maestro Mago, hablándole a la adolescente. «¿Las deseas todavía?» añadió. «Ese es mi deseo», dijo la joven. «¡Muy bien! Extiende solamente el extremo de tu mano». «Sí», dijo la adolescente, alargando su mano que extendió ante el hueso. Entonces el hueso lanzó con fuerza, saliva en la mano extendida de la joven; ésta al instante miró con mirada curiosa el hueco de su mano, pero la saliva del hueso ya no estaba en su mano. «En esa saliva, esa baba,[20] te he dado mi posteridad. He aquí que mi cabeza no hablará ya más; ya no es más que un hueso descarnado.[21] Así son igualmente las cabezas de los grandes jefes. Sólo la carne vuelve buena la cara, de donde (proviene), cuando mueren, el terror de los hombres a causa de las osamentas.[22] Lo mismo pasa con los hijos, cuyo ser es como la saliva, la baba, la cual, sea de hijos de jefes, sea de hijos de Sabios, de Oradores, no se pierde sino que se extiende, se continúa, sin que se extinga, sin que se aniquile la faz del jefe, del Varón, del Sabio, del Orador. Tal como pasa con los hijos que vienen, así he hecho contigo. Sube pues a la tierra sin morir. Que en ti penetre mi Palabra.[23] Que así sea», dijo la cabeza de Supremo Maestro Mago, Principal Maestro Mago. Ahora bien, esta Magia la habían hecho ellos por la Palabra de Maestro Gigante (Relámpago). Huella del Relámpago, Esplendor del Relámpago.

La joven volvió entonces a su casa, habiéndole sido hechas numerosas advertencias. Y al instante, solamente por la saliva, sus hijos nacieron en su vientre. Tal fue el engendramiento de Maestro Mago, Brujito. La adolescente llegó a su casa. Seis lunas se acabaron. Entonces ella fue examinada por su padre; Reúne Sangre, nombre de su padre. Después del examen de la joven por el padre, éste vio que allí había un hijo. Entonces los jefes Supremo Muerto, Principal Muerto, juntaron toda su sabiduría con la de Reúne Sangre. «Oh jefes, he aquí que por fornificación mi hija tiene un hijo», dijo Reúne Sangre, al llegar junto a los jefes. «¡Y bien! Cava su boca.[24] Si no habla que se la sacrifique, que se vaya a sacrificarla lejos de aquí». «Muy bien, oh grandes jefes», respondió él. Entonces (le) preguntó a su hija: «Oh hija mía, ¿cuál es el posesor del hijo (que hay) en tu vientre?».[25] Ella respondió: «Oh padre mío, ahí no hay hijo; no hay ningún hombre del cual yo conozca la faz». El respondió: «¡Perfectamente! ¡Verdaderamente! ¡Oh fornicadora!» «Que se la lleven. Oh Consejeros de los Varones, sacrificadla, recoged su corazón en una copa. Volved hoy al lado de los jefes», dijo él a los Búhos.[26] Entonces (los) cuatro (Búhos) fueron a coger la copa, caminaron transportando a la adolescente en sus brazos, llevando el Blanco Pedernal[27] para sacrificarla. «Oh mensajeros, no haríais bien en matarme, pues sin fornicación (concebí) lo que está en mi vientre, que se engendró cuando fui a admirar la cabeza del Supremo Maestro

---

[18] Nótese la semejanza entre este pasaje y la historia de Eva, Adán y la manzana en la Biblia.
[19] se puso en camino, inició el viaje; se marchó
[20] saliva espesa y viscosa (pegajosa)
[21] sin carne
[22] esqueletos
[23] aquí Palabra significa casi *Logos*, razón
[24] «pregúntale», «sondéala», «interrógala»
[25] padre del hijo. La expresión posesor, propietario responde a la concepción social quiché.
[26] aves nocturnas con plumas alzadas a ambos lados de la cabeza. Los animales juegan un papel muy importante en las leyendas sobre el origen de los indígenas y demás pueblos primitivos.
[27] o Zaki Tok, el cuchillo de los sacrificios de Xibalbá.

Mago, que está en el Juego de Pelota de los Sacrificios. Así, pues, no me sacrifiquéis, oh Mensajeros», dijo la adolescente, hablándoles. «¿Qué pondremos en cambio de tu corazón?» Nos ha sido dicho por tu padre: «Recoged su corazón, volved al lado de los jefes; cumpliréis, (y) después manifestaréis el cumplimiento; traed prontamente en una copa, colocad en el fondo de la copa el corazón». ¿No nos habló así? ¿Qué presentaremos, pues, en la copa? Sin embargo, desde luego queremos que no mueras, dijeron los mensajeros. «Muy bien. Este corazón no puede ser de ellos. Vuestra casa no puede tampoco estar aquí. No solamente tendréis poder sobre la muerte de los hombres, sino que en verdad, vuestros serán los verdaderos fornicadores.[28] Míos serán en seguida Supremo Muerto, Principal Muerto. Que sólo la sangre del Drago esté ante sus rostros. Este corazón no será quemado ante ellos. Poned el fruto del árbol», dijo la joven. Y roja la savia[29] del árbol salió y fluyó[30] en la copa; se inchó[31] allí y se volvió bola en reemplazo del corazón. Brotante[32] salió la savia del árbol rojo; semejante a sangre; la savia salió en cambio de la sangre; entonces la sangre, la savia del árbol rojo se formó en bola; semejante a la sangre, apareció brillante, rojiza, en bola, en la copa. Entonces el árbol se volvió célebre a causa de la adolescente; fue llamado Árbol Rojo de Cochinilla; fue pues llamado Sangre a causa de la Sangre del Drago, así llamado. «Allí pues seréis amados, y lo que está en la superficie de la tierra será vuestro», dijo ella a los Búhos. Muy bien joven. Partimos, vamos a dar cuenta.[33] Sigue tu camino. Vamos a presentar ante los jefes la imagen, el sustituto de tu corazón, respondieron los mensajeros. Cuando llegaron ante los jefes, todos esperaban ansiosamente. «¿Se acabó?» dijo entonces Supremo Muerto. «Se acabó, oh jefes, He aquí ahora el corazón en la copa». «Muy bien. Que yo vea», dijo Supremo Muerto. Entonces el levantó aquello. La savia rojiza se esparció[34] como sangre. «Animad bien el resplandor del fuego. Poned esto en el fuego», agregó Supremo Muerto. Después de que se le hubo puesto en el fuego, los Xibalbá[35] comenzaron a oler (el olor), todos comenzaron a estar aturdidos, pues verdaderamente agradable era el perfume que olían del humo de la sangre. Mientras que permanecían (así), los Búhos, advertidos por la adolescente, subieron numerosos a la cavidad sobre la tierra adonde subió también su (dadora de) aviso.[36] Así fueron vencidos los jefes de Xibalbá por esta joven que los burló a todos.

---

[28] los Búhos, actuando en nombre de los dioses del cielo, se encargan de castigar la impudicia (deshonestidad)
[29] jugo nutritivo que circula por los vasos interiores de las plantas
[30] corrió, se derramó
[31] aumentó de volumen; se abultó
[32] saliente, naciente
[33] informar
[34] regó
[35] «Lugar del Desvanecimiento, de la Desaparición, de los Muertos». La palabra puede referirse al lugar o a sus habitantes.
[36] palabra que tiene un doble sentido: «consejo», «noticia dada»

La literatura de los aztecas

La de los aztecas fue una de las culturas indias que los españoles encontraron en pleno esplendor a su llegada al Nuevo Mundo. Constituían la civilización más brillante del centro y sur de México. Aparte de su organización política y social muy avanzada cultivaron con mucho éxito la arquitectura, escultura, orfebrería, industrias textiles y la cerámica. Él famoso «calendario azteca» prueba sus conocimientos astronómicos.

Las artes literarias alcanzaron mucho desarrollo gracias a la transmisión oral y, posteriormente, a la fabricación del papel. El uso del papel fue al principio patrimonio exclusivo de los sacerdotes, escritores y poetas, pero luego se podía comprar en los mercados. Aunque no exactamente en el sentido moderno de esa palabra, contaron con una interesante literatura, de carácter fundamentalmente oral. Las obras más importantes eran memorizadas por algunos individuos, que luego las dieron a conocer a los españoles. Tenían un teatro ritual, pantomímico o de mímica, sobresaliendo las representaciones dedicadas al dios Quetzalcoatl, quien enseñó a los hombres las industrias, las artes y las ciencias. También se hacían en el alcázar y palacio de Netzahualcoyotl, el rey filósofo-poeta de Texcoco. Había un teatro en la plaza del mercado de Tlaltelolco, según la tercera de las *Cartas de Relación* de Cortés. Este cronista también describe el teatro de la plaza de Tenochtitlán (la actual ciudad de México). El llamado *Himno a Tláloc* es una pieza dramática en forma de diálogo.

Según el cronista español Fray Diego Durán (¿1538?–1588) había escuelas de danzas dirigidas por sacerdotes en Texcoco, Tenochtitlán, Tlacopán y Tacuba y en ellas se aprendía el arte de la mímica. También dejaron libros o anales sobre acontecimientos históricos, mitológicos, astronómicos, calendarios, etc. La más notable de estas narraciones en prosa es el famoso *Códice Ramírez*, edición revisada hecha por el erudito mexicano José Fernando Ramírez de la *Historia de las Indias de Nueva España e islas de Tierra Firme* (1581) del cronista Diego Durán y escrita con base en la obra de un indio mexicano.

La lengua nahuatl era la más extendida en México, con centros en la capital Tenochtitlán, Texcoco, Cuautitlán, Cholula y otros. Hoy se sabe que existió una rica literatura en esa lengua, pero sólo nos han llegado fragmentos, recogidos y transcritos al castellano por cronistas, sacerdotes y eruditos. En este sentido es monumental la labor realizada por el erudito Ángel María Garibay K. También dejaron multitud de relatos, himnos, cantos, elegías que nos han llegado mediante las transcripciones indirectas al castellano a que hemos hecho referencia. De los textos conocidos se puede ver su alto sentido poético y su habilidad en la expresión de pensamientos y sentimientos sutiles y delicados. En general, la poesía nahuatl muestra hondura filosófica y angustia metafísica. Sus versos transparentan melancolía, tristeza y tienen un tono profético y pesimista al predecir la destrucción de la raza y de su civilización. Según el erudito mexicano Ángel María Garibay K, estos cantares no eran más que himnos rituales.

FUENTE: *Poesía indígena*, México, Biblioteca del Estudiante Universitario, 1940.

Poesía nahuatl

Canto del Atamalcualoyán[1]

Mi corazón está brotando en la mitad de la noche.

Llegó nuestra madre, llegó la diosa Tlazoltéotl.

Nació el Dios del Maíz[2] en Tamoanchan.[3]
en la región de las flores, Una-Flor.

Nació el Dios del Maíz en la región de la lluvia y la niebla,
donde se hacen los hijos de los hombres,
donde se adquieren los peces preciosos.

Ya va a relucir el día, ya va a levantarse el alba:
libando[4] están las variadas preciosas aves,
en la región de las flores.

En la tierra te has puesto en pie en la plaza,
¡oh, el príncipe Quetzalcóatl!

Haya alegría junto al Árbol florido, variadas aves preciosas:
alégrense las variadas aves preciosas.

Oye la palabra de nuestro dios: oye la palabra del Ave preciosa:
no hay que disparar contra nuestro muerto:
no hay que lanzar el tiro de la cerbatana.[5]

¡Ah, yo he de traer mis flores!,
la flor roja como nuestra carne, la flor blanca y bien oliente,
de allá donde se yerguen[6] las flores.

Juega a la pelota, juega a la pelota del viejo Xólotl,[7]
en el encantado campo de pelota juega Xólotl,
en hueco hecho de jade.

Mira, empero, si se coloca el dios-Niño
en la mansión de la noche, en la mansión de la noche.

---

[1] Constituye un himno ritual de la rica poesía cultivada por los indios de la altiplanicie mexicana con anterioridad a la conquista. Todas las traducciones que ofrecemos son del notable erudito mexicano Ángel María Garibay K.
[2] Centeotl (figura femenina)
[3] pueblo indio de la meseta de Anáhuac
[4] chupando suavemente
[5] Tubo largo para lanzar proyectiles soplando por un extremo.
[6] se alzan, se levantan
[7] caudillo de los indios chichimecas (¿?–1332), que sometió a los toltecas

¡Oh Niño, oh Niño!, con amarillas plumas tú te atavías;[8]
te colocas en el campo de juego de pelota:
en la mansión de la noche, en la mansión de la noche.

El de Oztoman, a quien Xochiquétzal rige,
el que manda en Cholula.[9]

Teme mi corazón, teme mi corazón que aún no venga el Dios del Maíz.
El de Oztoman, que tiene cangrejos, cuya mercancía son orejeras de turquesa,
cuya mercancía son pulseras de turquesa.

Dormido, dormido, duerme.
Con la mano he enrollado aquí a la mujer, yo el dormido.

Canto a Mixcoatl[10]

El tigre Amarillo ha rugido, el Águila Blanca ha silbado con la mano
en casa de Xiuitlpopoca.[11] allá están en la región de los sauces
el general en jefe Coxanatzin y mi señor Tlamayotzin.[12]

Apréstese[13] estruendoso el tamboril de oro retumbante
en la casa de Mixcoatl: ¡no siempre se logra ser príncipe,
no siempre adquiero el principado, la gloria y el señorío!
¡Oh príncipes, un solo momento, un breve instante vivimos aquí!

Teñido de greda[14] está vuestro tamboril, ¡oh guerreros mexicanos!,
los que os argüís[15] en el campo de batalla, los vestidos de obsidiana,
los que entre macanas[16] floridas os revolvéis en giros,
como lo ambicionan los Águilas y los Tigres.

Tan pronto como han tañido los príncipes su tamboril,
Cecepaticatzin y Tezcatzin, entre macanas floridas se revuelven.[17]

En Águilas se convirtieron, en Tigres se mudaron[18] los príncipes:
hubo matizarse de tigres, hubo cernirse[19] de águilas en el campo de guerra,
allí donde se quiere el favor del que da vida:
todo el que puede alcanzarlo, en breve se hace amigo suyo, si le es fiel.

Allí abrieron sus corolas las flores de los tigres
las flores de obsidiana están rasgando[20] los rostros
en el campo de batalla, ante el licor de la guerra.

---

[8] aseas, vistes, compones
[9] *Oztoman, Xochiquétzal*: reyes indios; *Cholula*: ciudad situada cerca de Puebla, antigua capital de los toltecas
[10] Poema de carácter heroico. *Mixcoatl*: fundador de la primera dinastía tolteca (¿?–935 o 947), murió asesinado.
[11] un príncipe indígena
[12] Coxanatzin, Tlamayotzin: jefes indígenas
[13] prepárese
[14] arcilla arenosa
[15] discutís, combatís
[16] palos o garrotes gruesos usados como arma
[17] dan vuelta; vuelven la cara al enemigo para embestirlo
[18] cambiaron de apariencia; se convirtieron
[19] mantenerse las aves en el aire, sin moverse apenas
[20] desgarrando, rompiendo

En la casa de Mixcoatl siempre se elevan cantos,
se canta en casa de Amapan:[21]
ya vienen dando alaridos Tlacahuepantzin e Ixtlilcuecháhuac:[22]
la ley es que se cante: ley de Hermandad, ley de Nobleza.

Cuando puedas produce, cuanto puedas ambiciona las flores
del que te dio la vida, de aquél por quien venimos a vivir en la tierra
nosotros los hombres: cuán grande permanece la riqueza de tus macanas.

¡Oh, corazón mío, no te espantes al modo como he de lograrlas!:
un breve instante en la llanura, en el combate
el príncipe de escudo retiñe su escudo:
vibran lloviendo los dardos:
¡oh, corazón mío, no te espantes al modo como he de lograrlas!

Principio de los Cantos[23]

Consulto con mi propio corazón:
«¿Dónde tomaré hermosas fragantes flores? ¿A quién lo preguntaré?
¿Lo pregunto, acaso, al verde colibrí[24] reluciente,
al esmeraldino pájaro mosca? ¿Lo pregunto, acaso, a la áurea mariposa?
Sí, ellos lo sabrán: saben en dónde abren sus corolas las bellas olientes flores.

Si me interno en los bosques de abetos verde azulados,
o me interno en los bosques de flores color de llama,[25]
allí se rinden a la tierra cuajadas[26] de rocío, bajo la radiante luz solar;
allí, una a una, llegan a su total perfección.

Allí las veré quizá: cuando ellos me las hubieran mostrado,
las pondré en el hueco de mi mano,
para agasajar[27] con ellas a los nobles, para festejar con ellas a los príncipes.

Aquí, sin duda, viven; ya oigo su canto florido,
cual si estuviera dialogando la montaña;
aquí, junto a donde mana[28] el agua verdeciente,
y el venero de turquesas canta entre guijas,[29]
y cantando le responde el sensonte, le responde el pájaro-cascabel,
y es un persistente rumor de sonajas[30], el de las diversas aves canoras;[31]
allí alaban al dueño del mundo, bien adornadas de ricos joyeles.»[32]

Ya digo, ya triste clamo: «Perdonad, si os interrumpo, oh amados...»
Al instante quedaron en silencio, luego vino a hablarme el verde reluciente colibrí:
«¿En busca de qué andas, oh poeta?»

---

[21] príncipe indio importante
[22] jefes indios
[23] Pertenece este poema a la abundante poesía lírica y se distingue por su delicadeza y la reflexión filosófica triste y pesimista.
[24] pajarillo pequeño de gran belleza
[25] color rojo vivo, color del fuego
[26] llenas, cubiertas
[27] dar grandes pruebas de afecto; halagar
[28] brota, salta, sale
[29] piedras pequeñas y redondas
[30] chapas de metal que llevan algunos juguetes o instrumentos musicales
[31] que cantan
[32] joyas, gemas pequeñas

Al punto le respondo y le digo:
«¿Dónde están las bellas fragantes flores
para agasajar con ellas a los que son semejantes a vosotros?»
Al instante me respondieron con gran rumor:
«Si te mostramos aquí las flores, ¡oh poeta!, será para que con ellas
agasajes a los príncipes que son nuestros semejantes.»

Al interior de las montañas de la Tierra-de-nuestro-sustento,[33]
de la Tierra-Florida me introdujeron;
allí donde perdura el rocío bajo la irradiante luz solar.
Allí vi al fin las flores, variadas y preciosas,
flores de precioso aroma, ataviadas de rocío, bajo una niebla de reluciente arco iris.

Allí me dicen: «Corta cuantas flores quieras,
conforme a tu beneplácito, ¡oh poeta!, para que las vayas a dar
a nuestros amigos los príncipes,
a los que dan placer al dueño del mundo.»

Y yo iba poniendo en el hueco de mi mano
las diversas fragantes flores, que mucho deleitan al corazón,
las muy placenteras,[34] y decía yo:
«¡Ojalá vinieran acá algunos de los nuestros
y muchísimas de ellas recogeríamos!

Pero, ya que he venido a saber este lugar, iré a comunicarlo a mis amigos,
para que en todo tiempo vengamos acá a cortar
las preciosas diversas fragantes flores,
a entonar[35] variados hermosos cantos
con que deleitamos a nuestros amigos los nobles,
los varones de la tierra, los Águilas y los Tigres.»

Así, pues las iba yo poeta recogiendo
para enflorar con ellas a los nobles,
para ataviarlos con ellas, o ponérselas en las manos;
después elevaba hermoso canto para que en él fueran celebrados
los nobles, en la presencia de aquél que está cerca y junto.

Mas ¿nada para sus vasallos?
¿Dónde tomarán, dónde verán hermosas flores?
¿Irán conmigo, acaso, hasta la Tierra-Florida, a la Tierra-de-nuestro-sustento?

¿Nada para sus vasallos, los que andan afligidos,
los que sufren desventura sobre la tierra?
¡Sí, los que sirven en la tierra a aquél que está cerca y junto!

---

[33] alimento
[34] alegres, agradables; atractivas
[35] cantar

Llora mi corazón al recordar que fui, yo poeta,
a fijar la mirada allá en la Tierra-Florida.
Pero decía yo: «No es, a la verdad, lugar de bien esta tierra;
en otro lugar se halla el término[36] del viaje; allí sí hay dicha.
¿Qué bienestar hay sobre la tierra?
El lugar donde se vive es donde todos bajan.
¡Vaya yo allá, cante yo allá en unión de las variadas aves preciosas,
disfrute yo allá de las bellas flores,
las fragantes flores que deleitan el corazón,
las que alegran, perfuman y embriagan,[37]
las que alegran, perfuman y embriagan!»

Desdichado en la tierra[38]

Lloro y sufro desamparo,[39]
no hago más que recordar
que habremos de abandonar
las bellas flores y los bellos cánticos.

¡Gocemos, cantemos;
todos nos vamos, desaparecemos!

¿No lo saben así mis amigos?
Se duele mi corazón y se llena de ira:
¡no segunda vez naceremos,
no otra vez volverenos a ser niños,
no reverdeceremos[40] en la tierra una vez más!

Un brevísimo instante aquí;
junto a ellos, a su lado;
después nunca más estarán aquí;
nunca más gozaré de ellos,
nunca los volveré a ver.

¿Dónde habrá de vivir mi corazón?
¡Ah!, ¿Dónde será mi morada[41] definitiva?,
¿dónde mi casa duradera?
¡Ah!, ¡soy desdichado en la tierra!

¿Te atormentas corazón mío?
¡Ah!, vive sufriendo en la tierra;
así es tu destino: difícilmente lo reconoces.
Sufro, puesto que he nacido en la tierra.

Sí, sí, vive inquieto,
que todo lo bello habrá de perecer[42] del todo,
y en ninguna parte se vive.

Esto y no más dice mi corazón.

Así está decretado:
No tenemos verdadera vida,
no hemos venido a vivir verdaderamente en la tierra.

¡Ah!, tengo que dejar las bellas flores.
¡Ah!, tengo que ir en busca del lugar donde todos se reúnen;
así se afana[43] uno por un solo instante:
solo tenemos prestados los bellos cantos.

¡Gocemos, cantemos:
todos nos vamos, desaparecemos!

---

[36] final
[37] emborrachan
[38] Poema lírico de desolada tristeza y tono elegíaco. Expresa la angustia que siente el poeta pensando que tiene que morir.
[39] abandono
[40] naceremos
[41] casa o habitación
[42] morir, fallecer
[43] trabaja mucho

Netzahualcoyotl[44]

SOLO UN BREVE INSTANTE

¿Acaso es verdad que se vive en la tierra? ¡ay!
¿Acaso para siempre en la tierra?
Hasta las piedras finas se resquebrajan,[45]
hasta el oro se destroza,[46] hasta las plumas preciosas se desgarran.

¿Acaso para siempre en la tierra?
¡Sólo un breve instante aquí!

La literatura de los incas

Los incas llegaron a organizar un formidable «imperio» que todavía hoy asombra a los estudiosos, extendido por el Perú, Bolivia, la mital norte de Chile, el noroeste argentino y la mitad sur del Ecuador. Se distinguieron en la construcción de caminos, puentes, correos, y un sistema económico con bases comunitarias. Mostraron así mismo gran habilidad en sus cerámicas y tejidos. Descollaron también en la escultura y, especialmente en la llamada arquitectura «ciclópea» porque construían edificios con piedras enormes cogidas sin cemento entre sí, con una técnica parecida a la de los romanos. Inventaron los «quipus», un curioso sistema de memorización y desarrollaron las industrias y las ciencias, afirmándose que hacían inclusive operaciones del cerebro.

Aunque no conocieron la escritura sabemos por el testimonio de varios cronistas de Indias —el Inca Garcilaso de la Vega, el padre José Acosta, Pedro Cieza de León y otros— que tenían una notable literatura de transmisión oral, así como de la importancia que otorgaban a las actividades teatrales. El Inca Garcilaso de la Vega nos dice:

> «No les faltó habilidad a los amautas, que eran los filósofos, para componer comedias y tragedias, que en días y fiestas solemnes representaban delante de sus reyes y de los señores que asistían en la corte».*

Y aunque no debe darse a las palabras «comedias» y «tragedias» el sentido que hoy tienen, lo cierto es que existía un teatro inca. Parece que el teatro tenía una finalidad política y era una mezcla de danza, y acción dramática. Todavía se conservan las

---

[44] Rey, filósofo y poeta chichimeca (1402–1472) de Texcoco; protegió las ciencias y las artes.
[45] quiebran, rompen
[46] destruye, rompe.
* *Comentarios reales de los Incas,* Libro II, Cap. 27, pág. 79

ruinas del famoso anfiteatro incaico del Cuzco, su antigua capital. La pieza dramática más famosa era el *taqui* (derivación de la palabra quechua *taki*) que significa canción o canto. Relacionada con la cultura quechua o inca está el famoso drama *Ollanta* u *Ollantay*, de asunto indígena pero estructura dramática copiada del teatro español y escrito después de la conquista.**

También cultivaron otras formas literarias. Tenían cantores profesionales (*haravecs*) que recitaban ante la corte y en festividades públicas. Paralela a la literatura oficial de los *amautas* (hombres sabios, filósofos, historiadores, escritores, etc.), se cultivó ampliamente una poesía lírica, que se distingue por su tono de melancolía, sentimentalidad, con fondo filosófico y casi siempre asociada a la música o a la danza. Había himnos de tema religioso, heroico o agrícola. Otros eran de tono ritual y épico como el «Himno de Manko Qhapaj». La forma más famosa de la lírica eran las varias especies de «yaravíes» «Arawi»: elegías de amor, canción de arrepentimiento o canción de la gracia. Los arawíes incluídos en el drama *Ollantay* han logrado mucha fama. Había una tercera forma lírica, el wawaki, canto dialogado y coral y otros muchos. Aunque su poesía se distingue por su melancolía, sentimiento y tono elegíaco, el aranway era como una fábula humorística. Varios poetas peruanos, entre los que se distingue Mariano Melgar (1791–1815), adaptaron el ritmo y estructura de los arawíes a la poesía española.

FUENTE: *La poesía quechua*, México, Fondo de Cultura Económica, 1947.

Himno de Manko Qhapaj[1]

Viracocha,[2]
poderoso cimiento del mundo,
tú dispones:
«sea este varón,
sea esta mujer».

Señor de la fuente sagrada,
tú gobiernas
hasta el granizo.
¿Dónde estás—
como si no fuera
yo hijo tuyo—
arriba,
abajo,
en el intermedio
o en tu asiento de supremo juez?
Óyeme,
tú que permaneces
en el océano del cielo
y que también vives
en los mares de la tierra.
Gobierno del mundo,
creador del hombre.
Los señores y los príncipes
con sus torpes[3] ojos
quieren verte.
Mas cuando yo pueda ver,
y conocer, y alejarme.

** Véase Gómez-Gil, *Historia crítica de la literatura hispanoamericana*, New York, Holt, Rinehart and Winston, 1968; págs. 225–226.

[1] Pertenece este poema a los himnos o *hayllis* de tipo ritual y heroico. *Manko Qhapaj* (Manco Cápac), fundador según la leyenda del imperio de los Incas, de la ciudad del Cuzco (la capital) y de la dinastía de los Incas (s. XII).

[2] divinidad suprema de los antiguos Incas, padre de todos los vivientes. También octavo Inca (o emperador) del Perú.

[3] inhábiles

Canción de ausencia[4]

JARAY ARAWI[5]

¿La desventura, reina,
nos separa?
¿La adversidad, infanta,
nos aleja?

Si fueras flor de *chincherkoma*,[6]
hermosa mía,
en mi sien y en el vaso de mi corazón
te llevaría.

Pero eres un engaño, igual
que el espejo del agua.
Igual que el espejo del agua ante mis ojos
te desvaneces.

¿Te vas, amada, sin que nuestro amor
haya durado un día?

He aquí que nos separa
tu madre desleal
para siempre.

He aquí que la enemistad de tu padre
nos sume[7] en la desgracia.

Mas, mi reina, tal vez nos encontremos
pronto
si Dios, gran amo, lo permite.
Acaso el mismo Dios tenga que unirnos
después.

¡Cómo el recuerdo
de tus ojos reidores[8]
me embelesa!
¡Cómo el recuerdo
de tus ojos traviesos
me enferma de nostalgia!

Basta ya, mi rey, basta ya.
¿Permitirás
que mis lágrimas lleguen a colmar[9]
tu corazón?

Derramando la lluvia de mis lágrimas
sobre las *kantutas*
y en cada quebrada
te espero, hermosa mía.

Arawi[10]

Morena mía.
Morena,
tierno manjar, sonrisa
del agua,
tu corazón no sabe
de penas
y no saben de lágrimas
tus ojos.

Porque eres la mujer más bella,
porque eres reina mía,
porque eres mi princesa,
dejo que el agua del amor
me arrastre en su corriente,
dejo que la tormenta
de la pasión me empuje

[4] Este poema apareció publicado en *Primera Nueva Crónica y Buen Gobierno* de Felipe Guamán Poma de Ayala, historiador indígena. Tiene una nota de melancolía y tristeza propia de toda la poesía india.
[5] Esta especie de Arawi o yaraví es una elegía de amor.
[6] (voz quechua) planta silvestre del Perú, arbusto de tallo frágil. Su flor fue propuesta como flor nacional del país.
[7] hunde, sumerge
[8] alegres, que ríen
[9] llenar completamente
[10] Publicado en el libro mencionado en la nota 4. Composición amorosa de tono ligero.

allí donde he de ver la manta
que ciñe tus hombros
y la saya revuelta
que a tus muslos se abraza.

Cuando es de día, ya no puede
llegar la noche;
de noche, el sueño me abandona
y la aurora no llega.

Tú, reina mía,
señora mía,
¿ya no querrás
pensar en mí
cuando el león y el zorro
vengan a devorarme
en esta cárcel,
ni cuando sepas
que condenado estoy
a no salir de aquí, señora mía?

Primer Arawi del Ollantay[11]

Detente, no comas ya,
tuyita,[12] tuyita mía,
en el predio[13] de la infanta,
tuyita, tuyita mía.
No vayas a consumir,
tuyita, tuyita mía,
todo el tentador maíz,
tuyita, tuyita mía.
Está blanco aun el grano,
tuyita, tuyita mía,
y enjutas[14] aun las mazorcas,
tuyita, tuyita mía.
Muy blanda está la sustancia,
tuyita, tuyita mía,
y tiernas aun las hojas,
tuyita, tuyita mía.
Honda hay para los golosos,
tuyita, tuyita mía,
y *pupa*[15] habrá para ti,
tuyita, tuyita mía.
He de cortarme las uñas,
tuyita, tuyita mía,
a fin de no lastimarte,
tuyita, tuyita mía.
Echa de ver al *piskaka*,[16]
tuyita, tuyita mía.
Ahí lo tienes ahorcado,
tuyita, tuyita mía.

Pregunta a su corazón,
tuyita, tuyita mía,
trata de hallar su plumaje,
tuyita, tuyita mía.
El pobre fue destrozado,
tuyita, tuyita mía,
por haber picado un grano,
tuyita, tuyita mía.
Es así como tú encuentras,
tuyita, tuyita mía,
al pájaro descuidado,
tuyita, tuyita mía.
Y comprender
tú me verás
y sabrás de mí.
El Sol y la Luna,
el día y la noche,
el tiempo de la abundancia
y del frío, están regidos,
y al sitio dispuesto
y medido
llegarán
Tú, que me mandaste
el cetro real,
óyeme
antes de que caiga
rendido y muerto.

---

[11] Ganaron mucha fama los arawíes incluídos en el *Ollantay*, drama indígena basado en una leyenda nativa, con estructura dramática similar a la comedia española del siglo XVIII.
[12] ave peruana, especie de calandria
[13] finca, hacienda, tierra
[14] flacas, secas
[15] voz con que los niños dan a entender un dolor o mal que no saben explicar; causarle un daño material o moral
[16] (voz quechua) el que te agarra, el que es tu dueño

Separación[17]

Haray, harawi,
¿qué suerte adversa nos separa, mi reina?
¿Qué barreras, mi princesa, nos dividen?
Hermosa mía, porque eres flor de chinchircoma,[18]
en mi mente y en mi corazón te llevara.
Tú eres como reluciente líquido,
y cual espejo de agua pareces.
¿Por qué no me encuentro con mi enamorada?
Tu hipócrita madre causa nuestra mortal separación.
Tu padre contrario causa nuestro abandono.
Tal vez, reina, si el Dios todopoderoso quiere,
otra vez nos encontraremos y Dios nos unirá.
Recordando tus reidores[19] ojos, me causa melancolía;
recordando tus alegres ojos me siento enfermo.
¡Un poco, señor, un poco así!
Si a llorar me condenas, ¿no sientes compasión?
A mares[20] lamento,
sobre el jantus, en cada valle
esperándote, mi beldad.[21]

---

[17] Otro poema de amor de tono triste y melancólico
[18] Véase nota 6
[19] alegres, que ríen
[20] en abundancia
[21] belleza

II El siglo XVI: Los orígenes

Los historiadores o cronistas de Indias

La poesía épica

La poesía lírica

El teatro

Fray Bartolomé de Las Casas

ESPAÑA, ¿1474?–1566

El llamado «protector o defensor de los indios» nació en Sevilla, y alcanzó la licenciatura en la Universidad de Salamanca. Su cultura humanística, nada despreciable, fue completada durante sus estudios para el sacerdocio. Impresionado por las noticias sobre el Nuevo Mundo, decidió venir a él y aquí se hizo encomendero, aunque distinguiéndose siempre por su buen trato hacia los indígenas. Más tarde ingresó en la orden de los dominicos y sinceramente dolido por las iniquidades cometidas por muchos encomenderos con los indios, se echó sobre sus hombros la tarea de reivindicarlos y proporcionarles justicia. Con ese propósito vivió una vida en extremo intensa: viajó, escribió obras de gran alcance, cruzó el océano varias veces, ideó nuevos métodos de colonización e hizo llegar hasta el Rey y demás autoridades su protesta más airada contra el injusto tratamiento dado a los indios. En Las Casas el hombre y el concepto moral y ético son superiores al escritor, aunque éste presenta una serie de valores innegables. Representa la conciencia de España como nación frente a la injusticia, la explotación y los desmanes de los más poderosos frente a los débiles. Sus escritos y planteamientos tuvieron una gran influencia tanto en el pensamiento filosófico y jurídico de la época, como en las propias medidas prácticas de gobierno en favor de los indígenas. Llegó a ser obispo de Chiapas, estado de México en el Pacífico.

Asombra hoy en día que un hombre de actividad tan extraordinaria encontrase todavía tiempo para escribir algunas de las obras que se consideran indispensables para el conocimiento de los primeros tiempos de la conquista, la colonización y la formación humana, sicológica e ideológica de este continente. La primera y la más importante es la *Historia de las Indias* (desde el descubrimiento hasta 1520), terminada hacia 1527 y publicada en 1875. Sobresale por lo minuciosa en detalles sobre los primeros años de la historia americana. En ella transcribe documentos, cartas, ordenanzas reales y reconstruye hasta diálogos y conversaciones entre los conquistadores a fin de darle más veracidad. También abunda en digresiones filosóficas, históricas y teológicas, con citas de la Biblia, padres de la Iglesia y grandes escritores de la antigüedad cuando lo estima necesario. Escribe una historia con muchos detalles, en tono de conversación en alta voz. Siempre defiende a los indígenas contra los abusos y codicias de los blancos y destaca sus mejores cualidades, haciendo una excelente descripción de sus costumbres, sicología y arte. Su historia tiene siempre un tono religioso, porque presenta el desarrollo de los acontecimientos como obedeciendo a los planes y voluntad de Dios. Relaciona y enlaza perfectamente los hechos de la historia y la política de España con los que suceden en América. Además de esta visión de conjunto, ofrece siempre rápidos y acertados retratos y bocetos de los más importantes conquistadores. El cuadro es siempre físico, moral y sicológico, en trazos llenos de movimiento e interés.

Después compuso Las Casas la *Apologética historia* llamada también el *Apologético* y no publicado hasta 1909. Constituye un complemento de la anterior con un contenido más antropológico que histórico. Aquí se detiene a dar datos sobre el carácter, las costumbres, diversiones, creencias, cultos, alimentos y otros aspectos de los indígenas, sin descuidar datos muy valiosos sobre su sicología, valores morales e inteligencia. Gran impacto en su tiempo tuvo la *Brevísima relación de la destrucción de las Indias* (compuesta en 1542 y publicada diez años después en 1552). Aunque el valeroso ensayo tiene un fondo de verdad evidente, la crítica moderna considera que muchas afirmaciones y cifras están exageradas. Ellas contribuyeron a la formación de la llamada «leyenda negra», aventada por los tradicionales enemigos de España en el pasado —Francia e Inglaterra— destacando con tintes muy negativos las crueldades contra los indígenas en la conquista y la colonización. Las Casas actuaba así movido por un propósito muy elevado: llamar la atención sobre los abusos y proteger a los indios contra la injusticia y la falta de libertad.

Aún en los momentos en que describe aspectos trágicos o sombríos se nota cierto humorismo e ironía. Su prosa es corta y precisa, aunque su estilo general se reciente de sermoneo, de tono enfático y de citas bíblicas, eruditas y filosóficas. A pesar de que es prosa muchas veces de combate, demuestra su ingenio y agudeza mental para la argumentación y la refutación. Menéndez Pelayo y otros críticos han puesto en tela de juicio la historicidad de las obras de Las Casas, pero la crítica moderna reconoce el valor de sus grandes aportes para el conocimiento de los años iniciales de estas naciones, sin olvidar los abultamientos y exageraciones en que incurrió a veces, sobre todo en la *Brevísima relación*, hechos con la mejor buena fe para destacar abusos e injusticias. A pesar de ser muchos sus méritos como historiador y escritor, el gran valor de Las Casas radica en su lucha valiente y tenaz en favor de una causa elevada como es la defensa del desvalido y de la justicia, de manera que su puesto cabe mejor entre los grandes benefactores de la Humanidad. No obstante, apenas es posible encontrar documentos más precisos, objetivos y valiosos sobre los acontecimientos de los primeros años del Nuevo Mundo.

FUENTE: *Obras escogidas de Fray Bartolomé de Las Casas*, 5 vols., Madrid, Biblioteca de Autores Españoles, 1957–1961. Estudio crítico preliminar y edición de Juan Pérez de Tudela Buesa. Tomos 95, 96: *Historia de las Indias*; 105, 106: *Apologética historia*; 110: *Opúsculos, Cartas y Memoriales*. Contiene la famosa *Brevísima Relación de la destrucción de Las Indias*.

Historia de las Indias

1875

Libro segundo

XXXIX

Porque nuestro Señor tenía determinado de abreviar ya el tiempo en que a Cristóbal Colón había de hacer verdadero, y mostrar que lo había escogido para esto, y escapalle[1] también del gran peligro que con aquella gente impaciente e incrédula llevaba, y a ellos asimismo despenar,[2] y a todos consolar, domingo, 7 de otubre, al levantar del sol, la carabela *Niña*, que por ser muy velera[3] iba delante, y también porque todos trabajaban de andar cuanto más podían por ver primero tierra, por ganar la merced de los diez mil maravedís de juro[4] que la Reina había prometido al que primero viese tierra, como ya se dijo arriba, alzó una bandera en el topo del mástel[5] y tiró una lombarda[6] por señal que vía tierra, porque así lo había ordenado el capitán general Cristóbal Colón.

Tenía también mandado,[7] que, al salir y poner del sol, se juntasen todos los navíos con él, porque aquestos son dos tiempos más proprios y convinientes para que los humores o vapores de la mar no impidan a ver más lejos mar o tierra que otros; pues como a la tarde no viesen la tierra que los de la *Niña* dijeron, y hobiesen sido celajes,[8] de lo cual tornaron a tomar nuevo descorazonamiento y desmayo los que siempre desconfiaban, y viese Cristóbal Colón que pasaban gran multitud de aves de la parte del Norte hacia el Sudueste, lo cual era evidente argumento y cierta señal que iban a dormir a tierra o huían quizá del invierno que, en las tierras de donde venían, debía de querer venir, acordándose Cristóbal Colón que las más de las islas que los portogueses hoy tienen, las habían descubierto por tomar y tener por cierto el dicho argumento de seguir tras las aves que vían volar como de corrida, mayormente sobre tarde, por esto acordó de dejar el camino que llevaba del Güeste,[9] y poner la proa hacia el Güesueste,[10] que eran dos vientos más, con determinación de andar dos días por aquel camino, porque consideraba que no se apartaba mucho del Güeste, que era su principal intento, por el cual, si siempre siguiera, y la impaciencia castellana no lo impidiera, ninguna duda fuera que no iba a dar con la tierra firme Florida, y de allí a la Nueva España, aunque fueran incomparables los inconvinientes y daños intolerables que se les ofrecieran, y fuera divino milagro si a Castilla jamás volviera. Pero hízolo y rodeólo Dios, que lo governaba, regía y sabía todo, muy mejor que él ni otro pudiera deseallo ni pedillo,[11] como constará por lo que más referiremos. Anduvo este día, antes que diese la vuelta, veinte y tres leguas, y dióla por el sudueste una hora antes que el sol se pusiese, y navegó esta noche obra de[12] cinco leguas.

Lunes, 8 de otubre, navegó al Güesuedueste, y luego les quiso Dios suplir o reformar el desmayo que de nuevo habían el día pasado

[1] salvarle
[2] quitar las penas
[3] nave ligera, de buena navegación
[4] *maravedíes*: monedas españolas que han tenido diversos nombres y valores, según la época; *de juro*: de seguro, ciertamente
[5] tope del mástil, en el extremo superior del palo mayor del barco
[6] especie de cañón
[7] ordenado
[8] nubecillas de colores
[9] este
[10] sureste
[11] desearlo ni pedirlo
[12] cosa de

recobrado, porque parecieron mucho número de diversas aves, que fueron grajaos[13] y ánades y un alcatraz, y, sobre todas, muchos pajaritos del campo, de los cuales tomaron en la nao[14] uno, con que todos, como si vieran una gran cosa, se regocijaron. Y porque iban todas estas aves al Sudueste, y no parecía que podían ir a parar muy lejos, siguieron con más voluntad y alegría aquel camino, que era el que las aves llevaban.

Crecíales su consuelo con que también tenían la mar, como en el río de Sevilla,[15] muy llana; los aires muy dulces, como por abril en Sevilla, odoríferos y muy agradables, y la hierba que salía muy fresca, por todo lo cual Cristóbal Colón daba a nuestro Señor muchas gracias. Anduvieron, entre día y noche, obra de doce leguas, no más porque había poco viento.

Martes, 9 de octubre, navegando al Sudueste, porque se le mudaba el viento, anduvo cinco leguas; después corrió al Güeste cuarta; al Norueste anduvo cuatro; después, con todas, once de día, y a la noche veinte leguas y media; contó a la gente diez y siete; sintieron toda la noche pasar pájaros.

Otro día, miércoles, 10 de octubre, arreciando el viento y navegando al Güesudeste, anduvieron diez millas por hora, que son dos leguas y media, y algún rato a siete, y así, entre día y noche, corrieron cincuenta y nueve leguas; puso en la cuenta pública cuarenta y cuatro. Pues como vido[16] la gente tanto andar, y que las señales de los pajaritos y muchas aves salían vanas todas, porque del bien que sucediese y alegría que muy en breve se les aparejaba,[17] nadie con razón pudiese presumir aplicar a sí, antes toda la gloria se atribuyese al Señor muy alto y muy bueno que los regía, cuya voluntad necesariamente de aquel camino se había de complir, tornaron todos a reiterar sus importunas y desconfiadas querellas,[18] y a insistir en sus temerarias peticiones, clamando a la vergonzosa tornada, despidiéndose del todo punto del placer y regocijo que en espacio de no[19] treinta horas Dios les tenía aparejado.

Pero no concediendo[20] a tan vituperable cobardía el ministro que para este negocio allí Dios llevaba, antes con más renovado ánimo, con mayor libertad de espíritu, con más viva esperanza, con más graciosas y dulces palabras, exhortaciones y ofrecimientos mayores, los esforzó y animó a ir delante y a la perseverancia, añidiendo también que por demás era quejarse, pues su fin dél y de los Reyes había sido y era venir a descubrir por aquella mar occidental las Indias, y ellos para ello le habían querido acompañar, y que así lo entendía proseguir con el ayuda de nuestro Señor hasta hallarlas, y que tuviesen por cierto estar más cerca dellas de lo que pensaban.

Aquí creo yo que puso Dios su mano, para que no hiciesen algún desatino[21] de los que muchas veces habían imaginado.

Jueves, 11 días de octubre, cuando ya la misericordia divina quiso hacer a todos ciertos de no haber sido en balde[22] su viaje, vieron nuevas, y más que todas las otras, ciertas y averiguadas señales, con que todos respiraron. Navegaron al Güesudueste, llevando más alta y brava mar de la que habían traído todo el viaje; vieron pardelas,[23] y, lo que más que todo fué, junto a la nao un junco verde, como si entonces de sus raíces lo hobieran cortado; los de la carabela *Pinta* vieron un palo y una caña, tomaron otro palillo, a lo que parecía, con hierro labrado, y un pedazo de caña y una tabilla y otra hierba que en tierra nace; los de la carabela *Niña* también vieron otras señales, y un palillo cargado de escaramojos, con que todas las carabelas en gran manera se regocijaron; anduvieron en este día, hasta que el sol se puso, 27 leguas.

Cognosciéndose[24] Cristóbal Colón estar ya muy cerca de tierra, lo uno, por tan manifiestas señales, lo otro, por lo que sabía haber andado de las Canarias hacia estas partes, porque siempre tuvo en su corazón, por cualquiera ocasión o conjetura que le hobiese su opinión venido, que habiendo navegado de la isla del Hierro por

[13] grajos, aves parecidas al cuervo con picos y pies rojos
[14] nave
[15] el Guadalquivir
[16] vio
[17] se les preparaba
[18] disputas, discordias
[19] unas
[20] no cediendo ante
[21] disparate, necedad, locura; opuesto de acierto
[22] inútil
[23] aves acuáticas palmípedas, parecidas a la gaviota, pero más pequeñas
[24] conociendo

este mar Océano setecientas y cincuenta leguas, pocas más o menos, había de hallar tierra; después de anochecido, al tiempo que dijeron la Salve,[25] como es la costumbre de marineros, hizo una habla muy alegre y graciosa a toda la gente y marineros, reduciéndoles a la consideración las mercedes que a él y a todos Dios en aquel viaje había hecho, dándoles tan llana mar, tan suaves y buenos vientos, tanta tranquilidad de tiempos sin tormentas y zozobras, como comúnmente a los que navegan por la mar suelen acaecer; y que porque él esperaba en la misericordia de Dios que antes de muchas horas les había de dar tierra, que les rogaba encarecidamente que aquella noche hiciesen muy buena guardia en el castillo de proa, velando y estando muy sobre aviso[26] para mirar por tierra mejor que hasta entonces habían hecho, pues habiendo puesto en el primer capítulo de la instrucción que dió a cada capitán de cada navío, partiendo de las Canarias, conviene a saber, que habiendo navegado setecientas leguas hacia el Poniente, sin haber descubierto tierra, no navegasen más de hasta media noche, lo cual no habían hasta entonces guardado y él lo había disimulado por no dalles más pena, por el ansia que llevaban de ver tierra, porque él tenía gran confianza en Nuestro Señor que aquella noche habían de estar muy cerca de tierra, o quizá vella;[27] y que cada uno pusiese diligencia en velar por vella primero, porque, allende[28] la merced de los diez mil maravedís que la Reina había concedido al primero que la viese, él prometía de darle luego un jubón[29] de seda.

Esta noche, después del sol puesto, navegó al Güeste, la vía que siempre desde las Canarias trujo, y anduvo doce millas por hora, y, hasta las dos, después de media noche, andarían noventa millas, que fueron 22 leguas y media.

Estando Cristóbal Colón en el castillo de popa, con los ojos más vivos hacia delante que otro, como aquel que más cuidado dello tenía, porque más le incumbía[30] que a todos, vido una lumbre, aunque tan cerrada o añublada, que no quiso fiarmar[31] que fuese tierra; pero llamó de secreto a Pero Gutiérrez, repostero de estrados del Rey,[32] y díjole que parecía lumbre, que mirase él lo que le parecía, el cual la vido y dijo que lo mismo le parecía ser lumbre; llamó también a Rodrigo Sánchez de Segovia, que los Reyes habían dado cargo de ser veedor de toda el armada, pero éste no la pudo ver. Después se vido una vez o dos, y diz[33] que era como una candelilla que se alzaba y bajaba. Cristóbal Colón no dudó ser verdadera lumbre, y por consiguiente, estar junto a la tierra, y así fué. Y lo que yo siento dello es: que los indios de noche por aquestas islas, como son templadas, sin algún frío, salen o salían de sus casas de paja, que llamaban bohíos, de noche a complir con sus necesidades naturales, y toman un tizón[34] en la mano, o una poca de tea, o raja de pino, o de otra madera muy seca y resinosa, que arde como la tea, cuando se hace escura[35] noche, y con aquél se tornan a volver, y desta manera pudieron ver la lumbre las tres o cuatro veces que Cristóbal Colón y los demás que la vieron.

Velando, pues, muy bien Cristóbal Colón sobre ver la tierra, y avisando a los que velaban la proa de la nao que no se descuidasen, como la carabela *Pinta*, donde iba Martín Alonso Pinzón,[36] fuese delante de todas por ser más velera, vido[37] la tierra, que estaría dos leguas, a las dos horas después de media noche, y luego hizo las señales que de haber visto tierra, por la instrucción que llevaba, debía hacer, que era tirar un tiro de lombarda y alzar las banderas; [y así parece que, pues se vido la tierra dos horas después de media noche, jueves, se debe atribuir al viernes este descubrimiento, y, por consiguiente, fué a 12 de otubre].

Vido la tierra primero un marinero que se llamaba Rodrigo de Triana, pero los diez mil

---

[25] oración en honor de la virgen
[26] muy alertas
[27] verla
[28] más allá de
[29] chaleco ajustado al cuerpo
[30] le interesaba, le correspondía
[31] afirmar, asegurar
[32] el que tenía a su cargo en los palacios todo lo relativo a la mesa
[33] dicen
[34] palo o madero encendido
[35] oscura
[36] Martín Alonso Pinzón: navegante español (1440–1493), uno de los mejores auxiliares de Colón, capitán de la carabela *La Pinta*; su hermano Vicente Yáñez (¿?–¿1523?) dirigía *La Niña*
[37] vieron

maravedís de juro sentenciaron los Reyes que los llevase Cristóbal Colón, juzgando, que, pues él había visto primero la lumbre, fué visto ver primero la tierra. De donde podemos colegir un no chico argumento de la bondad y justicia de Dios, el cual aun en este mundo remunera como también castiga, respondiendo a la confianza que de su providencia se tiene, y a los trabajos y solicitud virtuosa de cada uno, en que ordenó, que así como había Cristóbal Colón llevado lo más trabajoso y angustioso de todo el viaje, con padecer sobre sí la parte que dello le cabía como a particular persona, y la carga de todos como pública, con los desacatos[38] y turbaciones y aflicciones que muchas veces todos le causaron, y sólo él tuvo fe firme y perseverante constancia de la divinal providencia, que no había de ser de su fin defraudado,[39] él alcanzase este favor, y se le atribuyese haber primero visto la tierra, por ver primero la lumbre en ella, en figura de la espiritual, que, por sus sudores, había Cristo de infundir a aquestas gentes que vivían en tan profundas tinieblas, y así goazse[40] de la merced de los diez mil maravedis; lo cual es de estimar, no tanto por el valor dellos, como fuese tan poco, cuanto por el alegría y consuelo que en esto, aun tan mínimo temporal, favoreciéndolo, quiso concederle. Estos diez mil maravedís de juro llevó siempre por toda su vida, y si no me he olvidado, un día, hablando con la virreina de las Indias, nuera[41] del mismo Almirante don Cristobal Colón, mujer de su primer sucesor, en las costas de aquel viaje, me dijo habérsele librado en las carnecerías de la ciudad de Sevilla, donde siempre se los pagaron.

Por todo lo dicho, queda bien claro y confundido el error de algunos, que inventaron y osaron decir que Cristóbal Colón había desmayado y arrepentídose del viaje, y que los Pinzones, hermanos, le habían hecho ir adelante. Parece también la inconsideración de Oviedo[42] que, en su *Historia*, defraudando y quitando gloria y priviliejo,[43] que la bondad de Dios quiso que alcanzase, al que tan justa y condignamente ante todo el mundo la había, por sus incomparables trabajos y sudores tan diuturnos,[44] merecido, puso esto en duda, informado de un Hernán Pérez, marinero, y otros semejantes, de quien él tomó mucho de lo falso que escribe. No, cierto, escogió Dios a los Pinzones para principal autor deste grande e importantísimo negocio, sino a Colón, como podemos conjeturar por muchas cosas de las dichas, y otras más que se dirán, y así, como a su principal ministro, concedió el don de sufrimiento y longaminidad,[45] para que perseverase en lo que tantos años lo había conservado, como ha parecido.

Así que, vista la tierra, bajaron todas las velas, quedándose los navíos con el papahigo,[46] que dicen los marineros, de la vela mayor, sacadas todas las bonetas,[47] y anduvieron barloventando[48] hasta que fué de día.

[38] irreverencias, faltas de respeto
[39] frustrado
[40] gozase
[41] hija política, la mujer del hijo respecto de los padres de éste
[42] Gonzalo Fernández de Oviedo: historiador y colonizador español (1478–1557).
[43] privilegio
[44] que duran mucho tiempo
[45] longanimidad, grandeza de ánimo
[46] gorro de paño que cubre parte de la cara; paños de una vela
[47] paños que se añaden a una vela (de un barco)
[48] navegando en la dirección del viento

Apologética Historia

CXXI

De los dioses que hubo en Nueva España[49] y en otras regiones.

Referido lo que las gentes naturales desta isla Española y de las comarcanas y circunstantes sentían de Dios y de los dioses, y lo demás tocante a la religión, y lo que parecía oler y saber a idolatría, entremos en el abismo y profundidad de la Tierra Firme, donde, cuanto a algunos reinos y provincias della, excedieron los habitadores dellas en dioses, y ritos, y sacrificios, y cultu divino, aunque sacrílego, y celo de religión y devoción, a todas las naciones antiguas de que arriba en muchos capítulos habemos tratado, y a todas las demás que ignoraron al verdadero Dios por todo el mundo.

Y primero que descendamos a la multitud de los dioses, se ha de saber que antes que el capital enemigo de los hombres, y usurpador[50] de la reverencia que a la verdadera deidad es debida, corrompiese los corazones humanos, en muchas partes de la Tierra Firme tenían cognoscimiento particular del verdadero Dios, teniendo creencia que había criado el mundo, y era Señor dél y lo gobernaba, y a él acudían con sus sacrificios, y cultu y veneración, y con sus necesidades; y en las provincias del Perú le llamaban Viracocha,[51] que quiere decir Criador y Hacedor, y Señor y Dios de todo. En las provincias de la Vera Paz, que es cerca de la de Guatimala, así lo han hallado y entendido los religiosos, y tienen noticia lo mismo haber sido en la Nueva España. Pero los tiempos andando, faltando gracia y doctrina, y añidiendo los hombres pecados a pecados, por justo juicio de Dios fueron aquellas gentes dejadas ir por los caminos errados que el demonio les mostraba, como acaeció a toda la masa del linaje humano (poquitos sacados), como arriba en algunos capítulos se ha declarado, de donde nació el engaño de admitir la multitud de los dioses.

Y para que se tenga noticia de los dioses que aquellas tan infinitas naciones tenían y adoraban, es de tomar por regla general que por todo aquello que se sabe de aquella vastísima Tierra Firme, al menos desde la Nueva España, y atrás mucha tierra de la Florida y de la de Cibola,[52] y adelante hasta los reinos del Perú inclusive, todos veneraban el Sol y estimaban por el mayor y mas poderoso y digno de los dioses, y a éste dedicaban el mayor y más sumptuoso y rico y mejor templo, como parece por aquel grandísimo y riquísimo templo de la ciudad de Cuzco (y otros), en el Perú, el cual, en riquezas nunca otro en el mundo se vido, ni en sueños se imaginó, por ser todo vestido de dentro, paredes, y el suelo y el cielo o lo alto dél, de chapas de oro y de plata, entrejeridas[53] la plata con el oro, no piezas de a dos dedos en el tamaño, ni delgadas como tela de araña, sino de a vara de medir, y de ancho de a palmo[54] y a dos palmos, gruesas de poco menos que media mano, y de media y de una arroba de peso; los vasos del servicio del Sol, tinajas y cántaros, de los mismos metales, tan grandes que si no lo viéramos fuera difícil y cerca de imposible creerlo; cabían a tres y cuatro arrobas de agua o de vino o de otro licor, como arriba en el capítulo. . .[55] más largo lo referimos.

Por toda la Nueva España tantos eran los dioses, y tantos los ídolos que los representaban,

[49] nombre dado al actual México
[50] el que se apodera de algo por medios ilegítimos
[51] Dios supremo de los incas
[52] Cíbola, región fabulosa compuesta de siete ciudades maravillosas que los conquistadores creían situada en el norte de México. Fue una de las leyendas más famosas de la conquista
[53] entretejidas; como formando un tejido
[54] medida antigua de longitud
[55] se refiere al capítulo 58

que no tenían número, ni se pudieran con suma diligencia por muchas personas solícitas contar. Yo he visto casi infinitos dellos: unos eran de oro, otros de plata, otros de cobre, otros de barro, otros de palo, otros de masa, otros de diversas semillas.[56] Unos hacían grandes, otros mayores, otros medianos, otros pequeños, otros chequitos y otros más chequitos. Unos formaban como figuras de obispos con sus mitras;[57] otros, con un mortero[58] en la cabeza, y allí le echaban vino en sus fiestas, por lo cual se cree ser aquél el dios del vino; otros tenían figuras de hombres; otros de mujeres; otros de bestias, como leones, tigres, perros, venados; otros como culebras, y éstos de varias maneras, largas, enroscadas y con rostro de mujer, como se suele pintar la culebra que tentó a Eva; otros de águilas y de buhos, y de otras aves; a otros daban figura del Sol y a otros de la Luna, y a otros de las estrellas; a otros formaban como sapos y ranas y peces, que decían ser los dioses del pescado. Déstos llevaron de un pueblo que estaba cabe[59] una laguna (o río o agua) a otro pueblo; pasando después por allí ciertas personas, y pidiéndoles que les diesen para comer algún pescado, respondieron que les habían llevado el dios de los pesces, y por esta causa ya no lo tomaban. Tenían por dios al huego, y al aire, y a la tierra y al agua, y déstos figuras pintadas de pincel,[60] y de bulto,[61] chicas y grandes.

Tenían dios mayor, y éste era el Sol, cuyo oficio era guardar el cielo y la tierra;[62] otros dioses que fuesen guardadores de los hombres y estuviesen por ellos como abogados ante aquel gran dios. Tenían dios para la tierra, otro de la mar, otro de las aguas, otro para guardar el vino, otro para las sementeras;[63] y para cada especie dellas tenían un dios, como para el maíz o trigo uno; para los garbanzos, o habas, o frísoles[64] otro; otro para el algodón; para cada una de las frutas, otro, y así de las otras arboledas y frutales y cosas de comer, otros. Tenían también dios de otras muchas cosas que les eran provechosas, hasta de las mariposas, y de las que les podían hacer mal, como de las pulgas y langostas, y dellas tenían muchas figuras e ídolos muy bien pintadas de pincel, y de bulto, grandes y bien labradas. Item, tenían dios de las guerras; otro para que los guardase de sus enemigos; otro de los matrimonios, y otro muy principal dios para que los guardase de ofender al dios grande.

El año de aquellas gentes mejicanas tenía trescientos y sesenta y cinco días; diez y ocho meses y cinco días tenía el año, y cada mes veinte días, y la semana de trece días, de lo cual tenían constituído un calendario. Y para cada día de la semana y del mes y del año tenían su ídolo con su nombre proprio, y estos nombres, ya eran de hombres, ya de nombres de mujeres que tenían o habían tenido por diosas, y así todos los días tenían ocupados con estos ídolos y nombres, y figuras de la manera que nuestros breviarios y calendarios tienen para cada día su sancta o sancto.

Era ley entre algunas de aquellas gentes que los reyes y señores tuviesen continuos en sus casas seis dioses; los caballeros y nobles cuatro, y dos los plebeyos y populares. Los dioses comunes que tenían en los templos y en los altares estaban puestos por su orden, tantos a una parte como a otra, y en medio de todos tenía puesto un grande ídolo mayor que todos, con una máscara de palo, dorada, y con unos cabellos muy negros, y muy enmantado con unas mantas blancas de algodón, como sábanas, muy albas[65] y muy limpias; tenían ídolos en los patios de las casas, y en los lugares eminentes, como montes o sierras, y collados, y puertos o subidas altas. Teníanlos también cabe las aguas, como cerca de las fuentes, abonde hacían sus altares, con gradas, cubiertos, y en las principales fuentes habían cuatro altares puestos a manera de cruz, unos enfrente de otros. De aquellos altares había en los caminos por muchas partes con sus ídolos, y en los barrios y cuasi por toda la tierra y a toda parte, como humilladeros y oratorios para

---

[56] Es curioso que omite las figuras de piedra que eran, posiblemente, las más importantes
[57] especies de sombreros altos y puntiagudos; tocas altas como las de los obispos
[58] especie de bonete (gorro) que usaban algunos magistrados
[59] junto a
[60] instrumento que usa el artista para pintar
[61] busto o imagen de escultura
[62] Huitzilopochtli, dios solar de los mexicanos, se le tenía por la deidad mayor y como conservador del mundo
[63] tierras sembradas o cultivadas
[64] frijoles
[65] blancas

que tuviesen los caminantes lugares sacros en que adorar y sacrificar, donde quiera que allegasen. Plantaban en aquellos lugares cipreses y ciertas palmas silvestres,[66] para que estuviesen acompañados y adornados los oratorios y altares, en lo cual remedaban[67] a los gentiles pasados, poniendo aquellas arboledas y haciendo aquellas florestas artificiales que llamaban lucos, no por el fin que aquéllos, conviene a saber, para cometer allí de día y de noche muchos feos pecados, sino para ornamento y en reverencia de los dioses que honraban.

Había en la provincia de los Totones o Totonacas, que son, o por mejor decir, eran las gentes que estaban más propincas[68] a la costa de la mar o ribera del Norte, viniendo de Castilla a la Nueva España (en fin, es la provincia primera de la Nueva España), una diosa muy principal, y ésta llamaban la gran diosa de los cielos, mujer del Sol, la cual tenía su templo en la cumbre de una sierra muy alta, cercado de muchas arboledas y fructales de rosas y flores, puestas todas a mano, muy limpio y a maravilla fresco y arreado;[69] era tenida esta diosa grande en gran reverencia y veneración, como el gran dios Sol, aunque siempre llevaba el Sol en ser venerado la ventaja; obedecían lo que les mandaba como al mismo Sol y por cierto se tenía que aquel ídolo desta diosa les hablaba. La causa de tenella en gran estima y serle muy devotos y servidores, era porque no quería recebir sacrificio de muertes de hombres, antes lo aborrecía y prohibía. Los sacrificios que ella amaba y de que se agradaba y les pedía y mandaba ofrecer, eran tórtolas y pájaros y conejos, los cuales le degollaban delante. Teníanla por abogada ante el gran dios, porque les decía que le hablaba y rogaba por ellos. Tenían gran esperanza en ella, que por su intercesión les había de enviar el Sol a su hijo, para librarlos de aquella dura servidumbre, que los otros dioses les pedían de sacrificarles hombres, porque lo tenían por gran tormento y solamente lo hacían por el gran temor que tenían al demonio, por las amenazas que les hacía y daños que dél rescebían. A esta diosa trataban con gran reverencia, y reverenciaban sus respuestas, como de oráculo divino y más que otros señalado, los sumos Pontífices o Papas y todos los sacerdotes.[70]

Tenía especialmente dos continuos y peculiares sacerdotes, como monjes, que noche y día la servían y guardaban. Estos eran tenidos por hombres sanctos, porque eran castísimos y de irreprehensible vida para entre ellos, y aun para entre nosotros fueran por tales estimados sacada fuera la infidelidad. Era tan virtuosa y tan ejemplar su vida, que todas las gentes los venían a visitar como a sanctos y a encomendarse a ellos, tomándolos por intercesores para que rogasen a la diosa y a los dioses por ellos; todo su ejercicio era interceder y rogar por la prosperidad de los pueblos y de las comarcas[71] y de los que a ellos se encomendaban. A estos monjes iban a hablar los Sumos Pontífices, y comunicaban y consultaban sus secretos y negocios arduos, y con ellos se aconsejaban, y no podían los monjes hablar con otros, salvo cuando los iban a visitar, como a sanctos, con sus necesidades. Cuando los visitaban y les contaban cada uno sus cuictas[72] y se encomendaban a ellos y les pedían consejo, ayuda y favor, estaban las cabezas bajas, sin hablar palabra, en coclillas, con grandísima humildad y mortificación, honesta y triste representación. Estaban vestidos de pieles de adives,[73] los cabellos, muy largos, encordonados o hechos crisnejas; no comían carne, y allí en esta vida y soledad y penitencia vivían y morían por servicio de aquella gran diosa. Cuando alguno dellos moría elegía el pueblo otro (porque iban por eleción, como abajo se verá). El que se elegía era estimado por de buena y honesta vida y ejemplo, no mozo, sino de sesenta o septenta años arriba, que hobiese sido casado y a la sazón fuese ya viudo. Estos escribían, por figuras, historias, y las daban a los Sumos Pontífices o Papas, y los Sumos Pontífices las referían después al pueblo en sus sermones.

Tenían otra diosa los mexicanos y los de sus

[66] que viven naturalmente en los campos o bosques
[67] imitaban
[68] próximas, cercanas
[69] arreglado
[70] A esta diosa se le llamaba en náhuatl *Centeotl*, «la diosa del maíz» y también Tonacayohua, «la conservadora de nuestra carne»
[71] regiones, territorios
[72] penas, aflicciones
[73] chacales

comarcas, de otra calidad que la ya dicha, de la cual dicen o fingen que una vez se les tornaba culebra, y afírmase por cosa notoria; otras veces se transfiguraba en una moza muy hermosa y andaba por los mercados enamorándose de los mancebos y provocábalos a su ayuntamiento,[74] el cual complido los mataba. Y esto puede ser verdad de historia y que el demonio usase con aquella gente de tantos engaños, transfigurándose, permitiéndolo Dios por sus pecados; y cómo estas transformaciones el demonio por prestigios haga, en los capítulos . . . [75] fué asaz declarado.[76]

Gonzalo Fernández de Oviedo

ESPAÑA, 1478–1557

El primer historiador en ocupar el cargo de cronista oficial de la corona creado por el Emperador Carlos V fue Gonzalo Fernández de Oviedo, nombrado en 1532. Era madrileño de nacimiento y representa en muchos aspectos el típico caballero renacentista: culto, aventurero, amigo de reyes y príncipes. Se educó en la corte de los Reyes Católicos y presenció muchos de los hechos más memorables de su tiempo e inclusive defendió las armas españolas en las campañas de Italia bajo las órdenes del Gran Capitán, el célebre jefe del ejército español. Pocos conquistadores lo superan en actividades de las que son buen ejemplo las doce veces que cruzó el océano en viajes entre América y España y otros lugares. Por los cargos que ocupó en las colonias y su amplia labor de escritor fue uno de los conquistadores que gozó del favor de los reyes y que se hizo de fortuna en las Indias. Quizás por estas circunstancias personales, representa el polo opuesto de Fray Bartolomé de Las Casas, pues mientras éste se erigió en el defensor de los indios y acérrimo condenador de los desmanes de muchos conquistadores, Fernández de Oviedo defiende la política imperial de Carlos V y la actuación de éstos, mientras critica con toda severidad el carácter y costumbres de los indios, en quienes no ve ningún atributo o cualidad capaz de sacarlos del grado de abyección en que viven. Ésta actitud le granjeó la enemistad más furibunda por parte del «protector de los indígenas». Acumuló una buena fortuna en América, que le permitía vivir holgadamente.

Las obras completas de Fernández de Oviedo formarían veinte volúmenes de diferentes materias y notable desigualdad en sus valores intrínsecos. Se inició como escritor con la obra *Claribalte* (1519), novela de caballería y aventuras. Más tarde compuso el *Sumario de la natural historia de las Indias* (1526), obra que, como su nombre lo indica,

[74] intercurso sexual
[75] 93 a 96
[76] La mención de nahual-culebra hace pensar en la diosa Chicomecóatl y la seducción de los jóvenes hace pensar en Xochiquetzal, diosa del amor. Ambas deidades eran una sola

no es muy extensa y donde hace un estudio de todas las plantas y animales de América, dando también algunas noticias sobre las características de los territorios y costumbres, creencias, ritos y ceremonias de los indios. Por su carácter esta obra es complemento de la *Historia general* y no es tan completa como ésta. El estilo es simple, directo y muy ceñido al tema. Aunque el método científico seguido adolece de los defectos más en boga en aquella época, la obra constituye un antecedente imprescindible para el estudio de la historia natural de nuestro continente. Hay gran desproporción entre los capítulos. Algunos son bastante extensos, pero los hay hasta de cinco líneas. Le presta más interés a las noticias y descripciones sobre la naturaleza del nuevo continente que a lo histórico. Con esta obra se inaugura el estudio de la historia natural moderna.

Después publicó *Batallas y Quincuagenas* (siglo XVI), cuya estructura se forma de diálogos entre Sereno y el Alcaide en los que hacen comentarios sobre hechos y personas de la época. Asimismo compuso *Las Quincuagenas* (1556), escritas en versos de arte menor de escaso valor literario. La crítica actual reconoce como su obra más lograda la *Historia general y natural de las Indias, islas y Tierra Firme del mar Océano* (la primera parte se publicó en Sevilla en 1535 y las restantes en 1851–1855). Constituye ésta, fuente de imprescindible consulta para conocer los albores de la historia y de la literatura hispanoamericanas. La crónica tiene un triple objetivo temático: presentar los distintos aspectos de la naturaleza, al hombre americano, y los acontecimientos más sobresalientes de los primeros años. En ella muestra extraordinario don de observación y memoria prodigiosa. Su obra es como una integración de la naturaleza, su visión de historiador, y los habitantes de este continente. Oviedo escribe como inspirado por la grandeza del imperio español y ve el Nuevo Mundo como una de sus partes esenciales. Su propósito ético asoma cuando ataca la sodomía, la antropofagia y otros vicios practicados por muchos indígenas. A pesar de sus valores documentales, la obra es a veces incoherente, falta al orden cronológico de la narración y no logra establecer la lógica relación entre un asunto y otro. Su obra total es rica en observaciones sobre el mundo americano, las costumbres y sicología de los indígenas y los hechos más importantes de la conquista y de los primeros años de la vida colonial.

FUENTE: *Historia general y natural de las Indias*, 2 vols., Madrid, Biblioteca de Autores Españoles, 1959. Tomos 117 y 118. *Sumario de la natural historia de las Indias*, en el Tomo 22 de la misma colección. Edición y estudio preliminar de Juan Pérez de Tudela Buesa.

Historia general y natural de las Indias[1]

1535; 1851–1855

Libro Quinto

i

Por todas las vías que he podido, después que a estas Indias pasé, he procurado con mucha atención, así en estas islas como en la Tierra Firme, de saber por qué manera o forma los indios se acuerdan de las cosas de su principio e antecesores, e si tienen libros, o por cuáles vestigios e señales no se les olvida lo pasado. Y en esta isla, a lo que he podido entender, solos sus cantares, que ellos llaman areitos,[2] es su libro o memorial que de gente en gente queda, de los padres a los hijos, y de los presentes a los venideros como aquí se dirá.

Y no he hallado en esta generación cosa entre ellos más antiguamente pintada ni esculpida o de relieve entallada, ni tan principalmente acatada e reverenciada, como la figura abominable e descomulgada del demonio, en muchas e diversas maneras pintado o esculpido, o de bulto, con muchas cabezas e colas, e diformes y espantables, e caninas e feroces dentaduras, con grandes colmillos, e desmesuradas orejas, con encendidos ojos de dragón e feroz serpiente, e de muy diferenciadas suertes, y tales, que la menos espantable pone mucho temor y admiración. Y ésles[3] tan sociable e común, que no solamente en una parte de la casa le tienen figurado, más aún en los bancos en que se asientan (que ellos llaman *duho*), a significar que no está solo el que se sienta, sino él e su adversario. Y en madera, y de barro y de oro, e en otras cosas, cuantas ellos pueden, lo esculpen y entallan,[4] o pintan, regañando e ferocísimo, como quien él es. Al cual ellos llaman cemí, y a éste tienen por su Dios, y a éste piden el agua, o el sol, o el pan, o la victoria contra todos sus enemigos, y todo lo que desean; y piensan ellos que el cemí se lo da cuando le place; e aparescíales fecho fantasma de noche.

E tenían ciertos hombres entre si, que llaman buhití, que servían de aurispices, o agoreros adevinos.[5] E aquestos les daban a entender que el cemí es señor del mundo e del cielo y de la tierra y de todo lo demás, y que su figura e imagen era aquélla, tan fea como he dicho y mucho más que se sabrá pensar ni decir, pero siempre diferente y como la hacían, en diversas maneras. Y estos cemís o adevinos les decían muchas cosas, que los indios tenían por ciertas, que vernían en su favor o daño. E aunque muchas veces saliesen mentirosos, no perdían el crédito, porque les daban a entender que el cemí había mudado consejo, por más bien suyo, o por hacer su propria voluntad.

Estos, por la mayor parte, eran grandes herbolarios e tenían conoscidas las propiedades de muchos árboles e plantas e hierbas; e como sanaban a muchos con tal arte, teníanlos en gran veneración e acatamiento, como a sanctos; los cuales eran tenidos entre esta gente como entre los cristianos los sacerdotes. E los tales siempre traían consigo la maldita figura del cemí, e asi, por tal imagen, les daban el mismo nombre que a ella, e los decían cemíes, allende de los decir buhitís. E aun en la Tierra Firme, no solamente en sus ídolos de oro y de piedra y de madera e de barro huelgan[6] de poner tan descomulgadas y

[1] Véanse algunas ideas críticas en la introducción
[2] bailes típicos de los indios de las Antillas que el autor describe en detalle
[3] y les es
[4] esculpen o graban
[5] especies de adivinos
[6] se alegran de, se divierten

diabólicas imágenes, más en las pinturas que sobre sus personas se ponen (teñidas, e perpetuas, de color negro, para cuanto viven, rompiendo sus carnes y el cuero, juntando en si esta maldita efigie), no lo dejan de hacer. Así que, como sello que ya está impreso en ellos y en sus corazones, nunca se les desacuerda haberla visto ellos o sus pasados, e así le nombran de diversas maneras.

En esta Isla Española,[7] cemí, como he dicho, es el mismo que nosotros llamamos diablo; e tales eran los que estos indios tenían figurados en sus joyas, en sus moscadores,[8] y en las frentes e lugares que he dicho, e en otros muchos, como a su propósito les parescía o se les antojaba ponerle.

Una cosa he yo notado de lo que he dicho y pasaba entre esta gente, y es que el arte de adevinar (o pronosticar las cosas por venir), y cuantas vanidades los cemíes daban a entender a esta gente, andaba junto con la medicina e arte mágica. Lo cual paresce que concuerda con lo que dice Plinio[9] en su *Natural Historia*, confesando que, bien que sea el arte más fraudulento o engañoso de todos, ha habido grandísima reputación en todo el mundo y en todos siglos. [...]

Pasemos a los areitos o cantares suyos, que es la segunda cosa que se prometió en el título deste capítulo. Tenían estas gentes una buena e gentil manera de memorar[10] las cosas pasadas e antiguas; y esto era en sus cantares e bailes, que ellos llaman areito, que es lo mismo que nosotros llamamos bailar cantando. Dice Livio que de Etruria[11] vinieron los primeros bailadores a Roma, e ordenaron sus cantares acordando las voces con el movimiento de la persona. Esto se hizo por olvidar el trabajo de las muertes de la pestilencia, el año que murió Camilo;[12] y esto digo yo que debía ser como los areitos o cantares en corro destos indios. El cual areito hacían desta manera: cuando querían haber placer, celebrando entre ellos alguna notable fiesta, o sin ella, por su pasatiempo, juntábanse muchos indios e indias, algunas veces los hombres solamente, y otras veces las mujeres por sí, y en las fiestas generales, así como por una victoria o vencimiento de los enemigos, o casándose el cacique[13] o rey de la provincia, o por otro caso en que el placer fuese comúnmente de todos, para que hombres e mujeres se mezclasen. E por más extender su alegría e regocijo, tomábanse de las manos, algunas veces, e también, otras, trabábanse[14] brazo con brazo ensartados, o asidos muchos en rengle,[15] o en corro asimismo; e uno dellos tomaba el oficio de guiar (ora fuese hombre o mujer), y aquél daba ciertos pasos adelante e atrás, a manera de un contrapás[16] muy ordenado, e lo mismo, y en el instante, hacen todos, e así andan en torno, cantando en aquel tono alto o bajo que la guía los entona, e como lo hace e dice, muy medida e concertada la cuenta de los pasos con los versos o palabras que cantan. Y así como aquél dice, la moltitud de todos responde con los mismos pasos e palabras e orden; e en tanto que le responden, la guía calla, aunque no cesa de andar el contrapás. Y acabada la respuesta, que es repetir o decir lo mismo que el guiador dijo, procede encontinente,[17] sin intervalo, la guía a otro verso e palabras que el corro e todos tornan a repetir; e así, sin cesar, les tura[18] esto tres o cuatro horas y más, hasta que el maestro o guiador de la danza acaba su historia; y a veces les tura desde un día hasta otro.

Algunas veces, junto con el canto mezclan un atambor, que es hecho en un madero redondo, hueco, concavado, e tan grueso como un hombre, e más o menos, como le quieren hacer; e suena como los atambores sordos que hacen los negros; pero no le ponen cuero, sino unos agujeros e rayos que trascienden a lo hueco, por do rebomba[19] de mala gracia. E así, con aquel mal instrumento o sin él, en su cantar, cual es dicho, dicen sus memorias e historias

---

[7] la isla de Santo Domingo, donde están actualmente Haití y la República Dominicana

[8] utensilios para atraer y matar moscas; también para espantar y ahuyentarlas

[9] Plinio, Libro XXX, Cap. I.

[10] commemorar; recordar

[11] *Tito Livio*: célebre historiador romano (64 o 69 a. C.–17 d. C.); *Etruria*: región de Italia entre el río Tíber y los montes Apeninos, hoy Toscana

[12] tribuno y dictador romano (¿?–366 a. C.), salvó a Roma de la invasión gala en el año 396

[13] jefe indio

[14] se cogían

[15] regla, de manera normal

[16] compás, ritmo

[17] *in continenti* o *incontinenti*, prontamente, al instante, inmediatamente

[18] dura

[19] retumba, resuena

pasadas, y en estos cantares relatan de la manera que murieron los caciques pasados, y cuántos y cuáles fueron, e otras cosas que ellos quieren que no se olviden. Algunas veces se remudan aquellas guías o maestro de la danza, y mudando el tono y el contrapás, prosigue en la misma historia, o dice otra (si la primera se acabó), en el mismo son u otro.

Esta manera de baile paresce algo a los cantares e danzas de los labradores cuando en algunas partes de España, en verano, con los panderos, hombres y mujeres se solazan. Y en Flandes he yo visto lo mesma forma de cantar, bailando hombres y mujeres en muchos corros, respondiendo a uno que los guía o se anticipa en el cantar, segun es dicho.

En el tiempo que el comendador mayor don frey Nicolás de Ovando[20] gobernó esta isla, hizo un areito ante él Anacaona, mujer que fué del cacique o rey Caonabo, la cual era gran señora; e andaban en la danza más de trescientas doncellas, todas criadas suyas, mujeres por casar; porque no quiso que hombre ni mujer casada, o que hobiese conoscido varón, entrasen en la danza o areito.

Así que, tornando a nuestro propósito, esta manera de cantar en esta y en las otras islas (y aun en mucha parte de la Tierra Firme), es una efigie de historia o acuerdo de las cosas pasadas, así de guerras como de paces, porque con la continuación de tales cantos no se les olviden las hazañas e acaescimientos[21] que han pasado. Y estos cantares les quedan en la memoria, en lugar de libros, de su acuerdo; y por esta forma rescitan las genealogías de sus caciques y reyes o señores que han tenido, y las obras que hicieron, y los malos o buenos temporales que han pasado o tienen; e otras cosas que ellos quieren que a chicos e grandes se comuniquen e sean muy sabidas e fijamente esculpidas en la memoria. Y para este efecto continúan estos areitos, porque no se olviden, en especial las famosas victorias por batallas. Pero en esto de los areitos, más adelante, cuando se tracte de la Tierra Firme, se dirán otras cosas; porque los de esta isla, cuando yo los vi el año de mill e quinientos e quince años, no me parescieron cosa tan de notar como los que vi antes en la Tierra Firme y he visto después en aquellas partes.

No le parezca al letor que esto que es dicho es mucha salvajez, pues que en España e Italia se usa lo mismo, y en las más partes de los cristianos, e aún infieles, pienso yo que debe ser así. ¿Qué otra cosa son los romances e canciones que se fundan sobre verdades, sino parte e acuerdo de las historias pasadas? A lo menos entre los que no leen, por los cantares saben que estaba el rey don Alonso[22] en la noble cibdad[23] de Sevilla, y le vino al corazón de ir a cercar Algecira. Así lo dice un romance, y en la verdad así fué ello: que desde Sevilla partió el rey don Alonso onceno cuando la ganó, a veinte e ocho de marzo, año de mill e trescientos e cuarenta e cuatro años. Así que ha, en este de mill e quinientos e cuarenta e ocho, doscientos e cuatro años que tura este cantar o areito. Por otro romance se sabe que el rey don Alonso VI[24] hizo cortes en Toledo para cumplir de justicia al Cid Ruy Díaz contra los condes de Carrión; y este rey murió primero día del mes de julio de mill y ciento e seis años de la Natividad de Cristo; así que han pasado hasta agora cuatrocientos cuarenta e dos años hasta este de mill e quinientos e cuarenta e ocho; y antes habían seído aquellas cortes e rieptos[25] de los condes de Carrión, y tura hasta agora esta memoria o cantar o areito. Y por otro romance se sabe que el rey don Sancho de León, primero de tal nombre, envió a llamar al conde Fernán González,[26] su vasallo, para que fuese a las cortes de León. Este rey don Sancho tomó el reino año de nuevecientos e veinte e cuatro años de la Natividad de Cristo, e reinó doce años; así que, murió año del Redemptor de nuevecientos e treinta e seis años; por manera que ha bien seiscientos doce años, este de mill e quinientos e cuarenta e siete, que tura este otro

---

[20] político español (1460–1518), gobernador de La Española (1502–1509), esclavizó a los indios, fundó varias ciudades e introdujo la caña de azúcar

[21] acontecimientos, eventos

[22] Alfonso XI, *el Justiciero*, rey de Castilla y León (1311–1350)

[23] ciudad

[24] Alfonso VI, rey de Castilla y León (1030–1109)

[25] raptos

[26] Sancho I *el Craso*, rey de León reinó (924–936); conde Fernán González: noble castellano que se rebeló contra el reino de León y fundó la independencia de Castilla (s. X). El autor también menciona ejemplos de romances semejantes a los areítos en Italia y Francia

areito o cantar en España. Y así podríamos decir otras cosas muchas semejantes y antiguas en Castilla. [...]

En tanto que turan estos sus cantares e los 5 contrapases o bailes, andan otros indios e indias dando de beber a los que danzan, sin se parar alguno al beber, sino meneando siempre los pies e tragando lo que les dan. Y esto que beben son ciertos bebrajes que entre ellos se usan, e 10 quedan, acabada la fiesta, los más dellos y dellas embriagos e sin sentido, tendidos por tierra muchas horas. Y así como alguno cae beodo, le apartan de la danza e prosiguen los demás; de forma que la misma borrachera es la que da conclusión al areito. Esto cuando el areito es solemne e fecho en bodas o mortuorios o por una batalla, o señalada victoria e fiesta; porque otros areitos hacen muy a menudo, sin se emborrachar. E así unos por este vicio, otros por aprender esta manera de música, todos saben esta forma de historiar, e algunas veces se inventan otros cantares y danzas semejantes por personas que entre los indios están tenidos por discretos e de mejor ingenio en tal facultad. [...]

Hernán Cortés

ESPAÑA, 1485–1547

Mayor interés tienen los cronistas de la exploración y la conquista, entre los cuales ocupa lugar sobresaliente Hernán Cortés, conquistador de México y cronista de sus propias hazañas al estilo de Julio César. Cortés nació en Medellín, España y estudió por dos años en la Universidad de Salamanca. Antes de cumplir los veinte años vino a América. Más tarde fue Secretario y cuñado de Diego Velázquez, y cuando éste fue nombrado Gobernador de Cuba, pasó con él a dicha isla llegando a ser Alcalde de la ciudad de Santiago de Cuba. A los treinta y tres años fue nombrado jefe de la expedición que salió de Cuba para conquistar a México el 18 de noviembre de 1518. A través de una campaña relámpago presidida por el valor, la astucia y la diplomacia, Cortés conquistó México —derrotando un poderoso imperio indígena— en tres años. Su gigantezca hazaña quedó completada en 1521, fecha de la caída de la capital azteca.

La correspondencia de Cortés es bastante numerosa porque siempre puso mucho interés en informar al Emperador de sus proyectos y hazañas. Sin embargo, ninguna tiene el valor histórico y literario de las *Cartas de Relación* (1519, 1520, 1522, 1524, 1526) que en número de cinco envió a Carlos V. La primera carta tiene fecha 10 de julio de 1519 y anduvo mucho tiempo perdida y la quinta y última, perdida también por mucho tiempo, está fechada el 3 de septiembre de 1526. Cortés escribe sin orgullo ni pretensiones; sus obras nos narran sus proyectos y los ingenios y astucias a que tuvo que recurrir para conquistar tan vasto territorio ante peligros tan grandes. Son modelos del género epistolar por el tono familiar, íntimo, su frescura y sencillez. Muestra siempre profunda simpatía y admiración por los indígenas y por su civilización; como hombre europeo se le nota el asombro ante el esplendor de estas civilizaciones indias y contrasta sus diferencias con la cultura europea. Aunque está contando su propia hazaña, no pierde nunca la serenidad, la objetividad y el buen juicio del verdadero historiador. Cortés es superior a la mayoría de los cronistas de Indias tanto por su veracidad como por el estilo, fluído, natural y muy ajustado a la índole de estas informaciones al Emperador. Las *Cartas de Relación* gozaron de gran difusión en Europa dado el interés que despertaron, y aún mantienen un encanto especial por el lenguaje claro y vigoroso con que el propio héroe cuenta su historia sin hacerle concesiones a la pasión o a la arrogancia, haciendo pasar por los ojos del lector todos los detalles de uno de los hechos históricos más sobresalientes de todos los tiempos.

Sin proponérselo, Cortés es el iniciador de un nuevo género de tipo histórico, la «crónica de Indias» y sin propósito literario alguno hizo aportes muy valiosos al género epistolar, a través de simples «despachos» o informes de un soldado a su superior. Su narración se distingue por su naturalidad, y por la mirada instrospectiva fiel y amena que da de los hechos de la conquista de México. En sus cartas el autor demuestra agudeza en la observación, sensibilidad en la captación de aspectos muy interesantes y novedosos, tanto sobre las civilizaciones indias como sobre la lucha de los españoles contra los indígenas. Las *Cartas de relación* conservan todavía hoy un gran interés histórico y literario y son capaces de despertar admiración y curiosidad.

FUENTE: *Cartas de Relación de Hernando Cortés sobre el descubrimiento y conquista de la Nueva España*, Madrid, Biblioteca de Autores Españoles, 1946. Tomo 22 de la colección dirigida e ilustrada por don Enrique de Vedia.

Cartas de Relación[1]

1519, 1520, 1522, 1524, 1526

Carta Segunda

ENCUENTRO DE CORTÉS Y MOCTEZUMA

[...] Otro día por la mañana, ya que me queria partir de aquel pueblo,[2] llegaron fasta diez ó doce señores muy principales, segun después supe, y entre ellos un gran señor, mancebo[3] de fasta veinte y cinco años, á quien todos mostraban tener mucho acatamiento, y tanto, que después de bajado de unas andas[4] en que venia, todos los otros le venian limpiando las piedras y pajas del suelo delante él; y llegados donde yo estaba, me dijeron que venian de parte de Muteczuma, su señor, y que los enviaba para que 5 fuesen conmigo, y que me rogaba que le per-

[1] Repásese la crítica sobre esta obra en la introducción. Los subtítulos de las distintas selecciones son del editor, pues no aparecen en las *Cartas de Relación*.
[2] ciudad de Iztapalapa o Ixtapalupa donde estaba Cortés y desde donde salió hacia Tenochtitlán, la capital del imperio azteca y actual México
[3] joven
[4] tablero sostenido por dos varas paralelas, para conducir imágenes, personas, etc.

donase porque no salia su persona á me ver y recibir, que la causa era el estar mal dispuesto;[5] pero que ya su ciudad estaba cerca, y que pues yo todavía determinaba ir á ella, que ellá nos veriamos, y conoceria dél la voluntad que al servicio de vuestra alteza[6] tenia; pero que todavía me rogaba que si fuese posible, no fuese allá, porque padeceria mucho trabajo y necesidad, y que él tenia mucha vergüenza de no me poder allá proveer como él deseaba, y en esto ahincaron[7] y porfiaron mucho aquellos señores; y tanto, que no les quedaba sino decir que me defenderían el camino si todavía porfiase ir. Yo les satisfice y aplaqué con las mejores palabras que pude, haciéndoles entender que de mi ida no les podia venir daño, sino mucho provecho. E así se despidieron, después de les haber dado algunas cosas de las que yo traia. E yo me partí luego tras á ellos, muy acompañado de muchas personas, que parecian de mucha cuenta,[8] como después pareció serlo. E todavía seguia el camino por la costa de aquella gran laguna, é á una legua del aposento[9] donde partí, vi dentro en ella, casi dos tiros de ballesta, una ciudad pequeña que podria ser hasta de mil ó dos mil vecinos, toda armada sobre el agua, sin haber para ella ninguna entrada, y muy torreada, segun lo que de fuera parecia.[10] E otra legua adelante entramos por una calzada tan ancha como una lanza jineta, por la laguna adentro, de dos tercios de legua, y por ella fuimos á dar á una ciudad, la mas hermosa, aunque pequeña, que hasta entonces habiamos visto, así de muy bien obradas casas y torres, como de la buena órden que en el fundamento della habia, por ser armada toda sobre agua. Y en esta ciudad, que será fasta de dos mil vecinos, nos recibieron muy bien y nos dieron muy bien de comer. E allí me vinieron á hablar el señor y las personas principales della, y me rogaron que me quedase allí á dormir. E aquellas personas que conmigo iban de Muteczuma[11] me dijeron que no parase, sino que me fuese á otra ciudad que está tres leguas de allí, que se dice Iztapalapa, que es de un hermano del dicho Muteczuma, y así lo hice. E la salida desta ciudad, donde comimos, cuyo nombre al presente no me ocurre[12] á la memoria, es por otra calzada que tira una legua grandé, hasta á la Tierra-Firme. E llegado á esta ciudad de Iztapalapa, me salió á recibir algo fuera della el señor, y otro de una gran ciudad que está cerca della, que será obra de tres leguas, que se llama Calnaalcan,[13] y otros muchos señores que allí me estaban esperando, é me dieron hasta tres ó cuatro mil castellanos,[14] y algunas esclavas y ropa, é me hicieron muy buen acogimiento.

Terná[15] esta ciudad de Iztapalapa doce ó quince mil vecinos; la cual está en la costa de una laguna salada grande, la mitad dentro en el agua y la otra mitad en la Tierra-Firme. Tiene el señor della unas casas nuevas que aun no están acabadas, que son tan buenas como las mejores de España, digo de grandes y bien labradas, así de obra de cantería como de carpintería y suelos, y complimientos para todo género de servicio de casa, excepto mazonerías[16] y otras cosas ricas que en España usan en las casas, acá no las tienen. Tienen en muchos cuartos altos y bajos jardines muy frescos, de muchos árboles y flores olorosas; asimismo albercas de agua dulce muy bien labradas,[17] con sus escaleras hasta lo fondo. Tiene una muy grande huerta junto la casa, y sobre ella un mirador de muy hermosos corredores y salas, y dentro de la huerta una muy grande alberca de agua dulce, muy cuadrada, y las paredes della de gentil cantería, é al rededor della un anden de muy buen suelo ladrillado, tan ancho, que pueden ir por él cuatro paseándose, y tiene de cuadra cuatrocientos pasos, que son en torno mil y seiscientos. De la otra parte del anden, hácia

[5] sentirse mal
[6] el Emperador Carlos V
[7] insistieron, se dieron prisa
[8] importancia
[9] habitación, cuarto
[10] Las ciudades aquí mencionadas son Ixtapaluca la primera que está después de Chalco camino de México; después Thlahuac, Misquic y Culiacán. Todas estas ciudades estaban fundadas sobre el agua.
[11] Moctezuma II, emperador azteca (1466–1520); en 1519 se sometió a la autoridad de Cortés y murió de heridas ocasionadas por piedras lanzadas por los mismos indios sublevados contra los conquistadores y enojados por su sumisión a Cortés.
[12] no me viene
[13] Culnacan
[14] monedas españolas antiguas equivalentes a la quinta parte de un marco de oro
[15] tendrá
[16] obras de cal y canto (piedras grandes)
[17] hechas

la pared de la huerta, va todo labrado de cañas con unas vergas,[18] y detrás dellas todo de arboledas y yerbas olorosas, y dentro del alberca hay mucho pescado y muchas aves, así como lavancos[19] y cercetas[20] y otros géneros de aves de agua; y tantas, que muchas veces casi cubren el agua. Otro dia después que á esta ciudad llegué, me partí, y á media legua andada entré por una calzada que va por medio desta dicha laguna dos leguas, fasta llegar á la gran ciudad de Temixtatin,[21] que está fundada en medio de la dicha laguna; la cual calzada es tan ancha como dos lanzas, y muy bien obrada, que pueden ir por toda ella ocho de caballo á la par, y en estas dos leguas de la una parte y de la otra de la dicha calzada están tres ciudades, y la una dellas, que se dice Mesicalsingo,[22] está fundada la mayor parte della dentro de la dicha laguna, y las otras dos, que se llaman la una Niciaca y la otra Huchilohuchico,[23] están en la costa della, y muchas casas dellas dentro en el agua. La primera ciudad destas terná tres mil vecinos, y la segunda mas de seis mil, y la tercera otra cuatro ó cinco mil vecinos, y en todas muy buenos edificios de casas y torres, en especial los señores y personas principales y de las de sus mezquitas ú oratorios donde ellos tienen sus ídolos. En estas ciudades hay mucho trato[24] de sal, que hacen del agua de la dicha laguna y de la superficie que está en la tierra que baña la laguna; la cual cuecen[25] en cierta manera y hacen panes de la dicha sal, que venden para los naturales y para fuera de la comarca. E asi seguí la dicha calzada, y á media legua antes de llegar al cuerpo de la ciudad de Temixtitan, á la entrada de otra calzada que viene á dar de la Tierra–Firme á esta otra, está un muy fuerte baluarte[26] con dos torres, cercado de muro de dos estados, con su pretil almenado[27] por toda la cerca que toma con ambas calzadas, y no tiene mas de dos puertas, una por do[28] entran y otra por do salen. Aquí me salieron á ver y á hablar fasta mil hombres principales, ciudadanos de la dicha ciudad, todos vestidos de una manera y hábito, y segun su costumbre, bien rico; y llegados á me fablar, cada uno por sí facia, en llegando á mí, una ceremonia que entre ellos se usa mucho, que ponia cada uno la mano en la tierra y la besaba; y así estuve esperando casi una hora fasta que cada uno ficiese su ceremonia. E ya junto á la ciudad está una puente de madera de diez pasos de anchura, y por allí está abierta la calzada, porque tenga lugar el agua de entrar y salir, porque crece y mengua,[29] y tambien por fortaleza de la ciudad, porque quitan y ponen unas vigas[30] muy luengas y anchas, de que la dicha puente está hecha, todas las veces que quieren, y destas hay muchas por toda la ciudad, como adelante, en la relacion que de las cosas della faré, vuestra alteza verá.

Pasada esta puente, nos salió á recebir aquel señor Mutex-czuma con fasta docientos señores, todos descalzos y vestidos de otra librea[31] ó manera de ropa, asimismo bien rica á su uso, y mas que la de los otros; y venian en dos procesiones, muy arrimados á las paredes de la calle, que es muy ancha y muy hermosa y derecha, que de un cabo[32] se parece el otro, y tiene dos tercios de legua, y de la una parte y de la otra muy buenas y grandes casas, así de aposentamientos como de mezquitas; y el dicho Muteczuma venia por medio de la calle con dos señores, el uno á la mano derecha y el otro á la izquierda; de los cuales el uno era aquel señor grande que dije que me habia salido á fablar en las andas, y el otro era su hermano del dicho Muteczuma, señor de aquella ciudad de Iztapalapa, de donde yo aquel dia habia partido; todos tres vestidos de una manera, excepto el Muteczuma, que iba calzado, y los otros dos señores descalzos: cada uno le llevaba de su brazo; y como nos juntamos, yo me apeé, y le fuí á abrazar solo: é aquellos dos señores que con él iban me detuvieron con las manos para que no

[18] palos, maderos grandes
[19] patos
[20] aves palmípedas
[21] Tenochtitlán, nombre primitivo de la ciudad de México. Fundada por el sacerdote y caudillo azteca Tenoch en 1325.
[22] Mexicalzingo
[23] Hoy se llama Churubusco, antes Ocholopozco.
[24] comercio
[25] cocinan, preparan
[26] fortaleza, defensa, bastión
[27] *pretil:* baranda o balaustrada; *almenado:* con almenas (dientes o cortaduras de los muros–paredes de las fortalezas.)
[28] donde
[29] disminuye
[30] palos o maderos largos y gruesos
[31] traje distintivo como el de los criados de familias ricas
[32] final, extremo

le tocase; y ellos y él ficieron asimismo ceremonia de besar la tierra; y hecha, mandó aquel su hermano que venia con él que se quedase conmigo y me llevase por el brazo, y él con el otro se iba adelante de mí poquito trecho;[33] y después de me haber él fablado, vinieron asimismo á fablar todos los otros señores que iban en las dos procesiones, en órden uno en pos de otro, é luego se tornaban á su procesion. E al tiempo que yo llegué á hablar al dicho Muteczuma, quitéme un collar que llevaba de margaritas y diamantes de vidrio, y se lo eché al cuello; é después de haber andado la calle adelante, vino un servidor suyo con dos collares de camarones, envueltos en un paño, que eran hechos de huesos de caracoles colorados, que ellos tienen en mucho; y de cada collar colgaban ocho camarones de oro, de mucha perfeccion, tan largos casi como un geme;[34] é como se los trujeron, se volvió á mí y me los echó al cuello, y tornó á seguir por la calle en la forma ya dicha, fasta llegar á una muy grande y hermosa casa, que él tenia para nos aposentar, bien aderezada.[35] E allí me tomó por la mano y me llevó á una gran sala, que estaba frontero[36] de un patio por do entramos. E allí me fizo sentar en un estrado muy rico, que para él lo tenia mandado hacer, y me dijo que le esperase allí, y él se fué; y dende[37] á poco rato, ya que toda la gente de mi compañía estaba aposentada, volvió con muchas y diversas joyas de oro y plata, y plumajes, y con fasta cinco ó seis mil piezas de ropa de algodon, muy ricas y de diversas maneras tejida y labrada. E después de me la haber dado, se sentó en otro estrado, que luego le ficieron allí junto con el otro donde yo estaba; y sentado, propuso en esta manera:

«Muchos dias há que por nuestras escrituras tenemos de nuestros antepasados noticia que yo ni todos los que en esta tierra habitamos no somos naturales della, sino extranjeros y venidos á ella de partes muy extrañas; é tenemos asimismo que á estas partes trajo nuestra generacion un señor, cuyos vasallos todos eran, el cual se volvió á su naturaleza, y después tornó á venir dende en mucho tiempo, y tanto, que ya estaban casados los que habian quedado con las mujeres naturales de la tierra, y tenian mucha generacion y fechos pueblos donde vivian; é queriéndolos llevar consigo, no quisieron ir, ni menos recibirle por señor; y así, se volvió. E siempre hemos tenido que de los que dél descendiesen habian de venir á sojuzgar esta tierra y á nosotros, como á sus vasallos. E segun de la parte que vos decis que venis, que es á do sale el sol, y las cosas que decis deste gran señor ó rey que acá os envió, creemos y tenemos por cierto el ser nuestro señor natural; en especial que nos decis que él há muchos dias que tiene noticia de nosotros. E por tanto vos sed cierto que os obedecerémos y ternémos[38] por señor en lugar de ese gran señor que decis, y que en ello no habia falta ni engaño alguno: é bien podeis en toda la tierra, digo que en la que yo en mi señorío poseo, mandar á vuestra voluntad, porque será obedecido y fecho, y todo lo que nosotros tenemos es para lo que vos dello quisiéredes disponer. E pues estais en vuestra naturaleza y en vuestra casa, holgad y descansad del trabajo del camino y guerras que habeis tenido; que muy bien sé todos los que se vos han ofrecido de Puntunchan[39] acá, é bien sé que de los de Cempoal y de Tlascaltecal[40] os han dicho muchos males de mí: no creais mas de lo que por vuestros ojos verédes, en especial de aquellos que son mis enemigos, y algunos dellos eran mis vasallos, y hánseme rebelado con vuestra venida, y por se favorecer con vos lo dicen; los cuales sé que tambien os han dicho yo que tenia las casas con las paredes de oro, y que las esteras de mis estrados y otras cosas de mi servicio eran asimismo de oro, y que yo que era y me facia dios, y otras muchas cosas. Las casas ya las veis que son de piedra y cal y tierra.» Y entonces alzó las vestiduras y me mostró el cuerpo, diciendo á mí: «Veisme aquí que soy de carne y hueso como vos y como cada uno, y que soy mortal y palpable.» Asiéndose él con sus manos de los brazos y del cuerpo: «Ved cómo os han mentido; verdad es

[33] distancia corta
[34] medida antigua de longitud.
[35] preparada, arreglada muy bien
[36] al lado
[37] después de
[38] tendremos
[39] provincia de Potinchan o Potonchan en Tabasco
[40] Cempoala (hoy en el estado de Veracruz). El cacique de esa ciudad se unió a Cortés en contra de Moctezuma.

que yo tengo algunas cosas de oro que me han quedado de mis abuelos: todo lo que yo tuviere teneis cada vez que vos lo quisiéredes. Yo me voy á otras casas, donde vivo; aquí seréis proveido de todas las cosas necesarias para vos y vuestra gente, é no recibais pena alguna, pues estáis en vuestra casa y naturaleza.» Yo le respondí á todo lo que me dijo, satisfaciendo á aquello que me pareció que convenia, en especial en hacerle creer que vuestra majestad era á quien ellos esperaban,[41] é con eso se despidió; y ido, fuimos muy bien proveidos de muchas gallinas y pan y frutas y otras cosas necesarias, especialmente para el servicio del aposento. E desta manera estuve seis dias, muy bien proveido de todo lo necesario, y visitado de muchos de aquellos señores. [...]

PRISIÓN DE MOCTEZUMA

[...]Pasados, invictísimo Principe, seis dias después que en la gran ciudad de Temixtitan entré, é habiendo visto algunas cosas della, aunque pocas, segun las que hay que ver y notar, por aquellas me pareció, y aun por lo que de la tierra habia visto, que convenia al real servicio y á nuestra seguridad que aquel señor estuviese en mi poder, y no en toda su libertad, porque no mudase el propósito y voluntad que mostraba en servir á vuestra alteza, mayormente que los españoles somos algo incomportables é importunos, é porque enojándosenos podria hacer mucho daño, y tanto, que no hobiese memoria de nosotros, segun su gran poder; é tambien porque teniéndole conmigo, todas las otras tierras que á él súbditas venian mas aína[42] al conocimiento y servicio de vuestra majestad, como después sucedió. Determiné de lo prender y poner en el aposento donde yo estaba, que era bien fuerte; y porque en su prision no hobiese algun escándalo ni alboroto, pensando todas las formas y maneras que para lo hacer sin este debia tener, me acordé de lo que el capitán que en la Veracruz habia dejado, me habia escrito cerca de lo que habia acaecido en la ciudad de Almería, segun que en el capítulo antes deste he dicho, y como se habia sabido que todo lo allí sucedido sido por mandado del dicho Muteczuma; y dejando buen recaudo[43] en las encrucijadas de las calles, me fuí á las casas del dicho Muteczuma, como otras veces habia ido á le ver; y después de le haber hablado en burlas y cosas de placer, y de haberme él dado algunas joyas de oro y una hija suya, y otras hijas de señores á algunos de mi compañía, le dije que ya sabia lo que en la ciudad de Nautecal ó Almería habia acaecido, y los españoles que en ella me habian muerto; y que Qualpopoca daba por disculpa que todo lo que habia hecho habia sido por su mandado, y que, como su vasallo, no habia podido hacer otra cosa; y porque yo creia que no era así como el dicho Qualpopoca decia, y que antes era por se excusar de culpa, que me parecia que debia enviar por él y por los otros principales que en la muerte de aquellos españoles se habian hallado, porque la verdad se supiese, y que ellos fuesen castigados, y vuestra majestad supiese su buena voluntad claramente: y en lugar de las mercedes que vuestra alteza le habia de mandar hacer, los dichos de aquellos malos no provocasen á vuestra alteza á ira contra él, por donde le mandase hacer daño, pues la verdad era al contrario de lo que aquellos decian, y yo estaba dél bien satisfecho. Y luego á la hora mandó llamar ciertas personas de los suyos, á los cuales dió una figura de piedra pequeña, á manera de sello, que él tenia atado en el brazo, y les mandó que fuesen á la dicha ciudad de Almería, que está sesenta ó setenta leguas de la de Muxtitan,[44] y que trajesen al dicho Qualpopoca, y se informasen en los demás que habian sido en la muerte de aquellos españoles, y que asimismo los trujesen, y si por su voluntad no quisiesen venir, los trujesen presos; é si se puiesen en resistir la prision, que requiriesen á ciertas comunidades comarcanas á aquella ciudad que allí les señaló, para que fuesen con mano armada para los prender, por manera que no viniesen sin ellos. Los cuales luego se partieron; y así, idos, le dije al dicho

---

[41] Todos los indios pensaron que Cortés era el Dios Quetzalcoatl, porque éste les había prometido muchas veces volver de la parte del Oriente, adonde se había ido. Este hecho fue muy favorable a la conquista.

[42] así

[43] guardias

[44] Tenochtitlán o México. Véase nota 21.

Muteczuma que yo le agradecia la diligencia que ponia en la prision de aquellos, porque yo habia de dar cuenta á vuestra alteza de aquellos españoles. E que restaba para yo dalla que él estuviese en mi posada hasta tanto que la verdad mas se aclarase, y se supiese ser sin culpa; y que le rogaba mucho que no recibiese pena dello, porque él no habia de estar como preso, sino en toda su libertad, y que en el servicio y mando de su señorío yo no le ponia ningun impedimento, y que escogiese un cuarto de aquel aposento donde yo estaba, cual él quisiese, y que allí estaria muy á su placer; y que fuese cierto que ningun enojo ni pena se le habia de dar, antes, demás de su servicio, los de mi compañía le servirian en todo lo que él mandase. Acerca desto pasamos muchas pláticas y razones que serian largas para las escribir, y aun para dar cuenta dellas á vuestra alteza algo prolijas, y tambien no sustanciales para el caso; y por tanto, no diré mas de que finalmente él dijo que le placia de se ir conmigo; y mandó luego ir á aderezar el aposentamiento donde él quiso estar, el cual fué muy puesto y bien aderezado; y hecho esto, vinieron muchos señores, y quitadas las vestiduras y puestas por bajo de los brazos, y descalzos, traian unas andas no muy bien aderezadas; llorando lo tomaron en ellas con mucho silencio, y así nos fuimos hasta el aposento donde estaba, sin haber alboroto en la ciudad, aunque se comenzó á mover. Pero sabido por el dicho Muteczuma, envió á mandar que no lo hubiese; y así, hubo toda quietud, segun que antes la habia, y la hubo todo el tiempo que yo tuve preso al dicho Muteczuma, porque él estaba muy á su placer y con todo su servicio, segun en su casa lo tenia, que era bien grande y maravilloso, segun adelante diré. E yo y los de mi compañía le haciamus todo el placer que á nosotros era posible.

E habiendo pasado quince ó veinte dias de su prision, vinieron aquellas personas que habia enviado por Qualpopoca, y los otros que habian muerto los españoles, é trajeron al dicho Qualpopoca y á un hijo suyo, y con ellos quince personas, que decian que eran principales y habian sido en la dicha muerte. E al dicho Qualpopoca traian en unas andas y muy á manera de señor, como de hecho lo era. E traidos me los entregaron, y yo les hice poner á buen recaudo con sus prisiones, y después que confesaron haber muerto los españoles, les hice interrogar si ellos eran vasallos de Muteczuma; y el dicho Qualpopoca respondió que si habia otro señor de quien pudiese serlo,[45] casi diciendo que no habia otro, y que sí eran. E asimismo les pregunté si lo que allí se habia hecho habia sido por su mandado, y dijeron que no, aunque después, al tiempo que en ellos se ejecutó la sentencia que fuesen quemados, todos á una voz dijeron que era verdad que el dicho Muteczuma se lo habia enviado á mandar, y que por su mandado lo habian hecho. E así fueron estos quemados públicamente en una plaza, sin haber alboroto alguno, y el dia que se quemaron, porque confesaron que el dicho Muteczuma les hábia mandado que matasen á aquellos españoles, le hice echar unos grillos,[46] de que él no recibió poco espanto; aunque después de le haber fablado, aquel dia se los quité y el quedó muy contento, y de allí adelante siempre trabajé de le agradar y contentar en todo lo á mí posible; en especial que siempre publiqué y dije á todos los naturales de la tierra, así señores como á los que á mí venian, que vuestra majestad era servido que el dicho Muteczuma se estuviese en su señorío, reconociendo el que vuestra alteza sobre él tenia, y que servirian mucho á vuestra alteza en le obedecer y tener por señor, como antes que yo á la tierra viniese le tenian. E fué tanto el buen tratamiento que yo le hice, y el contentamiento que de mí tenía, que algunas veces y muchas le acometí con su libertad, rogándole que fuese á su casa, y me dijo, todas las veces que se lo decia, que él estaba bien allí y que no queria irse, porque allí no le faltaba cosa de lo que él queria, como si en su casa estuviese; é podria ser que yéndose y habiendo lugar que los señores de la tierra, sus vasallos, le importunasen ó le induciesen á que hiciese alguna cosa contra su voluntad, que fuese fuera del servicio de vuestra alteza, y que él tenia propuesto de

[45] El imperio de Moctezuma era internacional y sólo los tlascaltecas rehusaban reconocerle.

[46] anillos de hierro que se ponen a los prisioneros

servir á vuestra majestad en todo lo á él posible; y que hasta tanto que los tuviese informados de lo que queria hacer, y que él estaba bien allí; porque aunque alguna cosa le quisiesen decir, que con respondelles que no estaba en su libertad se podria excusar y eximir dellos: y muchas veces me pidió licencia para se ir á holgar y pasar tiempo á ciertas casas de placer que él tenia, así fuera de la ciudad como dentro,[47] ninguna vez se la negué. E fué muchas veces á holgar con cinco ó seis españoles á una y dos leguas fuera de la ciudad, y volvia siempre muy alegre y contento al aposento donde yo le tenia. E siempre que salia hacia muchas mercedes de joyas y ropa, así á los españoles que con él iban, como á sus naturales, de los cuales siempre iba tan acompañado, que cuando menos con él iban, pasaban de tres mil hombres, que los mas dellos eran señores y personas principales; é siempre les hacía muchos banquetes y fiestas, que los que con él iban tenían bien que contar. [...]

Bernal Díaz del Castillo

ESPAÑA, ¿1495-1584?

Compañero de Hernán Cortés en todo el proceso de la conquista de México, Bernal Díaz del Castillo aparece como uno de los más verídicos cronistas de Indias. Nació en Medina del Campo, España, donde su padre llegó a ser regidor. Muy joven ingresó en el ejército como simple soldado. Cuando tenía unos diecinueve años llegó a América (1514) y participó activamente en algunos de los más importantes momentos de la conquista y colonización. Antes de ir en la expedición de Cortés, había participado en dos exploraciones de la costa de México. Fue capitán del ejército del conquistador de ese país y según propia confesión participó en ciento diecinueve combates. Ya viejo se retiró a disfrutar de una modesta encomienda en Santiago de los Caballeros, Guatemala, dondo falleció a edad muy avanzada. Allí escribió su famosa *Historia verdadera de los sucesos de la conquista de la Nueva España* (terminada en 1568 y publicada en Madrid en 1632). Lo movieron a ampliar esta obra, que ya tenía comenzada, las crónicas sobre la conquista de México escritas por Paulo Giovio, Gonzalo Illescas y especialmente, la de Francisco López de Gómara, que con extrema ingenuidad escribió una obra enalteciendo a Cortés a cuyo servicio estaba y negando muchas veces a sus compañeros el papel decisivo que jugaron en ese extraordinario hecho.

Díaz del Castillo era hombre de escasa instrucción, pero tenía una extraordinaria memoria y especiales dotes de narrador. Estos talentos contribuyen a darnos una narración muy amena, vívida y exacta de todos los hechos relacionados con la conquista de México. Su propósito principal fue el de reivindicar para la posteridad el

[47] Moctezuma tenía siete palacios en Tlatelolco, en la ciudad y fuera de ella.

valor de las contribuciones del soldado anónimo en la magna empresa, sin apocar por un solo momento la gloria indiscutible de Hernán Cortés como jefe. Por ese motivo la *Historia verdadera* constituye un fiel reflejo del espíritu popular que animó la empresa conquistadora y de las contribuciones de cientos de soldados desconocidos, en la lucha por incorporar a España el suelo de América. Como historiador es honesto, realista, imparcial, objetivo y espontáneo. Anda en busca de la verdad y por eso solo escribe lo que ha visto, expresando cuando son simples rumores. No tiene interés en argumentos, ideologías o interpretaciones filosóficas porque concibe la historia como una sucesión de hechos concretos, cuya certeza desea vehementemente establecer. Estamos ante una obra de testimonio directo, contada por un testigo presencial que participó en casi todos los hechos que relaciona.

La obra está escrita en un estilo coloquial, vigoroso, rudo y muy espontáneo. Nada más alejado de los afeites literarios que esta narración llena de naturalidad, desenvoltura, y fuerza. Nada escapa al ojo observador de Díaz del Castillo, se nos presenta como un excelente retratista y un diestro historiador, integrando perfectamente el relato de los hechos bélicos con el trasfondo de astucias políticas con que se dirigió toda la campaña. Lo completa con noticias muy acertadas sobre los aspectos más importantes de la civilizacion india. Es un documento muy pormenorizado del cual surgen en forma pujante las imágenes de batallas, personajes, intrigas y planes políticos. Tiene tan fresco el recuerdo de los hechos que recuerda a casi todos los soldados por sus nombres, apodos y hasta los pinta física y moralmente en trazos rápidos y precisos.

Díaz del Castillo reacciona contra el endiosamiento de Cortés hecho por López de Gómara y con toda honestidad lo presenta como el héroe máximo de la jornada, pero rodeado de sus compañeros de lucha y siempre dando a entender que su indiscutible genio militar y político no hubiese podido lograr nada sin la ayuda valiente y decisiva de aquéllos. Su obra es, por tanto, una defensa serena, pero firme y bien argumentada del conquistador anónimo y desconocido. Es una de las mejores crónicas de Indias y documento imprescindible por su seriedad y detallismo para conocer los pormenores de esa gran hazaña de los conquistadores.

FUENTE: *Verdadera historia de los sucesos de la conquista de la Nueva España*, Madrid, Biblioteca de Autores Españoles, 1947. Tomo 26 de esa colección dirigida e ilustrada por don Enrique de Vedia.

Conquista de la Nueva España[1]

1632

XXXV

Cómo envió Cortés á llamar á todos los caciques de aquellas provincias, y lo que sobre ello se hizo.

Ya he dicho cómo prendimos[2] en aquella batalla cinco indios, é los dos dellos capitanes; con los cuales estuvo Aguilar,[3] la lengua, á pláticas, é conoció en lo que le dijeron que serian hombres para enviar por mensajeros; é díjole al capitan Cortés que les soltasen, y que fuesen á hablar á los caciques de aquel pueblo é otros cualesquier; y á aquellos dos indios mensajeros se les dió cuentas verdes é diamantes azules, y les dijo Aguilar muchas palabras bien sabrosas y de halagos, y que les queremos tener por hermanos y que no hubiesen miedo, y que lo pasado de aquella guerra que ellos tenian la culpa, y que llamasen á todos los caciques de todos los pueblos, que les queriamos hablar, y se les amonestó[4] otras muchas cosas bien mansamente para atraellos[5] de paz; y fueron de buena voluntad, é hablaron con los principales é caciques, y les dijeron todo lo que les enviamos á hacer saber sobre la paz. E oida nuestra embajada, fué entre ellos acordado de enviar luego quince indios de los esclavos que entre ellos tenian, y todos tiznadas[6] las caras é las mantas y bragueros[7] que traian muy ruines, y con ellos enviaron gallinas y pescado asado é pan de maíz; y llegados delante de Cortés, los recibió de buena voluntad, é Aguilar, la lengua, les dijo medio enojado que cómo venian de aquella manera puestas las caras; que mas venian de guerra que para tratar paces, y que luego fuesen á los caciques y les dijesen que si querian paz, como se la ofrecimos, que viniesen señores á tratar della, como se usa, é no enviasen esclavos. A aquellos mismos tiznados se les hizo ciertos halagos,[8] y se envió con ellos cuentas azules en señal de paz y para ablandalles los pensamientos. Y luego otro dia vinieron treinta indios principales é con buenas mantas, y trujeron gallinas y pescado, é fruta y pan de maíz, y demandaron licencia á Cortés para quemar y enterrar los cuerpos de los muertos en las batallas pasadas, porque no oliesen mal ó los comiesen tigres ó leones; la cual licencia les dió luego, y ellos se dieron priesa en traer mucha gente para los enterrar y quemar los cuerpos, segun su usanza;[9] y segun Cortés supo dellos, dijeron que les faltaba sobre ochocientos hombres, sin los que estaban heridos; é dijeron que no se podian tener con nosotros en palabras ni paces, porque otro dia habian de venir todos los principales y señores de todos aquellos pueblos, é concertarian las paces. Y como Cortés en todo era muy avisado,[10] nos dijo riendo á los soldados que allí nos hallamos teniéndole compañía: «¿Sabeis señores, que me parece que estos indios temerán mucho á los caballos, y deben de pensar que ellos solos hacen la guerra é esimismo las bombardas?[11] He pensado una cosa para que mejor lo crean, que traigan la yegua de Juan Sedeño, que parió el otro dia en el navío, é atalla[12] han aquí adonde yo estoy, é traigan el caballo de Ortiz el músico, que es muy rijoso,[13] tomará olor de la yegua; é cuande

[1] El título completo de la obra es: Historia verdadera de los sucesos de la conquista de la Nueva España.
[2] hicimos prisioneros
[3] Jerónimo Aguilar: conquistador español (s. XVI) e intérprete de Cortés. Bernal lo llama a él o a doña Marina «nuestra lengua», dando a entender que hablaban a través de ellos
[4] advirtió, reprendió
[5] atraerlos
[6] pintadas
[7] prenda de vestir, especie de taparrabo
[8] muestras de admiración y afecto; agasajos, lisonjas
[9] costumbre, estilo
[10] listo, vivo
[11] cañones antiguos
[12] atarla, amarrarla
[13] inquieto, alborotado

haya tomado olor della, llevarán la yegua y el caballo, cada uno de por sí, en parte que desque vengan los caciques han de venir, no los oigan relinchar ni los vean hasta que estén delante de mí y estemos hablando;» é así se hizo, segun y de la manera que lo mandó; que trujeron la yegua y el caballo, é tomó olor della en el aposento de Cortés; y demás desto, mandó que cebasen un tiro, el mayor de los que teniamos, con una buena pelota y bien cargado de pólvora. Y estando en esto, que ya era mediodía, vinieron cuarenta indios, todos caciques, con buena manera y mantas ricas á la usanza dellos; saludaron á Cortés y á todos nosotros, y traian de sus inciensos, zahumándonos[14] a cuantos allí estábamos, y demandaron perdón de lo pasado, y que de allí adelante serian buenos. Cortés les respondió con Aguilar, nuestra lengua, algo con gravedad, como haciendo del enojado,[15] que ya ellos habian visto cuántas veces les habian requerido con la paz, y que ellos tenian la culpa, y que agora eran merecedores que á ellos é á cuantos quedan en todos sus pueblos matásemos; y porque somos vasallos de un gran rey y señor que nos envió á estas partes, el cual se dice el emperador don Cárlos, que manda que á los que estuvieren en su real servicio que les ayudemos é favorezcamos; y que si ellos fueren buenos, como dicen, que así lo harémos, é si no, que soltará de aquellos tepustles que los maten (al hierro llaman en su lengua *tepustle*), que aun por lo pasado que han hecho en darnos guerra están enojados algunos dellos. Entonces secretamente mandó poner fuego á la bombarda que estaba cebada, é dió tan buen trueno y recio como era menester; iba la pelota zumbonda[16] por los montes, que, como en aquel instante era mediodia é hacia calma, lievaba gran ruido, y los caciques se espantaron[17] de la oir; y como no habian visto cosa como aquella, creyeron que era verdad lo que Cortés les dijo, y para asegurarles del miedo, les tornó á decir con Aguilar que ya no hubiesen miedo, que él mandó que no hiciese daño; y en aquel instante trujeron el caballo que habia tomado olor de la yegua, y átanlo no muy léjos de donde estaba Cortés hablando con los caciques; y como á la yegua la habian tenido en el mismo aposento adonde Cortés y los indios estaban hablando, pateaba el caballo, y relinchaba y hacia bramuras,[18] y siempre los ojos mirando á los indios y al aposento donde habia tomado olor de la yegua, los caciques creyeron que por ellos hacia aquellas bramuras del relinchar y el patear, y estaban espantados. Y cuando Cortés los vió de aquel arte,[19] se levantó de la silla, y se fué para el caballo y le tomó del freno, é dijo á Aguilar que hiciese creer á los indios que allí estaban que habia mandado al caballo que no les hiciese mal ninguno; y luego dijo á dos mozos de espuelas[20] que lo llevasen de alli léjos, que no lo tornasen á ver los caciques. Y estando en esto, vinieron sobre treinta indios de carga, que entre ellos llaman tamenes, que traian la comida de gallinas y pescado asado y otras cosas de frutas, que parece ser se quedaron atrás ó no pudieron venir juntamente con los caciques. Allí hubo muchas pláticas Cortés con aquellos principales, y dijeron que otro dia vendrian todos, é traerian un presente é hablarian en otras cosas; y así, se fueron muy contentos. Donde los dejaré agora hasta otro dia.

XXXVI

Cómo vinieron todos los caciques é calachonis[21] del rio de Grijalva[22] y trajeron un presente, y lo que sobre ello pasó.

Otro dia de mañana, que fué á los postreros[23] del mes de marzo de 1519 años, vinieron muchos caciques y principales de aquel pueblo y otros comarcanos, haciendo mucho acato[24] á todos nosotros, é trajeron un presente de oro, que fueron cuatro diademas, y unas lagartijas, y dos como perrillos, y orejeras,[25] é cinco ánades,

[14] sahumándonos, quemando aromas para perfumar o como sahumerio
[15] fingiendo que estaba enojado
[16] con ruido bronco y continuo
[17] sorprendieron mucho
[18] sonidos, ruidos.
[19] de aquella manera
[20] artículo con una punta que se fija al zapato para hincar al caballo o bestia
[21] indios humildes, sin importancia
[22] río nombrado así en honor de Juan de Grijalva, conquistador español (¿?–1527) que exploró las costas de Yucatán
[23] últimos
[24] sumisión, aceptación
[25] rodajas o adornos llevados por algunos indios en las orejas

y dos figuras de caras de indios, y dos suelas de oro, como de sus cotorras, y otras cosillas de poco valor, que yo no me acuerdo qué tanto valia, y trajeron mantas de las que ellos traian é hacian, que son muy bastas;[26] porque ya habrán oido decir los que tienen noticia de aquella provincia que no las hay en aquella tierra sino de poco valor; y no fué nada este presente en comparacion de veinte mujeres, y entre ellas una muy excelente mujer, que se dijo doña Marina,[27] que así se llamó después de vuelta cristiana. Y dejaré esta plática, y de hablar della y de las demás mujeres que trujeron, y diré que Cortés recibió aquel presente con alegría, y se apartó con todos los caciques y con Aguilar el intérprete á hablar, y les dijo que por aquello que traian se lo tenia en gracia; mas que una cosa les rogaba, que luego mandasen poblar aquel pueblo con toda su gente, mujeres é hijos, y que dentro de dos dias le queria ver poblado, y que en esto conocerá tener verdadera paz. Y luego los caciques mandaron llamar todos los vecinos, é con sus hijos é mujeres en dos dias se pobló. Y á lo otro que les mandó, que dejasen sus ídolos é sacrificios, respondieron que así lo harian; y les declaramos con Aguilar, lo mejor que Cortés pudo, las cosas tocantes a[28] nuestra santa fe, y cómo éramos cristianos é adorábamos á un solo Dios verdadero, y se les mostró una imágen muy devota de nuestra Señora con su Hijo precioso en los brazos, y se les declaró que aquella santa imágen reverenciábamos porque así está en el cielo y es Madre de nuestro Señor Dios. Y los caciques dijeron que les parece muy bien aquella gran *Tecleciguata*, y que se la diesen para tener en su pueblo, porque á las grandes señoras en su lengua llaman *tecleciguatas*. Y dijo Cortés que sí daria, y les mandó hacer un buen altar bien labrado; el cual luego le hicieron. Y otro dia de mañana mandó Cortés á dos de nuestros carpinteros de lo blanco, que se decian Alonso Yañez é Alvaro Lopez (ya otra vez por mi memorados[29]), que luego labrasen una cruz bien alta; y después de haber mandado todo esto, dijo á los caciques qué fué la causa que nos dieron guerra tres veces, requiriéndoles con la paz. Y respondieron que ya habian demandado perdon dello y estaban perdonados, y que el cacique de Champoton, su hermano, se lo aconsejó, y porque no le tuviesen por cobarde, porque se lo reñian[30] y deshonraban, porque no nos dió guerra cuando la otra vez vino otro capitan con cuatro navios; y segun pareció, decíalo por Juan de Grijalva. Y tambien dijo que el indio que traiamos por lengua, que se nos huyó una noche, se lo aconsejó, que de dia y de noche nos diesen guerra, porque éramos muy pocos. Y luego Cortés les mandó que en todo caso se lo trajesen, é dijeron que como les vió que en la batalla no les fué bien, que se les fué huyendo, y que no sabian dél aunque le han buscado, é supimos que le sacrificaron, pues tan caro les costó sus consejos. Y mas les preguntó, que de qué parte traian oro y aquellas joyezuelas. Respondieron que de hácia donde se pone el sol, y decian *Culchúa* y *Méjico*, y como no sabiamos qué cosa era Méjico ni Culchúa, dejábamoslo pasar por alto;[31] y allí traiamos otra lengua que se decia Francisco, que hubimos cuando lo de Grijalva, ya otra vez por mí nombrado, mas no entendia poco ni mucho la de Tabasco, sino la de Culchúa, que es la mejicana; y medio por señas dijo á Cortés que *Culchúa* era muy adelante, y nombraba *Méjico, Méjico*, y no le entendimos. Y en esto cesó la plática hasta otro dia, que se puso en el altar la santa imágen de nuestra Señora y la cruz, la cual todos adoramos; y dijo misa el padre fray Bartolomé de Olmedo, y estaban todos los caciques y principales delante, y púsose nombre á aquel pueblo Santa María de la Vitoria, é así se llama agora la villa de Tabasco;[32] y el mesmo fraile con nuestra lengua Aguilar predicó á las veinte indias que nos presentaron, muchas buenas cosas de nuestra santa fe, y que no creyesen en los ídolos que de antes creian, que eran malos y no eran dioses, ni mas les sacrificasen, que los traian engañados, é adorasen á

---

[26] de poco valor
[27] o Malinche, india mexicana (¿?–1530), intérprete, consejera y amante de Hernán Cortés con quien tuvo un hijo, Martín Cortés.
[28] relacionadas con
[29] mencionados, recordados
[30] peleaban, disputaban
[31] olvidar, ignorar, no mencionar
[32] estado de México, en la costa del Golfo de México. Fue asiento de una importante civilización india

nuestro Señor Jesucristo; é luego se bautizaron y se puso por nombre doña Marina aquella india y señora que allí nos dieron, y verdaderamente era gran cacica é hija de grandes caciques y señora de vasallos, y bien se le parecia en su persona; lo cual diré adelante cómo y de qué manera fué allí traida; é de las otras mujeres no me acuerdo bien de todos sus nombres, é no hace al caso nombrar algunas, mas estas fueron las primeras cristianas que hubo en la Nueva-España. Y Cortés las repartió á cada capitan la suya, é á esta doña Marina, como era de buen parecer y entremetida é desenvuelta,[33] dió á Alonso Hernandez Puertocarrero, que ya he dicho otra vez que era muy buen caballero, primo del conde de Medellin; y desque fué á Castilla el Puertocarrero, estuvo la doña Marina con Cortés, é della hubo un hijo, que se dijo don Martin Cortés, que el tiempo andando fué comendador de Santiago.[34] En aquel pueblo estuvimos cinco dias, así porque se curaban las heridas como por los que estaban con dolor de riñones, que allí se les quitó; y demás desto, porque Cortés siempre atraia con buenas palabras á los caciques, y les dijo cómo el Emperador[35] nuestro señor, cuyos vasallos somos, tiene á su mandado muchos grandes señores, y que es bien que ellos le dén la obediencia; é que en lo que hubieren menester, así favor de nosotros como otra cualquiera cosa, que se lo hagan saber donde quiera que estuviésemos, que él les vendrá á ayudar. Y todos los caciques le dieron muchas gracias por ello, y allí se otorgaron por vasallos de nuestro grande emperador. Estos fueron los primeros vasallos que en la Nueva-España dieron la obediencia á su majestad. Y luego Cortés les mandó que para otro dia, que era domingo de Ramos,[36] muy de mañana viniesen al altar que hicimos, con sus hijos y mujeres, para que adorasen la santa imágen de nuestra Señora y la cruz; y asimismo les mandó que viniesen seis indios carpinteros, y que fuesen con nuestros carpinteros, y que en el pueblo de Cintia, adonde Dios nuestro Señor fué servido de darnos aquella vitoria de la batalla pasada, por mí referida, que hiciesen una cruz en un árbol grande que allí estaba, que llaman ceiba[37] é hiciéronla en aquel árbol á efecto que durase mucho, que con la corteza,[38] que suele reverdecer, está siempre la cruz señalada. Hecho esto mandó que aparejasen todas las canoas que tenian, para nos ayudar á embarcar, porque aquel santo dia nos queriamos hacer á la vela,[39] porque en aquella sazón[40] vinieron dos pilotos á decir á Cortés que estaban en gran riesgo los navíos por amor del norte, que es travesía. Y otro dia muy de mañana vinieron todos los caciques y principales con todas sus mujeres é hijos, y estaban ya en el patio donde teniamos la iglesia y cruz, y muchos ramos cortados para andar en procesion; y desque los caciques vimos juntos, Cortés y todos los capitanes á una con gran devocion anduvimos una muy devota procesion, y el padre de la Merced y Juan Diaz el clérigo revestidos, y se dijo misa, y adoramos y besamos la santa cruz, y los caciques é indios mirándonos. Y hecha nuestra solemne fiesta segun el tiempo, vinieron los principales é trajeron á Cortés diez gallinas y pescado asado é otras legumbres, é nos despedimos dellos, y siempre Cortés encomendándoles[41] la santa imágen de nuestra Señora y las santas cruces, y que las tuviesen muy limpias, y barrida la casa é la iglesia y enramado, y que las reverenciasen, é hallarian salud y buenas sementeras; y después que era ya tarde nos embarcamos, y á otro dia lúnes por la mañana nos hicimos á la vela, y con buen viaje navegamos é fuimos la via de San Juan de Ulúa,[42] y siempre muy juntos á tierra; é yendo navegando con buen tiempo, deciamos á Cortés los soldados que veniamos con Grijalva, como sabiamos aquella derrota: «Señor, allí queda la Rambla, que en lengua de indios se dice *Aguayaluco*.» Y luego llegamos al paraje de *Tonala*, que se dice San Anton, y se lo señalábamos; mas adelante le mostramos el gran rio de *Guazacualco*, é vió las muy altas sierras nevadas, é luego las sierras de

[33] atrevida, despejada; con desenfado
[34] hijo de Hernán Cortés y Marina (¿1530–1589?). No se confunda éste con el otro Martín Cortés, hijo legitimo del conquistador y segundo Marqués del Valle, líder de una conspiración contra la autoridad virreinal.
[35] Carlos V
[36] el domingo con que comienza la Semana Santa
[37] árbol americano de la familia de las bombáceas, de tronco muy grueso
[38] cubierta exterior de los árboles
[39] partir, marcharnos, comenzar a navegar
[40] tiempo, época
[41] confiándoles, delegándoles, recomendándoles
[42] puerto de mar en Veracruz

San Martin; y mas adelante le mostramos la roca partida, que es unos grandes peñascos que entran en la mar, é tiene una señal arriba como á manera de silla; é mas adelante le mostramos el rio de Albarado, que es adonde entró Pedro de Albarado cuando lo de Grijalva; y luego vimos el rio de Banderas, que fué donde rescatamos los diez y seis mil pesos, y luego le mostramos la isla Blanca, y tambien le dijimos adonde quedaba la isla Verde; y junto á tierra vió la isla de Sacrificios, donde hallamos los altares cuando lo de Grijalva, y los indios sacrificados, y luego en buena hora llegamos á San Juan de Ulúa juéves de la Cena después de mediodía. Acuérdome que llegó un caballero que se decia Alonso Hernandez Puertocarrero,[43] é dijo á Cortés: «Paréceme, Señor, que os han venido diciendo estos caballeros que han venido otras dos veces á esta tierra:

Cata[44] Francia, Montesínos
Cata Paris la ciudad,
Cata las aguas del Duero,[45]
Do van á dar á la mar.

Yo digo que mireis las tierras ricas, y sabéos bien gobernar.» Luego Cortés bien entendió á qué fin fueron aquellas palabras dichas, y respondió: «Dénos Dios ventura en armas como al paladin Roldan;[46] que en lo demás, teniendo á vuestra merced y á otros caballeros por señores, bien me sabré entender.» Y dejémoslo, y no pasemos de aquí: esto es lo que pasó; y Cortés entró en el rio de Albarado, como dice Gómora.[47]

XXXVII

Cómo doña Marina era cacica é hija de grandes señores, y señora de pueblos y vasallos, y de la manera que fué traida á Tabasco.

Antes que mas meta la mano en lo del gran Montezuma[48] y su gran Méjico y mejicanos, quiero decir lo de doña Marina, cómo desde su niñez fué gran señora de pueblos y vasallos, y es desta manera: que su padre y su madre eran señores y caciques de un pueblo que se dice Painala, y tenia otros pueblos sujetos á él, obra de ocho leguas de la villa de Guacaluco, y murió el padre quedando muy niña, y la madre se casó con otro cacique mancebo y hobíeron[49] un hijo, y segun pareció, querian bien al hijo que habian habido; acordaron entre el padre y la madre de dalle el cargo después de sus dias, y porque en ello no hubiese estorbo, dieron de noche la niña á unos indios de Xicalango, porque no fuese vista, y echaron fama que se habia muerto, y en aquella sazon murió una hija de una india esclava suya, y publicaron que era la heredera, por manera que los de Xicalango la dieron á los de Tabasco, y los de Tabasco á Cortés, y conocí á su madre y á su hermano de madre, hijo de la vieja, que era ya hombre y mandaba juntamente con la madre á su pueblo, porque el marido postrero de la vieja ya era fallecido; y después de vueltos cristianos, se llamó la vieja Marta y el hijo Lázaro; y esto sélo muy bien, porque en el año de 1523, después de ganado Méjico y otras provincias, y se habia alzado Cristóbal de Olí en las Higueras,[50] fué Cortés allá y pasó por Guacacualco, fuímos con él á aquel viaje toda la mayor parte de los vecinos de aquella villa, como diré en su tiempo y lugar; y como doña Marina en todas las guerras de la Nueva-España, Tlascala y Méjico fué tan excelente mujer y buena lengua,[51] como adelante diré, á esta causa la traia siempre Cortés consigo, y en aquella sazon y viaje se casó con ella un hidalgo que se decia Juan Jaramillo, en un pueblo que se decia Orizava, delante de ciertos testigos, que uno dellos se decia Aranda, vecino que fué de Tabasco, y aquel contaba el casamiento, y no como lo dice el coronista Gómora; y la doña Marina tenia

43 conquistador español (s. XVI) compañero y uno de los hombres de confianza de Cortés
44 mira, examina, ve. Nótese como son los romances españoles de tradición oral la primera forma de poesía en llegar a la América hispana
45 río de España y Portugal, nace en la primera y desagua en Oporto (Portugal)
46 célebre héroe épico francés, protagonista de la famosa *Canción de Rolando o Roldán*
47 Francisco López de Gómara: cronista español (¿1512–1572?), secretario de Hernán Cortés en España y autor de *Historia general de las Indias* y *Crónica de la conquista de México* (1552)
48 Moctezuma II.
49 tuvieron
50 *Cristóbal de Olid:* conquistador español (¿1488–1524?), uno de los más hábiles auxiliares de Cortés; sublevado contra su jefe en Honduras, fue derrotado y murió degollado; *Higüeras:* nombre antiguo de Honduras
51 intérprete. Véase nota 3

mucho ser[52] y mandaba absolutamente entre los indios en toda la Nueva-España. Y estando Cortés en la villa de Guacacualco, envió á llamar á todos los caciques de aquella provincia para hacerles un parlamento[53] acerca de la santa doctrina y sobre su buen tratamiento, y entonces vino la madre de doña Marina y su hermano de madre Lázaro, con otros caciques. Dias habia que me habia dicho la doña Marina que era de aquella provincia y señora de vasallos, y bien lo sabia el capitan Cortés, y Aguilar, la lengua; por manera que vino la madre y su hija y el hermano, y conocieron que claramente era su hija, porque se le parecia mucho. Tuvieron miedo della, que creyeron que los enviaba á llamar para matarlos, y lloraban; y como así los vido llorar la doña Marina, los consoló, y dijo que no hubiesen miedo, que cuando la traspusieron con los de Xicalango que no supieron lo que se hacian, y se lo perdonaba, y les dió muchas joyas de oro y de ropa y que se volviesen á su pueblo, y que Dios le habia hecho mucha merced en quitarla de adorar ídolos agora y ser cristiana, y tener un hijo de su amo y señor Cortés, y ser casada con un caballero como era su marido Juan Jaramillo; que aunque la hiciesen cacica de todas cuantas provincias habia en la Nueva-España, no lo seria; que en mas tenia servir á su marido é á Cortés que cuanto en el mundo hay; y todo esto que digo se lo oí muy certificadamente, y se lo juró amen. Y esto me parece que quiere remediar á lo que le acaeció con sus hermanos en Egipto á Josef, que vinieron á su poder cuando lo del trigo. Esto es lo que pasó, y no la relacion que dieron al Gómora, y tambien dice otras cosas que dejo por alto. E volviendo á nuestra materia, doña Marina sabia la lengua de Guacacualco, que es la propia de Méjico, y sabia la de Tabasco, como Jerónimo de Aguilar, sabia la de Yucatan y Tabasco, que es toda una; entendíanse bien, y el Aguilar lo declaraba en castellano á Cortés; fué gran principio para nuestra conquista; y así se nos hacian las cosas, loado sea Dios, muy prósperamente. He querido declarar esto, porque sin doña Marina no podiamos entender la lengua de Nueva-España y Méjico. Donde lo dejaré, é volveré á decir cómo nos desembarcamos en el puerto de San Juan de Ulúa.

lviii

Cómo acordamos de ir á Méjico, y antes que partiésemos dar con todos los navíos al través[54] y lo que mas pasó; y esto de dar con los navíos al través fué por consejo é acuerdo de todos nosotros los que éramos amigos de Cortés.

Estando en Cempoal,[55] como dicho tengo, platicando[56] con Cortés en las cosas de la guerra y camino para adelante, de plática en plática le aconséjamos los que éramos sus amigos que no dejase navío en el puerto ninguno, sino que luego diese al través con todos, y no quedasen ocasiones, porque entre tanto que estábamos la tierra adentro no se alzasen otras personas como los pasados; y demás desto, que teniamos mucha ayuda de los maestres, pilotos y marineros, que serian al pié[57] de cien personas, y que mejor nos ayudarian á pelear y guerrear que no estando en el puerto; y segun vi y entendí, esta plática de dar con los navíos al través que allí le propusimos, el mismo Cortés lo tenia ya concertado, sino que quiso que saliese de nosotros, porque si algo le demandasen que pagase los navíos, que era por nuestro consejo, y todos fuésemos en los pagar. Y luego mandó á un Juan de Escalante, que era alguacil mayor y persona de mucho valor y gran amigo de Cortés y enemigo de Diego Velazquez porque en la isla de Cuba no le dió buenos indios, que luego fuese á la villa, y que de todos los navíos se sacasen todas las anclas, cables, velas y lo que dentro tenian de que se pudiesen aprovechar, y que diese con todos ellos al través, que no quedasen mas de los bateles; é que los pilotos é maestres viejos y marineros que no eran buenos para ir á la guerra, que se quedasen en la villa, y con dos chinchorros[58] que tuviesen cargo de pescar, que en aquel puerto siempre

[52] mucha influencia, importancia
[53] tener una discusión o conversación
[54] destruir, quemar los barcos
[55] Zempoalla, (hoy Zempoala), donde Cortés ganó los primeros aliados entre los indios enemigos de Moctezuma
[56] hablando, conversando
[57] cerca de, aproximadamente
[58] embarcacion de remos

habia pescado, aunque no mucho; y el Juan de Escalante lo hizo según y de la manera que le fué mandado, y luego se vino á Cempoal con una capitanía de hombres de la mar, que fueron los que sacaron de los navíos, y salieron algunos dellos muy buenos soldados. Pues hecho esto, mandó Cortés llamar á todos los caciques de la serranía de los pueblos nuestros confederados, y rebelados al gran Montezuma, y les dijo cómo habian de servir á los que quedaban en la Villa-Rica,[59] é acabar de hacer la iglesia, fortaleza y casas; y alli delante dellos tomó Cortés por la mano al Juan de Escalante, y les dijo: «Este es mi hermano;» y que lo que les mandase que lo hiciesen: é que si hubiesen menester favor é ayunda contra algunos indios mejicanos, que á él ocurriesen, que él iria en persona á les ayudar. Y todos los caciques se ofrecieron de buena voluntad de hacer lo que les mandase; é acuérdome que luego le zahumaron al Juan de Escalante con sus inciensos, aunque no quiso. Ya he dicho era persona muy bastante para cualquier cargo y amigo de Cortés, y con aquella confianza le puso en aquella villa y puerto por capitan, para si algo enviase Diego Velazquez,[60] que hubiese resistencia. Dejallo he aquí, y diré lo que pasó. Aquí es donde dice el coronista Gómora que mandó Cortés barrenar[61] los navíos, y tambien dice el mismo que Cortés no osaba publicar á los soldados que queria ir á Méjico en busca del gran Montezuma. Pues ¿de qué condicion somos los españoles para no ir adelante, y estarnos en partes que no tengamos provecho é guerras? Tambien dice el mismo Gómora que Pedro de Ircio quedó por capitan en la Veracruz; no le informaron bien. Digo que Juan de Escalante fué el que quedó por capitan y alguacil mayor de la Nueva-España, que aun al Pedro de Ircio no le habian dado cargo ninguno, ni aun de cuadrillero,[62] ni era para ello, ni es justo dar á nadie lo que no tuvo, ni quitarlo á quien lo tuvo.

lix

De un razonamiento que Cortés nos hizo después de haber dado con los navíos al través, y cómo aprestamos nuestra ida para Méjico.

Después de haber dado con los navíos al través á ojos vistas, y no como lo dice el coronista Gómora, una mañana, después de haber oido misa, estando que estábamos todos los capitanes y soldados juntos hablando con Cortés en cosas de la guerra, dijo que nos pedia por merced que le oyésemos, y propuso un razonamiento desta manera: «Que ya habiamos entendido la jornada á que íbamos, y mediante nuestro Señor Jesucristo habiamos de vencer todas las batallas y rencuentros,[63] y que habiamos de estar tan prestos[64] para ello como convenia; porque en cualquier parte que fuésemos desbaratados[65] (lo cual Dios no permitiese) no podriamos alzar cabeza, por ser muy pocos, y que no teniamos otro socorro ni ayuda sino el de Dios, porque ya no teniamos navíos para ir á Cuba, salvo nuestro buen pelear y corazones fuertes; y sobre ello dijo otras muchas comparaciones de hechos heróicos de los romanos.» Y todos á una[66] le respondimos que hariamos lo que ordenase; que echada estaba la suerte[67] de la buena ó mala ventura, como dijo Julio César sobre el Rubicon,[68] pues eran todos nuestros servicios para servir á Dios y á su majestad. Y después deste razonamiento, que fué muy bueno, cierto, con otras palabras mas melosas y elocuencia que yo aquí las digo, luego mandó llamar al cacique gordo, y le tornó á traer á la memoria que tuviese muy reverenciada y limpia la iglesia y cruz; é demás desto le dijo que él se queria partir luego para Méjico á mandar á Montezuma que no robe ni sacrifique; é que ha menester ducientos indios tamemes[69] para llevar el artillería, que ya he dicho otra vez que llevan dos arrobas á cuestas é andan con ellas cinco leguas; y

[59] hoy Veracruz, la primera ciudad fundada por Cortés en México
[60] Gobernador de la Isla de Cuba; primero amigo y protector de Cortés. Más tarde su enemigo
[61] hacerle huecos para que se hundiesen; destruirlos
[62] cabo que dirige una cuadrilla en el ejército
[63] encuentros, combates con los indios
[64] preparados, dispuestos, listos; pronto, diligente
[65] vencidos, destruídos
[66] unánimente, simultáneamente
[67] Véase nota siguiente
[68] *Cayo Julio César:* general, historiador y dictador romano (101–44 a. C.); *Rubicón;* río pequeño que separaba a Italia de las Galias (Francia). Al cruzarlo, César pronunció su famosa frase *Alea jacta est* («la suerte está echada»), que ha venido a ser símbolo del momento en que se toma una gran decisión
[69] cargadores indios

tambien les demandó cincuenta principales hombres de guerra que fuesen con nosotros. Estando desta manera para partir, vino de la Villa-Rica un soldado con una carta del Juan de Escalante, que ya le habia mandado otra vez Cortés que fuese á la villa para que le enviase otros soldados, y lo que en la carta decia el Escalante era que andaba un navío por la costa, y que le habia hecho ahumadas y otras grandes señas, y habia puesto unas mantas blancas por banderas, y que cabalgó á caballo con una capa de grana colorada porque lo viesen los del navío; y que le pareció á él que bien vieron las señas, banderas, caballo y capa, y no quisieron venir al puerto; y que luego envió españoles á ver en qué paraje iba, y le trujeron respuesta que tres leguas de allí estaba surto,[70] cerca de una boca de un rio; y que se lo hace saber para ver lo que manda. Y como Cortés vió la carta, mandó luego á Pedro de Albarado que tuviese cargo de todo el ejército que estaba allí en Cempoal, y juntamente con él á Gonzalo de Sandoval, que ya daba muestras de varon muy esforzado, como siempre lo fué. Este fué el primer cargo que tuvo el Sandoval; y aun sobre que le dió entonces aquel cargo, que fué el primero, y se lo dejó de dar á Alonso de Avila, tuvieron ciertas cosquillas[71] el Alonso de Avila y el Sandoval. Volvamos á nuestro cuento, y es, que luego Cortés cabalgó con cuatro de á caballo que le acompañaron, y mandó que le siguiésemos cincuenta soldados de los mas sueltos, porque Cortés nos nombró los que habiamos de ir con él; y aquella noche llegamos á la Villa-Rica. Y lo que allí pasamos diré adelante.

Álvar Núñez Cabeza de Vaca

ESPAÑA, ¿1490–1564?

El más importante e interesante de los autores de las historias que hemos agrupado como «crónicas de viajes, exploraciones y descubrimientos» es, sin duda alguna, Álvar Núñez Cabeza de Vaca, quien supera a todos los conquistadores y cronistas en las penurias, trabajos y penalidades sufridas. Nació en la ciudad andaluza de Jerez de la Frontera, España, y su abuelo, el Adelantado Pedro de Vera, gozaba de la amistad y confianza de los Reyes Católicos. Tuvo mucha relevancia política, pues llegó a ser Tesorero del Rey en Sevilla, posición muy importante en su tiempo. Participó activamente en la expedición de Pánfilo de Narváez (1527) a la Florida, que terminó en forma trágica, ya que de seiscientos españoles sólo quedaron vivos cuatro. Anduvo muerto de hambre y sed por más de nueve años, desde el Golfo de México hasta el de California. Recorrió en forma lamentable miles de millas por territorio infestado de indios feroces. De regreso a España en 1537, el rey lo nombró Adelantado del Paraguay para continuar la conquista de «las provincias de la Plata». Vencido en la conspiración contra él

[70] anclado, detenido, parado

[71] rencillas, peleas, contiendas

dirigida por Domingo Martínez de Irala, su maestre de campo, fue enviado preso a España. Desilusionado, parece que se retiró y murió en Sevilla.

Su famosa obra lleva el apropiado título de *Naufragios* (Zamora, España, 1542) y constituye una «relación» de la desventurada y trágica expedición a la Florida. También se le ha atribuído la paternidad de los *Comentarios de Álvar Núñez Cabeza de Vaca* (Valladolid, 1555), sobre su gestión de gobierno en la región del río de la Plata, pero son realmente obra de su secretario, Pedro Hernández, con quien cooperó en la redacción de algunos capítulos. La obra contiene datos de mucho valor etnográfico en las noticias de conocimiento directo que ofrece sobre los vestidos, costumbres, casas, hábitos y sicología de los indios. En el aspecto histórico nos ofrece sin cargazón de detalles, todos los pormenores de ese hecho, inclusive con los nombres de los conquistadores más importantes y con descripción de las luchas y relaciones pacíficas con los indígenas. Los *Naufragios* son un excelente cuadro de las penalidades, sufrimientos y heroica pelea de los conquistadores en lucha contra una naturaleza diferente y hostil, y unos enemigos dispuestos a no dejarse subyugar. El autor escribe como si estuviera contando su historia de viva voz a un grupo de amigos. Ofrece un estilo bien balanceado porque huyendo de los párrafos densos, se concentra en el relato en forma precisa, sin omitir detalles importantes. Es obra muy interesante todavía hoy, tanto por lo curioso de sus datos, como por la fluidez de la narración, hecha sin pretensiones literarias. El relato nunca decae en tensión dramática, pero ésta se produce naturalmente, sin pretensiones, a través del hilo narrativo. Todo hace indicar que Cabeza de Vaca era un guerrero valiente, amante de la aventura y del peligro, pero al mismo tiempo un alma noble y bondadosa como se deduce de estas palabras suyas: «Por donde claramente se ve que estas gentes todas —se refiere a los indígenas— para ser atraídas a ser cristianas y a la obediencia de la imperial majestad, han de ser llevadas con buen tratamiento, y que este es camino muy cierto, y no otro». Como bien ha dicho don Enrique de Vedia «es Álvar Núñez una de las figuras más bellas, nobles y bondadosas que se encuentran en los anales de la conquista del Nuevo Mundo».

FUENTE: *Naufragios de Álvar Núñez Cabeza de Vaca y Relación de la jornada que hizo a la Florida*, Madrid, Biblioteca de Autores Españoles, 1946. Tomo 22 de esa colección dirigida e ilustrada por don Enrique de Vedia.

Naufragios[1]

1542

X

De la refriega[2] que nos dieron los indios.

Venida la mañana, vinieron á nosotros muchas canoas de indios, pidiéndonos los dos compañeros que en la barca habian quedado por rehenes. El Gobernador[3] dijo que se los daria con que trajesen los dos cristianos que habian llevado. Con esta gente venian cinco ó seis señores, y nos paresció ser la gente mas bien dispuesta y de mas autoridad y concierto[4] que hasta allí habiamos visto, aunque no tan grandes como los otros de quien habemos contado. Traian los cabellos sueltos y muy largos, y cubiertos con mantas de martas,[5] de la suerte de las que atrás habiamos tomado, y algunas de ellas hechas por muy extraña manera, porque en ellas habia unos lazos de labores de unas pieles leonadas, que parescian muy bien. Rogábannos que nos fuésemos con ellos, y que nos darian los cristianos y agua y otras muchas cosas; y contino acudian sobre nosotros muchas canoas, procurando de tomar la boca de aquella entrada; y así por esto como porque la tierra era muy peligrosa para estar en ella, nos salimos á la mar, donde estuvimos hasta mediodía con ellos. Y como no nos quisiesen dar los cristianos, y por este respeto nosotros no les diésemos los indios, comenzáronnos á tirar piedras con hondas[6] y varas, con muestras de flecharnos, aunque en todos ellos no vimos sino tres ó cuatro arcos.

Estando en esta contienda,[7] el viento refrescó, y ellos se volvieron y nos dejaron; y así, navegamos aquel dia hasta hora de vísperas,[8] que mi barca, que iba delante, descubrió una punta que la tierra hacia, y del otro cabo se via un rio muy grande,[9] y en isleta que hacia la punta hice yo surgir por esperar las otras barcas. El Gobernador no quiso llegar, antes se metió por una bahía muy cerca de allí, en que habia muchas isletas, y allí nos juntamos, y desde la mar tomamos agua dulce, porque el rio entraba en la mar de avenida,[10] y por tostar algun maíz de lo que traiamos, porque ya habia dos dias que lo comiamos crudo, saltamos en aquella isla; mas como no hallamos leña, acordamos de ir al rio que estaba detrás de la punta, una legua de allí; y yendo, era tanta la corriente, que no nos dejaba en ninguna manera llegar, antes nos apartaba de la tierra, y nosotros trabajando y porfiando por tomarla. El norte[11] que venia de la tierra comenzó á crescer tanto, que nos metió en la mar, sin que nosotros pudiésemos hacer otra cosa; y á media legua que fuimos metidos en ella, sondamos, y hallamos que con treinta brazas no podimos tomar hondo,[12] y no podiamos entender si la corriente era causa que no lo pubiésemos tomar; y así, navegamos dos dias todavía, trabajando por tomar tierra; y al cabo de ellos, un poco antes que el sol saliese, vimos muchos humeros[13] por la costa; y trabajando por llegar allá, nos hallamos en tres brazas de agua, y por ser de noche no osamos tomar tierra; porque como habiamos visto tantos humeros, creiamos que se nos podria recrescer algun peligro, sin nosotros poder ver, por la mucha obscuridad, lo que habiamos de hacer, y por esto determinamos de esperar á la mañana; y como amanesció, cada barca se halló por sí perdida de las otras; yo me

---

[1] Véanse algunas ideas críticas sobre esta obra en la introducción.
[2] combate pequeño
[3] Pánfilo de Narváez. Véase introducción
[4] unidad, disciplina, orden
[5] animales mamíferos carniceros cuya piel es muy estimada
[6] instrumento para lanzar piedras a mucha velocidad
[7] lucha, pelea, batalla
[8] En el día romano, tiempo del crepúsculo de la tarde.
[9] el Mississippi
[10] como por una avenida
[11] el viento norte
[12] llegar al fondo
[13] cañones de las chimeneas

hallé en treinta brazas, y siguiendo mi viaje, á hora de vísperas vi dos barcas, y como fuí á ellas, vi que la primera á que llegué era la del Gobernador, el cual me preguntó qué me parescia que debiamos hacer. Yo le dije que debia recobrar aquella barca que iba delante, y que en ninguna manera la dejase, y que juntas todas tres barcas, siguiésemos nuestro camino donde Dios nos quisiese llevar. El me respondió que aquello no se podia hacer, porque la barca iba muy metida en la mar, y él queria tomar la tierra, y que si la queria yo seguir, que hiciese que los de mi barca tomasen los remos y trabajasen, porque con fuerza de brazos se habia de tomar la tierra, y esto le aconsejaba un capitan que consigo llevaba, que se llamaba Pantoja, diciéndole que si aquel dia no tomaba la tierra, que en otros seis no la tomaria, y en este tiempo era necesario morir de hambre. Yo, vista su voluntad, tomé mi remo, y lo mismo hicieron todos los que en mi barca estaban para ello, y bogamos[14] hasta casi puesto el sol; mas como el Gobernador llevaba la mas sana y recia gente que entre toda habia, en ninguna manera lo podimos seguir ni tener con ella. Yo, como vi esto, pedíle que, para poderle seguir, me diese un cabo de su barca; y el me respondió que no harian ellos poco si solos aquella noche pudiesen llegar á tierra. Yo le dije que, pues via la poca posibilidad que en nosotros habia para poder seguirle y hacer lo que habia mandado, que me dijese qué era lo que mandaba que yo hiciese. El me respondió que ya no era tiempo de mandar unos á otros; que cada uno hiciese lo que mejor le pareciese que era para salvar la vida; que él así lo entendia de hacer; y diciendo esto, se alargó[15] con su barca; y como no le pude seguir, arribé sobre la otra barca que iba metida en la mar, la cual me esperó; y llegado á ella, hallé que era la que llevaban los capitanes Peñalosa y Tellez; y ansí, navegamos cuatro dias en compañía, comiendo por tasa[16] cada dia medio puño de maíz crudo. A cabo de estos cuatro dias nos tomó una tormenta, que hizo perder la otra barca, y por gran misericordia que Dios tuvo de nosotros, no nos hundimos del todo, segun el tiempo hacia; y con ser invierno, y el frio muy grande, y tantos dias que padesciamos hambre, con los golpes que de la mar habiamos recebido, otro dia la gente comenzó mucho á desmayar,[17] de tal manera, que cuando el sol se puso, todos los que en mi barca venian estaban caidos en ella, unos sobre otros, tan cerca de la muerte, que pocos habia que tuviesen sentido, y entre todos ellos á esta hora no habia cinco hombres en pié; y cuando vino la noche no quedamos sino el maestre y yo que pudiésemos marear la barca, y á dos horas de la noche el maestre me dijo que yo tuviese cargo de ella, porque él estaba tal, que creia aquella noche morir; y así, yo tomé el leme,[18] y pasada media noche, yo llegué por ver si era muerto el maestre, y él me respondió que él antes estaba mejor, y que él gobernaria hasta el día. Yo cierto aquella hora de muy mejor voluntad tomara la muerte, que no ver tanta gente delante de mí de tal manera. Y después que el maestre tomó cargo de la barca, yo reposé un poco muy sin reposo, ni había cosa mas léjos de mí entonces que el sueño. Y acerca del alba parescióme que oia el tumbo[19] de la mar, porque, como la costa era baja, sonaba mucho, y con este sobresalto llamé al maestre; el cual me respondió que creia que éramos cerca de tierra, y tentamos, y hallámonos en siete brazas, y paresciole que nos debiamos tener á la mar hasta que amanesciese; y así yo tomé un remo, y bogué de la banda de la tierra, que nos hallamos una legua de ella, y dimos la popa[20] a la mar; y cerca de tierra nos tomó una ola, que echó la barca fuera del agua un juego de herradura, y con el gran golpe que dió, casi toda la gente que en ella estaba como muerta, tornó en si, y como se vieron cerca de la tierra, se comenzaron á descolgar, y con manos y piés andando; y como salieron á tierra á unos barrancos, hecimos lumbre y tostamos del maíz que traiamos, y hallamos agua de la que habia llovido, y con el calor del fuego la gente tornó en sí, y comenzaron algo á esforzarse. El dia que aquí llegamos era 6 del mes de noviembre.

[14] navegamos, andar por las aguas
[15] se largó, se marchó, se fue
[16] promedio
[17] perder fe, entusiasmo o fuerza
[18] timón de barco
[19] vaivén violento, caída
[20] parte posterior de la nave

XI

De lo que acaesció á Lope de Oviedo[21] *con unos indios.*

Desque la gente hubo comido, mandé á Lope de Oviedo, que tenia mas fuerza y estaba mas recio[22] que todos, se llegase á unos árboles que cerca de allí estaban, y subido en uno de ellos, descubriese la tierra en que estabamos, y procurarse de haber alguna noticia de ella. El lo hizo así, y entendió que estábamos en isla, y vió la tierra estaba cavada[23] a la manera que suele estar tierra donde anda ganado, y paresciόle por esto que debia ser tierra de cristianos, y ansí nos lo dijo. Yo le mandé que la tornase á mirar muy mas particularmente, y viese si en ella habia algunos caminos que fuesen seguidos, y esto sin alargarse mucho, por el peligro que podia haber. El fué, y topando con una vereda, se fué por ella adelante hasta espacio de media legua, y halló unas chozas de unos indios que estaban solas, porque los indios eran idos al campo, y tomó una olla de ellos, y un perrillo pequeño y unas pocas de lizas[24], y así se volvió á nosotros; y paresciéndonos que se tardaba, envié otros dos cristianos para que le buscasen y viesen qué le habia suscedido; y ellos le toparon cerca de allí, y vieron que tres indios, con arcos y flechas, venian tras de él llamándole, y él asimismo llamaba á ellos por señas; y así llegó donde estábamos, y los indios se quedaron un poco atrás asentados en la misma ribera; y dende a[25] media hora acudieron otros cien indios flecheros, que, agora ellos fuesen grandes ó no, nuestro miedo les hacia parescer gigantes, y pararon cerca de nosotros, donde los tres primeros estaban. Entre nosotros excusado era pensar que habria quien se defendiese, porque difícilmente se hallaron seis que del suelo se pudiesen levantar. El veedor[26] y yo salimos á ellos, y llamámosles, y ellos se llegaron á nosotros; y lo mejor que podimos, procuramos se asegurarlos y asegurarnos, y dímosles cuentas y cascabeles,[27] y cada uno de ellos me dió una flecha, que es señal de amistad, y por señas nos dijeron que á la mañana volverian y nos traerian de comer, porque entonces no lo tenian.

XII

Cómo los indios nos trujeron de comer.

Otro dia, saliendo el sol, que era la hora que los indios nos habian dicho, vinieron á nosotros, como lo habian prometido, y nos trajeron mucho pescado y de unas raíces que ellos comen, y son como nueces,[28] algunas mayores ó menores; la mayor parte de ellas se sacan de bajo del agua y con mucho trabajo. A la tarde volvieron, y nos trajeron mas pescado y de las mismas raíces, y hicieron venir sus mujeres y hijos para que nos viesen; y ansí se volvieron ricos de cascabeles y cuentas que les dimos, y otros dias nos tornaron á visitar con lo mismo que estotras veces. Como nosotros viamos que estábamos proveidos de pescado y de raíces y de agua y de las otras cosas que pedimos, acordamos de tornarnos á embarcar y seguir nuestro camino, y desenterramos la barca de la arena en que estaba metida, y fué menester que nos desnudásemos todos y pasásemos gran trabajo para echarla al agua, porque nosotros estábamos tales, que otras cosas muy mas livianas[29] bastaban para ponernos en él: y así embarcados, á dos tiros de ballesta dentro en la mar nos dió tal golpe de agua, que nos mojó á todos; y como íbamos desnudos, y el frio que hacia era muy grande, soltamos los remos de la manos, y á otro golpe que la mar nos dió, trastornó la barca; el veedor y otros dos se asieron de ella para escaparse; mas suscedió muy al revés, que la barca los tomó debajo y se ahogaron. Como la costa es muy brava, el mar de un tumbo echó á todos los otros, envueltos en las olas y medio ahogados, en la costa de la misma isla, sin que faltasen mas de los tres que la barca habia tomado debajo. Los que quedamos escapados, desnudos como nascimos, y perdido todo lo que traiamos;

[21] uno de los expedicionarios o conquistadores
[22] vigoroso, fuerte
[23] con huecos o hendiduras abiertas
[24] especies de pescados
[25] después de
[26] inspector oficial
[27] *cuentas:* pequeñas esferas de vidrio; *cascabeles:* campanillas
[28] frutos del nogal, cuya almendra es comestible
[29] ligeras, de poco peso

y aunque todo valia poco, para entonces valia mucho. Y como entonces era por noviembre, y el frio muy grande, y nosotros tales, que con poca dificultad nos podian contar los huesos, estábamos hechos propia figura de la muerte. De mí sé decir que desde el mes de mayo pasado yo no habia comido otra cosa sino maíz tostado, y algunas veces me vi en necesidad de comerlo crudo; porque, aunque se mataron los caballos entre tanto que las barcas se hacian, yo nunca pude comer de ellos, y no fueron diez veces las que comí pescado. Esto digo por excusar razones, porque pueda cada uno ver qué tales estariamos. Y sobre todo lo dicho, habia sobrevenido viento norte, de suerte que mas estábamos cerca de la muerte que de la vida. Plugo á nuestro Señor que, buscando los tizones del fuego que allí habiamos hecho, hallamos lumbre, con que hicimos grandes fuegos; y así, estuvimos pidiendo á nuestro Señor misericordia y perdon de nuestros pecados, derramando muchas lágrimas, habiendo cada uno lástima, no solo de sí, mas de todos los otros, que en el mismo estado vian. Y á hora de puesto el sol,[30] los indios, creyendo que no nos habiamos ido, nos volvieron á buscar y á traernos de comer; mas, cuando ellos nos vieron ansí en tan diferente hábito[31] del primero, y en manera tan extraña, espantáronse tanto, que se volvieron atrás. Yo salí á ellos y llamélos, y vinieron muy espantados; hícelos entender por señas cómo se nos habia hundido una barca, y se habian ahogado tres de nosotros; y allí en su presencia ellos mismos vieron dos muertos, y los que quedábamos íbamos aquel camino. Los indios, de ver el desastre que nos habia venido y el desastre en que estábamos, con tanta desventura y miseria, se sentaron entre nosotros, y con el gran dolor y lástima que hobieron de vernos en tanta fortuna, comenzaron todos á llorar recio, y tan de verdad, que léjos de allí se podia oir, y esto les duró mas de media hora; y cierto ver que estos hombres tan sin razon y tan crudos, á manera de brutos, se dolian tanto de nosotros, hizo que en mí y en otros de la compañía cresciese mas la pasion y la consideracion de nuestra desdicha. Sosegado ya este llanto, yo pregunté á los cristianos, y dije que, si á ellos parescia, rogaria á aquellos indios que nos llevasen á sus casas; y algunos de ellos que habian estado en la Nueva-España respondieron que no se debia hablar en ello, porque si á sus casas nos llevaban, nos sacrificaran á sus ídolos; mas, visto que otro remedio no habia, y que por cualquier otro camino estaba mas cerca y mas cierta la muerte, no curé[32] de lo que decian, antes rogué á los indios que nos llevasen á sus casas, y ellos mostraron que habian gran placer de ello, y que esperásemos un poco, que ellos harian lo que queriamos; y luego treinta de ellos se cargaron de leña, y se fueron á sus casas, que estaban lejos de allí, y quedamos con los otros hasta cerca de la noche, que nos tomaron, y llevándonos asidos y con mucha priesa, fuimos á sus casas; y por el gran frio que hacia, y temiendo que en el camino alguno no muriese ó desmayase, proveyeron que hobiese cuatro ó cinco fuegos muy grandes puestos á trechos, y en cada uno de ellos nos escalentaban;[33] y desque vian que habiamos tomado alguna fuerza y calor, nos llevaban hasta el otro tan apriesa, que casi los piés no nos dejaban poner en el suelo, y de esta manera fuimos hasta sus casas, donde hallamos que tenian hecha una casa para nosotros, y muchos fuegos en ella; y desde á un hora que habiamos llegado, comenzaron á bailar y hacer grande fiesta (que duró toda la noche), aunque para nosotros no habia placer, fiesta ni sueño, esperando cuando nos habian de sacrificar; y la mañana nos tornaron á dar pescado y raíces, y hacer tan buen tratamiento, que nos aseguramos algo, y perdimos algo el miedo del sacrificio.

XXXI

De cómo seguimos el camino del maiz.

Pasados dos dias que allí estuvimos, determinamos de ir á buscar el maíz, y no quesimos seguir el camino de las Vacas porque es hácia el norte, y esto era para nosotros muy gran rodeo, por que siempre tuvimos por cierto que yendo la

[30] anochecer
[31] vestido
[32] no puse atención
[33] calentaban

puesta del sol, habiamos de hallar lo que deseábamos; y ansí, seguimos nuestro camino, y atravesamos toda la tierra hasta salir á la mar del Sur;[34] y no bastó á estorbarnos esto el temor que 5 nos ponian de la mucha hambre que habiamos de pasar (como á la verdad la pasamos) por todas las diez y siete jornadas[35] que nos habian dicho. Por todas ellas el rio arriba nos dieron muchas mantas de vacas, y no comimos de aquella su 10 fruta, mas nuestro mantenimiento era cada dia tanto como una mano de unto[36] de venado, que para estas necesidades procurábamos siempre de guardar, y ansí pasamos todas las diez y siete jornadas, y al cabo de ellas atravesamos el rio, 15 y caminamos otras diez y siete. A la puesta del sol, por unos llanos, y entre unas sierras muy grandes que allí se hacen, allí hallamos una gente que la tercera parte del año no comen sino unos polvos de paja; y por ser aquel 20 tiempo cuando nosotros por allí caminamos, hobímoslo tambien de comer hasta que, acabadas estas jornadas, hallamos casas de asiento,[37] adonde habia mucho maíz allegado, y de ello y de su harina nos dieron mucha cantidad, 25 y de calabazas y frísoles y mantas de algodon, y de todo cargamos á los que allí nos habian traido, y con esto se volvieron los mas contentos del mundo. Nosotros dimos muchas gracias á Dios nuestro Señor por habernos traido allí, 30 adonde habiamos hallado tanto mantenimiento. Entre estas casas habia algunas de ellas que eran de tierra, y las otras todas son de estera de cañas; y de aquí pasamos mas de cien leguas de tierra, y siempre hallamos casas de asiento, y 35 mucho mantenimiento de maíz, y frísoles y dábannos muchos venados y muchas mantas de algodon, mejores que las de la Nueva-España. Dábannos también muchas cuentas y de unos corales que hay en la mar del Sur, muchas 40 turquesas muy buenas que tienen de hácia el norte; y finalmente, dieron aquí todo cuanto tenian, y á mí me dieron cinco esmeraldas hechas puntas de flechas, y con estas flechas hacen ellos sus areitos y bailes; y paresciéndome á mí 45 que eran muy buenas, les pregunté que dónde las habian habido, y dijeron que las traian de unas sierras muy altas que están hácia el norte, y las compraban á trueco[38] de penachos y plumas de papagayos, y decian que habia allí pueblos de mucha gente y casas muy grandes. Entre estos vimos las mujeres mas honestamente tratadas que á ninguna parte de Indias que hobiésemos visto. Traen unas camisas de algodon, que llegan hasta las rodillas, y unas medias-mangas encima de ellas, de unas faldillas de cuero de venado sin pelo, que tocan en el suelo, y enjabónanlas[39] con unas raíces que alimpian mucho, y ansí las tienen muy bien tratadas; son abiertas por delante, y cerradas con unas correas; andan calzados con zapatos. Toda esta gente venia á nosotros á que les tocásemos y santiguásemos;[40] y eran en esto tan importunos, que con gran trabajo lo sufriamos, porque dolientes y sanos, todos querian ir santiguados. Acontecia muchas veces que de las mujeres que con nosotros iban, parian algunas, y luego en nasciendo nos traian la criatura á que la santiguásemos y tocásemos. Acompañábannos siempre hasta dejarnos entregados á otros, y entre todas estas gentes se tenia por muy cierto que veniamos del cielo. Entre tanto que con estos anduvimos caminamos todo el dia sin comer hasta la noche, y comiamos tan poco, que ellos se espantaban de verlo. Nunca nos sintieron cansancio, y á la verdad nosotros estábamos tan hechos al trabajo, que tampoco lo sentiamos. Teniamos con ellos mucha autoridad y gravedad, y para conservar esto, les hablábamos pocas veces. El negro[41] les hablaba siempre; se informaba de los caminos que queriamos ir y los pueblos que habia y de las cosas que queriamos saber. Pasamos por gran número y diversidades de lenguas; con todas ellas Dios nuestro Señor nos favoresció, porque siempre nos entendieron y les entendimos; y ansí, preguntábamos y respondian por señas, como si ellos hablaran nuestra lengua y nosotros la suya; porque, aunque sabiamos seis lenguas, no nos podiamos en todas partes aprovechar de ellas, porque hallamos mas de mil diferencias. Por todas estas tierras, los que tenian guerras con los otros se hacian luego amigos para venirnos á recebir y traernos todo

[34] Golfo de México
[35] días de camino
[36] grasa
[37] casas para vivir
[38] trueque, cambio de una mercancía por otra
[39] les dan jabón
[40] hiciésemos la señal de la cruz
[41] Estebanico, uno de los expedicionarios

cuanto tenian, y de esta manera dejamos toda la tierra en paz, y dijímosles por las señas que nos entendian, que en el cielo habia un hombre que llamábamos Dios, el cual habia criado el cielo y la tierra, y que este adorábamos nosotros y teniamos por Señor, y que haciamos lo que nos mandaba, y que de su mano venian todas las cosas buenas, y que si ansí ellos lo hiciesen, les iria muy bien ello; y tan grande aparejo hallamos en ellos, que si lengua hobiera con que perfectamente nos entendiéramos, todos los dejáramos cristianos. Esto les dimos á entender lo mejor que podimos, y de ahí adelante cuando el sol salia, con muy gran grita abrian las manos 5 juntas al cielo, y después las traian por todo su cuerpo, y otro tanto hacian cuando se ponia. Es gente bien acondicionada y aprovechada para seguir cualquiera cosa bien aparejada.[42]

Pedro Cieza de León

ESPAÑA, ¿1518–1560?

Otro de los cronistas regionales o de hechos particulares y el más verídico narrador de los acontecimientos del Perú lo es Pedro Cieza de León. Aunque no abundan los datos sobre su vida, hoy se sabe que nació en Llerena, Extremadura, pasando parte de su niñez en Sevilla. De esta ciudad partió para Cartagena, en la costa Atlántica de Colombia cuando tenía solamente trece años de edad. Recorrió largas distancias, desde Colombia y Panamá hasta el Perú, incluyendo también muchas regiones del antiguo imperio incaico. Presenció y a veces participó en las luchas civiles entre los Pizarro y los Almagro en el Perú. Al llegar el célebre Pedro de la Gasca, llamado «el Pacificador» del Perú, enviado por el Rey, para terminar esas guerras intestinas, Cieza de León se puso a su servicio y éste lo nombró cronista oficial, lo cual le dio acceso a la documentación y otros medios de investigación existentes. Comenzó su obra en 1541 y la terminó en Lima en 1550. Ese año regresó pobre y enfermo a España y murió en Sevilla a la edad de cuarenta y dos años, después de lograr la publicación de la primera parte de su ambiciosa obra.

La crónica del Perú se divide en cuatro partes según el propio autor explica en el proemio. La primera, única publicada en vida del autor (Sevilla, 1553), contiene una descripción geográfica, etnológica y sociológica ordenada y precisa de las regiones recorridas, especialmente en el Perú así como informes escuetos sobre los comienzos de la conquista. La segunda parte, conocida como *Señorío de los Incas*, constituye un resumen del imperio incaico. La tercera parte se ha perdido pero trataba de la conquista del Perú. La cuarta, parcialmente perdida, se ocupaba de las guerras civiles. Como puede verse, la obra sería una historia natural, civil y política del Perú desde

[42] Nótese el buen concepto que tiene el autor sobre los indígenas

los tiempos más antiguos hasta la completa pacificación del país gracias a la astucia y sagacidad del Licenciado de la Gasca, llamado «el presidente». La obra es un cuadro muy completo de la geografía y topografía de los territorios incas, con detalles muy interesantes y exactos, sobre la población india desde los tiempos más remotos, con descripción de sus trajes, costumbres, sicología, religión, monumentos, templos, con noticias de su historia y de su estado social. Es un vivo retrato del Perú antiguo bajo el aspecto físico, moral y humano, en el momento de transición cuando se desmoronan aquellas civilizaciones ante el empuje de la conquista española.

Cieza de León sentía profunda vocación de historiador y tomaba muy en serio su oficio. Siempre se distingue como investigador paciente y cuidadoso. Escribe en la vorágine de las ambiciones personales y las luchas violentas por el poder, pero no pierde nunca la serenidad y objetividad. Únicamente emplea bases documentales o el testimonio de testigos en los que se puede tener fe. Le gusta dar a conocer sus fuentes y es notorio que interrogaba a sus testigos con toda formalidad. El plan y orden de su narración están entre los mejores que pueden encontrarse en este tipo de crónicas. Todos los eruditos que han estudiado la historia del Perú tienen *La crónica del Perú* como uno de los documentos más valiosos y documentados sobre el período que cubre. Aparte de su verismo histórico, distingue a Cieza de León su objetividad, su honestidad de escritor. Aunque es prolijo en los detalles que considera importantes, nunca llega a ser enfadoso. Escribe en un estilo sin afectación, con vocabulario sencillo y prosa llana y expresiva. Sabe guardar muy bien la relación entre un asunto y otro. Cieza es uno de los primeros en usar los nuevos métodos históricos puestos en boga por la renovación introducida en estos estudios por el Renacimiento.

FUENTE: *La crónica del Perú*, Madrid, Biblioteca de Autores Españoles, 1947. Tomo 26 de esa colección dirigida e ilustrada por Don Enrique de Vedia.

La crónica del Perú

1553

iii

De los puertos que hay desde la ciudad de Panamá hasta llegar á la tierra del Perú, y las leguas que hay de uno á otro, y en los grados de altura que están.

A todo el mundo es notorio[1] cómo los españoles, ayudados por Dios, con tanta felicidad han ganado y señoreado este Nuevo-Mundo, que Indias se llama. En el cual se incluyen tantos y tan grandes reinos y provincias, que es cosa de admiracion pensarlos, y en las conquistas y descubrimientos tan venturosos, como todos los que en esta edad vivimos sabemos. He yo considerado que, como el tiempo trastornó[2] con el tiempo largo otros estados y monarquías y las

[1] conocido, sabido

[2] cambió, modificó

traspasó[3] á otras gentes, perdiéndose la memoria de los primeros, que andando el tiempo podria suceder en nosotros lo que en los pasados; lo cual Dios nuestro Señor no permita, pues estos reinos y provincias fueron ganadas y descubiertas en tiempo del cristianísimo y gran Cárlos semper augusto, emperador de los romanos, rey y señor nuestro,[4] el cual tanto cuidado ha tenido y tiene de la conversion destos indios. Por las cuales causas yo creeré que para siempre España será la cabeza deste reino, y todos los que en él vivieren reconoscerán por señores á los reyes della. Por tanto, en este capítulo quiero dar á entender á los que esta obra leyeren la manera del navegar por los rumbos y grados que en el camino de mar hay de la ciudad de Panamá al Perú. Donde digo que el navegar de Panamá para el Perú es por el mes de enero, febrero y marzo, porque en este tiempo hay siempre grandes brisas y no reinan los vendavales,[5] y las naos con brevedad allegan[6] adonde van, antes que reine otro viento, que es el sur, el cual gran parte del año corre en la costa del Perú; y así, antes que viente el sur, las naos acaban su navegacion. Tambien pueden salir por agosto y setiembre, mas no van tan bien como en el tiempo ya dicho. Si fuera destos meses algunas naos partieren de Panamá, irán con trabajo, y aun harán mala navegacion y muy larga; y así, muchas naos arriban sin poder tomar la costa. El viento sur, y no otro, reina mucho tiempo, como dicho he,[7] en las provincias del Perú desde Chile hasta cerca de Túmbez; el cual es provechoso para venir del Perú á la Tierra-Firme, Nicaragua y otras partes; mas para ir es dificultoso. Saliendo de Panamá, los navíos van á reconoscer las islas que llaman de las Perlas, las cuales están en ocho grados escasos á la parte del sur. Serán estas islas hasta veinte y cinco ó treinta, pegadas á una que es la mayor de todas. Solian ser pobladas de naturales,[8] mas en este tiempo ya no hay ninguno. Los que son señores dellas tienen negros y indios de Nicaragua y Cubagua,[9] que les guardan los ganados y siembran las sementeras, porque son fértiles. Sin esto, se han sacado gran cantidad de perlas ricas, por lo cual les quedó el nombre de islas de Perlas. Destas islas van á reconoscer á la punta de Carachine, que esta dellas diez leguas nordeste sueste con la isla Grande. Los que llegaren á este cabo verán ser la tierra alta y montañosa; está en siete grados y un tercio. Desta punta corre la costa á puerta de Piñas al sudueste cuarta del sur, y está della ocho leguas, en seis grados y un cuarto. Es tierra alta, de grandes breñas[10] y montañas; junto á la mar hay grandes piñales, por lo cual le llaman puerto de Piñas; desde donde vuelve la costa al sur cuarta de sudueste hasta cabo de Corrientes, el cual sale á la mar y es angosto. Y prosiguiendo el camino por el rumbo ya dicho, se va hasta llegar á la isla que llaman de Palmas, por los grandes palmares que en ella hay; terná en contorno poco mas de legua y media; hay en ella rios de buen agua, y solia ser poblada. Está de cabo de Corrientes veinte y cinco leguas y en cuatro grados y un tercio. Desta isla corre la costa por el mismo rumbo hasta llegar á la bahía de la Buena ventura, y está de la isla tres leguas, poco mas; junto á la bahía, la cual es muy grande, está un peñol ó farallón[11] alto; está la entrada de la bahía en tres grados y dos tercios; toda aquella parte está llena de grandes montañas, y salen á la mar muchos y muy grandes rios, que nacen en la sierra; por el uno dellos entran las naos hasta llegar al pueblo ó puerto de la Buena Ventura. Y el piloto que entrare ha de saber bien el rio, y si no, pasará gran trabajo, como lo he pasado yo y otros muchos, por llevar pilotos nuevos. Desta bahía corre la costa á leste cuarta del sueste hasta la isla que llaman de la Gorgona, la cual está de la bahía veinte y cinco leguas. La costa que corre en este término es baja, llena de manglares[12] y otras montañas bravas. Salen á la costa muchos rios grandes, y entre ellos, el mayor y mas poderoso es el rio de San Juan, el

[3] cedió
[4] se refiere al emperador Carlos V
[5] vientos muy fuertes; borrascas
[6] llegan
[7] he dicho
[8] nativos, indígenas
[9] isla de Venezuela, en el Mar Caribe
[10] matorrales, conjunto de vegetación espesa
[11] *peñol:* peñón, peña grande y escarpada; *farallón:* roca alta que sobresale en el mar o en tierra
[12] sitios poblados de mangles, arbusto de la familia de las rizoforáceas

cual es poblado de gentes bárbaras, y tienen las casas armadas en grandes horcones[13] a manera de barbacoas[14] o tablados, y allí viven muchos moradores,[15] por ser los caneyes[16] o casas largas y muy anchas. Son muy riquísimos estos indios de oro, y la tierra que tienen muy fértil, y los rios llevan abundancia deste metal; mas es tan fragosa[17] y llena de paludes ó lagunas, que por ninguna manera se puede conquistar, sino es á costa de mucha gente y con gran trabajo. La isla de la Gorgona es alta, y adonde jamás deja de llover y tronar, que paresce que los elementos unos con otros combaten. Terná dos leguas de contorno llena de montañas; hay arroyos de buen agua y muy dulce, y en los árboles se ven muchas pavas, faisanes y gatos pintados y grandes culebras, y otras aves nocturnas; parece que nunca fué poblada. Aquí estuvo el marqués don Francisco Pizarro con trece cristianos españoles, compañeros suyos, que fueron los descubridores desta tierra, que llamamos Perú. Muchos dias (como diré en la tercera parte desta obra) ellos y el Gobernador pasaron grandes trabajos y hambres, hasta que enteramente Dios fué servido que descubriese las provincias del Perú. Esta isla de la Gorgona está en tres grados; della corre la costa al oessudueste hasta la isla del Gallo, y toda esta costa es baja y montañosa y salen á ella muchos rios. Es la isla del Gallo pequeña, terná de contormo casi una legua, hace unas barrancas bermejas en la misma costa de Tierra-Firme á ella; está en dos grados de la Equinocial. De aqui vuelve la costa al sudueste hasta la punta que llaman de Manglares, la cual está en otros dos grados escasos, y hay de la isla á la punta ocho leguas, poco mas ó menos. La costa es baja, montañosa, y salen á la mar algunos rios, los cuales la tierra dentro están poblados de las gentes que dije que hay en el rio de San Juan. De aquí corre la costa al sudueste hasta la bahía que llaman de Santiago, y hácese una grande ensenada,[18] donde hay un ancon[19] que nombran de Sardinas; está en él el grande y furioso rio de Santiago, que es de donde comenzó la gobernacion del marqués don Francisco Pizarro. Está quince leguas la bahía de Punta de Manglares, y acaece las naos tener la proa en ochenta brazas y estar la popa zabordada[20] en tierra, y tambien acontece ir en dos brazas y dará luego en mas de quince; lo cual hace la furia del rio; mas, aunque hay estos bancos, no son peligrosos ni dejan las naos de entrar y salir á su voluntad. Está la bahía de San Mateo en un grado largo; della van corriendo al oeste en demanda del cabo de San Francisco, que está de la bahía diez leguas. Está este cabo en tierra alta, y junto á ál se hacen unas barrancas[21] bermejas y blancas, tambien altas, y está este cabo de San Francisco en un grado á la parte del norte de la Equinocial. Desde aquí corre la costa al sudueste hasta llegar al cabo de Passaos, que es por donde pasa la línea Equinocial. Entre estos dos cabos ó puntas salen á la mar cuatro rios muy grandes, á los cuales llaman los Quiximies; hácese un puerto razonable, donde las naos toman agua muy buena y leña. Hácense del cabo de Passáos á la Tierra-Firme unas sierras altas que dicen de Quaque; el cabo es una tierra no muy baja, y vense unas barracas[22] como las pasadas.

XXXVI

En que se contiene la descripción y traza[23] del reino del Perú, que se entiende desde la ciudad de Quito hasta la villa de Plata, que hay mas de setecientas leguas.

Ya que he concluido con lo tocante a[24] la gobernacion de la provincia de Popayán,[25] me parece que es tiempo de extender mi pluma en dar noticia de las cosas grandes que hay que decir del Perú, comenzando de la ciudad del Quito. Pero antes que diga la fundacion desta ciudad, será conveniente figurar la tierra de

[13] maderos gruesos fijos al suelo sobre el que se construye la casa
[14] tablados en lo alto de las casas
[15] habitantes
[16] bohíos: casas muy humildes de techo cónico
[17] áspera
[18] especie de golfo que forman las costas del mar
[19] ensenada pequeña, no muy profunda
[20] varada, encallada (cuando el barco no puede moverse porque ha tocado el fondo del mar, lago o río)
[21] precipicio, abismo, despeñadero
[22] casas muy rústicas como las de las huertas de Valencia
[23] aspecto, apariencia
[24] lo relacionado con
[25] en Colombia; hoy es la ciudad capital del departamento del Cauca

aquel reino, el cual terná de longitud setecientas leguas, y de latitud á partes ciento y á partes mas, y por algunas menos.

No quiero yo tratar agora[26] de lo que los reyes ingas[27] señorearon,[28] que fueron mas de mil y docientas leguas; mas solamente diré lo que se entiende Perú, que es desde Quito hasta la villa de Plata, desde el un término hasta el otro. Y para que esto mejor se entienda, digo que esta tierra del Perú son tres cordilleras ó cumbres desiertas y adonde los hombres por ninguna manera podrian vivir. La una destas cordilleras es las montañas de los Andes, llena de grandes espesuras,[29] y la tierra tan enferma, que sino es pasado el monte, no hay gente ni jamás la hubo. La otra es la serranía[30] que va de luengo[31] desta cordillera ó montaña de los Andes, la cual es frigidísima y sus cumbres llenas de grandes montañas de nieve, que nunca deja de caer. Y por ninguna manera podrian tampoco vivir gentes en esta longura[32] de sierras, por causa de la mucha nieve y frio, y tambien porque la tierra no da de sí provecho, por estar quemada de las nieves y de los vientos, que nunca dejan de correr. La otra cordillera hallo yo que es los arenales que hay desde Túmbez hasta mas adelante de Tarapaca,[33] en los cuales no hay otra cosa que ver que sierras de arena y gran sol que por ellas se esparce, sin haber agua ni yerba ni árboles ni cosa criada, sino pájaros, que con el don de sus alas pueden atravesar por donde quiera. Siendo tan largo aquel reino como digo, hay grandes despoblados por las razones que he puesto. Y la tierra que se habita y donde hay poblado es desta manera: que la montaña de los Andes por muchas partes hace quebradas y algunas abras,[34] de las cuales salen valles algo hondos, y tan espaciosos, que hay entre las sierras grande llanura, y aunque la nieve caiga, toda se queda por los altos. Y los valles, como están abrigados,[35] no son combatidos de los vientos, ni la nieve allega á ellos; antes es la tierra tan frutífera, que todo lo que siembra da de sí fruto provechoso, y hay arboledas y se crian muchas aves y animales. Y siendo la tierra tan provechosa, está toda bien poblada de los naturales, y lo que es en la serranía. Hacen sus pueblos concertados[36] de piedra, la cobertura de paja, y viven sanos y son muy sueltos. Y así desta manera, haciendo abras y llanadas[37] las sierras de los Andes y la Nevada, hay grandes poblaciones, en las cuales hubo y hay mucha cantidad de gente, porque destos valles corren rios de agua muy buena, que van á dar á la mar del Sur. Y así como estos rios entran por los espesos arenales que he dicho y se extienden por ellos, de la humidad del agua se crian grandes arboledas y hácense unos valles muy lindos y hermosos; y algunos son tan anchos, que tienen a[38] dos y á tres leguas, adonde se ven gran cantidad de algarrobos,[39] los cuales se crian aunque están tan léjos del agua. Y en todo el término donde hay arboledas es la tierra sin arenas y muy fértil y abundante. Y estos valles fueron antiguamente muy poblados; todavía hay indios, aunque no tantos como solian, ni con mucho. Y como jamas no llovió en estos llanos y arenales del Perú, no hacian las casas cubiertas como los de la serranía, sino terrados galanos[40] o casas grandes de adobes, con sus estantes ó mármoles, y para guarecerse[41] del sol ponian unas esteras[42] en lo alto. En este tiempo se hace así, y los españoles en sus casas no usan otros tejados que estas esteras embarradas.[43] Y para hacer sus sementeras de los rios que riegan estos valles, sacan acequias,[44] tan bien sacadas y con tanta órden, que toda la tierra riegan y siembran, sin que se les pierda nada. Y como es de riego,[45] están aquellas acequias muy verdes y alegres, y llenas de arboledas de

[26] ahora
[27] Incas. Eran los emperadores que en número de trece gobernaron el imperio incaico. Atahualpa fue el último Inca o emperador.
[28] gobernaron
[29] lugares con mucha vegetación
[30] lugar de montañas y sierras
[31] largo
[32] longitud, largo
[33] *Túmbez:* ciudad del Perú hoy; la primera población indígena visitada por Pizarro; *Tarapaca:* Tarapacá, la provincia de Chile situada más al norte.
[34] aberturas abiertas entre montañas
[35] protegidos (por las montañas)
[36] arreglados, compuestos
[37] partes llanas, planas, sin montañas
[38] hasta
[39] árboles papilonáceos de flores purpúreas
[40] muy adornados
[41] protegerse
[42] tejidos de esparto o junco
[43] pintadas con alguna sustancia
[44] canales o zanjas por donde van las aguas
[45] irrigación

frutales de España y de la misma tierra. Y en todo tiempo se coge en aquellos valles mucha cantidad de trigo y maiz y de todo lo que se siembra. De manera que, aunque he figurado al Perú ser tres cordilleras desiertas y despobladas, dellas mismas por la voluntad de Dios salen los valles y rios que digo; fuera dellos por ninguna manera podrian los hombres vivir, que es causa por donde los naturales se pudieron conquistar tan fácilmente y para que sirvan sin se rebelar,[46] porque si lo hiciesen, todos perescerian de hambre y de frio. Porque (como digo), sino es la tierra que ellos tienen poblada, lo demás es despoblado, lleno de sierras de nieve y de montañas altísimas y muy espantosas. Y la figura dellas es, que, como tengo dicho, tiene este reino de longitud setecientas leguas, que se extiende de norte á sur, y si hemos de contar lo que mandaron los reyes ingas, mil y docientas leguas de camino derecho, como he dicho, de norte á sur por meridiano. Y tendrá por lo mas ancho de levante á poniente[47] poco mas que cien leguas, y por otras partes á cuarenta y á sesenta, y á menos y á mas. Esto que digo de longitud y latitud se entiende cuanto á la longura[48] y anchura que tienen las sierras y montañas que se extienden por toda esta tierra del Perú, segun que he dicho. Y esta cordillera tan grande, que por la tierra del Perú se dice Andes, dista de la mar del Sur por unas partes cuarenta leguas y por otras partes sesenta, y por otras mas y por algunas menos; y por ser tan alta, y la mayor altura estar tan allegada á la mar del Sur, son los rios pequeños, porque las vertientes son cortas.

La otra serranía que tambien va de luengo desta tierra, sus caidas y fenescimientos se rematan[49] en los llanos y acaban cerca de la mar, á partes á tres leguas y por otras partes á ocho y á diez, y á menos y á mas. La constelacion y calidad de la tierra de los llanos es mas cálida que fria, y unos tiempos mas que otros, por estar tan baja, que casi la mar es tan alta como la tierra, ó poco menos. Y cuando en ella hay mas calor es cuando el sol ha pasado ya por ella y ha llegado al trópico de Capricornio, que es á 11 de diciembre de donde da la vuelta á la línea Equinocial. En la serranía, no embargante[50] que hay partes y provincias muy templadas, podráse decir al contrario que de los llanos, porque es mas fria que caliente. Esto que he dicho es cuanto á la calidad particular destas provincias, de las cuales adelante diré lo que hay mas que contar dellas.[51]

XXXVIII

En que se trata quién fueron los reyes ingas, y lo que mandaron en el Perú.

Porque en esta primera parte tengo muchas veces de tratar de los ingas, y dar noticia de muchos aposentos[52] suyos y otras cosas memorables, me paresció cosa justa decir algo dellos en este lugar, para que los letores sepan lo que estos señores fueron, y no ignoren su valor ni entiendan uno por otro, no embargante que yo tengo hecho libro particular dellos y de sus hechos, bien copioso.[53]

Por las relaciones que los indios del Cuzco nos dan se colige[54] que habia antiguamente gran desórden en todas las provincias deste reino que nosotros llamamos Perú, y que los naturales eran de tan poca razon y entendimiento, que es de no creer; porque dicen que eran muy bestiales, y que muchos comian carne humana, y otros tomaban á sus hijas y madres por mujeres, cometiendo, sin esto, otros pecados mayores y mas graves, teniendo gran cuenta con el demonio, al cual todos ellos servian y tenian en grande estimacion. Sin esto, por los cerros y collados[55] altos tenian castillos y fortalezas,[56] desde donde, por causas muy livianas, salian á darse guerra unos á otros, y se mataban y captivaban[57] todos los mas que podian. Y no em-

[46] sin rebelarse (sublevarse, levantarse contra la autoridad)
[47] *levante:* punto por donde parece salir el sol; *poniente:* lugar por donde se pone el sol
[48] longitud, largo
[49] *fenescimientos:* conclusión; *se rematan:* se pierden, se destruyen, se terminan
[50] que estorba o impide
[51] de ellas
[52] casas
[53] muy abundante; muchos
[54] se deduce
[55] *cerros:* lomas, colinas, alturas; *collados:* cerros
[56] recuérdese a *Machu Picchu*, ciudad fortaleza inca, cuyas ruinas se conservan y fueron descubiertas en 1911
[57] cautivaban, se hacían prisioneros

bargante que anduviesen metidos en estos pecados y cometiesen estas maldades, dicen tambien que algunos dellos eran dados á la religion, que fué causa que en muchas partes deste reino se hicieron grandes templos, en donde hacian su oracion y era visto el demonio y por ellos adorado, haciendo delante de los ídolos grandes sacrificios y supersticiones. Y viviendo desta manera las gentes deste reino, se levantaron grandes tiranos en las provincias de Collao[58] y en los valles de los yungas[59] y en otras partes, los cuales unos á otros se daban grandes guerras, y se cometian muchas muertes y robos, y pasaron por unos y por otros grandes calamidades; tanto, que se destruyeron muchos castillos y fortalezas, y siempre duraba entre ellos la porfía,[60] de que no poco se holgaba el demonio, enemigo de natura humana, porque tantas ánimas se perdiesen.

Estando desta suerte[61] todas las provincias del Perú, se levantaron dos hermanos, que el uno dellos había por nombre Mangocapa,[62] de los cuales cuentan grandes maravillas los indios, y fábulas muy donosas.[63] En el libro por mí alegado[64] las podrá ver quien quisiere cuando salga á luz. Este Mangocapa fundó la ciudad del Cuzco, estableció leyes á su usanza, y él y sus descendientes se llamaron ingas, cuyo nombre quiere decir ó significar reyes ó grandes señores. Pudieron tanto, que conquistaron y señorearon desde Pasto hasta Chile, y sus banderas vieron por la parte del Sur al rio de Maule, y por la del Norte al rio de Angasmayo, y estos rios fueron término de su imperio, que fué tan grande, que hay de una parte á otra mas de mil y trecientas leguas.[65] Y edificaron grandes fortalezas y aposentos fuertes, y en todas las provincias tenian puestos capitanes y gobernadores. Hicieron tan grandes cosas, y tuvieron tan buena gobernacion, que pocos en el mundo les hicieron ventaja; eran muy vivos de ingenio y tenian gran cuenta, sin letras,[66] porque estas no se han hallado en estas partes de las Indias. Pusieron en buenas costumbres á todos sus súbditos, y diéronles órden para que se vistiesen, y trajesen ojotas en lugar de zapatos, que son como albarcas.[67] Tenian grande cuenta con la inmortalidad del ánima y con otros secretos de naturaleza. Creian que habia Hacedor de las cosas, y al sol tenian por dios soberano, al cual hicieron grandes templos; y engañados del demonio, adoraban en árboles y en piedras, como los gentiles. En los templos principales tenian gran cantidad de vírgines muy hermosas, conforme á las que hubo en Roma en el templo de Vesta,[68] y casi guardaban los mismos estatutos[69] que ellas. En los ejércitos escogian capitanes valerosos y los mas fieles que podian. Tuvieron grandes mañas para sin guerra hacer de los enemigos amigos, y á los que se levantaban, castigaban con gran severidad y no poca crueldad. Y pues (como digo) tengo hecho libro destos ingas, basta lo dicho para que los que leyeren este libro entiendan lo que fueron estos reyes y lo mucho que valieron; y con tanto, volveré á mi camino.

---

[58] meseta del Titicaca, Bolivia
[59] raza de indígenas
[60] pelea
[61] forma
[62] Manko Qhápaj o Manco Cápac
[63] con gracia o donaire
[64] citado, traído como prueba favorable
[65] Los Incas tenían un poderoso imperio que se extendía por la mitad sur del Ecuador, Perú, Bolivia, la mitad norte de Chile y el noroeste de la Argentina.
[66] se refiere a los *quipus*, sistema de memorización a base de cordeles y nudos de diferentes formas, tamaños y colores. Así recordaban cantidades, cómputos y cifras.
[67] *ojotas:* especies de sandalias hechas con un pedazo de cuero; *albarcas:* sandalias
[68] correspondiente a la *Hestia* griega, diosa del fuego y del hogar para los romanos
[69] reglas

Juan Suárez de Peralta

MÉXICO, ¿1535?-1590

El primero de los historiadores criollos nacido en México fue Juan Suárez de Peralta. Vio la primera luz en esa ciudad y es probable que su padre fuera Juan Suárez, hermano de doña Catalina, la primera mujer de Hernán Cortés. Pasó en esa ciudad una juventud holgada, regalada, placentera y agradable como la de todos los hijos de conquistadores enriquecidos. De esta época data su gran afición al deporte hípico, en el cual llegó a tener gran destreza y conocimientos muy amplios. Su cultura formal fue muy escasa aunque sobresale por sus dones de observación y talento natural de narrador. Tomó parte principalísima en los grandes festejos que le brindaron los «nietos» de los conquistadores a Martín Cortés, segundo marqués del Valle (hijo del conquistador) en 1563. Asimismo presenció los trágicos sucesos cuando la rebelión de los descendientes de conquistadores con el apoyo de Martín Cortés en contra de la orden de Felipe II ordenando al Virrey Luis de Velasco que suspendiese los derechos de la tercera generación —nietos de Hernán Cortes y sus compañeros—. Más tarde se casó con la hija del conquistador nombrado Alonso de Villanueva Tordesillas y se trasladó a España en 1579 posiblemente para hacer reclamaciones en la corte. Resulta probable que regresara a México con Luis de Velasco II, nombrado virrey de Nueva España.

En 1580 publicó en Sevilla su *Tratado de la caballería de la gineta y brida*, primer libro de autor americano de tema profano publicado. La obra demuestra su interés, aficiones y saber sobre ese deporte. Luego escribió el *Libro de Alveitería* (que se conserva todavía inédito en la Biblioteca Nacional de Madrid). En 1589 dio término a su *Tratado del descubrimiento de las Indias y su conquista*. La misma obra fue publicada en Zaragoza en 1875 por el historiador español Justo Zaragoza con el título de *Noticias históricas de la Nueva España*, siendo esta edición la que dio a conocer dicha interesante obra. En los primeros diecisiete capítulos se narra «el origen y principio de las Indias e indios», y la conquista de la Nueva España. En ellos emplea como base las obras de Fray Toribio de Benavente («Motolinía»), Fray Diego Durán y Fray Bernardino de Sahagún. La parte más interesante y movida son los últimos veintisiete capítulos en los que presenta un cuadro muy animado de la ciudad de México y la vida, actividades y sicología de los criollos en el siglo XVI. Dejó una estampa muy realista, colorista, ingenua e impresionante de la sordidez, violencia, crueldades, diferencias sociales, agudos contrastes entre el lujo y la miseria, injusticias y abusos de aquella sociedad colonial que se decía basada en los principios del cristianismo. Aunque defiende a Cortés y a los conquistadores, todavía sin una inquietud social bien desarrollada, habla comprensivamente de los indígenas.

Sus escritos tienen el encanto de la sencillez y lo agradable de un estilo muy dinámico y jugoso. Mediante el uso de la lengua coloquial y corriente de los criollos, narra todo lo que vio, conoció y vivió en esta inquieta época. Sus páginas resultan más interesantes porque en forma muy vivaz no sólo narra los acontecimientos políticos, sino que nos da una deliciosa estampa de la vida social del virreinato. Pinta con mucho dramatismo la rebelión de los descendientes de los conquistadores atribuida a Martín Cortés y, sobre todo el proceso en que fueron decapitados los hermanos Ávila, dos de los principales complotados. Otro mérito del relato son las noticias que da acerca de las diferencias entre criollos y peninsulares. Como cronista de esa región sigue bien de cerca a Bernal Díaz del Castillo.

FUENTE: *Tratado del descubrimiento de las Indias y su conquista*, etc., México, Imprenta Universitaria, 1945.

Tratado del descubrimiento y conquista[1]

1589

XXXII

Prisión de Alonso de Ávila y de su hermano

Diósele otro mandamiento[2] a un caballero que se llamaba Manuel de Villegas, el cual era alcalde ordinario, para que fuera a prender a Alonso de Ávila Alvarado, y a su hermano Gil González; y fué a las casas de Alonso de Ávila, donde le halló, y a su hermano que acababa de venir de su pueblo, y aún no tenía quitadas las espuelas, que calzadas las llevó a la cárcel. A todos llevaban delante de los oidores,[3] y de allí los mandaban llevar a la prisión que habían de tener. Al marqués[4] le metieron en unos aposentos muy fuertes de la casa real y con muchas guardas, y a Alonso de Ávila y a su hermano en la cárcel de corte; a los hermanos en otra parte de las casas reales muy guardados[5] y en prisiones; sólo al marqués no se le echaron, mas tuvo muchas guardas, y eran cuatro caballeros los que guardaban las puertas donde él estaba, que ni aun paje[6] entraba donde le tenían. Vióse el pobre caballero muy afligido, y la tierra muy alborotada.[7]

Sentencia contra los hermanos Alonso de Ávila y Gil González. — Notifican las sentencias

Al fin se hallaron testigos, y hecha la información y concluso el pleito y para sentenciarle, los sentenciaron a cortar las cabezas, y puestas en la picota,[8] y pérdida de todos sus bienes, y las casas sembradas de sal y derribadas por el suelo, y en medio un padrón[9] en él escrito con letras grandes su delito, y que aquél se estuviese para siempre jamás, que nadie fuese osado a quitarle ni borrarle letra so pena[10] de muerte; y que el

---

[1] El título completo es: *Tratado del descubrimiento de las Indias y su conquista*.
Relata Suárez de Peralta en los capítulos XXXII, XXXIII, XXXIV uno de los episodios que más conmovieron al virreinato de México. Los excesivos gastos, fiestas y festejos que los hijos de conquistadores hicieron con motivo de la llegada a México de don Martín Cortés, hijo del Conquistador y segundo marqués del Valle, movieron a Felipe II a ordenar al virrey, Don Luis de Velasco, que suspendiese los derechos de la tercera generación, formada por los nietos de los compañeros de Hernán Cortés. Conocida esta orden, los descendientes se dieron a organizar una conspiración que tendría por líder al segundo marqués del Valle. Su propósito no era tan sólo obtener la restitución de sus derechos, sino tomar el poder político. Descubierta la conspiración, fueron detenidos en seguida Martín Cortés y los hermanos Alonso de Ávila y Gil González de Ávila, conspiradores de mucha importancia.

[2] orden judicial de arresto

[3] magistrados

[4] Martín Cortés, segundo marqués del Valle. No se le debe confundir con su medio hermano, llamado también Martín Cortés, hijo del Conquistador y de doña Marina.

[5] protegidos, custodiados

[6] criado joven

[7] muy ruidosa, con gritería

[8] lugar a la puerta de las ciudades para exponer a los prisioneros a la vergüenza pública

[9] cartel, letrero

[10] bajo pena

pregón[11] dijese: «Ésta es la justicia que manda hacer Su Majestad y la real audiencia[12] de México, en su nombre, a estos hombres, por traidores contra la corona real, etc.» Y así proseguía[13] el pregón. Fuéronles a notificar la sentencia; ya se entenderá cómo se debió recibir. Dicen [que] Alonso de Ávila, en acabándosela de leer, se dió una palmada en la frente, y dijo:

— ¿Es posible esto?

Dijéronle:

— Sí, señor; y lo que conviene es que os pongáis bien con Dios y le supliquéis perdone vuestros pecados.

Y él respondió:

— ¿No hay otro remedio?

— No.

Y entonces empezáronle a destilar las lágrimas de los ojos por el rostro abajo, que le tenia muy lindo, y él [que] le cuidaba con mucho cuidado, era muy blanco y muy gentil hombre y muy galán, tanto que le llamaban *dama*, porque ninguna por mucho que lo fuese tenía tanta cuenta de pulirse[14] y andar en orden; el que más bien se traía era él y con más criados, y podía, porque era muy rico; y cierto que era de los más lucidos[15] caballeros que había en México.

Lo que dijo Alonso de Ávila

Desde a un poco después que la barba y rostro tenía bañados en lágrimas, dió un gran — ¡Ay, hijos míos, y mi querida mujer! ¿Ha de ser posible que esto suceda en quien pensaba daros descanso y mucha honra, después de Dios, y que haya dado la fortuna vuelta tan contraria que la cabeza y rostro regalado, vosotros habéis de ver en la picota, al agua y al sereno, como se ven las de los muy bajos e infames que la justicia castiga por hechos atroces y feos? ¿Esta es la honra, hijos míos, que de mí esperábais ver? ¡Inhabilitados de las preeminencias de caballeros! Mucho mejor os estuviera ser hijos de un muy bajo padre, que jamás supo de honra.

Estas y otras palabras de grandísima lástima, decía. Halláronse con él unos frailes y le dijeron:

— Señor, no es tiempo de eso, acudid a vuestra alma; suplicad a Dios se duela de vuestros pecados y os perdone, que él remediará lo uno y lo otro.

Y dieron orden para suplicar[16] de aquella sentencia, y así se hizo, que suplicaron de ella, y fuéles recibida la suplicación, y al fin se confirmó en revista, pasadas las horas que se dieron de término, que fueron pocas. Lo que se dilató[17] una sentencia de la otra, no quiso Alonso de Ávila comer bocado ni dormir, sino encomendándose a Dios muy de veras, y su hermano lo mismo. Ellos confesaron el delito, y que habían tratado de lo que eran acusados, y condenaron al marqués y a otros, como consta por sus confesiones.

XXXIII

Que trata de cómo se hizo justicia de Alonso de Ávila, y su hermano, y de lo que más sucedió

No se vió jamás día de tanta confusión y que mayor tristeza en general hubiese de todos, hombres y mujeres, como el que vieron cuando a aquellos dos caballeros sacaron a ajusticiar: porque eran muy queridos y de los más principales y ricos, y que no hacían mal a nadie, sino antes daban y honraban su patria; especialmente Alonso de Ávila, que de ordinario tenía casa de señor, y el trato de ella, y había con muchas veras[18] procurado título de sus pueblos, y si algo fué causa de su perdición o a lo menos ayudó, fué que era tocado de la vanidad, mas sin perjuicio de nadie, sino estimación que tenía en sí, por ser, como era, tan rico y tan gentil hombre, y emparentado con todo lo bueno del lugar. ¡Y todo sujeto a una de las mayores desventuras que ha tenido otro en el mundo! Pues en un momento perdió lo que en este se puede estimar, que es vida y honra y hacienda; y en la muerte igual a los muy bajos salteadores, que se pusiese su cabeza en la picota, donde los tales[19] se suelen poner, y allí se estuviese al aire

---

[11] publicación de algo en voz alta
[12] tribunal o corte de justicia
[13] continuaba
[14] arreglarse, acicalarse bien
[15] elegantes
[16] apelar, ir a un tribunal superior
[17] demoró
[18] con mucho interés
[19] los mencionados salteadores

y sereno a vista de todos los que le querían ver. No se niegue que fué uno de los mayores espectáculos que los hombres han visto, que le ví yo en el trono referido, y después la cabeza en la picota, atravesado un largo clavo desde la coronilla de ella e hincado, metido por aquel regalado casco,[20] atrevesando los sesos y carne delicada.

Aquel cabello que con tanto cuidado se enrizaba y hacía copete[21] para hermosearse, en aquel público lugar donde le daba la lluvia sin reparo[22] de sombrero emplumado, ni gorra aderezada con piezas de oro, como era costumbre suya traerla, y llevaba cuando le prendieron; aquellos bigotes que con tanta curiosidad se los retorcía y componía , ¡todo ya caído!: que me acaeció detener el caballo, pasando por la plaza donde estaba la horca y en ella las cabezas de estos caballeros, y ponérmelas a ver con tantas lágrimas de mis ojos, que no sé yo en vida haber llorado tanto, por sólo considerar lo que el mundo había mostrado en aquello que veía presente, que no me parecía ser cosa cierta ni haber pasado, sino sueño y muy profundo, como cuando un hombre está fuera de todo su sentido. Y lo estaba sin duda, porque no había diez días que le hablé y le ví, con sus lacayos[23] y tantos pajes, en un hermoso caballo blanco, con una gualdrapa[24] de terciopelo[25] bordada, y él tan galán, que aunque lo era de ordinario, lo andaba aquellos días mucho, con la ocasión del hijo que le había nacido al marqués; y hablé con él y traté de unos partidos de juego de pelota que se jugaba en su casa, sobre cuerda, y ¡verle de aquella manera hoy! Cierto, en este punto, me estoy enterneciendo con lo que la memoria me representa.

Lo que hicieron los dos hermanos cuando les notificaron las sentencias

Después de haberles notificado a Alonso de Ávila Alvarado y a su hermano Gil González las sentencias en revista, y mandado ejecutar, vieran andar los hombres y las mujeres por las calles, todos espantados y escandalizados que no lo podían creer; que fué necesario mandar la audiencia saliese mucha gente a caballo y de a pie, todos armados en uso de pepear,[26] y la artillería puesta a punto;[27] y así se hizo, que no quedó caballero, ni el que no lo era, que todos salieron armados y se recogieron en la plaza grande, frontero[28] de las casas reales y de la cárcel, y tomaron todas las bocas de las calles, y de esta manera aseguraron el temor, que le tenían grande. Los pobres caballeros, confesados y rectificados en sus dichos, y siendo ya como a las seis y más de la tarde, habiendo hecho un muy alto tablado en medio de la plaza grande (enfrente de la cárcel como una carrera de caballo), la cual estaba llena de gente toda, y era tanta que creo debía de haber más de cien mil ánimas (y es poco), y todos llorando, los que podían, con lienzos[29] en los ojos enjugando[30] las lágrimas. Pusieron gente de a caballo desde el tablado hasta la puerta de la cárcel, de una parte y de otra, y luego gente de a pie, todos armados, delante de los caballos, y hecha una calzada[31] ancha que podían caber más de seis hombres de a caballo: y sin atravesar ánima nacida. Y andaba por medio el capitán general don Francisco de Velasco, hermano del buen virrey don Luis, con sus deudos,[32] a caballo todos, y yo iba con él, y nos pusimos a la puerta de la cárcel para ir con aquellos caballeros en guarda, los cuales bajaron con sus cadenas en los pies.

Cómo salieron los hermanos a ajusticiarles

Llevaba Alonso de Ávila unas calzas[33] muy ricas al uso, y un jubón de raso, y una ropa de damasco aforrada en pieles de tiguerillos[34] (que es un aforro muy lindo y muy hidalgo), una gorra aderezada con piezas con de oro y plumas, y una cadena de oro al cuello revuelta, una toquilla leonada[35] con un relicario, y encima un rosario de Nuestra Señora, de unas cuentecitas blancas del palo de naranjo, que se lo había

---

[20] se refiere al cráneo
[21] cabello levantado sobre la frente
[22] sin hacer excepción
[23] criados
[24] cobertura de las ancas (parte posterior) del caballo
[25] tejijo grueso y suave
[26] pepenar, estar alerta; en México y América Central: recoger, rebuscar
[27] alerta
[28] límite
[29] pañuelos
[30] secando
[31] avenida
[32] parientes
[33] especie de calzones que cubrían el muslo o parte de él
[34] tigrecillos, tigres pequeños
[35] *toquilla:* abrigo o adorno para la cabeza; *leonada:* de color de león

enviado una monja en que rezase aquellos días que estaba afligido. Con este vestido le prendieron, que acababa de comer, y estaba en una recámara[36] donde tenía sus armas y jaeces,[37] como tienen todos los caballeros en México, y allí le prendieron, y sin ponerse sayo[38] ni capa le llevaron; y le prendió el mayor amigo que tenía, y su compadre, que era Manuel de Villegas, que en aquella sazón era alcalde ordinario. Salió caballero en una mula, y a los lados frailes de la orden del señor Santo Domingo que le iban ayudando a morir, y él no parecía sino que iba ruando[39] por las calles. Iba su hermano con un vestido de camino, de color verdoso el paño, y sus botas, y como acababa de llegar de su pueblo. Sacaron primero a Gil González y luego a su hermano, y de esta suerte[40] los llevaron derechos al tablado, sin traerlos por las calles acostumbradas: fué [tal] la grita de llanto que se dió, de la gente que los miraba, que era grima[41] oírlos, cuando los vieron salir de la cárcel. Llegaron al tablado y se apearon y subieron a él, donde se reconciliaron y rectificaron en los dichos que habían dicho: y ya que estaban puestos con Dios, hicieron a Gil González que se tendiese en el tablado, habiendo el verdugo apercibídose,[42] y se tendió como un cordero, y luego le cortó la cabeza el verdugo, el cual no estaba bien industriado[43] y fué haciéndole padecer un rato, que fué otra lástima, y no poca.

XXXIV

Oración que hizo Alonso de Ávila antes que le cortaran la cabeza. Lo que le dijo el obispo de Filipinas. Crueldad del verdugo.

Después de cortada, con la grita y lloros, y sollozos, volvió la cabeza Alonso de Ávila, y como vió a su hermano descabezado dió un muy gran suspiro, que realmente no creyó hasta entonces que había de morir, y como le vió así, hincóse de rodillas y tornó a reconciliarse; alzó una mano, blanca más que de dama, y empezó a retorcerse los bigotes diciendo los salmos penitenciales, y llegado al del *Miserere*,[44] empezó a desatar los cordones del cuello, muy despacio, y dijo, vueltos los ojos hacia su casa:

— ¡Ay, hijos míos, y mi querida mujer, y cuáles[45] os dejo!

Y entonces Fray Domingo de Salazar, obispo que es ahora de Filipinas, le dijo:

— No es tiempo éste, señor, que haga vuesa merced eso, sino mire por su ánima, que yo espero en Nuestro Señor, de aquí se irá derecho a gozar de él, y yo le prometo de decirle mañana una misa, que es día de mi padre Santo Domingo.

Entonces prosiguió en sus salmos, y el fraile se volvió al pueblo y dijo:

— Señores, encomienden a Dios a estos caballeros, que ellos dicen que mueren justamente.

Y se volvió a Alonso de Ávila y le dijo:

— ¿No lo dice vuesa merced así?

Y él dijo que sí, y se hincó de rodillas, bajándose el cuello del jubón y camisa: y era de ver lo que temía la muerte. Atáronle los ojos con una venda, y ya que iba a tenderse, alzó la mano, y se descubrió, y dijo de secreto al fraile ciertas palabras; y luego le tornaron a vendar, y se puso como se había de poner, y el cruel verdugo le dió tres golpes, como quien corta la cabeza a un carnero, que a cada golpe que le daba ponía la gente los gritos en el cielo.[46] De esta manera acabaron estos desdichados caballeros, dejando la tierra muy lastimada y confusa si morían con culpa o sin ella.

---

[36] habitación, alcoba de dormir
[37] adornos de las caballerías
[38] casaca; (colo.) vestido
[39] del verbo «ruar»; pasear por la calle (rúa)
[40] manera
[41] daba grima, disgusto, desazón
[42] preparádose
[43] entrenado, con experiencia
[44] ««Ten misericordia o compasión»»; nombre tomado del salmo 51, que empieza con esta palabra. Hay varios salmos más que comienzan con esa frase.
[45] en qué forma
[46] se quejaban en voz alta

Padre José de Acosta

ESPAÑA, 1539-1600

Nació en Medina del Campo y a los once años ingresó en el Colegio de la Compañía de Jesús de ese lugar. Después de recibir las órdenes de la Compañía residió en Roma (1562-1565). Enseñó teología en varios colegios, trasladándose a América en 1571 donde vivió hasta 1587. De los diecisiete años que pasó en las Indias en labor misionera, quince residió en el Perú y el resto en las Antillas y México. Ocupó cargos muy importantes dentro de su orden religiosa y en mayo de 1587 regresó a España. Debido a su amistad con Felipe II ocupó cargos y desempeñó misiones de importancia. En 1592 fue nombrado prepósito de la Casa Profesa de Valladolid y cinco años después pasó al Colegio de Salamanca (1597) donde falleció en la fecha indicada. Acosta era un intelectual de temperamento analítico y muy inclinado a la observación y la sistematización de sus conocimientos. Tenía la formación humanística de los jesuitas. En su pensamiento era bastante liberal aunque su obra no deja de caer dentro de la llamada literatura «providencialista», tan en boga en esa época.

Escribió varias obras menores pero su libro capital es *Historia natural y moral de las Indias* (Sevilla, 1590), comenzada en el Perú y terminada en España. El prestigio de que gozó la obra y su originalidad y novedad la hicieron objeto de múltiples ediciones en español, a más de las traducciones al italiano, latín, francés, inglés, alemán y holandés. No es una crónica en el sentido real del vocablo, sino un ensayo de interpretación filosófica, natural, sociológica y científica del mundo y del hombre americano. La razón del título está en que dedica los cuatro primeros libros al mundo natural o físico. Son un compendio de historia natural de las Indias con nociones cosmogónicas, los orígenes del hombre americano, geografía, física, geología, mineralogía, metalurgia, flora y fauna. En los libros quinto y sexto trata de la historia moral (la cultura), especialmente sobre la religión, educación, costumbres, ideas, caracteres sicológicos, instituciones, gobierno, arte, técnica e historia de los indígenas del Perú y algo de los de México. En el libro séptimo y último estudia el México precolonial y da noticias sobre ayudas sobrenaturales de tipo religioso que favorecieron la conquista.

Aunque Acosta era clérigo, se le nota un gran anhelo de renovación cultural, así como cierta independencia de criterio. Habiendo surgido en el momento en que luchan desesperadamente la corriente científica antigua y tradicional con el pensamiento moderno, el autor asume una posición ecléctica, intermedia. No deja de ser aristotélico, pero su pensamiento liberal lo lleva a discrepar muchas veces de Platón, Aristóteles y de algunos padres de la Iglesia, como San Agustín. El gran crítico español Feijoo lo llamó en el siglo XVIII «Plinio del Nuevo Mundo». Junto a su serio intento de explicarse la naturaleza americana —de gran interés por la novedad de esta parte del mundo— muestra en todo momento una actitud llena de comprensión hacia los indios. Debido a la interpretación que del mundo físico americano y del hombre intenta el autor, el estudio de su obra resulta imprescindible para comprender la la evolución cultural de la América hispana. El ensayo es una mezcla de observaciones directas del mundo físico y sociológico de América y muchas tesis y opiniones personales sobre la naturaleza, la sociedad y el hombre de este continente. Se le considera como una interpretación valiosa e integral del mundo americano, hecha con un criterio bastante moderno para su tiempo. Defendió la igualdad del hombre blanco y el indígena en el plano espiritual y demostró la racionalidad del indígena frente a teorías que lo consideraban como ser inferior y salvaje. Todo el libro responde a un plan excelente, con una exposición lógica y muy bien ordenada.

Entre lo más valioso de esta obra ha de colocarse el estilo, por la riqueza y variedad del léxico, la propiedad y exactitud de las palabras y cierta sencillez y naturalidad clásicas. Acosta saca los mejores resultados de la lengua para expresar lo que desea en forma directa y con economía verbal. Maneja muy bien el idioma a través de un lenguaje rico y elegante. La prosa es fluida, sobria y siempre atildada.

FUENTE: *Historia natural y moral de las Indias*, 2da. ed., México, Fondo de Cultura Económica, 1962. Edición preparada por Edmundo O'Gorman, con un prólogo apéndices y un índice de materias.

Historia natural y moral de las Indias

1590

Libro Primero

XXV

Qué es lo que los indios suelen contar de su origen

Saber lo que los mismos indios suelen contar de sus principios y origen, no es cosa que importa mucho; pues más parecen sueños los que refieren, que historias. Hay entre ellos comunmente gran noticia y mucha plática del Diluvio;[1] pero no se puede bien determinar si el diluvio que éstos refieren, es el universal que cuenta la Divina Escritura, o si fué alguno otro diluvio o inundación particular de las regiones en que ellos moran; mas de que en estas tierras, hombres expertos dicen que se ven señales claras de haber habido alguna grande inundación, yo más me llego al paracer de los que sienten que los rastros[2] señales y que hay de diluvio, no son del de Noé, sino de alguno otro particular como el que cuenta Platón, o el que los poetas cantan de Deucalión.[3] Como quiera que sea, dicen los indios que con aquel su diluvio, se ahogaron todos los hombres, y cuentan que de la gran laguna Titicaca[4] salió un Viracocha,[5] el cual hizo asiento en Tiaguanaco,[6] donde se ven hoy ruinas y pedazos de edificios antiguos y muy extraños, y que de allí vinieron al Cuzco, y así tornó a multiplicarse el género humano. Muestran en la misma laguna una isleta donde fingen que se escondió y

[1] Inundación grande de aguas. Véase Génesis Caps. 6, 7, 8, 9.
[2] huellas, señales
[3] rey de Tesalia, hijo de Prometeo, equivale al Noé de la mitología griega
[4] el lago más alto del mundo entre Perú y Bolivia. De aquí salieron, según la leyenda, Manco Cápac y Mama Ocllo para fundar el imperio Inca.
[5] referencia a Manco Cápac. Véase nota 4
[6] Tiahuanaco, esplendorosa civilización preincaica que floreció (1000–1300) en Bolivia y luego se extendió al Perú, Argentina y Chile. Se conservan ruinas impresionantes.

conservó el sol, y por eso antiguamente le hacían allí muchos sacrificios no sólo de ovejas, sino de hombres también. Otros cuentan que de cierta cueva, por una ventana salieron seis o no sé cuantos hombres, y que éstos dieron principio a la propagación de los hombres, y es donde llaman Pacari Tampo por esa causa. Y así tienen por opinión que los tambos son el linaje[7] más antiguo de los hombres. De aquí dicen que procedió Mangocapa,[8] al cual reconocen por el fundador y cabeza de los ingas, y que de éste procedieron dos familias o linajes, uno de Hanan Cuzco, otro de Urincuzco.[9] Refieren que los reyes ingas, cuando hacían guerra y conquistaban diversas provincias, daban por razón con que justificaban la guerra, que todas las gentes les debían reconocimiento, pues de su linaje y su patria se había renovado el mundo, y así a ellos se les había revelado la verdadera religión y culto del cielo. Mas ¿de qué sirve añadir más, pues todo va lleno de mentira y ajeno de razón? Lo que hombres doctos afirman y escriben es que todo cuanto hay de memoria y relación de estos indios, llega a cuatrocientos años, y que todo lo de antes es pura confusión y tinieblas, sin poderse hallar cosa cierta. Y no es de maravillar faltándoles libros y escritura, en cuyo lugar aquella su tan especial cuenta de los quipocamayos,[10] es harto y muy mucho que pueda dar razón de cuatrocientos años. Haciendo yo diligencia para entender de ellos, de qué tierras y de qué gente pasaron a la tierra en que viven, hallélos tan lejos de dar razón de esto que antes tenían por muy llano[11] que ellos habían sido creados desde su primer origen en el mismo Nuevo Orbe, donde habitan, a los cuales desengañamos con nuestra fe, que nos enseña que todos los hombres proceden de un primer hombre. Hay conjeturas muy claras que por gran tiempo, no tuvieron estos hombres reyes ni república concertada, sino que vivían por behetrías,[12] como agora los floridos y los chiriguanas, y los brasiles[13] y otras naciones muchas, que no tienen ciertos reyes, sino conforme a la ocasión que se ofrece en guerra o paz, eligen sus caudillos como se les antoja. Mas con el tiempo, algunos hombres que en fuerzas y habilidad se aventajaban a los demás, comenzaron a señorear y mandar, como antiguamente Nembrot,[14] y poco a poco, creciendo, vinieron a fundar los reinos de Pirú, y de México, que nuestros españoles hallaron, que aunque eran bárbaros, pero hacían grandísima ventaja a los demás indios. Así que la razón dicha persuade que se haya multiplicado y procedido el linaje de los indios por la mayor parte de hombres salvajes y fugitivos.

Y esto baste, cuanto a lo que del origen de estas gentes se ofrece tratar, dejando lo demás para cuando se traten sus historias más por extenso.

Libro Segundo

ix

Que la Tórrida[15] no es en exceso caliente, sino moderadamente caliente

Hasta aquí se ha dicho de la humedad de la Tórridazona; agora es bien decir de las otras dos cualidades, que son calor y frío. Al principio de este tratado dijimos cómo los antiguos entendieron que la Tórrida era seca y caliente, y lo uno y lo otro en mucho exceso; pero la verdad es que no es así, sino que es húmeda y cálida, y su calor por la mayor parte no es

---

[7] ancestro
[8] Manko Qhapaj o el nombre castellanizado, Manco Cápac
[9] Esta división de los incas en dos ramas familiares fue la causa principal de las grandes guerras civiles entre ellos. La última fue entre los hermanos Huáscar y Atahualpa, muy bien aprovechada por Francisco Pizarro para conquistar el país.
[10] quipus, sistema de memorización de cuentas inventado por los incas
[11] natural, cierto, verdad
[12] fig. confusión, desorden; pueblos cuyos vecinos podían tomar por señor a quien quisiesen
[13] razas indígenas
[14] Véase Génesis 10:8 (« Y Cush engendró a Nemrod: éste comenzó a ser poderoso en la tierra ».)
[15] zona de la tierra situada entre los dos trópicos

excesivo, sino templado, cosa que se tuviera por increíble si no la hubiéramos asaz[16] experimentado. Diré lo que me pasó a mí cuando fuí a las Indias.[17] Como había leído lo que los filósofos y poetas encarecen de la Tórridazona, estaba persuadido que cuando llegase a la Equinocial, no había de poder sufrir el calor terrible; fué tan al revés[18] que al mismo tiempo que la pasé sentí tal frío, que algunas veces me salía al sol por abrigarme, y era en tiempo que andaba el sol sobre las cabezas derechamente, que es en el signo de Aries, por marzo. Aquí yo confieso que me reí e hice donaire[19] de los meteoros de Aristóteles y de su filosofía, viendo que en el lugar y en el tiempo que conforme a sus reglas había de arder todo y ser un fuego, yo y todos mis compañeros teníamos frío; porque en efecto es así que no hay en el mundo región más templada ni más apacible, que debajo de la Equinocial. Pero hay en ella gran diversidad, y no es en todas partes de un tenor.[20] En partes, es la Tórridazona muy templada, como en Quito y los llanos del Pirú; en partes muy fría, como en Potosí y en partes es muy caliente como en Etiopía y en el Brasil y en los Malucos.[21] Y siendo esta diversidad cierta y notoria, forzoso hemos de inquirir otra causa de frío y calor sin los rayos del sol, pues acaece en un mismo tiempo del año, lugares que tienen la misma altura y distancia de polos y Equinocial, sentir tanta diversidad, que unos se abrasan de calor y otros no se pueden valer de frío, otros se hallan templados con un moderado calor. Platón[22] ponía su tan celebrada isla Atlántida en parte de la Tórrida, pues dice que en cierto tiempo del año tenía al sol encima de sí; con todo eso dice de ella que era templada, abundante y rica. Plinio[23] pone a la Taprobana o Samatra,[24] que agora llaman, debajo de la Equinocial, como en efecto lo está, la cual no sólo dice que es rica y próspera, sino también muy poblada de gente y de animales. De lo cual se puede entender que aunque los antiguos tuvieron por intolerable el calor de la Tórrida, pero pudieron advertir que no era tan inhabitable como la hacían. El excelentísimo astrólogo y cosmógrafo Ptolomeo, y el insigne filósofo y médico Avicena,[25] atinaron harto mejor, pues ambos sintieron que debajo de la Equinocial había muy apacible habitación.

Libro Cuarto

iii

De la cualidad de la tierra donde se hallan metales, y que no se labran todos en Indias, y de cómo usaban los indios de los metales

La causa de haber tanta riqueza de metales en Indias, especialmente en las Occidentales del Pirú, es como está dicho, la voluntad del Creador, que repartió sus dones como le plugo. Pero llegándonos a la razón y filosofía, es gran verdad lo que escribió Filón, hombre sabio,[26] diciendo que el oro y plata y metales naturalmente nacían en las tierras más estériles e infructuosas. Así vemos que tierras de buen témpero,[27] y fértiles de yerba y frutos, raras veces o nunca son de minas,[28] contentándose la naturaleza con darles vigor para producir los frutos más necesarios al gobierno y vida de los animales y hombres. Al contrario, en tierras muy ásperas, y secas y estériles, en sierras muy altas, en peñas muy agras,[29] en temples muy

[16] demasiado, suficiente
[17] América
[18] contrario, opuesto
[19] gracia; chiste
[20] igual
[21] Las Molucas, archipiélago de Indonesia, entre Las Célebes y Nueva Guinea.
[22] en los diálogos de *Timeo y Critias*
[23] en *Historia Natural*, 6, 22
[24] Sumatra, la mayor de las islas de la Sonda (Indonesia)
[25] *Ptolomeo:* Ptolomeo, Claudio, célebre astrónomo griego (s. II, d.C.); *Avicena:* filósofo y médico árabe (980–1037).
[26] Filón de Alejandría, filósofo griego de origen judío (20 a.C.–54 d.C.) en su obra *De genesis mundi*, Lib. 5.
[27] buena sazón que adquiere la tierra con la lluvia
[28] que no contienen minerales
[29] de difícil acceso

desabridos,[30] allí es donde se hallan minas de plata y de azogue, y lavaderos de oro y toda cuanta riqueza ha venido a España; después que se descubrieron las Indias Occidentales ha sido sacada de semejantes lugares ásperos, trabajosos, desabridos, estériles; mas el gusto del dinero los hace suaves, y abundantes y muy poblados. Y aunque hay en Indias, como he dicho, vetas y minas de todos los metales, pero no se labran sino solamente minas de plata y oro, y también de azogue, porque es necesario para sacar la plata y el oro. El hierro llevan de España, y de la China. Cobre usaron labrar[31] los indios, porque sus herramientas y armas no eran comúnmente de hierro, sino de cobre. Después que españoles tienen las Indias, poco se labran ni siguen minas de cobre, aunque las hay muchas, porque buscan los metales más ricos, y en esos gastan su tiempo y trabajo; para esos otros se sirven de lo que va de España o de lo que a vueltas del beneficio de oro y plata resulta. No se halla que los indios usasen oro, ni plata, ni metal para moneda, ni para precio de las cosas; usábanlo para ornato,[32] como está dicho. Y así tenían en templos, y palacios y sepulturas, grande suma y mil géneros de vasijas de oro y plata. Para contratar y comprar, no tenían dinero sino trocaban[33] unas cosas con otras, como de los antiguos refiere Homero y cuenta Plinio.[34] Había algunas cosas de más estima que corrían por precio en lugar de dinero, y hasta el día de hoy dura entre los indios esta costumbre, como en las provincias de México usan del cacao, que es una frutilla, en lugar de dinero, y con ella rescatan lo que quieren. En el Pirú sirve de lo mismo la coca, que es una hoja que los indios precian mucho, como en el Paraguay usan cuños de hierro por moneda, y en Santa Cruz de la Sierra, algodón tejido. Finalmente su modo de contratar de los indios, su comprar y vender, fué cambiar y rescatar cosas por cosas; y con ser los mercados grandísimos y frecuentísimos, no les hizo falta el dinero ni habían menester terceros, porque todos estaban muy diestros[35] en saber cuánto de qué cosa era justo dar por tánto de otra cosa. Después que entraron españoles, usaron también los indios el oro y plata para comprar, y a los principios no había moneda, sino la plata por peso era el precio, como de los romanos antiguos se cuenta.[36] Después por más comodidad se labró moneda en México y en el Pirú, mas hasta hoy ningún dinero se gasta en Indias Occidentales de cobre u otro metal, sino solamente plata y oro. Porque la riqueza y grosedad[37] de aquella tierra no ha admitido la moneda que llaman de vellón,[38] ni otros géneros de mezclas que usan en Italia y en otras provincias de Europa. Aunque es verdad que en algunas islas de Indias, como son Santo Domingo y Puerto Rico usan de moneda de cobre, que son unos cuartos que en solas aquellas islas tienen valor, porque hay poca plata; y oro, aunque hay mucho, no hay quien le beneficie. Mas porque la riqueza de Indias y el uso de labrar minas consiste en oro, y plata y azogue, de estos tres metales diré algo, dejando por agora los demás.

---

[30] áspero y desapacible
[31] trabajar
[32] adorno
[33] cambiaban
[34] en *Historia natural*, 33, 3
[35] hábiles
[36] Plinio, *Historia natural*, 33, 4.
[37] grueso; extensión, gran tamaño
[38] moneda de cobre antigua

Inca Garcilaso de la Vega

PERÚ, 1539–1616

El Inca Garcilaso de la Vega fue el primer escritor nacido en Hispanoamérica en ganar renombre universal. Con justicia se le considera el mejor prosista de esta literatura en el período colonial. Nació en el Cuzco, la esplendorosa capital del imperio Inca. Era hijo natural de un conquistador español, capitán Sebastián Garcilaso de la Vega y Vargas y de una princesa inca Palla Isabel Chimpu Ocllo. Su padre era descendiente de una familia noble que incluía hombres de letras de la estatura del Marqués de Santillana, Jorge Manrique y Garcilaso de la Vega, el gran poeta del Renacimiento. Su madre era descendiente directa de la dinastía gobernante, pues era sobrina del emperador Huayna Cápac y prima de Atahualpa, último emperador de los Incas. Su padre no pudo casarse con la princesa por estarle prohibido a los nobles españoles hacerlo con mujeres que no fueran de su condición y origen. En el Cuzco recibió una esmeradísima educación, tanto en la cultura indígena como en la española y aprendió ambas lenguas. Después de la muerte de su padre marchó a España a los 21 años (1560) para no volver nunca a su patria. Gestionó la restitución de los bienes correspondientes a la madre sin lograrlo. Ingresa entonces en el ejército (1564) y con el rey Felipe II recorre Navarra, Italia y otros países. Peleó brava y heroicamente y ganó el grado de capitán. En sus diez años en el ejército aprendió muy bien el italiano. Se trasladó a Córdoba en 1589 y más tarde ingresó en el sacerdocio (1600) dedicándose a sus estudios, escritos y a una vida de ascetismo. Murió en Córdoba con bienes de fortuna y muy estimado por sus conciudadanos..Sus restos descansan en la memorable Mezquita de Córdoba.

Con su primer libro, la traducción del italiano de *Dialoghi di amore* de León Hebreo (1590) se hizo de notable renombre, porque está entre las obras maestras del Renacimiento, cuyo tema es la concepción platónica del amor. El estilo de la traducción es mucho más cuidado y esmerado que el del texto original. Su segunda obra lleva por título *La Florida del Inca. Historia del Adelantado Hernando de Soto* (Lisboa, 1605) y en ella narra la historia de la desdichada expedición de ese conquistador por la Florida y otros territorios (1538–1542). Según propio testimonio gastó cuarenta años en la composición de esta obra, escrita sobre testimonios de participantes en la heroica empresa. Sobresale por la agilidad del relato y las descripciones cuidadosas de paisajes, hechos e inclusive de los caballos. Tiene sentido poético, buena distribución de las partes y por su frescura todavía hoy se lee con deleite. La obra, como la siguiente del autor, combina elementos históricos y literarios. Como historiador busca la veracidad, pero despliega elementos novelescos para conseguir la amenidad y despertar el interés. Presenta equivocaciones en algunas fechas, descripciones y detalles, aunque todo el conjunto es creíble.

Posteriormente, el Inca publicó la primera parte de su obra maestra, los *Comentarios reales de los Incas* (1609), cuya segunda parte, con el inapropiado título de *Historia general del Perú*, vio la luz póstumamente, en 1617. La primera parte cubre desde los tiempos preincaicos hasta la época del último emperador, Atahualpa. Constituye un vasto lienzo de las costumbres, religión, educación, actividades, sicología y demás aspectos de la vida de los Incas. La segunda cuenta la conquista del Perú y las luchas civiles entre los conquistadores por ambiciones de poder y dominio. Volviendo al discutido tema de la historicidad del Inca, aquí encontramos también errores y un tono en general favorable a los indígenas, pues a veces pasa por alto posibles vicios y crueldades, con la excepción de los de Atahualpa, enemigo del grupo familiar de su madre. Pero en general los *Comentarios reales de los Incas* constituyen un documento de inapreciable valor para conocer pormenores de aquella civilización, así como de los hechos a partir de la llegada de los españoles. Algunos críticos han insistido en considerarlo meramente como historiador —base de la dura crítica que en muchos casos se le hace— cuando en realidad lo que desea es crear una obra de arte con materiales históricos, de manera que mientras preserva lo más interesante de los hechos verídicos en forma amena, satisface sus preocupaciones artísticas y literarias. Como buen renacentista defiende un estado ideal en la naturaleza y los hombres. La obra tiene un tono general de nostalgia, de melancolía, de añoranza del pasado, aunque escribe sin resentimiento alguno a pesar de su doble condición de mestizo y de exiliado. A menudo integra anécdotas y hasta cuentos al relato histórico, a fin de hacerlo más ameno e interesante. Posee también un sentido agudo del humor y la ironía.

Su estilo sobresale por su don de narrar y describir y el dualismo de su formación cultural: india y española, clásica y renacentista. En todas sus obras deja ver una preocupación ética o moral y disquisiciones filosóficas profundas. El lenguaje es castizo y se le considera entre la buena prosa del Siglo de Oro. Los períodos son por lo general largos, pero armoniosos y bien redondeados. En el rico vocabulario aparecen americanismos y expresiones del quechua. Su obra está a trechos salpicada de ironía y humorismo del bueno, así como de cuentos y anécdotas por las que sentía gran atracción. No hay barroquismo en su prosa límpida, pero sí en muchas ideas, como son cierto tono pesimista y el contraste nostálgico entre el mundo de ayer y el de hoy.

FUENTE: *Obras completas del Inca Garcilaso de la Vega*, 4 vols., Madrid, Biblioteca de Autores Españoles, 1960–1965, editadas por Carmelo Sáenz de Santa María. Tomo 132: *Diálogos de amor* y *La Florida del Inca;* Tomo 133: Primera Parte de los *Comentarios reales de los Incas*; 134–135; Segunda Parte de los *Comentarios reales*.

Comentarios reales de los Incas, primera parte

1609

Libro Primero

XV

El origen de los Incas,[1] *reyes del Perú.*

Viviendo o muriendo aquellas gentes de la manera que hemos visto, permitió Dios Nuestro Señor que de ellos mismos saliese un lucero del alba, que en aquellas escurísimas[2] tinieblas les diese alguna noticia de la ley natural, y de la urbanidad y respetos que los hombres debían tenerse unos a otros, y que los descendientes de aquél, procediendo de bien en mejor, cultivasen a aquellas fieras y las convirtiesen en hombres haciéndoles capaces de razón y de cualquiera buena doctrina; para que cuando ese mismo Dios, sol de justicia, tuviese por bien de enviar la luz de sus divinos rayos a aquellos idólatras, los hallase no tan salvajes, sino más dóciles para recibir la fe católica, y la enseñanza y doctrina de nuestra santa madre iglesia romana, como después acá la han recibido, según se verá lo uno y lo otro, en el discurso[3] de esta historia. Que por experiencia muy clara se ha notado, cuánto más pronto y ágiles estaban para recibir el evangelio los indios que los reyes Incas sujetaron, gobernaron y enseñaron, que no las demás naciones comarcanas, donde aún no había llegado la enseñanza de los Incas; muchas de las cuales están hoy tan bárbaras y brutas como antes se estaban, con haber setenta y un años que los españoles entraron en el Perú. Y pues estamos a la puerta de este gran laberinto, será bien pasemos adelante a dar noticia de lo que en él había.

Después de haber dado muchas trazas,[4] y tomando muchos caminos para entrar a dar cuenta del origen y principio de los Incas, reyes naturales que fueron del Perú, me pareció que la mejor traza y el camino más fácil y llano, era contar lo que en mis niñeces oí muchas veces a mi madre y a sus hermanos y tíos, y a otros sus mayores, acerca de este origen y principio; porque todo lo que por otra parte se dice de él, viene a reducirse en lo mismo que nosotros diremos, y será mejor que se sepa por las propias palabras que los Incas lo cuentan, que no por la de otros autores extraños. Es así que residiendo mi madre en el Cuzco, su patria, venían a visitarla casi cada semana los pocos parientes y parientas que de las crueldades y tiranías de Atahuallpa,[5] como en su vida contaremos, escaparon; en las cuales visitas, siempre sus más ordinarias pláticas eran tratar del origen de sus reyes, de la majestad de ellos, de la grandeza de su imperio, de sus conquistas y hazañas del gobierno que en paz y en guerra tenían, de las leyes que tan en provecho y favor de sus vasallos ordenaban. En suma, no dejaban cosa de las prósperas que entre ellos hubiese acaecido[6] que no trajesen a cuenta.[7]

De las grandezas y prosperidades pasadas venían a las cosas presentes: lloraban sus reyes muertos, enajenado[8] su imperio, y acabada su república, etc. Estas y otras semejantes pláticas

[1] se le llamaba así al «emperador» o jefe del gobierno, palabra que quiere decir «hijo del sol». Por extensión se le llama así también a todos los indígenas que componían ese imperio.
[2] muy oscuras
[3] curso, transcurso
[4] apariencias, figuras
[5] último Inca o emperador del Perú (¿?–1533), luchó y venció a su hermano Huáscar. Fue preso y ejecutado por orden de Francisco Pizarro.
[6] sucedido
[7] recordasen o mencionasen
[8] perdido

tenían los Incas y Pallas[9] en sus visitas, y con la memoria del bien perdido, siempre acababan su conversación en lágrimas y llanto, diciendo: «Trocósenos[10] el reinar en vasallaje, etc.» En estas pláticas yo como muchacho, entraba y salía muchas veces donde ellos estaban, y me holgaba de las oír, como huelgan los tales de oír fábulas. Pasando, pues, días, meses y años, siendo ya yo de dieciséis o diecisiete años, acaeció que estando mis parientes un día en esta su conversación hablando de sus reyes y antiguallas,[11] al más anciano de ellos, que era el que daban cuenta de ellas, le dije: «Inca, tío, pues no hay escritura entre vosotros, que es la que guarda la memoria de las cosas pasadas, ¿qué noticias tenéis del origen y principio de nuestros reyes? Porque allá los españoles, y las otras naciones sus comarcanas, como tienen historias divinas y humanas, saben por ellas cuándo empezaron a reinar sus reyes y los ajenos, y el trocarse unos imperios en otros, hasta saber cuántos mil años ha que Dios crió el cielo y la tierra, que todo esto y mucho más saben por sus libros. Empero vosotros que carecéis de ellos, ¿qué memoria tenéis de vuestras antiguallas? ¿Quién fué el primero de nuestros Incas? ¿Cómo se llamó? ¿Qué origen tuvo su linaje? ¿De qué manera empezó a reinar? ¿Con qué gente y armas conquistó este grande Imperio? ¿Qué origen tuvieron nuestras hazañas?»

El Inca, como que holgándose de haber oído las preguntas, por el gusto que recibía de dar cuenta de ellas, se volvió a mí que, ya otras muchas veces le había oído, mas ninguna con la atención que entonces, y me dijo: «Sobrino, yo te las diré de muy buena gana, a ti te conviene oírlas y guardarlas en el corazón, es frase de ellos por decir en la memoria. Sabrás que en los siglos antiguos toda esta región de tierra que ves, eran unos grandes montes y breñales,[12] y las gentes en aquellos tiempos vivían como fieras y animales brutos, sin religión ni policía, sin pueblo ni casa, sin cultivar ni sembrar la tierra, sin vestir ni cubrir sus carnes, porque no sabían labrar algodón ni lana para hacer de vestir. Vivían de dos en dos, y de tres en tres, como acertaban a juntarse en las cuevas y resquicios[13] de peñas y cavernas de la tierra; comían como bestias yerbas del campo y raíces de árboles, y la fruta inculta que ellos daban de suyo, y carne humana. Cubrían sus carnes con hojas y cortezas de árboles, y pieles de animales; otros andaban en cueros. En suma, vivían como venados y salvajinas, y aun en las mujeres se habían como los brutos, porque no supieron tenerlas propias y conocidas.»

Adviértase, porque no enfade, el repetir tantas veces estas palabras: *nuestro padre el sol*, que era lenguaje de los Incas, y manera de veneración y acatamiento decirlas siempre que nombraban al sol, porque se preciaban descender de él; y al que no era Inca, no le era lícito tomarlas en la boca, que fuera blasfemia, y lo apedrearan.[14] Dijo el Inca: «Nuestro padre el sol, viendo los hombres tales, como te he dicho, se apiadó y hubo lástima de ellos, y envió del cielo a la tierra un hijo y una hija de los suyos[15] para que los doctrinasen en el conocimiento de nuestro padre el sol, para que lo adorasen y tuviesen por su dios, y para que les diesen preceptos y leyes en que viviesen como hombres en razón y urbanidad; para que habitasen en casas y pueblos poblados, supiesen labrar las tierras, cultivar las plantas y mieses, criar los ganados y gozar de ellos y de los frutos de la tierra, como hombres racionales, y no como bestias. Con esta orden y mandato[16] puso nuestro padre el sol estos dos hijos suyos en la laguna Titicaca, que está ochenta leguas de

---

[9] las otras esposas del Inca, porque éste era polígamo. Podían ser de sangre real o vírgenes del sol. La esposa principal era la *coya* o *colla*.
[10] se nos cambió
[11] objetos, cosas muy antiguas
[12] tierra quebrada y llena de malezas (abundancia de plantas); matorral
[13] hendeduras, aberturas; huecos
[14] tirasen piedras
[15] Según la leyenda Manco Cápac fue el fundador de la dinastía de los Incas y del imperio. El sol lo creó a él y a su esposa y hermana Coya Mama Ocllo Huaco en una islita del lago Titicaca y les ordenó enseñar a los demás pueblos la religión y civilización. Deberían peregrinar hasta encontrar un lugar donde se pudiese enterrar un bastón dorado. Manco Cápac y su mujer llegaron en su viaje al valle del Cuzco que tenía las características señaladas por el Sol. Fundaron la ciudad de ese nombre que fue la capital del imperio y construyeron el imponente Templo del Sol o *Coricancha*. Desde este centro se extendieron hacia todas las partes que componían su gran imperio.
[16] orden

aquí, y les dijo que fuesen por do[17] quisiesen, y do quiera que parasen a comer o a dormir, procurasen hincar en el suelo una barrilla de oro, de media vara en largo y dos dedos de grueso, que les dió para señal y muestra que donde aquella barra se les hundiese, con sólo un golpe que con ella diesen en tierra, allí quería el sol nuestro padre que parasen e hiciesen su asiento y corte. A lo último les dijo: «Cuando hayáis reducido esas gentes a nuestro servicio, los mantendréis en razón y justicia, con piedad, clemencia y mansedumbre, haciendo en todo oficio de padre piadoso para con sus hijos tiernos y amados, a imitación y semejanza mía, que a todo el mundo hago bien, que les doy mi luz y claridad para que vean y hagan sus haciendas, y les caliento cuando han frío, y crío sus pastos y sementeras; hago fructificar sus árboles y multiplico sus ganados; lluevo y sereno a sus tiempos, y tengo cuidado de dar una vuelta cada día al mundo por ver las necesidades que en la tierra se ofrecen, para las proveer y socorrer, como sustentador y bienhechor de las gentes; quiero que vosotros imitéis este ejemplo como hijos míos, enviados a la tierra sólo para la doctrina y beneficio de esos hombres, que viven como bestias. Y desde luego os constituyo y nombro por reyes y señores de todas las gentes que así doctrináredes con vuestras buenas razones obras y gobierno.» Habiendo declarado su voluntad nuestro padre el sol a sus dos hijos, los despidió de sí. Ellos salieron de Titicaca, y caminaron al septentrión,[18] y por todo el camino, do quiera que paraban, tentaban hincar la barra de oro y nunca se les hundió. Así entraron en una venta o dormitorio pequeño, que está siete o ocho leguas al mediodía de esta ciudad, que hoy llaman Pacarec Tampu, que quiere decir venta, o dormida, que amanece. Púsole este nombre el Inca, porque salió de aquella dormida al tiempo que amanecía. Es uno de los pueblos que este príncipe mandó poblar después, y sus moradores se jactan hoy grandemente del nombre, porque lo impuso nuestro Inca; de allí llegaron él y su mujer, nuestra reina, a este valle del Cozco, que entonces todo él estaba hecho montaña brava.

XXV

Testamento y muerte del Inca Manco Capac

Manco Capac reinó muchos años, mas no saben decir de cierto cuántos: dicen que más de treinta, y otros que más de cuarenta, ocupado siempre en las cosas que hemos dicho; y cuando se vió cercano a la muerte, llamó a sus hijos, que eran muchos, así de su mujer la reina Mama Ocllo Huaco, como de las concubinas que había tomado, diciendo que era bien que hubiese muchos hijos del sol. Llamó asimismo los más principales de sus vasallos, y por vía de testamento les hizo una larga plática, encomendando al príncipe heredero y a los demás sus hijos la fidelidad y servicio de su rey y la guarda[19] de las leyes que les dejaba; afirmando que todas las había ordenado su padre el sol. Con esto despidió los vasallos y a los hijos hizo en secreto otra platica, que fué la última, en que les mandó siempre tuviesen en la memoria que eran hijos del sol, para respetarle y adorar como a dios y como a padre; díjoles que a imitación suya, hiciesen guardar sus leyes y mandamientos, y que ellos fuesen los primeros en guardarles, para dar ejemplo a los vasallos; y que fuesen mansos y piadosos, que redujesen los indios por amor, atrayéndolos con beneficios y no por fuerza, que los forzados nunca les serían buenos vasallos, que los mantuviesen en justicia, sin consentir agravio entre ellos; y en suma les dijo que en sus virtudes mostrasen que eran hijos del sol, confirmando con las obras lo que certificaban con las palabras, para que los indios les creyesen; donde no, que harían burla de ellos si les viesen decir uno y hacer otro. Mandóles que todo lo que les dejaba encomendado lo encomendasen ellos a sus hijos y descendientes de generación en generación; para que cumpliesen y guardasen lo que su padre el sol mandaba, afirmando que todas eran palabras suyas, y que así las dejaba por vía de testamento y última voluntad.[20] Díjoles que le llamaba el sol, y que se iba a descansar con él, que se quedasen en paz, que desde el cielo tendría cuidado de ellos y les favorecería y

[17] donde
[18] norte
[19] obediencia y cuidado
[20] aquí deseo

socorrería en todas sus necesidades. Diciendo estas cosas y otras semejantes murió el Inca. Manco Capac dejó por príncipe heredero a Sinchi Roca,[21] su hijo primogénito y de la Coya Mama Ocllo Huaco, su mujer y hermana. Además del príncipe dejaron estos reyes otros hijos e hijas, los cuales casaron entre sí, unos con otros, por guardar limpia la sangre, que fabulosamente decían descender del sol; porque es verdad que tenían en suma veneración la que descendía limpia de estos reyes, sin mezcla de otra sangre, porque la tuvieron por divina y toda la demás por humana, aunque fuese de grandes señores de vasallos, que llaman *curacas*.[22]

El Inca Sinchi Roca casó con Mama Ocllo, o Mama Cora, como otros quieren, su hermana mayor, por imitar el ejemplo del padre, y el de los abuelos sol y luna; porque en su gentilidad tenían que la luna era hermana y mujer del sol. Hicieron este casamiento por conservar la sangre limpia, y porque al hijo heredero le perteneciese el reino, tanto por su madre como por su padre, y por otra razones que adelante diremos más largo. Los demás hermanos legítimos y no legítimos también casaron unos con otros, por conservar y aumentar la sucesión de los Incas. Dijeron que el casar de estos hermanos unos con otros lo había ordenado el sol, y que el Inca Manco Capac lo había mandado, porque no tenían sus hijos con quien casar, para que la sangre se conservase limpia; pero que después no pudiese nadie casar con la hermana sino sólo el Inca heredero; lo cual guardaron ellos, como lo veremos en el proceso de la historia.

Al Inca Manco Capac lloraron sus vasallos con mucho sentimiento: duró el llanto y las obsequias muchos meses. Embalsamaron[23] su cuerpo para tenerlo consigo y no perderlo de vista; adoráronle por dios, hijo del sol; ofreciéronle muchos sacrificios de carneros, corderos y ovejas, y conejos caseros, de aves, de mieses[24] y legumbres, confesándole por señor de todas aquellas cosas que les había dejado. Lo que yo, conforme a lo que vi de la condición y naturaleza de aquellas gentes, puedo conjeturar del origen de este príncipe Manco Inca, que sus vasallos por sus grandezas llamaron Manco Capac, es que debió de ser algún indio de buen entendimiento, prudencia y consejo, y que alcanzó[25] bien la mucha simplicidad de aquellas naciones, y vió la necesidad que tenían de doctrina y enseñanza para la vida natural, y con astucia y sagacidad[26] para ser estimado, fingió aquella fábula, diciendo que él y su mujer eran hijos del sol, que venían del cielo, y que su padre los enviaba para que doctrinasen e hiciesen bien a aquellas gentes; y para hacerse creer, debió de ponerse en la figura y hábito[27] que trajo, particularmente las orejas tan grandes como los Incas las traían, que cierto eran increíbles a quien no las hubiera visto, como yo, y al que las viera ahora (si las usan), se le hará extraño imaginar cómo pudieron agrandarlas tanto; y como con los beneficios y honras que a sus vasallos hizo, confirmase la fábula de su genealogía, creyeron firmemente los indios que era hijo del sol venido del cielo, y lo adoraron por tal como hicieron los gentiles antiguos, con ser menos brutos, a otros que les hicieron semejantes beneficios; porque es así que aquella gente a ninguna cosa atiende tanto como a mirar si lo que hacen los maestros conforma con lo que les dicen; y hallando conformidad en la vida y en la doctrina, no han menester argumentos para convencerlos a lo que quisieren hacer de ellos. He dicho esto, porque ni los Incas de la sangre real, ni la gente común, no dan otro origen a sus reyes, sino el que se ha visto en sus fábulas historiales, las cuales se semejan unas a otras, y todas concuerdan en hacer a Manco Capac primer Inca.

---

[21] gobernó como el segundo Inca o Emperador. Los Incas tuvieron trece emperadores hasta la llegada de los españoles.

[22] (Amer.) caciques; baja aristocracia entre los Incas, procedentes de la nobleza de los pueblos conquistados por ellos

[23] prepararon un cuerpo muerto con perfumes, aromas y líquidos especiales para evitar su corrupción

[24] sembrados; plantaciones; frutos

[25] comprendió

[26] astucia, gran inteligencia

[27] ropa, vestido

Libro Cuarto

i

La casa de las vírgenes dedicadas al sol.

Tuvieron los reyes Incas en su gentilidad y vana religión, cosas grandes dignas de mucha consideración; y una de ellas fué la profesión de perpetua virginidad que las mujeres guardaban en muchas casas de recogimiento que para ellas en muchas provincias de su imperio edificaron; y para que se entienda qué mujeres eran éstas, y a quién se dedicaban, y en qué se ejercitaban, lo diremos cómo ello era; porque los historiadores españoles que de esto tratan, pasan por ello conforme al refrán que dice: *Como gato por brasas.*[28] Diremos particularmente de la casa que había en el Cozco, a cuya semejanza se hicieron después las que hubo en todo el Perú.

Es así que un barrio de los de aquella ciudad se llamaba *Acllahuaci*, quiere decir, *casa de escogidas*; el barrio es el que está entre las dos calles que salen de la plaza mayor, y van al convento de Santo Domingo, que solía ser casa del sol. La una de las calles es la que sale del rincón de la plaza, a mano izquierda de la iglesia mayor, y va norte-sur. Cuando yo salí de aquella ciudad el año de mil y quinientos y sesenta, era esta calle la principal de los Mercaderes. La otra calle es la que sale del medio de la plaza donde dejé la cárcel, y va derecha al mismo convento dominico, también norte-sur. La frente de la casa salía a la plaza mayor, entre las dos calles dichas, y las espaldas de ella llegaban a la calle que las atraviesa de oriente a poniente; de manera que estaba hecha isla entre la plaza y las tres calles; quedaba entre ella y el templo del sol otra isla grandísima de casas, y una plaza grande que hay delante del templo. De donde se ve claro la falta de relación verdadera que tuvieron los historiadores, que dicen que las vírgenes estaban en el templo del sol, y que eran sacerdotisas, y que ayudaban a los sacerdotes en los sacrificios, habiendo tanta distancia de la una casa a la otra, y siendo la principal intención de aquellos reyes Incas que en esta de las monjas no entrasen hombres, ni en la del sol mujeres. Llamábase casa de escogidas, porque las escogían o por linaje o por hermosura. Habían de ser vírgenes, y para seguridad de que lo eran las escogían de ocho años abajo.

Y porque las vírgenes de aquella casa del Cozco eran dedicadas para mujeres del sol, habían de ser de su misma sangre, quiero decir, hijas de los Incas, así del rey, como de sus deudos, los legítimos y limpios de sangre ajena porque de las mezclas con sangre ajena que llamamos bastardas, no podían entrar en esta casa del Cozco, de la cual vamos hablando; y la razón de esto decían, que como no se sufría dar al sol mujer corrupta, sino virgen, así tampoco era lícito darse la bastarda con mezcla de sangre ajena. Porque habiendo de tener hijos el sol como ellos imaginaban, no era razón que fueran bastardos mezclados de sangre divina y humana. Por tanto habían de ser legítimas de la sangre real, que era la misma del sol. Había de ordinario más de mil y quinientas monjas, y no había tasa[29] de las que podían ser.

Dentro en la casa había mujeres de edad que vivían en la misma profesión envejecidas en ella; que habían entrado en las mismas condiciones, y por ser ya viejas y por el oficio que hacían, las llamaban *mamacuna*, que interpretando lo superficialmente, bastaría decir matrona; empero para darle toda su significación, quiere decir mujer que tiene cuidado de hacer el oficio de madre, porque es compuesto de *mama*, que es madre, y de esta partícula *cuna*, que por sí no significa nada, y en composición significa lo que hemos dicho, sin otras muchas significaciones según las diversas composiciones que recibe. Hacíales bien el nombre, porque unas hacían oficio de abadesas, otras de maestras de novicias para enseñarlas, así en el culto divino de su idolatría,

---

[28] con mucha prisa, rápidamente

[29] cálculo; medida, regla

como en las cosas que hacían de manos para su ejercicio, como hilar, tejer, coser. Otras eran porteras, otras provisoras de la casa para pedir lo que había menester; lo cual, se les proveía abundantísimamente de la hacienda del sol porque eran mujeres suyas.

ii

Los estatutos[30] *y ejercicios de las vírgenes escogidas.*

Vivían en perpetua clausura[31] hasta acabar la vida con guarda de perpetua virginidad, no tenían locutorio ni torno,[32] ni otra parte alguna por donde pudiesen hablar ni ver hombre ni mujer, sino eran ellas mismas unas con otras; porque decían que las mujeres del sol, no debían de ser tan comunes que las viese nadie; y esta clausura era tan grande que aun el propio Inca no quería gozar del privilegio que como rey podía tener de las ver y hablar; porque nadie se atreviese a pedir semejante privilegio. Sólo la *Coya*, que es la reina y sus hijas, tenían licencia de entrar en las casas y hablar con las encerradas, así mozas como viejas.

Con la reina y sus hijas enviábalas a visitar, y saber cómo estaban, y qué habían menester. Esta casa alcancé yo a ver entera de sus edificios, que sola ella y la del sol, que eran dos barrios, y otros cuatro galpones[33] grandes que habían sido casas de los reyes Incas, respetaron los indios en su general levantamiento contra los españoles que no las quemaron, como quemaron todo lo demás de la ciudad, porque la una había sido casa del sol su dios, y la otra casa de sus mujeres, y las otras de sus reyes. Tenían entre otras grandezas de su edificio una calleja angosta,[34] capaz de dos personas, la cual atravesaba toda la casa. Tenía la calleja muchos apartados a una mano y a otra, donde había oficinas de la casa, donde trabajan las mujeres de servicio. A cada puerta de aquéllas había porteras de mucho recaudo; en el último apartado al fin de la calleja estaban las mujeres del sol donde no entraba nadie. Tenía la casa su puerta principal como las que acá llaman puerta reglar; la cual no se abría sino para la reina y para recibir las que entraban para ser monjas.

Al principio de la calleja, que era la puerta del servicio de la casa, había veinte porteros de ordinario para llevar y traer hasta la segunda puerta lo que en la casa hubiese de entrar y salir. Los porteros no podían pasar de la segunda puerta, so pena de la vida, aunque se lo mandasen de allá dentro; ni nadie lo podía mandar so[35] la misma pena.

Tenían para servicio de las monjas y de la casa quinientas mozas, las cuales también habían de ser doncellas hijas de los Incas del privilegio, que el primer Inca dió a los que redujo a su servicio, no de los de la casa real, porque no entraban para mujeres del sol, sino para criadas. No querían que fuesen hijas de alienígenas,[36] sino hijas de Incas, aunque de privilegio. Las cuales mozas también tenían sus *mamacunas* de la misma casta, y doncellas que les ordenaban lo que habían de hacer. Y estas *mamacunas* no eran sino las que envejecían en la casa, que llegadas a tal edad les daban el nombre y la administración como diciéndoles: «Ya podéis ser madres y gobernar la casa.» En el repartimiento que los españoles hicieron para sus moradas de las casas reales de la ciudad del Cozco cuando la ganaron, cupo la mitad de este convento a Pedro del Barco, de quien adelante haremos mención, fué la parte de las oficinas, y la otra mitad cupo al licenciado de la Gama, que yo alcancé en mis niñeces; y después fué de Diego Ortiz de Guzmán, caballero natural de Sevilla, que yo conocí y dejé vivo cuando vine a España.

El principal ejercicio que las mujeres del sol hacían, era hilar y tejer y hacer todo lo que el Inca traía sobre su persona, de vestido y tocado,[37] y también para la *coya*, su mujer legítima. Labraban asimismo toda la ropa finísima que ofrecían al sol en sacrificios: lo que el Inca traía en la cabeza era una trenza llamada *llautu*, ancha como el dedo merguerite[38] y

---

[30] conjunto de reglas; ley básica porque se rige un país, sociedad o institución
[31] encierro
[32] *locutorio:* cabina o departamento donde las monjas reciben visitas en el convento; *torno:* armario giratorio en los conventos para pasar cosas de un cuarto a otro
[33] cobertizos grandes sin paredes o con ellas
[34] estrecha
[35] *so:* bajo; *so pena:* bajo la amenaza de recibir una pena
[36] indígenas de otras razas diferentes de los incas
[37] peinado y adorno de la cabeza en las damas
[38] dedo pulgar, el más grueso de la mano o el pie

muy gruesa, que venía a ser casi cuadrada, que daba cuatro o cinco vueltas a la cabeza, y la borla colorada que le tomaba de una sien a otra.

El vestido era una camiseta que descendía hasta las rodillas que llaman *uncu*. Los españoles le llaman *cusma*; no es del general lenguaje, sino vocablo intruso de alguna provincia particular. Traía una manta cuadrada de dos piernas en lugar de capa que llaman *yacolla*. Hacían asimismo estas monjas para el Inca unas bolsas que son cuadradas de una cuarta en cuadro; tráenlas debajo del brazo asida a una trenza muy labrada de dos dedos de ancho, puesta como tahalí del hombro izquierdo al costado derecho. A estas bolsas llaman *chuspa*, servían solamente de traer la yerba llamada *cuca*,[39] que los indios comen, la cual entonces no era tan común como ahora; porque no la comía sino el Inca y sus parientes, y algunos *curacas* a quien el rey por mucho favor y merced enviaba algunos cestos de ella por año.

También hacían unas borlas pequeñas de dos colores, amarillo y colorado, llamado *paycha*, asidas a una trenza delgada de una braza en[40] largo, las cuales no eran para el Inca, sino para los de su sangre real; traíanlas sobre su cabeza; caían las borlas sobre la sien derecha.

XX

El Inca «llora sangre», séptimo rey, y sus miedos y conquistas, y el disfavor del príncipe.

Muerto el rey Inca Roca, su hijo Yahuar Huacac[41] tomó la corona del reino, gobernólo con justicia, piedad y mansedumbre, acariciando sus vasallos, haciéndoles todo el bien que podía. Deseó sustentarse en la prosperidad que sus padres y abuelos le dejaron, sin pretender conquistas ni pendencia[42] con nadie; porque con el mal agüero de su nombre, y los pronósticos que cada día echaban sobre él, estaba temeroso de algún mal suceso, y no osaba tentar la fortuna por no irritar la ira de su padre el sol, no le enviase algún grave castigo como ellos decían. Con este miedo vivió algunos años, deseando paz y quietud para sí y para todos sus vecinos; y por no estar ocioso visitó sus reinos una, y dos y tres veces. Procuraba ilustrarlos con edificios magníficos; regalaba los vasallos en común y en particular; tratábalos con mayor afición y ternura que mostraron sus antepasados, que eran muestras y efectos del temor; en lo cual gastó nueve o diez años. Empero por no mostrarse tan pusilánime,[43] que entre todos los Incas fuese notado de cobarde, por no haber aumentado su imperio, acordó enviar un ejército de veinte mil hombres de guerra al sudoeste del Cozco, la costa adelante de Arequepa,[44] donde sus pasados habían dejado por ganar una larga punta de tierra, aunque de poca población. Eligió por capitán general a su hermano Inca Mayta, que desde aquella jornada, por haber sido general en ella, se llamó siempre Apu Mayta, que quiere decir el capitán general Mayta. Nombró cuatro incas experimentados para maeses de campo.[45] No se atrevió el Inca a hacer la conquista por su persona, aunque lo deseó mucho; mas nunca se determinó a ir, porque su mal agüero en las cosas de la guerra lo traía sobre olas tan dudosas y tempestuosas, que donde le arrojaban las del deseo lo retiraban las del temor; por estos miedos nombró al hermano y a sus ministros, los cuales hicieron su conquista con brevedad y buena dicha, y redujeron al imperio de los Incas todo lo que hay desde Arequepa hasta *Tacama*, que llaman *Collisuyu*,[46] que es el fin y término por la costa de lo que hoy llaman Perú. La cual tierra es larga y angosta y mal poblada, y así se detuvieron y gastaron más tiempo los Incas en caminar por ella que en reducirla a su señorío.

Acabada esta conquista se volvieron al Cozco, y dieron cuenta al Inca Yahuar Huacac de lo que habían hecho. El cual cobrando nuevo ánimo con el buen suceso de la jornada pasada, acordó hacer otra conquista de más honra y

---

[39] coca
[40] de
[41] Fue el séptimo Inca o Emperador
[42] pelea, riña, contienda
[43] falto de ánimo o decisión; tímido, cobarde
[44] Arequipa, actual ciudad del Perú
[45] maestre de campo, oficial superior en los ejércitos antiguos
[46] *Collasuyo*, antiguo reino de indios aymará en Bolivia. Formaba parte del *Tahuantinsuyo* y se extendía hasta el norte de Chile y Argentina.

fama, que era reducir a su imperio unas grandes provincias que habían quedado por ganar en el distrito de Collasuyu, llamadas *Caranca, Ullaca, Llipi, Chicha, Ampara*. Las cuales, demás de ser grandes, eran pobladas de mucha gente valiente y belicosa;[47] por los cuales inconvenientes los Incas pasados no habían hecho aquella conquista por fuerza de armas, por no destruir aquellas naciones bárbaras e indómitas, sino que de suyo se fuesen domesticando y cultivando poco a poco, y aficionándose al imperio y señorío de los Incas, viéndolo en sus comarcanos tan suave, tan piadoso, tan en provecho de los vasallos, como lo experimentaban todos ellos.

En los cuidados de la conquista de aquellas provincias andaba el Inca Yahuar Huacac muy congojado,[48] metido entre miedos y esperanzas, que unas veces se prometía buenos sucesos, conforme a la jornada que su hermano Apu Mayta había hecho, otras veces desconfiaba de ellos por su mal agüero; por el cual no osaba acometer ninguna empresa de guerra por los peligros de ella. Andando pues rodeado de estas pasiones y congojas, volvió los ojos a otros cuidados domésticos que dentro en su casa se criaban, que días había le daban pena y dolor, que fué la condición áspera de su hijo el primogénito, heredero que había de ser de sus reinos; el cual, desde niño, se había mostrado mal acondicionado, porque maltrataba los muchachos que de su edad con él andaban, y mostraba indicios de aspereza y crueldad: y aunque el Inca hacía diligencias para corregirle, y esperaba que con la edad, cobrando más juicio, iría perdiendo la braveza de su mala condición, parecía salirle vana esta confianza, porque con la edad antes crecía que menguaba la ferocidad de su ánimo. Lo cual para el Inca su padre era de grandísimo tormento; porque como todos sus pasados[49] se hubiesen preciado de la afabilidad y mensedumbre, érale de suma pena ver al príncipe de contraria condición. Procuró remediarla con persuasiones y con ejemplos de sus mayores, trayéndoselos a la memoria para aficionarle a ellos, y también con reprensiones y disfavores que le hacía; mas todo le aprovechaba poco o nada. Porque la mala inclinación en el grande y poderoso, pocas veces o nunca suele admitir corrección.

Así le acaeció a este príncipe, que cuanta triaca[50] le aplicaban a su mala inclinación, toda la convertía en la misma ponzoña.[51] Lo cual, viendo el Inca su padre, acordó desfavorecerlo del todo y apartarlo de sí, con propósito, si no aprovechaba el remedio del disfavor, para enmendar la condición, desheredarlo, y elegir otro de sus hijos para heredero que fuese de la condición de sus mayores. Pensaba hacer esto imitando la costumbre de algunas provincias de su imperio, donde heredaban los hijos más bienquistos.[52] La cual ley quería el Inca guardar con su hijo, no habiéndose hecho tal entre los reyes Incas. Con este presupuesto mandó echarlo de su casa y de la corte, siendo ya el príncipe de diecinueve años, y que lo llevasen poco más de una legua al levante[53] de la ciudad, a unas grandes y hermosas dehesas que llaman *Chita*, donde yo estuve muchas veces. Allí había mucho ganado del sol; mandó que lo apacentase con los pastores que tenían aquel cuidado. El príncipe, no pudiendo hacer otra cosa, aceptó el destierro y el disfavor que le daban en castigo de su ánimo bravo y belicoso, y llanamente se puso a hacer el oficio de pastor con los demás ganaderos, y guardó el ganado del sol, que ser del sol era consuelo para el triste Inca. Este oficio hizo aquel desfavorecido príncipe por espacio de tres años y más, donde lo dejaremos hasta su tiempo, que él nos dará bien que decir si lo acertásemos a decir bien.

XXI

De un aviso que una[54] fantasma dió al príncipe para que lo lleve a su padre.

Habiendo desterrado el Inca Yahuar Huacac a su hijo primogénito (cuyo nombre no se sabe cuál era mientras fué príncipe, porque lo borró

[47] que le gusta la guerra
[48] acongojado, muy triste y afligido
[49] antepasados, ascendientes
[50] (fig.) remedio, paliativo para curar un mal
[51] veneno
[52] estimados, queridos, que están bien con otro; de buena fama
[53] oriente, este
[54] un

totalmente el que adelante le dieron, que como no tuvieron letras,[55] se les olvidaba para siempre todo lo que por su tradición dejaban de encomendar a la memoria) le pareció dejar del todo las guerras y conquistas de nuevas provincias, y atender solamente al gobierno y quietud de su reino; y no perder el hijo de vista, alejándolo de sí, sino tenerlo a la mira[56] y procurar la mejora de su condición; y no pudiendo haberla, buscar otros remedios, aunque todos los que se le ofrecían, como ponerle en perpetua prisión o desheredarle, y elegir otro en su lugar, le parecían violentos y mal seguros, por la novedad y grandeza del caso, que era deshacer la deidad de los Incas, que eran tenidos por divinos hijos del sol, y que los vasallos no consentirían aquel castigo, ni cualquiera otro que quisiese hacer en el príncipe.

Con esta congoja y cuidado, que le quitaba todo descanso y reposo, anduvo el inca más de tres años, sin que en ellos se ofreciese cosa digna de memoria. En este tiempo envió dos veces a visitar el reino a cuatro parientes suyos, repartiendo a cada uno las provincias que habían de visitar; mandóles que hiciesen las obras que conviniesen al honor del Inca y al beneficio común de los vasallos, como era sacar nuevas acequias, hacer depósitos y casas reales, y fuentes, y puentes, y calzadas, y otras obras semejantes: mas él no osó salir de la corte, donde entendía celebrar las fiestas del sol, y las otras que se hacían entre año, y en hacer justicia a sus vasallos. Al fin de aquel largo tiempo, un día, poco después del mediodía, entró el príncipe en la casa de su padre, donde menos le esperaban, solo y sin compañía, como hombre desfavorecido del rey. Al cual le envió a decir que estaba allí, y que tenía necesidad de darle cierta embajada.[57] El Inca respondió con mucho enojo que se fuese luego donde le había mandado residir, si no quería que lo castigase con pena de muerte por inobediente al mandato real; pues sabía que a nadie era lícito quebrantarlo, por muy liviano[58] que fuese el caso que se le mandase. El príncipe respondió diciendo que él no había venido allí por quebrantar[59] su mandamiento, sino por obedecer a otro tan gran Inca como él. El cual le enviaba a decir ciertas cosas que le importaba mucho saberlas; que si las quería oír, le diese licencia para que entrase a decírselas; y si no, que con volver al que le había enviado, y darle cuenta de lo que había respondido, habría cumplido con él.

El Inca, oyendo decir otro tan gran señor como él, mandó que entrase por ver qué disparates[60] eran aquellos, y saber quién le enviaba recados con el hijo desterrado y privado de su gracia, quiso averiguar[61] qué novedades eran aquéllas para castigarlas. El príncipe, puesto ante su padre, le dijo: ¡Solo señor! Sabrás que estando yo recostado hoy a mediodía (no sabré certificarte si despierto o dormido) debajo de una gran peña de las que hay en los pastos de Chita, donde por tu mandato apaciento las ovejas de nuestro padre el sol, se me puso delante un hombre extraño, en hábito y en figura diferente de la nuestra; porque tenía barbas en la cara de más de un palmo, y el vestido largo y suelto que le cubría hasta los pies; traía atado por el pescuezo un animal no conocido; el cual me dijo: «Sobrino, yo soy hijo del sol y hermano del Inca Manco Capac y de la Coya Mama Ocllo Huaco, su mujer y hermana, los primeros de tus antepasados; por lo cual soy hermano de tu padre y de todos vosotros. Llámome Viracocha Inca;[62] vengo de parte del sol nuestro padre a darte aviso, para que se lo dés al Inca mi hermano, cómo toda la mayor parte de las provincias de Chinchasuyu, sujetas a su imperio, y otras de las no sujetas, están rebeladas,[63] y juntan mucha gente para venir con poderoso ejército a derribarle de su trono y destruir nuestra imperial ciudad del Cozco. Por tanto ve al Inca mi hermano, y dile de mi parte que se aperciba y prevenga,[64] y mire por lo que le conviene acerca de este caso. Y en particular te digo a ti, que en cualquiera adversidad que te

[55] alfabeto o sistema de escritura
[56] cerca de él; próximo
[57] mensaje, comisión; cosa desagradable o molesta
[58] ligero, de poca importancia
[59] romper, desobedecer
[60] contrario a la razón; contrasentidos, desatinos
[61] inquirir, investigar; buscar la verdad de algo
[62] Deidad de los Incas
[63] sublevadas, en rebelión, alzadas para pelear
[64] *se aperciba*: se prepare, disponga lo necesario; *prevenga*: prepare con anticipación algo

suceda, no temas que yo te falte, que en todas ellas te socorreré como a mi carne y sangre. Por tanto, no dejes de acometer[65] cualquiera hazaña, por grande que sea, que convenga a la majestad de tu sangre y a la grandeza de tu imperio, que yo seré siempre en tu favor y amparo, y te buscaré los socorros que hubieres menester.» Dichas estas palabras, dijo el príncipe, se me desapareció el Inca Viracocha, que no le vi más; y yo tomé luego el camino para darte cuenta[66] de lo que me mandó te dijese.

Comentarios reales de los Incas, segunda parte

1617

Libro Primero

XXVII

Prenden los españoles al rey Atahuallpa

Los españoles de a caballo salieron de sus puestos[1] y a toda furia arremetieron[2] con los escuadrones de los indios y alancearon todos los que pudieron sin hallar resistencia. Don Francisco Pizarro y sus infantes acometieron al rey Atahuallpa con grandísima ansia que llevaban de prenderle; porque ganada aquella joya, pensaban tener en su poder todos los tesoros del Perú. Los indios en gran número rodearon y cercaron las andas del rey porque no le trompillasen[3] ni hiciesen otro mal. Los españoles los hirieron cruelmente, aunque no se defendían más de ponerse delante para que no llegasen al Inca; al fin llegaron con gran mortandad de los indios, y el primero que llegó fué don Francisco Pizarro, y echándole mano de la ropa, dió con él en el suelo; aunque un historiador dice que le asió[4] por los cabellos, que los traía muy largos; engañóse, que los Incas andaban sin cabellos.

En suma, decimos que los españoles derribaron y prendieron al rey Atahuallpa. En este paso dice Francisco López de Gómara[5] estas palabras: «No quedó muerto ni herido ningún español sino don Francisco Pizarro en la mano, que al tiempo de asir a Atahuallpa, tiró un soldado una cuchillada para darle y derribarle, por donde algunos dijeron que otro lo prendió.» Hasta aquí es de Gómara con que acaba el capítulo CXIII. Añadiendo a su historia lo que le falta, como lo tenemos propuesto, decimos, que este soldado se llamaba Miguel Astete, fué después vecino de la ciudad de Huamanca,[6] donde tuvo indios de repartimiento.[7] Al caer de Atahuallpa le quitó este soldado la borla colorada que en la frente traía en lugar de corona y se quedó con

[65] emprender, intentar; embestir, atacar
[66] informarte
[1] lugares donde hay soldados preparados para algún fin militar
[2] véase nota 65
[3] tropezasen; chocasen
[4] tomó o cogió
[5] cronista español (¿1512–1572?), secretario de Hernán Cortés en España, y autor de *Historia de las Indias y conquista de México* y *Crónica de la Nueva España* (1553)
[6] Huamanga, provincia del Perú (hoy Ayacucho) donde hay muchas ruinas incaicas
[7] indios que se daban a los conquistadores quienes eran responsables de su bienestar, instrucción religiosa y de hacerlos trabajar

ella. Por esto dijeron que lo había preso él y no don Francisco Pizarro. Mas como quiera que haya sido andando ambos tan juntos, se debe dar la honra al capitán. Miguel Astete guardó la borla hasta el año de mil y quinientos y cincuenta y siete que salió el Inca Sayri Tupac de las montañas donde estaba retirado y se la restituyó como en su lugar diremos.

Los indios, viendo preso a su rey y que los españoles no cesaban[8] de los herir y matar, huyeron todos, y no pudiendo salir por donde habían entrado porque los de a caballo habían tomado aquellos puestos, fueron huyendo hacia una pared de las que cercaban aquel gran llano, que era de cantería muy pulida y se había hecho en tiempo del gran Inca Pachacutec,[9] que ganó a Cassamarca,[10] y con tanta fuerza e ímpetu cargaron sobre ella huyendo de los caballos, que derribaron más de cien pasos de ella, por donde pudieron salir para acogerse[11] al campo. Aquí dice un autor que aquel muro[12] y sus piedras se mostraron más blandas y piadosas que los corazones de los españoles, pues se dejaron caer por dar salida y lugar a la huída de los indios viéndolos encerrados con angustias de la muerte. Los españoles, como dicen los historiadores, no se contentaron con verlos huir, sino que los siguieron y alancearon hasta que la noche se los quitó de delante. Luego saquearon[13] el campo, donde hubo muchas joyas de oro y plata y piedras preciosas. Francisco López de Gómara en este paso dice lo siguiente, capítulo CXIV: «Hallaron en el baño y real de Atahuallpa cinco mil mujeres, que aunque tristes y desamparadas, holgaron con los cristianos, muchas y buenas tiendas, infinita ropa de vestir y de servicio de casa y lindas piezas y vasijas de plata y oro, una de las cuales pesó, según dicen, ocho arrobas[14] de oro; valió en fin la vajilla[15] sola de Atabalipa[16] cien mil ducados; sintió mucho las cadenas Atabalipa y rogó a Pizarro que le tratase bien, ya que su ventura así lo quería.» Hasta aquí es de Gómara sacado a la letra;[17] y casi lo mismo dice Agustín de Zárate.[18] A estos historiadores remito al que lo quisiere ver a la larga.

Alonso de Ercilla y Zúñiga

ESPAÑA, 1533-1596

El mejor poema épico moderno de la lengua castellana se debe al gran poeta Alonso de Ercilla y Zúñiga, quien nació y murió en Madrid. Su padre era figura prominente en la corte del emperador Carlos V, lo que le dio oportunidad de pasar su niñez y juventud en aquélla y educarse como paje del príncipe Felipe, quien siempre lo tuvo en gran estima. Con el príncipe—luego rey el Felipe II—viajó extensamente por Europa,

[8] paraban, dejaban
[9] fue el noveno Inca
[10] Cajamarca: ciudad del Perú, hoy capital de la provincia y departamento del mismo nombre. Aquí fue donde los soldados de Pizarro capturaron al Inca Atahualpa.
[11] protegerse, salvarse
[12] pared
[13] robaron, se llevaron todo
[14] una arroba tiene 25 libras
[15] conjunto de utensilios necesarios para el servicio de la mesa
[16] Atahualpa. Véase nota 5
[17] copiado literalmente, fielmente
[18] cronista español (S. XVI) autor de una *Historia de la conquista del Perú*

sobre todo por la Italia del Renacimiento que lo deslumbró en extremo. Ercilla es el prototipo del español renacentista: cortesano, aventurero, caballeresco, hombre de acción y de letras. Aunque iniciado en la cultura humanística de carácter renacentista, su temperamento lo desvió hacia la vida cortesana y la carrera de las armas. A petición propia, Felipe II lo autorizó a venir a América con Jerónimo Alderete y Andrés Hurtado de Mendoza, nombrados gobernador de Chile y Virrey del Perú, respectivamente. Aunque el primero murió en el viaje, Ercilla decidió vivir las grandes aventuras que ofrecía la conquista, guiado por su valor, espíritu aventurero y respeto al Rey. Como soldado luchó contra los indios araucanos del sur de Chile, mostrando mucho valor y siendo herido varias veces. A su regreso a España cumplió varias misiones diplomáticas para Felipe II y murió con bienestar económico, aunque alejado de la vida pública.

Ercilla escribió *La araucana* (la primera parte se publicó en 1569, la segunda en 1578 y la tercera en 1589), epopeya renacentista que consta de tres partes de 15, 14 y 8 cantos respectivamente, en octavas reales o italianas de versos endecasílabos con la rima abababcc. El largo poema consta de 2,700 octavas reales y 21,600 versos más el prólogo. Está inconcluso en el sentido de que debía narrar la historia de Chile en orden cronológico, pero solamente se refiere a la lucha de los españoles contra aquellos díscolos indios. Éstos se habían sublevado y la guarnición de españoles de aquel remoto lugar pidió ayuda al virrey del Perú, quien organizó una expedición de refuerzo y ayuda al mando de su propio hijo, don García Hurtado de Mendoza. Ercilla fue uno de los miembros de dicha fuerza militar, participando activamente en la travesía y luchas subsiguientes. El escenario del poema es el territorio del sur de Chile y su asunto central las cruentas luchas entre los españoles y los indios araucanos sublevados por no dejarse subyugar.

El poema tiene carácter autobiográfico, porque narra la participación del propio autor en la lucha e inclusive en la tormenta que describe. Tiene carácter heroico e histórico, lo segundo porque narra hechos verídicos, aunque la crítica ha visto en el poema una prolongación del escenario bélico que Ercilla había dejado en Europa. El poema ha quedado incompleto porque no acaba de narrar esos hechos sangrientos. Se le considera una de las obras más ambiciosas de las literaturas hispánicas y uno de los mejores poemas épicos renacentistas. No le falta sentimiento del paisaje, pero no lo pinta con frecuencia siguiendo el estilo de la época. Resulta admirable el cuadro que hace del movimiento colectivo de personas, de hechos y de las batallas. Tanto la descripción geográfica como la histórica son fieles y demuestra maestría en la reseña de caracteres, algo esencial en la épica, aunque tiende a idealizar a los jefes indios. No esconde la admiración y simpatía que despiertan en él el valor, heroísmo y comportamiento de los caciques indígenas. Pinta mejor a Tucapel, Colocolo, Lautaro, Caupolicán que a Don García y demás jefes españoles. Han ganado fama las arengas de Colocolo y el regodeo del autor en la pintura de las indias Guacolda, Tegualda, Fresia y Glaura.

El afán de no restar nada a la veracidad histórica no deja manifestarse a veces la potente fantasía del poeta en todo su vigor. Relaciona con el asunto del poema hechos coetáneos de los españoles sucedidos en Europa (Batallas de San Quintín y Lepanto) así como interporlaciones como las del mago Fitón, que en cierto sentido afectan la unidad del poema, pero que era procedimiento usado por los grandes épicos italianos. Contiene momentos de meditaciones filosóficas, principalmente al principio de cada

Canto, no exentas de profundidad y que cooperan a darle más dignidad a la composición. Muestra asimismo gran realismo en la pintura de las batallas. Aunque en la obra hay muchas—lo cual causa cierto grado de monotonía—nunca las repite. Marcelino Menéndez y Pelayo llegó a decir que después de Homero ningún poeta épico ha pintado las batallas como él.* También sobresalen los pasajes líricos de gran belleza y auténtica emoción. Son perceptibles ciertas influencias en el poema: el modelo más seguido es Ariosto, pero hay huellas de Boiardo y Tasso. Los clásicos que más lo influyen son Virgilio y Lucano y algo el griego Homero. La inspiración poética es sostenida y fluye espontánea y suelta en la versificación, no exenta a veces de prosaísmos y descuidos. La obra tiene gran realismo, con cierto tono grandilocuente propio del género épico.

Algo digno de destacarse es que Ercilla se siente identificado con América. Tanto el territorio chileno como los indígenas ganan su respeto y admiración. Su *chilenismo* es muy fuerte debido a lo anterior y porque al final el poema no presenta ni vencedores ni vencidos. *La araucana* abrió todo un ciclo de poesía épica en América, ejerciendo una influencia pocas veces vista en las literaturas hispánicas. La crítica chilena ve en ella su primer gran poema nacional, y la hispanoamericana en general la considera propia de esta literatura.

FUENTE: *La araucana*, 2 vols., México, Universidad Autónoma de México, 1962. Introducción del profesor Arturo Souto; *Poemas épicos*, Madrid, Biblioteca de Autores Españoles, 1945; colección dispuesta y revisada, con notas biográficas y una advertencia preliminar de don Cayetano Rosell. Tomo 17, págs. 1-138

La Araucana[1] (1569; 1578; 1589)

Prólogo del autor

Si pensara que el trabajo que he puesto en esta obra me había de quitar tan poco el miedo de publicarla sé cierto de mí que no tuviera ánimo para llevarla al cabo.[2] Pero considerando ser la historia verdadera y de cosas de guerra, a las cuales hay tantos aficionados, me he resuelto en imprimirla, ayudando a ello las importunaciones de muchos testigos que en lo más dello se hallaron, y el agravio que algunos españoles recibirían quedando sus hazañas en perpetuo silencio, faltando quien las escriba, no por ser ellas pequeñas, pero porque la tierra es tan remota y apartada y la postrera que los españoles han pisado por la parte del Perú, que no se puede tener della casi noticia, y por el mal aparejo[3] y poco tiempo que para escribir, hay con la

**Historia de la poesía hispanoamericana,* 2 Vols., Madrid Consejo Superior de Investigaciones Científicas, 1948, pág. 229

[1] Repásese detenidamente la introducción para algunas ideas críticas sobre *La araucana*

[2] terminarla, concluirla

[3] objetos necesarios para hacer una cosa

ocupación de la guerra, que no da lugar a ello; así, el que pude hurtar,[4] *le gasté en este libro, el cual, porque fuese más cierto y verdadero, se hizo en la misma guerra y en los mismos pasos y sitios, escribiendo muchas veces en cuero*[5] *por falta de papel, y en pedazos de cartas, algunos tan pequeños que apenas cabían seis versos, que no me costó después poco trabajo juntarlos; y por esto y por la humildad con que va la obra, como criada en tan pobres pañales,*[6] *acompañándola el celo*[7] *y la intención con que se hizo, espero que será parte para poder sufrir quien la leyere las faltas que lleva. Y si a alguno le pareciere que me muestro algo inclinado a la parte de los araucanos,*[8] *tratando sus cosas y valentías más extendidamente de lo que para bárbaros se requiere, si queremos mirar su crianza, costumbres, modos de guerra y ejercicio della, veremos que muchos no les han hecho ventaja, y que son pocos los que con tan gran constancia y firmeza han defendido su tierra contra tan fieros enemigos como son los españoles. Y, cierto, es cosa de admiración que no poseyendo los araucanos más de veinte leguas de término,*[9] *sin tener en todo él pueblo formado, ni muro, ni casa fuerte para su reparo,*[10] *ni armas, a lo menos defensivas, que la prolija guerra y los españoles las han gastado y consumido, y en tierra no áspera,*[11] *rodeada de tres pueblos españoles y dos plazas fuertes en medio della, con puro valor y porfiada determinación hayan redimido y sustentado*[12] *su libertad, derramando en sacrificio della tanta sangre así suya como de españoles, que con verdad se puede decir haber pocos lugares que no estén della teñidos y poblados de huesos, no faltando a los muertos quien les suceda en llevar su opinión adelante; pues los hijos, ganosos*[13] *de la venganza de sus muertos padres, con la natural rabia que los mueve y el valor que dellos heredaron, acelerando el curso de los años, antes de tiempo tomando las armas se ofrecen al rigor de la guerra, y es tanta la falta de gente por la mucha que ha muerto en esta demanda,*[14] *que para hacer más cuerpo y henchir*[15] *los escuadrones, vienen también las mujeres a la guerra, y peleando algunas veces como varones, se entregan con grande ánimo a la muerte. Todo esto he querido traer para prueba y en abono del*[16] *valor destas gentes, digno de mayor loor del que yo le podré dar con mis versos. Y pues, como dije arriba, hay agora en España cantidad de personas que se hallaron en muchas cosas de las que aquí escribo, a ellas remito la defensa de mi obra en esta parte, y a los que la leyeren se la encomiendo.*

Primera parte

CANTO I[17]

No las damas, amor, no gentilezas
de caballeros canto enamorados,
ni las muestras, regalos y ternezas
de amorosos afectos y cuidados;
mas el valor, los hechos, las proezas
de aquellos españoles esforzados,[18]
que a la cerviz[19] de Arauco[20] no domada
pusieron duro yugo[21] por la espada.[22]

Cosas diré también harto notables
de gente que a ningún rey obedecen,
temerarias empresas memorables
que celebrarse con razón merecen,
raras industrias, términos loables[23]
que más los españoles engrandecen:
pues no es el vencedor más estimado
de aquello en que el vencido es reputado.

[4] robar
[5] piel rústica de animales
[6] telas blancas en que se envuelven los niños pequeñitos
[7] cuidado, esmero; diligencia
[8] Es cierto que Ercilla muestra más simpatías por los indios que por los españoles, cosa que se nota a través de todo el poema
[9] territorio
[10] reparaciones, arreglos
[11] llana, sin montañas
[12] conservado
[13] con muchas ganas o deseos
[14] contienda, lucha; empresa
[15] llenar
[16] en defensa de; como argumento a favor de
[17] En este canto Ercilla da la situación y descripción de Chile y del territorio de Arauco, con las costumbres y modos de los indios; también relata la llegada y conquistas de los españoles hasta que los araucanos comenzaron a rebelarse
[18] No cantará cosas delicadas, amorosas o frívolas, sino hechos de guerra
[19] parte posterior del cuello
[20] o Araucania, región de Chile que comprende las provincias de Arauco, Cautín, Malleco y Bío-Bío; tierra de los indios araucanos quienes resistieron tanto la dominación de los Incas como la española. La lucha de estos indios rebeldes contra los españoles es el asunto de *La araucana* y de *Arauco domado* de Pedro de Oña
[21] aquí dominación
[22] por la fuerza
[23] palabras de alabanza o elogio

Suplícoos, gran Felipe,[24] que mirada
esta labor, de vos sea recebida,
que, de todo favor necesitada,
queda con darse a vos favorecida:
es relación sin corromper sacada
de la verdad, cortada a su medida;[25]
no despreciéis el don, aunque tan pobre,
para que autoridad mi verso cobre.[26]

Quiero a señor tan alto dedicarlo,
porque este atrevimiento lo sostenga,
tomando esta manera de ilustrarlo,
para que quien lo viere en más lo tenga:
y si esto no bastare a no tacharlo,[27]
a lo menos confuso se detenga
pensando que, pues va a Vos dirigido,
que debe de llevar algo escondido.

Y haberme en vuestra casa yo criado,[28]
que crédito me da por otra parte,
hará mi torpe estilo delicado,
y lo que va sin orden, lleno de arte;
así, de tantas cosas animado,
la pluma entregaré al furor de Marte:[29]
dad orejas,[30] Señor, a lo que digo,
que soy de parte dello buen testigo.

Chile, fértil provincia y señalada
en la región antártica famosa,
de remotas naciones respetada
por fuerte, principal y poderosa;
la gente que produce es tan granada,[31]
tan soberbia, gallarda y belicosa,
que no ha sido por rey jamás regida
ni a extranjero dominio sometida.

Es Chile norte sur de gran longura,[32]
costa del nuevo mar, del Sur[33] llamado,
tendrá del leste a oeste de angostura[34]
cien millas, por lo más ancho tomado;
bajo del polo Antártico en altura
de veintisiete grados, prolongado[35]
hasta do el mar Océano y chileno
mezclan sus aguas por angosto seno.[36]

Y estos dos anchos mares, que pretenden,
pasando de sus términos, juntarse,
baten[37] las rocas, y sus olas tienden,
mas esles[38] impedido el allegarse;
por esta parte al fin la tierra hienden[39]
y pueden por aquí comunicarse.
Magallanes,[40] Señor, fue el primer hombre
que, abriendo este camino, le dio nombre. [...]

Digo que norte sur corre la tierra,[41]
y báñala del oeste la marina;
a la banda de leste va una sierra[42]
que el mismo rumbo mil leguas camina:
en medio es donde el punto de la guerra
por uso y ejercicio más se afina:
Venus y Amor aquí no alcanzan parte,
sólo domina el iracundo Marte.[43]

Pues en este distrito demarcado,
por donde su grandeza es manifiesta,
está a treinta y seis grados el Estado
que tanta sangre ajena y propia cuesta:
éste es el fiero pueblo no domado
que tuvo a Chile en tal estrecho puesta,
y aquel que por valor y pura guerra
hace en torno temblar toda la tierra.

---

[24] Felipe II, rey de España (1527–1597), reinó de 1556—fecha de la abdicación de su padre el Emperador Carlos V—hasta su muerte
[25] la historia está contada de acuerdo con la verdad
[26] obtenga
[27] ponerle faltas; censurarle
[28] Véase introducción para obtener datos sobre la vida de Ercilla
[29] dios de la Guerra
[30] prestad atención; oid
[31] notable, principal, de importancia
[32] Chile es muy largo de norte a sur
[33] hoy Océano Pacífico
[34] ancho
[35] largo, dilatado
[36] estrecho; Estrecho de Magallanes
[37] combaten, golpean
[38] les es
[39] abren una hendidura; rompen
[40] Magallanes, Fernando de: navegante portugués (¿1480?–1521), quien al servicio de España emprendió el primer viaje alrededor del mundo, pero murió a manos de los nativos de las Filipinas
[41] el país se extiende de norte a sur. Véase nota 32
[42] Los Andes
[43] Véase nota 29

Es Arauco, que basta, el cual sujeto
lo más deste gran término tenía
con tanta fama, crédito y conceto,[44]
que del un polo al otro se extendía,
y puso al español en tal aprieto[45]
cual presto se verá en la carta mía;
veinte leguas contienen sus mojones,[46]
poséenla diez y seis fuertes varones.

Son de gestos robustos, desbarbados,[51]
bien formados los cuerpos y crecidos,
espaldas grandes, pechos levantados,
recios miembros, de nervios bien fornidos;[52]
ágiles, desenvueltos, alentados,[53]
animosos, valientes, atrevidos,
duros en el trabajo y sufridores
de fríos mortales, hambres y calores.

De diez y seis caciques y señores
es el soberbio Estado poseído,
en militar estudio los mejores
que de bárbaras madres han nacido:
reparo[47] de su patria y defensores,
ninguno en el gobierno preferido;
otros caciques hay, mas por valientes
son éstos en mandar los preeminentes. [...]

No ha habido rey jamás que sujetase
esta soberbia gente libertada,
ni extranjera nación que se jactase[54]
de haber dado en sus términos pisada,
ni comarcana tierra que se osase
mover en contra y levantar espada:
siempre fue exenta, indómita, temida,
de leyes libre y de cerviz erguida.

En fin, el hado[48] y clima desta tierra,
si su estrella y pronósticos se miran,
es contienda, furor, discordia, guerra,
y a solo esto los ánimos aspiran;
todo su bien y mal aquí se encierra:
son hombres que de súbito se aíran,[49]
de condición feroces, impacientes,
amigos de domar[50] extrañas gentes.

El potente rey Inga,[55] aventajado
en todas las antárticas regiones,
fue un señor en extremo aficionado
a ver y conquistar nuevas naciones,
y por la gran noticia del Estado
a Chile despachó sus orejones;[56]
mas la parlera[57] fama de esta gente
la sangre les templó y ánimo ardiente.

Pero los nobles Ingas valerosos
los despoblados ásperos rompieron,
y en Chile algunos pueblos belicosos
por fuerza a servidumbre los trujeron,[58]
a do leyes y edictos trabajosos
con dura mano armada introdujeron,
haciéndoles con fueros disolutos
pagar grandes subsidios y tributos. [...]

---

[44] concepto (idea, ingenio)
[45] apuro; momento difícil
[46] señales o postes que marcan los límites de un territorio o propiedad
[47] aquí remedio, protectores, ayuda
[48] destino
[49] enojan, ponen furiosos
[50] dominar
[51] sin barba; lampiños
[52] robustos, fuertes
[53] animados, entusiastas
[54] se jactase, se vanagloriase
[55] se refiere a los emperadores Incas del Perú que trataron de dominar también a los araucanos encontrando su resistencia y rebeldía
[56] envió a nobles incas. Los españoles llamaban a éstos «orejones» a causa de unos discos o aros grandes que usaban en las orejas
[57] aquí ruidosa; (Fig.) conocida de todo el mundo
[58] trajeron

CANTO II[59]

Muchos hay en el mundo que han llegado
a la engañosa alteza[60] desta vida,
que fortuna los ha siempre ayudado
y dádoles la mano a la subida
para después de haberlos levantado,
derribarlos con mísera caída,
cuando es menor el golpe y sentimiento
y menos el pensar que hay mudamiento.[61]

No entienden con la próspera bonanza
que el contento es principio de tristeza,
ni miran en la súbita mudanza
del consumidor tiempo y su presteza;[62]
mas con altiva y vana confianza
quieren que en su forma haya firmeza;
la cual, de su aspereza no olvidada,
revuelve con la vuelta acostumbrada.

Con un revés de todo se desquita,[63]
que no quiere que nadie se le atreva,
y mucho más que da siempre les quita,
no perdonando cosa vieja y nueva;
de crédito y de honor los necesita:
que en el fin de la vida está la prueba,
por el cual han de ser todos juzgados
aunque lleven principios acertados.

Del bien perdido, al cabo, ¿qué nos queda
sino pena, dolor y pesadumbre?
Pensar que en él Fortuna ha de estar queda,[64]
antes dejará el sol de darnos lumbre:
que no es su condición fijar la rueda,[65]
y es malo de mudar vieja costumbre;
el más seguro bien de la Fortuna
es no haberla tenido vez alguna.

Esto verse podrá por esta historia:
ejemplo dello aquí puede sacarse,
que no bastó riqueza, honor y gloria
con todo el bien que puede desearse
a llevar adelante la vitoria;
que el claro cielo al fin vino a turbarse,
mudando la Fortuna en triste estado
el curso y orden próspera del hado. [...]

Tomé y otros caciques se metieron[66]
en medio destos bárbaros de presto,
y con dificultad los despartieron,[67]
que no hicieron poco en hacer esto:
de herirse lugar aun no tuvieron,
y en voz airada, ya el temor pospuesto,[68]
Colocolo, el cacique más anciano,
a razonar así tomó la mano:

«Caciques del Estado defensores:
codicia de mandar no me convida
a pesarme de veros pretensores[69]
de cosa que a mí tanto era debida:
porque, según mi edad, ya veis, señores,
que estoy al otro mundo de partida;
mas el amor que siempre os he mostrado,
a bien aconsejaros me ha incitado.

«¿Por qué cargos honrosos pretendemos,
y ser en opinión grande tenidos,
pues que negar al mundo no podemos
haber sido sujetos y vencidos?
Y en esto averiguarnos no queremos,
estando aun de españoles oprimidos:
mejor fuera esa furia ejecutalla,[70]
contra el fiero enemigo en la batalla.

---

[59] En este Canto II se relata la lucha entre los caciques araucanos sobre la elección del jefe y lo que se hizo siguiendo el consejo del viejo cacique Colocolo. Los indios eligieron a Caupolicán y luego tuvieron una recia batalla con los españoles. Nótense las ideas filosóficas con que comienzan todos los cantos

[60] grandeza, altura; elevación

[61] cambio

[62] rapidez, prontitud (con que pasa el tiempo) orgullosa, soberbia

[63] *revés:* desgracia; fracaso; *se desquita:* se resarce, toma satisfacción de un agravio, se venga

[64] quieta, tranquila

[65] se refiere a «la rueda de la fortuna». Quiere decir que nadie puede determinar su destino o suerte

[66] Aquí transcribimos el famoso discurso del viejo y sabio cacique Colocolo, pronunciado en momentos de gran división entre los araucanos al momento de elegir un nuevo jefe. Caupolicán, uno de los más valerosos caciques resultó elegido jefe supremo. Esta arenga mereció el elogio de Voltaire

[67] separaron, apartaron

[68] dejado para luego; abandonado

[69] pretendientes; los que aspiran a cargos públicos

[70] ejecutarla, realizarla

«¿Qué furor es el vuestro, ¡oh araucanos!,
que a predición os lleva sin sentillo?[71]
¿Contra vuestras entrañas tenéis manos,
y no contra el tirano en resistillo?[72]
Teniendo tan a golpe[73] a los cristianos
¿volvéis contra vosotros el cuchillo?
Si gana de morir os ha movido,
no sea en tan bajo estado y abatido.

«Volved las armas y ánimo furioso
a los pechos de aquellos que os han puesto
en dura sujeción, con afrentoso
partido, a todo el mundo manifiesto;
lanzad de vos el yugo vergonzoso;
mostrad vuestro valor y fuerza en esto:
no derraméis la sangre del Estado
que para redimirnos ha quedado.

«No me pesa de ver la lozanía[74]
de vuestro corazón, antes me esfuerza;
mas temo que esta vuestra valentía
por mal gobierno el buen camino tuerza;
que, vuelta entre nosotros la porfía,
degolléis vuestra patria con su fuerza:
cortad, pues, si ha de ser desa manera,
esta vieja garganta la primera.

«Que esta flaca persona, atormentada
de golpes de fortuna, no procura
sino el agudo filo de una espada,
pues no la acaba tanta desventura.
Aquella vida es bien afortunada
que la temprana muerte la asegura;
pero a nuestro bien público atendiendo,
quiero decir en esto lo que entiendo.

«Pares[75] sois en valor y fortaleza;
el cielo os igualó en el nacimiento;
de linaje,[76] de estado y de riqueza
hizo a todos igual repartimiento;
y en singular por ánimo y grandeza
podéis tener del mundo el regimiento:
que este gracioso don, no agradecido,
nos ha al presente término[77] traído.

«En la virtud de vuestro brazo espero
que puede en breve tiempo remediarse;
mas ha de haber un capitán primero,
que todos por él quieran gobernarse;
éste será quien más un gran madero
sustentare en el hombro sin pararse;
y pues que sois iguales en la suerte,
procure cada cual de ser más fuerte.»

Ningún hombre dejó de estar atento
oyendo del anciano las razones;
y puesto ya silencio al parlamento[78]
hubo entre ellos diversas opiniones:
al fin, de general consentimiento
siguiendo las mejores intenciones,
por todos los caciques acordado
lo propuesto del viejo fue acetado.[79] [...]

CANTO XIV[80]

¿Cuál será aquella lengua desmandada[81]
que a ofender las mujeres ya se atreva,
pues vemos que es pasión averiguada
la que a bajeza tal y error las lleva,
si una bárbara moza no obligada
hace de puro amor tan alta prueba,
con razones y lágrimas salidas
de las vivas entrañas encendidas?

---

[71] sentirlo
[72] resistirlo
[73] tan cerca
[74] vigor, robustez; (Fig.) gallardía
[75] Iguales
[76] ancestro
[77] aquí situación, estado
[78] después que Colocolo terminó su discurso
[79] Siguiendo los consejos de Colocolo los araucanos se unieron y eligieron a Caupolicán como jefe porque fue el que venció en la difícil prueba de llevar por más tiempo un pesado madero sobre los hombros. Véase nota 66
[80] El asunto del Canto XIV es el siguiente: el capitán Francisco de Villagrán ataca un fuerte de los indios y en el primer combate muere el gran caudillo Lautaro. Se narra la sangrienta batalla en la que hubo muchos muertos en los dos bandos
[81] desobediente, indócil

Que ni la confianza, ni el seguro
de su amigo le daba algún consuelo,
ni el fuerte sitio, ni el fosado muro[82]
le baste a asegurar de su recelo:
que el gran temor nacido de amor puro
todo lo allana y pone por el suelo;
sólo halla el reparo[83] de su suerte
en el mismo peligro de la muerte.

Así los dos unidos corazones
conformes en amor desconformaban,
y dando dello allí demonstraciones
más el dulce veneno alimentaban:
los soldados en torno los tizones,[84]
ya de parlar cansados, reposaban,
teniendo centinelas, como digo,
y el cerro a las espaldas por abrigo.

Villagrán[85] con silencio y paso presto
había el áspero monte[86] atravesado,
no sin grave trabajo, que sin esto
hacer mucha labor es excusado:
llegado junto al fuerte, en un buen puesto,
viendo que el cielo estaba aun estrellado
paró esperando el claro y nuevo día,
que ya por el oriente descubría.

De ninguno fue visto ni sentido:
la causa era la noche ser escura,[87]
y haber las centinelas desmentido,[88]
por parte descuidada por segura;
caballo no relincha, ni hay rüido,[89]
que está ya de su parte la ventura:
ésta hace las bestias avisadas,
y a las personas, bestias descuidadas.

Cuando ya las tinieblas y aire escuro
con la esperada luz se adelgazaban,[90]
las centinelas puestas por el muro
al nuevo día de lejos saludaban,
y pensando tener campo seguro
también a descansar se retiraban,
quedando mudo el fuerte, y los soldados
en vino y dulce sueño sepultados.

Era llegada al mundo aquella hora
que la escura tiniebla, no pudiendo
sufrir la clara vista de la Aurora,[91]
se va en el occidente retrayendo;[92]
cuando la mustia Clicie[93] se mejora
el rostro al rojo oriente revolviendo,[94]
mirando tras las sombras ir la estrella,
y al rubio Apolo Délfico[95] tras ella.

El español, que ve tiempo oportuno,
se acerca poco a poco más al fuerte,[96]
sin estorbo[97] de bárbaro ninguno,
que sordos los tenía su triste suerte;
bien descuidado duerme cada uno
de la cercana inexorable muerte:
cierta señal que cerca della estamos
cuando más apartados nos juzgamos.

No esperaron los nuestros más, que en viendo
ser ya tiempo de darles el asalto,
de súbito levantan un estruendo
con soberbio alarido, horrendo y alto,
y en tropel ordenado arremetiendo
al fuerte van a dar de sobresalto:
al fuerte más de sueño bastecido[98]
que al presente peligro apercebido.[99]

---

[82] muralla defensiva con fosos (excavaciones profundas que rodean una fortaleza)
[83] remedio. Véanse notas 10 y 47
[84] maderas encendidas
[85] Villagrán, Francisco de: conquistador español (¿1512?–1563), peleó con Pedro de Valdivia en Chile y fue su sucesor como Gobernador. Combatió a los araucanos y venció al gran cacique Lautaro.
[86] aquí, bosque
[87] oscura u obscura
[88] actuado contrario a sus obligaciones. Estaban dormidos en vez de vigilando
[89] La diéresis hace de *ruido* una palabra de tres sílabas (rü- i–do) y así el verso tiene once sílabas
[90] enflaquecían (Fig.) iban desapareciendo
[91] claridad que precede la salida del sol; alba; amanecer
[92] retrocediendo
[93] (poét.) girasol, una planta y su flor
[94] volviendo; dirigiendo (en este caso)
[95] *Apolo:* dios griego y romano de la Medicina, las Artes; *Délfico:* hace referencia al templo u oráculo que tenía Apolo en Delfos
[96] fortaleza, cuartel del ejército
[97] obstáculo
[98] casi todos estaban durmiendo
[99] prevenido, alerta, preparado

Como los malhechores, que en su oficio
jamás pueden hallar parte segura
por ser la condición propia del vicio
temer cualquier fortuna y desventura,
que no sienten tan presto algún bullicio
cuando el castigo y mal se les figura,
y corren a las armas y defensa,
según que cada cual valerse piensa,

así medio dormidos y despiertos
saltan los araucanos alterados,[1]
y del peligro y sobresalto ciertos,
baten toldos[2] y ranchos levantados;
por verse de corazas descubiertos
no dejan de mostrar pechos airados;
mas con presteza y ánimo seguro
acuden al reparo[3] de su muro.

Sacudiendo[4] el pesado y torpe sueño,
y cobrando la furia acostumbrada,
quién el arco arrebata, quién un leño,
quién del fuego un tizón, y quién la espada;
quién aguija al bastón[5] de ajeno dueño,
quién por salir más presto va sin nada,
pensando averiguarlo desarmados,
si no pueden a puños a bocados.[6]

Lautaro[7] a la sazón, según se entiende,
con la gentil Guacolda[8] razonaba;
asegúrala, esfuerza y reprehende
de la desconfïanza que mostraba:
ella razón no admite y más se ofende,
que aquello mayor pena le causaba,
rompiendo el tierno punto en sus amores
el duro són de trompas y atambores.[9]

Mas no salta con tanta ligereza
el mísero avariento enriquecido
que siempre está pensando en su riqueza,
si siente de ladrón algún rüido,
ni madre así acudió con tal presteza
al grito de su hijo muy querido,
temiéndole de alguna bestia fiera,
como Lautaro al són y voz primera.

Revuelto el manto[10] al brazo, en el instante
con un desnudo estoque,[11] y él desnudo,
corre a la puerta el bárbaro arrogante,
que armarse así tan súbito no pudo.
¡Oh pérfida Fortuna!, ¡oh inconstante!,
¡cómo llevas tu fin por punto crudo,
que el bien de tantos años, en un punto,
de un golpe lo arrebatas todo junto!

Cuatrocientos amigos comarcanos
por un lado la fuerza acometieron,
que en ayuda y favor de los cristianos
con sus pintados arcos acudieron,
que con extrema fuerza y prestas manos
gran número de tiros despidieron:
del toldo el hijo de Pillán[12] salía,
y una flecha a buscarle que venía.

Por el siniestro lado, ¡oh dura suerte!,
rompe la cruda punta, y tan derecho,
que pasa[13] el corazón más bravo y fuerte
que jamás se encerró en humano pecho;
de tal tiro quedó ufana la muerte,
viendo de un solo golpe tan gran hecho;
y usurpando[14] la gloria al homicida,
se atribuye a la muerte esta herida.

Tanto rigor la aguda flecha trujo[15]
que al bárbaro tendió sobre la arena,
abriendo puerta a un abundante flujo
de negra sangre por copiosa vena:
de rostro la color se le retrujo,[16]
los ojos tuerce, y con rabiosa pena
la alma, del mortal cuerpo desatada,
bajó furiosa a la infernal morada.[17] [...]

---

1 inquietos; perturbados; trastornados
2 pabellones; cobertores para protegerse del sol
3 Véase la primera nota 10
4 (Metáfora) aquí, venciendo; moviendo rápidamente
5 *aguija:* aviva, estimula; *bastón:* palo o vara que sirve para apoyarse; (Fig.) mando, autoridad
6 si no pueden con las manos, con las bocas (a mordidas)
7 cacique y caudillo araucano (¿1535?–1557); venció a Pedro de Valdivia en Tucapel (1554), pero fue vencido y muerto por Francisco de Villagrán. Ver segunda nota 10
8 una de las heroínas indias del poema. Ercilla se complace en pintarlas rodeándolas de cierta idealización. Por lo general intervienen en escenas idílicas que son como oasis dentro de tantas batallas y luchas.
9 *són:* ritmo; *trompas:* trompetas; *atambores:* tambores
10 *revuelto:* envuelto; *manto:* vestidura exterior; tela grande y gruesa
11 espada estrecha y sin filo; golpe con esta arma
12 se refiere a Lautaro
13 penetra, se introduce
14 robando
15 trajo, produjo
16 retrajo (se le apartó, se le fue)
17 infierno. Refleja la creencia de que el alma de Lautaro, por no ser cristiano, va al infierno en vez de al cielo

Segunda Parte

CANTO XXII[18]

[...] Pero por más que allí los aguijaban,[19]
con voces, cuerpos, brazos y talones,
los bárbaros por pies los alcanzaban,
haciéndoles bajar de los arzones.[20]
Al fin, necesitados, peleaban
cual los heridos osos y leones,
cuando de los lebreles[21] aquejados
ven la guarida[22] y pasos ocupados.

Como el airado viento repentino
que en lóbrego turbión[23] con gran estruendo
el polvoroso campo y el camino
va con violencia indómita barriendo,
y en ancho y presuroso remolino
todo lo coge, lleva, y va esparciendo,
y arranca aquel furioso movimiento
los arraigados[24] troncos de su asiento,

con tal facilidad arrebatados[25]
de aquel furor y bárbara violencia,
iban los españoles fatigados,
sin poderse poner en resistencia:
algunos, del honor ya avergonzados,
vuelven haciendo rostro[26] y aparencia;
mas otra ola de gente que llegaba
con más presteza y daño los llevaba.

Así los iban siempre maltratando,
siguiendo el hado y próspera fortuna,
el rabioso furor ejecutando
en los rendidos,[27] sin clemencia alguna;
por el tendido valle resonando
la trulla[28] y grita bárbara importuna,
que arrebatada del ligero viento
llevó presto la nueva a nuestro asiento.

En esto por la parte del poniente,
con gran presteza y no menor rüido
Juan Remón arribó con mucha gente,
que el aviso primero había tenido;
y en furioso tropel,[29] gallardamente,
alzando un ferocísimo alarido,
embistió la enemiga gente airada,
en la victoria y sangre ya cebada.[30]

Mas un cerrado muro y balüarte
de duras puntas al romper hallaron,
que con estrago de una y otra parte,
hecho un hermoso choque, repararon:
unos pasados van de parte a parte,
otros muy lejos del arzón volaron,
otros heridos, otros estropeados,
otros de los caballos tropellados.[31]

No es bien pasar tan presto, ¡oh pluma mía!,
las memorables cosas señaladas
y los crudos efetos deste día
de valerosas lanzas y de espadas;
que, aunque ingenio mayor no bastaría
a poderlas llevar continüadas,
es justo se celebre alguna parte
de muchas en que puedes emplearte.

El gallardo Lincoya, que arrogante
el primero escuadrón iba guiando,
con muestra airada y con feroz semblante
el firme y largo paso apresurando,
cala[32] la gruesa pica en un instante,
y el cuento entre la tierra y pie afirmando,
recibe en el crüel hierro fornido
el cuerpo de Hernán Pérez atrevido.

---

[18] En este Canto XXII de la Segunda parte de *La araucana* cuenta Ercilla una expedición de los españoles a territorio araucano y la reñida batalla que tuvo lugar; destaca la valentía del cacique Rengo y como cortan las manos del caudillo Galvarino, para que sirva de advertencia a los demás indios. La selección que ofrecemos se centra en la batalla. Nótese la maestría del poeta en la descripción dinámica de ese hecho

[19] Véase segunda nota 5

[20] fustes de las sillas de montar; *fustes:* dos varas de madera que forman la silla de montar

[21] perros

[22] cuevas o madrigueras de los animales

[23] *lóbrego:* sombrío, obscuro; *turbión:* aguacero, lluvia fuerte

[24] pegados como con raíces; muy firmes

[25] arrancados

[26] haciéndoles frente; enfrentando

[27] muy cansados; vencidos

[28] bulla, alboroto

[29] movimiento muy rápido y desordenado

[30] ensañada, encarnizada

[31] *estropeados:* maltratados, heridos; *tropellados* en español moderno *atropellados:* maltratados; heridos al pasarle precipitadamente por encima

[32] introduce, penetra, entra

Por el lado derecho encaminado
hizo el agudo hierro gran herida,
pasando el escaupil doble estofado[33]
y una cota de malla[34] muy tejida:
el ancho y duro hierro ensangrentado
abrió por las espaldas la salida,
quedando el cuerpo ya descolorido
fuera de los arzones suspendido.

Tucapelo[35] gallardo, que al camino
salió al valiente Osorio, que corriendo
venía con mayor ánimo que tino
los herrados talones sacudiendo,
mostrando el cuerpo, al tiempo que convino
le dio lado, y la maza[36] revolviendo
con tanta fuerza le cargó la mano
que no le dejó miembro y hueso sano.

A Cáceres, que un poco atrás venía,
de otro golpe también le puso en tierra,
el cual con gran esfuerzo y valentía
la adarga embraza,[37] y de la espada afierra,
y contra la enemiga compañía
se puso él solo a mantener la guerra,
haciendo rostro y pie con tal denuedo[38]
que a los más atrevidos puso miedo.

Y aunque con gran esfuerzo se sustenta,
la fuerza contra tantos no bastaba,
que ya la espesa turba alharaquienta[39]
en confuso montón le rodeaba;
pero en esta sazón más de cincuenta
caballos que Reinoso gobernaba
que de refresco a tiempo habían llegado,
vinieron a romper por aquel lado.

Tan recio se embistió, que aunque hallaron
de gruesas astas[40] un tejido muro,
el cerrado escuadrón aportillaron,[41]
probando más de diez el suelo duro,
y al esforzado Cáceres cobraron,
que cercado de gente, mal seguro,
con ánimo feroz se sustentaba,
y matando, la muerte dilataba.

Don Miguel y don Pedro de Avendaño,
Escobar, Juan Jufré, Cortés, y Aranda,
sin mirar al peligro y riesgo extraño,
sustentan todo el peso de su banda;[42]
también hacen efeto y mucho daño
Losada, Peña, Córdoba, y Miranda,
Bernal, Lasarte, Castañeda, Ulloa,
Martín Ruiz, Juan López de Gamboa.

Pero muy presto la araucana gente,
en la española sangre ya cebada,
los hizo revolver[43] forzosamente,
y seguir la carrera comenzada;
tras éstos, otra escuadra[44] de repente
en ellos se estrelló desatinada,
mas sin ganar un paso de camino,
volver rostros y riendas les convino.

Y aunque a veces con súbita represa[45]
Juan Remón y los otros revolvían,
luego con nueva pérdida y más priesa
la primera derrota proseguían,
y en una polvorosa nube espesa
envueltos unos y otros ya venían,
cuando fue nuestro campo descubierto
en orden de batalla y buen concierto.

Iban los araucanos tan cebados
que por las picas nuestras se metieron;
pero vueltos en sí, mas reportados,
el suelto paso y furia detuvieron,
y al punto, recogidos y ordenados,
la campaña al través se retrujeron
al pie de un cerro, a la derecha mano,
cerca de una laguna y gran pantano,

---

[33] *escaupil* (sayo o saya) que usaban los indios como coraza para protegerse contra las flechas; *estofado:* con relleno grueso
[34] *cota:* armadura antigua; *malla:* red, tejido
[35] otro de los caudillos araucanos
[36] arma de guerra antigua
[37] *adarga:* escudo de cuero; *embraza:* asegura el escudo al brazo
[38] valor, ánimo; opuesto de cobardía
[39] aquí, con gran demostración de ira (también de admiración, alegría, queja, etc.)
[40] lanzas o picas (armas antiguas)
[41] abrieron un boquete en él; rompieron, descompusieron
[42] tropa; conjunto de hombres armados
[43] volver, regresar
[44] grupo de soldados
[45] (Fig.) parada momentánea o súbita

donde de nuestro cuerno arremetimos
un gran tropel a pie de gente armada,
que con presteza al arribar les dimos
espesa carga y súbita rociada:
y al cieno[46] retirados, nos metimos
tras ellos, por venir espada a espada,
probando allí las fuerzas y el denuedo,
con rostro firme y ánimo, a pie quedo.[47]

Jamás los alemanes combatieron
así de firme a firme y frente a frente,
ni mano a mano dando, recibieron
golpes sin descansar a manteniente[48]
como el un bando y otro, que vinieron
a estar así en el cieno estrechamente
que echar atrás un paso no podían,
y dando aprisa, aprisa recibían.

Quién, el húmedo cieno a la cintura,
con dos y tres a veces peleaba;
quién, por mostrar mayor desenvoltura,
queriéndose mover, más se atascaba;[49]
quién, probando las fuerzas y ventura,
al vecino enemigo se aferraba
mordiéndole, y cegándole con lodo,
buscando de vencer cualquiera modo.

La furia del herirse y golpearse
andaba igual, y en duda la fortuna,
sin muestra ni señal de declararse
mínima de ventaja en parte alguna:
ya parecían aquéllos mejorarse,
ya ganaban aquestos la laguna
y la sangre de todos derramada
tornaba la agua turbia colorada.[50] [...]

Pedro de Oña

CHILE, 1570–¿1643?

Nació el llamado «patriarca de la literatura chilena»—según la acertada expresión de Marcelino Menéndez y Pelayo—en la guarnición fronteriza con los indios araucanos de los Infantes de Engol. Su padre, natural de Burgos, murió luchando contra esos indígenas dejando huérfano al futuro poeta a muy temprana edad. En 1590 se hallaba en el Colegio de San Felipe de Lima. Más tarde pasó a la famosa Universidad de San Marcos de Lima donde obtuvo el título de Licenciado en Derecho. Desde muy joven se mantuvo muy activo en la vida literaria de la «ciudad de los Reyes». Don García Hurtado de Mendoza, Marqués de Cañete, entonces virrey del Perú, estaba emparentado con su madre y esto le abrió las puertas del mundo oficial. A fin de subsanar la preterición de que hizo objeto Ercilla a «Don García», hijo del anterior y gobernador de Chile, a quien apenas menciona en *La araucana* debido a una enemistad personal, el virrey le encargó a Oña la confección de un poema épico contando nuevamente la historia de esas luchas entre los indios araucanos y los españoles. Así nació el *Arauco domado* (1596), el mejor poema épico escrito por un poeta nacido en Hispanoamérica.

[46] lodo, barro, fango
[47] permanezco (estoy) sin caballo
[48] para mantener, para sostener (la lucha)
[49] se quedaba detenido en un pantano o ciénaga
[50] roja

Oña emplea más o menos el mismo material histórico que Ercilla, pero destaca, hasta llegar a la adulación más increíble, la figura de «Don García», a quien endiosa destacando sus heroísmos e inclusive ponderando su belleza física.

La historia del poema es más o menos simple: a Lima, capital del virreinato del Perú llegan noticias de la rebelión de los indios araucanos, dirigidos por Caupolicán. El Virrey nombra a su hijo conocido por «Don García» gobernador de Chile y le ordena salir a combatir a los indígenas. Mientras tanto, éstos se han concentrado en los bosques de la región de Arauco. Después de un recuento del viaje de Hurtado de Mendoza, el poeta describe la lucha en Penco entre veinte mil indios y las fuerzas españolas. Debido a la bravura de los españoles y la astucia de su jefe, los indios son derrotados ese día. Más tarde hay otro feroz encuentro al querer los indios impedir a los peninsulares el paso del río Bío-Bío. Los españoles van obteniendo victoria tras victoria —de aquí el título del poema— hasta que logran la captura del jefe indio, Galvarino, a quien envían a su gente después de cortarle ambas manos. El poema sufre de muchas interpolaciones que nada tienen que ver con el asunto principal: narraciones y pasajes líricos, la rebelión de Quito y la derrota del pirata inglés Richard Hawkins en el Pacífico.

A pesar de que el poema tiene muchos méritos y no cabe la menor duda de la maestría e inspiración de Oña como poeta, se le señalan los defectos de su artificialidad, anacronismo, retórica pomposa y falseamiento de lo histórico, de los caracteres de indios y españoles e inclusive del paisaje. Respecto a éste, Oña pinta una naturaleza ajena a la de Chile, porque se ha basado en libros leídos en vez de la realidad física de su patria. Además introduce unas melifluas escenas de amor entre los indios, más inspiradas en Garcilaso, Góngora y la novela pastoril que en la realidad ambiente. La obra queda a gran distancia de *La araucana* de Ercilla mientras repite muchos de sus defectos, ya señalados anteriormente. Oña introduce modificaciones a la octava con la rima abbaabcc, haciéndola más ligera, y grata al oído y menos solemne. El autor es poeta cortesano con gran facilidad de versificación y rica fantasía. Resultan patentes la influencia de Virgilio y la de los poetas épicos italianos renacentistas. En el estilo se notan asomos de barroquismo debidos a su época de composición. Al juzgar los méritos del *Arauco domado* debe tenerse en cuenta que es obra de un poeta muy joven y compuesta con gran festinación, ya que fue terminada en poco más de tres meses. Como bien ha dicho Menéndez y Pelayo «hay en el *Arauco domado* mucho desembarazo y juvenil frescura, gran desenfado narrativo, facilidad abandonada y algo pueril que delata los pocos años de su autor, lozanía intemperante que se acomoda mejor con lo ameno y florido que con lo heroico».*

Dejó Oña otras composiciones que no llegan a superar su obra maestra. Merecen una rápida mención *El vasauro* (1635), compuesto en octavas excelentes. El asunto gira alrededor de un vaso de oro que obsequiaron los reyes católicos a Don Andrés de Cabrera en testimonio de agradecimiento. También escribió Oña *El Ignacio de Cantabria* (1636), especie de biografía rimada de San Ignacio de Loyola. El autor invirtió más de quince años en su composición y la obra tiene méritos por la devoción religiosa que muestra, pero relativamente muy pocos en el campo literario.

FUENTE: *Poemas épicos*, Madrid, Biblioteca de Autores Españoles, 1948; colección dispuesta y revisada, con un prólogo y catálogo de don Cayetano Rosell; Tomo 29, págs. 351–456.

* *Historia de la poesía hispanoamericana*, Tomo II, pág. 242

Arauco domado[1]

1596

Canto xi[2]

[...] Huyendo van los nuestros por su daño
De la pesada mano y pié ligero
Como del enemigo carnicero,
Sin su pastor, el timido rebaño;
Apriesa juegan todos de calcaño
Batiéndolos[3] con todo el cuerpo entero,
Segun sus alas bate la paloma
Si ve que el gavilán transido[4] asoma.

De tanto golpearse van quebrados
Ijares, piés, estómagos, arzones,
Y cual si no tuvieran corazones,
Robada la color y despulsados;[5]
Porque los pulsos todos derramados,
Se juntan de temor en los talones,
Haciéndolos pulsar con mas presura
Que el pulso de la recia calentura.

Pero por mas apriesa que los batan,
Con mucha mas los indios atrevidos
Alzando fieras voces y alaridos
Los corren, los aquejan, los maltratan;
Innumerables golpes malbaratan,
Que al aire y á la tierra van perdidos,
Mas el que bien aciertan es tan caro,
Que no padece contra de reparo.

Millones de palabras afrentosas,
Injurias, vituperios, perrerías,[6]
Envueltas en agudas ironías,
Despiden por sus lenguas venenosas:
«Volved acá esas manos hazañosas,
Que para agora son las valentías;
Tened, tened[7] un poco la carrera,
Que nadie os llevará la delantera.

«¿Tan poca estima haceis de vuestra gloria?
¿Triunfos tantos, lauros y guirnaldas
Tan presto las echais a las espaldas
Manchando, por la vida, su memoria?
Mirad que se os derrama la vitoria,[8]
Volved a recogella en esas faldas;[9]
Parad y no temais nuestros poderes,
Que nunca hicimos daño á las mujeres.»[10]

Aquel enorme y duro Galbarino,[11]
Mas raudo y encendido que una bala,
Les va gritando: «Tente,[12] hala, hala,
A ver si te valdrá el poder divino.»—
«¿Por dónde vais? que es largo ese camino,
Les dice el orgulloso Cadeguala;[13]
Hermanos por acá, que á ser hermanos,
En vez de piés usarades de manos.»

---

[1] Véase la crítica sobre este poema en la introducción. La obra se publicó con el título de *Primera parte de Arauco domado,* pero el poema parece cosa terminada y nunca se han visto otras partes publicadas

[2] Este canto relata la famosa batalla de Bío-Bío o BioBio, el más caudaloso río de Chile y frontera por mucho tiempo entre los dominios españoles y araucanos. El relato comienza realmente en el Canto X. A las órdenes de «Don García»—quien toma en el poema de Oña el papel de protagonista principal—los españoles pasan el río y mediante una estrategia de guerra muy hábil unas veces resisten a los indios, otras se retiran hasta que los acorralan en una ciénaga. La batalla fue ganada por los españoles

[3] golpeándolos con fuerza, combatiéndolos

[4] *gavilán:* ave de rapiña; *transido:* (Fig.) ruin, miserable

[5] sin pulso, sin seguridad ni confianza

[6] (Fig.) expresiones de ira o enojo

[7] aquí detened, aminorad

[8] victoria

[9] parte inferior del vestido de mujer

[10] Nótese como los indios están ofendiendo y afrentando a los españoles, llamándoles cobardes y mujeres

[11] uno de los principales caudillos de los indios araucanos

[12] detente

[13] otro jefe indio

Asi diciendo, el bárbaro se arroja,
Y asido de un caballo por la pierna,
Casi le descoyunta[14] y desgobierna
Doblando al triste dueño la congoja;
Mas no pudiendo mas, la deja coja,
Y como si la cola fuera tierna,
Estira della el Indio con un brazo
Tan vecio, que le arranca todo el mazo.[15]

Velo rabioso y muérdese la mano,
Mordiendo juntamente de las cerdas,[16]
Y dicese frenético: «Así muerdas
El corazon infame del cristiano.»
Con esto las entrega al aire vano,
Diciéndole: «Tén cuenta y no las pierdas,
Que tantas como son, serán las vidas
Por estas crudas manos fenecidas.»[17]

Sin mas decir, esquiva[18] de la yerba
Su voladora planta el Indio fiero,
Siguiendo á nuestra gente el delantero[19]
Con furia mas que rábida y proterva;[20]
No menos va la bárbara caterva,[21]
Juzgándose por mísero el postrero,
Bien como los vaqueros tras las vacas,
Alzando mil confusas alharacas.[22]

Con tal tesón,[23] tal ímpetu y denuedo
Los contumaces bárbaros seguian,
Que ya los pocos nuestros no se vian
De la tisera de Atropos[24] un dedo;
Hasta que al fin, llevados por el miedo,
Al campo, en breve término, volvian,
De donde, con vergüenza de su gente,
Hicieron rostro[25] al pérfido insolente.

Cual galgo que de muchos perseguido
Por una y otra calle huyendo pasa,
En viéndose en la puerta de su casa,
Suele cobrar el ánimo perdido;
Y allí del miedo torpe sacudido,
Revuelve contra todos, vuelto en brasa,[26]
Mostrándoles colmillos regañados,[27]
En vengativa cólera amolados;[28]

Así volvió rabiando nuestra gente,
Y ardiéndose en coraje de corrida
Por verse de los bárbaros corrida,
A vista de su ejército potente;
El cual, como el contrario ve de frente
Entrárdele con furia desmedida,
Movió su fuerza toda á recebillo,[29]
Habiéndola mandado su caudillo.

Mas el furor y estrépito era tanto
Con que el poder incrédulo venia,
Que salvo en el valor de don García,[30]
En otros cualesquier causara espanto;
Estuvo por los suyos puesto á canto[31]
De peligrar su crédito aquel dia,
Por solo haber tenido tal desórden,
A no le hallar los bárbaros en órden.

Si el que les dió guardaran los cincuenta,
Conforme le llevó Ramón, preciso
Para reconocer y dar aviso,
No los pusiera el Indio en tal afrenta;
Mas como por su mal erró la cuenta,
Y luego acometer sin órden quiso,
Volvió forzosamente, cual figuro,
Poniendo en contingencia lo seguro.

---

[14] desencaja, disloca
[15] haz; en este caso todas las cerdas de la cola del caballo
[16] pelos gruesos y duros del caballo, cerdo, jabalí, etc.
[17] muertas
[18] evita
[19] el primero entre los combatientes
[20] *rábida:* con rabia, rabiosa; *proterva:* perversa, mala
[21] multitud, banda; pandilla
[22] demostraciones grandes de ira, queja, alegría, admiración, etc.
[23] constancia, firmeza
[24] *tisera:* tijera; *Atropos:* una de las tres Parcas, que según la mitología griega cortaba el hilo de la vida humana
[25] hicieron frente, enfrentaron
[26] enfurecido, muy enojado
[27] *colmillos:* dientes caninos; *regañados:* que no pueden cerrarse por completo
[28] afilados
[29] recibirlo
[30] cuyo nombre era Don Hurtado de Mendoza, hijo primogénito de Don García Hurtado de Mendoza, Marqués de Cañete, político español (¿?–1561), virrey del Perú (1556–1561). Don Hurtado de Mendoza, llamado «Don García» (1535–1609), fue gobernador de Chile, peleó contra los araucanos y derrotó a Caupolicán. Virrey del Perú de 1589 a 1596.
[31] puesto a prueba, sometido a comprobación

Aunque salió tan bien el desconcierto,
Que vino á ser en parte necesario,
Para que, derramándose[32] el contrario,
Fuese mejor vencido en campo abierto;
Sacó fortuna aquí del yerro[33] acierto,
Porque esta no tan solo de ordinario
Humilla á don Hurtado la cabeza,
Mas lo que va torcido le endereza.

Movióse pues, cual dije, con su gente
A resistir la bárbara violencia,
Y fué con tal valor la resistencia,
Que el pérfido bajó la altiva frente;
Porque retrujo luego la corriente,
Topando con la hispánica potencia,
Y á no regilla el brazo mendocino,[34]
Tambien se la llevara de camino.[35]

Como las ondas túmidas[36] que vienen
Sus vientres mas que hidrópicos alzando,
Y al trono celestial amenazando,
En dando con las peñas se detienen;
Y como allí les hacen que se enfrenen,
En su dureza el ímpetu quebrando,
Se ven así quebrar las indias olas[37]
Llegadas á las peñas españolas.

Mas bien como esas ondas no pudiendo
Romper por las barreras peñascosas,
Revientan de coraje y espumosas
Están, aun siendo frígidas, hirviendo;
Así los enemigos no rompiendo
Las contrapuestas armas poderosas,
Comienzan á hervir con nueva rabia
Subiendo ya su cólera á la gavia.[38]

Revuélvense los campos en un punto,
El poderoso Arauco y fuerte España,
Cuya mezclada sangre al suelo baña,
Nadando en ella el vivo y el difunto;
El humo, el fuego, el polvo, todo junto,
Al sol, al cielo, al aire, á la campaña
Ofusca, ciega, turba y escurece,
Y el mar de tanto golpe se ensordece.

Por todo el escuadrón á toda priesa
Con sus falcadas[39] ruedas hiende y parte
El fiero belicoso y crudo Marte,
Alzando polvorosa nube espesa;
Y todo en sangre tinto[40] se atraviesa,
Haciendo que por una y otra parte
Crezca la furia y cólera en los pechos,
Las iras, los furores y despechos.

La furibunda y bélica Belona,[41]
En carro ardiente rápido y ligero,
Y de lucientes láminas de acero
Armada su fortísima persona,
Con la sangrienta lanza no perdona
La malla, el escaupil ni doble cuero;
Airada va la Némesis[42] con ella,
Que contra el mas soberbio se descuella.[43]

En medio destas dos, vibrando el asta,
Con el aspecto duro y denodado,
Se representa el jóven don Hurtado,
Mostrando á todos bien que solo basta;
No tresdoblada piel ni fina pasta
Es parte á resistir su golpe airado,
Pues cuando se le pone alguno á tiro,[44]
Le hace dar el último suspiro.

Encuentra con el réprobo Chilcote,[45]
Que velle[46] blasfemando le provoca
A le ensartar el asta por la boca,
En pena de su culpa y justo azote;
De allí la saca recio y de otro bote,
A Chaco, que soberbio al mundo apoca,
Le esconde el rojo hierro en el costado
Tendiéndole sin alma sobre el prado.

---

[32] (Fig.) extendiéndose, desparramándose
[33] error, equivocación
[34] *regilla:* regirla, dominarla; *el brazo mendocino:* se refiere a «Don García». Véase nota 30
[35] de paso, al pasar
[36] hinchadas, infladas, muy llenas
[37] (Fig.) oleada, aflujo súbito de indios
[38] vela en el mástil mayor de un barco; aquí, «hasta lo más alto»
[39] armadas con cuchillas agudas y cortantes
[40] teñido, pintado
[41] diosa romana de la guerra
[42] diosa griega de la venganza y la justicia
[43] sobresale, se distingue
[44] a una distancia en que se le puede disparar
[45] jefe indio
[46] le ve

Desnuda luego en alto la cuchilla,
Y por la espesa hueste abriendo plaza,
Desmiembra, descoyunta, despedaza,
Cercena, corta, rompe y acrebilla;[47]
Con lengua y mano exhorta á su cuadrilla,
Incita, mueve, rige, ordena y traza,
Y tanto menos cólera le ciega
Cuanto se bate mas en la refriega.

Con tal ferocidad embiste y parte
Don Luis, aquel famoso de Toledo,
Que el pecho do infundiere poco miedo
Ha de tener infuso dentro á Marte;
Aguayo y Juan Ramon por otra parte
Aplacan bien el bárbaro denuedo,
Poniendo cada cual con brazo fuerte
Mil vidas en los brazos de la muerte.

Don Pedro, aquel Néstor[48] de luengos años,
Habiendo ya llegado á la postrera,
Como en la juvenil edad primera,
Los golpes que descarga son extraños;
Asómanse intestinos y redaños,[49]
Por donde va la espada carnicera
Del capitán Rengifo y la de Ulloa.
Dignos de mucho más que desta loa.

No menos del ejército araucano
Se dan á conocer en daño nuestro
Lincoya y Millanturo, mozo diestro,
Que nunca descargó la maza en vano;
El duro Galbarin, de rabia insano,
La clava juega á diestro y á siniestro,[50]
Mas fiero que la víbora pisada
Y que mujer por celos enojada.

Haciendo mil volcanes de la vista
Y tósigo[51] mortal del cuerpo y cara,
Se mete por lo nuestros Tulcomara,
Sin que tan presto alguno le resista;
No hay hombre ni caballo que no embista,
Ni cosa que le oponga lo repara:
Por todo rompe y va desaforado[52]
De morir ó vencer determinado. [...]

Francisco de Terrazas

MÉXICO, ¿1525–1600?

La poesía lírica es otro de los géneros literarios que comienzan a cultivarse desde muy temprano en el siglo XVI, siguiendo los modelos peninsulares. Hay pruebas de que abundaron los poetas en varios países como Perú, Chile, Santo Domingo y, especialmente en México. Parece que una de las razones para el auge y proliferación de la lírica vino de la visita y estancia en América de tres célebres poetas españoles de la época: Gutierre de Cetina, Eugenio de Salazar y Alarcón y Juan de la Cueva. Entre todos los bardos que cultivaron este género sobresalió Francisco de Terrazas, quien no sólo pasa por ser el más antiguo poeta mexicano de nombre conocido, sino también el mejor poeta lírico de Hispanoamérica en este siglo de las primicias literarias. Los

[47] acribilla, abre muchos agujeros (huecos)
[48] rey de Pilos, uno de los príncipes que participó en el sitio de Troya. Era célebre por su sabiduría y acertados consejos
[49] extensión del peritoneo que cubre los intestinos
[50] sin tino; a un lado y otro
[51] veneno
[52] excesivo; que actúa sin ley ni regla, que va atropellando.

datos sobre su vida no son muy abundantes pero se sabe que nació en México y que era hijo de conquistadores con posición social, y economía holgada e influyente. Su padre estuvo muy vinculado a Hernán Cortés y se le nombró alcalde ordinario de la ciudad de México. Parece que muy pronto ganó renombre como poeta a juzgar por los elogios que Cervantes le dedica en el *Canto de Calíope* publicado con *La Galatea* (1584). El virrey arzobispo Moya de Contreras lo llama «hombre de calidad, señor de pueblos y gran poeta» y Baltazar Dorantes de Carranza en su *Relación* (entre 1601 y 1604) se refiere a él como «excelentísimo poeta toscano, latino y castellano», o sea que se distinguía como escritor en varias lenguas. Hay indicios de que alguna vez viajó a España, y parece evidente su amistad con el gran poeta renacentista Gutierre de Cetina, a cuyo estilo se parece mucho el suyo.

Se conocen muy pocas composiciones de Terrazas: dos en décimas, nueve sonetos, una epístola y fragmentos de un poema épico inconcluso. En este poeta ya aparece asimilado el estilo renacentista que había invadido la poesía peninsular a través de Juan Boscán y Garcilaso de la Vega. Sobre todo sus sonetos se distinguen por el giro conceptuoso e ingenioso en que se canta al amor platónico, con influencias muy directas de Cetina y de Petrarca. El asunto para su famoso soneto «Dejad las hebras de oro ensortijado» está tomado del titulado *Tornai essa brancura á alva assucena* del gran poeta portugués Luis de Camoens. A más de la poesía amatoria en que alaba la belleza y lamenta los desdenes de la dama amada, tiene sonetos con reflexiones filosóficas y estoicas. A pesar de que no hay mucha originalidad en sus versos, muestra bastante perfeccionamiento formal. Realmente no se podía pedir más dada la pobreza cultural y las inclinaciones y actividades propias de la época. Sus décimas en que dialoga con el poeta y dramaturgo Fernán González de Eslava, no pasan de ser un juego intrascendente en que comenta la Ley Mosaica. En su epístola en tercetos ofrece analogías con el estilo de Fernando de Herrera, el gran poeta sevillano.

También dejó inconcluso porque lo sorprendió la muerte, un poema épico, *Nuevo Mundo y conquista* (siglo XVI) del cual se conservan solamente fragmentos. Resulta muy difícil hacerse una idea crítica acabada de la obra tan precariamente conservada, pero si se le compara con la calidad de los poemas imitando a Ercilla que se escribían en esta época, parece que el de Terrazas debe colocarse entre los más valiosos. No obstante hay que señalar que el verso le sale demasiado blando porque el ingenio y temperamento de Terrazas se acomodaban más a la poesía lírica e idílica que a la grandilocuencia y fuerza del género épico. El ejemplo elocuente está en el bello episodio del valiente Huitzel, hijo del rey de Campeche con su amada Quetzal, hija del rey de Tabasco, inspirado seguramente por las bellas indias de Ercilla en *La araucana*.

Sin ser un genio poético, Terrazas es un poeta delicado y fino, cuya obra está por encima del ambiente de la época que le correspondió vivir. El reducido número de sus composiciones logra el nivel más alto alcanzado por la poesía lírica directamente importada de España, y demuestra el total triunfo de las corrientes del Renacimiento en este género. Iniciado así su cultivo en el siglo XVI, la poesía lírica será uno de los géneros literarios escritos con más acierto por los hispanoamericanos en los siglos siguientes.

FUENTE: *Poesías*, México, Editorial Porrúa, 1941. Edición y prólogo de Antonio Castro Leal; *Poetas novohispanos*, Primer siglo (1521–1621), 2da. ed., México, Univ. Nacional Autónoma de México, 1964. Estudio, selección y notas de Alfonso Méndez Plancarte.

Poemas

Siglo XVI

Soneto[1]

Dejad las hebras de oro ensortijado
que el ánima me tienen enlazada,
y volved a la nieve no pisada
lo blanco de esas rosas matizado.[2]

Dejad las perlas y el coral preciado
de que esa boca está tan adornada;
y al cielo, de quien sois tan envidiada,
volved los soles que le habéis robado.

La gracia y discreción que muestra ha sido
del gran saber del celestial maestro[3]
volvédselo a la angélica natura.

Y todo aquesto[4] así restituido,
veréis que lo que os queda es propio vuestro:
ser áspera, crüel, ingrata y dura.

Soneto a una Dama[5]

QUE DESPABILÓ[6] UNA VELA CON LOS DEDOS

El que es de algún peligro escarmentado,
suele temerle más que quien lo ignora;
por eso temí el fuego en vos, señora,
cuando de vuestros dedos fue tocado.

Mas, ¿vistes qué temor tan excusado
del daño que os hará la vela agora?[7]
Si no os ofende el vivo que en mí mora,
¿cómo os podrá ofender luego pintado?

---

[1] Como ya sabemos, Terrazas dejó nueve sonetos y todos son de corte clásico siguiendo el modelo italiano del Renacimiento, introducidos en España durante la llamada «revolución italiana o petrarquista» comenzada por Juan Boscán y llevada al éxito pleno por Garcilaso. En el soneto clásico los versos son endecasílabos (11 sílabas) con rima consonante (todas las letras iguales a partir de la acentuada) ABBA en los dos cuartetos. La distribución de la rima de los dos tercetos queda a voluntad del poeta, pero no deben terminar en pareados. Los versos no pueden ser agudos (acento en la última sílaba). Ver introducción para más detalles sobre este soneto.

[2] con el color proporcionalmente mezclado

[3] Dios

[4] esto

[5] Nótese el tono petrarquista, frívolo y galante al estilo de Gutierre de Cetina

[6] quitó el pabilo (mecha) quemado a una vela

[7] ahora

Prodigio es de mi daño, Dios me guarde
ver el pabilo en fuego consumido,
y acudirle al remedio vos tan tarde:

Señal de no esperar ser socorrido
el mísero que en fuego por vos arde,
hasta que esté en ceniza convertido.

Soneto

Royendo están dos cabras de un nudoso
y duro ramo seco en la mimbrera,[8]
pues ya les fue en la verde primavera
dulce, süave,[9] tierno y muy sabroso.

Hallan extraño el gusto y amargoso,[10]
no hallan ramo bueno en la ribera,
que —como su sazón pasada era—
pasó también su gusto deleitoso.

Y tras de este sabor que echaban menos,
de un ramo[11] en otro ramo van mordiendo
y quedan sin comer de porfïadas.

Memorias de mis dulces tiempos buenos,
así voy tras vosotras discurriendo
sin ver sino venturas acabadas!

Soneto

Soñé que de una peña me arrojaba
quien mi querer sujeto a sí tenía,
y casi ya en la boca me cogía
una fiera que abajo me esperaba.

Yo, con temor, buscando procuraba
de dónde con las manos me tendría,
y el filo de una espada la una asía
y en una yerbezuela la otra hincaba.

La yerba a más andar la iba arrancando,
la espada a mí la mano deshaciendo,
yo más sus vivos filos apretando...

Oh mísero de mí, qué mal me entiendo,
pues huelgo verme estar despedazando
de miedo de acabar mi mal muriendo!

Nuevo Mundo y Conquista[12]

EL IDILIO DE QUÉTZAL Y HUÍTZEL

(El hijo del rey de Campeche y la princesa de Tabasco,[13] *para vencer la oposición paterna a su mutuo amor, habíanse refugiado en Naucol, pueblecillo de pescadores; y allí los sorprendió—rompiendo su felicidad pero no su amor—la violencia de los castellanos...*[14])

«De blandos ejercicios fatigados,
que el día todo se pasaba en esto,
al dulce sueño entrambos[15] entregados
y en brazos cada cuál del otro puesto,
fuimos súbitamente salteados[16]
con un ruido temeroso y presto,[17]
al tiempo que a la lumbre venidera[18]
dejaban las estrellas la carrera.

---

[8] arbusto de las salicáceas, de hojas delgadas, largas y flexibles
[9] la diéresis sobre una vocal débil (i, u) rompe el diptongo y forma dos sílabas en vez de una
[10] neologismo por amargo
[11] rama
[12] Esta composición refleja influencias de Ercilla, *La Eneida* de Virgilio y algo de Garcilaso de la Vega en las expresiones e imágenes. Hay asimismo varios símiles que deben mucho a Homero. Véase la introducción para algunas ideas críticas sobre este poema
[13] *Campeche*: ciudad de México, capital del estado de ese nombre, en la costa oeste de Yucatán; fue un importante reino indígena; *Tabasco*: estado de México, en la costa del Golfo de México, asiento de una importante civilización india
[14] españoles
[15] ambos
[16] despertados
[17] aquí vivo; pronto
[18] que venía, futura

Y no esperando a ver qué cosa fuese,
prestísimo salté del lecho a oscuras;
a Quétzal recordé que me siguiese
metida por cerradas espesuras,
hasta que claramente se entendiese
la causa del rumor; y a penas duras[19]
despierta estuvo, cuando yo sin tino[20]
mostrándole iba incierto mi camino.

Siguiendo un resplandor de luz escaso
por una estrecha senda mal abierta,
mi bien[21] iba esperando paso a paso
sin ver que del temor va medio muerta;
falta la fuerza al desmayado paso,
ya ni a mi rastro ni a la senda acierta:
de vista finalmente nos perdimos,
de suerte que hallarnos no pudimos.

Puesto encima de un árbol, divisaba
el fuego de las casas encendidas;
los llantos y las quejas escuchaba
de míseras mujeres doloridas:
una espantosa grita resonaba
de voces muy feroces no entendidas,
que sólo yo juzgaba que serían
tus largas manos que tras mí vendrían . . .[22]

. . . Acaso me halló un vecino mío
que el pueblo andaba a voces convocando,
diciendo que acudiésemos[23] al río
por do una nueva gente iba bajando,
de quien robadas con violento brío[24]
muchas personas nuestras van llorando;
y entre otras que llevar vio maniatadas,
mi Quétzal y su hija eran nombradas.

No como yo con tal presteza párte
ciervo que sin sentido el curso aprieta[25]
cuando en segura y sosegada parte
herido siente la mortal saeta:
ni nunca por el cielo de tal arte
correr se ha visto la veloz cometa,
que a ver de mi desdicha el caso cierto
con miedo y con amor volaba muerto.

Y a una legua o poco más andada
hallé los robadores y robados;
vide[26] una gente blanca, muy barbada,[27]
soberbios y de limpio hierro armados;
vi la cautiva presa, en medio atada,
de sus alhajas míseras cargados,
al uso y voluntad de aquellos malos
que aguijando[28] los van a duros palos . . .

. . . Cual tórtola tal vez dejó medrosa[29]
el chico pollo que cebando estaba
por ver subir al árbol la escamosa
culebra que a su nido se acercaba,
y vuelta vio la fiera ponzoñosa
comerle el hijo encarnizada[30] y brava:
bate las alas, chilla,[31] y vuela en vano
cercando el árbol de una y otra mano;

así yo sin remedio, congojado
de ver mi bien en cautiverio puesto,
llegaba al escuadrón desatinado
clamando en vano y revolviendo presto;
de suerte que seguido y esperado
detuve un rato al robador molesto
que vuelto atento, con piedad, sin ira,
del nuevo caso con razón se admira.

Mas como ni salvarla peleando
pudiese, ni morir en su presencia,
tal vez al enemigo amenazando,
tal vez pidiendo humilde su clemencia,
sin otro efecto los seguí luchando
con el dolor rabioso y la paciencia,
hasta llegar al río do se entraban
en casas de madera que nadaban.[32]

[19] a duras penas; apenas; escasamente
[20] acierto, habilidad; destreza
[21] mi amada
[22] Los ministros que el rey, su suegro—con quien habla Huítzel—, habria enviado a prenderle. Nota de Alfonso Méndez Plancarte
[23] fuésemos
[24] fuerza, vigor
[25] oprime, estrecha con fuerza
[26] vi
[27] con barbas grandes
[28] picando; (fig.) estimulando, avivando
[29] tímida, miedosa
[30] (Fig.) enfurecida, con crueldad
[31] *bate*: golpea con fuerza; *chilla*: grita en forma muy aguda y desagradable
[32] barcos, embarcaciones, naves

Pues la cuitada[33] Quétzal, que meterse
en una veo y del todo ya dejarme,
arrastrando tentaba defenderse
y a gritos no dejaba de llamarme;
del mismo robador quería valerse
pidiéndole lugar para hablarme:
—«Siquiera aqueste[34] bien se me conceda
(le dice), que hablar a Huítzel pueda.

Volviendo a mí, y en llanto derretida,
—«Huítzel (me dijo), pues mi dura suerte
y sin que pueda ser de ti valida[35]
me lleva do jamás espero verte,
recibe en la penada despedida
el resto de las prendas[36] de quererte,
y aquesta fe postrera que te envío
con cuanta fuerza tiene el amor mío.

«Que quien por ti la patria y el sosiego,
el padre, el reino y el honor pospuso,
y puesta en amoroso y dulce fuego
seguirte peregrina se dispuso,
ni en muerte ni en prisión el nudo ciego
que Amor al corazón cuitado puso
podrá quitar jamás, sin ser quitada
el alma presa a la mortal morada.

«Si voy para vivir puesta en servicio,[37]
tenerme ha tu memoria compañía,
y en un continuo y solitario oficio
llorando pasaré la noche y día;
mas si muriendo en triste sacrificio
Fortuna abrevia la desdicha mía,
adonde estés vendré, no tengas duda,
espíritu desnudo y sombra muda.»

Díjele: —«No podrá, yo te prometo,
apartarnos el hado[38] triste y duro:
héme entregado aquí, héme sujeto
al fin incierto de mi mal futuro!»
Diciendo aquesto, púselo en efeto[39]
con paso largo y corazón seguro,
metiéndome en poder, luego a la hora,
de aquel nuevo señor de mi señora.[40]

Hice los nuevos hombres admirados
y a todos los amigos afligidos,
no tanto de su daño lastimados
cuanto del mío propio condolidos;
finalmente quedamos embarcados
y entre los robadores repartidos,
junto con el despojo que tomaron
do más volumen que valor hallaron.

Callo su preguntar y su malicia,
su gran soberbia, su mandar airado,
su mucha crüeldad,[41] poca justicia,
y aquel desprecio del haber robado;
sus rigurosos modos, su codicia,
y el deshonesto vicio libertado:
que todo se pagó en muy pocos días
con gran venganza por diversas vías.

Que dende a poco tiempo nos libramos
por un dichoso caso que tuvimos,
en que a la mar las guardas[42] arrojamos
y con la casa de agua[43] al través dimos[44]
a la cercana costa, do saltamos
y por la tierra adentro nos metimos,
tomando yo de nuevo mi camino
con Quétzal solo, incierto y peregrino» . . .

---

[33] afligida; apocada
[34] este
[35] ayudada, favorecida; socorrida
[36] cosas valiosas que se dan para garantizar el cumplimiento de una obligación o contrato
[37] para trabajar
[38] destino
[39] efecto
[40] Huítzel se entrega a los españoles para estar junto a Quétzal
[41] véase nota 9
[42] los soldados que los vigilaban
[43] nave. Véase nota 32
[44] dimos al través, destruimos, destrozamos

Fernán González de Eslava

ESPAÑA—MÉXICO, ¿1534–1601?

Ya hemos visto que los indígenas de Hispanoamérica sentían gran afición por el teatro, muy unido a la música y a la danza de carácter ritual y pantomímico. Por el tiempo en que llegaron los conquistadores en el siglo XVI, el drama peninsular estaba en el período llamado *pre-lopesco* (anterior a Lope de Vega) y estas formas dramáticas fueron empleadas como modelos. También se hacían, aunque en forma muy rudimentaria y escasa, representaciones de los grandes autores españoles. Primero se desarrolló un teatro misionero, que aprovechó mucho del drama indígena para llevar a los indios el mensaje religioso y convertirlos al cristianismo, pero luego se fue desarrollando un teatro popular y criollo. Este drama incipiente obtuvo el favor del público comenzando así el interés del hispanoamericano por este género, que alcanza un desarrollo creciente hasta llegar al siglo XX, punto de su más alta calidad.

El primer dramaturgo hispanoamericano y la figura más importante del teatro colonial del siglo XVI es Fernán González de Eslava. Su lugar de nacimiento está todavía envuelto en el misterio, pues mientras algunos lo sitúan en las cercanías de Sevilla otros creen que fue en Navarra o León. Tampoco se conocen los motivos por los que vino a México en 1558 cuando contaba veinticuatro años. En México se formó intelectualmente y se asimiló totalmente a la vida y cultura de ese país, de manera que debe considerársele dentro de su literatura. En 1563 tuvo dificultades con la Inquisición por unas décimas en que discutía la prioridad de la Ley Vieja o Mosaica y la Ley Nueva o Cristiana. En 1574 estuvo diecisiete días en prisión por un entremés en que criticaba el impuesto de la alcabala que el gobierno trataba de reorganizar. Hacia 1575 ingresó en el sacerdocio, consagrándose por completo a la vida religiosa y al cultivo de las letras, ganando en su época gran renombre como poeta y dramaturgo. Aunque tampoco se saben con exactitud el lugar y fecha exactos de su muerte, se supone que fue en la ciudad de México en 1601.

La obra de González de Eslava de que tenemos conocimiento se reduce a dieciséis coloquios, ocho loas, cuatro entremeses (uno independiente y tres intercalados en coloquios) y algunas poesías líricas. Los coloquios tienen su antecedente en los *autos* de la Edad Media, pero este autor se muestra innovador notable tanto en la estructura como en los temas. Pueden clasificarse atendiento a su asunto en históricos, religiosos, morales y de circunstancias. Su trama sobresale en general por su sencillez y poco juego escénico con mucho despliegue de símbolos y alegorías y discusiones de doctrina religiosa o moral. Casi todos los personajes son abstracciones y los más perdurables son precisamente los tipos populares. El autor incorpora a muchos de ellos un tono realista describiendo costumbres, con referencias a la vida real y especialmente en la captación de la lengua popular, mezcla de español y mexicanismos. De esta manera son sus obras fuente imprescindible para conocer el lenguaje mexicano de esa época.

Analizando sus *Coloquios espirituales y sacramentales y poesías sacras* (1610) publicadas por su amigo y admirador, el padre agustino Fernando Vello de Bustamente, nos parece que los dos mejores por su ejecución dramática y dominio de la versificación son el Coloquio VII, «De cuando Dios Nuestro Señor mandó al Profeta Jonás que fuese a la ciudad de Nínive a predicar su destrucción» y el último, el XVI, «Del Bosque divino».

Su intuición de lo popular —no desarrollada en toda su plenitud— aparece en algunos elementos realistas de sus coloquios y, fundamentalmente en sus cuatro entremeses. Parece que el mejor de todos es el titulado «Entremés de entre dos rufianes o El entremés del ahorcado», pero también tienen gracia, toques costumbristas y buen humor los que forman parte de los Coloquios VI, VII y XVI. Estas pequeñas piezas, sobre todo la primera, lo acercan al teatro de Lope de Rueda y valen por constituir simples retratos de costumbres, con buen humorismo, gracia, movimiento, viveza de la acción y el diálogo. Estos entremeses pueden colocarse al lado de los que se escribían en España por esa época.

También dejó González de Eslava buen número de poesías líricas que comprenden canciones, «chanzonetas», sonetos y villancicos clasificados como «versos de cancionero» por Menéndez y Pelayo. Era un poeta de inspiración estimable y sus versos muestran frescura, espontaneidad y naturalidad. Al juzgar su obra total hay que tener en cuenta las limitaciones coactivas y las presiones que el virreinato y la colonia imponían sobre el escritor. No es aventurado decir que en una época de más libertad, su ingenio hubiese brillado a considerable altura.

FUENTE: *Coloquios espirituales y sacramentales*, 2 vols., México, Editorial Porrúa, 1958. Edición, prólogo, nota biográfica y noticia bibliográfica de José Rojas Garcidueñas.

Entremés[1]

Entre dos Rufianes, que el uno habia dado al otro un bofetón y el que le habia recibido venia a buscar al otro para vengarse. El agresor, viendo venir de lejos a su contrario, se fingió ahorcado; y viendolo asi el afrentado,[2] dijo lo siguiente:

Mi espada y mi brazo fuerte,
mi tajo con mi revés,[3]
en blanco salió esta suerte,[4]
pues este se os fue por pies
a la cueva de la muerte.

Porque, juro al mar salado,
no se me hubiera[5] escapado
en vientre de la ballena,
que allí le diera carena[6]
si no se hubiera ahorcado.

[1] Está escrita esta pieza humorística en quintillas en cuyo uso logró Fernández de Eslava mucha habilidad. Son estrofas compuestas de cinco versos octosílabos consonantes con rima dispuesta libremente por el poeta, pero no deben tener tres consonantes seguidos ni terminar en un pareado. Véase la introducción para algunas ideas críticas sobre este entremés
[2] insultado, ofendido
[3] *tajo*: corte, cortadura, herida; *revés*: golpe que se da con la espada de izquierda a derecha; lado opuesto al lado principal de una cosa
[4] porque este corte no llegó a ti (falló) esta vez
[5] El autor emplea siempre el imperfecto de subjuntivo terminado en *ra* en vez del tiempo condicional, a través de todo el entremés. Muchos escritores de importancia lo hacen también
[6] le habría marcado (aun estando en el vientre de la ballena)

Estoy por ir a sacallo[7]
del infierno, cueva esquiva,[8]
y esto no por remediallo,[9]
sino por hacer que viva,
y vivo, después matallo.[10]

Y lo que queda sobrado
ante mí fuera quemado,
y fuera poco castigo:
yo hiciera lo que digo,
si no se hubiera ahorcado.

Y esto fuera al desdichado
pena y tormento doblado,
verse puesto en mi presencia;
si no se hubiera ahorcado
hiciéralo,[11] en mi conciencia,

De mis hechos inhumanos
este ha dado testimonio,
pues tuvo por más livianos
los tormentos del demonio
que los que doy con mis manos.

Repartiera como pan
al hijo de la bellaca[12]
los brazos en Coyoacán[13]
y las piernas en Oaxaca[14]
y la panza en Michoacán.[15]

El hizo como avisado,[16]
porque lo hubiera pringado[17]
o hecho cien mil añicos
y quebrado los hocicos,
si no se hubiera ahorcado.

Cada vez que acababa de glosar Si no se hubiera ahorcado, *acometía a darle una estocada, y el que se ahorcó, le tenía el brazo diciéndole: «No ensucie vuesa merced su espada en un hombre muerto, que no es valentía.» Y habiéndose ido el rufián agraviado, el otro se desenlazó y dijo al que estaba presente: «Oiga vuesa merced cómo le voy glosando la letra.»*

Aquel bellaco putillo,[18]
más menguado que la mengua,[19]
me huyó; quiero seguillo[20]
para sacalle[21] la lengua
por detrás del colodrillo.[22]

El brazo y el pie derecho
con que me hizo ademanes,
le cortara, y esto hecho
los echara en el estrecho
que llaman de Magallanes.

Aquel bellaco azotado,
sucio, puerco y apocado,
puso lengua en mi persona;[23]
hiciérale la mamona[24]
si no estuviera ahorcado.

Y estando aquí arrodillado
le diera un tajo volado[25]
que le cortara por medio;
hiciéralo sin remedio
si no estuviera ahorcado.

---

[7] sacarlo
[8] áspera, huraña
[9] remediarlo
[10] matarlo
[11] Véase nota 5
[12] pícara; ruin
[13] barrio o suburbio de la ciudad de México
[14] estado en el sur de México
[15] *panza*: barriga, vientre; Michoacán: estado al sur de México
[16] discreto, sagaz; prudente
[17] herido hasta echar sangre
[18] *bellaco*: Véase nota 12; *putillo*: pícaro, vicioso
[19] lo más bajo de lo bajo
[20] seguirlo
[21] sacarle
[22] parte posterior de la cabeza
[23] habló mal de mí
[24] gesto de burla
[25] cuchillada, cortado rapída

Las barbas, por más tormento,
una a una le pelara,
y después, por mi contento,
por escoba las tomara
y barriera mi aposento.

Y no quedara vengado
con velle[26] barbipelado,
que en ellas, por vida mía,
escupiera cada día
si no estuviera ahorcado.

¿Este dicen que es valiente
y anda conmigo en consejas?[27]
Si estuviera aquí presente
le cortara las orejas
y las clavara en su frente.

Y así quedara afrentado,
de todos vituperado,[28]
y después de esto hiciera
que en viernes se las comiera
si no estuviera ahorcado.

---

[26] verle
[27] cuentos, patrañas (mentiras, embustes)
[28] censurado, reprobado; desaprobado

III El Barroco*

La poesía épica

Crónica histórica y prosa novelística

La poesía lírica y satírica

El misticismo

El ensayo

* Se recuerda al lector que hemos agrupado la producción total de cada autor bajo su nombre. Por esa razón se encontrarán la prosa y el teatro de Sor Juana Inés de la Cruz en la poesía lírica.

Bernardo de Balbuena

ESPAÑA–MÉXICO, ¿1562?–1627

En las últimas obras de Pedro de Oña y en los versos de Bernardo de Balbuena se aprecian ya los cambios del estilo llano del siglo XVI hacia el barroquismo en la expresión. Hoy parece descartada la tesis que consideró a Balbuena como hijo de Guadalajara, México, pues hay certeza de que nació en Valdepeñas, pueblo de la Mancha en la provincia de Ciudad Real. Murió en Puerto Rico a los sesenta y cinco años. Era hijo natural de un funcionaro español del mismo nombre, con quien vino a México cuando sólo tenía dos años. Después de terminar sus estudios de humanidades en la ciudad de Guadalajara, fue enviado a la capital de México en cuya universidad terminó estudios de Artes y Teología. En 1592 se ordenó de sacerdote, y después de trabajar como capellán de la Audiencia de Guadalajara sirvió una década (1592–1602) como párroco rural en pueblos muy pobres y humildes, punto que se refleja en su obra. De 1602 a 1606 vivió en la ciudad de México, partiendo ese último año para España donde obtuvo el doctorado en Teología en la Universidad de Sigüenza. Se le nombró Abad Mayor de Jamaica (1610) y en 1620 Obispo de Puerto Rico. Su palacio fue atacado por los piratas holandeses en 1625 y destruida su biblioteca, hecho doloroso lamentado hasta por Lope de Vega en su *Laurel de Apolo*.

Balbuena alcanza un puesto de distinción entre los poetas épicos y descriptivos de su tiempo. Su primera obra de importancia lleva por título *Grandeza mexicana* (1604), un largo poema que consta de nueve partes o cantos y escrito en tercetos. En él describe laboriosamente las excelencias y el esplendor material y cultural de la capital del virreinato de México mostrando gran admiración por ella. El poeta inicia su canto con la topografía; describe después lo externo—edificios, calles, jardines, paseos—; alaba lo cultural—costumbres, letras—; estudia lo espiritual—religión, virtudes, cortesía—; canta a los oficios, y a las relaciones sociales; elogia las instituciones y el gobierno y dedica una final alabanza a la unidad que forman México y España. También describe la vida social y nos da un cuadro poético de aquella vida regalada y fastuosa con sus fiestas, diversiones y mujeres elegantes. Inclusive se refiere a los deportes y se detiene admirado ante el arte hípico con excepcionales descripciones de los caballos y sus clases. Aunque la visión del paisaje resulta un poco convencional, tiene momentos de acierto al presentar todas las plantas y flores usando con mucha agudeza los adjetivos descriptivos más apropiados. Toca el aspecto social y exhibe los contrastes entre la opulencia de la capital y la pobreza, atraso y espíritu provinciano de los pueblos y provincias, donde él había vivido por diez años. El poema de Balbuena es uno de los cuadros más excelentes que puedan encontrarse sobre esa ciudad, ambiente y época, pues inclusive se refiere a rasgos sicológicos y de costumbres del mexicano. Sobresalen algunas cualidades de Balbuena: su predilección por la exuberancia verbal, la prodigalidad de los adjetivos, las imágenes brillantes de gran sensorialidad (colores, sonidos) y una tendencia descriptivo-enumerativa. Menéndez y Pelayo lo saluda «en rigor el primer poeta genuinamente americano, el primero en quien se siente la exuberante y desatada fecundidad genial de aquella prodigiosa naturaleza».* Otro rasgo notable es la constante mezcla de detalles realistas, triviales y de la vida diaria con la emoción poética pura y elevada.

Luego publicó Balbuena *Siglo de Oro en las selvas de Erífile* (1608), especie de novela pastoril escrita en verso. Son doce églogas con otras composiciones poéticas intercaladas en las que se percibe la influencia de Téocrito y Virgilio. El poeta tuvo la intención de renovar esa forma poética donde los clásicos y Garcilaso de la Vega alcanzaron gran elevación poética. Como siempre, Balbuena combina cuadros de naturaleza idílica con notas llenas de realismo. Al igual que en su obra anterior, es visible el barroquismo formal y de contenido del autor. La crítica considera que la obra maestra de Balbuena es su poema épico-caballeresco, fantástico y erudito titulado *El Bernardo o Victoria de Roncesvalles* (escrito en 1615 y publicado en 1624). Su historia se centra en las aventuras de Bernardo del Carpio, el héroe épico español y su victoria sobre los Doce Pares de Francia en Roncesvalles. Tiene más de cinco mil octavas reales y cerca de cuarenta y cinco mil versos endecasílabos, divididos en veinticuatro cantos. Se le considera entre los mejores poemas épicos en español del siglo XVII. México está siempre presente en la mente del poeta, pues el héroe es traído a ese país donde unos adivinos de Tlaxcala le anuncian la futura conquista. Sobresale por la pompa, la abundancia y lujo sensorial de las metáforas, el dinamismo de la narración y la brillantez y justeza de las descripciones. Su barroquismo no consiste en ocultación tras adornos, sino en la profusión de elementos de valor sensorial (colores vivos, sonidos) y cierto retorcimiento de la sintaxis. A través de toda su obra hay una constante mezcla de tendencias clásicas y barrocas.

FUENTE: *Poemas épicos*, Madrid, Biblioteca de Autores Españoles, 1945; edición de Cayetano Rosell; Tomo 17, págs. 139–399. *Grandeza mexicana y fragmentos del Siglo de Oro y el Bernardo*, México, Ediciones de la Universidad Autónoma, 1941; editada por Francisco Monterde.

Grandeza mexicana[1]

1604

Capítulo IV

Letras, virtudes, variedad de oficios[2]

¿Qué oficio tan sutil ha ejercitado
flamenco rubio, de primores lleno,
en templadas estufas retirado,

a quien los hielos del nevado Reno[3]
en la imaginación dan con su frío
un cierto modo a obrar dispuesto y bueno,

que aquí con más templanza,[4] aliento y brío
no tenga fragua, golpe, estampa, lima,
pincel, gurbia, buril, tienda o buhío[5]?

Telares de oro, telas de obra prima,[6]
de varias sedas, de colores varias,
de gran primor, gran gala y grande estima;

el oro hilado, que con las voltarias[7]
hebras que el aire alumbran entretienen
mil bellas manos y horas solitarias;

listadas tocas que en el viento suelen
volver en varios visos los cabellos,
con que a igualarse en sutileza vienen;

ardientes hornos, donde en medio dellos
la salamandra,[8] si en las llamas vive,
se goza a vueltas de sus vidrios bellos;

de hoy más[9] Venecia en su cristal no escribe,
Pisa en su loza, Luca en sus medallas,
que en México igualdad nada recibe.

Sólo el furioso dios de las batallas
aquí no influye, ni la paz sabrosa
cuelga de baluartes ni murallas.

Todos en gusto y en quietud dichosa
siguen pasos y oficios voluntarios,
habiendo mil para cualquiera cosa.

Alquimistas sutiles, lapidarios,[10]
y los que el oro hurtan a la plata
con invenciones y artificios varios;

el pincel y escultura, que arrebata
el alma y pensamiento por los ojos,
y el viento, cielo, tierra y mar retrata;

---

[1] El poema constituye una «carta del bachiller Bernardo de Balbuena a la señora doña Isabel de Tovar y Guzmán describiendo la famosa ciudad de México y sus grandezas». Esta señora era amiga del poeta y dama de «singular entendimiento» y «aventajada hermosura», según ha dicho el mismo Balbuena. La obra está escrita en tercetos de rima consonante y versos endecasílabos. Los versos primero y tercero riman entre sí y el segundo con el primero y tercero del segundo terceto y así sucesivamente. Cada capítulo termina en un cuarteto de rima ABAB. Balbuena comienza su poema con un «Argumento», escrito en una octava real que da el asunto del poema y cada verso es luego el título de un capítulo de la composición.

[2] El título de este Capítulo IV equivale al verso cuarto del «Argumento» inicial.

[3] ciudad de Estados Unidos en el Estado de Nevada; río de Italia

[4] moderación, sobriedad

[5] *fragua*: fogón grande de herrero; *lima*: instrumento de acero para desgastar metales o madera; *pincel*: con lo que pinta el pintor; *gurbia*: gubia, instrumento para desbastar madera; *buril*: instrumento de acero usado por los grabadores; *buhío*: bohío, cabaña de ramas de caña o palma

[6] materia prima, materia antes de ser manufacturada

[7] arcos luminosos

[8] batracio oriundo de Europa. En la Edad Media y Renacimiento existía la creencia de que podía vivir entre las llamas.

[9] de hoy en adelante

[10] *lapidarios*: que trabajan las piedras preciosas

adonde con bellísimos despojos
se goza del gran Concha la agudeza
que hace a la vista alegres trapantojos,[11]

del celebrado Franco la viveza,
del diestro Chaves el pincel divino,
de hija y madre el primor, gala y destreza,

con que en ciencia y dibujo peregrino
vencen la bella Marcia y el airoso
pincel de la gran hija de Cratino;[12]

y otras bellezas mil, que al milagroso
ingenio de ambas este suelo debe
como a su fama un inmortal coloso.

El negro azufre, que en salitre[13] bebe
furor de infierno con que vuela un mundo,
si a su violencia resistir se atreve,

aunque invención salida del profundo,
aquí también se labra y se refina
en fortaleza y temple sin segundo;

y otra inquietud mayor do a la contina[14]
se forman cada día mil barajas
en que el más cuerdo seso desatina.

De finas telas y de urdimbres[15] bajas,
obrajes ricos donde a toda cuenta
se labran paños y se prensan rajas;[16]

de abiertos moldes una y otra imprenta,
bello artificio que el humano curso
del mundo en inmortal vida sustenta.

Pues de su plaza el tráfago y concurso,[17]
lo que en ella se vende y se contrata
¿en qué suma cabrá o en qué discurso?

Los ricos vasos de bruñida[18] plata,
vajillas de oro que el precioso cinto
del cielo en sus vislumbres se retrata;

no los vio tales Dódone y Corinto,[19]
ni a su buril llegó el que alaba Grecia
del famoso escultor del laberinto;

do el arte a la materia menosprecia,
añadiendo valor fuerte y quilates[20]
a lo que el mundo más estima y precia.

¿Pues quién dirá del humo los dislates,[21]
que envueltos suben en estruendo y brasas
sobre el ligero viento y sus embates?

Adonde en fragua ardiente y yunques rasas
de hierro duro y derretido bronce
doman y ablandan encendidas masas,

y el Cíclope parece se desgonce[22]
al sacudir los brazos, atronando
de un Etna nuevo el cavernoso esconce.[23]

Unos labran de lima, otros forjando
lo que el buril después talla y releva
lanzan rayos de sí de cuando en cuando.

Aquél dora un brazal, éste una greba,[24]
uno pavona,[25] bruñe, otro barniza,
otro graba un cañón, otro le prueba.

Vuela el rumor centellas y ceniza
sobre las nubes, y en estruendo horrible
el dios del fuego la guedeja eriza;[26]

y entre este resonante aire movible
no falta sutil lima que reduce
el duro acero a término invisible,

---

[11] figuras de distintas formas y clases
[12] *Marcia*: tronco de una ilustre familia romana; *Cratino*: poeta griego (s. V a.C.), uno de los padres de la comedia antigua
[13] *azufre*: metaloide sin sabor, ni olor de color amarillo; *salitre*: nitro; sal del agua de mar
[14] continuamente
[15] estambres; conjunto de hilos paralelos como los de un tejido o tela
[16] *paños*: tejidos de lana gruesos; *rajas*: pedazos de madera
[17] *tráfago*: tráfico, negocio; *concurso*: reunión, concurrencia de personas
[18] con brillo
[19] *Dódone*: Dodona, antigua ciudad de Epiro (región de la antigua Grecia); *Corinto*: floreciente ciudad de Grecia que rivalizaba en esplendor con Atenas y Esparta
[20] unidad de peso para las piedras preciosas; cada una de las veinticuatro partes de oro que contiene una mezcla
[21] locuras; disparates
[22] quite los goznes a una cosa. *Goznes*: partes donde giran las puertas y ventanas
[23] rincón, esquina, ángulo
[24] pieza de la armadura antigua para proteger la pierna
[25] da un color azul al hierro y al acero para evitar la oxidación
[26] *guedeja*: cabello o melena larga; *eriza*: el pelo se levanta y se pone duro

y en finas puntas aceradas luce
de sutiles agujas que el desnudo
aljófra[27] hacen que por ellas cruce.

Al fin, no hay tan estrecho o tan menudo[28]
oficio de primor y sutileza,
de fuerzas grandes, o de ingenio agudo,

que a esta ilustre ciudad y su grandeza
no sirva de interés o de regalo,
de adorno, utilidad, gracia o belleza.

¿Quién jamás supo aquí de día malo,
teniendo qué gastar? ¿Quién con dineros
halló a su gusto estorbo[29] ni intervalo?

La pobreza doquiera es vieja en cueros,[30]
abominable, congojosa[31] y fiera,
de mala cara y de peores fueros;[32]

y aunque es bueno ser rico dondequiera,
lugares hay tan pobres y mendigos
que en ellos serlo no es de una manera;[33]

tierras cortas, enjambres de testigos,
envidiosos, censores y jueces,
sin poder recusar[34] los enemigos,

del mundo horrura,[35] de su hez las heces;[36]
que allí son algo donde está la nada,
por ser hechura suya las más veces;

gente mendiga, triste, arrinconada,
que como indigna de gozar el mundo
está dél y sus bienes desterrada;

ser primero en el campo o ser segundo,
tener bienes sin orden de gozallos,[37]
misterio es celestial, alto y profundo.

En el campo están ricos los caballos,
allí tienen su pasto y lozanía,
darles otro lugar es violentallos.

No hay jaez[38] de tan rica pedrería,
ni corte tan soberbia y populosa
que no les sea sin él melancolía;

gente hay en los cortijos[39] generosa,
y en los montes no todas son encinas,
que aquí brota un jazmín, allí una rosa;

pero son influencias peregrinas,
milagros y portentos de Natura
nacer de las retamas clavellinas.[40]

Es un acaso,[41] un raro, una aventura,
un monstruo, un tornasol de mil maneras
donde la vista apenas se asegura;

lo general es ser todo quimeras,
al cielo gracias que me veo cercado
de hombres y no de brutos, bestias fieras.

¡Que es ver un noble ánimo encubado[42]
sin culpa entre contrarios animales,
de uno herido, de otro mordiscado![43]

Adonde el bien y el mal todos son males;
que al agua de ordinario se le pega,
por do pasa, el sabor de las canales.

Pueblos chicos y cortos todo es brega,[44]
chisme, murmuración, conseja, cuento,
mentira, envidia y lo que aquí se llega.

Allá goce su plata el avariento
si el cielo se la dio, a poder de ayunos,[45]
y ponga en adorarla su contento;

---

[27] perla irregular y pequeña; conjunto de perlas
[28] pequeño; delgado
[29] obstáculo
[30] desnuda
[31] que produce angustia o congoja
[32] aquí, conciencias
[33] igual
[34] rechazar un juez, testigo o miembro del jurado por una razón legal
[35] horror
[36] lo peor de lo peor; lo más vil y bajo. *Hez*: asiento, residuo desagradable de un licor
[37] gozarlos
[38] adorno de las caballerías
[39] haciendas, fincas con su casa de labor y vivienda
[40] *retamas*: plantas papilonáceas de cuya fibra se hacen escobas; *clavellinas*: claveles, plantas de florecillas simples
[41] hecho imprevisto, casualidad
[42] echado en cubas (toneles, barriles); aquí, encerrado
[43] mordido
[44] trabajo afanoso
[45] acción de no comer; dieta, privación

ahóguese en cuidados importunos,
con que a todos a risa nos provoque,
sin fiar ni fiarse de ningunos;

guarde el dinero, mire no se apoque,[46]
pues con ese gravamen[47] se le dieron,
que aunque de hambre muera no le toque;

que aun los que de tal mal libres salieron,
si obligados quedaron al segundo,
que es morir en las tierras do nacieron,

navegan de desdicha un mar profundo:
porque vivir en tierras miserables
son galeras[48] de Dios en este mundo.

Parézcanles sus aires saludables,
ameno el sitio, la quietud a cuento,
buena el agua, las frutas agradables;

que yo en México estoy a mi contento,
adonde si hay salud en cuerpo y alma,
ninguna cosa falta al pensamiento.

Ríndase el mundo, ofrézcale la palma,[49]
confiese que es la flor de las ciudades,
golfo de bienes y de males calma.

Pida el deseo, forme variedades
de antojo el gusto, el apetito humano
sueñe goloso y pinte novedades,

que aunque pida el invierno en el verano,
y el verano y sus flores en invierno,
hallará aquí quien se las dé a la mano.

Si quiere recreación, si gusto tierno
de entendimiento, ciencia y letras graves,
trato divino, don del cielo eterno;

si en espíritu heroico a las suaves
musas se aplica, y con estilo agudo
de sus tesoros les ganzúa[50] las llaves;

si desea vivir y no ser mudo,
tratar con sabios que es tratar con gentes,
fuera del campo torpe y pueblo rudo;

aquí hallará más hombres eminentes
en toda ciencia y todas facultades,
que arenas lleva el Gange[51] en sus corrientes;

monstruos en perfección de habilidades,
y en las letras humanas y divinas
eternos rastreadores[52] de verdades.

Préciense las escuelas salmantinas,
las de Alcalá, Lovaina y las de Atenas[53]
de sus letras y ciencias peregrinas;

préciense de tener las aulas llenas
de más borlas,[54] que bien será posible,
mas no en letras mejores ni tan buenas;

que cuanto llega a ser inteligible,
cuanto un entendimiento humano encierra,
y con su luz se puede hacer visible,

los gallardos[55] ingenios desta tierra
lo alcanzan, utilizan y perciben
en dulce paz, o en amigable guerra.

Pues si aman devoción los que aquí viven,
y en sólo granjear[56] bienes de cielo
estriban,[57] como es bien que sólo estriben;

¿qué pueblo, qué ciudad sustenta el suelo
tan llena de divinas ocasiones,
trato de Dios y religioso celo,

[46] acobarde, se limite o humille
[47] carga, obligación
[48] barcos antiguos de vela y remos, éstos eran operados por esclavos o prisioneros
[49] el primer lugar
[50] instrumento usado en lugar de las llaves para abrir cerraduras
[51] Ganges, el río sagrado de la India
[52] buscadores, investigadores
[53] Se refiere a las famosas universidades de Salamanca y Alcalá de Henares en España; la de Lovaina en Bélgica y las academias de la capital de Grecia
[54] hebras de algún tejido unidas por sus extremos
[55] airosos, valientes, guapos
[56] adquirir, conseguir, obtener
[57] consisten; (fig.) se fundan, se apoyan

de misas, indulgencias, estaciones,
velaciones, plegarias, romerías,
pláticas, conferencias y sermones?

Tanto convento, tantas obras pías,[58]
tantas iglesias, tantos confesores
jubileos, hermandades, cofradías;[59]

religiosos, gravísimos doctores,[60]
sacerdotes honestos, ejemplares,
monjas llenas de Dios y sus favores;

hombres raros, sujetos singulares
en ciencia, santidad, ejemplo y vida,
a cientos, a montones, a millares;

virtud profunda, santidad cumplida,
obras heroicas, trato soberano,
almas devotas, gente corregida;

limosnas grandes, corazón cristiano,
caridad viva, devoción perfeta,
celo de Dios, favores de su mano;

ejemplos de virtud, vida quieta,
ayunos santos, ásperos rigores,
públicos bienes, oración secreta;

conciencias limpias, pechos sin rencores,
nobles costumbres, religiones santas
de ciencia grave,[61] y graves profesores;

honrado estilo, generosas plantas,
fe celestial, recogimiento[62] honesto,
pureza singular, y en suma cuantas

virtudes en el mundo el cielo ha puesto,
si con cuidado mira su librea,[63]
aquí las hallará quien trata desto,
y más que esto si más y más desea.

Siglo de oro en las selvas de Erífile

1608

PROTEO[64]

Oídme, bellas ninfas, tiernas diosas:
que si gozosas escucháis mi canto,
un templo santo, hecho de una cueva,
en luna nueva y en collado[65] antiguo,
de aquí me obligo a consagraros luego,
y no con fuego, mas con tiernas flores.
Por los favores de este beneficio,
al sacrificio iré cada mañana,
y la temprana fruta por más nueva
a vuestra cueva llevaré en la mano:
ya del manzano las manzanas de oro,
ya del tesoro rico de los prados,
los más pintados lirios y las rosas.

---

[58] de caridad, de beneficencia
[59] *jubileos*: fiestas públicas, religiosas o de otro tipo; *hermandades*; confederaciones, cofradías, sociedades; *cofradías*: hermandades, comunidades; asociaciones; gremios
[60] Nótese de este terceto en adelante la profusión de adjetivos, una de las características mas sobresalientes del estilo de Balbuena. Aunque prodiga los calificativos, los emplea apropiadamente
[61] seria, profunda
[62] retiro, aislamiento con motivo religioso o moral
[63] traje distintivo
[64] Esta composición forma parte de la Égloga Sexta: todos los versos son endecasílabos, pero el poema comienza con una especie de estrofa de trece versos libres y luego continúa en tercetos y termina con un cuarteto. El tono es bucólico y de novela pastoril, propio de este tipo de composiciones. Véase introducción. *Proteo*: dios marino, hijo de Neptuno, que cambiaba de forma cuando quería y tenía el don de la profecía
[65] cerro, colina

Pues, tiernas diosas bellas, escuchadme,
y si es lícito, o cabe en mí tal gloria,
vuestros lenguajes sacros declaradme

para cantar con ellos una historia
a vuestras cuevas llenas de deidades,
que dure por mil siglos su memoria.

En un tiempo vi yo dos voluntades,
así conformes como son los aires,
que nos miden y roban las edades;

fiáronse[66] del tiempo y sus engaños,
y su conformidad quedó deshecha,
y habita cada cual reinos extraños.

Mas tú, diosa gentil, en quien fue hecha
tan triste y dolorosa anatomía,
suspende por un rato tu sospecha.

Vendrá tras éste un venturoso[67] día,
así lo ordena el cielo piadoso,
que vuelva tu alma al cuerpo en que vivía.

Si Orfeo[68] antes del término forzoso
bajar pudo a los reinos del tormento;
si a más que esto es el tiempo poderoso,

hacerlo pudo amor: ¡extraño acento
que el que en la tierra sin placer vivía
hallase en el infierno su contento!

Con su canto alcanzó cuanto pedía;
bien que la pena de volver los ojos
en él se halle viva todavía.

Así tú te avendrás[69] con tus enojos,
y de este infierno donde está tu gloria
triunfante sacarás ricos despojos.[70]

Y aunque vuelva los ojos la memoria
atrás, no arriesgará contento alguno;
que siempre es dulce el mal puesto en historia.[71]

Si el que te aflige ahora es importuno,
pues éste es el consuelo de los tristes,
llórenlo los mortales de uno en uno.

Vosotros, flores que otro tiempo fuistes,
reyes del mundo, ninfas y pastores,
llorad su mal las que sus bienes vistes.

Llore el vano Narciso[72] tus amores,
y porque el suyo con tu mal avive,
en sus hojas escriba tus dolores.

Y tú, parlera Eco,[73] si en ti vive
memoria alguna de tus tristes hados,
por estos riscos[74] mi cantar escribe;

que algún día serán estos cuidados,
si en mí no es vano el nombre de adivino,
contentos por más bien a logro[75] dados.

El sol sin se cansar[76] sigue un camino,
consume con sus vueltas los mortales,
y él tan nuevo se va como se vino.

Es el mundo de bienes y de males,
de lágrimas y risa un pasadizo,[77]
de pasos y escalones desiguales.

Si algún agravio la fortuna te hizo,
oh bella ninfa, en no ajustar su mano
al gran valor que en ti no fue postizo;

si el tiempo en ese pecho soberano
también va, entre pesares y placeres,
siguiendo el curso del estilo humano,

---

[66] se fiaron, pusieron su confianza
[67] dichoso, afortunado
[68] dios de la música, que encantaba hasta a las fieras con su cítara
[69] concordarás, te pondrás de acuerdo
[70] lo que el vencedor quita al vencido
[71] significa, cuando ha pasado
[72] según la mitología era hijo del río Cefiso y de la ninfa Liriope. Al mirarse en una fuente se enamoró de su propia imagen, se lanzó al fondo donde murió y se convirtió en la flor que lleva su nombre
[73] ninfa que, habiendo disgustado a Hera, fue metamorfoseada en Roca y condenada a repetir las últimas palabras de los que la interrogaban
[74] rocas altas, peñascos
[75] prestar dinero con un interés excesivo (con usura)
[76] cansarse
[77] pasillo, corredor

no por eso, honra y prez[78] de las mujeres,
humilles de tu alma la grandeza,
pues una en todas las fortunas eres.

Entre aquesos retratos de belleza,
que siguen de Diana las pisadas,
y de un Fénix[79] de amor la gran pureza,

el premio a las presentes y pasadas
lágrimas quiso el cielo que tuvieses,
y allí las goces ya en glorias trocadas;[80]

y sin que hagan nuevos entremeses,[81]
el tiempo y la fortuna de tus cosas,
divinas de una vez, cual son, las vieses;

y vosotras, oh almas generosas,
que siendo antes la flor de aqueste mundo
ya sois del mismo que le hizo esposas;

y tú, diosa marina, que al profundo
mar de tu casto amor diste el asiento,
de este segundo cielo sin segundo;

recibid de una vez el rico aumento.
Que a tan altos principios se debía
por premio justo a vuestro heroico intento;

que yo a quien la infalible profecía
del ciego hado alumbra los secretos,
y descubre la luz antes del día,

ya en el mundo os prometo con perfetos
agüeros[82] fama ilustre y nombre raro,
mientras hubiere en él gustos discretos,
y hambre de oro en corazón avaro.

Fray Diego de Hojeda

ESPAÑA—PERÚ, 1571—1615

Durante el barroco se cultivó intensamente, tanto en España como en Hispanoamérica, la poesía épica de contenido religioso, cuya culminación se encuentra en Fray Diego de Hojeda, autor de *La Cristiada* (terminada en Lima en 1609 y publicada en Sevilla en 1611), el mejor poema de ese tipo de la lengua. Hojeda nació en Sevilla y a pesar de la oposición de su padre, llegó a Lima en 1586 cuando sólo tenía quince años. En seguida ingresó en la orden de los frailes dominicos, ordenándose sacerdote en 1591. Se hizo de una sólida cultura bíblica, clásica y literaria, pero supo combinar muy bien sus deberes sacerdotales con el cultivo de las letras. Más que un sacerdote consagrado, ganó fama como verdadero místico, cuyas penitencias apresuraron su ceguera física. Ocupó posiciones importantes dentro de su orden, pero parece que al fin de su vida

[78] *honra*: respeto a la propia dignidad; honestidad; *prez*: honor, gloria
[79] *Diana*: diosa romana de los bosques; *Fénix*: ave fabulosa de los desiertos de Arabia, se quemaba en una hoguera y volvía a surgir de sus cenizas
[80] cambiadas
[81] piezas teatrales cómicas de un acto
[82] presagios; señales de eventos futuros

las envidias se arreciaron contra él y volvió a la escala de simple cura, siendo desterrado a un lugar solitario e inhóspito. Participó asimismo activamente en la vida literaria de su tiempo: fue miembro de la academia organizada por el Virrey de Montesclaros y el Virrey-poeta, Príncipe de Esquilache y gozó de la amistad de Pedro de Oña, el excelente poeta épico ya estudiado. Debido a menciones que se hacen de él en documentos literarios de la época se sabe que tenía mucha fama como poeta, a más del prestigio que le daban los altos cargos que ocupó dentro de su orden religiosa. Cuando murió los feligreses de su región lo consideraban un verdadero santo e inclusive hubo muchos incidentes con motivo del traslado de sus restos.

Su obra maestra, *La Cristiada* consta de doce cantos. En una octava italiana extra da el sumario del asunto de cada uno de ellos. El poema narra los sucesos de la vida de Cristo comprendidos entre la última cena y su crucifixión y muerte. Hojeda no se aparta nada del relato bíblico y esto a la larga resulta un impedimento para el pleno desarrollo de su fantasía de poeta. No hay en *La Cristiada* la grandiosidad de concepción ni llega a producir el efecto de la gran tragedia del hijo de Dios, porque sigue muy al pie de la letra las escenas bíblicas. Punto sumamente interesante en este poema épico es su impresionante realismo, como se puede ver en las escenas cuando Cristo le lava los pies a sus discípulos, en la oración del huerto de Getsemaní y, especialmente en la escena de los azotes y la crucificción. Los méritos del poema son muy desiguales: junto a momentos muy bien logrados con los que se acerca a Milton y a Klopstock, encontramos pasajes desvanecidos en mera verbosidad.

El relato está escrito con mucho amor, con verdadera pasión, pero la elevación poética requerida no siempre acompaña los esfuerzos del sacerdote sevillano. Faltaban a Hojeda las actitudes especiales para la poesía épica como son la inspiración potente y grandiosa y la habilidad para crear cuadros y escenas de gran poder dramático. Sin embargo, no se le puede negar —sobre todo en sus momentos más felices— elevación mística y religiosa, admiración por la vida del Redentor y un ansia de darle calidad poética en verso a un relato que en sí está lleno de poesía en las páginas del Nuevo Testamento. *La Cristiada* vale por sus pasajes aislados que pueden ponerse al lado de la mejor poesía mística castellana por su sentimiento y delicadeza. El conjunto no convence como poesía épica.

Desde el punto de vista estilístico sobresale por su lenguaje siempre puro y claro, sin afectación ni la pompa propia de estos poemas épicos, porque arranca de la Biblia y de los libros ascéticos. Hay sin embargo, cierto tono de familiaridad, de infantil candor que degenera a veces en prosaísmos y vulgaridades. Asimismo hay abundancia de disquisiciones escolásticas y de argumentaciones teológicas, también encontradas en Dante, Milton y Klopstock. La ejecución menuda, le resta grandiosidad a la composición, sin añadirle otra cosa que carácter de devocionario.

FUENTE: *Poemas épicos*, Madrid, Biblioteca de Autores Españoles, 1945. Colección dispuesta y revisada, con notas biográficas y una advertencia preliminar de don Cayetano Rosell. Tomo 17, págs. 401–501.

La Cristiada

1611

Libro primero

ARGUMENTO.[1]

Cena el Señor con su devota escuela ;
Los piés le lava ; ordena el Sacramento ;
De Judas el pecado á Juan revela ;
Con tres se va y les dice su tormento ;
Duermen ellos, y Cristo se desvela,
Y en la tierra se humilla al Padre atento ;
Y vestido de ajenas culpas ora,
Ve su muerte y á Dios, y gime y llora.

Canto al Hijo de Dios, humano, y muerto
Con dolores y afrenta[2] por el hombre.
Musa divina, en su costado abierto
Baña mi lengua y muévela en su nombre,
Porque suene mi voz con tal concierto,
Que, los oídos halagando, asombre
Al rudo y sabio, y el cristiano gusto
Halle provecho en un deleite justo.

Dime tambien los pasos que obediente
Desde el Huerto al Calvario[3] Cristo anduvo,
Preso y juzgado de la fiera gente
Que, viendo á Dios morir, sin miedo estuvo;
Y el edificio de almas eminente
Que, cansado y herido, en peso tuvo;
De ilustres hijos el linaje santo,
Del cielo el gozo y del infierno el llanto.

Tú, gran Marqués, en cuyo monte claro[4]
La ciencia tiene su lugar secreto,
La nobleza un espejo en virtud raro,
El Antártico mundo un sol perfeto,
El saber premio, y el estudio amparo,
Y la pluma y pincel digno sugeto:[5]
Oye del Hombre Dios la breve historia,
Infinita en valor, inmensa en gloria.

Verás clavado en cruz al Rey eterno:
Míralo en cruz, y hallarás que aprendas;
Que es una oculta senda el buen gobierno,
Y en tu cruz quiere que á su cruz atiendas.
Aquí el celo abrasado, el amor tierno,
De rigor y piedad las varias sendas
Por donde al cielo un príncipe camina,
Te enseñaré con arte y luz divina.

Ya el santo Hijo del supremo Padre,
Que, viendo su infinita hermosura,
Por sacar un concepto que le cuadre,[6]
Con su esencia le infunde su figura,
Nacido habia de una Vírgen Madre;
Que madre casta pide y vírgen pura
El Hombre Dios, y caminado habia
Su corta edad quien hizo el primer dia;

Ya el sacro[7] tiempo que en la Mente suma[8]
Con dedo eterno estaba señalado,
Batído habia su lijera[9] pluma,
Y por seis lustros, sin cesar, volado,
De la vida de Dios haciendo suma;
Porque quiso con tiempo limitado
Vivir, y con sagaz y oculta traza,
El que la inmensa eternidad abraza;

---

[1] A diferencia de otros poetas épicos que expresan el argumento de cada canto en prosa, Hojeda lo hace en una octava real. Todas las octavas italianas empleadas tienen rima ABABABCC. Repásese la crítica sobre el poema en la introducción
[2] ofensa; vergüenza, deshonor
[3] *Huerto*: de Getsemaní cerca de Jerusalén, donde estaba el Huerto de los Olivos. Allí Cristo oró y sufrió antes de la Pasión; *Calvario*: o Gólgota, donde Cristo fue crucificado
[4] Se refiere al Marqués de Montes Claros, virrey del Perú, a quien dedica el poema
[5] sujeto, asunto, materia
[6] que le venga bien
[7] sagrado
[8] Dios, la Divinidad
[9] ligera; rápida

Ya, predicando su rëal[10] grandeza,
Su adorada persona y sér divino,
Con voz clara á la pérfida rudeza
Y con ejemplo de su fama dino,[11]
Habia de su altísima nobleza
Dado un modelo en gracia peregrino,
Que apareció, cual Hijo de quien era,
De virtud lleno y de verdad entera;

Ya la esperada ley de paz dichosa,
En almas de profetas escondida,
Y con buril[12] de santidad preciosa
Por Dios en sabios pechos esculpida,
Habia dado á la ciudad famosa
En que dió á ciegos luz y á muertos vida;
Y el colegio de apóstoles sagrado
Habia sobre santo amor fundado:

Cuando la Pascua,[13] de misterios llena,
En sombras ántes, pero ya en verdades,
Llena de ansia y quietud, de gloria y pena,
Varias, mas bien unidas propiedades,
Se llegaba, y la noche de la cena[14]
Y aurora de las dulces amistades
Entre Dios y los hombres, en que quiso
Ser Dios manjar del nuevo paraíso.

Entónces el Señor que manda el cielo,
Y franco á sus ministros de la tierra,
Rico de amor y pobre de consuelo
El que en su mano el gozo eterno encierra,
Y ardiendo en aquel santo y limpio celo
Que desde que nació le hizo guerra,
Ordenó con su noble apostolado
Celebrar el Fasé,[15] convite usado.

Era el Fasé la cena del cordero,[16]
Que el mayor Sacramento figuraba,
Y allá en Egipto se comió primero
Cuando el pueblo de Dios cautivo estaba;
Y celebrarlo quiso el verdadero,
Que en él como en imágen se mostraba,
Para dar fin dichoso á la figura
Con su sagrado cuerpo y sangre pura.

Puesta la mesa pues, y el manjar puesto,
Y juntos los discípulos amados,
Y por el órden del Señor dispuesto,
Todos en sus lugares asentados,[17]
Su amor pretende hacerles manifiesto,
Y los labios de gracia rocïados[18]
Muestra, y envuelve en caridad suave
Estas palabras de su pecho grave:

«De comer con vosotros un deseo
Eficaz y ardentísimo he tenido
En esta Pascua, y por mi bien lo veo,
Primero que padezca, ya cumplido:
Este regalo, amigos, este aseo,
De vuestras dulces manos recibido,
No lo tendré otra vez, hasta que llegue
Al reino do glorioso en paz sosiegue.»

Dijo; y mirando á todos igualmente
Con amorosa vista y blandos ojos,
Y un suspiro del alma vehemente
(Señal de pena, sí, mas no de enojos),[19]
Su plática prosigue conveniente,
Y despliega otra vez sus labios rojos,
Miéntras come en su plato el falso amigo[20]
Que ya su apóstol fué y es su enemigo.

«Y uno me ha de entregar, dice, á la muerte,
Uno deste pequeño apostolado;
Mas ¡ay de su infeliz y mala suerte!»
Añadió luego en lágrimas bañado.
Una grande tristeza, un dolor fuerte,
De asombro lleno y de pavor[21] cercado,
A todos los discípulos rodea,
Medrosos[22] de traición tan grave y fea.

---

[10] debido a la diéresis tiene dos sílabas
[11] digno; merecedor
[12] instrumento de acero usado por los grabadores
[13] aquí se refiere a la Pascua de Resurrección o sea a la Semana Santa; también Pascua puede significar Navidad, la Epifanía y el Pentecostés
[14] se refiere a la «última cena» de Cristo con sus discípulos
[15] banquete o festín; convite
[16] referencia a Cristo
[17] sentados
[18] cuéntese una sílaba extra debido a la diéresis
[19] iras, cóleras
[20] Judas Iscariote
[21] temor, terror, espanto
[22] tímidos, miedosos

Y cada cual pregunta espavorido:[23]
«¿Soy yo, por desventura, oh buen Maestro?»
Y responde el Señor entristecido,
Y en desdoblar fingidas almas diestro:
«Entregaráme aleve[24] y atrevido,
Del número dichoso y lugar vuestro,
El que conmigo mete aquí la mano,
Y de mi plato ahora come ufano.[25]

«Pero el Hijo del Hombre al fin camina,
Como está de su vida y muerte escrito;
Mas ¡ay del que su venta determina,
Y fácil osa tan atroz delito!
Ay del triste que á Dios el pecho indina,[26]
Siguiendo mal su bárbaro apetito!
No haber salido á luz mejor le fuera,
Porque en ella su culpa no se viera.»

Sobre tendidos lechos recostados
Los nietos de Israel comer solian,
Y en su seno los hijos regalados
O mas caros discípulos tenian.
Así estaban por órden asentados
Los que en la mesa con Jesús comian,
Y en su seno el discípulo querido,[27]
Compuesto, acariciado y acogido.

Pedro, que, cual pontifice supremo,
Gozaba atento del lugar segundo,
Notando en Cristo el admirable extremo
Del decir grave y del callar profundo,
«Aunque bajeza tal de mí no temo
Por mas que corra el tiempo y ruede el mundo,
Al apóstol amado y amoroso,
Dijo, sabed quién es el alevoso.[28]»

Juan á Cristo pregunta por el triste
Que pretende hacer caso tan feo.
Tú en secreto, Señor, lo descubriste
Para satisfacer á su deseo;
Que avergonzar á Júdas no quisiste,
Que era oculto, si bien odioso reo,
Su honor guardando al pérfido enemigo,
Como si fuera santo y dulce amigo.

Mas él, herida la feroz conciencia,
Y estremecido el temeroso pecho,
Ya de aquella rëal, sabia presencia,
Ya de su enorme y temerario hecho,
Con velo de fingida reverencia
Cela su furia, cubre su despecho,
Y «¿soy yo?» dice. Ved cómo se esconde;
Y «tú lo dices», Cristo le responde.

Otro quedara con razón pasmado;[29]
La sangre al corazón se le huyera;
La vista ciega y el color robado,
Ni hablar ni sentir ni estar pudiera;
Mas él disimuló desvergonzado;
Que osa mas libre la maldad mas fiera,
Y alma que vende á Dios, Dios no le asombra,
Y atrévese en la luz como en la sombra.

Pues acabada la primera cena,
Y ya el cordero de la ley comido,
Cristo el mas singular banquete ordena
Que el mundo imaginó, ni el cielo vido:
Con pecho sosegado y faz[30] serena,
Aunque por tal discípulo vendido,
Gracioso de la mesa se levanta,
Y otra les apercibe sacrosanta.

Mas ántes quiere con sus propias manos
Los piés lavarles con sus manos bellas,
Que adoran los supremos cortesanos,
Viéndose indignos de tocar en ellas;
Y despoja los miembros soberanos,
Resplandecientes más que las estrellas,
De su vestido y ropas convivales,
Al tiempo usadas de convites tales.

Y sabiendo tambien que el Padre Eterno
En sus preciosas manos puesto habia
Del ancho mundo el general gobierno,
Y del reino inmortal la monarquía,
Humilde y amoroso, afable y tierno
Fuego en las almas y agua en la vacía
Echa, y para lavar los piés, en tierra
Se postra[31] el que en un puño el orbe encierra.

[23] despavorido, lleno de temor o pavor. Véase nota 21
[24] traidor, pérfido
[25] orgulloso; (Fig.) contento, satisfecho
[26] indigna
[27] referencia al Apóstol Juan
[28] Véase nota 24
[29] parado, ensimismado; muy asombrado o sorprendido
[30] rostro, cara
[31] se arrodilla, se humilla

Estaban todos en el órden puestos
Que el Señor les trazó, y así ordenados,
Con rostros bajos y ánimos honestos
Al buen Jesus miraban asombrados:
A su divina voluntad dispuestos,
Y della misma y dél avergonzados,
Se encogian temblando, y Pedro solo
Trató de resistir, y ejecutólo.

Llegó pues Cristo, puso en tierra el vaso,
El lienzo apercibió, tendió la diestra,
Y absorto Pedro de tan nuevo caso,
Aun mas no viendo que una simple muestra,
Saltó animoso, dando atras un paso
(Que al osado el amor valiente adiestra),
Y dijo: «¿Para aquesto me buscabas
Tú á mi, Señor? ¿Tú á mí los piés me lavas?»

Cristo, de su discípulo piadoso
El celo ponderando y la defensa,
Grave y sereno, dulce y amoroso
Responde á Pedro, que excusarse piensa:
«En este gran misterio religioso
Lo que yo intento y el amor dispensa
Ahora no lo sabes, y porfías;
Mas sabráslo despues de algunos dias.»

Y Pedro le replica: «Eternamente
No podré permitir que mis piés laves,
¡Oh santo Dios, oh Rey omnipotente,
Que del bien y del mal tienes las llaves!
Que á tu inmenso valor es indecente,
Y á mi vileza indigno (tú lo sabes)
Que á tales piés se humillen tales manos:
¡Manos del mismo Dios á piés humanos!

»Si me dieras lugar, yo los besara,
Y no hiciera mucho, con mi boca,
Con mi boca y las lumbres[32] de mi cara;
Que á tí el honor y á mí el desprecio toca;
Y cuando yo á tus huellas me postrara,
Que á postrarme tu alteza me provoca,
Fuera la nada al mismo sér rendirse,
Y así rendida, al sér perfecto unirse.

»Pero ¿tú á mí, Señor? Mira que abajas
Al hondo abismo tu valor supremo;
Cuando te humillas mas y me agasajas,
De un alto extremo vas á un bajo extremo;
Y si tu afrenta y mi favor no atajas,
Recelo[33] con verdad, con razon temo
Que la naturaleza avergonzada
Se desprecie de ser por tí criada.

»Toma, pues, ¡oh buen Dios! tu vestidura,
Y deja ese lugar para tu siervo;[34]
Honra en esto mi próspera ventura,
Y tus piés me concede ¡oh sacro Verbo!
Lavarlos para mí será dulzura,
Y que lo hagas tú es caso acerbo:[35]
Dámelos, ¡oh Maestro soberano!
Mis piés olvida; ten, Señor, tu mano.»

Aquesto dijo; y mas consideraba
Pedro, elevado en sí y en Dios absorto;
De si el no sér, de Dios el sér miraba,
Largo en pensar, si bien en hablar corto.
Cristo su buen afecto contemplaba,
Y «á la obediencia y humildad te exhorto,
Añadió; que si no te lavo, amigo,
No has de tener jamas parte conmigo.»

Pedro, que estar en Dios, y no en sí mismo
Queria, cual perfecto y noble amante,
Por anegarse en el inmenso abismo
Del sér y vida y bien mas importante,
Medroso ya, no rehusó el bautismo,
Ni en afecto ni en voz pasó adelante;
Y dijo: «Piés y manos y cabeza
Me dejaré lavar pieza por pieza.[36]»

Y respondió el Señor: «El que está limpio,
Los piés no mas, que puso entre los lodos,[37]
Limpiarse ha menester,[38] y esos yo limpio;
Que vosotros lo estáis, aunque no todos;»
Y esto decia por notar al impío
Que le vendió, y manchó por varios modos
Su alma con pecados diferentes,
Archivo de traiciones insolentes.

---

[32] luces
[33] sospecho
[34] esclavo
[35] áspero; agrio, amargo; (Fig.) cruel
[36] parte por parte
[37] barros, tierra y agua mezcladas; símbolo de impureza
[38] es necesario

Lavó pues con sus manos amorosas
Los piés á Pedro; con aquellas manos
Blancas, suaves, puras y hermosas,
De linda tez y dedos sobrehumanos:
Mostrándose las aguas religiosas,
De blanda espuma sus cristales canos[39]
Argentaban, alegres y festivas,
Emulas[40] de las fuentes de aguas vivas.

Las secas flores que en el vaso estaban,
Tocadas del Señor, reverdecian;
De su beldad beldad[41] participaban,
Y olor de sus olores recibian:
Sus dulces manos con amor besaban
Con las hojas ó labios que fingian,
Todas en ser primeras compitiendo
Con envidia suave y mudo estruendo.

El agua, que en sus palmas venerables
Iba de puro gozo alborozada,
Si no conceptos, voces admirables
Formar quisiera, de ellas regalada;
Y lavando los piés, en agradables
Gotas ó ricas perlas desatada,
Se desdeñaba[42] de tocar el suelo,
Por ser agua que estuvo sobre el cielo.

Así lavó los piés á sus amigos,
Que siempre amó, y al fin mas dulcemente:
Así los hizo de su amor testigos,
De su fe pura y de su celo ardiente:
Regalo que á protervos[43] enemigos
De inexorable pecho y dura frente
En suaves hermanos convirtiera,
Y no amansó de Judas al alma fiera. [...]

[39] aquí blancos
[40] rivales
[41] belleza
[42] aquí se resistía, no quería
[43] perversos, malos

Juan Rodríguez Freile

COLOMBIA, 1566–¿1640?

Pertenece la obra de este autor no a las crónicas tradicionales que ya hemos visto, con interés mayor en lo histórico, sino a los libros preocupados de la historia menuda, que descubren la dimensión picaresca, picante del vivir cotidiano y de la existencia humana. Nació Juan Rodríguez Freile en Santafé de Bogotá. Sus progenitores emigraron de España y su padre, hombre hábil, muy pronto se hizo amigo de confianza de Gonzalo Jiménez de Quesada, descubridor y conquistador de Colombia y fundador de su capital. El padre del autor ganó una reputación muy rápidamente y amasó una cuantiosa fortuna e influencia en muy poco tiempo. Tan amigo era de Jiménez de Quesada que lo acompañó durante su viaje a España. Juan Rodríguez Freile, muy amigo de la vida inquieta, el chisme, el escándalo y la intriga, decidió usar el apellido de su madre primero y no el de su padre. En Bogotá recibió una educación muy pobre como muestra su forma de escribir, pero parece que leyó bastantes libros como *La Celestina* y otros semejantes. Lo que le faltó en cultura le sobró en experiencia vital obtenida en una vida intensamente vivida. Comenzó estudios sacerdotales, pero pronto los abandonó por la carrera de las armas. Se distinguió combatiendo a los indios Pijao. Antes del fracaso de la Armada Invencible visitó España y sirvió de secretario particular del influyente Licenciado Pérez de Salazar, miembro del Real Consejo de Indias, institución que dirigía los asuntos de las colonias. Al morir éste regresó a Colombia y por un tiempo se dedicó a la agricultura después de la muerte de su padre. Todos sus intentos terminaron en fracaso, retirándose al valle de Guasca lleno de hijos y de problemas familiares y personales.

Mejor que en los negocios le fue en su rápida carrera de escritor al escribir un curioso y original libro que el pueblo tituló *El carnero* (¿1636?) pero cuyo título oficial tiene cerca de ciento sesenta y cinco palabras, comenzando con *Conquista y descubrimiento del Nuevo Reino de Granada,* etc. Rodríguez Freyle es un autor regocijado y punzante a quien no interesa la historia como la sucesión de hechos importantes que recogía la crónica oficial, sino como cuadro de la vida diaria donde palpita la conducta y la existencia interna de los individuos con toda la gama de sus vicios, codicia, amor, muerte, venganza, infidelidad conyugal, etc. Siempre destaca más el lado picaresco y de corrupción que los otros, con el propósito convencional de presentar «casos» para que sirvan de escarmiento y ejemplo, mostrando interés ético y religioso. Esto lo hacía para burlar la Inquisición y la censura que existía sobre los libros de tema profano. Por sus páginas desfilan pícaros, soldados de fortuna, mujeres lujuriosas, esposas infieles, jueces y delincuentes, hombres lascivos, sacerdotes y no pocos sermones y amonestaciones.

La obra está más cerca del *Libro de buen amor* del Arcipreste de Hita que de *La Celestina*. Siguiendo en ese sentido el procedimiento del primero, presenta escenas de los vicios, intrigas y corrupciones de su tiempo con todo desenfado y forma regocijada, pero luego finge presentarlos como ejemplos que no se han de imitar para alcanzar una vida virtuosa y alta, con tono ético y religioso. *El carnero* aparece así como un cuadro realista de la vida en los primeros tiempos coloniales de Colombia y una especie de sátira de las relajadas costumbres, todo inspirado en la vida real, ya que Rodríguez Freile se muestra interesado precisamente en la vida cotidiana con toda su pintoresca diversidad. En el libro resulta difícil distinguir entre lo verídico y lo inventado, pero estamos frente a un lienzo ameno y humorístico del ambiente social. Pintura verídica, atrevida y al propio tiempo regocijada, llena de humor e ironía. La vitalidad del libro lo ha hecho pasar a través de muchas generaciones sin perder su fascinante atracción.

Desde el punto de vista del estilo, la obra presenta un aparente descuido y desorden, demostrando la poca preparación académica del autor. Pero lo que le falta en perfecciones técnicas le sobre en frescura, espontaneidad, amenidad y animación. Se nos presenta como un oasis de regocijo con una visión picaresca de la realidad en medio del gran fárrago de la mayoría de las crónicas que se escribían. *El carnero* está más cerca de la novela que de la historia y por ese motivo se le considera entre los ensayos que abren el camino hacia la pujante narrativa hispanoamericana.

FUENTE: *El carnero*, Bogotá, Editorial Santafé (Biblioteca de Autores Colombianos), 1955.

El Carnero

¿1636?

El maestro de baile y la mujer ahorcada[1]

En la Gobernación de Venezuela, y en la ciudad de Carora, estaba casado un don Pedro de Avila, natural de aquel lugar, con una doña Inés de Hinojosa, criolla de Barquisimeto, en la dicha Gobernación. Mujer hermosa por extremo, rica, y el marido bien hacendado;[2] pero tenía este hombre dos faltas muy conocidas: la una, que no se contentaba con sola su mujer, de lo cual ella vivía muy descontenta; la otra, era jugador: que con lo uno y con lo otro traía maltratada su hacienda, y a la mujer, con los celos y juego peor tratada.

Llegó en esta sazón[3] a aquella ciudad un Jorge Voto, maestro de danza y músico. Puso escuela y comenzó a enseñar a los mozos del lugar; y siendo ya más conocido, danzaban las mozas también. Doña Inés tenía una sobrina, llamada doña Juana. Rogóle al don Pedro, su marido, que le dijese al Jorge Voto la enseñase a danzar. Hízolo así don Pedro, y con esto tuvo Jorge

[1] Constituye uno de los episodios más interesantes de *El Carnero*. Nótese la predilección del autor por los enredos relacionados con historias amorosas. Son obvias las influencias del Arcipreste de Hita
[2] rico
[3] este tiempo, época

Voto entrada en su casa, que no debiera, porque de ella nació la ocasión de revolverse con la doña Inés en torpes amores,[4] en cuyo seguimiento trataron los dos la muerte al don Pedro de Avila, su marido.

Resuelto en esta maldad[5] el Jorge Voto, alzó[6] la escuela de danza que tenía; trató de hacer viaje a este Reino, y despidióse de sus amigos y conocidos. Salió de Carora a la vista de todos; caminó tres días en seguimiento[7] de su viaje, y al cabo de ellos revolvió[8] sobre la ciudad, a poner en ejecución lo tratado. Dejó la cabalgadura en una montañuela junto al pueblo; entróse en él disfrazado y de noche. De días atrás tenía reconocido las paradas del don Pedro, y las tablas de juego a donde acudía. Fue en busca de él y hallóle jugando; aguardóle a la vuelta de una esquina, a donde le dio de estocadas y le mató. Lo cual hecho, tomó la cabalgadura de donde la dejó, y siguió su viaje hasta la ciudad de Pamplona, a donde hizo alto[9] esperando el aviso de la doña Inés. Sabida la muerte del marido, hizo grandes extremos y dio grandes querellas,[10] con que se prendieron a muchos sin culpa, de que tuvieron buena salida, porque no se pudo averiguar quién fuese el matador, y el tiempo le puso silencio; en el cual los amantes, con cartas de pésame se comunicaron.

Y resultó que al cabo de[11] más de un año la doña Inés vendió sus haciendas, recogió sus bienes, y con su sobrina doña Juana se vino a Pamplona, a donde el Jorge Voto tenía puesta escuela de danza; a donde al cabo de muchos días trataron de casarse, lo cual efectuado se vinieron a vivir a la ciudad de Tunja. Tomaron casa en la calle que dicen *del árbol*, que va a las monjas de la Concepción, frontero de la casa del escribano[12] Vaca, cuñado de don Pedro Bravo de Rivera. En esta ciudad puso también el Jorge Voto escuela de danza, con que se sustentaba; y algunas veces venía a esta de Santafé, a donde también daba lecciones, y se volvía a Tunja.

Don Pedro Bravo de Rivera solicitó a la doña Inés y alcanzó de ella todo lo que quiso; y siguiendo sus amores, para tener entrada con más seguridad trató de casarse con la doña Juana, sobrina de la doña Inés, y platicólo[13] con el Jorge Voto, que lo estimó en mucho, ofreciendole su persona y casa; con lo cual el don Pedro entraba y salía de ella a todas horas.

No se contentaron estos amantes con esta largura,[14] antes bien procuraron más; y fue que el don Pedro tomó casa que lindase[15] con la de doña Inés, y procuró que su recámara[16] lindase con la de ella. Arrimaron[17] las camas a la pared, la cual rompieron, yendo por dentro las colgaduras,[18] pasadizo con que se juntaban a todas horas.

Pues aun esto no bastó, que pasó más adelante el daño, porque la mala conciencia no tiene lugar seguro y siempre anda sospechosa y sobresaltada. Al ladrón las hojas de los árboles le parecen varas de justicia; al malhechor cualquiera sombra le asombra. Así, a la doña Inés le parecía que el agujero hecho entre las dos camas lo veía ya su marido, y que la sangre del muerto don Pedro, su marido, pedía venganza. Con lo cual entre sus gustos vivía con notable disgusto y sobresalto, lo que no se le escondía al don Pedro Bravo de Rivera, que comunicándolo con la doña Inés y procurando el medio mejor para su seguridad, le concluyó ella diciendo que ninguno la podía asegurar mejor que la muerte de Jorge Voto, pareciéndole que ya estaba desposeído de la hermosura que gozaba. Respondióle que «por su gusto no habría riesgo a que no se supiese.» Este fue el primer punto y concierto[19] que se dio en la muerte de Jorge Voto.

Salió don Pedro Bravo de Rivera, con lo que le había pasado con su querida doña Inés, casi sin sentido, o por mejor decir, fuera de todo él.[20] Tenía, un hermano mestizo llamado Hernán Bravo de Rivera, que se habían criado juntos y se favorecían como hermanos. Tratóle

[4] pasión indigna, deshonesta
[5] decidido a cometer el crimen
[6] cerró
[7] en la realización
[8] volvió, regresó
[9] se detuvo, se paró
[10] acusaciones
[11] al final de
[12] funcionario público que da fe de actos hechos ante él
[13] lo habló, lo trató
[14] aquí facilidad
[15] que estuviese al lado
[16] habitación, cuarto dormitorio
[17] aproximaron, pusieron cerca
[18] cortinas
[19] aquí complot
[20] con su mente dándole vueltas

el caso y lo que determinaba hacer. El Hernán Bravo no le salió bien al intento,[21] antes le afeó el negocio, diciéndole que no era hecho de hombre hidalgo el que intentaba, y que le daba de consejo se apartase de la ocasión que a tal cosa le obligaba; con lo cual el don Pedro se despidió de él muy desabrido,[22] diciéndole que no le viese más, ni le hablase.

Fue el don Pedro en busca de un íntimo amigo que tenía, llamado Pedro de Hungría, que era sacristán de la iglesia mayor de aquella ciudad. Propúsole el caso, y salióle le Pedro de Hungría tan bien a él, que le colmó el deseo.[23] Díjole también lo que le había pasado con su hermano Hernán Bravo, y el Pedro de Hungría se encargó de traerlo a su gusto, lo cual no le fue dificultoso, por la amistad que con él tenía; con lo cual trataron y comunicaron el orden que habían de tener en matar al Jorge Voto, de manera que no fuesen sentidos. De todo dio parte[24] el don Pedro a la doña Inés, la cual le espoleaba el ánimo[25] a que lo concluyese. En esto acabó esta mujer de echar el sello a su perversidad; y Dios nos libre, señores, cuando una mujer se determina y pierde la vergüenza y el temor a Dios, porque no habrá maldad que no cometa, ni crueldad que no ejecute.

El don Pedro Bravo de Rivera, para poner en ejecución lo concertado, apretó lo del casamiento de la doña Juana, sobrina de la doña Inés, diciendo que se viniese a esta ciudad de Santafé a pedir licencia al señor Arzobispo para ello, porque no la quería pedir en Tunja, que lo estorbaría su madre y su cuñado. Todo esto era traza para que el Jorge Voto viniese por la licencia, para matarle en el camino. En fin, le dieron dineros, todo avío,[26] y despacháronlo para esta ciudad.

Salió de Tunja después de mediodía, y en su seguimiento, siempre a una vista, el don Pedro Bravo, Hernán Bravo su hermano, y Pedro de Hungría, el sacristán. Llegó el Jorge Voto, al anochecer, a la venta[27] vieja que estaba junto a la puente de Boyacá, a donde se quedó a dormir aquella noche. Estaban en la venta otros huéspedes; el Jorge Voto pidió aposento aparte, donde se acomodó. Cerrada y a bien la noche,[28] el don Pedro Bravo envió al hermano a que reconociese dónde se había alojado el Jorge Voto; el cual fue disfrazado en hábito de indio,[29] y lo reconoció todo. Volvió al hermano y le dijo: « Pues tomad esta daga y entrad en el aposento donde él está y dadle puñaladas, que yo y Pedro de Hungría os haremos espaldas. »

Con esto tomó la daga, fuese al aposento donde dormía el Jorge Voto, hallóle dormido, y en lugar de matarle le tiró recio el dedo pulgar del pie. Dio voces el Jorge Voto, diciendo: « ¿ Quién anda aquí? ¿ Qué es esto? ¡ Ah! señores huéspedes, aquí andan ladrones! » con que alborotó la venta y no se ejecutó el intento del don Pedro; el cual, visto el alboroto, se volvió aquella noche a Tunja, y antes que fuese día despachó un indio con una carta para el Jorge Voto, en que le avisaba como se sabía en Tunja a lo que iba a Santafé; y que de donde aquella carta le alcanzase se volviese; lo cual cumplió Jorge Voto luego que recibió la carta.

Dejaron sosegar el negocio,[30] y por muchos días no se trató del casamiento; en el cual tiempo acordaron de matarle en la ciudad, como mejor pudiesen. Concertóse que el Hernán Bravo y el Pedro Hungría se vistiesen en hábito de mujeres, y que se fuesen a la quebrada honda[31] que está junto a Santa Lucía, cobijados[32] con unas sábanas, y que el don Pedro llevaría allí al Jorge Voto, donde lo matarían.

Tratado esto, un viernes en la noche trató el don Pedro que hubiese en casa del Jorge Voto una suntuosa cena, y los convidados fueron: Pedro de Hungría, el sacristán y Hernán Bravo de Rivera; don Pedro, su hermano; las dos damas y el Jorge Voto. Estando cenando dijo el don Pedro al Jorge Voto: « ¿ Quereisme acompañar esta noche a ver unas damas que me

---

[21] no respondió como él esperaba
[22] enojado, disgustado; amargado
[23] le estimuló
[24] informó
[25] le animaba, estimulaba (a cometer el crimen)
[26] provisiones para un viaje o trabajo
[27] posada o mesón situada cerca de los caminos
[28] cuando era completamente de noche
[29] vestido o disfrazado de indio
[30] calmar, descansar el asunto
[31] cañón, hondura que forma el terreno
[32] envueltos, cubiertos

han rogado os lleve allá, que os quieren ver danzar y tañer?[33]» Respondióle que «de muy buena gana lo haría, por mandárselo él.»

Acabada la cena, el Jorge Voto pidió una vigüela;[34] comenzóla a templar;[35] pidió un cuchillo para aderezar un traste[36] de la vigüela, y habiéndolo soltado tomó el Hernán Bravo el cuchillo, y comenzó a escribir sobre la mesa con él. Habiendo escrito, díjole al Jorge Voto: «¿Qué dice este renglón?[37]» Lo que contenía era esto: «Jorge Voto no salgáis esta noche de casa, porque os quieren matar.» Aunque el Jorge Voto lo leyó, no hizo caso de ello, y antes se rió.

El don Pedro Bravo estaba sentado con la doña Inés y con la doña Juana, su sobrina, desde donde dijo a su hermano y al Pedro de Hungría: «Señores, váyanse con Dios a lo que tuvieren que hacer, porque han de ir conmigo.» Con lo cual se fueron los dos, y el don Pedro se quedó hablando con las mujeres y haciendo tiempo para que entrase bien la noche; y siendo hora, le dijo al Jorge Voto: «Vamos, que ya se hace tarde, no esperen aquellas damas más.»

Tomó el Jorge Voto su espada y capa y la vigüela, y fuéronse. Llevóle el don Pedro atrás[38] unas casas altas, que tenían las ventanas abiertas. Llegado a ellas dijo: «No están aquí estas señoras, que se cansarían de esperar; vamos que yo sé dónde las hemos de hallar.»

Cogió una calle abajo, hacia Santa Lucía. Llegados al puente de la quebrada, y antes de pasarla miró hacia abajo: vio los dos bultos blanqueando,[39] y díjole al Jorge Voto: «Allí están, vamos allá.» Fuéronse allegando hacia los bultos, los cuales viéndolos cerca, soltaron las sábanas y metieron mano a las espadas. El Jorge Voto soltó la vigüela y sacó su espada: el don Pedro Bravo hizo lo propio; y como más cercano de Jorge Voto, le dio por un costado la primera estocada y le mató. Cargaron sobre él los otros y diéronle tantas estocadas que lo acabaron de matar. Echaron el cuerpo en un profundo hoyo de aquella quebrada, con lo cual se fue cada uno a su casa, y el don Pedro a la de doña Inés, a darle el aviso de lo que se había hecho.

Antiguamente no había fuente de agua en la plaza de Tunja, como la hay ahora, y así era necesario ir a la fuente grande, que estaba fuera de la ciudad, por agua.

Había madrugado la gente, y llegando a esta quebrada vieron el rastro de la sangre; fuéronle siguiendo hasta donde estaba el cuerpo, al cual vieron en el hoyo. Dieron aviso a la justicia; acudió luego al caso el Corregidor, que en aquella sazón lo era Juan de Villalobos. Mandó sacar el cuerpo y llevarlo a la plaza; echó luego un bando[40] en que mandó que estantes y habitantes[41] pareciesen luego ante él. Acudió la gente de la ciudad, que sólo faltó el don Pedro Bravo de Rivera y su hermano.

A estos alborotos y ruido salió la doña Inés de su casa, en cabello,[42] dando voces;[43] acudió al Corregidor a pedir justicia, el cual estaba junto a la iglesia con el cuerpo, el cual mandó que pusieran en prisión a la doña Inés, lo cual se cumplió.

Era sábado. Hicieron señal a misa[44] de Nuestra Señora, entróse la gente y el Corregidor en la iglesia, y en el coro de ella halló al don Pedro Bravo de Rivera. Saludáronse y sentóse junto a él, diciendo: «Desde aquí oiremos misa.» Ya el Corregidor estaba enterado que el don Pedro era el matador, porque no faltó quien le dijese cómo trataba con la doña Inés, por la cual razón la mandó prender.

Mandó traer un par de grillos,[45] y metiéronse entrambos en ellos, hasta que se acabó la misa. El Escribano Vaca, cuñado del don Pedro, estaba bien enterado que él había sido el que mató al Jorge Voto. Para ver si podía escapar al cuñado y ponerlo en salvo,[46] mandó ensillar un caballo bayo,[47] de regalo que el don Pedro

[33] tocar un instrumento musical
[34] vihuela, especie de guitarra
[35] darle tono
[36] ajustar la ceja de la vihuela
[37] línea (de un escrito)
[38] parte de atrás de la casa
[39] dos figuras o formas blancas
[40] publicó una orden o proclamación
[41] residentes y transeúntes
[42] sin sombrero, con la cabeza descubierta
[43] gritando o llorando
[44] las campanas llamaron a misa
[45] esposas, instrumentos para poner en las manos (o pies) de los delincuentes y evitar que se escapen
[46] ayudarle a escapar
[47] de color blanco amarillento

tenía en la caballeriza. Arrimóle una lanza y una adarga,[48] y echó en una bolsa de la silla quinientos pesos de oro, y fue en busca del don Pedro, porque no sabía lo que pasaba en la iglesia. El sacristán Pedro de Hungría estaba ayudando al cura en la misa; al servirle las vinajeras[49] viole el cura la manga toda manchada de sangre; díjole: «Traidor! ¿por ventura has sido tú[50] en la muerte de este hombre?» Respondióle que no. Estaba la iglesia alborotada con lo que había pasado en el coro.

Acabada la misa, acudió el cura a donde estaba el Corregidor, que hallólo metido en los grillos con el don Pedro Bravo. Pasaron entre los dos algunas razones, y el Corregidor, por excusar disgustos, echó un bando en que mandó que todos los vecinos de Tunja trajesen sus camas a la iglesia y le viniesen a acompañar, so pena de traidores al Rey y de mil pesos.[51] Con lo cual le acompañó casi toda la ciudad. Al punto hizo un propio[52] y despachó el informe a la Real Audiencia; y salió, como tengo dicho, al caso, el propio Presidente Venero de Leiva.

El sacristán Pedro de Hungría, que desde el altar había oído el ruido que andaba en el coro, en saliendo[53] el cura de la sacristía salió tras él, y dejándolo hablando con el Corregidor, y la gente ocupada en las razones que pasaban, se salió de la iglesia y fuese derecho a casa del don Pedro Bravo a donde halló el caballo ensillado. Sin hacer caso de lanza y adarga, subió en él y salió de Tunja, entre las nueve y las diez del día, el propio sábado.

El domingo siguiente a las propias horas, poco más o menos, allegó a las orillas del río grande de la Magdalena,[54] al paso de la canoa del Capitán Bocanegra. Estaban los indios aderezando la canoa para que pasase el mayordomo y la gente a ir a misa a un pueblo de indios, allí cercano. Pidióles que lo pasasen, que se lo pagaría; dijéronle los indios que esperase un poco y pasaría con el mayordomo. No le pareció bien; fuese el río abajo a una playa, a donde abajó; y de ella se arrojó al río con el caballo.

Los indios le dieron voces que esperase; a las voces salió el mayordomo, y como lo vio mandó a los indios que le siguiesen con la canoa y lo favoreciesen. Partió al punto la canoa, y por prisa que se dio salió primero del agua el caballo; el cual en saliendo se sacudió, subió por una montañuela, donde le perdieron de vista; y por prisa que se dio el mayordomo no le pudo alcanzar, ni le vio más.

Aquella noche arribó a un hato de vacas[55] de un vecino de Ibagué el cual le hospedó, y viéndole tan mojado le preguntó que cómo así, no habiendo llovido. Respondióle que había caído en el río de las Piedras, que también le pasó. Mandóle desnudar y diole con qué se abrigase, y de comer. Reparó el vecino en que se andaba escondiendo y se recelaba de la gente de la propia casa, allegóse a él y díjole que le dijese qué le había sucedido, y de dónde venía, y que le daba su palabra de favorecerle en cuanto pudiese. Entonces el Pedro de Hungría le contó cómo dejaba muerto un hombre, callando todo lo demás.

Considerando el señor de la casa o posada que podría haber sido caso fortuito,[56] no le preguntó más; consolóle y púsole ánimo.[57] El día siguiente le dijo la jornada que había hecho aquel caballo en que venía.[58] Respondióle el huésped: «Pues fuerza es que a otra, o otras dos, os haya de faltar. Hay allí buenos caballos, tomad el que os pareciere, y dejad ese porque no os falte.[59]» Hízolo así; despidióse de su huésped, y nunca más se supo de él, ni a dónde fue. De este caballo bayo hay hoy raza en los llanos de Ibagué.

El Escribano Vaca, sabida la prisión del don Pedro, puso mucha fuerza con sus amigos en que el Corregidor lo soltase, con fianzas costosas.[60] Respondió el Corrigedor a los que le pedían esto, que ya él no era Juez de la causa, porque

---

[48] escudo
[49] jarrillos o vasijas para el vino
[50] has estado metido, mezclado
[51] pena o multa de esa cantidad
[52] mensajero
[53] después que salió, al salir
[54] río de Colombia que recorre el país de sur a norte y desemboca en el Atlántico
[55] rancho de ganado
[56] casual
[57] le estimuló, le dio ánimo
[58] le reveló la gran distancia andada
[59] aquí falle; no tenga caballo
[60] garantías que paga un acusado para gozar de libertad

la había remitido a la Real Audiencia; con lo cual les despidió y no le importunaron más. De la fuga del Pedro de Hungría y de lo que la doña Inés decía, se conocieron los culpados.[61] El Hernán Bravo, que había tenido tiempo harto[62] para huír, andaba escondido entre las labranzas de maíz de las cuadras[63] de Tunja; descubriéronlo los muchachos que lo habían visto, y al fin lo prendieron.

Llegó el Presidente dentro de tercero día de como[64] recibió el informe; sacó de la iglesia al don Pedro Bravo de Rivera, substanció la causa y pronunció en ella sentencia de muerte contra los culpados. Al don Pedro confiscó los bienes; la encomienda de Chivatá, que era suya, la puso en la Corona,[65] como lo está hoy. Degollaron al don Pedro; a su hermano Hernán Bravo ahorcaron[66] en la esquina de la calle de Jorge Voto; y a la doña Inés la ahorcaron de un árbol que tenía junto a su puerta, el cual vive hasta hoy, aunque seco, con hacer[67] más de setenta años que sucedió este caso.

F. Núñez de Pineda y Bascuñán

CHILE, 1607—1682

Nació el más antiguo narrador de Chile en el pueblo de Chillán y murió en Valdivia en el propio país. Era hijo de un general del ejército español quien quería que estudiase para sacerdote, pero él prefirió seguir la carrera de las armas como su progenitor, llegando a ser un militar culto, con formación humanística obtenida bajo la dirección de los jesuítas. Participó activamente en las guerras contra los araucanos y fue capturado en una batalla el 15 de mayo de 1629. No obtuvo su libertad hasta el 27 de noviembre de ese año, de manera que estuvo seis meses como prisionero de guerra del jefe indio Maulicán, quien lo llevaba a donde quiera que iba y nunca quiso entregarlo a otros caciques indígenas que deseaban matarlo. Finalmente tuvo que esconderlo para preservarle la vida. Una vez libertado volvió a la vida militar y después de muchos años de servicios llegó a Maestre de Campo como su padre, así como a Gobernador de la provincia de Valdivia, donde era muy fuerte la lucha contra los araucanos o «mapuches».

El autor, cuyo nombre completo es Francisco Núñez de Pineda y Bascuñán, dejó una sola obra: *Cautiverio feliz y razón de las guerrras dilatadas de Chile* (1673) escrito en prosa, pero que contiene también romances y composiciones tanto originales como traducciones bíblicas y de los clásicos. Sin llegar a ser un genio, se destaca como poeta espontáneo con buen dominio del romance. La obra está dividida en dos partes: en la primera narra con detallismo, a ratos molesto por lo lento, las

[61] culpables, reos
[62] amplio, mucho
[63] campos de maíz en las afueras del pueblo
[64] cuando
[65] la confiscó para el rey o gobierno
[66] colgaron con una cuerda por el cuello
[67] a pesar de que hace

aventuras que tuvo mientras duró su cautiverio. Con mucho realismo describe el paisaje de las regiones visitadas y ofrece un cuadro muy preciso de las costumbres, sicología, conducta, diversiones y demás actividades de los indígenas. La narración es sincera, franca, natural y tiene momentos de descripciones interesantes y de tono lírico muy efectivo. Se detiene a pintar la belleza y limpieza de las indias y en todo momento hace protestas de su castidad, a pesar de que tuvo oportunidades amorosas. No oculta su admiración por los indios, cuya lucha por conservar su independencia le conmueven hondamente. En la segunda parte trata de descubrir las causas de las largas y frecuentes guerras con los araucanos. Señala la codicia de los conquistadores como verdadero origen e interminable prolongación de esas luchas sangrientas. A menudo muestra su simpatía y actitud justa hacia los indígenas, mientras expone y censura los abusos de muchos de los conquistadores.

El *Cautiverio feliz* fue el libro más leído en Chile durante el período colonial y constituye uno de los antecedentes más importantes de la prosa de ficción en Hispanoamérica. Aunque tiene un fondo histórico, y sobre todo autobiográfico, se aparta de las crónicas por el hilo narrativo, que no pierde nunca el sentido del suspenso ni el interés dramático. El relato es de lectura agradable y muy rico en datos etnográficos imprescindibles para conocer aspectos de aquellos indios. La influencia de sus estudios con los jesuítas hace que la narración se interrumpa a menudo por las muchas digresiones y citas eruditas de padres de la iglesia, teólogos y escritores clásicos. Orillando éstas, la lectura resulta agradable y muy entretenida. Un aspecto que debe destacarse es el esbozo de protesta social que aparece en el autor, no solamente cuando defiende a los indios y a los humildes, sino también al protestar contra el gobierno e intervención de extranjeros en los asuntos del país y abogar para que los gobernantes sean nacidos en él. Aunque el libro no sea una obra maestra, ganó mucha popularidad en su tiempo y contribuyó al surgimiento de una auténtica prosa narrativa en América.

FUENTE: *El cautiverio feliz de Francisco Núñez de Pineda y Bascuñán*, Santiago de Chile, Editorial Zig-Zag, 1948; editado por Ángel Custodio González.

Cautiverio feliz

1673

Libro I

V

Pineda y Bascuñán es capturado[1]

Les era el tiempo favorable (a los indios) por ser lluvioso y el viento norte apresurado y recio, que nos imposibilitó nuestras armas de fuego, de manera que no se pudo dar más que una carga, y esa sin tiempo ni sazón.[2] Con que al instante su infantería cargó sobre nosotros con tal fuerza y furia, que a los ochenta hombres que nos hallamos a pie, nos cercó la turbamulta.[3] Habiéndonos desamparado[4] nuestra caballería, nos cogió en medio, y aunque pocos para tan gran número contrario, sin desamparar sus puestos, murieron los más como buenos y alentados[5] soldados peleando valerosamente. Y estando yo haciendo frente en la vanguardia del pequeño escuadrón que gobernaba, con algunos piqueros[6] que se me agregaron, oficiales reformados y personas de obligaciones, considerándome en tan evidente peligro, peleando con todo valor y esfuerzo por defender la vida, que es amable, juzgando tener seguras las espaldas, y que los demás soldados hacían lo mismo que nosotros, no habiendo podido resistir la enemiga furia, quedaron muertos y desbaratados[7] mis compañeros, y los pocos que conmigo asistían iban cayendo a mi lado algunos de ellos. Después de haberme dado una lanzada en la muñeca[8] de la mano derecha, quedando imposibilitado de manejar las armas, me descargaron un golpe de macana.[9] Me derribaron en tierra dejándome sin sentido, el espaldar de acero bien encajado en mis costillas y el peto[10] atravesado de una lanzada.[11] A no estar bien armado, quedara en esta ocasión sin vida entre los demás capitanes, oficiales y soldados que murieron. Cuando volví en mí y cobré algunos alientos,[12] me hallé cautivo y preso de mis enemigos.

vi y vii

En peligro de muerte, Pineda y Bascuñán es salvado por el cacique Lientur

Levantando en alto las lanzas y macanas intentaron descargar sobre mí muchos golpes y quitarme la vida. Mas, como su divina Majestad[13] es dueño principal de la acciones, quien las permite ejecutar o las suspende, quiso que las de estos bárbaros no llegasen a la ejecución.

Y al tiempo que aguardaba de sus manos la privadora fiera[14] de las vidas, llegó a dilatármela[15]

---

[1] Los títulos de los capítulos han sido redactados por el editor para dar una idea de su asunto al lector
[2] Esta fue la batalla de Las Cangrejeras en la que los españoles fueron derrotados debido al tiempo y a la superioridad numérica de los indios.
[3] turba, masa de indios
[4] abandonado
[5] llenos de coraje
[6] soldados que llevaban pica (especie de lanza)
[7] rotos, destruidos
[8] parte en que el brazo se articula con la mano
[9] garrote o madero grueso usado como arma
[10] armadura que recubre el pecho
[11] golpe con la lanza
[12] cuando estuve consciente otra vez y reviví un poco
[13] Dios
[14] la muerte
[15] extendérmela, darme una vida más larga

piadoso uno de los más valientes capitanes y estimados guerreros que en su bárbaro ejército venía, llamado Lientur. Por haber sido su nombre respetado entre los suyos y bien conocido entre los nuestros, le traigo a la memoria agradecido.

El tiempo que este valeroso caudillo asistió entre los nuestros, fue de los mejores amigos y más fieles que en aquellos tiempos se conocían; por cuya causa le hizo grandes agasajos y cortesías[16] el maestro de campo general Alvaro Núñez de Pineda, mi padre, mientras gobernó estas fronteras. Y aunque el común tratamiento que a los demás hacía, era conocido y constante entre ellos, de que se originaron los felices sucesos y aventajados aciertos que fue Dios servido de darle en esta guerra, por el amor y voluntad con que se oponían a cualesquiera trabajos y peligros de la vida, acudiendo con todas veras a la ejecución de sus órdenes y mandatos, que es nación[17] que se deja llevar de la suavidad de las palabras y del agasajo de las acciones. Con este guerrero parece que quiso más humano efectuar sus agasajos, sacándole de pila[18] a uno de sus hijos, y llamarle compadre:[19] acción que la tuvo tan presente y de que hizo tanto aprecio y estimación, cuanto se echará de ver en las razones de adelante,[20] mostrándose amigo verdadero de aquél en quien conoció apacible condición y natural afecto, aunque después enemigo feroz de las obras y tratos de otros superiores ministros, que fueron los que le obligaron a rebelarse y dejar nuestra comunicación y trato; que no sin muchos fundamentos y conocidos agravios[21] dejó nuestra amistad antigua por la de los enemigos: causas que me obligan a juzgar y decir, que la esclavitud de esta nación no la tengo por justificada, porque ha obligado a poner en ejecución grandes desafueros[22] y maldades la codicia[23] insaciable de los nuestros, con que se perturba y alborota la paz y el sosiego que pudiera haber conseguido este desdichado reino.

Llegó Lientur, y con resolución valerosa se entró en medio de los demás, que en altas voces estaban procurando mi desastrada[24] muerte, y con su presencia pusieron todos silencio a sus razones. Y haciéndose lugar por medio de ellos, se acercó más al sitio[25] adonde mi amo y dueño de mis acciones con un amigo y compañero suyo me tenían en medio, con sus lanzas y adargas[26] en las manos, dando a entender que solicitaban mi defensa con efecto, pues no respondían palabra alguna a lo que aquella turbamulta con ímpetus airados[27] proponía.

Cuando al capitán Lientur (caudillo general de aquel ejército) vi entrar armado desde los pies a la cabeza, sus armas aceradas en el pecho, la espada ancha desnuda y en la mano, un morrión y celada[28] en la cabeza, sobre un feroz caballo armado de la propia suerte, que por las narices echaba fuego ardiente, espuma por la boca. pateando el suelo con el ruido de las cajas[29] y trompetas (y) no podía de ninguna suerte estar un punto sosegado.

Acercóse a nosotros el famoso Lientur, guerrero capitán como piadoso,[30] y razonó de la suerte que diré. Lo primero con que dio principio, fue con preguntarme si yo era el contenido hijo de Alvaro: a que respondí turbado, que yo era el miserable prisionero. Porque lo que a todos era ya patente no podía ocultarlo más. Eché de ver la aflicción y pesar con que se hallaba por haberme conocido en aquel estado, sin poder dar alivio a mis trabajos por no ser para librarme absoluto dueño, Volvió con esto los ojos a Maulicán, mi amo,[31] diciéndole las palabras y razones siguientes:

Tú solo, capitán esforzado y valeroso, te puedes tener en la ocasión presente por feliz y el más bien afortunado, y que la jornada[32] que habemos emprendido, se ha encaminado sólo

---

[16] favores y bondades
[17] se refiere a los indios araucanos, cuyo nombre se deriva de la región del Arauco, al sur de Chile
[18] bautisándole
[19] relación entre el padrino de una criatura y el padre de ella
[20] como se verá de aquí en adelante
[21] ofensas
[22] excesos, abusos, ultrajes
[23] ambición
[24] destrucción, ruina, desastre
[25] lugar
[26] escudos
[27] con ira, con odio
[28] *morrión*: casco o gorro militar con visera; *celada*: Véase morrión
[29] tambores
[30] hombre de guerra, pero de buen corazón
[31] este fue el jefe indio que capturó a Pineda y Bascuñán
[32] batalla

a tu provecho; pues te ha cabido por suerte llevar al hijo del primer hombre que nuestra tierra ha respetado y conocido. Blasonar[33] pues tú solo y cantar victoria por nosotros; a ti sólo debemos dar las gracias de tan buena suerte como con la tuya nos ha comunicado la fortuna. Aunque es verdad que habemos derrotado y muerto gran número de españoles, y cautivado muchos, han sido todos los más *chapecillos* (que así llaman a los soldados bisoños y desarrapados[34]) que ni allá hacen caso de ellos, ni nosotros tampoco. Este capitán que llevas es el fundamento de nuestro batalla, la gloria de nuestro suceso, y el sosiego de nuestra patria. Aunque te han persuadido y aconsejado rabiosos, que le quites luego la vida, yo soy y seré siempre de contrario parecer, porque con su muerte, ¿qué puedes adquirir ni granjear,[35] sino es que con toda brevedad se sepulte el nombre y opinión que con él pueden perpetuar? Esto es cuanto a lo primero. Lo segundo que os propongo, es que aunque este capitán es hijo de Alvaro, de quien nuestras tierras han temblado (aunque cojo, viejo e impedido[36]), y de quien siempre que se ofreció ocasión fuimos desbaratados y muertos muchos de los nuestros; fue con las armas en las manos y peleando. Mas a mí consta[37] del tiempo que asistí con él en sus fronteras, que después de pasada la refriega,[38] a sangre fría a ningún cautivo dio la muerte. Antes sí les hizo siempre buen pasaje, solicitando a muchos el que volviesen gustosos a sus tierras, como hay algunos que gozan de ellas libres y asistentes en sus casas con descanso, entre sus hijas, mujeres y parientes, por su noble pecho y corazón piadoso.[39] Y lo propio debes hacer generoso, con este capitán, tu prisionero, que lo que hoy miramos en su suerte podemos en nosotros ver mañana.

Volviendo las ancas del caballo,[40] dejó a los circunstantes[41] mudos y suspensos con que cada uno por su camino se fueron dividiendo y apartando de nosotros, y yo quedé a tamaño beneficio fino correspondiente.[42]

VIII

Pineda y Bascuñán y el Cacique Maulicán[43]

Desde aquel punto y hora Maulicán principió a tratarme con amor, con benevolencia y gran respeto. Me puso un capotillo[44] que él traía y un sombrero en la cabeza a causa de que el tiempo con sus lluvias continuas obligaba a marchar con toda prisa, y más que andar, apresurar[45] el paso hacia sus tierras.

Nos fuimos acercando al río Bío-Bío,[46] hasta llegar a sus orillas. Con ferocidad notable sus precipitadas corrientes se venían aumentando a cada paso, a causa de que el temporal[47] con vientos desaforados[48] y aguaceros nos atribulaban[49] de manera que parecía haberse conjurado contra nosotros todos los elementos. Llegamos los últimos de la tropa al anochecer: diez indios y un soldado de mi compañía, llamado Alonso de Torres, que también iba cautivo como yo.

Pasamos el primer brazo con gran peligro y riesgo de nuestras vidas. Cuando fuimos a vadear[50] el otro que nos restaba, no se atrevieron porque en aquel instante se reconoció bajar de arriba con gran fuerza la avenida, y por ser el restante brazo más copioso de agua, más dilatado,[51] y más apresurada[52] su corriente, deter-

---

[33] alardear, jactarse
[34] *bisoños*: sin experiencia; *desarrapados*: andrajosos, harapientos
[35] ganar
[36] lisiado, baldado; con un defecto físico
[37] yo sé con certeza
[38] combate pequeño, pelea
[39] Nótese la estimación y respeto que sentían los indios por el padre del autor
[40] dando una vuelta a su caballo; se marchó
[41] presentes
[42] quedé como el dichoso recipiente de su gran favor
[43] Véase nota 31
[44] capa pequeña
[45] dar prisa, acelerar
[46] el río más caudaloso de Chile, de 380 km. de largo; por muchos años fue la frontera natural entre el territorio de los españoles y el de los araucanos
[47] tiempo de lluvia persistente
[48] aquí muy fuertes
[49] angustiaban, afligían
[50] pasar un río por la parte menos honda
[51] ancho
[52] rápida

minaron quedarse en aquella pequeña isla, que tendría muy cerca de una cuadra[53] de ancho y dos de largo, adonde había algunos matorrales y ramones[54] de que poder valernos para el abrigo de nuestras personas y para el alimento (aunque débil) de las bestias. Hiciéronlo así, porque anochecía ya, presumiendo que el siguiente día se cansaría el tiempo porfiado y nos daría lugar a pasar con menos riesgo y con más comodidad el proceloso piélago[55] espantoso que nos restaba. Mas fue tan continuado el temporal y abundante de penosas lluvias, que cuando Dios fue servido de amanecernos, hallamos que el restante brazo, multiplicadas sus corrientes, venía con más fuerza y con más ferocidad creciendo; a cuya causa nos detuvimos y quedamos aquel día aislados, por ver si el siguiente nos quería dar lugar a proseguir nuestro viaje.

Sucedió nuestro pensar muy al contrario, porque con lo mucho que había llovido sin cesar del antecedente día y de la noche, se aumentaron sus corrientes de tal suerte, que nos obligaron a que con toda prisa desamparásemos la isla[56] y solicitásemos camino o modo de salir aquel día de los riesgos y peligros que nos amenazaban, pues a más andar, con paso apresurado las procelosas aguas se iban apoderando del sitio y lugar que poseíamos. Determináronse a desandar lo andado[57] y volver a pasar hacia nuestras tierras con harto peligro y temor de encontrar con algunos de los nuestros. Esta resolución y acuerdo que eligieron, fue porque lo restante del piélago que para sus tierras nos faltaba que pasar, era más caudaloso, más ancho, de más precipitada corriente y de más conocido riesgo; pues habiendo intentado arrojarse a él a nado, echaron por delante a un compañero alentado[58] y que se hallaba con el mejor caballo que en la tropa se traía, y a pocos pasos que entró lo arrebató la corriente, y aunque fue nadando gran trecho sin desamparar el caballo, se le ahogó en medio del río, y él salió a la otra parte por gran dicha, y porque en el agua parecía un peje.[59] Con esta prueba y suceso se resolvieron llevar adelante su primer acuerdo, y para ponerle en ejecución, me ordenó mi amo como dueño absoluto de mi libertad, que me desnudase[60] y pusiese más ligero, por si cayese en el río no me sirviese de embarazo la ropa que llevaba.[61] Le respondí que lo propio era caer desnudo que vestido, porque de ninguna suerte sabía nadar ni sustentarme en el agua, poco ni mucho. Con todo eso (me respondió), te hallarás con menos estorbo y más ligero para todo acontecimiento. Y por obedecerle más que por mi gusto, me desnudé del hato[62] que traía y sólo quedé con la camisa; y de esta suerte, me puse a caballo en un valiente rocín maloquero[63] que traía de toda satisfación, que para más seguro de mi vida me lo ensilló[64] diciéndome: subid en él, y no hagáis más que asiros[65] de la silla fuertamente, o de la clin[66] del caballo, que él os sacará afuera. Con que subió on otro rocinejo flaco, adonde a la grupa, o trasera del fuste,[67] puso mis armas (o por mejor decir suyas) y el vestido, y caminamos de esta suerte todos los diez indios que quedaron, el soldado Alonso Torres y yo en demanda del paso, que se reconoció ser el más angosto[68] por donde nos arrojamos, con pocas esperanzas de salir con bien de las corrientes rápidas del río, y yo sin ningunas, pues al entrar en ellas nos arrebataron[69] de tal suerte y con tanta velocidad, que en muy breve tiempo nos desaparecimos los unos de los otros, y tan turbado[70] mi ánimo y espíritu, que no supe si estaba en el agua, en el cielo o en la tierra. Sólo cuidé de aferrarme en la silla o en el fuste lo mejor que pude, y de encomendarme a nuestro Dios y Señor con todas veras.[71][. . .]

---

[53] (amer.) distancia que tiene una manzana de casas o 125 metros, más o menos
[54] *matorrales*: malezas; espesura; lugar con mucha vegetación; *ramones*: ramajes, ramas
[55] río turbulento y crecido
[56] salir de la isla a toda prisa
[57] volver sobre nuestros pasos
[58] de gran coraje o valor
[59] pez; él era un nadador excelente
[60] me quitase la ropa
[61] usaba
[62] aquí ropa
[63] un caballo indio de mucho espíritu
[64] puso la silla a mi caballo
[65] agarraos
[66] crin, pelo del cuello del caballo
[67] *grupa*: anca, parte posterior del lomo del caballo; *fuste*: maderos que lleva la silla de montar
[68] estrecho
[69] nos llevaron bien lejos
[70] perturbado, trastornado; con contratiempo
[71] en serio; con sinceridad

Carlos de Sigüenza y Góngora

MÉXICO, 1645–1700

Con razón se considera a Carlos de Sigüenza y Góngora como una de las cumbres intelectuales durante el período barroco hispanoamericano. Nació en la ciudad de México en el seno de una familia de preeminencia social y política. Era sobrino o primo del gran poeta español Luis de Góngora y Argote, creador del extremo barroco conocido como el culteranismo o gongorismo, tan en boga en esta época. A los quince años ingresó en los jesuítas y se ordenó en 1662. Sus múltiples intereses intelectuales hicieron que abandonase la Compañía de Jesús—a la cual volvió al final de su vida—para consagrarse por entero a la literatura y especialmente a investigaciones científicas: matemáticas, astronomía, cosmografía, física, filosofía, historia y etnografía. En todos estos campos llegó a poseer profundos conocimientos. En 1672 se le nombró catedrático de matemáticas por oposición en la Universidad Nacional. En 1693 fue a Pensacola como miembro de una comisión para levantar mapas de la Florida y ese mismo año formó parte de una comisión científica para explorar y estudiar el golfo mexicano. Había alcanzado ya renombre internacional cuando Carlos II lo nombró géografo real y Luis XIV de Francia lo invitó a irse a París con una buena pensión. Verdadero precursor de las ideas racionalistas y liberales del siglo XVIII, reaccionó contra el Escolasticismo y denunció con todo valor afirmaciones seudocientíficas y creencias erróneas medievales todavía con seguidores. También trabajó activamente para popularizar los últimos adelantos de las ciencias.

Además de la poesía, cultivó Sigüenza y Góngora la prosa, dejando obras de historia, ensayo y narrativa. Su poesía cae dento de la tendencia del culteranismo y en ella tenemos *Triunfo parténico* (1683), antología e historia del certamen poético celebrado por la Universidad Nacional en 1683, en el cual el antólogo recibió un primer premio. Sin embargo, el campo más apropiado para el talento de Sigüenza y Góngora era la prosa. Mucho valor tienen aquellos ensayos en que trata de dar a conocer conocimientos científicos. En su *Manifiesto filosófico contra los cometas* (1681) combate la creencia de que la presencia de esos cuerpos celestes anuncian calamidades. *Libra astronómica y filosófica* (1690) le sirvió para combatir ideas del jesuíta alemán Eusebio Francisco Kino contra su obra anterior. Mucho mérito tienen sus *Relaciones históricas de los sucesos de la armada de Barlovento* (1691), en las que cuenta los trabajos de la comisión científica dirigida por el Almirante Andrés de Pes para explorar el golfo mexicano. Sigüenza y Gongora se muestra un discípulo temprano del Racionalismo, porque su pensamiento liberal y de bases científicas tiene muchos puntos de contacto con la Ilustración.

Su obra más interesante para el lector de hoy ha llegado a ser los *Infortunios de Alonso Ramírez* (1690) con muchas características novelescas. La obra combina puntos históricos con elementos imaginarios y prueba que Sigüenza y Góngora era un narrador ameno con un buen concepto de la novela. El autor narra en forma autobiográfica las desdichadas aventuras de Alonso Ramírez, un puertorriqueño de San Juan, quien abandona su familia en busca de riquezas. Capturado por un pirata inglés (Inglaterra se ha ido haciendo dueña de los mares ante la decadencia española), Alonso va a las Filipinas y a otros lugares hasta que alcanza el Atlántico y llega a Yucatán. Después de muchos otros excitantes eventos llega a la ciudad de México donde le cuenta su odisea a Sigüenza y Góngora. Contrario al estilo mostrado en sus versos, la prosa de este relato es tersa, natural, fluída y llana, convirtiendo al autor en uno de los buenos prosistas mexicanos del siglo XVII. La obra tiene algunas semejanzas con la picaresca española por el relato en primera persona y la serie de episodios o aventuras, pero se aparta de ella en otros aspectos. El autor sabe cautivar la atención del lector a través de un hilo narrativo lleno de realismo e interés. Los momentos dramáticos llegan con mucha naturalidad. La prosa, aunque a ratos tiene algunos barroquismos y párrafos largos y densos, fluye por la mayor parte rápida y ligera. Con este relato se sitúa Sigüenza y Góngora entre los iniciadores de la novela mexicana e hispanoamericana.

FUENTE: *Relaciones históricas*, 2da. ed., México, Imprenta Universitaria, 1954; editadas por M. Romero de Terreros.

Infortunios de Alonso Ramírez[1]

1690

III

Pónense en compendio los robos y crueldades que hicieron estos piratas en mar y tierra hasta llegar a la América

Sabiendo ser yo la persona a cuyo cargo venía la embarcación, cambiándome a la mayor de las suyas me recibió el Capitán con fingido agrado.[2] Prometióme a las primeras palabras la libertad, si le noticiaba[3] cuáles lugares de las islas eran más ricos, y si podría hallar en ellos gran resistencia. Respondíle no haber salido de Cavite,[4] sino para la provincia de Ilocos, de donde venía, y que así no podía satisfacerle a lo que preguntaba. Instóme si en la isla de Caponiz, que a distancia de catorce leguas está Noroeste Sueste con Marivélez, podría aliñar[5] sus embarcaciones, y si había gente que se lo estorbase; díjele no haber allí población alguna y que sabía de una bahía donde conseguiría fácilmente lo que deseaba. Era mi intento el que, si así lo hiciesen, los cogiesen desprevenidos, no sólo los naturales de ella, sino los españoles que asisten de presidio en aquella isla, y los apresasen. Como a las diez de la noche surgieron donde les

[1] Pertenece esta obra—que tanto tiene de novelesco—a las *Relaciones históricas* de Carlos de Sigüenza y Góngora. El libro consta de siete capítulos, de los cuales reproducimos el capítulo tres. Para más detalles sobre la obra, ver introducción.

[2] trato amable, afabilidad

[3] informaba

[4] bahía y ciudad de las Islas Filipinas, capital de la provincia del mismo nombre. Aquí la escuadra norteamericana derrotó a la española en 1898 cuando la guerra por Cuba.

[5] preparar, arreglar; aderezar

pareció a propósito, y en estas y otras preguntas que se me hicieron se pasó la noche.

Antes de levarse[6] pasaron a bordo de la Capitana mis veinticinco hombres. Gobernábala un inglés a quien nombraban Maestre Bel; tenía ochenta hombres, veinticuatro piezas de artillería y ocho pedreros[7] todos de bronce; era dueño de la segunda el Capitán Donkin; tenía setenta hombres, veinte piezas de artillería y ocho pedreros, y en una y otra había sobradísimo número de escopetas, alfanjes,[8] hachas, arpeos,[9] granadas y ollas llenas de varios ingredientes de olor pestífero.

Jamás alcancé,[10] por diligencia que hice, el lugar donde se armaron para salir al mar; sólo sí supe habían pasado al del Sur por el estrecho de Mayre, y que imposibilitados de poder robar las costas del Perú y Chile, que era su intento, porque con ocasión de un tiempo que, entrandoles con notable vehemencia y tesón por el Leste[11] les duró once días, se apartaron de aquel meridiano más de quinientas leguas, y no siéndoles fácil volver a él, determinaron valerse de lo andado, pasando a robar a la India, que era más pingüe.[12]

Supe, también, habían estado en islas Marianas,[13] y que, batallando con tiempos desechos[14] y muchos mares, montando los cabos del Engaño y del Boxeador, y habiendo antes apresado algunos juncos y champanes[15] de indios y chinos, llegaron a la boca de Marivélez, a donde dieron conmigo.

Puestas las proas de sus fragatas (llevaban la mía a remolque) para Caponiz, comenzaron con pistolas y alfanjes en las manos a examinarme de nuevo, y aun a atormentarme; amarráronme a mí y a un compañero mío al árbol mayor, y como no se les respondía a propósito acerca de los parajes donde podían hallar la plata y oro por que nos preguntaban, echando mano de Francisco de la Cruz, sangley[16] mestizo, mi compañero, con cruelísimos tratos de cuerda que le dieron, quedó desmayado en el combés[17] y casi sin vida; metiéronme a mí y a los míos en la bodega, desde donde percibí grandes voces y un trabucazo;[18] pasado un rato y habiéndome hecho salir afuera, vide mucha sangre, y mostrándomela, dijeron ser de uno de los míos, a quien habían muerto, y que lo mismo sería de mí, si no respondía a propósito de lo que preguntaban; díjeles con humildad que hiciesen de mí lo que les pareciese, porque no tenía que añadir cosa alguna a mis primeras respuestas.

Ciudadoso, desde entonces, de saber quién era de mis compañeros el que habían muerto, hice diligencias por conseguirlo, y hallando cabal[19] el número, me quedé confuso. Supe mucho después era sangre de un perro la que había visto, y no pasó del engaño.

No satisfechos de lo que yo había dicho, repreguntando con cariño a mi contramaestre,[20] de quien por indio jamás se podía prometer cosa que buena fuese, supieron de él haber población y presidio en la isla de Caponiz, que yo había afirmado ser despoblada.

Con esta noticia, y muchos más, por haber visto estando ya sobre ella, ir por el largo de la costa dos hombres montados, a que se añadía la mentira de que nunca había salido de Cavite sino para Ilocos, y dar razón de la bahía de Caponiz, en que, aunque lo disimularon, me habían cogido, desenvainados[21] los alfanjes con muy grandes voces y vituperios[22] dieron en mí.

Jamás me recelé de la muerte con mayor susto que en este instante; pero conmutáronla en tantas patadas y pescozones[23] que descargaron en mí, que me dejaron incapaz de movimiento por muchos días.

Surgieron en parte de donde no podían recelar insulto alguno de los isleños, y, dejando en tierra a los indios dueños de un junco, de que se habían apoderado el antecedente día al aciago[24]

---

[6] levantar las anclas, prepararse para salir el barco
[7] pieza de artillería antigua
[8] sables cortos y corvos (arqueados, curvos); espadas
[9] garfios (como ganchos) para amarrar una embarcación o cosa a otra
[10] supe
[11] viento este
[12] aquí más conveniente o beneficioso
[13] o *de los Ladrones*, situadas al este de las Filipinas, descubiertas por Magallanes en 1521
[14] muy malos
[15] barcos chinos e indios
[16] indio o chino que va a comerciar a las Islas Filipinas
[17] parte de la cubierta superior de una nave
[18] disparo de un trabuco, arma de fuego parecida a una escopeta
[19] completo
[20] oficial de un buque
[21] sacados fuera de las vainas
[22] oprobios, baldones, afrentas
[23] golpes con la mano que se dan a una persona en el cuello
[24] desgraciado; fatal

y triste en que me cogieron, hicieron su derrota a Pulicondon, isla poblada de Cochinchinas, en la costa de Camboja,[25] donde, tomado puerto, cambiaron a sus dos fragatas cuanto en la mía se halló, y le pegaron fuego.

Armadas las piraguas[26] con suficientes hombres, fueron a tierra y hallaron los esperaban los moradores de ella sin repugnancia; propusiéronles no querían más que proveerse allí de lo necesario dándoles lado a sus navíos y rescatarles también frutos de la tierra, por lo que les faltaba.

O de miedo, o por otros motivos que yo no supe, asintieron a ello los pobres bárbaros; recibían ropa de la que traían hurtada, y correspondían con brea,[27] grasa y carne salada de tortuga y con otras cosas.

Debe ser la falta que hay de abrigo en aquella isla o el deseo que tienen de lo que en otras partes se hace en extremo mucho, pues les forzaba la desnudez o curiosidad a cometer la más desvergonzada vileza que jamás ví.

Traían las madres a las hijas y los mismos maridos a sus mujeres, y se las entregaban con la recomendación de hermosas, a los ingleses, por el vilísimo precio de una manta o equivalente cosa.

Hízoseles tolerable la estada de cuatro meses en aquel paraje con conveniencia tan fea, pero, pareciéndoles no vivían mientras no hurtaban, estando sus navíos para navegar, se bastimentaron[28] de cuanto pudieron para salir de allí.

Consultaron primero la paga que se les daría a los Pulicondones por el hospedaje, y remitiéndola al mismo día en que saliesen al mar, acometieron aquella madrugada a los que dormían incautos, y pasando a cuchillo aun a las que dejaban en cinta y poniendo fuego en los más del pueblo, tremolando[29] sus banderas y con grande regocijo, vinieron a bordo.

No me hallé presente a tan nefanda[30] crueldad; pero, con temores de que en algún tiempo pasaría yo por lo mismo, desde la capitana, en que siempre estuve, oí el ruido de la escopetería y ví el incendio.

Si hubieran celebrado esta abominable victoria agotando frasqueras[31] de aguardiente, como siempre usan, poco importara encomendarla al silencio; pero habiendo intervenido en ello lo que yo vide, ¿cómo pudiera dejar de expresarlo, si no es quedándome dolor y escrúpulo de no decirlo?

Entre los despojos con que vinieron del pueblo y fueron cuanto por sus mujeres y bastimentos les habían dado, estaba un brazo humano de los que perecieron en el incendio; de éste cortó cada uno una pequeña presa, y alabando el gusto de tan linda carne entre repetidas saludes[32] le dieron fin.

Miraba yo con escándolo y congoja tan bestial acción, y llegándose a mí uno con un pedazo me instó con importunaciones molestas a que lo comiese. A la debida repulsa que yo le hice, me dijo: Que, siendo español, y por el consiguiente cobarde, bien podía, para igualarlos a ellos en el valor, no ser melindroso.[33] No me instó más por responder a un brindis.

Avistaron la costa de la tierra firme de Camboja al tercero día, y andando continuamente de un bordo a otro, apresaron un champan lleno de pimienta; hicieron con los que lo llevaban lo que conmigo, y sacándole la plata y cosas de valor que en él se llevaban sin hacer caso alguno de la pimienta, quitándole timón y velas y abriéndole un rumbo, lo dejaron ir al garete[34] para que se perdiese.

Echada la gente de este champan en la tierra firme, y pasándose a la isla despoblada de Publiubi, en donde se hallan cocos y ñame[35] con abundancia, con la seguridad de que no tenía yo ni los míos por dónde huir, nos sacaron de las embarcaciones para colchar[36] un cable. Era la materia de que se hizo bejuco[37] verde, y quedamos casi sin uso de las manos por muchos días por acabarlo en pocos.[38]

---

[25] Cambodia
[26] especies de canoas ligeras
[27] substancia resinosa, mezclada con otros ingredientes se usa para calafatear las naves
[28] proveyeron de provisiones
[29] enarbolando, agitando
[30] infame, indigna
[31] botellas; frascos
[32] brindis en español en que se dice «salud», «salud»
[33] muy delicado; afectado
[34] sin control, sin rumbo
[35] planta dioscorácea, de raíz grande y comestible
[36] unir los cordones de un cable entretejiéndolos o torciéndolos
[37] plantas tropicales de tallos muy largos y delgados
[38] por terminarlo en pocos días

Fueron las presas que en este paraje hicieron de mucha monta, aunque no pasaran de tres, y de ellas pertenecía la una al rey de Siam, y las otras dos a los portugueses de Macán y Goa.

Iba en la primera un Embajador de aquel Rey para el Gobernador de Manila, y llevaba para éste un regalo de preseas[39] de mucha estima, muchos frutos y géneros preciosos de aquella tierra.

Era el interés de la segunda mucho mayor, porque se reducía a solos tejidos de seda de la China en extremo ricos, y a cantidad de oro en piezas de filigrana que por vía de Goa se remitía a Europa.

Era la tercera del Virrey de Goa, e iba a cargo de un Embajador que enviaba al rey de Siam por este motivo.

Consiguió un genovés (no sé las circunstancias con que vino allí) no sólo la privanza[40] con aquel rey, sino el que lo hiciese su lugarteniente en el principal de sus puertos.

Ensoberbecido éste con tanto cargo, les cortó las manos a dos caballeros portugueses que allí asistían, por leves causas.

Noticiado de ello el Virrey de Goa, enviaba a pedirle satisfacción y aun a solicitar se le entregase el genovés, para castigarle.

A empeño[41] que parece no cabía en la esfera de lo asequible,[42] correspondió el regalo que, para granjearle la voluntad al Rey, se le remitía.

Vide y toqué con mis manos una domo, torre o castillo, de vara en alto, de puro oro, sembrada de diamantes y otras preciosas piedras, y, aunque no de tanto valor, le igualaban en lo curioso muchas alhajas de plata, cantidad de canfora,[43] ámbar y almizcle,[44] sin el resto de lo que para comerciar y vender en aquel reino había en la embarcación.

Desembarazada ésta y las dos primeras de lo que llevaban, les dieron fuego, y dejando así a portugueses como a sianes[45] y a ocho de los míos en aquella isla sin gente, tiraron la vuelta de las de Ciantan, habitadas de malayos, cuya vestimenta no pasa de la cintura, y cuyas armas son crises.[46]

Rescataron de ellos algunas cabras, cocos y aceite de éstos para la lantia[47] y otros refrescos, y dándoles un albazo[48] a los pobres bárbaros, después de matar algunos y de robarlos a todos, en demanda de la Isla de Tamburlán, viraron afuera.

Viven en ella Macazares, y sentidos los ingleses de no haber hallado allí lo que en otras partes, poniendo fuego a la población en ocasión que dormían sus habitadores, navegaron a la grande Isla de Borney,[49] y por haber barloventeado catorce días su costa occidental sin haber pillaje, se acercaron al puerto de Cicudana en la misma isla.

Hállanse en el territorio de este lugar muchas preciosas piedras, y en especial diamantes de rico fondo, y la codicia de rescatarlos y poseerlos, no muchos meses antes que allí llegásemos, estimuló a los ingleses que en la India viven, pidiesen al rey de Borney (valiéndose para eso del gobernador que en Cicudana tenía) les permitiese factoría en aquel paraje.

Pusiéronse los piratas a sondar[50] en las piraguas la barra del río, no sólo para entrar en él con las embarcaciones mayores, sino para hacerse capaces de aquellos puestos.

Interrumpióles este ejercicio un champan de los de la tierra, en que venía de parte de quien la gobernaba a reconocerlos.

Fué su respuesta ser de nación ingleses y que venían cargados de géneros nobles y exquisitos para contratar y rescatarles diamantes.

Como ya antes habían experimentado en los de esta nación amigable trato y vieron ricas muestras de lo que, en los navíos que apresaron en Puliubi, les pusieron luego a la vista, se les facilitó la licencia para comerciar.

Hiciéronle al gobernador un regalo considerable y consiguieron el que por el río subiesen al pueblo (que dista un cuarto de legua de la marina) cuando gustasen.

---

39 joyas, alhajas, cosas preciosas
40 favor, preferencia, confianza de un rey o persona importante
41 interés grande
42 que puede conseguirse u obtenerse
43 alcanfor
44 substancia odorífica que se usa en medicina y perfumería
45 siameses
46 armas de hoja corta usada por los moros en la isla de Mindanao (Filipinas)
47 luz que ilumina la rosa del compás o aguja de navegar en los buques
48 acción de madrugar; (Fig.) adelantarse a otro
49 Borneo, isla de Indonesia que es la tercera del mundo en extensión
50 sondear, medir la profundidad del mar o de un río

En tres días que allí estuvimos reconocieron estar indefenso y abierto por todas partes y proponiendo a los cicudanes no poder detenerse por mucho tiempo, y que así se recogiesen los diamantes en casa del Gobernador, donde se haría la feria, dejándonos aprisionados a bordo y con bastante guarda, subiendo al punto de medianoche por el río arriba muy bien armados, dieron de improviso en el pueblo, y fué la casa del gobernador la que primero avanzaron.

Saquearon cuantos diamantes y otras piedras preciosas ya estaban juntas, y lo propio consiguieron en otras muchas a que pegaron fuego, como también a algunas embarcaciones que allí se hallaron.

Oíase a bordo el clamor del pueblo y la escopetería, y fué la mortandad (como blasonaron[51] después) muy considerable.

Cometida muy a su salvo tan execrable traición, trayendo preso al Gobernador y a otros principales, se vinieron a bordo con gran presteza, y con la misma se levaron, saliendo afuera.

No hubo pillaje, que a éste se comparase por lo poco que ocupaba, y su excesivo precio. ¿Quién será el que sepa lo que importaba?

Vídele al capitán Bel tener a granel[52] llena la copa de su sombrero de solos diamantes. Aportamos a la isla de Baturiñán dentro de seis días, y dejándola por inútil se dió fondo en la de Pulitiman, donde hicieron aguada[53] y tomaron leña, y, poniendo en tierra (después de muy maltratados y muertos de hambre) al Gobernador y principales de Cicudana, viraron para la costa de Bengala por ser mas cursada[54] de embarcaciones, y en pocos días apresaron dos bien grandes de moros negros, cargadas de rasos, elefantes, garzas y sarampures,[55] y habiéndolas desvalijado[56] de lo más precioso, les dieron fuego, quitándoles entonces la vida a muchos de aquellos moros a sangre fría, y dándoles a los que quedaron las pequeñas lanchas que ellos mismos traían, para que se fuesen.

Hasta este tiempo no habían encontrado con navío alguno que se les pudiera oponer, y en este paraje, o por casualidad de la contingencia, o porque ya se tendría noticia de tan famosos ladrones en algunas partes, de donde creo había ya salido gente para castigarlos, se descubrieron cuatro navíos de guerra bien artillados, y todos de holandeses a lo que parecía.

Estaban éstos a Sotavento,[57] y teniéndose[58] de los piratas cuanto le fué posible, ayudados de la obscuridad de la noche, mudaron rumbo hasta dar en Pulilaor, y se rehicieron de bastimentos y de agua; pero, no teniéndose ya por seguros en parte alguna, y temerosos de perder las inestimables riquezas con que se hallaban, determinaron dejar aquel archipiélago.

Dudando si desembocarían por el estrecho de Sonda o de Sincapura,[59] eligieron éste por más cercano, aunque más prolijo[60] y dificultoso, desechando el otro, aunque más breve y limpio, por más distante, o, lo más cierto, por más frecuentado de los muchos navíos que van y vienen de la nueva Batavia, como arriba dije.

Fiándose, pues, en un práctico de aquel estrecho que iba con ellos, ayudándoles la brisa y corrientes cuanto no es decible, con banderas holandesas y bien prevenidas las armas para cualquier caso, esperando una noche que fuese lóbrega,[61] se entraron por él con desesperada resolución y lo corrieron casi hasta el fin sin encontrar sino una sola embarcación al segundo día.

Era ésta una fragata de treinta y tres codos de quilla,[62] cargada de arroz y de una fruta que llaman «bonga»,[63] y al mismo tiempo de acometerla (por no perder la costumbre de robar, aun cuando huían) dejándola sola los que la llevaban y eran malayos, se echaron al mar y de allí salieron a tierra para salvar las vidas.

En esta ocasión se desaparecieron cinco de los míos, y presumo que, valiéndose de la cercanía a la tierra, lograron la libertad con echarse a nado.

---

[51] hicieron ostentación, alardearon
[52] en montón, sin envase
[53] cogieron agua
[54] con más tráfico
[55] *rasos*: telas de seda brillante; *garzas*: aves zancudas; *sarampures*: mantas
[56] robado
[57] lado opuesto a barlovento (parte de donde viene el viento)
[58] aquí alejándose
[59] Singapur
[60] muy extenso y con detalles
[61] muy oscura
[62] la base del barco que sostiene toda su estructura
[63] clase de palma que crece en las Filipinas

A los veinticinco días de navegación avistamos una isla (no sé su nombre) de que, por habitada de portugueses, según decían o presumían, nos apartamos, y desde allí se tiró la vuelta de la Nueva Holanda, tierra aun no bastantemente descubierta de los europeos, y poseída, a lo que parece, de gentes bárbaras; y al fin de más de tres meses dimos con ella.

Desembarcados en la costa los que se enviaron a tierra con las piraguas, hallaron rastros antiguos de haber estado gente en aquel paraje, pero, siendo allí los vientos contrarios y vehementes y el surgidero[64] malo, solicitando lugar más cómodo, se consiguió en una isla de tierra llana, y hallando no sólo resguardo y abrigo a las embarcaciones, sino arroyo de agua dulce, mucha tortuga y ninguna gente, se determinaron dar allí carena[65] para volverse a sus casas. Ocupáronse ellos en hacer esto, y yo y los míos en remendarles las velas y en hacer carne.

A cosa de cuatro meses o poco más, estábamos ya para salir a viaje, y poniendo las proas a la isla de Madagascar, o de San Lorenzo, con Leste a popa, llegamos a ella en veintiocho días. Rescatáronse de los negros que la habitaban muchas gallinas, cabras y vacas, y noticiados de que un navío inglés mercantil estaba para entrar en aquel puerto a contratar con los negros, determinaron esperarlo y así lo hicieron.

No era esto como yo infería de sus acciones y pláticas, sino por ver si lograban el apresarlo; pero reconociendo, cuando llegó a surgir, que venía muy bien artillado y con bastante gente, hubo de la una a la otra parte repetidas salvas y amistad recíproca.

Diéronle los mercaderes a los piratas aguardiente y vino, y retornáronles éstos de lo que traían hurtado, con abundancia.

Ya que no por fuerza (que era imposible) no omitía diligencia el Capitán Bel para hacerse dueño de aquel navío como pudiese; pero lo que tenía éste de ladrón y de codicioso, tenía el Capitán se los mercaderes de vigilante y sagaz, y así sin pasar jamás a bordo nuestro (aunque con grande instancia y con convites que le hicieron, y que él no admitía, lo procuraban), procedió en las acciones con gran recato.[66] No fué menor el que pusieron Bel y Donkin para que que no supiesen los mercaderes el ejercicio en que andaban, y, para conseguirlo con más seguridad nos mandaron a mí y a los míos, de quienes únicamente se recelaban, el que pena de la vida, no hablásemos con ellos palabra alguna y que dijésemos éramos marineros voluntarios suyos y que nos pagaban.

Contravinieron a este mandato dos de mis compañeros hablándole a un portugués que venía con ellos, y mostrándose piadosos en no quitarles la vida luego al instante los condenaron a recibir seis azotes de cada uno. Por ser ellos ciento cincuenta, llegaron los azotes a novecientos, y fué tal el rebenque[67] y tan violento el impulso con que los daban, que amanecieron muertos los pobres al siguiente día.

Trataron de dejarme a mí y a los pocos compañeros que habían quedado en aquella isla; pero considerando la barbaridad de los negros moros que allí vivían, hincado de rodillas y besándoles los pies con gran rendimiento,[68] después de reconvenirles[69] con lo mucho que les había servido y ofreciéndome a asistirles en su viaje como si fuese esclavo, conseguí el que me llevasen consigo.

Propusiéronme entonces, como ya otras veces me lo habían dicho, el que jurase de acompañarlos siempre y me darían armas.

Agradecíles la merced,[70] y haciendo refleja[71] a las obligaciones con que nací, les respondí con afectada humildad el que más me acomodaba a servirlos a ellos que a pelear con otros, por ser grande el temor que les tenía a las balas, tratándome de español cobarde y gallina, y por eso, indigno de estar en su compañía que me honrara y valiera mucho, no me instaron más.

Despedidos de los mercaderes, y bien provisionados de bastimentos, salieron en demanda del Cabo de Buena Esperanza, en la costa de África, y después de dos meses de navegación, estando primero cinco días barloventándolo, lo montaron. Desde allí por espacio de un mes y medio se costeó un muy extendido pedazo de

---

[64] fondeadero, lugar donde el barco puede detenerse
[65] reparación en el casco de la nave
[66] cautela, astucia
[67] látigo de cuero; cuerda
[68] sumisión, humildad
[69] reprenderles, hacerles cargo
[70] favor
[71] reflejando

tierra firme, hasta llegar a una isla que nombran de Piedras, de donde, después de tomar agua y proveerse de leña, con las proas al Oeste y con brisas largas dimos en la costa del Brasil en veinticinco días.

En el tiempo de dos semanas en que fuimos al luengo[72] de la costa y sus vueltas disminuyendo altura, en dos ocasiones echaron seis hombres a tierra en una canoa y, habiendo hablado con no sé qué portugueses y comprándoles algún refresco, se pasó adelante hasta llegar finalmente a un río dilatadísimo[73] sobre cuya boca surgieron en cinco brazas, y presumo fué el de las Amazonas, si no me engaño.[74]

Sor Juana Inés de la Cruz

MÉXICO, 1651–1695

Por su curiosidad científica, su mente ágil y alerta, y su robusta inteligencia, la aparición de sor Juana Inés de la Cruz en una atmósfera de pedantería, aberraciones y silogismos tiene «algo de sobrenatural y extraordinario» como dijera Menéndez y Pelayo.* Nació la excelsa poetisa en Nepantla, muy cerca de la ciudad de México, de familia distinguida aunque de clase media. Su padre era vasco y la madre mexicana. Ella misma nos cuenta que aprendió a leer a los tres años; a los seis o siete quería ir vestida de varón a la Universidad porque les estaba prohibida la entrada a las mujeres; dominaba el latín en sólo veinte lecciones y se cortaba el pelo como autocastigo cuando no aprendía pronto lo que se había propuesto. Llegó a tener un conocimiento enciclopédico y por sus inquietudes intelectuales debe considerársele como una temprana aparación de las ideas de la Ilustración en este continente. Su genio quedó aherrojado y limitado por la actitud de la época con respecto a la mujer, a la cual le estaba vedado proseguir estudios superiores, pero las muestras dejadas bastan para considerarla en todo su valor. Muy pronto su belleza e inteligencia constituyeron una verdadera leyenda y le abrieron las puertas del palacio virreinal donde fue dama de honor de la virreina Mancera. En el palacio donde fue «desgraciada por discreta y perseguida por hermosa», sufrió a los diecisiete años un examen público por cuarenta de los hombres más sabios del virreinato saliendo muy airosa de la difícil prueba. En 1667 entró en el Convento de San José de las Carmelitas Descalzas, pero el frío y la vida aislada y dura de la institución la movieron a regresar a la corte. Dos años después, en 1669 entró en el Convento de San Gerónimo, tomando los votos

[72] a lo largo
[73] muy grande
[74] Después de muchas aventuras y contratiempos, Alonso Ramírez llega a México y es recibido por el Virrey, quien lo envía a don Carlos de Sigüenza y Góngora. Este se compadeció mucho de sus infortunios, lo ayudó a que hiciese el viaje a Veracruz y escribió esta *Relación* para que se recuerden sus trabajos.

* *Historia de la poesía hispanoamericana*, Tomo I, pág. 67.

poco después. Aquí se sintió mucho mejor porque la institución era como un centro de la comunidad con un activo programa cultural. De esa manera Sor Juana se convirtió en la figura literaria más importante de la época, escribiendo toda clase de obras para los actos culturales y cívicos. Su curiosidad intelectual y científica; su espíritu cartesiano y su relativismo al enfocar la doctrina, le ganaron los ataques y amonestaciones más duras de los líderes anti-intelectuales y escolásticos de la colonia. En su celda tenía una biblioteca de más de cuatro mil volúmenes (la mejor del México de la época), así como instrumentos de música y equipo científico, lienzos, caballetes y otros utensilios para la pintura. Presionada por sus superiores vendió todo y lo repartió entre los pobres. Murió en una epidemia, porque se entregó en cuerpo y alma al cuidado de los pobres y de sus hermanas del convento. Se le ha llamado con razón «la décima musa mexicana».

La obra de Sor Juana Inés de la Cruz comprende poesías (escritas tanto en el estilo del barroco normal como en la vena culterana o gongorista), prosa, en la que encontramos verdaderos ensayos, y teatro. En todos estos géneros sobresalió en forma extraordinaria, al punto de que se le considera, con toda justicia, la figura literaria más importante del período colonial. Sus versos caen dentro de la categoría de amatorios, religiosos, filosóficos, populares y profanos y en todos logró la mejor poesía lírica de su tiempo. Muchos de sus versos están entre los mejores de la lengua castellana. En ella se notan los temas esenciales del barroco: el desengaño, la desilusión, el pesimismo, la angustia, el sentido de transitoriedad y vanidad de la vida y la reiteración de contrastes. En los versos de amor muestra su temperamento de mujer vehemente y apasionada; en los filosóficos, ahonda en las inquietudes propias del individuo pensante del momento histórico y en los religiosos alcanza una elevación casi mística, por la sinceridad y el amor auténtico a Dios. En toda su poesía hay rasgos culteranos y no pocos conceptistas, representados éstos por su inclinación a las antítesis, los juegos de conceptos y otras combinaciones propias de ese estilo. También cultivó la poesía culterana o gongorista, cuyo ejemplo más sobresaliente es su notable poema «Primero sueño», con influencias directas de las «Soledades» de Luis de Góngora. La crítica lo considera una obra maestra dentro de ese estilo. En novecientos setenta y cinco endecasílabos y heptasílabos presenta todo el proceso del sueño, cuando el cuerpo se entrega al descanso y el subconsciente vaga libremente hasta que al otro día se despierta y sólo se recuerdan vagos aspectos de lo soñado.

De sus trabajos en prosa se conservan dos cartas que adquieren categoría de verdaderos ensayos por la madurez y profundidad del pensamiento, únicamente afectados por la abundancia de disquisiciones doctrinales y teológicas propias de la época y de la materia de que tratan. La primera se titula *Carta Athenagórica* (1690). A petición del obispo de Puebla, Manuel Fernández de Santa Cruz, compuso una crítica sobre un famoso sermón pronunciado por el jesuíta lusobrasileño Antonio Vieyra, célebre predicador de la época. Mostrando admirables conocimientos del pensamiento de los doctores de la iglesia y de teología refuta admirablemente ideas del célebre sermón mencionado. Luego escribió Sor Juana su famosa *Respuesta de la poetisa a la muy ilustre Sor Filotea de la Cruz* (1691) contestando una carta del obispo de Puebla—quien firmaba como Sor Filotea de la Cruz—donde éste la exhortaba a no distraer su talento en labores intelectuales y dedicarlos exclusivamente a labores religiosas. Constituye esta carta uno de los ensayos biográficos y feministas más interesantes de la lengua, un verdadero estudio sicológico de la autora, quien en todo momento alcanza gran altura en el pensamiento y en la armonía y ritmo de la prosa. La carta transpira un auténtico espíritu femenino y nos descubre la verdadera intimidad de esta mujer extraordinaria.

También escribió Sor Juana teatro dentro de la orientación barroca en el período post-calderoniano. Dejó comedias, loas, entremeses, autos sacramentales y villancicos dramáticos. Su mejor comedia, *Los empeños de una casa*, imita a Calderón en el género de «capa y espada». Hay también influencia de *La discreta enamorada* de Lope de Vega. La acción transcurre en Toledo y trata de los amores y destinos encontrados de don Carlos y doña Leonor, quienes después de muchos enredos logran la felicidad por haber actuado siempre con sinceridad. Aparece un gracioso —Castaño— de habla y sicología mexicanas. Hay humorismo excelente, ingenio y gracia no afectados. No alcanza la calidad de ésta. *Amor es más laberinto* (1688), cuyo segundo acto escribió en colaboración con su primo, Licenciado Juan de Guevara, aunque también tiene mérito dentro de este tipo de comedias de enredos, aquí complicados por la combinación con la mitología. Se conservan de ella tres Autos sacramentales, en los que se adivina el brioso estilo de Calderón. El mejor lleva por título *El Divino Narciso* (1689), lleno de color local y en el que presenta a Cristo como el Narciso que ve en sí mismo a los hombres al contemplarse en el agua. Combina lo bíblico y lo mitológico y al final Cristo muere por su amor a los hombres, dejando un símbolo que lo representa: la eucaristía. Sus piezas breves: loas, sainetes, saraos y villancicos tienen frescura, buena ejecución dramática, dignidad teatral. Los sainetes logran desenvolver situaciones graciosas y humorísticas con desenfado y ligereza. En los rasgos de ingenio y en la sobriedad y la gracia se muestra legítima heredera de Juan Ruiz de Alarcón.

FUENTE: *Obras completas*, 4 vols., México, Fondo de Cultura Económica, 1951–1957; editadas por Alfonso Méndez Plancarte. El tomo IV fue preparado por Alí Chumacero y Alberto G. Salceda.

Sonetos[1]

i

Procura desmentir los elogios que a un retrato de la poetisa inscribió la verdad, que llama pasión[2]

Este que ves, engaño colorido,
que, del arte ostentando los primores,[3]
con falsos silogismos de colores
es cauteloso engaño del sentido.

éste en quien la lisonja ha pretendido
excusar de los años los horrores
y venciendo del tiempo los rigores
triunfar de la vejez y del olvido:

es un vano artificio del cuidado;
es una flor al viento delicada;
es un resguardo[4] inútil para el hado;

es una necia diligencia errada;[5]
es un afán caduco;[6] y, bien mirado,
es cadáver, es polvo, es sombra, es nada.[7]

ii

Quéjase de la suerte: insinúa su aversión a los vicios y justifica su divertimiento[8] *a las Musas*

¿En perseguirme, mundo, qué interesas?
¿En qué te ofendo, cuando sólo intento
poner bellezas en mi entendimiento
y no mi entendimiento en las bellezas?[9]

Yo no estimo tesoros ni riquezas,
y así, siempre me causa más contento
poner riquezas en mi entendimiento
que no mi entendimiento en las riquezas.

Yo no estimo hermosura que vencida
es depojo[10] civil de las edades
ni riqueza me agrada fementida;[11]

teniendo por mejor en mis verdades
consumir vanidades de la vida
que consumir la vida en vanidades.

iii

Condena por crueldad disimulada el alivio que la esperanza da

Diuturna[12] enfermedad de la esperanza
que así entretienes mis cansados años
y en el fiel de los bienes y los daños
tienes en equilibrio la balanza;[13]

que siempre suspendida en la tardanza
de inclinarse, no dejan tus engaños
que lleguen a excederse en los tamaños[14]
la desesperación o la confianza;

¿quién te ha quitado el nombre de homicida,
pues lo eres más severa, si se advierte
que suspendes el alma entretenida

y entre la infausta o la felice suerte
no lo haces tú por conservar la vida
sino por dar más dilatada muerte?

---

[1] Se conocen sesenta y tres sonetos de Sor Juana Inés de la Cruz. Los que ofrecemos son todos de corte clásico en la forma y son buena muestra del llamado «barroco normal», porque la forma no es complicada ni hermética, y prevalecen en ellos los temas fundamentales del barroco.

[2] Estos títulos no fueron puestos por la poetisa, sino por sus editores del siglo XVII, por lo general. Muchas veces el primer verso de sus poemas les sirve de títulos. Nótese en este soneto el tema del barroco que considera la vida como pura apariencia o engaño. El último verso resume bien la filosofía de ese período.

[3] hermosuras, perfecciones

[4] defensa, refugio

[5] equivocada

[6] viejo, anciano

[7] Nótese el reiterado uso de conceptismos

[8] diversión, entretenimiento

[9] Nótese el constante uso de conceptismos consistentes en antítesis y en el juego de vocablos.

[10] todo lo perdido

[11] falto de fe; traidor; falso

[12] que dura largo tiempo

[13] *fiel*: aguja de la balanza *balanza*: instrumento para pesar cosas

[14] dimensiones, volúmenes, magnitudes (de las cosas)

IV[15]

En que da moral censura a una rosa, y en ella a sus semejantes

Rosa divina que en gentil cultura
eres con tu fragante sutileza
magisterio purpúreo en la belleza,
enseñanza nevada[16] a la hermosura;

amago[17] de la humana arquitectura,
ejemplo de la vana gentileza
en cuyo ser unió naturaleza
la cuna alegre y triste sepultura:

¡cuán altiva en tu pompa, presumida,
soberbia, el riesgo de morir desdeñas;
y luego, desmayada y encogida,[18]

de tu caduco ser das mustias señas![19]
¡Con que, con docta muerte y necia vida,
viviendo engañas y muriendo enseñas!

Redondillas[20]

En que describe racionalmente los efectos irracionales del Amor[21]

Este amoroso tormento
que en mi corazón se ve,
sé que lo siento, y no sé
la causa por que lo siento.

Siento una grave agonía
por lograr un devaneo[22]
que empieza como deseo
y para[23] en melancolía.

Y cuando con más terneza
mi infeliz estado lloro,
sé que estoy triste e ignoro,
la causa de mi tristeza.

Siento un anhelo tirano
por la ocasión a que aspiro
y cuando cerca la miro
yo misma aparto la mano.

---

[15] Uno de los sonetos de Sor Juana que mejor refleja el tema barroco de la transitoriedad de la vida. Durante este período se comparaba a menudo la existencia humana con la vida efímera de una rosa o flor
[16] aquí, blanca
[17] indicio, señal
[18] apocada; mustia; marchita
[19] *mustias*: ajadas, marchitas; *señas*: signos, muestras
[20] Son estrofas de cuatro versos octosílabos con rima consonante *abba*
[21] Estas redondillas gozan de fama dentro de la producción de la poetisa
[22] amorío pasajero
[23] termina, acaba, concluye

Porque si acaso se ofrece
después de tanto desvelo,
la desazona[24] el recelo
o el susto la desvanece.

Y si alguna vez sin susto
consigo tal posesión,
cualquiera leve[25] ocasión
me malogra todo el gusto.

Siento mal del mismo bien
con receloso temor,
y me obliga el mismo amor
tal vez a mostrar desdén.

Cualquier leve ocasión labra
en mi pecho la manera
que el que imposibles venciera
se irrita de una palabra.

Con poca causa ofendida
suelo en mitad de mi amor
negar un leve favor
a quien le diera la vida.

Ya sufrida, ya irritada,
con contrarias penas lucho,
que por él sufriré mucho
y con él sufriré nada.

No sé en qué lógica cabe
el que tal cuestión se pruebe,
que por él lo grave es leve
y con él lo leve es grave.

Sin bastantes fundamentos
forman mis tristes cuidados,
de conceptos engañados,
un monte de sentimientos.

Y en aquel fiero conjunto
hallo, cuando se derriba,
que aquella máquina altiva
sólo estribaba[26] en un punto.

Tal vez el dolor me engaña,
y presumo sin razón
que no habrá satisfacción
que pueda templar mi saña.

Y cuando a averiguar llego
el agravio por que riño,
es como espanto de niño
que para en burlas y juego.

Y aunque el desengaño toco,
con la misma pena lucho
de ver que padezco mucho
padeciendo por tan poco.

A vengarse se abalanza[27]
tal vez el alma ofendida
y después arrepentida
toma de mí otra venganza.

Y si al desdén satisfago
es con tan ambiguo error
que yo pienso que es rigor
y se remata en halago.[28]

Hasta el labio desatento
suele equívoco[29] tal vez,
por usar de la altivez,
encontrar el rendimiento.

Cuando por soñada culpa
con más enojo me incito,
yo le acrimino[30] el delito
y le busco la disculpa.

No huyo el mal ni busco el bien,
porque en mi confuso error
ni me asegura el amor
ni me despecha[31] el desdén.

En mi ciego devaneo,
bien hallada con mi engaño,
solicito el desengaño
y no encontrarlo deseo.

---

[24] (fig.) disgusta, indispone
[25] ligera
[26] (fig.) consistía
[27] se lanza, salta (sobre algo)
[28] *se remata*: termina, acaba; *halago*: alabanza
[29] de doble sentido
[30] acuso
[31] disgusto por el desengaño

Si alguno mis quejas oye,
más a decirlas me obliga,
por que me las contradiga,
que no por que las apoye.

Porque si con la pasión
algo contra mi amor digo,
es mi mayor enemigo
quien me concede razón.

Y si acaso en mi provecho
hallo la razón propicia,
me embaraza[32] la injusticia
y ando cediendo el derecho.

Nunca hallo gusto cumplido,
porque entre alivio y dolor
hallo culpa en el amor
y disculpa en el olvido.

Esto de mi pena dura
es algo del dolor fiero
y mucho más no refiero
porque pasa de locura.

Si acaso me contradigo
en este confuso error,
aquel que tuviese amor
entenderá lo que digo.

Romances[33]

Acusa la hidropesía[34] de mucha ciencia, que teme inútil, aun para saber, y nociva para vivir

Finjamos que soy feliz,
triste pensamiento, un rato;
quizá podréis persuadirme,
aunque yo sé lo contrario.

Que pues sólo en la aprehensión
dicen que estriban los daños,
si os imagináis dichoso
no seréis tan desdichado.

Sírvame el entendimiento
alguna vez de descanso
y no siempre esté el ingenio
con el provecho encontrado.

Todo el mundo es opiniones,
de pareceres[35] tan varios,
que lo que el uno, que es negro,
el otro prueba que es blanco.

A uno sirve de atractivo
lo que otro concibe enfado,
y lo que éste por alivio
aquél tiene por trabajo.

El que está triste censura
al alegre de liviano[36]
y el que está alegre se burla
de ver al triste penando.

Los dos filósofos griegos
bien esta verdad probaron;
pues lo que en el uno risa,
causaba en el otro llanto.

Célebre su oposición
ha sido por siglos tantos,
sin que cuál acertó esté
hasta ahora averiguado.

Antes, en sus dos banderas
el mundo todo alistado,
conforme el humor le dicta
sigue cada cual el bando.[37]

Uno dice que de risa
sólo es digno el mundo vario,
y otro que sus infortunios
son sólo para llorados.

---

[32] (fig.) molesta, turba; pone en situación difícil
[33] Dejó la poetisa cincuenta y nueve romances, de los cuales cincuenta y cinco son octosílabos
[34] acumulación anormal de líquidos serosos en el cuerpo humano
[35] opiniones
[36] fácil, insconstante
[37] partido

Para todo se halla prueba
y razón en que fundarlo;
y no hay razón para nada,
de haber razón para tanto.

Todos son iguales jueces,
y siendo iguales y varios,
no hay quien pueda decidir
cuál es lo más acertado.

Pues si no hay quien lo sentencie
¿por qué pensáis vos, errado,
que os sometió Dios a vos
la decisión de los casos?

¿O por qué, contra vos mismo
severamente inhumano,
entre lo amargo y lo dulce
queréis elegir lo amargo?

Si es mío mi entendimiento
¿por qué siempre he de encontrarlo
tan torpe para el alivio,
tan agudo[38] para el daño?

El discurso es un acero
que sirve por ambos cabos;[39]
de dar muerte, por la punta;
por el pomo,[40] de resguardo.

Si vos, sabiendo el peligro,
queréis por la punta usarlo
¿qué culpa tiene el acero
del mal uso de la mano?

No es saber, saber hacer
discursos sutiles, vanos;
que el saber consiste sólo
en elegir lo más sano.

Especular las desdichas
y examinar los presagios[41]
sólo sirve de que el mal
crezca con anticiparlo.

En los trabajos futuros
la atención sutilizando,
más formidable que el riesgo
suele fingir el amago.

¡Qué feliz es la ignorancia
del que indoctamente sabio
halla, de lo que padece,
en lo que ignora, sagrado!

No siempre suben seguros
vuelos del ingenio osados,
que buscan trono en el fuego
y hallan sepulcro en el llanto.

También es vicio el saber;
que si no se va atajando,[42]
cuanto menos se conoce
es más nocivo el estrago.[43]

Y si el vuelo no le abaten,
en sutilezas cebado,[44]
por cuidar de lo curioso
olvida lo necesario.

Si culta mano no impide
crecer al árbol copado,[45]
quitan la sustancia al fruto
la locura de los ramos.

Si andar a nave ligera
no estorba lastre[46] pesado,
sirve el vuelo de que sea
el precipicio más alto.

En amenidad inútil
¿qué importa al florido campo,
si no halla fruto el otoño
que ostente flores el mayo?

¿De qué le sirve al ingenio
el producir muchos partos,[47]
si a la multitud se sigue
el malogro de abortarlos?

---

38 *torpe*: inhábil, incapaz; *agudo*: sutil, vivo, penetrante
39 extremos
40 parte por donde se agarra el arma con la mano
41 augurios, vaticinios, predicciones, profecías
42 (fig.) cortar, impedir
43 daño; destrucción
44 nutrido, alimentado
45 con copa; árbol con cima
46 cosa pesada que se pone en el fondo de un barco o vehículo para facilitar su conducción
47 actos de dar a luz o parir

Y a esta desdicha por fuerza
ha de seguirse el fracaso
de quedar el que produce,
si no muerto, lastimado.

El ingenio es como el fuego,
que, con la materia ingrato,
tanto la consume más
cuanto él se ostenta más claro.

Es de su propio señor
tan rebelado vasallo,
que convierte en sus ofensas
las armas de su resguardo.

Este pésimo ejercicio,
este duro afán pesado,
a los hijos de los hombres
dió Dios para ejercitarlos.

¿Qué loca ambición nos lleva,
de nosotros olvidados?
Si es que vivir tan poco,
¿de qué sirve saber tanto?

¡Oh, si como hay de saber
hubiera algún seminario
o escuela donde a ignorar
se enseñaran los trabajos!

¡Qué felizmente viviera
el que flojamente cauto[48]
burlara las amenazas
del influjo de los astros!

Aprendamos a ignorar,
pensamiento, pues hallamos
que cuanto añado al discurso
tanto le usurpo[49] a los años.

Endechas[50]

Consuelos seguros en el desengaño

Ya, desengaño mío,
llegasteis al extremo
que pudo en vuestro ser
verificar el serlo.

Todo lo habéis perdido:
mas no todo, pues creo
que aun a costa es de todo
barato el escarmiento.

No envidiaréis de amor
los gustos lisonjeros
que está un escarmentado
muy remoto del riesgo.

El no esperar alguno
me sirve de consuelo,
que también es alivio
el no buscar remedio.

En la pérdida misma
los alivios encuentro,
pues si perdí el tesoro,
también se perdió el miedo.

No tener qué perder
me sirve de sosiego,
que no teme ladrones
desnudo el pasajero.[51]

Ni aun la libertad misma
tenerla por bien quiero,
que luego será daño
si por tal la poseo.

No quiero más cuidados
de bienes tan inciertos,
sino tener el alma
como que no la tengo.

---

[48] precavido, prudente
[49] le robo, le quito
[50] Se conocen diez endechas de la poetisa. Las endechas son canciones tristes y con lamentaciones. Estrofas de cuatro versos de seis o siete sílabas, por lo general asonantados. Los versos de la que ofrecemos son heptasílabos
[51] viajero pobre

Liras[52]

Que expresan sentimientos de ausente[53]

Amado dueño mío:
escucha un rato mis cansadas quejas,
pues del viento las fío
que breve las conduzca a tus orejas,
si no se desvanece el triste acento
como mis esperanzas en el viento.

Óyeme con los ojos,[54]
ya que están tan distantes los oídos,
y de ausentes enojos
en ecos de mi pluma mis gemidos:
y ya que a ti no llega mi voz ruda,
óyeme sordo, pues me quejo muda.

Si del campo te agradas,
goza de sus frescuras venturosas,
sin que aquestas cansadas
lágrimas te detengan enfadosas;
que en él verás, si atento te entretienes,
ejemplo de mis males y mis bienes.

Si el arroyo parlero[55]
ves galán de las flores en el prado,
que amante y lisonjero
a cuantas mira intima su cuidado,
en su corriente mi dolor te avisa
que a costa de[56] mi llanto tienes risa.

Si ves que triste llora
su esperanza marchita en ramo verde
tórtola[57] gemidora,
en él y en ella mi dolor te acuerde
que imitan con verdor y con lamento
él mi esperanza y ella mi tormento.

Si la flor delicada,
si la peña, que altiva no consiente
del tiempo ser hollada,[58]
ambas me imitan, aunque variamente,
ya con fragilidad, ya con dulzura,
mi dicha aquélla, y ésta mi firmeza.

Si ves el ciervo herido
que baja por el monte acelerado,
buscando, dolorido,
alivio al mal en un arroyo helado,
y sediento al cristal se precipita,
no en el alivio, en el dolor me imita.

Si la liebre encogida
huye medrosa de los galgos[59] fieros
y por salvar la vida
no deja estampa[60] de los pies ligeros,
tal mi esperanza en dudas y recelos
se ve acusada de villanos celos.

Si ves el cielo claro,
tal es la sencillez del alma mía;
y si, de luz avaro,
de tinieblas emboza[61] el claro día,
es con su oscuridad y su inclemencia
imagen de mi vida en esta ausencia.

Así que, Fabio[62] amado,
saber puedes mis males sin costarte
la noticia cuidado,
pues puedes de los campos informarte,
y pues yo a todo mi dolor ajusto,
saber mi pena sin dejar tu gusto.

---

[52] Ofrecemos una de las tres liras que escribió Sor Juana. La lira es una combinación poética de cinco versos: endecasílabos el segundo y el quinto y heptasílabos los otros tres y con rima consonante *ababb*. También hay liras formadas de seis versos de diferente medida. Sor Juana emplea aquí esta última en la cual los versos primero y tercero son heptasílabos y los restantes endecasílabos con rima *ababcc*

[53] El asunto de la ausencia es uno de los favoritos de la poetisa, quien sigue así otro de los temas básicos del barroco

[54] Como siempre, la poetisa hace derroche de juegos conceptistas, no sólo aquí sino a lo largo de toda la composición

[55] Si el pequeño río murmurador, conversador

[56] a expensas de

[57] ave parecida a la paloma, pero más pequeña

[58] pisada, oprimida

[59] *liebre*: animal parecido al conejo, pero más pequeño; *medrosa*: miedosa; *galgos*: especie de perros

[60] huella, marca, rastro

[61] oculta, cubre

[62] uno de los nombres de amante ideal que constantemente utiliza la poetisa

Mas ¿cuándo (¡ay, gloria mía!)
mereceré gozar tu luz serena?
¿Cuándo llegará el día
que pongas dulce fin a tanta pena?
¿Cuándo veré tus ojos, dulce encanto,
y de los míos quitarás el llanto?

¿Cuándo tu luz hermosa
revestirá de glorias mis sentidos?
¿Y cuándo yo dichosa
mis suspiros daré por bien perdidos,
teniendo en poco el precio de mi llanto?
¡Que tanto ha de penar quien goza tanto!

¿Cuándo tu voz sonora
herirá mis oídos, delicada,
y el alma que te adora,
de inundación de gozos anegada,[63]
a recibirte con amante prisa
saldrá a los ojos desatada[64] en risa?

¿Cuándo de tu apacible
rostro alegre veré el semblante afable
y aquel bien indecible,
a toda humana pluma inexplicable?
Que mal se ceñirá a lo definido
lo que no cabe en todo lo sentido.

Ven, pues, mi prenda amada;
que ya fallece mi cansada vida
de esta ausencia pesada;
ven, pues, que mientras tarda tu venida,
aunque me cueste su verdor enojos,
regaré mi esperanza con mis ojos.

Primero sueño[65]

que así intituló y compuso la madre Juana Inés de la Cruz, imitando a Góngora

(FRAGMENTOS)

Piramidal, funesta,[66] de la tierra
nacida sombra, al Cielo encaminaba
de vanos obeliscos punta altiva,
escalar pretendiendo las Estrellas;
si bien sus luces bellas
—exemptas siempre, siempre rutilantes—[67]
la tenebrosa guerra
que con negros vapores le intimaba
la pavorosa sombra fugitiva
burlaban tan distantes
que su atezado ceño[68]
al superior convexo aun no llegaba
del orbe de la Diosa
que tres veces hermosa
con tres hermosos rostros ser ostenta;[69]
quedando sólo dueño
del aire que empañaba
con el aliento denso que exhalaba;

---

[63] muy llena
[64] suelta, libre
[65] El poema está escrito en versos endecasílabos y heptasílabos con muchos versos libres y rimas consonantes y asonantes a capricho. Pertenece al extremo radical del Barroco conocido como gongorismo o culteranismo. La expresión es muy hermética y críptica y para saber su contenido hay que acudir a la interpretación. Imita el estilo de *Las soledades* de Luis de Góngora y Argote. Su asunto es el proceso del sueño, desde el momento en que se cae dormido hasta que se despierta. La poetisa capta admirablemente el vuelo ininterrumpido del subconsciente así como el recuerdo en penumbra de ese vagar indefinido. La crítica considera este poema como una obra maestra del estilo culterano
[66] desgraciada, fatal
[67] *exemptas*: exentas, libres; *rutilantes*: resplandecientes
[68] *atezado*: obscuro, sombrío; *ceño*: frente; expresión de disgusto que se hace arrugando la frente
[69] Diana, o la Luna, de tres rostros, según Virgilio (*Eneida*, IV, 511): Luna en el cielo; Diana en la tierra; Proserpina en los infiernos. (Esta y las demás notas aclaratorias que usamos en este poema están basadas en las de A. Méndez Plancarte)

y en la quietud contenta
de imperio silencioso,
sumisas sólo voces consentía
de las nocturnas aves,
tan obscuras, tan graves,
que aun el silencio no se interrumpía [. . .]

El sueño todo, en fin, lo poseía;
todo, en fin, el silencio lo ocupaba:
aun el ladrón dormía;
aun el amante no se desvelaba.
El conticinio[70] casi ya pasado
iba y la sombra dimidiaba,[71] cuando
de las diurnas tareas fatigados
y no sólo oprimidos
del afán ponderoso
del corporal trabajo, mas cansados
del deleite también (que también cansa
objeto continuado a los sentidos
aun siendo deleitoso:
que la Naturaleza siempre alterna
ya una, ya otra balanza,
distribuyendo varios ejercicios,
ya al ocio, ya al trabajo destinados,
en el fiel infïel con que gobierna
la aparatosa máquina del mundo)—;
así, pues, de profundo
sueño dulce los miembros[72] ocupados,
quedaron los sentidos
del que ejercicio tienen ordinario
—trabajo, en fin, pero trabajo amado
si hay amable trabajo—,
si privados no, al menos suspendidos,
y cediendo al retrato del contrario
de la vida, que—lentamente armado—
cobarde embiste y vence perezoso
con armas soñolientas,
desde el cayado humilde al cetro altivo,[73]
sin que haya distintivo
que el sayal de la púrpura discierna:[74]
pues su nivel, en todos poderoso,
gradúa por exentas
a ningunas personas,
desde la de a quien tres forman coronas
soberana tiara,[75]
hasta la que pajiza vive choza;[76]
desde la que el Danubio undoso[77] dora,
a la que el junco humilde, humilde mora;
y con siempre igual vara
(como, en efecto, imagen poderosa
de la muerte) Morfeo[78]
el sayal mide igual con el brocado.
El alma, pues, suspensa
del exterior gobierno—en que ocupada
en material empleo,
o bien o mal da el día por gastado—,
solamente dispensa
remota, si del todo separada
no, a los de la muerte temporal opresos
lánguidos miembros, sosegados huesos,
los gajes[79] del calor vegetativo,
el cuerpo siendo, en sosegada calma,
un cadáver con alma,
muerto a la vida y a la muerte vivo,
de lo segundo dando tardas señas
el del reloj humano
vital volante[80] que, si no con mano,
con arterial concierto, unas pequeñas
muestras, pulsando, manifiesta lento
de su bien regulado movimiento. [. . .]

Mas mientras entre escollos zozobraba,[81]
confusa la elección, sirtes[82] tocando
de imposibles, en cuantos intentaba
rumbos seguir—no hallando
materia en que cebarse
el calor ya, pues su templada llama
(llama al fin, aunque más templada sea
que si su activa emplea
operación, consume, si no inflama)
sin poder excusarse
había lentamente
el manjar transformado
propia sustancia de la ajena haciendo;

---

[70] tiempo en la noche cuando todo está en silencio absoluto
[71] demediaba, dividía en mitades
[72] brazos y piernas
[73] *cayado*: palo o vara de los pastores; *cetro*: insignia del poder supremo; *altivo*: arrogante
[74] distinga
[75] referencia a la tiara papal
[76] *orden lógico*: hasta la que vive en choza pajiza. *Choza*: casa muy humilde
[77] con muchas ondas (como un río)
[78] aquí significa el sueño
[79] cosas inherentes a un oficio o profesión; retribución
[80] mecanismo que regula el movimiento de un reloj
[81] *escollos*: peñascos a flor de agua; arrecifes; rocas; *zozobraba*: peligraba, perecía
[82] banco o bajo de arena

y el que hervor resultaba bullicioso
de la unión el húmedo y ardiente
en el maravilloso
natural vaso había ya cesado
(faltando el medio) y consiguientemente
los que de él ascendiendo
soporíferos, húmedos vapores
el trono racional embarazaban
(desde donde a los miembros derramaban
dulce entorpecimiento[83]),
a los suaves ardores
del calor consumidos,
las cadenas del sueño desataban:
y la falta sintiendo de alimento
los miembros extenuados,
del descanso cansados,
ni del todo despiertos ni dormidos,
muestras de apetecer el movimiento
con tardos esperezos[84]
ya daban, extendiendo
los nervios, poco a poco entumecidos,[85]
y los cansados huesos,
(aun sin entero arbitrio de su dueño)
volviendo al otro lado—,
a cobrar empezaron los sentidos,
dulcemente impedidos
del natural beleño,[86]
su operación, los ojos entreabriendo.
Y del cerebro, ya desocupado,
las fantasmas huyeron
y como de vapor leve formadas—
en fácil humo, en viento convertidas,
su forma resolvieron. [. . .]

Respuesta 1691

de la poetisa a la muy ilustre Sor Filotea de la Cruz[87]

Muy Ilustre Señora, mi Señora:

No mi voluntad, mi poca salud y mi justo temor han suspendido tantos días mi respuesta. ¿Qué mucho si, al primer paso, encontraba para tropezar mi torpe pluma dos imposibles? El primero (y para mí el más riguroso) es saber responder a vuestra doctísima, discretísima, santísima y amorosísima carta. Y si veo que preguntado el Ángel de las Escuelas, Santo Tomás, de su silencio con Alberto Magno,[88] su maestro, respondió que callaba porque nada sabía decir digno de Alberto, con cuánta mayor razón callaría, no como el Santo, de humildad, sino que en la realidad es no saber algo digno de vos. El segundo imposible es saber agradeceros tan excesivo como no esperado favor, de dar a las prensas mis borrones:[89] merced tan sin medida que aun se le pasara por alto a la esperanza más ambiciosa y al deseo más fantástico; y que ni aun como ente[90] de razón pudiera caber en mis pensamientos; y en fin, de tal magnitud que no sólo no se puede estrechar[91] a lo limitado de las voces, pero excede a la capacidad del agradecimiento, tanto por grande como por no

[83] acción de dificultar, turbar
[84] desperezos, acción de desperezarse (estirar brazos y piernas para liberarlos del entumecimiento después de dormir)
[85] adormecidos; como paralizados
[86] adormecimiento como por un narcótico
[87] Véase la introducción
[88] San Alberto Magno: filósofo cristiano (1193–1280) que difundió el Escolasticismo
[89] (fig.) así llaman los autores con modestia a sus escritos
[90] ser
[91] limitar

esperado, que es lo que dijo Quintiliano: *Minorem spei, maiorem benefacti gloriam pereunt.*[92] Y tal, que enmudecen al beneficiado.

Cuando la felizmente estéril para ser milagrosamente fecunda, madre del Bautista[93] vio en su casa tan desproporcionada visita como la Madre del Verbo,[94] se le entorpeció el entendimiento y se le suspendió el discurso; y así, en vez de agradecimientos, prorrumpió en dudas y preguntas: *Et unde hoc mihi?*[95] ¿De dónde a mí viene tal cosa? Lo mismo sucedió a Saúl cuando se vio electo y ungido rey de Israel: *Numquid non filius Iemini ego sum de minima tribu Israel, et cognatio mea novissima inter omnes de tribu Beniamin? Quare igitur locutus es mihi sermonem istum?*[96] Así yo diré: ¿de dónde, venerable Señora, de dónde a mí tanto favor? ¿Por ventura soy más que una pobre monja, la más mínima criatura del mundo y la más indigna de ocupar vuestra atención? Pues *quare locutus es mihi sermonem istum? Et unde hoc mihi?*

Ni al primer imposible tengo más que responder que no ser nada digno de vuestros ojos; ni al segundo más que admiraciones, en vez de gracias, diciendo que no soy capaz de agradeceros la más mínima parte de lo que os debo. No es afectada modestia, Señora, sino ingenua verdad de toda mi alma, que al llegar a mis manos, impresa, la carta que vuestra propiedad llamó Atenagórica,[97] prorrumpí (con no ser esto en mí muy fácil) en lágrimas de confusión, porque me pareció que vuestro favor no era más que una reconvención que Dios hace a lo mal que le correspondo; y que como a otros corrige con castigos, a mí me quiere reducir a fuerza de beneficios. Especial favor de que conozco ser su deudora, como de otros infinitos de su inmensa bondad; pero también especial modo de avergonzarme y confundirme: que es más primoroso medio de castigar hacer que yo misma, con mi conocimiento, sea el juez que me sentencie y condene mi ingratitud. Y así, cuando esto considero acá a mis solas,[98] suelo decir: Bendito seáis vos, Señor, que no sólo no quisisteis en manos de otra criatura el juzgarme, y que ni aun en la mía lo pusisteis, sino que lo reservasteis a la vuestra, y me librasteis a mí de mí y de la sentencia que yo misma me daría —que, forzada de mi propio conocimiento, no pudiera ser menos que de condenación—, y vos la reservasteis a vuestra misericordia, porque me amáis más de lo que yo me puedo amar.

Perdonad, Señora mía, la digresión que me arrebató la fuerza de la verdad; y si la he de confesar toda, también es buscar efugios[99] para huir la dificultad de responder, y casi me he determinado a dejarlo al silencio; pero como éste es cosa negativa, aunque explica mucho con el énfasis de no explicar, es necesario ponerle algún breve rótulo[1] para que se entienda lo que se pretende que el silencio diga; y si no, dirá nada el silencio, porque ése es su propio oficio: decir nada. Fue arrebatado el Sagrado Vaso de Elección al tercer Cielo, y habiendo visto los arcanos secretos de Dios dice: *Audivit arcana Dei, quae non licet homini loqui.*[2] No dice lo que vio, pero dice que no lo puede decir; de manera que aquellas cosas que no se pueden decir, es menester decir siquiera que no se pueden decir, para que se entienda que el callar no es no haber qué decir, sino no caber en las voces lo mucho que hay que decir. Dice San Juan que si hubiera de escribir todas las maravillas que obró nuestro Redentor, no cupieran en todo el mundo los libros: y dice Vieyra,[3] sobre este lugar, que en sola esta cláusula dijo más el Evangelista que en todo cuanto escribió; y dice muy bien el Fénix Lusitano[4] (pero ¿cuándo no dice bien, aun cuando no dice bien?), porque aquí dice San Juan todo lo que dejó de decir y expresó lo que dejó de expresar. Así, yo,

[92] «menos gloria producen las esperanzas, mayor los beneficios»

[93] Isabel, prima de María

[94] María

[95] «Y de dónde esto a mí» Lucas I: 43

[96] «¿Acaso no soy yo hijo de Jémini, de la más pequeña tribu de Israel, y mi familia no es la última de todas las familias de la tribu de Benjamin? ¿Por qué, pues, me has hablado estas palabras?» Samuel, IX: 21

[97] *Athenagórica*: digna de la sabiduría de Minerva. Palabra de origen griego: *Athena*, Minerva; *agora*, arenga y el sufijo *ica*, digno de, propio de. Este título le fue dado por Don Manuel Fernández de Santa Cruz, Obispo de Puebla al publicar la carta por primera vez. Véase introducción.

[98] cuando estoy sola

[99] evasiones

[1] título, etiqueta; cartel, letrero

[2] Vaso de Elección: el Apóstol San Pablo. *Audivit*. . . . «oyó secretos de Dios, que al hombre no le es lícito hablar» (II Corintios XII: 4)

[3] Antonio de Vieyra, jesuíta portugués y célebre predicador. Uno de sus sermones dio lugar a la crítica de Sor Juana, publicada bajo el título de *Carta Atenagórica*

[4] Se refiere al padre Vieyra. Véase nota anterior

Señora mía, sólo responderé que no sé qué responder; sólo agradeceré diciendo que no soy capaz de agradeceros; y diré, por breve rótulo de lo que dejo al silencio, que sólo con la confianza de favorecida y con los valimientos[5] de honrada, me puedo atrever a hablar con vuestra grandeza. Si fuere necedad, perdonadla, pues es alhaja de la dicha, y en ella ministraré yo más materia a vuestra benignidad y vos daréis mayor forma a mi reconocimiento.

No se hallaba digno Moisés, por balbuciente, para hablar con Faraón, y, después, el verse tan favorecido de Dios, le infunde tales alientos, que no sólo habla con el mismo Dios, sino que se atreve a pedirle imposibles: *Ostende mihi faciem tuam.*[6] Pues así yo, Señora mía, ya no me parecen imposibles los que puse al principio, a vista de lo que me favorecéis; porque quien hizo imprimir la Carta[7] tan sin noticia mía, quien la intituló, quien la costeó, quien la honró tanto (siendo de todo indigna por sí y por su autora), ¿qué no hará?, ¿qué no perdonará? ¿qué dejará de hacer y qué dejará de perdonar? Y así, debajo del supuesto de que hablo con el salvoconducto[8] de vuestros favores y debajo del seguro de vuestra benignidad, y de que me habéis, como otro Asuero,[9] dado a besar la punta del cetro de oro de vuestro cariño en señal de concederme benévola licencia para hablar y proponer en vuestra venerable presencia, digo que recibo en mi alma vuestra santísima amonestación de aplicar el estudio a Libros Sagrados, que aunque viene en traje de consejo, tendrá para mí sustancia de precepto; con no pequeño consuelo de que aun antes parece que prevenía mi obediencia vuestra pastoral insinuación, como a vuestra dirección, inferido del asunto y pruebas de la misma Carta. Bien conozco que no cae sobre ella vuestra cuerdísima advertencia, sino sobre lo mucho que habréis visto de asuntos humanos que he escrito; y así, lo que he dicho no es más que satisfaceros con ella a la falta de aplicación que habréis inferido (con mucho razón) de otros escritos míos. Y hablando con más especialidad os confieso, con la ingenuidad que ante vos es debida y con la verdad y claridad que en mí siempre es natural y costumbre, que el no haber escrito mucho de asuntos sagrados no ha sido desafición,[10] ni de aplicación la falta, sino sobra de temor y reverencia debida a aquellas Sagradas Letras, para cuya inteligencia yo me conozco tan incapaz y para cuyo manejo soy tan indigna; resonándome siempre en los oídos, con no pequeño horror, aquella amenaza y prohibición del Señor a los pecadores como yo: *Quare tu enarras iustitias meas, et assumis testamentum meum per os tuum?*[11] Esta pregunta y el ver que aun a los varones doctos se prohibía el leer los Cantares[12] hasta que pasaban de treinta años, y aun el Génesis: éste por su oscuridad, y aquéllos porque de la dulzura de aquellos epitalamios no tomase ocasión la imprudente juventud de mudar el sentido en carnales afectos. Compruébalo mi gran Padre San Jerónimo, mandando que sea esto lo último que se estudie, por la misma razón; *Ad ultimum sine periculo discat Canticum Canticorum, ne si in exordio legerit, sub carnalibus verbis spiritualium nuptiarum Epithalamium non intelligens, vulneretur,*[13] y Séneca dice: *Teneris in annis haut clara est fides.*[14] Pues ¿cómo me atreviera yo a tomarlo en mis indignas manos, repugnándolo el sexo, la edad y sobre todo las costumbres? Y así confieso que muchas veces este temor me ha quitado la pluma de la mano y ha hecho retroceder los asuntos hacia el mismo entendimiento de quien querían brotar; el cual inconveniente no topaba[15] en los asuntos profanos, pues una herejía contra el arte no la castiga el Santo Oficio,[16] sino los discretos con risa y los críticos con censura; y ésta, *iusta vel iniusta, timenda non est,*[17] pues deja comulgar y oír misa, por lo cual me da poco o ningún cuidado; porque, según la misma

---

[5] privanzas, favores; amparos
[6] «Muéstrame tu rostro» (Éxodo XXXIII: 13)
[7] Véase nota 97
[8] permiso que dan las autoridades en tiempo de guerra para ir de un lugar a otro
[9] Véase libro de *Esther* V: 2
[10] falta de inclinación o vocación
[11] «Por qué hablas de mis mandamientos y tomas mi testamento en tu boca» (Salmo XLIX: 16)
[12] Se refiere al *Cantar de los cantares*, libro del Antiguo Testamento atribuído al Rey Salomón
[13] «al último lea, sin peligro, el *Cantar de los Cantares*; no sea que si lo lee a los principios, no entendiendo el epitalamio de las espirituales bodas bajo las palabras carnales, padezca daño» (*Carta a Leta*)
[14] «en los tiernos años no es clara la fe»
[15] se encontraba
[16] la Inquisición
[17] «justa o injusta, no hay por qué temerla»

decisión de los que lo calumnian, ni tengo obligación para saber ni aptitud para acertar; luego, si lo yerro, ni es culpa ni es descrédito. No es culpa, porque no tengo obligación; no es descrédito, pues no tengo posibilidad de acertar, y *ad impossibilia nemo tenetur*.[18] Y, a la verdad, yo nunca he escrito sino violentada y forzada y sólo por dar gusto a otros; no sólo sin complacencia, sino con positiva repugnancia, porque nunca he juzgado de mí que tenga el caudal[19] de letras e ingenio que pide la obligación de quien escribe; y así, es la ordinaria respuesta a los que me instan, y más si es asunto sagrado: ¿Qué entendimiento tengo yo, qué estudio, qué materiales, ni qué noticias para eso, sino cuatro bachillerías[20] superficiales? Dejen eso para quien lo entienda, que yo no quiero ruido con el Santo Oficio, que soy ignorante y tiemblo de decir alguna proposición malsonante o torcer[21] la genuina inteligencia de algún lugar. Yo no estudio para escribir, ni menos para enseñar (que fuera en mí desmedida soberbia), sino sólo por ver si con estudiar ignoro menos. Así lo respondo y así lo siento.

El escribir nunca ha sido dictamen propio, sino fuerza ajena; que les pudiera decir con verdad: *Vos me coegistis*,[22] Lo que sí es verdad que no negaré (lo uno porque es notorio a todos, y lo otro porque, aunque sea contra mí, me ha hecho Dios la merced de darme grandísimo amor a la verdad) que desde que me royó la primera luz de la razón, fue tan vehemente y poderosa la inclinación a las letras, que ni ajenas reprensiones —que he tenido muchas—, ni propias reflejas —que he hecho no pocas—, han bastado a que deje de seguir este natural impulso que Dios puso en mí: Su Majestad sabe por qué y para qué; y sabe que le he pedido que apague la luz de mi entendimiento dejando sólo lo que baste para guardar su Ley, pues lo demás sobra,[23] según algunos, en una mujer; y aun hay quien diga que daña. Sabe también Su Majestad que no consiguiendo esto, he intentado sepultar con mi nombre entendimiento, y sacrificárselo sólo a quien me le dio; y que no otro motivo me entró en religión, no obstante que al desembarazo y quietud que pedía mi estudiosa intención eran repugnantes los ejercicios y compañía de una comunidad; y después, en ella, sabe el Señor, y lo sabe en el mundo quien sólo lo debió saber, lo que intenté en orden a esconder mi nombre, y que no me lo permitió, diciendo que era tentación; y si sería. Si yo pudiera pagaros algo de lo que os debo, Señora mía, creo que sólo os pagara en contaros esto, pues no ha salido de mi boca jamás, excepto para quien debió salir. Pero quiero que con haberos franqueado de par en par[24] las puertas de mi corazón, haciéndoos patentes[25] sus más sellados[26] secretos, conozcáis que no desdice de mi confianza lo que debo a vuestra venerable persona y excesivos favores.

Prosiguiendo en la narración de mi inclinación de, que os quiero dar entera noticia, digo que no había cumplido los tres años de mi edad cuando enviando mi madre a una hermana mía, mayor que yo, a que se enseñase a leer en una de las que llaman Amigas,[27] me llevó a mí tras ella el cariño y la travesura; y viendo que la daban lección, me encendí yo de manera en el deseo de saber leer, que engañando, a mi parecer, a la maestra, la dije que mi madre ordenaba me diese lección. Ella no lo creyó, porque no era creíble; pero, por complacer al donaire,[28] me la dio. Proseguí yo en ir y ella prosiguió en enseñarme, ya no de burlas, porque la desengañó la experiencia; y supe leer en tan breve tiempo, que ya sabía cuando lo supo mi madre, a quien la maestra lo ocultó por darle el gusto por entero y recibir el galardón[29] por junto; y yo lo callé, creyendo que me azotarían por haberlo hecho sin orden. Aún vive la que me enseñó (Dios la guarde), y puede testificarlo.

Acuérdome que en estos tiempos, siendo mi golosina[30] la que es ordinaria en aquella edad, me abstenía de comer queso, porque oí decir que hacía rudos,[31] y podía conmigo más el deseo de saber que el de comer, siendo éste

---

[18] «a lo imposible nadie está obligado»
[19] riqueza, abundancia
[20] locuacidad impertinente; simplezas. Sor Juana habla con mucha modestia
[21] desviar
[22] «Vosotros me obligasteis» (II Corintios XII: 11)
[23] excede, hay más de lo necesario
[24] abiertas completamente
[25] claros, manifiestos
[26] bien guardados u ocultos
[27] *Amiga*: la escuela de primeras letras para niñas
[28] gracia; gallardía; gentileza
[29] premio, recompensa
[30] manjar agradable (bombones, caramelos, etc.)
[31] los que tienen dificultad para aprender lo que estudian

tan poderoso en los niños. Teniendo yo después como seis o siete años, y sabiendo ya leer y escribir, con todas las otras habilidades de labores y costuras que deprenden[32] las mujeres, oí decir que había Universidad y Escuelas en que se estudiaban las ciencias, en Méjico; y apenas lo oí cuando empecé a matar a mi madre con instantes e importunos ruegos sobre que, mudándome el traje, me enviase a Méjico, en casa de unos deudos[33] que tenía para estudiar y cursar la Universidad; ella no lo quiso hacer, e hizo muy bien, pero yo despiqué[34] el deseo en leer muchos libros varios que tenía mi abuelo, sin que bastasen castigos ni reprensiones a estorbarlo; de manera que cuando vine a Méjico, se admiraban, no tanto del ingenio, cuanto de la memoria y noticias que tenía en edad que parecía que apenas había tenido tiempo para aprender a hablar.

Empecé a deprender gramática, en que creo no llegaron a veinte las lecciones que tomé; y era tan intenso mi cuidado, que siendo así que en las mujeres —y más en tan florida juventud— es tan apreciable el adorno natural del cabello, yo me cortaba de él cuatro o seis dedos, midiendo hasta dónde llegaba antes, e imponiéndome ley de que si cuando volviese a crecer hasta allí no sabía tal o tal cosa que me había propuesto deprender en tanto que crecía, me lo había de volver a cortar en pena de[35] la rudeza. Sucedía así que él crecía y yo no sabía lo propuesto, porque el pelo crecía aprisa y yo aprendía despacio, y con efecto le cortaba en pena de la rudeza: que no me parecía razón que estuviese vestida de cabellos cabeza que estaba tan desnuda de noticias, que era más apeticible[36] adorno. Entréme[37] religiosa, porque aunque conocía que tenía el estado cosas (de las accesorias hablo, no de las formales), muchas repugnantes a mi genio, con todo, para la total negación que tenía al matrimonio, era lo menos desproporcionado y lo más decente que podía elegir en materia de la seguridad que deseaba de mi salvación; a cuyo primer respeto (como al fin más importante) cedieron y sujetaron la cerviz todas las impertinencillas de mi genio, que eran de querer vivir sola; de no querer tener ocupación obligatoria que embarazase la libertad de mi estudio, ni rumor de comunidad que impidiese el sosegado silencio de mis libros. Esto me hizo vacilar algo en la determinación, hasta que alumbrándome[38] personas doctas de que era tentación, la vencí con el favor divino, y tomé el estado que tan indignamente tengo. Pensé yo que huía de mí misma, pero ¡miserable de mí! trájeme a mí conmigo y traje mi mayor enemigo en esta inclinación, que no sé determinar si por prenda o castigo me dio el Cielo, pues de apagarse o embarazarse con tanto ejercicio que la religión tiene, reventaba como pólvora, y se verificaba en mí el *privatio est causa appetitus*.[39]

Volví (mal dije, pues nunca cesé); proseguí, digo, a la estudiosa tarea (que para mí era descanso en todos los ratos que sobraban a mi obligación) de leer y más leer, de estudiar y más estudiar, sin más maestro que los mismos libros. Ya se ve cuán duro es estudiar en aquellos caracteres sin alma, careciendo de la voz viva y explicación del maestro; pues todo este trabajo sufría yo muy gustosa por amor de las letras. ¡Oh, si hubiese sido por amor de Dios, que era lo acertado, cuánto hubiera merecido! Bien que yo procuraba elevarlo cuanto podía y dirigirlo a su servicio, porque el fin a que aspiraba era a estudiar Teología, pareciéndome menguada[40] inhabilidad, siendo católica, no saber todo lo que en esta vida se puede alcanzar, por medios naturales, de los divinos misterios; y que siendo monja y no seglar,[41] debía, por el estado eclesiástico, profesar letras; y más siendo hija de un San Jerónimo y de una Santa Paula,[42] que era degenerar de tan doctos padres ser idiota la hija. Esto me proponía yo de mí misma y me parecía razón; si no es que era (y eso es lo más cierto) lisonjear y aplaudir a mi propia inclinación, proponiéndole como obligatorio su propio gusto. [. . .]

---

[32] aprenden
[33] parientes
[34] me satisfice; me desquité
[35] en castigo de (por)
[36] deseable, agradable
[37] me hice; entré
[38] (fig.) ilustrándome, enseñándome
[39] «la privación es causa de apetito»
[40] disminuída
[41] perteneciente al siglo
[42] la discípula favorita de San Jerónimo, era la patrona del convento de Sor Juana

Sainete Primero[43] de Palacio

¿1684?

INTERLOCUTORES[44]

EL AMOR	EL OBSEQUIO	LA ESPERANZA
EL RESPETO	LA FINEZA	UN ALCALDE

(*Sale el* ALCALDE *cantando.*)

ALCALDE

Alcalde soy del Terrero,[45]
y quiero en esta ocasión,
de los entes de Palacio
hacer ente de razón.[46]
Metafísica es del gusto
sacarlos a plaza hoy,
que aquí los mejores entes
los metafísicos son.
Vayan saliendo a la plaza,
porque aunque invisibles son,
han de parecer reales,
aunque le pese a Platón.
Del desprecio de las Damas,[47]
plenipotenciario[48] soy;
y del favor no, porqué
en Palacio no hay favor.
El desprecio es aquí el premio,
y aun eso cuesta sudor;[49]
pues no lo merece sino
el que no lo mereció.
¡Salgan los Entes, salgan,
que se hace tarde,
y en Palacio se usa
que espere nadie!

(*Sale el* AMOR, *cubierto.*)

AMOR

Yo, Señor Alcalde, salgo
a ver si merezco el premio.

ALCALDE

¿Y quién sois?

AMOR

Soy el Amor.

ALCALDE

¿Y por qué venís cubierto?

AMOR

Porque, aunque en Palacio asisto,
soy delincuente.

ALCALDE

Si hay eso,
¿por qué venís a Palacio?

AMOR

Porque me es preciso hacerlo;
y tuviera mayor culpa,
a no tener la que tengo.

---

[43] El *Sainete Primero* lleva el subtítulo «De Palacio» y era representado entre la primera y la segunda jornada de *Los empeños de una casa* (*¿1684?*), la mejor comedia de Sor Juana. El sainete tiene por asunto el llamado «galanteo de Palacio», tan en boga en épocas pasadas. En él un «Alcalde» quiere dar un premio (el desprecio de las damas en vez del favor) y en la lucha compiten el Amor, el Respeto, el Obsequio, la Fineza y la Esperanza, personificaciones de los «entes de Palacio». El amor era el tema básico de toda la obra de Sor Juana y aquí lo vemos tratado con fino humor. La poetisa trae al teatro un humorismo nuevo construído a base de sutiles ironías y de otros procedimientos utilizados por los grandes autores. Está escrito en versos octosílabos asonantes (hay varias consonancias) con rima en los pares

[44] personajes, caracteres

[45] relativo a la Tierra

[46] ser racional

[47] Véase nota 43

[48] embajador con plenos poderes

[49] cuesta mucho trabajo

ALCALDE
¿Cómo así?[50]

AMOR
Porque en Palacio,
quien no es amante, es grosero;
y escoger el menor quise,
entre dos precisos yerros.[51]

ALCALDE
¿Y por eso pretendéis
el premio?

AMOR
Sí.

ALCALDE
¡Majadero!
¿Quién os dijo que el Amor
es digno ni aun del desprecio?[52]

(*Canta:*)
¡Andad, andad adentro;
que el que pretende,
dice que es el desprecio,
y el favor quiere!

(*Vase el* AMOR, *y sale el* OBSEQUIO.)

OBSEQUIO
Señor Alcalde, de mí
no se podrá decir eso.

ALCALDE
¿Quién sois?

OBSEQUIO
El Obsequio soy,
debido en el galanteo[53]
de las Damas de Palacio.

ALCALDE
Bien ¿y por qué queréis premio,
si decís que sois debido?
¡Por cierto, sí, que es muy bueno
que lo que nos debéis vos,
queréis que acá lo paguemos!

(*Canta:*)

¡Andad, andad adentro;
porque las Damas
llegan hasta las deudas,
no hasta las pagas![54]

(*Vase el* OBSEQUIO, *y sale el* RESPETO.)

RESPETO
Yo, que soy el más bien visto
ente de Palacio, vengo
a que me premiéis, Señor.

ALCALDE
¿Y quién sois?

RESPETO
Soy el Respeto.

ALCALDE
Pues yo no os puedo premiar.

RESPETO
¿Por qué no?

ALCALDE
Porque si os premio,
será vuestra perdición.

RESPETO
¿Cómo así?

ALCALDE
Porque lo exento
de las deidades, no admite
pretensión; y el pretenderlo
y conseguirlo, será
perdérseles el respeto.

(*Canta:*)

¡Andad, andad adentro;
que no es muy bueno
el Respeto que mira
varios respetos!

---

[50] «¿Cómo es eso?»
[51] equivocaciones, errores
[52] desdén, falta de afecto
[53] acción para ganarse el amor de una mujer
[54] Quiere decir que las damas aunque no ganan dinero (paga), adquieren deudas

(*Vase el* RESPETO, *y sale la* FINEZA.)

FINEZA

Yo, Señor, de todos, sola
soy quien el premio merezco.

ALCALDE

¿Quién sois?

FINEZA

La Fineza soy;
ved si con razón pretendo.

ALCALDE

¿Y en qué, el merecer fundáis?

FINEZA

¿En qué? En lo fino, lo atento,
en lo humilde, en lo obsequioso,
en el cuidado, el desvelo,[55]
y en amar por sólo amar.

ALCALDE

Vos mentís en lo propuesto:
que si amarais por amar,
aun siendo el premio el desprecio,
no lo quisierais, siquiera
por tener nombre de premio.
Demás de que yo conozco,
y en las señas os lo veo,
que no sois vos la Fineza.

FINEZA

¿Pues qué tengo de no serlo?

ALCALDE

Veníd acá. ¿Vos nos decís
que sois la Fineza?

FINEZA

Es cierto.

ALCALDE

Veis ahí cómo no lo sois.

FINEZA

¿Pues en qué tengo de verlo?

ALCALDE

¿En qué? En que vos lo decís;
y el amante verdadero
ha de tener de lo amado
tan soberano concepto,
que ha de pensar que no alcanza
su amor al merecimiento
de la beldad a quien sirve;
y aunque la ame con extremo,[56]
ha de pensar siempre que es
su amor, menor que el objeto,
y confesar que no paga
con todos los rendimientos;[57]
que lo fino del amor
está en no mostrar el serlo.

(*Canta:*)

¡Y andad, andad adentro;
que la Fineza
mayor es, de un amante,
no conocerla!

(*Vase la* FINEZA, *y sale la* ESPERANZA, *tapada.*[58])

ESPERANZA

El haber, Señor Alcalde,
sabido que es el propuesto
premio el desprecio me ha dado
ánimo de pretenderlo.

ALCALDE

Decid quién sois, y veré
si lo merecéis.

ESPERANZA

No puedo;
que me hicierais desterrar,
si llegarais a saberlo.

ALCALDE

Pues, ¿y cómo puedo yo
premiaros sin conoceros?

ESPERANZA

¿Pues para aqueso[59] no basta
el saber que lo merezco?

---

[55] gran interés, celo
[56] mucho
[57] obsequiosidad, sumisión excesiva
[58] cubierta, embozada
[59] eso

ALCALDE

Pues si yo no sé quién sois,
ni siquiera lo sospecho,
¿de dónde puedo inferir
yo vuestro merecimiento?
Y así, perded el temor
que os encubre, del destierro
(que aunque tengáis mil delitos,
por esta vez os dispenso),[60]
y descubríos.

ESPERANZA

La Esperanza
soy.

ALCALDE

¡Qué grande atrevimiento!
¿Una villana en Palacio?

ESPERANZA

Sí, pues qué os espantáis[61] de eso
si siempre vivo en Palacio,
aunque con nombre supuesto.[62]

ALCALDE

¿Y cuál es?

ESPERANZA

Desconfïanza
me llamo entre los discretos,
y soy Desconfianza fuera
y Esperanza por de dentro;
y así, oyendo pregonar[63]
el premio, a llevarle vengo:
que la Esperanza, en Palacio,
sólo es digna del desprecio.

ALCALDE

Mientes: que el desprecio toma
algún género de cuerpo
en la boca de las Damas,
y al decirlo, por lo menos
se le detiene en los labios,
y se le va con los ecos;
y esto basta para hacerse
mucho aprecio del desprecio,[64]
y sobra para que sea
premio para los discretos;
que no es razón que a una dama
le costara tanto un necio.

(*Canta:*)

¡Andad, andad adentro;
que la Esperanza,
por más que disimule,[65]
siempre es villana!
Y pues se han acabado
todos los entes,
sin que ninguno el premio
propuesto lleve,
sépase que en las Damas,
aun los desdenes,
aunque tal vez se alcanzan,
no se merecen.
Y así, los entes salgan,
porque confiesen
que no merece el premio
quien lo pretende.

(*Salen los Entes, y cada uno canta su copla.*)

AMOR

Verdad es lo que dices:
pues aunque amo,
el Amor es obsequio,
mas no contrato.

OBSEQUIO

Ni tampoco el Obsequio;
porque en Palacio,
con que servir lo dejen,
queda pagado.

RESPETO

Ni tampoco el Respeto
algo merece;
que a ninguno le pagan
lo que se debe.

---

[60] excuso
[61] asombráis
[62] falso
[63] anunciar

[64] Nótese el juego conceptista entre dos palabras opuestas en significado, pero de sonidos semejantes. *Aprecio*: estimación, afecto
[65] finja

FINEZA
La Fineza tampoco;
porque, bien visto,
no halla en lo obligatorio
lugar lo fino.

ESPERANZA
Yo, pues nada merezco
siendo Esperanza,
de hoy más llamarme quiero
Desesperada.

ALCALDE
Pues sepan, que en Palacio,
los que lo asisten,
aun los mismos desprecios
son imposibles.

Juan del Valle y Caviedes

ESPAÑA-PERÚ, ¿1652?-1687

La poesía satírica comenzó a tener vigencia en América a partir del siglo XVI. Sobre esta base desarrolla el barroco hispanoamericano una de sus tendencias más importantes paralelamente con la España de Quevedo y Góngora: la dimensión caricaturesca de la realidad. Es durante este período que surge uno de los poetas satíricos más representativos de Hispanoamérica: Juan del Valle y Caviedes, cuyo talento natural encontró terreno propicio en la población limeña, tradicionalmente burlesca y festiva. Nació nuestro poeta en Porcuna, Jerez de la Frontera y vino muy niño a Lima, Perú donde se formó y vivió hasta su muerte. Su padre era comerciante y el niño tuvo muy poca instrucción formal. Casi todo lo aprendió en la universidad de la vida y algunas lecturas de los autores españoles más sobresalientes, especialmente los mencionados. Desde joven se dedicó al comercio en un modesto establecimiento de los llamados *cajones* en la calle de la Ribera, por eso era también conocido como *el poeta de la Ribera*. Parece que en un tiempo vivió como un libertino y esto quebrantó su salud (quizás de esta época surge su aversión contra los médicos). Después de una época de relativa salud y tranquilidad, se entregó de nuevo a la bebida. Poseía un magnífico don de observación y una indiscutible intuición de lo popular.

Actualmente conocemos doscientos setenta y ocho poemas de del Valle y Caviedes conservados en ocho manuscritos diferentes. Era poeta popular, anti-cortesano y antiacadémico, cuya obra se divulgaba oralmente y en hojas manuscritas que iban de mano en mano. La producción del autor puede agruparse en *poesía satírica*, *poesía lirica*, *teatro* y también *prosa*. Le proporcionaron gran popularidad sus versos llenos de sátira picante agrupados luego bajo el título de *Diente del parnaso* (obra escrita entre 1683 y la fecha de su muerte, copiada en 1693 y publicada en 1847, siglo y medio después de su fallecimiento). Su sátira va encaminada a la critica burlesca de la situación social. También compuso caricaturas llenas de picardía, gracia y a veces vitriolo contra personajes de la sociedad. Los médicos fueron el centro de sus diatribas y burlas. Cita a casi todos los médicos limeños por sus nombres, y el lugar donde estudiaban lo califica de *Facultad de Matanzas* en vez de Medicina. Tiene también gran cantidad de poemas satíricos contra otros elementos de la sociedad: beatas, narizones, hipócritas, mujeres de dudosa moralidad, etc. Sobresale tanto por su maestría en el uso del retruécano, la frase intencionada o alusiva y las insinuaciones como por su ingenio y comicidad. Tiene algunos puntos de contacto con Quevedo y también con el francés François Villon. En sus ataques procede por acumulación de puntos críticos: deformidades y aspectos físicos, carácter, hechos de la vida hasta hacer de los personajes figuras ridículas y grotescas. Su sátira es directa, tajante, jocunda, ruidosa, audaz. A veces cae en ciertas vulgaridades y en no pocas procacidades del lenguaje. Le gustaba mucho el pueblo y por eso capta con tanto acierto el sentir popular. Éste veía en sus sátiras las críticas que sus miembros mismos hubiesen hecho. Lo barroco de Valle Caviedes no está en las formas expresivas (que son por lo general llanas, salvo algunos conceptismos) sino en su burla despiadada, la actitud de protesta, la violencia y el tono agresivo e hiriente de su burla, que rompe todo equilibrio y punto de moderación.

Recientemente se ha venido insistiendo en la importancia de del Valle y Caviedes como poeta lírico, aspecto pasado por alto anteriormente. Su poesía no burlesca lo acredita como uno de los poetas líricos más importantes de Hispanoamérica en su siglo. Escribió sonetos, romances, liras, endechas y otras composiciones. Se distinguen estas poesías por su delicadeza, acento melancólico y transparencia de formas. Cultivó distintas venas dentro de la poesía lírica: la amorosa, la filosófica y reflexiva e inclusive la religiosa. En todas estas formas sobresale por su sinceridad, y un verdadero sentimiento poético y lírico. Cultivó también el teatro de tipo popular especialmente entremeses y «bailes». En prosa escribió una famosa *Carta a Sor Juana Inés de la Cruz*.

FUENTE: *Obras de don Juan del Valle y Caviedes*, Lima, Editorial Studium, 1947 (Clásicos Peruanos, I); editadas por Rubén Vargas Ugarte; Reedy, Daniel, R., «Poesías inéditas de Juan del Valle y Caviedes», *Revista Iberoamericana*, XXIX, No. 55 (1963), pág 157–190.

Diente del Parnaso[1]

1847

Coloquio[2] que tuvo con la muerte un médico moribundo

El mundo todo es testigo,
Muerte de mi corazón,[3]
que no has tenido razón
de portarte así conmigo.
Repara[4] que soy tu amigo,
y que de tus tiros tuertos[5]
en mí tienes los aciertos;
excúsame la partida,[6]
que por cada mes de vida
te daré treinta y un muertos.

¡Muerte! Si los labradores
dejan siempre de sembrar
¿cómo quieres agotar
la semilla de doctores?
Frutos te damos mayores;[7]
pues, con purgas y con untos,[8]
damos a tu hoz[9] asuntos
para que llenes las trojes,[10]
y por cada doctor coges
diez fanegas de difuntos.

No seas desconocida[11]
ni contigo uses rigores,[12]
pues la Muerte sin doctores
no es muerte, que es media vida.
Pobre, ociosa y desvalida
quedarás en esta suerte,
sin que tu aljaba[13] concierte,
siendo en tan grande mancilla[14]
una pobre muertecilla
o Muerte de mala muerte.

Muerte sin médico es llano,[15]
que ser, por lo que infiero,
mosquete sin mosquetero,
espada o puñal sin mano.
Este concepto no es vano:
porque aunque la muerte sea
tal, que todo cuanto vea
se lo lleve por delante,
que a nadie mata es constante
si el doctor no la menea.[16]

¡Muerte injusta! Tú también
me tiras por la tetilla;[17]
mas ya sé no es maravilla
pagar mal el servir bien.
Por galeno[18] juro, a quien
veneno, que si el rigor
no conviertes en amor
sanándome de repente,[19]
y muero de este accidente,
que no he de ser más doctor.

Mira que en estos afanes,
si así a los médicos tratas,
han de andar después a gatas[20]
los curas y sacristanes:

---

1 Véase la introducción para algunas ideas críticas sobre este libro.
2 Más que un coloquio es realmente un soliloquio que un médico le dirige a la muerte en el momento de morir. La composición está escrita en décimas o espinelas.
3 nótese la ironía: un mêdico, que se supone su más formidable enemigo, trata a la muerte muy amorosamente
4 considera
5 (fig.) desaciertos, errores
6 fallecimiento, muerte; (fig.) permíteme permanecer vivo
7 mejores cosechas (recogidas de los frutos y siembras)
8 *purgas:* purgantes, remedio para purgarse; *untos:* ungüentos
9 instrumento de hoja curva y muy afilada que sirve para segar; (fig.) la muerte usa una de ellas
10 graneros
11 aquí, malagradecida
12 no seas cruel (contigo misma)
13 caja para llevar flechas, y por extensión, armas
14 mancha, desgracia, vergüenza, deshonra
15 claro, que no admite dudas
16 activa, bate, sacude
17 (fig.) tocarle en lo que más siente
18 célebre médico griego (130–200 d. C.), por extensión cualquier médico
19 en seguida, inmediatamente
20 caminar con los pies y las manos; (fig.) estarán arruinados

Porque soles ni desmanes,[21]
la suegra y suegro peor,
fruta y nieve sin licor,
bala, estocadas y canto,[22]
no matan al año tanto
como el médico mejor.

Para hallar en Palacio estimaciones[23]

Para hallar en Palacio estimaciones
se ha de tener un poco de embusteros,[24]
poco y medio de infames lisonjeros[25]
y dos pocos cabales de bufones.[26]

Tres pocos y un poquito de soplones[27]
y cuatro de alcahuetes recauderos;[28]
cinco pocos y un mucho de parteros,
las obras censurando, y las acciones

será un amén continuo a cuanto hablare
el Señor o el Virrey a quien sirviere,[29]
y cuando más el tal disparate,

aplaudir con más fuerza se requiere,
y si con esta ganga[30] continuare
en Palacio tendrá cuanto quisiere.

Privilegios del pobre[31]

El pobre es tonto si calla,
y si habla es un majadero;
si sabe, es un hablador,[32]
y si afable, un embustero;
si es cortés, entrometido;
cuando no sufre, soberbio;
cobarde, cuando es humilde,
y loco, cuando es resuelto;[33]
si valiente, es temerario;
presumido, si es discreto;
adulador,[34] si obedece,
y si se excusa, grosero;
si pretende, es atrevido;
si merece, es sin aprecio;
su nobleza es nada vista
y su gala, sin aseo;[35]
si trabaja, es codicioso,
y, por el contrario extremo,
un perdido,[36] si descansa . . .
¡Miren si son privilegios!

---

[21] insolaciones ni excesos
[22] *estocadas:* heridas de espada; *canto:* canciones, (fig) vida alegre
[23] Soneto al estilo clásico. El título significa «como triunfar en la corte».
[24] usted tiene que ser algo mentiroso
[25] *poco y medio:* uno y medio; *lisonjero:* adulador, el que halaga con un fin interesado
[26] truhán que se ocupa en hacer reír
[27] cuentistas, delatores, que acusan en secreto
[28] *alcahuetes:* celestinos, persona que facilita relaciones ilícitas entre dos o más individuos; *recauderos:* que cobra; (fig.) que obtiene muchas cosas (mujeres, etc.)
[29] tendrá que decir siempre «sí». Todas sus acciones tienen que estar de acuerdo con las ideas de su señor o Virrey
[30] lo que se adquiere con poco trabajo; (fig.) cosa despreciable
[31] Está escrito en forma de romance con rima asonante en *e-o* en todos los versos pares.
[32] charlatán
[33] determinado, confiado, seguro
[34] lisonjero. Véase nota 25
[35] su mejor vestido no está limpio
[36] que no es bueno para nada; un vagabundo

A mi muerte próxima[37]

Que no moriré de viejo,
que no llego a los cuarenta,
pronosticado me tiene
de físicos la caterva.[38]
Que una entraña hecha gigote[39]
al otro mundo me lleva,
y el día menos pensado
tronaré[40] como arpa vieja.
Nada me dicen de nuevo;
sé que la muerte me espera,
y pronto; pero no piensen
que he de cambiar de bandera.[41]
Odiando las medicinas
como viví, así perezca;
que siempre el buen artillero
al pie del[42] cañón revienta.
Mátenme de sus palabras
pero no de sus recetas,
que así matarme es venganza
pero no muerte a derechas.[43]
Para morirme a mi gusto
no recurriré a la ciencia
de matalotes[44] idiotas
que por la ciudad pasean.
¿Yo a mi *Diente del Parnaso*[45]
por miedo traición hiciera?
¡Cuál rieran del cronista[46]
las edades venideras!
Jesucristo unió el ejemplo
a la doctrina, y a quien piensa
predicando ser apóstol,
de sus obras no reniega.
¡Me moriré! buen provecho.[47]
¡Me moriré! en hora buena;[48]
pero sin médicos cuervos[49]
junto de mi cabecera.
Un amigo, si esta *avis*
rara[50] mi fortuna encuentra,
y un franciscano[51] que me hable
de las verdades eternas,
y venga lo que viniere,
que apercibido[52] me encuentra
para reventar lo mismo
que cargada camarega.[53]

A Cristo[54]

Congojado[55] mi espíritu cobarde,
vergonzoso y confuso, llega a veros,
que, aunque mucho he tardado en conoceros,
tengo un Dios como Vos[56] para que aguarde.

El jornalero[57] soy que, por la tarde,
llegó a la viña donde otros jornaleros
que madrugaron más,[58] tantos dineros
les disteis como a aquel que llegó tarde.

Mi maldad, mi desgracia y mi pecado,
de quien soy me han tenido siempre ajeno,
teniéndoos con los vicios olvidado,

ciego en torpezas, de miserias lleno,
mas para pecador tan obstinado
hay un Dios infinitamente bueno.

---

[37] Está escrito en romance octosílabo con rima asonante en *e-a* en los versos pares. *Próxima:* inminente.
[38] multitud; pandilla; banda
[39] *una entraña:* tripa, interior del organismo; *gigote:* guisado de carne
[40] sonaré
[41] aquí, modo de ser, ideas, opiniones; partido, bando
[42] junto a, próximo al
[43] muerte buena, justa
[44] asesinos
[45] el título del famoso libro satírico de Valle y Caviedes.
[46] o historiador
[47] que le benefice a usted
[48] bien y bueno
[49] (fig.) doctores que matan a sus pacientes
[50] un pájaro extraño, raro. Valle y Caviedes implica que es muy difícil encontrar buenos amigos
[51] fraile de la orden de San Francisco
[52] preparado
[53] especie de mortero
[54] Soneto al estilo clásico. Valle y Caviedes demuestra que fue también un gran poeta lírico y hasta místico
[55] acongojado, afligido, triste
[56] tú
[57] persona que trabaja a jornal
[58] se levantaron más temprano

Juan Bautista de Aguirre

ECUADOR, 1725-1786

Ningún autor aparece tan bien dotado para la poesía al finalizar el período colonial como el ecuatoriano Juan Bautista de Aguirre. Nació en Daule, provincia de Guayas, no lejos de la ciudad y puerto de Guayaquil. Fue enviado muy joven a estudiar al Colegio Seminario de San Luis de Quito. Ingresó en la Compañía de Jesús cuando tenía quince años (1740) y tomó los votos finales en 1765. Promovió la renovación de estudios y ejerció una notable influencia como catedrático de Filosofía en la Universidad de San Gregorio Magno de Quito durante la polémica teológica entre dominicos y jesuítas. A pesar de su orden se mostró antiescolástico en muchos aspectos y comenzó a enseñar en su cátedra la nueva doctrina de Descartes y Leibnitz. Cuando los jesuítas fueron expulsados en 1767, Aguirre salió de Guayaquil con otros setenta y siete miembros de la orden. Desde entonces vivió en diferentes pueblos de Italia y Roma. Ocupó varios cargos eclesiásticos de importancia y murió en Tívoli a la edad de sesenta y un años.

Se conservan muy pocas composiciones suyas, sin embargo en ellas se descubren las diversas tendencias poéticas de aquella época: la línea de los excesos culterano-conceptistas, la poesía del rococó y aquellas en que muestra la influencia francesa. Los autores que más le influyen son los españoles Góngora, Quevedo y Calderón. En la poesía lírica usa los temas más diversos: religiosos, filosófico-morales, amorosos, descriptivos e inclusive satíricos. Su *Monserrate, poema heroico sobre las acciones y vida de San Ignacio de Loyola* (incompleto) está dentro de la línea gongorista por las contorsiones del estilo y las metáforas oscuras. Su poesía metafísica y meditativa cae dentro de aquella tendencia del barroco que expresa el desengaño, la fugacidad de la vida, los contrastes y la insistencia en el tema moral. A este estilo pertenece, entre otras, «A una rosa» (dos sonetos), «Carta a Lizardo», «Descripción del mar de Venus» (ficción poética y moral), «Soneto moral». Después su poesía entra en el período del rococó, el ritmo se aligera y se hace más natural y espontáneo, con un tono madrigalesco. Aquí tenemos «A unos ojos hermosos», «A una dama imaginaria», «A una tórtola que lloraba la ausencia de su amante» y «Un romance» (fragmento). Muy importante en Aguirre es la vena satírica de sus versos, llena de ironía y buen humor como sus poemas «A un zoilo que viendo unas poesías del autor, dijo que eran ajenas», y especialmente su célebre «Breve diseño de las ciudades de Guayaquil y Quito».

Como ha dicho Raimundo Lazo, «Aguirre es un poeta de resonancias, de elaboradas asimilaciones, de temas, motivos, imágenes y aun detalles de forma captados de la tradición poética española de los siglos XVII y XVIII; pero es también un poeta de elegancia y refinamiento, perjudicado por las influencias despersonalizadoras de la época. Cierto sentido de lo poético lo salva de los excesos extravagantes o pueriles de la decadencia de la poesía; pero no le permite atender a lo genuino y natural de la emoción lírica, a su contenido humano.»*

Fue también Aguirre un destacado profesor de filosofía y orador sagrado célebre por su elocuencia y hondura de pensamiento, siempre rico en doctrina teológica y religiosa. Valgan como ejemplos sus *Lecciones de filosofía* en tres volúmenes y *Oración fúnebre al Ilustrísimo Señor Juan Nieto Polo Aguilar, arzobispo de Quito* (1760).

FUENTE: *Poesías y obras oratorias*, Quito, Imprenta del Ministerio de Educación, 1953 (Clásicos Ecuatorianos III); editadas por Gonzalo Zaldumbide (verso) y Aurelio Espinosa Pólit (prosa).

Poesías

SIGLO XVIII

A una rosa[1]

I

En catre[2] de esmeraldas nace altiva
la bella rosa, vanidad de Flora,[3]
y cuanto en perlas le bebió a la aurora
cobra en rubís de sol la luz activa.

De nacarado[4] incendio es llama viva
que al prado ilustra en fe de que lo adora;
la luz la enciende, el sol sus hojas dora
con bello nácar de que al fin la priva.

Rosas, escarmentad:[5] no presurosas[6]
anheléis a este ardor; que si autoriza,
aniquila también el sol, ¡oh, rosas!

Naced y vivid lentas; no en la prisa
os consumáis, floridas mariposas,
que es anhelar arder, buscar ceniza.[7]

II

De púrpura vestida ha madrugado[8]
con presunción de sol, la rosa bella,
siendo sólo una luz, purpúrea huella
del matutino fue[9] de astro nevado.

Más y más se enrojece con cuidado
de brillar más que la encendió su estrella,
y esto la eclipsa sin ser yo centella
la que golfo de luz inundó al prado.

¿No te bastaba, oh rosa, tu hermosura?
Pague eclipsado, pues, tu gentileza
el mendigarle al sol la llama pura;

y escarmiente la humana[10] en tu belleza,
que si el nativo resplandor se apura,[11]
la que en luz deslumbró para en pavesa.[12]

---

* *Historia de la literatura hispanoamericana*, 2 vols., México, Editorial Porrúa, 1965–1967; tomo I, pág. 279

[1] Dos sonetos de corte clásico. Presentan uno de los temas favoritos del barroco: cantar a la rosa como símbolo de lo efímero y transitorio de la vida humana. Nótese el empleo de términos y expresiones gongorinas: *nácar, nieve, sol, floridas mariposas, vanidad de Flora* y otras. Hay también hipérbatons y elipsis que recuerdan a Góngora.

[2] por lecho o cama. La palabra resta belleza al poema, porque es bastante vulgar.

[3] diosa de las flores y de los jardines, madre de la Primavera y amada de Céfiro

[4] que tiene aspecto de nácar (substancia dura, brillante y muy apreciada que cubre algunas conchas)

[5] tomar ejemplo de experiencias pasadas por otros, a fin de evitar el cometer los mismos errores

[6] apresuradas, prontas, con prisa

[7] El último verso resulta muy feliz: quien desea arder debe pensar que es como anhelar convertirse en ceniza, o sea, en nada

[8] se ha levantado muy temprano

[9] hipérbaton. «fue huella purpúrea del astro matutino y nevado».

[10] debe añadirse belleza («la belleza humana»)

[11] da o tiene prisa

[12] chispa que se reduce pronto a ceniza

Carta a Lisardo[13]

Persuadiéndole que todo lo nacido muere dos veces, para acertar a morir una

¡Ay, Lisardo querido!
si feliz muerte conseguir esperas,
es justo que advertido,[14]
pues naciste una vez, dos veces mueras.
Así las plantas, brutos[15] y aves lo hacen:
dos veces mueren y una sola nacen.

Entre catres[16] de armiño[17]
tarde y mañana la azucena yace,[18]
si una vez al cariño
del aura[19] suave su verdor renace:
¡Ay flor marchita! ¡ay azucena triste!
dos veces muerta si una vez naciste.

Pálida a la mañana,
antes que el sol su bello nácar rompa,
muere la rosa, vana
estrella de carmín,[20] fragante pompa;
y a la noche otra vez: ¡dos veces muerta!
¡oh incierta vida en tanta muerte cierta!

En poca agua muriendo
nace el arroyo, y ya soberbio río
corre al mar con estruendo,[21]
en el cual pierde vida, nombre y brío:[22]
¡Oh cristal triste, arroyo sin fortuna!
muerto dos veces porque vivas una.

En sepulcro suave,
que el nido forma con vistoso halago,[23]
nace difunta el ave,
que del plomo[24] es después fatal estrago:[25]
Vive una vez y muere dos: ¡Oh suerte!
para una vida duplicada muerte.

Pálida y sin colores
la fruta, de temor, difunta nace,
temiendo los rigores
del noto[26] que después vil la deshace.
¡Ay fruta hermosa, qué infeliz que eres!
una vez naces y dos veces mueres.

Muerto nace el valiente
oso que vientos calza[27] y sombras viste,[28]
a quien despierta ardiente
la madre, y otra vez no se resiste
a morir; y entre muertes dos naciendo,
vive una vez y dos se ve muriendo.

Muerto en el monte el pino
sulca el ponto[29] con alas, bajel[30] o ave,
y la vela de lino
con que vuela el batel[31] altivo y grave
es vela de morir: dos veces yace
quien monte alado[32] muere y pino nace.

---

[13] Una silva que consta de doce sextillas en versos heptasílabos y endecasílabos. El empleo de la sextilla indica deseo de cortesía y de formalismo. Hay influencia del conceptismo, así como de San Juan de la Cruz y Santa Teresa de Jesús. Aunque trata un asunto grave y trascendente con el adecuado tono filósófico, el poema no es fúnebre en ningún momento. El tema está tratado con algún retoricismo, pero no le falta elevación.
[14] prevenido, avisado
[15] animales
[16] véase nota 2
[17] piel blanquísima del mamífero de ese nombre, muy suave y delicada
[18] *azucena:* planta liliácea de flores grandes, blancas y muy olorosas; *yace:* está echada o tendida
[19] brisa
[20] color rojo; rosal de flor roja
[21] ruido muy grande
[22] espíritu, fuerza
[23] muestra de afecto o admiración; agasajo
[24] aquí, bala (de rifle, etc.)
[25] destrucción
[26] viento del sur
[27] quiere decir que se mueve muy rápido
[28] está cubierto de pelo negro para rondar o cazar de noche
[29] *sulca:* surca, navega, atraviesa; *ponto:* mar
[30] barco, buque
[31] bote, barca; embarcación pequeña
[32] con alas

De la ballena altiva
salió Jonás[33] y del sepulcro sale
Lázaro,[34] imagen viva
que al desengaño humano vela y vale;[35]
cuando en su imagen muerta y viva viere
que quien nace una vez dos veces muere.

Así el pino, montaña
con alas, que del mar al cielo sube;
el río que el mar baña;
el ave que es con plumas vital nube;[36]
la que marchita nace flor del campo
púrpura vegetal, florido ampo,[37]
todo clama ¡oh Lisardo!
que quien nace una vez dos veces muera;
y así, joven gallardo,[38]
en río, en flor, en ave, considera,
que, dudando quizá de su fortuna,
mueren dos veces por que acierten una.

Y pues tan importante
es acertar en la última partida,[39]
pues penden de este instante
perpetua muerte o sempiterna vida,
ahora ¡oh Lisardo! que el peligro adviertes,
muere dos veces porque alguna aciertes.[40]

Francisca del Castillo y Guevara

COLOMBIA, 1671-1742

Al igual que en la España de la época, se desarrolló en Hispanoamérica, especialmente en el siglo XVII, una interesante literatura mística, con numerosos cultivadores. Este tipo de literatura constituye uno de los productos más típicos de la época angustiada del barroco. Se tiene por la figura cumbre del misticismo hispanoamericano a sor Francisca Josefa del Castillo y Guevara, conocida como «La Madre Castillo». Nació en Tunja (Boyacá) y murió en el convento de las clarisas de Santa Clara de la misma ciudad. Descendía de una familia rica y de linaje: su padre era un comerciante español y su madre criolla. Hay muchas analogías entre su vida y la de Santa Teresa de Jesús, de quien recibe constante inspiración. En su familia había mucha propensión a la vida religiosa: tres hermanos eran sacerdotes y monjas dos hermanas y lo fue la madre al morir el esposo. Era de constitución débil y enfermiza y recibió una educación elemental en su propia casa. Ella misma ha dicho que tenía «una grande y natural inclinación al retiro y soledad». Poseía también según ella dice «don de lágrimas» y era víctima de constantes alucinaciones y sensaciones de terror. Se enamoró de un primo y al sufrir la oposición de su padre, ingresó en el convento a los dieciocho años. Era

---

[33] Véase Mateo XII: 40
[34] Véase Juan XI
[35] una figura conceptista, consistente en un juego de palabras que suenan parecido, pero de significado diferentes
[36] se compara el pájaro con una nube viva
[37] campo cubierto de flores blancas
[38] guapo, valiente, bizarro
[39] aquí, viaje, muerte
[40] encuentres lo cierto, la verdad

éste una institución pobre, y la comunidad estaba constituída en su mayoría por monjas rudas y de poca cultura, por esas razones sufrió las humillaciones y burlas de sus hermanas de caridad, quienes no podían entenderla. Llegó a desempeñar todos los cargos, desde portera hasta abadesa o madre superiora. Aparte de comedias españolas de capa y espada, por las que sentía gran inclinación, leyó mucho a los místicos españoles—sobre todo Santa Teresa y Fray Luis de León—y estudió las Sagradas Escrituras con mucha pasión. Después de muchos dolores físicos y padecimientos murió con la reputación de haber sido una verdadera santa.

La producción de La Madre Castillo comprende tanto prosa como versos. Su primera obra importante lleva por título *Vida de la Venerable Madre Francisca de la Concepción escrita por ella misma* (terminada hacia 1717, publicada en 1817) en la que narra, entre anécdotas y episodios, los hechos más importantes de su vida desde la niñez hasta 1717, cuando abandonó la dirección del convento por primera vez. Está escrita con frescura, espontaneidad, y una gran atención por el detalle; en ella se revelan los distintos estados de alma de la autora, así como su firme vocación religiosa. Algo interesante es que no emplea muchas citas teológicas y filosóficas como era la costumbre en esa época. La Madre Castillo ofrece aquí una prosa bastante llana, libre de afeites y posiblemente escrita sin intenciones literarias. Su obra maestra en prosa son sus *Afectos espirituales*, publicados luego como *Sentimientos espirituales* (terminados hacia 1740, publicados en 1843). Constituye una especie de diario confesional de sus devociones y experiencias místicas. Aquí la prosa es más complicada y contorsionada por influencia del estilo de la época. No hay mucha unidad porque escribe todo con cierto desorden y precipitación, lo que le presta más naturalidad y originalidad. En ambas obras hay exuberancia, color, brillo y los párrafos son densos y largos. Constantemente hace patente su sinceridad y auténtica devoción, así como sus temores y angustias ante el misterio de Dios.

También escribió La Madre Castillo muchos versos de tono religioso, con influencia directa de la Biblia, sobre todo del *Cantar de los Cantares*. A pesar de que no era una gran poetisa, sus versos son lozanos, agradables al oído y muestran su sincera devoción religiosa. Todas sus poesías están incluídas en su libro *Afectos* o *Sentimientos espirituales*. La Madre Castillo es una de las figuras más notables del período colonial. Menéndez y Pelayo pedía, con toda justicia, que se la colocase al lado de las grandes figuras de la mística española.

FUENTES: *Sor Francisca Josefa de la Concepción: su vida, escrita por ella misma*, Bogotá, Ministerio de Educación Nacional, 1956 (Biblioteca de Autores Colombianos, Vol. 103); *Afectos espirituales*, 2 vols., Bogotá, Ministerio de Educación Nacional, 1956 (Biblioteca de Autores Colombianos, Vols. 104 y 105).

Su vida. Escrita por ella misma[1]

¿1717?

XXV

Consolaciones sensibles alternadas de desolaciones. Defectos en que incurre por el trato con las criaturas. Propende[2] con caridad a la entrada en religión de una sobrina suya. Se le dan respecto de ésta, conocimientos particulares. Ve claramente a Satanás y síguese una persecución espantosa[3] de las criaturas, con graves enfermedades y otras circunstancias notables. Visiones que le confortan.

Pues prosiguiendo en cómo se ha pasado mi vida: había ya año y medio que había tenido esta grande tribulación y azote[4] interior que yo jamás sabré explicar, y este tiempo se había pasado con aquellos mis deseos que Dios me daba de ser muy buena, experimentando en este tiempo una consolación tal, que como tratara con mi confesor algunas cosas de Nuestro Señor, casi se suspendían mis sentidos; y algunas veces, por dos o tres días estaba como fuera de mí, embebida[5] el alma en aquella consolación y amor sensible, aunque no faltaron en este tiempo cosas que decían de mí, y es cierto que aun una palabra simplemente dicha la solían tomar por un gran delito. Algunas criadas vinieron entonces a decirme las perdonara, que habían levantado[6] algunas cosas; y había ocasión de esto, porque ya dije que en este tiempo trataba más con las criaturas, pareciéndome mejor no estar tan retirada, sola y trabajosa, y que así se seguía un camino llano y seguro, que era lo que yo deseaba; a que se juntaban hallar alivio y consuelo en algunas personas. Mas, como mi corazón siempre ha sido malo e inconstante, caía más en faltas y culpas, y en viendo yo que se descaminaba mi corazón en el afecto a alguna cosa particular, sentía una fuerza interior que me hacía retirarme a hacer los ejercicios de mi padre San Ignacio,[7] y en ellos recibía mas copiosamente aquella consolación sensible que digo; aunque también padecía grandes trabajos interiores en la oración, que a veces quisiera más morir.

Pues al cabo de este año y medio que pasé así, me avisaron traían una sobrina mía a ser monja. Yo, aunque temí, mas considerando cuánto bueno sería que se consagrara a Nuestro Señor, porque me escribían sus grandes deseos, hice cuanto pude por ayudar a ellos; porque uno de los martirios que ha tenido mi corazón en este mundo es el no poder yo hacer nada en servicio de Nuestro Señor, porque según los deseos que Su Divina Majestad me ha dado, hubiera hecho mucho en bien de otros; mas siempre Su Divina Majestad, por humillar mi soberbia,[8] y por otras causas justísimas en su acertado gobierno, me ha tenido con las manos atadas, porque puesta en la ocasión, todo lo viera con propia estimación y amor propio, y quizá, y sin quizá, quitara la vista de dar gusto[9] a Su Divina Majestad por darlo a las criaturas; que a esto de darles gusto me he inclinado con demasiado extremo. Así que viendo cuán misericordiosamente lo ha hecho Nuestro Señor con esta vilísima criatura suya, me acuerdo de aquel verso del salmo, que dice: *Alegrado nos hemos por los días en que nos humillaste, por los años en que vimos males.* Y siempre me dió luz en lo que dice: *Bonum mihi quia humiliasti me: ut discam justificationes tuas.* Pues volviendo a lo que iba

[1] Véase la introducción y compare esas ideas críticas con las que la lectura de las selecciones le sugiera a usted.
[2] tiende, está inclinada
[3] que causa terror, pavor
[4] castigo; (fig.) calamidad
[5] absorta; encerrada; embelesada
[6] aquí, inventado un chisme o calumnias; (fig.) imputado una falsa acusación
[7] San Ignacio de Loyola: religioso español (1491–1556), fundador de los jesuítas; gran figura del ascetismo y autor de los célebres *Ejercicios espirituales*
[8] orgullo muy grande
[9] producir placer

diciendo, me pareció que en ayudar a la entrada de aquella religiosa, hallaba ocasión de hacer algo en servicio de Nuestro Señor, y de mi trabajo compuse[10] lo más de lo necesario, por ser ella huérfana de padre: también para el dote[11] me prometió aquel sujeto (que dije ayudó a la entrada de mi madre) daría a la profesión, para ayuda de ella, quinientos pesos. Hubo grandes contradicciones e impedimentos para su entrada, y se levantaron cosas, que yo no entendía que sucedieran así: todo cargaba sobre mí.

Pues el día que la trajeron para que la vieran las monjas, yo no ví en ella sino a Nuestro Señor Crucificado; no por ninguna imagen que se representara, sino por un conocimiento del alma, que era como una espada de dos filos que la atravesaba de parte a parte, y me hacía derramar un mar de llanto;[12] y por todos aquellos días en viendo el Santo Cristo Crucificado, que está en el coro, vía en Él a la que venía a entrar, y me dividía el corazón un dolor que me traía deshecha en lágrimas; yo no sé cómo era esto, ello era cosa tan clara y tan fuerte, que se lo dije a mi confesor el padre Juan Martínez, y me respondió: que traería Nuestro Señor a aquella alma a que fuera muy buena y padeciera en la cruz de la religión, y así yo no podía dejar de ayudar, y sufrir en orden a su entrada, las muchas cosas que se levantaron.

Después que estuvo acá, estaba yo un día en mi retiro, considerando en el paso de los azotes que dieron a Nuestro Señor, y pareciéndome caía al desatarlo de la columna, sentía lo mismo que la vez pasada, aquella ansia y deseo de ayudarlo a levantar, pero ahora, al contrario de lo que me sucedió la otra vez, sentía, al llegar mi alma a Él, que se desaparecía su cuerpo, porque se hacía como espiritualizado, o yo no sé cómo me dé a entender: parece que se desaparecía de los ojos o conocimiento del alma, y la hacía quedar con gran pena. Esto me parece fué prevenirme[13] para el trabajo, y trabajos que me vinieran. También me sucedió que habiendo entrado en ejercicios con la novicia, a quien yo deseaba encaminar lo mejor que pudiera, estando una tarde en oración, ví pasar el enemigo[14] en hábito de religioso por la puerta de la celda,[15] y que mirando, con unos ojos que daban horror, hacia donde estábamos, se entró en la celda de otra religiosa que estaba junto a la mía; yo no entendí qué sería aquello, mas quedé llena de pavor[16] y tristeza.

Pues por aquel tiempo yo vía mi alma tan mudada, y tan renovados en ella los buenos deseos que en otro tiempo Nuestro Señor me había dado, que yo misma no me conocía, ni sabía con qué así me había encendido Nuestro Señor el alma. Estaba lo más del día retirada, previniendo[17] mi confesión general de aquel año, cuando una noche, a las oraciones,[18] que no se habían hecho maitines,[19] viene a la celda aquella religiosa en cuya celda ví entrar al enemigo, tan llena de furor,[20] y dando gritos contra mí, que yo me quedé pasmada; hízome muchas amenazas, diciendo que no era la novicia mi criada, que ahora vería lo que hacía la madre abadesa. Dió tántas voces, y se levantó tal murmullo de criadas y gritos, que yo me hallé cortada,[21] y no tuve más alivio que meterme en una tribuna, mas desde allí oía tales voces en el coro, tal algazara[22] y cosas que se decían de mí, que estaba medio muerta de oírlas, y no saber en qué pararía aquel furor y gritos; cuando fueron a buscarme la madre vicaria, la religiosa que he dicho, y un tropel de criadas, con linternas y luces. Las cosas que allí me dijeron fueron sin modo,[23] y la cólera con que iban: ello paró, o se le dió principio (que no se acabó con eso) en venir todas aquellas criadas a la celda, y sacar la cama de la novicia, y no dejar cosa de las necesarias. El alboroto y ruido que traían era como si hubieran cogido un salteador.[24] Las cosas que me levantaron no son

[10] arreglé
[11] la dote, capital que lleva la mujer cuando se casa o cuando toma los hábitos
[12] llorar mucho
[13] prepararme con anticipación
[14] el diablo
[15] habitación destinada a un religioso en un convento
[16] temor, terror
[17] preparando con anticipación
[18] a la hora de las oraciones
[19] oraciones o rezos que se hacen antes del amanecer
[20] cólera excesiva; rabia; gran enojo
[21] (amer.) con escalofrío; con gran timidez o miedo
[22] (fig.) ruido, vocerío; alboroto
[23] sin urbanidad, sin cortesía o moderación
[24] ladrón

para dichas,[25] yo no hallaba dónde acogerme,[26] porque la celda había quedado llena sólo de pavor, y con el susto no me podía tener ya en pie. Mis criadas habían levantádose también contra mí, con que hube de acogerme a las puertas de una religiosa a quien le habían dicho cosas que la pudieran enojar mucho contra mí; mas viéndome en tan miserable estado, se movió a compasión, y fué la única que en toda la casa la tuvo de mí en mis trabajos. Luego caí enferma de una enfermedad tal, que el sudor que sudaba me dejaba las manos como cocidas en agua hirviendo. La boca se me volvía a un lado, y me daban unos desmayos tan profundos que duraban tres y cuatro horas largas. En estos desmayos tiraba a ahogarme una criada que había allí, amiga de aquellas religiosas que digo, porque me tapaba la boca y las narices con toda fuerza; y si su ama, que era en cuya celda yo estaba, no la advirtiera, según me decía después, no sé qué hubiera sido. Yo pienso que no tiraría a ahogarme, sino sólo a mortificarme. No había día que no se me dieran dos o tres pesadumbres. Una niña, hija de mi hermano, que estaba conmigo, la echaron a la calle con tanta violencia, que no permitió la madre abadesa se cerrara el convento sin que ella saliera. Después me echaron las dos criadas, una a empellones[27] y otra, que era pequeña, se la entregaron a su madre. Llamaron al vicario del convento y le dijeron tales cosas que no sé yo cómo las diga aquí. Algunas eran: que comía de balde[28] la ración del convento, que me salía con cuanto quería.[29] Las otras fueron tales que él fue a la Compañía a consultar con el padre Juan Martínez, qué se haría de mí, y el santo padre, aunque más pasos daba, no podía apagar aquel fuego. Un día vino a examinar a aquella monja que me hacía bien, porque le enviaron a informar, por medio del vicario, que yo fingía aquellas enfermedades, y que lo hacía para tener abierto a deshoras el convento, y que entraran los padres. Yo, como no hallaba en mí causa presente para aquellos rigores, me daba una congoja tal que me agravaba el mal, y cuando se lo avisaban a la madre abadesa, que había tantas horas que estaba sin sentido, respondía: «darle unos cordeles bien fuertes, que la hagan reventar.»[30] Otras veces decía: «ya he estado amolando[31] muy bien un cuchillo para enviárselo que se lo meta,[32] y le enviaré soga[33] para que se ahorque.»[34] Yo, en volviendo en mí de los desmayos, lloraba amargamente, y les preguntaba: «Señoras mías, madres mías, ¿qué motivo, qué causa les he dado?», y alguna, que era rara la que entraba a verme, así por lo mal que estaban todas conmigo, como por no experimentar los enojos de la madre abadesa y de aquellas religiosas, porque a las que vían entrar afligían también mucho; alguna, pues, que vía mi padecer y oía mis preguntas, me respondía: «*Dice la madre abadesa que como usted le tiene dada el alma al diablo, ya deben los diablos de venir por su alma.*» Con esto crecían mis desconsuelos, y crecía mi mal, y como aquella religiosa que me amparaba[35] le pareciera que ya expiraba,[36] se vió obligada en dos ocasiones a enviar por padres; de aquí nació el acusarme que me fingía enferma para tener a las diez de la noche el convento abierto, y los padres dentro. Yo procuraba, en sintiéndome con tantito aliento, levantarme de la cama, mas luego volvía a caer y me daba aquel temblor y desmayos que duraban lo más del día. [. . .]

[25] para ser dichas
[26] refugiarme
[27] (Fig.) con violencia; empujones que se dan con el cuerpo
[28] sin pagar, gratis; sin motivo
[29] hacía todos sus caprichos; obtenía todo lo que deseaba
[30] explotar, romper, estallar
[31] afilando, dando (sacando) filo
[32] introduzca
[33] cuerda; cordel grueso
[34] se cuelgue; se suicide
[35] protegía
[36] moría, fallecía

Afectos espirituales[37]

¿1740?

Del afecto 41

Volumen I

Asida el alma en su Dios, en la tribulación nunca teme naufragio.[38]

¡Oh Señor! ¿en qué fía el que no fía sólo en ti? Pues las virtudes si no son sólo fundadas[39] en esperar en tu gran bondad, enferman y descaecen,[40] como las flores del Líbano y Carmelo y los más altos montes *commoti sunt ab eo, et colles desolati sunt . . .*[41]

No hay nada que no pueda subsistir en tu presencia, si no es aquello que conserva y mantiene tu misericordia y gracia; pues ¿en qué fiarán los habitadores del orbe, amadores de la tierra? pues ella se estremece[42] a tu presencia, ¿cuál grandeza estará en pie ante la cara de su indignación? ¿quién resistirá a la ira de su furor?

Su indignación se derramará como fuego, que disolverá y deshará las piedras más fuertes; y después de esto escuche al alma que lo ama, y que lo busca esperando en él: *bonus Dominus, et confortans in die tribulationis . . .*[43]

Todo este poder, toda esta grandeza, toda esta majestad, es en su favor; no tema, pues, las tempestades de las tribulaciones, pues el Señor hace camino en ellas; no la obscuridad y niebla, que es el polvo que huellan[44] sus pies. No la atemorice el mar hinchado de los espíritus soberbios, que el Señor reprehendiéndolos los hará secar; no la sequedad y soledad del desierto, que el Señor llevará y guiará a él las fuentes de las aguas; no la demasiada tribulación, que el Señor la pesará y contendrá[45] para que no se levante doblada. No tema a los hijos de los hombres, ni a todos los habitadores del orbe, que toda potencia se deshace a la presencia de su ayudador. No las dificultades de los montes y piedras, que el Señor los moverá y disolverá.

Sólo tema perder la amistad y gracia de su Señor, porque entonces no fíe en los montes del Líbano y Carmelo, que sus flores enfermarán y enflaquecerán; no en el alto mar de ninguna prosperidad, que increpándolo el Señor lo hará huir; no en las avenidas de suavidades y consolaciones, que el Señor las echará al desierto y esconderá a sus ojos; no en la fortaleza de las piedras, que el Señor las deshará con fuego; no en los que habitan los orbes de la tierra, que la indignación del Señor los hará temblar; no en los altos collados, pues el Señor los desolará.

¡Oh temor, oh temblor! ¡Señor Dios mío, que eres bueno y confortas en el día de la tribulación! Día de tribulación y angustia es el tiempo de mi vida; confórtame en este temeroso día para que no te pierda. Dios de la majestad, no te apartes de mí, no me dejes conmigo, no me dejes sin ti. ¡Oh fuente y centro del bien! ¡Oh todo el bien! ¡Oh único y solo bien! sé toda mi esperanza, que así vivo entre mi miseria y entre mi no ser, más contenta cuanto más conozco mi pobreza y no ser; sea todo mi ser y mi riqueza sólo esperar en ti.

---

[37] Véase la introducción. Nótese el estilo lírico y la influencia del *Cantar de los Cantares*, los *Salmos* y de algunos místicos españoles. Sobresale también la autenticidad del sentimiento místico y religioso.

[38] *asida:* cogida, agarrada; *naufragio:* pérdida de una embarcación en el mar

[39] basadas

[40] decaen; van a menos

[41] «Temblaron de él y los collados fueron desolados» (Profecía de Naum)

[42] se conmueve, se sobresalta

[43] «Bueno es el Señor, y confortador en el día de la tribulación» (Naum)

[44] pisan

[45] detendrá; comprenderá dentro de sí

Así que, Señor mío, grande y terrible, paciente y amoroso: no te desagrada la tempestad, pues en ella caminas; no la obscuridad y niebla, pues allí están tus huellas; no te enamora la hermosura y capacidad del mar, pues lo reprehendes y haces secar; no te pagas de las corrientes de las aguas, pues las echas al desierto; no de la alteza[46] de los montes, pues los conmueves; no de los collados, pues los desuelas,[47] no de la hermosura de las flores, pues las dejas enflaquecer y marchitarse; no de la tierra, pues la haces estremecer; ni de sus poderosos poseedores, pues les muestras tu indignación; ni de la fortaleza de las piedras, pues las deshaces. ¿Pues qué, Señor, te agrada, qué te inclina? El que espera en ti, el corazón humilde que no confía en sí mismo; el que todo su sér resigna y deja en tus poderosas y amorosas manos, en tu sapientísima[48] providencia; el amarte y temerte.

Afecto 45[49]

Volumen I

Deliquios[50] *del Divino Amor en el corazón de la criatura y en las agonías del huerto*

El habla delicada
del Amante que estimo,
miel y leche destila
entre rosas y lirios.

Su meliflua[51] palabra
corta como rocío,
y con ella florece
el corazón marchito.

Tan suave se introduce
su delicado silbo,[52]
que duda el corazón
si es el corazón mismo.

Al monte de la mirra[53]
he de hacer mi camino,
con tan ligeros pasos,
que iguale al cervatillo.[54]

Mas, ¡ay! Dios, que mi amado
al huerto[55] ha descendido,
y como árbol de mirra
suda el licor más primo.

De bálsamo es mi amado,
apretado racimo
de las viñas de Engadi[56]
el amor le ha cogido.

De su cabeza el pelo,
aunque ella es oro fino,
difusamente baja
de penas a un abismo.

El rigor de la noche
le da el color sombrío,
y gotas de su hielo
le llenan de rocío.

Tan eficaz persuade,
que, cual fuego encendido,
derrite como cera
los montes y los riscos.

Tan fuerte y tan sonoro
es su aliento divino,
que resucita muertos
y despierta dormidos.

---

[46] altura, elevación
[47] asuelas, destruyes; (fig.) afliges, entristeces
[48] muy sabia
[49] Estrofas de heptasílabos (versos de siete sílabas) con rima asonante (*i-o*) en los versos pares
[50] éxtasis
[51] dulce o suave como la miel
[52] sonido suave del aire o de la voz
[53] gomorresina aromática y medicinal que produce un árbol de Arabia
[54] ciervo pequeño
[55] campo o jardín cultivado, pequeño
[56] ciudad de Palestina, situada en la costa del Mar Muerto, cerca del río Jordán y famosa por sus palmeras y viñas

Tan dulce y tan süave[57]
se percibe al oído,
que alegra de los huesos
aún lo más escondido.

¿Quién pudo hacer ¡ay! Cielo
temer a mi querido?
Que huye el aliento y queda
en un mortal deliquio.

Rotas las azucenas[58]
de sus labios divinos,
mirra amarga destilan
en su color, marchitos.

Huye áquilo, ven austro[59]
sopla en el huerto mío,
las eras de las flores
den su olor escogido.

Sopla más favorable,
amado ventecillo,[60]
den su olor las aromas,
las rosas y los lirios.

Mas ¡ay! que si sus luces
de fuego y llamas hizo,
hará dejar su aliento
el corazón herido.

Juan de Espinosa Medrano

PERÚ, ¿1632?–1688

Prosista muy representativo del período barroco dentro de la época colonial es Juan de Espinosa Medrano. Nació en Calcauso, provincia de Aymaraes, Perú, de pobres padres indígenas y campesinos. Debido a su extraordinaria precocidad encontró ayuda para estudiar las primeras letras en su pueblo, pasando más tarde al prestigioso Seminario de San Antonio de Abad en el Cuzco. Al terminar sus estudios en el seminario ingresó en la Universidad del Cuzco, donde es posible que se doctorase en Teología. Su talento rompió los grandes prejuicios que había contra los indígenas y le abrió las puertas de muchos cargos de importancia, fue profesor de Teología del mencionado seminario y arcediano de la Catedral del Cuzco. Se formó una verdadera leyenda alrededor de su precocidad infantil, su inteligencia de hombre cultísimo, y sus dotes de orador sagrado. Cuando predicaba no cabía el público en las iglesias. Tenía una gran cultura clásica, filosófica y teológica y hablaba con fluidez español, quechua, latín, griego y hebreo. Era tal su prestigio que a su entierro asistieron algunas de las personalidades civiles y eclesiásticas más prominentes de su tiempo. Se le apodaba «El Lunarejo» por un lunar que tenía en la mejilla derecha.

---

[57] La diéresis la hace palabra de tres sílabas para que el verso sea de siete sílabas
[58] plantas de flores blancas y olorosas muy estimadas
[59] *áquilo:* viento del norte muy violento; *austro:* viento del sur
[60] vientecillo

Espinosa Medrano se distinguió en la poesía, el ensayo de crítica literaria y filosófico, la oratoria sagrada y el teatro. Su primer ensayo lleva por título *Apologético en favor de don Luis de Góngora, Príncipe de los poetas líricos de España* (1662), defensa muy interesante del gran poeta y de la estética barroca. Escribió este trabajo de cuarenta y siete páginas en contestación a unos comentarios del caballero portugués don Manuel de Faria y Souza, quien en una apología del gran poeta Luis de Camoens, censuraba fuertemente al autor de las *Soledades*. Con método muy moderno, Espinosa Medrano procede a hacer un análisis atinado de Góngora, destacando su contribución al enriquecimiento de las formas poéticas y de la propia lengua castellana. La prosa del ensayista es también barroca con elementos culteranos y conceptistas. Su estilo es muy oratorio con gran abundancia de citas de autoridades y literatos como era costumbre en esa época. A menudo emplea expresiones aforísticas—cortas y de gran precisión—pero otras veces adopta los circunloquios largos de tipo barroco o la forma sentenciosa. Menéndez y Pelayo tenía en gran estima este ensayo del peruano.

También escribió «El Lunarejo» un *Curso de Philosophía Thomística* (1688) formado con sus conferencias en el Seminario. Se muestra tratadista apegado a la doctrina ortodoxa del escolasticismo y la prosa sigue los cánones de la época culterana. Después de su muerte sus discípulos publicaron *La novena maravilla* (1695), con treinta de sus famosos sermones. Estas piezas comprueban la celebridad de que gozó como orador sagrado, pues debido a su elocuencia se le llamaba el «Doctor Sublime». Constantemente combina novedad y profundidad de ideas, riqueza de doctrina teológica y filosófica, formas barrocas en la expresión y los giros de la oratoria prevalecientes en este tiempo. Debería estudiarse su estilo con detenimiento para tener una idea clara de lo que era la prosa barroca, tanto en sus puntos criticables como en sus virtudes y valores. Cultivó también el teatro dejando las siguientes piezas: *El robo de Proserpina* y *Amar su propia muerte* (dramas bíblicos), ambos en español, y *Auto sacramental del hijo pródigo* en quechua. Juzgados dentro de su época no dejan de presentar algunos méritos en la idea y ejecución teatral.

FUENTE: *La novena maravilla*, Madrid, 1695.

La novena maravilla[1]

1695

La muerte

No hay júbilo sin pesar, deleite sin riesgo, flor sin veneno, ni vida sin muerte. Todo lo dije ya, que amagos[2] de sepulcro ¿a qué robustez no atemorizan? ¿Qué placer no aguan?[3] ¿Qué majestad no humillan? ¿Qué prosperidad no turban? Universal asombro es la muerte de todo viviente, notable tiranía, monstruo cruel, y fiera inexorable. Qué poderosa triunfa, qué

[1] Véase la introducción para refrescar algunas ideas críticas sobre esta obra.

[2] amenazas; señales, indicios

[3] interrumpen, turban

soberbia procede. Entre las flores de una felicidad se esconde, de los resplandores de una beldad se disfraza. ¿En qué jardín, por ameno que florezca al halago de los vientos y a la risa de los abriles no oculta la segur[4] sangrienta las flechas venenosas? Así engañan vertiendo sangre las rosas, pues al destroncar un pimpollo,[5] áspid que dormía emboscado entre las matas, espeluznando las escamas[6] del cuello y luciendo las listas de oro y negro, que su piel bordan, despierta, silba, embiste, pica, hiere y mata. Oh, víbora fatal, ¿qué hacías entre los jazmines? ¿Fabricando estragos?[7] Oh, muerte alevosa,[8] ¿qué maquinabas entre las flores de tanta vida? ¿Forjabas venenos? Así deben de ser las abejas de Córcega;[9] entre las flores vuelan, mas cuantos panales labran son ponzoña[10] de la vida: abunda aquella isla de tejos, árboles venenosos, y de las flores sólo fabrican acíbar las abejas, la miel es mortífera, tósigo[11] los panales. Abeja infausta es la muerte, que con trágico zumbido de negras alas ronda[12] los huertos, destroza los abriles, estraga las flores, fabrica por cera palidez macilenta,[13] por miel mortíferos venenos. Mas ¿todo lo ha de avasallar esta fiera? ¿Sólo la muerte ha de ser espanto de todas las vidas? ¿No se trocará la vida, y hubiera una vida que fuese asombro de todas las muertes?

Psiquis y Cupido[14]

Mintió la antigüedad, haber sido la princesa Psique la mayor y más célebre hermosura del mundo. Desposáronla[15] con un dios escondido, con un esposo invisible, que aunque asistía al tálamo[16] de noche, nunca mostró de día el semblante.[17] Sospechóse era algún dragón, porque el oráculo que le anunció las bodas dijo que un dios de fiereza serpentina[18] ocuparía su tálamo. Servían a Psique las viandas,[19] las músicas, los atavíos, sin ver quién se los ministraba,[20] ni aparecían los sirvientes, ni el esposo aparecía. Envidiosas las hermanas de tanta opulencia y felicidad, la acabaron de persuadir que sin duda era serpiente, quien tanto recataba[21] la vista de su ferocidad. Y que, pues de noche merecía sus brazos, escondiese una luz debajo de una medida de trigo,[22] y ocultando una sutil navaja debajo de la almohada en el nocturno silencio, destroncase durmiendo el escamoso cuello del enroscado basilisco.[23] Obedeció la princesa, guardó la antorcha, preparó el cuchillo; y a media noche, valiente y cuidadosa, sacó la luz escondida, alumbró el tálamo, y halló (¡qué prodigio!), halló durmiendo a Cupido, el Dios del amor, a un lado el arco, las flechas de oro. Allí fué el perderse de enamorada, allí el abrazarse el corazón, allí el repetir las ternuras, allí el morirse de amores de El Amor.

---

[4] hoz, instrumento cortante de hoja curva en forma de media luna que sirve para segar (cortar, cosechar)
[5] *destroncar*: cortar, arrancar; *pimpollo*: vástago, hijo que echan los árboles
[6] *emboscado*: oculto para sorprender al enemigo; *matas*: plantas de tallo corto y ramificado con muchas hojas; *espeluznando*: dando escalofrío, erizando el cabello; *escamas*: membranas óseas o córneas que cubren la piel de algunos peces y reptiles
[7] daños, destrucciones
[8] pérfida; traidora; desleal
[9] isla del Mediterráneo, territorio francés
[10] *panales*: conjunto de casillas donde las abejas depositan la miel; *ponzoña*: veneno
[11] *tejos*: árboles siempre verdes; *acíbar*: substancia amarga; *tósigo*: veneno
[12] (fig) anda alrededor de uno, o siguiéndole continuamente para conseguir algo
[13] descolorida, mustia; pálida
[14] En la mitología griega, Psique o Psiquis era una adorable princesa, personificación del amor. Celosa de ella, Venus le ordenó a Cupido (Eros) inspirarle un amor sin valor, pero Cupido se enamoró de ella y la visitaba de noche. Sus hermanas le dijeron que su amante era un monstruo y la princesa trajo una lámpara a la cama cuando él dormía. Al caerle una gota de aceite en el hombro, Cupido se fue muy enojado. Después de sufrir Psiquis muchos castigos de Venus, se reunió con su amante, fue hecha inmortal y elevada al Olimpo. La fábula parece simbolizar la unión definitiva del alma con el amor divino, después de muchas caídas y pruebas.
[15] La casaron
[16] recámara o cama nupcial
[17] rostro, cara; apariencia; figura
[18] como de serpiente
[19] manjares; comidas
[20] suministraba, suplía
[21] escondía, ocultaba, disimulaba
[22] cereal que produce la harina para el pan
[23] *enroscado*: torcido en forma de rosca; *basilisco*: animal fabuloso, se creía que mataba con la vista

Elogio de la música

Rastrear el origen del Alma, y conocer su naturaleza, y movimientos, difícil empleo fué de la Filosofía. Desvelóse la docta Grecia en inquirir estudiosamente qué sea Anima; y en discorde batalla de ingenio, y plumas,[24] ya todo golpe fué de hierro, todo tiro fué disparar; juzgaron muchos que era fuego, como Demócrito; no pocos la soñaron número, como Xenócrates; unos la presumieron aire, como Diógenes; otros la sospecharon armonía, como Empédocles; otros exhalación, como Heráclito![25] otros concurso[26] de átomos, como Pitágoras. Más templadamente erraba Julio con Platón, centella[27] de la divinidad la canonizaron, porción etérea desprendida de los cielos: persuadíanlo conjeturas no levemente crédulas. El rumbo más cierto para penetrar una naturaleza es conocerle la inclinación; hallaban la impetuosa que tiene el Alma a la música, (pues) deléitase naturalmente, o se alboroza[28] el hombre con la armonía. Origina de los cielos la música, este hechizo:[29] o por que en ellos preside, canora,[30] una sirena, como barruntaba Platón; o porque del raudo voltear[31] de sus orbes[32] resulte acorde consonancia en sus movimientos, que acá no inmuta nuestro oído, o por forastera o por distante, como sentía Julio. Y así el Alma, al escuchar la música, como le toca en lo vivo del linaje celestial, confrontando con la melodía paisana,[33] se altera sabrosamente al compás de los números. En fin, no hay cosa en esta vida que tan poderosa arrebate nuestros afectos,[34] como la música: pues no sólo en pechos cultos, (sino) en la barbaridad más bronca[35] de las naciones, el canto, o anima a la virtud, o ensaya el deleite. Tan dueña de los impulsos, que el Alma, para la religiosa función de los sacrificios y comercio con Dios, no interpone sino música; para la autoridad luctuosa[36] de los funerales, música; para halagar divertida la fatiga de las tareas, música; para despertar bravezas[37] en la milicia, música. Como al grito del clarín, y al tarantantara del atambor,[38] se alborota la sangre, se espeluznan los espíritus. Ya excita la ira, ya persuade a la clemencia, ya agasaja el sueño y lo repele, ya atrae cuidados, y también los quita. ¡Hay tal dominar de afectos...! ¡Oh, cómo no pudiera Dios enamorarnos mejor que dándonos música!

Oración por el apóstol Santiago[39]

Amparad, Apóstol grande, a la Monarquía, Hispánica (contra los asaltos del infernal enemigo); pues tanto vale vuestra sombra, que llegó a confesar el demonio que no se atravería a tocar una hormiga, como se acogiese al lecho de Santiago. Hormigas del mejor grano de la mies evangélica, hormigas de la fé más candial rodean vuestro sagrado lecho en Campostela,[40] donde en apacible sueño reposa venerablemente vuestro cadáver: defendedlas, pues, y mirad a su católico rey de tantos trabajos embestido, de tantas armadas envidias infestado. ¿Cómo es

---

[24] *ingenio*: inteligencia, genio; *plumas*: (Fig.) escritores
[25] famosos filósofos griegos
[26] aquí, reunión
[27] chispa; luz muy brillante
[28] siente gran placer, alegría
[29] sortilegio, encantamiento; cosa supersticiosa
[30] que canta melodiosamente
[31] *barruntaba*: preveía, conjeturaba, presentía; *voltear*: dar vueltas
[32] esferas, mundos
[33] del mismo país, provincia o región que otra
[34] aquí, emociones
[35] ruda, vulgar
[36] triste, sombría
[37] valentías
[38] *tarantara*: ruido persistente; *atambor*: tambor
[39] discipulo de Cristo, es el santo patrón de España. Según la leyenda predicó en ese país y su sepulcro se halla en la famosa catedral de Santiago de Compostela. Por ese motivo, esta ciudad de Galicia se convirtió en la Edad Media en centro de peregrinaje religioso tan importante como Jerusalén o Roma en épocas más recientes. Las rutas por donde venían los peregrinos de todas partes del mundo se conoce como «el camino de Santiago»
[40] Se refiere a Santiago de Compostela, hermosa ciudad de España y capital de la Coruña, con la famosa catedral de estilo románico (s. XII) y su *Pórtico de la Gloria*. En esta catedral está el sepulcro del Apóstol Santiago. Véase nota 39.

esto? España vive cargada de los huesos de su Santiago ¿y rebelde el lusitano[41] se le conspira? ¿Pirata el inglés la saltea?[42] ¿Emulo el franco la molesta? ¿Aleve[43] el chileno la repela? Ea, Señor, reconoced los castillos y leones que detrás de vuestra imagen tremola[44] el estandarte católico, atended que vuestra España es la que clamando *¡Santiago!*[45] rompe las batallas animosa y confiada. Griten las trompetas, resuene batido[46] el atambor, y con espantoso estruendo se envuelvan uno y otro ejércitos entre los nublados del humo y el polvo, bramen[47] las bombardas, brillen finalmente los aceros,[48] suden de horror los montes, y la campaña[49] tiemble de asombro: que entonces retumbará la ronca y horrísona artillería de los cielos, y el hijo del trueno, sobre la nevada tempestad de un cándido caballo, desenvainará un rayo por cuchilla. Ea, que ya le fulminas en nuestro favor, Marte Apostólico,[50] entra, rompe, embiste, hiere, mata, corta, destroza, derriba, asuela, pasma, aturde,[51] atropella, y en miserable fuga escapen del estrago cuantos anublar[52] pretenden las glorias de nuestra España.

---

[41] portugués
[42] roba, asalta
[43] Traidor
[44] *enarbola*: agita (como se hace con las banderas). Referencia a la bandera con castillos y leones (símbolos de los reinos de Castilla y León) la insignia o emblema de España
[45] grito de guerra de los antiguos ejércitos españoles
[46] golpeado con fuerza
[47] griten de ira; (Fig.) hagan gran ruido
[48] las armas (espadas, estoques, cuchillos, etc.)
[49] el campo
[50] Apóstol de la Guerra (se refiere a Santiago)
[51] *asuela*: destruye; seca; arrasa; *pasma*: asombra; *aturde*: desconcierta
[52] nublar, oscurecer

IV Ilustración y Neoclasicismo*

El ensayo

La poesía lírica neoclásica:

1 Intimista o subjetiva

2 Civil, política o patriótica

3 Descriptiva de la naturaleza

La poesía de carácter popular

La poesía satírica

La prosa narrativa

* Se recuerda al lector que hemos agrupado la producción total de cada autor bajo su nombre. Por esa razón se encontrarán las obras en prosa de Don Andrés Bello en la poesía.

Eugenio de Santa Cruz y Espejo

ECUADOR, 1747–1795

A mediados del siglo XVIII se nota un cambio fundamental en la mentalidad hispanoamericana, debido a la aparición de las doctrinas de la Ilustración. La filosofía racionalista y liberal se fue imponiendo poco a poco, ganándole terreno al Escolasticismo, fundamento del Barroco y del régimen colonial. Unida a estos cambios llegó la renovación literaria inspirada en el Iluminismo y en el Neoclasicismo. El nuevo ideario tenía por base los siguientes principios: libertad en todos los órdenes de la vida, la razón como base de todo conocimiento, el poder de la ciencia, el progreso constante y la perfectibilidad de la sociedad y del hombre. Se produjo entonces una verdadera revolución en el campo de la ciencia y del pensamiento. Las ideas de la Ilustración unidas a tendencias propias de las colonias formaron la base ideológica de las luchas por la Independencia. El ideario filosófico determinó rumbos políticos: se anhelaba la libertad y la autonomía de la América hispana del dominio español, para así poder organizarla sobre bases modernas. El hispanoamericano tenía conciencia de su atraso, y asociaba el imperio español con la idea de falta de desarrollo y modernidad en materia política, económica, científica y hasta religiosa. Había el anhelo de europeizar a la América hispana, de imitar a los Estados Unidos y de darle al hombre americano una visión universalista.

Como el pensamiento se convierte en lo más importante de la época, el ensayo es motivo de un cultivo intenso. Se escriben toda clase de ensayos: históricos, científicos y naturalistas, económicos, políticos, sociales y sociológicos, culturales y didácticos. En estos últimos sobresalió Francisco Javier Eugenio de Santa Cruz y Espejo, más conocido como «el doctor Espejo». Era hijo de un indio de Cajamarca y de una mestiza de Quito y se le considera el ecuatoriano más importante del período colonial. Estudió Medicina, Teología y Jurisprudencia y llegó a tener conocimientos enciclopédicos. Constituye el ejemplo típico del Iluminismo en América por la inquietud intelectual, el ansia de reformas y su afiebrado amor a la libertad. Pronto se convirtió en el líder de los jóvenes amantes de cambios y renovación. Las autoridades lo vigilaban de cerca hasta que en 1785 se le formó causa y se le envió a Bogotá, donde conoció a Antonio Nariño, otro precursor de la Independencia americana. Allí escribió su famoso *Discurso a la ciudad de Quito*. De regreso al Ecuador fundó el primer periódico del país, se le nombró secretario de la Sociedad Patriótica y luego director de la Biblioteca Pública. Su gran labor de orientación intelectual y política le ganó un nuevo proceso criminal al acusársele de conspirar contra el régimen colonial para establecer un gobierno regido por ecuatorianos. Murió en la cárcel, llegando a ser el símbolo del ideal de independencia cultural y política.

Espejo se distinguió como médico, científico, ensayista, publicista y como el líder más destacado del enciclopedismo revolucionario en su patria. Entre sus obras deben mencionarse: *Reflexiones acerca de un método seguro para preservar a los pueblos de viruelas*

(1785). Esta obra ha sido muy elogiada por su seriedad científica y muestra el interés por la ciencia y el progreso característico del Iluminismo. De otro carácter fue su ensayo *Defensa de los curas de Riobamba* (1785), alegato apasionado y no exento de violencia en que ataca a los terratenientes y de paso hace una crítica general del sistema económico basado en el privilegio y el abuso. Planteaba ideas administrativas y de carácter económico que fueron consideradas como subversivas. En su *Discurso dirigido a la muy ilustre ciudad de Quito* (1786) favorece la creación de un centro cultural y defiende el progreso artístico a pesar de las grandes dificultades. Con las *Primicias de la Cultura en Quito* (1792), inició el periodismo moderno y de ideas en el Ecuador. La publicación duró solamente tres meses porque su contenido era demasiado elevado para la pobreza cultural y mental de la época, pero sirvió de antecedente a periódicos posteriores. Luego dio a conocer el *Nuevo Luciano o Despertador de Ingenios* (1797), compuesto de nueve diálogos entre los personajes Murillo y Mera (este último *alter ego* de Espejo) en los que se discute sobre retórica y poesía, filosofía, educación, teología, etc. Espejo hace la más valiente y aguda crítica del estado mental y espiritual de la Colonia, cuya revisión plantea a la luz de las ideas revolucionarias del enciclopedismo. Su saber profundo, su ingenio crítico e incisivo, su inclinación a la ironía y la sátira y su conocimiento de los vicios del sistema español lo llevan a escribir la mejor crítica de la cultura colonial del siglo XVIII. Finalmente escribió los opúsculos titulados *Marco Porcio Catón* y *La ciencia blancardina* (¿1795?), ambos continuación del *Nuevo Luciano* y donde expone ideas y críticas que pasó por alto en la primera obra o contesta a sus detractores y enemigos.

Espejo consideraba que para lograr el bienestar de estos territorios era necesario romper con el atraso del régimen colonial, postulando de pasada el derecho de estos pueblos a gobernarse por ellos mismos y de acuerdo con las ideas más modernas. Contribuyó como pocos, al cambio de mentalidad, a la formación de la ideología independentista y a combatir la pobreza intelectual y cultural. Se le debe incluir entre las grandes figuras del pensamiento hispanoamericano de todos los tiempos.

FUENTE: Augusto Arias, *Panorama de la literatura ecuatoriana*, 2da. ed., Quito, Imprenta de la Universidad, 1948

Discurso dirigido a la ciudad de Quito[1]

1786

Arte popular y educación superior

Vais, señores, a formar desde luego una sociedad literaria y económica. Vais a reunir en un solo punto, las luces y los talentos. Vais a contribuir al bien de la patria, con los socorros del espíritu y del corazón, en una palabra, vais a sacrificar a la grandeza del estado, al servicio

[1] El título completo era «Discurso dirigido a la muy ilustre ciudad de Quito . . . y a todos los señores socios provistos a la erección de una sociedad patriótica sobre la necesidad de establecerla luego con el título de Escuela de la Concordia». Aquí ofrecemos unos fragmentos de ese discurso pronunciado con motivo de la creación de un centro cultural. Véase la introducción.

del Rey y a la utilidad pública y vuestra, aquellas facultades con que en todos sentidos os enriqueció la providencia. Vuestra sociedad admite varios objectos:[2] quiero decir, señores, que vosotros por diversos caminos, sois capaces de llenar aquellas funciones a que os inclinare el gusto, u os arrastrare el talento. Las ciencias y las artes, la agricultura y el comercio, la economía y la política, no han de estar lejos de la esfera de vuestros conocimientos: al contrario, cada una, dirélo así, de estas provincias, ha de ser la que sirva de materia a vuestras indagaciones y cada una de ellas exige su mejor constitución del esmero con que os apliquéis a su prosperidad y aumento. El genio quiteño lo abraza[3] todo, todo lo penetra, a todo alcanza. ¿Veis, señores, aquellos infelices artesanos que, agobiados[4] con el peso de su miseria, se congregan las tardes en las cuatro esquinas[5] a vender los efectos de su industria y su labor? Pues allí el pintor y el farolero, el herrero y el sombrerero, el franjero y el escultor, el latonero y el zapatero, el omnicio[6] y universal artista, presentan a vuestros ojos preciosidades, que la frecuencia de verlas nos induce a la injusticia de no admirarlas. Familiarizados con la hermosura y delicadeza de sus artefactos, no nos dignamos siquiera a prestar un tibio[7] elogio a la energía de sus manos, al numen de invención que preside en sus espíritus, a la abundancia de genio que enciende y anima su fantasía. Todos y cada uno de ellos, sin lápiz, sin buril, sin compás, en una palabra, sin sus respectivos instrumentos, iguala sin saberlo, y a veces aventaja, al europeo industrioso de Roma, Milán, Bruxelas, Dublin, Amsterdam, Venecia, París y Londres. Lejos del aparato, en su línea magnífico, de un taller bien equipado, de una oficina bien proveída, de un obrador bien ostentoso,[8] que mantiene el flamenco, el francés y el italiano: el quiteño, en el ángulo estrecho y casi negado a luz, de una mala tienda, perfecciona sus obras en el silencio; y como el formarlas ha costado poco a la valentía de su imaginación y a la docilidad y destreza de sus manos, no hace vanidad de haberlas hecho, concibiendo alguna de producirse con ingenio y con el influjo[9] de las musas: a cuya cuenta, vosotros, señores, les oís el dicho agudo, la palabra picante,[10] el apodo irónico, la sentencia grave, el adagio festivo, todas las bellezas en fin de un hermoso y fecundo espíritu. Éste, éste es el quiteño nacido en la oscuridad, educado en la desdicha y destinado a vivir de su trabajo. ¿Qué será el quiteño de nacimiento, de comodidad, de educación, de costumbres y de letras? Aquí me paro; porque, a la verdad, la sorpresa posee en este punto mi imaginación. La copia de luz, que parece veo despedir de sí el entendimiento de un quiteño que lo cultivó, me deslumbra; porque el quiteño de luces, para definirle bien, es el verdadero talento universal. En este momento me parece, señores, que tengo dentro de mis manos a todo el globo; yo lo examino, yo lo revuelvo[11] por todas partes, yo observo sus innumerables posiciones, y en todo él no encuentro horizonte más risueño, clima más benigno, campos más verdes y fecundos, cielo más claro y sereno que el de Quito.[. . .]

Con tan raras y benéficas disposiciones físicas que concurren a la delicadísima estructura de un quiteño, puede concebir cualquiera cuál sea[12] la nobleza de sus talentos y cuál la vasta extensión de sus conocimientos, si los dedica al cultivo de las ciencias. Pero éste es el que falta, por desgracia, en nuestra patria, y éste es el objeto esencial en que pondrá todas sus miradas la sociedad.

Para decir verdad, señores, nosotros estamos destituídos[13] de educación; nos faltan los medios de prosperar; no nos mueven los estímulos del honor y el buen gusto anda muy lejos de nosotros; ¡molestas y humillantes verdades por cierto! pero dignas de que un filósofo las descubra y las haga escuchar; porque su oficio es decir con sencillez y generosidad los

---

[2] objetivos, fines
[3] abarca, comprende
[4] con los cuerpos doblados; sobrecargados, angustiados
[5] lugar de un mercado público
[6] *farolero*: el que hace faroles (linternas de aceite); *herrero*: el que trabaja el hierro; *franjero*: el que hace franjas (bandas de adorno); *latonero*: hojalatero, el que trabaja el latón o el zinc; *omnicio*: oficio universal
[7] entre frío y caliente
[8] magnífico, espléndido, aparatoso
[9] influencia
[10] (fig.) mordaz; acerbo
[11] agito, sacudo, meneo
[12] cualquiera que sea
[13] carentes (no tenemos), nos falta; sin

males que llevan a los umbrales[14] de la muerte la República. Si yo hubiera de proferir palabras de un traidor agudo, me las ministraría copiosamente esa venenosa destructora del universo, la adulación; y esta misma me inspirara al seductor[15] lenguaje de llamaros, ahora mismo, con vil lisonja, ilustrados, sabios, ricos y felices. No lo sois: hablemos con el idioma de la escritura santa:[16] vivimos en la más grosera ignorancia y la miseria más deplorable. Ya lo he dicho a pesar mío; pero señores, vosotros lo conocéis ya de más a más sin que yo os repita más tenaz y frecuentemente proposiciones tan desagradables. Mas oh ¡ qué ignominia será la vuestra, si conocida la enfermedad dejáis que a su rigor pierda las fuerzas, se enerve[17] y perezca la triste patria! ¿Qué importa que vosotros seáis superiores en racionalidad a una multitud innumerable de gentes y de pueblos, si sólo podéis representar en el gran teatro del universo el papel del idiotismo y la pobreza? [. . .]

No desmayéis:[18] la primera fuente de vuestra salud sea la concordia, la paz doméstica, la reunión de personas y de dictámenes.[19] Cuando se trata de una sociedad, no ha de haber diferencia entre el europeo y el español americano. Deben proscribirse y estar fuera de vosotros aquellos celos secretos, aquella preocupación, aquel capricho de nacionalidad, que enajenan[20] infelizmente las voluntades. La sociedad sea la época de la reconciliación, si acaso se oyó alguna vez el eco de la discordia en nuestros ánimos. Un Dios que de una masa formó nuestra naturaleza nos ostenta su unidad, y la establece. [. . .]

Fray Servando Teresa de Mier

MÉXICO, 1763–1827

Personaje de la independencia mexicana y americana tan inquieto como el venezolano Francisco de Miranda fue Fray Servando Teresa de Mier. Nació en Monterrey de una familia rica y abrazó el sacerdocio, pero sus inquietudes intelectuales lo llevaron a doctorarse en Teología. Había ganado una fama extraordinaria como orador sagrado cuando un hecho vino a cambiar su vida por completo: el 12 de diciembre de 1794 y delante del Virrey, del arzobispo y demás personalidades de la colonia pronunció un famoso sermón en el cual modificaba la versión aceptada por la Iglesia sobre la aparición de la Virgen de Guadalupe y afirmaba que Santo Tomé había predicado el cristianismo en América antes de la llegada de los españoles. Esta última afirmación le quitaba ese mérito a los conquistadores. Sus atrevidas afirmaciones lo pusieron a mal con las autoridades, comenzando entonces una vida llena de persecuciones, de cárceles y fugas, que lo llevaron a varias ciudades de España, París, Londres, México, los

[14] puertas, entradas
[15] cautivador, conquistador
[16] Santas Escrituras, la Biblia
[17] se debilite
[18] vaciléis, debilitéis
[19] opiniones
[20] malquistan, crean desacuerdo

Estados Unidos y México otra vez. Se opuso terminantemente al imperio creado por Iturbide y fue miembro del Primer Congreso Constituyente (1823). Mier vive en el recuerdo de los mexicanos como uno de los grandes héroes y patriotas de su historia.

En la formación intelectual de Mier hay un evidente dualismo: en lo filosófico privaba su vasta erudición escolástica, pero políticamente defendía el ideario propugnado por la Ilustración. De aquí que se noten, junto a citas latinas, su mención de los grandes pensadores del Iluminismo. Dejó el padre Mier una obra bastante extensa que incluye su célebre *Sermón sobre la Virgen de Guadalupe* (1794), cuyas afirmaciones marcaron el rumbo posterior de su agitada existencia. Durante su estancia en Europa publicó en Londres su *Historia de la revolución de Nueva España* (1813) en dos volúmenes y con el seudónimo de D. José Guerra. El plan de la obra es bastante deficiente, el contenido por lo general confuso, tiene más apasionamiento político que objetividad histórica. Sin embargo aunque le faltaban dotes de historiador, el libro tiene el mérito de ser el primero publicado sobre ese asunto. Cuatro años después dio a conocer *Apología y relaciones de su vida* (1817), publicadas luego bajo el título general de *Memorias* (1946) por Alfonso Reyes. En su *Apología* relata todos los incidentes y procesos que le siguieron con motivo del famoso sermón. En *Relaciones de su vida* narra todos los sucesos y peripecias de sus viajes por Europa desde su llegada a Cádiz en 1795 hasta la fuga a Portugal. El estilo de Mier se caracteriza por su rapidez, su inquietud y nerviosismo, reflejo directo de su temperamento intranquilo y batallador.

Su obra ideológica más notable lleva por título *Profecía del Doctor Mier sobre la Federación Mexicana* (1823), pronunciada ante el Congreso Constituyente de ese año. En esta admirable pieza oratoria defiende la teoría del centralismo en contra de la federación. Sus argumentos en favor de un gobierno fuerte en vez de la división se basan en razones prácticas: sin dejar de reconocer las ventajas de la segunda, aboga por la primera porque está convencido de que no se puede implantar una federación en un país que ha vivido bajo un gobierno centralizador y despótico como era la monarquía absoluta de los españoles, implantado por más de tres siglos. En este discurso su pensamiento es más político y combativo que literario y por encima del pensador, prevalece el hombre de acción, algo muy típico de los tiempos que le correspondió vivir. El padre Mier muestra su buena formación humanística, sus estudios del pensamiento político de la época y su sentido práctico, basado en una sagaz observación de la realidad. Mostrándose contrario a los «saltos históricos», como ha dicho Leopoldo Zea, aboga por un sistema que tome en cuenta el pasado y el futuro, a fin de consolidar mejor el porvenir republicano. La obra no está exenta de cierto tono retórico propio de la época y del estilo personal del autor, pero sobresale por su madurez de juicio, la profundidad de ideas y la preocupación patriótica de quien dedicó toda su vida a la libertad de su patria. En ella abundan las citas escolásticas e inclusive expresiones latinas, que demuestran su formación cultural dentro de los cánones del escolasticismo de su tiempo. A pesar de la serenidad analítica y la irrebatibilidad de sus argumentos, el Congreso votó en favor de la Federación, posiblemente por las situaciones de hecho ya creadas y para complacer los caudillismos regionales de la época.

FUENTE: *Antología del pensamiento social y político de la América Latina,* Washington, D.C., Unión Panamericana, 1964. Introducción de Leopoldo Zea; selección y notas de Abelardo Villegas

Profecía sobre la Federación Mexicana[1]

1823

(FRAGMENTO)

Señor: (Antes de comenzar digo: voy a impugnar[2] el artículo 5°. o de república federada en el sentido del 6°. que la propone compuesta de Estados soberanos e independientes. Y así es indispensable que me roce[3] con éste; lo que advierto para que no se me llame al orden. Cuando se trata de discutir sin pasión los asuntos más importantes de la patria, subjetarse nimiamente[4] a ritualidades sería dejar el fin por los medios.) Nadie, creo, podrá dudar de mi patriotismo. Son conocidos mis escritos en favor de la independencia y libertad de la América; son públicos mis largos padecimientos, y llevo las cicatrices en mi cuerpo. Otros podrán alegar[5] servicios a la patria iguales a los míos; pero mayores ninguno, a lo menos en su género. Y con todo nada he pedido; nada me han dado. Y después de 60 años ¿qué tengo que esperar sino el sepulcro? Me asiste,[6] pues, un derecho, para que cuando voy a hablar de lo que debe decidir la suerte de mi patria, se me crea desinteresado e imparcial. Puedo errar en mis opiniones, este es el patrimonio del hombre; pero se me haría suma injusticia en sospechar de la pureza y rectitud de mis intenciones.

¿Y se podrá dudar de mi republicanismo? Casi no salía a luz ningún papel durante el régimen imperial en que no se me reprochase el delito de republicanismo y de corifeo[7] de los republicanos. No sería mucho avanzar si dijese que seis mil ejemplares esparcidos en la nación de mi *Memoria Político Instructiva*, dirigida desde Filadelfia a los jefes independientes de Anáhuac, generalizaron en él la idea de la república, que hasta el otro día se confundía con la herejía y la impiedad. Y apenas fué lícito pronunciar el nombre de república cuando yo me adelanté a establecerla federada en una de las bases del proyecto de constitución mandado circular por el Congreso anterior.

Permítaseme notar aquí, que aunque algunas provincias se han vanagloriado de habernos obligado a dar este paso y publicar la convocatoria,[8] están engañadas. Apenas derribado el tirano se reinstaló el Congreso, cuando yo convoqué a mi casa una numerosa reunión de Diputados, y les propuse que declarando la forma de gobierno republicano, como ya se habían adelantado a pedirla varios diputados en proposiciones formales, y dejando en torno del[9] gobierno, para que lo dirigiese, un Senado provisional de la flor[10] de los liberales, los demás nos retirásemos convocando un nuevo Congreso. Todos recibieron mi proposición con entusiasmo y querían hacerla al otro día en el Congreso. Varios diputados hay en vuestro seno de los que concurrieron y pueden servirme de testigos. Pero las circunstancias de entonces eran tan críticas para el gobierno, que algunos de sus miembros temblaron de verse privados[11] un momento de las luces, el apoyo y prestigio de la representación nacional. Por este motivo fué

---

[1] El título completo era: «Profecía del Doctor Mier sobre la Federación Mexicana». Constituye el documento político más importante de este propagandista de la Independencia americana en Europa. Defendió el centralismo, porque aunque estimaba los méritos del gobierno federal, creía muy difícil su implantación exitosa atendiendo a razones históricas y sicológicas de estos pueblos. Previó los males: anarquía, inestabilidad, etc.—que efectivamente sufrió la Repúblicana Mexicana después de este Congreso.

[2] rebatir, combatir, atacar; opuesto de defender

[3] toque ligeramente

[4] pequeña o insignificantemente

[5] traer un argumento o prueba

[6] aquí, tengo

[7] jefe del coro en la tragedia antigua: (fig.) jefe de una secta o partido

[8] escrito en que se anuncia una convención, reunión, examen, etc.

[9] alrededor de

[10] lo mejor

[11] despojados

que resolvimos[12] trabajar inmediatamente un proyecto de bases constitucionales, el cual diese testimonio a la nación, que si hasta entonces nos habíamos resistido a dar una constitución, aunque Iturbide[13] nos la exigía, fué por no consolidar su trono; pero luego que logramos libertarnos y libertar a la nación del tirano, nos habíamos dedicado a cumplir el encargo[14] de constituírla. Una comisión de mis amigos nombrada por mí, que después ratificó el Congreso, trabajó en mi casa dentro de dieciocho días el proyecto de bases[15] que no llegó a discutirse porque las provincias comenzaron a gritar que carecíamos de facultades para constituír a la nación. Dígase lo que se quiera, en aquel proyecto hay mucha sabiduría y sensatez y ojalá que la nación no lo eche de menos[16] algún día.

Se nos ha censurado de que proponíamos un gobierno federal, en el nombre, y central en la realidad. Yo he oído hacer la misma crítica del proyecto constitucional de la nueva comisión. Pero ¿qué no hay más de un modo de federarse? Hay federación en Alemania, la hay en Suiza, la hubo en Holanda, la hay en los Estados Unidos de América, en cada parte ha sido o es diferente, y aun puede haberla de otras varias maneras. Cuál sea la que a nosotros convenga *hoc opus, hic labor est*.[17] Sobre este objeto va a girar mi discurso. La antigua comisión opinaba, y yo creo todavía, que la federación a los principios debe ser muy compacta, por ser así más análoga a nuestra educación y costumbres, y más oportuna para la guerra que nos amaga,[18] hasta que pasadas estas circunstancias en que necesitamos mucha unión, y progresando en la carrera de la libertad, podamos, sin peligro, ir soltando las andaderas[19] de nuestra infancia política hasta llegar al colmo[20] de la perfección social, que tanto nos ha arrebatado la atención en los Estados Unidos.

La prosperidad de esta república vecina ha sido, y está siendo, el disparador de nuestra América porque no se ha ponderado bastante la inmensa distancia que media entre ellos y nosotros. Ellos eran ya Estados separados e independientes unos de otros, y se federaron para unirse contra la opresión de la Inglaterra; federarnos nosotros estando unidos, es dividirnos y atraernos los males que ellos procuraron remediar con esa federación. Ellos habían vivido bajo una constitución que con sólo suprimir el nombre de rey es la de una república: nosotros encorvados 300 años bajo el yugo[21] de un monarca absoluto, apenas acertamos a dar un paso sin tropiezo[22] en el estudio desconocido de la libertad. Somos como niños a quienes poco ha se han quitado las fajas,[23] o como esclavos que acabamos de largar cadenas inveteradas. Aquél era un pueblo nuevo, homogéneo, industrioso, laborioso, ilustrado y lleno de virtudes sociales, como educado por una nación libre; nosotros somos un pueblo viejo, heterogéneo, sin industria, enemigos del trabajo y queriendo vivir de empleos como los españoles, tan ignorante en la masa general como nuestros padres, y carcomido[24] de los vicios anexos a la esclavitud de tres centurias. Aquél es un pueblo pesado, sesudo,[25] tenaz; nosotros una nación de veletas,[26] si se me permite esta expresión; tan vivos como el azogue y tan movibles como él. Aquellos Estados forman a la orilla del mar una faja litoral, y cada uno tiene los puertos necesarios a su comercio;[27] entre nosotros sólo en algunas provincias hay algunos puertos o fondeaderos, y la naturaleza misma, por decirlo así, nos ha centralizado.

Que me canso en estar indicando a V. Sob.[28]

[12] decidimos
[13] Iturbide, Agustín de: militar y político mexicano (1783–1824), depués de oponerse a ella, luchó por la Independencia. Jugó un papel muy importante en su obtención y en 1822 se proclamó emperador, pero tuvo que abdicar y más tarde fue fusilado.
[14] mando, orden; obligación
[15] un proyecto con los principios esenciales de la futura constitución
[16] extrañe
[17] «Esa obra es nuestra labor».
[18] amenaza
[19] aparato para que el niño aprenda a caminar
[20] (fig.) último grado; exceso
[21] *encorvados*: doblados; *yugo*: (fig.) dominación
[22] (fig.) yerro, error, falta
[23] tela larga, banda que sirve de cintura a los niños
[24] consumido, destruído
[25] *pesado*: de peso, serio, maduro; *sesudo*: que piensa bien, inteligente
[26] (fig.) volubles, inconstantes, que cambian fácilmente
[27] claro, que solamente los estados del este Atlántico
[28] Vuestra Soberanía

la diferencia enorme de situación y circunstancias que ha habido y hay entre nosotros y ellos para deducir de ahí que no nos puede convenir su misma federación, si ya nos lo tiene demostrado la experiencia en Venezuela, en Colombia. Deslumbrados como nuestras provincias con la federación próspera de los Estados Unidos, la imitaron a la letra[29] y se perdieron. Arroyos de sangre han corrido diez años para medio recobrarse y erguirse,[30] dejando tendidos en la arena casi todos sus sabios y casi toda su población blanca. Buenos Aires siguió su ejemplo; y mientras estaba envuelto en el torbellino[31] de su alboroto interior, fruto de la federación, el Rey del Brasil, se apoderó impunemente de la mayor y mejor parte de la república. ¿Serán perdidos para nosotros todos esos sucesos? ¿no escarmentamos[32] sobre la cabeza de nuestros hermanos del Sur, hasta que truene el rayo sobre la nuestra, cuando ya nuestros males no tengan remedio o nos sea costosísimo? Ellos escarmentados se han centralizado: ¿nosotros nos arrojaremos sin temor al piélago[33] de sus desgracias, y los imitaremos en su error en vez de imitarlos en su arrepentimiento? Querer desde el primer ensayo de la libertad remontar[34] hasta la cima de la perfección social, es la locura de un niño que intentase hacerse hombre perfecto en un día. Nos agotaremos en el esfuerzo, sucumbiremos[35] bajo una carga desigual a nuestras fuerzas. Yo no sé adular ni temo ofender, porque la culpa no es nuestra sino de los españoles; pero es cierto que en las más de las provincias apenas hay hombres aptos para enviar al Congreso General; y quieran tenerlos para congresos provinciales, poderes ejecutivos y judiciales, ayuntamientos, etc., etc. No alcanzan las provincias a pagar sus diputados al Congreso Central, ¡y quieren echarse a cuestas[36] todo el tren y el peso enorme de los empleados de una soberanía!

¿Y qué hemos de hacer, se nos responderá, si así lo quieren, así lo piden? Decirles lo que Jesucristo a los hijos ambiciosos del Zebedeo: No sabéis lo que pedís: *nescitis quid petatis.* Los pueblos nos llaman sus padres, tratémoslos como a niños que piden lo que no les conviene: *nescitis quid petatis.* «Se necesita valor, dice un sabio político, para negar a un pueblo entero; pero es necesario a veces contrariar su voluntad para servirlo mejor. Toca[37] a sus representantes ilustrarlo y dirigirlo sobre sus intereses, o ser responsable de su debilidad.» Al pueblo se le ha de conducir, no obedecer. Sus diputados no somos mandaderos,[38] que hemos venido aquí a tanta costa[39] y de tan largas distancias para presentar el billete de nuestros amos. Para tan bajo encargo sobraban lacayos[40] en las provincias o corredores en México. Si los pueblos han escogido hombres de estudios e integridad para enviarlos a deliberar en un Congreso General sobre sus más caros intereses, es para que acopiando[41] luces en la reunión de tantos sabios decidamos lo que mejor les convenga; no para que sigamos servilmente los cortos alcances[42] de los provincianos circunscritos en sus territorios. Venimos al Congreso General para ponernos como sobre una atalaya[43] desde donde columbrando[44] el conjunto de la nación, podamos proveer con mayor discernimiento[45] a su bien universal. Somos sus árbitros y compromisarios,[46] no sus mandaderos. La soberanía reside esencialmente en la nación, y no pudiendo ella en masa elegir sus diputados, se distribuye la elección por las provincias; pero una vez verificada, ya no son los electos diputados precisamente de tal o tal provincia, sino de toda la nación. Este es el axioma reconocido de cuantos publicistas han tratado del sistema representativo. De otra suerte el diputado de Guadalajara no pudiera legislar en México, ni el de México determinar sobre los negocios de Veracruz. Si, pues, todos y cada uno de los

[29] literalmente, fielmente
[30] levantarse
[31] viento impetuoso; tempestad
[32] aprendimos (de la experiencia de otros)
[33] (poético) océano, mar
[34] subir, ascender
[35] caeremos agobiados; moriremos
[36] sobre las espaldas
[37] corresponde
[38] mensajeros, criados
[39] con tanto trabajo
[40] criados
[41] reuniendo, juntando
[42] (fig.) de poca capacidad o talento
[43] torre en lugar alto para divisar el campo
[44] divisando, percibiendo, viendo
[45] juicio, sentido
[46] *árbitros*: personas que deciden una diferencia entre otros; *compromisarios*: personas a quienes se les confía la solución de un conflicto

diputados lo somos de toda la nación ¿cómo puede una fracción suya limitar los poderes de un diputado general? Es un absurdo, por no decir una usurpación de la soberanía de la nación.

Yo he oído atónito[47] aquí a algunos señores de Oaxaca y Jalisco, decir que no son dueños de votar como les sugiere su convicción y conciencia, que teniendo limitados sus poderes no son plenipotenciarios o representantes de la soberanía de sus provincias. En verdad, nosotros los hemos recibido aquí como diputados, porque la elección es quien les dió el poder, y se los dió para toda la nación; el papel que abusivamente se llama poder, no es más que una constancia de su legítima elección; así como la ordenación es quien da a los presbíteros la facultad de confesar, lo que se llama licencia no es más que un testimonio de su aptitud para ejercer la facultad que tienen por su carácter. Aquí de Dios. Es una regla sabida del derecho, que toda condición absurda o contradictoria o ilegal que se ponga en cualquier poder, contrato, etc., o la anula e irrita, o debe considerarse como no puesta. Es así que yo he probado que la restricción puesta por una provincia en los poderes de un diputado de toda la nación es absurda. Es así que es contradictorio, porque implica Congreso Constituyente con bases ya constituídas cualesquiera que sean, como de república federada se determina ya en esos poderes limitados. Es así que es ilegal, porque en el decreto de convocatoria está prohibida toda restricción. Luego, o los poderes que la traen son nulos y los que han venido con ellos deben salir luego del Congreso, o debe considerarse como no puesta, y esos diputados quedan en plena libertad para sufragar[48] como los demás, sin ligamen[49] alguno. Yo no alcanzo qué respuesta sólida se puede dar a este argumento.

Pero volviendo a nuestro asunto: ¿es cierto que la nación quiere república federada y en los términos que intenta dársenos por el artículo 6°.? Yo no quisiera ofender a nadie; pero me parece que algunos inteligentes en las capitales, previendo que por lo mismo han de recaer en ellos los mandos y los empleos de las provincias, son los que quieren esa federación y han hecho decir a los pueblos que la quieren. Algunos señores diputados se han empeñado[50] en probar que las provincias quieren república federada; pero ninguno ha probado, ni probará jamás, que quieran tal especie de federación angloamericana, y más que angloamericana. Cómo han de querer los pueblos lo que no conocen? *Nihil volitum quin prae cognitum.*[51] Llámense cien hombres, no digo de los campos, ni de los pueblos donde apenas hay quien sepa leer, ni que existen siquiera en el mundo angloamericanos, de México mismo, de esas galerías háganse bajar cien hombres, pregúnteseles qué casta de animal es república federada, y doy mi pescuezo[52] si no responden treinta mil desatinos.[53] ¡Y esa es la pretendida voluntad general con que se nos quiere hacer comulgar como a niños! Esa voluntad general numérica es un sofisma, un mero sofisma, un sofisma que se puede decir reprobado por Dios cuando dice en las Escrituras: "No sigas a la turba para obrar el mal, ni descanses en el dictamen[54] de la multitud para apartarte del sendero[55] de la verdad." [. . .]

---

[47] pasmado, sorprendido; boquiabierto
[48] votar
[49] impedimento; compromiso previo
[50] han insistido con mucho interés
[51] «nadie quiere lo que no conoce»
[52] cuello
[53] despropósitos; disparates; necedades
[54] opinión
[55] camino

Simón Bolívar

VENEZUELA, 1783–1830

La cumbre del pensamiento político de la época viene representada por Simón Bolívar, el Libertador de Suramérica y una de las grandes figuras de la historia humana. Bolívar fue el máximo pensador político y guerrero de su generación. Nació en Caracas en el seno de una familia adinerada. Huérfano antes de cumplir los diez años, lo crió un tío materno con gran preocupación por su educación y formación. Se educó bajo tres de los venezolanos de más jerarquía intelectual y moral de la época: Miguel José Sanz, Andrés Bello y, sobre todo, Simón Rodriguez, quien dejó una huella perdurable en su discípulo. A los diecisiete años fue a España a completar su educación y allí se puso al día en el pensamiento revolucionario, leyendo a Rousseau, Montesquieu, Voltaire y otros miembros de la vanguardia revolucionaria. Regresó a su patria y después de la muerte de su esposa volvió a Europa. En el histórico Monte Aventino de Roma juró ante Simón Rodríguez luchar hasta ver a su patria libre de la tiranía. De vuelta a Venezuela se convirtió en el líder indiscutible de la Revolución. Libertó a Colombia, Venezuela, Ecuador y consolidó la Independencia de toda Suramérica con la liberación del Perú y Bolivia. Con razón se le llamó el «Libertador», título que, como él mismo dijo, «es superior a todos los que ha recibido el orgullo humano». Fue presidente de la República de la Gran Colombia (Colombia, Venezuela, Ecuador). Cuando las ambiciones y los caudillos regionales comenzaron, él se retiró pobre y enfermo y murió en Santa Marta, desencantado y con gran pesimismo sobre el futuro de Hispanoamérica.

Lo que más sobresale en Bolívar es la multiplicidad de sus facultades: guerrero, escritor, líder político, estadista, orador de primera línea, crítico literario. Sus obras completas forman varios volúmenes donde se encuentran cartas políticas, amistosas y de amor; proclamas, manifiestos y discursos; crítica literaria; ensayos políticos y sociales; constituciones; arengas. Era asimismo un orador formidable con una fuerza vibrante y gran poder convincente. En la llamada *Carta de Jamaica* (1815) pasa revista a la situación política y social de los pueblos hispanoamericanos, y hace una profecía muy acertada sobre el futuro desenvolvimiento después de la Independencia. Oponiéndose a la fragmentación del antiguo imperio español, defiende la idea de una gran federación, basada en la voluntad libre de todos los pueblos de habla española. Su sentido práctico lo lleva a proponer fórmulas que, separándose de los regímenes democráticos liberales, establecerían «una especie de liberalismo o democracia a la inglesa: la constitución y las elecciones al lado de instituciones y personas permanentes».* No constituye esta opinión un tono reaccionario de su pensamiento, sino el sentido pragmático adelantándose al idealismo sin bases históricas. Muestra su preocupación por la felicidad y estabilidad de estos pueblos y su ideario de firme orientación democrática con base en los ideales de la Ilustración.

Todavía mayor madurez ideológica ofrece su *Discurso ante el Congreso de Angostura* (1819) donde lo vemos como un verdadero estadista y orador vibrante, macizo y ardiente. Este discurso, llamado por él mismo «la profesión de mi conciencia política», fue pronunciado con motivo de presentar a la Asamblea Constituyente, reunida después de obtenida la Independencia, un proyecto de constitución para Venezuela. Orientado por su buen sentido, postula la creación de un senado vitalicio y de una cámara de diputados renovable. En el proyecto se vislumbra al estadista de visión proyectada hacia el futuro y que no teme exponer sus ideas, aunque las sepa opuestas a la mayoría. En éste como en todos sus escritos, Bolívar se hace notar por su conciencia del pasado, el conocimiento profundo de las sociedades hispanoamericanas y la asimilación del ideario político del Iluminismo. También redactó Bolívar otras dos constituciones: la inicial de la Gran Colombia y la de Bolivia (1826). En esta última proponía un presidente vitalicio y las demás instituciones políticas cambiantes, a fin de evitar la dictadura por un lado, y la anarquía y el caciquismo, por otro. Dio muestras de talentos de narrador en *Mi delirio en el Chimborazo*, prosa poemática con vislumbres de imaginación y tono lírico. A él se debe la mejor crítica sobre «La Victoria de Junín, canto a Bolívar», la obra maestra del poeta José Joaquín de Olmedo.

El estilo de Bolívar es reconocible por la mezcla del sentido práctico del estadista con el idealismo patriótico que inflama todos sus escritos políticos. Su prosa es diáfana, pero siempre llena de fuerza, de dinamismo y de gran poder convincente. En todo momento se muestra vívido y enérgico, pero sereno y muy agudo en las observaciones. En vez de perderse en abstracciones, va siempre a las soluciones precisas. No piensa tan sólo en él, sino que tiene la visión distante del verdadero hombre de estado, presentando planes de largo alcance. Muchas de sus ideas no fueron comprendidas en su tiempo, pero si se hubiesen seguido, se habrían evitado muchos de los males que todavía aquejan a la América hispana. Bolívar representa no sólo al revolucionario y militar más extraordinario de toda Hispanoamérica, sino al escritor político más sagaz de una época convulsa e incierta, en que resultaba muy difícil profetizar sobre el futuro destino de estos pueblos, cosa que él realizó con toda precisión y justeza.

FUENTE: *Obras completas*, La Habana, Editorial Lex, 1950

---

* Leopoldo Zea en *Antología del pensamiento social y político de América Latina*, pág. 115.

Discurso ante el Congreso de Angostura[1]

1819

[. . .] La continuación de la autoridad en un mismo individuo frecuentemente ha sido el término[2] de los Gobiernos Democráticos. Las repetidas elecciones son esenciales en los sistemas populares, porque nada es tan peligroso como dejar permanecer largo tiempo en un mismo Ciudadano el Poder. El Pueblo se acostumbra a obedecerle, y él se acostumbra a mandarlo; de donde se origina la usurpación y la tiranía. Un justo celo[3] es la garantía de la Libertad Republicana, y nuestros Ciudadanos deben temer con sobrada justicia que el mismo Magistrado, que los ha mandado mucho tiempo, los mande perpetuamente.

Ya, pues, que por este acto de mi adhesión a la libertad de Venezuela puedo aspirar a la gloria de ser contado entre sus más fieles amantes; permitidme, Señor, que exponga con la franqueza de un verdadero Republicano mi respetuoso dictamen[4] en este *Proyecto de Constitución* que me tomo la libertad de ofreceros en testimonio de la sinceridad y del candor de mis sentimientos. Como se trata de la salud de todos, me atrevo a creer que tengo derecho para ser oído por los Representantes del Pueblo. Yo sé muy bien que vuestra sabiduría no ha menester[5] de consejos, y sé también que mi Proyecto acaso,[6] os parecerá erróneo, impracticable. Pero, Señor, aceptad con benignidad este trabajo, que más bien es el tributo de mi sincera sumisión al Congreso que el efecto de una levedad[7] presuntuosa. Por otra parte, siendo vuestras funciones la creación de un cuerpo político y aun se podría decir la creación de una sociedad entera, rodeada de todos los inconvenientes que presenta una situación, la más singular y difícil, quizás el grito de un Ciudadano puede advertir la presencia de un peligro encubierto o desconocido.

Echando una ojeada[8] sobre lo pasado, veremos cuál es la base de la República de Venezuela.

Al desprenderse[9] la América de la Monarquía Española, se ha encontrado semejante al Imperio Romano, cuando aquella enorme masa cayó dispersa en medio del antiguo mundo. Cada desmembración formó entonces una Nación Independiente conforme a su situación o a sus intereses; pero con la diferencia de que aquellos Miembros volvían a restablecer sus primeras asociaciones. Nosotros ni aún conservamos los vestigios[10] de lo que fué en otro tiempo: no somos Europeos, no somos Indios, sino una especie media entre los Aborígenes y los Españoles. Americanos por nacimiento y Europeos por derechos, nos hallamos en el conflicto de disputar[11] a los naturales los títulos de posesión y de mantenernos en el país que nos vió nacer, contra la oposición de los invasores; así nuestro caso es el más extraordinario y complicado. Todavía hay más; nuestra suerte ha sido siempre puramente pasiva, nuestra existencia política ha sido siempre nula y nos hallamos en tanta más dificultad para alcanzar la Libertad, cuanto que estábamos colocados en un grado inferior al de la servidum-

[1] En este discurso Bolívar se muestra como estadista de visión amplia y sentido práctico. Su cultura histórica y sagacidad lo llevan a ver los errores de los sistemas políticos en el pasado. No trata de imponer su criterio, sino de aconsejar lo que estima más beneficioso, útil y hacedero para su país. Según él, un gobierno no se puede basar solamente en principios o ideas, sino que ha de tener en cuenta el elemento humano sobre el que ha de regir. Su pensamiento aparece muy influído por las ideas de Rousseau, Voltaire y, especialmente Montesquieu, a quien cita varias veces.

[2] fin
[3] cuidado que se pone en cumplir un deber
[4] opinión, juicio
[5] no necesita
[6] quizás, tal vez
[7] ligereza
[8] mirando
[9] separarse; independizarse
[10] señales, huellas
[11] debatir, discutir

bre; porque no solamente se nos había robado la Libertad, sino también la tiranía activa y doméstica. Permítaseme explicar esta paradoja. En el régimen absoluto, el Poder autorizado no admite límites. La voluntad del Déspota, es la Ley Suprema ejecutada arbitrariamente por los Subalternos[12] que participan de la opresión organizada en razón de la autoridad de que gozan. Ellos están encargados de las funciones civiles, políticas, militares, y religiosas; pero al fin son Persas los Sátrapas de Persia, son Turcos los Bajaes del gran Señor, son Tártaros los Sultanes de la Tartaria. La China no envía a buscar Mandarines a la cuna de Gengiskan que la conquistó. Por el contrario la América, todo lo recibía de España que realmente la había privado[13] del goce y ejercicio de la tiranía activa; no permitiéndonos sus funciones en nuestros asuntos domésticos[14] y administración inferior. Esta abnegación nos había puesto en la imposibilidad de conocer el curso de los negocios públicos: tampoco gozábamos de la consideración personal que inspira el brillo del poder a los ojos de la multitud, y que es de tanta importancia en las grandes Revoluciones. Lo diré de una vez, estábamos abstraídos, ausentes del universo en cuanto era relativo a la ciencia del Gobierno.

Uncido el Pueblo Americano al triple yugo de la ignorancia, de la tiranía, y del vicio, no hemos podido adquirir, ni saber, ni poder, ni virtud. Discípulos de tan perniciosos maestros, las lecciones que hemos recibido, y los ejemplos que hemos estudiado, son los más destructores. Por el engaño se nos ha dominado más que por la fuerza: y por el vicio se nos ha degradado[15] más bien que por la superstición. La esclavitud es la hija de las tinieblas; un Pueblo ignorante es un instrumento ciego de su propia destrucción: la ambición, la intriga, abusan de la credulidad y de la inexperiencia, de hombres ajenos de todo conocimiento político, económico o civil: adoptan como realidades las que son puras ilusiones; toman la licencia por la Libertad, la traición por el patriotismo, la venganza por la justicia. Semejante a un robusto ciego que instigado por el sentimiento de sus fuerzas, marcha con la seguridad del hombre más perspicaz, y dando en todos los escollos no puede rectificar sus pasos. Un pueblo pervertido si alcanza su libertad, muy pronto vuelve a perderla; porque en vano se esforzarán en mostrarle que la felicidad consiste en la práctica de la virtud: que el imperio de las Leyes es más poderoso que el de los tiranos, porque son más inflexibles, y todo debe someterse a su benéfico rigor: que las buenas costumbres, y no la fuerza, son las columnas de las leyes: que el ejercicio de la Justicia es el ejercicio de la Libertad. [. . .]

[. . .] Muchas naciones antiguas y modernas han sacudido[16] la opresión; pero, son rarísimas las que han sabido gozar de algunos preciosos momentos de Libertad; muy luego[17] han recaído en sus antiguos vicios políticos: porque son los Pueblos más bien que los Gobiernos los que arrastran tras sí la tiranía. El hábito de la dominación, los hace insensibles a los encantos del honor y de la prosperidad nacional: y miran con indolencia la gloria de vivir en el movimiento de la Libertad, bajo la tutela de Leyes dictadas por su propia voluntad. Los fastos[18] del universo proclaman esta espantosa verdad.

Sólo la Democracia, en mi concepto, es susceptible de una absoluta Libertad; pero, ¿cuál es el Gobierno Democrático que ha reunido a un tiempo, poder, prosperidad, y permanencia? ¿Y no se ha visto por el contrario la Aristocracia, la Monarquía cimentar[19] grandes y poderosos Imperios por siglos y siglos? ¿Qué Gobierno más antiguo que el de China? ¿Qué República ha excedido en duración a la de Esparta, a la de Venecia? ¿El imperio Romano no conquistó la tierra? ¿No tiene la Francia catorce siglos de Monarquía? ¿Quién es más grande que la Inglaterra? Estas Naciones, sin embargo, han sido o son Aristocracias y Monarquías.

---

[12] subordinados; inferiores, que dependen de otro
[13] despojado, quitado
[14] problemas nacionales o locales
[15] rebajado; humillado
[16] se han librado de; han derrocado
[17] pronto
[18] (fig.) anales o serie de sucesos por el orden de los tiempos
[19] echar los fundamentos; (fig.) afirmar

A pesar de tan crueles reflexiones, yo me siento arrebatado[20] de gozo por los grandes pasos que ha dado nuestra República al entrar en su noble carrera. Amando lo más útil, animada de lo más justo, y aspirando a lo más perfecto al separarse Venezuela de la Nación Española, ha recobrado su Independencia, su Libertad, su Igualdad, su Soberanía Nacional. Constituyéndose en una República Democrática, proscribió la Monarquía, las distinciones, la nobleza, los fueros,[21] los privilegios: declaró los derechos del hombre, la Libertad de obrar, de pensar, de hablar y de escribir. Estos actos eminentemente liberales jamás serán demasiado admirados por la pureza que los ha dictado. El primer Congreso de Venezuela ha estampado[22] en los anales[23] de nuestra Legislación con caracteres indelebles, la majestad del Pueblo dignamente expresada, al sellar el acto social más capaz de formar la dicha de una Nación. Necesito de recoger todas mis fuerzas para sentir con toda la vehemencia de que soy susceptible, el supremo bien que encierra en sí este Código inmortal de nuestros derechos y de nuestras Leyes. ¡Pero cómo osaré[24] decirlo! ¿me atreveré yo a profanar con mi censura las tablas sagradas de nuestras leyes . . .? Hay sentimientos que no se pueden contener en el pecho de un amante de la Patria; ellos rebosan[25] agitados por su propia violencia, y a pesar del mismo que los abriga, una fuerza imperiosa los comunica. Estoy penetrado de la idea de que el Gobierno de Venezuela debe reformarse; y que aunque muchos ilustres Ciudadanos piensan como yo, no todos tienen el arrojo[26] necesario para profesar públicamente la adopción de nuevos principios. Esta consideración me insta[27] a tomar la iniciativa en un asunto de la mayor gravedad, y en que hay sobrada audacia en dar avisos a los Consejeros del Pueblo. [. . .]

[. . .] Los Ciudadanos de Venezuela gozan todos por la Constitución, intérprete de la Naturaleza, de una perfecta igualdad política. Cuando esta igualdad no hubiese sido un dogma en Atenas, en Francia, y en América, deberíamos nosotros consagrarlo para corregir la diferencia que aparentemente existe. Mi opinión es, Legisladores, que el principio fundamental de nuestro sistema, depende inmediata y exclusivamente de la igualdad establecida y practicada en Venezuela. Que los hombres nacen todos con derechos iguales a los bienes de la sociedad, está sancionado por la pluralidad de los sabios; como también lo está, que no todos los hombres nacen igualmente aptos[28] a la obtención de todos los rangos; pues todos deben practicar la virtud y no todos la practican; todos deben ser valerosos, y todos no lo son, todos deben poseer talentos, y todos no los poseen. De aquí viene la distinción efectiva que se observa entre los individuos de la sociedad más liberalmente establecida. Si el principio de la igualdad política es generalmente reconocido, no lo es menos el de la desigualdad física y moral. La naturaleza hace a los hombres desiguales, en genio, temperamento, fuerzas y caracteres. Las leyes corrigen esta diferencia porque colocan al individuo en la sociedad para que la educación, la industria, las artes, los servicios, las virtudes, le den una igualdad ficticia, propiamente llamada política y social. En una inspiración eminentemente benéfica, la reunión de todas las clases en un estado, en que la diversidad se multiplicaba en razón de[29] la propagación de la especie. Por este solo paso se ha arrancado de raíz la cruel discordia. ¡Cuántos celos, rivalidades, y odios se han evitado! [. . .]

[. . .] El sistema de Gobierno más perfecto, es aquel que produce mayor suma de felicidad posible, mayor suma de seguridad social, y mayor suma de estabilidad política. Por las Leyes que dictó el primer Congreso tenemos derecho de esperar que la dicha sea el dote[30] de Venezuela; y por las vuestras, debemos lisonjearnos que la seguridad y la estabilidad eternizarán esta dicha. A vosotros toca resolver el problema. ¿Cómo después de haber roto

[20] muy lleno de
[21] leyes especiales de una región; privilegios
[22] impreso
[23] historia
[24] me atreveré a
[25] abundan, exceden
[26] osadía, intrepidez; opuesto de cobardía
[27] me urge; me insiste; me pide
[28] hábiles, capaces
[29] al precio de; en proporción a
[30] prenda, cualidad relevante

todas las trabas de nuestra antigua opresión podemos hacer la obra maravillosa de evitar que los restos de nuestros duros hierros no se cambien en armas liberticidas? Las reliquias[31] de la dominación Española permanecerán largo tiempo antes que lleguemos a anonadarlas:[32] el contagio del Despotismo ha impregnado nuestra atmósfera, y ni el fuego de la guerra, ni el específico de nuestras saludables Leyes han purificado el aire que respiramos. Nuestras manos ya están libres, y todavía nuestros corazones padecen de las dolencias de la servidumbre. El hombre, al perder la libertad, decía Homero, pierde la mitad de su espíritu.

Un Gobierno Republicano ha sido, es, y debe ser el de Venezuela; sus bases deben ser la Soberanía del Pueblo: la división de los Poderes, la Libertad civil, la proscripción de la Esclavitud, la abolición de la monarquía, y de los privilegios. Necesitamos de la igualdad para refundir, digámoslo así, en un todo, la especie de los hombres, las opiniones políticas, y las costumbres públicas. Luego extendiendo la vista sobre el vasto campo que nos falta por recorrer, fijemos la atención sobre los peligros que debemos evitar. Que la historia nos sirva de guía en esta carrera. Atenas la primera nos dá el ejemplo más brillante de una Democracia absoluta, y al instante, la misma Atenas, nos ofrece el ejemplo más melancólico de la extrema debilidad de esta especie de Gobierno. El más sabio Legislador de Grecia no vió conservar su República diez años, y sufrió la humillación de reconocer la insuficiencia de la Democracia absoluta, para regir ninguna especie de sociedad ni aun la más culta, morígera[33] y limitada, porque sólo brilla con relámpagos de Libertad. Reconozcamos, pues, que Solón[34] ha desengañado al Mundo; y le ha enseñado, cuán difícil es dirigir por simples Leyes a los hombres.

La República de Esparta que parecía una invención quimérica, produjo más efectos reales que la obra ingeniosa de Solón. Gloria, virtud, moral y por consiguiente la felicidad nacional, fué el resultado de la Legislación de Licurgo.[35] Aunque dos Reyes en un Estado son dos monstruos para devorarlo, Esparta poco tuvo que sentir de su doble trono: en tanto que Atenas se prometía la suerte más espléndida, con una soberanía absoluta, libre elección de Magistrados, frecuentemente renovados, Leyes suaves, sabias y políticas. Pisistrato,[36] usurpador y tirano fué más saludable a Atenas que sus leyes; y Pericles[37] aunque también usurpador, fué el más útil Ciudadano. La República de Tebas no tuvo más vida que la de Pelópidas y Epaminondas;[38] porque a veces son los hombres, no los principios, los que forman los Gobiernos. Los códigos, los sistemas, los estatutos por sabios que sean son obras muertas que poco influyen sobre las sociedades: ¡hombres virtuosos, hombres patriotas, hombres ilustrados constituyen las Repúblicas!

La Constitución Romana es la que mayor poder y fortuna ha producido a ningún pueblo del mundo; allí no había una exacta distribución de los poderes. Los Cónsules, el Senado, el Pueblo, ya eran Legisladores, ya Magistrados, ya Jueces; todos participaban de todos los poderes. El Ejecutivo, compuesto de dos Cónsules, padecía el mismo inconveniente que el de Esparta. A pesar de su deformidad no sufrió la República la desastrosa discordancia que toda previsión habría supuesto inseparable, de una Magistratura compuesta de dos individuos, igualmente autorizados con las facultades de un Monarca. Un Gobierno cuya única inclinación era la conquista, no parecía destinado a cimentar la felicidad de su Nación. Un gobierno monstruoso y puramente guerrero, elevó a Roma al más alto esplendor de virtud y de gloria; y formó de la tierra, un dominio Romano, para mostrar a los hombres de cuanto son capaces las virtudes políticas; y cuan indiferentes suelen ser las instituciones.

Y pasando de los tiempos antiguos a los modernos encontraremos la Inglaterra y la

---

[31] vestigios
[32] aniquilarlas; destruirlas; vencerlas
[33] morigerada, de buenas costumbres; moderada
[34] legislador y estadista de Atenas, uno de los Siete Sabios de Grecia (¿640–558? a. C.)
[35] legislador de Esparta (s. IX a. C.), empleó como modelos otros sistemas legislativos que había visto en sus viajes
[36] tirano de Atenas (¿600–527? a. C.), realizó una gran labor protegiendo las artes y embelleciendo la ciudad
[37] político y orador ateniense (¿495?–429 a. C.), el mejor gobernante de Atenas
[38] *Pelópidas*: general tebano, amigo de Epaminondas (¿?–364 a. C.); *Epaminondas*: célebre general tebano (¿418–362? a. C.), uno de los líderes de la democracia en Tebas (célebre ciudad de la Grecia antigua)

Francia, llamando la atención de todas las Naciones, y dándoles lecciones elocuentes de todas especies en materias de Gobierno. La Revolución de estos dos grandes pueblos como un radiante meteoro, ha inundado al mundo con tal profusión de luces políticas, que ya todos los seres que piensan han aprendido cuáles son los derechos del hombre y cuáles sus deberes; en qué consiste la excelencia de los Gobiernos y en qué consisten sus vicios. Todos saben apreciar el valor intrínseco de las teorías especulativas de los Filósofos y Legisladores modernos. En fin, este astro, en su luminosa carrera, aun ha encendido los pechos de los apáticos Españoles, que también se han lanzado en el torbellino político; han hecho sus efímeras pruebas de Libertad,[39] han reconocido su incapacidad para vivir bajo el dulce dominio de las Leyes y han vuelto a sepultarse en sus prisiones y hogueras inmemoriales. [. . .]

[. . .] En nada alteraríamos nuestras leyes fundamentales, si adoptásemos un Poder Legislativo semejante al Parlamento Británico. Hemos dividido como los Americanos la Representación Nacional en dos Cámaras: la de Representantes, y el Senado. La primera está compuesta muy sabiamente, goza de todas las atribuciones que le corresponden, y no es susceptible de una reforma esencial, porque la Constitución le ha dado el origen, la forma y las facultades que requiere la voluntad del Pueblo para ser legítima y competentemente representada. Si el Senado en lugar de ser electivo fuese hereditario, sería en mi concepto la base, el lazo, el alma de nuestra República. Este Cuerpo en las tempestades políticas pararía los rayos del Gobierno, y rechazaría las olas populares. Adicto[40] al Gobierno por el justo interés de su propia conservación, se opondría siempre a las invasiones que el pueblo intenta contra la jurisdicción y la autoridad de sus Magistrados. Debemos confesarlo: los más de los hombres desconocen sus verdaderos intereses, y constantemente procuran asaltarlos en las manos de sus Depositarios; el individuo pugna contra la masa, y la masa contra la autoridad. Por tanto, es preciso que en todos los Gobiernos exista un cuerpo neutro que se ponga siempre de parte del ofendido, y desarme al ofensor. Este cuerpo neutro para que pueda ser tal, no ha de deber su origen a la elección del Gobierno, ni a la del Pueblo; de modo que goce de una plenitud de independencia que ni tema, ni espere nada de estas dos fuentes de autoridad. El Senado hereditario como parte del Pueblo, participa de sus intereses, de sus sentimientos, y de su espíritu. Por esta causa no se debe presumir que un Senado hereditario se desprenda de los intereses populares, ni olvide sus deberes Legislativos. Los Senadores en Roma, y los Lores en Londres han sido las columnas más firmes sobre que se ha fundado el edificio de la Libertad política y civil.

Estos Senadores serán elegidos la primera vez por el Congreso. Los sucesores al Senado llaman la primera atención del Gobierno, que debería educarlos en un Colegio especialmente destinado para instruir aquellos tutores, Legisladores futuros de la Patria. Aprenderían las artes, las ciencias y las letras que adornan el espíritu de un hombre público: desde su infancia ellos sabrían a qué carrera la Providencia los destinaba, y desde muy tiernos[41] elevarían su alma a la dignidad que los espera.

De ningún modo sería una violación de la igualdad política la creación de un Senado hereditario; no es una nobleza la que pretendo establecer porque como ha dicho un célebre Republicano, sería destruir a la vez la Igualdad y la Libertad. Es un oficio para el cual se deben preparar los candidatos, y es un oficio que exige mucho saber, y los medios proporcionados para adquirir su instrucción. Todo no se debe dejar al acaso[42] y a la ventura en las elecciones: el Pueblo se engaña más fácilmente, que la naturaleza perfeccionada por el arte; y aunque es verdad que estos Senadores no saldrían del seno de las virtudes, también es verdad que saldrían del seno de una educación ilustrada. Por otra parte los Libertadores de Venezuela son acreedores[43] a ocupar siempre un alto rango en la República que les debe su existencia.

[39] Posible referencia a las Cortes de Cádiz, que elaboraron la Constitución liberal del 19 de marzo de 1812, cuyo documento reconoció, entre otras, la libertad de imprenta y pensamiento

[40] devoto

[41] niños

[42] casualidad

[43] merecedores; aquellos a quienes se debe algo

Creo que la posteridad vería con sentimiento, anonadados los nombres ilustres de sus primeros bienhechores: digo más, es del interés público, es de la gratitud de Venezuela, es del honor 5 Nacional, conservar con gloria hasta la última posteridad, una raza de hombres virtuosos, prudentes y esforzados que superando todos los obstáculos, han fundado la República a costa de los más heroicos sacrificios. Y si el pueblo de Venezuela no aplaude la elevación de sus bienhechores, es indigno de ser Libre, y no lo será jamás. [. . .]

Fray Martínez de Navarrete

MÉXICO, 1768–1809

La poesía lírica fue motivo de un intenso cultivo durante el Neoclasicismo, adoptando los temas y orientaciones técnicas propias de esa escuela. Se producen dos grandes corrientes: la poesía escrita en latín, con muy apreciables cultivadores, y la propiamente neoclásica con sus ramas lírica, satírica, popular y la fábula. La poesía lírica fue practicada por algunos de los mejores poetas de la literatura hispanoamericana de todos los tiempos y se divide en tres corrientes distintas: subjetiva e intimista; descriptiva de la naturaleza y la patriótica, heroica, política o civil y, finalmente se inicia la de carácter popular.

Dentro de la corriente subjetiva e intimista sobresalió Fray José Manuel Martínez de Navarrete, quien ocupa el lugar más destacado de la poesía mexicana con posterioridad a la muerte de Sor Juana Inés de la Cruz. La crítica considera que son él y la célebre monja las dos figuras más sobresalientes de la poesía lírica de ese país durante el período colonial. Vio la luz Martínez de Navarrete en Zamora de Michoacán, de familia de abolengo pero empobrecida. Realizó sus estudios en esa ciudad trasladándose más tarde a México. Ingresó en el sacerdocio y estudió con mucho interés Latín, Teología y Filosofía. Se le recuerda como profesor y predicador de renombre. Era un hombre de gran sencillez y modestia, con una personalidad afable e interesante. Sus versos resultan lo más atrayente de su vida, bastante incolora y carente de episodios sobresalientes. Llegó a ser «mayoral» o líder de una «Arcadia Mexicana» que se reunía en la capital mexicana, porque se le estimaba como el mejor poeta de ese tiempo. Su poesía representó una muy saludable reacción contra el prosaísmo y falta de vuelo de la poesía mexicana de la época.

La primera edición de sus poesías llevaba el título de *Entretenimientos poéticos* (1823), pero la mayoría de sus versos habían sido publicados, sobre todo, en periódicos de su tiempo. Espigando en sus dos volúmenes encontramos cuatro tendencias en su producción. Especialmente en su juventud escribió una poesía pastoril llena de suavidades, con la artificiosidad y sensiblería propias de este género. Trata de imitar a Garcilaso de la Vega, Lope de Vega y Gil Polo, pero queda a gran distancia de ellos.

A pesar de no ser superado por ningún poeta de su tiempo, no alcanza a transmitir una genuina emoción del paisaje y del sentimiento. Otro género muy cultivado por el poeta fue la poesía anacreóntica o amatoria, en la que le sirve de modelo Juan Meléndez Valdés, el mejor poeta neoclásico español. Ha causado extrañeza que un sacerdote cante al amor en esa forma y todavía está viva la polémica al respecto; algunos lo estiman un hombre íntegro y otros hablan de auténticas mujeres que le sirvieron de inspiración. Su poesía amorosa resulta bastante insípida, sin verdadera pasión y constituye lo menos recomendable de su producción.

Mucho más valen sus poesías contemplativas de la naturaleza, no exentas de elevación y de auténtico sentimiento del paisaje. A menudo enlaza convenientemente los pasajes descriptivos con sus estados anímicos, asomando entonces su ternura y cierto matiz melancólico que anuncia ya el advenimiento del Romanticismo. Martínez de Navarrete alcanza sus momentos más perdurables en las poesías morales, filosóficas y religiosas, donde descuella por su noble elevación, inspiración e ideas graves y trascendentes. Aquí sigue de cerca el modelo de Fray Luis de León y otros grandes poetas españoles de esas tendencias, pero presenta los defectos de la demasiada extensión de sus poemas y la falta de inspiración sostenida. Junto a momentos felices, hay languidez y falta de verdadera substancia lírica. A este grupo pertenecen también algunos poemas elegíacos con genuino sentimiento y buena habilidad para apresar la pena dándole dimensión poética.

El poeta tiene buen sentido de la armonía y de la musicalidad del verso; conoce los grandes bardos latinos y españoles de la edad clásica, nunca cae en prosaísmos y su poesía es siempre correcta, elegante y espontánea. El vocabulario aparece rico, seleccionado y con propiedad. No obstante sus muchas virtudes, le faltaba el toque genial de los grandes de la poesía lírica como son el impulso lírico, la correspondencia entre la expresión poética y las grandes ideas y sentimientos que deseaba cantar. Trozos o selecciones de sus obras valen mucho más que el conjunto de ellas. En estos fragmentos se encuentran momentos de profundidad filosófica, meditaciones sobre la vida, el tiempo y la existencia que confieren dignidad a su producción. Martínez de Navarrete representa la madurez del gusto neoclásico en México.

FUENTE: *Poesías profanas*, 2da. ed., México, Universidad Nacional Autónoma, 1939; editadas por Francisco Monterde

Entretenimientos poéticos

1823

A una inconstancia[1]

Suspende, fuentecilla,
tu ligera corriente,
mientras que triste lloro
mis ya perdidos bienes.

¿Cuántas veces, estando
en tus orillas verdes,
Lisi[2] me aseguraba
su amor hasta la muerte?

Aquí su diestra mano,[3]
más blanca que la nieve,
en esta arena frágil,
escribió muchas veces:

«Primero ha de tornarse[4]
el curso de esta fuente,
que el corazón de Lisi,
que a su Salicio quiere».

Mas tus promesas, Lisi,
no han sido menos leves[5]
que el papel que escogías
para firmarlas siempre.

Las letras se borraron
por los soplos más tenues[6]
del viento, y tus promesas
por lo que tu quisieres.

¡Ay, contentos soñados
de prometidos bienes![7]
¡Ay, inconstancia propia
de fáciles mujeres!

De la juventud[8]

¿No ves ese clavel[9] ya deshojado[10]
por la crueldad del cierzo[11] enfurecido,
tan muerto, que parece enternecido
las exequias le cante triste el prado?[12]

Pues ayer se ostentó tan encarnado,[13]
tan fragante, tan verde, tan lucido,
que entre el vistoso ejército florido
por galán de la selva fué estimado.[14]

Así será tu muerte lastimosa,
y no tarde tampoco; aunque reflejo
que presumes de un alma muy fogosa.[15]

¡Pronóstico fatal! Mas te aconsejo,
en premio del retrato de la rosa,
que este clavel te pongas por espejo.[16]

---

[1] Especie de romancillo de heptasílabos con la misma rima *e–e* en los versos pares. Modelo de la poesía pastoril tan en boga a fines del siglo XVIII con su profusión de Cloris, Anardas e incoloros prados y arroyuelos murmurantes.
[2] Este y otros nombres propios son típicos de las pastoras y pastores de la poesía convencional a que se ha hecho referencia en la introducción y en la nota 1.
[3] mano derecha
[4] volverse; cambiarse
[5] ligeras
[6] vientecillos muy suaves
[7] promesa de felicidad y dicha
[8] Soneto al estilo clásico. Fue típico del Neoclasicismo señalar lo pasajero de la juventud y de la dicha para destacar la idea de virtud y moral.
[9] planta de flores de hermosos colores y muy estimadas
[10] desprovisto de sus pétalos
[11] viento frío que sopla del norte
[12] campo con buena hierba para el ganado; lugar agradable para pasear
[13] muy rojo
[14] aquí, considerado
[15] impetuosa, ardiente
[16] «considera que lo sucedido al clavel te pasará también a ti»

De la hermosura[17]

Mira esa rosa, Lisi, en la mañana
con las perlas del alba[18] enriquecida,
y en trono de esmeraldas, tan erguida,
que parece del campo soberana.

No tarda, aunque la miras tan ufana,
en verse por los vientos sacudida,
y advertirás entonces convertida
en mutis palidez su hermosa grana.[19]

No de otra suerte, Lisi, tu belleza,
cual si de eterna fuese su esperanza,
te adorna de gallarda gentileza;

Pero vendrá la muerte sin tardanza,
y marchito el verdor de su entereza,
del trono la hará caer de la privanza.[20]

La primavera[21]

Ya vuelve la deseada primavera
en alas de los blandos cefirillos[22]
y el coro de los dulces pajarillos
con su voz la saluda lisonjera.

Del abundoso río la ribera
atrae con el olor de sus tomillos[23]
a los simples y mansos corderillos
que pacen de los montes la ladera.

Su zampoña el pastor ya templa[24] ufano
para cantar amores con terneza
a su zagala[25] por el verde llano.

Se alegra la común naturaleza
cuando vuelve la ninfa del verano
a ostentar por los prados su belleza.

La inmortalidad[26]

En este triste solitario llano,
do[27] violentas me asaltan las congojas,[28]
no ha mucho que extendió sus verdes hojas
y salpicó de flores el verano.
Este tronco esqueleto,[29] con que ufano
estuvo el patrio suelo,
abrigaba los tiernos pajarillos
entre frondosas ramas.

El líquido arroyuelo,
por márgenes sembradas de tomillos,
de cantuesos,[30] de pálidas retamas,[31]
de rubias amapolas,
de albos[32] jazmines y purpúreas violas,[33]
mansamente corría
bañando el fértil prado de alegría.

Benigno al aire en la espaciosa estancia
de los lejanos frutos y las flores,
desparramaba el bálsamo y fragancia.
¡Oh tiempo, y lo que vencen tus rigores!

Llega del año la estación más cruda,[34]
y mostrando el invierno sus enojos,
todo el campo desnuda
a vista de mis ojos,
que ya lloran ausentes
los pájaros, las flores, y las fuentes.
En los que miro ¡ay triste! retratados
los gustos de mi vida,
por la mano del tiempo arrebatados,
cuando helada quedó mi edad florida.

---

17 Soneto con estructura clásica. Véase nota 8.
18 luz del día antes de salir el sol; amanecer, aurora
19 cambiado su bello color escarlata o rojo por silencioso descolorido (pálido, sin expresión)
20 posición de privilegio (en la corte u otro lugar)
21 Soneto clásico. Entre las mejores poesías de Martínez de Navarrete están aquellas descriptivas de la naturaleza. «Sentía la naturaleza, si no en las líneas de su dibujo, sí en la variada tonalidad de sus luces» (Antonio Castro Leal).
22 brisas muy suaves
23 plantas, a veces usadas para preparaciones medicinales
24 *zampoña*: instrumento rústico pastoril de viento, compuesto de varias flautas; *templa*: le da tono
25 pastora joven
26 Silva, o sea, composición que combina versos endecasílabos y heptasílabos con rima arreglada caprichosamente
27 donde
28 angustias, aflicciones
29 tronco seco
30 plantas labiadas de florecillas azules muy aromáticas
31 plantas papilonáceas de pequeñas flores amarillas
32 blancos
33 violetas
34 aquí, dura, difícil (invierno)

¡Dulces momentos, aunque ya pasados!
a mi vida volved como a esta selva
han de volver las cantodoras aves,
las vivas fuentes y las flores suaves,
cuando el verano delicioso vuelva!

Mas ¡ay, votos perdidos
que el corazón arroja
al impulso mortal de mi congoja!
Huyéronse[35] los años más floridos,
y la edad que no para,
allá se lleva mis mejores días . . .
Adiós, breves pasadas alegrías,
¿que no volvéis siquier[36] la dulce cara? . . .

¡Áridas tierras, más que yo dichosas,
no así vosotras, que os enviando el cielo
anuales primaveras deliciosas,
se corona con mirtos[37] y con rosas
la nueva juventud de vuestro suelo!

Pero ¿qué rayo ¡ay Dios! a mi alma enciende?
¡Ah! luz consoladora,
que del solio estrellado[38] se desprende;
más allá de la vida fatigada,
sí, de la vida cruel que tengo ahora,
cuando sea reanimada
esta porción de tierra organizada,
entonces, por influjos celestiales,
en los campos eternos
florecerán mis gustos inmortales
seguros de los rígidos inviernos.
Pero, ¿qué haré entretanto?
Soltar las riendas a mi triste llano.

José Joaquín de Olmedo

ECUADOR, 1780–1847

Paralela a la corriente lírica subjetiva se desarrolló en esta época la poesía civil, patriótica o heroica, de tono vibrante, sonoro, declamatorio y grandilocuente, para cantar las luchas por la Independencia y sus héroes. Más tarde exaltó la pelea contra los tiranos que se produjeron en la anarquía con que se estrenaron estos pueblos en el disfrute de la libertad. Esta poesía muestra un inusitado entusiasmo por la libertad, la autonomía política, los héroes y guerreros de la lucha, y exalta los valores supremos de la justicia, la paz y la auténtica democracia. Aunque muy influída del tono romántico, como todo el Neoclasicismo hispanoamericano, esta poesía cae dentro de la escuela neoclásica por su estructura, imágenes e influencia. Entre éstas han de mencionarse la de las literaturas clásicas y Víctor Hugo, Juan Nicasio Gallego, Alvarez Cienfuegos, Fernando de Herrera y, especialmente Manuel José Quintana. Entre los cultivadores de esta poesía civil encontramos algunos de los grandes poetas hispanoamericanos de todos los tiempos.

---

[35] se fueron, se escaparon
[36] siquiera
[37] arbustos de las mirtáceas; arrayanes
[38] *solio*: trono, asiento con dosel (para un príncipe o rey); *estrellado*: en forma de estrella

Ningún otro poeta civil de la América hispana aventaja a José Joaquín de Olmedo, a quien se ha llamado «el Quintana americano» y «el Píndaro de Hispanoamérica». Nació en Guayaquil y realizó sus primeros estudios en Quito. Más tarde se trasladó a Lima y allí estudió Derecho y Filosofía en el Colegio de San Carlos y en la famosa Universidad de San Marcos. Después de doctorarse fue profesor de Leyes en la primera institución. Era de carácter más bien tímido y apacible pero muy activo y voluntarioso. A su regreso a la patria tuvo una participación muy amplia en la vida pública. Representó al Ecuador en las Cortes liberales de Cádiz y allí conoció a Quintana, el poeta español más famoso de ese tiempo. Al proclamarse Guayaquil independiente, formó parte de su Junta de Gobierno (1820). Fue amigo personal de Bolívar, y éste le nombró Embajador en Londres donde hizo contacto con Andrés Bello. Allí compuso y publicó por primera vez su famoso poema al Libertador. Al volver al Ecuador, resultó electo Vice-Presidente de la República, luego fue jefe del Gobierno Provisional y años más tarde se le postuló para la presidencia, pero no alcanzó a ser electo. Se le considera entre los grandes hombres públicos y poetas, de su país y de Hispanoamérica.

La obra literaria de Olmedo no es muy abundante, pero en ella encontramos poesías líricas de carácter subjetivo, poemas patrióticos, traducciones y trabajos en prosa (mensajes, discursos, biografías y artículos). A su primera etapa corresponden varios poemas líricos, entre los que sobresalen su excelente «Silva a un amigo en el nacimiento de su primogénito» y el soneto «En la muerte de mi hermana». A pesar de que estas y otras composiciones no carecen de méritos, la gloria de Olmedo descansa en sus creaciones patrióticas. En *La victoria de Junín; canto a Bolívar* (1825) exalta las glorias del Libertador y sus hombres en la lucha por la Independencia americana. El famoso poema fue compuesto en consulta constante con el propio héroe, quien siempre estuvo muy satisfecho del mismo. Bolívar escribió también la mejor crítica que se ha hecho de la obra, destacando en todo momento, tanto los defectos como virtudes. Olmedo comenzó cantando a la batalla de Junín ganada por Bolívar, pero más tarde tuvo lugar la de Ayacucho dirigida por el Mariscal Sucre y mucho más importante porque consolidó la independencia sudamericana. Para no romper la unidad del poema, cuya primera parte canta el primer hecho, Olmedo recurre a lo maravilloso —propio de la poesía épica— y hace aparecer al Inca Huayna-Capac, emperador incaico anterior a la conquista, quien en un largo discurso profetiza el futuro relatando el triunfo de Ayacucho. La parte final es como una glorificación de Bolívar porque narra su entrada triunfal en Lima rodeado de las vestales y el coro de las vírgenes del sol. Los versos finales, de típico corte neoclásico, expresan el deseo del poeta de regresar a la naturaleza y a la paz, después de obtenida la libertad.

La composición presenta influencias directas de Horacio, Virgilio y Lucrecio. Hay matices propios de Homero y Tirteo y no faltan las reminiscencias de Víctor Hugo. El tono grandilocuente debe mucho a Quintana. La inspiración poética resulta muy sostenida y elevada y la dignidad poética está siempre a la altura del asunto que canta. Emplea más los símiles que las metáforas, como en la poesía clásica. Debe incluírsele como el canto civil más importante de Hispanoamérica con anterioridad al *Canto General* de Neruda.

Luego Olmedo escribió *Al General Flores, vencedor en Miñarica* (1835), muy superior al primero por su ejecución y lo sostenido de la inspiración, porque entonces el poeta tenía más experiencia en este tipo de composiciones. La fama del poema ha decaído porque el héroe se convirtió luego en uno de los tantos caudillos y tiranuelos que ha padecido Hispanoamérica. El propio Olmedo rompió con él y contribuyó a destituírlo de la presidencia de la República. Deben mencionarse también las traducciones de las tres primeras epístolas de *An Essay of Man* del poeta inglés Pope, publicadas en 1823, donde Olmedo conserva el tono sobrio y humano de la poesía inglesa. La crítica juzga a Olmedo como una de las grandes figuras del parnaso americano. Sus obras presentan los defectos típicos del momento histórico y de la escuela literaria a que perteneció, pero alcanzan valores líricos y civiles realmente notables.

FUENTE: *Obras completas: poesías*, Quito, Casa de la Cultura Ecuatoriana, 1945; editadas por Aurelio Espinosa Pólit.

Canto a Bolívar[1]

1825

(FRAGMENTO)

El trueno horrendo que en fragor revienta
y sordo retumbando se dilata
por la inflamada esfera,
al Dios anuncia que en el cielo impera.[2]

Y el rayo que en Junín rompe y ahuyenta
la hispana muchedumbre[3]
que, más feroz que nunca, amenazaba,
a sangre y fuego, eterna servidumbre,
y el canto de victoria
que en ecos mil discurre,[4] ensordeciendo
el hondo valle y enriscada cumbre,[5]
proclaman a Bolívar en la tierra
árbitro de la paz y de la guerra.

Las soberbias pirámides que al cielo
el arte humano osado levantaba
para hablar a los siglos y naciones
— templos do esclavas manos
deificaban en pompa a sus tiranos —,
ludibrio[6] son del tiempo, que con su ala
débil, las toca y las derriba al suelo,
después que en fácil juego el fugaz viento
borró sus mentirosas inscripciones;
y bajo los escombros, confundido
entre la sombra del eterno olvido
— ¡oh de ambición y de miseria ejemplo! —
el sacerdote yace,[7] el Dios y el templo.

Mas los sublimes montes, cuya frente
a la región etérea se levanta.
que ven las tempestades a su planta
brillar, rugir, romperse, disiparse,
los Andes, las enormes, estupendas
moles[8] sentadas sobre bases de oro,
la tierra con su peso equilibrando,
jamás se moverán. Ellos, burlando
de ajena envidia y del protervo[9] tiempo
la furia y el poder, serán eternos
de libertad y de victoria heraldos,
que con eco profundo
a la postrema edad dirán del mundo:

---

[1] El título completo es «La victoria de Junín: Canto a Bolívar», Especie de oda escrita en silvas de endecasílabos y heptasílabos. Véase la introducción para más ideas críticas. *Junín*: lago del Perú, cerca del cerro de Pasco. Célebre triunfo de Bolívar sobre los españoles en 1824.
[2] Imita la oda 5a., Libro III de Horacio. *Trueno*: ruido fuerte que acompaña al rayo.
[3] el ejército español o realista
[4] corre, camina, anda
[5] *enriscada*: llena de riscos (rocas); *cumbre*: cima, pico más alto de una montaña, cerro o colina
[6] burla, escarnio
[7] está tendido
[8] masas, cosas de gran tamaño o bulto
[9] perverso, malo

«Nosotros vimos de Junín el campo,
vimos que al desplegarse
del Perú y de Colombia las banderas
se turban[10] las legiones altaneras,
huye el fiero español despavorido,
o pide paz rendido.
Venció Bolívar, el Perú fué libre,
y en triunfal pompa Libertad sagrada
en el templo del Sol fué colocada.» [. . .]

¿Quién es aquel que el paso lento mueve
sobre el collado[11] que a Junín domina?
¿que el campo desde allí mide, y el sitio
del combatir y del vencer desina?[12]
¿que la hueste contraria observa, cuenta,
y en su mente la rompe y desordena,
y a los más bravos a morir condena,
cual águila caudal que se complace
del alto cielo en divisar la presa
que entre el rebaño mal segura pace?
¿Quién el que ya desciende
pronto y apercibido a la pelea?
Preñada en tempestades le rodea
nube tremenda; el brillo de su espada
es el vivo reflejo de la gloria;
su voz un trueno, su mirada un rayo.
¿Quién aquel que al trabarse la batalla,
ufano como nuncio de victoria,
un corcel[13] impetuoso fatigando
discurre sin cesar por toda parte . . . ?
¿Quién, sino el hijo de Colombia y Marte?[14]

Sonó su voz: «Peruanos,
mirad allí los duros opresores
de vuestra patria; bravos Colombianos
en cien crudas batallas vencedores,
mirad allí los enemigos fieros
que buscando venís desde Orinoco;[15]
suya es la fuerza y el valor es vuestro,
vuestra será la gloria;
pues lidiar[16] con valor y por la patria
es el mejor presagio de victoria.
Acometed, que siempre
de quien se atreve más el triunfo ha sido:
quien no espera vencer, ya está vencido.» [. . .]

Ya el formidable estruendo
del atambor[17] en uno y otro bando
y el son de las trompetas clamoroso,
y el relinchar del alazán[18] fogoso,
que erguida la cerviz[19] y el ojo ardiendo,
en bélico furor, salta impaciente
do más se encruelece la pelea,
y el silbo de las balas, que rasgando[20]
el aire, llevan por doquier[21] la muerte,
y el choque asaz[22] horrendo
de selvas densas de ferradas picas,[23]
y el brillo y estridor[24] de los aceros
que al sol reflectan sanguinosos visos,[25]
y espadas, lanzas, miembros esparcidos
o en torrentes de sangre arrebatados,
y el violento tropel de los guerreros
que más feroces mientras más heridos,
dando y volviendo el golpe redoblado,
mueren, mas no se rinden . . . todo anuncia
que el momento ha llegado,
en el gran libro del destino escrito,
de la venganza al pueblo americano,
de mengua y de baldón[26] al castellano. [. . .]

Tal el héroe brillaba
por las primeras filas discurriendo.
Se oye su voz, su acero resplandece,
do más la pugna y el peligro crece.
Nada le puede resistir . . . Y es fama,
— ¡oh portento inaudito! —
que el bello nombre de Colombia escrito
sobre su frente, en torno despedía
rayos de luz tan viva y refulgente
que, deslumbrado el español, desmaya,[27]
tiembla, pierde la voz, el movimiento,
sólo para la fuga tiene aliento.

---

[10] (fig.) causan inquietud; desconciertan
[11] colina, cerro
[12] designa; señala, destina, indica
[13] caballo
[14] Bolívar, quien libertó primero a Colombia y luego a Venezuela
[15] río de Venezuela
[16] pelear, combatir
[17] tambor
[18] caballo de pelo color rojo canela. Hay muchas variedades
[19] cogote; parte posterior del cuello
[20] rompiendo
[21] dondequiera, por todas partes
[22] (poét.) bastante; muy
[23] *ferradas*: mazas armadas de hierro; *picas*: especie de lanzas
[24] sonido agudo y desagradable
[25] reflejos, destellos luminosos
[26] *mengua*: menoscabo, disminución; descrédito, decadencia; *baldón*: afrenta, injuria; mancha
[27] pierde el valor; desfallece

Así cuando en la noche algún malvado
va a descargar el brazo levantado,
si de improviso lanza un rayo el cielo,
se pasma,[28] y el puñal trémulo suelta,
hielo mortal a su furor sucede,
tiembla, y horrorizado retrocede.
Ya no hay más combatir. El enemigo
el campo todo y la victoria cede;
huye cual ciervo herido, y adonde huye,
allí encuentra la muerte. Los caballos
que fueron su esperanza en la pelea,
heridos, espantados, por el campo
o entre las filas vagan, salpicando[29]
el suelo en sangre que su crin[30] gotea,
derriban al jinete, lo atropellan,
y las catervas[31] van despavoridas,
o unas con otras con terror se estrellan.[32]

Crece la confusión, crece el espanto,
y al impulso del aire, que vibrando
sube en clamores y alaridos lleno,
tremen[33] las cumbres que respeta el trueno.
Y discurriendo el vencedor en tanto
por cimas de cadáveres y heridos
postra[34] al que huye, perdona a los rendidos.

Padre del universo, Sol radioso,
dios del Perú, modera omnipotente
el ardor de tu carro impetüoso,
y no escondas tu luz indeficiente . . .
¡Una hora más de luz![35] . . . Pero esta hora
no fué la del destino. El dios oía
el voto de su pueblo; y de la frente
el cerco de diamantes desceñía.[36]
En fugaz rayo el horizonte dora,
en mayor disco menos luz ofrece
y veloz tras los Andes se obscurece.

Tendió su manto lóbrego la noche:
y las reliquias[37] del perdido bando,
con sus tristes y atónitos caudillos,
corren sin saber dónde, espavoridas,
y de su sombra misma se estremecen;
y al fin, en las tinieblas ocultando
su afrenta[38] y su pavor, desaparecen.

¡Victoria por la Patria! ¡oh Dios! ¡victoria!
¡Triunfo a Colombia y a Bolívar gloria!

Ya el ronco parche[39] y el clarín sonoro
no a presagiar batalla y muerte suena
ni a enfurecer las almas, mas se estrena
en alentar el bullicioso coro
de vivas y patrióticas canciones.
Arden cien pinos,[40] y a su luz, las sombras
huyeron, cual poco antes desbandadas
huyeron de la espada de Colombia
las vandálicas huestes debeladas.[41]

En torno de la lumbre,
el nombre de Bolívar repitiendo
y las hazañas de tan claro día,
los jefes y la alegre muchedumbre
consumen en acordes libaciones
de Baco y Ceres[42] los celestes dones.

«Victoria, paz — clamaban —,
paz para siempre. Furia de la guerra,
húndete al hondo averno,[43] derrocada.[44]
Ya cesa el mal y el llanto de la tierra.
Paz para siempre. La sanguínea espada,
o cubierta de orín[45] ignominioso,
o en el útil arado trasformada,
nuevas leyes dará. Las varias gentes
del mundo, que a despecho de los cielos
y del ignoto ponto[46] proceloso,[47]
abrió a Colón su audacia o su codicia,
todas ya para siempre recobraron
en Junín libertad, gloria y reposo.»

Gloria, mas no reposo — de repente
clamó una voz de lo alto de los cielos —;[48]

---

[28] se enfría, se paraliza; (fig.) se asombra excesivamente
[29] goteando; (fig.) esparciendo, diseminando
[30] pelo, cerda del caballo
[31] multitudes; pandillas
[32] chocan violentamente unos con otros
[33] tiemblan; retiemblan
[34] derriba, rinde
[35] La acción de Junín empezó a las cinco de la tarde: la noche sobreviniendo tan pronto impidió la completa destrucción del ejército real (Nota de Olmedo).
[36] desataba
[37] residuos; (fig.) vestigios
[38] *afrenta*: ofensa, baldón
[39] piel del tambor
[40] antorchas
[41] rendidas por las armas del enemigo
[42] *Baco*: dios del vino; *Ceres*: diosa de la agricultura
[43] infierno
[44] vencida, derrotada
[45] óxido de hierro que se produce en la humedad
[46] mar, océano
[47] borrascoso, tormentoso
[48] Olmedo acude a un recurso muy usado en la épica: el uso de lo maravilloso y fantástico.

y a los ecos los ecos por tres veces
«Gloria, mas no reposo», respondieron.
El suelo tiembla, y cual fulgentes faros,[49]
de los Andes las cúspides ardieron;
y de la noche el pavoroso manto
se trasparenta y rásgase y el éter
allá lejos purísimo aparece,
y en rósea luz bañado resplandece.

Cuando improviso, veneranda[50] Sombra,
en faz serena y ademán augusto,
entre cándidas nubes se levanta:
del hombro izquierdo nebuloso manto
pende,[51] y su diestra aéreo cetro rige;
su mirar noble, pero no sañudo;[52]
y nieblas figuraban a su planta
penacho, arco, carcax,[53] flechas y escudo;
una zona de estrellas
glorificaba en derredor su frente
y la borla[54] imperial de ella pendiente.

Miró a Junín; y plácida sonrisa
vagó sobre su faz. «Hijos, — decía —,
generación del sol afortunada,
que con placer yo puedo llamar mía,
yo soy Huaina Capac;[55] soy el postrero[56]
del vástago[57] sagrado;
dichoso rey, mas padre desgraciado.
De esta mansión de paz y luz he visto
correr las tres centurias
de maldición, de sangre y servidumbre
y el imperio regido por las Furias.[58]

No hay punto en estos valles y estos cerros
que no mande tristísimas memorias.
Torrentes mil de sangre se cruzaron
aquí y allí; las tribus numerosas
al ruido del cañón se disiparon,
y los restos mortales de mi gente
aun a las mismas rocas fecundaron.
Más allá un hijo[59] expira entre los hierros
de su sagrada majestad indignos . . .
Un insolente y vil aventurero
y un iracundo sacerdote fueron[60]
de un poderoso Rey los asesinos . . .
¡Tantos horrores y maldades tantas
por el oro que hollaban[61] nuestras plantas! [. . .]

¡Guerra al usurpador! — ¿Qué le debemos?
¿Luces, costumbres, religión o leyes . . . ?
¡Si ellos fueron estúpidos, viciosos,
feroces y por fin supersticiosos!
¿Qué religión? ¿la de Jesús? . . . ¡Blasfemos!
Sangre, plomo[62] veloz, cadenas fueron
los sacramentos santos que trajeron.
¡Oh religión! ¡Oh fuente pura y santa
de amor y de consuelo para el hombre!
¡Cuántos males se hicieron en tu nombre!
¿Y qué lazos de amor? . . . Por los oficios
de la hospitalidad más generosa
hierros[63] nos dan; por gratitud, suplicios.
Todos, sí, todos, menos uno solo;
el mártir del amor americano,
de paz, de caridad apóstol santo;
divino Casas,[64] de otra patria digno.
Nos amó hasta morir. — Por tanto ahora
en el empíreo entre los Incas mora.» [. . .]

El Inca esclarecido[65]
iba a seguir, mas de repente queda
en éxtasis profundo embebecido:[66]
atónito, en el cielo
ambos ojos inmóviles ponía,
y en la improvisa[67] inspiración absorto,
la sombra de una estatua parecía.

Cobró[68] la voz al fin. «Pueblos, — decía —,
la página fatal ante mis ojos

---

[49] *fulgentes*: brillantes; *faros*: luces grandes como las que orientan los barcos desde la costa
[50] venerable
[51] cuelga
[52] con ira, cólera o furor
[53] *penacho*: grupo de plumas que se llevan en la cabeza; *carcax*: o carcaj, aljaba (caja para llevar las flechas)
[54] insignia de jerarquía. Conjunto de hebras de seda o lana, reunidas en uno de sus extremos
[55] emperador Inca (¿?–1525), padre de Huáscar y de Atahualpa, fue un buen gobernante
[56] último
[57] descendiente; hijo
[58] eran las Euménides y las Erinias, divinidades griegas del remordimiento; castigaban a los culpables en nombre de los dioses mayores
[59] se refiere a Atahualpa, último emperador Inca (¿?–1533), tomado prisionero y ejecutado por órdenes de Pizarro
[60] se refiere a Francisco Pizarro, conquistador del Perú y al padre Valverde, consejero de aquel que justificó sus actos
[61] pisaban
[62] balas
[63] aquí, cadenas, esclavitud
[64] Fray Bartolomé de las Casas, el «Protector de los indios»
[65] ilustre, notable; distinguido
[66] abstraído, absorto
[67] de pronto y sin preparación previa
[68] recuperó; le volvió

desenvolvió el destino, salpicada
toda en purpúrea sangre, mas en torno[69]
también en bello resplandor bañada.
Jefe de mi nación, nobles guerreros,
oíd cuanto mi oráculo os previene,
y requerid los ínclitos[70] aceros,
y en vez de cantos nueva alarma suene;
que en otros campos de inmortal memoria
la Patria os pide, y el destino os manda
otro afán, nueva lid,[71] mayor victoria.» [. . .]

Allí Bolívar[72] en su heroica mente
mayores pensamientos revolviendo,
el nuevo triunfo trazará,[73] y haciendo
de su genio y poder un nuevo ensayo,
al joven Sucre[74] prestará su rayo,
al joven animoso,
a quien del Ecuador montes y ríos
dos veces aclamaron victorioso.
Ya se verá en la frente del guerrero
toda el alma del héroe reflejada,
que él le quiso infundir[75] de una mirada.

Como torrentes desde la alta cumbre
al valle en mil raudales[76] despeñados,[77]
vendrán los hijos de la infanda[78] Iberia,
soberbios en su fiera muchedumbre,
cuando a su encuentro volará impaciente
tu juventud, Colombia belicosa,
y la tuya, ¡oh Perú! de fama ansiosa,
y el caudillo impertérrito[79] a su frente. [. . .]

Tuya será, Bolívar, esta gloria,
tuya romper el yugo[80] de los reyes,
y, a su despecho, entronizar[81] las leyes;
y la discordia en áspides crinada,[82]
por tu brazo en cien nudos aherrojada,[83]
ante los haces[84] santos confundidas
harás temblar las armas parricidas.

Ya las hondas entrañas[85] de la tierra
en larga vena ofrecen el tesoro
que en ellas guarda el Sol, y nuestros montes
los valles regarán con lava de oro.
Y el pueblo primogénito dichoso[86]
de libertad, que sobre todos tanto
por su poder y gloria se enaltece,[87]
como entre sus estrellas
la estrella de Virginia[88] resplandece,
nos da el ósculo[89] santo
de amistad fraternal. Y las naciones
del remoto hemisferio celebrado,
al contemplar el vuelo arrebatado
de nuestras musas y artes,
como iguales amigos nos saludan,
con el tridente abriendo la carrera
la reina de los mares[90] la primera. [. . .]

Marchad, marchad guerreros,
y apresurad el día de la gloria;
que en la fragosa margen de Apurímac[91]
con palmas os espera la Victoria.»

Dijo el Inca; y las bóvedas etéreas[92]
de par en par se abrieron,
en viva luz y resplandor brillaron
y en celestiales cantos resonaron. [. . .]

---

[69] alrededor
[70] ilustres, distinguidos
[71] combate, pelea; lucha
[72] En el campo de Ayacucho fue la célebre victoria que predice el Inca y que fijó los destinos de América (Nota de Olmedo). *Ayacucho*: ciudad del Perú, capital de la provincia de Huamanga y del departamento del mismo nombre. Fundada en 1539 por Pizarro. En sus inmediaciones tuvo lugar la famosa batalla, el 9 de diciembre de 1824.
[73] señalará, planeará
[74] Sucre fue nombrado por el Libertador, general en jefe del ejército unido y mandó la acción de Ayacucho (Nota de Olmedo). *Sucre, Antonio José de*: general y político venezolano (1795–1830), lugarteniente de Bolívar, héroe de la Independencia suramericana y presidente de Bolivia (1826–1828); murió asesinado.
[75] comunicar un sentimiento o estado de espíritu
[76] caudales (corrientes) violentas de agua
[77] precipitados, arrojados; que van cayendo
[78] infame, que carece de honra; censurable, abyecta
[79] intrépido, sin temor
[80] aquí, tiranía, dominación
[81] aquí, introducir; promulgar
[82] las *Gorgonas*, representadas en la mitología por tres hermanas monstruosas, cuyos cabellos son sierpes. Representan la discordia, la perversidad, el odio, etc.
[83] puestas en prisión
[84] caras o rostros
[85] la parte más interior o interna de algo
[86] los Estados Unidos de América
[87] ensalza, eleva mucho
[88] El Estado de Virginia tiene sobre todos la gloria de ser la patria de Wáshington (Nota de Olmedo). Héroe muy admirado en Hispanoamérica en este tiempo
[89] beso
[90] Inglaterra, fue la primera nación europea que reconoció las nuevas naciones independientes
[91] río del Perú, próximo a Ayacucho
[92] los cielos, las concavidades celestes

Juan Cruz Varela

ARGENTINA, 1794–1839

Nació el más sobresaliente poeta neoclásico argentino en Buenos Aires. Comenzó sus estudios en el acreditado Colegio de San Carlos, trasladándose más tarde a la ciudad de Córdoba, en cuya universidad continuó su carrera. Aunque era su propósito obtener los dos títulos, obtuvo el doctorado en Teología y dejó inconcluso el de Jurisprudencia. Salió de esos centros con una profunda cultura clásica, muy bien reflejada en toda su obra. Participó muy activamente en la vida política. A más de su labor como periodista y poeta, fue amigo y colaborador entusiasta de Bernardino de Rivadavia, gran estadista y presidente de la República, seguidor convencido de las ideas de la Ilustración. Ocupó cargos importantes en ese gobierno y luego fue Secretario del Congreso General Constituyente de 1826. Bajo la dictadura de Juan Manuel Rosas (1829–1852) sufrió persecuciones y cárceles hasta que se exilió en Montevideo, donde murió en la mayor pobreza. En el destierro siguió su obra poética y dramática, además de su constante lucha para derrocar la terrible dictadura.

La obra poética de Cruz Varela, bastante copiosa por cierto, puede dividirse en versos líricos, traducciones de los clásicos y dos tragedias de corte neoclásico. Hay en su poesía lírica una primera etapa satírica y epigramática, llena de gracia y de intención política, pero que el poeta abandonó pronto, derivando hacia la poesía amorosa, otra de las tendencias favoritas de su juventud. Esta última está formada por versos bastante insulsos en los que imita a Meléndez Valdés, pero quedando a gran distancia de él. Tiene luego una vena elegíaca y melancólica que recuerda mucho a Álvarez de Cienfuegos, donde sí tiene algunas composiciones perdurables como las tituladas «A un amigo, en su larga enfermedad», «A un amigo, en la muerte de su padre», «En la muerte del General Belgrano» y la que dedicó a su propio padre. Expresa el dolor con meditaciones valiosas sobre los afanes y cortedad de la vida, tono filosófico que le presta dignidad a la creación poética.

Más tarde escribió Cruz Varela buen número de composiciones contando el progresismo y avance de los tiempos, inspirado especialmente por la labor de gobierno de Rivadavia y siguiendo los ideales humanitarios, científicos y de progreso del Iluminismo. Apenas hay acto de gobierno del Ministro y luego Presidente mencionado que Cruz Valera no elogiase y exaltase en sendas poesías, donde muestra influencia directa del estilo retumbante y grandilocuente de Manuel José Quintana. La crítica considera el poema «Sobre la invención y libertad de la imprenta» (1822) como la mejor de este tipo salida de su pluma. Muestra robustez en la inspiración poética y nobles ideales como son la libertad, el progreso, la cultura al alcance del pueblo.

Los versos más perdurables de Cruz Varela caen dentro de la poesía patriótica o civil. Aquí sobresalen «Al triunfo de nuestras armas en los llanos del río Maipo» (1818), donde canta la victoria de los ejércitos patriotas contra los españoles. A la misma tendencia pertenece «Triunfo de Ituzaingó», canto lírico (1827) sobre la memorable batalla donde los argentinos y los uruguayos vencieron a doce mil soldados brasileños reforzados con una legión de infantería alemana. A pesar de muchos juicios favorables sobre ellas, encontramos el tono declamatorio, hipérboles, hinchazón y desigual inspiración. Algunos pasajes, sin embargo, son realmente antológicos por la armonía, musicalidad, elevación y grandeza poética. La crítica considera «El veinticinco de mayo de 1838 en Buenos Aires» como la mejor poesía de esta clase escrita por Cruz Varela. La escribió durante su destierro en Montevideo y constituye una invectiva apasionada y vehemente contra el tirano Rosas. Puede situársele entre la mejor poesía civil del continente por las imágenes, la fluidez de los versos y el acomodo perfecto entre el movimiento poético y los tristes estados anímicos de un desterrado político, que, pobre e indefenso, lucha con dignidad contra un dictador poderoso.

También hizo traducciones de casi todas las odas de Horacio y de algunos libros de *La Eneida* de Virgilio. Estos últimos parecen superiores. Ensayó el teatro dejando dos tragedias seudoclásicas: *Dido* (1823) y *Argía* (1824). La primera es superior en méritos y ambas muestran la fuerza lírica de que era capaz el autor. Vistas a distancia, estas piezas no tienen grandes valores, pero lograron su objetivo que era levantar el nivel y dignificar el teatro argentino de su tiempo.

FUENTE: *Poesías*, Buenos Aires, Ediciones Estrada, 1956. Estudio preliminar de Manuel Mujica Láinez

Poesías

1879

Sobre la invención y libertad de la imprenta[1]

Amor, que sobre todas las deidades[2]
has recibido adoraciones mías,
tu dulce poderío y tus bondades
ya celebró mi canto
en lo florido de mis frescos días,[3]
y regué tus altares con mi llanto.
Canté lo que sentí. Después mi rima,
resonando entre gritos de victoria,
hizo volar por cuanto Febo[4] anima
los nombres de los ínclitos varones
de perenne memoria,
que las iberas huestes debelaron[5]
y al suelo de mi patria libertaron.

Canté lo que debí: y ora[6] la mente,
de un entusiasmo nuevo arrebatada,
transportada se siente
hasta el templo del Genio, donde mora
la invención creadora;
templo en cuyos altares,

[1] Oda que pertenece a sus poesías políticas y sociales dedicadas a comentar grandes acontecimientos propiciadores de la libertad, el progreso, el saber, etc. Tiene influencias directas de Quintana, autor de otra oda «A la libertad de imprenta».
[2] el poeta expresa los motivos anteriores de su poesía: el amor, civiles o patrióticos
[3] en mi juventud
[4] el sol
[5] derrotaron
[6] conjunción distributiva; ahora

de la turba[7] vulgar no frecuentados,
seres privilegiados
presentan sus ofrendas singulares,
y a par de[8] la deidad son adorados,
Extraño ardor me inflama;
y, en mi rápido vuelo,
allá me encuentro en el helado suelo
do Gutenberg[9] nació. Quintana[10] solo
supo ensalzar su nombre;
Quintana, el hijo del querer de Apolo,
émulo de Tirteo[11] en fuerte canto,
y a quien solo se diera
que, de su lira al sonoroso encanto,
digno de Gutenberg su verso fuera.

Arrastrando los carros de la guerra,
genios de destrucción al Rin[12] llevaron
la plaga asoladora de la tierra:
y el renombre del Rin eternizaron
solamente a los ojos
de los hombres feroces,
que, sedientos de sangre y de despojos,
la Humanidad y sus derechos huellan,
y del cielo y Natura
las leyes sacrosantas atropellan.
¡Oh Rin ensangrentado! No tu fama
deberás al furor: el dios del verso,
los veraces anales de la Historia,
el genio, el Universo,
celebrarán tu gloria,
no porque oíste el horroroso estruendo,
sí porque viste a Gutenberg naciendo.
El inventó la Imprenta, y del olvido
redimió grandes nombres;
que el invento atrevido
eternizó las obras de los hombres,
y ató todos los tiempos al presente.[13]
Todo cuanto la mente
de algún mortal contemplador concibe,
o exaltada imagina,
si libre, inmensa, por doquier[14] camina,
cuanto precepto la razón prescribe,
todo, todo estampado
y en copias mil y mil multiplicado,
cruza la erguida sierra,
cruza el ponto[15] profundo,
que divide la tierra de la tierra.
y atraviesa veloz el ancho mundo
del Ecuador al Polo,
y del ocaso, do la noche mora,
hasta el fúlgido reino de la aurora.
¡Tanto puede la Imprenta! Ni esto solo
a su poder es dado;
que los sabios del tiempo que ha pasado
hoy con nosotros hablan;
y, cuando el postrer[16] siglo haya llegado,
hablará el más lejano descendiente
con ellos y nosotros igualmente.
Así la ilustración,[17] como la llama
del sol inapagable,
que enseñorea inmóvil la Natura,
de un día en otro sin cesar renace
de un siglo en otro permanece dura.

¡Loor[18] a Gutenberg! ¿Ni quien creyera
que su invención benéfica, sublime,
en algún tiempo fuera
causadora de males,
que empaparon en sangre los mortales?
El fanatismo y el poder, que siempre
en daño de los hombres
del invento feliz se aprovecharon,
y él sirvió a los horrores
que al Universo afligen,
cuando aquellos despliegan[19] sus furores,
y con vara de fierro[20] al mundo rigen.

La Imprenta publicaba
que al más vil, al más bárbaro tirano,
si en un infame trono se sentaba,

---

[7] multitud, muchedumbre; populacho
[8] juntamente, a un tiempo
[9] Juan Gensfleish (llamado Gutenberg), alemán (¿1400?–1468), inventó la impresión con caracteres móviles.
[10] Manuel José Quintana: poeta y político liberal español (1772–1857), ardiente patriota, pre-romántico y autor de odas de tono grandilocuente y declamatorio, muy populares en su tiempo. «A la invención de la imprenta» es una de sus odas más celebradas.
[11] célebre poeta lírico griego (s. VII a. C.), de tono viril y entusiasta
[12] o Rhein, río de la Europa Occidental, importante vía comercial
[13] Quiere decir: los libros traen a las generaciones presentes el mundo, los hechos y el conocimiento del pasado
[14] dondequiera, en todas partes
[15] océano, mar
[16] último
[17] instrucción, educación
[18] alabanza
[19] desdoblan
[20] hierro

del mismo Dios la sacrosanta mano
daba el cetro gravoso,[21]
que en yugo ignominioso
a los míseros pueblos abrumaba.

En vano, en vano la Filosofía,
siempre amiga del hombre,
descubrir el engaño pretendía,
disimulado con mentido nombre.
De la Verdad severa
la penetrante voz no bien se oyera,
cuando atroz fanatismo,
evocando las furias del abismo,
soplaba airada la funesta hoguera,[22]
y la execranda[23] llama consumía
las paginas de luz, que se atrevía
algún sabio a escribir con libre mano;
que el desusado tono
estremeció al tirano,
y sintió bajo el pie temblando el trono.

Así quedó cegado
el canal que la Imprenta en algún día,
para dar curso, a la sabiduría,
benéfica mostró. Desde el momento
a nadie le fue dado
disponer de su libre pensamiento,
cual si le fuera por merced prestado.
Cuando un nuevo camino
a los hombres se muestra, y las deidades
ofrecen nuevo don, ¿será destino
ingratos abusar de sus bondades,
y hacerlas instrumento
de crímenes sin cuento,[24]
de opresión, de venganzas y maldades?
¡Ah! ¡Qué proterva[25] condición del hombre!
Así llegó de la fecunda tierra
al seno engendrador su osada mano,
y el metal que se encierra
en las hondas entrañas[26]
de las erguidas ásperas montañas,
arrebatara a la caverna oscura
do plugo[27] sepultarlo a la Natura.
El rígido metal se convertía
en surcador arado,
y el campo alborozado
una mies[28] abundosa prometía
Pero pronto sonó la guerra impía,
la maldecida trompa,
y el metal en espada convertido,
y en dura lanza que los pechos rompa,
todo campo cubierto
de cadáveres fuera,
y la sangre humeando discurriera[29]
por entre el surco del arado abierto.

Así la selva sus robustos pinos
a la mar vio lanzados,
y venciendo las ondas denodados,[30]
hallar nuevos caminos
que de un mundo conducen a otro mundo,
y hermanar las naciones del Oriente
con los pueblos lejanos de Occidente;
mas también pronto por el mar profundo,
preñados de furores y venganza,
los armados bajeles[31] navegaron,
y en llanura de bárbara matanza
los piélagos[32] inmensos transformaron.

¿De qué no abusa el hombre? Así la Imprenta,
un tiempo envilecida,
o brutales caprichos adulaba
de la ambición sedienta,
o al fanatismo pérfido vendida,
mentía en cada letra, y blasfemaba
del mismo Dios excelso,
cuyo nombre sacrílego estampaba.

Esas negras edades
de ignorancia y maldades,
y universal error, ya son pasadas;
y el hombre, dueño de su pensamiento,
libre como su hablar y sus miradas,
libre como la luz y como el viento,

---

[21] *cetro*: poder o insignia de poder; *gravoso*: molesto, pesado, oneroso
[22] posible referencia a la Inquisición
[23] execrable, aborrecible, odiosa
[24] sin número; incontables
[25] mala, perversa
[26] lo más interior del cuerpo humano o de cualquier otra cosa
[27] donde satisfizo o dio placer
[28] cosecha
[29] corriera, manara
[30] atrevidos, esforzados; valientes
[31] buques, barcos
[32] mares, océanos

en rasgos[33] indelebles lo publica.
Su tesoro de ciencia comunica,
o, de temor seguro,
juzga al déspota duro;
veraz y mesurado le condena,
y, sin violencia, su furor refrena;
y de la hipocresía
los simulados crímenes delata;
y la impostura pérfida arrebata
el doloso[34] disfraz que la cubría.

¡Feliz, feliz el suelo
donde los hombres gozan
de tanta libertad! Los que destrozan,
allá bajo otro cielo,
la triste Humanidad, y en los sudores[35]
y en el llanto infeliz del miserable
se bañan con placer abominable,
¿qué harían si la prensa sus furores
al sometido pueblo revelara,
la amenaza llevase a sus oídos
y el odio de los buenos concitara[36]
del opreso[37] acallando los gemidos?
Temblad, tiranos, mientras libre sea
el ejercicio de escribir honroso,
y siempre lo será; que el mundo ahora
no es ya cual lo desea
vuestra ambición fatal y asoladora.

Mas yo me vuelvo a venerar al hombre
que cultiva el saber y que el tesoro
de su mente prodiga.[38] Su renombre,
con caracteres de oro
escrito en los anales de la ciencia,
irá a la más remota descendencia.
Es premio de su afán; no quiso avaro
sus luces ocultar; pudo dejarlas
en resplandor universal y claro,
y no debió en la tumba sepultarlas.
Libre escribió lo que en tenaz empeño
arrancó a la recóndita Natura,
y de la lengua pura
de la Filosofía
escuchó con anhelo en algún día.
Aprendió y enseñó: tantas lecciones
propagaron las prensas. Las naciones
perecerán después, y otros imperios
se verán levantados
sobre antiguos imperios derrocados.
Empero el sabio sin cesar renace,
que así la Imprenta sus prodigios hace.

Por esta noble libertad se llama
el siglo en que vivimos
el siglo de las luces,[39] aunque brama
sañudo[40] el fanatismo, que quisiera
muchos lustros al tiempo en su carrera
hacer retrogradar porque tornara[41]
su poderío infausto abominable,
antes por al ignorancia respetado,
pero en días felices, execrable
al Universo en fin desengañado.

¡Oh patria en que nací, digna morada
de la alma libertad, en donde el genio
se remonta[42] brillante!
Si la Imprenta afanada[43]
los frutos del saber y del ingenio
multiplica y derrama a cada instante,
esa, mi amada patria, esa es tu gloria.
Coronada tu frente
mil veces del laurel de la victoria,
la libertad, la ciencia solamente
te han sublimado a la envidiada altura,
donde el orbe te mira,
y a do en vano procura,
encumbrarse[44] en tu honor mi humilde lira.

[33] líneas; letras de la imprenta
[34] engañoso
[35] humores acuosos que salen por los poros de la piel
[36] incitara, promoviese discordia; opuesto: pacificara
[37] el que sufre opresión o tiranía
[38] (fig.) dar, dispensar en abundancia.
[39] Ilustración o movimiento de ideas de Europa en el siglo XVIII, basado en el racionalismo, el liberalismo, la difusión del saber y la cultura y el anhelo de progreso indefinido
[40] *brama*: ruge, hace gran ruido; *sañudo*: con gran ira
[41] volviera, regresara
[42] se eleva, sube
[43] entregada al trabajo con mucho interés
[44] subir, elevarse

Andrés Bello

VENEZUELA, 1781–1865

Otra corriente importante de la poesía neoclásica fue la descriptiva de la naturaleza bajo la influencia directa de las culturas clásicas y del Iluminismo. Esta exaltación, descripción y admiración del mundo físico americano da motivo a una de las tendencias más interesantes de la poesía neoclásica en Hispanoamérica. El poeta va al encuentro de la naturaleza movido por su majestad y belleza, echando las bases de una literatura genuinamente americana, al emplear temas y motivos de este continente como fuente de inspiración.

Si Bolívar—un venezolano—ganó el título de Libertador de Suramérica por sus luchas en favor de la independencia política, Andrés Bello, otro hijo de Venezuela, se convirtió en el iniciador de la emancipación intelectual, cultural y mental, cuando todavía se luchaba por obtener la libertad y soberanía. Nació Bello en Caracas y desde muy joven dio muestras de su gran curiosidad intelectual. Realizó sus estudios de Filosofía y culturas clásicas en el Convento de la Merced, en el Seminario de Santa Rosa y en la Universidad de Caracas. Fue maestro privado de Simón Bolivar, quien lo admiraba y distinguía mucho. En 1810 la Revolución lo comisionó para que se trasladara a Londres con Bolívar y López Méndez a recabar ayuda para la lucha. Así se cierra en su vida la etapa de Venezuela y comienza la de Londres, donde permanecerá hasta 1829. En casi veinte años completó su formación humanista en contacto con la espléndida cultura europea y fundó tres importantes revistas para dar a conocer la cultura de América: *Censor Americano* (1820), *Biblioteca Americana* (1823) y *Repertorio Americano* (1825). Se relacionó con los románticos españoles exiliados, conoció a muchos de los escritores ingleses más famosos y llegó a ser como un embajador sin sueldo de la cultura hispanoamericana en ese país. Antes de completar los veinte años en Londres viajó a Chile, contratado por el gobierno para servir en el Ministerio de Relaciones Exteriores. Pocas veces se ha hecho un nombramiento tan beneficioso (La carta donde Bolívar lo invitaba a venir a Venezuela, le llegó muy tarde). En aquel país vive la llamada etapa de Chile (1819–1865), que marca uno de los momentos más fecundos de su existencia. Fundó la Universidad de Chile (1843), orientó la vida literaria y cultural de la nación, formó educacional y culturalmente a miles de jóvenes y luchó por la «emancipación mental» de la nación.

Bello era una personalidad recia, de gran serenidad de juicio que se desplegó en una pluralidad de vocaciones, logrando sobresalir en todas. Se distinguió como educador, crítico literario, periodista, jurista, filólogo, ensayista, gramático, animador de cultura, internacionalista y por encima de todo, como humanista; el más completo que ha producido la América hispana en toda su historia. Su saber era variado, profundo y bien asimilado y sentía vehemente el deseo de darlo a conocer, sobre todo a la juventud. Bello llegó también a ser gran poeta, a pesar de que otras muestras de su genio podrían ser más perdurables. En Londres compuso dos excelentes silvas, «Alocución a la poesía» (1823) en la que pide a la poesía abandonar Europa y trasladarse a los nacientes pueblos de América, y tres años más tarde «La agricultura de la Zona Tórrida» (1826), tenida como su obra maestra en este género. La obra es de corte neoclásico, tanto por la estructura e imágenes como por el tema poético: exaltación del aspecto práctico, la paz, los campos, la naturaleza, las jóvenes industrias de América, el trabajo, la virtud, la moral, el ideal de reconstrucción y de vida ordenada y pacífica después de la guerra de Independencia. La famosa composición se distingue por la riqueza de vocabulario, la precisión y justeza de los adjetivos, la vivacidad de las imágenes, la elevación poética y el tono didáctico. El poema es sumamente virgiliano, sin faltarle influencias de Horacio y Lucrecio. Se le considera una de las joyas del parnaso americano. Ya en Chile, Bello publicó la que algunos consideran su mejor poesía, la excelente «Oración por todos» (1843), una paráfrasis o adaptación de «La priére pour tous» de *Les Feuilles d'automne* (1831) de Víctor Hugo. En muchos aspectos, la obra de Bello alcanza los méritos del original, sobrepasándolos en otros. Representa una profunda meditación, llena de espiritualidad y filosofía profunda con exaltación de la virtud y de la vida sencilla y de trabajo.

Bello se destacó también como jurista, siendo su obra maestra el *Código Civil Chileno* (1855), modelo en su clase por la precisión de los preceptos y la elegancia de la forma. Como internacionalista dejó los *Principios del Derecho de Gentes* (Derecho Internacional), 1832. En el campo de la crítica literaria, mencionemos solamente sus *Estudios sobre el poema del Cid* (¿1840?), que completan la obra de los grandes medievalistas españoles, como Ramón Menéndez Pidal. Estudio especial merece su labor como filólogo y gramático, cuya cima la constituye su monumental tratado de *Gramática de la lengua castellana* (1847), considerada como la mejor obra sobre el tema. En ella defiende la unidad y pureza de la lengua castellana. Con estos estudios evitó la fragmentación del español hispanoamericano en múltiples dialectos nacionales o regionales. Constituye este tratado la máxima autoridad en ese campo en todo el ámbito de la lengua.

La obra total de Bello tiene dimensión humanista por la vastedad y profundidad de su conocimiento, por la seriedad, objetividad y serenidad de sus opiniones y el ansia de liberación cultural de pueblos e individuos. La cultura hispanoamericana no conoce otro nombre más ilustre como campeón de la emancipación intelectual, la educación y la cultura popular, mientras que en la literatura está a la altura de los más consumados artistas de la poesía, la prosa y el ensayo.

FUENTE: *Obras completas*, Caracas, Ministerio de Educación, 1951–1962

La agricultura de la zona tórrida[1]

¡Salve, fecunda zona,[2]
que al sol enamorado circunscribes
el vago curso, y cuanto ser se anima
en cada vario[3] clima,
acariciada de su luz, concibes!

Tú tejes al verano su guirnalda
de granadas espigas; tú la uva
das a la hirviente cuba,[4]
no de purpúrea fruta, roja o gualda,[5]
a tus florestas bellas
falta matiz alguno; y bebe en ellas
aromas mil el viento;
y greyes[6] van sin cuento
paciendo tu verdura, desde el llano
que tiene por lindero el horizonte,
hasta el erguido monte,
de inaccesible nieve siempre cano.[7]

Tú das la caña hermosa
de do la miel se acendra,[8]
por quien desdeña el mundo los panales;[9]
tú en urnas de coral cuajas la almendra
que en la espumante jícara rebosa;[10]
bulle carmín viviente en tus nopales,[11]
que afrenta fuera al múrice de Tiro;[12]
y de tu añil[13] la tinta generosa
émula[14] es de la lumbre del zafiro.
El vino es tuyo, que la herida agave[15]
para los hijos vierte
del Anáhuac feliz; y la hoja es tuya,
que, cuando de süave
humo en espiras[16] vagarosas huya,
solazará[17] el fastidio al ocio inerte.
Tú vistes de jazmines
el arbusto sabeo,[18]
y el perfume le das que en los festines
la fiebre insana templará a Lieo.[19]
Para tus hijos la procera[20] palma
su vario feudo cría,
y el ananás sazona su ambrosía;[21]
su blanco pan la yuca,[22]
sus rubias pomas la patata educa,
y el algodón despliega al aura leve[23]
las rosas de oro y el vellón[24] de nieve.
Tendida para ti la fresca parcha[25]
en enramadas de verdor lozano,
cuelga de sus sarmientos trepadores
nectáreos globos y franjadas flores;
y para ti el maíz, jefe altanero
de la espigada tribu, hinche su grano;
y para ti el banano
desmaya al peso de su dulce carga;
el banano, primero
de cuantos concedió bellos presentes
Providencia a las gentes
del Ecuador feliz, con mano larga.[26]

---

[1] Bello la subtituló «Silva americana» y en ella hace una descripción admirable de la naturaleza americana, destacando los elementos útiles y productivos. Muestra intenso sentimiento de ese aspecto del mundo físico. En todo momento exhorta a la juventud y llama a los americanos a la labor del campo y las artes de la paz, igual que hacía Virgilio en las *Geórgicas*. Bello es «el más virgiliano de nuestros poetas», al decir de Menéndez y Pelayo. El poema pertenece a la escuela didáctico-descriptiva, tan en boga en este tiempo. Véase la introducción.
[2] Recuerda el «Salve magna parens frugum. . . .» de las *Geórgicas* de Virgilio. *Salve*: se usa en poesía como saludo.
[3] diferente, diverso
[4] tonel, recipiente de madera para fermentar bebidas
[5] amarilla; planta de flores amarillas
[6] rebaños; conjunto de ganado
[7] aquí, blanco (por las nieves perpetuas)
[8] purifica, depura
[9] conjunto de celdas que forman las abejas para depositar la miel
[10] se refiere al cacao. *Jícara*: (amer.) vasija pequeña de calabaza o también de güira (árbol americano cuyo fruto se parece a la calabaza, pero con cáscara más dura)
[11] plantas de las cactáceas, de hojas carnosas, espinosas y cuyo fruto es el higo chumbo
[12] cochinilla. Molusco del que sacaban la púrpura los antiguos
[13] arbusto leguminoso de cuyas hojas se saca una pasta azul
[14] rival
[15] maguey o pita que produce el pulque
[16] espirales
[17] descansará, tendrá placer
[18] el café, referencia al reino de Saba o Sabá
[19] uno de los nombres de Baco, el dios del vino
[20] elevada, alta
[21] *ananás*: planta y su fruto en forma de piña y muy sabroso; *sazona*: madura; *ambrosía*: manjar de los dioses y nueve veces más dulce que la miel, según los antiguos
[22] mandioca, tubérculo comestible; abundante en las Antillas y la América tropical
[23] brisa suave o ligera
[24] pelo, lana del carnero
[25] la «pasionaria», una planta
[26] en abundancia

No ya de humanas artes obligado
el premio rinde ópimo;[27]
no es a la podadera,[28] no al arado,
deudor de su racimo;
escasa industria bástale, cual puede
hurtar a sus fatigas mano esclava:
crece veloz, y cuando exhausto acaba,
adulta prole[29] en torno le sucede.

Mas, ¡oh, si cual no cede
el tuyo, fértil zona, a suelo alguno,
y como de natura esmero ha sido,
de tu indolente habitador lo fuera!
¡Oh, si al falaz[30] ruido
la dicha al fin supiese verdadera
anteponer, que del umbral la llama
del labrador sencillo,
lejos del necio y vano
fausto, el mentido brillo,
el ocio pestilente ciudadano![31]
¿Por qué ilusión funesta
aquellos que fortuna hizo señores
de tan dichosa tierra y pingüe[32] y varia,
al cuidado abandonan
y a la fe mercenaria
las patrias heredades,[33]
y en el ciego tumulto se aprisionan
de míseras ciudades,
do la ambición proterva
sopla la llama de civiles bandos,
o al patriotismo la desidia enerva;[34]
do el lujo las costumbres atosiga,[35]
y combaten los vicios
la incauta edad en poderosa liga?
No allí con varoniles ejercicios
se endurece el mancebo a la fatiga;
mas la salud estraga[36] en el abrazo
de pérfida hermosura
que pone en almoneda[37] los favores;
mas pasatiempo estima
prender aleve en casto seno el fuego
de ilícitos amores;
o embebecido le hallará la aurora
en mesa infame de ruinoso juego.
En tanto a la lisonja seductora
del asiduo amador fácil oído
da la consorte: crece
en la materna escuela
de la disipación y el galanteo
la tierna virgen, y al delito espuela
es antes el ejemplo que el deseo.
¿Y será que se formen de ese modo
los ánimos heroicos, denodados
que fundan y sustentan los Estados?
¿De la algazara del festín beodo,
o de los coros de liviana danza,
la dura juventud saldrá, modesta,
¿Sabrá con firme pulso
de la severa ley regir el freno;
brillar en torno aceros homicidas
en la dudosa lid verá sereno;
o animoso hará frente al genio altivo
del engreído mando en la tribuna,
aquel que ya en la cuna
durmió al arrullo del cantar lascivo,
que riza el pelo, y se unge y se atavía[38]
con femenil esmero,
y en indolente ociosidad el día,
o en criminal lujuria pasa entero?
No así trató la triunfadora Roma
las artes de la paz y de la guerra;
antes fió las riendas del Estado
a la mano robusta
que tostó el sol y encalleció el arado;
y bajo el techo humoso campesino
los hijos educó, que el conjurado
mundo allanaron[39] al valor latino. [. . .]

---

[27] rico, abundante
[28] instrumento para podar (cortar las ramas u hojas inútiles a las plantas)
[29] descendencia, hijos, (fig.) retoños
[30] engañoso, mentiroso
[31] Nótese esta idea del Iluminismo y Neoclasicismo: preferencia del campo sobre la ciudad
[32] abundante
[33] tierras, fincas, haciendas
[34] *desidia*: negligencia, pereza; *enerva*: debilita
[35] envenena, abruma
[36] vicia, corrompe; destruye
[37] venta pública; subasta
[38] *se unge*: aquí, se pone ungüento o aceite; *se atavía*: se asea, se compone, se viste
[39] (fig.) entraron por la fuerza

La oración por todos[40]

(Imitación de Víctor Hugo)

i

Ve a rezar, hija mía. Ya es la hora
de la conciencia y del pensar profundo:
cesó el trabajo afanador,[41] y al mundo
la sombra va a colgar su pabellón.
Sacude el polvo el árbol del camino
al soplo de la noche; y en el suelto
manto de la sutil neblina envuelto,
se ve temblar el viejo torreón.[42]

¡Mira!: su ruedo de cambiante nácar[43]
el occidente más y más angosta,
y enciende sobre el cerro de la costa
el astro de la tarde su fanal.[44]
Para la pobre cena aderezado,[45]
brilla el albergue rústico; y la tarda
vuelta del labrador la esposa aguarda
con su tierna familia en el umbral.

Brota del seno de la azul esfera[46]
uno tras otro fúlgido diamante,
y ya apenas de un carro vacilante
se oye a distancia el desigual rumor.
Todo se hunde en la sombra; el monte, el valle,
y la iglesia y la choza y la alquería;[47]
y a los destellos últimos del día
se orienta en el desierto el viajador.

Naturaleza toda gime: el viento
en la arboleda, el pájaro en el nido,
y la oveja en su trémulo balido,
y el arroyuelo en su correr fugaz.
El día es para el mal y los afanes.
¡He aquí la noche plácida y serena!
El hombre, tras la cuita[48] y la faena,
quiere descanso y oración y paz.

Sonó en la torre la señal: los niños
conversan con espíritus alados
y, los ojos al cielo levantados,
invocan de rodillas al Señor.
Las manos juntas, y los pies desnudos,
fe en el pecho, alegría en el semblante,
con una misma voz, a un mismo instante,
al Padre Universal piden amor.

Y luego dormirán; y en leda[49] tropa,
sobre su cuna volarán ensueños,
ensueños de oro, diáfanos, risueños,
visiones que imitar no osó el pincel.
Y ya sobre la tersa frente posan,
ya beben el aliento a las bermejas
bocas, como lo chupan las abejas
a la fresca azucena y al clavel.

Como, para dormirse, bajo el ala
esconde su cabeza la avecilla,
tal la niñez en su oración sencilla
adormece su mente virginal.
¡Oh dulce devoción que reza y ríe,
de natural piedad primer aviso,
fragancia de la flor del paraíso,
preludio del concierto celestial!

---

[40] Consta de cuatro partes: la primera, la segunda y la cuarta escritas en octavas y la tercera en octavillas. Son octavas de endecasílabos con rima consonante, pero los versos 1° y 5° son siempre libres y el 4° y 8°, agudos. Aquí ofrecemos la primera y segunda parte como selecciones.
[41] penoso
[42] torre grande para la defensa
[43] substancia dura y brillante del interior de algunas conchas
[44] faro; luz grande
[45] dispuesto con lo necesario
[46] el cielo
[47] cortijo
[48] aflicción, pena
[49] alegre, contenta, plácida

ii

Ve a rezar, hija mía. Y ante todo,
ruega a Dios por tu madre, por aquella
que te dió el ser, y la mitad más bella
de su existencia ha vinculado en él;
que en su seno hospedó tu joven alma,
de una llama celeste desprendida;
y haciendo dos porciones de la vida,
tomó el acíbar y te dió la miel.

Ruega después por mí. Más que tu madre
lo necesito yo . . . Sencilla, buena,
modesta como tú, sufre la pena
y devora en silencio su dolor.
A muchos compasión, a nadie envidia,
la ví tener en mi fortuna escasa.
Como sobre el cristal la sombra, pasa
sobre su alma el ejemplo corruptor.

No le son conocidos . . . — ni lo sean
a ti jamás . . . — los frívolos azares
de la vana fortuna, los pesares
ceñudos que anticipan la vejez;
de oculto oprobio el torcedor, la espina
que punza a la conciencia delincuente,
la honda fiebre del alma, que la frente
tiñe con enfermiza palidez.

Mas yo la vida por mi mal conozco,
conozco el mundo y sé su alevosía;
y tal vez de mi boca oirás un día
lo que valen las dichas que nos da.
Y sabrás lo que guarda a los que rifan
riquezas y poder, la urna aleatoria,[50]
y que tal vez la senda que a la gloria
guiar parece, a la miseria va.

Viviendo, su pureza empaña[51] el alma
y cada instante alguna culpa nueva
arrastra en la corriente que la lleva
con rápido descenso al ataúd.
La tentación seduce; el juicio engaña;
en los zarzales del camino, deja
alguna cosa cada cual: la oveja
su blanca lana, el hombre su virtud.

Ve, hija mía, a rezar por mí, y al cielo
pocas palabras dirigir te baste:
«Piedad, Señor, al hombre que creaste;
eres Grandeza, eres Bondad: ¡perdón!»
Y Dios te oirá; que cual del ara santa
sube el humo a la cúpula eminente,
sube del pecho cándido, inocente,
al trono del Eterno la oración.

Todo tiende a su fin: a la luz pura
del sol, la planta; el cervatillo[52] atado,
a la libre montaña; el desterrado,
al caro suelo que lo vió nacer;
y la abejilla en el frondoso valle,
de los nuevos tomillos al aroma;
y la oración en alas de paloma
a la morada del Supremo Ser.

Cuando por mí se eleva a Dios tu ruego,
soy como el fatigado peregrino
que su carga a la orilla del camino
deposita y se sienta a respirar;
porque de tu plegaria el dulce canto
alivia el peso a mi existencia amarga,
y quita de mis hombros esta carga
que me agobia de culpa y de pesar.

Ruega por mí, y alcánzame que vea,
en esta noche de pavor, el vuelo
de un ángel compasivo que del cielo
traiga a mis ojos la perdida luz.
Y pura finalmente — como el mármol
que se lava en el templo cada día —
arda en sagrado fuego el alma mía
como arde el incensario ante la Cruz. [. . .]

---

[50] que depende de un suceso fortuito; dudoso
[51] ensucia, pone opaca
[52] venado, rumiante

Investigaciones sobre la influencia de la conquista y del sistema colonial de los españoles, en Chile[53]

Es un deber de la historia contar los hechos como fueron, y no debemos parliarlos,[54] porque no parezcan honorosos a la memoria de los fundadores de Chile. La injusticia, la atrocidad, la perfidia en la guerra, no han sido de los españoles solos, sino de todas las razas, de todos los siglos; y si aun entre naciones cristianas afines, y en tiempos de civilización y cultura, ha tomado y toma todavía la guerra este carácter de salvaje y desalmada crueldad, que destruye y se ensangrienta por el solo placer de destruir y de verter sangre, ¿qué tienen de extraño las carniceras[55] batallas y las duras consecuencias de la victoria entre pueblos en que las costumbres, la religión, el idioma, la fisonomía, el color, todo era diverso, todo repugnante y hostil?

Los vasallos de Isabel, de Carlos I y de Felipe II,[56] eran la primera nación de la Europa; su espíritu caballeresco, el esplendor de su corte, su magnífica y pundonorosa[57] nobleza, la pericia de sus capitanes, la habilidad de sus embajadores y ministros, el denuedo[58] de sus soldados, sus osadas empresas, sus inmensos descubrimientos y conquistas, los hicieron el blanco de la detracción, porque eran un objeto de envidia. Las memorias de aquel siglo nos presentan por todas partes escenas horribles. Los españoles abusaron de su poder, oprimieron, ultrajaron la humanidad, no con impudencia[59] —como dice el señor Lastarria[60]—, porque no era preciso ser impudente para hacer lo que todos hacían sin otra medida que la de sus fuerzas, sino con el mismo miramiento[61] a la humanidad, con el mismo respeto al derecho de gentes, que los estados poderosos han manifestado siempre en sus relaciones con los débiles, y de que, aun en nuestros días de moralidad y civilización, hemos visto demasiados ejemplos.

Si comparamos las ideas prácticas de justicia internacional de los tiempos modernos con las de la Edad Media y las de los pueblos antiguos, hallaremos mucha semejanza en el fondo, bajo diferencias no muy grandes en los medios y las formas. [. . .]

Así, en las grandes masas de hombres que llamamos naciones, el estado salvaje de fuerza brutal no ha cesado. Tribútase un homenaje aparente a la justicia, recurriendo a los lugares comunes de seguridad, dignidad, protección de intereses nacionales y otros igualmente vagos: premisas de que con mediana destreza, se pueden sacar todas las consecuencias imaginables. Los hombres de la guerra se han mitigado en parte; pero no porque se respeta más la humanidad, sino porque se calculan mejor los intereses materiales, y por una consecuencia de la perfección misma a que se ha llevado el arte de destruir. Sería demencia esclavizar a los vencidos si se gana más con hacerlos tributarios y alimentadores forzados de la industria del vencedor. Los salteadores se han convertido en mercaderes, pero mercaderes que tienen sobre el mostrador la balanza de Brenno:[62] Vae victis. No se coloniza matando a los pobladores indígenas: para qué matarlos, si basta empujarlos de bosque en bosque y de pradería en pradería? La destitución y el hambre harían a la larga la obra de la destrucción, sin ruido y sin escándalo. En el seno de cada familia social, las costumbres se regularizan y purifican; la

[53] En este trabajo Bello contesta y objeta la «Memoria presentada a la Universidad de Chile, en la sesión solemne del 22 de septiembre de 1844 por D. José Victorino Lastarria». Bello aparece más cerca de los españoles que los románticos y no acepta la visión puramente negativa sobre la actuación de España en la América hispana. Defiende las raíces étnicas y culturales españolas de estos pueblos. *Lastarria*: jurista y escritor chileno (1817–1888), romántico y defensor de las ideas liberales.
[54] hablar mucho sobre ellos y sin substancia
[55] sangrientas
[56] se refiere a: Isabel I de Castilla (1451–1504); Carlos I de España (1500–1558) y el rey Felipe II (1527–1598)
[57] que tiene gran honor y honra
[58] valor; ánimo
[59] descaro, desvergüenza
[60] Véase nota 53
[61] consideración, deferencia
[62] o Breno: jefe galo que saqueó Roma (390 a. C.) y al negociar la liberación de los sitiados en el Capitolio, dijo la célebre frase «¡Vae Victis!», «¡Ay de los vencidos!»

libertad y la justicia, compañeras inseparables, extienden más y más su imperio; pero en las relaciones de raza a raza y de pueblo a pueblo, dura—bajo exterioridades hipócritas—con toda su injusticia y su rapacidad primitivas, el estado salvaje.

No acusamos a ninguna nación, sino a la naturaleza del hombre. Los débiles invocan la justicia; déseles la fuerza, y serán tan injustos como sus opresores. [. . .]

A la idea dominante de perpetuar el pupilaje[63] de las colonias, sacrificó no sólo España los intereses de éstas, sino los suyos propios; y para mantenerlas dependientes y sumisas,[64] se hizo a sí misma pobre y débil. Los tesoros americanos inundaban el mundo, mientras el erario[65] de la metrópoli se hallaba exhausto, y su industria en mantillas.[66] Las colonias, que para otros países han sido un medio de dar movimiento a la población y a las artes, fueron para España una causa de despoblación y atraso. No se percibía ni vida industrial ni riqueza, sino en algunos emporios que servían de intermedio para los cambios entre los dos hemisferios, y en que la acumulada opulencia del monopolio resaltaba sobre la miseria general: oasis esparcidos a largos trechos en un vasto desierto.

Pero debemos ser justos: no era aquélla una tiranía feroz. Encadenaba las artes, cortaba los vuelos al pensamiento, cegaba[67] hasta los veneros[68] de la fertilidad agrícola; pero su política era de trabas[69] y privaciones, no de suplicios ni sangre. Las leyes penales eran administradas flojamente. En el escarmiento de las sediciones, no era extraordinariamente rigorosa; era lo que el despotismo ha sido siempre, y no más, a lo menos respecto de la raza española, y hasta la época del levantamiento general que terminó en la emancipación de los dominios americanos. El despotismo de los emperadores de Roma fué el tipo del gobierno español en América. La misma benignidad ineficaz de la autoridad suprema, la misma arbitrariedad pretorial, la misma divinización de los derechos del trono, la misma indiferencia a la industria, la misma ignorancia de los grandes principios que vivifican y fecundan las asociaciones humanas, la misma organización judicial, los mismo privilegios fiscales; pero a vueltas de estas semejanzas odiosas, hay otras de diverso carácter. La misión civilizadora, que camina—como el sol—de oriente a occidente y de que Roma fué el agente más poderoso en el mundo antiguo, la España la ejercitó sobre un mundo occidental más distante y más vasto. Sin duda los elementos de esta civilización fueron destinados a amalgamarse con otros que la mejorasen, como la civilización romana fué modificada y mejorada en Europa por influencias extrañas. Tal vez nos engañamos, pero ciertamente nos parece que ninguna de las naciones que brotaron de las ruinas del Imperio, conservó una estampa más pronunciada del genio romano: la lengua misma de España es la que mejor conserva el carácter de la que hablaron los dominadores del orbe. Hasta en las cosas materiales, presenta algo de imperial y romano la administración colonial de España. Al gobierno español debe todavía la América todo lo que tiene de grande y espléndido en sus edificios públicos. Confesémoslo con vergüenza: apenas hemos podido conservar los que se erigieron bajo los virreyes y capitanes generales; y téngase presente que para su construcción se erogaron[70] con liberalidad las rentas de la Corona, y no se impusieron los pechos y los trabajos forzados con que Roma agobiaba a los provinciales para sus caminos, acueductos, anfiteatros, termas y puentes. [. . .]

[63] aquí, dominación, control
[64] obedientes, dóciles; opuesto de rebelde
[65] tesoro público
[66] en sus principios
[67] aquí, cerraba
[68] manantiales, fuentes
[69] obstáculos, dificultades
[70] distribuyeron, repartieron

El castellano en América[71]

Aunque en esta Gramática hubiera deseado no desviarme de la nomenclatura y explicaciones usuales, hay puntos en que me ha parecido que las prácticas de la lengua castellana podían representarse de un modo más completo y exacto. Lectores habrá que califiquen de caprichosas las alteraciones que en esos puntos he introducido, o que las imputen[72] a una pretensión extravagante de decir cosas nuevas: las razones que alego probarán, a lo menos, que no las he adoptado sino después de un maduro examen. Pero la prevención más desfavorable, por el imperio que tiene aun sobre personas bastante instruidas, es la de aquellos que se figuran que en la gramática las definiciones inadecuadas, las clasificaciones mal hechas, los conceptos falsos, carecen de inconveniente, siempre que por otra parte se expongan con fidelidad las reglas a que se conforma el buen uso. Yo creo, con todo, que esas dos cosas son inconciliables; que el uso no puede exponerse con exactitud y fidelidad sino analizando, desenvolviendo los principios verdaderos que lo dirigen; que una lógica severa es indispensable requisito de toda enseñanza; y que, en el primer ensayo que el entendimiento hace de sí mismo es en el que más importa no acostumbrarle a pagarse de meras palabras.

El habla de un pueblo es un sistema artificial de signos, que bajo muchos respectos se diferencia de los otros sistemas de la misma especie: de que se sigue[73] que cada lengua tiene su teoría particular, su gramática. No debemos, pues, aplicar indistintamente a un idioma los principios, los términos, las analogías en que se resumen bien o mal las prácticas de otro. Esta misma palabra idioma está diciendo que cada lengua tiene su genio, su fisonomía, sus giros;[74] y mal desempeñaría su oficio el gramático que explicando la suya se limitara a lo que ella tuviese de común con otra, o (todavía peor) que supusiera semejanzas donde no hubiese más que diferencias, y diferencias importantes, radicales. Una cosa es la gramática general, y otra la gramática de un idioma dado: una cosa comparar entre sí dos idiomas, y otra considerar un idioma como es en sí mismo. ¿Se trata, por ejemplo, de la conjugación del verbo castellano? Es preciso enumerar las formas que toma, y los significados y usos de cada forma, como si no hubiese en el mundo otra lengua que la castellana; posición forzada respecto del niño, a quien se exponen las reglas de la sola lengua que está a su alcance, la lengua nativa. Este es el punto de vista en que he procurado colocarme, y en el que ruego a las personas inteligentes, a cuyo juicio someto mi trabajo, que procuren también colocarse descartando,[75] sobre todo, las reminiscencias del idioma latino.

En España, como en otros países de Europa, una admiración excesiva a la lengua y literatura de los romanos dió un tipo latino a casi todas las producciones del ingenio. Era ésta una tendencia natural de los espíritus en la época de la restauración de las letras. La mitología pagana siguió suministrando imágenes y símbolos al poeta; y el período ciceroniano[76] fue la norma de la elocución para los escritores elegantes. No era, pues, de extrañar que se sacasen del latín la nomenclatura y los cánones gramaticales de nuestro romance. [. . .]

[. . .] No tengo la pretensión de escribir para los castellanos. Mis lecciones se dirigen a mis hermanos, los habitantes de Hispano-América. Juzgo importante la conservación de la lengua de nuestros padres en su posible pureza, como un medio providencial de comunicación y un vínculo de fraternidad entre las varias naciones de origen español derramadas sobre los dos continentes. Pero no es un purismo supersticioso lo que me atrevo a recomendarles. El adelantamiento prodigioso de todas las ciencias y las artes, la difusión de la cultura intelectual y las revoluciones políticas, piden cada día

---

[71] Fragmentos del «Prólogo» a *Gramática de la lengua castellana*, publicada en Chile en 1847. Véase introducción.
[72] atribuyan; acusen; reprochen
[73] colige, infiere, deduce
[74] expresiones o modos particulares de una lengua
[75] desechando, abandonando, apartando
[76] Marco Tulio Cicerón: gran político, pensador y orador romano (106–43 a. C.), su estilo enriqueció la prosa y sirvió de modelo a la retórica latina.

nuevos signos para expresar ideas nuevas, y la introducción de vocablos flamantes,[77] tomados de las lenguas antiguas y extranjeras, ha dejado ya de ofendernos, cuando no es manifiestamente innecesaria, o cuando no descubre la afectación y mal gusto de los que piensan engalanar así lo que escriben. Hay otro vicio peor, que es el prestar acepciones nuevas a las palabras y frases conocidas, multiplicando las anfibologías de que por la variedad de significados de cada palabra adolecen más o menos las lenguas todas, y acaso en mayor proporción las que más se cultivan, por el casi infinito número de ideas a que es preciso acomodar un número necesariamente limitado de signos. Pero el mayor mal de todos, y el que, si no se ataja,[78] va a privarnos de las inapreciables ventajas de un lenguaje común, es la avenida de neologismos de construcción, que inunda y enturbia[79] mucha parte de lo que se escribe en América, y alterando la estructura del idioma, tiende a convertirlo en una multitud de dialectos irregulares, licenciosos, bárbaros; embriones de idiomas futuros, que durante una larga elaboración reproducirían en América lo que fue la Europa en el tenebroso período de la corrupción del latín. Chile, el Perú, Buenos Aires, Méjico, hablarían cada uno su lengua, o por mejor decir, varias lenguas, como sucede en España, Italia y Francia, donde dominan ciertos idiomas provinciales, pero viven a su lado otros varios, opiniendo estorbos a la difusión de las luces,[80] a la ejecución de las leyes, a la administración del Estado, a la unidad nacional. Una lengua es como un cuerpo viviente: su vitalidad no consiste en la constante identidad de elementos, sino en la regular uniformidad de las funciones que éstos ejercen, y de que proceden la forma y la índole[81] que distinguen al todo.

Sea que yo exagerare o no el peligro, él ha sido el principal motivo que me ha inducido a componer esta obra, bajo tantos respectos superior a mis fuerzas. Los lectores inteligentes que me honren leyéndola con alguna atención, verán el cuidado que he puesto en demarcar, por decirlo así, los linderos que respeta el buen uso de nuestra lengua, en medio de la soltura y libertad de sus giros, señalando las corrupciones que más cunden[82] hoy día, y manifestando la esencial diferencia que existe entre las construcciones castellanas y las extranjeras que se les asemejan hasta cierto punto, y que solemos imitar sin el debido discernimiento.

No se crea que recomendando la conservación del castellano sea mi ánimo tachar de vicioso y espurio[83] todo lo que es peculiar de los americanos. Hay locuciones castizas que en la Península pasan hoy por anticuadas y que subsisten tradicionalmente en Hispano-América ¿por qué proscribirlas? Si según la práctica general de los americanos es más analógica la conjugación de algún verbo, ¿por qué razón hemos de preferir la que caprichosamente haya prevalecido en Castilla? Si de raíces castellanas hemos formado vocablos nuevos, según los procederes ordinarios de derivación que el castellano reconoce, y de que se ha servido y se sirve continuamente para aumentar su caudal, ¿qué motivos hay para que nos avergoncemos de usarlos? Chile y Venezuela tienen tanto derecho como Aragón y Andalucía para que se toleren sus accidentales divergencias, cuando las patrocina[84] la costumbre uniforme y auténtica de la gente educada. En ellas se peca mucho menos contra la pureza y corrección del lenguaje, que en las locuciones afrancesadas, de que no dejan de estar salpicadas hoy día aun las obras más estimadas de los escritores peninsulares. [. . .]

[77] brillantes, resplandecientes
[78] (fig.) corta, impide, interrumpe
[79] *inunda*: llena por completo; *enturbia*: ensucia
[80] instrucción
[81] condición o inclinación natural; especie
[82] se extienden, se propagan
[83] bastardo; (fig.) falso, contrahecho
[84] protege, favorece, ayuda

Bartolomé Hidalgo

URUGUAY, 1788–1822

Paralela a la poesía culta, académica y urbana que ya hemos visto, se desarrolló durante las guerras de Independencia una vena popular, con la que se inicia una de las corrientes más fecundas y sugestivas de esta literatura hasta llegar a nuestros días. Esta corriente no tiene la calidad estética de la otra, pero abrió las sendas a la literatura de expresión genuinamente americana. Estas obras, como generalmente ocurre con las literaturas populares, buscan en el campo, lo nativo, lo local, su fuente de inspiración tratando de apresar lo auténtico, autóctono y vernáculo de la América hispana. Todo lo popular les interesa: los tipos humanos, las costumbres, la riqueza folklórica y la sicología e ideales de la inmensa mayoría de la población. Es así como el poeta o escritor campesino entra en el arte para escribir algunas de las páginas más memorables de esta literatura.

Uno de los iniciadores de esta poesía popular lo fue Bartolomé Hidalgo. Se le ha llamado el «Homero» del género gauchesco porque sus «cielitos» inauguran la poesía de ese tipo hacia 1811. No era un gaucho, pero conocía a plenitud la vida de este interesante personaje de la región del Plata. Hidalgo representa la transición de las formas orales y anónimas de los primeros payadores a las escritas, pues es el primer poeta gauchesco en dejar su obra sobre el papel en vez de confiarla a la tradición verbal. Tenía una simple educación elemental, porque quedó huérfano a los doce años y tuvo que subvenir a las necesidades de su familia. Era amigo de José Artigas, el héroe de la Independencia uruguaya. Trabajó de peluquero en Montevideo y vendía él mismo sus «cielitos» en las calles de Buenos Aires. Luchó contra los ingleses, españoles y portugueses, y el llamado Triunvirato lo declaró «benemérito patriota». Ocupó cargos públicos, fue Ministro de Hacienda interino, director del teatro Coliseo y embajador del Uruguay en la Argentina. En 1818 se estableció definitivamente en Buenos Aires donde murió de tuberculosis.

Como todo poeta popular, Hidalgo tiene una acertada intuición del alma del pueblo y emplea el instrumento poético para darle expresión a sus rasgos sicológicos más notables, así como a las ideas y opiniones que ese pueblo tiene sobre aquellos aspectos de la vida que más le interesan. Comenzó escribiendo poesías de tono patriótico, entre las que destaca su «Marcha oriental» (1811). Estas poesías están dentro del tono general que ya hemos visto, pero no alcanzan la altura de un Olmedo o Cruz Varela. Cultivó también el teatro llamado «unipersonal», porque en él solamente habla un actor mientras los otros hacen pantomimas. Luego comenzó a publicar sus famosos «cielitos», que era notorio se vendían rápidamente por el gusto que el pueblo mostraba hacia ellos. El «cielito» es un baile y canto popular de la región del Río de la Plata, al que Hidalgo le dio un nuevo contenido poético. Entre los más conocidos están «Cielito a la aparición de la escuadra patriótica en el Puerto de Montevideo» (1814) y «El gaucho de la Guardia del Monte contesta al manifiesto de Fernando VII» (1820).

Todos se destacan por su intención, gracia, la fluidez de la versificación y el tono de defensa nacional, y de la libertad.

Más fama todavía le ganaron sus «diálogos», donde pone a conversar a un gaucho con algún otro individuo del pueblo, en forma intencionada, con gracia, humorismo, ironía y no poca picardía. Por lo general hacen comentarios sobre los acontecimientos contemporáneos más importantes. Presentan la realidad vista a través de la interpretación personal y original del gaucho y de otros caracteres populares. Entre los más conocidos están: «Diálogo patriótico interesante», entre Jacinto Chano, capataz de una estancia en las islas de Tordillo, y el gaucho de la guardia del Monte, «Nuevo diálogo patriótico», entre los mismos personajes y la «Relación que hace el gaucho Ramón Contreras a Jacinto Chano de todo lo que vio en las fiestas mayas de Buenos Aire, en 1822».

El lenguaje de Hidalgo es bronco, plebeyo y de gran espontaneidad, porque imita perfectamente la forma ingenua, llena de agudeza que usa el hombre de la calle para comentar los acontecimientos. Sobresalen sus obras como documentos folklóricos y costumbristas, capaces de acercar el lector al alma rural, sin aparato de erudición, en forma directa. Hay siempre tono irónico, protesta ante la injusticia, amor a la patria y a la libertad. El humorismo apicarado y cierto le da un tono delicioso como lectura. Hidalgo gozó de gran popularidad en su tiempo y todavía hoy se le lee con deleite.

FUENTE: *Cielitos y diálogos patrióticos*, Buenos Aires, Ciordia y Rodríguez, 1950; con un estudio sobre los orígenes de la poesía gauchesca.

Diálogo patriótico interesante[1]

Entre Jacinto Chano, capataz de una estancia en las islas de Tordillo,[2] y el gaucho de la guardia del Monte[3]

CONTRERAS

Conque, amigo, ¿diaónde[4] diablos
sale? Meta el redomón,[5]
desensille, votoalante . . .[6]
¡ah pingo, que da calor!

CHANO

De las islas del Tordillo
salí en este mancarrón;[7]
¡pero si es trabuco,[8] Cristo!
¿Cómo está, señó Ramón?

---

[1] En este «diálogo», como en todas las obras de Hidalgo, hay protesta y preocupación social y política. Estas obras tienen un tono ético y moralizador, porque siempre abogan por la correción de los males y vicios. El «diálogo» está escrito en forma de romance octosílabo con rima asonante, siempre aguda en *o* en este caso, en los pares. Imita perfectamente la forma de hablar del gaucho y capta su sicología e ideas con mucho realismo.

[2] partido o distrito de la provincia de Buenos Aires, a orillas de la Ensenada de Samborombón

[3] fuerte militar establecido en 1760 para detener las invasiones de los indios. Estaba situado próximo al río Salado y a orillas de la laguna del Monte (al sur de la provincia de Buenos Aires)

[4] de adónde

[5] (Riopl.) caballo recién domado o medio domado

[6] por Dios

[7] (Riopl.) caballo malo

[8] rápido como el tiro de escopeta

CONTRERAS

Lindamente,[9] a su servicio . . .
¿Y se vino del tirón?[10]

CHANO

Sí, amigo, estaba de balde[11]
y le dije a Salvador:
«Andá,[12] traeme el azulejo,
aprétamele el chichón,[13]
porque voy a platicar
con el paisano[14] Ramón.»
Y ya también salí al tranco,[15]
y cuando se puso el sol
caí al camino y me vine,
cuando en esto, se asustó
el animal porque el poncho
las verijas[16] le tocó.
¡Qué sosegarse ese diablo! . . .
A bellaquiar[17] se agachó,
y conmigo a unos zanjones
caliente se enderezó.
Viéndome medio atrasao
puse el corazón en Dios
y en la viuda,[18] y me tendí;
y tan lindo atropelló
este bruto, que las zanjas
comoquiera las salvó;
¡eh, pucha,[19] el pingo ligero,
bien haiga[20] quien lo parió!
Por fin, después de este lance
del todo se sosegó,
y hoy lo sobé,[21] de mañana,
antes de salir el sol,
de suerte que está el caballo
parejo que da temor.

CONTRERAS

¡Ah, Chano . . ., pero si es liendre[22]
en cualquiera bagualón!. . .[23]
Mientras se calienta el agua
y echamos un cimarrón,[24]
¿qué novedades se corren?[25]

CHANO

¿Novedades?. . . ¡Qué sé yo!
Hay tantas, que uno no acierta
a qué lao caerá el dos,
aunque le esté viendo el lomo.
Todo el pago[26] es sabedor
que yo siempre por la causa[27]
anduve al frío y calor.
Cuando la primera patria,[28]
al grito se presentó
Chano con todos sus hijos.
¡Ah tiempo aquel, ya pasó!
Si jue en la patria del medio
lo mismo me sucedió;
pero, amigo en esta patria. . .[29]
Alcánceme un cimarrón.

CONTRERAS

No se corte, déle guasca,[30]
siga la conversación,
velay mate.[31] Todos saben
que Chano, el viejo cantor,
aónde[32] quiera que vaya
es un hombre de razón,
y que una sentencia suya
es como de Salomón.

---

[9] enteramente a sus órdenes
[10] de una vez, sin detenerse
[11] desocupado; sin nada que hacer
[12] por anda, ve
[13] *aprétamele*: apriétamele; *chichón*: cincha del caballo
[14] el que es del mismo país, provincia o lugar que otro; gaucho
[15] (Riopl.) a pasos largos del caballo
[16] *poncho*: paño grande con un hueco para la cabeza, con que se cubre el gaucho; *verijas*: (amer.) ijares, pelvis del caballo
[17] *bellaquiar*: bellaquear. (Riopl.) encabritarse el caballo
[18] como él estuvo en un gran peligro pensó que su mujer quedaría viuda
[19] (Riopl.) interjección vulgar de sorpresa
[20] haya
[21] lo castigué
[22] piojo: insecto que vive en el cabello;
[23] (Riopl.) caballo salvaje o mañero
[24] (Riopl.) mate sin azúcar
[25] qué está pasando o sucediendo
[26] *lomo*: espalda de los animales; *pago*: (Riopl.) finca, hacienda
[27] la causa de la Independencia
[28] primer período de la guerra de la Independencia en el Uruguay (1811–1814)
[29] *jue*: se fue; *la Patria del medio*: alude al período de la guerra entre los uruguayos y los porteños (de Buenos Aires), 1814–1817; *esta Patria*: alude a la guerra civil (1820)
[30] azótele
[31] he aquí, mire el mate
[32] adonde

CHANO

Pues bajo ese entender
empriésteme[33] su atención
y le diré cuanto siente
este pobre corazón
que, como tórtola amante
que a su consorte perdió
y que anda de rama en rama
publicando su dolor,
ansí[34] yo, de rancho en rancho
y de tapera en galpón,[35]
ando, triste y sin reposo,
contando con ronca voz
de mi patria los trabajos,
de mi destino el rigor.
En diez años que llevamos
de nuestra revolución
por sacudir las cadenas
de Fernando el baladrón,[36]
¿qué ventaja hemos sacado?
Las diré con su perdón;
robarnos unos a otros,
aumentar la desunión,
querer todos gobernar
y, de faición en faición,[37]
andar sin saber que andamos;
resultando, en conclusión,
que hasta el nombre de paisano
parece de mal sabor.
Y, en su lugar, yo no veo
sino un eterno rencor
y una tropilla[38] de pobres
que, metida en un rincón,
canta al son de su miseria. . .
¡No es la miseria mal son![39]

CONTRERAS

¿Y no se sabe en qué diasques[40]
este enriedo[41] consistió?
La pu . . . janza, en los paisanos
¡que son de mala intención!
Usté, que es hombre escrebido,[42]
por su madre, dígalo;
que aunque yo compongo cielos[43]
y soy medio payador,[44]
a usté le brindo las armas
porque sabe más que yo.

CHANO

Desde el principio, Contreras,
esto ya se equivocó:
de todas nuestras provincias
se empezó a hacer distinción,
como si todas no juesen[45]
alumbradas por un sol;
entraron a desconfiar
unas de otras, con tesón,
y, al instante, la discordia
el palenque[46] nos ganó
y, cuanto nos descuidamos,
al grito nos revolcó.[47]
¿Por qué naides sobre naides[48]
ha de ser más superior?
El mérito es quien decide.
Oiga una comparación:
quiere hacer una voltiada[49]
en la estancia del Rincón
el amigo Sayavedra:
pronto se corre la voz[50]
del pago entre la gauchada;
ensillan el mancarrón
más razonable que tienen
y, afilando el alfajor,[51]
se vinieron a la oreja[52]
cantando versos de amor;
llegan, voltean, trabajan;
pero, amigo, del montón
reventó el lazo un novillo

---

[33] présteme
[34] así
[35] *tapera*: (Riopl.) casa en ruinas, abandonada; *galpón*: (amer.) cobertizo grande
[36] Fernando VII, rey de España (1784–1833), reinó de 1813 a 1833, con gran despotismo; *baladrón*: fanfarrón, bravucón.
[37] de facción en facción; *facción*: partido, bando
[38] grupito
[39] Nótese la preocupación política y social expresada en casi todos los «cielitos», «diálogos» y «relaciones» de Hidalgo.
[40] diantres, diablo
[41] enredo; engaño; complicación
[42] con educación, culto
[43] Hidalgo escribió muchos «cielitos». Véase introducción.
[44] cantante y recitador de la pampa que iba de lugar en lugar con su guitarra
[45] fuesen
[46] el país; lugar donde hay vocerío y confusión grande
[47] derribó y revolvió por el suelo
[48] nadie
[49] volteada, un deporte o juego
[50] se sabe; corre la noticia
[51] (Riopl.) facón, cuchillo
[52] se escucharon

y solito se cortó,
y atrás de él, como langosta,[53]
el gauchaje se largó. . .
¡Qué recostarlo! ¡Ni en chanza![54]
Cuando en esto, lo atajó
un muchacho forastero
y a la estancia lo arrimó;
lo llama el dueño de casa,
mira su disposición
y, al instante, lo conchaba.[55]
Ahura,[56] pues, pregunto yo:
¿El no ser de la cuadrilla
hubiera sido razón
para no premiar al mozo?
Pues oiga una aplicación:
la ley es una, no más,
y ella da su proteición[57]
a todo el que le respeta;
el que la ley agravió
que le desagravie al punto;[58]
esto es lo que manda Dios,
lo que pide la justicia
y que clama la razón,
sin preguntar si es porteño
el que la ley ofendió,
ni si es salteño o puntano,[59]
ni si tiene mal color;
ella es igual contra el crimen
y nunca hace distinción
de arroyos ni de lagunas,
de rico ni pobertón;
para ella es lo mesmo[60] el poncho
que casaca[61] y pantalón;
pero es platicar de balde,
y, mientras no vea yo
que se castiga el delito
sin mirar la condición,
digo que hemos de ser libres
cuando hable mi mancarrón.

CONTRERAS

Es cierto cuanto me ha dicho,
y mire que es un dolor
ver estas rivalidades,
perdiendo el tiempo mejor
solo en disponer derechos
hasta que, ¡no quiera Dios!,
se aproveche algún cualquiera
de todo nuestro sudor.[62]

CHANO

Todos disputan derechos;
pero, amigo, sabe Dios
si conocen su deberes:
de aquí nace nuestro error,
nuestras desgracias y penas.
Yo lo digo, sí, señor,
¡qué derechos ni qué diablos!
Primero es la obligación;
cada uno cumpla la suya
y después será razón
que reclame sus derechos.
Ansi en la revulución
hemos ido reculando,[63]
disputando con tesón
el empleo y la vereda,[64]
el rango y la adulación,
y en cuanto a los ocho pesos. . .
¡El diablo es este Ramón!

CONTRERAS

Lo que a mí me causa espanto
es ver que ya se acabó
tanto dinero, ¡por Cristo!
Mire que daba temor
tantísima pesería![65]

[53] (fig.) en un grupo muy grande; dispuesto a destruirlo todo. *Langosta*: insecto saltador
[54] broma, burla
[55] unía, mezclaba, juntaba
[56] ahora
[57] protección
[58] al instante
[59] *porteño*: de Buenos Aires; *salteño*: de Salta, ciudad argentina situada al norte; *punteño*: de Punta Alta, población en la prov. de Buenos Aires
[60] mismo
[61] especie de chaqueta
[62] trabajo, sacrificio
[63] retrocediendo
[64] (coloquial) sector de un municipio o parroquia rural. Cargo político de alguna importancia
[65] gran cantidad de pesos

¡Yo no sé en qué se gastó!
Cuando el general Belgrano[66]
(que esté gozando de Dios)
entró en Tucumán,[67] mi hermano
por fortuna lo topó[68]
y, hasta entregar el rosquete,[69]
ya no lo desamparó;
pero, ¡ah, contar de miserias!,
de la mesma formación
sacaban la soldadesca
delgada que era un dolor,
con la ropa echa miñangos;[70]
y el que comía mejor
era algún trigo cocido[71]
que, por fortuna, encontró.
Los otros, cuál más, cuál menos,
sufren el mesmo rigor:
si es algún güen[72] oficial,
que al fin se inutilizó,
da cuatrocientos mil pasos
pidiendo, por conclusión,
un socorro: «No hay dinero. . .»
«Vuelva. . ., todavía, no. . .»,
hasta que sus camaradas
(que están también de mi flor),[73]
le largan una camisa,
unos cigarros, y adiós;
si es la pobre y triste viuda,
que a su marido perdió
y que anda en las diligencias
de remediar su aflicción,
lamenta su suerte ingrata
en un mísero rincón.
De composturas[74] no hablemos.
Vea lo que me pasó
al entrar en la ciudá:
estaba el pingo flacón[75]
y, en el pantano primero,
lueguito ya se enterró;
segui adelante, ¡ah, barriales![76]
¡Si daba miedo, señor!
Anduve por todas partes
y vi un grande caserón
que llaman de las comedias,[77]
que hace que se principió
muchos años, y no pasa
de un abierto corralón.
Y dicen los hombres viejos
que allí un caudal se gastó;
tal vez, al hacer las cuentas,
alguno se equivocó
y por decir cien mil pesos. . .[78]
(Velay, otro cimarrón.)
Si es en el Paso del Ciego,[79]
allí Tacuara[80] perdió
la carreta el otro día,
y él por el Paso cortó,
porque le habían informao
que en su gran composición
se había gastao un caudal.
Conque, amigo, no sé yo,
por más que estoy cavilando,
aónde está el borbollón.[81]

CHANO

Eso es querer saber mucho.
Si se hiciera una razón
de toda la plata y oro
que en Buenos Aires entró
desde el día memorable
de nuestra revulución;
y después, de güena[82] fe,
se hiciera una relación
de los gastos que han habío,
el pescuezo apuesto[83] yo
a que sobraba dinero
para formar un cordón
dende[84] aquí a Guasupicuá.[85]

---

[66] Belgrano, Manuel: general argentino (1770–1820), iniciador de la Revolución de Independencia.
[67] ciudad del noroeste de la Argentina, capital de la prov. del mismo nombre
[68] lo encontró, lo halló
[69] bollo o rosquilla de maíz
[70] pedazos muy pequeños; (fig.) con la ropa muy rota
[71] *trigo*: cereal del que se hace el pan
[72] buen
[73] que recuerdo bien
[74] modales, maneras
[75] muy flaco
[76] (amer.) barrizales (sitios llenos de lodo o barro)
[77] el Coliseo Grande, teatro de Buenos Aires
[78] se refiere a corrupciones en la administración de los dineros públicos
[79] cruce de un arroyo, en el distrito de Cañuelas (Provincia de Buenos Aires)
[80] un gaucho
[81] *cavilando*: pensando mucho; *borbollón*: ebullición
[82] buena
[83] me juego la vida
[84] desde
[85] lugar imaginario y muy lejano

Pero en tanto que, al rigor
del hambre, perece el pobre,
el soldado de valor,
el oficial de servicios,
y que la prostitución
se acerca a la infeliz viuda,
que mira con cruel dolor
padecer a sus hijuelos;
entre tanto, el adulón,[86]
el que de nada nos sirve
y vive en toda faición,
disfruta gran abundancia
y, como no le costó
nada el andar remediao,[87]
gasta más pesos que arroz.[88]
Y, amigo, de esta manera,
en medio del pericón,[89]
el que tiene es don Julano;[90]
y el que perdió se amoló,[91]
sin que todos los servicios
que a la patria le emprestó[92]
lo libren de una roncada[93]
que le largue algún pintor.

CONTRERAS

Pues yo siempre oí decir
que, ante la ley, era yo[94]
igual a todos los hombres.

CHANO

Mesmamente así pasó.
y en papeletas de molde[95]
por todo se publicó.
Pero hay sus dificultades
en cuanto a la ejecución;
roba un gaucho unas espuelas,
o quitó algún mancarrón,
o del peso de unos medios
a algún paisano alivió;
lo prenden, me lo enchalecan[96]
y, en cuanto se descuidó,
le limpiaron la caracha;[97]
y de malo y saltiador
me lo tratan, y a un presidio
lo mandan con calzador.[98]
Aquí la ley cumplió, es cierto,
y de esto me alegro yo;
quien tal hizo, que tal pague.
Vamos, pues, a un señorón:
tiene una casualidá. . .,
ya se ve, se remedió. . .
un descuido, que a un cualquiera
le sucede, sí, señor;
al principio, mucha bulla,
embargo, causa, prisión,
van y vienen, van y vienen,
secretos, almiración.
¿Qué declara? Que es mentira,
que él es un hombre de honor.
¿Y la mosca?[99] No se sabe,
el Estao[1] la perdió.
El preso sale a la calle
y se acabó la junción.[2]
¿Y esto se llama igualdá?
¡La perra que me parió! . . .
En fin, dejemos, amigo.
tan triste conversación,
pues no pierdo la esparenza
de ver la reformación.
Paisanos de todas layas:[3]
perdonad mi rilación,[4]
ella es hija de un deseo
puro y de güena intención.
Valerosos generales
de nuestra revulución,
gobierno a quien le tributo
toda mi veneración:
que en todas vuestras aiciones[5]
os dé su gracia el Señor

---

[86] que adula o halaga con un fin interesado
[87] estar bien, cómodo
[88] gasta mucho dinero
[89] baile criollo argentino
[90] fulano (designa una persona cuyo nombre se ignora o no se quiere decir)
[91] (arg.) enfadó, molestó
[92] prestó, dio
[93] (Riopl.) reprimenda, regaño, amonestación
[94] Muchos gauchos hablan repitiendo al final de la frase la primera o segunda palabra con que la han empezado.
[95] anuncios, pasquines
[96] (Riopl.) desnudan, quitan la ropa
[97] le mataron
[98] (fig.) fácilmente
[99] (fig.) dinero, pago
[1] el Estado (en este caso, la Nación)
[2] función, espectáculo teatral
[3] calidades, géneros
[4] relación, narración. Hidalgo llamó «relación» a una especie de sus composiciones. Véase introducción
[5] acciones, actos

para que enmendéis la plana[6]
que tantos años se erró;
que brille en güestros[7] decretos
la justicia y la razón;
que el que la hizo la pague,
premio al que lo mereció,
guerra eterna a la discordia,
y entonces si, creo yo,
que seremos hombres libres
y gozaremos el don
más precioso de la tierra:
americanos: unión.
Os lo pide humildemente
un gaucho, con ronca voz,
que no espera de la Patria
ni premio no galardón,
pues desprecia las riquezas
porque no tiene ambición.
Y con esto, hasta otro día;
mande usté, amigo Ramón,
a quien desea servirle
con la vida y corazón.

Esto dijo el viejo Chano
y a su pago se marchó;
Ramón se alargó[8] al rodeo
y el diálogo se acabó.

Esteban de Terralla y Landa

ESPAÑA—PERÚ, SIGLO XVIII

La sátira ha tenido siempre un intenso cultivo en Hispanoamérica, desde los comienzos de este tipo de literatura en el siglo XVI. El espíritu crítico y mordaz del XVIII prestó el clima necesario para que durante el Neoclasicismo se mantuviese y superase esa tradición. La mayor abundancia se encuentra en la sátira anónima, pero la hubo también de autores conocidos. Cuando se estudia este género se notan tres tendencias bien marcadas: la crítica de los amantes de lo establecido y que adoptan una actitud anticriolla; sátira contra los vicios y defectos sociales como son la corrupción política, los oportunistas y arribistas, los politiqueros, la mujer encopetada o de dudosa moralidad, la frivolidad y el espíritu cortesano; la de intención social y política que sirve de vehículo a las ideas y luchas revolucionarias. La gran influencia fue Quevedo, seguido de Góngora, Lope de Vega e Iglesias de las Casas, así como el espíritu satírico y burlón de la época. A menudo esta sátira expresa una reacción de amargura y desilusión por inadaptación o fracaso personal del autor. La crítica de tono político fue la que gozó de más popularidad. Tanto en México como en el Perú—los dos virreinatos más importantes—abundó la sátira, pero la del segundo resulta mucho más copiosa y fecunda.

[6] (fam.) corrijáis los errores o defectos
[7] vuestros
[8] se fue, se marchó

Se considera a Esteban de Terralla y Landa, que firmaba con el seudónimo de «Simón Ayanque», como el más notable humorista de la época neoclásica. Existen muy pocos datos sobre su juventud, pero se sabe que nació en Andalucía y que vino joven a México. En busca de mejores posibilidades se marchó al Perú donde vivió la mayor parte de su vida. La fortuna siempre se le mostró esquiva, pero reaccionaba mediante una vida llena de travesuras y picardías. Llegó a ser «coplero áulico» del Virrey D. Teodoro de la Croix y también le llamaban *el poeta de las adivinanzas* por la facilidad con que componía estos acertijos en reuniones y tertulias. Escribía para algunos periódicos de Lima. Su vida desordenada lo llevó a adquirir una grave enfermedad—sífilis—por lo que tuvo que refugiarse en el asilo de los padres betlemitas en Piura. No hay dudas de que había leído a Quevedo, cuya influencia aparece muy clara en toda su obra.

Terralla y Landa dejó una obra bastante copiosa donde encontramos: poesías de circunstancias, poesías líricas, artículos de costumbre, cuatro loas, y especialmente, su copiosa poesía satírica por la que es más recordado. Primeramente se dedicó a ser poeta de todas las fiestas y duelos públicos dando a la estampa composiciones llenas de sandeces y bufonadas, con títulos kilométricos y tono picaresco y de parodia. Entre sus muchos «artículos de costumbres» sobresale por su gracia y chispa el titulado *Semana del currutaco de Lima*, publicado en el *Diario Erudito* de esa capital virreinal.

Ninguna de sus obras le dio la notoriedad que la famosa *Lima por dentro y fuera* (1797), escrita hacia 1792 y publicada bajo el seudónimo de Simón Ayanque. Esta sátira contra la sociedad limeña—la más despiadada y terrible que se haya escrito contra esa ciudad—consta de diez y siete romances. Burla, gracia, sal y humorismo picante se combinan con momentos de chabacanería y groserías en el lenguaje. El ayuntamiento de Lima, ofendido grandemente por la obrilla, intentó seguir proceso judicial contra el autor y ordenar su recogida, pero desistió temiendo que esa acción contribuiría todavía más a la inmensa popularidad de que gozó desde el primer momento. Expresa su amargura y desilusión en una sátira hiriente, directa, pero sin perder la picardía y el buen sentido del chiste. El pueblo mostró su gran interés en la obra porque la misma contiene cuadros de gran realismo sobre las costumbres, vida y tipos humanos de Lima. Terralla y Landa reaccionó contra los criollos aliándose a los españoles y tradicionalistas. Su obra representa la mejor crítica y sátira contra aquella sociedad virreinal que tenía a la opulenta ciudad de Lima como capital. Entre sus obras de mérito debe considerarse el romance en que hizo su testamento satírico (*Testamento cerrado* y *Testamento codicilo*, última voluntad) en imitación de Quevedo.

FUENTE: Ventura García Calderón, *Biblioteca de Cultura Peruana*, 13 vols., Paris, Desclée, de Brouwer, 1938. Primera serie No. IX, Costumbristas y Satíricos.

Lima por dentro y fuera[1]

1797

(FRAGMENTOS)

¿Por Lima intentas dejar
el más poderoso Imperio,[2]
la más apreciable zona,
y el más provechoso seno?[3]
¿Por Lima intentas dejar
la madre de los ingenios,
la escuela de la pintura,
de la academia, los metros?
¿Por Lima? ¡Terrible absurdo!
¡Notabilísimo exceso!
¿Dejar sin duda una gloria,
por un conocido infierno?
¿Por una sombra, una luz,
por un eclipse, un lucero,
por una muerte, una vida,
y un gusto por un tormento?
¡Oh! ¡Cómo yo te infundiera[4]
un vivaz conocimiento,
para que reconocieses
lo que va de Reino a Reino![5]
Yo que en aquella ciudad
tantos aprendí escarmientos,[6]
tantas adquirí experiencias,
tantos conseguí recuerdos.
Yo que en aquella ciudad
tantos escuché lamentos,
tantas observé desdichas,
tantos miré desconsuelos.
No puedo, no, como amigo,
dejarte sin mis consejos,
pues el daño que padezcas
lo iré yo también sufriendo.
Caudal tienes, eres joven,
galán, bizarro[7] y discreto,
escollos[8] pues con que muchos
en el Perú se perdieron.
Y para que reconozcas
de ese tu rumbo lo incierto,
pon atención a mis voces,
escucha pues mis acentos. [. . .]

Que una dice que es casada,
otra que es del monasterio,
haciéndose de las monjas
la que fué de otros conventos[9]
Que te pones a observar,
que ves bellísimos cuerpos
con las almas de leones,
y las pieles de corderos.
Que son ángeles con uñas
todo remilgos y quiebros,[10]
todo cotufos y dengues,[11]
todo quites y arremuecos.[12]
Todo artificio y ficción,
todo cautela y enredos,
todo mentira y trapaza;[13]
todo embuste y fingimiento.
Una lleva saya rota,[14]
buena media, manto nuevo,
buen zapato, y buena hebilla
mostrando un faldellín[15] nuevo.
Otra no tiene zarcillos,[16]
y fingiendo corrimiento,[17]
disimula la carencia

---

1 Véase la introducción para refrescar la crítica sobre esta obra
2 alude a México
3 golfo
4 comunicara
5 la diferencia que hay entre el virreinato de México y el del Perú
6 tantos escarmientos aprendió. *Escarmientos*: prudencia o cautela adquiridas por la experiencia. Nótense los retorcimientos o hipérbatons típicos del gongorismo
7 *caudal*: capital, mucho dinero; *bizarro*: valiente, gallardo
8 (fig.) dificultades, obstáculos
9 sugiere que son mujeres deshonestas
10 *remilgos*: gestos con afectación; *quiebros*: ademanes que se hacen hurtando el cuerpo sin moverse de lugar
11 *cotufos*: burlas; *dengues*: melindres, delicadezas afectadas
12 *quites*: acciones de hurtar el cuerpo (como en el toreo); *arremuecos*: arremuescos, arrumaco, demostración de cariño hecha con gestos y ademanes; adorno estrafalario y, por extensión, marrullería, fingimiento
13 engaño, trampa
14 la mujeres se disfrazan con una saya muy rota, se tapan la cara y dejan un solo ojo descubierto
15 falda corta
16 pendientes, joyas
17 (amer.) dolor de muelas; reumatismo

poniéndose barbiquejo.[18]
Ésta viene de viuda
el rico luto luciendo,
siendo así que ha[19] muchos años
que en su casa no hubo entierro.
Aquélla conduce un hábito[20]
como un hermano tercero,[21]
que si de tercera fuese
le viniera más a pelo. [. . .][22]

Pasa otra otra muy melindrosa[23]
de bello garbo,[24] buen cuerpo,
que parece cada brazo
mano de chocolatero.
Después se presenta otra
de artificioso meneo,
que voluntades conquista
del monte en descubrimientos.[25] [. . .]

En las tiendas van entrando
con mil frívolos pretextos,
solicitando clarín
por tratar con trompeteros.[26]
Una por royal[27] pregunta,
otra solicita velo,
y las más buscan encajes[28]
de los babosos[29] tenderos.
Otra pregunta por puntas,[30]
sin observar las que ha puesto
en otros varios encajes
dejando al amante preso.[31]
Todas con gran suavidad
y el rostro muy alagüeño[32]
el flete[33] ajustan por codos
en las reglas del palmeo.[34]
El mercader se enternece
tragando saliva presto,[35]
los ojos le lagrimean,
brotando llamas por ellos.
Preguntan después si hay medias[36]
(que ellas suelen ser los medios
del principio de una quiebra
que necesita braguero).[37]
Él dice que sí, y sacando
va una de ellas escogiendo,
mientras que él escoge una
en su idea y pensamiento.
Toma las que más le gustan,
pero sin tratar de precio;
porque sólo se contenta
con ver si se las ha puesto.
Sólo una llega a pagarlas
pues no las paga en efecto,
ni el que es mercader por tal
ni otro algún almacenero.
Con que las viene a pagar
el comerciante europeo,
que al Perú mandó memoria
con tan poco entendimiento.
Y así en los libros de cuentas
solamente se ven ceros,
y otras cuentas de quebrados,
que jamás hacen enteros.[38]
Después de las medias van
los cintarazos,[39] los velos,
(De espadas debían ser
contra todos los primeros). [. . .]

Verás que si las convidas
a cenar te aceptan luego,
llevando más comitiva
que el ejército de Creso.[40]

---

[18] La mujer que no tiene pendientes finge que tiene dolor de muelas y se pone un pañuelo de la barbilla a la cabeza, ocultando las orejas, para presentarse en público (toros, comedias, etc.).
[19] hace
[20] vestido que usan los religiosos y religiosas
[21] (fig.) que no le cae bien o no le va bien
[22] le viniese mejor, le cayese mejor
[23] delicada con afectación
[24] gracia, elegancia
[25] Posiblemente porque tiene los senos y las asentaderas grandes
[26] los dependientes de tiendas que hablan con elocuencia para vender
[27] posible referencia a algun tejido de color azul
[28] tejidos ligeros
[29] obsequiosos
[30] Franjas de encaje o tela bordada
[31] cautivado
[32] dulce, suave
[33] precio
[34] medida por palmos
[35] *se enternece*: se pone blando, se siente tierno; *presto*: pronto, rápido
[36] prenda que cubre el pie y la pierna. Nótese el juego conceptista entre esta palabra y «medios»
[37] *quiebra*: ruina de un negocio; *braguero*: aparato o vendaje para contener hernias o quebraduras. Nótese el juego conceptista entre los dos significados de «quiebra»
[38] alude a las trampas que hacen los comerciantes en los libros. *quebrados*: número fraccional; *enteros*: números que no contienen fracción de unidad
[39] cintas grandes
[40] *comitiva*: compañia, acompañamiento; *Creso*: último rey de Lidia (560–546 a. C.), célebre por sus fabulosas riquezas

Que sales aquella noche
con los parientes supuestos,
sin que puedas alcanzar
de do viene el parentesco.
Que viene su primo, el padre,
el colegial, que es su deudo,[41]
el soldado, que es su hermano,
el mercader, que es su yerno.
El abogado, su tío,
el escribano, su suegro,
el capitán, su padrino,
el médico, que es su abuelo.
El doctor, que es su pariente,
su camarada, el minero,
el músico, su vecino,
su conocido, el maestro.
El cura, que es su entenado,[42]
el inter,[43] que es su casero,
el sacristán, que es padrastro,
y tú que allí eres su dueño.
De forma que sobra gente
en cosa de instante y medio,
para surtir una escuadra,[44]
y formar dos regimientos.
De esta manera caminan
llevándote al matadero,
y antes de salir de casa
ya va ajustado tu entierro.
Y aunque seas gentilhombre[45]
vas sólo el pagano[46] hecho,
pues has de pagar las culpas
que los otros cometieron.
Pone la madama el rumbo
hacia el café lo primero,
a donde pagas la farda,
sino fuere fardo[47] entero.
La niña nada apetece,
porque es muy corta de genio,[48]
siendo capaz de tragarse
hasta el mismo cafetero.
Una de ellas pide helados,
otra vino y bizcochuelos,[49]
el padre pide sangría,
el doctor, ponche de huevos.
El colegial, limonada,
horchata,[50] quiere el minero,
barquillos,[51] quiere el vecino,
la primita, dulces secos
dejándote seco, y tanto,
en un punto todos ellos,
que de pura sequedad
agua pides al intento.[52]
Acabóse esta estación,
y la proa ponen[53] luego,
a una fonda donde quedas
desfondado[54] en un momento. [. . .]

---

[41] pariente
[42] hijastro
[43] el que está entre dos personas o cosas
[44] flota, conjunto de barcos
[45] aristócrata; hijo de buena familia
[46] (fam.) el que paga los gastos para que otros se diviertan
[47] *la farda*: bulto, lío; *el fardo*: bulto o lío grande
[48] de poca imaginación o inteligencia
[49] dulces hechos de harina, huevos y azúcar
[50] bebida hecha de almendras molidas, agua y azúcar
[51] dulces
[52] de propósito
[53] se dirigen a; van a
[54] *fonda*: café y restaurante; *desfondado*: sin fondos, sin dinero. Nótese el juego conceptista

Rafael García Goyena

ECUADOR–GUATEMALA, 1766–1823

Como el Neoclasicismo no fue más que un anhelo de revivir el mundo de las culturas clásicas, durante su predominio se practicaron todas las formas literarias conocidas en aquél. Entre ellas se cuenta la fábula, motivo de intenso cultivo en Francia, España y casi todos los países donde imperó la escuela. Por ese motivo llegó también a Hispanoamérica donde alcanzó una gran popularidad. Este género se avenía muy bien con el espíritu racionalista, moralizador, docente y práctico del Neoclasicismo. En la fábula, mediante el ingenioso diálogo entre animales, se exponen verdades filosóficas, se hace crítica de los defectos y vicios personales y sociales. Como se cree—gracias a uno de los principios del Iluminismo—en la perfectibilidad humana, se piensa que con estos ejemplos y la educación se puede mejorar la vida del hombre. La fábula tiende a la rectificación de males sociales o individuales mediante fórmulas ingeniosas y llenas de ironía y buen humor.

Aunque en Hispanoamérica hubo muchos fabulistas, ninguno supera a Rafael García Goyena. Nació en Guayaquil, hijo de una familia muy rica. Su padre era un comerciante de Navarra, España, y en el Ecuador se casó con una criolla de la aristocracia. Cuando el poeta tenía doce años, su padre se trasladó a Guatemala, donde vivieron el resto de su vida. Allí asistió a la escuela secundaria, y luego a la Universidad Pontificia de San Carlos. Comenzó estudios de Filosofía y de los clásicos, pero los abandonó y luego inició los de Leyes, los que también dejó interrumpidos para casarse después de una ruidosa aventura amorosa. Su padre, muy enojado, quiso enviar la pareja a Cuba, pero cayeron presos por defectos en la documentación. García Goyena no tuvo más remedio que ingresar en la Universidad nuevamente y al fin obtuvo su doctorado en 1804. A la muerte de su padre heredó una cuantiosa fortuna, pero era muy amigo de la buena vida y la dilapidó pronto en comidas suntuosas, buenos vinos y trajes. Por poco sentido del ahorro murió en extrema pobreza.

García Goyena legó a la posteridad una buena cantidad de *letrillas* satíricas y alrededor de treinta fábulas, que aparecieron primeramente en periódicos a comienzos del siglo XIX. Sus obras completas, *Fábulas y poesías varias* (1825), vinieron a publicarse dos años después de su muerte. Especialmente sus fábulas tuvieron muy buena acogida de los lectores como lo prueba el hecho de que se recogieran algunas de ellas en dos antologías notables de la época: la colección lírica *América poética*, publicada por el crítico y poeta argentino Juan María Gutiérrez y en la *Galería centro-americana* de Uriarte. García Goyena sigue la estructura y tendencia general de los grandes fabulistas franceses y españoles: mediante el diálogo entre animales, especialmente de la zona tropical de América, critica aspectos negativos de la conducta humana, deduciendo una lección moral y edificante o una idea filosófica no carente de profundidad y de buen sentido. Todas estas composiciones se caracterizan por el sano humor y la ironía intencionada. Este anhelo rectificador y reformador de la sociedad y del individuo se deriva directamente de los ideales iluministas, fundamento ideológico del siglo XVIII. En muchas de sus fábulas se expone y critica la realidad política, mientras que en otras se eleva a un plano más universal, como cuando expone la idea de que el más fuerte impone su ley, pero que puede caer, idea de la fábula titulada «El ciervo y la oveja, siendo juez el lobo».

FUENTE: *Fábulas*, Guatemala, Ediciones del Gobierno de Guatemala, 1950 (Colección «Los Clásicos del Istmo»). Editadas por Carlos Samayoa Chinchilla.

Fábulas

1825

Fábula VI[1]

Una yegua y un buey

En un soberbio caballo
por el campo se pasea
un joven haciendo alarde
de su garbo[2] y gentileza.

El diestro jinete pone
su docilidad en prueba.
y él corresponde obediente
al manejo de la rienda.

Ya sofrenado[3] reprime
contra el pecho la cabeza,
formando del cuello un arco
de largas, lustrosas cuerdas.

Tasca[4] el espumoso freno;
las manos con pausa alterna,
todo el cuerpo equilibrado
sobre las patas traseras.

Bufa[5], y la hinchada nariz
con el resoplido[6] suena;
su larga tendida cola
en el movimiento ondea.

Ya soltándole la brida,
y aplicándole la espuela,
tiende el cuerpo, y se dispone
a la rápida carrera.

Con ambas manos a un tiempo
el suelo hiere, y con ellas,
y los pies horizontales,
describe una línea recta.

Pero al más ligero impulso
del brazo que lo gobierna,
suspende el curso violento,
y para haciendo corvetas.[7]

---

[1] Escrita en estrofas de cuatro octosílabos con la misma rima asonante *e-a* en los pares. Expone uno de los principios del Iluminismo: la fe ciega en los efectos de la educación para el mejoramiento humano.
[2] gracia, elegancia
[3] frenado
[4] resiste con impaciencia
[5] resopla con ira
[6] resuello (respiración) fuerte, ruidosa
[7] movimientos que hace el caballo con las patas delanteras en el aire

Entre otras que allí pacían,
alzó a mirarlo una yegua,
y dando un grande relincho,
dijo a un buey que estaba cerca:

— Ese potro tan bizarro[8]
que tanto al hombre deleita,
es hijo de mis entrañas,
y bien sus obras lo muestran.

¡Qué docilidad! ¡qué brío!
¡qué índole tan noble y bella!
¡qué paso tan asentado![9]
¡qué bien hecho! ¡qué presencia!

De su generosa estirpe
un ápice no discrepa:[10]
bien empleados los desvelos[11]
que tuve en su edad primera —.

El buey entretanto estaba
rumiándole[12] la respuesta,
y así que acabó, le dijo
con voz reposada y seria:

— Aunque ese potro gallardo
el nacimiento te deba,
tú no tienes parte alguna
en sus adquiridas prendas.[13]

Tú sólo alumbraste[14] un bruto
en su física existencia,
que al arte y la industria debe
los lucimientos[15] que aprecias.

El derecho que te asiste
es ser madre de una fiera,
indómita por carácter,
cerril[16] por naturaleza.

Yo soy testigo de vista[17]
de cuánto al hombre le cuesta
haber domado su furia
y adiestrado su rudeza —.

Así, padres de familia
la república pudiera
responder por muchos hijos
que su población aumentan.

El hombre sin las costumbres
que la educación engendra,
en lo político toca
a la clase de las bestias.

Fábula XXI

La mariposa y la abeja[18]

La mariposa brillante,
matizada de colores,
visita y liba[19] las flores
con vuelo y gusto inconstante.

A un fresco alhelí[20] se inclina,
y apenas lo gusta,[21] inquieta,
pasa luego a una violeta,
después a una clavellina.[22]

---

[8] *potro*: caballo joven; *bizarro*: valiente, gallardo
[9] estable, sereno, permanente
[10] *ápice*: (fig.) parte pequeñísima; *discrepa*: disiente, está en desacuerdo
[11] celo, solicitud; vigilancia
[12] pensándolo bien
[13] cualidades, talentos
[14] pariste, diste a luz
[15] acciones en que se distingue o sobresale
[16] salvaje
[17] testigo presencial
[18] Esta fábula está escrita en redondillas (cuatro octosílabos con rima consonante *abba*).
[19] chupa (extrae) la miel de las flores
[20] flor pequeña y muy bella
[21] lo prueba, lo saborea
[22] clavel de flores sencillas

Sin tocar a la verbena[23]
sobre un tomillo[24] aletea,
percibe su aura sabea[25]
y descansa en la azucena[26]

De allí con rápido vuelo
en otro cuadro distinto,
da círculos a un jacinto
y se remonta hasta el cielo.

Vuelve con el mismo afán
sobre un clavel encarnado;[27]
en cuanto lo hubo gustado
se traslada a un tulipán.

Atraída de su belleza,
en una temprana rosa
por un momento reposa
y el dorado cáliz besa.

Ya gira sobre un jazmín,
ya sobre el lirio, de modo,
que corre el ámbito todo
del espacioso jardín.

Sobre un alto girasol,[28]
por último, toma asiento,
y en continuo movimiento
brillan sus alas al sol.

Haciendo de bachillera[29]
le dirige la palabra
a cierta abeja que labra
dulce miel y blanda cera.

Y le dice: — Vaya, hermana,
¡qué carácter tan paciente!
Te tuve por diligente,
pero eres grande haragana.

De una en una he repasado
las flores; tú, en una sola,
en una simple amapola
media mañana has gastado.

Nuestra frágil vida imita
a la flor que se apetece;
aquélla en su flor perece,
y ésta en botón se marchita.

No malogres[30] de esa suerte
un tiempo tan mal seguro;
goza del deleite puro
antes que pruebes la muerte —.

La abeja entonces contesta
(sin divertir su atención)
de su actual ocupación)
con la siguiente respuesta:

—Tú en las flores sólo miras
aquel jugo delicado
a tu gusto acomodado,[31]
único objeto a que aspiras.

Yo trabajo con constancia
en la flor que me acomoda
hasta que le extraigo toda
la preciosa útil substancia.

No consulto a mi provecho,[32]
sino al de la sociedad
y pública utilidad
en el fruto que cosecho

Sigue tu genio ligero
en pos de lo deleitable,
porque lo útil y lo estable
pide un afán tesonero—.[33]

De este modo, amigo, piensa
una abeja, y tú pensaras
como ella, si censuras
los escritos de la prensa.

Si unas con otras cotejas[34]
verás que liban las flores
las obras de los autores,
más mariposas que abejas.

---

[23] planta de flores muy bellas
[24] planta de las labiadas que se usa como tónico estomacal
[25] *aura*: aroma; *sabea*: de sabá o Arabia, quiere decir un aroma o perfume muy agradable y exótico
[26] una flor
[27] rojo
[28] una flor
[29] fig. habladora, charlatana
[30] pierdas
[31] que satisface tu gusto
[32] no tomo en consideración mi beneficio
[33] esfuerzo tenaz
[34] comparas

Alonso Carrió de la Vandera

ESPAÑA–PERÚ, ¿1706–1778?

Como en el mundo clásico no existió la novela, durante el Neoclasicismo este género se cultivó poco. Tanto en España como en Francia, se publicaron muy pocas novelas y las más duraderas son aquellas de tono picaresco y satírico. En Hispanoamérica la pobreza del género fue extraordinaria, debido a la prohibición existente sobre su lectura e impresión, aunque ya en el siglo XVII y principios del XVIII, durante el Barroco, aparecen algunas narraciones con profusión de elementos novelescos; pero no es hasta principios del siglo XIX que aparece realmente la primera novela hispanoamericana, *El Periquillo Sarniento* (1816), escrita por el periodista mexicano José Joaquín Fernández de Lizardi. De todos los antecedentes que existen de la novela hispanoamericana, ninguno tiene la importancia del *Lazarillo de ciegos caminantes* (1773), que narra el itinerario de un visitador de correos desde Montevideo y Buenos Aires hasta Lima. Como debajo del título se ponía «Sacado de las memorias que hizo don Antonio Carrió de la Vandera ... por don Calixto Bustamante Carlos Inca, alias Concolorcorvo», hubo una gran polémica sobre el autor, existente todavía hoy. Sin embargo, parece tenerse la certeza de que el autor no es otro que Alonso Carrió de la Vandera, quien disfrazó así su verdadera identidad para evitar problemas y los ataques de sus muchos enemigos, cosas que podían perjudicarlo en extremo. El autor era natural de Gijón, Asturias y vino muy joven a América dedicándose al comercio. Estuvo en México y recorrió gran parte de ese país y de Guatemala. Luego pasó al Perú y fue corregidor en dos pueblos. Más tarde se mudó para Lima, la capital virreinal, donde se casó y tuvo una hija. Le encantaban, tanto los viajes, como dejar por escrito las peripecias y experiencias que iba adquiriendo en ellos, porque era un agudo observador. Viajó con mucha frecuencia por todo el territorio sudamericano y visitó Buenos Aires en 1749. Hacia 1770 se encontraba en España y allí logró que se le nombrase visitador para el arreglo de correos y estafetas, situación y ajuste de postas desde Montevideo hasta Lima. El 17 de febrero de 1771 salió desde La Coruña llegando a Montevideo el 11 de mayo de ese año. De ese viaje dejó escrito un *Diario náutico*, que parece no se ha publicado. El viaje de inspección que relata en *Lazarillo de Ciegos caminantes* comenzó al día siguiente de su llegada y se extendió hasta 1773. En el recorrido visitó e inspeccionó los correos de Montevideo, Buenos Aires, Córdoba, Tucumán, Potosí, La Plata, Oruro, Puno (cerca del lago Titicaca), Cuzco y Lima. El viaje lo hizo acompañado de varios empleados. El mestizo cuzqueño Don Calixto Bustamante Carlos Inca, alias Concolorcorvo, acompañó a Carrió de la Vandera solamente desde Córdoba hasta Potosí, sirviéndole como secretario o amanuense.

El *Lazarillo de ciegos caminantes* es uno de los libros más curiosos y *sui generis* de esta literatura porque sin faltarle algunos aspectos picarescos, tiene también mucho de libro de impresiones de viaje y aún de itinerario e información para viajeros. Presenta muchos elementos novelescos, muchos más que cualquiera de las narraciones del barroco, pero no puede incluirse dentro de las verdaderas novelas porque carece de un argumento debidamente desarrollado y de la pintura sicológica del personaje principal y demás caracteres que aparecen en él. Así y todo puede considerársele como antecedente de *El Periquillo Sarniento*. La obra presenta observaciones muy agudas sobre el elemento humano, la situación política y social, la cultura, la administración y actividades sociales y populares de buen número de países y ciudades en la segunda mitad del siglo XVIII. Todas sus descripciones son muy realistas y escritas en un estilo sobrio, al que asoman constantemente datos sorpresivos e interesantes y no pocos momentos de ironía y buen humor. A más de este valor costumbrista, prestan mucho interés las aventuras, peripecias y chascarrillos, contados en tono picaresco, que era el género en boga en la Europa neoclásica. A esto han de añadirse anécdotas, chistes y diálogos cómicos. El autor no oculta su intención crítica y satírica por un lado, y sus propósitos reformadores y didácticos, por otro. El estilo es rápido, vívido, picante y zumbón a ratos. Sin duda alguna, resulta el libro más pintoresco de este tiempo y vale como cuadro de costumbres e imagen de las ciudades y lugares que ayer eran pequeños y hoy son grandes urbes, como Buenos Aires, Córdoba, Lima y otras.

FUENTE: *Lazarrillo de ciegos caminantes* en *Relaciones histórico-literarias de la América Meridional*, Madrid, Biblioteca de Autores Españoles, 1959; Tomo 122. Estudio preliminar de José J. Real Díaz y edición de Juan Pérez de Tudela

Lazarillo de ciegos caminantes[1]

1773

Prólogo y dedicatoria a los contenidos en él

Así como los escritores graves, por ejemplo, el Plomo, y aun los leves, v. g., el Corcho,[2] dirigen sus dilatados prólogos a los hombres sabios, prudentes y piadosos, acaso por libertarse de sus críticas, yo dirijo el mío, porque soy peje[3] entre dos aguas, esto es, ni tan pesado como los unos, ni tan liviano como los otros, a la gente que por vulgaridad llaman de la *hampa*, o *cáscara amarga*, ya sean de espada, carabina y pistola, ya de *bolas*, *guampar*[4] y *lazo*. Hablo, finalmente, con los cansados, sedientos y empolvados caminantes, deteniéndolos un corto espacio:

A modo de epitafio,
de sepulcro, panteón o cenotafio

5

No porque mi principal fin se dirija a los señores caminantes, dejaré de hablar una u otra

[1] La obra consta de un prólogo y de 27 capítulos cortos, divididos en dos Partes y un Apéndice. La Primera Parte comprende los Caps. I–X; la Segunda, XI–XXIV y el Apéndice, XXV–XXVII. El autor muestra un penetrante don de observación en la riqueza de rasgos costumbristas que presenta. Nótese también el tono irónico, humorístico y burlón que asoma a cada instante.

[2] Quiere decir que algunos escritores son muy «pesados», o sea muy poco interesantes, y otros más livianos y placenteros.

[3] pez

[4] o guampa o guámparo, (arg.) cuerno, asta; vaso de cuero

vez con los poltrones[5] de ejercicio sedentario, y en particular con los de allende[6] el mar, por lo que suplico a los señores de aquende[7] disimulen todas aquellas especies que se podían omitir, por notorias, en el reino.

Eslo también en él que los cholos[8] respetamos a los españoles, como a hijos del Sol, y así no tengo valor (aunque descendiente de sangre real, por línea tan recta como la del arco iris),[9] a tratar a mis lectores con la llaneza[10] que acostumbran los más despreciables escribientes, por lo que cuando no viene a pelo[11] lo de señores o caballeros, pongo una V[12] para que cada uno se dé a sí mismo el tratamiento que le correspondiere o el que fuese de su fantasía.

[. . .] Yo soy indio neto, salvo las trampas de mi madre, de que no salgo por fiador. Dos primas mías coyas[13] conservan la virginidad, a su pesar, en un convento del Cuzco, en donde las mantiene el rey nuestro señor. Yo me hallo en ánimo de pretender la plaza de perrero de la catedral del Cuzco para gozar inmunidad eclesiástica y para lo que me servirá de mucho mérito el haber escrito este itinerario, que aunque en Dios y en conciencia lo formé con ayuda de vecinos, que a ratos ociosos me soplaban a la oreja, y cierto fraile de San Juan de Dios, que me encajó la introducción y latines, tengo a lo menos mucha parte en haber perifraseado lo que me decía el visitador en pocas palabras. Imitado el estilo de éste, mezclé algunas jocosidades para entretenimiento de los caminantes para quienes particularmente escribí. Me hago cargo de que lo sustancial de mi itinerario se podía reducir a cien hojas en octavo.[14] En menos de la cuarta parte le extractó el visitador, como se puede ver de mi letra en el borrador,[15] que para en mi poder, pero este género de relaciones sucintas[16] no instruyen al público, que no ha visto aquellos dilatados países, en que es preciso darse por entendido de lo que en sí contienen, sin faltar a la verdad. El cosmógrafo mayor del reino, doctor don Cosme Bueno,[17] al fin de sus Pronósticos anuales, tiene dada una idea general del reino, procediendo por obispados. Obra verdaderamente muy útil y necesaria para formar una completa historia de este vasto virreinato.

Si el tiempo y erudición que gastó el gran Peralta en su *Lima fundada y España vindicada,*[18] lo hubiera aplicado a escribir la historia civil y natural de este reino, no dudo que hubiera adquirido más fama, dando lustre y esplendor a toda la monarquía; pero la mayor parte de los hombres se inclinan a saber con antelación los sucesos de los países más distantes, descuidándose enteramente de los que pasan en los suyos. No por esto quiero decir que Peralta no supiese la historia de este reino, y sólo culpo su elección por lo que oí a hombres sabios. Llegando cierta tarde a la casa rural de un caballero del Tucumán, con el visitador y demás compañía, reparamos que se explicaba en un modo raro y que hacía preguntas extrañas. Sobre la mesa tenía cuatro libros muy usados y casi desencuadernados: el uno era el *Viaje que hizo Fernán Méndez Pinto a la China*; el otro era el *Teatro de los Dioses*; el tercero era la historieta de *Carlomagno con sus doce pares de Francia*, y el cuarto de *Guerras civiles de Granada.*[19] El visitador, que fué el que hojeó estos libros y que los había leído en su juventud con gran delectación, le alabó la librería y le preguntó si había leído otros libros, a lo que el buen caballero le respondió que aquéllos los sabía de memoria y porque no se le olvidasen los sucesos, los repasaba todos los días, porque no se debía

---

[5] holgazanes, perezosos
[6] más allá de
[7] de aquí o acá
[8] *eslo*: lo es; *cholos*: (am.) mestizos de blanco e india o al contrario
[9] Ironía porque la línea del arco iris no es recta sino curva
[10] modestia, sencillez
[11] adecuado, apropiado; bien
[12] La ironía consiste en que la V sola no es ningún tratamiento en español, pero con ella comienza la palabra *vaca*
[13] princesas o mujeres del emperador de los Incas
[14] la hoja de papel doblada en ocho y el libro de ese tamaño
[15] escrito de primera intención
[16] breves, lacónicas
[17] un cosmógrafo mencionado en el libro
[18] Pedro de Peralta y Barnuevo, escritor peruano (1663–1743), una de las grandes figuras intelectuales del mundo colonial, célebre por la gran variedad de sus conocimientos y talentos. Escribió un ensayo histórico titulado *Historia de España vindicada* (1730), primer tratado de historia comparada escrito en Hispanoamérica.
[19] célebre obra escrita por Ginés Pérez de Hita, historiador español (¿1544–1619?) del *Siglo de Oro*

leer más que en pocos libros y buenos. Observando el visitador la extravagancia del buen hombre, le preguntó si sabía el nombre del actual rey de España y de las Indias, a que respondió que se llamaba Carlos III,[20] porque así lo había oído nombrar en el título del gobernador, y que tenía noticia de que era un buen caballero de capa y espada. ¿Y su padre de ese caballero?, replicó el visitador, ¿cómo se llamó? A que respondió sin perplejidad, que por razón natural lo podían saber todos. El visitador, teniendo presente lo que respondió otro erudito de Francia, le apuró para que dijese su nombre, y sin titubear dijo que había sido el S. Carlos II. De su país no dió más noticia que de siete a ocho leguas en torno,[21] y todas tan imperfectas y trastornadas, que parecian delirios o sueños de hombres despiertos.

Iba a proseguir con mi prólogo a tiempo que al visitador se le antojó leerle, quien me dijo que estaba muy correspondiente a la obra, pero que si le alargaba más, se diría de él:

Que el arquitecto es falto de juicio,
cuando el portal es mayor que el edificio.

O que es semejante a:

Casa rural de la montaña,
magnífica portada y adentro una cabaña.

No creo, señor don Alonso, que mi prólogo merezca esta censura, porque la casa es bien dilatada y grande, a lo que me respondió:

Non quia magna bona, sed quia bona magna.[22]

Hice mal juicio del latín, porque sólo me quiso decir el visitador que contenía una sentencia de Tácito,[23] con la que doy fin, poniendo el dedo en la boca, la pluma en el tintero y el tintero en un rincón de mi cuarto, hasta que se ofrezca otro viaje, si antes no doy a mis lectores el último vale.[24]

Primera parte

ii

Buenos Aires. Descripción de la ciudad. Número de habitantes.

Esta ciudad está situada al oeste del gran Río de la Plata, y me parece se puede contar por la cuarta del gran gobierno del Perú,[25] dando el primer lugar a Lima, el segundo al Cuzco, el tercero a Santiago de Chile y a ésta el cuarto. Las dos primeras exceden en adornos de iglesias y edificios a las otras dos. La de mi asunto se adelantó muchísimo en extensión y edificios desde el año de 1749, que estuve en ella. Entonces no sabían el nombre de quintas, ni conocían más fruta que los duraznos.[26] Hoy no hay hombre de medianas conveniencias que no tenga su quinta con variedad de frutas, verduras y flores, que promovieron algunos hortelanos europeos, con el principal fin de criar bosques de duraznos, que sirven para leña, de que carecía en extremo la ciudad, sirviéndose por lo común de cardos,[27] de que abunda la campaña,[28] con notable fastidio de los cocineros, que toleraban su mucho humo; pero ya al presente se conduce a la ciudad mucha leña en rajas,[29] que traen las lanchas de la parte occi-

---

[20] rey de España (1716–1788), el mejor monarca del siglo XVIII. Reinó de 1759 a 1788
[21] a la redonda, alrededor
[22] «No todo lo grande es bueno, pero todo lo bueno es grande»
[23] Cornelius Tácito: célebre historiador latino (¿55–120?)
[24] palabra latina que significa *consérvate sano*; a veces se emplea como despedida en las cartas
[25] se refiere al virreinato del Perú al cual pertenecieron esos territorios en un tiempo
[26] *quintas*: villas o casas en una finca o hacienda; *duraznos*: melocotones
[27] plantas espinosas
[28] el campo
[29] en pedazos cortados longitudinalmente

dental del Paraná,[30] y muchas carretas que entran de los montezuelos de las Conchas. Hay pocas casas altas, pero unas y otras bastantes desahogadas y muchas bien edificadas, con buenos muebles, que hacen traer de la rica madera del Janeiro por la colonia del Sacramento.[31] Algunas tienen grandes y coposas parras[32] en sus patios y traspatios, que aseguran los habitantes, así europeos como criollos, que producen muchas y buenas uvas. Este adorno es únicamente propio de las casas de campaña, y aun de éstas se desterró de los colonos pulidos,[33] por la multitud de animalitos perjudiciales que se crían en ellas y se comunican a las casas. En las ciudades y poblaciones grandes, además de aquel perjuicio superior al fruto que dan, se puede fácilmente experimentar otro de peores consecuencias, porque las parras bien cultivadas crían un tronco grueso, tortuoso y con muchos nudos, que facilitan el ascenso a los techos con buen descenso a los patios de la propia casa, de que se pueden aprovechar fácilmente los criados para sus insultos.

Su extensión es de 22 cuadras[34] comunes, tanto de norte a sur como de este a oeste. Hombres y mujeres se visten como los españoles europeos, y lo propio sucede desde Montevideo a la ciudad de Jujuy,[35] con más o menos pulidez. Las mujeres en esta ciudad, en mi concepto son las más pulidas de todas las americanas españolas, y comparables a las sevillanas, pues aunque no tienen tanto chiste, pronuncian el castellano con más pureza. He visto sarao[36] en que asistieron ochenta, vestidas y peinadas a la moda, diestras en la danza francesa y española, y, sin embargo de que su vestido no es comparable en lo costoso al de Lima y demás del Perú, es muy agradable por su compostura y aliño.[37] Toda la gente común, y la mayor parte de las señoras principales no dan utilidad alguna a los sastres, porque ellas cortan, cosen y aderezan sus batas y andrieles[38] con perfección, porque son ingeniosas y delicadas costureras, y sin perjuicio de otras muchas que oí ponderar en Buenos Aires, de gran habilidad, observé por muchos días el gran arte, discreción y talento de la hermosa y fecunda española doña Gracia Ana, por haberla visto imitar las mejores costuras y bordados que se le presentaban de España y Francia.

Las de medianos posibles,[39] y aun las pobres, que no quiero llamarlas de segunda y tercera clase, porque no se enojen, no solamente se hacen y pulen sus vestidos, sino los de sus maridos, hijos y hermanos, principalmente si son de Tornay,[40] como ellas se explican, con otras granjerías de lavar y almidonar, por medio de algunos de sus esclavos. Los hombres son circunspectos[41] y de buenos ingenios.

No hay estudios públicos, por lo que algunos envían sus hijos a Córdoba y otros a Santiago de Chile, no apeteciendo las conveniencias eclesiásticas de su país, por ser de muy corta congrua[42] y sólo suficientes para pasar una vida frugal.

[. . .] Esta ciudad está bien situada y delineada a la moderna, dividida en cuadras iguales y sus calles de igual y regular ancho, pero se hace intransitable a pie en tiempo de aguas, porque las grandes carretas que conducen los bastimentos[43] y otros materiales, hacen unas excavaciones en medio de ellas en que se atascan[44] hasta los caballos e impiden el tránsito a los de a pie, principalmente el de una cuadra a otra, obligando a retroceder a la gente, y muchas veces a quedarse sin misa cuando se ven precisados a atravesar la calle.

Los vecinos que no habían fabricado en la primitiva y que tenían solares o los compraron posteriormente, fabricaron las casas con una

[30] río de la América del Sur, nace en Brasil y forma con otros el estuario del Río de la Plata
[31] *Janeiro*: Río de Janeiro, la bella ciudad de Brasil; *Sacramento*: colonia fundada en el Uruguay por los portugueses en 1680
[32] *coposas*: con copa (follaje y ramas del árbol); *parras*: vid o planta de la uva
[33] pulcros, primorosos
[34] (amer.) manzana de casas entre una calle y otra
[35] ciudad del norte de la Argentina, cap. de la prov. del mismo nombre
[36] fiesta nocturna con baile
[37] *compostura*: modales, presencia; *aliño*: preparación, adorno
[38] *batas*: ropas largas y cómodas; *andrieles*: especies de vestidos
[39] clase media
[40] pequeña ciudad industrial de Bélgica
[41] discretos, prudentes
[42] congruencia, propiedad
[43] provisiones
[44] se quedan detenidos, sin poder avanzar

elevación de más de una vara y las fueron cercando con unos pretiles[45] de vara y media, por donde pasa la gente con bastante comodidad y con grave perjuicio de las casas antiguas, porque inclinándose a ellas el trajín[46] de carretas y caballos, les imposibilita muchas veces la salida, y si las lluvias son copiosas se inundan sus casas y la mayor parte de las piezas se hacen inhabitables, defecto casi incorregible.

La plaza es imperfecta y sólo la acera del Cabildo[47] tiene portales. En ella está la cárcel y oficios de escribanos y el alguacil mayor vive en los altos. Este Cabildo tiene el privilegio de que cuando va al fuerte a sacar al gobernador para las fiestas de tabla, se le hacen los honores de teniente general, dentro del fuerte, a donde está la guardia del gobernador. Todo el fuerte está rodeado de un foso bien profundo y se entra en él por puentes levadizos. La casa es fuerte y grande, y en su patio principal están las cajas reales.[48] Por la parte del río tienen sus paredes una elevación grande, para igualar el piso con el barranco que defiende al río. La catedral es actualmente una capilla bien estrecha. Se está haciendo un templo muy grande y fuerte, y aunque se consiga su conclusión, no creo verán los nacidos el adorno correspondiente, porque el obispado es pobre y las canonjías[49] no pasan de un mil pesos, como el mayor de los curatos. Las demás iglesias y monasterios tienen una decencia muy común y ordinaria. Hay muy buenos caudales de comerciantes, y aun en las calles más remotas se ven tiendas de ropas, que creo que habrá cuatro veces más que en Lima, pero todas ellas no importan tanto como cuatro de las mayores de esta ciudad, porque los comerciantes gruesos[50] tienen sus almacenes, con que proveen a todo el Tucumán y algo más.

No he conocido hacendado grueso, sino a don Francisco de Alzáibar, que tiene infinito ganado de la otra banda[51] del río, repartido en varias estancias, con todo, mucho tiempo ha que en su casa no se ven cuatro mil pesos juntos. No he sabido que haya mayorazgo[52] alguno ni que los vecinos piensen más que en sus comercios, contentándose con una buena casa y una quinta, que sólo sirve de recreación. La carne está en tanta abundancia que se lleva en cuartos a carretadas[53] a la plaza, y si por accidente se resbala, como he visto yo, un cuarto entero, no se baja el carretero a recogerle, aunque se le advierta, y aunque por casualidad pase un mendigo, no le lleva a su casa porque no le cueste el trabajo de cargarlo. A la oración se da muchas veces carne de balde, como en los mataderos, porque todos los días se matan muchas reses, más de las que necesita el pueblo, sólo por el interés del cuero.

Todos los perros, que son muchísimos, sin distinción de amos, están tan gordos que apenas se pueden mover, y los ratones salen de noche por las calles a tomar el fresco, en competentes destacamentos, porque en la casa más pobre les sobra la carne, y también se mantienen de huevos y pollos, que entran con mucha abundancia de los vecinos pagos. Las gallinas y capones[54] se venden en junto a dos reales; los pavos muy grandes, a cuatro; las perdices, a seis y ocho por un real, y el mejor cordero se da por dos reales.

Las aguas del río son turbias, pero reposadas en unos tinajones[55] grandes de barro, que usan comúnmente, se clarifican y son excelentes, aunque se guarden por muchos días. La gente común y la que no tiene las precauciones necesarias bebe agua impura y de aquella que a la bajada del río se queda entre las peñas, en donde se lava toda la ropa de la ciudad, y allí la cogen los negros, por evitar la molestia de internar a la corriente del río. Desde que ví repetidas veces una maniobra tan crasa,[56] por la desidia[57] de casi todos los aguadores, me causó tal fastidio que sólo bebí desde entonces

[45] muretes o barandas
[46] aquí, tráfico
[47] ayuntamiento, municipio
[48] tesorería real
[49] prebendas, privilegios, rentas del canónigo
[50] ricos, importantes
[51] orilla, margen
[52] conjunto de bienes que corresponden al hijo mayor
[53] *cuartos*: cada una de las cuatro partes en que se considera dividido el cuerpo de los animales; *carretadas*: carga de una carreta.
[54] pollos castrados criados para comer
[55] vasijas grandes de barro
[56] grave
[57] negligencia, pereza

de la del aljibe[58] que tiene en su casa don Domingo de Basavilbaso,[59] con tales precauciones y aseo que puede competir con los mejores de Europa. Dicen que tiene otro igual la casa que fabricó para su vivienda el difunto don Manuel del Arco, y acaso otros muchos vecinos solicitarán este aseo a costa de algún gasto considerable, y cuidado de recoger las aguas en tiempo oportuno, con las demás precauciones que usa la casa de Basavilbaso.

Esta ciudad y su ejido[60] carecen de fuentes y manantiales superficiales, y así no tiene más riego[61] que el de las lluvias. Sin embargo, algunos vecinos curiosos han hecho pozos en sus quintas para regar algunas flores y hortalizas. Algunos han conseguido agua dulce pero los más encontraron veneros salitrosos[62] y perjudiciales a árboles y plantas. Tiene el río variedad de pescado, y los pejerreyes[63] crecen hasta tres cuartas, con su grueso correspondiente, pero son muy insípidos respecto de los de Lima. Se hace la pesca en carretas, que tiran los bueyes hasta que les da el agua a los pechos, y así se mantienen aquellos pacíficos animales dos y tres horas, hasta que el carretero se cansa de pescar y vuelve a la plaza, en donde la vende desde su carreta al precio que puede, que siempre es ínfimo.

En toda la jurisdicción de Buenos Aires y en mucha parte de la del Tucumán no se ha visto nieve. En la ciudad suelen caer algunas escarchas[64] que varios curiosos recogen para helar algunas bebidas compuestas, que se regalan como extraordinarios exquisitos.

Ponderándome cierto día don Manuel de Basavilbaso lo delicado de estas bebidas y la falta que hacían en aquella ciudad, le serené su deseo asegurándole que los habitantes de ella no necesitaban otro refrigerio que el de los baños del Río de la Plata y beber sus dulces aguas puras o la de los aljibes; que la nieve sólo se apetecía en los países ardientes y que para un gusto causaba tres dolores, sin entrar en cuenta los crecidos gastos que las aguas compuestas y exquisitos dulces que regularmente hay en las botellerías, que provocan a las damas más melindrosas y alivian de peso las faltriqueras[65] del mayor tacaño.[66] Se rió el amigo, y creo que desde entonces echó en olvido las escarchas, como lo hizo con las cenas de las noches de máscaras, que ya se habían introducido en aquella ciudad, como los ambigús,[67] a costa de mucho expendio[68] y algunas apoplejías.[69]

No creo que pasen de dieciséis coches los que hay en la ciudad. En otro tiempo, y cuando había menos, traían las mulas del campo y las metían en sus casas a la estaca,[70] sin darles de comer, hasta que de rendidas no podían trabajar, y mandaban traer otras. Hoy día se han dedicado a sembrar alcacer,[71] que traen a la ciudad con algunas cargas de heno para las caballerías, que se mantienen muy mal, a excepción de las de algunos pocos sujetos, que hacen acopio[72] de alguna paja y cebada[73] de las próximas campañas. [. . .]

---

[58] depósito de agua de lluvia
[59] un funcionario mencionado en el libro
[60] propiedad de la comunidad
[61] sistema para llevar agua a las plantas
[62] *veneros*: fuentes; *salitrosos*: que tienen salitre (sal del agua de mar)
[63] peces de carne deliciosa del Atlántico y Río de la Plata
[64] rocíos helados
[65] especie de bolsillos
[66] ruin, avaro
[67] comidas frías por la noche
[68] gasto
[69] congestiones
[70] las amarraban en un palo
[71] o alcacel, cebada verde
[72] acumulación, montón
[73] *paja*: caña sin grano de las gramíneas *cebada:* planta gramínea

José Joaquín Fernández de Lizardi

MÉXICO, 1776–1827

Existen muy pocas discrepancias entre los críticos para considerar a Fernández de Lizardi como el «padre» de la novela hispanoamericana y el escritor más importante e influyente de México en el siglo XIX. Nació en la ciudad de México donde también falleció. Pertenecía a una familia modesta, pues su padre era médico, pero pobre. Cursó sus primeras letras en el Seminario Jesuíta de Tepozotlán y luego se trasladó a la capital e ingresó en el acreditado Colegio de San Ildefonso, pero sus recursos no le permitieron ni siquiera obtener el título de bachiller. Completó su deficiente formación cultural con lecturas amplias de los clásicos, de autores españoles y de pensadores iluministas del siglo XVIII. Mostró siempre mucha predilección por estos últimos y por la picaresca española. Fernández de Lizardi sentía pasión por las reformas, tanto políticas, sociales y económicas, como en el campo educacional y religioso. Afiliado al liberalismo derivado de la Ilustración, no sólo tenía un ideario social muy avanzado, sino que sentía la necesidad de dar a conocer sus ideas. Llegó a fundar siete periódicos, entre ellos *El Pensador Mexicano* (1812–1814) del cual se deriva su seudónimo. Escribió también no menos de doscientos cincuenta folletos defendiendo y tratando de propagar sus ideas, las cuales lo llevaron muchas veces a la cárcel y le ocasionaron disgustos y persecuciones. Llegó a ser el escritor mexicano más querido y famoso del período de las guerras de Independencia. Por el heroísmo con que defendió los ideales de libertad y de reformas beneficiosas para el pueblo, se le tiene entre los grandes precursores de la autonomía política. Murió víctima de la tuberculosis y reverenciado por toda la nación.

A fin de evitarse problemas con la Inquisición, y otras formas de coacción de las autoridades coloniales sobre la libre expresión del pensamiento, Fernández de Lizardi utilizó la prosa de ficción. Por esa razón sus novelas responden al concepto que de ellas tenía: no las concebía en su dimensión artística, sino como medios de defender y propagar sus ideas reformistas. Así surgió la primera novela hispanoamericana, *El Periquillo Sarniento* (1816), de carácter picaresco y no pocos datos autobiográficos. La obra tiene una dimensión costumbrista indudable, porque nos ofrece una pintura llena de realismo y veracidad de todos los estratos sociales del México del siglo XVIII y principios del XIX. El protagonista resulta un producto de ese medio, y especialmente de la educación deficiente y equivocada que le han dado sus padres. Aunque fundamentalmente bueno, va cayendo en toda la gama del vicio, sirve a distintos «amos», pero al final —como el Lazarillo de Tormes— se regenera, se casa y tiene hijos. Precisamente escribe sus memorias para que sirvan de lección a sus descendientes. La obra está llena de pasajes y disertaciones morales encaminadas a llamar la atención sobre los vicios sociales y el sistema educativo, proponiendo la reforma de los mismos. A pesar de que estas disertaciones perjudican algo el relato, Fernández de Lizardi muestra su talento de narrador, y su gracia burlona regocija y entretiene. El libro obtuvo en seguida una popularidad extraordinaria, que no ha decaído ostensiblemente con el tiempo.

Dos años después publicó *La Quijotita y su prima* (1818–1819), donde en vez de exponer y criticar los defectos de la educación en el hombre, lo hace respecto a las mujeres. Presenta indudable influencia de las ideas de Rousseau. Las dos protagonistas son muy opuestas en carácter: Pomposita es frívola y coqueta por la educación que ha recibido y su prima Prudencia se nos presenta como una mujer integral. Pero al final, el lector termina por simpatizar más con la primera, por considerarla más humana. Esta novela abunda en la tendencia moralizadora y didáctica, característica del ideario iluminista. La trama se desmaya por momentos y nunca ofrece la vivacidad y dinamismo de su primera obra.

La mejor novela del autor resulta *Don Catrín de la Fachenda* (escrita en 1818 y publicada póstumamente en 1832), tanto por la técnica novelística como por el desarrollo sicológico del carácter principal. Pertenece también a la vena picaresca y nos presenta un *anti-héroe* —ahora perteneciente a una familia adinerada— que se degenera por su poco amor al trabajo y su gran inclinación a los placeres. Conoce todos los vicios imaginables y muere producto de sus abusos del alcohol. El practicante que lo asiste en sus últimos momentos es quien narra el final de la novela. La acción transcurre con gran fluidez, hay concentración y sobriedad en el estilo y el lector no pierde el interés en ningún momento. La gracia picaresca, y la ironía punzante substituyen las digresiones morales, filosóficas y reformistas de sus primeras novelas.

Bajo la influencia directa de las *Noches lúgubres* del escritor español José Cadalso y de *Night Thoughts* del poeta inglés Edward Young, escribió *Noches tristes y día alegre* (1818), buen antecedente del Romanticismo que vendrá pronto. El tema central es las penalidades y sufrimientos del autor en el proceso de la lucha por la Independencia. Resulta un buen ejemplo de la literatura alegórica, costumbrista y satírica, con indudables antecedentes en *Los sueños* de Quevedo. La obra tiene un tono lúgubre, elegíaco y patético poco característico de este escritor. Fernández de Lizardi cultivó también la poesía satírica y lírica, la fábula y el teatro. Algunas de sus fábulas son muy interesantes, pero el resto añade poco a su gloria, basada no meramente en los méritos literarios, sino en su lucha tenaz y valiente por la libertad y por las reformas sociales, así como su preocupación básica por el pueblo.

FUENTE: *El Periquillo Sarniento*, 8va. ed., México, Editorial Porrúa, 1967. Prólogo del profesor Jefferson Rea Spell.

El Periquillo Sarniento[1]

1816

Segunda parte

IV

En el que Periquillo cuenta la acogida que le hizo un barbero, el motivo por qué salió de su casa, su acomodo en una botica[2] y su salida de ésta, con otras aventuras curiosas.

Es increíble el terreno que avanza un cobarde en la carrera. Cuando sucedió el lance que acabo de referir eran las doce en punto, y mi amo vivía en la calle de las Ratas, pues corrí tan de buena gana que fui a esperar el cuarto de hora a la Alameda;[3] eso sí, yo llegué lleno de sudor y de susto; mas lo di de barato[4] así como el verme sin sombrero, roto de cabeza, hecho pedazos y muerto de hambre, al considerarme seguro de Chanfaina,[5] a quien no tanto temía por su garrote como por su pluma cavilosa, pues si me hubiera habido[6] a las manos seguramente me da de palos, me urde una calumnia y me hace ir a sacar piedra mucar[7] a San Juan de Ulúa.[8]

Así es que yo hube de tener por bien el mismo mal, o elegí cuerdamente del mal el menos; pero esto está muy bien para la hora ejecutiva, porque pasada ésta, se reconoce cualquier mal según es, y entonces nos incomoda amargamente.

Tal me sucedió cuando sentado a la orilla de una zanja, apoyado mi brazo izquierdo sobre una rodilla, teniéndome con la misma mano la cabeza y con la derecha rascando[9] la tierra con un palito, consideraba mi triste situación. «¿Qué haré ahora? —me preguntaba a mí mismo—. Es harto[10] infeliz el estado presente en que me hallo. Solo, casi desnudo, roto de cabeza, muerto de hambre, sin abrigo ni conocimiento, y después de todo, con un enemigo poderoso como Chanfaina, que se desvelará[11] por saber de mí para tomar venganza de mi infidelidad y de la de Luisa,[12] ¿adónde iré? ¿Dónde me quedaré esta noche? ¿Quién se ha de doler[13] de mí, ni quién me hospedará si mi pelaje[14] es demasiado sospechoso? Quedarme aquí no puede ser, porque me echarán los guardas de la Alameda; andar toda la noche en la calle es arrojo,[15] porque me expongo a que me encuentre una ronda[16] y me despache más presto a poder de Chanfaina; irme a dormir a un cementerio retirado como el de San Cosme, será lo más seguro . . . pero ¿y los muertos y los fantasmas son acaso poco respetables y temibles? Ni por un pienso.[17] ¿Qué haré, pues, y qué comeré en esta noche?»

---

1 Esta obra consta de tres partes: la primera tiene 21 capítulos, la segunda 15 y la tercera y última, 16. La sección que ofrecemos es el Capítulo IV de la Segunda Parte. El título completo de la novela era *Vida y hechos de Periquillo Sarniento, escrita por él para sus hijos*. Nótese el don de observación y el carácter costumbrista, así como el tono docente, didáctico y moralizador del autor que no aparece en la picaresca española.
2 farmacia
3 calle y parque de la ciudad de México
4 lo consideré bueno
5 un escribano que fue «amo» de Periquillo en el Cap. III
6 si me hubiera tenido
7 o múcara: piedra superficial en un terreno
8 castillo y prisión en la bahía de Veracruz, México
9 arañando
10 muy
11 no podrá dormir, no descansará
12 mujer de Chanfaina. Véase nota 5.
13 compadecer
14 aquí, apariencia
15 audacia, atrevimiento
16 policías que vigilan las calles
17 expresión idiomática, significa: ni por un momento

Embebido[18] estaba en tan melancólicos pensamientos sin poder dar con el hilo que me sacara de tan confuso laberinto, cuando Dios, que no desampara a los mismos que le ofenden, hizo que pasara junto a mí un venerable viejo, que con un muchacho se entretenía en sacar sanguijuelas[19] con un *chiquihuite*[20] en aquellas zanjitas; y estando en esta diligencia me saludó y yo le respondí cortésmente.

El viejo, al oir mi voz, me miró con atención, y después de haberse detenido un momento, salta la zanja, me echa los brazos al cuello con la mayor expresión, y me dice: —¡Pedrito de mi alma! ¿Es posible que te vuelva a ver? ¿Qué es esto? ¿Qué traje, qué sangre es ésa? ¿Cómo está tu madre? ¿Dónde vives?

A tantas preguntas, yo no respondía palabra, sorprendido al ver a un hombre a quien no conocía que me hablaba por mi nombre y con una confianza no esperada; mas él, advirtiendo la causa de mi turbación, me dijo:

—¿Qué, no me conoces?

—No, señor, la verdad —le respondí—, si no es para servirle.

—Pues yo si te conozco, y conocí a tus padres y les debí mil favores Yo me llamo Agustín Rapamentas; afeité al difunto señor don Manuel Sarmiento, tu padrecito, muchos años, sí, muchos sobre que te conocí tamañito,[21] hijo, tamañito; puedo decir que te vi nacer; y no pienses que no; te quería mucho y jugaba contigo mientras que tu señor padre salía a afeitarse.

—Pues, señor don Agustín —le dije—, ahora voy recordando especies,[22] y, en efecto, es así como usted lo dice.

—¿Pues, qué haces aquí, hijo, y en este estado? —me pregunto.

—¡Ay, señor! —le respondí remedando[23] el llanto de las viudas—. Mi suerte es la más desgraciada; mi madre murió dos años hace; los acreedores de mi padre me echaron a la calle y embargaron cuanto había en casa; yo me he mantenido sirviendo a este y al otro; y hoy el amo que tenía, porque la cocinera echó el caldo frío y yo lo llevé así a la mesa, me tiró con él y con el plato me rompió la cabeza y, no parando en esto su cólera, agarró el cuchillo y corrió tras de mí, que a no tomarle yo la delantera[24] no le cuento a usted mi desgracia.

—¡Mire qué picardía! —decía el cándido barbero—. Y ¿quién es ese amo tan cruel y vengativo?

—¿Quién ha de ser, señor? —le dije—. El Mariscal de Birón.

—¿Cómo? ¿Qué estás hablando? —dijo el rapador—. No puede ser eso; si no hay tal nombre en el mundo. Será otro.

—¡Ah, sí señor, es verdad! —dije yo—; me turbé; pero es el Conde . . . el Conde . . . el Conde . . . ¡válgate Dios por memoria! El Conde de . . . de . . . Saldaña.

—Peor está esa —decía don Agustín—. ¿Qué, te has vuelto loco? ¿Qué estás hablando, hijo? ¿No ves que estos títulos que dices son de comedia?

—Es verdad, señor, a mí se me ha olvidado el título de mi amo porque apenas hace dos días que estaba en su casa; pero para el caso no importa no acordarse de su título, o aplicarle uno de comedia, porque si lo vemos con seriedad, ¿qué título hay en el mundo que no sea comedia?[25] El Mariscal de Birón, el Conde de Saldaña, el Barón de Trenk y otros mil fueron títulos reales, desempeñaron su papel, murieron, y sus nombres quedaron para servir de títulos de comedias. Lo mismo sucederá al Conde del Campo Azul, al Marqués de Casa Nueva, al Duque de Ricabella y a cuantos títulos viven hoy con nosotros; mañana morirán y *Laus Deo;*[26] quedarán sus nombres y sus títulos para acordarnos sólo algunos días de que han existido entre los vivos, lo mismo que el Mariscal de Birón y el gran Conde de Saldaña. Conque nada importa, según esto, que yo me acuerde o me olvide del título del amo que me golpeó. De lo que no me olvidaré será de su maldita acción, que éstas son las que se quedan

[18] pasmado, embelesado
[19] anélidos chupadores, que viven en ríos y lagunas
[20] cesto o canasta
[21] pequeñito
[22] detalles
[23] imitando
[24] adelantarse, anticiparse
[25] Nótese la ironía y crítica a los títulos de nobleza.
[26] Loemos a Dios.

en la memoria de los hombres, o para vituperarlas[27] y sentirlas, o para ensalzarlas y aplaudirlas, que no los títulos y dictados que mueren con el tiempo, y se confunden con el polvo de los sepulcros.

Atónito me escuchaba el inocente barbero teniéndome por un sabio y un virtuoso. Tal era mi malicia a veces, y a veces, mi ignorancia. Yo mismo ahora no soy capaz de definir mi carácter en aquellos tiempos, ni creo que nadie lo hubiera podido comprender; porque unas ocasiones decía lo que sentía, otras obraba contra lo mismo que decía; unas veces me hacía un hipócrita, y otras hablaba por el convencimiento de mi conciencia; mas lo peor era que cuando fingía virtud lo hacía con advertencia, y cuando hablaba enamorado de ella hacía mil propósitos interiores de enmendarme;[28] pero no me determinaba a cumplirlos.

Esta vez me tocó hablar lo que tenía en mi corazón, pero no me aproveché de tales verdades; sin embargo, me surtió un buen efecto temporal, y fue que el barbero, condolido de mí, me llevó a su casa, y su familia, que se componía de una buena vieja llamada tía Casilda y del muchacho aprendiz, me recibió con el extremo más dulce de hospitalidad.

Cené aquella noche mejor de lo que pensaba, y al día siguiente me dijo el maestro:

—Hijo, aunque ya eres grande para aprendiz (tendría yo diecinueve o veinte años; decía bien), si quieres, puedes aprender mi oficio, que si no es de los muy aventajados, a lo menos da qué comer; y así, aplícate que yo te daré la casa y el bocadito,[29] que es lo que puedo.

Yo le dije que sí, porque por entonces me pareció conveniente; y según esto, me comedía[30] a limpiar los paños, a tener la bacía[31] y a hacer algo de lo que veía hacer al aprendiz.

Una ocasión que el maestro no estaba en casa, por ver si estaba algo adelantado, cogí un perro, a cuya fajina[32] me ayudó el aprendíz, y atándole los pies, las manos y el hocico, lo sentamos en la silla amarrado en ella, le pusimos un trapito[33] para limpiar las navajas y comencé la operación de la rasura. El miserable perro oponía sus gemidos en el cielo. ¡Tales eran las cuchilladas que solía llevar[34] de cuando en cuando!

Por fin se acabó la operación y quedó el pobre animal retratable, y luego que se vio libre, salió para la calle como alma que se llevan los demonios, y yo, engreído con esta primera prueba, me determiné a hacer otra con un pobre indio que se fue a rasurar de a medio. Con mucho garbo le puse los paños, hice al aprendiz trajera la bacía con la agua caliente, asenté[35] las navajas y le di una zurra de raspadas y tajos,[36] que el infeliz, no pudiendo sufrir mi áspera mano, se levantó diciendo:

—Amoquale. quistiano, amoquale.

Que fue como decirme en castellano:

—No me cuadra tu modo, señor, no me cuadra.

Ello es que él dio el medio real y se fue también medio rapado.

Todavía no contento con estas malas pruebas, me atreví a sacarle una muela a una vieja que entró a la tienda rabiando de un fuerte dolor y en solicitud de mi maestro; pero como era resuelto, la hice sentar y que entregara la cabeza al aprendiz para que se la tuviera.

Hizo éste muy bien su oficio; abrió la cuitada[37] vieja su desierta boca después de haberme mostrado la muela que le dolía, tomé el descarnador[38] y comencé a cortarla trozos de encía[39] alegremente.

La miserable, al verse tasajear[40] tan seguido y con una porcelana[41] de sangre delante, me decía:

—Maestrito, por Dios, ¿hasta cuándo acaba usted de descarnar?

—No tenga usted cuidado, señora —le decía yo—; haga una poca de paciencia, ya le falta poco de la quijada.

[27] afrentarlas, causarles oprobio
[28] corregirme, cambiar para bien
[29] la comida
[30] ayudaba con placer a otros en sus trabajos
[31] vasija baja y borde ancho que usan los barberos
[32] tarea, trabajo
[33] tela pequeña
[34] recibir
[35] afiné el filo
[36] *zurra*: (fig.) castigo, paliza; *raspadas*: arañazos, heridas; *tajos*: cortes
[37] afligida, apocada
[38] instrumento del dentista para despegar la muela de la encía
[39] carne que cubre la base de los dientes
[40] cortar por todas partes
[41] (Mex.) palangana, vasija grande de paredes bajas

En fin, así que le corté tanta carne cuanta bastó para que almorzara el gato de casa; le afiancé el hueso con el respectivo instrumento, y le di un estirón tan fuerte y mal dado, que le quebré la muela, lastimándole terriblemente la quijada.

—¡Ay, Jesús! —exclamó la triste vieja—. Ya me arrancó usted las quijadas, maestro del diablo.

—No hable usted, señora —le dije—, que se le meterá el aire y le corromperá la mandíbula.

—¡Que *malíbula* ni qué demonios! —decía la pobre—. ¡Ay, Jesús!, ¡ay!, ¡ay!, ¡ay!

—Ya está, señora —decía yo—; abra usted la boca, acabaremos de sacar el raigón,[42] ¿no ve que es muela matriculada?

—Matriculado esté usted en el infierno, *chambón,*[43] indigno, condenado —decía la pobre.

Yo, sin hacer caso de sus injurias, le decía:

—Ande, nanita, siéntese y abra la boca, acabaremos de sacar ese hueso maldito; vea usted que un dolor quita muchos. Ande usted, aunque no me pague.

—Vaya usted mucho, noramala —dijo la anciana—, y sáquele otra muela o cuantas tenga a la grandísima borracha que lo parió. No tienen la culpa estos raspadores cochinos,[44] sino quien se pone en sus manos.

Prosiguiendo en estos elogios se salió para la calle, sin querer ni volver a ver el lugar del sacrificio.

Yo algo me compadecí de su dolor, y el muchacho no dejó de reprenderme mi determinación atolondrada, porque cada rato decía:

—¡Pobre señora! ¡Qué dolor tendría! Y lo peor que si se lo dice al maestro ¿qué dirá?

—Diga lo que dijere le respondí—, yo lo hago por ayudarle a buscar el pan; fuera de que así se aprende, haciendo pruebas y ensayándose.

A la maestra le dije que habían sido monadas[45] de la vieja, que tenía la muela matriculada y no se la pude arrancar al primer tirón, cosa que al mejor le sucede.

Con esto se dieron todos por satisfechos, y yo seguí haciendo mis diabluras, las que me pagaban o con dinero o con desvergüenzas.

Cuatro meses y medio permanecí con don Agustín, y fue mucho, según lo variable de mi genio. Es verdad que en esta dilación tuvo parte el miedo que tenía a Chanfaina, y el no encontrar mejor asilo, pues en aquella casa comía, bebía y era tratado con una estimación respetuosa de parte del maestro. De suerte que yo ni hacía mandados[46] ni cosa más útil que estar cuidando la barbería y haciendo mis fechorías cada vez que tenía proporción; porque yo era un aprendiz de honor, y tan consentido y hobachón[47] que, aunque sin camisa, no me faltaba quien envidiara mi fortuna. Este era Andrés, el aprendiz, quien un día que estábamos los dos conversando en espera de marchante[48] que quisiera ensayarse a mártir, me dijo:

—Señor, ¡quién fuera como usted!

—¿Por qué, Andrés? —le pregunté.

—Porque ya usted es hombre grande, dueño de su voluntad y no tiene quien le mande; y no yo que tengo tantos que me regañen, y no sé lo que es tener medio en la bolsa.[49]

—Pero así que acabes de aprender el oficio —le dije—, tendrás dinero y serás dueño de tu voluntad.

—¡Qué verde está eso! —decía Andrés—. Ya llevo aquí dos años de aprendiz y no sé nada.

—¿Cómo nada, hombre? —le pregunté muy admirado.

—Así, nada —me contestó—. Ahora que está used en casa he aprendido algo.

—¿Y qué has aprendido? —le pregunté.

—He aprendido —respondió el gran bellaco[50] a afeitar perros, desollar indios y desquijarar[51] viejas, que no es poco. Dios se lo pague a usted que me lo ha enseñado.

—¿Pues y qué, tu maestro no te ha enseñado nada en dos años?

—¡Qué me ha de enseñar! —decia Andrés—. Todo el día se me va en hacer mandados aquí y

[42] raíz grande (del diente)
[43] torpe, descuidado
[44] sucios, puercos
[45] tonterías, simplezas
[46] (amer.), hacía las compras
[47] *consentido*: mimado, caprichoso; *hobachón*: holgazán
[48] cliente, paciente
[49] (fig.) dinero en el bolsillo
[50] pícaro; astuto
[51] romper, deshacer las quijadas

en casa de doña Tulitas, la hija de mi maestro; y allí pior,[52] porque me hacen cargar el niño, lavar los pañales, ir a la peluquería, fregar toditos los trastes[53] y aguantar cuantas calillas[54] quieren, y con esto, ¿qué he de aprender del oficio? Apenas sé llevar la bacía y el escalfador[55] cuando me lleva consigo mi amo, digo, mi maestro; me turbé. A fe que don Plácido, el hojalatero[56] que vive junto a la casa de mi madre grande, ése sí que es maestro de cajeta,[57] porque afuera de que no es muy demasiado regañón,[58] ni les pega a sus aprendices, los enseña con mucho cariño, y les da sus medios muy buenos así que hacen alguna cosa en su lugar; pero eso de mandados ¡cuándo, ni por un pienso! Sobre que apenas los envía a traer medio de cigarros, *contimás* manteca,[59] ni chiles, ni pulque,[60] ni carbón, ni nada como acá. Con esto, *orita orita*[61] aprenden los muchachos el oficio.

—Tú hablas mal —le dije—, pero dices bien. No deben ser los maestros amos sino enseñadores de los muchachos; ni éstos deben ser criados o *pilguanejos*[62] de ellos, sino legítimos aprendices; aunque así por la enseñanza como por los alimentos que les dan, pueden mandarlos y servirse de ellos en aquellas horas en que estén fuera de la oficina y en aquellas cosas proporcionadas a las fuerzas, educación y principios de cada uno. Así lo oía yo decir varias veces a mi difunto padre, que en paz descanse. Pero dime: ¿qué, estás aquí con escritura?[63]

—Sí, señor —me respondió Andrés—, y ya cuento dos años de aprendizaje, y vamos corriendo para tres, y no se da modo ni manera el maestro de enseñarme nada.

—Pues entonces —le dije—, si la escritura es por cuatro años, ¿cómo aprenderás en el último, si se pasa como se han pasado los tres que llevas?

—Eso *mesmo* digo yo —decía Andrés—. Me sucederá lo que le sucedió a mi hermano Policarpo con el maestro Marianito el sastre.

—Pues, ¿qué le sucedió?

—¿Qué? Que se llevó los tres años de aprendiz en hacer mandados como *ora*[64] yo, y en el cuarto *izque*[65] quería el maestro enseñarle el oficio de a tiro,[66] y mi hermano no lo podía aprender, y al maestro se lo llevaba el diablo de coraje, y le echaba cuarta al *probe*[67] de mi hermano a manta de Dios, hasta que el *probe* se aburrió y se *juyó*,[68] y esta es la *ora* que no hemos vuelto a saber *dél*,[69] y tan bueno que era el *probe*, pero ¿cómo había de salir sastre en un año, y eso haciendo mandados y con tantísimo día de fiesta, señor, como tiene el año? Y *asina*[70] yo pienso que *el maestro* de acá tiene trazas[71] de hacer lo *mesmo* conmigo.

—Pero, ¿por qué no aprendiste tú a sastre? —pregunté a Andrés. Y éste me dijo:

—¡Ay, señor! ¿Sastre? Se enferman del pulmón.

—¿Y a hojalatero?

—No, señor; por no ver que se corta uno con la hoja de lata y se quema con los fierros.

—¿Y a carpintero por qué no?

—¡Ay! No, porque se lastima mucho el pecho.

—¿Y a carrocero o herrero?

—No lo permita Dios; ¡si parecen diablos cuando están junto a la fragua aporreando[72] el fierro!

—Pues, hijo de mi alma; Pedro Sarmiento, hermano de mi corazón —le dije a Andrés levantándome del asiento—, tú eres mi hermano, tatita,[73] si tú eres mi hermano, somos mellizos o *cuates*,[74] dame un abrazo. Desde hoy te debo amar y te amo más que antes, porque miro en ti el retrato de mi modo de pensar; pero tan parecido, que se equivoca con

---

[52] peor
[53] utensilios, útiles en general
[54] (amer. y fam.) molestias, pejiguera
[55] jarro (vasija) de metal donde calientan el agua los barberos
[56] el que trabaja el zinc y la lata
[57] (fam.) excelente
[58] que regaña
[59] *contimás*: cuanto y más
[60] *chiles*: ajíes o pimientos; *pulque*: bebida espiritosa
[61] ahorita; ahora mismo
[62] (México) frailes que teníana su cargo a los indios. Nótese el tono docente
[63] contrato; documento notarizado
[64] ahora
[65] dice que
[66] con mucha rapidez
[67] le pegaba con una correa; *probe*: pobre
[68] huyó, escapó
[69] de él
[70] así
[71] señales
[72] *fragua*: fogón grande del herrero; *aporreando*: golpeando
[73] diminutivo de tata, apodo usual en la América latina
[74] *mellizos*: gemelos; *cuates*: (México), gemelos, parecidos, compadres

el prototipo, si ya no es que nos identificamos tú y yo.

—¿Por qué son tantos abrazos, señor Pedrito? —preguntaba Andrés muy azorado.[75] ¿Por qué me dice usted tantas cosas que yo no entiendo?

—Hermano Andrés —le respondí—, porque tú piensas lo mismo que yo, y eres tan flojo[76] como el hijo de mi madre. A ti no te acomodan los oficios por las penalidades que traen anexas, ni te gusta servir porque regañan los amos; pero sí te gusta comer, beber, pasear y tener dinero con poco o ningún trabajo. Pues, tatita, lo mismo pasa por mí; de modo que, como dice el refrán, Dios los cría y ellos se juntan. Ya verás si tengo razón demasiada para quererte.

—Eso es decir —repuso Andrés— que usted es un flojo y yo también.

—Adivinaste, muchacho —le contesté—, adivinaste. ¿Ves cómo en todo mereces que yo te quiera y te reconozca por mi hermano?

—Pues si sólo por eso lo hace —dijo Andresillo—, muchos hermanos debe usted tener en el mundo, porque hay muchos flojos de nuestro mismo gusto; pero sepa usted que a mí lo que me hace, no es el oficio, sino dos cosas; la una, que no me lo enseñan, y la otra, el genio que tiene la maldita vieja de la maestra; que si eso no fuera, yo estuviera contento en la casa, porque el maestro no puede ser mejor.

—Así es —dije yo—. Es la vieja el mismo diablo, y su genio es enteramente opuesto al de don Agustín, pues éste es prudente, liberal y atento, y la vieja condenada es majadera, regañona y mezquina como Judas. Ya se ve, ¿qué cosa buena ha de hacer con su cara de sábana encarrujada y su boca de chancleta?[77]

Hemos de advertir que la casa era una accesoria con un altito de éstas que llaman de taza y plato,[78] y nosotros no habíamos atendido a que la dicha maestra nos escuchaba, como nos escuchó toda la conversación, hasta que yo comencé a loarla[79] en los términos que van referidos, e irritada justamente contra mí, cogió con todo silencio una olla de agua hirviendo que tenía en el brasero[80] y me la volcó a plomo[81] en la cabeza, diciéndome:

—¡Pues, maldito, mal agradecido, fuera de mi casa, que yo no quiero en ella arrimados[82] que vengan a hablar de mí!

No sé si habló algo más, porque quedé sordo y ciego del dolor y de la cólera. Andrés, temiendo otro baño peor, y escarmentado en mi cabeza, huyó para la calle. Yo, rabiando y todo pelado, subí la escalerita de palo con ánimo de desmechar[83] a la vieja, topara[84] en lo que topara, y después marcharme como Andrés; pero esta condenada era varonil y resuelta, y así luego que me vio arriba, tomó el cuchillo del brasero y se fue sobre mí con el mayor denuedo,[85] y hablando medias palabras de cólera, me decía:

—¡Ah, grandísimo bellaco atrevido! Ahora te enseñaré . . .

Yo no pude oir qué me quería enseñar ni me quise quedar a aprender la lección, sino que volví la grupa[86] con la mayor ligereza, y fue con tal desgracia, que tropezando con un perrillo bajé la escalera más presto que la había subido y del más extraño modo, porque la bajé de cabeza, magullándome[87] las costillas.

La vieja estaba hecha un chile[88] contra mí. No se compadeció ni se detuvo por mi desgracia, sino que bajó detrás de mí como un rayo con el cuchillo en la mano, y tan determinada, que hasta ahora pienso que si me hubiera cogido, me mata sin duda alguna; pero quiso Dios darme valor para correr, y en cuatro brincos me puse cuatro cuadras lejos de su furor. Porque, eso sí, tenía yo alas en los pies, cuando me amenazaba algún peligro y me daban lugar para la fuga.

En lo intempestivo se pareció esta mi salida a la de la casa de Chanfaina; pero en lo demás fue peor, porque de aquí salí a la carrera, sin sombrero, bañado y chamuscado.[89]

---

[75] conturbado, con sobresalto
[76] débil; (fig.) perezoso, holgazán
[77] *encarrujada*: con pliegues, no llana; *chancleta*: zapato viejo al que se dobla el talón para adentro
[78] casa de vecindad muy pobre
[79] alabarla, celebrarla
[80] fogón; cocina
[81] directamente
[82] los que viven a costa de otro
[83] (México), arrancar el cabello
[84] se encontrara (con)
[85] valor, ánimo; opuesto de cobardía
[86] (fam.) di la vuelta; grupa: parte posterior del caballo
[87] produciéndome una contusión
[88] (fam.) estaba muy enojada o colérica
[89] quemado superficialmente

Así me hallé como a las once de la mañana por el paseo que llaman de la Tlaxpana. Estúveme en el sol esperando que se me secara mi pobre ropa, que cada día iba de mal en peor, como que no tenía relevo.

A las tres de la tarde ya estaba enteramente seca, enjuta,[90] y yo mal acondicionado, porque me afligía el hambre con todas sus fuerzas; algunas ampollas se me habían levantado por la travesura[91] de la vieja; los zapatos, como que estaban tan maltratados con el tiempo que se tenían en mis pies por mero cumplimiento, me abandonaron en la carrera; yo que vi la diabólica figura que hacía sin ellos a causa de que las medias descubrieron toda suciedad y flecos de las soletas,[92] me las quité, y no teniendo dónde guardarlas las tiré, quedándome descalzo de pie y pierna; y para colmo de mi desgracia, me urgía demasiado el miedo al pensar en dónde pasaría la noche, sin atreverme a decidir entre si me quedaría en el campo o me volvería a la ciudad, pues por todas partes hallaba insuperables embarazos.[93] En el campo temía el hambre, las inclemencias del tiempo y la lobreguez[94] de la noche; y en la ciudad temía la cárcel y un mal encuentro con Chanfaina o el maestro barbero; pero, por fin, a las oraciones de la noche venció el miedo de esta parte y me volví a la ciudad.

A las ocho estaba yo en el Portal de las Flores, muerto de hambre, la que se aumentaba con el ejercicio que hacía con tanto andar. No tenía en el cuerpo cosa que valiera más que una medallita de plata que había comprado en cinco reales cuando estaba en la barbería; me costó mucho trabajo venderla a esas horas; pero, por último, hallé quien me diera por ella dos y medio, de los que gasté un real en cenar y medio en cigarros.

Alentado mi estómago, sólo restaba determinar dónde quedarme. Andaba yo calles y más calles sin saber en dónde recogerme, hasta que pasando por el mesón del Angel oí sonar las bolas del truco,[95] y acordándome del *arrastraderito* de Juan Largo,[96] dije entre mí: No hay remedio, un realillo tengo en la bolsa para el coime;[97] aquí me quedo esta noche, y diciendo y haciendo, me metí en el truco.

Todos me miraban con la mayor atención, no por lo trapiento, que otros había allí peores que yo, sino por el ridículo, pues estaba descalzo enteramente; calzones blancos no los conocía; los de encima eran negros de terna, parchados[98] y agujereados; mi camisa, después de rota, estaba casi negra de mugre,[99] mi chupa era de angaripola[1] rota y con tamaños florones colorados; el sombrero se quedó en casa, y después de tantas guapezas, tenía la cara algo extravagante, pues la tenía ampollada y los ojos medio escondidos dentro de las vejigas[2] que me hizo el agua hirviendo.

No era mucho que todos notaran tan extraña figura; mas a mí no se me dio nada de su atención y hubiera sufrido algún vejamen[3] a trueque de no quedarme en la calle.

Dieron las nueve; acabaron de jugar y se fueron saliendo todos, menos yo que luego luego me comedí a apagar las velas, lo que no le disgustó al coime, quien me dijo:

—Amiguito, Dios se lo pague; pero ya es tarde y voy a cerrar, váyase usted.

—Señor —le dije—, no tengo dónde quedarme, hágame usted el favor de que pase la noche aquí en un banco, le daré un real que tengo, y si más tuviera más le diera.

Ya hemos dicho que en todas partes, en todos ejercicios y destinos se ven hombres buenos y malos, y así no se hará novedad de que en un truco y en clase de coime, fuera éste de quien hablo un hombre de bien y sensible. Así lo experimenté, pues me dijo:

—Guarde usted su real, amigo, y quédese norabuena. ¿Ya cenó?

—Sí, señor —le respondí.

—Pues yo también Vámonos a acostar

Sacó un sarape,[4] me lo prestó, y mientras nos

[90] seca
[91] acción revoltosa, turbulenta
[92] *flecos*: cordoncillos colgantes; *soletas*: medias, calcetas, calcetines
[93] obstáculos
[94] obscuridad
[95] juego de cartas o naipes
[96] jugador que enseñó a Periquillo a jugar al truco haciendo trampas, en el Cap. XVI y XVII de la primera parte
[97] dueño de un garito de juego
[98] *de terna*: de tres colores o tonos; *parchados*: llenos de remiendos o pedazos de otra tela
[99] porquería, suciedad grasienta
[1] *chupa*: (México), vestido con faldillas y mangas ajustadas *angaripola*: tela muy pobre
[2] bolsas, hinchazones
[3] maltrato o molestia que hiere la dignidad
[4] (México), especie de manta de lana o algodón por lo general con franjas de colores vivos

desnudamos quiso informarse de quién era yo y del motivo de haber ido allí tan derrotado. Yo le conté mil lástimas con tres mil mentiras en un instante, de modo que se compadeció de mí, y 5 me prometió que hablaría a un amigo boticario[5] que no tenía mozo, a ver si me acomodaba en su casa. Yo acepté el favor, le di las gracias por él y nos dormimos.

A la siguiente mañana, a pesar de mi flojera, 10 me levanté primero que el coime, barrí, sacudí e hice cuanto pude por granjearlo[6] El se pagó de esto, y me dijo:

—Voy a ver al boticario; pero ¿qué haremos de sombrero? Pues en esas trazas que usted 15 tiene está muy sospechoso.

—Yo no sé qué haré —le dije—, porque no tengo más que un real y con tan poco no se ha de hallar; pero mientras que usted me hace favor de ver a ese señor boticario, ya vuelvo.

20 Dicho esto me fui, me desayuné, y en un zaguán[7] me quité la chupa y la ferié en el Baratillo[8] por el primer sombrero que me dieron, quedándome el escrúpulo de haber engañado a su dueño. Es verdad que el dicho 25 sombrero no pasaba de un *chilaquil* aderezado:[9] y donde a mí me pareció que había salido ventajoso ¿qué tal estaria la chupa? Ello es que al tiempo del trueque[10] me acordé de aquel versito viejo de:

30

> «*Casó Montalvo en Segovia*[11]
> *siendo cojo, tuerto y calvo,*[12]
> *y engañaron a Montalvo:*
> *¿Qué tal sería la novia?*»

35

Contentísimo con mi sombrero y de verme disfrazado con mis propios *tiliches,*[13] convertido de hijo de don Pedro Sarmiento en mozo alquilón, partí a buscar al coime mi protector, 40 quien me dijo que todo estaba listo; pero que aquella camisa parecía sudadero,[14] que fuera a lavarla a la acequia y a las doce me llevaría al acomodo, porque la pobreza era una cosa y la porquería otra; que aquélla provocaba a lástima y ésta a desprecio y asco de la persona; y por fin, que me acordara del refrán que dice: *como te veo te juzgo.*

No me pareció malo el consejo, y así lo puse en práctica al momento. Compré cuartilla de jabón y cuartilla de tortillas con chile[15] que me almorcé para tener fuerzas para lavar; me fui al Pipis,[16] me pelé mi camisa y la lavé.

No tardó nada en secarse porque estaba muy delgada y el sol era como lo apetecen las lavanderas los sábados. En cuanto la vi seca, la espulgué[17] y me la puse, volviéndome con toda presteza al mesón,[18] pues ya no veía la hora de acomodarme; no porque me gustaba trabajar, sino porque la necesidad tiene cara de hereje, dice el refrán, y yo digo de pobre, que suele parecer peor que de hereje.

Así que el coime me vio limpio, se alegró y me dijo:

—Vea usted cómo ahora parece otra cosa. Vamos.

Llegamos a la botica que estaba cerca, me presentó al amo, quien me hizo veinte preguntas, a las que contesté a su satisfacción, y me quedé en la casa con salario asignado de cuatro pesos mensuales y plato.[19]

Permanecí dos meses en clase de mozo, moliendo palos, desollando culebras, atizando[20] el fuego, haciendo mandados y ayudando en cuanto se ofrecía y me mandaban, a satisfacción del amo y del oficial.

Luego que tuve juntos ocho pesos, compré medias, zapatos, chaleco, chupa y pañuelo; todo del Baratillo, pero servible. Lo traje a la casa ocultamente, y a otro día que fue domingo, me puse hecho un veinticuatro.[21]

No me conocía el amo, y alegrándose de mi metamorfosis, decía el oficial:

---

[5] farmacéutico
[6] ganar su voluntad
[7] vestíbulo
[8] *la ferié*: (México), la troqué, cambié, permuté; *baratillo*: tienda de cosas de muy poco valor
[9] *chilaquil*: (México) tortilla con caldo de chile, (fig.) sombrero muy roto o desarmado; *aderezado*: compuesto, adornado
[10] cambio de una cosa por otra
[11] ciudad de España, capital de la prov. del mismo nombre
[12] tuerto: que no ve de un ojo; *calvo*: que no tiene pelo
[13] (México), trastos, andrajos (ropas muy rotas, sucias y viejas)
[14] lienzo para limpiar el sudor; manta que se pone al caballo debajo de la silla
[15] tortas de harina de maíz
[16] recodo al lado de un puente que hace la acequia principal en el barrio de San Pablo, México. Los pobres podían lavar sus ropas sin pagar
[17] limpié de pulgas o piojos (insectos)
[18] posada, venta
[19] comida
[20] avivando o cuidando el fuego
[21] (fam. México), muy elegante

—Vea usted, se conoce que este pobre muchacho es hijo de buenos padres y que no se crió de mozo de botica. Así se hace, hijo, manifestar uno siempre sus buenos principios, aunque sea pobre, y una de las cosas en que se conoce al hombre que los ha tenido buenos, es que no le gusta andar roto ni sucio. ¿Sabes escribir?

—Sí, señor —le respondí.

—A ver tu letra —dijo—; escribe aquí.

Yo, por pedantear[22] un poco y confirmar al amo en el buen concepto que había formado de mí, escribí lo siguiente:

Qui scribere nesciunt nullum putant esse laborem.
Tres digiti scribunt, coetera membra dolent.

—¡Hola! —dijo mi amo todo admirado—; escribe bien el muchacho y en latín. ¿Pues qué entiendes tú lo que has escrito?

—Sí, señor —le dije—; eso dice que los que no saben escribir piensan que no es trabajo; pero que mientras tres dedos escriben, se incomoda todo el cuerpo.

—Muy bien —dijo el amo—; según eso, sabrás qué significa el rótulo de esa redoma. Dimelo.

Yo lei *Oleum vitellorum ovorum,* y dije:

—Aceite de yema de huevo.

—Así es —dijo don Nicolás.

Y poniéndome botes, frascos, redomas[23] y cajones, me siguió preguntando:

—¿Y aquí qué dice?

Yo, según él me preguntaba, respondía:

—*Oleum scorpionum.* Aceite de alacranes . . . *Aqua menthae,* Agua de hierba buena . . . *Aqua petrocelini* . . . Agua de perejil . . .[24] *Sirupus pomorum* . . . Jarabe[25] de manzanas . . . *Unguentum cucurbitae* . . . Ungüento de calabaza . . . *Elixir* . . .

—Basta —dijo el amo.

Y volviéndose al oficial le decía:

—Qué dice usted, don José, ¿no es lástima que este pobre muchacho esté de mozo pudiendo estar de aprendiz con tanto como tiene adelantado?

—Sí, señor —respondió el oficial.

Y continuó el amo hablando conmigo.

—Pues bien, hijo, ya desde hoy eres aprendiz; aquí te estarás con don José y entrarás con él al laboratorio para que aprendas a trabajar, aunque ya algo sabes por lo que has visto. Aquí está la Farmacopea de Palacios, la de Fuller y la Matritense;[26] está también el curso de botánica de Linneo[27] y ese otro de química. Estudia todo esto y aplícate, que en tu salud lo hallarás.

Yo le agradecí el ascenso que me había dado subiéndome de mozo de servicio a aprendiz de botica, y el diferente trato que me daba el oficial, pues desde ese momento ya no me decía Pedro a secas sino don Pedro; mas entonces yo no paré[28] la consideración en lo que puede un exterior decente en este mundo borracho, pero ahora sí. Cuando estaba vestido de mozo o criado ordinario nadie se metió a indagar mi nacimiento, ni mi habilidad; pero en cuanto estuve medio aderezado, se me examinó de todo y se me distinguió en el trato. ¡Ah vanidad, y cómo haces prevaricar[29] a los mortales! Unas aventuras me sucedían bien y otras mal, siendo el mismo individuo, sólo por la diferencia del traje. ¿A cuántos pasa lo mismo en este mundo? Si están decentes, si tienen brillo, si gozan proporciones, los juzgan, o a lo menos los lisonjean por sabios, nobles y honrados, aun cuando todo les falte; pero si están de capa caída,[30] si son pobres y a más de pobres, trapientos[31] los reputan y desprecian como plebeyos, pícaros e ignorantes, aun cuando aquella miseria sea efecto tal vez de la misma nobleza, sabiduría y bondad de aquellas gentes. ¿Qué hiciéramos para que los hombres no fijaran su opinión en lo exterior ni graduaran el mérito del hombre por su fortuna?

Mas estas serias reflexiones las hago ahora; entonces me vanaglorié de la mudanza de mi suerte, y me contenté demasiado con el rum-

[22] ser pedante
[23] *botes*: vasijas pequeñas para guardar medicinas, etc.; *frascos*: botellas; *redomas*: botellas de fondo ancho y boca angosta
[24] planta cuya hoja se usa de condimento
[25] bebida medicinal
[26] famosos libros con recetas de las substancias medicinales más comúnmente usadas
[27] Charles de Linneo: naturalista sueco (1707–1778) de fama mundial.
[28] no me di cuenta de
[29] cometer una falta
[30] andan mal de los negocios o salud
[31] haraposos, andrajosos

boso[32] título de aprendiz de botica sin saber el común refrancillo que dice: *Estudiante perdulario,*[33] *sacristán o boticario.*

Sin embargo, en nada menos pensé que en aplicarme al estudio de química y botánica. Mi estudio se redujo a hacer algunos menjurjes,[34] a aprender algunos términos técnicos, y a agilitarme en el despacho; pero como era tan buen hipócrita, me granjeé la confianza y el cariño del oficial (pues mi amo no estaba mucho en la botica), y tanto que a los seis meses ya yo le ayudaba también a don José, que tenía lugar de pasear y aun de irse a dormir a la calle.

Desde entonces, o tres meses antes, se me asignaron ocho pesos cada mes, y yo hubiera salido oficial como muchos si un accidente no me hubiera sacado de la casa. Pero antes de referir esta aventura es menester imponeros[35] en algunas circunstancias.

Había en aquella época en esta capital un médico viejo a quien llamaban por mal nombre el doctor Purgante, porque a todos los enfermos decía que facilitaba la curación con un purgante.

Era este pobre viejo buen cristiano, pero mal médico y sistemático, y no adherido a Hipócrates, Avicena, Galeno y Averroes,[36] sino a su capricho. Creía que toda enfermedad no podía provenir sino de abundancia de humor pecante,[37] y así pensaba que con evacuar este humor se quitaba la causa de la enfermedad. Pudiera haberse desengañado a costa de algunas víctimas que sacrificó en las aras[38] de su ignorancia; pero jamás pensó que era hombre; se creyó incapaz de engañarse, y así obraba mal, mas obraba con conciencia errónea. Sobre si este error era o no vencible, dejémoslo a los moralistas, aunque yo para mí tengo que el médico que yerra por no preguntar o consultar con los médicos sabios por vanidad o caprichos peca mortalmente, pues sin esa vanidad o ese capricho pudiera salir de mil errores, y de consiguiente ahorrarse de un millón de responsabilidades, pues un error puede causar mil desaciertos.

Sea esto lo que deba ser en conciencia, este médico estaba igualado con mi maestro. Esto es, mi maestro don Nicolás enviaba cuantos enfermos podía al doctor Purgante, y éste dirigía a todos sus enfermos a nuestra botica. El primero decía que no había mejor médico que el dicho viejo, y el segundo decía que no había mejor botica que la nuestra, y así unos y otros hacíamos muy bien nuestro negocio. La lástima es que este caso no sea fingido, sino que tenga un sin fin[39] de originales.

El dicho médico me conocía muy bien, como que todas las noches iba a la botica, se había enamorado de mi letra y genio (porque cuando yo quería era capaz de engañar al demonio), y no faltó ocasión en que me dijera: —Hijo, cuando te salgas de aquí, avísame, que en casa no te faltará qué comer ni qué vestir.

Quería el viejo poner botica y pensaba tener en mí un oficial instruido y barato.

Yo le di las gracias por su favor, prometiéndole admitirlo siempre que me descompusiera[40] con el amo, pues por entonces no tenía motivo de dejarlo.

En efecto, yo me pasaba una vida famosa y tal cual la puede apetecer un flojo. Mi obligación era mandar por la mañana al mozo que barriera la botica, llenar las redomas de las aguas que faltaran y tener cuidado de que hubiera provisión de éstas destiladas o por infusión; pero de esto no se me daba un pito,[41] porque el pozo me sacaba del cuidado, de suerte que yo decía: En distinguiéndose los letreros, aunque el agua sea la misma, poco importa, ¿quién lo ha de echar de ver? El médico que las receta quizá no las conoce sino por el nombre; y el enfermo que las toma las conoce menos y casi siempre tiene perdido el sabor, conque esta droga va segura. A más de que ¡quién quita que[42] o por la ignorancia del médico o por la mala calidad de las hierbas, sea nociva una bebida más que si fuera con agua natural! Conque poco importa que todas las bebidas se hagan con ésta: antes el refrán nos dice: que al que es de vida el agua le es medicina.

---

[32] espléndido, magnífico
[33] pícaro, perdido
[34] mejunjes, drogas o medicamentos mezclados
[35] instruiros, informaros
[36] *Hipócrates* y *Galeno*: famosos médicos griegos; *Averroes*: médico, jurista y filósofo árabe (1126–1198), nació en Córdoba.
[37] *humor*: fluído de los cuerpos; *pecante*: que peca, por los pecados
[38] en honor de
[39] un sinnúmero, muchísimos
[40] peleara
[41] no me importaba nada
[42] quien duda que

No dejaba de hacer lo mismo con los aceites, especialmente cuando eran de un color así como los jarabes. Ello es que el *quid pro quo*,[43] o despachar una cosa por otra juzgándola igual o equivalente, tenía mucho lugar en mi conciencia y en mi práctica.

Estos eran mis muchos quehaceres y confeccionar ungüentos, polvos y demás drogas según las órdenes de don José, quien me quería mucho por mi eficacia.

No tardé en instruirme medianamente en el despacho, pues entendía las recetas, sabía dónde estaban los géneros y el arancel[44] lo tenía en la boca como todos los boticarios. Si ellos dicen, esta receta vale tanto, ¿quién les va a averiguar el costo que tiene, ni si piden o no contra justicia? No queda más recurso a los pobres que suplicarles hagan alguna baja; si no quieren van a otra botica, y a otra, y a otra, y si en todas les piden lo mismo, no hay más que endrogarse y sacrificarse, porque su enfermo les interesa, y están persuadidos a que con aquel remedio sanará. Los malos boticarios conocen esto y se hacen de rogar grandemente, esto es, cuando no se mantienen inexorables.

Otro abuso perniciosísimo[45] había en la botica en que yo estaba, y es comunísimo en todas las demás. Este es que así que se sabía que se escaseaba alguna droga en otras partes, la encarecía[46] don José hasta el extremo de no dar medios de ella, sino de reales arriba: siguiéndose de este abuso (que podemos llamar codicia sin el menor respeto) que el miserable que no tenía más que medio real y necesitaba para curarse un pedacito de aquella droga, supongamos alcanfor,[47] no lo conseguía con don José ni por Dios ni por sus santos, como si no se pudiera dar por medio o cuartilla la mitad o cuarta parte de lo que se da por un real por pequeña que fuera. Lo peor es que hay muchos boticarios del modo de pensar de don José. ¡Gracias a la indolencia del protomedicato,[48] que los tolera!

En fin, éste era mi quehacer de día. De noche tenía mayor desahogo,[49] porque el amo iba un rato por las mañanas, recogía la venta del día anterior y ya no volvía para nada. El oficial, en esta confianza, luego que me vio apto para el despacho, a las siete de la noche tomaba su capa y se iba a cumplimentar a su madama; aunque tenía cuidado de estar muy temprano en la botica.

Con esta libertad estaba yo en mis glorias; pues solían ir a visitarme algunos amigos que de repente se hicieron míos, y merendábamos alegres y a veces jugábamos nuestros alburitos[50] de a dos, tres y cuatro reales, todo a costa del cajón de las monedas, contra quien tenía libranza[51] abierta.

Así pasé algunos meses, y al cabo de ellos se le puso al amo hacer balance, y halló que, aunque no había pérdida de consideración, porque pocos boticarios se pierden, sin embargo, la utilidad apenas era perceptible.

No dejó de asustarse don Nicolás al advertir el demérito, y reconviniendo a don José por él, satisfizo éste diciendo que el año habia sido muy sano, y que años semejantes eran funestos,[52] o a lo menos de poco provecho para médicos, boticarios y curas.

No se dio por contento el amo con esta respuesta, y con un semblante[53] bien serio, le dijo:

—En otra cosa debe consistir el demérito de mi casa, que no en las templadas estaciones del año; porque en el mejor no faltan enfermedades ni muertos.

Desde aquel día comenzó a vernos con desconfianza y a no faltar de su casa muchas horas, y dentro de poco tiempo volvió a recobrar el crédito la botica, como que había más eficacia en el despacho; el cajón padecía menos evacuaciones y él no se iba hasta la noche, que se llevaba la venta. Cuando algún amigo lo convidaba a algún paseo, se excusaba diciéndole que agradecía su favor, pero que no podía abandonar las atenciones de su casa, y que quien tiene tienda es fuerza que la atienda.

Con este método nos aburrió breve, porque

---

[43] una cosa por otra; una confusión o error
[44] precio oficial
[45] muy peligroso
[46] le aumentaba el precio
[47] substancia aromática usada como tónico cardíaco, etc.
[48] tribunal formado de doctores en medicina para resolver los problemas de la profesión
[49] descanso
[50] albur pequeño (juego de naipes)
[51] orden de pago. Quiere decir que cogía libremente todo el dinero que quería.
[52] desgraciados, tristes
[53] cara, rostro

el oficial no podía pasear ni el aprendiz merendar, jugar ni holgarse[54] de noche.

En este tiempo, por no sé qué trabacuentas,[55] se disgustó mi amo con el médico y deshizo la iguala y la amistad enteramente. ¡Qué verdad es que las más amistades se enlazan con los intereses! Por eso son tan pocas las que hay ciertas.

Ya pensaba en salirme de la casa, porque ya me enfadaba la sujeción y el poco manejo que tenía en el cajón, pues a la vista del amo no lo podía tratar con la confianza que antes, pero me detenía el no tener dónde establecerme ni qué comer saliéndome de ella.

En uno de los días de mi indeterminación, sucedió que me metí a despachar una receta que pedía una pequeña dosis de magnesia. Eché el agua en la botella y el jarabe, y por coger el bote donde estaba la magnesia, cogí el[56] en donde estaba el arsénico, y le mezclé su dosis competente. El triste enfermo, según supe después, se la echó a pechos[57] con la mayor confianza, y las mujeres de su casa le revolvían los asientos del vaso con el cabo de la cuchara, diciéndole que los tomara, que los polvitos eran lo más saludable.

Comenzaron los tales polvos a hacer su operación, y el infeliz enfermo a rabiar, acosado de unos dolores infernales que le despedazaban las entrañas. Alborotóse la casa, llamaron al médico, que no era lerdo,[58] dijéronle al punto que tomó la bebida que había ordenado, había empezado con aquellas ansias y dolores. Entonces pide el médico la receta, la guarda, hace traer la botella y el vaso que aún tenía polvos asentados,[59] los ve, los prueba, y grita lleno de susto:

—Al enfermo lo han envenenado, ésta no es magnesia sino arsénico; que traigan aceite y leche tibia, pero mucha y pronto.

Se trajo todo al instante, y con estos y otros auxilios, dizque[60] se alivió el enfermo. Así que lo vio fuera de peligro preguntó de qué botica se había traído la bebida. Se lo dijeron y dio parte al protomedicato, manifestando su receta, el mozo que fue a la botica, y la botella y vaso como testigos fidedignos de mi atolondramiento.

Los jueces comisionaron a otro médico; y acompañado del escribano, fue a casa de mi amo, quien se sorprendió con semejantes visitas.

El comisionado y el escribano breve y sumariamente substanciaron el proceso, como que yo estaba confeso y convicto. Querían llevarme a la cárcel, pero informados de que no era oficial, sino un aprendiz bisoño,[61] me dejaron en paz, cargando a mi amo toda la culpa, de la que sufrió por pena la exhibición de doscientos pesos de multa en el acto, con apercibimiento[62] de embargo, caso de dilación; notificándole el comisionado de parte del tribunal y bajo pena de cerrarle la botica, que no tuviera otra vez aprendices en el despacho, pues lo que acababa de suceder no era la primera, ni sería la última desgracia que se llorara por los aturdimientos de semejantes despachadores.

No hubo remedio: el pobre de mi amo subió en el coche con aquellos señores, poniéndome una cara de herrero[63] mal pagado, y mirándome con bastante indignación, dijo al cochero que fuera para su casa, donde debía entregar la multa. Yo, apenas se alejó el coche un poco, entré a la trasbotica,[64] saqué un capotillo[65] que ya tenía y mi sombrero, y le dije al oficial:

—Don José, yo me voy, porque si el amo me halla aquí, me mata. Déle usted las gracias por el bien que me ha hecho, y dígale que perdone esta diablura, que fue un mero accidente.

Ninguna persuasión del oficial fue bastante a detenerme. Me fui acelerando el paso, sintiendo mi desgracia y consolándome con que a lo menos había salido mejor que de casa de Chanfaina y de don Agustín.

En fin, quedándome hoy en este truco y mañana en el otro, pasé veinte días, hasta que me quedé sin capote ni chaqueta; y por no volverme a ver descalzo y en peor estado, determiné ir a servir de cualquier cosa al doctor Purgante, quien me recibió muy bien, como se dirá en el capítulo que sigue.

---

[54] divertirse
[55] problemas o enredos en las cuentas
[56] debe añadirse la palabra *bote*. Véase nota 23.
[57] se la bebió
[58] tonto, estúpido
[59] depositados en el fondo
[60] dicen que
[61] nuevo, sin experiencia
[62] acción de prevenir, disponer, preparar judicialmente
[63] el que trabaja el hierro
[64] parte de atrás de la farmacia
[65] capote o capa corta

V El Romanticismo*

La poesía

El ensayo

Literatura popular: la poesía gauchesca

La narrativa

El costumbrismo

* Se recuerda al lector que hemos clasificado la producción total de cada autor bajo su nombre. Por esa razón se encontrará el cuento «El matadero» de Esteban Echeverría en la poesía.

José María Heredia

CUBA, 1803–1839

Cuando el Romanticismo estaba en su apogeo en Europa llegaron las primeras ráfagas a Hispanoamérica, como refrescante reacción contra el academicismo de la escuela neoclásica. Uno de los primeros en captar los nuevos tiempos en la literatura y expresarlos en sus obras fue el cubano José María Heredia, de vida tan corta como triste y trágica. Desde su nacimiento tuvo a su alcance todas las cosas necesarias para una vida normal y feliz; hogar estable, padre importante y de gran sentido moral, precocidad nada común. Luego llegaron los infortunios y fueron marcándolo de infelicidad y tristeza hasta convertirlo en un verdadero héroe romántico. Nació en Santiago de Cuba de padres emigrados de Santo Domingo. Su padre era miembro del poder judicial español en Cuba, pero luego fue trasladado sucesivamente a la Florida, Caracas y México. En este último país murió en 1820 quedando el joven poeta a cargo de la familia. Heredia regresó a Cuba y en la Universidad de La Habana se graduó de abogado. Ejerció brevemente en Matanzas, pero acusado de participar en una conspiración contra el régimen español, tuvo que huir en un barco hacia Boston. De allí va a New York sintiéndose desgraciado por la nostalgia de la patria, el clima y el desconocimiento del idioma. Invitado por el presidente de México, se traslada a ese país (1825) donde llega a ocupar cargos públicos muy importantes; pero desilusionado por la anarquía y las luchas civiles, pide autorización al Gobernador español para regresar a Cuba. Retorna para sólo sufrir mayores desengaños: sus amigos de ideas liberales le critican el paso dado y la situación de la isla lo ensombrece. Regresa nuevamente a México, donde vive muy pobremente de su pluma hasta que muere de tuberculosis. Heredia realiza en sí mismo la estampa cabal del héroe romántico: sus ideas liberales lo conducen al destierro donde sufre penalidades y sufrimientos, pero siempre con una actitud de rebeldía e independencia.

Dejó nuestro autor una obra bastante extensa que incluye: poesía, teatro, relatos, historia, crítica, artículos de periódicos y cartas. Aunque tuvo una formación clásica y se encuentran elementos neoclásicos a través de toda su obra, muchas de sus composiciones lo sitúan como el primer romántico en lengua castellana. Sus influencias más constantes son Álvarez Cienfuegos, Quintana, Mélendez Valdés, españoles; Byron, inglés y Chateaubriand y Volney franceses. Sus poesías pueden agruparse en varias clases: amorosa, descriptiva de la naturaleza y civil o patriótica. La poesía amorosa resulta la más pobre dentro de su producción, porque en Heredia se da el contrasentido de que siente el amor a plenitud, pero no puede expresarlo en todos sus matices. Donde Heredia no tiene quien lo iguale en toda esta literatura es en la poesía descriptiva de la naturaleza americana. Aquí ha dejado una serie de poemas que le han dado fama mundial por la calidad lírica. Estos poemas se caracterizan por la total sincronización de los movimientos de la naturaleza con los estados de ánimo del poeta. No trata de retratar la naturaleza en su aspecto realista simplemente, sino que da rienda suelta a su espíritu para que comulgue con ella y expone las meditaciones y reflexiones filosóficas, siempre graves y trascendentes, que los fenómenos naturales le inspiran. A los diecisiete años escribió quizás su mejor poema, «En el teocalli de Cholula» (1820), profunda meditación donde contrasta el pasado y el presente, lo fugaz del tiempo y lo efímero de la existencia humana, atacando con toda energía, la barbarie, la superstición y la tiranía. Termina con la tendencia moralizadora y didáctica propia del Neoclasicismo.

Después compuso su oda al «Niágara» (1824), sin duda alguna su composición más famosa, universalmente conocida. Sus especiales dotes descriptivas le sirven para crear un vigoroso y dinámico cuadro realista de la imponente catarata y como siempre, se exalta su inspiración y su espíritu evoca con gran emoción la patria lejana y en cadenas, la mujer amada, la inhumanidad del hombre hacia el hombre, su condición de desterrado, la providencia y otras consideraciones filosóficas. Lo esencial en este tipo de poesía de Heredia es que nunca prevalece lo exterior u objetivo del fenómeno descrito, sino las resonancias que en su espíritu produce la naturaleza. Esto lo podemos observar también en su obra «En una tempestad», donde la violencia del viento en realidad refleja sus caóticas emociones y el estado de su espíritu. De estas composiciones escribió Rodó: «Heredia, poeta de la intimidad, poeta del alma, sabe traducir al lenguaje de la pasión las voces de la naturaleza, y muestra reflejados, en el colorido de las imágenes, los resplandores o las sombras del espíritu.»

También cultivó la poesía civil o patriótica. A estos versos se refería Martí cuando dijo que Heredia había sido «el que despertó en su alma, como en la de los cubanos todos, la pasión inextinguible de la libertad.» Sus cantos políticos contribuyeron a formar el sentimiento separatista de los cubanos y a unirlos en su lucha final por la Independencia, lograda casi sesenta años después de la muerte del gran poeta. Entre estos versos caben mencionar «La vuelta al Sur» (1825), e «Himno del desterrado» (1825) escritos durante su viaje a México ese año, así como «La estrella de Cuba» y otros muchos.

Practicó también la prosa, en forma de traducciones, discursos, conferencias y escritos políticos y revolucionarios. Hizo adaptaciones para el teatro e inclusive dejó excelentes estudios históricos, y críticos como los titulados *Ensayo sobre la novela* (1832) y *Poetas ingleses contemporáneos* (1832), que lo destacan como crítico de juicios serenos y correctos. Su *Epistolario* nos deja ver las angustias de su corazón y completa la imagen del poeta.

FUENTE: *Poesías completas*, 2 vols., La Habana, Publicaciones del Municipio de la Habana, 1940–1941.

Poesías líricas

1893

En el teocali de Cholula[1]

¡Cuánto es bella la tierra que habitaban
los aztecas valientes! En su seno,
en una estrecha zona concentrados,
con asombro se ven todos los climas
que hay desde el Polo al Ecuador. Sus llanos
cubren a par de[2] las doradas mieses
las cañas deliciosas. El naranjo
y la piña y el plátano sonante,
hijos del suelo equinoccial, se mezclan
a la frondosa vid, al pino agreste,
y de Minerva al árbol majestuoso.[3]
Nieve eterna corona las cabezas
de Iztaccihual purísimo, Orizaba
y Popocatepetl[4]; sin que el invierno
toque jamás con destructora mano
los campos fertilísimos, do ledo[5]
los mira el indio en púrpura ligera
y oro teñirse, reflejando el brillo
del sol en Occidente, que sereno,
en hielo eterno y perennal verdura,
a torrentes vertió su luz dorada,
y vio a Naturaleza conmovida
con su dulce calor, hervir en vida.

Era la tarde: su ligera brisa
las alas en silencio ya plegaba,[6]
y entre la hierba y árboles dormía,
mientras el ancho sol su disco hundía
detrás de Iztaccihual. La nieve eterna,
cual disuelta en mar de oro, semejaba
temblar en torno de él; un arco inmenso
que del empíreo en el cenit finaba,[7]
como espléndido pórtico del cielo,
de luz vestido y centelleante gloria,
de sus últimos rayos recibía
los colores riquísimos. Su brillo
desfalleciendo fue; la blanca luna
y de Venus la estrella solitaria
en el desierto cielo se veían.
¡Crepúsculo feliz! Hora más bella
que la alma noche o el brillante día,
¡cuánto es dulce tu paz al alma mía![8]

Hallábame sentado en la famosa
choluteca pirámide.[9] Tendido
el llano inmenso que ante mí yacía,
los ojos a espaciarse convidaba.
¡Qué silencio! ¡Qué paz! ¡Oh! ¿Quién diría
que en estos bellos campos reina alzada
la bárbara opresión, y que esta tierra
brota mieses tan ricas, abonada
con sangre de hombres,[10] en que fue inundada
por la superstición y por la guerra? . . .

Bajó la noche en tanto. De la esfera
el leve azul, oscuro y más oscuro
se fue tornando: la movible sombra
de las nubes serenas, que volaban
por el espacio, en alas de la brisa,
era visible en el tendido llano.
Iztaccihual purísimo volvía
del argentado[11] rayo de la luna
el plácido fulgor, y en el Oriente
bien como puntos de oro centelleaban[12]
mil estrellas y mil . . . ¡Oh! ¡Yo os saludo,
fuentes de luz, que de la noche umbría[13]
ilumináis el velo
y sois del firmamento poesía!

---

[1] El poema es una silva: composición donde el poeta combina arbitrariamente, endecasílabos y heptasílabos, muchos de los cuales pueden quedar libres de rima, o todos. *Teocali*: pirámide-templo de los indios mexicanos; *Cholula*: ciudad de México cerca de Puebla, antigua capital tolteca.
[2] juntamente, a un tiempo
[3] el olivo, árbol consagrado a Minerva, diosa latina de la sabiduría
[4] volcanes de México siempre cubiertos de nieves perpetuas. El Orizaba es el pico más alto del país (18,205 pies)
[5] alegre, contento
[6] doblaba
[7] finalizaba, terminaba
[8] un cuadro típicamente romántico: el poeta identifica su estado de espíritu con la naturaleza
[9] pirámide de Cholula. Véase nota 1
[10] los indios mexicanos practicaban los sacrificios humanos
[11] (poét.) plateado
[12] destellaban, brillaban
[13] llena de sombras

Al paso que la luna declinaba,
y al ocaso fulgente descendía,
con lentitud la sombra se extendía
del Popocatepetl, y semejaba
fantasma colosal. El arco oscuro
a mí llegó, cubrióme, y su grandeza
fue mayor y mayor, hasta que al cabo
en sombra universal veló[14] la tierra.

Volví los ojos al volcán sublime,
que velado en vapores transparentes,
sus inmensos contornos dibujaba
de Occidente en el cielo.
¡Gigante del Anáhuac![15] ¿Cómo el vuelo
de las edades rápidas no imprime
alguna huella en tu nevada frente?
Corre el tiempo veloz, arrebatando
años y siglos como el Norte fiero[16]
precipita ante sí la muchedumbre
de las olas del mar. Pueblos y reyes
viste hervir a tus pies, que combatían
cual hora[17] combatimos y llamaban
eternas sus ciudades, y creían
fatigar a la tierra con su gloria.
Fueron: de ellos no resta ni memoria.
¿Y tú eterno serás? Tal vez un día
de tus profundas bases desquiciado[18]
caerás; abrumará tu gran rüina
al yermo Anáhuac; alzaránse en ella
nuevas generaciones, y orgullosas
que fuiste negarán . . .
Todo perece
por ley universal. Aun este mundo
tan bello y tan brillante que habitamos,
es el cadáver pálido y deforme
de otro mundo que fue . . .[19]

En tal contemplación embebecido
sorprendióme el sopor. Un largo sueño
de glorias engolfadas y perdidas
en la profunda noche de los tiempos
descendió sobre mí. La agreste pompa
de los reyes aztecas desplegóse,
a mis ojos atónitos. Veía
entre la muchedumbre silenciosa
de emplumados caudillos, levantarse
el déspota salvaje en rico trono,
de oro, perlas y plumas recamado;[20]
y al son de caracoles belicosos,[21]
ir lentamente caminando al templo
la vasta procesión, do la aguardaban
sacerdotes horribles, salpicados
con sangre humana rostros y vestidos.
Con profundo estupor[22] el pueblo esclavo
las bajas frentes en el polvo hundía,
y ni mirar a su señor osaba,
de cuyos ojos férvidos brotaba
la saña[23] del poder.
Tales ya fueron
tus monarcas, Anáhuac, y su orgullo:
su vil superstición y tiranía
en el abismo del no ser se hundieron.
Sí, que la muerte, universal señora,
hiriendo a la par al déspota y esclavo,
escribe la igualdad sobre la tumba.
Con su manto benéfico el olvido
tu insensatez oculta y tus furores
a la raza presente y la futura.
Esta inmensa estructura
vio a la superstición más inhumana
en ella entronizarse.[24] Oyó los gritos
de agonizantes víctimas, en tanto
que el sacerdote, sin piedad ni espanto,
les arrancaba el corazón sangriento;
miró el vapor espeso de la sangre
subir caliente al ofendido cielo
y tender en el sol fúnebre velo,
y escuchó los horrendos alaridos
con que los sacerdotes sofocaban
el grito del dolor.

Muda y desierta
ahora te ves, pirámide. ¡Más vale
que semanas de siglos yazcas yerma,[25]
y la superstición a quien serviste

[14] cubrió con un velo
[15] se refiere al volcán extinto *Popocatepetl* (17,784 pies de altura). «Valle del Anáhuac» era el nombre que los indios daban al Valle de México.
[16] el fuerte viento del norte
[17] como ahora
[18] con las bases destruidas
[19] Nótese la profundidad del pensamiento: lo transitorio de todo y la afirmación de que el presente es sólo producto del pasado.
[20] bordado; adornado
[21] cuernos hechos de conchas sonaban en los actos ceremoniales y en tiempo de guerra
[22] (fig.) pasmo, asombro
[23] crueldad
[24] ocupar el lugar más importante
[25] estés desierta

en el abismo del infierno duerma!
A nuestros nietos últimos, empero,
sé lección saludable; y hoy al hombre
que, ciego en su saber fútil y vano,
al cielo, cual Titán, truena orgulloso,
sé ejemplo ignominioso
de la demencia y del furor humano.[26]

En una tempestad[27]

Huracán, huracán, venir te siento,
y en tu soplo abrasado[28]
respiro entusiasmado
del señor de los aires el aliento.

En las alas del viento suspendido
vedle rodar por el espacio inmenso,
silencioso, tremendo, irresistible,
en carrera veloz. La tierra en calma,
siniestra, misteriosa,
contempla con pavor su faz terrible.
Al toro contemplad . . . La tierra escarban[29]
de insufrible ardor sus pies heridos;
la frente poderosa levantando,
y en la henchida nariz fuego aspirando,
llama a la tempestad con sus bramidos.[30]

¡Qué nubes! ¡Qué furor! El sol temblando
vela en triste vapor su faz gloriosa,
y su disco nublado solo vierte
luz fúnebre y sombría,
que no es noche ni día . . .
¡Pavoroso color, velo de muerte!
Los pajarillos tiemblan y se esconden
al acercarse el huracán bramando,
y en los lejanos montes retumbando[31]
le oyen los bosques, y a su voz responden.

Ya llega . . . ¿No lo veis cuál desenvuelve
su manto aterrador y majestuoso? . . .
¡Gigante de los aires, te saludo! . . .
Ved cómo en confusión vuelan en torno
las orlas de su parda vestidura . . .
¡Cómo! . . . ¡En el horizonte
sus brazos furibundos ya se enarcan,[32]
y tendidos abarcan
cuanto alcanzo a mirar de monte a monte!

¡Oscuridad universal! . . . ¡Su soplo
levanta en torbellinos
el polvo de los campos agitado! . . .
En las nubes retumba despeñado[33]
el carro del Señor, y de sus ruedas
brota el rayo veloz, se precipita,
hiere y aterra el delincuente suelo,
y su lívida luz inunda el cielo.

¿Qué rumor? . . . ¿Es la lluvia? . . .
Enfurecida
cae a torrentes, oscurece el mundo,
y todo es confusión, horror profundo.
Cielos, colinas, nubes, caro[34] bosque,
¿dónde estáis? . . . ¿Dónde estáis? Os busco en vano:
desaparecisteis . . . La tormenta umbría
en los aires revuelve un oceano
que todo lo sepulta . . .
Al fin, mundo fatal, nos separamos:
el huracán y yo solos estamos.[35]

---

[26] Este poema se centra realmente en la condición humana y resulta una petición de paz y armonía entre los hombres, ya que su espíritu estaba conturbado por las luchas civiles de México en 1820, fecha del poema.
[27] Silva descriptiva, escrita en Matanzas, Cuba, dos años antes que la oda al Niágara. Es uno de los grandes poemas de Heredia. Véase introducción.
[28] *soplo*: viento; *abrasado*: fig. agitado por una pasión
[29] arañan, rascan la tierra
[30] Nótese esta comparación de la tempestad con un toro, no en forma general, sino en detalles, dando los distintos movimientos y hasta sonidos de aquél que se parecen al fenómeno natural.
[31] resonando con mucho estruendo
[32] *furibundos*: furiosos, coléricos; *enarcan*: arquean
[33] precipitado, arrojado
[34] querido, amado
[35] Este verso demuestra la total identificación entre las pasiones caóticas del autor y el fenómeno natural, algo que recuerda a Lord Byron.

¡Sublime tempestad! ¡Cómo en tu seno,
de tu solemne inspiración henchido,
al mundo vil y miserable olvido
y alzo la frente de deleite lleno!
¿Dó está el alma cobarde
que teme tu rugir . . .? Yo en ti me elevo
al trono del Señor; oigo en las nubes
el eco de su voz: siento a la tierra
escucharle y temblar. Ardiente lloro
desciende por mis pálidas mejillas,
y su alta majestad trémulo adoro.

A Emilia[36]

Desde el suelo fatal de su destierro,[37]
tu triste amigo, Emilia deliciosa,
te dirige su voz; su voz que un día
en los campos de Cuba florecientes,
virtud, amor y plácida esperanza,
cantó felice,[38] de tu bello labio
mereciendo sonrisa aprobadora,
que satisfizo su ambición. Ahora
solo gemir podrá la triste ausencia
de todo lo que amó, y enfurecido,
tronar[39] contra los viles y tiranos
que ajan[40] de nuestra patria desolada
el seno virginal. Su torvo ceño[41]
mostróme el despotismo vengativo,
y en torno de mi frente, acumulada,
rugió la tempestad. Bajo tu techo
la venganza burlé de los tiranos.
Entonces tu amistad celeste, pura,
mitigaba el horror a los insomnios
de tu amigo proscrito y sus dolores.
Me era dulce admirar tus formas bellas
y atender a tu acento regalado,[42]
cual lo es al miserable encarcelado
el aspecto del cielo y las estrellas.
Horas indefinibles, inmortales,
de angustia tuya y de peligro mío,
¡cómo volaron! Extranjera nave
arrebatóme[43] por el mar sañudo,[44]
cuyas oscuras, turbulentas olas
me apartan ya de playas españolas.

Heme libre, por fin; heme distante
de tiranos y siervos. Mas, Emilia,
¡qué mudanza cruel! Enfurecido
brama el viento invernal: sobre sus olas
vuela y devora el suelo desecado
el hielo punzador.[45] Espesa niebla
vela el brillo del sol, cierra el cielo,
que en dudoso horizonte se confunde
con el oscuro mar. Desnudos gimen
por doquiera los árboles la saña
del viento azotador. Ningún ser vivo
se ve en los campos. Soledad inmensa
reina y desolación, y el mundo yerto[46]
sufre de invierno cruel la tiranía.

¿Y es esta la mansión que trocar[47] debo
por los campos de luz, el cielo puro,
la verdura inmortal y eternas flores,
y las brisas balsámicas del clima
en que el primero sol brilló a mis ojos
entre dulzura y paz? . . . Estremecido
me detengo, y agólpanse a mis ojos
lágrimas de furor . . . ¿Qué importa? Emilia,
mi cuerpo sufre, pero mi alma fiera

---

[36] Este poema es realmente una carta en verso dirigida a «Pepilla» de Arango y Manzano, belleza de Matanzas, hija de don José de Arango y Castillo. Por una ironía del destino, la joven se casó más tarde con un ayudante del general Tacón, el máximo perseguidor del poeta.
[37] algún lugar de los Estados Unidos
[38] feliz. Licencia poética
[39] gritar con gran ruido
[40] maltratan
[41] *torvo*: airado o irritado; *ceño*: demostración de disgusto que se hace arrugando la frente
[42] delicado
[43] me quitó con violencia
[44] muy agitado y tempestuoso
[45] que pincha o hiere
[46] tieso, derecho
[47] cambiar

con noble orgullo y menosprecio aplaude
su libertad[48] Mis ojos doloridos
no verán ya mecerse de la palma
la copa gallardísima, dorada
por los rayos del sol en Occidente;
ni a la sombra de plátano sonante
el ardor burlaré del mediodía,
inundando mi faz en la frescura
que aspira el blanco Céfiro.[49] Mi oído,
en lugar de tu acento regalado,
o del eco apacible y cariñoso
de mi madre, mi hermana y mis amigos,
tan solo escucha de extranjero idioma
los bárbaros sonidos; pero, al menos,
no lo fatiga del tirano infame
el clamor insolente, ni el gemido
del esclavo infeliz ni del azote
el crujir execrable que emponzoñan[50]
la atmósfera de Cuba. ¡Patria mía,
idolatrada patria!, tu hermosura
goce el mortal en cuyas torpes venas
gira con lentitud la yerta sangre,
sin alterarse al grito lastimoso
de la opresión. En medio de tus campos,
de luz vestidos y genial belleza,
sentí mi pecho férvido agitado
por el dolor, como el Oceano brama
cuando le azota el Norte. Por las noches,
cuando la luz de la callada luna
y del limón el delicioso aroma,
llevado en alas de la tibia brisa
a voluptuosa calma convidaban,
mil pensamientos de furor y saña
entre mi pecho hirviendo, me nublaban
el congojado espíritu, y el sueño
en mi abrasada frente no tendía
sus alas vaporosas. De mi patria
bajo el hermoso desnublado[51] cielo,
no pude resolverme[52] a ser esclavo,
ni consentir que todo en la Natura
fuese noble y feliz, menos el hombre.[53]
Miraba ansioso el cielo y a los campos
que en derredor callados se tendían,
y en mi lánguida frente se veían
la palidez mortal y la esperanza.

Al brillar mi razón,[54] su amor primero
fue la sublime dignidad del hombre,
y al murmurar de patria el dulce nombre,
me llenaba de horror el extranjero.
¡Pluguiese al Cielo, desdichada Cuba,
que tu suelo tan solo produjese
hierro y soldados! La codicia ibera[55]
no tentáramos, ¡no! Patria adorada,
de tus bosques el aura[56] embalsamada,
es al valor, a la virtud funesta.
¿Cómo viendo tu sol radioso, inmenso,
no se inflama en los pechos de tus hijos
generoso valor contra los viles
que te oprimen audaces y devoran?

¡Emilia! ¡Dulce Emilia! La esperanza
de inocencia, de paz y de ventura
acabó para mí. ¿Qué gozo resta
al que desde la nave fugitiva
en el triste horizonte de la tarde
hundirse vio los montes de su patria
por la postrera vez? A la mañana
alzóse el sol, y me mostró desiertos
el firmamento y mar . . . ¡Oh! ¡Cuán odiosa
me pareció la mísera existencia!
Bramaba en torno la tormenta fiera,
y yo, sentado en la agitada popa
del náufrago bajel, triste y sombrío,
los torvos ojos en el mar fijando,
meditaba de Cuba en el destino
y en sus tiranos viles, y gemía,
y de rubor y cólera temblaba,
mientras el viento en derredor[57] rugía
y mis sueltos cabellos agitaba.

¡Ah! También otros mártires . . . ¡Emilia!
Doquier[58] me sigue en ademán severo
del noble Hernández[59] la querida imagen.

---

[48] En medio de su dolor de desterrado mantiene una actitud rebelde e independiente basada en el amor a la libertad.
[49] (poét.) viento suave
[50] *crujir*: hacer ruido un cuerpo al romperse o chocar; *emponzoñan*: envenenan
[51] sin nubes, claro
[52] decidirme a
[53] Nótese esta meditación moral comparando la naturaleza y el hombre.
[54] al comenzar a tener razón
[55] ambición española
[56] brisa suave
[57] alrededor, en torno (de)
[58] adondequiera
[59] un íntimo amigo de Heredia, quien fue un héroe de la causa por la libertad de Cuba

¡Eterna paz a su injuriada sombra,
mi amigo malogrado! Largo tiempo
el gran flujo y reflujo[60] de los años,
por Cuba pasará sin que produzca
otra alma cual la tuya, noble y fiera.
¡Víctima de cobardes y tiranos,
descansa en paz! Si nuestra patria ciega,
su largo sueño sacudiendo, llega
a despertar a libertad y gloria,
honrará, como debe, tu memoria.

¡Presto[61] será que refulgente aurora
de libertad sobre su puro cielo
mire Cuba lucir![62] Tu amigo, Emilia,
de hierro fiero y de venganza armado,
a verte volverá, y en voz sublime
entonará de triunfo el himno bello.
Mas si en las lides enemiga fuerza
me postra[63] ensangrentado, por lo menos,
no tendrá mi cadáver tierra extraña,
y regado en mi féretro glorioso
por el llanto de vírgenes y fuertes,
me adormiré: la universal ternura
excitaré dichoso, y enlazada
mi lira de dolores con mi espada,[64]
coronarán mi noble sepultura.

Niágara[65]

Templad mi lira, dádmela, que siento
en mi alma estremecida y agitada
arder la inspiración. ¡Oh! ¡Cuánto tiempo
en tinieblas pasó, sin que mi frente
brillase con su luz! . . . Niágara undoso,[66]
tu sublime terror solo podría
tornarme[67] el don divino, que ensañada,
me robó del dolor la mano impía.

Torrente prodigioso, calma, acalla
tu trueno aterrador; disipa un tanto
las tinieblas que en torno te circundan;
déjame contemplar tu faz serena,
y de entusiasmo ardiente mi alma llena.
Yo digno soy de contemplarte; siempre
lo común y mezquino[68] desdeñando,
ansié por lo terrífico y sublime.
Al despeñarse el huracán furioso,
al retumbar sobre mi frente el rayo,
palpitando gocé: vi al Oceano,
azotado por Austro proceloso,[69]
combatir mi bajel, y ante mis plantas
vórtice hirviente abrir, y amé el peligro.
Mas del mar la fiereza
en mi alma no produjo
la profunda impresión que tu grandeza.

Sereno corres, majestuoso; y luego
en ásperos peñascos quebrantado
te abalanzas violento, arrebatado,
como el destino irresistible y ciego.
¿Qué voz humana describir podría
de la sirte[70] rugiente
la aterradora faz? El alma mía
en vago pensamiento se confunde
al mirar esa férvida corriente
que en vano quiere la turbada vista
en su vuelo seguir al borde oscuro
del precipicio altísimo: mil olas,[71]
cual pensamiento rápidas pasando,
chocan y se enfurecen,
y otras mil y otras mil ya las alcanzan,
y entre espuma y fragor desaparecen.

¡Ved! ¡Llegan, saltan! El abismo horrendo
devora los torrentes despeñados:
crúzanse en él mil iris, y asordados
vuelven los bosques el fragor tremendo.

---

[60] movimiento (como el de los líquidos o mareas)
[61] pronto, rápido
[62] Tiene un tono optimista respecto a la libertad de Cuba
[63] derriba, humilla
[64] Heredia quería ser tanto poeta como soldado de la Independencia.
[65] Una oda, aunque escrita en forma de silva porque alterna versos endecasílabos y heptasílabos, rimados caprichosamente. Véase la introducción para más ideas críticas sobre esta composición.
[66] que forma ondas (como un río)
[67] devolverme
[68] lo pequeño y bajo
[69] *Austro*: viento del Sur; *proceloso*: borrascoso, tormentoso
[70] banco o bajo de arena
[71] Nótese la perfecta descripción de los distintos movimientos y aspectos del torrente. Los versos se dinamizan para captar la rapidez de las aguas de la catarata.

En las rígidas peñas
rómpese el agua; vaporosa nube
con elástica fuerza
llena el abismo en torbellino, sube,
gira en torno, y el éter[72]
luminosa pirámide levanta,
y por sobre los montes que le cercan
al solitario cazador espanta.
Mas ¿qué en ti busca mi anhelante vista
con inútil afán?[73] ¿Por qué no miro
alrededor de tu caverna inmensa
las palmas, ¡ay!, las palmas deliciosas,
que en las llanuras de mi ardiente patria
nacen del sol a la sonrisa, y crecen,
y al soplo de las brisas del Oceano
bajo un cielo purísimo se mecen?

Este recuerdo a mi pesar[74] me viene . . .
Nada, ¡oh Niágara!, falta a tu destino,
ni otra corona que el agreste pino
a tu terrible majestad conviene.
La palma y mirto y delicada rosa,
muelle[75] placer inspiren y ocio blando
en frívolo jardín: a ti la suerte
guardó más digno objeto, más sublime.
El alma, libre, generosa, fuerte,
viene, te ve, se asombra,
el mezquino deleite menosprecia,
y aun se siente elevar cuando te nombra.

¡Omnipotente Dios! En otros climas
vi monstruos execrables,
blasfemando tu nombre sacrosanto,
sembrar error y fanatismo impío,
los campos inundar en sangre y llanto,
de hermanos atizar la infanda guerra,
y desolar frenéticos la tierra.
Vilos, y el pecho se inflamó a su vista
en grave indignación. Por otra parte
vi mentidos[76] filósofos, que osaban
escrutar[77] tus misterios, ultrajarte,
y de impiedad al lamentable abismo
a los míseros hombres arrastraban.
Por eso te buscó mi débil mente
en la sublime soledad: ahora
entera se abre a Ti; tu mano siente
en esta inmensidad que me circunda,
y tu profunda voz hiere mi seno
de este raudal en el eterno trueno.

¡Asombroso torrente!
¡Cómo tu vista el ánimo enajena,[78]
y de terror y admiración me llena!
¿Dó tu origen está? ¿Quién fertiliza
por tantos siglos tu inexhausta fuente?
¿Qué poderosa mano
hace que al recibirte
no rebose en la tierra el Oceano?

Abrió el Señor su mano omnipotente;
cubrió tu faz de nubes agitadas,
dio su voz a tus aguas despeñadas,
y ornó[79] con su arco tu terrible frente.
¡Ciego, profundo, infatigable corres,
como el torrente oscuro de los siglos
en insondable eternidad . . . ! ¡Al hombre
huyen así las ilusiones gratas,
los florecientes días,
y despierta al dolor . . . ! ¡Ay!, agostada[80]
yace mi juventud; mi faz, marchita;
y la profunda pena que me agita
ruga mi frente, de dolor nublada.

Nunca tanto sentí como este día
mi soledad y mísero abandono
y lamentable desamor . . . ¿Podría
en edad borrascosa
sin amor ser feliz? ¡Oh! ¡Si una hermosa
mi cariño fijase,
y de este abismo al borde turbulento
mi vago pensamiento
y ardiente admiración acompañase!
¡Cómo gozara, viéndola cubrirse
de leve palidez, y ser más bella
en su dulce terror, y sonreírse
al sostenerla mis amantes brazos . . . !
¡Delirios de virtud . . . ! ¡Ay! ¡Desterrado,
sin patria, sin amores,
solo miro ante mí llanto y dolores!

---

[72] fluido sutil
[73] De aquí en adelante vemos como el poeta presenta las meditaciones de tipo filosófico que el fenómeno natural le inspira.
[74] para producirme pena o dolor
[75] blando, delicado
[76] falsos
[77] examinar
[78] (fig.) embelesa, distrae
[79] adornó
[80] seca

¡Niágara poderoso!
¡Adiós!, ¡adiós! Dentro de pocos años
ya devorado habrá la tumba fría
a tu débil cantor. ¡Duren mis versos
cual tu gloria inmortal! ¡Pueda piadoso,
viéndote algún viajero,
dar un suspiro a la memoria mía!
Y al abismarse Febo en Occidente,[81]
feliz yo vuele do el Señor me llama,
y al escuchar los ecos de mi fama,
alce en las nubes la radiosa frente.

Himno del desterrado[82]

Reina el sol, y las olas serenas
corta en torno la proa triunfante,
y hondo rastro de espuma brillante
va dejando la nave en el mar.
«¡Tierra!,» claman; ansiosos miramos
al confín del sereno horizonte,
y a lo lejos descúbrese un monte . . .
Lo conozco . . . ¡Ojos tristes, llorad!

Es el Pan[83] . . . En su falda[84] respiran
el amigo más fino y constante,
mis amigas preciosas, mi amante . . .
¡Qué tesoros de amor tengo allí!
Y más lejos, mis dulces hermanas,
y mi madre, mi madre adorada,
de silencio y dolores cercada
se consume gimiendo por mí.

¡Cuba, Cuba, que vida me diste,
dulce tierra de luz y hermosura!
¡Cuánto sueño de gloria y ventura[85]
tengo unido a tu suelo feliz!
¡Y te vuelvo a mirar! . . . ¡Cuán severo
hoy me oprime el rigor de mi suerte!
La opresión me amenaza con muerte
en los campos do al mundo nací.

Mas ¿qué importa que truene el tirano?
Pobre, sí, pero libre me encuentro;
sola el alma del alma es el centro:[86]
¿Qué es el oro sin gloria ni paz?
Aunque errante y proscrito me miro
y me oprime el destino severo,
por el cetro del déspota ibero
no quisiera mi suerte trocar.

Pues perdí la ilusión de la dicha,
dame, ¡oh gloria!, tu aliento divino.
¿Osaré maldecir mi destino,
cuando puedo vencer o morir?
Aun habrá corazones en Cuba
que me envidien de mártir la suerte,
y prefieran espléndida muerte
a su amargo, azaroso[87] vivir.

De un tumulto de males cercado
el patriota inmutable y seguro,
o medita en el tiempo futuro,
o contempla en el tiempo que fue.
Cual los Andes en luz inundados
a las nubes superan serenos,
escuchando a los rayos y truenos
retumbar hondamente a su pie.

---

[81] al obscurecer
[82] Escrito en octavas de versos decasílabos (10 sílabas). En cuanto a la rima, los versos 1° y 5° son libres; el 2° y 3° son consonantes y riman entre sí e igual sucede con el 6° y el 7°. El 4° y el 8°, siempre agudos, riman en forma consonante o asonante. Constituye la estrofa típica de los himnos de guerra escritos en español.
[83] el *Pan de Matanzas*, montaña no muy alta al norte de la provincia de Matanzas, Cuba
[84] ladera, lado de una montaña
[85] felicidad, suerte
[86] Nótese la profundidad de este pensamiento.
[87] inseguro, arriesgado; desgraciado

¡Dulce Cuba! En tu seno se miran,[88]
en su grado más alto y profundo,
la belleza del físico mundo,
los horrores del mundo moral.
Te hizo el cielo la flor de la tierra;
mas tu fuerza y destinos ignoras,
y de España en el déspota adoras
al demonio sangriento del mal.

¿Ya qué importa que al cielo te tiendas
de verdura perenne vestida
y la frente de palmas ceñida
a los besos ofrezcas del mar,
si el clamor del tirano insolente,
del esclavo el gemir lastimoso,
y el crujir del azote horroroso
se oye solo en tus campos sonar?

Bajo el peso del vicio insolente
la virtud desfallece[89] oprimida,
y a los crímenes y oro vendida
de las leyes la fuerza se ve.
Y mil necios, que grandes se juzgan
con honores al peso comprados,[90]
al tirano idolatran postrados[91]
de su trono sacrílego al pie.

Al poder el aliento se oponga,
y a la muerte contraste la muerte:
la constancia encadena la suerte,
siempre vence quien sabe morir.[92]
Enlacemos un nombre glorioso
de los siglos al rápido vuelo:
elevemos los ojos al cielo,
y a los años que están por venir.

Vale más a la espada enemiga
presentar el impávido[93] pecho,
que yacer de dolor en un lecho,
y mil muertes muriendo sufrir.
Que la gloria en las lides anima
el ardor del patriota constante,
y circunda con halo brillante
de su muerte el momento feliz.

¿A la sangre teméis . . .? En las lides
vale más derramarla a raudales,
que arrastrarla en sus torpes canales
entre vicios, angustias y horror.
¿Qué tenéis? Ni aun sepulcro seguro
en el suelo infelice cubano.
¿Nuestra sangre no sirve al tirano
para abono del suelo español?

Si es verdad que los pueblos no pueden
existir sino en dura cadena,
y que el cielo feroz los condena
a ignominia y eterna opresión;
de verdad tan funesta[94] mi pecho
el horror melancólico abjura,[95]
por seguir la sublime locura
de Washington y Bruto y Catón.[96]

¡Cuba! Al fin te verás libre y pura[97]
como el aire de luz que respiras,
cual las hondas hirvientes que miras
de tus playas la arena besar.
Aunque viles traidores le sirvan,
del tirano es inútil la saña,
que no en vano entre Cuba y España
tiende inmenso sus olas el mar.

---

[88] Breve y precisa descripción de la situación social y moral de Cuba en esta época. Nótese cómo contrasta la naturaleza con la obra del hombre.
[89] sufre decaimiento, falta de ánimo
[90] con honores que han comprado con dólares
[91] hincados de rodillas, humillándose por tierra
[92] Este bello y profundo concepto ha gozado de mucha fama.
[93] atrevido, valiente
[94] desgraciada, triste
[95] renuncia
[96] George Washington: general y político norteamericano (1732–1799), primer presidente de la república (1789–1797); Marco Junio Bruto: ahijado de César (¿85?–42 a.C.), participó en la conspiración contra ese Emperador, luego se suicidó; Marco Porcio llamado Catón de Utica: (95–46 a.C.), defensor de la libertad contra César, vivió y murió como un estoico.
[97] Optimismo típico de Heredia sobre el futuro de Cuba que levantaba la esperanza en los cubanos

Esteban Echeverría

ARGENTINA, 1805–1851

A Esteban Echeverría se le ha llamado, con razón, el patriarca del Romanticismo argentino, tanto en el plano político como en el literario. Propugnó por la adopción del nuevo credo político además de seguirlo al pie de la letra en toda su obra. Nació en Buenos Aires de una familia con medios económicos. Asistió al Colegio de Ciencias Morales y cuando tenía veintiún años viajó a París donde permaneció casi cinco años (1826–1830), precisamente en el instante de apogeo del Romanticismo. Estudió a los grandes escritores y filósofos ingleses, franceses y alemanes, cimentando un profundo conocimiento de las literaturas europeas y poniéndose al día en las doctrinas sociales y políticas de la época. Las influencias en su obra están constituidas por los autores que más admiraba y leía: En el campo literario: Byron, Lamartine, Chateaubriand, Goethe y Schiller, y en el pensamiento, Benjamín Constand, Victor Cousin y, especialmente Pierre Leroux.

Regresó a Buenos Aires en 1830 para encontrarse con la férrea tiranía de Rosas (1829–1852). Bien pronto se agruparon junto a él los jóvenes intelectuales, escritores y políticos más distinguidos de la época que deseaban libertar a su país y orientar la literatura por nuevos rumbos. Sus esfuerzos culminaron en la fundación de la famosa *Asociación de Mayo* (1837), firme opositora de Rosas. Perseguido por la dictadura buscó refugio en Montevideo, donde continuó su lucha política y su obra literaria, hasta su muerte.

La obra literaría de Echeverría comprende versos, narrativa, y prosa política, social, de crítica literaria y de arte. Incorporó el programa romántico a sus libros poéticos, iniciados con *Elvira o La novia del Plata* (1832), poemita que constituye las primicias de la poesía romántica argentina. A un amigo le dice: «Excuso hablarle de las novedades introducidas en mi poema, y de que no hallará modelo ninguno en la poesía castellana, siendo su origen la poesía del siglo, la poesía romántica inglesa, francesa y alemana, porque usted está tan al corriente como yo». Después publicó *Los consuelos* (1834), compuesta de treinta y siete poemas, primera colección de ese tipo publicada en el país. El libro tuvo un éxito resonante y se caracteriza por la influencia de Byron y la concreción de elementos románticos como el subjetivismo, el pesimismo y la melancolía. El libro respondía a los anhelos de reforma de la nueva generación y constituyó una verdadera revolución. Tres años después dio a conocer *Rimas* (1837) donde se encuentra *La cautiva,* largo poema considerado como la obra cumbre de su poesía. A través de procedimientos románticos dramatiza la naturaleza argentina —la pampa específicamente— el color local y las tradiciones populares. De esa manera incorpora este vasto territorio a la literatura argentina, donde vivirá todo el largo proceso de la «poesía gauchesca». *La cautiva* utiliza un tema nativo y exalta el sentimiento nacional. El poema no está exento de elementos melodramáticos, pero presenta un cuadro vigoroso y realista de la pampa, más una historia de amor. La versificación, casi toda en octosílabos, corre muy fluida hacia los momentos dramáticos, pero la inspiración no se mantiene siempre a la altura que debe. Luego Echeverría publicó otros poemas extensos que no llegan a superar este esfuerzo. No era realmente un poeta de primera línea, aunque hay que otorgarle el crédito que merece como iniciador de un movimiento renovador que sacudió las raíces de la vida política y literaria.

Mucho más mérito presenta su abundante prosa. Entre sus trabajos literarios sobresale «El matadero» (1838), el primer cuento argentino, en el cual anticipa técnicas utilizadas por la prosa narrativa contemporánea como son la integración de un vigoroso cuadro realista con la proyección simbólica o alegórica de la trama, a la que se añaden técnicas superrealistas usadas luego por Kafka y varios de los más reputados novelistas hispanoamericanos. «El matadero» ha pasado a ser una de las obras maestras de la literatura de ficción de este continente. En el aspecto social y político se destaca el famoso *Dogma socialista* (1846), versión revisada y ampliada del *Credo de la Asociación de Mayo de 1837*, en el que se fijan los objetivos de la lucha de esa organización revolucionaria. El «Credo» se resume en quince «Palabras símbólicas», que fueron guía de la lucha contra la tiranía. También dejó Echeverría una excelente prosa literaria donde sobresalen aquellos trabajos dedicados a la defensa de la nueva teoría literaria. La justa fama de Echeverría se basa en su papel de iniciador: orientó a los jóvenes en el nuevo liberalismo político, los inició en la literatura romántica abriendo así nuevos horizontes para el arte, y les dio el ejemplo de una acción cívica ejemplar encaminada a lograr la verdadera democracia para la Argentina.

FUENTE: *Obras completas*, 5 vols., Buenos Aires, Antonio Zamora, 1951 (Col. Argentina, 1), nueva edición de la hecha por Juan María Gutiérrez.

Rimas

1837

La cautiva[1]

I

EL DESIERTO[2]

Ils vont. L'espace est grand.[3]—Victor Hugo

En todo clima el corazón de la mujer es tierra fértil en afectos generosos; ellas en cualquier circunstancia de la vida saben, como la Samaritana, prodigar el óleo y el vino.—Byron

Era la tarde, y la hora
en que el sol la cresta dora
de los Andes. El desierto
inconmensurable, abierto
y misterioso a sus pies
se extiende, triste el semblante,[4]
solitario y taciturno
como el mar, cuando un instante,
el crepúsculo nocturno,
pone rienda a su altivez.

Gira en vano, reconcentra
su inmensidad, y no encuentra
la vista, en su vivo anhelo,
do fijar su fugaz vuelo,
como el pájaro en el mar.
Doquier campos y heredades[5]
de ave y bruto guaridas;
doquier cielo y soledades
de Dios sólo conocidas,
que Él sólo puede sondar.[6]

A veces la tribu errante
sobre el potro rozagante,[7]
cuyas crines[8] altaneras
flotan al viento ligeras,
lo cruza cual torbellino
y pasa; o su toldería[9]
sobre la grama frondosa
asienta, esperando el día . . .
Duerme . . . , tranquila reposa . . . ,
sigue veloz su camino.

¡Cuántas, cuántas maravillas
sublimes, y a par sencillas,
sembró la fecunda mano
de Dios allí! ¡Cuánto arcano[10]
que no es dado al vulgo ver!
La humilde hierba, el insecto,
la aura[11] aromática y pura,
el silencio, el triste aspecto
de la grandiosa llanura,
el pálido anochecer.

Las armonías del viento,
dicen más al pensamiento
que todo cuanto a porfía[12]
la vana filosofía

---

[1] La estructura métrica y estrófica del poema es muy variada: comienza con una especie de décimas (no clásicas), pero luego emplea el romance y otras formas estróficas y de versos que se indicarán en el lugar oportuno. El poema consta de seis partes y un epílogo titulado «María». El argumento es el siguiente: El capitán Brian cae prisionero de los indios, hecho que éstos celebran con un festín. Su esposa María viene a su rescate y cuando huyen por la pampa se produce un gran incendio y el capitán muere. Después de vagar por varios días, María se encuentra con un grupo de soldados de su marido. Al informarle éstos que su hijito ha sido degollado por los indios, la valiente mujer cae muerta.

[2] se refiere a la *pampa* incultivada, vasta y desierta, pero verde y muy fértil en vez de árida

[3] Víctor Hugo: el célebre poeta romántico francés (1802–1885) y Lord Byron: poeta romántico inglés (1788–1824). Ambas frases guardan estrecha relación con el asunto del poema.

[4] rostro, cara

[5] propiedades, extensiones de tierra

[6] sondear: reconocer; examinar

[7] *potro*: caballo joven; *rozagante*: muy vistoso y saludable

[8] *crines*: pelos del caballo

[9] (Arg.) conjunto de chozas o campamento de los salvajes

[10] secreto

[11] el aura, brisa suave

[12] en competencia o emulación

pretende altiva enseñar.
¡Qué pincel podrá pintarlas
sin deslucir su belleza!
¡Qué lengua humana alabarlas!
Solo el genio su grandeza
puede sentir y admirar.

Ya el sol su nítida frente
reclinaba en Occidente,
derramando por la esfera
de su rubia cabellera
el desmayado fulgor.
Sereno y diáfano el cielo,
sobre la gala verdosa
de la llanura, azul velo
esparcía misteriosa,
sombra dando a su color.

El aura, moviendo apenas
sus alas de aroma llenas,
entre la hierba bullía[13]
del campo, que parecía
como un piélago[14] ondear.
Y la tierra, contemplando
del astro rey la partida,
callaba, manifestando,
como en una despedida,
en su semblante pesar.

Solo a ratos, altanero,
relinchaba un bruto fiero[15]
aquí o allá en la campaña;
bramaba un toro de saña,
rugía un tigre feroz;
o las nubes contemplando,
como extático y gozoso,
el yajá,[16] de cuando en cuando,
turbaba el mudo reposo
con su fatídica voz.

Se puso el sol; parecía
que el vasto horizonte ardía;
la silenciosa llanura[17]
fue quedando más oscura,
más pardo el cielo, y en él,
con luz trémula brillaba
una que otra estrella, y luego
a los ojos se ocultaba,
como vacilante fuego
en soberbio chapitel.[18]

El crepúsculo, entre tanto,
con su claroscuro manto,
veló[19] la tierra; una faja
negra, como una mortaja,
el horizonte cubrió.
Mientras, la noche bajando
lenta venía. La calma,
que contempla suspirando,
inquieta, a veces, el alma,
con el silencio reinó.

Entonces, como el rüido
que suele hacer el tronido[20]
cuando retumba lejano,
se oyó en el tranquilo llano
sordo y confuso clamor;
se perdió . . . , y luego violento,
como baladro[21] espantoso
de turba inmensa, en el viento
se dilató sonoroso,
dando a los brutos pavor.

Bajo la planta sonante
del ágil potro arrogante,
el duro suelo temblaba,
y envuelto en polvo cruzaba
como animado tropel,
velozmente cabalgando;
veíanse lanzas agudas,
cabezas, crines ondeando,
y como formas desnudas
de aspecto extraño y cruel.

¿Quién es? ¿Qué insensata turba
con su alarido perturba
las calladas soledades
de Dios, do las tempestades
solo se oyen resonar?
¿Qué humana planta orgullosa

[13] hervía, se movía
[14] (poét.) océano, mar
[15] un caballo
[16] pájaro cuya voz dice *yajá, yajá,* que quiere decir «vamos, vamos» en Guaraní
[17] la pampa
[18] remate en forma de pirámide de una torre
[19] puso un velo, cubrió
[20] estampido del trueno
[21] grito, chillido, alarido

se atreve a hollar[22] el desierto
cuando todo en él reposa?
¿Quién viene seguro puerto
en sus yermos[23] a buscar?

¡Oíd! Ya se acerca el bando
de salvajes,[24] atronando
todo el campo convecino.
¡Mirad! Como torbellino
hiende[25] el espacio veloz.
El fiero ímpetu no enfrena
del bruto que arroja espuma;
vaga al viento su melena,
y con ligereza suma
pasa en ademán[26] atroz.

¿Dónde va? ¿De dónde viene?
¿De qué su gozo proviene?
¿Por qué grita, corre, vuela,
clavando al bruto la espuela,
sin mirar alrededor?
¡Ved! Que las puntas ufanas
de sus lanzas, por despojos[27]
llevan cabezas humanas,
cuyos inflamados ojos
respiran aún furor.

Así el bárbaro hace ultraje
al indomable coraje
que abatió su alevosía;[28]
y su rencor todavía
mira con torpe placer
las cabezas que cortaron
sus inhumanos cuchillos,
exclamando: «Ya pagaron
del cristiano los caudillos
el feudo a nuestro poder.

Ya los ranchos[29] do vivieron
presa de las llamas fueron,
y muerde el polvo abatida[30]
su pujanza tan erguida.
¿Dónde sus bravos están?
Vengan hoy del vituperio,[31]
sus mujeres, sus infantes,
que gimen en cautiverio,
a libertar; como antes
nuestras lanzas probarán.»

Tal decía; y bajo el callo[32]
del indómito caballo,
crujiendo el suelo temblaba;
hueco y sordo retumbaba
su grito en la soledad.
Mientras, la noche, cubierto
el rostro en manto nubloso,
echó en el vasto desierto
su silencio pavoroso,
su sombría majestad.

ii

EL FESTÍN[33]

. . . orribile favelle,
parole di dolor, accenti d'ira,
voci alte e fioche, e suon di man con elle
facevan un tumulto. . .[34]—Dante

Noche es el vasto horizonte;
noche el aire, cielo y tierra.
Parece haber apiñado[35]
el genio de las tinieblas,
para algún misterio inmundo
sobre la llanura inmensa,
la lobreguez[36] del abismo
donde inalterable reina.

---

[22] pisar
[23] desiertos
[24] indios
[25] rompe
[26] gesto
[27] lo que el vencedor quita al vencido
[28] perfidia; traición
[29] cabañas hechas de paja
[30] *muerde el polvo*: vencida; *abatida*: decaída, derrotada
[31] afrenta, oprobio
[32] aquí, pata, casco
[33] fiesta o banquete con baile, música, bebida, etc; orgía
[34] Este pasaje está en el Canto III del *Infierno* de *La Divina Comedia* de Dante Alighieri, poeta italiano (1265–1321). La frase quiere decir: «. . . extrañas lenguas, horribles expresiones de dolor, acentos de ira, voces altas y desfallecimiento, y sonidos de manos, con ellas estaban haciendo un tumulto» . . .
[35] juntado
[36] obscuridad

Solo inquietos divagando,[37]
por entre las sombras negras,
los espíritus foletos[38]
con viva luz reverberan,
se disipan, reaparecen,
vienen, van, brillan, se alejan.
Mientras, el insecto chilla,
y en fachinales[39] o cuevas
los nocturnos animales
con triste aullido se quejan.

La tribu aleve,[40] entre tanto,
allá en la pampa desierta,
donde el cristiano atrevido
jamás estampa la huella,
ha reprimido del bruto
la estrepitosa carrera;
y campo tiene fecundo
al pie de una loma extensa,
lugar hermoso, do a veces
sus tolderías asienta.

Feliz la maloca[41] ha sido;
rica y de estima[42] la presa
que arrebató a los cristianos:
caballos, potros y yeguas,[43]
bienes que en su vida errante
ella más que el oro precia,
muchedumbre de cautivas,
todas jóvenes y bellas.
Sus caballos, en manadas,
pacen la fragante hierba;
y al lazo, algunos prendidos,
a la pica o la manea,[44]
de sus indolentes amos
el grito de alarma esperan.
Y no lejos de la turba,
que charla ufana y hambrienta,
atado entre cuatro lanzas
como victima en reserva,
noble espíritu valiente[45]
mira vacilar su estrella;
al paso que[46] su infortunio,
sin esperanza, lamentan,
rememorando su hogar,
los infantes y las hembras.

Arden en medio del campo,
con viva luz, las hogueras;
sopla el viento de la pampa,
y el humo y las chispas vuelan.
A la charla interrumpida,
cuando el hambre está repleta,
sigue el cordial regocijo,
el beberaje y la gresca,[47]
que apetecen los varones
y las mujeres detestan.
El licor espirituoso
en grandes bacías[48] echan,
y, tendidos de barriga
en derredor, la cabeza
meten sedientos y apuran[49]
el apetecido néctar,
que bien pronto los convierte
en abominables fieras.

Cuando algún indio, medio ebrio,
tenaz, metiendo la lengua,
sigue en la preciosa fuente
y beber también no deja
a los que aguijan[50] furiosos,
otro viene, de las piernas
lo agarra, tira y arrastra,
y en lugar suyo se espeta.[51]
Así bebe, ríe, canta,
y al regocijo sin rienda
se da la tribu; aquel ebrio
se levanta y bambolea,
a plomo[52] cae, y, gruñendo,[53]
como animal se revuelca.
Este chilla, algunos lloran,
y otros a beber empiezan.

---

[37] errando, vagando a la ventura
[38] alocados, faltos de seso (cerebro)
[39] lugares cenagosos (con agua y lodo)
[40] traidora, pérfida
[41] expedición, correría, incursión
[42] consideración
[43] hembras del caballo
[44] *pica*: lanza; *manea*: cuerda o cadena con que se amarra un animal
[45] el capitán Brian, el protagonista de esta narración
[46] *estrella*: (fig.) suerte; *al paso que*: sin detenerse
[47] algazara, jaleo; pelea
[48] vasijas bajas con bordes anchos
[49] beben
[50] hincan, pinchan
[51] mete, introduce
[52] directa y pesadamente
[53] emitiendo una voz ronca, desagradable

De la chusma toda al cabo
la embriaguez se enseñorea,[54]
y hace andar en remolinos
sus delirantes cabezas.
Empieza el bullicio entonces
y la algazara tremenda,
el infernal alarido
y las voces lastimeras.
Mientras, sin alivio lloran
las cautivas miserables,
y los ternezuelos niños,
al ver llorar a sus madres. [. . .]

El matadero[55]

1838

A pesar de que la mía es historia, no la empezaré por el arca de Noé y la genealogía de sus ascendientes como acostumbraban hacerlo los antiguos historiadores españoles de América, que deben ser nuestros prototipos. Tengo muchas razones para no seguir ese ejemplo, las que callo por no ser difuso. Diré solamente que los sucesos de mi narración pasaban por los años de Cristo de 183 . . . Estábamos, a más, en cuaresma,[56] época en que escasea la carne en Buenos Aires, porque la Iglesia, adoptando el precepto de Epicteto,[57] *sustine, abstine* (sufre, abstente), ordena vigilia y abstinencia a los estómagos de los fieles a causa de que la carne es pecaminosa, y, como dice el proverbio, busca a la carne. Y como la Iglesia tiene *ab initio*[58] y por delegación directa de Dios, el imperio inmaterial sobre las conciencias y los estómagos, que en manera alguna pertenecen al individuo, nada más justo y racional que vede[59] lo malo.

Los abastecedores, por otra parte, buenos federales, y por lo mismo buenos católicos, sabiendo que el pueblo de Buenos Aires atesora una docilidad singular para someterse a toda especie de mandamiento, sólo traen en días cuaresmales al matadero los novillos[60] necesarios para el sustento de los niños y los enfermos dispensados de la abstinencia por la bula[61] y no con el ánimo de que se harten[62] algunos herejotes, que no faltan, dispuestos siempre a violar los mandamientos carnificinos de la Iglesia, y a contaminar la sociedad con el mal ejemplo.

Sucedió, pues, en aquel tiempo, una lluvia muy copiosa. Los caminos se anegaron;[63] los pantanos se pusieron a nado y las calles de entrada y salida a la ciudad rebosaban[64] en acuoso barro. Una tremenda avenida se precipitó de repente por el Riachuelo de Barracas,[65] y extendió majestuosamente sus turbias aguas hasta el pie de las barrancas del Alto.[66] El Plata, creciendo embravecido, empujó esas aguas que venían buscando su cauce[67] y las hizo correr hinchadas por sobre campos, terraplenes, arboledas, caseríos, y extenderse como un lago

[54] los domina
[55] Véase la introducción para algunas ideas críticas sobre esta narración. *Matadero*: lugar donde se mata el ganado
[56] tiempo de abstinencia para los católicos
[57] filósofo estoico (s. I) nacido en Frigia
[58] «desde el principio»
[59] prohiba
[60] res vacuna de dos o tres años
[61] indulgencia de la Iglesia
[62] sacien, satisfagan
[63] inundaron
[64] estaban inundadas, repletas
[65] pequeño afluente del río de la Plata que pasa por Buenos Aires
[66] el barrio del Alto San Pedro, en Buenos Aires
[67] canal del río

inmenso por todas las bajas tierras. La ciudad circunvalada del norte al oeste por una cintura de agua y barro, y al sud[68] por un piélago blanquecino en cuya superficie flotaban a la ventura[69] algunos barquichuelos y negreaban las chimeneas y las copas de los árboles, echaba desde sus torres y barrancas[70] atónitas miradas al horizonte como implorando la protección del Altísimo. Parecía el amago de un nuevo diluvio. Los beatos y beatas gimoteaban[71] haciendo novenarios[72] y continuas plegarias. Los predicadores atronaban el templo y hacían crujir el púlpito a puñetazos. «Es el día del juicio — decían —, el fin del mundo está por venir. La cólera divina rebosando se derrama en inundación. ¡Ay de vosotros, pecadores! ¡Ay de vosotros, unitarios[73] impíos que os mofáis[74] de la Iglesia, de los santos, y no escucháis con veneración la palabra de los ungidos del Señor! ¡Ay de vosotros si no imploráis misericordia al pie de los altares! Llegará la hora tremenda del vano crujir de dientes y de las frenéticas imprecaciones. Vuestra impiedad, vuestras herejías, vuestras blasfemias, vuestros crímenes horrendos, han traído sobre nuestra tierra las plagas del Señor. La justicia del Dios de la Federación[75] os declarará malditos.»

Las pobres mujeres salían sin aliento, anonadadas[76] del templo, echando, como era natural, la culpa de aquella calamidad a los unitarios.

Continuaba, sin embargo, lloviendo a cántaros,[77] y la inundación crecía, acreditando el pronóstico de los predicadores.[78] Las campanas comenzaron a tocar rogativas por orden del muy católico Restaurador[79] quien parece no las tenía todas consigo. Los libertinos, los incrédulos, es decir, los unitarios, empezaron a amedrentarse al ver tanta cara compungida, oír tanta batahola[80] de imprecaciones. Se hablaba ya, como de cosa resuelta, de una procesión en que debía ir toda la población descalza y a cráneo descubierto,[81] acompañando al Altísimo, llevado bajo palio[82] por el obispo, hasta la barranca de Balcarce[83] donde millares de voces, conjurando al demonio unitario de la inundación, debían implorar la misericordia divina.

Feliz, o mejor, desgraciadamente, pues la cosa habría sido verse, no tuvo efecto la ceremonia, porque bajando el Plata, la inundación se fué poco a poco escurriendo[84] en su inmenso lecho, sin necesidad de conjuro ni plegarias.

Lo que hace principalmente a mi historia es que por causa de la inundación estuvo quince días el matadero de la Convalecencia[85] sin ver una sola cabeza vacuna, y que en uno o dos, todos los bueyes de quinteros y *aguateros*[86] se consumieron en el abasto de la ciudad. Los pobres niños y enfermos se alimentaban con huevos y gallinas, y los gringos[87] y herejotes bramaban por el *beefsteak* y el asado. La abstinencia de carne era general en el pueblo, que nunca se hizo más digno de la bendición de la Iglesia, y así fué que llovieron sobre él millones y millones de indulgencias plenarias. Las gallinas se pusieron a 6 pesos y los huevos a 4 reales, y el pescado carísimo. No hubo en aquellos días cuaresmales promiscuaciones ni excesos de gula;[88] pero, en cambio, se fueron derecho al cielo innumerables ánimas, y acontecieron cosas que parecen soñadas.

No quedó en el matadero ni un solo ratón vivo de muchos millares que allí tenían albergue. Todos murieron o de hambre o ahogados en sus cuevas por la incesante lluvia. Multitud de negras rebusconas de *achuras*,[89] como los caranchos[90] de

[68] sur
[69] a la suerte, sin plan previo
[70] precipicios
[71] *beatos*: muy devotos; *gimoteaban*: se lamentaban, gemían
[72] actos de devoción que duran nueve días
[73] los partidarios de la Constitución centralista de 1819, opuestos a los federalistas y enemigos del dictador Juan Manuel Rosas (1793–1877), tirano por un largo período (1829–1852)
[74] burláis
[75] el dictador Rosas, partidario del gobierno federal
[76] (fig.) apocadas, abatidas
[77] en gran cantidad
[78] oradores sagrados
[79] así llamaban sus partidarios al tirano Rosas. Véase nota 73
[80] bulla, jaleo; tumulto
[81] sin sombreros
[82] dosel portátil
[83] barrio de Buenos Aires
[84] secando
[85] uno de los lugares donde se mataba el ganado para abastecer de carne a Buenos Aires
[86] (Arg.) *quintero*: el que tiene arrendada una finca; *aguatero*: aguador, el que vende agua de casa en casa
[87] extranjeros
[88] *promiscuaciones*: comer carne y pescado en día de abstinencia; *gula*: falta de moderación en la comida o bebida
[89] (Arg.) intestinos o menudos de la res
[90] uno de los nombres del caracará, ave de rapiña

presa, se desbandaron por la ciudad como otras tantas arpías[91] prontas a devorar cuanto hallaran comible. Las gaviotas y los perros, inseparables rivales suyos en el matadero, emigraron en busca de alimento animal. Porción de viejos achacosos[92] cayeron en consunción por falta de nutritivo caldo: pero lo más notable que sucedió fué el fallecimiento casi repentino de unos cuantos gringos herejes, que cometieron el desacato de darse un hartazgo de chorizos de Extremadura,[93] jamón y bacalao,[94] y se fueron al otro mundo a pagar el pecado cometido por tan abominable promiscuación.

Algunos médicos opinaron que si la carencia de carne continuaba, medio pueblo caería en síncope por estar los estómagos acostumbrados a su corroborante[95] jugo; y era de notar el contraste entre estos tristes pronósticos de la ciencia y los anatemas lanzados desde el púlpito por los reverendos padres contra toda clase de nutrición animal y de promiscuación en aquellos días destinados por la Iglesia al ayuno y la penitencia. Se originó de aquí una especie de guerra intestina[96] entre los estómagos y las conciencias, atizada por el inexorable apetito, y las no menos inexorables vociferaciones de los ministros de la Iglesia, quienes, como es su deber, no transigen con vicio alguno que tienda a relajar[97] las costumbres católicas: a lo que se agregaba el estado de flatulencia[98] intestinal de los habitantes, producido por el pescado y los porotos[99] y otros alimentos algo indigestos.

Esta guerra se manifestaba por sollozos y gritos descompasados en la peroración de los sermones y por rumores y estruendos subitáneos[1] en las casas y calles de la ciudad o dondequiera concurrían gentes. Alarmóse un tanto el gobierno, tan paternal como previsor del Restaurador, creyendo aquellos tumultos de origen revolucionario y atribuyéndolos a los mismos salvajes unitarios, cuyas impiedades, según los predicadores federales, habían traído sobre el país la inundación de la cólera divina; tomó activas providencias,[2] desparramó a sus esbirros por la población, y por último, bien informado, promulgó un decreto tranquilizador de las conciencias y de los estómagos, encabezado por un considerando[3] muy sabio y piadoso para que a todo trance,[4] y arremetiendo por agua y todo, se trajese ganado a los corrales.

En efecto, el décimosexto día de la carestía, víspera del día de Dolores, entró a vado[5] por el paso de Burgos al matadero del Alto una tropa de cincuenta novillos gordos; cosa poca por cierto para una población acostumbrada a consumir diariamente de 250 a 300, y cuya tercera parte al menos gozaría del fuero eclesiástico de alimentarse con carne. ¡Cosa extraña que haya estómagos privilegiados y estómagos sujetos a leyes inviolables y que la Iglesia tenga la llave de los estómagos!

Pero no es extraño, supuesto que el diablo con la carne suele meterse en el cuerpo y que la Iglesia tiene el poder de conjurarlo:[6] el caso es reducir al hombre a una máquina cuyo móvil principal no sea su voluntad sino la de la Iglesia y el gobierno. Quizá llegue el día en que sea prohibido respirar aire libre, pasearse y hasta conversar con un amigo, sin permiso de autoridad competente. Así era, poco más o menos, en los felices tiempos de nuestros beatos abuelos, que por desgracia vino a turbar la revolución de Mayo.[7]

Sea como fuera, a la noticia de la providencia gubernativa, los corrales del Alto se llenaron, a pesar del barro, de carniceros, de *achuradores*[8] y de curiosos, quienes recibieron con grandes vociferaciones y palmoteos los cincuenta novillos destinados al matadero.

— Chica, pero gorda — exclamaban —. ¡Viva la Federación! ¡Viva el Restaurador!

Porque han de saber los lectores que en aquel

---

[91] aves fabulosas, crueles y sucias, con rostro de mujer y cuerpo de ave de rapiña
[92] enfermizos
[93] *hartazgo*: repleción por exceso de comida; *chorizos*: una tripa cocida que tiene dentro carne molida y adobada; *Extremadura*: región de España
[94] pescado que se seca y sirve para diferentes platos
[95] fortificante
[96] civil, interior
[97] hacer menos severa la observancia de las leyes, aflojar
[98] acumulación de gases en el tubo digestivo
[99] frijoles
[1] súbitos, de repente
[2] disposiciones, prevenciones
[3] motivo sobre el cual se basa una ley o resolución
[4] de todas maneras
[5] pasando por las aguas menos profundas
[6] exorcizarlo
[7] la que dio la Independencia a la Argentina el 25 de mayo de 1810
[8] los ayudantes que sacan las tripas del animal

tiempo la Federación estaba en todas partes, hasta entre las inmundicias del matadero, y no había fiesta sin Restaurador como no hay sermón sin San Agustín.[9] Cuentan que al oír tan desaforados gritos las últimas ratas que agonizaban de hambre en sus cuevas, se reanimaron y echaron a correr desatentadas,[10] conociendo que volvían a aquellos lugares la acostumbrada alegría y la algazara precursora de abundancia.

El primer novillo que se mató fué todo entero de regalo al Restaurador, hombre muy amigo del asado. Una comisión de carniceros marchó a ofrecérselo en nombre de los federales del matadero, manifestándole *in voce* su agradecimiento por la acertada providencia del gobierno, su adhesión ilimitada al Restaurador y su odio entrañable[11] a los salvajes unitarios, enemigos de Dios y de los hombres. El Restaurador contestó a la arenga, *rinforzando* sobre el mismo tema, y concluyó la ceremonia con los correspondientes vivas y vociferaciones de los espectadores y actores. Es de creer que el Restaurador tuviese permiso especial de su Ilustrísima[12] para no abstenerse de carne, porque siendo tan buen observador de las leyes, tan buen católico y tan acérrimo protector de la religión, no hubiera dado mal ejemplo aceptando semejante regalo en día santo.[13]

Siguió la matanza, y en un cuarto de hora cuarenta y nueve novillos se hallaban tendidos en la plaza del matadero, desollados unos, los otros por desollar. El espectáculo que ofrecía entonces era animado y pintoresco, aunque reunía todo lo horriblemento feo, inmundo y deforme de una pequeña clase proletaria peculiar del Río de la Plata. Pero para que el lector pueda percibirlo a un golpe de ojo,[14] preciso es hacer un croquis[15] de la localidad.

El matadero de la Convalecencia o del Alto, sito en las quintas al sur de la ciudad, es una gran playa en forma rectangular, colocada al extremo de dos calles, una de las cuales allí termina y la otra se prolonga hasta el este. Esta playa, con declive al sur, está cortada por un zanjón labrado por la corriente de las aguas pluviales, en cuyos bordes laterales se muestran innumerables cuevas de ratones y cuyo cauce recoge en tiempo de lluvia toda la sangraza seca o reciente del matadero. En la junción del ángulo recto, hacia el oeste, está lo que llaman la casilla, edificio bajo, de tres piezas de media agua con corredor al frente que da a la calle y palenque[16] para atar caballos, a cuya espalda se notan varios corrales de palo a pique de ñandubay[17] con sus fornidas puertas para encerrar el ganado.

Estos corrales son en tiempo de invierno un verdadero lodazal, en el cual los animales apeñuscados[18] se hunden hasta el encuentro,[19] y quedan como pegados y casi sin movimiento. En la casilla se hace la recaudación del impuesto de corrales, se cobran las multas por violación de reglamentos y se sienta el juez del matadero, personaje importante, caudillo de los carniceros y que ejerce la suma del poder en aquella pequeña república, por delegación del Restaurador. Fácil es calcular qué clase de hombre se requiere para el desempeño de semejante cargo. La casilla, por otra parte, es un edificio tan ruin y pequeño que nadie lo notaría en los corrales a no estar asociado su nombre al del terrible juez y no resaltar sobre su blanca cintura los siguientes letreros rojos: «Viva la Federación», «Viva el Restaurador y la heroica doña Encarnación Ezcurra», «Mueran los salvajes unitarios.» Letreros muy significativos, símbolo de la fe política y religiosa de la gente del matadero. Pero algunos lectores no sabrán que la tal heroína es la difunta esposa del Restaurador, patrona muy querida de los carniceros, quienes, ya muerta, la veneraban por sus virtudes cristianas y su federal heroísmo en la revolución contra Balcarce.[20] Es el caso que en un aniversario de aquella memorable hazaña de

[9] uno de los padres de la Iglesia (354–430), célebre filósofo cristiano
[10] desordenadas; sin tino ni concierto
[11] muy profundo
[12] quizás el Obispo
[13] Nótese la ironía, tan típica de todo este cuento.
[14] de una mirada
[15] proyecto, boceto
[16] (Arg.) poste para amarrar animales
[17] árbol, especie de mimosa de América
[18] agrupados, apiñados
[19] axila, sobaco
[20] Balcarce, Juan Ramón: general argentino (1773–1835), enemigo de Rosas.

la mazorca,[21] los carniceros festejaron con un espléndido banquete en la casilla de la heroína, banquete a que concurrió con su hija y otras señoras federales, y que allí, en presencia de un gran concurso,[22] ofreció a los señores carniceros en un solemne brindis su federal patrocinio, por cuyo motivo ellos la proclamaron entusiasmados patrona del matadero, estampando su nombre en las paredes de la casilla, donde estará hasta que lo borre la mano del tiempo.

La perspectiva del matadero a la distancia era grotesca, llena de animación. Cuarenta y nueve reses estaban tendidas sobre sus cueros, y cerca de doscientas personas hollaban[23] aquel suelo de lodo regado con la sangre de sus arterias. En torno de cada res resaltaba un grupo de figuras humanas de tez y raza distinta. La figura más prominente de cada grupo era el carnicero con el cuchillo en mano, brazo y pecho desnudos, cabello largo y revuelto, camisa y chiripá[24] y rostro embadurnado[25] de sangre. A sus espaldas se rebullían, caracoleando[26] y siguiendo los movimientos, una comparsa[27] de muchachos, de negras y mulatas achuradoras, cuya fealdad trasuntaba[28] las arpías de la fábula, y entremezclados con ellas algunos enormes mastines, olfateaban,[29] gruñían o se daban de tarascones[30] por la presa. Cuarenta y tantas carretas, toldadas[31] con negruzco y pelado cuero, se escalonaban irregularmente a lo largo de la playa, y algunos jinetes con el poncho calado[32] y el lazo prendido al tiento[33] cruzaban por entre ellas al tranco o reclinados sobre el pescuezo de los caballos echaban ojo indolente sobre uno de aquellos animados grupos, al paso que, más arriba, en el aire, un enjambre de gaviotas blanquiazules, que habían vuelto de la emigración al olor de la carne, revoloteaban, cubriendo con su disonante graznido[34] todos los ruidos y voces del matadero y proyectando una sombra clara sobre aquel campo de horrible carnicería. Esto se notaba al principio de la matanza.

Pero a medida que adelantaba, la perspectiva variaba; los grupos se deshacían, venían a formarse tomando diversas actitudes y se desparramaban corriendo como si en medio de ellos cayese alguna bala perdida, o asomase la quijada de algún encolerizado mastín. Esto era que el carnicero en un grupo descuartizaba[35] a golpe de hacha, colgaba en otros los cuartos[36] en los ganchos de su carreta, despellejaba en éste, sacaba el sebo[37] en aquél: de entre la chusma que ojeaba y aguardaba la presa de achura, salía de cuando en cuando una mugrienta mano a dar un tarazón con el cuchillo al sebo o a los cuartos de la res, lo que originaba gritos y explosión de cólera del carnicero y el continuo hervidero de los grupos, dichos y gritería descompasada de los muchachos.

— Ahí se mete el sebo en las tetas, la tipa — gritaba uno.

— Aquél lo escondió en el alzapón[38] — replicaba la negra.

— Che, negra bruja, salí[39] de aquí antes de que te pegue un tajo[40] — exclamaba el carnicero.

— ¿Qué le hago, ño Juan? ¡No sea malo! Yo no quiero sino la panza[41] y las tripas.

— Son para esa bruja: a la m . . .

— ¡A la bruja! ¡A la bruja! — repitieron los muchachos — ¡Se lleva la riñonada y el tongorí![42] — Y cayeron sobre su cabeza sendos cuajos[43] de sangre y tremendas pelotas de barro.

Hacia otra parte, entretanto, dos africanas llevaban arrastrando las entrañas de un animal;

---

[21] sociedad terrorista o policía secreta del dictador Rosas. Su nombre quería decir *más horca*
[22] reunión
[23] pisaban
[24] (Chile y la Arg.) paño con las puntas de atrás levantadas entre las piernas y sujetas por delante; usado por los campesinos
[25] untado, embarrado, ensuciado
[26] moviéndose en forma de espiral o concha
[27] tropa o banda de máscaras o de bailadores
[28] era como una copia
[29] *mastines*: perros grandes de presa; *olfateaban*: olían mucho
[30] *tarascones*: (Arg.) bocados
[31] cubiertas con toldos
[32] *poncho*: paño con una abertura en el centro para pasar la cabeza; *calado*: labor que se hace sacando y atando hilos
[33] tira delgada de cuero sin curtir, que sirve para atar o sujetar algo
[34] *disonante*: sonido desagradable; *graznido*: grito del cuervo, ganso, etc.
[35] carnicero: el que vende carne; *descuartizaba*: cortaba
[36] *cuartos*: una de las cuatro partes en que se divide una res
[37] grasa
[38] bragueta, abertura delantera del pantalón
[39] (Arg.) sal
[40] corte, herida
[41] barriga
[42] parte de los intestinos de un animal
[43] materias coaguladas

allá una mulata se alejaba con un ovillo de tripas y resbalando de repente sobre un charco de sangre, caía a plomo, cubriendo con su cuerpo la codiciada presa. Acullá[44] se veían acurrucadas[45] en hileras 400 negras destejiendo sobre las faldas el ovillo y arrancando, uno a uno, los sebitos que el avaro cuchillo del carnicero había dejado en la tripa como rezagados, al paso que otras vaciaban panzas y vejigas y las henchían de aire de sus pulmones para depositar en ellas, luego de secas, la achura.

Varios muchachos, gambeteando[46] a pie y a caballo, se daban de vejigazos o se tiraban bolas de carne, desparramando con ellas y su algazara la nube de gaviotas que, columpiándose en el aire, celebraban chillando la matanza. Oíanse a menudo,[47] a pesar del veto del Restaurador y de la santidad del día, palabras inmundas y obscenas, vociferaciones preñadas de todo el cinismo bestial que caracteriza a la chusma de nuestros mataderos, con las cuales no quiero regalar a los lectores.

De repente caía un bofe[48] sangriento sobre la cabeza de alguno, que de allí pasaba a la de otro, hasta que algún deforme mastín lo hacía buena presa, y una cuadrilla de otros, por si estrujo o no estrujo,[49] armaba una tremenda de gruñidos y mordiscones. Alguna tía vieja salió furiosa en persecución de un muchacho que le había embadurnado el rostro con sangre, y acudiendo a sus gritos y puteadas los compañeros del rapaz,[50] la rodeaban y azuzaban como los perros al toro, y llovían sobre ella zoquetes[51] de carne, bolas de estiércol, con groseras carcajadas y gritos frecuentes, hasta que el juez mandaba restablecer el orden y despejar[52] el campo.

Por un lado dos muchachos se adiestraban en el manejo del cuchillo, tirándose horrendos tajos y reveses; por otro, cuatro, ya adolescentes, ventilaban a cuchilladas el derecho a una tripa gorda y un mondongo[53] que habían robado a un carnicero; y no de ellos distante, porción de perros, flacos ya de la forzosa abstinencia, empleaban el mismo medio para saber quién se llevaría un hígado envuelto en barro. Simulacro en pequeño era éste del modo bárbaro con que se ventilan en nuestro país las cuestiones y los derechos individuales y sociales. En fin, la escena que se representaba en el matadero era para vista, no para escrita.

Un animal había quedado en los corrales, de corta y ancha cerviz, de mirar fiero, sobre cuyos órganos genitales no estaban conformes los pareceres, porque tenía apariencias de toro y de novillo. Llególe la hora. Dos enlazadores a caballo penetraron en el corral en cuyo contorno hervía la chusma a pie, a caballo y horqueteada[54] sobre sus nudosos palos. Formaban en la puerta el más grotesco y sobresaliente grupo, varios pialadores[55] y enlazadores de a pie con el brazo desnudo y armado del certero lazo, la cabeza cubierta con un pañuelo punzó[56] y chaleco y chiripá colorado, teniendo a sus espaldas varios jinetes y espectadores de ojo escrutador y anhelante.

El animal, prendido ya al lazo por las astas,[57] bramaba echando espuma furibundo, y no había demonio que lo hiciera salir del pegajoso barro, donde estaba como clavado y era imposible pialarlo. Gritábanle, lo azuzaban en vano con las mantas y pañuelos los muchachos que estaban prendidos sobre las horquetas del corral, y era de oír la disonante batahola de silbidos, palmadas y voces, tiples y roncas que se desprendían de aquella singular orquesta.

Los dicharachos,[58] las exclamaciones chistosas y obscenas rodaban de boca en boca, y cada cual hacía alarde espontáneamente de su ingenio y de su agudeza, excitado por el espectáculo o picado por el aguijón de alguna lengua locuaz.

— Hi de p . . . en el toro.

— Al diablo los torunos del Azul.

— Malhaya el tropero que nos da gato por liebre.[59]

---

[44] allá
[45] encogidas; agazapadas
[46] corriendo haciendo zig-zags
[47] frecuentemente
[48] pulmones del ganado
[49] (Arg.) por si obtengo algo o no
[50] *puteadas*: malas palabras; *rapaz*: niño, muchacho
[51] (Arg.) pedazos
[52] desocupar
[53] tripas de los animales
[54] a horcajadas, montada a horcajadas sobre la cerca
[55] de pialar, apalear, apaleadores
[56] rojo
[57] cuernos
[58] bromas, chistes
[59] engaña

— Si es novillo.

— ¿No está viendo que es toro viejo?

— Como toro le ha de quedar. ¡Muéstreme los c . . . si le parece, c . . . o!

— Ahí los tiene entre las piernas ¿No los ve, amigo, más grandes que la cabeza de su castaño,[60] o se ha quedado ciego en el camino?

— Su madre sería la ciega, pues que tal hijo ha parido. ¿No ve que todo ese bulto es barro?

— Es emperrado y arisco[61] como un unitario.

Y al oír esta mágica palabra, todos a una voz exclamaron: — ¡Mueran los salvajes unitarios!

— Para el tuerto los h . . .

— Sí, para el tuerto,[62] que es hombre de c . . para pelear con los unitarios. El matambre[63] a Matasiete, degollador de unitarios. ¡Viva Matasiete!

— A Matasiete el matambre.

— Allá va — gritó una voz ronca, interrumpiendo aquellos desahogos de la cobardía feroz —. ¡Allá va el toro!

— ¡Alerta! ¡Guarda los de la puerta! ¡Allá va furioso como un demonio!

Y en efecto, el animal acosado por los gritos y sobre todo por dos picanas[64] agudas que le espoleaban[65] la cola, sintiendo flojo el lazo, arremetió bufando a la puerta, lanzando a entrambos lados una rojiza y fosfórica mirada. Diole el tirón el enlazador sentando su caballo, desprendió el lazo del asta, crujió por el aire un áspero zumbido y al mismo tiempo se vió rodar desde lo alto de una horqueta del corral, como si un golpe de hacha lo hubiese dividido a cercén,[66] una cabeza de niño cuyo tronco permaneció inmóvil sobre su caballo de palo, lanzando por cada arteria un largo chorro de sangre.

— ¡Se cortó el lazo! — gritaron unos —. ¡Allá va el toro!

Pero otros, deslumbrados y atónitos, guardaron silencio, porque todo fué como un relámpago.

Desparramóse un tanto el grupo de la puerta. Una parte se agolpó sobre la cabeza y el cadáver palpitante del muchacho degollado por el lazo, manifestando horror en su atónito semblante, y la otra parte, compuesta de jinetes que no vieron la catástrofe, se escurrió en distintas direcciones en pos del toro, vociferando y gritando: ¡Allá va el toro! ¡Atajen! ¡Guarda! ¡Enlaza, Sietepelos! ¡Que te agarra, Botija![67] ¡Va furioso; no se le pongan delante! ¡Ataja, ataja, Morado! ¡Dale espuela al mancarrón![68] ¡Ya se metió en la calle sola! ¡Que lo ataje el diablo!

El tropel y vocifería era infernal. Unas cuantas negras achuradoras, sentadas en hilera al borde del zanjón, oyendo el tumulto se acogieron y agazaparon[69] entre las panzas y tripas que desenredaban y devanaban con la paciencia de Penélope,[70] lo que sin duda las salvó, porque el animal lanzó al mirarlas un bufido aterrador, dió un brinco sesgado y siguió adelante perseguido por los jinetes. Cuentan que una de ellas se fué de cámaras:[71] otra rezó diez salves en dos minutos, y dos prometieron a San Benito no volver jamás a aquellos malditos corrales y abandonar el oficio de achuradoras. No se sabe si cumplieron la promesa.

El toro, entretanto, tomó hacia la ciudad por una larga y angosta calle que parte de la punta más aguda del rectángulo anteriormente descripto, calle encerrada por una zanja y un cerco de tunas,[72] que llaman *sola* por no tener más de dos casas laterales, y en cuyo aposado[73] centro había un profundo pantano que tomaba de zanja a zanja. Cierto inglés, de vuelta de su saladero, vadeaba este pantano a la sazón, paso a paso, en un caballo algo arisco, y, sin duda, iba tan absorto en sus cálculos que no oyó el tropel de jinetes ni la gritería sino cuando el toro arremetía el pantano. Azoróse de repente su caballo dando un brinco al sesgo[74] y echó a correr, dejando al pobre hombre hundido media vara en el fango. Este accidente, sin embargo, no detuvo ni frenó la carrera de los perseguidores del toro,

[60] caballo de ese color (marrón claro)
[61] *emperrado*: obstinado; *arisco*: áspero, intratable
[62] el que solo ve de un ojo
[63] (Arg.) carne de la res situada entre las costillas y la piel
[64] aguijones del boyero
[65] hincaban o pinchaban
[66] a raíz
[67] apodo de uno del grupo
[68] matalón, caballo malo
[69] se agacharon; se escondieron
[70] Personaje de la Odisea de Homero. Esposa de Ulises y madre de Telémaco.
[71] se le aflojó el vientre
[72] plantas con hojas grandes, carnosas y llenas de espinas
[73] ahuecado
[74] salto oblicuo, torcido

antes al contrario, soltando carcajadas sarcásticas: «Se amoló[75] el gringo; levántate gringo» — exclamaron, cruzando el pantano, y amasando con barro bajo las patas de sus caballos su miserable cuerpo. Salió el gringo, como pudo, después a la orilla, más con la apariencia de un demonio tostado por las llamas del infierno que un hombre blanco pelirrubio. Más adelante, al grito de ¡al toro!, cuatro negras achuradoras que se retiraban con su presa, se zambulleron[76] en la zanja llena de agua, unico refugio que les quedaba.

El animal, entretanto, después de haber corrido unas 20 cuadras en distintas direcciones azorando con su presencia a todo viviente, se metió por la tranquera[77] de una quinta, donde halló su perdición. Aunque cansado, manifestaba brío y colérico ceño; pero rodeábalo una zanja profunda y un tupido cerco de pitas,[78] y no había escape. Juntáronse luego sus perseguidores que se hallaban desbandados, y resolvieron llevarlo en un señuelo de bueyes[79] para que expiase su atentado en el lugar mismo donde lo había cometido.

Una hora después de su fuga el toro estaba otra vez en el matadero, donde la poca chusma que había quedado no hablaba sino de sus fechorías. La aventura del gringo en el pantano, excitaba principalmente la risa y el sarcasmo. Del niño degollado por el lazo no quedaba sino un charco[80] de sangre: su cadáver estaba en el cementerio.

Enlazaron muy luego por las astas al animal, que brincaba haciendo hincapié[81] y lanzando roncos bramidos. Echáronle uno, dos, tres piales; pero infructuosos: al cuarto quedó prendido de una pata: su brío y su furia redoblaron; su lengua, estirándose convulsiva, arrojaba espuma, su nariz humo, sus ojos miradas encendidas.

— ¡Desjarreten[82] ese animal! — exclamó una voz imperiosa. Matasiete se tiró al punto del caballo, cortóle el garrón[83] de una cuchillada y gambeteando en torno de él con su enorme daga en mano, se la hundió al cabo hasta el puño en la garganta, mostrándola en seguida humeante y roja a los espectadores. Brotó un torrente de la herida, exhaló algunos bramidos roncos, y cayó el soberbio animal entre los gritos de la chusma que proclamaba a Matasiete vencedor y le adjudicaba en premio el matambre. Matasiete extendió, como orgulloso, por segunda vez el brazo y el cuchillo ensangrentado, y se agachó a desollarlo con otros compañeros.

Faltaba que resolver la duda sobre los órganos genitales del muerto, clasificado provisoriamente de toro por su indomable fiereza; pero estaban todos tan fatigados de la larga tarea, que lo echaron por lo pronto en olvido. Mas de repente una voz ruda exlamó:

— Aquí están los huevos — sacando de la barriga del animal y mostrando a los espectadores dos enormes testículos, signo inequívoco de su dignidad de toro. La risa y la charla fué grande; todos los incidentes desgraciados pudieron fácilmente explicarse. Un toro en el matadero era cosa muy rara, y aun vedada. Aquél, según reglas de buena policía, debía arrojarse a los perros; pero había tanta escasez de carne y tantos hambrientos en la población que el señor Juez tuvo a bien hacer ojo lerdo.[84]

En dos por tres[85] estuvo desollado, descuartizado y colgado en la carreta el maldito toro. Matasiete colocó el matambre bajo el pellón de su recado[86] y se preparaba a partir. La matanza estaba concluída a las doce, y la poca chusma que había presenciado hasta el fin, se retiraba en grupos de a pie y de a caballo, o tirando a la cincha algunas carretas cargadas de carne.

Mas de repente la ronca voz de un carnicero gritó:

— ¡Allí viene un unitario! — y al oír tan significativa palabra toda aquella chusma se

---

[75] (Arg.) se fastidió
[76] se metieron debajo del agua
[77] (Cuba, Arg. y Perú) especie de puerta hecha de trancas en un cerco o cerca
[78] *tupido*: espeso; *pitas*: plantas oriundas de México de hojas gruesas, carnosas de la cual se extrae una fibra para hacer cuerdas, etc.
[79] (amer.) buey cabestro o guía
[80] pantano pequeño
[81] insistiendo
[82] corten el jarrete (la corva de la pata del animal)
[83] (Arg.) corvejón (corva, parte por donde se dobla la pierna del animal)
[84] fingir que no vio, hacerse el tonto
[85] en seguida, en poco tiempo
[86] *pellón*: tela o paño; *recado*: (Riopl.) todo lo que compone la silla de montar

detuvo como herida de una impresión subitánea.[87]

—¿No le ven la patilla en forma de U? No trae divisa en el fraque[88] ni luto en el sombrero.

—Perro unitario.

—Es un cajetilla.[89]

—Monta en silla como los gringos.

—La Mazorca con él.

—¡La tijera!

—Es preciso sobarlo.

—Trae pistoleras por pintar.[90]

—Todos estos cajetillas unitarios son pintores como el diablo.

—¿A que no te le animás,[91] Matasiete?

—¿A que no?

—A que sí.

Matasiete era hombre de pocas palabras y de mucha acción. Tratándose de violencia, de agilidad, de destreza en el hacha, el cuchillo o el caballo, no hablaba y obraba. Lo habían picado: prendió la espuela a su caballo y se lanzó a brida suelta al encuentro del unitario.

Era éste un joven como de 25 años, de gallarda y bien apuesta persona, que mientras salían en borbotones de aquellas desaforadas[92] bocas las anteriores exclamaciones, trotaba hacia Barracas, muy ajeno de temer peligro alguno. Notando, empero, las significativas miradas de aquel grupo de dogos[93] de matadero, echa maquinalmente la diestra sobre las pistoleras de su silla inglesa, cuando una pechada al sesgo[94] del caballo de Matasiete lo arroja de los lomos del suyo tendiéndolo a la distancia boca arriba y sin movimiento alguno.

—¡Viva Matasiete!—exclamó toda aquella chusma, cayendo en tropel sobre la víctima como los caranchos rapaces sobre la osamenta de un buey devorado por el tigre.

Atolondrado todavía el joven, fué, lanzando una mirada de fuego sobre aquellos hombres feroces, hacia su caballo que permanecía inmóvil no muy distante, a buscar en sus pistolas el desagravio y la venganza. Matasiete, dando un salto, le salió al encuentro y con fornido brazo asiéndolo de la corbata lo tendió en el suelo tirando al mismo tiempo la daga de la cintura y llevándola a su garganta.

Una tremenda carcajada y un nuevo viva estentóreo volvió a vitorearlo.

¡Qué nobleza de alma! ¡Qué bravura en los federales!, ¡siempre en pandillas cayendo como buitres sobre la víctima inerte!

—Degüéllalo, Matasiete; quiso sacar las pistolas. Degüéllalo como al toro.

—Pícaro unitario. Es preciso tusarlo.[95]

—Tiene buen pescuezo para el violín.

—Mejor es la resbalosa.[96]

—Probaremos—dijo Matasiete, y empezó sonriendo a pasar el filo de su daga por la garganta del caído, mientras con la rodilla izquierda le comprimía el pecho y con la siniestra[97] mano le sujetaba por los cabellos.

—No, no lo degüellen—exclamó de lejos la voz imponente del Juez del Matadero que se acercaba a caballo.

—A la casilla con él, a la casilla. Preparen la mazorca y las tijeras. ¡Mueran los salvajes unitarios! ¡Viva el Restaurador de las leyes!

—¡Viva Matasiete!

«¡Mueran!» «¡Vivan!»—repitieron en coro los espectadores, y atándolo codo con codo, entre moquetes[98] y tirones, entre vociferaciones e injurias, arrastraron al infeliz joven al banco del tormento, como los sayones[99] al Cristo.

La sala de la casilla tenía en su centro una grande y fornida mesa de la cual no salían los vasos de bebida y los naipes sino para dar lugar a las ejecuciones y torturas de los sayones federales del matadero. Notábase además en un rincón otra mesa chica con recado de escribir[1] y un cuaderno de apuntes y porción de sillas entre las que resaltaba un sillón de brazos destinado para el juez. Un hombre, soldado en apariencia, sentado en una de ellas, cantaba al son de la guitarra la resbalosa, tonada de inmensa popularidad entre los federales, cuando

---

[87] repentina, imprevista
[88] *divisa*: símbolo, insignia; *fraque*: frac, vestido de gala masculino
[89] (Arg.) un porteño elegante; arrogante
[90] presumido
[91] (Arg.) animas
[92] grandes, excesivas
[93] perros
[94] golpe con el pecho en forma oblicua
[95] cortarle el pelo como a los animales
[96] (Arg.) cierto baile. *Tocar la resbalosa*: degollar, matar
[97] izquierda
[98] (Arg.) golpes dados en el rostro
[99] verdugos, acusadores
[1] los artículos necesarios para escribir

la chusma llegando en tropel al corredor de la casilla lanzó a empellones al joven unitario hacia el centro de la sala.

— A ti te toca la resbalosa — gritó uno.

— Encomienda tu alma al diablo.

— Está furioso como toro montaraz.[2]

— Ya te amansará el palo.

— Es preciso sobarlo.

— Por ahora verga[3] y tijera.

— Si no, la vela.

— Mejor será la mazorca.

— Silencio y sentarse — exclamó el juez dejándose caer sobre un sillón. Todos obedecieron, mientras el joven, de pie, encarando al juez, exclamó con voz preñada de indignación:

— ¡Infames sayones! ¿Qué intentan hacer de mí?

— ¡Calma! — dijo sonriendo el juez —. No hay que encolerizarse. Ya lo verás.

El joven, en efecto, estaba fuera de sí de cólera. Todo su cuerpo parecía estar en convulsión. Su pálido y amoratado[4] rostro, su voz, su labio trémulo, mostraban el movimiento convulsivo de su corazón, la agitación de sus nervios. Sus ojos de fuego parecían salirse de la órbita, su negro y lacio cabello se levantaba erizado. Su cuello desnudo y la pechera de su camisa dejaban entrever el latido violento de sus arterias y la respiración anhelante de sus pulmones.

— ¿Tiemblas? — le dijo el juez.

— De rabia porque no puedo sofocarte entre mis brazos.

— ¿Tendrías fuerza y valor para eso?

— Tengo de sobra voluntad y coraje para ti, infame.

— A ver las tijeras de tusar mi caballo: túsenlo a la federala.

Dos hombres le asieron, uno de la ligadura del brazo, otro de la cabeza y en un minuto cortáronle la patilla que poblaba toda su barba por bajo, con risa estrepitosa de sus espectadores.

— A ver — dijo el juez —, un vaso de agua para que se refresque.

— Uno de hiel te daría yo a beber, infame.

Un negro petiso[5] púsosele al punto delante con un vaso de agua en la mano. Dióle el joven un puntapié en el brazo y el vaso fué a estrellarse en el techo, salpicando el asombrado rostro de los espectadores.

— Este es incorregible.

— Ya lo domaremos.

— Silencio — dijo el juez —. Ya estás afeitado a la federala, sólo te falta el bigote. Cuidado con olvidarlo. Ahora vamos a cuenta.[6] ¿Por qué no traes divisa?

— Porque no quiero.

— ¿No sabes que lo manda el Restaurador?

— La librea[7] es para vosotros, esclavos, no para los hombres libres.

— A los libres se les hace llevar a la fuerza.

— Sí, la fuerza y la violencia bestial. Esas son vuestras armas, infames. ¡El lobo, el tigre, la pantera, también son fuertes como vosotros! Deberíais andar como ellos, en cuatro patas.

— ¿No temes que el tigre te despedace?

— Lo prefiero a que maniatado me arranquen, como el cuervo,[8] una a una las entrañas.

— ¿Por qué no llevas luto en el sombrero por la heroína?

— Porque lo llevo en el corazón por la patria que vosotros habéis asesinado, infames.

— ¿No sabes que así lo dispuso el Restaurador?

— Lo dispusisteis vosotros, esclavos, para lisonjear el orgullo de vuestro señor, y tributarle vasallaje infame.

— ¡Insolente! Te has embravecido mucho. Te haré cortar la lengua si chistas.[9] Abajo los calzones a ese mentecato[10] cajetilla y a nalga pelada denle verga, bien atado sobre la mesa.

Apenas articuló esto el juez, cuatro sayones salpicados de sangre, suspendieron al joven y lo tendieron largo a largo sobre la mesa comprimiéndole todos sus miembros.

— Primero degollarme que desnudarme, infame canalla.

Atáronle un pañuelo a la boca y empezaron a tironear sus vestidos. Encogíase el joven,

---

[2] salvaje
[3] palo, rama delgade y sin hojas
[4] violeta obscuro
[5] (Arg.) pequeño, bajo, rechoncho
[6] tratemos el asunto principal
[7] traje distintivo que llevan los criados en las casas ricas
[8] pájaro carnívoro de pico fuerte y plumaje negro
[9] si hablas
[10] necio, tonto, simple

pateaba, hacía rechinar los dientes. Tomaban ora sus miembros la flexibilidad del junco, ora la dureza del fierro y su espina dorsal era el eje de un movimiento parecido al de la serpiente. Gotas de sudor fluían por su rostro, grandes como perlas; echaban fuego sus pupilas, su boca espuma, y las venas de su cuello y frente negreaban en relieve sobre su blanco cutis como si estuvieran repletas de sangre.

— Átenlo primero — exclamó el juez.

— Está rugiendo de rabia — articuló un sayón.

En un momento liaron[11] sus piernas en ángulo a los cuatro pies de la mesa, volcando su cuerpo boca abajo. Era preciso hacer igual operación con las manos, para lo cual soltaron las ataduras que las comprimían en la espalda. Sintiéndolas libres el joven, por un movimiento brusco en el cual pareció agotarse toda su fuerza y vitalidad, se incorporó primero sobre sus brazos, después sobre sus rodillas y se desplomó al momento murmurando:

— Primero degollarme que desnudarme, infame canalla.

Sus fuerzas se habían agotado.

Inmediatamente quedó atado en cruz y empezaron la obra de desnudarlo. Entonces un torrente de sangre brotó borbolloneando de la boca y las narices del joven, y extendiéndose empezó a caer a chorros por entrambos lados de la mesa. Los sayones quedaron inmóviles y los espectadores estupefactos.

— Reventó de rabia el salvaje unitario — dijo uno.

— Tenía un río de sangre en las venas — articuló otro.

— Pobre diablo, queríamos únicamente divertirnos con él y tomó la cosa demasiado a lo serio — exclamó el juez frunciendo el ceño[12] de tigre. Es preciso dar parte,[13] desátenlo y vamos.

Verificaron la orden; echaron llave a la puerta y en un momento se escurrió la chusma en pos del caballo del juez cabizbajo y taciturno.

Los federales habían dado fin a una de sus innumerables proezas.[14]

En aquel tiempo los carniceros degolladores del matadero, eran los apóstoles que propagaban a verga y puñal la federación rosina,[15] y no es difícil imaginarse qué federación saldría de sus cabezas y cuchillas. Llamaban ellos salvaje unitario, conforme a la jerga[16] inventada por el Restaurador, patrón de la cofradía, a todo el que no era degollador, carnicero, ni salvaje, ni ladrón; a todo hombre decente y de corazón bien puesto, a todo patriota ilustrado amigo de las luces y de la libertad; y por el suceso anterior puede verse a las claras que el foco de la federación estaba en el matadero.

[11] amarraron
[12] arrugando la frente en señal de disgusto
[13] informar a la policía
[14] heroicidades. La palabra está usada en sentido irónico.
[15] de Rosas
[16] jerigonza; lenguaje especial de ciertos grupos o profesiones

José Mármol

ARGENTINA, 1817–1871

Como revolucionario, poeta, dramaturgo y novelista se distinguió José Mármol, a quien Marcelino Menéndez y Pelayo llamara con razón «verdugo poético de Rosas». Nació en Buenos Aires, y después de estudios bastante irregulares entró en la Universidad de esa ciudad para estudiar Derecho, carrera que dejó interrumpida. En 1839 la policía política de la dictadura de Rosas envió a la cárcel al estudiante Mármol por repartir periódicos de oposición impresos en Montevideo. En las paredes del calabozo donde estuvo varios días incomunicado y con palitos de yerba mate carbonizados, escribió los primeros versos contra el tirano:

> Muestra a mis ojos espantosa muerte,
> Mis miembros todos en cadenas pon.
> Bárbaro, nunca matarás el alma
> ni pondrás grillos a mi mente, ¡no!

Tan pronto salió de la cárcel huyó a Montevideo y en 1841 obtuvo uno de los premios de un certamen literario. Este éxito le dio renombre instantáneo y lo estimuló a estrenar dos tragedias románticas: *El poeta* (1842) y *El cruzado* (1842), de mucho éxito, pero de escaso valor dramático para el gusto actual. En 1843 se trasladó a Río de Janeiro, donde conoció a Sarmiento y otras figuras importantes del exilio. Un año después emprendió un viaje a Valparaíso para unirse con sus compatriotas expatriados en Chile, pero debido a una fuerte tormenta no pudo doblar el Cabo de Hornos, estando a punto de naufragar la nave. Por esta circunstancia adversa tuvo que regresar a Río de Janeiro. Durante los setenta días que duró la travesía (febrero-mayo) escribió parte del poema *Cantos del peregrino* (1846; 1857; 1889), constituyendo dicho viaje el asunto de los primeros seis cantos. En 1846 regresó a Montevideo donde vivió hasta la caída de Rosas (1852), a partir de esta fecha interrumpió su vida literaria, aunque hizo algún periodismo. De regreso a su patria, cumplió algunas misiones diplomáticas y después de haber sido Senador varias veces, ocupó el carto de director de la Biblioteca Nacional (1858–1871). Murió casi ciego y el ex presidente Mitre pronunció el discurso fúnebre.

Mármol resulta el típico escritor de la emigración, porque sus sentimientos y circunstancias como desterrado político se erigen siempre en motivo central de toda su obra. Su mejor poema es *Cantos del peregrino*, ensayo polimétrico tan del gusto de los románticos. El largo poema, compuesto de doce cantos y publicado en forma dispersa y ocasional, debe colocarse entre la mejor poesía romántica de la lengua. El primer canto en publicarse fue el XVII y el último el IV, en 1889. Se notan influencias muy directas del *Childe Harold's Pilgrimage* de Byron, y también de Espronceda. En algunos poemas es evidente el influjo de Zorrilla. El mismo Mármol se encargó de explicar el asunto en el

Canto XII: afirma que el Peregrino —o sea Carlos, o él mismo— es un «emigrado que viaja en el mar desde el trópico de nuestro hemisferio hasta los 65° grados Sur, adonde lo arrojan las borrascas». Durante la travesía canta a la naturaleza, describe el barco, expresa sus sentimientos, exalta el pasado de su patria, expone su presente «de lágrimas y sangre» y profetiza un porvenir «de paz y felicidad». El poema no tiene unidad, de manera que sus cantos y aun poemas pueden leerse independientemente. A su regreso a Montevideo publicó un tomo de poesías bajo el título de *Armonías* (1851–1854) donde aparece su famoso apóstrofe «A Rosas el 25 de mayo», una de las invectivas más fuertes contra el temible dictador.

Mármol da muestras de una inspiración rica, caudalosa y abundante, pero su tendencia a la improvisación y las naturales circunstancias en que vivió en el exilio lo hacen poeta descuidado, con momentos de prosaísmos y de errores imperdonables. A menudo falta a la coherencia y sintaxis más elementales, mientras su predilección por lo sonoro, retumbante y declamatorio terminan por apoderarse del poema, con detrimento del sentimiento y dignidad poéticos. Su poesía cubrió un hito histórico importante: contribuyó a mantener el espíritu de lucha contra una larga tiranía, hecho que el pueblo le sabe pagar con mucha admiración, todavía hoy.

Quizás más valor tenga su novela *Amalia* (1ª parte, 1844; 2ᵈᵃ parte, 1850), cuadro vigoroso y realista de la dictadura de Rosas. Aunque ciertos momentos de retoricismo romántico le impiden ser una obra maestra, sobresale por la verdad histórica. Los protagonistas, desde los principales hasta los más secundarios tienen humanidad, y están tomados del natural, destacándose la pintura que hace del propio tirano y de su hija Manuelita. El hilo de la trama resulta ameno y vívido; los diálogos ágiles y realistas; y el autor llega a las escenas dramáticas sin forzar el asunto. *Amalia* abre el capítulo de la novela política en Hispanoamérica y de la novela argentina.

FUENTE: *Poesías completas*, 2 vols., Buenos Aires, Academia Argentina de Letras, 1946–1947. Prólogo de Rafael Alberto Arrieta.

Cantos del peregrino

1846; 1857; 1889

iii[1]

¡Los trópicos!, radiante
palacio del crucero;
foco de luz que vierte
torrente por doquier;
¡entre vosotros toda
la creación rebosa[2]
de gracia y opulencia,
vigor y robustez!

Cuando miró imperfecta
la creación tercera,[3]
y decretó el diluvio
desde su trono Dios,
Naturaleza llena
de timidez y frío,
huyendo de los polos
al trópico subió.

Y cuando dijo: «¡Basta!»,
volviéndola sus ojos
y decretando al mundo
su nuevo porvenir,
alientos de su boca
los trópicos sintieron,
y reflejarse el rayo
de su mirada allí,

entonces, como premio
del hospedaje santo,
Naturaleza en ellos
su trono levantó;
dorado con las luces
de la primer mirada,
bañado con el ambar
del hálito[4] de Dios.

Y derramó las rosas,
las cristalinas fuentes,
los bosques de azucenas,
de mirtos y arrayán;[5]
las aves que la arrullan[6]
en melodía eterna
y por su linde,[7] ríos
más anchos que la mar.

Las sierras y los montes,
en colosales formas,
se visten con las nubes
de la cintura al pie;
las tempestades ruedan,
y cuando al sol ocultan,
lo mira de los montes
la esmeraltada sien.[8]

Su seno engalanado
de primavera eterna
no habita ese bandido
del Andes morador.
que de las duras placas
de sempiterna nieve,
se escapa entre las nubes
a desafiar el sol.

[1] Al Canto III se le llama también «Los trópicos» por su primera expresión y el asunto. Menéndez y Pelayo lo calificó de «espléndido». Está escrito en estrofas de ocho heptasílabos libres, pero los versos 4° y 8° riman en forma consonante y son siempre agudos. Contiene excelentes descripciones de la naturaleza, hechas con verdadero sentimiento y elevación.
[2] abunda en exceso
[3] el hombre
[4] aliento
[5] *mirtos*: arbustos, arrayanes; *arrayán*: planta mirtácea de flores blancas y follaje siempre verde
[6] cantan con voz suave y dulce
[7] límite
[8] parte lateral de la frente

Habitan confundidos
el tigre y el jilguero,
tucanos, guacamayos,
el león y la torcaz[9]
Y todos, cuando tiende
su oscuridad la noche,
se duermen bajo el dátil
en lechos de azahar.[10]

La tierra de sus poros[11]
vegetación exhala,
formando pabellones
para burlar el sol;
su luz no necesita,
pues tiene del diamante,
del oro y del topacio
magnífico esplendor.

Naturaleza virgen,
hermosa, radïante,
no emana sino vida
y amor y brillantez;
donde cayó una gota
del llanto de la aurora
nace una flor, y de esta
nace un jardín después.

Así como la niña
de quince primaveras,
de gracia rebosando,
de virginal amor,
no bien recibe el soplo
de enamorado aliento,
cuando a su rostro brotan
las rosas del pudor.

¡Los trópicos! El aire,
la brisa de la tarde
resbala como tibio
suspiro de mujer,
y en voluptuosos giros,
besándonos la frente,
se nos desmaya[12] el alma
con dulce languidez.

Mas, ¡ay!, otra indecible,
sublime maravilla,
los trópicos encierran,
magnífica: ¡la luz!
La luz ardiente, roja,
clarísima, brillante,
en ondas se derrama
por el espacio azul.

¿Adónde está el acento
que descubrir pudiera
el alba, el mediodía,
la tarde tropical?
¿Un rayo solamente
del sol en el ocaso,
o del millón de estrellas
un astro nada más?

Allí la luz que baña
los cielos y los montes,
se toca, se resiste,
se siente difundir:
es una catarata
de fuego despeñada
en olas perceptibles
que bajan del cenit.

El ojo se resiente
de su punzante brillo,
que cual si reflejase
de placas de metal,
traspasa como flecha
de imperceptible punta
la cristalina esfera
de la pupila audaz.

Semeja los destellos
espléndidos, radiantes,
que en torbellinos brota
la frente de Jehová,[13]
parado en las alturas
del Ecuador, mirando
los ejes de la Tierra
por si a doblarse van.

---

[9] *jilguero*: pájaro pardo con un collar blanco y una mancha roja en la cara; *torcaz*: paloma con un collar blanco
[10] flor blanca y olorosa del naranjo, limonero, etc.
[11] agujeros sutiles (como los de la piel)
[12] pierde el sentido
[13] Dios

Y con la misma llama
que abrasa, vivifica
la tierra, que recibe
los rayos de su sien;
e hidrópica de vida
revienta por los poros,
vegetación manando
para alfombrar su pie.

Y cuando por las tardes
al soplo de la brisa,
se parten las montañas
flotantes de vapor,
las luces son entonces
vivientes inflamados,
que en grupos se amontonan
a despedir el sol.

Enrojecidas sierpes[14]
entre doradas mieses[15]
caracoleando giran
en derredor a él;
y azules mariposas
en bosques de rosales
coronan esparcidas
su rubicunda[16] sien.

Y más arriba, cisnes
de espléndido plumaje,
nadando sobre lagos
con lindes de coral,
saludan el postrero
suspiro de la tarde,
que vaga como el pardo[17]
perfume del altar.

La tarde, que parece
mirando las estrellas,
que asoman indecisas
con pálido color,
como las tiernas hijas
en torno de la madre,
cuando recibe su alma
la mano del Señor.

Si en peregrina vida
por los etéreos[18] llanos
las fantasías bellas
de los poetas van,
son ellas las que brillan
en rutilantes mares,
allá en los horizontes
del cielo tropical.

Allí las afecciones
se avivan en el alma,
allí se poetiza
la vida y el amor.
Allí es poeta el hombre;
allí los pensamientos
discurren solamente
por la región de Dios.

Un poco más, y el mustio[19]
color de las estrellas
al paso de la noche
se aviva en el cenit;
hasta quedar el cielo
bordado de diamantes
que por engaste[20] llevan
aureolas de rubí.

Brillantes, despejadas,
inspiradoras, leves,
parecen las ideas
del infinito ser,
que vagan por el éter[21]
en átomos de lumbre,
así que de su mente
se escapan una vez.

Y en medio a ellas, rubia,
cercana, transparente,
con iris[22] y aureolas,
espléndida de luz,
la luna se presenta
como la virgen madre
que posa bendiciendo
los hijos de Jesús.

---

[14] (poét.) serpientes
[15] sembrados, plantaciones
[16] rubia, rojiza
[17] más o menos obscuro
[18] (poét.) pertenecientes al cielo
[19] marchito, casi seco
[20] acción de encajar, introducir una cosa en otra
[21] Véase nota 18.
[22] el espectro de luz que se descompone en siete colores

IV[23]

LA NOCHE OSCURA

Noche, misterio, soledad del alma,
¿quién habita tus ámbitos[24] profundos
que los hálitos de amor vierte la calma
por los perdidos solitarios mundos?

¿Qué ángel en proscripción sus alas tiende
cuando oculta su frente el rey del día[25]
y silencioso los espacios hiende
en nube melancólica y sombría?

¿Qué magnífica campana al sueño advierte
del Supremo Hacedor, que a sus acentos
se apagan, como al soplo de la muerte,
las luces y las ondas y los vientos?

¡Noche, magnificencia indefinida!
¿Qué humano corazón no ha suspirado
sintiendo el peso de la ingrata vida
en tu templo sin límites sagrado?

¿Quién no ha pensado en Dios cuando derramas
tu balsámica paz sobre los cielos
y a la conciencia a confesarse llamas
bajo el crespón[26] de tus oscuros velos?

¿Quién te mintió jamás; qué labio humano
no te contó del corazón la histeria
y algún pesar recóndito y tirano
que vive torcedor[27] de la memoria?

¿Quién no ha sentido algún remordimiento
bajo tu imperio, di, noche sombría?
¿Quién no te hizo un noble juramento?
¿Quién no lo ha roto con la luz del día?

¡Noche, consolación! La vital trama
la bañas de un amor puro, sin nombre.
¿Por qué en su torpe confusión te llama
madre del crimen la impiedad del hombre?

Tú no lo inspiras, no; si acaso alguna
fuerza extraña de su alma se lo inspira,
no serán tus estrellas ni tu luna,
ni la sombra sin fin que absorto mira.

Te busca el criminal, porque alma insana
es cobarde si el brazo es temerario;
pero también un templo se profana
y no es padre del crimen el santuario.

Si de sangre infeliz ves una mancha
y torpes manos que el puñal oprimen,
¡ay!, que también a una beldad se mancha,
¡y lo bello jamás inspira un crimen! . . .

Tú no lo inspiras, no; tu sacra sombra
tan solo el canto y el amor inspira,
que siempre inquieto el corazón te nombra
y el son escuchas de la blanda lira.

¿Qué poeta sus cantos inmortales,
su ardiente inspiración, su tierno acento
no ha debido a tus sombras sepulcrales,
madre del corazón y el pensamiento?

¿Qué amante corazón no ha palpitado
entre los brazos de su bien querido,
por tu silencio bienhechor velado,[28]
por tu sombra benéfica escondido?

Por sorprender a la insondable nada,
dijo Dios: «Haya luz», y la luz fuera,
y midió de una vez con su mirada
el lugar de los mundos en la esfera.

Y por mirar el alma en su misterio,
«Haya tinieblas», dijo, y de repente
alzó la noche su eternal imperio
y vio al alma del hombre transparente.

---

[23] En el Canto IV Mármol adopta un tono humorístico e irónico para describir la nave, al capitán noruego y a los pintorescos pasajeros. Recuerda a Lord Byron y a Espronceda cuando en forma burlona hace alarde de su facilidad poética y se mofa de normas y críticos. «La noche oscura» es la última parte de ese Canto y sobresale por su auténtica y emocionada religiosidad, recogimiento y elevación espiritual. Se le puede considerar entre los poemas mejor logrados del poeta. Está escrito en serventesios (cuartetos de endecasílabos con rima ABAB.)

[24] recintos, espacios

[25] el sol

[26] gasa de color negro

[27] que tuerce, que dobla o mueve violentamente

[28] cubierto con un velo

Paz de los mundos, soledad del alma,
yo venero tu oscuro sacro manto,
porque siento con él nacer mi calma
y la sublime inspiración del canto.

En tus velos la historia de mi vida
con sus penas, sus llantos, sus amores,
desde mi juventud vive escondida,
coronada de espinas y de flores.

No hay un solo recuerdo en mi memoria
que no se enlace con tu nombre luego,[29]
y a ti también te deberé la gloria
si alguna vez a conquistarla llego . . .

Espíritus sin cuerpo, misteriosos,
que respiráis las auras de la noche
y bajáis a las flores silenciosos
a desplegar las hojas de su broche;[30]

sílfides[31] que tocáis a mis cristales
vagarosas[32] en mil nubes de niebla
y me cantáis en himnos celestiales
los palacios y el Dios de la tiniebla;

fantasmas sin color ni forma humana,
que sorprendéis mis ojos de repente
y en diáfana y fugaz sombra liviana
al pasar junto a mí tocáis mi frente;

almas en confusión que por las salas
corréis del éter a la vista mía,
y el aire que agitáis con vuestras alas
el calor tibio de mi rostro enfría;

¡salud todos, salud! Sois mis hermanos,
mis hijos y mi ser . . .; sabéis mi vida
con su ambición, su amor y sus arcanos,[33]
en sus dorados sueños sorprendida.

¡Ay! ¡Cuántas veces de improviso os llama
solitaria mi voz, y en torno mío
relámpago veloz el aire inflama,
y muere y queda lóbrego[34] el vacío!

¡Y una vez y mil veces se difunden
en tristes aires y cantares bellos,
y seres impalpables se confunden
revolviendo en mi frente los cabellos!

Y a su tacto se agolpan a mi mente
escuadrones[35] de altivos pensamientos,
y arde como volcán mi joven frente,
y ondulan como el mar mis sentimientos.

Y cayendo en raudal[36] celeste riego
sobre mi herida fantasía inquieta,
escribo con febril desasosiego
y soy bueno, y sé amar, y soy poeta.

Bendición sobre ti, del alma mía
madre sensible y del amor el canto.
¡Ay, quién pudiera detener el día
bajo las orlas[37] de tu negro manto!

---

[29] después
[30] conjunto de dos piezas que se enganchan una en la otra
[31] ninfas del aire
[32] (poét.) vagabundas
[33] secretos
[34] obscuro, sombrío
[35] (fig.) conjunto grande
[36] en gran cantidad
[37] adornos

Armonías

1851-1854

Rosas[38]

El 25 de Mayo de 1850[39]

FRAGMENTO

¡Rosas! ¡Rosas! un genio sin segundo
formó a su antojo tu destino extraño:
después de Satanás, nadie en el mundo,
cual tú, hizo menos bien ni tanto daño.

Abortado de un crimen, has querido
que se hermanen tus obras con tu origen;
y, jamás del delito arrepentido,
sólo las horas de quietud te afligen.

Con las llamas del Tártaro[40] encendidas
una nube de sangre te rodea;
y en todo el horizonte de tu vida
sangre, ¡bárbaro!, y sangre, y sangre humea.

Tu mano conmoviera como el rayo
los cimientos de un templo, y, de repente,
desde el altar los ídolos de Mayo
vertieron sangre de su rota frente.

La Justicia se acerca religiosa
a llamar en la tumba de Belgrano;[41]
y ese muerto inmortal le abre su losa,[42]
alzando al cielo su impotente mano.

La Libertad se escapa con la Gloria
a esconderse en las grietas de los Andes;
reclamando a los hielos la memoria
de aquellos tiempos en que fueron grandes.

Los ídolos y el tiempo desparecen;
se apagan los radiantes luminares,[43]
y en sangre inmaculada[44] se enrojecen
los fragmentos de piras[45] y de altares.

Gloria, nombre, virtud, patria argentina,—
todo perece do tu pie se estampa,[46]
todo hacen polvo, en tu ambición de ruina,
bajo el casco los potros de tu pampa.

Y bien, Rosas, ¿después? Tal es—atiende—
la pregunta de Dios y de la historia:
ese *después* que acusa o que defiende
en la ruina de un pueblo o en su gloria.

Ese *después* fatal a que te reta[47]
sobre el cadáver de la patria mía,
en mi voz inspirada de poeta,
la voz tremenda del que alumbra el día.

Habla, y, en pos la destrucción, responde:
¿Dó están las obras que brotó tu mano?
¿Dónde tu creación? ¿Las bases dónde
de grande idea o pensamiento vano?

¿Qué mente hubiste[48] en tu sangriento insomnio
que a tanto crimen te impeliese tanto?
¡Aparta, aparta, aborto del demonio,
que haces el mal para gozar del llanto!

---

[38] El poema civil o patriótico más famoso de Mármol. Constituye una enérgica y viril invectiva contra el tirano Rosas. Está escrito en serventesios. Véase introducción.
[39] Aniversario de la fecha en que la Argentina obtuvo su Independencia de España.
[40] una región del infierno
[41] Belgrano, Manuel: general argentino (1770–1820), uno de los héroes de la Independencia.
[42] tumba
[43] luces grandes
[44] sin manchas
[45] hogueras para los sacrificios
[46] *perece*: muere; *do*: donde; *estampa*: pisa
[47] desafía
[48] tuviste

La raza humana se horroriza al verte,
hiena del Indo[49] transformada en hombre;
mas ¡ay de ti, que un día al comprenderte
no te odiará, despreciará tu nombre!

El tiempo sus monumentos te ha ofrecido;
la fortuna ha rozado tu cabeza;
y, bárbaro y no más, tú no has sabido
ni ganar tiempo, ni ganar grandeza.

Tumbaste una república, y tu frente
con diadema imperial no elevas ledo;
murió la libertad y, omnipotente,
esclavo vives de tu propio miedo. [. . .]

Gertrudis Gómez de Avellaneda

CUBA, 1814–1873

El Romanticismo cubano ofrece características muy notables: a pesar de estar la Isla todavía bajo la dominación ibérica, las influencias no son exclusivamente españolas, porque también se encuentran huellas francesas, inglesas y hasta alemanas (Heine y Goethe). Fue uno de los movimientos románticos de más sobresalientes resultados y personalidades. Cuba, que había producido en esa época a Heredia, uno de los primeros románticos de la lengua, fue la cuna de Gertrudis Gómez de Avellaneda, «La Peregrina», considerada hoy en día como una de las grandes poetisas de la lengua. Pasó la mayor parte de la vida en España, pero en su poesía y en su prosa hay constante presencia de su patria y de Hispanoamérica. Nació en Camagüey y a los diez años había escrito un admirable cuento de hadas, «El gigante de cien cabezas». Comenzó su formación con lecturas de los neoclásicos del siglo XVIII. En 1836, cuando tenía 22 años, se marchó a España, donde ganó pronto renombre literario y notoriedad por su vida erótica, ya que por su vida desfilaron varios esposos e inclusive amantes. El gran amor de su vida fue Ignacio de Cepeda y Alcalde, a quien dedicó varios poemas y cartas. Aspiró a la silla de Juan Nicasio Gallego en la Real Academia, pero le fue negada por ser mujer. Después de una vida bastante tempestuosa, se casó con el Coronel Domingo Verdugo con quien regresó a su patria. Se le hicieron homenajes apoteósicos, que culminaron en su coronación por el Liceo de la Habana (1860). Muerto su esposo, regresa a España y se entrega —como ya lo había hecho en otra ocasión— a la devoción religiosa. Murió en Sevilla, bastante olvidada después de haber animado la vida literaria española tanto con su obra como con su vida.

[49] río de la India y el Paquistán

Su temperamento apasionado, tempestuoso y vehemente la hizo evolucionar del frío y pedante Neoclasicismo de sus grandes maestros —Gallego, Quintana y otros— hacia el Romanticismo, aunque en toda su obra encontramos mezcla de ambos movimientos. La Avellaneda dejó una obra bastante extensa que comprende poesía, teatro, novela y cartas. En la poesía se orienta hacia temas y motivos constantes: su intimidad, el amor, el arte, y Dios. Su obra poética es de calidad bastante desigual: junto a poemas de auténtica emoción lírica, encontramos versos artificiales, monótonos y efectistas, rechazados por la sensibilidad contemporánea, aunque fueron los que más fama le dieron en su tiempo. Gustaba de presentar lo recóndito de su alma, en una poesía llena de confesiones, sinceridad y muy femenina en el tono. Tenía conciencia de su arte y por eso fue logrando una gran perfección formal junto a innovaciones métricas que la sitúan entre los reformadores de la lírica en castellano. Juan Valera la consideraba entre las grandes poetisas de todos los tiempos y la crítica moderna, quizás con más serenidad de juicio, la coloca entre las mejores poetisas de la lengua española.

También cultivó la prosa narrativa dejando seis novelas y nueve relatos o «leyendas». Aunque no logró distinguirse en forma sobresaliente en este género, debe destacarse que su novela *Sab* (1841) trata el problema esclavista con realismo, y su interés sociológico se desprende de su condena de la esclavitud. Se adelantó diez años a la gran novela *Uncle Tom's Cabin* de Harriet Beecher Stowe, publicada en 1851. Ofrece una pintura fiel de las condiciones sociales en Cuba. Menos valor tiene su *Guatimozín, último emperador de México* (1846) con una visión idealizada, y mezcla de historia y ficción. Como autora dramática fue también muy prolífica. Además de sus adaptaciones de obras francesas, dejó varias comedias como *La hija de las flores o Todos están locos* (1852). Compuso cerca de una docena de tragedias neoclásicas y románticas que alcanzaron mucho éxito, dado el gusto del público en esa época. Pocos autores románticos la aventajan dentro del teatro español. Entre sus grandes piezas se destacan *Munio Alfonso* (1844) y los grandes dramas bíblicos *Saúl* (1846) y, especialmente *Baltasar* (1858), del cual dijo Marcelino Menéndez y Pelayo que «el vigor del estilo corresponde generalmente a la sublimidad de la concepción». Presenta algunas analogías con el *Sardanápalo* de Lord Byron.

Por último debe mencionarse su *Epistolario*, especie de autobiografía escrita con gran candidez y sinceridad y que permite reconstruir su desventurada historia sentimental, algo semejante a la de George Sand, a quien La Avellaneda admiraba mucho. Sobre todo las llamadas «Cartas a Cepeda» descubren el temperamento apasionado y vehemente de esta cubana de extraordinaria belleza, dotada al propio tiempo del genio poético.

FUENTE: *Obras de la Avellaneda*, 6 vols., La Habana, Aurelio Miranda, 1914 (Edición nacional del Centenario)

Obras de la Avellaneda

1914

Al partir[1]

¡Perla del mar! ¡Estrella de Occidente!
¡Hermosa Cuba! Tu brillante cielo
la noche cubre con su opaco velo,
como cubre el dolor mi triste frente.

¡Voy a partir! . . . La chusma[2] diligente,
para arrancarme del nativo suelo,
las velas iza, y pronta a su desvelo
la brisa acude de tu zona ardiente.

¡Adiós, patria feliz, edén querido!
¡Doquier[3] que el hado en su furor me impela,
tu dulce nombre halagará mi oído!

¡Adiós! . . . ¡Ya cruje la turgente[4] vela . . .
el ancla se alza . . . el buque, estremecido,
las olas corta y silencioso vuela!

A Él[5]

No existe lazo ya; todo está roto;
plúgole[6] al cielo así. ¡Bendito sea!
Amargo cáliz con placer agoto;
mi alma reposa al fin: nada desea.

Te amé, no te amo ya; piénsolo al menos:
¡nunca, si fuere error, la verdad mire!
¡Que tantos años de amargura llenos
trague el olvido, el corazón respire!

Lo has destrozado sin piedad; mi orgullo
una vez y otra vez pisaste insano . . .
Más nunca el labio exhalará un murmullo
para acusar tu proceder tirano.

De graves faltas vengador terrible
dócil llenaste tu misión: ¿lo ignoras?
No era tuyo el poder que irresistible
postró ante tí mis fuerzas vencedoras.

Quísolo Dios y fue; gloria a su nombre
todo se terminó; recobro aliento.
¡Ángel de las venganzas!, ya eres hombre
ni amor ni miedo al contemplarte siento

Cayó tu cetro, se embotó[7] tu espada . . .
Mas ¡ay! ¡Cuán triste libertad respiro!
Hice un mundo de tí, que hoy se anonada[8]
y en honda y vasta soledad me miro.

¡Vive dichoso tú! Si en algún día
ves este adiós que te dirijo eterno,
sabe que aún tienes en el alma mía
generoso perdón, cariño tierno.

---

[1] Soneto de estilo clásico escrito a la edad de veintidós años. Según testimonio de la autora, este soneto fue compuesto en el puerto de Santiago de Cuba en abril de 1836, al salir para España.
[2] la tripulación
[3] doquiera, dondequiera
[4] hinchada, abultada
[5] A Ignacio de Cepeda y Alcalde, el gran amor de la poetisa, a quien dedicó otro poema con el mismo título y las numerosas cartas reunidas como «Cartas a Cepeda». Versos endecasílabos.
[6] le dio placer
[7] *cetro*: insignia de poder supremo; *embotó*: perdió el filo
[8] aniquila, destruye

La noche de insomnio y el alba[9]

(FANTASÍA)

Noche
triste
viste
ya,
aire,
cielo,
suelo,
mar.
Brindándole
al mundo
profundo
solaz,[10]
derraman
los sueños
beleños[11]
de paz:
y se gozan
en letargo,
tras el largo
padecer,
los heridos
corazones,
con visiones
de placer.
Mas siempre velan
mis tristes ojos;
ciñen abrojos[12]
mi mustia sien;
sin que las treguas
del pensamiento
a este tormento
descanso den.
El mudo reposo
fatiga mi mente;
la atmósfera ardiente
me abrasa[13] doquier;
y en torno circulan
con rápido giro
fantasmas que miro
brotar y crecer.

---

[9] La Avellaneda era una consumada maestra en la técnica del verso y no son pocas las innovaciones poéticas que introdujo. En este poema utiliza desde versos de dos sílabas hasta de dieciséis. Aquí «hace gala de gran variedad y riqueza de metros que dan a esa poesía el carácter de una opulenta sinfonía verbal» (Max Henríquez Ureña).

[10] descanso, placer

[11] adormecimientos

[12] plantas, cardos espinosos

[13] quema

¡Dadme aire! necesito
de espacio inmensurable,
do del insomnio al grito
se alce el silencio y hable!
Lanzadme presto fuera
de angostos aposentos . . .
¡Quiero medir la esfera!
¡Quiero aspirar los vientos!
Por fin dejé el tenebroso
recinto de mis paredes . . .
Por fin ¡oh espíritu! puedes
por el espacio volar . . .
Mas ¡ay! que la noche oscura,
cual un sarcófago inmenso,
envuelve con manto denso
calles, campos, cielo, mar.
Ni un eco se escucha, ni un ave
respira, turbando la calma;
silencio tan hondo, tan grave,
suspende el aliento del alma.
El mundo de nuevo sumido
parece en la nada medrosa;[14]
parece que el tiempo rendido
plegando sus alas reposa.
Mas ¡qué siento! . . . Balsámico ambiente
se derrama de pronto! . . . El capuz[15]
de la noche rasgando, en Oriente
se abre paso triunfante la luz.
¡Es el alba! se alejan las sombras,
y con nubes de azul y arrebol
se matizan etéreas[16] alfombras,
donde el trono se asienta del sol.
Ya rompe los vapores matutinos
la parda cresta[17] del vecino monte:
ya ensaya el ave sus melifluos trinos:[18]
ya se despeja inmenso el horizonte.
Tras luenga[19] noche de vigilia ardiente
es más bella la luz, pura el aura . . .
¡Cómo este libre y perfumado ambiente
ensancha el pecho, el corazón restaura!
Cual virgen que el beso de amor lisonjero
recibe agitada con dulce rubor
del rey de los astros al rayo primero
Natura palpita bañada de albor.
Y así cual guerrero que oyó enardecido

[14] miedosa, tímida
[15] capa, manto
[16] de los cielos; del éter
[17] cima, parte más alta
[18] *melifluos*: dulces, suaves; *trinos*: cantos
[19] *tras*: después; *luenga*: larga

de bélica trompa[20] la mágica voz,
él lanza impetuoso, de fuego vestido,
al campo del éter su carro veloz.
¡Yo palpito, tu gloria mirando sublime,
noble autor de los vivos y varios colores!
¡Te saludo si puro matizas las flores!
¡Te saludo si esmaltas fulgente[21] la mar!
En incendio la esfera zafírea que surcas,
ya convierte tu lumbre radiante y fecunda,
y aun la pena que el alma destroza profunda,
se suspende mirando tu marcha triunfal.
¡Ay! de la ardiente zona do tienes almo asiento[22]
tus rayos a mi cuna lanzaste abrasador . . .
Por eso en ígneas alas remonto el pensamiento,
y arde mi pecho en llamas de inextinguible amor!
Mas quiero que tu lumbre mis ansias ilumine,
mis lágrimas reflejen destellos de tu luz,
y sólo cuando yerta[23] la muerte se avecine
la noche tienda triste su fúnebre capuz.
¡Qué horrible me fuera, brillando tu fuego fecundo,
cerrar estos ojos, que nunca se cansan de verte;
en tanto que ardiente brotase la vida en el mundo,
cuajada[24] sintiendo la sangre por hielo de muerte!
¡Horrible me fuera que al dulce murmurio del aura,
unido mi ronco gemido postrero sonase;
que el plácido soplo que al suelo cansado restaura,
el último aliento del pecho doliente apagase!
¡Guarde, guarde la noche callada sus sombras de duelo,
hasta el triste momento del sueño que nunca termina;[25]
y aunque hiera mis ojos, cansados por largo desvelo,
dale ¡oh sol! a mi frente, ya mustia, tu llama divina!
Y encendida mi mente inspirada, con férvido acento
— al compás de la lira sonora — tus dignos loores
lanzará, fatigando las alas del rápido viento,
a do quiera que lleguen triunfantes tus sacros fulgores!

---

[20] *bélica*: guerrera; *trompa*: trompeta
[21] *esmaltas*: das esmalte *fulgente*: brillante
[22] *almo*: (poet.) excelente, santo; *asiento*: estabilidad, permanencia
[23] fría
[24] helada
[25] la muerte

A la muerte del célebre poeta cubano[26] *D. José María de Heredia*[27]

Le poète est semblable aux oiseaux de passage,
qui ne bâtissent point leur nid sur le rivage.
(Lamartine)[28]

Voz pavorosa, en funeral lamento,
desde los mares de mi patria vuela
a las playas de Iberia; tristemente
en son confuso la dilata el viento;
el dulce canto en mi garganta hiela,
y sombras de dolor viste a mi mente.
¡Ay! Que esa voz doliente,
con que su pena América denota,
y en estas playas lanza el Oceano,
«murió, pronuncia, el férvido patriota . . .»
«murió, repite, el trovador cubano;»
y un eco triste en lontananza[29] gime:
«¡murió el cantor del Niágara sublime!»

¿Y es verdad? ¿Y es verdad? . . .
¿La muerte impía
apagar pudo con su soplo helado,
el generoso corazón del vate,[30]
do tanto fuego de entusiasmo ardía?
¿No ya en amor se enciende, ni agitado
de la santa virtud al nombre late? . . .
Bien cual cede al embate[31]
del aquilón sañoso[32] el roble erguido,
así, en la fuerza de su edad lozana,
fué por el fallo del destino herido . . .
Astro eclipsado en su primer mañana,
sepúltanle las sombras de la muerte,
y en luto Cuba su placer convierte.

¡Patria! ¡numen[33] feliz! ¡nombre divino!
¡ídolo puro de las nobles almas!
¡objeto dulce de su eterno anhelo!
ya enmudeció tu cisne peregrino . . .
¿Quién cantará tus brisas y tus palmas,
tu sol de fuego, tu brillante cielo? . . .
Ostenta, sí, tu duelo;
que en tí rodó su venturosa cuna,
por tí clamaba en el destierro impío,
y hoy condena la pérfida fortuna
a suelo extraño su cadáver frío,
de tus arroyos ¡ay! con su murmullo
no darán a su sueño blando arrullo.

¡Silencio! de sus hados la fiereza
no recordemos en la tumba helada
que le defiende de la injusta suerte.
Ya reclinó su lánguida cabeza,
de genio y desventuras abrumada,
en el inmóvil seno de la muerte.
¿Qué importa al polvo inerte,[34]
que torna a su elemento primitivo,
ser en este lugar o en otro hollado?[35]
¿Yace con él el pensamiento altivo? . . .
Que el vulgo de los hombres, asombrado
tiemble al alzar la eternidad su velo;
mas la patria del genio está en el cielo.

Allí jamás las tempestades braman,[36]
ni roba al sol su luz la noche oscura,
ni se conoce de la tierra el lloro . . .
Allí el amor y la virtud proclaman
espíritus vestidos de luz pura,
que cantan el Hosanna en arpas de oro.

---

[26] Estancias de trece versos, subdivididos en dos partes: una de seis versos y otra de siete. Los versos son endecasílabos, menos el primero de la segunda parte de cada estrofa, que es heptasílabo. El orden de la rima es la misma en todas las estancias.
[27] Heredia nunca usó este «de» en su nombre, pero sí su primo hermano, el gran poeta cubano-francés, autor de *Los trofeos*.
[28] Lamartine, Alfonse de: el célebre poeta romántico francés (1790–1869). Traducción: «El poeta es como las aves de paso, que nunca construyen sus nidos en la ribera».
[29] a lo lejos
[30] poeta
[31] ataque, golpe
[32] *aquilón*: viento violento del Norte; *sañoso*: con ira, cólera.
[33] inspiración
[34] inmóvil
[35] (fig.) abatido, humillado
[36] (fig.) hacen gran ruido

Allí el raudal sonoro
sin cesar corre de aguas misteriosas,
para apagar la sed que enciende el alma;
sed que en sus fuentes pobres, cenagosas,
nunca este mundo satisface o calma;
allí jamás la gloria se mancilla,
y eterno el sol de la justicia brilla.

¿Y qué, al dejar la vida, deja el hombre?
El amor inconstante; la esperanza,
engañosa visión que le extravía;
tal vez los vanos ecos de un renombre
que con desvelos y dolor alcanza;
el mentido poder; la amistad fría;
y el venidero[37] día
—cual el que expira breve y pasajero—
al abismo corriendo del olvido . . .
y el placer, cual relámpago ligero,
de tempestades y pavor seguido . . .
y mil proyectos que medita a solas,
fundados ¡ay! sobre agitadas olas.

De verte ufano, en el umbral del mundo
el ángel de la hermosa Poesía
te alzó en sus brazos y encendió tu mente,
y ora[38] lanzas, Heredia, el barro inmundo
que tu sublime espíritu oprimía,
y en alas vuelas de tu genio ardiente.
No más, no más lamente
destino tal nuestra ternura ciega,
ni la importuna queja al cielo suba. . . .
¡Murió! . . . A la tierra su despojo entrega,
su espíritu al Señor, su gloria a Cuba,
¡qué el genio, como el sol, llega a su ocaso,
dejando un rastro fúlgido[39] a su paso!

Amor y orgullo[40]

«Un tiempo hollaba por alfombras rosas,
y nobles vates, de mentidas diosas
prodigábanme nombres;
mas, yo altanera,[41] con orgullo vano,
cual águila real a vil gusano,
contemplaba a los hombres.»

«Mi pensamiento, en temerario vuelo,
ardiente osaba demandar al cielo
objeto a mis amores:
y si a la tierra con desdén volvía
triste mirada, mi soberbia impía
marchitaba sus flores.»

«Tal vez por un momento caprichosa
entre ellas revolé,[42] cual mariposa,
sin fiarme en ninguna;
pues de místico bien siempre anhelante,
clamaba en vano, como tierno infante
quiere abrazar la luna.»

«Hoy despeñada[43] de la excelsa cumbre,
do osé mirar del sol la ardiente lumbre
que fascinó mis ojos,
cual hoja seca al raudo torbellino,
cedo al poder del áspero destino . . .
¡Me entrego a sus antojos!»

«Cobarde corazón, que al mundo estrecho
gimiendo sufres, dime: ¿qué se ha hecho
tu presunción[44] altiva?
¿Qué mágico poder, en tal bajeza
trocando ya tu indómita fiereza,
de libertad te priva?»

«¡Mísero esclavo de tirano dueño,
tu gloria fué cual mentiroso sueño,
que con las sombras huye!
Dí, ¿qué se hicieron ilusiones tantas
de necia vanidad, débiles plantas
que el aquilón[45] destruye?»

---

[37] futuro
[38] ahora
[39] brillante
[40] Sextinas de pie quebrado con versos endecasílabos y heptasílabos. Riman 1° con 2°, 3° con 6° y 4° con 5°. La poesía está precedida y seguida de varios versos, que suelen ser eliminados porque añaden poco a la composición.
[41] altiva
[42] volé nuevamente
[43] caída
[44] orgullo, afectación
[45] Véase nota 32

«En hora infausta a mi feliz reposo,
¿no dijiste, soberbio y orgulloso:
quién domará mi brío?[46]
¡Con mi solo poder haré, si quiero,
mudar de rumbo al céfiro ligero
arder al mármol frío!»

«¡Funesta[47] ceguedad! ¡Delirio insano!
te gritó la razón . . . Mas ¡cuán en vano
te advirtió tu locura! . . .
Tú mismo te forjaste la cadena,
que a servidumbre eterna te condena,
y a duelo y amargura.»

«Los lazos caprichosos que otros días
—por pasatiempo— a tu placer tejías,
fueron de seda y oro:
los que ahora rinden tu valor primero,
son eslabones[48] de pesado acero,
templados con tu lloro.»

«¿Qué esperaste, ¡ay de tí! de un pecho helado,
de inmenso orgullo y presunción hinchado,
de víboras nutrido?
Tú, que anhelabas tan sublime objeto,
¿cómo al capricho de un mortal sujeto
te arrastras abatido?»

«¿Con qué velo tu amor cubrió mis ojos,
que por flores tomé duros abrojos
y por oro la arcilla? . . .
¡Del torpe engaño mis rivales ríen,
y mis amantes ¡ay! tal vez se engríen[49]
del yugo que me humilla!»

«¿Y tú lo sufres, corazón cobarde?
¿Y de tu servidumbre haciendo alarde,
quieres ver en mi frente
el sello del amor que te devora? . . .
¡Ah! vélo pues, y búrlese en buen hora
de mi baldón[50] la gente.»

«¡Salga del pecho, requemando el labio,
el caro nombre, de mi orgullo agravio,
de mi dolor sustento! . . .[51]
¿Escrito no lo ves en las estrellas
y en la luna apacible, que con ellas
alumbra el firmamento?»

«¿No le oyes de las auras al murmullo?
¿No le pronuncia, en gemidor arrullo,
la tórtola amorosa?
¿No resuena en los árboles, que el viento
halaga con pausado movimiento
en esa selva hojosa?»

«De aquella fuente entre las claras linfas,
¿no le articulan invisibles ninfas[52]
con eco lisonjero? . . .
¿Por qué callar el nombre que te inflama,
si aún el silencio tiene voz, que aclama
ese nombre que quiero? . . .»

«Nombre que un alma lleva por despojo;
nombre que excita con placer enojo,
y con ira ternura;
nombre más dulce que el primer cariño
de joven madre al inocente niño,
copia de su hermosura.»

«Y más amargo que el adiós postrero
que al suelo damos, donde el sol primero
alumbró nuestra vida.
Nombre que halaga, y halagando mata;
nombre que hiere, como sierpe ingrata,
al pecho que le anida . . .»

«¡No, no le envíes, corazón, al labio! . . .
¡Guarda tu mengua[53] con silencio sabio!
¡Guarda, guarda tu mengua!
¡Callad también vosotras, auras, fuente,
trémulas hojas, tórtola doliente,
como calla mi lengua!»

[46] pujanza, fig. gallardía
[47] desgraciada, triste
[48] anillos de una cadena
[49] envanecen
[50] injuria, afrenta
[51] alimento
[52] en la mitología, divinidades de los bosques, fuentes y ríos
[53] disminución, menoscabo

José Eusebio Caro

COLOMBIA, 1817–1853

El Romanticismo llegó a Colombia desde Venezuela —muy abierta a la influencia europea por su intenso comercio— y produjo un verdadero renacer de la literatura y un intenso y fructífero cultivo de todos los géneros. En la primera generación romántica se distingue con luces propias José Eusebio Caro, una de las figuras más venerables de las letras colombianas. Nació en Ocaña y quedó huérfano a los trece años, hecho que determina la melancolía propia de muchos de sus versos. Tuvo que trabajar duramente para poder vencer su pobreza y situarse como figura pública de importancia. Estudió Filosofía y Jurisprudencia en la Universidad de San Bartolomé, de donde salió un poco embuído de las doctrinas positivistas y utilitarias de Comte y Bentham, pero más tarde regresó al seno del catolicismo. Fundó tres periódicos importantes, *La Estrella Nacional*, de carácter literario, *El Granadino* y *La Civilización* y desde 1840 participó activamente en la política. Era hombre de gran entereza y una moral acrisolada que nunca transigió con el vicio o la corrupción. Fue Diputado al Congreso y Ministro de Hacienda, a donde llevó su impulso renovador. Se opuso a la elección fraudulenta del general José Hilario López, de tendencia liberal, lo que lo obligó a residir tres años como exiliado en los Estados Unidos. A poco de regresar a su patria murió de fiebre amarilla.

Caro era un temperamento romántico por su espíritu independiente y rebelde. Su integridad moral nacía de su idealismo, inflexible en la defensa de lo justo y noble. Sobresale por la seriedad de su vida pública y por el cuidado que puso en su escasa obra literaria. Se distinguió como periodista, político, polemista, poeta y orientador. Su obra lo acredita como uno de los más grandes poetas románticos de Colombia y de Hispanoamérica. Al estudiar sus *Poesías* (1837) encontramos tres tendencias principales. En sus versos de tema íntimo canta al amor, la familia y nos descubre el temple de su alma en el lirismo acendrado, no exento de cierto tono de melancolía y tristeza. Quizás sus versos más característicos son aquellos de tendencia política donde nos muestra un temperamento muy fogoso y sincero. En ellos se plasma la seriedad de sus principios y la pureza de su alma. A menudo aparece rudo, áspero, violento, bronco, debido al impulso y fuerza de su inspiración. Finalmente encontramos una vena de reflexión filosófica, siempre honda y trascendente, porque Caro es uno de los poetas hispanoamericanos que siempre cuida de obtener profundidad en el concepto, sin borrar la intensidad del sentimiento.

Las influencias de su poesía son muy disímiles: siempre se cruzan y entrecruzan las inglesas de Byron y Pope con las francesas de Lamartine y las españolas de Quintana, Gallego, Lista y Martínez de la Rosa. Tuvo también el ansia de renovación de la métrica y los ritmos poéticos: usó a menudo la versificación rápida y dactílica que luego tendría mucho incremento durante el Modernismo. Después ensayó la imitación prosódica del hexámetro clásico solo o combinado con el endecasílabo, más cerca de los ingleses que de los latinos. Su ansia renovadora lo llevó a un tipo de verso que parece duro, con monotonía y falta de flexibilidad. A menudo emplea los endecasílabos colocando los acentos en las sílabas pares. También le hizo innovaciones al octosílabo.

Con razón dijo Menéndez y Pelayo: «Para nosotros era un genio lírico, a quien sólo faltó equilibrio en sus facultades, y cierta sobriedad en el modo de administrarlas»* y añadía: «Ningún poeta de los nacidos en Indias ha sacrificado con tan notables acentos de filosofía religiosa los goces y dolores del hogar, ni ha dicho palabras más elocuentes sobre Dios y la eternidad, sin que el verbo inflamado de la poesía lírica perdiese nada de su calor al contacto de la materia filosófica. Nadie podrá dividir en Caro el poeta, el filósofo y el hombre: hay que tomarle en su integridad.»**

FUENTE: *Antología: prosa y verso*, Bogotá, Ministerio de Educación Nacional, 1951 (Biblioteca Popular de Cultura Colombiana, 148).

Poesías

1885

En boca del último Inca[1]

Ya de los blancos el cañón huyendo,
hoy a la falda del Pichincha[2] vine,
como el sol vago, como el sol ardiente,
como el sol libre.

¡Padre Sol, oye! Por el polvo yace
de Manco[3] el trono; profanadas gimen
tus santas aras,[4] yo te ensalzo[5] solo,
¡solo, mas libre!

¡Padre Sol, oye! Sobre mí la marca
de los esclavos señalar no quise
a las naciones; a matarme vengo,
¡a morir libre!

Hoy podrás verme desde el mar lejano,
cuando comiences en ocaso a hundirte
sobre la cima del volcán tus himnos
cantando libre.

Mañana solo, cuando ya de nuevo
por el Oriente tu corona brille,
tu primer rayo dorará mi tumba,
¡mi tumba libre!

Sobre ella el cóndor bajará del cielo;
sobre ella el cóndor, que en las cumbres vive,
pondrá sus huevos y armará su nido
ignoto[6] y libre.

---

* *Historia de la poesía hispanoamericana*, Tomo I, pág. 450
** Idem, Tomo I, pág. 454
[1] Estrofas de tres endecasílabos y un pentasílabo con rima asonante (i-e) en los pares.
[2] *falda*: ladera; *Pichincha*: volcán del Ecuador (4.787 m.)
[3] Manco Cápac, fundador, según la leyenda, del imperio de los Incas (s. XII), de la ciudad del Cuzco y de la dinastía de los Incas.
[4] altares (en que se ofrecen sacrificios)
[5] exalto, celebro
[6] desconocido

El hacha del proscrito[7]

Dieu! qu'un exilé doit souffrir. (Béranger).[8]

¡Fina brillas, hacha mía,
ancha, espléndida, cortante,
que abrirás la frente al toro
que probar tu filo osare!
En los bosques para siempre
voy contigo a sepultarme;
que los hombres ya me niegan
una tumba en sus ciudades.
En mi patria me expulsaron
de la casa de mis padres;
¡y hoy también el extranjero
me ha cerrado sus hogares!
¡Vamos, pues, que ya estoy listo! . . .
¡Oh!, salgamos de estas calles,
do el dolor del desterrado
nadie entiende ni comparte:
¡Ay!, tú me entretenías
en mi niñez.
¡Ven, sígueme en los días
de mi vejez!

Yo, durante nuestra fuga,
tengo al hombro de llevarte,
y un bordón[9] en ti y apoyo
hallaré cuando me canse.
De través sobre el torrente
que mi planta en vano ataje,
tú echarás del borde el árbol,
por el cual descalzo pase.
Si del Norte el viento frío
mis quijadas tiritaren,[10]
tú derribarás los tramos,[11]
y herirás los pedernales,[12]
tú prepararás mi lumbre,
tú prepararás mi carne,
la caverna en que me acoja,
¡y hasta el lecho en que descanse!
¡Ay!, tú me entretenías
en mi niñez.
¡Ayúdame en los días
de mi vejez!

A mi alcance y a mi diestra,
muda, inmóvil, formidable,
me hará guardia cuando el sueño
en mis párpados pesare.
Si del tigre el sordo paso;
si el clamor de los salvajes,
acercándose en la noche,
del peligro me avisaren,
en mi mano apercibida
te alzarás para el combate,
y del triunfo o la derrota
siempre llevarás tu parte.
¡Ay!, la luz del nuevo día
nos verá en otros lugares;
débil yo, cansado y triste;
roja tú, con fresca sangre.
¡Ay!, tú me entretenías
en mi niñez.
¡Defiéndeme en los días
de mi vejez!

De camino veré a veces
las lejanas capitales
relumbrar al tibio rayo
de los soles de la tarde.
Y esos rayos vespertinos[13]
jugarán al reflejarse,
cual relámpagos de oro,
en tu hierro centelleante.[14]
O del mar en la alta orilla,
los pies sueltos en el aire,
cantaré yo al sol o al viento
de la patria los romances,
y a la roca tú de lomo
sin cesar dando en la base,
el compás irás notando
con tus golpes resonantes.
¡Ay!, tú me entretenías
en mi niñez.
¡Consuélame en los días
de mi vejez!

---

[7] Especie de romance octosílabo interrumpido cada dieciséis versos por un estribillo compuesto de dos heptasílabos y dos pentasílabos.
[8] Pierre-Jean de Béranger: poeta francés (1780–1857) «¡Dios! Lo que un exiliado debe sufrir.»
[9] bastón largo de los peregrinos
[10] temblaren
[11] parte de un camino, andamio, etc. En este caso significa trozos de madera
[12] cuarzo o piedra muy dura
[13] relativos a la tarde
[14] chispeante

¡Sí, consuelo del proscrito!
¡Oh, jamás aquí le faltes!
¡Ay, de cuanto el triste llora,
si es posible, veces hazle!
Patria, amigos, madre, hermanos,
tiernos hijos, dulce amante;
cuanto amé, cuanto me amaba
vas tú solo a recordarme!
Nunca, nunca, pues, me dejes:
¡sígueme a mis soledades!

¡No abandones al proscrito
sin que al fin su tumba excaves!
¡Por el mango[15] hundido en tierra,
tu hoja se alzará en los aires,
de los picos de los buitres
defendiendo mi cadáver!
¡Ay!, tú me entretenías
en mi niñez.
¡Sepúltame en los días
de mi vejez!

Una lágrima de felicidad[16]

Solos ayer, sentados en el lecho
de tu ternura coronó mi amor;
tú la cabeza hundida entre mi pecho;
yo, circundando[17] con abrazo estrecho
tu talle[18] encantador.

Tranquila tú dormías, yo velaba.
Llena de los perfumes del jardín
la fresca brisa por la reja entraba,
y nuestra alcoba toda embalsamaba
de rosa y de jazmín.

Por encima de los árboles tendía
su largo rayo horizontal el sol,
desde el remoto ocaso do se hundía:
inmenso, en torno de él, resplandecía
un cielo de arrebol!

Del sol siguiendo la postrera huella
dispersas al ocaso, aquí y allí,
asomaban con luz trémula y bella,
hacia el Oriente alguna u otra estrella,
sobre un fondo turquí.[19]

Ningún rumor, o voz, o movimiento
turbaba aquella dulce soledad;
¡solo se oía susurrar[20] el viento,
y oscilar, cual un péndulo, su aliento
con plácida igualdad!

¡Oh, yo me estremecí! . . . ¡Sí, de ventura[21]
me estremecí, sintiendo en mi redor
aquella eterna, fúlgida Natura!
¡En mis brazos vencida tu hermosura!
¡En mi pecho, el amor!

Y cual si alas súbito adquiriera,
o en las suyas me alzara un serafín,[22]
mi alma rompió la corporal barrera,
y huyó contigo, de una en otra esfera,
¡con un vuelo sin fin!

Buscando allá con incansable anhelo
para ti, para mí, para los dos,
del tiempo y de la carne tras el velo,
ese misterio que llamamos cielo:
¡la eternidad de Dios!

Para fijar allí, seguro y fuerte,
libre de todo mundanal vaivén,[23]
libre de los engaños de la suerte,
libre de la inconstancia y de la muerte,
¡de nuestro amor el bien!

Y en un rapto de gloria, de improviso,
lo que mi alma buscaba hallar creí;
una secreta voz del Paraíso
dentro de mí gritóme: «Dios los quiso;
¡sea tuya allá y aquí»

[15] asidero, manilla
[16] Quintetos de cuatro endecasílabos y un pie quebrado heptasílabo. Riman en forma consonante 1°, 3° y 4° y 2° y 5° (siempre agudos).
[17] rodeando
[18] cintura
[19] azul obscuro
[20] sonido leve, murmullo
[21] dicha, felicidad
[22] ángel
[23] oscilación

Y enajenado, ciego, delirante,
tu blando cuerpo, que el amor formó,
traje contra mi pecho palpitante . . .
Y en tu faz una lágrima quemante
¡de mis ojos cayó!

¡Ay!, despertaste . . . Sobre mí pusiste
tu mirada, feliz al despertar;
¡mas tu dulce sonrisa en ceño[24] triste
cambióse al punto que mis ojos viste
aguados relumbrar!

¡De entonce acá, ¡oh amante idolatrada
mas sobrado[25] celosa, huyes de mí!
Si a persuadirte voy, no escuchas nada,
o de sollozos clamas sofocada:
«¡Soy suya! . . . Y llora así.»

¡Oh, no, dulce mitad del alma mía,
no injuries de tu amigo el corazón!
¡Ay, ese corazón en la alegría
solo sabe llorar, cual lloraría
el de otro en la aflicción!

El mundo para mí, de espinas lleno,
jamás me dio do reclinar mi sien;
hoy, de la dicha en mi primer estreno,
el lloro que vertí sobre tu seno
¡encerraba un edén!

¡Oh! . . . ¡La esposa que joven y lozana
diez hijos a su esposo regaló,
y que después vïuda, enferma, enciana,
a sus diez hijos en edad temprana
morir y enterrar vio! . . .

¡Esa mujer, que penas ha sufrido
cuantas puede sufrir una mujer;
esa madre infeliz que ha padecido
lo que tan solo la que madre ha sido
alcanza a comprender! . . .

Ella, pues, cuando a buenos y a malvados
llame a juicio la trompa de Jehová,
sus diez hijos al ver resucitados,
al volver a tenerlos abrazados . . . ,
¡oh!, de amor llorará.

Y de esa madre el dulce y tierno llanto
a la diestra de Dios la hará subir,
¡y tal será su suavidad y encanto,
que en su alta gloria al serafín más santo
de envidia hará gemir!

Mas ese llanto del amor materno,
vertido en la presencia del Señor,
al entrar de la vida al mundo eterno,
no, no será más dulce ni más tierno
¡que el llanto de mi amor!

Gregorio Gutiérrez González

COLOMBIA, 1826—1872

Consolidado el pujante Romanticismo colombiano, surgió en seguida una segunda generación romántica donde descuella un poeta de gran originalidad, Gregorio Gutiérrea González. Se le conocía como «Antíoco» o «las tres ges» y llegó a ser el poeta más popular de Colombia. Nació en un pueblecito llamado Ceja del Tambo en Antioquia y murió en Medellín. Estudió en el Seminario de Bogotá y en el Colegio de San Bartolomé.

[24] frente

[25] demasiado

Después de doctorarse en Derecho ejerció como abogado y juez municipal. Fue diputado a la Asamblea de su provincia y representante y senador en el Congreso nacional. Las luchas civiles ocurridas entre 1860 y 1864 lo arruinaron por completo y se retiró entonces a la Mesa, región montañosa y bravía de su provincia donde intentó labores mineras y agrícolas, sin éxito alguno. Poco después quedó viudo —su mujer es la famosa Julia de sus poemas amorosos— y compuso su poema más famoso: *Memoria sobre el cultivo del maíz en Antioquia* (1866). Entre los escritores que más notablemente influyeron en su obra se cuentan: el venezolano José Antonio Maitín, los españoles Zorrilla y Espronceda, los franceses Dumas, Nodier, Sue y Lamartine y los ingleses Scott y Byron.

En su obra se encuentran dos maneras, igualmente interesantes: primero se nos presenta como el poeta espontáneo y delicado del amor y del sentimiento. Estos versos se distinguen por su sentido íntimo, la suavidad, y el candor sencillo y puro. Tiene una visión pura, platónica, casta del amor, con presentimientos tristes que lo conducen a un tono melancólico. Siempre expresa la emoción sin sentimentalismos ni melodramatismos, con un alto concepto de la mujer. En lo formal, sus versos son muy agradables al oído por su ritmo cadencioso, lleno de armonía.

Su obra de más originalidad resulta la célebre *Memoria*, según él mismo afirma humorísticamente, una «memoria científica» que presentaría a la Escuela de Ciencias y Artes. La obra lo convirtió en el líder del Romanticismo nativista y de tendencia americanista. Aunque se le han llamado las *Geórgicas* colombianas, no estuvo en su ánimo imitar a Virgilio. El largo poema es un vigoroso cuadro lleno de realismo del cultivo del maíz, desde que los peones y el patrono buscan el terreno mejor para esa siembra, hasta que se recoge y come el grano, tan importante en la alimentación y la economía de Colombia y otros países hispanoamericanos. Se destaca en la composición su detallismo y la habilidad del poeta para transformar una realidad de todos días y bastante prosaica, en poesía de rico contenido e imágenes excelentes. Se le ha criticado el uso excesivo del lenguaje regional antioqueño y ciertos pasajes algo prosaicos y chabacanos. Tiene momentos en que mueve al humorismo o a la ironía, que contribuyen a la variedad de aspectos del poema. Con razón ha escrito Eduardo Carranza: «La *Memoria* . . . es una singular égloga americana, en donde alternan rasgos humorísticos, destellos de gracia costumbrista y fragmentos descriptivos de plástico vigor»*. La obra tiene una indiscutible nota americanista y su sentimiento de la naturaleza, a la que tan aficionados fueron nuestros románticos, mantiene la elevación poética aun cuando describa lo más simple, trivial o aparentemente antipoético. Ha de reconocerse a Gutiérrez González como uno de los poetas hispanoamericanos de más auténtica originalidad, dentro de la estética romántica.

FUENTE: *Poesías*, New York, Darío y Mazurca, 1867. Prólogo de Rafael Pombo; *Memoria científica sobre el cultivo del maíz en Antioquia*, Medellín, Universidad de Antioquia, 1950. Notas de Roberto Jaramillo.

* «Prólogo» a *Poesías completas de Rafael Pombo*, Madrid, Aguilar, 1957

Poesías

1867

A Julia[1]

Juntos tú y yo vinimos a la vida,
llena tú de hermosura y yo de amor;
a ti vencido[2] yo, tú a mí vencida,
nos hallamos por fin juntos los dos.

Y como ruedan mansas, adormidas,
juntas las ondas en tranquila mar,
nuestras dos existencias siempre unidas
por el sendero de la vida van.

Tú asida de mi brazo, indiferente
sigue tu planta mi resuelto pie:
y de la senda en la áspera pendiente
a mi lado jamás temes caer.

Y tu mano en mi mano, paso a paso,
marchamos con descuido al porvenir,
sin temor de mirar al triste ocaso
donde tendrá nuestra ventura[3] fin.

Con tu hechicero sonreír sonrío,
reclinado en tu seno angelical;
de ese inocente corazón que es mío,
arrullado al tranquilo palpitar.

Y la ternura y el amor constantes
en tu limpia mirada vense arder,
al través de dos lágrimas brillantes
que temblando en tus párpados se ven.

Son nuestras almas místico rüido
de dos flautas lejanas, cuyo son
en dulcísimo acorde llega unido
de la noche callada entre el rumor.

Cual dos suspiros que al nacer se unieron
en un beso castísimo de amor;
como el grato perfume que esparcieron
flores distintas y la brisa unió.

¡Cuánta ternura en tu semblante miro!
¡Que te miren mis ojos siempre así!
Nunca tu pecho exhale[4] ni un suspiro,
y eso me basta para ser feliz.

¡Que en el sepulcro nuestros cuerpos moren
bajo una misma lápida[5] los dos!
¡Mas mi muerte jamás tus ojos lloren!
¡Ni en la muerte tus ojos cierre yo!

A Julia, II[6]

«Juntos tú y yo vinimos a la vida,
llena tú de hermosura y yo de amor;
a ti vencido yo, tú a mí vencida,
nos hallamos por fin juntos los dos.»

Así te dije, ¡oh Dios! . . . ¡Quién creería
que no hiciera milagros el amor!
¡Cuántos años pasaron, vida mía,
y excepto nuestro amor, todo pasó!

---

[1] Serventesios (estrofas de endecasílabos de rima alterna, abab), cuyos versos pares son siempre agudos. Véase introducción.
[2] rendido, entregado
[3] dicha, felicidad
[4] profiera, despida
[5] tumba
[6] Véase nota 1.

¡Con cuánto orgullo yo añadí: «Mi brazo
te servirá en la vida de sostén»!
De nuestro amor el encantado lazo
risueño, ufano, al mundo lo mostré.

¡Mucho, mucho, mi Julia, hemos sufrido!
Un abismo descubro entre hoy y ayer,
mas el débil fui yo, yo fui el vencido;
tú, fuerte de los dos, tuviste fe.

Y tu fe te ha salvado y me ha salvado,
pues unidos vivimos hasta el fin,
cual dos olas gemelas que han rodado[7]
en busca de una playa en que morir.

Basta para una vida haberte amado:
ya he llenado con esto mi misión.
He dudado de todo . . . ; he vacilado,
mas solo incontrastable[8] hallé mi amor.

Julia, perdón si al fin de la carrera
fatigado y sin fuerzas me rendí . . .
¡Si tu suerte enlazada no estuviera
con mi suerte, tal vez fueras feliz!

Tú fuiste para mí como la roca
al solo y casi náufrago bajel,[9]
que el ancla en ella al arrojar provoca
las tempestades que en contorno ve.

Empero la borrasca no te arredra[10]
aunque se avanza hacia nosotros dos,
y has querido morir como la hiedra[11]
que se abraza del olmo[12] protector.

Fue desigual la unión en nuestros lares:[13]
yo con mis faltas, tú con tu virtud:
tú, dándome tu amor: yo, mis pesares . . .
¡Oh! ¡Debiste salvarte sola tú!

Mas de la vida en la penosa lucha,
ya en el fin, como ya debes hallar
un consuelo supremo, Julia; escucha:
si no como antes, nos amamos más.

Memoria sobre el cultivo del maíz en Antioquia[14]

1866

Capítulo III

Método sencillo de regar las sementeras,[15] y provechosas advertencias para espantar los animales que hacen daño en los granos

Hoy es domingo. En el vecino pueblo
las campanas con júbilo repican;
del mercado en la plaza ya hormiguean[16]
los campesinos al salir de misa.

Hoy han resuelto los vecinos todos
hacer a la patrona rogativa,[17]
para pedirle que el verano cese.
pues lluvias ya las rozas[18] necesitan.

---

[7] andado, caminado
[8] invencible
[9] nave
[10] borrasca: tormenta; arredra: (fig.) atemoriza, acobarda
[11] planta trepadora
[12] árbol
[13] (fig.) casa, hogar
[14] Esta composición consta de cuatro partes y está escrita en estrofas de cuatro endecasílabos cuyos versos pares riman en forma asonante. La asonancia es diferente en las cuatro secciones.
[15] plantaciones, tierras sembradas
[16] multitud o concurso de gente
[17] oraciones a la virgen del lugar
[18] tierra rozada y limpia de malezas, lista para sembrar en ella

De golpe[19] el gran rumor calla en la plaza,
el sombrero, a la vez todos se quitan . . .
Es que a la puerta de la iglesia asoma
la procesión en prolongada fila.

Va detrás de la cruz y los ciriales[20]
una imagen llevada en andas[21] limpias,
de la que siempre, aun en imagen tosca,[22]
llena de gracia y de pureza brilla.

Todo el pueblo la sigue y en voz baja
sus oraciones cada cual recita,
suplicando a los cielos que derramen
fecunda lluvia que la tierra ansía.

¡Hay algo de sublime, algo de tierno
en aquella oración pura y sencilla,
inocente paráfrasis del pueblo
del «danos hoy el pan de cada día»!

Nuestro patrón y el grupo de peones
mezclados en la turba se divisan
murmurando sus rezos, porque saben
que Dios su oreja a nuestro ruego inclina.

Pero no. Yo no quiero con vosotros
asistir a esa humilde rogativa;
porque todos nosotros somos sabios,
y no queremos asistir a misa.

Y ya la moda va quitando al pueblo
el único tesoro que tenía.
(Una duda me queda solamente:
¿con qué le pagará lo que le quita?)

Brotaron del maíz en cada hoyo
tres o cuatro maticas amarillas.
que con dos hojas anchas y redondas
la tierna mata de frisol[23] abriga.

Salpicada de estrellas de esmeralda
desde lejos la roza se divisa;
manto real de terciopelo negro
que las espaldas de un titán cobija.[24]

Aborlonados[25] sus airosos pliegues,
formados de cañadas[26] y colinas;
con el humo argentado[27] de su rancho,
de sus quebradas con la blanca cinta.

El maíz con las lluvias va creciendo
henchido de verdor y lozanía,
y en torno dél, entapizando[28] el suelo,
va naciendo la hierba entretejida.

Por doquiera se prenden los bejucos[29]
que la silvestre enredadera[30] estira;
y en florida espiral trepando, envuelve
las cañas del maíz la batatilla.[31]

Sobre esa alfombra de amarillo y verde
los primeros retoños se divisan,
que en grupos brotan del cortado tronco.
a quien su savia exuberante quitan.

Ya llegó la deshierba;[32] la ancha roza
de peones invade la cuadrilla,
y armados de azadón y calabazo[33]
la hierba toda y la maleza limpian.

Queda el maíz en toda su belleza,
mostrando su verdor en largas filas,
en las cuales se ve la frisolera
con lujo tropical entretejida.

¡Qué bello es el maíz! Mas la costumbre
no nos deja admirar su bizarría[34]
ni agradecer al cielo ese presente,
solo porque lo da todos los días.

El don primero que «con mano larga»[35]
al Nuevo Mundo el Hacedor destina;
el más vistoso pabellón que ondula[36]
de la virgen América en las cimas.

Contemplad una mata. A cada lado
de su caña robusta y amarilla
penden sus tiernas hojas arqueadas
por el ambiente juguetón mecidas.

---

[19] de repente
[20] velas grandes
[21] plataforma sostenida por dos varas paralelas para llevar imágenes, personas o cosas
[22] rústica
[23] (amer.) frijol
[24] cubre. Nótese la belleza de esta estrofa.
[25] acanillados
[26] especies de caminos
[27] plateado
[28] cubriendo con tapices o alfombras
[29] plantas tropicales de tallos largos y delgados
[30] planta que trepa por las varas
[31] una planta
[32] tiempo de quitar la hierba
[33] *azadón*: instrumento para remover la tierra; *calabazo*: instrumento para podar y desmochar los árboles
[34] gallardía
[35] en abundancia
[36] forma ondas

Su pie desnudo los anillos muestra
más rectas y agrupadas hacia arriba,
donde empieza a mostrar tímidamente
sus blancos tilos[37] la primera espiga,

semejante a una joven de quince años,
de esbeltas formas y de frente erguida,
rodeada de alegres compañeras
rebosando salud y ansiando dicha.

Forma el viento, al mover sus largas hojas,
el rumor de dulzura indefinida
de los trajes de seda que se rozan
en el baile de bodas de una niña.

Se despliegan al sol y se levantan
ya doradas, temblando, las espigas,
que sobresalen cual penachos jaldes[38]
de un escuadrón en las revueltas filas.

Brota el blando cabello del filote[39]
que muellemente[40] al despertar se inclina;
el manso viento con sus hebras juega
y cariñoso el sol las tuesta y riza.[41]

La mata el seno suavemente abulta
donde la tusa[42] prisionera cría,
y allí los granos, como blancas perlas,
cuajan envueltos en sus hojas finas.

Los chócolos[43] se ven a cada lado,
como rubios gemelos que reclinan
en los costados de su joven madre
sus doradas y tiernas cabecitas.

El pajarero[44] niño de diez años,
desde su andamio[45] sin cesar vigila
las bandadas de pájaros diversos,
que hambrientos vienen a ese mar de espigas.

En el extremo de una vara larga
coloca su sombrero y su camisa,
y silbando, y cantando, y dando gritos,
días enteros el sembrado cuida.

Con su churreta[46] de flexibles guascas,[47]
que fuertemente al agitar rechina,[48]
desbandadas las aves se dispersan,
y fugitivas corren las ardillas.

Los pericos[49] en círculo volando
en caprichosas espirales giran,
dando al sol su plumaje de esmeralda
y al aire su salvaje algarabía.

Y sobre el verde manto de la roza
el amarillo de los toches[50] brilla,
cual onzas de oro en la carpeta verde
de una mesa de juegos repartidas.

Meciéndose galán y enamorado
gentil turpial[51] en la flexible espiga,
rubí con alas de azabache,[52] ostenta
su bella pluma y su canción divina.

El duro pico del chamón[53] desgarra
de las hojas del chócolo las fibras,
dejando ver sus granos cual los dientes
de una bella al través de su sonrisa.

Su nido coloidal cuelga el gulungo[54]
de un árbol en las ramas extendidas,
y se columpia blandamente al viento,
incensario de rústica capilla.

La boba,[55] el carriquí,[56] la guacamaya[57]
el afrechero,[58] el diostedé,[59] la mirla,[60]
con sus pulmones de metal que aturden
cantan, gritan, gorjean, silban, chillan.[61]

---

[37] yemas florales
[38] *penachos*: parte más alta de una planta; *jaldes*: amarillo muy subido
[39] el fruto del maíz en el primer período de su desarrollo
[40] suavemente
[41] *tuesta*: calienta sin quemar; *riza*: ondula, forma rizos
[42] eje esponjoso de la mazorca de maíz donde se forman los granos
[43] en otros países, choclo: la mazorca tierna, pero con los granos ya formados
[44] la persona que espanta, ahuyenta los pájaros
[45] plataforma
[46] una cuerda bastante gruesa. Se agita y el ruido que forma ahuyenta los pájaros.
[47] cortezas filamentosas de algunos árboles
[48] hace un ruido sordo
[49] especies de papagayos
[50] pájaros amarillos y negros muy bellos
[51] pájaro amarillo y negro de voz muy dulce y brillante
[52] muy negras
[53] pájaro negro con un círculo rojo debajo de las alas y pico duro; es muy voraz
[54] pájaro que fabrica nidos colgantes llenos de gracia
[55] especie de loro azul
[56] pájaro verde y amarillo
[57] especie de guacamayo
[58] gorrión, un pájaro
[59] Tucán, ave de pico muy grande, su voz parece que dice «dios-te-dé».
[60] hembra del mirlo, un pájaro
[61] *gorjean*: cantan; *chillan*: producen un grito agudo y desagradable

Rafael Pombo

COLOMBIA, 1833–1912

La crítica reconoce que Rafael Pombo constituye el poeta más completo que ha dado Colombia. Nació en Bogotá en el seno de una familia distinguida e hizo estudios de Humanidades en el Seminario Conciliar de esa ciudad y en el Colegio Mayor de Nuestra Señora del Rosario. En el Colegio Militar se graduó de doctor en matemáticas y de ingeniero. Ejerció por poco tiempo su carrera, la cual abandonó para entregarse por completo al cultivo de las letras, siguiendo su verdadera vocación, ya que su poesía más antigua data de cuando tenía diez años. En 1855 vino a los Estados Unidos y por varios años desempeñó un cargo en la Embajada de Colombia en Washington y luego en el consulado de Filadelfia. Aprovechó esta estancia para ahondar en sus estudios de la poesía inglesa y norteamericana por las que sentía viva atracción. A su regreso a la patria (1860) se dedicó a la enseñanza, el periodismo, y especialmente a las letras, sobresaliendo tanto en la poesía como en la crítica de arte y literatura. Pertenecía a la Academia Colombiana de la Lengua de la cual fue secretario, también fue correspondiente de la española. El 20 de agosto de 1905 se le coronó como el «poeta nacional» en un solemne festival en el Teatro Colón de Bogotá.

Sobresale Pombo por la versatilidad, la variedad y la riqueza de registros de notas de su poesía. Dejó una copiosa producción de versos amorosos donde demuestra que vivía enamorado más del amor como sentimiento que de la mujer. Expresa siempre una actitud respetuosa, casta y caballeresca hacia el bello sexo, porque como dijo una vez veía en él la combinación del ángel y la mujer. Recuerda mucho a Leopardi por el tono melancólico y pesimista, porque en él está cantado el amor como desengaño y decepción y no como culminación del poderoso sentimiento, desahogándose a veces en reproches hacia el «eterno femenino» que recuerdan a Alfredo de Vigny. Inclusive llega a la elegía amorosa de auténtico sentimiento como en «Elvira Tracy». Otra vena importante de su inspiración se encuentra en su abundante poesía descriptiva de la naturaleza. En su fragmento titulado «El valle» dice:

> Deja tu lira, poeta,
> deja, pintor, tu paleta,
> y tu cincel, escultor:
> Naturaleza es mejor
> que el signo que la interpreta.

En este tipo de poesía se exalta en la contemplación y vuelca su auténtico sentimiento en versos de gran belleza y alcance. En «Niágara» se sitúa cerca de Heredia, aunque sin superarlo, y en «Preludio de primavera» capta la emoción producida por el renacer de la vida en esa estación florida. Sus versos son cristalinos, vibrantes, y se ponen a tono con la grandeza y majestad de las fuerzas naturales.

Entre su producción más perdurable ha de incluirse su poesía reflexiva y filosófica donde encontramos meditaciones metafísicas sobre todo lo que rodea la existencia humana. A esta categoría pertenecen los excelentes poemas «Siempre», «Decíamos ayer», el soneto «De noche», «Adiós, enero» y otros. Su gran variedad de temas y tonos lo acerca luego a los motivos nacionales sobresaliendo la composición «El bambuco», baile popular colombiano, canto lleno de plasticidad descriptiva y de intuiciones populares. Poseía un talento especial para la poesía popular que debió cultivar más. Cercana a ésta está su poesía patriótica, llena de cariño y respeto para la patria. Para que no faltara nada en ese amplio repertorio cultivó con mucho acierto la poesía de sutil humorismo o ironía de la que es ejemplo notable «La pobre viejecita».

Enriqueció la literatura infantil y el folklore hispanoamericano con sus famosos *Cuentos pintados y cuentos morales para niños formales* (1854) y *Fábulas y verdades* (1916). Por la calidad de este tipo de poesía todavía hoy aparecen composiciones suyas en libros de lectura o estudio dedicados a los niños. Dejó también una abundante obra de crítica de arte y literaria, sobresaliendo por su sensibilidad, bien asimilada cultura, y la justeza de juicios y opiniones. Demostró sus amplios conocimientos de las literaturas clásicas y modernas en traducciones —que pasan de doscientas— de poetas antiguos y contemporáneos a menudo muy disímiles entre sí. Estas versiones se encuentran entre las mejores existentes en castellano.

Pombo logra el ideal poético al combinar la perfección formal —por la que se le ve siempre afanoso— la melodía y el ritmo del verso con una hondura reflexiva pocas veces lograda por otros poetas. Con razón se le tiene como uno de los más altos poetas románticos hispanoamericanos.

FUENTE: *Poesías completas*, Madrid, Aguilar, 1957. Estudio preliminar de Antonio Gómez Restrepo, y prólogo, ordenación y notas de Eduardo Carranza.

Poesías

1916-1917

Noche de diciembre[1]

Noche como ésta, y contemplada a solas,
no la puede sufrir mi corazón:
da un dolor de hermosura irresistible,
un miedo profundísimo de Dios.

Ven a partir[2] conmigo lo que siento,
esto que abrumador desborda en mí;
ven a hacerme finito lo infinito
y a encarnar el angélico festín.

¡Mira ese cielo! . . . Es demasiado cielo
para el ojo de insecto de un mortal;
refléjame en tus ojos un fragmento
que yo alcance a medir y a sondear[3]

Un cielo que responda a mi delirio
un hacerme sentir mi pequeñez;
un cielo mío, que me esté mirando
y que tan solo a mí mirando esté.

Esas estrellas . . . , ¡ay, brillan tan lejos!
Con tus pupilas tráemelas aquí,
donde yo pueda en mi avidez[4] tocarlas
y aspirar su seráfico[5] elixir.

Hay un silencio en esta inmensa noche
que no es silencio; es místico disfraz
de un concierto inmortal. Por escucharlo,
mudo como la muerte el orbe está.

Déjame oírlo, enamorada mía.
a través de tu ardiente corazón;
solo el amor transporta a nuestro mundo
las notas de la música de Dios.

El es la clave[6] de la ciencia eterna,
la invisible cadena creatiz
que une al hombre con Dios y con sus obras,
y Adán a Cristo, y el principio al fin.

De aquel hervor de luz está manando[7]
el rocío del alma. Ebrio de amor
y de delicia tiembla el firmamento;
inunda el Creador la Creación.

¡Sí; el Creador!, cuya grandeza misma
es la que nos impide verlo aquí:
pero que, como atmósfera de gracia
se hace, entre tanto, por doquier sentir . . .

Déjame unir mis labios a tus labios,
une a tu corazón mi corazón;
doblemos nuestro ser para que alcance
a recoger la bendición de Dios.

Todo, la gota como el orbe, cabe
en su grandeza y su bondad. Tal vez
pensó en nosotros cuando abrió esta noche,
como a las turbas[8] su palacio un rey.

¡Danza gloriosa de almas y de estrellas!
¡Banquete de inmortales! Y pues ya
por su largueza en él nos encontramos,
de amor y vida en el cenit[9] fugaz,

ven a partir conmigo lo que siento,
esto que abrumador desborda en mí;
ven a hacerme finito lo infinito
y a encarnar el angélico festín.

---

[1] Estrofas de cuatro endecasílabos; los versos impares son libres y los pares tienen rima asonante siempre aguda.
[2] compartir, disfrutar
[3] reconocer o medir la profundidad de algo
[4] ansia; codicia
[5] angélico
[6] explicación
[7] *hervor*: acción de hervir; *manando*: saliendo, brotando
[8] populacho; muchedumbre
[9] punto más alto del cielo

¿Qué perdió Adán perdiendo el paraíso,
si ese azul firmamento le quedó
y una mujer, compendio de Natura,
donde saborear la obra de Dios?

¡Tú y Dios me disputáis en este instante!
Fúndanse nuestras almas, y en audaz
rapto[10] de adoración, volemos juntos
de nuestro amor al santo manantial.

Te abrazaré, como a la tierra el cielo,
en consorcio[11] sagrado; oirás de mí
lo que oídos mortales nunca oyeron,
lo que habla el serafín al serafín.

¡Rito imponente! Ahuyéntase el pecado
y hasta su sombra. El rayo de esta luz
te transfigura en ángel. Nuestra dicha
toca al fin su solemne plenitud.

A consagrar nuestras eternas nupcias
esta noche llegó . . . ¡Siento soplar
brisa de gloria! ¡Estamos en el puerto!
Esa luna feliz viene de allá.

Cándida vela que redonda se alza
sobre el piélago azul de la ilusión.
¡Mírala; está llamándonos! ¡Volemos
a embarcarnos en ella para Dios!

Y entonces esta angustia de hermosura,
este miedo de Dios que al hombre da
el sentirse tan cerca tendrá un nombre,
y eterno entre los dos: ¡felicidad!

. . . .

La luna apareció; sol de las almas,
si astro de los sentidos es el sol,
nunca desde una cúpula más bella
ni templo más magnífico alumbró.

Preludio de primavera[12]

Ya viene la galana primavera,
con su séquito de aves y de flores,
anunciando a la lívida pradera
blando engramado[13] y música de amores.

Deja, ¡oh amiga!, el nido acostumbrado,
enfrente de la inútil chimenea;
ven a mirar el sol resucitado
y el milagro de luz que nos rodea.

Deja ese hogar, nuestra invención mezquina;[14]
ven a este cielo, al inmortal brasero[15]
con que el amor de Dios nos ilumina
y abraza como Padre al mundo entero.

Ven a este mirador; ven y presencia
la primera entrevista cariñosa,
tras largo tedio e inconsolable ausencia,
del rubio sol y su morena esposa.

Ella no ha desceñido[16] todavía
su sayal[17] melancólico de duelo,
y en su primer sonrisa de alegría
con llanto de dolor empapa el suelo.

No esperaba tan pronto al tierno amante,
y, recelosa,[18] en su contento llora,
y parece decirle, sollozante:
«¿Por qué, si te has de ir, vienes ahora?»

---

[10] impulso, arrebato
[11] unión
[12] Serventesios. Véase introducción.
[13] terreno con grama (hierba)
[14] pobre; pequeña
[15] vasija en que se hace fuego para calentarse
[16] desatado
[17] tela
[18] desconfiada, incrédula

Ya se oye palpitar bajo esa nieve
tu noble pecho maternal, Natura,
y el sol palpita enamorado, y bebe
el llanto postrimer de tu amargura.

¡Oh, qué brisa tan dulce! Va diciendo:
«Yo traeré miel al cáliz de las flores;
y a su rico festín ya irán viniendo
mis veraneros[19] huéspedes cantores.»

¡Qué luz tan deliciosa! Es cada rayo
larga mirada intensa de cariño;
sacude el cuerpo su letal desmayo
y el corazón se siente otra vez niño.

Esta es la luz que rompe generosa
sus cadenas de hielo a los torrentes
y devuelve su plática armoniosa
y su alba espuma a las dormidas fuentes.

Esta es la luz que pinta los jardines
y en ricas tintas la Creación retoca;
la que devuelve al rostro los carmines[20]
y las frescas sonrisas a la boca.

Múdanse el cierzo y ábrego[21] enojosos
y andan auras y céfiros triscando,[22]
como enjambre de niños bulliciosos
que salen de su escuela retozando.

Naturaleza entera estremecida
comienza a preludiar la grande orquesta,
y, hospitalaria, a todos nos convida
a disfrutar su regalada fiesta.

Y todos le responden: toda casa
ábrase al sol, bebiéndolo a torrentes;
y cada boca, al céfiro que pasa;
y al cielo azul, los ojos y las frentes.

Al fin soltó su garra áspera y fría
el concentrado y taciturno invierno,
y entran en comunión de simpatía
nuestro mundo interior y el mundo externo.

Como ágil prisionero pajarillo
se nos escapa el corazón cantando,
y otro como él y un verde bosquecillo
en alegre inquietud anda buscando;

o una arbolada cumbre, deslizante
sobre algún valle agreste[23] y silencioso,
desde donde cantar en dueto amante
un Dios tan bueno, un mundo tan hermoso;

una vida tan dulce, cuando al lado
hay otro corazón que nos lo diga
con un cerrar de mano alborozado
o una mirada tiernamente amiga;

un corazón que para el nuestro sea
luz de esa vida y centro de ese mundo;
hogar del alma, santa panacea[24]
y abrevadero al labio sitibundo . . .[25]

Por hoy el ave amante busca en vano
su ara de amor, su plácida espesura;[26]
que ha borrado el Artista soberano
con cierzo y nieve su mejor pintura.

Pero no desespera: oye una pía
voz misteriosa que su instinto encierra
de que así como al alma la alegría
volverá la alegría de la tierra;

al jardín, con sus flores, la sonrisa,
y al mustio prado la opulenta alfombra,
rumor y olor de selvas a la brisa,
y al bosque los misterios de su sombra,

nuevo traje de fiesta a todo duelo,
nueva risa de olvido a todo llanto;
¿y a mí? . . . Tal vez el árido consuelo
de recordar mi dicha, al son del canto.

Quizá como a su cebo emponzoñado[27]
vuelve la fiera que su mal no ignora;
iré, ya solo, y triste, y olvidado,
a esos parajes que mi mente adora . . .

---

[19] veraniegos
[20] colores rojos
[21] *cierzo*: viento frío del Norte; *ábrego*: viento sur
[22] (fig.) retozando, jugando
[23] campestre, rural
[24] medicamento para todos los males
[25] *abrevadero*: lugar para beber agua; *sitibundo*: poético: sediento
[26] lugar con mucha vegetación
[27] *cebo*: carnada, alimento para atraer animales; *emponzoñado*: envenenado

¿Habrá sido todo eso una quimera
que al fuego del hogar vi sin palparla?
¡Ah!, fue tan dulce, que morir quisiera
antes que despertar y no encontrarla . . .

Tú, que aún eres feliz; tú, en cuyo seno
preludia el corazón su abril florido;
vaso edenal[28] sin gota de veneno;
alma que ignoras decepción y olvido:

deja, ¡oh paloma!, el nido acostumbrado
enfrente de la inútil chimenea;
ven a mirar el sol resucitado
y el milagro de luz que nos rodea.

Ven a ver cómo entre su blanca y pura
nieve, imagen de ti resplandeciente
también a par de ti la gran Natura
su dulce abril con júbilo presiente.

No verás flores. Tus hermanas bellas
luego vendrán, cuando en el campo jueguen
los ñinos coronándose con ellas;
cuando a beber su miel las aves lleguen.

Verás un campo azul, limpio, infinito,
y otros, a sus pies, de tornasol de plata,
donde como en tu frente, ángel bendito,
la gloria de los cielos se retrata.

Nada hay más triste que un alegre día
para el que no es feliz; pero en mi duelo
recordaré a la luz de tu alegría
que un tiempo el mundo para mí fue un cielo.

¡Siempre![29]

Bien pueden su hojarasca, y polvo, y hielo
acumular los años sobre ti.
Mi corazón sacude el turbio velo,
y siempre te hallo, ¡oh dádiva del cielo!,
fresca y radiante en mí.

Porque a mí te envió él, y yo he guardado
tu mejor luz en ánfora[30] inmortal;
porque a cosas de Dios morir no es dado,
y eres tú claro espíritu encarnado
en diáfano cristal.

No hay flor cuyo matiz no degenere
al pasajero son que la esmaltó.
Tan solo propia luz firmeza espere:
la perla de la mar se opaca y muere;
la de los cielos, no.

Nuestra querida estrella leve gasa,
no negro temporal,[31] veló tal vez;
mas ¿qué a ella el furor que el golfo arrasa?[32]
Parece cada nubarrón que pasa
doblar su brillantez.

La copa del banquete postrimera[33]
deja el gusto encantado. En tu vergel[34]
mi hora sonó de juventud postrera,
y el ángel que hallará cuando yo muera
saboreando tu miel.

La tarde de la vida, árida y fresca,
pide un hogar con su genial calor.
Si él falta, huraño el corazón se embosca,[35]
y la memoria en torno a sí se enrosca
cual serpiente en sopor.[36]

---

[28] del paraíso
[29] Quintetos de cuatro endecasílabos y un heptasílabo final. Rima consonante: 1°, 3° y 4°; 2° y 5° (siempre agudos).
[30] cántaro antiguo con dos asas
[31] tempestad, tiempo de mucha lluvia
[32] destruye, arruina
[33] última
[34] jardín
[35] *huraño*: arisco, insociable: *se embosca*: se oculta
[36] *enrosca*: tuerce; *sopor*: adormecimiento

Así, vuelta la espalda a lo presente,
que sin el ser por quien vivir sentí
es noria[37] vil, bullicio impertinente,
torno a buscar mi sol, mi cara fuente,
mi cielo, urna[38] de ti.

Voy para atrás, pisada por pisada,
recogiendo el rumor de nuestros pies,
repensando un silencio, una mirada,
un toque, un gesto . . . , tanto que fue nada
y que un diamante hoy es.

Oculta, como en mágica alcancía,
guardé felicidad para los dos,
y cuanto una vez fue, lo es todavía;
que el sol del alma no es el sol de un día
ni el del tiempo: es de Dios.

Cierta, como la dicha antes de su hora
es esta, y tierna cual pasado bien
que en escondida soledad se llora;
sacra, como deidad que la fe adora
y ojos de éxtasis ven.

Hora,[39] hora mismo, en alta noche oscura,
mi aurora boreal, surges aquí.
Hay resplandor, hay brisa de hermosura:
alzo a ver, y hallo tu mirada pura
vertiendo tu alma en mí.

Y ya no media esa impaciencia ingrata,
ese exceso de luz que impide ver,
y que al gustar el bien nos lo arrebata.
La sal de la amargura hoy aquilata[40]
el néctar del placer.

. . . .

¡Ah! Cuando osen a ti dardos y afrentas,[41]
cuando te odies tú misma en tu dolor,
cuando apagada y lóbrega te sientas,
abre mi corazón: allí te ostentas
en todo esplendor.

¿Dónde está él? Donde tú estés. Bien sabes
que fue, por fiel a ti, conmigo infiel.
Abrelo: que en tu voz están las llaves;
pero al mirarte en su cristal no laves
lo que escribiste en él.

De noche[42]

La vieillesse est une voyageuse de nuit
(Chateaubriand)[43]

No ya mi corazón desasosiegan
las mágicas visiones de otros días.
¡Oh patria! ¡Oh casa! ¡Oh sacras musas mías!
. . . ¡Silencio! Unas no son; otras me niegan.

Los gajos del pomar ya no doblegan[44]
para mí sus purpúreas ambrosías,[45]
y del rumor de ajenas alegrías
solo ecos melancólicos me llegan.

Dios lo hizo así. Las quejas, el reproche
son ceguedad. ¡Feliz el que consulta
oráculos más altos que su duelo!

Es la vejez viajera de la noche,
y al paso que la tierra se le oculta,
ábrese amigo a su mirada el cielo.

---

[37] (fig. y fam.) Cualquier cosa, dependencia o negocio en que, sin adelantar nada, se trabaja mucho y se anda como dando vueltas.
[38] especie de vaso
[39] ahora
[40] valora, aprecia
[41] *dardos*: especie de flechas: *afrentas*: ofensas
[42] Soneto de estilo clásico. Constituye una de las mejores poesías del autor.
[43] Francisco Renato vizconde de Chateaubriand: escritor francés (1768–1848) del Romanticismo. Traducción: «La vejez es una viajera de noche».
[44] *gajos*: ramas; *pomar*: manzanar (plantación de manzanos); *doblegan*: doblan
[45] *purpúreas*: rojas; *ambrosías*: manjares de los dioses;(fig.) cosas exquisitas

Cuentos pintados

1854, 1916

La pobre viejecita[46]

Érase una viejecita
sin nadita que comer
sino carnes, frutas, dulces,
tortas, huevos, pan y pez.

Bebía caldo, chocolate,
leche, vino, té y café,
y la pobre no encontraba
qué comer ni qué beber.

Y esta vieja no tenía
ni un ranchito[47] en qué vivir
fuera de una casa grande
con su huerta y su jardín.

Nadie, nadie la cuidaba
sino Andrés y Juan y Gil
y ocho criadas y dos pajes
de librea[48] y corbatín.

Nunca tuvo en qué sentarse
sino sillas y sofás
con banquitos y cojines
y resorte al espaldar.

Ni otra cama que una grande
más dorada que un altar,
con colchón de blanda pluma
mucha seda y mucho holán.[49]

Y esta pobre viejecita
cada año, hasta su fin,
tuvo un año más de vieja
y uno menos que vivir.

Y al mirarse en el espejo
la espantaba siempre allí
otra vieja de antiparras[50]
papalina y peluquín.[51]

Y esta pobre viejecita
no tenía que vestir
sino trajes de mil cortes
y de telas mil y mil.

Y a no ser por sus zapatos,
chanclas, botas y escarpín,[52]
descalcita[53] por el suelo
anduviera la infeliz.

Apetito nunca tuvo
acabando de comer,
ni gozó salud completa
cuando no se hallaba bien.

Se murió de mal de arrugas,
ya encorvada como un tres,
y jamás volvió a quejarse
ni de hambre ni de sed.

Y esta pobre viejecita
al morir no dejó más
que onzas,[54] joyas, tierras, casas,
ocho gatos y un turpial.[55]

Duerma en paz, y Dios permita
que logremos disfrutar
las pobrezas de esa pobre
y morir del mismo mal.

---

[46] Estrofas de cuatro octosílabos. Los impares son libres y los pares asonantes agudos. Una crítica a los que siempre se están quejando de su suerte sin verdaderos motivos.
[47] casa muy humilde hecha de paja
[48] traje distintivo de los criados
[49] tela fina de Holanda
[50] gafas, anteojos
[51] *papalina*: gorra o cofia de mujer con adornos; *peluquín*: peluca, pelo postizo
[52] *chanclas*: zapatillas; *escarpín*: calzado
[53] sin zapatos
[54] monedas antiguas de oro
[55] pájaro americano de hermoso plumaje y bello canto

Manuel Acuña

MÉXICO, 1849–1873

El máximo representante del Romanticismo sentimental y escéptico es Manuel Acuña, el infortunado poeta mexicano. Nació en Saltillo, capital del estado de Coahuila. Sus padres le enseñaron las primeras letras y luego cursó los estudios secundarios en el Colegio Josefino de su ciudad. En 1865, cuando solamente tenía dieciséis años, se trasladó a México. En el famoso Colegio de San Ildefonso cursó Latinidad, Matemáticas, Francés y Filosofía. Tres años después (1868) inició sus estudios de Medicina. Fue un estudiante brillante, pero el estado precario de su salud y su gran interés en la vida literaria de la época, le hicieron interrupirlos en el cuarto año. Tanto en sus estudios de textos científicos y doctrinarios como en las enseñanzas de su maestro Ignacio Ramírez tomó esa afición enfermiza a las ideas materialistas, ateas y científicas de la época que lo condujeron a un escepticismo y pesimismo hiriente y desolado hasta el grado máximo. Formó grupo con los más sobresalientes escritores jóvenes, bajo el liderazgo de Ignacio M. Altamirano, que defendía el nacionalismo y la creación de una literatura de base nativa y original. Fue un enamorado infortunado, por lo menos en el caso de las cuatro mujeres más importantes en su vida. Finalmente se enamoró locamente de Rosario de la Peña, mujer de imponente belleza que vivía rodeada de escritores y admiradores. Desengañado porque no halló la correspondencia debida, optó por suicidarse cuando solamente tenía veinticuatro años. En el fondo era hombre de gran sensibilidad y candor, de profundo calor humano como se descubre en las cartas a su madre y hermana y su defensa de las mujeres caídas y de los infelices.

La obra de Acuña que conocemos es bastante escasa y comprende unas ochenta y cinco poesías, cartas familiares y amistosas, un drama romántico y algunos artículos de crítica. Su poesía ofrece una rica variedad, destacándose en primer lugar sus composiciones ideológicas o doctrinarias exponentes de sus ideas escépticas, pero en las que se encuentran al mismo tiempo, angustiosas preocupaciones metafísicas. Se planteaba problemas filosóficos que no podía resolver por su corta edad: la explicación científica del hombre y del destino humano. Ejemplo notable de esta postura es su poema «Ante un cadáver» que Menéndez y Pelayo califica de «una de las más vigorosas inspiraciones conque puede honrarse la poesía castellana en nuestros tiempos.» Acuña era tan poeta que hasta la doctrina más áspera y desolada podía convertirse para él en raudal de inmortales armonías.* Tiene reminiscencias de Lucrecio y de Diderot, aunque sus influencias constantes son Heine, Byron, Hugo, Espronceda, y Campoamor en sus poesías irónicas.

También lo domina el sentimiento amoroso, centro de algunos de sus poemas mejor logrados. El tema dominante de estas poesías —base de su gran fama y popularidad— es el amor infortunado por el desengaño y la desilusión y nunca la exaltación del placer de

---

* *Historia de la poesía hispanoamericana*, Tomo I, pág. 155

esa pasión. En casi todos estos poemas adelanta la idea de su suicidio como en «Resignación», expresivo de su ruptura con Laura Méndez y uno de sus mejores logros. Iguales ideas predominan en el «Nocturno a Rosario», desgarrado grito de dolor y angustia ante la imposibilidad de lograr el amor de la mujer amada. Dejó también varios poemas patrióticos, pero ninguno supera «El Giro», donde elogia a un héroe desconocido de la guerra de Independencia. Se aleja del retoricismo y acento rimbombante de la mayoría de los versos de este tipo. Mención especial merecen sus poemas realistas y humoristas con directa influencia de Campoamor. Predomina en ellos la sátira antirromántica, la ironía frente a las muchas promesas de la ciencia o la petulancia de los escritores nuevos. Sobresalen su versatilidad y la agudeza para ver el lado ridículo de la realidad, en poemas donde la ironía gana la partida al humorismo. Menos valor presentan sus poesías descriptivas, seguidas de buen ñumero de composiciones de circunstancias. En su poema «Hojas secas» hay muestras de una de las primeras influencias de Bécquer en la poesía mexicana y continental.

Acuña mostró mucha sensibilidad social y a menudo defiende al hombre perdido y angustiado, y a la mujer «caída» como en su pobre poema «La ramera», tema que amplía en el drama *El pasado* (1872), de extraordinario éxito en su tiempo.

Siempre muestra gran cuidado en la versificación y demás aspectos técnicos de su poesía, que se caracteriza también por su sobriedad a pesar del patetismo de su vida y sus desventuras en el amor. Aunque su obra aparece desigual en méritos, presenta algunas composiciones perdurables y debe recordarse al juzgársele, que la escribió entre 1868 y 1873, o sea, entre los diecinueve y veinticuatro años. Ocupa un lugar muy destacado en la lírica mexicana y del continente.

FUENTE: *Obras* (Poesía, teatro, artículos y cartas), 2da. ed., México, Porrúa, 1965. Edición y prólogo de José Luis Martínez. Tiene también «datos biográficos» y «Bibliografía» muy completos.

Mentiras de la existencia[1]

DOLORA[2]

¡Qué triste es vivir soñando
con un mundo que no existe!
Y qué triste
ir viviendo y caminando.
Sin ver en nuestros delirios,
de la razón con los ojos,
que si hay en la vida lirios.
son muchos más los abrojos.[3]

Nace el hombre, y al momento
se lanza tras la esperanza,
que no alcanza
porque no se alcanza el viento;
y corre, corre, y no mira
al ir en pos de[4] la gloria,
que es la gloria una mentira
tan bella como ilusoria.

[1] Especie de octavillas cuyos versos son octosílabos, salvo el tercero que es un pie quebrado de cuatro. Riman 1° con cuarto; 2° y 3°; 5° con 7° y 6° con 8°.
[2] composición poética sentimental inventada por el poeta español Ramón de Campoamor (1817–1901)
[3] planta muy espinosa
[4] en seguimiento, tras

No ve al correr como loco.
Tras la dicha y los amores,
que son flores
que duran poco ¡muy poco!
¡No ve cuando se entusiasma
con la fortuna que anhela,
que es la fortuna un fantasma
que cuando se toca vuela!

Y que la vida es un sueño[5]
del que, si al fin despertamos,
encontramos,
el mayor placer pequeño;
pues son tan fuertes los males
de la existencia en la senda,
que corren allí a raudales
las lágrimas en ofrenda.[6]

Los goces nacen y mueren
como puras azucenas,
mas las penas
viven siempre y siempre hieren;
y cuando vuela la calma
con las ilusiones bellas,
su lugar dentro del alma
queda ocupado por ellas.

Porque al volar los amores
dejan una herida abierta
que es la puerta
por donde entran los dolores;
sucediendo en la jornada
de nuestra azarosa vida,
que es para el pesar «entrada»
lo que para el bien «salida».

Y todos sufren y lloran
sin que una queja profieran,[7]
¡porque esperan
hallar la ilusión que adoran . . . !
Y no mira el hombre triste
cuando tras[8] la dicha corre,
que sólo el dolor existe
sin que haya bien que lo borre.

No ve que es un fatuo fuego[9]
la pasión en que se abrasa,
luz que pasa
como relámpago, luego;
y no ve que los deseos
de su mente acalorada[10]
no son sino devaneos,[11]
no son más que sombra, nada.

Que el amor es tan ligero
cual la amistad que mancilla
porque brilla
sólo a la luz del dinero;
y no ve cuando se lanza
loco tras de su creencia,
que son *la fe y la esperanza*
mentiras de la existencia.

Rasgo de buen humor[12]

¿Y qué? ¿Será posible que nosotros
tanto amemos la gloria y sus fulgores,
la ciencia y sus placeres,
que olvidemos por eso los amores,
y más que los amores, las mujeres?

¿Seremos tan ridículos y necios
que por no darle celos a la ciencia,
no hablemos de los ojos de Dolores,
de la dulce sonrisa de Clemencia,
y de aquella que, tierna y seductora,
aún no hace un cuarto de hora todavía,
con su boca de aurora,

«No te vayas tan pronto», nos decía?
¿Seremos tan ingratos y tan crueles,
y tan duros y esquivos con las bellas,
que no alcemos la copa
brindando a la salud de todas ellas?

---

[5] nótese la influencia del soliloquio de Segismundo en *La vida es sueño* de Calderón.
[6] don que se ofrece a Dios o a los santos
[7] expresen, articulen
[8] detrás de
[9] fuego fatuo, resplandor ligero y fugitivo
[10] encendida, ardiente
[11] locuras; delirios; amoríos pasajeros
[12] Especie de silva porque combina endecasílabos y heptasílabos y la rima está arreglada caprichosamente.

Yo, a lo menos por mí, protesto y juro
que si al irme trepando en la escalera
que a la gloria encamina,
la gloria me dijera:

—Sube, que aquí te espera
la que tanto te halaga y te fascina;
y a la vez una chica me gritara:
—Baje usted, que lo aguardo aquí en la esquina;
lo juro, lo protesto y lo repito,
si sucediera semejante historia,
a riesgo de pasar por un bendito,[13]
primero iba a la esquina que a la gloria.

Porque será muy tonto
cambiar una corona por un beso;
mas como yo de sabio no presumo,
me atengo[14] a lo que soy, de carne y hueso,
y prefiero los besos y no el humo,
que al fin, al fin, la gloria no es más que eso.

Por lo demás, señores,
¿quién será aquel que al ir para la escuela
con su libro de texto bajo el brazo,
no se olvidó de Lucio o de Robredo[15]
por seguir, paso a paso,
a alguna que nos hizo con el dedo
una seña de amor, así . . . al acaso[16]?
¿O bien, que aprovechando la sordera
de la obesa mamá que la acompaña,
nos dice: —¡No me sigas!
Porque mamá me pega y me regaña?

¿Y quién no ha consentido
en separarse del objeto amado
con tal de no mirarlo contundido?[17]

¿Quién será aquél, en fin, que no ha sentido
latir su corazón enamorado,
y a quién, más que el café, no ha desvelado
el *café* de no ser correspondido?

Al aire, pues, señores,
lancemos nuestros hurras por las bellas,
por sus gracias, sus chistes, sus amores,
sus perros y sus gatos y sus flores
y cuanto tiene relación con ellas.

Al aire nuestros hurras
de las criaturas por el sér divino,
por la mitad del hombre,
por el género humano femenino.

Entonces y hoy[18]

Ese era el cuadro que, al romper la noche,
　　sus velos de crespón,[19]
alumbró, atravesando las ventanas,
　　la tibia luz del sol:
un techo que acababa de entreabrirse
　　para que entrara Dios,
una lámpara pálida y humeante
　　brillando en un rincón.
Y entre las almas de los dos esposos,
　　como un lazo de amor,
una cuna de mimbres[20] con un niño
　　recién nacido . . . *¡yo!*
Posadas sobre la áspera cornisa[21]
　　todas de dos en dos;
las golondrinas[22] junto al pardo nido
　　lanzaban su canción.
En tanto que[23] a la puerta de sus jaulas,
　　temblando de dolor,
mezclaban la torcaza y los zentzontlis[24]
　　sus trinos y su voz.

---

[13] ser sencillo y de poca inteligencia
[14] me ajusto, me sujeto
[15] Lucio, Rafael: médico mexicano (1819–1886), que hizo estudios sobre la lepra; Robredo: médico y profesor de la época (s. XIX)
[16] al azar
[17] golpeado, magullado
[18] Forma métrica en que todos los versos impares son endecasílabos libres y los pares heptasílabos; éstos son siempre agudos y presentan una misma asonancia.
[19] una gasa o tela rizada
[20] ramas largas, delgadas y flexibles
[21] adorno saliente que corona un entablamento, columna o construcción
[22] pájaros de cola ahorquillada y alas largas.
[23] mientras que
[24] *torcaza*: especie de paloma con un collar blanco; *zentzontlis*: sinsontes, pájaros de canto armonioso

La madreselva,[25] alzando entre las rejas
su tallo trepador,[26]
enlazaba sus ramas y sus hojas
en grata confusión,
formando un cortinaje en el que había
por cada hoja una flor,
en cada flor una gotita de agua,
y en cada gota un sol,
¡reflejo del dulcísimo de entonces
y del doliente de hoy!
Mi madre, la que vive todavía
puesto que vivo yo,
me arrullaba[27] en sus brazos suspirando
de dicha y de emoción,
mientras mi padre en el sencillo exceso
de su infinito amor,
me daba las caricias que más tarde
la ausencia me robó,
y que a la tumba en donde duerme ahora
¡a pagarle aún no voy! . . .
Forma querida del amante ensueño[28]
que embriagaba a los dos,
yo era en aquel hogar y en aquel día
de encanto y bendición,
para mi cuna blanca, un inocente,
para el mundo un dolor,
y para aquellos corazones buenos
¡un tercer corazón! . . .
De aquellas horas bendecidas, hace
veintitrés años hoy . . .
y de aquella mañana a esta mañana,
de aquel sol a este sol,
mi hogar se ha retirado de mis ojos,
se ha hundido mi ilusión,
y la que tiene al cielo entre sus brazos,
la madre de mi amor,
ni viene a despertarme en las mañanas,
ni está donde yo estoy;
y en vano trato de que mi arpa rota
module[29] una canción,
y en vano de que el llanto y sus sollozos
dejen de ahogar mi voz . . .
que solo y frente a todos los recuerdos
de aquel tiempo que huyó,
mi alma es como un santuario en cuyas ruinas,
sin lámpara y sin Dios,
evoco a la esperanza, y la esperanza
penetra en su interior,
como en el fondo de un sepulcro antiguo
las miradas del sol . . .

Bajo el cielo que extiende la existencia
de la cuna al panteón,[30]
en cada corazón palpita un mundo,
y en cada amor un sol . . .
Bajo el cielo nublado de mi vida
donde esa luz murió,
¿qué hará este mundo de los sueños míos?[31]
¿Qué hará mi corazón?

Ante un cadáver[32]

¡Y bien! aquí estás ya . . . sobre la plancha[33]
donde el gran horizonte de la ciencia
la extensión de sus límites ensancha.

Aquí donde la rígida experiencia
viene a dictar las leyes superiores
a que está sometida la existencia.

Aquí donde derrama sus fulgores
ese astro a cuya luz desaparece
la distinción de esclavos y señores.

Aquí donde la fábula enmudece
y la voz de los hechos se levanta
y la superstición se desvanece.

---

[25] planta trepadora de flores muy olorosas
[26] *rejas*: barras; *tallo*: tronco de algunas plantas pequeñas; *trepador*: que trepa o sube
[27] dormía con un canto suave y dulce
[28] ilusión, cosa que se sueña
[29] articule mediante flexiones de la voz
[30] monumento funerario
[31] Las interrogaciones con que termina el poema indican la incertidumbre del poeta frente a su futuro.
[32] Tercetos endecasílabos: riman el 1° con el 3° y el 2° con el 1° y 3° de la próxima estrofa y así sucesivamente. Termina en un serventesio. Véase introducción.
[33] tabla o mesa donde se colocan los cádaveres para su estudio y disección

Aquí donde la ciencia se adelanta
a leer la solución de ese problema
cuyo sólo enunciado[34] nos espanta.

Ella que tiene la razón por lema
y que en tus labios escuchar ansía
la augusta voz de la verdad suprema.

Aquí estás ya . . . tras de la lucha impía
en que romper al cabo[35] conseguiste
la cárcel que al dolor te retenía.

La luz de tus pupilas ya no existe;
tu máquina vital[36] descansa inerte
y a cumplir con su objeto se resiste.

¡Miseria y nada más!, dirán al verte
los que creen que el imperio de la vida
acaba donde empieza el de la muerte.

Y suponiendo tu misión cumplida
se acercarán a ti, y en su mirada
te mandarán la eterna despedida.

Pero, ¡no! . . . tu misión no está acabada
que ni es la nada el punto en que nacemos,
ni el punto en que morimos es la nada.

Círculo es la existencia, y mal hacemos
cuando al querer medirla le asignamos
la cuna y el sepulcro por extremos.

La madre es sólo el molde en que tomamos
nuestra forma, la forma pasajera
con que la ingrata vida atravesamos.

Pero ni es esa forma la primera
que nuestro sér reviste, ni tampoco
será su última forma cuando muera.[37]

Tú sin aliento ya, dentro de poco
volverás a la tierra y a su seno
que es de la vida universal el foco.

Y allí, a la vida en apariencia ajeno,
el poder de la lluvia y del verano
fecundará de gérmenes tu cieno.

Y al ascender de la raíz al grano
irás del vegetal a ser testigo
en el laboratorio soberano.

Tal vez para volver cambiado en trigo
al triste hogar donde la triste esposa
sin encontrar un pan sueña contigo.

En tanto que las grietas de tu fosa[38]
verán alzarse de su fondo abierto
la larva[39] convertida en mariposa,

Que en los ensayos de su vuelo incierto
irá al lecho infeliz de tus amores
a llevarle tus ósculos[40] de muerto.

Y en medio de esos cambios interiores
tu cráneo lleno de una nueva vida,
en vez de pensamientos dará flores,

en cuyo cáliz brillará escondida
la lágrima, tal vez, con que tu amada
acompañó el adiós de tu partida.

La tumba es el final de la jornada,[41]
porque en la tumba es donde queda muerta
la llama en nuestro espíritu encerrada.

Pero en esa mansión a cuya puerta
se extingue nuestro aliento, hay otro aliento
que de nuevo a la vida nos despierta.

Allí acaban la fuerza y el talento,
allí acaban los goces y los males,
allí acaban la fe y el sentimiento.

Allí acaban los lazos terrenales,
y mezclados el sabio y el idiota
se hunden en la región de los iguales.

---

[34] exposición
[35] al fin
[36] llama así al cuerpo humano siguiendo las doctrinas cientificistas y racionalistas de la época
[37] El célebre químico francés Antonio Lorenzo de Lavoisier (1743–1794) estableció el principio que dice: «La materia ni se crea ni se destruye, solamente se transforma».
[38] tumba
[39] fase inicial en el desarrollo vital de numerosos insectos
[40] besos
[41] Idea absolutamente escéptica y opuesta a la creencia cristiana de una «segunda vida».

Pero allí donde el ánimo se agota
y perece la máquina,[42] allí mismo
el sér que muere es otro sér que brota.

El poderoso y fecundante abismo
del antiguo organismo se apodera
y forma y hace de él otro organismo.[43]

Abandona a la historia justiciera
un nombre, sin cuidarse, indiferente,
de que ese nombre se eternice o muera.

El recoge la masa únicamente
y cambiando las formas y el objeto
se encarga de que viva eternamente.

La tumba sólo guarda un esqueleto,
mas la vida en su bóveda mortuoria
prosigue alimentándose en secreto.

Que al fin de esta existencia transitoria
a la que tanto nuestro afán se adhiere,
la materia, inmortal como la gloria,
cambia de formas; pero nunca muere.[44]

José Antonio Maitín

VENEZUELA, 1814—1874

Tuvo el Romanticismo también una tendencia melancólica y elegíaca en la que sobresalieron varios poetas hispanoamericanos—los cubanos José Jacinto Milanés, Juan Clemente Zenea, Luisa Pérez de Zambrana— y especialmente, José Antonio Maitín. Nació en Puerto Cabello y a consecuencia de la llamada «guerra a muerte» tuvo que trasladarse a La Habana, donde recibió su educación. Aquí conoció al poeta y político colombiano José Fernández Madrid, quien lo nombró más tarde Secretario de la Legación de Colombia en Londres. La nostalgia de la tierra nativa y de la vida retirada y tranquila le hicieron renunciar a la carrera diplomática en 1834. Desde entonces residió, apenas sin interrupciones, en el bello pueblecito de Choroní en la costa del Pacífico, donde vivió una vida modesta, apacible y serena como era su ideal, disfrutando los placeres de la lectura y la buena música. Por esa razón se le conoce también como «el poeta de Choroní». En 1835 y 1836 escribió dos tragedias clásicas que no tuvieron éxito. Años después publicó la colección de sus versos, *Obras poéticas* (1851) con lo mejor de su producción hasta ese momento. Hoy se le incluye entre los mejores poetas románticos de Venezuela, únicamente superado por Juan Antonio Pérez Bonalde.

Hay dos etapas en la poesía de Maitín: hasta 1841 escribe bajo la influencia de los poetas ingleses, pero a partir de esa fecha lo deslumbró la lectura de los versos de José Zorrilla, el gran poeta romántico español. Su obra se orienta al principio hacia una

[42] Véase nota 36
[43] Véase nota 37
[44] Véase nota 37

poesía de tipo descriptivo donde alaba los placeres de la vida del campo y muestra su decepción y desengaño con la vida de las grandes ciudades. En la titulada «El hogar campestre» afirma:

A la falda de aquel cerro
que el sol temprano matiza,
un arroyo se desliza
entre violas y azahar:

allí tengo mis amigos,
allí tengo mis amores,
allí mis dulces dolores,
y mis placeres están.

Se siente entusiasmado por las flores, los pájaros, las fuentes, los ríos, los árboles y todo lo que contribuye a esa vida sin complicaciones que tanto amaba. Con estos versos responde el poeta a su temperamento tierno y sereno, de donde le brotan los versos blandos, llenos de claridad y transparencia como aquella idílica naturaleza marina. Como bien ha dicho Menéndez y Pelayo, «el poeta acierta, sin embargo, a mantenerse en la línea que separa lo natural y sencillo de lo trivial y prosaico; rara vez cae en amaneramiento sentimental, y en medio de su llaneza de estilo y de la poca o ninguna novedad de los pensamientos, conserva el inefable aroma del sentimiento poético».* Cultivó también una poesía más meditativa con premoniciones de la muerte o inquietudes por el paso del tiempo. En el bello poema «El reloj de catedral» dice:

Todo el tiempo lo destruye;
todo lo muda en el suelo;
él arrebata en su vuelo
montes, torrente y ciudad;

todo lo borra y consume
en su marcha destructora,
y lo que un pueblo es ahora
un cementerio será.

Un gran infortunio en su vida le inspiró su mejor poesía, el famoso «Canto fúnebre» consagrado a la memoria de su esposa, la señora Luisa Antonia Sosa de Maitín. En esta vena lírica se coloca muy cerca de los poetas cubanos mencionados, por el profundo y sincero sentimiento elegíaco. En tono íntimo, conmovedor, sobrio y sin pretensiones, va recordando las escenas diarias de su casa, el gran dolor que siente, pero sin patetismos, muy recatadamente. Rememora las visitas al cementerio de la aldea donde está enterrada su esposa, recorre los lugares de la casa donde ella iba a menudo e inclusive recuerda cómo dejó trabajos por hacer, como la costura y la tela. El «Canto fúnebre» es una de las elegías más finas de esta literatura y sobresale porque el dolor auténticamente sentido, no se desborda en ningún momento, conservándose la poesía dentro del marco del sentimiento puro sin sensiblerías o emocionalismos. El poema produce verdadera y honda emoción con toda naturalidad, efecto que únicamente producen las grandes elegías de la poesía universal.

FUENTE: *Antología de poetas hispanoamericanos*, Madrid, Real Academia Española, 1927; Tomo II

* *Historia de la poesía hispanoamericana*, Tomo I, pág. 404

Obras Poéticas

1851

El hogar campestre[1]

A la falda de aquel cerro,
que el sol temprano matiza,
un arroyo se desliza
entre violas[2] y azahar:
allí tengo mis amigos,
allí tengo mis amores,
allí mis dulces dolores,
y mis placeres están.

Allí al lado se levantan
de peñascos cenicientos
los búcares[3] corpulentos
de dimensión colosal,
y allí el ánima se olvida,
en su embeleso[4] profundo,
del laberinto del mundo,
del ruido de la ciudad.

No hay allí suntuosos templos,
cuya gótica techumbre[5]
con su mole y pesadumbre
piensa la tierra oprimir,
donde en los rostros se nota
del concurso[6] cortesano,
que un pensamiento mundano
lo va persiguiendo allí;

pero hay sencilla una iglesia
con su campanario y torre,
adonde el creyente corre
de la campana al clamor;
allí sus cantos entona,
postrado,[7] humilde, en el suelo,
y su oración sube al cielo
hasta el trono del Señor.

No hay un órgano en el coro,
que despida noche y día
a torrentes la armonía
de los tubos de metal,
y en el aire se derrama,
bajo del cóncavo techo,
y baja a oprimir el pecho
con su encanto celestial;

pero se oye del ministro
la voz trémula y doliente
que del cristiano la frente
a la tierra hace inclinar,
en tanto que del incienso
la pura, la blanca nube
a besar la planta sube
de Dios que está en el altar.

Allí no hay bellos palacios,
ni dorados artesones,[8]
ni estatuas en los salones
sobre rico pedestal,
ni músicas exquisitas,
ni bulliciosos placeres,
ni artificio en las mujeres,
ni en los hombres vanidad;

pero hay árboles copados,[9]
que se mecen blandamente,
y un arroyo transparente

---

[1] Escrita en una especie de octavillas octosílabas. El primer verso y 5° son libres; riman el 2° y 3°; el cuarto y octavo (agudos) y el 6° y 7°. Nótese el sentimiento de la naturaleza y el amor del autor por la vida sencilla y apacible.
[2] flores
[3] árboles papilonáceos americanos
[4] acción de cautivar, encantar el sentido
[5] techo
[6] reunión
[7] arrodillado
[8] adornos con molduras que se ponen en techos y bóvedas
[9] que tienen copas o cimas

con sus ondas de cristal,
y una tórtola amorosa,
oculta en la selva umbría,[10]
que exhala, al nacer el día,
su arrullo sentimental.

No alumbra la alegre fiesta
clara, elegante bujía,
que se pueda con el día
comparar en esplendor,
ni exquisitos los pebetes[11]
aromáticos olores
difunden en corredores
y del baile en el salón;

mas hay lánguida una luna,
que sirve de antorcha al cielo
y que refleja en el suelo
su melancólica faz;
y hay claveles entreabiertos
en las colinas cercanas,
donde sus alas livianas
va la brisa a perfumar.

Ni de la doncella hermosa
cubre el cuello delicado
el magnífico tocado[12]
de fino encaje o tisú;[13]
ni lleva sobre los hombros
o revuelto sobre el pelo
de seda el flotante velo
o de transparente tul;[14]

pero sin esos primores
es la honesta campesina
por sí sola peregrina
y por sí sola gentil;
y en vez de rica diadema
o de artificioso adorno,
se ve de su frente en torno
brillar cándido jazmín.

¡Oh valle ameno y frondoso,
que el sol temprano matiza,
cuyo arroyo se desliza
entre violas y azahar!
Contigo están mis amigos,
contigo están mis amores,
en ti mis dulces dolores
y mis placeres están.

Canto fúnebre[15]

CONSAGRADO A LA MEMORIA DE LA SEÑORA LUISA ANTONIA SOSA DE MAITÍN

i

Llegaron, ¡oh dolor!, las tristes horas
de un pesar para mí desconocido;
ilusiones de paz encantadoras,
contentos de mi hogar, os he perdido.
Perdí el único ser que más amaba,
la compañera tierna de mi vida,
cuya mano de esposa me alargaba
cargada de cariño y beneficios,
en cuyo corazón solo encontraba
amor, abnegación y sacrificios.
Ella era mi universo, mi energía,
mi porvenir, mi fuerza, mi conciencia;
ella era a quien debía
el sosiego feliz de mi existencia,
de mis serenas horas de alegría,
mi descanso, mi paz, mi independencia.

---

[10] lugar con mucha sombra
[11] líquido aromático que se quema para perfumar las casas
[12] peinado y adorno de cabeza
[13] *encaje*: tejido fino y labrado; *tisú*: tela de seda con hilos de oro o plata
[14] tejido fino y transparente
[15] La forma métrica es la de las silvas. El poema completo tiene diecisiete partes. Véase introducción.

VI

Sin objeto, sin plan y sin camino
alrededor de mi desierta casa
vago de senda en senda y sin destino.
Recorro los lugares
que ella en sus horas de ocio frecuentaba.
El codo en la rodilla,
y en la entreabierta mano
apoyada la pálida mejilla,
me siento al pie de los añejos[16] troncos
donde frescura y sombra ella buscaba;
la mustia frente inclino
sobre las piedras frías
del habitual camino,
asientos campesinos que ella amaba
y en donde se sentaba
en busca de un descanso pasajero.
Arranco con las manos
la tierna hierbecilla del sendero
que hollaron nuestros pies cien ocasiones
en nuestras solitarias excursiones.
Al fin, de estos lugares
me aparto conmovido
y el corazón cargado de pesares,
huyendo los recuerdos
que sobre cada arbusto,
que sobre cada peña deletreo.[17]
Vuelvo a la casa . . . ¡Oh Dios! . . . En este asilo
me consterna y me aflige cuanto veo.
Las sillas aquí están aun sin arreglo,
los libros y los muebles empolvados . . .
¿Quién osará tocar estos objetos
hace poco por ella manoseados?[18]
De esta mansión luctuosa y solitaria,
mi Dios, yo no pretendo
ni aun sacudir con mano temeraria
el polvo que ella sacudir no pudo,
porque este polvo mudo,
tan santo para mí como querido,
es un recuerdo vivo,
una reliquia de la que he perdido;
es como su pasado, es su presente,
es la continuación de lo que ha sido.

VII

Este es el aposento.
Testigo de un dolor nunca explicado,
del drama fugitivo de un momento
y de un violento fin inesperado.
Aquel es el rincón que ocupa el lecho
revuelto todavía
y en desorden fatal, sin cabecera;
la tela que lo cubre aun no bien fría,
puesta la colcha en confusión ligera
por el leve temblor de la agonía,
por la suprema convulsión postrera.
Un oculto poder desconocido
me lleva al pie del lecho abandonado;
vaga en el aire fúnebre un gemido
que llega al corazón, suspiro ahogado
como de alguno en lucha con la muerte,
como el último adiós de un desdichado.
A tales impresiones,
a visión tan fatal me rindo y cedo;
sobre la débil planta
escasamente sostenerme puedo,
y de un supersticioso,
de un extraño terror sobrecogido,
temo la soledad, me espanta el ruido,
me estremezco, vacilo . . . , tengo miedo . . .
En aquella hora de suprema angustia
me cubro el rostro con entrambas[19] manos;
inmóvil permanezco,
ignoro cuánto tiempo,
presa de estos dolores sobrehumanos;
y al separarme del desierto lecho,
el llanto que he vertido
me llena de humedad manos y pecho.

---

[16] viejos
[17] *peña*: roca; *deletreo*: aquí, cada cosa le trae un recuerdo distinto
[18] tocados constantemente
[19] ambas, dos

viii

Aquí, sobre la mesa,
yace en olvido, triste y descuidada,
la tela para mí tan conocida,
por sus hábiles dedos hilvanada.[20]
La aguja permanece aún enclavada
en la margen del lienzo[21] laboreado,
cual si esperase allí que su ágil mano
le imprima el movimiento comenzado.
Mil veces he querido
ver y juzgar esta obra no acabada,
este trabajo ayer interrumpido
por una muerte pronta y despiadada.
¡Inútil pretensión, intento vano!
Esta muda labor abandonada,
caliente todavía
con la presión ardiente de su mano,
ante mi vista turbia y empañada[22]
oscila, desparece,
vuelve, se borra, empáñase, vacila
a través de la nube que me ciega
y del llanto que inunda mi pupila.

xii

Yo salgo tristemente
por los sitios más solos y apartados
llevando mi dolor, mustia la frente
y los ojos de lágrimas preñados.[23]
De pronto, en mi camino,
debajo de la sombra de una rama,
debajo de un espino,[24]
algún mendigo encuentro
de los que tantas veces socorría
la que fue de los tristes el consuelo,
la que mis ojos lloran noche y día.
Su brazo tembloroso
me tiende el pobre anciano desvalido.
Recuerdo cuántas veces
fue por ella en su pena socorrido;
y el pobre que ella amaba,
el mísero mendigo
que en su bondad hallaba
favor, consuelo, protección y abrigo,
no es para mí un extraño,
es un fiel compañero, es un amigo.
Con alma enternecida
a donde está me acerco, y en su mano,
por el hambre y la edad desfallecido,
mi socorro al poner le digo: «Anciano,
esta limosna es otro quien la envía;
no te la doy por mí, quien la da es *Ella*.
Esta virtud seráfica no es mía,
esta era una virtud de su alma bella.
Por su eterna salud ruega, mendigo,
que Dios tus oraciones
escuchará con corazón amigo.»
Entonces un torrente
se escapa de sus ojos
cual manantial de gratitud ardiente,
y cuando de llorar están ya rojos,
me alejo lentamente
llevando, consolado,
en mi ulcerado pecho el santo gozo
de aquella gratitud que ella ha inspirado,
de aquel puro y simpático sollozo.

xiii

Lloroso, pensativo,
mis largas horas paso
a la margen sentado de este río.
Aquí todo contrasta
con mi pesar sombrío:
en esta soledad solemne y vasta

---

[20] cosida provisionalmente
[21] tela
[22] obscurecida, nublada
[23] muy llenos
[24] un árbol

no hallo un dolor que corresponda al mío.
Las hojas resplandecen
cargadas con las gotas del rocío;[25]
en la vecina altura,
en la lejana cumbre,
vestida de matices y verdura,
ostenta el sol magnífica su lumbre.
mientras que yo devoro
en triste soledad mi pesadumbre.
¿Tan poco así te mueve.
¡oh pintoresco Choroní!,[26] mi pena?
¡Tu soledad amiga
por qué se muestra a mi dolor ajena?
¡Yo, que en tus ilusiones me he mecido,
que el aire de tu selva he respirado,
que tu último rincón he preferido
a la mejor ciudad, que te he cantado! . . .
Los seres entre sí todos se estrechan;[27]
con secretas y ocultas relaciones
se combinan, se buscan, se desechan
entre un mar de atracción y repulsiones;
todo es combate, lucha,
acción y reacción en cada hora.
¡Y yo materia viva,
pensante, sentidora,
que aliento y me confundo
de Dios en las eternas creaciones;
parte de este conjunto
de afinidad, de mutuas atracciones,
en cuyo espacio giro,
en cuyo seno moro,[28]
a cuya inmensa mole
por lazos invisibles me incorporo,
no encuentro una señal que me revele
la acción de mis pesares
sobre la calma eterna y majestuosa
de esta naturaleza silenciosa,
de estos quietos, pacíficos lugares!
Todo sereno está, todo reposa;
nada un dolor denuncia ni una pena.
Bullente,[29] estrepitoso corre el río
sobre su lecho[30] de brillante arena.
El matizado insecto
con ardiente inquietud se agita y mueve;
el follaje despide su murmullo
al soplo matinal del aire leve;
y las aguas, los montes y los vientos,
y el ave inquieta que saluda el día,
levantan con apática indolencia
su himno sin fin, su eterna melodía.
¡Concierto disonante,
horrible, estrepitosa algarabía,
que suena a mis oídos
como la befa[31] amarga y la ironía
de la implacable y cruel Naturaleza,
para quien es lo mismo
el contento, la dicha, la alegría
de un ser que piensa o su mortal tristeza!

---

[25] gotas de agua que se forman sobre las cosas durante la noche
[26] pequeño puerto marítimo en la boca del río de ese nombre, lugar favorito del poeta y de su esposa.
[27] se abrazan
[28] vivo
[29] agitado, rápido
[30] canal
[31] burla, mofa

Juan Antonio Pérez Bonalde

VENEZUELA, 1846—1892

Nació el más importante poeta lírico venezolano del siglo XIX en Caracas y murió en el puerto de la Guaira. Debido a razones políticas, su padre se trasladó a Puerto Rico y allí fundó, junto con el poeta y otros de sus hijos, un colegio que funcionó por algunos años. De regreso a Venezuela, Pérez Bonalde participó en una intensa campaña periodística contra el dictador Antonio Guzmán Blanco y tuvo que salir nuevamente al exilio. Esta vez se trasladó a los Estados Unidos y trabajó como empleado de una importante casa de comercio por veinte años. En 1879, durante su segundo exilio en Nueva York conoció y se casó con una señorita americana, Amanda Schoomaker. La única hija del matrimonio, Flor, murió en 1883. Esta tragedia amargó al poeta y le inclinó más a la rebelión romántica contra un destino caprichoso y absurdo. Después de la caída de Guzmán Blanco en 1888 retornó a la patria, participó en la llamada «revolución legalista» y murió poco después. Conocía varias lenguas modernas, además de las clásicas. Se ha perdido su traducción del poema de Lucrecio *De rerum natura*, pero se conservan sus excelentes traducciones de Uhland, Lenau, Heine, Mörike del alemán, Poe y Shakespeare del inglés, Guerra Junqueiro del portugués y Paul de Saint Víctor del francés.

Pérez Bonalde representa la orientación sajona y alemana en nuestra poesía, mientras que otros poetas, dentro de su misma patria, se inclinaban hacia los españoles. Esta circunstancia y la calidad de su obra lo hicieron el más influyente poeta de Venezuela durante la llamada «generación del 70», e inclusive se le coloca entre los precursores del Modernismo. El poeta se dejó influir por las corrientes filosóficas de su tiempo, las que ayudadas por sus circunstancias personales, decretan la actitud negativa, el escepticismo, el pesimismo, y la amargura de su poesía. Era un temperamento impetuoso, pero un alma muy inclinada al afecto y la bondad

Sus poesías pueden dividirse en originales y traducciones. Entre las primeras sobresalen sus libros *Estrofas* (1877), *Ritmos* (1880), *Flor* (1883), y *El poema del Niágara* (1883), muy elogiado por Martí. Sus poesías originales pueden agruparse en tres direcciones: versos filiales y del hogar, donde muestra su tierno acercamiento a lo íntimo y cotidiano; las descriptivas de la naturaleza, en las que impera su anhelo de arrancarle a ese elemento las respuestas que plantean las inquietudes metafísicas de su espíritu; las poesías patrióticas, entre las que sobresale «Vuelta a la patria», una de las más hermosas composiciones de ese tipo de la literatura hispanoamericana. En sus versos se notan las influencias de la poesía sajona y la nórdica: de la primera toma la sobriedad, la riqueza de matices, y de la segunda lo musical, lo raro y fantástico. Las lecturas de Heine y otros poetas alemanes le comunican un tono elegíaco, neblinoso y filosófico. Su poesía transparenta un gran escepticismo y trata de responder líricamente las grandes interrogaciones que lo obsesionaban sobre la vida y el destino humano. Como bien ha escrito Mariano Picón-Salas, «la poesía original de Pérez Bonalde reconoce estas fuentes nórdicas que la han alimentado; aparece en ella cierto gusto por el matiz y los colores sordos, un delicado clima otoñal de elegía, una inquieta y nerviosa vida interior»*. Cultiva un romanticismo íntimo, recatado, en vez del vehemente y exclamativo de otros poetas.

Entre lo más perdurable de Pérez Bonalde deben incluirse sus excelentes traducciones, sobre todo del *Cancionero de Heine* (1885) y el gran poema de Edgar Allan Poe, «El cuervo» (1887). Empleaba muchos años en sus traducciones por un fervoroso anhelo de fidelidad al original y de exactitud al transmitir la idea poética. En la versión de Heine muchas veces conserva el metro, la rima, y el orden de las estrofas y los acentos. La traducción de «El cuervo» es la mejor que existe en castellano, por la fidelidad interpretativa en trasladar el mundo raro y fantástico de Poe y su angustiosa y escéptica filosofía, muy a tono con el alma de Pérez Bonalde. Por los matices de su poesía debe situársele entre los que despiden el Romanticismo y anuncian la moda modernista.

FUENTE: *Poesías y traducciones*, Caracas, Ministerio de Educación Nacional, 1947 (Biblioteca Popular Venezolana)

Ritmos

1874

Primavera[1]

¡Ya la siento venir! . . . Ya el aire llena
dulce efluvio de nardos[2] y de rosas;
ya de áureas mariposas
se va poblando la región serena;
ya un tibio y puro ambiente,
cargado de fulgores y murmullos,
va derramando, ardiente,
por valles y collados[3]
fecundidad de vida
en los ramos cuajados[4]
de recientes capullos.[5]

Ya la siento venir, bella y prendida
con las de amor deslumbradoras galas;
la siento en el espacio
que vibra y se estremece
al trasponer[6] sus rumorosas alas
aquel donde se mece
áureo dintel del celestial palacio.[7]
La siento en esa generosa llama
del rubio sol que inflama
en las venas la sangre con su suave
voluptuoso ardor; mágica llave

* *Formación y proceso de la literatura venezolana*, Caracas, Editorial «Cecilio Acosta», 1940, pág. 156

[1] Escrita en silvas porque combina endecasílabos y heptasílabos y la rima está arreglada al capricho del poeta. El poeta contrasta el renacer de la naturaleza por la primavera y sus ilusiones ya muertas, con una nota de gran pesimismo y desesperanza.

[2] *efluvio*: emanación, fluído; *nardos*: flores muy hermosas

[3] cerros, colinas

[4] llenos

[5] las flores al nacer; brotes

[6] trasladar, mudar

[7] aquel áureo dintel del palacio celestial donde se mece (la primavera). *Dintel*: parte superior de las puertas y ventanas

que abre del alma la cerrada puerta;
espíritu impalpable de los cielos
que en el fondo del pecho a la dormida
esperanza despierta,
y atrás dejando lágrimas y duelos,
alegre nos convida
al festín del amor y de la vida.

¡Ya la siento venir! Ya los umbrales[8]
pisa del globo enamorado! Es ella,
es ella, sí, la primavera bella,
la novia suspirada
que envían las regiones celestiales
al amable planeta; alborozada,[9]
la tierra se prepara con sus flores,
el ave con sus cantos,
la luz con sus fulgores
y el pecho, sin quebrantos,[10]
con la pura oblación de los amores.

Hay fiesta en el espacio,
fiesta nupcial de luz y de armonía;
besan del sol los rayos de topacio
mares y valles y floresta[11] umbría;
sobre las verdes lomas
se arrullan castamente las palomas;
suspira la onda en la dorada arena,
y por besar su linfa transparente,
a orillas de la fuente
se inclina enamorada la azucena.[12]

¡Oh primavera hermosa!
¡Todos te aguardan[13] con amante anhelo
como a la dulce, la propicia diosa,
mensajera divina de consuelo;
todos te aguardan con el alma henchida[14]
de gratas ilusiones,
de esperanzas de vida,
de ardorosas pasiones! . . .
Solo yo nada tengo que ofrecerte,
sino frío de muerte
que jamás templará tu ardiente rayo;
¡Jamás!, ¡jamás! . . . , que el resplandor fecundo
pasó por siempre de mi hermoso mayo,
y hoy solo en lo profundo
de mi pecho se anida[15] acumulada
la nieve de la duda,
la soledad del desencanto fría,
la nublosa estación helada y ruda,
el invierno del alma desolada.

¡Ay! ¡Yo también, como la tierra, un día
tuve una hermosa y dulce primavera! . . .
Sobre mi frente joven se cernía[16]
la celestial esfera,
bañada de suavísimos fulgores;
mi esperanza primera,
como semilla de celeste calma,
al calor de la fe de mis mayores,[17]
germinaba en mi alma,
y convertida en flores
de cándida inocencia
y de castos amores
el aire de mi vida embalsamaba;[18]
todo era luz, y sueños, y creencia,
y fe en el corazón; rico tesoro
de animadores rayos derramaba
un sol divino en mi feliz conciencia,
y en el vergel[19] de mis ensueños de oro
el ave azul de la ilusión cantaba! . . .

¡Ay! ¡Yo también, como la tierra, un día
tuve una hermosa y dulce primavera! . . .
¿En dónde estáis ahora
creencias, esperanzas, alegrías,
ilusión lisonjera? . . .
¡Al anunciarse las primeras nieves,
cual tropa voladora
de blancas avecillas, vuestras leves[20]
alas de armiño al aire blando disteis,
y en el sereno azul, raudas y breves,
para siempre os perdisteis! . . .

¿En dónde estáis, oh flores
de púdicos[21] amores,

---

[8] partes inferiores de las puertas; opuesto a dinteles
[9] regocijada, alegre
[10] fig. aflicciones, penas
[11] selva; bosque
[12] una flor
[13] esperan
[14] muy llena
[15] mora, habita, vive
[16] caía menudamente
[17] ascendientes, padres
[18] perfumaba
[19] jardín
[20] ligeras, livianas
[21] castos

de inocencia y virtud, que regalado
aroma al pecho mío
disteis a respirar? . . . ¡Del cierzo[22] helado
besó vuestra corola el labio frío,
y caísteis al suelo
mustias y sin olores! . . .

¿En qué confín del cielo
has ido a sepultar tu limpio rayo,
tú, de mi edad primera
esplendoroso y floreciente mayo? . . .
¿No has de tornar[23] jamás, oh primavera,
oh hermosa primavera de mi vida? . . .
¡Ah! ¡Si fuera verdad que allá en la calma
del sueño sepulcral encuentra el alma
la juventud perdida! . . .
¡Y tras el rudo invierno,
al divino calor de un sol eterno,
se viste de esperanzas y de amores,
como el árbol de ramas y de flores! . . .

¡Ilusión! ¡Ilusión! . . . La dicha cierta
de la fe y del amor, después de muerta,
no resucita más. Vuelven las aves;
recobra el aire sus azules velos;
renacen en el mar las brisas suaves;
vuelve la flor que las campiñas orna;
vuelve la primavera de los cielos.
La del alma, jamás, ¡jamás retorna!

Estrofas

1877

Vuelta a la patria[24]

i

«¡Tierra!», grita en la proa el navegante,
y confusa y distante
una línea indecisa
entre brumas[25] y ondas se divisa.[26]
Poco a poco del seno
destacándose va del horizonte,
sobre el éter sereno,
la cumbre azul de un monte;
y así como el bajel[27] se va acercando,
va extendiéndose el cerro,
formas que he visto cuando
soñaba con la dicha en mi destierro.

Ya la vista columbra[28]
las riberas bordadas de palmares,
y una brisa cargada con la esencia
de violetas silvestres y azahares
en mi memoria alumbra
el recuerdo feliz de mi inocencia,
cuando, pobre de años y pesares
y rico de ilusiones y alegría,
bajo las palmas retozar[29] solía,
oyendo el arrullar de las palomas
bebiendo luz y respirando aromas.

---

[22] viento frío del norte
[23] volver
[24] También escrita en forma de silva. Muestra el gran amor del poeta por su patria, especialmente por la ciudad que lo vio nacer. La composición tiene un tono elegíaco cuando Pérez Bonalde recuerda el hogar destruído, su madre muerta y su desolado escepticismo por los golpes del destino.
[25] nieblas
[26] ve
[27] nave, barco
[28] divisa, ve
[29] jugar

Hay algo en esos rayos brilladores
que juegan por la atmósfera azulada,
que me habla de ternuras y de amores,
de una dicha pasada;
y el viento, al suspirar entre las cuerdas,
parece que me dice: «¿No te acuerdas? . . .»

Ese cielo, ese mar, esos cocales,[30]
ese monte que dora
el sol de las regiones tropicales . . .
¡Luz! ¡Luz al fin! Los reconozco ahora;
son ellos, son los mismos de mi infancia,
y esas playas que al sol del mediodía
brillan a la distancia,
¡oh inefable alegría!,
son las riberas[31] de la patria mía.

Ya muerde el fondo de la mar hirviente
del ancla el férreo diente;
ya se acercan los botes desplegando[32]
al aire puro y blando
la enseña[33] tricolor del pueblo mío.
¡A tierra! ¡A tierra! ¡O la emoción me ahoga
o se adueña de mi alma el desvarío![34]

Llevado en alas de mi ardiente anhelo,
me lanzo presuroso al barquichuelo
que a las riberas del hogar me invita.
Todo es grata armonía: los suspiros
de la onda de zafir[35] que el remo agita,
de las marinas aves
los caprichosos giros,
y las notas suaves,
y el timbre lisonjero,
y la magia que toma,
hasta en labios del tosco marinero,
el dulce son[36] de mi nativo idioma.

¡Volad, volad veloces,
ondas, aves y voces!
Id a la tierra en donde el alma tengo,
y decidle que vengo
a reposar, cansado caminante,
del hogar a la sombra un solo instante.
Decidle que en mi anhelo, en mi delirio
por llegar a la orilla, el pecho siente
de Tántalo[37] el martirio;
decidle, en fin, que mientras estuve ausente
ni un día ni un instante la he olvidado,
y llevadle este beso que os confío,
tributo adelantado
que desde el fondo de mi ser le envío.

¡Boga, boga, remero![38] ¡Así! ¡Llegamos!
Ya piso el santo suelo en que probamos
el almíbar[39] primero de la vida.

Tras ese monte azul, cuya alta cumbre
lanza reto de orgullo
al zafir de los cielos,
está el pueblo gentil[40] donde al arrullo
del maternal amor rasgué los velos
que me ocultaban la primera lumbre.[41]

¡En marcha, en marcha! ¡Postillón,[42] agita
el látigo inclemente!
Y a más andar el coche diligente
por la orilla del mar se precipita.[43]

No hay peña ni ensenada[44] que en mi mente
no venga a despertar una memoria,
ni hay ola que en la arena humedecida
no escriba con espuma alguna historia
de los felices tiempos de mi vida;
todo me habla de sueños y cantares,
de paz, de amor y de tranquilos bienes,
y el aura[45] fugitiva de los mares,
que viene leda[46] a acariciar mis sienes,
me susurra al oído
con misterioso acento: «¡Bien venido!»

¡Allá van los humildes pescadores
las redes a tender sobre la arena;
dichosos, que no sienten los dolores

---

[30] plantas del coco
[31] orillas, márgenes
[32] mostrando
[33] bandera
[34] delirio, locura
[35] el agua azul; *zafir*: azul
[36] acento
[37] rey de Lidia, según la mitología fue condenado al hambre y la sed eternas
[38] *boga*: rema, navega; *remero*: persona que rema
[39] líquido hecho de azúcar y agua al fuego
[40] Caracas, donde nació el poeta
[41] luz
[42] cochero
[43] corre rápido; se apresura
[44] *peña*: roca; *ensenada*: golfo
[45] brisa
[46] alegre, contenta

ni la punzante[47] pena
de los que lejos de la patria lloran;
¡infelices, que ignoran
la insondable[48] alegría
de los que tristes del hogar se fueron
y luego ansiosos al hogar volvieron!

Son los mismos que un día,
siendo niño, admiraba yo en la playa,
creyendo en mi inocencia
que era la humana ciencia
la ciencia de pescar con la atarraya.[49]

Bien os recuerdo, humildes pescadores,
aunque no a mí vosotros, que en la ausencia
los años me han cambiado y los dolores.

Ya ocultándose va, tras un recodo[50]
que hace el camino, el mar, hasta que todo
al fin desaparece.
Ya no hay más que montañas y horizontes,
y el pecho se estremece
al respirar, cargado de recuerdos,
el aire puro de los patrios montes.

De los frescos y límpidos raudales
el murmurio apacible;[51]
de mis canoras[52] aves tropicales
el melodioso trino que resbala
por las ondas del éter invisible;
los perfumados hálitos[53] que exhala
el cáliz áureo y blanco
de las humildes flores del barranco;[54]
todo a soñar convida,
y con süave empeño
se apodera del alma enternecida
la indefinible vaguedad de un sueño.

Y rueda el coche, y tras él las horas
deslízanse ligeras,
sin yo sentir que el pensamiento mío
viaja por el país de las quimeras,
y solo hallan mis ojos sin mirada
los incoloros[55] senos del vacío . . .

De pronto, al descender de una hondonada:
«¡Caracas! ¡Allí está!», dice el auriga;[56]
y súbito[57] el espíritu despierta
ante la dicha cierta
de ver la tierra amiga.

Caracas allí está; sus techos rojos,
sus blancas torres, sus azules lomas
y sus bandas de tímidas palomas
hacen nublar de lágrimas mis ojos.

Caracas allí está; vedla tendida
a las faldas del Avila empinado,[58]
odalisca[59] rendida[60]
a los pies del sultán enamorado.

Hay fiesta en el espacio y la campaña,[61]
fiesta de paz y amores:
acarician los vientos la montaña;
del bosque los alados trovadores
su dulce canturía[62]
dejan oír en la alameda[63] umbría;
los menudos insectos en las flores
a los dorados pistilos se abrazan;
besa el aura amorosa al manso Guaire,[64]
y con los rayos de la luz se enlazan
los impalpables átomos del aire.

¡Apura, apura, postillón! ¡Agita
el látigo inclemente!
¡Al hogar, al hogar!, que ya palpita
por él mi corazón. Mas no: ¡detente![65]
¡Oh, infinita aflicción; ¡Oh desgraciado
de mí, que en mi soñar había olvidado
que ya no tengo hogar . . . Para, cochero;

---

[47] hiriente
[48] que no se puede medir
[49] red para pescar
[50] ángulo o codo del camino
[51] *murmurio*: rumor, sonido sordo y prolongado; *apacible*: agradable, tranquilo
[52] que cantan
[53] aliento, vapor
[54] precipicio, despeñadero
[55] sin color
[56] poét. cochero, conductor de un carro
[57] de repente, de pronto
[58] montaña cerca de Caracas; *empinado*: muy alto
[59] esclava que servía como criada a las mujeres del sultán, concubina
[60] arrodillada, postrada, humillada
[61] campo
[62] canto
[63] paseo con árboles
[64] río de Venezuela
[65] para

tomemos cada cual nuestro camino:
tú, al techo lisonjero
do te aguarda la madre, el ser divino
que es de la vida centro y alegría,
y yo . . . , yo, al cementerio,
donde tengo la mía.

¡Oh insoluble misterio
que trueca[66] el gozo en lágrimas ardientes!
¿En dónde está, Señor, esa tu santa,
infinita bondad, que así consientes
junto a tanto placer tristeza tanta?

Ya no hay fiesta en los aires; ya no alegra
la luz que el campo dora;
ya no hay sino la negra
pena cruel que el pecho me devora.

¡Valor, firmeza, corazón! No brotes
todo tu llanto ahora; no lo agotes,
que mucho, mucho que sufrir aún falta.
Ya no lejos resalta
de la llanura sobre el verde manto
la ciudad de las tumbas y del llanto;
ya me acerco, ya piso
los callados umbrales de la muerte;
ya la modesta lápida[67] diviso
del angélico ser[68] que el alma llora:
ve, corazón, y vierte
tus lágrimas ahora. [. . .][69]

Juan Zorrilla de San Martín

URUGUAY, 1855–1931

Nació el más importante poeta romántico uruguayo en Montevideo de una familia rica y muy católica. Hizo casi todos sus estudios en colegios de jesuítas debido a la religiosidad de la familia. Realizó sus estudios secundarios en el colegio de la Compañía de Jesús en Santa Fe, Argentina, y en 1872 su padre lo envió a Chile en cuya universidad se graduó de doctor en Leyes y comenzó su vida literaria. Regresó a Uruguay en 1878 y después de un corto servicio como juez fundó *El Bien Público*, periódico de orientación católica, desde cuyas páginas combatió al gobierno de turno. En 1879 ganó el título de «poeta nacional» con su poema «La leyenda patria» y más tarde fue Diputado por muchos años. De 1891 a 1894 sirvió como Ministro en España y Portugal y luego en París y el Vaticano (1894–1898). A su regreso ocupó la cátedra de Historia del Arte en la Universidad Nacional y el cargo de Delegado del Poder Ejecutivo ante el Banco de la República.

Los dieciséis tomos de sus *Obras completas* lo acreditan como un escritor fecundo. Sus trabajos comprenden poesía, ensayos, historia, crónicas, crítica, discursos, conferencias y cartas. Su primer libro de versos se tituló *Notas de un himno* (1877), poesías líricas con influencia de Espronceda, Zorrilla y Núñez de Arce. Canta al amor, la naturaleza, la patria y Dios, con un entusiasmo que sabe crear mundos envueltos en un

[66] cambia
[67] tumba
[68] la madre del poeta.
[69] En la segunda parte de la composición, el poeta describe su visita a la tumba de su madre y rememora los momentos más importantes de su propia vida hasta ese instante.

halo de misterio. Con *La leyenda patria* (1879) ganó una extraordinaria fama en todo el ámbito nacional. Aunque en grado menor que los cantos civiles del Neoclasicismo, el poema cae dentro de esa poesía declamatoria y vibrante tan en boga en época de las luchas por la Independencia.

Su aporte más notable a la poesía viene representado por *Tabaré* (empezado en 1879, concluído en 1886, y publicado en 1888). Con esta obra cede el autor al gran interés por lo indígena, demostrado por algunos románticos. Tuvo el propósito de crear una épica que reflejase la historia de la lucha entre las dos grandes razas que habitaban el suelo uruguayo: la charrúa aborigen y los conquistadores españoles. De aquí que el poema cuente con mucho detalle la destrucción y ruina final de la primera. Debido a su temperamento romántico, Zorrilla de San Martín creó un héroe que tipifica aquel salvaje noble o sentimental tan del gusto de Rousseau. En este caso se trata realmente de un mestizo a quien su doble herencia de barbarismo y cristianismo (hijo de un cacique indio y una española) lo conducen a la inevitable tragedia final. En el aspecto técnico, el poeta dejó a un lado la tradicional «octava real», el metro favorito de los poemas épicos, para emplear estrofas de cuatro versos endecasílabos y heptasílabos con rima asonante. La obra está dividida en tres libros compuestos de numerosos cantos. La influencia más constante resulta Bécquer con su poesía vaga, antecedente del Simbolismo, pero también hay la fascinación de Dante y la nota espiritualista de Lamartine.

El poema tiene mucho de novelesco, legendario, épico, pero es fundamentalmente de naturaleza lírica, con fuerte entonación elegíaca por la índole del asunto. Al propio tiempo sobresale en todo momento el catolicismo del autor, porque inclusive deja entrever la intervención de Dios en la historia humana, quien permite la extinción de esa raza por oposición a aquella que representaba al cristianismo. Toda la obra está envuelta en un halo de vaguedad y misterio, debido a la influencia nórdica que el autor capta a través de Bécquer. El tema se centra en el destino y fatalismo de la raza aborigen, en cuyo futuro no se vislumbra otra idea que la de la extinción total. Entre lo más valioso de la narración deben situarse las descripciones de la naturaleza, cuyos movimientos se sincronizan muy bien con la trama y los estados anímicos de los personajes. El autor emplea un vocabulario rico y apropiado, y saca todo el beneficio posible de excelentes metáforas e imágenes. A menudo acude a los procedimientos del impresionismo o del expresionismo para dar una visión más cabal del cuadro triste y pesimista que desea dejar con el lector. El poema no deja de presentar algunos defectos como son la manera demasiado grave que le resta espontaneidad, la falta de cohesión, el tono oratorio, la tesis teológica indirecta y la idealización, sobre todo en el caso de Tabaré. Aún los críticos más exigentes reconocen la poderosa y variada inspiración del poeta que produce un tono vigoroso constante.

También sobresalió Zorrilla de San Martín como prosista de muchos méritos. En *Resonancias del camino* (1896) dejó sus impresiones de su primer viaje por Europa (España, Italia, Suiza, Francia, Inglaterra). La misma prosa rítmica y armoniosa hallamos en *Huerto cerrado* (1900). La fama extraordinaria de que gozó como orador se refleja muy bien en sus *Conferencias y discursos* (1905), con períodos densos donde prevalece la serena majestad del estilo. Especialmente en los versos de este autor encontramos elementos que aparecerán después en los intentos renovadores del Modernismo.

FUENTE: *Obras completas*, 16 vols., Montevideo, Banco Nacional de la República, 1930.

Tabaré[1]

1888

Introducción

i

Levantaré la losa[2] de una tumba;
E, internándome en ella,
Encenderé en el fondo el pensamiento,
Que alumbrará la soledad inmensa.

Dadme la lira, y vamos: la de hierro,
La más pesada y negra;[3]
Esa, la de apoyarse en las rodillas,
Y sostenerse con la mano trémula,

Mientras la azota el viento temeroso
Que silba en las tormentas,
Y, al golpe del granizo restallando,[4]
Sus acordes[5] difunde en las tinieblas;

La de cantar, sentado entre las ruinas,
Como el ave agorera;[6]
La que, arrojada al fondo del abismo,
Del fondo del abismo nos contesta.

Al desgranarse las potentes notas
De sus heridas cuerdas,
Despertarán los ecos que han dormido
Sueño de siglos en la obscura huesa;[7]

Y formarán la estrofa que revele[8]
Lo que la muerte piensa:
Resurrección de voces extinguidas,
Extraño acorde que en mi mente suena.

iv

Tipo soñado, sobre el haz[9] surgido
De la infinita niebla;
Ensueño de una noche sin aurora,
Flor que una tumba alimentó en sus grietas:[10]

Cuando veo tu imagen impalpable
Encarnar nuesta América
Y fundirse en la estrofa transparente,
Darle su vida, y palpitar en ella;

Cuando creo formar el desposorio[11]
De tu ignorada esencia
Con esa forma virgen, que los genios
Para su amor o su dolor encuentran;

Cuando creo infundirte, con mi vida,
El ser de la epopeya,
Y legarte[12] a mi patria y a mi gloria,
Grande como mi amor y mi impotencia,

El más débil contacto de las formas
Desvanece tu huella,
Como al contacto de la luz, se apaga
El brillo sin calor de las luciérnagas.[13]

Pero te ví. Flotabas en lo obscuro,
Como un jirón[14] de niebla;
Afluían a ti, buscando vida,
Como a su centro acuden las moléculas,

---

[1] El poema se compone de tres Libros. El Primero tiene dos cantos divididos a su vez en secciones que a veces constan de una sola estrofa. Los libros Segundo y Tercero se integran de seis cantos cada uno.
[2] cubierta de una tumba
[3] Desde los primeros versos hay alusiones elegíacas al fin trágico que tendrá la raza charrúa. Nótese las palabras *tumbas*, *lira de hierro y negra*, *tinieblas*, *ave agorera*, etc.
[4] *granizo*: lluvia congelada; *restallando*: haciendo un ruido fuerte y brusco
[5] conjunto de sonidos diferentes combinados
[6] adivina, que da presagios
[7] sepultura
[8] descubra
[9] manojo, conjunto de cosas
[10] hendeduras
[11] matrimonio
[12] darte, regalarte
[13] insectos que despiden una luz fosforescente
[14] pedazo

Líneas, colores, notas de un acorde
Disperso, que frenéticas
Se buscaban en ti; palpitaciones
Que en ti buscaban corazón y arterias;

Miradas que luchaban en tus ojos
Por imprimir su huella,[15]
Y lágrimas, y anhelos, y esperanzas,
Que en tu alma reclamaban existencia;

Todo lo de la raza: lo inaudito,[16]
Lo que el tiempo dispersa,
Y no cabe en la forma limitada,
Y hace estallar la estrofa que lo encierra.

Ha quedado en mi espíritu tu sombra,
Como en los ojos quedan
Los puntos negros, de contornos ígneos,
Que deja en ellos una lumbre intensa . . .

¡Ah! no, no pasarás, como la nube
Que el agua inmóvil en su faz refleja;
Como esos sueños de la media noche
Que en la mañana ya no se recuerdan;

Yo te ofrezco, ¡oh ensueño de mis días!
La vida de mis cantos, que en la tierra
Vivirán más que yo . . . ¡Palpita y anda,
Forma imposible de la estirpe muerta![17]

Libro primero[18]

CANTO SEGUNDO

i

¡Cayó la flor al río![19]
Los temblorosos círculos concéntricos
Balancearon los verdes camalotes,[20]
Y en el silencio del juncal[21] murieron.

Las aguas se han cerrado;
Las algas despertaron de su sueño,
Y la flor abrazaron, que moría,
Falta de luz, en el profundo légamo . . .[22]

Las grietas del sepulcro
Han engendrado un lirio amarillento;
Tiene el perfume de la flor caída,
Su misma palidez . . . ¡La flor ha muerto!

Así el himno sonaba
De los lejanos ecos;
Así cantaba el *urutí* en las ceibas,[23]
Y se quejaba en el sauzal[24] el viento.

ii

Siempre llorar la vieron los charrúas;[25]
Siempre mirar al cielo,
Y más allá . . . Miraba lo invisible,
Con los ojos azules y serenos.

El cacique[26] a su lado está tendido.
Lo domina el misterio.
Hay luz en la mirada de la esclava,[27]
Luz que alumbra sus lágrimas de fuego,

---

[15] rastro, señal
[16] lo no oído; inverosímil
[17] raza extinguida, desaparecida (la raza charrúa)
[18] En el Canto Primero de este Libro el poeta hace una descripción, según los cánones románticos, del paisaje y del escenario donde se produce la acción de *Tabaré*.
[19] Estas cuatro estrofas forman el *leit-motiv* que sirve como de introducción a las partes más importantes del poema.
[20] plantas acuáticas flotantes de ríos, arroyuelos y lagunas
[21] plantación de juncos (plantas de tallos rectos, largos y flexibles)
[22] cieno, lodo, barro viscoso
[23] *urutí*: pequeño pájaro con plumaje de muchos colores; *ceibas*: árboles gruesos y altos de bellas flores rojas
[24] sitio de sauces (árboles de las salicáceas que crecen a la orilla de los ríos)
[25] se refiere a Magdalena, española y cristiana, madre de Tabaré, el héroe de este poema
[26] Caracé, jefe de los indios charrúas y padre de Tabaré
[27] Magdalena

Y ahuyenta al indio, al derramar en ellas
Ese blanco reflejo
De que se forma el nimbo[28] de los mártires,
La diáfana[29] sonrisa de los cielos.

Siempre llorar la vieron los charrúas,
Y así pasaba el tiempo.
Vedla sola en la playa. En esa lágrima
Rueda por sus mejillas un recuerdo.

Sus labios las sonrisas olvidaron.
Sólo salen de entre ellos
Las plegarias vestidas de elegías,
Como coros de vírgenes de un templo.

iii

Un niño llora. Sus vagidos[30] se oyen,
Del bosque en el secreto,
Unidos a las voces de los pájaros
Que cantan en las ramas de los ceibos.[31]

Le llaman *Tabaré*. Nació una noche,
Bajo el obscuro techo
En que el indio guardaba a la cautiva
A quien el niño exprime el blanco seno.

Le llaman *Tabaré*. Nació en el bosque
De *Caracé* el guerrero;
Ha brotado, en las grietas del sepulcro,
Un lirio amarillento.

Risa de mi dolor, hijo del alma,
Alma de mis recuerdos,
Lo llamaba gimiendo la cautiva
Al apretarlo en su calor materno,

Y al entonar los cánticos cristianos
Para arrullar su sueño;
Los cantos de Belén,[32] que al fin escucha
La soledad callada del desierto.

Los escuchan con fe las alboradas,[33]
Los balbucean[34] los ecos,
Y, en las tardes que salen de los bosques,
Anda con ellos sollozando el viento.

Son los cantos cristianos, impregnados
De inocencia y misterio,
Que acaso aquella tierra escuchó un día,
Como se siente el beso de un ensueño.[35]

iv

El indio niño en las pupilas tiene
El azulado cerco[36]
De las flores del cardo, cuando se abren
Después de un aguacero.[37]

Los charrúas, que acuden a mirarlo,
Clavan los ojos negros
En los ojos azules de aquel niño
Que se recuesta[38] en el materno seno,[39]
Y lo oyen y lo miran asombrados,
Como a un pájaro nuevo
Que, llamado, al pasar, por los zorzales,[40]
Bajó del viento, para unirse a ellos.

Mira el niño a la madre; ésta llorando
Lo mira, y mira al cielo,
Y envía, en su mirada, a lo infinito,
Un amor que en el mundo es extranjero;

---

[28] halo
[29] transparente; límpida
[30] gemidos o gritos débiles del recién nacido
[31] ceibas. Véase nota 23.
[32] canciones de cuna
[33] albas, amaneceres
[34] articulan o pronuncian con dificultad, como los niños
[35] ilusión
[36] Tabaré, mestizo de indio y blanca, tiene los ojos azules
[37] lluvia repentina
[38] reclina
[39] regazo
[40] pájaros con plumas de varios colores y voz agradable

Y quiere al árbol, porque da su sombra
A aquel pequeño cuerpo;
Y es para ella más azul el aire,
Más diáfano el ambiente[41] y más sereno.

La tarde, al descender sobre su alma,
Desciende como el beso
De la hermana mayor sobre la frente
Del hermanito huérfano;

Y tiene ya más alas su plegaria;[42]
Su llanto más consuelo;
Y más risa la luz de las estrellas,
Y el ruido de los sauces[43] más misterio.

V

¿Adónde va la madre silenciosa?
Camina, a paso lento,
Con el hijo en los brazos. Llega al río.
Es la hermosa mujer del Evangelio.[44]

¡E invoca a Dios en su misterio augusto!
Se conmueve el desierto,
Y el indio niño siente en la cabeza
De su bautismo el fecundante riego.[45]

La madre le ha entregado, sollozando,
El gran legado eterno.
El Uruguay,[46] al ofrecerle el agua,
Canta con el juncal un himno nuevo.

Se eleva, en transparentes espirales,
El primitivo incienso;[47]
Una invisible aparición derrama
El resplandor del nimbo entre los ceibos.

Se adivinan cantares
A medio pronunciar, que flotan trémulos,
Y de seres que absortos los escuchan
Se cree sentir el contenido aliento; [. . .]

IX

Cayó la flor al río.
Se ha marchitado, ha muerto.
Ha brotado, en las grietas del sepulcro,
Un lirio amarillento.

La madre ya ha sentido
Mucho frío[48] en los huesos;
La madre tiene, en torno de[49] los ojos,
Amoratado cerco;[50]

Y en el alma la angustia,
Y el temblor en los miembros,
Y en los brazos el niño que sonríe,
Y en los labios el ruego.

Duerme, hijo mío. Mira: entre las ramas
Está dormido el viento;
El tigre en el flotante camalote,
Y en el nido los pájaros pequeños . . .

Los párpados[51] del niño se cerraban.
Las sonrisas entre ellos
Asomaban apenas, como asoman
Las últimas estrellas a lo lejos.

Los párpados caían de la madre,
Que, con esfuerzo lento,
Pugnaba en vano porque no llegaran
De su pupila al agrandado hueco.

---

[41] atmósfera
[42] oración
[43] Véase nota 24.
[44] referencia a María cuando llevó a Jesús a ser bautizado por Juan el Bautista
[45] irrigación
[46] el río de ese nombre
[47] resina aromática cuando se quema
[48] está muriendo, agonizando
[49] alrededor de
[50] *amoratado*: rojo; *cerco*: círculo
[51] membranas movibles que protegen los ojos

Pugnaba por mirar al indio niño
Una vez más al menos;
Pero el niño, para ella, poco a poco,
En un nimbo sutil se iba perdiendo.
Parecía alejarse, desprenderse,
Resbalar de sus brazos, y, por verlo,
Las pupilas inertes de la madre
Se dilataban en supremo esfuerzo.

X[52]

Duerme, hijo mío. Mira, entre las ramas
Está dormido el viento;
El tigre en el flotante camalote,
Y en el nido los pájaros pequeños;
Hasta en el valle
Duermen los ecos.

Duerme. Si al despertar no me encontraras,
Yo te hablaré a lo lejos;
Una aurora sin sol vendrá a dejarte
Entre los labios mi invisible beso;
Duerme; me llaman,
Concilia[53] el sueño.

Yo formaré crepúsculos azules
Para flotar en ellos:
Para infundir en tu alma solitaria
La tristeza más dulce de los cielos.
Así tu llanto
No será acerbo.[54]

Yo empaparé de aladas melodías
Los sauces y los ceibos,
Y enseñaré a los pájaros dormidos
A repetir mis cánticos maternos . . .
El niño duerme,
Duerme sonriendo.

. . . .

La madre lo estrechó; dejó en su frente
Una lágrima inmensa, en ella un beso,
Y se acostó a morir. Lloró la selva,
Y, al entreabrirse, sonreía el cielo.

XI

¿Sentís la risa? *Caracé* el cacique
Ha vuelto ebrio,[55] muy ebrio.
Su esclava estaba pálida, muy pálida . . .
Hijo y madre ya duermen *los dos sueños.*[56]

---

[52] Esta sección es una verdadera canción de cuna.
[53] se duerme
[54] amargo, agrio
[55] borracho
[56] la madre duerme el sueño de la muerte y Tabaré el del descanso

Libro segundo[57]

CANTO SEGUNDO[58]

iv

Era una hermosa tarde;
Huía la sonrisa de los cielos
En los labios del sol, que la llevaba
A iluminar la faz de otro hemisferio.

De su excursión al bosque
Tornan Gonzalo[59] y diez arcabuceros.[60]
Fué eficaz la batida:[61] un grupo de indios[62]
Viene sombrío, caminando entre ellos.

Otros muchos quedaron
Tendidos en el campo; el viento fresco
La sangre orea[63] en las hispanas armas,
Y en la piel de los indios prisioneros.

. . . .

No son tigres, aunque algo
Del ademán[64] siniestro
Del dueño de las selvas se refleja
En el andar de aquellos hombres. Vedlos.

Son el *hombre-charrúa,*
La sangre del desierto,
¡La desgraciada estirpe, que agoniza,[65]
Sin hogar en la tierra ni en el cielo!

Se estrechan,[66] se revuelven,[67]
Las frentes sobre el pecho,
En los ojos obscuros el abismo,
Y en el abismo luz, luz y misterio.

Parece que, en el fondo
De esos ojos, a intervalos,
Un monstruo luminoso se moviera,
Sus anillos flexibles revolviendo;

Con rápidos espasmos
Se sacuden[68] sus miembros;
Sus músculos, elásticos y duros,
Al salto y la carrera están dispuestos;

La sangre apresurada
Circula bajo de ellos,
Como corre callado, entre las breñas,[69]
Un rebaño[70] de fieras que va huyendo;

No hay en su rostro inmóvil
Ni siquiera un reflejo
Del espíritu extraño y concentrado
Que, al parecer, lo anima desde lejos;

Se advierte en su mirada
Un constante recelo,[71]
Y una impasible languidez,[72] que tiene
Algo de triste, mucho de siniestro.

Son esbeltas[73] sus formas,
Duros sus movimientos,
La tez cobriza, el pómulo[74] saliente,
Negros los ojos, como el odio negros.

---

[57] En el Canto Primero de este Libro se describe la llegada —años después— de un nuevo contingente de conquistadores españoles, quienes se establecen en los bancos del San Lorenzo, tributario del río Uruguay. Don Gonzalo de Orgaz es el jefe del destacamento. Se caracteriza por ser noble, valiente, bueno y muy orgulloso de su linaje. Con él han venido su esposa, doña Luz y su hermana huérfana, Blanca. De una de las incursiones a la selva contra los indios, regresan el capitán Orgaz y sus soldados con algunos cautivos.
[58] Véase nota anterior
[59] Véase nota 57.
[60] soldados que usan arcabuces (especie de fusiles antiguos)
[61] incursión, redada
[62] los indios tomados prisioneros por los españoles
[63] seca
[64] gesto
[65] está muriendo
[66] se amontonan, apiñan
[67] agitan, mueven
[68] agitan violentamente
[69] malezas, matorrales
[70] conjunto (de animales)
[71] miedo; sospecha y temor
[72] flaqueza, debilidad
[73] airosas, bien formadas
[74] *tez cobriza*: piel color de cobre; *pómulo*: hueso de cada mejilla

Sobre los fuertes hombros
Se derrama el cabello,
En crenchas lacias,[75] rígidas y obscuras,
Que enlutan más aquel huraño[76] aspecto;

Pupila prolongada
Que prolongó el acecho;[77]
Dilatada nariz, y estrecha frente
A que se ajusta, enhiesto,[78]

Un erizado matorral[79] de plumas
De colores diversos,
Que parecen brotar de la cabeza,
Como brotan de un tronco los renuevos.[80]

Jamás mira de frente;
Jamás alza la voz, muere en silencio;
Jamás un signo de dolor se posa
Entre sus labios pálidos y gruesos.

Ni aun el suplicio borra
Su ademán de desprecio;
Sólo el combate, en su fragor, arranca
Estridente alarido de su pecho.

Entonces, semejantes
A los colmillos[81] del jaguar sediento,
Brillan, entre los labios taladrados,[82]
Los dientes blancos, con horrible gesto.

Son el *hombre-charrúa,*
La sangre del desierto,
La desgraciada estirpe que agoniza,
Sin hogar en la tierra ni en el cielo.[83]

Domingo Faustino Sarmiento

ARGENTINA, 1811–1888

Pocos luchadores y escritores han contribuido a la formación de la Argentina moderna en el grado de Domingo Faustino Sarmiento. Nació en un hogar muy humilde en la provincia occidental de San Juan, tuvo una educación formal muy irregular y le tocó pasar su juventud en momentos de gran turbulencia política. Dotado de gran energía, vitalidad y de una fuerza de voluntad pocas veces vistas, venció todas las dificultades y él mismo —como auténtico autodidacta— se hizo de una gran cultura, a pesar de tener que ocupar los empleos más modestos: ayudante de topógrafo, tendero, contador de

[75] *crenchas*: cabellos; *lacias*: tiesas y caídas
[76] arisco, feroz
[77] vigilancia
[78] levantado, derecho, erguido
[79] mata o grupo de plumas.
[80] brotes, hijos, vástagos
[81] clase de dientes
[82] agujereados
[83] Mientras está prisionero, Tabaré y Blanca —la hermana del capitán— se conocen. Tabaré es puesto en libertad, más tarde el nuevo cacique Yamandú ataca a los españoles y se lleva prisionera a Blanca. Tabaré mata a Yamandú para defender a Blanca y cuando la lleva a su hermano, éste lo mata creyendo que Tabaré era el responsable de lo sucedido.

libros, minero, maestro. Opositor vibrante del caudillismo, de la tiranía de Rosas o de cualquier otro que lo representase, estuvo exiliado en Chile desde 1831 hasta 1851. Participó en la lucha armada contra la dictadura, pero volvió al exilio en 1852 cuando vio en el vencedor de Rosas —el general Urquiza— raíces de caudillismo. Viajó extensamente por varios países hispanoamericanos, por los principales de Europa y África del Norte. Por su inteligencia y participación en las luchas revolucionarias ocupó las más altas posiciones: fundador de la primera Escuela Normal de Chile, Jefe de Estado y Ministro de Guerra del presidente Mitre, Gobernador de San Juan, Comisionado de la Enseñanza, Embajador en los Estados Unidos (1865–1868), Presidente de la República (1868– 1874). Como tal mostró su vena de gran civilizador por el impulso que dio a la enseñanza y la cultura, las obras públicas, la inmigración, los ferrocarriles, la colonización interior. Vivió honestamente y murió pobre, a pesar de haber ocupado la posición más alta de la nación. Era un temperamento vehemente, agresivo, cáustico, a veces violento, pero todo en nombre de la justicia y la libertad y como expresión de la sinceridad y honestidad de sus propósitos.

Sarmiento escribió al ritmo de las circunstancias de su vida y no con el propósito de dejar una obra literaria o de pensador. A pesar de las múltiples actividades de su vida, halló tiempo para escribir cincuenta y tres tomos con una de las prosas más sobresalientes de la literatura hispanoamericana. Su primera obra importante lleva por título *Mi defensa* (1843), donde plantea en forma embrionaria la tesis central de todo su pensamiento: la causa de la dramática crisis política de la sociedad argentina tiene por base la dicotomía entre cultura e incultura, entre las regiones con instrucción y aquéllas donde impera el salvajismo. Dos años después publicó su obra maestra: *Facundo o Civilización y barbarie* (1845), vigoroso ensayo político y sociológico y uno de los diagnósticos más completos que se han hecho sobre las causas del drama argentino, aplicable en gran medida, a casi todos los países hispanoamericanos. El *Facundo* constituye un estudio esencial sobre las causas últimas de la dictadura, que Sarmiento achaca al caudillismo, producido por el gran contraste entre la civilización —equivalente a la cultura europea no española existente sólo en las grandes ciudades como Buenos Aires— y la barbarie que reina en la inmensa extensión de la pampa. La obra consta de una introducción y tres partes divididas en capítulos, cada una de las cuales tiene su función. La primera estudia el escenario y mantiene el determinismo del medio físico sobre lo político y humano. La segunda es una breve biografía del caudillo gaucho Juan Facundo Quiroga —pero al propio tiempo un análisis de las causas y sicología del caudillismo—. En la tercera Sarmiento dirige una diatriba muy fuerte contra Rosas y expone el programa político que debe llevarse a cabo en la Argentina a su caída. Los capítulos de la primera parte son: I. Aspecto físico de la Argentina y caracteres, hábitos e ideas que engendra, II. Se ofrece como selección en esta antología III. Asociación. La pulpería, IV. Revolución de 1810. Aunque algunos críticos han querido restarle historicidad a este valiente documento. Ezequiel Martínez Estrada, Ricardo Rojas y otros muchos lo tienen como algo esencial en la exposición de las causas de la crisis. Presenta un estilo vigoroso, lleno de dinamismo y vitalidad, con gran plasticidad y facilidad extraordinaria para la concreción y la simplificación de los problemas más complejos. Sarmiento tiene un sentido romántico de la historia: cree que las fuerzas del bien triunfan siempre. Su prosa es directa, sin retoricismos, ni adornos, pero con un gran poder convincente.

Comisionado por el gobierno de Chile para que estudiase los sistemas educativos de varios países, sus extensos recorridos por varias naciones de Hispanoamérica, las principales de Europa, Norte de África y los Estados Unidos le dieron oportunidad para estudiar los aspectos más importantes de esas culturas en *Viajes por Europa, África y América* (1849–1851). Muestra don de observación, valentía para contrastar nuestras instituciones y defectos con las virtudes de otros países y considera que los Estados Unidos son el país más civilizado, al cual debe imitarse y tomarse como modelo. A fin de defenderse de ataques del tirano Rosas escribió *Recuerdos de provincia* (1850), libro autobiográfico y de gran madurez de pensamiento. El pasado no lo mueve a la nostalgia, sino que lo impele a una actitud de lucha en favor de los principios que considera capaces de llevar bienestar a su patria: la educación popular, el funcionamiento de una auténtica democracia y la liquidación de los vicios de la colonia.

Treinta y tres años después publicó su libro de tesis más polémica: *Conflictos y armonías de las razas en América* (1883). Aunque sus afirmaciones son muy discutibles, demuestra el interés de este gran sociólogo y civilizador en descubrir las raíces más profundas de nuestros males. La tesis de la obra parte del contraste entre el progreso creciente de los Estados Unidos y el atraso y anarquía de la América hispana. Mantiene la superioridad de la cultura anglosajona y afirma categóricamente: «La América del Sur se queda atrás y perderá su misión providencial de sucursal de la civilización moderna. No detengamos a los Estados Unidos en su marcha; es lo que en definitiva proponen algunos. Alcancemos a los Estados Unidos.» Los hispanoamericanos reverencian a Sarmiento como uno de sus más grandes estadistas, educadores, pensadores y ensayistas.

FUENTE: *Obras de Domingo Faustino Sarmiento*, 53 vols., Santiago de Chile, Imprenta Gutemberg, 1885–1914; *Facundo o Civilización y barbarie*, Garden City, N.Y., Doubleday & Company, Inc., 1961; *Recuerdos de provincia*, 9na. ed., Buenos Aires, Editorial Sopena, 1961.

Facundo o Civilización y barbarie[1]

1845

Introducción[2]

> *Je demande à l'historien l'amour de l'humanité ou de la liberté; sa justice impartiale ne doit être impassible. Il faut, au contraire, qu'il souhaite, qu'il espère, qu'il souffre ou soit heureux de ce qu'il raconte.*
>
> Villemain, *Cours de Littérature*[3]

¡Sombra terrible de Facundo,[4] voy a evocarte, para que sacudiendo el ensangrentado polvo que cubre tus cenizas te levantes a explicarnos la vida secreta y las convulsiones internas que desgarran[5] las entrañas de un noble pueblo! Tú posees el secreto: ¡revélanoslo! Diez años aún después de tu trágica muerte, el hombre de las ciudades y el gaucho de los llanos argentinos, al tomar diversos senderos en el desierto, decían: «¡No! ¡no ha muerto! ¡Vive aún! ¡El vendrá!» ¡Cierto! Facundo no ha muerto; está vivo en las tradiciones populares, en la política y revoluciones argentinas; en Rosas,[6] su heredero, su complemento: su alma ha pasado a este otro molde más acabado, más perfecto; y lo que en él era sólo instinto, iniciación, tendencia, convertióse en Rosas en sistema, efecto y fin. La naturaleza campestre, colonial y bárbara, cambióse en esta metamorfosis en arte, en sistema y en política regular, capaz de presentarse a la faz del mundo como el modo de ser de un pueblo encarnado en un hombre que ha aspirado a tomar los aires de un genio que domina los acontecimientos, los hombres y las cosas. Facundo, provinciano, bárbaro, valiente, audaz, fue reemplazado por Rosas, hijo de la culta Buenos Aires, sin serlo él; por Rosas, falso, corazón helado, espíritu calculador, que hace el mal sin pasión y organiza lentamente el despotismo con toda la inteligencia de un Maquiavelo.[7] Tirano sin rival hoy en la tierra ¿por qué sus enemigos quieren disputarle el título de grande que le prodigan sus cortesanos? Sí, grande y muy grande es, para gloria y vergüenza de su patria, porque si ha encontrado millares de seres degradados que se unzan[8] a su carro para arrastrarlo por encima de cadáveres, también se hallan a millares las almas generosas que en quince años de lid sangrienta no han desesperado de vencer al monstruo que nos

---

1 Ofrecemos selecciones de las distintas partes de la obra para que se tenga una idea lo más completa posible del famoso ensayo. Ver introducción para más detalles.

2 Esta es la introducción que apareció en la edición de 1845, o sea en la primera impresión del ensayo en forma de libro.

3 «Yo demando del historiador un amor a la humanidad y a la libertad; su justicia imparcial no debe ser impasible. Por el contrario, es esencial que él desee, que espere, que sufra o que sea feliz con lo que está relatando». Villemain, Abel Francisco: político francés (1790–1870), profesor de literatura francesa en la Sorbonne.

4 Quiroga, Juan Facundo: militar argentino nacido en la Rioja (1793–1835), llamado el *Tigre de los llanos* por su crueldad. Fue aliado de Rosas y luego fue asesinado por órdenes del tirano a fin de concentrar todo el poder en sus manos. Sarmiento lo toma como prototipo del caudillo inculto de la pampa y al estudiarlo saca a la luz las causas del caudillismo que, según él, es el origen de la tiranía junto a la antimonia entre la civilización, representada, por la ciudad, y la barbarie (el campo, la pampa).

5 (fig.) destrozan

6 Ortiz de Rosas, Juan Manuel: caudillo, general y político argentino nacido en Buenos Aires (1793–1877), tomó el poder y organizó una terrible dictadura (1829–1852), fue vencido por el general Justo José de Urquiza (1801–1870) en la batalla de Caseros (1852), huyendo a Inglaterra donde murió.

7 Maquiavelo, Nicolás: político e historiador italiano (1469–1527), autor de *El Príncipe*, exaltación de la razón de estado.

8 se atan, se amarran; se someten

propone el enigma de la organización política de la República. Un día vendrá, al fin, que lo resuelvan, y el Esfinge[9] Argentino, mitad mujer por lo cobarde, mitad tigre por lo sanguinario, morirá a sus plantas, dando a la Tebas del Plata[10] el rango elevado que le toca entre las naciones del Nuevo Mundo.

Necesítase, empero, para desatar este nudo que no ha podido cortar la espada, estudiar prolijamente las vueltas y revueltas de los hilos que lo forman y buscar en los antecedentes nacionales, en la fisonomía del suelo, en las costumbres y tradiciones populares, los puntos en que están pegados.

La República Argentina es hoy la sección hispanoamericana que en sus manifestaciones exteriores ha llamado preferentemente la atención de las naciones europeas, que no pocas veces se han visto envueltas en sus extravíos[11] o atraídas, como por una vorágine, a acercarse al centro en que remolinean elementos tan contrarios. La Francia estuvo a punto de ceder a esta atracción, y no sin grandes esfuerzos de remo y vela,[12] no sin perder el gobernalle,[13] logró alejarse y mantenerse a la distancia. Sus más hábiles políticos no han alcanzado a comprender nada de lo que sus ojos han visto al echar una mirada precipitada sobre el poder americano que desafiaba a la gran nación. Al ver las lavas ardientes que se revuelcan, se agitan, se chocan, bramando en este gran foco de lucha intestina, los que por más avisados se tienen han dicho: «es un volcán subalterno, sin nombre, de los muchos que aparecen en la América; pronto se extinguirá»; y han vuelto a otra parte sus miradas, satisfechos de haber dado una solución tan fácil como exacta de los fenómenos sociales que sólo han visto en grupo y superficialmente. A la América del Sur en general y a la República Argentina sobre todo, le ha hecho falta un Tocqueville,[14] que premunido[15] del conocimiento de las teorías sociales, como el viajero científico de barómetros, octantes y brújulas, viniera a penetrar en el interior de nuestra vida política, como en un campo vastísimo y aún no explorado ni descrito por la ciencia, y revelase a la Europa, a la Francia, tan ávida de fases nuevas en la vida de las diversas porciones de la humanidad, este nuevo modo de ser que no tiene antecedentes bien marcados y conocidos. Hubiérase entonces explicado el misterio de la lucha obstinada que despedaza a aquella república; hubiéranse clasificado distintamente los elementos contrarios, invencibles, que se chocan; hubiérase asignado su parte a la configuración del terreno y a los hábitos que ella engendra; su parte a las tradiciones españolas y a la conciencia nacional inicua, plebeya, que han dejado la inquisición y el absolutismo hispano; su parte a la influencia de las ideas opuestas que han trastornado el mundo político; su parte a la barbarie indígena; su parte a la civilización europea; su parte, en fin a la democracia consagrada por la Revolución de 1810,[16] a la igualdad, cuyo dogma ha penetrado hasta las capas inferiores de la sociedad.

Este estudio, que nosotros no estamos aún en estado de hacer, por nuestra falta de instrucción filosófica e histórica, hecho por observadores competentes habría revelado a los ojos atónitos de la Europa un mundo nuevo en política, una lucha ingenua, franca y primitiva entre los últimos progresos del espíritu humano y los rudimentos de la vida salvaje, entre las ciudades populosas y los bosques sombríos.[17] Entonces se habría podido aclarar un poco el problema de la España, esa rezagada de Europa que, echada entre el Mediterráneo y el Océano, entre la Edad Media y el Siglo XIX, unida a la Europa culta por un ancho istmo y separada del Africa bárbara por un angosto estrecho, está balanceándose entre dos fuerzas opuestas, ya levantándose en la balanza de los pueblos libres, ya cayendo en la de los despotizados, ya impía, ya fanática; ora constitucionalista declarada, ora despótica impudente, maldiciendo sus cadenas rotas a veces,

[9] animal fabuloso, con cabeza y pecho de mujer, cuerpo y pies de león. Está representada en Egipto por la gran esfinge de Giseh; (fig.) personaje impenetrable, misterioso

[10] ciudad de la Grecia antiqua. Según la mitología griega, la Esfinge habitaba en el camino de Tebas y se comía a quienes no respondían bien sus equívocas preguntas; vencida por Edipo se lanzó al mar.

[11] (fig.) desórdenes

[12] esfuerzos para orientarse y obtener el rumbo correcto

[13] timón del barco; control

[14] Tocqueville, Alexis Clerel de: político e historiador francés (1805–1859), autor de *La democracia en América.*

[15] con un conocimiento previo; con intuición

[16] la Revolución que dio su Independencia de España a la Argentina

[17] Nótese la presentación de la tesis central de esta obra.

ya cruzando los brazos y pidiendo a gritos que le impongan el yugo,[18] que parece ser su condición y su modo de existir. ¡Qué! ¿el problema de la España europea no podría resolverse examinando minuciosamente la España americana, como por la educación y hábitos de los hijos se rastrean las ideas y la moralidad de los padres? ¡Qué! ¿no significa nada para la historia y la filosofía esta eterna lucha de los pueblos hispanoamericanos, esa falta supina[19] de capacidad política e industrial que los tiene inquietos y revolviéndose sin norte fijo, sin objeto preciso, sin que sepan por qué no pueden conseguir un día de reposo, ni qué mano enemiga los echa y empuja en el torbellino fatal que los arrastra, mal de su grado,[20] y sin que les sea dado sustraerse a su maléfica influencia? ¿No valía la pena de saber por qué en el Paraguay, tierra desmontada[21] por la mano sabia del jesuitismo, un sabio educado en las aulas de la antigua Universidad de Córdoba[22] abre una nueva página en la historia de las aberraciones del espíritu humano, encierra a un pueblo en sus límites de bosques primitivos, y borrando las sendas que conducen a esta China recóndita, se oculta y esconde durante treinta años su presa en las profundidades del continente americano, y sin dejarle lanzar un solo grito, hasta que, muerto él mismo por la edad y la quieta fatiga de estar inmóvil pisando un pueblo sumiso, éste puede al fin, con voz extenuada y apenas inteligible, decir a los que vagan por sus inmediaciones: «¡vivo aún! pero ¡cuánto he sufrido!» ¡Quantum mutatus ab illo![23] ¡Qué transformación ha sufrido el Paraguay! ¡Qué cardenales y llagas[24] ha dejado el yugo sobre su cuello que no oponía resistencia! ¿No merece estudio el espectáculo de la República Argentina, que después de veinte años de convulsión interna, de ensayos de organización de todo género, produce al fin, del fondo de sus entrañas, de lo íntimo de su corazón, al mismo doctor Francia en la persona de Rosas, pero más grande, más desenvuelto y más hostil, si se puede, a las ideas, costumbres y civilización de los pueblos europeos? ¿No se descubre en él el mismo rencor contra el elemento extranjero, la misma idea de la autoridad del gobierno, la misma insolencia para desafiar la reprobación del mundo, con más su originalidad salvaje, su carácter fríamente feroz y su voluntad incontrastable, hasta el sacrificio de la patria, como Sagunto y Numancia,[25] hasta abjurar el porvenir y el rango de nación culta, como la España de Felipe II[26] y de Torquemada?[27] ¿Es éste un capricho accidental, una desviación momentánea causada por la aparición en la escena de un genio poderoso, bien así como los planetas se salen de su órbita regular, atraídos por la aproximación de algún otro, pero sin sustraerse del todo a la atracción de su centro de rotación, que luego asume la preponderancia y les hace entrar en la carrera ordinaria?

M. Guizot[28] ha dicho desde la tribuna francesa: «Hay en América dos partidos: el partido europeo y el partido americano: éste es el más fuerte»; y cuando le avisan que los franceses han tomado las armas en Montevideo y han asociado su porvenir, su vida y su bienestar al triunfo del partido europeo civilizado, se contenta con añadir: «los franceses son muy entrometidos, y comprometen a su nación con los demás gobiernos.» ¡Bendito sea Dios! M. Guizot, el historiador de la Civilización europea, el que ha deslindado los elementos nuevos que modificaron la civilización romana, y que ha penetrado en el enmarañado[29] laberinto de la Edad Media para mostrar como la nación francesa ha sido el crisol[30] en que se ha estado elaborando, mezclando y refundiendo el

[18] tiranía, dictadura
[19] ignorancia que procede de negligencia
[20] aunque no le agrade o guste
[21] libre de malezas o árboles; lista para el cultivo
[22] se refiere al Dr. José Gaspar Rodríguez de Francia: político paraguayo (1766–1840), quien instauró una de las más terribles dictaduras habidas en Hispanoamérica (1814–1840)
[23] «Cuan diferente de lo que antes era» (Virgilio, *Eneida*, II, 247).
[24] contusiones y heridas ulcerosas
[25] *Sagunto*: ciudad de Valencia, célebre por su heroica resistencia a Aníbal, quien se apoderó de ella después de terrible sitio; *Numancia*: ciudad de la antigua España destruida por Escipión Emiliano después de un sitio memorable de ocho meses (133 a. C.). Sus habitantes, los celtíberos, prefirieron morir antes que someterse.
[26] rey de España (1527–1598), hijo del Emperador Carlos V; reinó de 1556 a 1598
[27] Torquemada, Thomas de: fraile dominico de origen judío (1420–1498) que organizó la Inquisición y fue el primer Inquisidor de España. Notable por su crueldad.
[28] Guizot, François: historiador, político y estadista francés (1787–1874).
[29] enredado, complicado
[30] horno de fundición de metales

espíritu moderno; M. Guizot, ministro del rey de Francia,[31] da por toda solución a esta manifestación de simpatías profundas entre los franceses y los enemigos de Rosas: «¡son muy entrometidos los franceses!» Los otros pueblos americanos, que indiferentes e impasibles miran esta lucha y estas alianzas de un partido argentino con todo elemento europeo que venga a prestarle su apoyo, exclaman a su vez llenos de indignación: «¡estos argentinos son muy amigos de los europeos!» y el Tirano de la República Argentina se encarga oficiosamente de completarle la frase, añadiendo: «¡traidores a la causa americana!» ¡Cierto! dicen todos; ¡traidores! ésta es la palabra. ¡Cierto! decimos nosotros ¡traidores a la causa americana, española, absolutista, bárbara! ¿No habéis oído la palabra salvaje que anda revoloteando sobre nuestras cabezas? De eso se trata, de ser o no ser salvaje. Rosas, según esto, no es un hecho aislado, una aberración, una monstruosidad. Es, por el contrario, una manifestación social; es una fórmula de una manera de ser de un pueblo. ¿Para qué os obstináis en combatirlo, pues, si es fatal, forzoso, natural y lógico? ¡Dios mío!, ¡para qué lo combatís! . . . ¿Acaso, porque la empresa es ardua, es por eso absurda? ¿Acaso porque el mal principio triunfa se le ha de abandonar resignadamente el terreno? ¿Acaso la civilización y la libertad son débiles hoy en el mundo, porque la Italia gima bajo el peso de todos los despotismos, porque la Polonia ande errante sobre la tierra mendigando un poco de pan y un poco de libertad? ¡Por qué lo combatís! . . . ¿Acaso no estamos vivos los que después de tantos desastres sobrevivimos aún; o hemos perdido nuestra conciencia de lo justo y del porvenir de la patria, porque hemos perdido algunas batallas? ¡Qué! ¿se quedan también las ideas entre los despojos de los combates? ¿Somos dueños de hacer otra cosa que lo que hacemos, ni más ni menos como Rosas no puede dejar de ser lo que es? ¿No hay nada de providencial en estas luchas de los pueblos? ¿Concedióse jamás el triunfo a quien no sabe perseverar? Por otra parte ¿hemos de abandonar un suelo de los más privilegiados de la América a las devastaciones de la barbarie, mantener cien ríos navegables abandonados a las aves acuáticas que están en quieta posesión de surcarlos ellas solas desde ab initio?[32] ¿Hemos de cerrar voluntariamente la puerta a la inmigración europea que llama con golpes repetidos para poblar nuestros desiertos, y hacernos, a la sombra de nuestro pabellón, pueblo innumerable como las arenas del mar? ¿Hemos de dejar ilusorios y vanos los sueños de desenvolvimiento, de poder y de gloria, con que nos han mecido desde la infancia los pronósticos que con envidia nos dirigen los que en Europa estudian las necesidades de la humanidad? Después de la Europa ¿hay otro mundo cristiano civilizable y desierto que la América? ¿Hay en la América muchos pueblos que estén, como el argentino, llamados por lo pronto a recibir la población europea que desborda como el líquido en un vaso? ¿No queréis, en fin, que vayamos a invocar la ciencia y la industria en nuestro auxilio, a llamarlas con todas nuestras fuerzas, para que vengan a sentarse en medio de nosotros, libre la una de toda traba[33] puesta al pensamiento, segura la otra de toda violencia y de toda coacción? ¡Oh! ¡Este porvenir no se renuncia así no más! No se renuncia porque un ejército de veinte mil hombres guarde la entrada de la patria: los soldados mueren en los combates, desertan o cambian de bandera. No se renuncia porque la fortuna haya favorecido a un tirano durante largos y pesados años: la fortuna es ciega y un día que no acierte a encontrar a su favorito entre el humo denso y la polvareda sofocante de los combates, ¡adiós tirano! ¡adiós tiranía! No se renuncia porque todas las brutales e ignorantes tradiciones coloniales hayan podido más en un momento de extravío en el ánimo de masas inexpertas; las convulsiones políticas traen también la experiencia y la luz, y es ley de la humanidad que los intereses nuevos, las ideas fecundas, el progreso, triunfen al fin de las tradiciones envejecidas, de los hábitos ignorantes y de las preocupaciones estacionarias.[34] No se renuncia porque en un pueblo haya millares

[31] Luis Felipe I: rey francés (1773–1850), reinó (1830–1848). La política del rey y de su ministro Guizot condujo a la Revolución de 1848 que lo destronó.

[32] «desde el principio»

[33] obstáculos

[34] Nótese el sentido romántico que Sarmiento tiene de la historia. Según él, el bien, lo nuevo, el progreso y la justicia triunfan siempre.

de hombres candorosos que toman el bien por el mal; egoístas que sacan de él su provecho; indiferentes que lo ven sin interesarse; tímidos que no se atreven a combatirlo; corrompidos, en fin, que, conociéndolo, se entregan a él por inclinación al mal, por depravación; siempre ha habido en los pueblos todo esto, y nunca el mal ha triunfado definitivamente.[35] No se renuncia porque los demás pueblos americanos no puedan prestarnos su ayuda; porque los gobiernos no ven de lejos sino el brillo del poder organizado, y no distinguen, en la obscuridad humilde y desamparada de las revoluciones, los elementos grandes que están forcejeando por desenvolverse; porque la oposición pretendida liberal abjure de sus principios, imponga silencio a su conciencia, y, por aplastar bajo su pie un insecto que importuna, huelle[36] la noble planta a que ese insecto se apegaba. No se renuncia porque los pueblos en masa nos den la espalda a causa de que nuestras miserias y nuestras grandezas están demasiado lejos de su vista para que alcancen a conmoverlos. ¡No! No se renuncia a un porvenir tan inmenso, a una misión tan elevada, por ese cúmulo de contradicciones y dificultades. ¡Las dificultades se vencen, las contradicciones se acaban a fuerza de contradecirlas!

Desde Chile,[37] nosotros nada podemos dar a los que perseveran en la lucha bajo todos los rigores de las privaciones y con la cuchilla exterminadora, que como la espada de Damocles[38] pende a todas horas sobre sus cabezas. ¡Nada! excepto ideas, excepto consuelos, excepto estímulos, arma ninguna nos es dado llevar a los combatientes, si no es la que la prensa libre de Chile suministra a todos los hombres libres. ¡La prensa! ¡la prensa! He aquí, tirano, el enemigo que sofocaste entre nosotros. He aquí el vellocino de oro[39] que tratamos de conquistar. He aquí cómo la prensa de Francia, Inglaterra, Brasil, Montevideo, Chile, Corrientes,[40] va a turbar tu sueño en medio del silencio sepulcral de tus víctimas; he aquí que te has visto compelido a robar el don de lenguas para paliar[41] el mal, don que sólo fue dado para predicar el bien. He aquí que desciendes a justificarte, y que vas por todos los pueblos europeos y americanos mendigando una pluma venal[42] y fratricida, para que por medio de la prensa defienda al que la ha encadenado. ¿Por qué no permites en tu patria la discusión que mantienes en todos los otros pueblos? ¿Para qué, pues, tantos millares de víctimas sacrificadas por el puñal; para qué tantas batallas, si al cabo habías de concluir por la pacífica discusión de la prensa?

El que haya leído las páginas que preceden creerá que es mi ánimo trazar un cuadro apasionado de los actos de barbarie que han deshonrado el nombre de don Juan Manuel Rosas. Que se tranquilicen los que abriguen[43] este temor. Aún no se ha formado la última página de esta biografía inmoral, aún no está llena la medida; los días de su héroe no han sido contados aún. Por otra parte, las pasiones que subleva entre sus enemigos son demasiado rencorosas aún para que pudieran ellos mismos poner fe en su imparcialidad o en su justicia.

Es de otro personaje de quien debo ocuparme. Facundo Quiroga es el caudillo cuyos hechos quiero consignar[44] en el papel. Diez años ha que la tierra pesa sobre sus cenizas, y muy cruel y emponzoñada debiera mostrarse la calumnia que fuera a cavar los sepulcros en busca de víctimas. ¿Quien lanzó la bala oficial que detuvo su carrera? ¿Partió de Buenos Aires o de Córdoba? La historia explicará este arcano.[45] Facundo Quiroga, empero, es el tipo más ingenuo del carácter de la guerra civil de la

---

[35] Véase nota 34.
[36] maltrate, pise
[37] Sarmiento estaba en el exilio en Chile cuando escribió esta obra (1845).
[38] Damocles: cortesano de Siracusa en la corte de Dionisio el Viejo (s. IV a. C.). Para demostrar el peligro en que estaba el estado, el gobernante dio un banquete en su honor. Damocles estaba muy feliz hasta que vio una espada suspendida sobre su cabeza por un simple cabello.
[39] según la mitología, era un vellón de carnero sobre el cual Hele y Frixo montaron para cruzar el Helesponto. Aunque custodiado por un dragón, fue robado por Jasón y los Argonautas. Simboliza algo muy valioso.
[40] ciudad de la Argentina, cap. de la prov. del mismo nombre
[41] encubrir, disimular
[42] mercenaria
[43] tengan
[44] escribir
[45] secreto

República Argentina, es la figura más americana que la Revolución presenta. Facundo Quiroga enlaza y eslabona[46] todos los elementos de desorden que hasta antes de su aparición estaban agitándose aisladamente en cada provincia; él hace de la guerra local la guerra nacional, argentina, y presenta triunfante, al fin de diez años de trabajos, de devastaciones y de combates, el resultado de que sólo supo aprovecharse el que lo asesinó.

He creído explicar la revolución argentina con la biografía de Juan Facundo Quiroga, porque creo que él explica suficientemente una de las tendencias, una de las dos fases diversas que luchan en el seno de aquella sociedad singular. [. . .]

Primera Parte[47]

II

ORIGINALIDAD Y CARACTERES ARGENTINOS

EL RASTREADOR, BAQUIANO, EL GAUCHO MALO, EL CANTOR

Ainsi que l'océan, les steppes remplissent l'esprit du sentiment de l'infini.

Humboldt[48]

Si de las condiciones de la vida pastoril, tal como la han constituido la colonización y la incuria,[49] nacen graves dificultades para una organización política cualquiera, y muchas más para el triunfo de la civilización europea, de sus instituciones y de la riqueza y libertad, que son sus consecuencias, no puede, por otra parte, negarse que esta situación tiene su costado poético, fases dignas de la pluma del romancista. Si un destello de literatura nacional puede brillar momentáneamente en las nuevas sociedades americanas, es el que resultará de la descripción de las grandiosas escenas naturales, y sobre todo de la lucha entre la civilización europea y la barbarie indígena, entre la inteligencia y la materia; lucha imponente en América, y que da lugar a escenas tan peculiares, tan características y tan fuera del círculo de ideas en que se ha educado el espíritu europeo, porque los resortes[50] dramáticos se vuelven desconocidos fuera del país donde se toman, los usos sorprendentes, y originales los caracteres.

El único romancista norteamericano que haya logrado hacerse un nombre europeo es Fenimore Cooper,[51] y eso porque transportó la escena de sus descripciones fuera del círculo ocupado por los plantadores al límite entre la vida bárbara y la civilizada, al teatro de la guerra en que las razas indígenas y la raza sajona están combatiendo por la posesión del terreno.

No de otro modo nuestro joven poeta Echeverría[52] ha logrado llamar la atención del mundo literario español con su poema titulado *La cautiva*. Este bardo argentino dejó a un lado a Dido y Argia, que sus predecesores los Varelas[53] trataron con maestría clásica y estro[54] poético,

[46] une
[47] Véase la introducción para la composición e ideas centrales de esta Primera Parte del *Facundo*.
[48] «Igual que el océano, las estepas llenan el alma con un sentido del infinito». Humboldt, Alejandro barón de: explorador, filósofo, geógrafo y naturalista alemán (1769–1859), a quien se ha llamado el «segundo descubridor de América».
[49] descuido, negligencia
[50] (fig.) medios para lograr un objetivo
[51] Cooper, James Fenimore: novelista norteamericano (1789–1851) romántico, primero en ganar reputación mundial.
[52] Echeverría, Esteban: Véase este Tomo.
[53] Se refiere al poeta Juan Cruz Varela, autor de dos tragedias. Véase este Tomo.
[54] (poét.) inspiración

pero sin suceso y sin consecuencia, porque nada agregaban al caudal de nociones europeas, y volvió sus miradas al desierto, y allá en la inmensidad sin límites, en las soledades en que vaga el salvaje, en la lejana zona de fuego que el viajero ve acercarse cuando los campos se incendian, halló las inspiraciones que proporciona a la imaginación el espectáculo de una naturaleza solemne, grandiosa, inconmensurable, callada, y entonces el eco de sus versos pudo hacerse oír con aprobación aun por la península española.

Hay que notar de paso[55] un hecho que es muy explicativo de los fenómenos sociales de los pueblos. Los accidentes de la naturaleza producen costumbres y usos peculiares a estos accidentes, haciendo que donde estos accidentes se repiten vuelvan a encontrarse los mismos medios de parar a ellos, inventados por pueblos distintos. Esto me explica por qué la flecha y el arco se encuentran en todos los pueblos salvajes, cualesquiera que sean su raza, su origen y su colocación geográfica. [. . .]

Existe, pues, un fondo de poesía que nace de los accidentes naturales del país y de las costumbres excepcionales que engendran. La poesía, para despertarse, porque la poesía es, como el sentimiento religioso, una facultad del espíritu humano, necesita el espectáculo de lo bello, del poder terrible, de la inmensidad de la extensión, de lo vago, de lo incomprensible; porque sólo donde acaba lo palpable y vulgar empiezan las mentiras de la imaginación, el mundo ideal. Ahora yo pregunto: ¿qué impresiones ha de dejar en el habitante de la República Argentina el simple acto de clavar los ojos en el horizonte, y ver . . . no ver nada? Porque cuanto más hunde los ojos en aquel horizonte incierto, vaporoso, indefinido, más se le aleja, más lo fascina, lo confunde y lo sume en la contemplación y la duda. ¿Dónde termina aquel mundo que quiere en vano penetrar? ¡No lo sabe! ¿Qué hay más allá de lo que ve? La soledad, el peligro, el salvaje, la muerte. He aquí ya la poesía. El hombre que se mueve en estas escenas se siente asaltado de temores e incertidumbres fantásticas, de sueños que le preocupan despierto.

De aquí resulta que el pueblo argentino es poeta por carácter, por naturaleza. ¿Ni cómo ha de dejar de serlo, cuando en medio de una tarde serena y apacible una nube torva[56] y negra se levanta sin saber de dónde, se extiende sobre el cielo mientras se cruzan dos palabras, y de repente el estampido del trueno anuncia la tormenta que deja frío al viajero y reteniendo el aliento por temor de atraerse un rayo de los mil que caen en torno suyo? La oscuridad se sucede después a la luz; la muerte está por todas partes; un poder terrible, incontrastable, le ha hecho en un momento reconcentrarse en sí mismo, y sentir su nada en medio de aquella naturaleza irritada; sentir a Dios, por decirlo de una vez, en la aterrante[57] magnificencia de sus obras. ¿Qué más colores para la paleta[58] de la fantasía? Masas de tinieblas que anublan[59] el día, masas de luz lívida, temblorosa, que ilumina un instante las tinieblas y muestra la pampa a distancias infinitas, cruzándolas vivamente el rayo, en fin, símbolo de poder. Estas imágenes han sido hechas para quedarse hondamente grabadas. Así, cuando la tormenta pasa, el gaucho se queda triste, pensativo, serio, y la sucesión de luz y tinieblas se continúa en su imaginación, del mismo modo que, cuando miramos fijamente el sol, nos queda por largo tiempo su disco en la retina.

Preguntadle al gaucho a quién matan con preferencia los rayos, os introducirá en un mundo de idealizaciones morales y religiosas, mezcladas de hechos naturales, pero mal comprendidos, de tradiciones supersticiosas y groseras. Añádase que si es cierto que el flúido eléctrico entra en la economía de la vida humana, y es el mismo que llaman flúido nervioso, el cual excitado subleva las pasiones y enciende el entusiasmo, muchas disposiciones debe tener para los trabajos de la imaginación el pueblo que habita bajo una atmósfera recargada de electricidad hasta el punto que la ropa frotada chisporrotea[60] como el pelo contrariado[61] del gato.

¿Cómo no ha de ser poeta el que presencie estas escenas imponentes?

---

[55] al ir a otra parte; al tratar de otro asunto
[56] airada, irritada
[57] que causa terror o pavor
[58] tabla ovalada donde el pintor pone sus colores
[59] obscurecen
[60] *frotada*: friccionada, rozada; *chisporrotea*: echa chispas o partículas encendidas
[61] aquí: erizado, levantado

Gira en vano, reconcentra
su inmensidad, y no encuentra
la vista en su vivo anhelo
do fijar su fugaz vuelo,
5 como el pájaro en la mar.
Doquier campo y heredades,[62]
del ave y bruto guaridas;
doquier cielo y soledades
de Dios sólo conocidas,
10 que El sólo puede sondar.[63]

¿O el que tiene a la vista esta naturaleza engalenada?

15 De las entrañas de América
dos raudales se destacan:
el Paraná, faz de perlas,
y el Uruguay,[64] faz de nácar.
Los dos entre bosques corren
20 o entre floridas barrancas,
como dos grandes espejos
entre marcos de esmeraldas.

Salúdanlos en su paso
25 la melancólica pava,[65]
el picaflor y jilguero,
el zorzal y la torcaza.[66]
Como ante reyes se inclinan
ante ellos ceibos y palmas,
30 y le arrojan flor del aire,
aroma y flor de naranja;
luego en el Guazú[67] se encuentran,
y reuniendo sus aguas,
mezclando nácar y perlas,
35 se derraman en el Plata.[68]

Pero ésta es la poesía culta, la poesía de la ciudad; hay otra que hace oír sus ecos por los campos solitarios: la poesía popular, candorosa y 40 desaliñada del gaucho.

También nuestro pueblo es músico. Esta es una predisposición nacional que todos los vecinos le reconocen. Cuando en Chile se anuncia por la primera vez un argentino en una casa, lo invitan al piano en el acto, o le pasan una vihuela,[69] y si se excusa diciendo que no sabe pulsarla,[70] lo extrañan, y no le creen, «porque siendo argentino», dicen, «debe ser músico». Esta es una preocupación popular que acusa nuestros hábitos nacionales. En efecto, el joven culto de las ciudades toca el piano o la flauta, el violín o la guitarra; los mestizos se dedican casi exclusivamente a la música, y son muchos los hábiles compositores e instrumentistas que salen de entre ellos. En las noches de verano se oye sin cesar la guitarra en la puerta de las tiendas, y tarde de la[71] noche, el sueño es dulcemente interrumpido por las serenatas y los conciertos ambulantes.

El pueblo campesino tiene sus cantares propios.

El *triste*, que predomina en los pueblos del norte, es un canto frigio,[72] plañidero,[73] natural al hombre en el estado primitivo de barbarie, según Rousseau.[74] La *vidalita*, canto popular con coros, acompañado de la guitarra y un tamboril, a cuyos redobles se reúne la muchedumbre y va engrosando[75] el cortejo y el estrépito de las voces: este canto me parece heredado de los indígenas, porque lo he oído en una fiesta de indios en Copiapó[76] en celebración de la Candelaria,[77] y como canto religioso debe ser antiguo, y los indios chilenos no lo han de haber adoptado de los españoles argentinos. La *vidalita* es el metro popular en que se cantan los asuntos del día, las canciones guerreras; el gaucho compone el verso que canta, y lo populariza por la asociación que su canto exige.

Así, pues, en medio de la rudeza de las costumbres nacionales, estas dos artes que em-

---

[62] fincas o haciendas en el campo
[63] Echeverría, *La cautiva*. Véase en este Tomo.
[64] los ríos que forman el estuario del Río de la Plata
[65] ave palmípeda
[66] pájaros indígenas de América
[67] río de América del Sur
[68] Versos escritos por Luis L. Domínguez, poeta argentino (1819–1862), uno de los proscritos de la dictadura de Rosas.
[69] instrumento musical con la forma de una guitarra larga con seis cuerdas
[70] tocarla
[71] en la
[72] de Frigia, país de Asia Antigua
[73] que expresa quejas, lamentos
[74] Rousseau, Juan Jacobo: el célebre filósofo francés (1712-1778).
[75] uniéndose al; (fig.) aumentando
[76] ciudad de la prov. de Atacama, Chile
[77] un festival religioso celebrado el 2 de febrero. Las velas que se usarán durante el año son bendecidas ese día

bellecen la vida civilizada y dan desahogo a tantas pasiones generosas están honradas y favorecidas por las masas mismas que ensayan su áspera musa en composiciones líricas y poéticas. El joven Echeverría residió algunos meses en la campaña en 1840 y la fama de sus versos sobre la pampa le había precedido ya; los gauchos lo rodeaban con respeto y afición, y cuando un recién venido mostraba señales de desdén hacia el *cajetilla*,[78] alguno le insinuaba al oído: «es poeta», y toda prevención hostil cesaba al oír este título privilegiado.

Sabido es, por otra parte, que la guitarra es el instrumento popular de los españoles y que es común en América. En Buenos Aires, sobre todo, está todavía muy vivo el tipo popular español, el majo.[79] Descúbresele en el compadrito[80] de la ciudad y en el gaucho de la campaña. El jaleo español vive en el cielito; los dedos sirven de castañuelas. Todos los movimientos del compadrito revelan al majo; el movimiento de los hombros, los ademanes, la colocación del sombrero, hasta la manera de escupir por entre los dientes, todo es aún andaluz genuino.

Del centro de estas costumbres y gustos generales se levantan especialidades notables, que un día embellecerán y darán un tinte original al drama y al romance nacional. Yo quiero sólo notar aquí algunas que servirán a completar la idea de las costumbres, para trazar en seguida el carácter, causas y efectos de la guerra civil.

El más conspicuo de todos, el más extraordinario, es el *Rastreador*. Todos los gauchos del interior son rastreadores. En llanuras tan dilatadas, en donde las sendas y caminos se cruzan en todas direcciones, y los campos en que pacen o transitan las bestias son abiertos, es preciso saber seguir las huellas de un animal, y distinguirlas de entre mil; conocer si va despacio o ligero, suelto o tirado, cargado o de vacío. Esta es una ciencia casera y popular. Una vez caía yo de un camino de encrucijada al de Buenos Aires, y el peón que me conducía echó, como de costumbre, la vista al suelo. «Aquí va —dijo luego—, una mulita mora, muy buena . . . ésta es la tropa[81] de don N. Zapata . . . es de muy buena silla . . . va ensillada . . . ha pasado ayer» . . . Este hombre venía de la sierra de San Luis, la tropa volvía de Buenos Aires, y hacía un año que él había visto por última vez la mulita mora cuyo rastro estaba confundido con el de toda una tropa en un sendero de dos pies de ancho. Pues esto que parece increíble es, con todo, la ciencia vulgar; éste era un peón de arriba, y no un rastreador de profesión.

El *Rastreador* es un personaje grave, circunspecto,[82] cuyas aseveraciones hacen fe en los tribunales inferiores. La conciencia del saber que posee le da cierta dignidad reservada y misteriosa. Todos le tratan con consideración: el pobre, porque puede hacerle mal, calumniándolo o denunciándolo; el propietario, porque su testimonio puede fallarle. Un robo se ha ejecutado durante la noche; no bien se nota, corren a buscar una pisada del ladrón, y, encontrada se cubre con algo para que el viento no la disipe. Se llama en seguida al *Rastreador*, que ve el rastro, y lo sigue sin mirar sino de tarde en tarde el suelo, como si sus ojos vieran de relieve esta pisada que para otros es imperceptible. Sigue el curso de las calles, atraviesa los huertos, entra en una casa, y señalando un hombre que encuentra dice fríamente: «¡Este es!» El delito está probado y raro es el delincuente que resiste a esta acusación. Para él, más que para el juez, la deposición del Rastreador es la evidencia misma; negarla sería ridículo, absurdo. Se somete, pues, a este testigo, que considera como el dedo de Dios que lo señala. Yo mismo he conocido a Calíbar, que ha ejercido en una provincia su oficio durante cuarenta años consecutivos. Tiene ahora cerca de ochenta años; encorvado por la edad, conserva, sin embargo, un aspecto venerable y lleno de dignidad. Cuando le hablan de su reputación fabulosa, contesta: «ya no valgo nada; ahí están los niños»; los niños son sus hijos, que han aprendido en la escuela de tan famoso maestro. Se cuenta de él que durante un viaje a Buenos Aires le robaron

---

[78] (Arg. y Urug.), despectivo, aplicado por el gaucho al hombre de la ciudad; petimetre, fifí
[79] tipo guapo y elegante de Madrid, Cádiz y otras ciudades
[80] hombre provocativo, jactancioso, pendenciero
[81] conjunto de bestias o ganado
[82] discreto, prudente

una vez su montura de gala. Su mujer tapó el rastro con una artesa.[83] Dos meses después Calíbar regresó, vio el rastro ya borrado e imperceptible para otros ojos, y no se habló más del caso. Año y medio después Calíbar marchaba cabizbajo por una calle de los suburbios, entra a una casa, y encuentra su montura, ennegrecida ya, y casi inutilizada por el uso. ¡Había encontrado el rastro de su raptor después de dos años! El año 1830, un reo condenado a muerte se había escapado de la cárcel. Calíbar fue encargado de buscarlo. El infeliz, previendo que sería rastreado, había tomado todas las precauciones que la imagen del cadalso le sugirió. ¡Precauciones inútiles! Acaso sólo sirvieron para perderle; porque, comprometido Calíbar en su reputación, el amor propio ofendido le hizo desempeñar con calor una tarea que perdía a un hombre, pero que probaba su maravillosa vista. El prófugo aprovechaba todos los accidentes del suelo para no dejar huellas; cuadras enteras había marchado pisando con la punta del pie; trepábase en seguida a las murallas bajas, cruzaba un sitio, y volvía para atrás. Calíbar lo seguía sin perder la pista: si le sucedía momentáneamente extraviarse, al hallarla de nuevo exclamaba: «¡Dónde te mi-as-dir!»[84] Al fin llegó a una acequia para burlar al rastreador . . . ¡Inútil! Calíbar iba por las orillas, sin inquietud, sin vacilar. Al fin se detiene, examina unas hierbas, y dice: «por aquí ha salido; no hay rastro, pero estas gotas de agua en los pastos lo indican.» Entra en una viña, Calíbar reconoció las tapias que la rodeaban, y dijo: «adentro está.» La partida de soldados se cansó de buscar y volvió a dar cuenta de la inutilidad de las pesquisas, «no ha salido», fue la breve respuesta que sin moverse, sin proceder a nuevo examen, dio el rastreador. No había salido, en efecto, y al dia siguiente fue ejecutado. En 1830, algunos presos políticos intentaban una evasión: todo estaba preparado, los auxiliares de fuera prevenidos; en el momento de efectuarla, uno dijo: ¿Y Calíbar? — ¡Cierto! — contestaron los otros anonadados,[85] aterrados —, ¡Calíbar! Sus familias pudieron conseguir de Calíbar que estuviese enfermo cuatro días contados desde la evasión, y así pudo efectuarse sin inconveniente.

¿Qué misterio es éste del *Rastreador*? ¿Qué poder microscópico se desenvuelve en el órgano de la vista de estos hombres? ¡Cuán sublime criatura es la que Dios hizo a su imagen y semejanza!

Después del *Rastreador*, viene el *Baqueano*,[86] personaje eminente y que tiene en sus manos la suerte de los particulares y la de las provincias. El *Baqueano* es un gaucho grave y reservado, que conoce a palmos[87] veinte mil leguas cuadradas de llanura, bosques y montañas. Es el topógrafo más completo; es el único mapa que lleva un general para dirigir los movimientos de su campaña. El *Baqueano* va siempre a su lado. Modesto y reservado como una tapia;[88] está en todos los secretos de la campaña; la suerte del ejército, el éxito de una batalla, la conquista de una provincia, todo depende de él.

El *Baqueano* es casi siempre fiel a su deber; pero no siempre el general tiene en él plena confianza. Imaginaos la posición de un jefe condenado a llevar un traidor a su lado, y a pedirle los conocimientos indispensables para triunfar. Un *Baqueano* encuentra una sendita que hace cruz con el camino que lleva: él sabe a qué aguada remota conduce; si encuentra mil, y esto sucede en un espacio de cien leguas, él las conoce todas, sabe de dónde vienen y a dónde van. El sabe el vado[89] oculto que tiene un río más arriba o más abajo del paso ordinario, y esto en cien ríos o arroyos; él conoce en los ciénagos[90] extensos un sendero por donde pueden ser atravesados sin inconveniente, y esto es cien ciénagos distintos.

En lo más oscuro de la noche, en medio de los bosques o en las llanuras sin límites, perdidos sus compañeros, extraviados, da una vuelta en círculo de ellos, observa los árboles; si no los hay, se desmonta, se inclina a tierra, examina algunos matorrales y se orienta de la altura en que se halla; monta en seguida, y les dice para asegurarlos: «Estamos en dereceras de[91] tal

[83] recipiente
[84] «me has de ir»
[85] (fig.) apocados, abatidos
[86] La forma originaria de esta palabra, procedente de las Antillas, es baquiano. El cambio de la i en e se debe a ultra-corrección (Pedro Henríquez Ureña).
[87] muy bien, en todos sus detalles
[88] (fig.) muy discreto o silencioso
[89] sitio de aguas poco profundas en un río
[90] ciénagas, pantanos
[91] derechura, rumbo de

lugar, a tantas leguas de las habitaciones; el camino ha de ir al sur», y se dirige hacia el rumbo que señala, tranquilo, sin prisa de encontrarlo, y sin responder a las objeciones que el temor o la fascinación sugiere a los otros.

Si aun esto no basta, o si se encuentra en la pampa y la oscuridad es impenetrable, entonces arranca pastos de varios puntos, huele la raíz y la tierra, los masca, y después de repetir este procedimiento varias veces, se cerciora de la proximidad de algún lago, o arroyo salado, o de agua dulce, y sale en su busca para orientarse fijamente. El general Rosas, dicen, conoce por el pasto cada estancia del sur de Buenos Aires.

Si el *Baqueano* lo es de la pampa, donde no hay caminos para atravesarla, y un pasajero le pide que lo lleve directamente a un paraje distante cincuenta leguas, el *Baqueano* se para un momento, reconoce el horizonte, examina el suelo, clava la vista en un punto y se echa a galopar con la rectitud de una flecha, hasta que cambia de rumbo por motivos que sólo él sabe, y galopando día y noche llega al lugar designado.

El *Baqueano* anuncia también la proximidad del enemigo; esto es, diez leguas, y el rumbo por donde se acerca, por medio del movimiento de los avestruces, de los gamos y guanacos[92] que huyen en cierta dirección. Cuando se aproxima, observa los polvos; y por su espesor cuenta la fuerza: «Son dos mil hombres», dice. «Quinientos», «doscientos», y el jefe obra bajo este dato, que casi siempre es infalible. Si los cóndores y cuervos revolotean en un círculo del cielo, él sabrá decir si hay gente escondida, o es un campamento recién abandonado, o un simple animal muerto. El *Baqueano* conoce la distancia que hay de un lugar a otro; los días y las horas necesarias para llegar a él, y a más una senda extraviada e ignorada por donde se puede llegar de sorpresa y en la mitad del tiempo; así es que las partidas de montoneras[93] emprenden sorpresas sobre pueblos que están a cincuenta leguas de distancia, que casi siempre las aciertan. ¿Creeráse exagerado? ¡No! El general Rivera,[94] de la Banda Oriental, es un simple *Baqueano* que conoce cada árbol que hay en toda la extensión de la República del Uruguay. No la hubieran ocupado los brasileños sin su auxilio, y no la hubieran libertado sin él los argentinos. Oribe,[95] apoyado por Rosas, sucumbió después de tres años de lucha con el general baqueano, y todo el poder de Buenos Aires hoy con sus numerosos ejércitos que cubren toda la campaña del Uruguay, puede desaparecer destruido a pedazos, por una sorpresa hoy, por una fuerza cortada mañana, por una victoria que él sabrá convertir en su provecho, por el conocimiento de algún caminito que cae a retaguardia del enemigo, o por otro accidente inapercibido o insignificante. El general Rivera principió sus estudios del terreno el año de 1804, y haciendo la guerra a las autoridades entonces como contrabandista, a los contrabandistas después como empleado, al rey en seguida como patriota, a los patriotas más tarde como montonero,[96] a los argentinos como jefe brasileño, a éstos como general argentino, a Lavalleja[97] como presidente, al presidente Oribe como jefe proscrito, a Rosas, en fin, aliado de Oribe, como general oriental, ha tenido sobrado tiempo para aprender un poco de la ciencia del *Baqueano*.

El *Gaucho Malo*: éste es un tipo de ciertas localidades, un *outlaw*, un *squatter*, un misántropo particular. Es el Ojo de Halcón, el Trampero de Cooper,[98] con toda su ciencia del desierto, con toda su aversión a las poblaciones de los blancos; pero sin su moral natural y sin sus conexiones con los salvajes. Llámanle el *Guacho Malo*, sin que este epíteto[99] le desfavorezca del todo. La justicia lo persigue desde muchos años; su nombre es temido, pronunciado en voz baja, pero sin odio y casi con respeto. Es un personaje misterioso; mora en la pampa, son su albergue los cardales;[1] vive de perdices y mulitas;[2] y si

---

[92] *gamos*: ciervos; *guanacos*: mamíferos rumiantes de los Andes del Sur.

[93] tropas de jinetes revolucionarios o insurrectos

[94] Rivera, José Fructuoso: general uruguayo (¿1790?–1854), fue el primer presidente constitucional del Uruguay, después de ganada la Independencia. Peleó al lado del Brasil contra Artigas; luego se unió a las fuerzas argentinas contra Brasil.

[95] Oribe, Manuel: militar uruguayo (¿?–1857), Ministro de Guerra bajo Rivera, se peleó con éste y se unió a Rosas en 1838.

[96] Véase nota 93.

[97] Lavalleja, Juan Antonio: patriota uruguayo (1786–1853).

[98] Véase nota 51.

[99] calificativo, adjetivo

[1] tierras cubiertas de plantas espinosas y malas hierbas

[2] *perdices*: aves gallináceas de caza de carne deliciosa. *mulitas*: (Riopl.) armadillos (mamíferos sin dientes)

alguna vez quiere regalarse con una lengua, enlaza una vaca, la voltea solo, la mata, saca su bocado predilecto, y abandona lo demás a las aves mortecinas. De repente se presenta el *Gaucho Malo* en un pago de donde la partida[3] acaba de salir; conversa pacíficamente con los buenos gauchos, que lo rodean y admiran; se provee de los vicios,[4] y si divisa la partida, monta tranquilamente en su caballo, y lo apunta hacia el desierto, sin prisa, sin aparato,[5] desdeñando volver la cabeza. La partida rara vez lo sigue; mataría inútilmente sus caballos, porque el que monta el *Gaucho Malo* es un parejero pangaré[6] tan célebre como su amo. Si el acaso lo echa alguna vez de improviso entre las garras[7] de la justicia, acomete a lo más espeso de la partida, y a merced de cuatro tajadas que con su cuchillo ha abierto en la cara o en el cuerpo de los soldados, se hace paso por entre ellos, y tendiéndose sobre el lomo del caballo para sustraerse a la acción de las balas que lo persiguen, endilga[8] hacia el desierto, hasta que, poniendo espacio conveniente entre él y sus perseguidores, refrena su trotón[9] y marcha tranquilamente. Los poetas de los alrededores agregan esta nueva hazaña a la biografía del héroe del desierto, y su nombradía[10] vuela por toda la vasta campaña. A veces se presenta a la puerta de un baile campestre con una muchacha que ha robado; entra en el baile con su pareja, confúndese en las mudanzas del *cielito*,[11] y desaparece sin que nadie se aperciba de ello. Otro día se presenta en la casa de la familia ofendida, hace descender de la grupa la niña que ha seducido, y desdeñando las maldiciones de los padres que lo siguen, se encamina tranquilo a su morada sin límites.

Este hombre divorciado con la sociedad, proscrito por las leyes; este salvaje de color blanco, no es en el fondo un ser más depravado que los que habitan las poblaciones. El osado prófugo, que acomete una partida entera, es inofensivo para con los viajeros. El *Gaucho Malo* no es un bandido, no es un salteador; el ataque a la vida no entra en su idea, como el robo no entraba en la idea del *Churriador*;[12] roba, es cierto, pero ésta es su profesión, su tráfico, su ciencia. Roba caballos. Una vez viene al real de una tropa del interior; el patrón propone comprarle un caballo de tal pelo extraordinario, de tal figura, de tales prendas, con una estrella blanca en la paleta.[13] El gaucho se recoge, medita un momento, y después de un rato de silencio, contesta: «No hay actualmente caballo así.» ¿Qué ha estado pensando el gaucho? En aquel momento ha recorrido en su mente mil estancias de la pampa, ha visto y examinado todos los caballos que hay en la provincia, con sus marcas, color, señales particulares, y convencídose de que no hay ninguno que tenga una estrella en la paleta; unos la tienen en la frente, otros una mancha blanca en el anca. ¿Es sorprendente esta memoria? ¡No! Napoleón conocía por sus nombres doscientos mil soldados, y recordaba, al verlos, todos los hechos que a cada uno de ellos se referían. Si no se le pide, pues, lo imposible, en día señalado, en un punto dado del camino, entregará un caballo tal como se le pide, sin que el anticiparle el dinero sea un motivo de faltar a la cita. Tiene sobre este punto el honor de los tahures sobre las deudas. Viaja a veces a la campaña de Córdoba, a Santa Fe. Entonces se le ve cruzar la pampa con una tropilla de caballos por delante; si alguno lo encuentra, sigue su camino sin acercársele, a menos que él lo solicite.

El *Cantor*. Aquí tenéis la idealización de aquella vida de revueltas, de civilización, de barbarie y de peligros. El gaucho cantor es el mismo bardo, el vate,[14] el trovador de la Edad Media, que se mueve en la misma escena, entre las luchas de las ciudades y del feudalismo de los campos, entre la vida que se va y la vida que se acerca. El *Cantor* anda de pago en pago,[15] «de tapera en galpón»,[16] cantando sus héroes de la pampa perseguidos por la justicia, los llantos de

---

[3] una banda armada, representante de la ley, como la policía montada del Canadá
[4] tabaco y alcohol
[5] sin ostentación
[6] (Riopl.) caballo de color anteado (amarillento)
[7] manos
[8] sale, se dirige
[9] caballo
[10] fama, renombre
[11] canto y baile popular de la región Rioplatense
[12] ladrón de caballos
[13] paletilla, hueso omóplato
[14] poeta
[15] (Riopl.) finca, heredad, estancia
[16] *tapera*: (Riopl.) ruinas de una casa; *galpón*: cobertizo grande con o sin paredes

la viuda de quien los indios robaron sus hijos en un malón[17] reciente, la derrota y la muerte del valiente Rauch,[18] la catástrofe de Facundo Quiroga y la suerte que cupo a Santos Pérez.[19] El *Cantor* está haciendo candorosamente el mismo trabajo de crónica, costumbres, historia, biografía, que el bardo de la Edad Media, y sus versos serían recogidos más tarde como los documentos y datos en que habría de apoyarse el historiador futuro, si a su lado no estuviese otra sociedad culta, con superior inteligencia de los acontecimientos que la que el infeliz despliega en sus rapsodias ingenuas. En la República Argentina se ven a un tiempo dos civilizaciones distintas en un mismo suelo: una naciente, que sin conocimiento de lo que tiene sobre su cabeza está remedando los esfuerzos ingenuos y populares de la Edad Media; otra, que sin cuidarse de lo que tiene a sus pies intenta realizar los últimos resultados de la civilización europea. El siglo XIX y el siglo XII viven juntos: el uno dentro de las ciudades, el otro en las campañas.

El *Cantor* no tiene residencia fija; su morada está donde la noche le sorprende; su fortuna en sus versos y en su voz. Dondequiera que el *cielito* enreda sus parejas sin tasa,[20] dondequiera que se apura una copa de vino, el cantor tiene su lugar preferente, su parte escogida en el festín. El gaucho argentino no bebe, si la música y los versos no lo excitan, y cada pulpería[21] tiene su guitarra para poner en las manos del *Cantor*, a quien el grupo de caballos estacionados a la puerta anuncia a lo lejos dónde se necesita el concurso de su gaya ciencia[22]. [. . .]

Segunda Parte[23]

I

INFANCIA Y JUVENTUD DE JUAN FACUNDO QUIROGA[24]

> *Au surplus, ces traits appartiennent au caractère originel du genre humain. L'homme de la nature, et qui n'a pas encore appris à contenir ou déguiser ses passions, les montre dans toute leur énergie, et se livre à toute leur impétuosité.*[25]
>
> Alix, *Histoire de l'Empire Ottoman*

Media entre las ciudades de San Luis y San Juan un dilatado desierto que, por su falta completa de agua, recibe el nombre de «travesía».[26] El aspecto de aquellas soledades es por lo general triste y desamparado, y el viajero que viene de oriente no pasa la última «represa» o aljibe[27] de campo, sin proveer sus «chifles»[28] de suficiente cantidad de agua. En esta travesía tuvo una vez

[17] incursión, ataque inesperado de los indios
[18] un coronel a cargo de una división bajo Lavalle, muerto en Las Vizcacheras (1829)
[19] capitán de la banda que asaltó la diligencia y mató a Facundo Quiroga en Barranca Yaco (16 de febrero de 1835)
[20] sin medida, sin norma
[21] tienda donde se venden comestibles, bebidas, artículos de droguería y otros géneros
[22] *gaya*: ciencia; o *gay saber*: maestría en el arte de rimar y combinar las estrofas
[23] La Segunda Parte de *Facundo* consta de nueve capítulos. Ofrecemos como selección el capítulo I. Esta parte no sólo presenta una apretada biografía del caudillo Quiroga, desde su nacimiento hasta que muere, sino que destaca también aquellos aspectos políticos, económicos y sociales que constituyen la base de la honda crisis argentina de esta época. Constituye una de las secciones más importantes del ensayo.
[24] Véase nota 4, al comienzo
[25] «Además estas son características del carácter original de la raza humana. El hombre de la naturaleza que no ha aprendido aún a contener o a disfrazar sus pasiones, las muestra en toda su energía entregándose a toda su impetuosidad.»
[26] desierto, malas tierras
[27] o aljibe, depósito para almacenar agua de lluvia
[28] vasijas hechas de cuero de ganado para llevar agua

lugar la extraña escena que sigue. Las cuchilladas, tan frecuentes entre nuestros gauchos, habían forzado a uno de ellos a abandonar precipitadamente la ciudad de San Luis y ganar la travesía a pie, con la montura al hombro, a fin de escapar de las persecuciones de la justicia. Debían alcanzarlo dos compañeros tan luego como pudieran robar caballos para los tres.

No eran por entonces sólo el hambre o la sed los peligros que le aguardaban en el desierto aquel, que un tigre «cebado»[29] andaba hacía un año siguiendo los rastros de los viajeros, y pasaban ya de ocho los que habían sido víctimas de su predilección por la carne humana. Suele ocurrir a veces en aquellos países, en que la fiera y el hombre se disputan el dominio de la naturaleza, que éste cae bajo la garra sangrienta de aquélla; entonces el tigre empieza a gustar de preferencia su carne, y se llama «cebado» cuando se ha dado a este nuevo género de caza: la caza de hombres. El juez de la campaña inmediata al teatro de sus devastaciones convoca a los varones hábiles para la correría, y bajo su autoridad y dirección se hace la persecución del tigre «cebado», que rara vez escapa a la sentencia que lo pone fuera de la ley.

Cuando nuestro prófugo había caminado cosa de[30] seis leguas, creyó oír bramar el tigre a lo lejos, y sus fibras se estremecieron. Es el bramido del tigre un gruñido como el del chancho,[31] pero agrio, prolongado, estridente, y sin que haya motivo de temor, causa un sacudimiento involuntario en los nervios, como si la carne se agitara ella sola al anuncio de la muerte.

Algunos minutos después, el bramido se oyó más distinto y más cercano; el tigre venía ya sobre el rastro, y sólo a una larga distancia se divisaba un pequeño algarrobo.[32] Era preciso apretar el paso,[33] correr, en fin, porque los bramidos se sucedían con más frecuencia, y el último era más distinto, más vibrante que el que le precedía.

Al fin, arrojando la montura a un lado del camino, dirigióse el gaucho al árbol que había divisado, y no obstante la debilidad de su tronco, felizmente bastante elevado, pudo trepar a su copa y mantenerse en una continua oscilación, medio oculto entre el ramaje. Desde allí pudo observar la escena que tenía lugar en el camino; el tigre marchaba a paso precipitado, oliendo el suelo, y bramando con más frecuencia a medida que sentía la proximidad de su presa. Pasa adelante del punto en que aquél se había separado del camino, y pierde el rastro; el tigre se enfurece, remolinea, hasta que divisa la montura, que desgarra de un manotón esparciendo en el aire sus prendas. Más irritado aún con este chasco,[34] vuelve a buscar el rastro, encuentra al fin la dirección en que va, y levantando la vista divisa a su presa, haciendo con el peso balancearse el algarrobillo, cual la frágil caña cuando las aves se posan en sus puntas.

Desde entonces ya no bramó el tigre; acercábase a saltos, y en un abrir y cerrar de ojos, sus poderosas manos estaban apoyándose a dos varas del suelo sobre el delgado tronco, al que comunicaban un temblor convulsivo que iba a obrar sobre los nervios del mal seguro gaucho. Intentó la fiera un salto impotente; dio vuelta en torno del árbol midiendo su altura con ojos enrojecidos por la sed de sangre, y al fin, bramando de cólera, se acostó en el suelo, batiendo sin cesar la cola, los ojos fijos en su presa, la boca entreabierta y reseca. Esta escena horrible duraba ya dos horas mortales; la postura violenta del gaucho y la fascinación aterrante que ejercía sobre él la mirada sanguinaria, inmóvil, del tigre, del que por una fuerza invencible de atracción, no podía apartar los ojos, habían empezado a debilitar sus fuerzas, y ya se veía próximo el momento en que su cuerpo extenuado iba a caer en su ancha boca, cuando el rumor lejano de galope de caballos le dio esperanza de salvación.

En efecto, sus amigos habían visto el rastro del tigre, y corrían sin esperanza de salvarlo. El desparramo de la montura les reveló el lugar de la escena, y volar a él, desenrollar sus lazos, echarlos sobre el tigre «empacado»[35] y ciego de

[29] gordo, porque come carne humana
[30] unas, cerca de
[31] cerdo, puerco
[32] arbusto
[33] andar con más prisa
[34] burla, engaño
[35] (Riopl.) resistido, obstinado

furor, fue la obra de un segundo. La fiera estirada a los lazos, no pudo escapar a las puñaladas repetidas con que en venganza de su prolongada agonía le traspasó el que iba a ser su víctima. «Entonces supe lo que era tener miedo», decía el general don Juan Facundo Quiroga, contando a un grupo de oficiales este suceso.

También a él le llamaron «*Tigre de los Llanos*», y no le sentaba[36] mal esta denominación, a fe. La frenología[37] o la anatomía comparadas han demostrado, en efecto, las relaciones que existen entre las formas exteriores y las disposiciones morales, entre la fisonomía del hombre y de algunos animales a quienes se asemeja en su carácter. Facundo, porque así le llamaron largo tiempo los pueblos del interior; el general don Facundo Quiroga, el excelentísimo brigadier general don Facundo Quiroga, todo eso vino después, cuando la sociedad lo recibió en su seno y la victoria lo hubo coronado de laureles; Facundo, pues, era de estatura baja y fornido; sus anchas espaldas sostenían sobre un cuello corto una cabeza bien formada, cubierta de pelo espesísimo, negro y ensortijado.[38] Su cara, poco ovalada, estaba hundida en medio de un bosque de pelo, a que correspondía una barba igualmente espesa, igualmente crespa y negra, que subía hasta los pómulos, bastante pronunciados, para descubrir una voluntad firme y tenaz.

Sus ojos negros, llenos de fuego y sombreados por pobladas cejas, causaban una sensación involuntaria de terror en aquellos en quienes alguna vez llegaban a fijarse, porque Facundo no miraba nunca de frente, y por hábito, por arte, por deseo de hacerse siempre temible, tenía de ordinario la cabeza siempre inclinada, y miraba por entre las cejas, como el Alí-Bajá de Montvoisin.[39] El Caín que representa la famosa compañía Ravel, me despierta la imagen de Quiroga, quitando las posiciones artísticas de la estatuaria, que no le convienen. Por lo demás, su fisonomía era regular, y el pálido moreno de su tez sentaba bien a las sombras espesas en que quedaba encerrada.

La estructura de su cabeza revelaba, sin embargo, bajo esta cubierta selvática, la organización privilegiada de los hombres nacidos para mandar. Quiroga poseía esas cualidades naturales que hicieron del estudiante de Brienne[40] el genio de la Francia, y del mameluco[41] oscuro que se batía con los franceses en las Pirámides, el virrey de Egipto. La sociedad en que nacen da a estos caracteres la manera especial de manifestarse; sublimes, clásicos, por decirlo así, van al frente de la humanidad civilizada en unas partes; terribles, sanguinarios y malvados, son en otras su mancha, su oprobio.

Facundo Quiroga fue hijo de un sanjuanino de humilde condición, pero que, avecindado en los Llanos de La Rioja,[42] había adquirido en el pastoreo una regular fortuna. En 1799 fue enviado Facundo a la patria de su padre,[43] a recibir la educación limitada que podía adquirirse en las escuelas: leer y escribir. Cuando un hombre llega a ocupar las cien trompetas de la fama con el ruido de sus hechos, la curiosidad o el espíritu de investigación van hasta rastrear la insignificante vida del niño, para anudarla[44] a la biografía del héroe; y no pocas veces entre fábulas inventadas por la adulación, se encuentran ya en germen en ella los rasgos característicos del personaje histórico.

Cuéntase de Alcibíades[45] que, jugando en la calle, se tendía a lo largo en el pavimento para contrariar a un cochero que le prevenía que se quitase del paso a fin de no atropellarlo; de Napoleón, que dominaba a sus condiscípulos y se atrincheraba[46] en su cuarto de estudiante para resistir a un ultraje. De Facundo se refieren hoy varias anécdotas, muchas de las cuales lo revelan todo entero.

En la casa de sus huéspedes, jamás se consiguió sentarlo a la mesa común; en la escuela era altivo, huraño y solitario; no se mezclaba con los demás niños sino para encabezar actos

[36] venía
[37] ciencia que estudia el carácter e inteligencia del individuo atendiendo a la forma exterior del cráneo
[38] rizado, crespo
[39] pintor francés que emigró para la América del Sur (1842) y fundó una escuela de pintura en Chile
[40] Napoleón Bonaparte (1769–1821).
[41] soldado de una antigua milicia en Egipto
[42] ciudad y prov. de la Argentina en la región andina
[43] se refiere a la provincia de San Juan
[44] (fig.) juntarla, unirla
[45] político y general ateniense (450–404 a. C.)
[46] se cerraba o defendía con trincheras

de rebelión, y para darles de golpes. El «magister»,[47] cansado de luchar con este carácter indomable, se provee una vez de un látigo nuevo y duro, y enseñándolo a los niños aterrados: «Este es, les dice, para estrenarlo en Facundo». Facundo, de edad de once años, oye esta amenaza, y al día siguiente la pone a prueba. No sabe la lección, pero pide al maestro que se la tome en persona, porque el pasante[48] le quiere mal. El maestro condesciende; Facundo comete un error, comete dos, tres, cuatro; entonces el maestro hace uso del látigo; y Facundo, que todo lo ha calculado, hasta la debilidad de la silla en que su maestro está sentado, dale una bofetada, vuélcalo de espaldas, y entre el alboroto que esta escena suscita,[49] toma la calle y va a esconderse en ciertos parrones[50] de una viña, de donde no se le saca sino después de tres días. ¿No es ya el caudillo que va a desafiar más tarde a la sociedad entera?

Cuando llega a la pubertad, su carácter toma un tinte más pronunciado. Cada vez más sombrío, más imperioso, más selvático, la pasión del juego, la pasión de las almas rudas que necesitan fuertes sacudimientos para salir del sopor que las adormeciera, domínalo irresistiblemente a la edad de quince años. Por ella se hace una reputación en la ciudad; por ella se hace intolerable en la casa en que se hospeda; por ella, en fin, derrama por un balazo dado a Jorge Peña, el primer reguero de sangre que debía entrar en el ancho torrente que ha dejado marcado su paso por la tierra.

Desde que llega a la edad adulta, el hilo de su vida se pierde en un intrincado laberinto de vueltas y revueltas por los diversos pueblos vecinos: oculto unas veces, perseguido siempre, jugando, trabajando en clase de peón, dominando todo lo que se le acerca y distribuyendo puñaladas. [. . .]

Lo más ordenado que de esta vida oscura y errante he podido recoger, es lo siguiente: Hacia el año 1806 vino a Chile con un cargamento de grano, de cuenta de sus padres. Jugólo con la tropa y los troperos,[51] que eran esclavos de su casa. Solía llevar a San Juan y Mendoza arreos de ganado de la estancia paterna, que tenían siempre la misma suerte, porque en Facundo el juego era una pasión feroz, ardiente, que le resecaba las entrañas. Estas adquisiciones y pérdidas sucesivas debieron cansar las larguezas paternales, porque al fin interrumpió toda relación amigable con su familia. Cuando era ya el terror de la República, preguntábale uno de sus cortesanos: «¿Cuál es, general, la parada más grande que ha hecho en su vida?» «Sesenta pesos» —contestó Quiroga con indiferencia—; acababa de ganar, sin embargo, una de doscientas onzas. Era, según lo explicó después, que en su juventud, no teniendo sino sesenta pesos, los había perdido juntos a una sota.[52]

Pero este hecho tiene su historia característica. Trabajaba de peón en Mendoza, en la estancia de una señora, sita[53] aquella en el Plumerillo.[54] Facundo se hacía notar hacía un año por su puntualidad en salir al trabajo y por la influencia y predominio que ejercía sobre los demás peones. Cuando éstos querían hacer falla[55] para dedicar el día a una borrachera, se entendían con Facundo, quien lo avisaba a la señora, prometiéndole responder de la asistencia de todos al día siguiente, la que era siempre puntual. Por esta intercesión llamábanle los peones «el padre».

Facundo al fin de un año de trabajo asiduo, pidió su salario, que ascendía a sesenta pesos; montó en su caballo sin saber adónde iba, vio gente en una pulpería, desmontóse y alargando la mano sobre el grupo que rodeaba al tallador,[56] puso sus sesenta pesos a una carta; perdiólos y montó de nuevo, marchando sin dirección fija, hasta que a poco andar, un juez, Toledo, que acertaba a pasar a la sazón,[57] lo detuvo para pedirle su papeleta de conchavo.[58]

Facundo aproximó su caballo en ademán de entregársela, afectó buscar algo en su bolsillo,

---

[47] maestro
[48] maestro asistente
[49] produce
[50] parrizas, parrales (plantaciones de parra o vid, la planta que produce la uva)
[51] *tropa*: cuadrilla, banda, caravana; *troperos*: miembros de una tropa
[52] una de las cartas de la baraja (naipe)
[53] situada
[54] establecimiento a corta distancia de Mendoza, ciudad argentina
[55] faltar al trabajo, estar ausente
[56] el banquero en un juego de cartas
[57] en ese momento o época
[58] tarjeta de identificación de los trabajadores

y dejó tendido al juez de una puñalada. ¿Se vengaba en el juez de la reciente pérdida? ¿Quería sólo saciar el encono[59] de gaucho malo contra la autoridad civil y añadir este nuevo hecho al brillo de su naciente fama? Lo uno y lo otro. Estas venganzas sobre el primer objeto que se presentaba, son frecuentes en su vida. Cuando se apellidaba general y tenía coroneles a sus órdenes, hacía dar en su casa en San Juan doscientos azotes a uno de ellos por haberle ganado mal, decía; a un joven, doscientos azotes por haberse permitido una chanza[60] en momentos en que él no estaba para chanzas; a una mujer, en Mendoza, que le había dicho al paso «adiós, mi general», cuando él iba enfurecido porque no había conseguido intimidar a un vecino tan pacífico, tan juicioso, como era valiente y gaucho, doscientos azotes.

Facundo reaparece después en Buenos Aires, donde en 1810 es enrolado como recluta en el regimiento de «*Arribeños*»,[61] que manda el general Ocampo,[62] su compatriota, después presidente de Charcas.[63] La carrera gloriosa de las armas se abría para él con los primeros rayos del sol de Mayo;[64] y no hay duda que con el temple de alma de que estaba dotado, con sus instintos de destrucción y carnicería, Facundo, moralizado por la disciplina y ennoblecido por la sublimidad del objeto de la lucha, habría vuelto un día del Perú, Chile o Bolivia, uno de los generales de la República Argentina, como tantos otros valientes gauchos que principiaron su carrera desde el humilde puesto de soldado. Pero el alma rebelde de Quiroga no podía sufrir el yugo de la disciplina, el orden del cuartel, ni la demora de los ascensos. Se sentía llamado a mandar, a surgir de un golpe, a crearse él solo, a despecho de la sociedad civilizada, en hostilidad con ella, una carrera a su modo, asociando el valor y el crimen, el gobierno y la desorganización. Más tarde fue reclutado para el ejército de los Andes, y enrolado en los «Granaderos a caballo»;[65] un teniente García lo tomó de asistente, y bien pronto la deserción dejó un vacío en aquellas gloriosas filas. Después, Quiroga, como Rosas, como todas esas víboras que han medrado[66] a la sombra de los laureles de la patria, se ha hecho notar por su odio a los militares de la Independencia, en los que uno y otro han hecho una horrible matanza.

Facundo, desertando de Buenos Aires, se encamina a las provincias con tres compañeros. Una partida le da alcance; hace frente, libra una verdadera batalla, que permanece indecisa por algún tiempo, hasta que, dando muerte a cuatro o cinco, puede continuar su camino, abriéndose paso todavía a puñaladas por entre otras partidas que hasta San Luis le salen al paso. Más tarde debía recorrer este mismo camino con un puñado de hombres, disolver ejércitos en lugar de partidas, e ir hasta la Ciudadela famosa de Tucumán[67] a borrar los últimos restos de la República y del orden civil.

Facundo reaparece en los Llanos, en la casa paterna. A esta época se refiere un suceso que está muy valido[68] y del que nadie duda. Sin embargo, en uno de los manuscritos que consulto, interrogado su autor sobre este mismo hecho, contesta: «Que no sabe que Quiroga haya tratado nunca de arrancar a sus padres dinero por la fuerza»; y contra la tradición constante, contra el asentimiento general, quiero atenerme a este dato contradictorio. ¡Lo contrario es horrible! Cuéntase que habiéndose negado su padre a darle una suma de dinero que le pedía, acechó el momento en que su padre y madre durmieran la siesta, para poner aldaba[69] a la pieza donde estaban, y prender fuego al techo de pajas con que están cubiertas, por lo general, las habitaciones de los Llanos.

Pero lo que hay de averiguado es que su padre pidió una vez al gobierno de La Rioja que lo

---

[59] *saciar*: aquí significa vengarse; *encono*: mala voluntad, odio, rencor.
[60] broma
[61] un batallón primero creado en 1806 ante la amenaza de una invasión inglesa. Estaba compuesto de hombres nacidos en provincias del interior.
[62] Ortiz de Ocampo, Francisco Antonio: general argentino (1771–1840), era también nativo de La Rioja.
[63] antiguo nombre de Sucre, ciudad de Bolivia, donde hubo una Real Audiencia y una célebre universidad durante la Colonia
[64] se refiere a la Revolución de Mayo o sea la Declaración de Independencia de Buenos Aires que fue proclamada el 25 de mayo de 1810
[65] una unidad militar creada por el general San Martín para cruzar los Andes. San Martín, José de: general argentino (1778–1850), libertador de Chile y Perú; uno de los grandes héroes de la América del Sur.
[66] se han beneficiado
[67] ciudad argentina, capital de la prov. de ese nombre
[68] que tiene mucho valor
[69] cerrar con llave

prendieran para contener sus demasías, y que Facundo antes de fugar de los Llanos fue a la ciudad de La Rioja, donde a la sazón se hallaba aquél, y cayendo de improviso sobre él le dio una bofetada diciéndole: «¿Usted me ha mandado prender? ¡Tome, mándeme prender ahora!»,[70] con lo cual montó en su caballo y partió a galope para el campo. Pasado un año, preséntase de nuevo en la casa paterna, échase a los pies del anciano ultrajado, confunden ambos sus sollozos, y entre las protestas de enmienda del hijo y las reconvenciones del padre, la paz queda restablecida, aunque sobre base tan deleznable[71] y efímera.

Pero su carácter y hábitos desordenados no cambian, y las carreras y el juego, las correrías del campo, son el teatro de nuevas violencias, de nuevas puñaladas y agresiones, hasta llegar al fin a hacerse intolerable para todos e insegura su posición. Entonces un gran pensamiento viene a apoderarse de su espíritu, y lo anuncia sin empacho.[72] El desertor de los «Arribeños», el soldado de «Granaderos a caballo» que no ha querido inmortalizarse en Chacabuco y en Maipú,[73] resuelve ir a reunirse a la montonera de Ramírez,[74] vástago de la de Artigas, y cuya celebridad en crímenes y en odio a las ciudades a que hace la guerra ha llegado hasta los Llanos y tiene llenos de espanto a los gobiernos. Facundo parte a asociarse a aquellos filibusteros de la Pampa, y acaso la conciencia que deja de su carácter e instintos y de la importancia del refuerzo que va a dar a aquellos destructores alarma a sus compatriotas, que instruyen a las autoridades de San Luis, por donde debía pasar, del designio infernal que lo guía. Dupuy, gobernador entonces (1818), lo hace prender y por algún tiempo permanece confundido entre los criminales vulgares que las cárceles encierran. Esta cárcel de San Luis, empero,[75] debía ser el primer escalón que había de conducirlo a la altura a que más tarde llegó. San Martín había hecho conducir a San Luis un gran número de oficiales españoles, de todas graduaciones, de los que habían sido tomados prisioneros en Chile. Sea hostigados por las humillaciones y sufrimientos, sea que previesen la posibilidad de reunirse de nuevo a los ejércitos españoles, el depósito de prisioneros se sublevó un día y abrió la puerta de los calabozos a los reos ordinarios, a fin de que le prestasen ayuda para la común evasión. Facundo era uno de estos reos, y no bien se vio desembarazado de las prisiones, cuando enarbolando el «macho» de los grillos,[76] abre el cráneo al español mismo que se los había quitado, hiende por entre el grupo de amotinados y deja una ancha calle sembrada de cadáveres en el espacio que ha querido recorrer. Dícese que el arma que usó fue una bayoneta, y que los muertos no pasaron de tres; Quiroga, empero, hablaba siempre del «macho» de los grillos y de catorce muertos.

Acaso es ésta una de esas idealizaciones con que la imaginación poética del pueblo embellece los tipos de la fuerza brutal que tanto admira; acaso la historia de los grillos es una traducción argentina de la quijada de Sansón, el hércules hebreo; pero Facundo la aceptaba como un timbre[77] de gloria, según su bello ideal, y «macho» de grillos o bayoneta, él, asociándose a otros soldados y presos, a quienes su ejemplo alentó, logró sofocar el alzamiento y reconciliarse por este acto de valor con la sociedad y ponerse bajo la protección de la patria, consiguiendo que su nombre volase por todas partes ennoblecido y lavado, aunque con sangre, de las manchas que lo afeaban. Facundo, cubierto de gloria, mereciendo bien de la patria, y con una credencial que acredita su comportación,[78] vuelve a La Rioja y ostenta en los Llanos, entre

[70] Después de escrito lo que precede, he recibido de persona fidedigna la aseveración de haber el mismo Quiroga contado en Tucumán, ante señoras que viven aún, la historia del incendio de la casa. Toda duda desaparece ante deposiciones de este género. Más tarde he obtenido la narración circunstanciada de un testigo presencial y compañero de infancia de Facundo Quiroga, que le vio a éste dar a su padre una bofetada y huir; pero estos detalles contristan sin aleccionar, y es deber impuesto por el decoro apartarlos de la vista. (Nota del autor)

[71] (fig.) poco duraderas

[72] libremente, sin dificultad

[73] *Chacabuco*: famosa victoria del general San Martín sobre los españoles. La batalla tuvo lugar el 12 de febrero de 1817 en la sierra chilena de ese nombre; *Maipú o Maipo*: célebre batalla ganada por San Martín a los españoles (5 de abril de 1818), que aseguró la Independencia de Chile.

[74] Ramírez, Francisco: un caudillo gaucho de la prov. de Entre Ríos que peleó en las guerras civiles, al lado de Artigas, héroe de la Independencia uruguaya.

[75] sin embargo

[76] «*machos*»: piezas cilíndricas de hierro con las cuales estaban cogidas las cadenas; *grillos*: cadenas de hierro sujetas al pie de los prisioneros

[77] insignia por una acción gloriosa

[78] conducta

los gauchos, los nuevos títulos que justifican el terror que ya empieza a inspirar su nombre; porque hay algo de imponente, algo que subyuga y domina, en el premiado asesino de catorce hombres a la vez.

Aquí termina la vida privada de Quiroga, de la que he omitido una larga serie de hechos que sólo pintan el mal carácter, la mala educación y los instintos feroces y sanguinarios de que estaba dotado. Sólo he hecho uso de aquellos que explican el carácter de la lucha, de aquellos que entran en proporciones distintas, pero formados de elementos análogos, en el tipo de los caudillos de las campañas que han logrado al fin sofocar la civilización de las ciudades, y que, últimamente, han venido a completarse en Rosas, el legislador de esta civilización tártara, que ha ostentado toda su antipatía a la civilización europea en torpezas y atrocidades sin nombre aún en la historia.

Pero aun queda algo por notar en el carácter y espíritu de esta columna de la Federación. Un hombre literato,[79] un compañero de infancia y de juventud de Quiroga, que me ha suministrado muchos de los hechos que dejo referidos, me incluye en su manuscrito, hablando de los primeros años de Quiroga, estos datos curiosos: «Que no era ladrón antes de figurar como hombre público; que nunca robó, aun en sus mayores necesidades; que no sólo gustaba de pelear, sino que pagaba por hacerlo, y por insultar al más pintado;[80] *que tenía mucha aversión a los hombres decentes*; que no sabía tomar licor nunca; que de joven era muy reservado, y no sólo quería infundir miedo, sino aterrar, para lo que hacía entender a los hombres de su confianza que tenía agoreros[81] o era adivino; que con los que tenía relación los trataba como esclavos; *que jamás se ha confesado, rezado, ni oído misa*; que cuando estuvo de general, lo vio una vez en misa; que él mismo le decía que no creía en nada». El candor con que estas palabras están escritas revela su verdad.

Toda la vida pública de Quiroga me parece resumida en estos datos. Veo en ellos el hombre grande, el hombre genio, a su pesar, sin saberlo él, el César, el Tamerlán,[82] el Mahoma. Ha nacido así y no es culpa suya; se abajará en las escalas sociales para mandar, para dominar, para combatir el poder de la ciudad, la partida de la policía. ¡Si le ofrecen una plaza en los ejércitos, la desdeñará, porque no tiene paciencia para aguardar los ascensos, porque hay mucha sujeción, muchas trabas puestas a la independencia individual; hay generales que pesan sobre él; hay una casaca que oprime el cuerpo y una táctica que regla los pasos; ¡todo esto es insufrible! La vida de a caballo, la vida de peligros y emociones fuertes, han acerado su espíritu y endurecido su corazón; tiene odio invencible, instintivo, contra las leyes que lo han perseguido, contra los jueces que lo han condenado, contra toda esa sociedad y esa organización de que se ha substraído desde la infancia, y que lo mira con prevención y menosprecio. Aquí se eslabona insensiblemente el lema de este capítulo: «Es el hombre de la naturaleza que no ha aprendido aún a contener o a disfrazar sus pasiones; que las muestra en toda su energía, entregándose a toda su impetuosidad».[83] Ese es el carácter del género humano, y así se muestra en las campañas pastoras de la República Argentina. Facundo es un tipo de la barbarie primitiva; no conoció sujeción[84] de ningún género; su cólera era la de las fieras; la melena de sus renegridos[85] y ensortijados cabellos caía sobre su frente y sus ojos en guedejas,[86] como las serpientes de la cabeza de Medusa;[87] su voz se enronquecía, sus miradas se convertían en puñaladas.

Dominado por la cólera, mataba a patadas, estrellándole los sesos[88] a N. por una disputa de juego; arrancaba ambas orejas a su querida porque le pedía una vez treinta pesos para celebrar un matrimonio consentido por él; abría a su hijo Juan la cabeza de un hachazo porque no había forma de hacerle callar; daba de bofetadas en Tucumán a una linda señorita, a quien ni

[79] escritor
[80] a cualquiera
[81] adivinos
[82] Tamerlain o Timur Lenk: conquistador tártaro (1336–1405), dominó a Persia y fue asesinado cuando pensaba conquistar China.
[83] Véase la nota 25 anterior.
[84] disciplina, control
[85] *melena*: pelo colgante; *renegridos*: muy negros
[86] melenas, cabelleras largas
[87] una de las tres Gorgonas. Atenea convirtió sus cabellos en serpientes, sus ojos convertían en piedra cuanto miraban. Perseo le cortó la cabeza y la utilizaba para petrificar a sus enemigos.
[88] nombre vulgar del cerebro

seducir ni forzar podía. En todos sus actos mostrábase el hombre bestia, aun sin ser por eso estúpido, y sin carecer de elevación de miras.[89] Incapaz de hacerse admirar o estimar, gustaba de ser temido; pero este gusto era exclusivo, dominante, hasta el punto de arreglar todas las acciones de su vida a producir el terror en torno suyo, sobre los pueblos como sobre los soldados, sobre la víctima que iba a ser ejecutada, como sobre su mujer y sus hijos. En la incapacidad de manejar los resortes del gobierno civil, ponía el terror como expediente para suplir el patriotismo y la abnegación; ignorante, rodeándose de misterios y haciéndose impenetrable, valiéndose de una sagacidad natural, una capacidad de observación no común y de la credulidad del vulgo,[90] fingía una presciencia[91] de los acontecimientos, que le daba prestigio y reputación entre las gentes vulgares.

Es inagotable el repertorio de anécdotas de que está llena la memoria de los pueblos con respecto a Quiroga; sus dichos, sus expedientes, tienen un sello de originalidad que le daban ciertos visos[92] orientales, cierta tintura de sabiduría salomónica[93] en el concepto de la plebe. ¿Qué diferencia hay, en efecto, entre aquel famoso expediente de mandar partir en dos el niño disputado, a fin de descubrir la verdadera madre, y este otro para encontrar un ladrón? Entre los individuos que formaban una compañía habíase robado un objeto, y todas las diligencias practicadas para descubrir al raptor habían sido infructuosas. Quiroga forma la tropa, hace cortar tantas varitas de igual tamaño cuantos soldados había; hace en seguida que se distribuyan a cada uno, y luego, con voz segura, dice: «Aquél cuya varita amanezca mañana más grande que las demás, ése es el ladrón». Al día siguiente fórmase de nuevo la tropa, y Quiroga procede a la verificación y comparación de las varitas. Un soldado hay, empero, cuya vara aparece más corta que las otras. «¡Miserable! —le grita Facundo con voz aterrante—, tú eres! . . .» Y, en efecto, él era; su turbación lo dejaba conocer demasiado. El expediente es sencillo: el crédulo gaucho, creyendo que efectivamente creciese su varita, le había cortado un pedazo. Pero se necesita cierta superioridad y cierto conocimiento de la naturaleza humana para valerse de estos medios.

Habíanse robado algunas prendas de la montura de un soldado, y todas las pesquisas habían sido inútiles para descubrir al raptor. Facundo hace formar la tropa y que desfile por delante de él, que está con los brazos cruzados, la mirada fija, escudriñadora, terrible. Antes ha dicho: «Yo sé quién es», con una seguridad que nada desmiente. Empiezan a desfilar, desfilan muchos, y Quiroga permanece inmóvil; es la estatua de Júpiter tonante, es la imagen del dios del Juicio Final. De repente se abalanza sobre uno, lo agarra del brazo, le dice con voz breve y seca: «¿Dónde está la montura?» «Allí, señor» —contesta —señalando un bosquecillo. «Cuatro tiradores» —grita entonces Quiroga. ¿Qué revelación era ésta? La del terror y la del crimen hecha ante un hombre sagaz.

Estaba otra vez un gaucho respondiendo a los cargos que se le hacían por un robo; Facundo le interrumpe diciendo: «Ya este pícaro está mintiendo; a ver . . . , cien azotes». Cuando el reo hubo salido, Quiroga dijo a alguno que se hallaba presente: «Vea, patrón: cuando un gaucho al hablar esté haciendo marcas con el pie, es señal que está mintiendo». Con los azotes, el gaucho contó la historia como debía ser; esto es, que se había robado una yunta de bueyes.

Necesitaba otra vez y había pedido un hombre resuelto, audaz, para confiarle una misión peligrosa. Escribía Quiroga cuando le trajeron el hombre; levanta la cara después de habérselo anunciado varias veces, lo mira y dice, continuando de escribir: «¡Eh! . . . ¡Ese es un miserable; pido un hombre valiente y arrojado![94] Averiguóse, en efecto, que era un patán.[95]

De estos hechos hay centenares en la vida de Facundo, y que al paso que descubren un hombre superior, han servido eficazmente para labrarle[96] una reputación misteriosa entre hombres groseros que llegaban a atribuirle poderes sobrenaturales.

[89] propósitos, objetivos
[90] el pueblo, populacho
[91] adivinacion, presentimiento
[92] apariencias
[93] de Salomón, el «rey sabio»
[94] valiente, osado
[95] campesino, rústico; (fig.) grosero, tosco
[96] aquí significa ganarle

Tercera Parte[97]

ii

PRESENTE Y PORVENIR

Après avoir été conquérant, aprés s'être déployé tout entier, il s'épuise, il a fait son temps, il est conquis lui-meme: jour-là il quitte la scène du monde, parce qu'alors il est devenu inutile à l'humanité.

Cousin[98]

[. . .] La aplicación del nuevo sistema de Rosas había traído un resultado singular; a saber, que la población de Buenos Aires se había fugado, y reunídose en Montevideo. Quedaban, es verdad, en la orilla izquierda del Plata las mujeres, los hombres materiales, «aquellos que pacen su pan bajo la férula[99] de cualquier tirano», los hombres, en fin, para quienes el interés de la libertad, la civilización y la dignidad de la patria, es posterior al de comer y dormir; pero toda aquella escasa porción de nuestras sociedades y de todas las sociedades humanas, para la cual entra por algo en los negocios de la vida el vivir bajo un gobierno racional, y preparar sus destinos futuros, se hallaba reunida en Montevideo, adonde por otra parte, con el bloqueo y la falta de seguridad individual, se había trasladado[1] el comercio de Buenos Aires y las principales casas extranjeras.

Hallábanse, pues, en Montevideo los antiguos unitarios con todo el personal de la administración de Rivadavia,[2] sus mantenedores, diez y ocho generales de la República, sus escritores, los ex congresales,[3] etcétera; estaban allí, además, los federales de la «ciudad», emigrados de 1833 adelante; es decir, todas las notabilidades hostiles a la Constitución de 1826, expulsados por Rosas con el apodo de «lomos negros». Venían después los fautores[4] de Rosas, que no habían podido ver sin horror la obra de sus manos, o que sintiendo aproximarse a ellos el cuchillo exterminador, habían, como Tallien[5] y los termidorianos,[6] intentado salvar sus vidas y la patria, destruyendo lo mismo que ellos habían creado.

Ultimamente, había llegado a reunirse en Montevideo un cuarto elemento que no era ni unitario, ni federal, ni ex rosista, y que ninguna afinidad tenía con aquéllos, compuesto de la nueva generación que había llegado a la virilidad en medio de la destrucción del orden antiguo y plantación del nuevo. Como Rosas ha tenido tan buen cuidado y tanto tesón de hacer creer al mundo que sus enemigos son hoy los unitarios del año 26, creo oportuno entrar en algunos detalles sobre esta última faz de las ideas que han agitado la República.

La numerosa juventud que el colegio de Ciencias Morales, fundado por Rivadavia, había reunido de todas las provincias, la que la Universidad, el Seminario y los muchos establecimientos de educación que pululaban en aquella

---

[97] La Tercera Parte de *Facundo* consta de dos capítulos que forman como las conclusiones del ensayo. I: Gobierno unitario y II: Presente y porvenir. Aquí Sarmiento formula un fuerte ataque contra la forma de gobernar de Rosas y expone el programa que llevarán a cabo los «Unitarios», tan pronto sea derrotada la tiranía.

[98] «Después de haber sido un conquistador, después de haber florecido en su totalidad, él está gastado, él ha servido su tiempo, él mismo es conquistado; ese día deja la escena del mundo porque se vuelve inútil para la humanidad». Cousin, Víctor: filósofo francés (1792–1867), jefe de la escuela espiritualista ecléctica.

[99] bajo la dominación o autoridad

[1] mudado, cambiado, transferido

[2] Rivadavia, Bernardino de: político argentino (1780–1845), Ministro de gobierno y luego Presidente de la Republica, seguidor de las ideas de la Ilustración.

[3] miembros del congreso

[4] incitadores, instigadores

[5] Tallien, Jean-Lambert: político francés (1767–1820), miembro de la Convención durante la Revolución Francesa y enemigo de los Girondinos.

[6] Robespierre, Saint-Just y otros seguidores, llamados así porque el 9 de Termidor (27 de julio de 1794) fueron derrotados, señalando esto el fin del Terror.

ciudad que tuvo un día el candor de llamarse la Atenas americana, habían preparado para la vida pública, se encontraba sin foro,[7] sin prensa, sin tribuna, sin esa vida pública, sin teatro, en fin, en que ensayar las fuerzas de una inteligencia juvenil y llena de actividad. Por otra parte, el contacto inmediato que con la Europa habían establecido la revolución de la Independencia, el comercio y la administración de Rivadavia, tan eminentemente europea, había echado a la juventud argentina en el estudio del movimiento político y literario de la Europa y de la Francia, sobre todo.

El romanticismo, el eclecticismo, el socialismo, todos aquellos diversos sistemas de ideas tenían acalorados adeptos, y el estudio de las teorías sociales se hacía a la sombra del despotismo más hostil a todo desenvolvimiento de ideas. El doctor Alsina, dando lección en la Universidad sobre legislación, después de explicar lo que era el despotismo, añadía esta frase final: «En suma, señores, ¿quieren ustedes tener una idea cabal de lo que es el despotismo? Ahí tienen ustedes el gobierno de Don Juan Manuel Rosas con facultades extraordinarias». Una lluvia de aplausos siniestros y amenazadores ahogaba la voz del osado catedrático.

Al fin, esa juventud que se esconde con sus libros europeos a estudiar en secreto, con su Sismondi,[8] su Lherminier,[9] su Tocqueville,[10] sus revistas: «Británica», de «Ambos Mundos», «Enciclopédica», su Jouffroi,[11] su Cousin, su Guizot, etc., etc., se interroga, se agita, se comunica y al fin se asocia indeliberadamente, sin saber fijamente para qué, llevada de una impulsión que cree puramente literaria, como si las letras corrieran peligro de perderse en aquel mundo bárbaro, o como si la buena doctrina perseguida en la superficie necesitase ir a esconderse en el asilo subterráneo de las catacumbas, para salir de allí compacta y robustecida a luchar con el poder.

El Salón Literario de Buenos Aires fue la primera manifestación de este espíritu nuevo. Algunas publicaciones periódicas, algunos opúsculos en que las doctrinas europeas aparecían mal digeridas aún, fueron sus primeros ensayos. Hasta entonces, nada de política, nada de partidos; aun había muchos jóvenes que preocupados con las doctrinas históricas francesas, creyeron que Rosas, su gobierno, su sistema original, su reacción contra la Europa, era una manifestación nacional, americana, una civilización, en fin, con sus caracteres y formas peculiares. No entraré a apreciar ni la importancia real de estos estudios ni las frases incompletas, presuntuosas y aun ridículas que presentaba aquel movimiento literario: eran ensayos de fuerzas inexpertas y juveniles que no merecerían recuerdo, si no fuesen precursores de un movimiento más fecundo en resultados. Del seno del Salón Literario se desprendió un grupo de cabezas inteligentes que, asociándose secretamente, proponíase formar un carbonarismo[12] que debía echar en toda la República las bases de una reacción civilizadora contra el gobierno bárbaro que había triunfado.

Tengo, por fortuna, el acta original de esta asociación a la vista, y puedo con satisfacción contar los nombres que la suscribieron. Los que los llevan están hoy diseminados por Europa y América, excepto algunos que han pagado a la patria su tributo con una muerte gloriosa en el campo de batalla.

Casi todos los que sobreviven son hoy literatos distinguidos,[13] y si un día los poderes intelectuales han de tener parte en la dirección de los negocios en la República Argentina, muchos y muy completos instrumentos hallará en esta escogida pléyade largamente preparada por el talento, el estudio, los viajes, la desgracia y el espectáculo de los errores y desaciertos que han presenciado o cometido ellos mismos.

«En nombre de Dios —dice el acta—, de la patria, de los héroes y mártires de la Independencia Americana, en nombre de la sangre y de

---

[7] instituciones judiciales

[8] Sismondi, Leonardo Simonde de: historiador y economista suizo (1773–1842), uno de los teóricos del Socialismo.

[9] Lherminier, Juan Luis Eugenio: escritor y pensador francés (1803–1857)

[10] Véase primera nota 14.

[11] Jouffroy D'Abbans, Claudio Francisco: ingeniero y escritor francés (1751–1832).

[12] alusión a los Carbonarios, sociedad secreta italiana formada a principios del siglo XIX para defender las ideas liberales y unificadoras

[13] se refiere a los escritores argentinos, enemigos de Rosas y que vivían, por tanto, en el exilio. El Romanticismo argentino se produjo casi todo en el destierro debido a las condiciones políticas producidas por la tiranía de Rosas.

las lágrimas inútiles derramadas en nuestra guerra civil, todos y cada uno de los miembros de la asociación de la joven generación argentina:

«Creyendo que todos los hombres son iguales;

«Que todos son libres, que todos son hermanos, iguales en derechos y deberes;

«Libres en el ejercicio de sus facultades para el bien de todos;

«Hermanos para marchar a la conquista de aquel bien y al lleno[14] de los destinos humanos;

«Creyendo en el progreso de la humanidad, teniendo fe en el porvenir;

«Convencidos de que la unión constituye la fuerza;

«Que no puede existir fraternidad ni unión sin el vínculo de los principios;

«Y deseando consagrar sus esfuerzos a la libertad y felicidad de su patria, y a la regeneración completa de la sociedad argentina:

«1° Juran concurrir con su inteligencia, sus bienes y sus brazos, a la realización de los principios formulados en las «palabras simbólicas»[15] que forman las bases del pacto de la alianza;

«2° Juran no desistir de la empresa, sean cuales fueren los peligros que amarguen a cada uno de los miembros sociales;

«3° Juran sostenerlos a todo trance[16] y usar de todos los medios que tengan en sus manos, para difundirlos y propagarlos;

«4° Juran fraternidad recíproca, unión estrecha y perpetuo silencio sobre lo que pueda comprometer la existencia de la Asociación».

Las «palabras simbólicas», no obstante la oscuridad emblemática del título, eran sólo el credo político, que reconoce y confiesa el mundo cristiano, con la sola agregación de la prescindencia de los asociados de las ideas e intereses que antes habían dividido a unitarios y federales, con quienes podían ahora armonizar, puesto que la común desgracia los había unido en el destierro.

Mientras estos nuevos apóstoles de la República y de la civilización europea se preparaban a poner a prueba sus juramentos, la persecución de Rosas llegaba ya hasta ellos, jóvenes sin antecedentes políticos, después de haber pasado por sus partidarios mismos, por los federales «lomos negros» y por los antiguos unitarios. Fuéles preciso, pues, salvar con sus vidas las doctrinas que tan sensatamente habían formulado, y Montevideo vio venir, unos en pos de otros,[17] centenares de jóvenes que abandonaban sus familias, sus estudios y sus negocios para ir a buscar a la ribera oriental del Plata un punto de apoyo para desplomar, si podían, aquel poder sombrío que se hacía un parapeto de cadáveres, y tenía de avanzada una horda de asesinos legalmente constituída. [. . .]

. . . ¡Cuántos resultados no van, pues, a cosechar esos pueblos argentinos[18] desde el día, no remoto ya, en que la sangre derramada ahogue al tirano! ¡Cuántas lecciones! ¡Cuánta experiencia adquirida! Nuestra educación política está consumada.

Todas las cuestiones sociales ventiladas: federación, unidad, libertad de cultos, inmigración, navegación de los ríos, poderes políticos, libertad, tiranía, todo se ha dicho entre nosotros, todo nos ha costado torrentes de sangre. El sentimiento de la autoridad está en todos los corazones, al mismo tiempo que la necesidad de contener la arbitrariedad de los poderes la ha inculcado hondamente Rosas con sus atrocidades. Ahora no nos queda que hacer sino lo que él no ha hecho, y reparar lo que él ha destruído.

Porque «él», durante quince años, no ha tomado una medida administrativa para favorecer el comercio interior y la industria naciente de nuestras provincias, los pueblos se entregarán con ahinco a desenvolver sus medios de riqueza, sus vías de comunicación y el «nuevo gobierno»[19] se consagrará a restablecer los correos y asegurar los caminos, que la naturaleza tiene abiertos por toda la extensión de la República.

Porque en quince años no ha querido asegurar las fronteras del sur y del norte, por medio de una línea de fuertes, porque este trabajo y este bien hecho a la República no le daba ventaja

[14] totalidad
[15] Véase la introducción a Esteban Echeverría, en este Tomo.
[16] resueltamente, sin parar en dificultades
[17] Sarmiento se refiere a los numerosos grupos de argentinos que vivían en el exilio a causa de la dictadura de Rosas.
[18] resueltas
[19] se refiere al que se formará después de la caída de Rosas

alguna contra sus enemigos, el «nuevo gobierno» situará el ejército permanente al sur, y asegurará territorios para establecer colonias militares que en cincuenta años serán ciudades y provincias florecientes.

Porque «él» ha perseguido el nombre europeo, y hostilizado la inmigración de extranjeros, el «nuevo gobierno» establecerá grandes asociaciones para introducir población y distribuirla en territorios feraces[20] a orillas de los inmensos ríos, y en veinte años sucederá lo que en Norte América ha sucedido en igual tiempo, que se han levantado como por encanto ciudades, provincias y Estados, en los desiertos en que poco antes pacían manadas de bisontes salvajes; porque la República Argentina se halla hoy en la situación del Senado romano que, por un decreto, mandaba levantar de una vez quinientas ciudades, y las ciudades se levantaban a su voz.

Porque «él» ha puesto a nuestros ríos interiores una barrera insuperable para que no sean libremente navegados, el «nuevo gobierno» fomentará de preferencia la navegación fluvial; millares de naves remontarán los ríos, e irán a extraer las riquezas que hoy no tienen salida ni valor, hasta Bolivia y el Paraguay, enriqueciendo en su tránsito a Jujuy, Tucumán, Salta, Corrientes, Entre Ríos y Santa Fe, que se tornarán en ricas y hermosas ciudades, como Montevideo, como Buenos Aires.

Porque «él» ha malbaratado las rentas pingües[21] del puerto de Buenos Aires y gastado en quince años cuarenta millones de pesos fuertes, que ha producido, en llevar adelante sus locuras, sus crímenes y sus venganzas horribles, el puerto será declarado propiedad nacional, para que sus rentas sean consagradas a promover el bien en toda la República, que tiene derecho a ese puerto de que es tributaria.

Porque «él» ha destruido los colegios y quitado las rentas a las escuelas el «nuevo gobierno» organizará la educación pública en toda la República con rentas adecuadas y con ministerio especial como en Europa, como en Chile, Bolivia y todos los países civilizados; porque el saber es riqueza, y un pueblo que vegeta en la ignorancia, es pobre y bárbaro, como lo son los de la costa de Africa, o los salvajes de nuestras pampas.

Porque «él» ha encadenado la prensa, no permitiendo que haya otros diarios que los que tiene destinados para vomitar sangre, amenazas y mueras, el «nuevo gobierno» extenderá por toda la República el beneficio de la prensa, y veremos pulular libros de instrucción y publicaciones que se consagren a la industria, a la literatura, a las artes y a todos los trabajos de la inteligencia.

Porque «él» ha perseguido de muerte a todos los hombres ilustrados, no admitiendo para gobernar sino su capricho, su locura y su sed de sangre, el «nuevo gobierno» se rodeará de todos los grandes hombres que posee la República y que hoy andan desparramados por toda la tierra, y con el concurso de todas las luces de todos hará el bien de todos en general. La inteligencia, el talento y el saber serán llamados de nuevo a dirigir los destinos públicos como en los países civilizados.

Porque «él» ha destruido las garantías que en los pueblos cristianos aseguran la vida y la propiedad de los ciudadanos, el «nuevo gobierno» restablecerá las formas representativas, y asegurará para siempre los derechos que todo hombre tiene de no ser perturbado en el libre ejercicio de sus facultades intelectuales y de su actividad.

Porque «él» ha hecho del crimen, del asesinato, de la castración y del degüello un sistema de gobierno; porque «él» ha desenvuelto todos los malos instintos de la naturaleza humana para crearse cómplices y partidarios, el «nuevo gobierno» hará de la justicia, de las formas recibidas en los pueblos civilizados, el medio de corregir los delitos públicos, y trabajará por estimular las pasiones nobles y virtuosas que ha puesto Dios en el corazón del hombre para su dicha en la tierra, haciendo de ellas el escalón para elevarse e influir en los negocios públicos.

Porque «él» ha profanado los altares poniendo en ellos su infame retrato; porque «él» ha degollado sacerdotes, vejándolos, o hécholes abandonar su patria, el «nuevo gobierno» dará al culto la dignidad que le corresponde, y elevará

[20] fértiles, buenos para el cultivo

[21] abundantes

la religión y sus ministros a la altura que se necesita para que moralice a los pueblos.

Porque «él» ha gritado durante quince años «¡mueran los salvajes unitarios!» haciendo creer que un gobierno tiene derecho a matar a los que no piensan como él, marcando a toda una nación con un letrero y una cinta para que se crea que el que lleve la «marca» piensa como le mandan a azotes pensar, el «nuevo gobierno» respetará las opiniones diversas, porque las opiniones no son hechos ni delitos, y porque Dios nos ha dado una razón y nos distingue de las bestias, libre para juzgar a nuestro libre arbitrio.

Porque «él» ha estado continuamente suscitando querellas a los gobiernos vecinos y a los europeos; porque «él» nos ha privado del comercio con Chile, ha ensangrentado al Uruguay, malquistándose con el Brasil, atraídose un bloqueo de la Francia, los vejámenes de la marina norteamericana, las hostilidades de la Iglesia, y metídose en un laberinto de guerras interminables y de reclamaciones que no acabarán sino con la despoblación de la República y la muerte de todos sus partidarios, el «nuevo gobierno», amigo de los poderes europeos, simpático para todos los pueblos americanos, desatará de un golpe ese enredo de las relaciones extranjeras, y establecerá la tranquilidad en el exterior y en el interior, dando a cada uno su derecho y marchando por las mismas vías de conciliación y orden en que marchan todos los pueblos cultos. [. . .]

Juan Montalvo

ECUADOR, 1832–1889

Nació este gran patriota en Ambato, pequeño pueblecito de los Andes. Su padre era comerciante y su hermano mayor ganó prestigio como abogado y político en la capital. Tuvo siempre una salud muy precaria y poco goce interior.

Se le tiene como el más célebre escritor ecuatoriano y uno de los grandes ensayistas, polemistas y panfletarios de Hispanoamérica. Realizó sus primeros estudios con los dominicos en el Colegio San Fernando de Quito. En 1845 ingresó en la Universidad de Quito en la Facultad de Derecho, estudios que interrumpió porque se sentía más inclinado a la poesía y el periodismo. Por su cuenta hizo estudios de los clásicos, filosofía e historia, así como de lenguas modernas: francés, inglés e italiano, que dominaba bien. A los veinticinco años ya era conocido como escritor y fue nombrado en la legación ecuatoriana en París, donde conoció a Lamartine. Durante esta estancia en Europa (1857–1860) visitó Italia y otros países del continente. Montalvo regresó a su patria en 1860 y se fue a Ambato en busca de salud y el calor de su familia. Poco después tomó el poder Gabriel García Moreno (1861–1875) quien se convirtió en su gran enemigo al establecer un régimen teocrático basado en la dictadura, la intolerancia y el fanatismo religioso. Después de algún tiempo de silencio en Ambato,

Montalvo salió a combatir al tirano fundando en Quito el periódico *El Cosmopolita* (1866–1869) para defender su ideario: oposición a la tiranía, la intolerancia y la corrupción, y defensa de la libertad y la justicia. Perseguido por el tirano va a su primer destierro (1869–1875) que pasa casi íntegro en el pueblecito colombiano de Ipiales cerca de la frontera. Aquí sufrió la más terrible soledad y aislamiento, pero escribió muchos de sus panfletos y ensayos memorables. Después del asesinato del tirano —en el cual jugó papel esencial la oposición de Montalvo— éste regresó al país. Al año siguiente ocupó la presidencia el General Ignacio de Veintemilla (1876–1883), tan tirano como el anterior. Montalvo le sale al paso y para ello funda el periódico *El Regenerador* (1876–1877), con los mismos objetivos que el primero. Poco después tiene que salir para su segundo y último destierro (1877–1889). Vive brevemente en Ipiales y Panamá y el resto (desde 1880) en París, salvo un breve viaje a España. En Francia publicó algunas de sus obras y fundó la gran revista *El Espectador* (1886–1888). Murió en París y esperó la muerte —ocasión tan solemne, según él— vestido de frac.

Montalvo representa una de las posturas más verticales contra la tiranía, el fanatismo y los vicios que ha habido en Hispanoamérica. Mostró un heroísmo intelectual y moral pocas veces igualado en este continente. Dejó una extensa obra que comprende poesías, teatro, novelas, artículos, panfletos y, especialmente sus inolvidables ensayos. Dignos de mención son sus panfletos políticos y polémicos contra Gabriel García Moreno, titulados *El antropófago* (1872), *La dictadura perpetua* (1874) y los de ataque a Veintemilla, como *La peor de las dictaduras* (1877). Su literatura de combate y de luchador político culmina en sus grandes ensayos. Buen ejemplo de ello son las *Catilinarias* (1888) formada de doce brillantes ensayos contra la dictadura de Veintemilla. El título les viene muy bien porque recuerdan el estilo vigoroso, enérgico y vibrante de los cuatro discursos de Cicerón sobre Catilina, cuando su conjuración contra el senado romano. Dos años después publicó *Siete tratados* (1882), considerados como su obra más lograda y escritos bajo la influencia de Montaigne y Bacon. Entre las disertaciones más notables están: «De la nobleza», «De la belleza en el género humano», «Del genio», «Los héroes de la emancipación de la raza hispanoamericana» y otras. En ellos se encuentra riqueza y primor del estilo, pero tienen escasa substancia en general. Aunque la obra adolece de fragmentarismo, las imágenes son brillantes y sobresale el tono ético y moral constante. Para contestar los rudos ataques que le había dirigido el Arzobispo de Quito con motivo del libro anterior, escribió su *Mercurial eclesiástica o Libro de las Verdades* (1884), con una defensa muy enérgica de su credo moral. Montalvo no era un ateo sino un creyente liberal, y, por consiguiente, enemigo acérrimo de la superstición, la intolerancia y el fanatismo.

Aunque escritos en 1873, publicó mucho más tarde los *Capítulos que se le olvidaron a Cervantes* (1895), «imitación de un libro inimitable». Hace una imitación muy acertada de la prosa, giros y expresiones de Cervantes. Sitúa a Don Quijote en el siglo XIX y lo hace atacar a los malandrines de hoy con la ideología del liberalismo romántico. Finalmente publicó *Geometría moral* (1902), cuyo título da una idea del hermetismo del libro por las parábolas, alegorías e imágenes que contiene.

Montalvo combina siempre un estilo clásico con un temperamento rebelde y romántico. Toda su obra tiene un tono de denuncia de la injusticia y del mal, proyectándose hacia propósitos éticos muy elevados. Hombre muy liberal y honesto, defiende siempre los grandes principios generales como la justicia, la democracia, el bien. Su estilo se compone de períodos densos, pero vivaces, enérgicos, grandilocuentes, y llenos de ritmo interior. Aparece como un acuñador de frases célebres e inolvidables y de un estilo personal y único. Casi toda su producción es obra de lucha cívica. Su condición de polemista lesionó parte de su obra dotándola de un signo de combate y de pensamiento de «época». Su producción representa uno de los momentos más felices de la prosa hispanoamericana. A Unamuno le encantaba la prosa de Montalvo. Alguna vez dijo: «¡Los insultos, sí! Los insultos, los que llevan el alma ardorosa y generosa de Montalvo».

FUENTE: *Páginas escogidas*, Buenos Aires, Estrada, 1941; editadas por Arturo Giménez Pastor; *Obras escogidas*, Quito, Casa de la Cultura Ecuatoriana, 1948 (Clásicos Ecuatorianos, XIII); prólogo de Julio E. Moreno.

El Cosmopolita[1] 1866–1869

De la libertad de imprenta

Refieren de Aristipo[2] que habiendo naufragado una vez, salió a nado a la orilla y se llenó de gozo al ver en la arena trazadas ciertas figuras de geometría, indicio evidente de que la providencia de los dioses le había echado a una colonia griega y no a un país bárbaro. El que en un pueblo encuentra establecida la imprenta puede estar seguro de que llegó a una nación civilizada; el que ve un periódico en la tierra a donde le llevó la suerte o el acaso[3] cuenta con que tiene que haberlas[4] con hombres ilustrados. Hay señales inenarrables de la situación moral de las humanas sociedades, que a primera vista nos hacen columbrar[5] sus aptitudes, sus inclinaciones y las cosas de que gustan ocuparse. Las figuras de geometría encontradas por Aristipo en la playa del mar, el uso de la moneda, los libros y periódicos son testigos de buena fe de que no dimos en un país de bárbaros, o de que el despotismo no impera en esas afortunadas comarcas, el despotismo, peor mil veces que la barbarie. La libertad del pensamiento ha constituído siempre la libertad política; y estas dos libertades por maravilla no habrán traído consigo la libertad civil, grupo adorable y seductor como el de las tres Gracias. A medida que el absolutismo toma pie[6] las tres libertades se separan: cuando descuella con todas sus fuerzas, cuando oprime con cien brazos, como dice Montesquieu,[7] no deja sombra de ellas, bórranse, destrúyense, el lienzo queda limpio para recibir la imagen del tirano.

Remontémonos a los primitivos tiempos y tomemos el agua desde arriba.[8] La sabia y republicana Grecia, tenía por ley la libertad del pensamiento: las plazas públicas servían, por decirlo así, de imprenta, y los ciudadanos todos, grandes y pequeños, ricos y pobres, nobles y

[1] Periódico fundado por Juan Montalvo y publicado por tres años (1866–1869) en Quito
[2] filósofo griego (s. IV a. C.) discípulo de Sócrates
[3] casualidad
[4] tratar con
[5] divisar, percibir
[6] se afirma, consolida
[7] Montesquieu, Carlos de Secondat, barón de: pensador y escritor francés (1689–1755), autor de *El espíritu de las leyes* (1748).
[8] vayamos al origen, a la fuente original

plebeyos tienen allí derecho a intervenir en los asuntos públicos, tomando la palabra y diciendo sin reparo su dictamen ora sobre la conducta de los magistrados, ora sobre las acciones de los generales, ora en fin sobre la conveniencia y deberes de la república. En las tribunas del pueblo no resuenan solamente las voces de los Pericles[9] y Cimones,[10] de los Nicias[11] y Licurgos;[12] los Hiperbóreos[13] llaman también la atención de sus conciudadanos, y a fuerza de ser libres alcanzan el ostracismo, noble pena por la cual no brillaban sino los prohombres de mayor suposición. Alcibíades[14] arrastrando su grandioso manto de púrpura atraviesa la plaza de Atenas, se encumbra en la tribuna, y en explayada y egregia[15] elocuencia pide tal guerra en donde su gloria prevalezca sobre los intereses del pueblo. Mas no ha de faltar un ateniense oscuro, un hombre del estado llano[16] que ponga en práctica sus fueros contradiciendo al rey Alcibíades, y ganando los sufragios de sus compatriotas a su parecer. Es que Atenas era libre entonces, libre la palabra, y el pensamiento no reconocía señorío, sino era la razón y la justicia. Pero una vez perdida su libertad política perdióse la elocuencia, y los treinta tiranos[17] prohibieron al pueblo subir a la roca Pnix[18] en donde tenía sus reuniones más acaloradas y en donde la independencia y libre albedrío desplegaban todas sus banderas. Pisístrato[19] huella impío las leyes de Solón;[20] Pisístrato es tirano; con Pisístrato nadie habla. Muere Pisístrato, revive la palabra: los atenienses otra vez armados de ella, se encastillan en los lugares eminentes que veneraba el pueblo. Hiparco[21] los sorprende todavía y los encadena: vuelve el mutismo, el pensamiento gime, y la palabra no es sino la prisonera del tirano Hiparco. Harmodio y Aristogitón[22] dan al través[23] con él, libertan a su patria, y la patria agradecida alza estatuas a los héroes y mantiene a sus hijos a expensas del erario:[24] todos gozan entonces plena facultad de expresarse, y avientan[25] sus opiniones al rostro, digamos así, de los que por ventura abrigan en su pecho nuevos proyectos de tiranía. Pero la libertad es árbol sujeto a mil enfermedades, muere y retoña según le influye el cielo y según los vientos que le azotan. ¡He allí la libre Atenas esclava de Demetrio,[26] alzándole altares como a un dios y decretando que cuanto hiciese el tirano se tuviese por justo entre los dioses y por sagrado entre los hombres! Si se le había dejado la voz tan solamente para que trasloe[27] a su amo ¿podía articular un término en pro de la muerta libertad? El gobernante que no permite hablar ni escribir es tirano; el pueblo que no puede ni uno ni otro, esclavo. Si Aristipo hubiera aportado en nuestras costas, no hay duda de que hubiera creído hallarse en casa de la barbarie o de la servidumbre. [. . .]

Las naciones modernas de Europa casi todas son regidas despóticamente, si bien la forma de la monarquía en la mayor parte de ellas se dice constitucional. Y vemos con asombro que el monarca más poderoso y absoluto guarda con todo ciertos miramientos y consideraciones a la prensa, que son desconocidas en la América republicana. En el imperio francés los periódicos están sujetos a una advertencia, a una amonestación, y no se les suprime sino por contumacia, quedando ilesos los escritores, si no traspasaron los términos prescritos por la ley o la moral, en

---

[9] político y orador ateniense (¿495?–429 a. C.), bajo cuyo régimen vivió Atenas su Edad de Oro
[10] Cimón: general ateniense (510–449 a.C.).
[11] general ateniense (¿470?–413 a. C.), que se distinguió en la guerra del Peloponeso
[12] Licurgo: legislador de Esparta (s. IX a. C.), creador de sistemas legislativos.
[13] regiones muy septentrionales y los pueblos, animales y plantas que viven en ellas
[14] general y político ateniense (450–404 a. C.)
[15] *explayada*: dilatada, extendida; *egregia*: ilustre
[16] clase común o media
[17] Después de la victoria naval en Egos-Potamos, que dio fin a la guerra del Peloponeso, Atenas capituló bajo las condiciones impuestas por los lacedemonianos (espartanos). Lisandro destruyó el gobierno popular y lo substituyó por una oligarquía de treinta arcontes, que los griegos llamaron tiranos, revestidos de poderes absolutos y que cometieron toda clase de abusos. Fueron derrotados por Trasíbulo, que restauró la democracia.
[18] o Pnice, colina donde se reunía el pueblo ateniense en asamblea. Estaba situada al este del Acrópolis
[19] tirano de Atenas (¿600?–527 a. C.)
[20] legislador de Atenas (¿640–558? d. C.), uno de los «Siete Sabios de Grecia»
[21] hijo de Pisístrato (¿?–514 a. C.), gobernó a Atenas con su hermano Hipias
[22] Jóvenes atenienses que conspiraron contra los hijos de Pisístrato (s. VI a. C.).
[23] lo destruyen
[24] *a expensas de*: a costa de, por cuenta de; *el erario*: el tesoro público
[25] echan al viento; (fam.) arrojan fuera
[26] Demetrio I Poliocertes, rey de Macedonia del 306 al 282 a. C., vencedor en la batalla de las Termópilas.
[27] alabe, celebre en exceso

cuyo caso los tribunales competentes toman por suyo el cuidado de la vindicta pública.[28] El propio despotismo respeta la opinión en los pueblos verdaderamente cultos, y la testa coronada[29] ha de guardar cierto temperamento que mantenga el equilibrio entre la voluntad absoluta, la paciencia de los súbditos y el concepto del mundo civilizado. En 1858 salían a luz en Francia 600 periódicos entre diarios, hebdomadarios[30] y revistas mensuales, los cuales, si podían contenerse en ciertos límites de moderación y buena crianza, hablaban hasta de los actos más íntimos del gobierno, sin ocultar su juicio. La Gran Bretaña tenía 800; la Gran Bretaña, asiento de la libertad política, reino de las leyes, da de sí escritos muchos muy buenos. ¿Un presidentillo de América no se tendría por el más triste de los hombres si su gobierno estuviese sujeto a tantas cortapisas,[31] si sus actos pasasen por tantas desembozadas censuras, si su responsabilidad fuera tan grande como la de Inglaterra? ¡Qué es, mi Dios, ver a todo un lord Palmerston,[32] a todo un primer ministro de la reina Victoria,[33] a un amo de los mares, y como tal, a un inspector del mundo, arrastrado por un simple y oscuro particular al tribunal de la justicia! A Melgarejo[34] o a Pezet[35] les debe parecer esto lo más ridículo, y cuando oyen esas cosas, les sucede lo que a ese rey del Pegú,[36] que habiéndole hecho saber el veneciano Balbi como en Venecia no había rey, se tomó a reir con tanta fuerza, que por poco se le revientan las arterias y se muere. En Inglaterra los escritores sólo al jurado temen; vale decir que la licencia es la prohibida, y en tanto no dan en ella, los ciudadanos pueden bornear[37] el pensamiento y ponerlo en el punto que a sus intenciones corresponda. De todo hablan, todo lo discuten, todo lo juzgan: el gobierno tiene en la prensa un censor, poderoso por lo que en ella hay libre y autorizado; la prensa es el de aquí no pasarás de los gobernadores, de los ministros, del monarca y aún del poder legislativo. Nada hay más respetado en este afortunado pueblo que la ley: ella es la verdadera reina, y la otra no hace sino obedecerla y mandarla obedecer. ¿Qué cachidiablo[38] ridículo y perverso viene a ser un estadillo de la América latina al lado de esa matrona sabia, cuya frente fulgura rayos de luz purísima? La Gran Bretaña, monarquía; el Perú, Nueva Granada, el Ecuador, repúblicas: ¿en dónde reinan las leyes? ¿dónde impera la justicia? ¿cuál de ellas es más libre y decorosa? Sin los vicios que una larga sucesión de siglos, un refinamiento de cultura y la natural propensión de las naciones a la decadencia cuando han llegado al remate de la civilización, me atrevo a decirlo y no lo temo, mucho más prestaría para nuestra felicidad el reflejo de la de aquella nación, que todas nuestras soñadas libertades y derechos de republicanos. Sepámoslo ser, y con nadie cambiaremos nuestra suerte; pero si con ese rico nombre no somos sino ilotas[39] a quienes se da de puñaladas hasta por pasar el tiempo, somos los más mezquinos y desventurados de los hombres.

En España, en Austria y Prusia cuyos soberanos hacen derivar de Dios su derecho a la corona, no puede hablarse del de los pueblos sino entre rincones y como de cosa prohibida; pero en fin se escribe, y los escritores no son perseguidos y aniquilados inmediatamente y sin otro motivo que sus escritos; lo cual prueba que puede haber y hay despotismo ilustrado,[40] que sin perder de vista sus personales y tristes conveniencias, jamás echa en olvido aquella consideración debida al juicio de las demás naciones y al afecto o al engaño de los que están uncidos a su yugo.[41]

¿Es por ventura este despotismo ilustrado el

[28] castigo que se imponía a los criminales en nombre de la sociedad
[29] (fig.) monarca, rey
[30] revista semanal
[31] (fig.) limitaciones, obstáculos
[32] Palmerston, Henry Temple, Lord: político inglés (1784–1865), fue ministro varias veces.
[33] Victoria I, reina de Inglaterra (1819–1901), reinó desde 1837.
[34] Melgarejo, Mariano: general y político boliviano (1820–1871), presidente-dictador de la República (1864–1871).
[35] Pezet, Juan Antonio: general y político peruano (1810–1879), presidente de la República (1863–1865).
[36] ciudad de Birmania cuya pagoda contiene los cabellos de Buda
[37] torcer; adaptar, ladear
[38] (fam.) el que se viste de diablo
[39] siervos, esclavos del estado en Esparta
[40] forma de gobierno del siglo XVIII, cuyo lema era «Todo para el pueblo, pero sin el pueblo», en otras palabras: las reformas y mejoras se imponían, sin consultar con el pueblo
[41] (fig.) sujetos a su dominio

de la América del Sur? No, visto que la opinión pública ni el concepto de las naciones no entran para nada en el entender de los que gobiernan como kanes de Tartaria.[42] ¿Dónde está esa fina urbanidad de Napoleón III,[43] que pudiendo ser y siendo todo, sufre que primero se advierta a los editores de un periódico, que luego se amoneste y que no se lo suprima sino cuando no hay mejor remedio? Y aun así más tarda el Emperador en ausentarse ocho días de la corte confiando la regencia del imperio a su esposa, que ésta en levantar y anular las advertencias y amonestaciones que pesaban sobre la prensa, y dejarla como si fuera a principiar. Napoleón es déspota, no hay duda; pero ¡qué déspota tan ilustrado! Napoleón es tirano algunas veces, no hay remedio; pero ¡qué tirano tan remirado,[44] qué tirano tan fino y elegante! Vaya, si siquiera hubiera cultura en estos sultanuelos ruines que nos quitan la vida. Pero sus pasiones son de salvajes, de fieras sus arranques. Todo es matar, desterrar, azotar, repartir palos como ciego a Dios y a la ventura, echarse sobre las leyes y los ciudadanos cual pudiera un lobo hambreado sobre un aprisco[45] sin guardianes. [. . .]

Este despotismo no es ilustrado; este despotismo es ciego, bárbaro, selvático. No hagáis cañones de las campanas, no malgastéis en guerras insensatas[46] los adornos de los templos, las cosas sagradas, no convirtáis en balas la letra de la imprenta, ni en soldados los impresores, y ya os puede quedar siquiera un vano pretexto para las otras inauditas[47] violencias que lleváis adelante con achaque[48] de revoluciones: sabido es por los hombres de Estado y grandes políticos que si algún gobierno ha menester[49] de censura es el republicano, cuyo principio es la virtud. ¿Qué es esto de querer reinar sobre idiotas? ¿Acaso nosotros creemos, como los antiguos moscovitas, que la libertad consiste en el poder y uso de llevar la barba larga? Dejadnos hablar, por Dios, que de puro mantenernos en tímido silencio nos váis a entorpecer la inteligencia, como que todo lo que no se ejercita, bien así en el alma como en el cuerpo, pierde sus quilates[50] y su fuerza. ¿Timbre[51] será dominar a esclavos mudos? ¿No sería más honroso dominar a hombres libres y hacerse querer de ellos, alternar con dignos y hacerse estimar de sus conciudadanos? ¡Ya os veo, tiranos, arrugada la frente, torva la mirada, las manos goteando sangre, buscar como poneros en cobro[52] cuando se os acabe el poder, porque la conciencia os ladra y grita que el enemigo del género humano ha de temer al género humano! ¿Acaso Numa[53] no reinó cuarenta y más años sin aconsejarse de la crueldad sino de la sabiduría? ¿Acaso Augusto[54] no fue el primero de los mortales echando por el camino de la clemencia, cuando vio ser inútil el rigor y aun pernicioso? ¿Acaso Wáshington no fundó una república y gobernó un pueblo sin que le fuesen necesarios patíbulos, grillos ni calabozos para establecer su autoridad? Si para todos los reyes hubiera una ninfa Egeria,[55] ya los pueblos podían decirse benditos de la Providencia; si todas las repúblicas tuvieran un Areópago,[56] la sabiduría encarnada en las leyes sería la que gobernase; si aquel Wáshington venerado de los hombres de bien, querido de los justos, deseado de los republicanos recibiera de Dios licencia para venir de numen[57] de todos los gobernantes a inspirarles el bien y el acierto, la pobre América desgarrada por todas partes, oprimida, vilipendiada, que anda rodando de mano en mano como vil peonza,[58] vendría a ser una gran nación compuesta de muchos miembros. a los cuales imprimiera el movimiento un solo y grande móvil, la virtud. [. . .]

---

[42] *kan*: príncipe o comandante tártaro o persa; *Tartaria*: país de los tártaros
[43] Napoleón Bonaparte, Carlos Luis: Napoleón III (1808–1873), presidente y luego emperador de Francia (1848–1870).
[44] demasiado escrupuloso
[45] lugar para resguardar el ganado
[46] absurdas, locas; extravagantes
[47] no oídas; (fig.) extraordinarias
[48] (fig.) apariencia, reputación
[49] necesita
[50] (fig.) valores
[51] (fig.) gloria
[52] a salvo, en lugar seguro
[53] Numa Pompilio: segundo rey legendario de Roma (s. VII a. C.), gobernó del 714 al 671 a. C.
[54] César Octavio Augusto: sobrino de Julio César (63. a. C. –14 d. C.), emperador romano (31 a. C.–14 d. C.)
[55] (fig.) consejero que influye sobre una persona callada y secretamente
[56] Tribunal Supremo de Atenas, célebre por su sabiduría e imparcialidad.
[57] inspiración
[58] juguete de madera que se hace bailar con una correa

Sin grillos,[59] libres estamos por ahora de la tiranía; pero ¡ay! no libres de los necios. Con ocasión del folleto de Don Julio Zaldumbide[60] titulado «La República &.», los dañados de conciencia, tardos de juicio y prontos de lengua le han llamado villano y cobarde, por haber, dicen, dado a luz ese escrito cuando García Moreno[61] dejó el mando y se apeó[62] de la presidencia de la República, sin fuerza ya para vengarse a su modo y a su salvo. ¡Cómo es posible! ¿Serían ruines y cobardes tantos ilustres escritores por haber dado a luz sus historias cuando los tiranos habían dejado de imperar por muertos o desposeídos? García Moreno dejó el mando; ¡pues a ningún hombre pundonoroso le será permitido denunciar al universo sus desmanes! Lo que no se le dijo, ya no se le puede decir; antes fue inviolable por miedo, ahora ha de ser sagrado por decoro de los otros; las acciones de los ciudadanos quedaron prescritas: ¡de nada es responsable el funesto presidente! Pero la justicia divina misma espera; ni es tan puntual y ejecutiva que así que pecamos nos aplica su ley, ni nos anda increpando de continuo nuestras culpas. Y porque nada nos dice cuando aún podemos ofenderla, ¿le hemos de llamar......? Mirad lo que decís, ¡miradlo bien, esclavos!

Sabe por otra parte el mundo entero que reinando Don Gabriel García la prensa ha estado con bozal,[63] enmudecida, bien como el ladrón de casa suele hacer con el fiel perro, para que de noche no haga ruido. Los propietarios de imprenta perseguidos unos, corrompidos otros; los oficiales y cajistas[64] fugitivos unos, en los cuarteles otros; gran dificultad en fin de publicar ningún escrito. Y si a pesar de todo se publicaba alguno, ir en derechura a un calabozo, al suplicio de la barra, o a los confines del mundo pasando por el Napo.[65] ¿Sería este el valor? No, porque no lo hay en hacer abrir la jaula y echar los leones fuera; lo que sí hay es, y competente, locura, quijotismo. El verdadero valor consiste en arrostrar[66] el peligro cuando nos corren probabilidades de salir airosos, o es absolutamente necesario, de forma que sin eso la honra o la Patria estuviesen a pique[67] de perderse; y, en evitarlo, cuando se va derechamente a muerte, ni precisa ni fructuosa. Esta es la temeridad; y no esa temeridad de gran alcurnia de Marcelo[68] o Carlos XII,[69] sino esa temeridad estúpida con la cual algunos acometen o esperan el peligro sin fruto ni nobleza. Corríanse toros en la plaza del lugar en donde vivo: un buen hombre se dejaba estar sentado en la puerta de la iglesia ostentando una intrepidez que en breve iba a costarle caro; venía la fiera; todos huían menos él, y aun se propasaba a provocarla, sin contar con salida ni refugio, sin ponerse siquiera en pie para ver de sacarle un lance. En una de éstas vino el toro, le estrelló contra la pared y le destapó la cara. Este era el valor que han querido manifestásemos los patriotas contra García Moreno, cuando hemos estado viendo tantas cabezas y caras destapadas.

Los héroes de la *Iliada* no empeñan el combate sino bien cubiertos de armas defensivas, peto, brazales y escarcela:[70] ¿quién no ha visto el plumón del casco de Héctor[71] ondeando en las murallas de Troya?[72] Los legisladores de los griegos, al decir de la historia, castigan de muerte al soldado que botó su escudo y no al que dejó su espada en el campo de batalla. El cuidado de defenderse es más racional que el de acometer, según lo siente Plutarco;[73] por donde[74] en los gobiernos despóticos, como quiera que la espada del tirano esté constantemente enderezada hacia el pecho de los oprimidos, nadie chista,[75] porque hablar sería morir. Mientras las leyes resguardan a los ciudadanos, el que sufre en silencio los desmanes del manda-

[59] anillos de metal que se ponen a los prisioneros
[60] poeta y político ecuatoriano (1833–1887)
[61] García Moreno, Gabriel: político y escritor ecuatoriano (1821–1875), pres. de la Rep. (1861–1865; 1869–1875).
[62] se bajó; fig. dejó abandonó
[63] (amer.) bozo, cabestro de la caballería; (fig.) censura
[64] oficial de imprenta que compone las letras
[65] provincia del Ecuador donde había una terrible prisión
[66] enfrentar; resistir
[67] en peligro de
[68] Marco Claudio Marcelo: general romano (s. III a. C.), fue Cónsul varias veces.
[69] Carlos XII (1682–1718), rey de Suecia (1697–1718), fue muy belicoso y guerrero.
[70] *peto*: armadura para el pecho; *brazales*: piezas de la armadura que cubrían el brazo; *escarcela*: parte de la armadura que protegía la cadera
[71] jefe troyano, famoso por su valor, a quien Aquiles mató
[72] ciudad de Asia Menor, resistió un sitio griego de diez años. Fue penetrada mediante el famoso *caballo de Troya*
[73] el célebre historiador griego (¿50–125? d. C.), autor de las *Vidas paralelas*, biografías modelos en su clase
[74] por eso
[75] habla

tario es digno de la esclavitud; pero donde ellas no son sino dorados parapetos tras los cuales la tiranía afila su puñal, el que se calla a lo más podrá ser dicho desgraciado. Sabemos que el patriota sublime, el hombre generoso ha de sacrificar su vida a la verdad; pero esto será donde haya quien le entienda, donde haya quien le anime, donde haya quien le ayude; ¡qué digo! donde haya siquiera quien le compadezca y le disculpe cuando el sacrificio ha sido consumado. Pero aquí el digno, el pundonoroso, el aborrecedor de la injusticia y la ruindad tiene que vivir en lastimoso aislamiento. Si algo piensa, no lo dice, porque no encuentra sino improbadores; si algo emprende, sus más fieles compañeros le traicionan; si algo escribe, no le faltará un amigo íntimo que se ría de su sensibilidad llamando delirios sus arranques de indignación contra los tiranos y sus ruines víctimas. La palidez de Casio,[76] las lágrimas de Wellington[77] son por demás en estos tristes pueblos: el que por vil propensión no es para esclavo, lo es por corrupción; y el que aborrece y huye de esas cosas y de otras de peor jaez,[78] «es un extravagante».

Pero en fin venimos a parar en que no hubo cobardía en callar mientras García Moreno tenía el poder absoluto en las manos, supuesto que contra él no teníamos ningunas armas defensivas; no la hubo, sino en primer lugar, impotencia de expresarse, en segundo lugar cordura. García Moreno ha dejado el mando, es cierto; pero con el mando no se le acaba su carácter, ni los ímpetus de su genio son menos de temer: siempre es audaz, siempre arrojado, siempre poderoso de su persona, y, según es lengua, diestro en el manejo de las armas. ¿Será de cobardes irritarle con la verdad y arrostrar con su ira? La cosa es clara, nadie que no esté firmemente resuelto ni se sienta con ánimo para morir de su mano o matarle en propia y natural defensa,[79] había de ir inconsideradamente a echarle el agraz[80] en el ojo.

Siete tratados

1883

«Los héroes de la emancipación americana»

WASHINGTON Y BOLÍVAR[81]

El renombre de Washington no finca[82] tanto en sus proezas militares, cuanto en el éxito mismo de la obra que llevó adelante y consumó con tanta felicidad como buen juicio. El de Bolívar trae consigo el ruido de las armas, y a los resplandores que despide esa figura radiosa vemos caer y huir y desvanecerse los espectros de la tiranía: suenan los clarines, relinchan los

[76] Cayo Casio Longino: político romano (¿?–42 a. C.), uno de los que mató a Julio César.
[77] Wellington, Arthur Wellesley, duque de: general inglés (1769–1852), venció a Napoleón en la batalla de Waterloo (1815).
[78] (fig.) calidad, carácter
[79] Recuérdese que García Moreno murió asesinado (1875). Se dice que Montalvo exclamó al saber la noticia: «Mía es la gloria, mi pluma lo ha matado».
[80] zumo de la uva sin madurar; (fig.) amargura, disgusto
[81] Excelente paralelo entre los dos grandes héroes de América. Constituye una de las mejores páginas escritas por Montalvo.
[82] no se basa

caballos, todo es guerrero estruendo en torno al héroe hispanoamericano: Washington se presenta a la memoria y la imaginación como gran ciudadano antes que como gran guerrero, como filósofo antes que como general. Washington estuviera muy bien en el senado romano al lado del viejo Papirio Cúrsor,[83] y en siendo monarca antiguo, fuera Augusto,[84] ese varón sereno y reposado que gusta de sentarse en medio de Horacio y Virgilio,[85] en tanto que las naciones todas giran reverentes alrededor de su trono. Entre Washington y Bolívar hay de común la identidad de fines, siendo así que el anhelo de cada uno se cifra[86] en la libertad de un pueblo y el establecimiento de la democracia. En las dificultades sin medida que el uno tuvo que vencer, y la holgura con que el otro vió coronarse su obra, ahí está la diferencia de esos dos varones ilustres, ahí la superioridad del uno sobre el otro. Bolívar, en varias épocas de la guerra, no contó con el menor recurso, ni sabía dónde ir a buscarlo: su amor inapeable[87] hacia la patria; ese punto de honra subido que obraba en su pecho; esa imaginación fecunda, esa voluntad soberana, esa actividad prodigiosa que constituían su carácter, le inspiraban la sabiduría de hacer factible lo imposible, le comunicaban el poder de tornar de la nada al centro del mundo real. Caudillo inspirado por la Providencia, hiere la roca con su varilla de virtudes, y un torrente de agua cristalina brota murmurando afuera; pisa con intención, y la tierra se puebla de numerosos combatientes, esos que la patrona[88] de los pueblos oprimidos envía sin que sepamos de dónde. Los americanos del Norte eran de suyo ricos, civilizados y pudientes aun antes de su emancipación de la madre Inglaterra: en faltando su caudillo, cien Washingtons se hubieran presentado al instante a llenar ese vacío, y no con desventaja. A Washington le rodeaban hombres tan notables como él mismo, por no decir más beneméritos: Jefferson, Madison, varones de alto y profundo consejo, Franklin, genio del cielo y de la tierra, que al tiempo que arranca el cetro a los tiranos, arranca el rayo a las nubes: *Eripui coelo fulmen sceptrumque tyranis.*[89] Y éstos y todos los demás, cuán grandes eran y cuán numerosos se contaban, eran unos en la causa, rivales en la obediencia, poniendo cada cual su contingente en el raudal inmenso que corrió sobre los ejércitos y las flotas enemigas, y destruyó el poder británico. Bolívar tuvo que domar a sus tenientes, que combatir y vencer a sus propios compatriotas, que luchar con mil elementos conjurados contra él y la independencia, al paso que batallaba con las huestes españolas y las vencía o era vencido. La obra de Bolívar es más ardua, y por el mismo caso más meritoria.

Washington se presenta más respetable y majestuoso a la contemplación del mundo, Bolívar más alto y resplandeciente: Washington fundó una república que ha venido a ser después de poco una de las mayores naciones de la tierra; Bolívar fundó asimismo una gran nación, pero, menos feliz que su hermano primogénito, la vio desmoronarse, y aunque no destruída su obra, por lo menos desfigurada y apocada. Los sucesores de Washington, grandes ciudadanos, filósofos y políticos, jamás pensaron en despedazar el manto sagrado de su madre para echarse cada uno por adorno un jirón de púrpura sobre sus cicatrices; los compañeros de Bolívar todos acometieron a degollar a la real Colombia[90] y tomar para sí la mayor presa posible, locos de ambición y tiranía. En tiempo de los dioses Saturno[91] devoraba a sus hijos; nosotros hemos visto y estamos viendo ciertos hijos devorar a su madre. Si Páez,[92] a cuya memoria debemos el más profundo respeto, no tuviera su parte en este crimen, ya estaba yo aparejado[93] para hacer una terrible comparación tocante a esos asociados del parricidio que nos destruyeron nuestra grande patria; y como había además que

[83] general y Cónsul romano (fines s. VI a. C.)
[84] Véase nota 54
[85] Publio Virgilio Marón: poeta latino (70–19 a. C.), autor de *Las Bucólicas* y *Las Geórgicas*.
[86] (fig.) se compendia o resume
[87] aquí: interminable
[88] virgen protectora
[89] «Arranqué a los tiranos el cetro y a los cielos el rayo»
[90] se refiere a la República de la Gran Colombia, compuesta de Colombia, Venezuela y Ecuador. Bolívar fue el fundador y presidente
[91] Saturno, padre de Júpiter en la mitología romana. Identificado con el Cronos de la mitología griega
[92] Páez, Jose Antonio: militar y político venezolano (1790–1873), patriota de la Independencia, fue presidente tres veces (1830–1835; 1839–1843; 1861–1863). No siempre gobernó democráticamente
[93] preparado

mentar a un gusanillo y rememorar el triste fin del héroe de Ayacucho,[94] del héroe de la guerra y las virtudes, vuelvo a mi asunto ahogando en el pecho esta dolorosa indignación mía. Washington, menos ambicioso, pero menos magnánimo, más modesto, pero menos elevado que Bolívar. Washington, concluída su obra, acepta los casi humildes presentes de sus compatriotas; Bolívar rehusa los millones ofrecidos por la nación peruana: Washington rehusa el tercer período presidencial de los Estados Unidos, y cual un patriarca se retira a vivir tranquilo en el regazo de la vida privada, gozando sin mezcla de odio las consideraciones de sus semejantes, venerado por el pueblo, amado por sus amigos: enemigos, no los tuvo, ¡hombre raro y feliz! Bolívar acepta el mando tentador que por tercera vez, y ésta de fuente impura, viene a molestar su espíritu, y muere repelido, perseguido, escarnecido por una buena parte de sus contemporáneos. El tiempo ha borrado esta leve mancha, y no vemos sino el resplandor que circunda al mayor de los sudamericanos. Washington y Bolívar, augustos personajes, gloria del Nuevo Mundo, honor del género humano junto con los varones más insignes de todos los pueblos y de todos los tiempos.

Eugenio María de Hostos

PUERTO RICO, 1839–1903

El nombre de este héroe de la libertad y de la moral debe colocarse junto a Bello, Sarmiento —los grandes «civilizadores»— y Martí por el idealismo acendrado. Nació en una finca de Mayagüez y en el Liceo de San Juan cursó parte de su bachillerato, terminándolo en el Instituto de Segunda Enseñanza de Bilbao, España, a donde había llegado en 1851. A los dieciocho años (1857) se trasladó a Madrid para estudiar Derecho en la Universidad Central, estudios que dejó interrumpidos por sus inquietudes patrióticas. En España se asoció con los más liberales y estuvo muy en contacto con el grupo krausista. Desilusionado porque el gobierno español no quiso dar la Independencia a Puerto Rico, se marcha de allí y va a Nueva York, donde ayuda los esfuerzos de los patriotas por libertar a Cuba. Después viaja y vive por algún tiempo (1870–1874) en Santo Domingo, Chile, Argentina y Brasil. En 1874 regresa a Nueva York y luego permanece por diez años (1878–1888) en Santo Domingo, consagrado a la educación. Organizó la enseñanza primaria y normal según los principios del positivismo, y es bajo su dirección que se forman los primeros maestros de la Isla. De 1889–1898 vive en Chile, invitado por su gobierno, dedicándose por nueve años a la educación. En 1898 vuelve a Nueva York y lucha por la Independencia de Puerto Rico, ahora dominio de los Estados Unidos. Poco después marcha a Santo Domingo, donde murió muy abatido moralmente por la situación de su patria.

---

[94] se refiere al mariscal venezolano Antonio José de Sucre.

En Hostos encontramos una contradicción lógica entre el positivismo de su pensamiento y el idealismo de su vida. Con gran abnegación sacrificó todos los goces de la vida por defender sus ideas básicas: la Independencia de Cuba y Puerto Rico y la formación de una Federación Antillana que incluyese también a Santo Domingo, la educación popular —con bases científicas del positivismo— como fundamento de la democracia y el progreso; y la moral o ética, ya que estipulaba que la verdad conduce al bien y al bienestar y progreso. Escribió su primera obra, *La peregrinación de Bayoán* (1863) cuando tenía veinticuatro años. Los caracteres de esta novela son simbólicos y representan una alegoría sobre la unión e Independencia de las Antillas. Atraído por la historia y la literatura de Cuba publica sus biografías *Plácido* (1872) y *Céspedes* (1874). De notable renombre ha gozado su *Hamlet* (1873), estudio crítico muy apropiado de la gran tragedia. Las obras más importantes para conocer su pensamiento son *La educación científica de la mujer* (1872), dos conferencias pronunciadas en Santiago de Chile, y *Los frutos de la normal* (1881), también una conferencia. Su obra maestra aparece en *Moral social* (1888), su libro más representativo, ejemplo de aquel dualismo y contradicción entre positivismo e idealismo. Es un libro de tesis. Trata de las varias actividades de la vida: la política, las profesiones, la escuela, la industria y culmina con el capítulo donde expone sus ideas sobre el empleo del tiempo en la civilización, tal como él la concibe. Hace un rudo ataque a la literatura afirmando la superioridad de la ética sobre el arte. Ve una oposición casi irreconciliable entre moral y belleza. Para él la armonía, la verdad y la moral deben ser los objetivos finales del hombre. Prefirió la acción constructiva y reformadora a la teoría del «arte por el arte». El libro adolece de cierto esquematismo, recuerdo de su amistad con los krausistas.

Otro de sus libros notables es *Tratado de sociología* (1904), enmarcado dentro de la línea positivista de Spencer, pero con las contradicciones ya señaladas. En una de las secciones titulada «Sociopatía», afirma que «las sociedades, como los individuos están sujetas a enfermedades» y añade: «en la sociedad como en el individuo, la enfermedad tiene por fuerza que ser y necesariamente es una alteración de alguna, varias o todas las funciones de la vida». Señala esos padecimientos y afirma que las tres enfermedades políticas que devoran las sociedades hispanoamericanas son «el politiqueo, el militareo, el revolucionarismo». Tiene ideas muy interesantes, pero a veces peca de exceso de idealismo, con planteamientos bastante insuficientes. Mucho interés ofrece su *Epistolario*, con excelentes cartas, importantes para conocer el alma del gran hombre y su *Diario*, lleno de intimidades y recuerdos, con sus impresiones cotidianas.

Su pensamiento es en todo momento noble, honesto, elevado. Siempre trata de orientar, dirigir, educar. Tiene razón cuando afirma que la educación está en la base de las naciones cultas y progresistas. En él, el luchador por la libertad, la justicia, la moral y la educación es mucho más importante que el escritor. Su concepción intelectual de la civilización perjudicó mucho su producción, pero entre sus obras hay páginas y pensamientos que lo señalan como un gran pensador y escritor. Sus ideas adolecen de cierto simplismo, producto de su concepción idealista de las cosas. Muestra predilección por las parábolas, símbolos, abstracciones y fórmulas, las que unidas a esquemas y silogismos, le transmiten cierta pesadez y frialdad. Su prosa está hecha sobre la base del krausismo y el positivismo.

FUENTE: *Obras completas*, 20 vols., La Habana, Cultural, 1939. Edición conmemorativa del gobierno de Puerto Rico.

La educación científica de la mujer[1]

1872

Primera Conferencia

Al aceptar nuestra primera base, que siempre será gloria y honra del pensador eminente que os la propuso y nos preside, todos vosotros la habéis meditado; y la habéis abarcado,[2] al meditarla, en todas sus fases, en todas sus consecuencias lógicas, en todas sus trascendencias de presente y porvenir. No caerá, por lo tanto, bajo el anatema del escándalo el tema que me propongo desarrollar ante vosotros: que cuando se ha atribuido al arte literario el fin de expresar la verdad filosófica; cuando se le atribuye como regla de composición y de críticas el deber de conformar las obras científicas a los hechos demostrados positivamente por la ciencia, y el deber de amoldar las obras sociológicas o meramente literarias al desarrollo de la naturaleza humana, se ha devuelto al arte de la palabra, escrita o hablada, el fin esencial a que corresponde; y el pensador que en esa reivindicación del arte literario ha sabido descubrir la rehabilitación de esferas enteras de pensamiento, con sólo esa rehabilitación ha demostrado la profundidad de su indagación,[3] la alteza de su designio,[4] y al asociarse a vosotros y al asociaros a su idea generosa, algo más ha querido, quería algo más que matar el ocio impuesto: ha querido lo que vosotros queréis, lo que yo quiero; deducir de la primera base las abundantes consecuencias que contiene.

Entre esas consecuencias está íntegramente el tema que desenvolverá este discurso.

Esta Academia quiere un arte literario basado en la verdad, y fuera de la ciencia no hay verdad; quiere servir a la verdad por medio de la palabra, y fuera de la que conquista prosélitos[5] para la ciencia, no hay palabra; quiere, tiene que querer difusión para las verdades demostradas, y fuera de la propaganda continua no hay difusión; quiere, tiene que querer eficacia para la propaganda, y fuera de la irradiación del sentimiento no hay eficacia de verdad científica en pueblos niños que no han llegado todavía al libre uso de razón. Como el calor reanima los organismos más caducos,[6] porque se hace sentir en los conductos más secretos de la vida, el sentimiento despierta el amor de la verdad en los pueblos no habituados a pensarla, porque hay una electricidad moral y el sentimiento es el mejor conductor de esa electricidad. El sentimiento es facultad inestable, transitoria e inconstante en nuestro sexo; es facultad estable, permanente, constante, en la mujer. Si nuestro fin es servir por medio del arte literario a la verdad, y en el estado actual de la vida chilena el medio más adecuado a ese fin es el sentimiento, y el sentimiento es más activo y por lo tanto más persuasivo y eficaz en la mujer, por una encadenación de ideas, por una rigurosa deducción llegaréis, como he llegado yo, a uno de los fines contenidos en la base primera: la educación científica de la mujer. Ella es sentimiento: educadla, y vuestra propaganda de verdad será eficaz; haced eficaz por medio de la mujer la propaganda redentora, y difundiréis por todas partes los principios eternos de la ciencia; difundid esos principios, y en cada labio tendréis palabras de verdad; dadme una generación que hable la verdad, y yo os daré una generación que haga el bien; daos madres que lo enseñen científicamente a sus hijos, y ellas os darán una patria

[1] Conferencias pronunciadas en la Academia de Bellas Letras de Santiago de Chile, en 1872. La primera, que ofrecemos como selección, fue publicada en la *Revista Sudamericana*, Chile, junio de 1873.
[2] comprendido, encerrado, contenido
[3] averiguación, acción de inquirir
[4] proyecto, programa
[5] seguidores
[6] viejos

que obedezca virilmente a la razón, que realice concienzudamente la libertad, que resuelva despacio el problema capital del Nuevo Mundo, basando la civilización en la ciencia, en la moralidad y en el trabajo, no en la fuerza corruptora, no en la moral indiferente, no en el predominio exclusivo del bienestar individual.

Pero educar a la mujer para la ciencia es empresa[7] tan ardua a los ojos de casi todos los hombres, que aquellos en quienes tiene luz más viva la razón y más sana energía la voluntad, prefieren la tiniebla del error, prefieren la ociosidad de su energía, a la lucha que impone la tarea. Y no seréis vosotros los únicos señores, que al llevar al silencio del hogar las congojas acerbas[8] que en todo espíritu de hombre destila el espectáculo de la anarquía moral e intelectual de nuestro siglo, no seréis vosotros los únicos que os espantéis de concebir que allí, en el corazón afectuoso, en el cerebro ocioso, en el espíritu erial[9] de la mujer, está probablemente el germen[10] de la nueva vida social, del nuevo mundo moral que en vano reclamáis de los gobiernos, de las costumbres, de las leyes. No seréis los únicos que os espantéis de concebirlo. Educada exclusivamente como está por el corazón y para él, aislada sistemáticamente como vive en la esfera de la idealidad enfermiza, la mujer es una planta que vegeta, no una conciencia que conoce su existencia; es una mimosa[11] sensitiva que lastima el contacto de los hechos, que las brutalidades de la realidad marchitan; no una entidad de razón y de conciencia que amparada por ellas en su vida, lucha para desarrollarlas, las desarrolla para vivirlas, las vive libremente, las realiza. Vegetación, no vida; desarrollo fatal, no desarrollo libre; instinto, no razón; haz[12] de nervios irritables, no haz de facultades dirigibles; sístole-diástole fatal que dilata o contrae su existencia, no desenvolvimiento voluntario de su vida; eso han hecho de la mujer los errores que pesan sobre ella, las tradiciones sociales, intelectuales y morales que la abruman, y no es extraordinario que cuando concebimos en la rehabilitación total de la mujer la esperanza de un nuevo orden social, la esperanza de la armonía moral e intelectual, nos espantemos: entregar la dirección del porvenir a un ser a quien no hemos sabido todavía entregar la dirección de su propia vida, es un peligro pavoroso.

Y sin embargo, es necesario arrostrarlo,[13] porque es necesario vencerlo. Ese peligro es obra nuestra, es creación nuestra; es obra de nuestros errores, es creación de nuestras debilidades; y nosotros los hombres, los que monopolizamos la fuerza de que casi nunca sabemos hacer justo empleo; los que monopolizamos el poder social, que casi siempre manejamos con mano femenina; los que hacemos las leyes para nosotros, para el sexo masculino, para el sexo fuerte, a nuestro gusto, prescindiendo temerariamente de la mitad del género humano, nosotros somos responsables de los males que causan nuestra continua infracción de las leyes eternas de la naturaleza. Ley eterna de la naturaleza es igualdad moral del hombre y de la mujer, porque la mujer, como el hombre, es obrero[14] de la vida; porque para desempeñar[15] ese augusto ministerio, ella como él está dotada de las facultades creadoras que completan la formación física del hombre-bestia por la formación moral del hombre dios. Nosotros violamos esa ley, cuando reduciendo el ministerio de la mujer a la simple cooperación de la formación física del animal, le arrebatamos el derecho de cooperar a la formación psíquica del ángel. Para acatar las leyes de la naturaleza, no basta que las nuestras reconozcan la personalidad de la mujer, es necesario que instituyan esa personalidad, y sólo hay personalidad en donde hay responsabilidad y en donde la responsabilidad es efectiva. Más lógicos en nuestras costumbres que solemos serlo en las especulaciones de nuestro entendimiento, aún no nos hemos atrevido a declarar responsable del desorden moral e intelectual a la mujer, porque, aún sabiendo que en ese desorden tiene ella una parte de la culpa,

[7] tarea, labor
[8] *congojas*: angustias; *acerbas*: agrias, amargas
[9] sin cultivar ni labrar
[10] origen
[11] género de planta, llamada también sensitiva porque sus hojas se contraen al menor contacto
[12] conjunto
[13] enfrentarlo
[14] trabajador
[15] cumplir con lo que se debe hacer

nos avergonzamos de hacerla responsable. ¿Por magnanimidad, por fortaleza? No; por estricta equidad, porque si la mujer es cómplice de nuestras faltas y copartícipe[16] de nuestros males, lo es por ignorancia, por impotencia moral; porque la abandonamos cobardemente en las contiendas intelectuales que nosotros sostenemos con el error, porque la abandonamos impíamente a las congojas del cataclismo moral que atenebra[17] la conciencia de este siglo. Reconstituyamos la personalidad de la mujer, instituyamos su responsabilidad ante sí misma, ante el hogar, ante la sociedad; y para hacerlo, restablezcamos la ley de la naturaleza, acatemos[18] la igualdad moral de los dos sexos, devolvamos a la mujer el derecho de vivir racionalmente; hagámosle conocer este derecho, instruyámosla en todos sus deberes, eduquemos su conciencia para que ella sepa educar su corazón. Educada en su conciencia, será una personalidad responsable: educada en su corazón, responderá de su vida con las amables virtudes que hacen del vivir una satisfacción moral y corporal tanto como una resignación intelectual.

¿Cómo?

Ya lo sabéis: obedeciendo a la naturaleza. Más justa con el hombre que lo es él consigo mismo, la naturaleza previó que el ser a quien dotaba de la conciencia de su destino, no hubiera podido resignarse a tener por compañera a un simple mamífero; y al dar al hombre un colaborador de la vida en la mujer, dotó a ésta de las mismas facultades de razón y la hizo colaborador de su destino. Para que el hombre fuera hombre, es decir, digno de realizar los fines de su vida, la naturaleza le dio conciencia de ella, capacidad de conocer su origen, sus elementos favorables y contrarios, su trascendencia y relaciones, su deber y su derecho, su libertad y su responsabilidad; capacidad de sentir y de amar lo que sintiera; capacidad de querer y realizar lo que quisiera; capacidad de perfeccionarse y de mejorar por sí mismo las condiciones de su ser y por sí mismo elevar el ideal de su existencia. Idealistas o sensualistas,[19] materialistas o positivistas, describan las facultades del espíritu según orden de ideas innatas o preestablecidas, según desarrollo del alma por el desarrollo de los sentidos, ya como meras modificaciones de la materia, ya como categorías, todos los filósofos y todos los psicólogos se han visto forzados a reconocer tres órdenes de facultades que conjuntamente constituyen la conciencia del ser humano, y que funcionando aisladamente constituyen su facultad de conocer, su facultad de sentir, su facultad de querer. Si estas facultades están con diversa intensidad repartidas en el hombre y la mujer, es un problema; pero que están total y parcialmente determinando la vida moral de uno y otro sexo, es un axioma; que los positivistas refieran al instinto la mayor parte de los medios atribuidos por los idealistas a la facultad de sentir: que Spinoza[20] y la escuela escocesa señalen en los sentidos la mejor de las aptitudes que los racionalistas declaran privativas de la razón; que Krause[21] hiciera de la conciencia una como facultad de facultades; que Kant[22] resumiera en la razón pura todas las facultades del conocimiento y en la razón práctica todas las determinaciones del juicio, importa poco, en tanto que no se haya demostrado que el conocer, el sentir y el querer se ejercen de un modo absolutamente diverso en cada sexo. No se demostrará jamás, y siempre será base de la educación científica de la mujer la igualdad moral del ser humano. Se debe educar a la mujer para que sea ser humano, para que cultive y desarrolle sus facultades, para que practique su razón, para que viva su conciencia, no para que funcione en la vida social con las funciones privativas de mujer. Cuanto más ser humano se conozca y se sienta más mujer querrá ser y sabrá ser.

Si se me permitiera distribuir en dos grupos las facultades y las actividades de nuestro ser, llamaría *conciencia* a las primeras, *corazón* a las segundas, para expresar las dos grandes fases de la educación de la mujer y para hacer comprender que si la razón, el sentimiento y la voluntad pueden y deben educarse en cuanto

[16] cosocio
[17] hace tenebroso (sombrío, negro, lleno de tinieblas)
[18] obedezcamos
[19] seguidores de la filosofía del sensualismo, doctrina que atribuye a los sentidos el origen de las ideas
[20] Spinoza, Baruch: filósofo holandés de origen portugués (1632–1677), racionalista y panteísta
[21] Krause, Karl Christian Friedrich: filósofo alemán (1781–1832)
[22] Kant, Emmanuel: el célebre filósofo alemán (1724–1804)

facultades, sólo pueden dirigirse en cuanto actividades: educación es también dirección, pero es externa, indirecta, mediata, extrapersonal; la dirección es esencialmente directa, inmediata, interna, personal. Como ser humano consciente, la mujer es educable; como corazón, sólo ella misma puede dirigirse. Que dirigirá mejor su corazón cuando esté más educada su conciencia; que sus actividades serán más saludables cuanto mejor desenvueltas estén sus facultades, es tan evidente y es tan obvio, que por eso es necesario, indispensable, obligatorio, educar científicamente a la mujer.

Ciencia es el conjunto de verdades demostradas o de hipótesis demostrables, ya se refieran al mundo exterior o al interior, al yo o al no-yo, como dice la antigua metafísica; comprende, por lo tanto, todos los objetos de conocimiento positivo e hipotético, desde la materia en sus varios elementos, formas, transformaciones, fines, necesidades y relaciones, hasta el espíritu en sus múltiples aptitudes, derechos, deberes, leyes, finalidad y progresiones; desde el ser hasta el no-ser; desde el conocimiento de las evoluciones de los astros hasta el conocimiento de las revoluciones del planeta; desde las leyes que rigen el universo físico hasta las que rigen el mundo moral: desde las verdades axiomáticas en que está basada la ciencia de lo bello, hasta los principios fundamentales de la moral; desde el conjunto de hipótesis que se refieren al origen, transmigración, civilización y decadencia de las razas, hasta el conjunto de hechos que constituyen la sociología.

Esta abrumadora diversidad de conocimientos, cada uno de los cuales puede absorber vidas enteras y en cada uno de los cuales establecen diferencias, divisiones y separaciones sucesivas el método, el rigor lógico y la especialización de hechos, de observaciones y de experimentaciones que antes no se habían comprobado, esta diversidad de conocimientos está virtualmente reducida a la unidad de la verdad, y se puede, por una sencilla generalización, abarcar en una simple serie. Todo lo cognoscible se refiere necesaria y absolutamente a alguno de nuestros medios de conocer. Conocemos por medio de nuestras facultades, y nuestras facultades están de tan íntimo modo ligadas entre sí, que lo que es conocer para las unas es sentir para las otras y querer para las restantes; y a veces la voluntad es sentimiento y conocimiento, y frecuentemente el sentimiento suple o completa e ilumina a la facultad que conoce y a la que realiza. Distribuyendo, pues, toda la ciencia conocida en tantas categorías cuantas facultades tenemos para conocer la verdad, para amarla y para ejercitarla, la abarcaremos en su unidad trascendental, y sin necesidad de conocerla en su abundante variedad, adquiriremos todos sus fundamentos, en los cuales, hombre o mujer, podemos todos conocer las leyes generales del universo, los caracteres propios de la materia y del espíritu, los fundamentos de la sociabilidad, los principios necesarios de derecho, los motivos, determinaciones y elementos de lo bello, la esencia y la necesidad de lo bueno y de lo justo.

Todo eso puede saberlo la mujer, porque para todos esos conocimientos tiene facultades; todo eso debe saberlo, porque sabiendo todo eso se emancipará de la tutela[23] del error y de la esclavitud en que la misma ociosidad de sus facultades intelectuales y morales la retienen. Se ama lo que se conoce bello, bueno, verdadero; el universo, el mundo, el hombre, la sociedad, la ciencia, el arte, la moral, todo es bello, bueno y verdadero en sí mismo; conociéndolo todo en su esencia, ¿no sería todo más amado? Y habiendo necesariamente en la educación científica de la mujer un desenvolvimiento correlativo de su facultad de amar, ¿no amaría más conociendo cuanto hoy ama sin conocer? Amando más y con mejor amor, ¿no sería más eficaz su misión en la sociedad? Educada por ella, conocedora y creadora ya de las leyes inmutables del universo, del planeta, del espíritu, de las sociedades, libre ya de las supersticiones, de los errores, de los terrores en que continuamente zozobran[24] su sentimiento, su razón y su voluntad, ¿no sabría ser la primera y la última educadora de sus hijos, la primera para dirigir sus facultades, la última para moderar sus actividades, presentándoles siempre lo bello, lo bueno, lo verdadero como

[23] autoridad, control

[24] naufragan, perecen

meta?[25] La mujer es siempre madre; de sus hijos, porque les ha revelado[26] la existencia; de su amado, porque le ha revelado la felicidad; de su esposo, porque le ha revelado la armonía. Madre, amante, esposa, toda mujer es una influencia. Armad de conocimientos científicos esa influencia, y soñad la existencia, la felicidad y la armonía inefable de que gozaría el hombre en el planeta, si la dadora, si la embellecedora, si la compañera de la vida fuera, como madre, nuestro guía científico; como amada, la amante reflexiva de nuestras ideas, y de nuestros designios virtuosos; como esposa, la compañera de nuestro cuerpo, de nuestra razón, de nuestro sentimiento, de nuestra voluntad y nuestra conciencia. Sería hombre completo. Hoy no lo es.

El hombre que educa a una mujer, ése vivirá en la plenitud de su ser, y hay en el mundo algunos hombres que saben vivir su vida entera; pero ellos no son el mundo, y el infinito número de crímenes, de atrocidades, de infracciones de toda ley que en toda hora se cometen en todos los ámbitos del mundo, están clamando contra las pasiones bestiales que la ignorancia de la mujer alienta[27] en todas partes, contra los intereses infernales que una mujer educada moderaría en el corazón de cada hijo, de cada esposo, de cada padre.

Esta mujer americana, que tantas virtudes espontáneas atesora, que tan nobles ensueños acaricia, que tan alta razón despliega[28] en el consejo de familia y tan enérgica voluntad pone al infortunio, que tan asombrosa perspicacia manifiesta y con tan poderosa intuición se asimila los conocimientos que el aumento de civilización diluye en la atmósfera intelectual de nuestro siglo; esta mujer americana, tan rebelde por tan digna, como dócil y educable por tan buena, es digna de la iniciación científica que está destinada a devolverle la integridad de su ser, la libertad de su conciencia, la responsabilidad de su existencia. En ella más que en nadie es perceptible en la América latina la trascendencia del cambio que se opera[29] en el espíritu de la humanidad, y si ella no sabe de dónde viene la ansiosa vaguedad de sus deseos, a dónde van las tristezas morales que la abaten, dónde está el ideal en que quisiera revivir su corazón, antes marchito que formado, ella sabe que está pronta para bendecir el nuevo mundo moral en donde, convertida la verdad en realidad, convertida en verdad la idea de lo bello; convertida en amable belleza la virtud, las tres Gracias[30] del mito simbólico descienden a la tierra y enlazadas estrechamente de la mano como estrechamente se enlazan la facultad de conocer lo verdadero, la facultad de querer lo justo, la facultad de amar lo bello, ciencia, conciencia y caridad se den la mano.

---

[25] objetivo
[26] descubierto, mostrado
[27] produce, provoca
[28] muestra
[29] se produce
[30] deidades paganas nombradas Aglaya, Talía y Eufrosine, que personificaban la belleza

Justo Sierra

MÉXICO, 1848–1912

Como poeta, cuentista, orador, crítico, y especialmente como ensayista, educador y orientador de generaciones se distinguió Justo Sierra Méndez. Nació en Campeche y era hijo del novelista e historiador Justo Sierra O'Reilly. Hizo sus estudios primarios en la ciudad natal y empezó la secundaria en el famoso Seminario Conciliar de Mérida. En 1861 se trasladó a México para completar su educación en el Colegio de San Ildefonso y la Escuela de Jurisprudencia. Se recibió de abogado a los veintitrés años, pero ejerció muy poco la carrera. Le tocó vivir una época de grandes crisis y cambios políticos y sociales: el régimen de la Reforma liberal de Juárez, el efímero imperio de Maximiliano, el largo régimen oligárquico de Porfirio Díaz y los comienzos de la Revolución con Madero. Solía concurrir a las tertulias y cenáculos literarios de su época en los que se relacionó con escritores y políticos. Fue discípulo de Ignacio Manuel Altamirano, el escritor más influyente del Romanticismo mexicano, y cuando éste falleció, Sierra tomó sobre sus hombros la tarea de orientar a las nuevas generaciones. De lleno en el mundo político, intelectual y literario de su tiempo, ocupó las más relevantes posiciones: Diputado, Magistrado de la Suprema Corte de Justicia, Profesor de Historia en la Escuela Nacional Preparatoria, Delegado de México al Congreso Hispanoamericano de Madrid, Ministro de Educación y Bellas Artes en el gobierno de Porfirio Díaz (1905–1911), desde donde realizó una vasta y grandiosa obra en favor de la educación y la cultura, cuya culminación fue la reestructuración de la Universidad Nacional Autónoma en 1910. El presidente Madero lo nombró su Embajador en España, donde murió poco después.

Como muchos otros escritores, Sierra comenzó su carrera literaria por la poesía, bien cerca del tono retumbante de Víctor Hugo, para evolucionar después hacia los matices grises de Musset y la íntima vaguedad de Bécquer. Aunque sus mayores éxitos están en la prosa, nunca dejó de hacer versos que han de contarse entre los mejores de su generación. Sus *Poesías* (1937) fueron coleccionadas por Margaret Dorothy Kress y publicadas por la Universidad Nacional. También lo sedujo la prosa narrativa, especialmente el cuento y dejó también algunos intentos de novelas. El mismo calificó su colección *Cuentos románticos* (1896) como «Poemillas en prosa impregnados de lirismo sentimental y delirante». En ellos emplea escenarios y evocaciones de la tierra natal o da rienda suelta a su imaginación y fantasía. Como ha dicho González Peña «representan, con las novelas de Altamirano, el momento justo en que el Romanticismo mexicano en el género novelesco cristaliza en una forma propiamente literaria y artística».*

Los grandes logros de Justo Sierra —a más de su gran labor como educador que es el gran monumento de su vida— están en la prosa de ideas. Hay tres vertientes en este aspecto de su producción: la educación, la crítica literaria y la historia y los vehículos favoritos son, tanto el ensayo como el discurso, porque llegó a ser uno de los grandes oradores de México y de Hispanoamérica. Habiendo surgido en la época del apogeo del Positivismo, que en México constituyó una verdadera fiebre, tomó de él lo mejor y al cabo —como escribe Antonio Caso— opuso al absolutismo científico de éste «la formidable interrogación del criticismo contemporáneo. Y al entusiasmo por la religión de la ciencia, el titubeo incoercible del escéptico». Sentía inquietud por la renovación constante y una habilidad extraordinaria para los planes prácticos de largo alcance. Como historiador publicó sus excelentes *Elementos de historia general para las escuelas primarias* (1888), modelo en el género por la organización, precisión, sencillez y su habilidad para sintetizar grandes momentos del devenir de la Humanidad. Luego dio a conocer su monumental *México: su evolución social* (1900–1901), publicada luego bajo el título de *Evolución política del pueblo mexicano* (1940), que constituye lo más profundo, comprensivo y esclarecedor que se ha escrito sobre ese tema. Caracteriza a Sierra una capacidad poco común para presentar la historia, no como sucesión de datos y fechas sino como producto de los factores económicos, sociales culturales y políticos que la van modelando. Este método es el seguido por los grandes historiadores contemporáneos como Arnold Toynbee. Otro de sus trabajos memorables es *Juárez: su obra y su tiempo* (1905–1906), digno homenaje al gran reformador liberal cuya vida «es una lección; una suprema lección de moral cívica». Sierra combina en todos estos trabajos una sagaz y profunda intuición histórica y social con las galas del prosista que sabe recrear el pasado, al mismo tiempo que produce una obra de arte. Se le considera el primer prosista mexicano de su época: su prosa es maciza en el pensamiento y tiene, junto a la galanura expresiva, aquella serenidad y equilibrio de elementos tomada de los grandes escritores clásicos.

Las mejores páginas del gran educador están en sus discursos. Entre ellos deben mencionarse el pronunciado en el homenaje a Gabino Barreda (1908), el gran defensor del Positivismo y, especialmente el de inauguración de la Universidad Nacional (1910), contentivo de sus ideas básicas sobre la educación. La doctrina de este discurso ocupa lugar entre lo más lúcido escrito en América sobre la educación y la cultura. En ella reacciona contra el mito del Positivismo y abre las aulas de la universidad a la enseñanza de la filosofía en todas sus ramas, contribuyendo así a la restauración de la metafísica. «Sierra —como bien ha dicho Abreu Gómez— al lado de Lincoln, Martí, Sarmiento y Bello, representa una de las más lúcidas expresiones de la conciencia de América».**

FUENTE: *Obras completas*, 15 vols., México, Universidad Nacional Autónoma, 1948–1949; dirigidas y con estudio preliminar y biografía por Agustín Yáñez. Volumen XIII.

---

* *Historia de la literatura mexicana*, 8va. ed., México, Porrúa, 1963, pág 298

** Ermilo Abreu Gómez, en *Justo Sierra: educación e historia*, Washington, Unión Panamericana, 1954, pág 23

Juárez: su obra y su tiempo[1]

1905—1906

Prefacio

i

El profundo interés de estudios históricos del género de éste que con gran temor abordo[2] hoy y que probablemente tendré que rehacer en lo que de vida me quede, para acercarlo sin cesar a la verdad, consiste en su carácter psicológico. El desenvolvimiento de un alma primitiva que tiene por núcleo un carácter, que recibe color de los acontecimientos y tiende a reobrar sobre ellos, y con ellos se complica y transforma a su vez en acontecimiento determinante de series de sucesos cuya vibración se propaga indefinidamente en el tiempo, es un supremo espectáculo; no sé si hay otro igual para el espíritu; equivale al de la creación de un mundo, al del descubrimiento de una verdad fundamental. Es más interesante porque encierra más drama, porque apasiona más, porque intensifica más la vida.

Pues si este drama toma las proporciones de una revolución histórica, si llega a servir de medida a la cantidad de influencia que puede la historia de un grupo humano tener en la de la humanidad, entonces resulta para el contemplador algo sorprendente y único.

Tal es, lo digo ingenuamente, sin intención ni de formar ninguna convicción, ni de exaltar ningún entusiasmo, ni de anatematizar ningún odio, la impresión que me ha producido siempre la vida de Juárez.

Ignacio M. Altamirano,[3] el maestro de la generación a que pertenezco y que declina ya, refería cómo, durante la revolución de Ayutla,[4] había aparecido, en el séquito[5] del viejo general don Juan Álvarez,[6] un personaje insignificante, una especie de cura de indios, decía Altamirano, cabalgando sin un solo movimiento de impaciencia o cansancio, en una mula habituada a las asperezas y dobleces de la montaña interminable que separa la costa, de Chilpancingo a Cuernavaca.[7] Aquel señor, que frecuentemente hablaba con el general y a quien éste guardaba muchas consideraciones, era «el licenciado Juárez»—decía el anciano cacique respondiendo a las preguntas de su secretario—, «un excelente liberal desterrado por Santa Anna[8] a los Estados Unidos, y que ha sido el mejor gobernador que los oaxaqueños[9] han tenido; lo aprecio y lo respeto mucho.» Altamirano, indio también, pero ni impasible, ni sereno, ni mudo como el licenciado zapoteca, sino todo lo contrario, veía desde entonces con veneración e interés, aunque sin simpatía (nunca se la tuvo), a aquel

---

1 En este libro Sierra va a la raíz de los hechos históricos explicando sus causas y consecuencias y mostrando la recíproca influencia entre el movimiento de la historia y las fuerzas sociales y populares. Más que una biografía de Juárez, el ensayo constituye un estudio lúcido del movimiento de Reforma, a mediados del siglo XIX, uno de los más importantes en la vida de México y del cual es Juarez el máximo arquitecto. El prefacio que reproducimos constituye una síntesis de la evolución histórica del pueblo mexicano y muestra el estilo del notable escritor

2 (fig.) emprendo, comienzo (una tarea difícil)

3 Véase este autor en este tomo

4 Ayutla, ciudad de México, en el estado de Guerrero. Allí el general Alvarez, Comonfort y Ocampo, proclamaron un plan (1854) para derribar al dictador Santa Anna. Alvarez, Juan: general y político mexicano (1790–1864), participó en las luchas por la Independencia, se sublevó contra Santa Anna y fue presidente de la República (1855); Comonfort, Ignacio: general y político mexicano (1812–1863), luchó contra Santa Anna, llegó a presidente en 1855 y dos años después fue derribado por Juárez; Ocampo, Melchor: político liberal mexicano (¿?–1861), uno de los mártires de las leyes de la Reforma, murió asesinado.

5 conjunto de personas que acompañan a otra

6 Véase nota 4

7 ciudades de México

8 López de Santa Anna, Antonio: general y político mexicano (1791–1876), luchó por la Independencia y fue presidente dictador varias veces (la última de 1853 a 1855). Juárez lo desterró en 1867 al triunfar la revolución liberal.

9 habitantes de Oaxaca, estado del sur de México

hombre de tanto mérito y de tan pocas palabras para él, el exuberante; muy poco tiempo después, el licenciado se encargaba, en Cuernavaca, del Ministerio de Justicia de la revolución 5 triunfante. La Secretaría de Justicia y Negocios Eclesiásticos bastante anodina[10] hasta entonces, tornóse en manos de Juárez en el más importante de los Ministerios, fue el Ministerio político por excelencia, fué el de la supresión 10 de los privilegios de las clases eclesiástica y militar; fué, bajo una fórmula sencilla, el encargado de definir la Revolución, el que la convirtió en la Reforma.[11]

Juárez, como la inmensa mayoría de los 15 liberales de su tiempo (y ése podía parecer el elemento irreductible de su alma, que en esto se identificaba con su raza), era un hombre de espíritu profundamente religioso; su religión era, inútil decirlo, la católica; en ella y bajo la 20 forma de superstición, propia de su raza sometida y callada, había nacido; en esa forma había podido la religión conquistadora penetrar en cada alma indígena y arrojar de ella la creencia vieja, como arrojaban los misioneros al ídolo de 25 la cima del teocali,[12] manteniendo el prestigio del santuario derruído con sólo reemplazar por otro símbolo la deidad hecha pedazos y, en apariencia, muerta. Su educación acabó de cerrar su horizonte con la eterna decoración de todo 30 despertar de alma en aquella época; contornos de iglesias vetustas,[13] de macizos conventos, de pirámides de libros de teología, de siluetas de santos, de perfiles de doctores; todo lo que interceptaba la luz directa y aglomeraba en los 35 intelectos masas frías de sombra y de noche.

Esto no es pura retórica, es la impresión traducida en idioma plástico de una realidad positiva; los libros que se ponían en manos de los seminaristas no contenían más que proposiciones 40 probadas por la autoridad de los Padres de la Iglesia o comprobadas por las sutilezas de la lógica escolástica; el mundo real, las leyes del mundo real, en la enseñanza de entonces, estaban subordinadas a verdades puramente subjetivas, que se transmitían por infinitos ejercicios de memoria al espíritu y se resolvían, a la primera dificultad seria, por medio de inobjetables proposiciones de fe. Todo esto convertía la educación en un mecanismo comprimente que atrofiaba[14] las energías psíquicas intelectuales y sólo dejaba campo a la emoción, al sentimiento. El miedo al infierno, o la aspiración al paraíso, o la admiración por los santos, o el temor de los males de la vida, distribuídos a su arbitrio por la Providencia, llevaban de la mano al joven a las prácticas piadosas, a los ritos solemnes y pomposos, que pronto el hábito y la repetición inexpresiva y fría volvían monótonos, insignificantes, somnolentes, sólo propicios al escape del alma por las regiones imprecisas del ensueño.

Mas todo esto sólo es verdad a medias. Aunque no había acto de la vida, ni movimiento del espíritu, ni aspecto de la naturaleza, ni fenómeno de la conciencia que la religión no penetrase y explicase o imantase orientándolo hacia ella; tiempo hacía que esta misma difusión, que envolvía en una nébula[15] tenue e impalpable todo lo creado, por su misma sutileza y tenuidad se había hecho más frágil, más fácilmente evaporable. En verdad que la religión en la Nueva España[16] estaba compuesta de un número infinito de religiones locales en apariencia unidas por creencias comunes, por dogmas primeros, en realidad reducidas a creencias en favores especiales de la divinidad a la localidad, y esto para la masa de la población era toda la moral, toda la religión, todo el dogma; así vivían las poblaciones precortesianas, así continuaron viviendo después de la Independencia las poblaciones mexicanas, así hoy manteniendo cerrada lucha con la claridad resolvente que penetra por la ventana de la escuela. Los dogmas fundamentales, desde el de la unidad divina de las tres personas hasta el de la transubstanciación eucarística, no preocupaban a nadie; eran misterios; eran incomprensibles y sacratísimos; de ellos sólo se

---

[10] ineficaz, insignificante

[11] movimiento liberal y anticlerical de México, iniciado por Ocampo, Juárez y otros, que produjo la guerra civil (1858–1861) entre conservadores y liberales debido a la promulgación de la constitución de 1857. Al triunfo de Juárez éste ocupó la presidencia y llevó a cabo su obra liberal.

[12] templo antiguo de los indios mexicanos

[13] viejas, antiguas

[14] *comprimente*: que aprieta una cosa para reducir su volumen; *atrofiaba*: impedía su desarrollo

[15] niebla, nebulosa

[16] México

encargaba el sacerdote; mas las devociones a la Virgen aparecida o a la Virgen favorecedora, éstas sí eran la forma casi total de la fe, generalmente exclusivista, celosa enemiga de las otras.

Bañados en esta atmósfera, aspirándola por todos los poros,[17] saturados de ella, porque las moléculas que la componían eran unidades de almas de antepasados, los hombres que durante la formidable vibración producida por la Independencia entraron en la órbita del libro y de las ideas nuevas, tuvieron que hacer un esfuerzo, cuya energía apenas podemos concebir, para desligarse de las vendillas[18] de momia que envolvían sus almas, ponerse frente a la vida del espíritu y no renegar ni apostatar, pero siquiera comprender.

Afortunadamente, las mallas[19] tenían muchos nudos rotos y por las aberturas se escapaban las almas hacia los libres mares del pensamiento. La inmensa producción filosófica y anticristiana, predecesora de la Revolución que conflagró[20] las postrimerías del siglo XVIII, apenas había penetrado en la monótona y sandia[21] fortaleza escolástica en que se enclaustraba el intelecto mexicano que había dado pruebas brillantes (de emancipación no, pero sí de aptitud investigadora) en los planteles[22] pedagógicos de la Compañía de Jesús; por regla general esta filtración de ideas radicalmente opuestas a las tenidas por incontrovertibles, en las bibliotecas y las aulas coloniales, fué al través de los libros flojos y sosos[23] que las refutaban. Porque hay que pensar en que contra el furioso ataque de los enciclopedistas,[24] la Iglesia no se defendió, casi no se defendió, no respondió al llamado que sus terribles adversarios le hacían al Tribunal de la Razón,[25] según uno de los clisés más socorridos de la época. Después, en el período postnapoleónico, sobre todo, ha sido cuando la Iglesia ha acudido a todas las citas de sus enemigos y, con mejor o peor suceso,[26] aceptado todos los retos y bregado[27] virilmente en todos los combates; hoy más que nunca. Esa efervescencia intelectual y científica en el campo eclesiástico, ha precedido siempre y preparado el momento de las transacciones definitivas con la ciencia humana.

Consumada la Independencia y aun poco antes, desde la aclimatación de la francmasonería en México, los libros llegaron, y si no se leyó la *Enciclopedia*, sí, de seguro, el *Diccionario filosófico* de Voltaire, un buen disolvente, mas no un reconstituyente. Una selección de emancipados flotó, pero vergonzante y tímida, en el haz de nuestra sociedad; la masa ignara la ocultaba, la tragaba. Porque hay que pensar en que el triunfo del Plan de Iguala[28] y el fin de la dominación española tuvieron por aleluya una exacerbación del sentimiento religioso, una inmensa efusión fística,[29] un coro de bendiciones a la Providencia divina, y todos los discursos, todos los grandes documentos oficiales, todos los manifiestos del poder, de las asambleas, comenzaban por una tierna antífona, eran el Tedéum de un pueblo que se sentía, que se creía libre.

Cierto, el supremo jerarca de la Iglesia se había puesto del lado de España resueltamente y el Papa anatematizaba; la Patria mexicana nació excomulgada; después modificaron los pontífices su actitud, pero siempre fué desdeñosa, hasta que la necesidad los hizo inclinarse hacia nosotros y tender su mano a la joven nación para recoger el Patronato[30] que hacía de los reyes de España los verdaderos jefes de la Iglesia Hispanoamericana y que nosotros pretendíamos heredar.

Descansábamos en nuestras efusiones de amor; sin embargo, chocaba[31] por extremo a los hombres ilustrados, a los hombres que leían, y ya leían muchos, que de un lado se nos negase el Patronato (y precisa confesar que la Iglesia

---

[17] intersticios o agujeritos sutiles de la piel
[18] vendas o cintas de tela con que se cubrían las momias
[19] redes
[20] inflamó, incendió
[21] necia, tonta
[22] escuelas, colegios
[23] desabridos, insípidos, insulsos
[24] los seguidores de las ideas liberales, racionalistas y revolucionarias de la *Enciclopedia Francesa*, la obra más importante de la Ilustración.
[25] se refiere al racionalismo, teoría básica defendida por la *Enciclopedia* y la Ilustración
[26] éxito, victoria
[27] luchado, trabajado
[28] Plataforma política de Agustín de Iturbide, que reconocía tres garantías: catolicismo, unión de españoles y criollos e independencia política organizada en una monarquía constitucional (24 de febrero de 1821). Véase nota 69.
[29] de fístula
[30] sistema empleado en la Colonia, por medio del cual era derecho de los reyes administrar ciertos asuntos eclesiásticos: nombrar y quitar prelados, construir templos y monasterios, cobrar diezmos y rentas eclesiásticas, etc.
[31] molestaba, mortificada

estaba en su derecho) y por otro, que el fuero eclesiástico, que constituía al clero en clase privilegiada, se mantuviese explícitamente por nuestras constituciones.

Y se puede seguir paso a paso el laborioso proceso de la emancipación de los espíritus: ¡cuán trabajosa, cuán angustiosa, qué lenta! Romper con la fe, nunca; pero ¿la tutela de la Iglesia era de fe? Se fundaron, al lado primero, y luego frente a los seminarios (en donde se habían aclimatado las primeras ideas de libertad filosófica, pero que en vista del peligro se habían recogido a la más negra e insípida rutina), ciertos centros o institutos de enseñanza en donde el amor a la religión era la bandera, pero el amor a la Patria, a la total emancipación de la Patria, era el criterio más o menos consciente. En esos institutos solían darse enseñanzas, como las jurídicas, que no se acomodaban fácilmente en los seminarios, y como la libertad de leer y discutir era la regla intelectual de la casa, con o sin licencia de la autoridad doméstica, resultó que el espíritu rompió ahí sus ligas, que la idea reformista ahí se abrió paso rápidamente.

Cuando sonó el año de 1833, la necesidad de la Reforma estaba en la conciencia de todos los laicos ilustrados y de no pocos sacerdotes; éstos por lo general se mostraban ardientes y más radicales; de ello el preclaro Dr. Mora[32] es ejemplo. No llegaban a incluir en su programa la libertad de cultos, la separación de la Iglesia y el Estado; pero se ve, se adivina que ése era el pensamiento recóndito[33] de aquellos valientes, inexpertos si se quiere, que se agruparon en torno del vicepresidente Gómez Farías[34] y que quisieron en rápida y revuelta brega suprimir el fuero eclesiástico, desamortizar[35] la propiedad territorial yacente[36] en manos del clero y sacudir el árbol secular de nuestras tradiciones políticas y sociales para hacer caer todas las ramas secas y sin vida. Todos los frutos podridos. Era difícil, no pudo ser; el clero, para defenderse, no tuvo más que tocar en el hombro al ejército y éste comprendió que, a pesar de las frases halagadoras de los manifiestos de Gómez Farías, él era también una vieja institución de servidumbre y muerte, que quedaría sepultado, en su forma pretoriana, bajo los escombros de los conventos; y surgió el *Deus ex Machina* de la tragedia lenta de nuestra historia, surgió Santa Anna, y la Reforma cayó.

Pero se vió cuán serio y resuelto era el grupo de los emancipados, se vió la inmensa evolución verificada[37] ya en el espíritu de una porción selecta. Y el partido liberal tuvo conciencia neta de su programa: era anticatólico, no había que forjarse ilusiones; bien claro lo significaba Zavala en su libro sobre nuestras revoluciones; pero Zavala estaba profundamente desacreditado y era, desde el asunto de Tejas, un excomulgado de la patria. Los radicales querían y se esforzaban en disimular esta consecuencia inevitable de sus doctrinas: disidencia absoluta de las doctrinas del Pontífice. Por eso se formó bajo el partido radical el partido moderado, es decir, un partido liberal de gobierno que creía en la necesidad de realizar lentamente la Reforma haciendo entrar al tiempo en su obra, arrancando a Roma una serie de pequeñas concesiones que sumaran, al cabo de un siglo, una grande. Todos los hombres ilustrados pertenecían a esta comunión: los Couto, los Pesado, los Atristáin, los Baranda, los De la Rosa,[38] todos fueron liberales; este último ascendió al golpe de nuestras revueltas; los otros, amedrentados, se pusieron pronto al arrimo[39] del campanario, tornáronse reaccionarios y formaron con Alamán,[40] el gran *leader* conservador, el núcleo de la resistencia al espíritu reformista.

Sí, todo ello era una cuestión religiosa y por ser una cuestión religiosa el partido liberal fué siempre una minoría; lo fué aún en la guerra definitiva de la Reforma; sólo la Intervención y el Imperio,[41] dando al partido reactor la con-

---

[32] Mora, José María Luis: escritor y político mexicano (1794–1850), autor de *México y sus revoluciones*.
[33] oculto, secreto
[34] Gómez Farías, Valentín: político y médico mexicano (1781–1858), presidente de México (1833–1834; 1846–1847), fue el iniciador de la Reforma.
[35] dejar libres, poner en venta los bienes de la Iglesia
[36] que estaba
[37] efectuada, hecha
[38] Couto, José Bernardo: poeta mexicano (1803–1862). Pesado, José Joaquín: poeta mexicano (1801–1861). Atristain: hombre de letras mexicano de la época (s. XIX). Baranda, Manuel: político mexicano (s. XIX). Rosa, Luis de la: político mexicano (¿?–1856).
[39] bajo la protección o favor
[40] Alamán, Lucas: historiador mexicano (1792–1853).
[41] se refiere a la intervención francesa y al Imperio de Maximiliano y Carlota

ciencia absoluta de su impotencia irreparable, y agrupando, por instinto, la masa social en torno de la bandera republicana, pudieron transformar al partido liberal en partido nacional. Entre la gente, ya de pensamiento, ya de acción, puede decirse que no hay ahora un solo disidente, y la Iglesia, para readquirir en las almas el terreno perdido, abandona el viejo credo político que prohijó,[42] definió y sostuvo en gigantesca lucha.

No son los hombres de pensamiento puro, por elevado, por trascendental que sea, los llamados a personificar estos momentos vertiginosamente acelerados de la evolución social (que son los únicos que merecen legítimamente el nombre de revoluciones); son los hombres que tienen como cualidad suprema el carácter, la inquebrantable voluntad; sin los Lerdo,[43] sin los Ocampo,[44] sin los Ramírez,[45] las revoluciones no son posibles; sin los Juárez, no se hacen.

ii

Juárez entró en la vida pública en la época de la primera conmoción reformista que llegó al período álgido[46] por los años de 32 y 33 del pasado siglo; los hombres de pensamiento o de acción tenían que afiliarse en uno de los bandos contendientes; se trataba de una tentativa seria de transformación social; se emprendía asegurar definitivamente la supremacía de la autoridad civil en la República, condición precisa de la reorganización nacional. Los abogados, en su mayoría, se agruparon en torno de la bandera laica, sobre todo los jóvenes, los que se formaban o acababan de formarse en los institutos de los Estados, o sorda o resueltamente rivales de los seminarios conciliares que, establecidos conforme a las prescripciones tridentinas[47] (por eso se llamaban conciliares), habían entrado en auge desde la expulsión de los jesuítas. Así era en Oaxaca.

Cuando nosotros, los hombres de las transacciones políticas infinitas y no siempre confesables y nunca gloriosas, nos volvemos frecuentemente llenos de pedantesca suficiencia contra nuestros antepasados y, convirtiendo en armas nuestra ciencia libresca y lo que, gracias a ellos, nos enseña la historia, pronunciamos sentencias de muerte y anatemas contra su obra (procedimiento que la verdadera ciencia histórica rechaza hoy con todos sus conatos),[48] haríamos bien en meditar sobre el estado social en que estos hombres encontraron al país, en lo que, siendo una pequeña minoría, tuvieron que derrumbar de creencias, de preocupaciones, de hábitos, de supersticiones, de falsas doctrinas que parecían verdades incontrovertibles porque en determinado momento lo habían sido; haríamos bien en aquilatar[49] el doble trabajo titánico de abrir paso dentro de su propio espíritu al propósito de rechazar toda tutela que no fuese la de la razón y de escombrar[50] y volver llano en la sociedad el camino agrio y escabroso que hoy recorremos sin esfuerzo; entonces nos parecerían todas nuestras gárrulas[51] frases vestidos arlequinescos[52] con armazones de carrizo;[53] todas nuestras enfáticas sentencias, cómicamente graves. De todo ello la posteridad no recogerá sino un poco de papel y un poco de tristeza, porque nos comparará y nos hallará pequeños al lado de los fundadores, de los iniciadores, de los batalladores, de los realizadores de la transformación social de México.

Lo que nunca querrá decir que, convencidos de que es injusto y necio empinarnos[54] sobre nuestra ventaja de ser posteriores a ellos para

[42] adoptó
[43] Lerdo de Tejada, Miguel: político mexicano (1812–1861), uno de los propulsores de la Reforma.
[44] Véase nota 4
[45] Ramírez, Ignacio: político y escritor liberal mexicano (1818–1879).
[46] (fig.) intenso, activo, decisivo
[47] se refiere al Plan de Iguala de Iturbide. Véase nota 28
[48] empeños, esfuerzos, intentos
[49] valorar
[50] (fig.) desembarazar, limpiar
[51] palabreras
[52] de Arlequín, personaje cómico de la comedia italiana vestido con mascarilla negra y traje de cuadros de distintos colores
[53] planta gramínea; (fig.) muy débiles
[54] elevarnos

imputarles los errores como faltas y sindicarlos de criminales, prescindamos de examinar, de analizar, de depurar sus actos, para explicárnoslos mejor, para darnos cuenta de nuestro respeto y admirar los caracteres y los intelectos: o prodigios del genio o milagros de la voluntad pocas veces unidos en dosis equivalentes.

Ni idólatras, ni iconoclastas. Hombres libres, pero hombres de gratitud, hombres de patria. Éste debe ser nuestro programa, éste es.

Cuando la Nación Mexicana dejó de ser la Nueva España,[55] no dejó de ser colonial; el vínculo roto se retrajo, se contrajo y el gobierno dejó de sernos exterior, pero la organización fué la misma, tenía que ser la misma. Y como los virreyes, en contacto con la Audiencia que podía limitar su acción política y con la Iglesia que podía nulificar su acción social, gozaban de un poder negligente y habitualmente arbitrario y omnímodo, del tipo patriarcal siempre usado por los monarcas españoles con sus colonias, este tipo fué el que tendió constantemente a rehacerse en la nueva nación, y era el genuino; todo lo demás parecía ficticio, forzado.

Elementos perdurables contribuían a esta tendencia: la masa de la población (si hoy, en su mayoría mezclada, indígena entonces) yacía como antaño en el fondo de su pantano de superstición, de alcoholismo (mucho menos intoxicada que ahora, sin embargo), de servidumbre industrial y doméstica. Estaba, como siempre, como ahora en buena parte todavía, explotada por el cura y el amo rural, sin tasa[56] y sin más cortapisa[57] que el miedo al leguleyo[58] promotor de litigios[59] y procesos que apasionaban a los rústicos y pasaban alguna vez de generación en generación; estos leguleyos pululaban[60] desde la Independencia, y con su ignorancia, su mala fe, su espíritu de *chantage*, como hoy diríamos, mortificaban al Señor de las masas serviles, le movían la mesa en que durante tres siglos (y más allá y más acá) se había regalado con el opíparo[61] banquete del trabajo ajeno, y creaban instintos de emancipación fomentados por el amor a la tierra, pasión instintiva, pero indómita, de los labriegos aborígenes.

De esta masa humana, gracias a la interrupción de la absoluta paz colonial y luego a la aclimatación de la guerra civil, los despotismos nacionales y los cacicazgos sacaron sus ejércitos, poniendo así en circulación y desamortizando por medio de la sangre, la faena bélica y la muerte, a una porción no corta de esa masa; selección artificial, sangrienta y cruel, la selección de la leva.[62] Pero el grupo seleccionado de esta guisa[63] no podía apoyar a nadie, porque estaba a merced de todos; sólo deseaba en sus íntimos anhelos su paz, su terruño, su santuario, el cirio para su santo y el pulque[64] de todos los días y la borrachera de todos los lunes. Equivale a decir que el gobierno paterno y sin trabas, como el de Dios, es decir, como el de la Iglesia, era su inconsciente ideal.

Como observó bien uno de nuestros más conspicuos publicistas setenta años ha, la revolución de independencia fué social porque destruyó completamente los privilegios y funciones meramente decorativos en verdad que en la Nueva España tenía la nobleza colonial; uno que otro título conservó la costumbre; luego aun ésta se olvidó y pronto la aristocracia criolla se fundió en la burguesía de donde salió y en la que ni sobraba ni hacía falta. Pero, sigue observando el Dr. Mora, extinguida sin esfuerzo la nobleza, sobrevivióle y se organizó mejor la clase, las clases, queremos, decir, *in capite*[65] el clero y a seguida la milicia y la burocracia. Estas clases no aspiran a la renovación; odian, por tanto, la innovación, y pues que son privilegiadas, desean ser inconmovibles y pesan con un peso de montaña de plomo sobre todo latido de reforma, sobre todo anhelo de cambio.

Estas clases, me refiero sobre todo al clero y al ejército, formaban islas de fierro en medio de la embrionaria unidad nacional, cuyo desenvolvimiento estorbaban e impedían. Todo cuanto hemos dicho en los comienzos de este preliminar explica la dominación social del clero; el alma

---

[55] al obtener la Independencia
[56] impuesto
[57] (fig.) limitación
[58] el que trata de leyes sin ser abogado
[59] pleitos, causas, procesos judiciales
[60] abundaban
[61] suntuoso, magnificente
[62] reclutamiento de soldados
[63] manera
[64] bebida espirituosa
[65] a la cabeza

mexicana estaba hecha de sentimiento religioso, de superstición, de temor infantil a la intervención incesante de la Providencia mezclada a todos nuestros actos, y al diablo y las penas eternas; sobre todo, era un hábito indestructible, era un pliegue, como se dice, el pliegue más profundo de nuestro espíritu. Toda la jerarquía clerical erguida sobre esta base dominaba a la sociedad, como a las ciudades y las aldeas los campanarios de las iglesias. La ley posterior a la Independencia, la constitución misma del país, confirmó los privilegios, los fueros, que eran la defensa exterior, digámoslo así, de la clase; al clérigo sólo la Iglesia podía juzgarlo; defensa formidable, verdadera solución de continuidad en el organismo nacional incolmable.[66]

La otra clase, la militar, tenía igual privilegio, era otra excepción. La clase militar no existía, en realidad, antes de la Independencia; once años de lucha crearon y revelaron las aptitudes militares de los mexicanos; pacientes hasta lo infinito, sin apego colectivo a los principios, como decía la retórica de entonces, sin ideales, adoradores del valor personal, capaces de tenerlo en grado heroico si sus jefes les daban el ejemplo, con un coeficiente de sumisión a las privaciones verdaderamente pasmoso, aptos para contraer hábitos de disciplina a la larga, pero insensibles al influjo de este sentimiento subjetivo, de esa misteriosa y constante sugestión de la conciencia militar que se impone aun contra la seguridad de quedar impune; eran, en cambio, por extremo accesibles al miedo del reglamento exteriorizado en el consejo de guerra, en el calabozo del presidio, en el maltrato generalmente brutal y cruel del oficial, en la ordenanza siempre aplicada sin equidad. Y acontecía que el noventa por ciento de los oficiales que se pronunciaban[67] lograba el ascenso, y el noventa por ciento de los soldados que desertaban iba al presidio, a la muerte a veces.

Lo repetimos, este soldado se disciplinaba difícilmente, aun cuando lo contrario afirmen en sus apologías saturadas de adulación descaradamente interesada los jefes del poder, cuando, como solía, eran generales. Y era natural, el soldado mexicano era espontáneamente guerrillero, lo era por el instinto atávico de su abuelo el azteca, el mixteca y el chichimeca combatiente y nómada en su horda, en su errante tribu; esto cuando era indígena. Si era mestizo, entonces la herencia del perpetuo guerrillero de los siglos de la reconquista se conjugaba con las propensiones del aborigen; de todo ello resultó el repentino y o feroz o caballeresco guerrillero que pululó en nuestras tierras durante la lucha de Independencia y que hombres como Morelos, como el guerrillero español Mina, como Guerrero,[68] al fin, lograron avenir, precariamente, es cierto, con el orden severo y fuerte de un ejército organizado.

El ejército organizado, permanente, se formó también en la lucha de Independencia; lo formaron los españoles con elementos de la Colonia y de la metrópoli; combatió a los insurgentes muy frecuentemente a las órdenes de oficiales mexicanos como Iturbide,[69] Bustamante, Santa Anna, Herrera, Arista,[70] todos jefes de la nueva nación luego. El ejército libertador, el Trigarante,[71] cuyos laureles, más empolvados que cruentos,[72] entretejió con flores el entusiasmo del pueblo el 27 de septiembre de 1821, fué el núcleo y fundamento de la clase militar. Se le fueron adhiriendo con viejos elementos españoles, que ya poseía, los que se habían definitivamente militarizado en la lucha intermitente pero crónica en que el país había vivido desde 1821.

---

[66] que no se podía llenar

[67] (fig.) se sublevaban

[68] Morelos, José María: héroe de la Independencia de México (1765–1815). Mina, Francisco Javier: héroe español de la Independencia de México (1789–1817). Guerrero, Vicente: héroe de la Independencia de México (1783–1831).

[69] Iturbide, Agustín: militar y político mexicano (1783–1824), enemigo de la Independencia, luego elaboró el Plan de Iguala y firmó el Tratado de Córdoba que reconocía la autonomía de México. En 1822 se proclamó emperador, pero una revolución le obligó a abdicar, fue fusilado en 1824.

[70] Bustamante, J. M.: político e historiador mexicano (1744–1848). Herrera, José Joaquín: general y político mexicano (1792–1854), presidente de la República (1844–1845; 1848–1851). Arista, Mariano: político mexicano (1802–1855).

[71] el ejército de Iturbide al proclamarse el Plan de Iguala. Véase nota 28

[72] sangrientos

La lucha con el clero era principalmente social; privarlo de la situación privilegiada en que había vivido, no era más que el prólogo de las grandes medidas económicas por cuya virtud 5 al volver a la vida la inmensa propiedad territorial amortizada en sus manos, transformarían la fortuna pública e influirían pronto o tarde en la suerte del país. Y claro es que la Iglesia para defenderse habría de vestirse de pontifical y 10 esgrimir la cruz y menear el anatema, pretendiendo que todo se hacía para derribar la religión de Cristo. El grito de «religión y fueros» contestó a las primeras empresas reformistas de los hombres del 33; y una causa 15 fué desde entonces inseparable de la otra.

Por eso nos hemos parado en hacer comprensible el esfuerzo interior que los mayores[73] de Juárez tenían que hacer para aprestarse a la 20 lucha; ellos, todo eran sentimiento religioso, y su empresa, toda de muerte para la Iglesia, según sus jerarcas proclamaban. «Estos hombres», decía un presidente del Congreso, por los años de 1834 o 35, «han querido arrancar la 25 unidad a la Iglesia, la Iglesia a la Nación y a los mexicanos el sacerdocio, la religión y el cielo.»

La lucha con el ejército era principalmente política; un poder en el centro disponiendo del ejército permanente acabaría de seguro por imponerse a los Estados, débiles en su mayor parte, o necesitados del auxilio federal para ayudarlos contra las depredaciones[74] de los salvajes de las fronteras, o desgarrados[75] por bandos que se disputaban o el poder o las arcas públicas y uno de los cuales buscaba siempre el arrimo de la fuerza federal. Ahora bien, la Federación,[76] facticia como era y nacida a la sombra no de necesidades, sino de ambiciones y codicias locales, había echado raíces en los intereses, en los presupuestos de los Estados; había creado una burocracia provincial, celosa, ávida y exclusivista como suelen serlo las de este jaez;[77] todo esto se había complicado con el odio de los liberales al ejército, a quien culpaban de la perenne bancarrota del erario, del perpetuo déficit, de las gabelas opresoras (Dr. Mora), de las asonadas,[78] de los cuartelazos y pronunciamientos[79] bautizados con el título pomposo de revoluciones. La consecuencia era clara como el día: había que armar a los Estados, que convertir las guardias nacionales en una suerte de ejército cívico que pudiera sobreponerse al permanente, había que despojar a éste de sus fueros, había que reducirlo al orden sometiéndolo a los tribunales ordinarios. De este programa iba a resultar fatalmente la alianza de las clases privilegiadas; harían causa común. [. . .]

---

[73] ascendientes
[74] pillajes, robos, devastaciones
[75] destrozados
[76] gobierno federal
[77] calidad, carácter
[78] sublevaciones
[79] golpes de estado por los militares; sublevaciones

Enrique José Varona

CUBA, 1849–1933

Papel semejante al desempeñado en sus respectivos países por Sarmiento, Sierra, Cecilio Acosta y Hostos, le correspondió a Enrique José Varona en Cuba. No fue solamente un literato, porque su quehacer desborda el plano meramente artístico o intelectual para servir de guía moral a varias generaciones. Varona nació en la ciudad de Camagüey donde realizó sus primeros estudios y vivió sus primeros veinte años. En el Colegio de los Escolapios realizó estudios de Humanidades, y luego al comenzar las hostilidades participó brevemente en la Guerra de los Diez Años (1868–1878), trasladándose a La Habana hacia 1869, donde completó su bachillerato. Varona fue un autodidacta: se hizo de una cultura extensa y profunda sobre todo en historia, literatura, filosofía y sicología, apenas sin estudios formales, aunque años después se doctoró en la Universidad de la Habana. Tenía un gran renombre cuando pronunció sus célebres *Conferencias filosóficas* (1880–1888) sobre sicología, sociología y filosofía moral que lo convirtieron en el líder intelectual de su tiempo. Esta labor la completó con la ejemplar *Revista Cubana* (1885–1895), uno de los grandes voceros de la cultura en Hispanoamérica. A la muerte de Martí lo substituyó en la dirección del periódico *Patria*, de Nueva York, órgano oficial del separatismo cubano. Lograda la Independencia, fue Secretario de Educación durante la intervención norteamericana. Realizó una verdadera revolución en el campo de la enseñanza, desde la primaria hasta la universitaria, de acuerdo con las orientaciones más modernas. Más tarde fue Profesor de Filosofía y Sicología de la Universidad de La Habana, a cuya modernización y reorganización contribuyó como nadie. En 1912 salió electo Vice-Presidente de la República. Debido a su prestigio intelectual y su temple moral se convirtió antes de 1930 en el «maestro de la juventud cubana». El fracaso moral de la República lo llenó de escepticismo, pero él ocultaba su propio dolor y le predicaba a la juventud la posibilidad de regeneración y salvación mediante la acción coordinada de los mejores. Varona es el filósofo más completo que ha dado Cuba y una de las cumbres morales del país.

En más de sesenta años de vida intelectual acumuló una extensa producción que comprende más de mil títulos y sorprende por su gran variedad, magnitud y unidad. Comienza su carrera literaria como poeta lírico de romanticismo asordinado y cierta tendencia a lo social, de lo cual son buenas muestras *Poesías* (1878) y *Paisajes cubanos* (1879). Pero el gran puesto de Varona está como filósofo, orientador social y ensayista. Producto de aquellas conferencias que hemos mencionado publicó *Conferencias filosóficas. Primera serie* (1880) que removieron las raíces de ese campo en Cuba. Constituyen un punto de gran altura en la historia del pensamiento hispanoamericano. En Nueva York publicó *El fracaso colonial de España* (1897), considerado todavía hoy como documento fundamental para el estudio de la crisis y decadencia del imperio español en América. Años después publicó *El imperialismo a la luz de la sociología* (1905), conferencia pronunciada en la Universidad de La Habana, donde estudia este fenómeno en su desarrollo histórico, sin perder de vista la expansión de los Estados Unidos.

A parte de su labor en el campo político y filosófico, Varona ganó rápido renombre como crítico literario de amplia cultura e intuición de los valores literarios, así como por la serenidad y justeza de sus juicios y opiniones. Su conferencia sobre el *Quijote* de Cervantes (1883) se tiene por uno de los primeros ensayos donde se descubre el dualismo Sancho-Quijote como esencial del individuo, y a la gran novela como representante de la crisis espiritual española. Mostró que estaba al día no sólo en las literaturas clásicas españolas sino en las del mundo en su libro *Desde mi belvedere* (1907), con excelentes ensayos sobre Poe, Baudelaire, Tasso, Ruskin, Nieztsche y otros. Al año siguiente publicó *Violetas y ortigas* (1908), también con ensayos breves, pero muy precisos sobre algunos de los escritores y pensadores más notables. Otra vez mostró su interés por lo político en *Mirando en torno* (1910), con sesudas meditaciones inspiradas por la crisis de la República de Cuba de 1906. Aquí se muestra en todas las aristas del gran orientador que siempre fue. Con el tiempo Varona evolucionó hacia la concreción máxima de su pensamiento llegando a lo aforístico en *Con el eslabón* (1927), uno de sus mejores libros.

Varona se afilió al Positivismo de John Stuart Mill, Herbert Spencer y Alexander Bain, tan en boga entonces. Rechazó el de Comte por estimar que sus conclusiones perjudicaban el proceso separatista de Cuba. Llamado a explicar su gran escepticismo, aclaró su filosofía en una conferencia en el Ateneo de La Habana en 1911, estimulando a la acción salvadora. Su estilo varía de una primera etapa de párrafos densos, aunque muy armoniosos y equilibrados, a una prosa de pensamiento hondo y trascendente, pero con la precisión y sobriedad de los grandes autores ingleses.

Varona es escritor siempre profundo, pero sus ideas —aun las más complicadas o profundas— están expresadas en una prosa transparente por la sobriedad y la sencillez. Alcanzó en sus últimas obras el ideal de todo gran escritor: la combinación de todas las gamas del pensamiento en un medio expresivo elegante y preciso.

FUENTE: *Textos escogidos*, México, Editorial Porrúa, 1968; con ensayo de interpretación, anotaciones y selecciones de Raimundo Lazo.

Desde mi Belvedere

1907

Humorismo y tolerancia

Dicen, por lo menos dice Pauw,[1] que en Atenas había un tribunal encargado de juzgar los chistes. Es verdad que Nicolai[2] lo ha contradicho, y hasta ha puesto de embustero a Pauw. Querella de eruditos. De todos modos éste sería el caso de repetir: *se non é vero, é ben trovato*,[3] porque el rasgo es bien ático. Si Atenas no tuvo el tribunal, merecía tenerlo.

Ante esos jueces, duchos[4] en el arte de desentrañar la gracia aun bajo la peluca blanca de un magistrado inglés, llevaría yo un atestado[5] de cierta escena, que tuvo lugar hace poco en la Cámara de los Comunes; seguro de obtener en su favor el sufragio unánime de los sesenta peritos. Porque no menor número era el de los jueces, que podía reunir en cada ocasión aquella ciudad de las Musas y las Risas.

Los diputados irlandeses no han tenido empacho[6] en atestiguar públicamente su simpatía por los boers;[7] y alguno de ellos, como Mr. Redmond, ha procurado que sus sentimientos sean bien conocidos por los belicosos campesinos, que están haciendo frente con tanta audacia y fortuna al formidable poder británico. Con este motivo un diputado leal, Mr. Seton Krarr, llamó la atención del gobierno de Su Graciosa Majestad, y uno de sus más poderosos ministros, Mr. Balfour, que ha solido filosofar en sus horas perdidas, se dignó llamar a capítulo[8] al efusivo irlandés. Esta vez era un ministro el que interpretaba a un representante; y el incidente dio lugar a una de las justas de agudeza más divertidas de que hay memoria en los graves anales parlamentarios.

El diálogo fue corto, y merece trasladarse[9] con toda la fidelidad posible:

Mr. Balfour. —Se ha dado el caso de que un miembro de esta Cámara ha dirigido sus expresiones de simpatía a los enemigos en armas del Imperio.

Mr. Redmond. —Al enviar mi testimonio de simpatía al Transvaal, no he hecho más que seguir el ejemplo del emperador Guillermo[10] (Risas en todos los bancos de la Cámara).

Mr. Balfour. —No sabía que hubiese usted tomado tal modelo (Aplausos). Pero al menos, el emperador Guillermo no es súbdito británico, ni miembro del Parlamento. (Carcajada general).

Mr. Redmond. (Muy serio) —Cierto; pero es coronel del ejército inglés (Un trueno de risotadas[11] sacude la sala).

Mr. Balfour (Sentándose y con tono de gran indiferencia). —No es la primera vez que ciertos diputados de esta Cámara han prometido su apoyo a los enemigos de S. M.; pero ese apoyo no ha sido nunca sino moral (Sonrisas y aplausos). Tengo motivos para creer que en esta ocasión sucederá como en las otras. Pienso que la Cámara no tiene por qué dar grande importancia al incidente (Cae el telón[12] entre aplausos ruidosos y prolongados).

Aunque Mr. Balfour es autor de un libro sobre la duda filosófica, dudo que nunca se haya elevado más en las alturas de la serenidad, que tan bien sienta a los espíritus especulativos. Como no creo que los grandes humoristas, sus compatriotas, hayan logrado idear una escena de más subido valor cómico, que ésa, cortada

---

[1] Pauw, Napoleón de: historiador belga (1831–¿1901?).
[2] Nicolai, Cristóbal Federico: escritor y crítico alemán.
[3] italiano. «Aunque no sea verdad es bien apropiado».
[4] experimentados, diestros
[5] documento testimonial
[6] turbación, vergüenza
[7] habitantes del Africa Austral de origen holandés
[8] obligar a dar cuenta de una conducta
[9] copiarse
[10] se refiere a Guillermo II (1859–1941), rey de Prusia y emperador de Alemania (1888–1918), sobrino de Eduardo VII (1841–1910), rey de Inglaterra de 1901 a 1910. Durante su reinado terminó la guerra del Transvaal.
[11] grandes risas
[12] desciende la cortina; se cierra, termina el incidente

en plena realidad, y trasmitida por los estenógrafos, todavía viva y palpitante, a todos los lectores del mundo. Su gran mérito consiste para mí en que abre una dilatada[13] perspectiva sobre el alma de un pueblo que representa papel tan prominente en los destinos actuales de la humanidad.

El humorismo es planta que prende en suelos muy diversos, pero en ninguno se extiende y florece como en el británico. Casi parece un atributo de raza. El inglés es el hombre del humor, como el francés el hombre del *esprit*. Pero nótese que el *esprit* se va todo en superficie, y el humor todo en profundidad. Aquél es un rayo de luz que juega sobre la delicada película nacarina[14] de una pompa[15] de jabón; éste es un haz de sol que va a buscar, para encenderlo, el espejo del agua escondida en el oscuro fondo de una cisterna. El *esprit* es un juglar, que hace voltear[16] las palabras en vez de bolas de colores, y ríe para hacer reír. El humor es un satirizante, disfrazado de *clown*, que pone a la vista el fondo de las cosas, el reverso de las medallas, y ríe para hacer pensar. El *esprit* es jocoso y el humor melancólico. El uno es hijo del ingenio, que se siente libre y vuela; el otro es hijo de la fuerza, que siente, sin embargo, las limitaciones naturales, y sabe que ha de luchar con obstáculos.

El humorismo del pueblo inglés es una de las manifestaciones de la conciencia de su fuerza. En él entra por mucho el bíceps, el famoso bíceps anglo-sajón. Esos pugilistas bromean de antemano con los golpes que asesta el destino, atleta sin rival, *champion* del mundo. Por eso es uno de los caminos que los lleva a la tolerancia, prenda tan general entre ellos como el humorismo. Es verdad que su tolerancia tiene una punta de desdén. La condescendencia de la gigante Glumdalclitch con el homúnculo Gulliver.[17] Pero de todos modos ya es mucho, entre hombres, que el fuerte oiga con reposo las invectivas del débil, y aun le consienta que le dispare sus pelotillas de papel mascado a las antiparras.[18] Hércules se contentó con recoger en su piel de león el ejército de pigmeo[19] que lo asaltaba, y llevárselo como presente curioso a Euristhenes.[20] Pero eso pertenece a la fábula. Y es grato ver en la realidad que los poderosos sepan hacer verdadera la ficción.

El desenlace de la escena de la Cámara de los Comunes, que he referido, no es menos típico que el diálogo que lo precedió; y envuelve una lección más alta. No es poco hostilizar meramente con la ironía al que se puede sujetar con la fuerza; pero es mucho inclinarse, aunque sea aparentando[21] desdén, ante la libertad de pensar y sentir, aun siendo en contra nuestra y por lo mismo que es en contra nuestra.

---

[13] larga; ancha
[14] piel muy fina o delgada de color de nácar
[15] burbuja
[16] dar vuelta
[17] carácter y héroe de la novela *Viajes de Gulliver* de Jonathan Swift, escritor irlandés (1667–1745)
[18] anteojos, gafas
[19] enano, hombre muy pequeño
[20] o Euristeo, hermano de Hércules
[21] fingiendo

Violetas y ortigas

1908

Las promesas de la Ciencia

« La Ciencia . . . ha hecho bancarrota, pues luego de habernos prometido la resolución de muchos problemas intelectuales, apenas consiguió mejorar las condiciones materiales de la vida »

Enrique Gómez Carrillo.[22]

La Habana Elegante,[23] 6 de mayo de 1894

Se ha abusado tanto del término Ciencia en los cincuenta años últimos, que en puridad no son de extrañar los singulares cargos que de muchas partes se le dirigen actualmente.

No pocos espíritus cultos, pero ajenos a la verdadera disciplina científica, hacen coro a otros imbuidos[24] de añejas[25] preocupaciones, incapaces de discernir la parte de la inteligencia y del sentimiento en sus estados mentales, y proclaman la bancarrota de la Ciencia ante los problemas trascendentes, como el origen y el destino del mundo y del hombre.

Pudiera contestarse, en primer lugar, que la Ciencia no se ha empeñado temerariamente en resolverlos. Pero cabe ir más lejos, y aseverar que para ella no existen esos problemas, al menos en su sentido metafísico o teológico. Y siendo así, ¿a qué achacarle faltas que no ha cometido y acumularle deficiencias de que no es responsable? La Ciencia no puede tener, no ha tenido otro objeto, que interpretar la Naturaleza, ajustándola a la capacidad de su intérprete, el espíritu humano.

El problema que domina toda nuestra vida es el siguiente: Nos encontramos en medio de un mundo infinitamente extenso, infinitamente complejo, que gravita sobre nosotros con imponderable fuerza, y contra el cual hemos de reaccionar con energía proporcionada, so pena de perecer. Proceso fatal de adaptación, en que se condensa la historia de cada individuo. A cada impresión de lo externo ha de corresponder una respuesta de lo interno. Para precaverse[26] si la impresión es dolorosa, si es dañosa. Para procurar que se reitere si es placentera, si es favorable. De todas esas impresiones, de todos esos estímulos y las reacciones que en nosotros provocan, se forma, por transformaciones sutiles, nuestra representación del mundo. Es claro que mientras más completa, más adjustada a la realidad sea esa representación, más adecuadas serán nuestras acciones, más atinada nuestra adaptación, más provechosa, al cabo, nuestra conducta.

La grande y dificultosa labor de lo que llamamos Ciencia, desde los crepúsculos de la vida del hombre en la tierra, no ha sido otra que ampliar esa representación, para que corresponda en lo posible a la inmensa complicación, a la intrincada variedad de los fenómenos naturales. La piedra de toque,[27] la prueba decisiva de cada paso de verdadero avance en esa ampliación necesaria, han sido los resultados, cuando hacen ver que a la concepción mental corresponde la producción, la modificación o el cambio de un fenómeno, para dar provecho o evitar daño al hombre. Desde el salvaje, casi simio, que millares de siglos atrás hizo saltar la

[22] novelista, periodista y ensayista guatemalteco (1873–1927) del Modernismo. Véase Tomo II de esta obra.
[23] una revista cubana publicada en la Habana en esa época
[24] penetrados, infundidos
[25] viejas, antiguas
[26] prevenir; evitar y protegerse
[27] clave

primera chispa del pedernal[28] o vio temblar la primera llama al frote[29] de dos ramas secas, hasta el electricista de nuestros días, que hace circular en minutos el pensamiento humano en 5 derredor del mundo, que transmite la palabra vibrante a través de los mares, y se apodera del sonido aéreo, impalpable, y lo fija, lo condensa, lo materializa, lo conserva, para reproducirlo a voluntad, ha estado la Ciencia amaestrando el 10 espíritu humano con el mismo procedimiento, poniéndolo en contacto más íntimo con la Naturaleza, enseñándolo a escudriñarla, a acecharla, a sorprenderla, a atormentarla, hasta arrancarle uno a uno sus secretos. A cada con- 15 quista ha correspondido una modificación proporcionada de nuestro concepto del mundo, y a ésta un ajuste más cabal del hombre al medio cósmico.

La Ciencia no ha prometido, ni ha podido 20 prometer otra cosa. Si, impaciente con la lentitud, los rodeos, retrocesos, altos, caídas y extravíos que han sido forzosos en esa larga y obstinada pugna del espíritu por abarcar la realidad circunstante, la imaginación ha querido 25 mil y mil veces llegar de un salto al fin remoto, apenas entrevisto a la meta indicada, aunque quizás inaccesible; si ha tomado las hipótesis provisorias por leyes comprobadas, o las vagas aspiraciones del sentimiento por pruebas de 30 subidos quilates[30] y demostraciones fidedignas,[31] ¿qué culpa cabe a la Ciencia? Lo que le toca[32] es dar a esos vuelos de la fantasía su verdadero valor, examinar y clasificar el fenómeno, y ver si puede utilizarlo para la obra sólida y duradera 35 que edifica. Después continuará tranquila y segura de sí misma su camino, quitando los escombros, desarraigando las malezas, allanando las pendientes, colmando los precipicios.

Es sensible que una parte de la juventud, 40 llamada a recibir ese rico depósito, reniegue de su época, rehuya el hombro a la carga, y seducida por la música engañosa de palabras sin médula,[33] o aletargada[34] en la atmósfera artificial de un arte enfermizo, maldiga de la madre robusta, cuya sangre, acrecentada por una higiene previsora, vigoriza.

Pero el mal no ha de extenderse mucho. El contagio es poco temible. La idea confusa no desaloja nunca a la idea clara. No hay que temer que todos los cerebros se desequilibren a la vez. Una ley natural, lógicamente comprobada, es indestructible. La taumaturgia desaparece ante ella, y en su dominio desaparece para siempre. Revivir hoy los estados de conciencia de siglos muertos es tan imposible como reducir nuestro universo a la nebulosa primitiva. Resucitar los sistemas de ideas, enterrados y deshechos en polvo vano, es empeño tan quimérico como animar los restos fósiles de las especies extinguidas. Se puede querer infundirles vida, adulterando las verdades científicas modernas para derretirlas en su patrón resquebrajado.[35] Es querer transfundir la sangre de una doncella de veinte años en la momia de un faraón egipcio. La ciencia moderna, y la filosofía nutrida en su seno ubérrimo,[36] nada tienen que temer del tomismo[37] restaurado por una bula pontificia. Nuestra civilización, asentada en la sólida base de una industria completamente científica, no ha de menguarse[38] porque algunos cerebros ardientes se crean o se sientan llamados a los deliquios[39] del misticismo. En ella hay lugar para todos. No se opone a que algunas docenas de maestros sutiles, iluminados o angélicos, ergoticen[40] de nuevo en vastos salones alumbrados con focos eléctricos, que toman por claustros sombríos en que se balancean lámparas humosas. Ni a que nuevas cofradías[41] de compañeros cantores formen cenáculos simbólicos y viertan ideas, que se les antojan[42] exóticas, en los viejos odres[43] de sus lenguas vernaculares. Los deja en paz y sigue afanosamente, tratando de mejorar cada vez más esta vivienda a que venimos, a gozar o penar, pero de todas suertes a morar.

---

[28] cuarzo, piedra muy dura que al frotarse da chispas
[29] al friccionar
[30] altos valores
[31] dignas de fe y confianza
[32] corresponde
[33] aquí, substancial; profundidad
[34] adormecida
[35] roto
[36] (fig.) muy fértil
[37] sistema escolástico derivado de las obras de Santo Tomás de Aquino y de sus discípulos. Santo Tomás fue un teólogo católico italiano (1225–1274), autor de la célebre *Summa Theologica*, obra fundamental de la filosofía escolástica.
[38] disminuir
[39] desfallecimientos, desmayos
[40] discutan
[41] asociaciones, hermandades
[42] les parecen
[43] vasijas de cuero para guardar vino, aceite, etc.

Lo convencional en el arte

No corre más riesgo una endeble[44] mariposa en los crueles dedos de un rapaz,[45] que una obra de arte entre las pesadas manos de un erudito. Un cerebro demasiado repleto de datos, nombres y fechas, pesa más de la cuenta; la carga excesiva no le deja alzar el vuelo por completo a las regiones de la imaginación y la simpatía, donde mora el artista.

Aquel terrible Swift,[46] cuyas miradas implacables parecían complacerse en registrar todas las deformidades humanas, desde la más pequeña verruga[47] a la monstruosidad más completa, no olvidó a los comentadores; y recuerda con irónica seriedad la sorpresa de Homero[48] al encontrar, en el mundo de las sombras, la innumerable hueste de sus expositores, tan extraños para él y tan ajenos al espíritu de su poesía.

Me sugieren esas reflexiones y este recuerdo algunos artículos eruditos que he leído en estos días, con motivo de *Cyrano de Bergerac*.[49] Como esta comedia famosísima ha ido conquistando sucesivamente todas las escenas, su aparición ha sido saludada en todas partes con numerosos escritos atestados[50] de citas compulsas e ilustraciones.

Por malaventura del autor, Rostand,[51] hubo un Cyrano real; narigudo,[52] aunque quizás no tanto como su héroe; espadachín, por más que no llegara a acuchillar él sólo a cien matones en la puerta de Nesle;[53] filósofo gassendista,[54] aunque tal vez no leyese a Descartes[55] en una trinchera; despreciador de los prejuicios sociales, aunque pudiera ser algo más respetuoso con un conde de Guiche, sobrino del omnipotente Richelieu;[56] poeta, aunque desde luego incapaz de improvisar los maravillosos versos que conquistaron el beso de Roxane.[57] Pero como hubo de todos modos un Cyrano de Bergerac, que andaba por el mundo con la espada al cinto y las plumas del chambergo[58] al viento, y que ocupa algunas líneas en la historia literaria de Francia, desde que Rostand evocó su pálida sombra para hacerla renacer y florecer en un héroe animado por el espíritu de la divina poesía, ya no ha habido descanso para las enciclopedias, los diccionarios biográficos quedaron deslomados,[59] y se ha extraído la quinta esencia de lo poco que de Cyrano han dicho Nodier y Gautier y Dujarric-Descombes y Leblanc y Mérilhou y Lacroix.[60] Por suerte, no es tan conocido lo mucho que de él ha escrito M. Pierre Brun,[61] pues si no, todavía hubiera oído Rostand cosas más peregrinas, y hubiéramos tenido que leer nosotros majaderías[62] más insignes.

Comprendo a maravilla que el admirable Cyrano del poema despierte la curiosidad de conocer algo del Cyrano de la realidad. Asmodeo[63] es un diablillo que nos juega muy malas pasadas.[64] Sin embargo, es lástima que no nos contentemos con el personaje ideal, pero realmente vivo, que nos da el artista. Siempre que intentemos transportar de la poesía a la vida, perderemos irremisiblemente en el cambio.

---

[44] débil, frágil
[45] niño
[46] véase nota 17
[47] excrecencia pequeña de carne en cualquier parte del cuerpo
[48] el célebre poeta épico griego, (s. IX a. C.), autor de *La Ilíada* y *La Odisea*
[49] comedia romántica francesa de Edmund Rostand, poeta y dramaturgo francés (1868–1918)
[50] repletos
[51] véase nota 49
[52] con la nariz muy grande
[53] la famosa Torre de Nesle de París
[54] seguidor de la filosofía de Pedro Gassendi, matemático y filósofo francés (1592–1655), contradictor de Descartes.
[55] Descartes, René: el célebre filósofo, matemático y físico francés (1596–1650).
[56] Armando Juan DuPlessis, Cardenal de Richelieu: político francés (1585–1642), primer ministro de Luis XIII.
[57] heroína de la comedia *Cyrano de Bergerac*
[58] sombrero de copa en forma de campana y alas muy anchas levantadas
[59] sin lomo (parte del libro opuesta a la parte abierta)
[60] *Nodier, Charles*: escritor francés (1780–1844), autor de cuentos de gran fantasía. *Gautier, Theophile*: poeta romántico y parnasiano francés (1811–1872). *Dujarric-Descombes, Gastón*: publicista francés contemporáneo (¿?–¿?). *Leblanc, Maurice*: escritor francés (1864–1941). *Mérilhou, José*: político, magistrado y orador francés (1788–1856). *Lacroix, Juan Bautista María Alberto*: literato y publicista belga (1834–1903).
[61] Brun, Pedro Antonio: literato, crítico e historiador francés (1858–¿?).
[62] necedades, estupideces
[63] demonio o príncipe de los demonios en la tradición judía
[64] malas jugadas; trampas

El tratar de hacerlo con una creación verdaderamente poética, significa sólo completo desconocimiento del objeto y de los recursos del Arte. El propósito principal del artista es producir una impresión aún más intensa que la provocada por los objetos verdaderos, y esto por medio de signos convencionales. Mientras no llegamos a apreciar la importancia decisiva de lo convencional en el Arte, andamos a ciegas por este vasto dominio de la producción humana.

Casi parece natural creer que el Arte debió comenzar por la copia más o menos hábil de los objetos reales. El que visite con atención un museo etnológico se convencerá pronto de que en las primeras y más rudimentarias manifestaciones artísticas predomina lo convencional. La pobreza de los medios que tiene el salvaje a su disposición para traducir sus ideas emotivas explica en buena parte la necesidad de ese expediente[65] del todo artificial. Pero lo más notable es el valor que adquieren esos símbolos para impresionar y aun sacudir al espectador. De este modo, con pequeños elementos se producen grandes resultados.

Toda la historia del Arte, y, por tanto, la de las bellas letras, se ilumina, teniendo en cuenta que el artista no trata de reproducir fotográficamente la realidad, sino de despertar las emociones que produce lo real por medio de signos, cuyo valor es puramente ideal.[66] El medio no puede ser más indirecto; y lo maravilloso del caso está precisamente en los sorprendentes efectos que así produce el autor. Con algunas frases melódicas nos sepulta insensiblemente en el perezoso divagar[67] de la melancolía, y con algunos acordes vibrantes nos sacude como para precipitarnos a la acción inmediata. Traza con unas cuantas palabras una figura que respira y anda, y que nos hace palpitar con el mismo ritmo de su corazón, como si lo sintiéramos bajo nuestra mano o sobre nuestro mismo pecho.

Pensando, aún así, a la ligera, en este prestigio de los signos artísticos, líneas, colores, sonidos o palabras, ¿cómo no ver con extrañeza, aunque sea compasiva, a un pedante febrilmente atareado en anotar los anacronismos del Hamlet,[68] en descubrir la genealogía de Ruy Blas,[69] o en medir los centímetros de la nariz de Cyrano? Después de todo, lo único real es la emoción presente. De lo pasado, aun de nuestro pasado, sólo sabemos lo que nos hace sentir el recuerdo que se levanta, como fantasma tétrico o risueño, en nuestro horizonte menta. ¿Cuál es ya, pues, el Cyrano verdadero: el de Rostand o el de Pierre Brun? Lo que llamamos restauración de una época o de un personaje histórico no es, al fin y al cabo, sino una obra de nuestra fantasía. Bien se lo dijo Fausto a aquel Wagner,[70] prototipo y compendio de todos los pedantes cándidos que creen en la Historia.

Cómo debe leerse el Quijote[71]

Tanto se ha escrito sobre el Quijote en lo que va del año,[72] que bien fundadamente puede creerse que este libro apacible y deleitoso habrá tenido algunas docenas más de lectores de los habituales. Y con toda llaneza confieso que eso me parece el resultado más apetecible[73] de todo este continuado rumor de plumas y discursos.

No vaya a presumirse que esto envuelve censura, ni asomo de censura siquiera, de la glorificación de este centenario. El entusiasmo tonifica y fortifica, sobre todo si, como en este caso, el entusiasmo es genuino y legítimo. Soy cervantista de la antevíspera. Leí el Quijote de niño, y fue para mí manantial de risa y acicate[74] de la fantasía. Dormí muchas noches con un

---

[65] aquí; recurso, medio
[66] idea muy cercana al impresionismo
[67] hablar sin concierto
[68] la famosa tragedia de William Shakespeare, poeta y dramaturgo inglés (1564–1616)
[69] drama histórico (1838), escrito por Víctor Hugo
[70] *Fausto*: nombre de un personaje alemán real, pero que se ha hecho legendario. *Wagner, Ricardo*: compositor y dramaturgo alemán (1813–1883).
[71] *Aventuras del ingenioso hidalgo Don Quijote de la Mancha* (1615), la célebre novela de Miguel de Cervantes y Saavedra (1547–1616).
[72] Porque se celebraba el tercer centenario de la publicación de la famosa novela.
[73] digno de desearse; codiciable
[74] estímulo, incentivo

viejo espadín debajo de la almohada, descabecé en sueños muchos endriagos[75] y encanté y desencanté no pocas Dulcineas.[76] Lo leí de mancebo, y la poesía sutil de las cosas antiguas se levantó, como polvo de oro, de las páginas del libro, para envolver en una atmósfera de encanto mi visión del mundo y de la vida. Lo he leído en la edad provecta,[77] y me parecía que una voz familiar y amiga, algo cascada[78] por los años, me enseñaba sin acrimonia la resignación benévola con que debe nuestra mirada melancólica seguir la revuelta corriente de las vicisitudes humanas.

Pero es natural que, habiendo encontrado en esta lectura fuente siempre fresca y abundosa de impresiones acomodadas a la disposición de mi ánimo, desee a otros muchos el mismo refrigerio.[79] De aquí que haya acabado por creer que la mejor manera de honrar al autor del Quijote sea, no aumentar la secta de los cervantistas, sino acrecer el número de los lectores de Cervantes.

Esto implica, lo confieso, cierto temor de que se malogre ese justificado deseo, que no tengo por mío exclusivo, sino de todos los que a porfía elogian y encomian el peregrino libro. Y mi temor nace de dos clases de consideraciones.

Ha dado sobre el Quijote una legión de comentadores, intérpretes, levantadores de horóscopos, descifradores de enigmas y adivinos, que asombran por su número y desconciertan por la misma sutileza de sus invenciones. A fuerza de querer encontrar un sentido acomodaticio a las frases más sencillas y una intención recóndita a los pasajes más claros, hacen sospechar a los desprevenidos que esa obra de verdadero y mero entretenimiento pueda ser un apocalipsis o un tratado de metafísica hegeliana.[80]

A los familiarizados con el libro, este intento de hermenéutica profana divierte o enoja, según los casos, pero no perjudica. Mas no es entre ellos donde se han de buscar los nuevos lectores. A éstos debe decirse y repetirse que el Quijote es uno de los libros más llanos que se han compuesto: claro como río sereno y caudaloso de ideas, sin confusión; de estilo añejo, como el buen vino, pero no anticuado; que habla del tiempo viejo, pero no de un tiempo tan separado de nosotros que el alma de sus personajes nos parezca extraña y distante de la nuestra. Tantos ejércitos maravillosos describen esos exégetas,[81] que el lector puede amilanarse,[82] o encontrarse chasqueado, cuando se desvanezca toda esa fantasmagoría.

Otros han tomado por distinto atajo. De tal suerte extreman el elogio, que más parecen corifeos entonando un ditirambo[83] que escritores que recomiendan una exquisita obra del ingenio humano.

No les niego yo su perfecto derecho a sustituir las razones y aún la razón por perpetuos *¡evohé!, ¡evohé!*[84] Cada cual expresa su delectación íntima a su manera; pero, desde el punto de vista en que me coloco aquí, temo que el efecto de sus desmesuradas hipérboles sea contraproducente. Lo de desear son lectores sinceros, que vayan, sin prejuicio de snobismo, a apurar el contenido de esa rica copa en que escanciaron las gracias,[85] y no individuos que se estén palpando y mirando por dentro con susto, si por acaso no se encuentran, desde las primeras páginas, en un mundo de prodigios, y no se ven suspendidos en cada capítulo a la región de los encantamientos pregonados. Hacen, sin quererlo, estos críticos tan poco critiquistas, el papel del ingenioso Chanfalla en *El Retablo de las Maravillas.*[86] A fuerza de anunciar portentos, que ellos ven y manosean, parecen declarar memos y bolos[87] a los que no miren por sus ojos y con su mismo ángulo visual. El pobre

---

[75] monstruos fabulosos
[76] Dulcinea es la famosa protagonista de *Don Quijote* y la dama de quien está enamorado el héroe.
[77] madura, vieja
[78] gastada
[79] alivio que produce una cosa fresca
[80] referencia a la filosofía de Jorge Guillermo Federico Hegel, filósofo alemán (1770–1831)
[81] intérpretes o expositores; críticos, comentaristas
[82] acobardarse, tener miedo
[83] composición poética demasiado elogiosa, cuyo antecedente son los poemas a Baco.
[84] Interjección del latín. Grito de las bacantes en honor de Baco
[85] *escanciaron*: bebieron; *las Gracias*: divinidades de la mitología griega
[86] uno de los ocho entremeses escritos por Miguel de Cervantes
[87] *memos*: simples, tontos; *bolos*: (fig.) individuos torpes, poco instruídos

lector se azora,[88] y aunque dice para sus mientes,[89] ¿si seré yo de ésos?, proclama a voces que se cierne[90] a dos dedos del empíreo. Ninguno de los confusos espectadores del re- 5 tablo quería ser judaizante, y ninguno de los atortolados[91] lectores quiere pasar por imbécil.

Aunque me acusen de algo sanchezco, prefiero, para los que lean el Quijote, la disposición de espíritu del estudiante del cuento, que se 10 solazaba[92] tendido en mullido césped y reía a pedir de boca[93] en los pasajes de risa. Ese de seguro no tenía entre las manos ningún Quijote comentado y puntualizado. Los que han leído la deliciosa fábula por esparcimiento[94] y la han celebrado con risa franca y sana, son los que luego la recuerdan con suave emoción y pueden descubrir la vena de plácida tristeza que va, casi a flor de tierra, serpeando por todo su contexto.

«Mirad, escribano Pedro Capacho —decía el alcalde Benito—,[95] haced vos que me hablen a derechas, que yo entenderé a pie llano».[96] Cervantes escribió a derechas; no subamos en zancos[97] a sus lectores.

Estanislao del Campo

ARGENTINA, 1834–1880

Hay que acreditarle a Estanislao del Campo el propósito de explorar nuevas posibilidades para la poesía gauchesca, en este caso la épica-burlesca o humorística, cosa que logra plenamente en su obra maestra. Nació en Buenos Aires y era hijo de un coronel del ejército, jefe de estado mayor del famoso general Lavalle. Estudió en la Academia Porteña y bien pronto se contó entre los partidarios de la política unitaria del general Mitre, tomando parte como militar en varias batallas en contra de la Confederación Argentina en 1859 y 1861. En 1874 peleó nuevamente dentro de las filas unitarias. Era casado con una sobrina del general Lavalle. Organizada la República, fue diputado nacional por la provincia de Buenos Aires y luego ocupó el cargo de Oficial Mayor del Ministerio de Gobierno de esa provincia. Entabló gran amistad política y literaria con Hilario Ascasubi, haciéndose llamar «Anastasio el Pollo», como seguidor del primero, que se hacía llamar «Aniceto el Gallo». Ya había del Campo publicado algunas composiciones cuando el 24 de agosto de 1866 asistió a una representación de la ópera *Fausto* de Gounod en el teatro Colón de Buenos Aires. Después de la función comentó entre algunos amigos la representación, como si se tratase de un gaucho y éstos le estimularon a escribir un poema sobre el asunto. Así escribió *Fausto* (1866), «Impresiones del gaucho Anastasio el Pollo, en la representación de esta ópera.» La obra fue

[88] se turba, se sobresalta
[89] para sí mismo
[90] se tamiza
[91] aturdidos, confundidos
[92] descansaba, se entretenía
[93] mucho, en cantidad
[94] diversión, entretenimiento
[95] personajes de *Don Quijote*
[96] correctamente; fácilmente
[97] palos altos cogidos a los pies, con los que se camina

motivo de varias redacciones, modificaciones y adiciones hasta lograr el texto actual. El poema obtuvo un éxito extraordinario desde el primer momento y siempre se le coloca como la segunda gran poesía gauchesca, después del *Martín Fierro*. Del Campo cultivó también la vena culta, pero no alcanza ni remotamente los méritos del *Fausto* con sus poesías románticas bastante intrascendentes. En 1870 reunió su producción con el título de *Poesías* (1870) y prólogo de José Mármol.

En del Campo tenemos el caso de un escritor que sin ser un gran poeta, tiene el acierto de producir una obra maestra, por su originalidad, y por el agrado con que el público la recibe. Con ese solo poema se situó el autor a la altura de Hilario Ascasubi y José Hernández, con el mérito de haberle dado una nueva orientación y dimensión a la «poesía gauchesca». El gustado poema tiene, en su versión original, 1278 versos octosílabos y se divide en seis partes. En la obra, un gaucho —Anastasio el Pollo— se encuentra con su amigo, el gaucho Laguna a quien relata una experiencia reciente en Buenos Aires. El Pollo vio una gran cantidad de público entrando al viejo Teatro Colón y entró a ver que pasaba. Allí se estaba representando la ópera *Fausto* de Gounod, basada en la tragedia del mismo título de Goethe. Anastasio, hombre sin educación ni cultura, toma muy en serio lo que ve en el escenario y le cuenta a su compañero la ópera, pero usando la pampa como escenario, explicando las situaciones al estilo gauchesco y dándole una interpretación de acuerdo con su capacidad.

Del Campo logra un cuadro humorístico de primera clase por la gracia, desenfado y realismo del diálogo, poniendo al descubierto las impresiones que en el alma de estos gauchos rudos deja una obra de tan profundo simbolismo. *Fausto* es una obra admirable y es el más popular de los grandes poemas gauchescos, después del *Martín Fierro*. La versificación le sale muy flúida, natural y espontánea, y en ningún momento decae la comicidad producida por el contraste entre las escenas de la ópera y las interpretaciones que merecen de parte de los gauchos.

FUENTE: *Fausto y poesías completas*, 9a, ed., Buenos Aires, Editorial Sopena, 1969.

Fausto[1]

1866

i

En un overo rosao,
flete[2] nuevo y parejito,
cáia al Bajo,[3] al trotecito
y lindamente sentao,
un paisano de Bragao,[4]
de apelativo[5] Laguna:
mozo jinetazo ¡ahijuna![6]
como creo que no hay otro,
capaz de llevar un potro
a sofrenarlo[7] en la luna.

¡Ah criollo! si parecía
pegao en el animal,
que aunque era medio bagual,[8]
a la rienda obedecía,
de suerte que se creería
ser no sólo arrocinao,[9]
sino también del recao[10]
de alguna moza pueblera:
¡Ah Cristo! ¡quién lo tuviera!. . .
¡Lindo el overo rosao!

Como que era escarciador,[11]
vivaracho y coscojero,[12]
le iba sonando al overo
la plata que era un primor:
pues eran plata el fiador,[13]
pretal,[14] espuelas, virolas,[15]
y en las cabezadas[16] solas
traia el hombre un Potosí:[17]
¡Qué . . . ¡Si traia, para mí,
hasta de plata las bolas![18]

En fin: como iba a contar,
Laguna al río llegó,
contra una tosca[19] se apió[20]
y empezó a desensillar,
en esto, dentró a orejiar[21]
y a resollar el overo,
y jué que vido[22] un sombrero
que del viento se volaba
de entre una ropa, que estaba
más allá, contra un apero.[23]

Dió güelta[24] y dijo el paisano[25]
—¡Vaya Zafiro! ¿qué es eso?
Y le careció el pescuezo
con la palma de la mano.
Un relincho[26] soberano
pegó el overo, que vía
a un paisano que salía
del agua, en un colorao,[27]
que al mesmo overo rosao
nada le desmerecía. . .

---

[1] El poema consta de seis partes, de las cuales ofrecemos las partes I, II y III.
[2] *overo rosao*: caballo con manchas rosadas. *Flete*: (Riopl.) caballo.
[3] *cáia*: caía, llegaba; *Bajo*: una sección del Buenos Aires antiguo, situada entre la casa de Gobierno y el Retiro
[4] *paisano*: (Arg.) gaucho; persona de la misma región; *Bragao*: lugar situado al oeste de la prov. de Buenos Aires
[5] nombre
[6] exclamación para destacar la idea de buen jinete
[7] tirar de la rienda para frenar o detener el caballo
[8] cimarrón, salvaje
[9] manso como un rocín
[10] silla de montar
[11] escarceador, caballo que al andar baja y sube la cabeza
[12] caballo que suena una ruedita que tiene el freno
[13] collar, collera
[14] correa de la silla que pasa por delante del cuello
[15] adorno de la montura (silla) del caballo
[16] correas que pasan por la cabeza del caballo
[17] ciudad del alto Perú (hoy Bolivia), célebre por sus ricas minas de plata
[18] boleadoras, una soga con tres ramales que llevan una bola en sus extremos. Instrumento del gaucho para cazar, etc.
[19] piedra
[20] apeó, bajó
[21] orejear, parar las orejas los animales
[22] vio
[23] las partes de la silla de montar
[24] vuelta
[25] véase nota 4
[26] voz del caballo
[27] caballo casi rojo

Cuando el flete relinchó,
media güelta dió Laguna
y ya pegó el grito: —¡Ahijuna!
¿No es el Pollo?[28]
—Pollo, no,
ese tiempo se pasó
(contestó el otro paisano);
yo soy jaca[29] vieja, hermano,
con las púas como anzuelo,[30]
y a quien ya le niega el suelo
hasta el más remoto grano.

Se apió el Pollo y se pegaron
tal abrazo con Laguna,
que sus dos almas en una
acaso se misturaron.[31]
Cuando se desenredaron,
después de haber lagrimiao,[32]
el overito rosao
una oreja se rascaba,
visto que la refregaba[33]
en la clin del colorao.

—Velay, tienda el cojinillo[34]
don Laguna, sientesé,
y un ratito aguardemé
mientras maneo[35] el potrillo:
vaya armando un cigarrillo,
si es que el vicio no ha olvidao;
áhi tiene contra el recao,[36]
cuchillo, papel y un naco;[37]
yo siempre pico el tabaco
por no pitarlo aventao.[38]

—Vaya, amigo, le haré gasto. . .
—¿No quiere maniar su overo?
—Dejeló a mi parejero[39]
que es como mata de pasto.[40]
Ya una vez, cuando el abasto[41]
mi cuñao se desmayó;
a los tres días volvió
del insulto,[42] y, crea, amigo,
peligra lo que le digo:[43]
el flete ni se movió.

—¡Bien haiga[44] gaucho embustero![45]
¿Sabe que no me esperaba
que soltase una guayaba[46]
de ese tamaño, aparcero?[47]
Ya colijo[48] que su overo
está tan bien enseñao,
que si en vez de desmayao
el otro hubiera estao muerto,
el fin del mundo, por cierto,
me lo encuentra allí parao.

—Vean cómo le buscó
la güelta. . .[49] ¡bien haiga el Pollo!
siempre larga todo el rollo
de su lazo. . .
—¡Y cómo no!
¿O se ha figurao que yo
ansina[50] nomás las trago?
—¡Hágase cargo!. . .[51]
—Ya me hago. . .
—Prieste el juego. . .[52]
—Tomeló,
—Y aura[53] le pregunto yo
¿qué anda haciendo en este pago?[54]

—Hace como una semana
que he bajao a la ciudá,
pues tengo necesidá
de ver si cobro una lana;[55]

---

[28] Estanislao del Campo utilizó el apodo de «Anastasio el Pollo» porque se consideraba discípulo de Hilario Ascasubi, «Aniceto el Gallo», otro de los buenos poetas gauchescos argentinos.
[29] (Riopl.) gallo de pelea
[30] *púas*: puntas agudas; *anzuelo*: instrumento en forma de gancho para pescar
[31] confundieron
[32] llorado, de alegría
[33] estregaba, frotaba
[34] *velay*: vedla ahí, interjección; *cojinillo*: manta de lana que se coloca debajo de la silla de montar
[35] amarro, sujeto
[36] conjunto de piezas para ensillar el caballo
[37] pedazo de tabaco negro en ramas
[38] *pitarlo*: armarlo, hacerlo; *aventao*: sin aroma
[39] caballo muy corredor
[40] es como la yerba, no se inmuta
[41] provisión, abastecimiento
[42] desmayo, desfallecimiento
[43] es increíble pero es cierto
[44] equivalente a «Dios le asista»
[45] mentiroso
[46] dijese una mentira, embuste
[47] compañero, compadre
[48] deduzco
[49] buscó algo que viniese bien con lo dicho anteriormente
[50] así
[51] esté seguro
[52] deme fuego (para encender el tabaco)
[53] ahora
[54] finca, estancia; lugar
[55] (amer.) dinero

pero me andan con *mañana*
y no hay plata,[56] *y venga luego.*
Hoy nomás cuasi le pego
en las aspas con la argolla[57]
a un gringo, que aunque es de embrolla,[58]
ya le he maliciao el juego.

—Con el cuento de la guerra[59]
andan matreros los cobres.[60]
—Vamos a morir de pobres
los paisanos de esta tierra.
Yo cuasi he ganao la sierra[61]
de puro desesperao. . .
—Yo me encuentro tan cortao,
que a veces se me hace cierto,
que hasta ando jediendo a muerto. . .[62]
—Pues yo me hallo hasta empeñao.[63]

—¡Vaya un lamentarse! ¡Ahijuna! . . .
Y eso es de vicio, aparcero:
a usté lo ha hecho su ternero
la vaca de la fortuna.[64]
Y no llore, don Laguna,
no me lo castigue Dios:
si no comparemoslós
mis tientos con su chapiao,[65]
y así en limpio habrá quedao,
el más pobre de los dos.

—¡Vean si es escarbador[66]
este Pollo! ¡Virgen mía!
Si es pura chafalonía. . .[67]
—¡Eso sí siempre pintor![68]
—Se la gané a un jugador
que vino a echarla de güeno,[69]
primero le gané el freno
con riendas y cabezadas,
y en otras cuantas jugadas
perdió el hombre hasta lo ajeno.

¿Y sabe lo que decía
cuando se vía en la mala?:
El que me ha pelao la chala[70]
debe tener brujería.[71]
A la cuenta se creería
que el diablo y yo. . .
—¡Callesé,
amigo! ¿no sabe usté
que la otra noche lo he visto
al demonio?
—¡Jesucristo!. . .
—Hace bien, santigüesé.[72]

—¡Pues no me he de santiguar!
Con esas cosas no juego;
pero no importa, le ruego
que me dentre a relatar,[73]
el cómo llegó a topar,[74]
con *el malo*, ¡Virgen Santa!
sólo el pensarlo me espanta. . .
—Güeno, le voy a contar,
pero antes voy a buscar
con qué mojar la garganta.

El Pollo se levantó
y se jué en su colorao,
y en el overo rosao
Laguna al agua dentró;
todo el baño que le dió,
jué dentrada por salida,[75]
y a la tosca consabida
don Laguna se volvió,
ande a don Pollo lo halló
con un frasco de bebida.

—Larguesé al suelo, cuñao,[76]
y vaya haciendosé cargo,
que puede ser más que largo,
el cuento que le he ofertao:[77]

---

[56] dinero
[57] *aspas*: fig. cabezas; *argollas*: bolas del lazo
[58] *gringo*: extranjero en general, italiano en particular; *embrolla*: peligroso, de cuidado
[59] se refiere a la guerra (1865–1869) de Argentina, Brasil y Uruguay contra Paraguay
[60] el dinero está escaso
[61] casi he venido al monte
[62] oliendo a muerto
[63] tiene muchas deudas
[64] usted tiene mucha suerte
[65] *tientos*: aperos de cuero crudo; *chapiao*: aperos lujosos
[66] que le gusta averiguar lo oculto
[67] plata de poco valor
[68] jactancioso, fanfarrón
[69] darse importancia
[70] ganado en el juego
[71] cosas misteriosas que producen efectos sobrenaturales
[72] santíguese, haga la señal de la cruz
[73] que empiece a contarme
[74] encontrarse
[75] fue muy rápido
[76] tratamiento afectuoso
[77] ofrecido

desmanee el colorao,
desate su maniador,
y, en ancas,[78] haga el favor
de acollararlos. . .[79]
—Al grito:[80]
¿Es manso el coloradito?
—¡Ése es un trébol de olor!

—Ya están acollaraditos. . .
—Déle un beso a esa giñebra:[81]
Yo le hice sonar de una hebra[82]
lo menos diez golgoritos.[83]
—Pero ésos son muy poquitos
para un criollo como usté,
capaz de prenderselé
a una pipa de lejía. . .[84]
—Hubo un tiempo en que solía. . .
—Vaya amigo, larguesé.

ii

—Como a eso de la oración,[85]
aura cuatro o cinco noches,
vide una fila de coches
contra el tiatro de Colón.[86]

La gente en el corredor,
como hacienda[87] amontonada,
pujaba desesperada
por llegar al mostrador.[88]

Allí a juerza de sudar,
y a punta de hombro y de codo,
hice, amigazo, de modo
que al fin me pude arrimar.

Cuando compré mi dentrada
y di güelta. . . ¡Cristo mío!
estaba pior el gentío
que una mar alborotada.

Era a causa de una vieja
que le había dao el mal. . .[89]
—Y si es chico ese corral
¿a qué encierran tanta oveja?

—Áhi verá: por fin, cuñao,
a juerza de arrempujón,[90]
salí como mancarrón[91]
que lo sueltan trasijao.[92]

Mis botas nuevas quedaron
lo propio que picadillo,
y el fleco del calzoncillo
hilo a hilo me sacaron.

Ya para colmo, cuñao,
de toda esta desventura,
el puñal, de la cintura,
me lo habían refalao.[93]

—Algún gringo como luz
para la uña,[94] ha de haber sido.
—¡Y no haberlo yo sentido!
En fin ya le hice la cruz.[95]

Medio cansao y tristón
por la pérdida, dentré
y una escalera trepé[96]
con ciento y un escalón.

---

[78] además
[79] unirlos por las colleras
[80] en seguida
[81] tome un trago de ginebra
[82] de una vez, de un golpe
[83] gorgoritos, quiebros o modulaciones que se hacen con la garganta al cantar
[84] tonel, barrica de lejía (detergente)
[85] a la hora de la oración
[86] el Teatro Colón (1857–1888), situado en las calles de Rivadavia y Reconquista en Buenos Aires
[87] rebaño, grupo muy grande
[88] taquilla de billetes o boletos
[89] se había desmayado
[90] empujón
[91] caballo viejo
[92] trasijado, muy flaco y débil
[93] robado
[94] rápido para robar
[95] lo di por perdido
[96] subí

Llegué a un alto, finalmente,
ande va la paisanada,[97]
que era la última camada
en la estiba de la gente.[98]

Ni bien me había sentao,
rompió de golpe la banda,[99]
que detrás de una baranda
la habían acomodao.

Y ya también se corrió
un lienzo grande,[1] de modo,
que a dentrar con flete y todo
me aventa,[2] creameló.

Atrás de aquel cortinao
un dotor apareció.
Que asigún[3] oí decir yo,
era un tal Fausto, mentao.

—¿Dotor dice? Coronel
de la otra banda,[4] amigazo;
lo conozco a ese criollazo
porque he servido con él.

—Yo también lo conocí,
pero el pobre ya murió:
¡bastantes veces montó
un zaino[5] que yo le di!

Dejeló al que está en el cielo,
que es otro Fausto, el que digo,
pues bien puede haber, amigo,
dos burros de un mesmo pelo.

—No he visto guacho más quiebra
para retrucar[6] ¡ahijuna! . . .
—Dejemé hacer, don Laguna,
dos gárgaras[7] de giñebra.

Pues como le iba diciendo,
el dotor apareció,
y, en público, se quejó
de que andaba padeciendo.

Dijo que nada podía
con la cencia que estudió:
que él a una rubia quería,
pero que a él la rubia no.

Que al ñudo la pastoriaba[8]
dende el nacer de la aurora,
pues de noche y a toda hora
siempre tras de ella[9] lloraba.

Que de mañana a ordeñar
salía muy currutaca,[10]
que él le maniaba la vaca,
pero pare de contar.

Que cansado de sufrir,
y cansado de llorar,
al fin se iba a envenenar
porque eso no era vivir.

El hombre allí renegó,
tiró contra el suelo el gorro.[11]
y por fin, en su socorro,
al mesmo Diablo llamó.

¡Nunca lo hubiera llamao!
¡Viera sustazo, por Cristo!
¡Ahi mesmo, jediendo a misto,[12]
se apareció el condenao!

Hace bien: persinesé
que lo mesmito hice yo.
—¿Y cómo no disparó?
—Yo mesmo no sé por qué.

---

[97] los gauchos; la gente pobre
[98] Anastasio llama «alto» al «paraíso» del teatro, a donde va la gente humilde y desde allí ve a los espectadores de clases sociales diferentes, en segmentos o estratos superpuestos que le recuerdan la «estiba», o sea la carga en la bodega de un barco.
[99] la orquesta comenzó a tocar
[1] la cortina principal del escenario
[2] echa al suelo
[3] según
[4] Laguna corrige a Anastasio porque el único Fausto que él conoce es el Coronel Fausto Aguilar, uruguayo, que luchó contra Rosas unido a las fuerzas patriotas. *La otra banda* se refiere a la Banda Oriental, nombre antiguo de la República del Uruguay.
[5] zaino, caballo de color colorado o negro sin manchas
[6] más astuto para replicar
[7] tragos
[8] la cortejaba en vano
[9] por ella
[10] aderezada, elegante con afectación
[11] abrigo para la cabeza
[12] oliendo a azufre

¡Viera al Diablo! Uñas de gato,
flacón, un sable[13] largote,
gorro con pluma, capote,
y una barba de chivato.[14]

Medias hasta la verija,[15]
con cada ojo como un charco
y cada ceja era un arco
para correr la sortija.[16]

«Aquí estoy a su mandao,
cuente con un servidor»,
le dijo el Diablo al dotor,
que estaba medio asonsao.[17]

«Mi dotor, no se me asuste
que yo lo vengo a servir:
pida lo que ha de pedir
y ordenemé lo que guste.»

El dotor medio asustao
le contestó que se juese . . .
—Hizo bien: ¿no le parece?
—Dejuramente,[18] cuñao.

Pero el Diablo comenzó
a alegar gastos de viaje,
y a medio darle coraje
hasta que lo engatuzó.[19]

—¿No era un dotor muy projundo?
¿Cómo se dejó engañar?
—Mandinga[20] es capaz de dar
diez güeltas a medio mundo.

El Diablo volvió a decir:
—«Mi dotor, no se me asuste,
ordenemé en lo que guste,
pida lo que ha de pedir.»

«Si quiere plata, tendrá:
mi bolsa siempre está llena,
y más rico que Anchorena[21]
con decir quiero, será.»

—No es por la plata que lloro,
don Fausto le contestó:
otra cosa quiero yo
mil veces mejor que el oro.

—«Yo todo le puedo dar,
retrucó el Rey del Infierno,
diga: ¿quiere ser Gobierno?
Pues no tiene más que hablar.»

—No quiero plata ni mando,[22]
dijo don Fausto, yo quiero
el corazón todo entero
de quien me tiene penando.

No bien esto el Diablo oyó,
soltó una risa tan fiera,
que toda la noche entera
en mis orejas sonó.

Dió en el suelo una patada,
una paré se partió,
y el dotor, fulo,[23] miró,
a su prenda idolatrada.

—¡Canejo! . . .[24] ¿Será verdá?
¿Sabe que se me hace cuento?
—No crea que yo le miento:
lo ha visto media ciudá.

¡Ah, don Laguna! ¡Si viera
qué rubia! . . . Creameló:
créi que estaba viendo yo
alguna virgen de cera.

Vestido azul, medio alzao,
se apareció la muchacha:
pelo de oro como hilacha
de choclo[25] recién cortao.

Blanca como una cuajada,[26]
y celeste la pollera;[27]
don Laguna, si aquello era
mirar a la Inmaculada.

---

[13] espada
[14] barba larga como las del chivo
[15] ijares del caballo
[16] juego en el que los jinetes tratan de pasar su lanza por un aro suspendido de una cinta o cuerda
[17] azonzado, atontado
[18] seguramente
[19] engatusó, cautivó o engañó
[20] uno de los nombres del diablo
[21] apellido de una familia argentina muy rica
[22] poder
[23] atónito, azorado
[24] (Arg.) ¡Caramba!
[25] espiga de maíz tierno
[26] parte sólida de la leche, que se separa cuando ésta se cuaja
[27] falda, saya

Era cada ojo un lucero,
sus dientes, perlas del mar,
y un clavel al reventar
era su boca, aparcero.

Ya enderezó como loco
el dotor cuanto la vió,
pero el Diablo lo atajó[28]
diciéndole: —«Poco a poco:

si quiere, hagamos un pato:[29]
usté su alma me ha de dar,
y en todo lo he de ayudar:
¿le parece bien el trato?»

Como el dotor consintió,
el Diablo sacó un papel
y lo hizo firmar en él
cuanto la gana le dió.

—¡Dotor y hacer ese trato!
—¿Qué quiere hacerle, cuñao,
si se topó ese abogao
con la horma de su zapato?[30]

Ha de saber que el dotor
era dentrao en edá,[31]
ansina que estaba ya
bichoco[32] para el amor.

Por eso al dir[33] a entregar
la contrata consabida,
dijo: —«¿Habrá alguna bebida
que me pueda remozar?»

Yo no sé qué brujería,
misto, mágica o polvito
le echó el Diablo y . . . ¡Dios bendito!
¡Quién demonios lo creería!

¿Nunca ha visto usté a un gusano
volverse una mariposa?
Pues allí la mesma cosa
le pasó al dotor, paisano.

Canas, gorro y casacón
de pronto se vaporaron,[34]
y en el dotor ver dejaron
a un donoso[35] mocetón.

—¿Qué dice? . . . ¡barbaridá! . . .
¡Cristo padre! . . . ¿Será cierto?
—Mire: que me caiga muerto
si no es la pura verdá.

El Diablo entonces mandó
a la rubia que se juese,
y que la paré se uniese,
y la cortina cayó.

A juerza de tanto hablar
se me ha secao el garguero:[36]
pase el frasco, compañero . . .
—¡Pues no[37] se lo he de pasar!

iii

—Vea los pingos . . .[38]
—¡Ah hijitos!
son dos fletes soberanos
—¡Como si jueran hermanos
bebiendo la agua juntitos!

—¿Sabe que es linda la mar?[39]
—¡La viera de mañanita
cuando a gatas[40] la puntita
del sol comienza a asomar!

---

[28] (fig.) lo cortó, lo interrumpió
[29] pacto
[30] (fig. y fam.) encontró quien sabe dominarlo
[31] muy viejo
[32] caballo viejo e inútil
[33] ir
[34] se evaporaron, desaparecieron
[35] gracioso
[36] garganta
[37] como no
[38] caballos rápidos y briosos
[39] referencia al Río de la Plata, que es muy grande
[40] apenas

Usté ve venir a esa hora
roncando[41] la marejada,
y ve en la espuma encrespada[42]
los colores de la aurora.

A veces, con viento en la anca,[43]
y con la vela al solsito,[44]
se ve cruzar un barquito
como una paloma blanca;

otras, usté ve, patente,
venir boyando[45] un islote,
y es que trai un camalote[46]
cabrestiando[47] la corriente.

Y con un campo quebrao,
bien se puede comparar,
cuando el lomo empieza a hinchar
el río medio alterao.

Las olas chicas, cansadas,
a la playa a gatas vienen,
y allí en lamber[48] se entretienen
las arenitas labradas.

Es lindo ver en los ratos
en que la mar ha bajao,
cáir volando al desplayao[49]
gaviotas, garzas y patos.

Y en las toscas[50] es divino
mirar las olas quebrarse,
como al fin viene a estrellarse
el hombre con su destino.

Y no sé qué da el mirar
cuando barrosa y bramando[51]
sierras de agua viene alzando
embravecida la mar.

Parece que el Dios del cielo
se amostrase retobao,[52]
al mirar tanto pecao
como se ve en este suelo.

Y es cosa de bendecir,
cuando el Señor la serena,
sobre ancha cama de arena
obligandolá a dormir.

Y es muy lindo ver nadando
a flor de agua[53] algún pescao:
van, como plata, cuñao,
las escamas relumbrando.

—¡ Ah, Pollo! Ya comenzó
a meniar taba;[54] ¿y el caso?
—Dice muy bien, amigazo:
seguiré contandoló.

El lienzo otra vez alzaron
y apareció un bodegón,[55]
ande se armó una runión
en que algunos se mamaron.[56]

Un don Valentín, velay,
se hallaba allí en la ocasión,
capitán muy guapetón,
que iba a dir al Paraguay.[57]

Era hermano, el ya nombrao,
de la rubia, y conversaba
con otro mozo que andaba
viendo de hacerlo cuñao.

Don Silverio,[58] o cosa así,
se llamaba este individo,
que me pareció medio ido
o sonso cuanto lo vi.

---

[41] con mucho ruido
[42] con muchas ondas
[43] popa, parte de atrás
[44] hacia el sol
[45] flotando
[46] plantas acuáticas de tallos largos y hojas anchas
[47] siguiendo
[48] vulgar por lamer (pasar la lengua por una cosa)
[49] playa de arena
[50] rocas
[51] con gran ruido
[52] enojado, colérico
[53] en la superficie
[54] hablar sin parar
[55] fonda, taberna
[56] (Riopl.) se emborracharon
[57] El Pollo, al ver la escena de la Kermese en *Fausto*, cree que Valentín, vestido de capitán, va también a la guerra del Paraguay (1865–1869), entre este país y la Argentina.
[58] se refiere a Siebel, el personaje de la ópera *Fausto*, que casi siempre lo canta una mujer vestida de hombre

Don Valentín le pedía
que a la rubia la sirviera
en su ausencia . . .
—¡Pues, sonsera![59]
¡El otro qué más quería!

—¡El capitán, con su vaso,
a los presentes brindó,
y, en esto, se apareció,
de nuevo el Diablo, amigazo.

Dijo que si lo almitían
tamién echaría un trago,
que era por no ser del pago
que allí no lo conocían.

Dentrando en conversación,
dijo el Diablo que era brujo:
pidió un ajenco[60] y lo trujo
el mozo del bodegón.

—«No tomo bebida sola,»
dijo el Diablo: se subió
a un banco, y vi que le echó
agua de una cuarterola.[61]

Como un tiro de jusil[62]
entre la copa sonó,
y a echar llamas comenzó
como si juera un candil.[63]

Todo el mundo reculó;[64]
pero el Diablo, sin turbarse,
les dijo: «No hay que asustarse»,
y la copa se empinó.[65]

—¡Qué buche![66] ¡Dios soberano!
—Por no parecer morao[67]
el capitán jué, cuñao,
y le dió al Diablo la mano.

Satanás le registró
los dedos con grande afán,
y le dijo: «Capitán,
pronto muere, crealó.»

El capitán, retobao,[68]
peló la lata,[69] y Luzbel
no quiso ser menos que él
y peló un amojosao.[70]

Antes de cruzar su acero,
el Diablo el suelo rayó:
¡viera el juego[71] que salió! . . .
—¡Qué sable para yesquero![72]

—¿Qué dice? ¡Había de oler
el jedor que iba largando
mientras estaba chispiando
el sable de Lucifer!

No bien a tocarse van
las hojas, creameló,
la mitá al suelo cayó
del sable del capitán.

—«¡Éste es el Diablo en figura
de hombre!» el capitán gritó,
y al grito le presentó
la cruz de la empuñadura.[73]

¡Viera al Diablo retorcerse
como culebra, aparcero!
—Oiganlé . . .
—Mordió el acero
y comenzó a estremecerse.

Los otros se aprovecharon
y se apretaron el gorro:[74]
sin duda a pedir socorro
o a dar parte dispararon.[75]

---

[59] tontería
[60] ajenjo
[61] barril o tonel
[62] fusil, rifle
[63] lámpara de aceite muy humilde
[64] retrocedió
[65] (fig. y fam.) bebió mucho
[66] (fam.) estómago
[67] flojo, cobarde
[68] (amer.) porfiado, terco
[69] sacó la espada
[70] enmohecido
[71] fuego
[72] bolsita de cuero en que se lleva lo necesario para producir el fuego
[73] agarradera, lugar por donde se coge la espada
[74] huyeron, se escaparon
[75] *dar parte*: avisar a la policía; *dispararon*: Véase nota anterior

En esto don Fausto entró
y conforme al Diablo vido,
le dijo: «¿Qué ha sucedido?»
Pero él se desentendió.

El dotor volvió a clamar
por su rubia, y Lucifer,
valido de su poder,
se la volvió a presentar.

Pues que golpiando en el suelo
en un baile apareció,
y don Fausto le pidió
que lo acompañase a un cielo.[76]

No hubo forma que bailara:
la rubia se encaprichó;
de balde[77] el dotor clamó
porque no lo desairara.[78]

Cansao ya de redetirse,[79]
le contó al Demonio el caso;
pero él le dijo: «Amigazo
no tiene por qué afligirse:

si en el baile no ha alcanzao
el poderla arrocinar,[80]
deje: le hemos de buscar
la güelta por otro lao.

Y mañana, a más tardar,
gozará de sus amores,
que a otras, mil veces mejores,
las he visto cabrestiar.»

¡Balsa[81] general! gritó
el bastonero mamao;
pero en esto el cortinao
por segunda vez cayó.

Armemos un cigarrillo
si le parece . . .
—¡Pues no!
—Tome el naco, piqueló,
uste tiene mi cuchillo.

José Hernández

ARGENTINA, 1834–1886

La poesía popular, que había nacido durante el Neoclasicismo, alcanza su mayor esplendor en el Romanticismo, por el natural interés de éste por lo pintoresco y el «color local». La más perdurable de esta abundante producción descriptiva de tipos y costumbres regionales está en la poesía gauchesca. El más conocido de todos los poetas gauchescos es José Hernández, autor del *Martín Fierro*, culminación de la poesía de ese tipo cuyo proceso histórico había comenzado medio siglo antes con Bartolomé Hildalgo. José Hernández nació en una estancia cerca de Buenos Aires ya que su padre era ganadero. Su educación se limitó a la escuela primaria y a lo que aprendió en sus lecturas y experiencias. Debido a una dolencia pulmonar, los médicos le recomendaron

[76] o cielito, baile popular argentino
[77] inútilmente
[78] rechazara, despreciara
[79] *derretirse*; (fig.) enamorarse locamente
[80] domesticar, domar, amansar
[81] vals, uno de los movimientos del cielito

que viviera en el campo, lo cual le dio la oportunidad de conocer al gaucho en forma directa y personal. Después de un período de ausencia regresa a Buenos Aires donde funda el periódico *El Río de la Plata* (1869), defensor del hombre de las pampas y demás causas populares. Más tarde fue elegido diputado, y al final de su vida senador de la República, desde cuyas posiciones continuó su cruzada en favor del gaucho hasta que lo sorprendió la muerte.

Con el título de *El gaucho Martín Fierro* (1872) publicó el poema más famoso de toda la literatura hispanoamericana. La obra tuvo un éxito tan inmediato como resonante, imprimiéndose más de una docena de ediciones en corto tiempo. Esta obra se caracteriza por el sabor popular de la composición, la fluidez de los versos y el realismo con que describe la vida y sicología de un elemento tan importante de la nacionalidad. Se dice que un gaucho viejo al leer el poema se decía: «Martín Fierro, ése era un gaucho». Pero la aparición casi milagrosa de esta obra no produjo impresión alguna en el mundo literario y en las personas cultas, dada la oposición existente en esa época contra el tema y la lengua del campo. Luego comenzó un proceso de reivindicación del poema que culmina con las conferencias del gran poeta Leopoldo Lugones y su libro *El Payador* (1916). A esta primera parte de la obra se la ha llamado también *La ida*.

Estimulado por el éxito sin precedentes de su poema, Hernández escribió y publicó *La vuelta de Martín Fierro* (1879), acogida con semejante entusiasmo al dispensado a la primera parte. Existen algunas diferencias entre *La ida* y *La vuelta*. La primera alcanza superior calidad literaria y se distingue por una acción más intensa, la concentración de personajes e imágenes de gran precisión y realismo. *La vuelta* tiene mayor número de caracteres, abundan los tonos filosóficos y la trama no es tan directa, porque hay desviaciones producidas por los personajes que relatan sus propias experiencias. *La vuelta* destaca la tendencia ética de todo el poema y, especialmente la preocupación y protesta social en favor del gaucho. Si bien la primera parte presenta más realismo descriptivo y una acción más directa, la segunda ofrece las ventajas de su mayor profundidad filosófica y variedad de matices.

Se ha celebrado mucho el desarrollo sicológico de los personajes del *Martín Fierro*, en el que prevalece el realismo. Los caracteres están tomados de la realidad y responden a una verdad histórica y sociológica. Constituyen como una galería de los tipos o personajes que habitaban la pampa: desde el gaucho hasta las autoridades civiles y militares, dueños de pulperías y los propios indios. Fierro es el típico hombre de las pampas de origen humilde a quien su vocación de libertad e independencia lo llevan a protestar contra las injusticias que se cometen con él. Cruz, su fiel compañero conmueve por su valor y, sobre todo, por su alto concepto de la amistad sincera. En la segunda parte aparecen los dos hijos de Fierro y el de Cruz, quienes cuentan sus experiencias, simultáneas a las luchas de sus padres en territorio indio. Así conocemos al viejo Vizcacha, cuya vida relata el hijo menor de Martín. Por su picardía, y sentido realista de la vida se destaca como uno de los personajes mejor trazados. Pone siempre su aguda inteligencia a favor de sus propios intereses, pero divierte con el sentido tan práctico que tiene de la vida. Introduce un punto de humorismo en el poema y no llega a producir sensación desagrabable en el ánimo del lector. Picardía es el hijo de Cruz y también aparece en la segunda parte. Sus acciones responden en todo momento a su nombre. Se ha dicho que él y el viejo Vizcacha son remedos de la novela picaresca española. Los personajes secundarios completan la autenticidad del vigoroso cuadro de la vida de la pampa.

Como hemos dicho en otro lugar «hoy en día nadie duda que el *Martín Fierro* no sólo es el poema nacional de la Argentina y la obra maestra de la literatura gauchesca, sino también una de las creaciones más originales de toda la literatura hispanoamericana».* Además de su realismo plástico, se destaca por la espontaneidad y sobriedad de la narración. Emocionan pero sin aspavientos y melodramatismos, la despedida de Martín y Cruz del mundo civilizado, el dolor de Martín cuando muere su amigo del alma y la muerte del niñito a manos de los indios y otras muchas escenas conmovedoras. La obra tiene un matiz nostálgico y elegíaco indudable, porque el personaje lucha —sin muchos resultados— contra la injusticia y al fin desaparece. En resumen, *Martín Fierro* perdurará siempre por la maestría artística que tuvo Hernández para crear una obra que hace palpitar el corazón del pueblo y de cuantos la leen.

FUENTE: *Martín Fierro*, 8va. ed., Buenos Aires, Losada, 1953. Editado por Eleuterio F. Tiscornia.

Martín Fierro[1]

1872, 1879

La ida

i

MARTÍN FIERRO[2]

Aquí me pongo a cantar
al compás de la vigüela,[3]
que el hombre que lo desvela
una pena estrordinaria,
como la ave solitaria
con el cantar se consuela.

Pido a los Santos del Cielo
que ayuden mi pensamiento,
les pido en este momento
que voy a cantar mi historia
me refresquen la memoria
y aclaren mi entendimiento.

---

* *Historia crítica de la literatura hispanoamericana*, pág 311

[1] Casi todo el poema está escrito en una especie de sextillas compuestas de versos octosílabos con rima *xaabba*, siendo libre el primero. A esta estrofa se le ha llamado «hernandina», por haber sido inventada por Hernández. También emplea cuartetas y romances. Lugones afirma que el número de versos y el verso libre del comienzo es una imitación de las notas de la guitarra del antiguo payador, el origen más remoto de la poesía gauchesca.

[2] El nombre Martín Fierro que aparece antes de comenzar el poema indica que Martín Fierro comienza a cantar, lo que hace sin interrupción hasta el canto X. No se olvide que estructuralmente el poema está compuesto como si estuviese transcribiendo lo que cantan diversos gauchos —como el antiguo payador—, especialmente Martín Fierro.

[3] vihuela, instrumento de cuerda, parecido a la guitarra, con seis cuerdas

Vengan Santos milagrosos,
vengan todos en mi ayuda,
que la lengua se me añuda[4]
y se me turba la vista;
pido a mi Dios que me asista
en una ocasión tan ruda.

Yo he visto muchos cantores,[5]
con famas bien otenidas,
y que después de alquiridas
no las quieren sustentar.
Parece que sin largar
se cansaron en partidas.[6]

Mas ande otro criollo pasa
Martín Fierro ha de pasar,
nada lo hace recular[7]
ni las fantasmas lo espantan,
y dende que todos cantan
yo también quiero cantar.

Cantando me he de morir,
cantando me han de enterrar,
y cantando he de llegar
al pie del Eterno Padre.
Dende el vientre de mi madre
vine a este mundo a cantar.

Que no se trabe[8] mi lengua
ni me falte la palabra.
El cantar mi gloria labra,
y poniéndome a cantar,
cantando me han de encontrar
aunque la tierra se abra.

Me siento en el plan de un bajo[9]
a cantar un argumento.
Como si soplara un viento
hago tiritar los pastos.
Con oros, copas y bastos[10]
juega allí mi pensamiento.

Yo no soy cantor letrao,[11]
mas si me pongo a cantar
no tengo cuando acabar
y me envejezco cantando;
las coplas me van brotando
como agua de manantial.

Con la guitarra en la mano
ni las moscas se me arriman,
naides me pone el pie encima,[12]
y cuando el pecho se entona,
hago gemir a la prima
y llorar a la bordona.[13]

Yo soy toro en mi rodeo
y torazo en rodeo ajeno,
siempre me tuve por güeno,[14]
y si me quieren probar
salgan otros a cantar
y veremos quién es menos.

No me hago al lao de la güeya[15]
aunque vengan degollando,
con los blandos yo soy blando
y soy duro con los duros,
y ninguno en un apuro
me ha visto andar tutubiando.[16]

En el peligro ¡qué Cristos!
el corazón se me enancha[17]
pues toda la tierra es cancha,[18]
y de esto naides se asombre,
el que se tiene por hombre
dondequiera hace pata ancha.[19]

Soy gaucho, entiendaló
como mi lengua lo esplica:
para mí la tierra es chica
y pudiera ser mayor;
ni la víbora me pica
ni quema mi frente el Sol.

---

[4] anuda, ata
[5] En este verso Tiscornia ve una referencia a Estanislao del Campo, autor de *Fausto*.
[6] en grupos, conjuntos
[7] retroceder
[8] dificulte hablar
[9] «el plan de bajo o cañada es el sitio poético de la pampa» (Lugones, *El payador*, pág. 191). Parte inferior de un terreno bajo próximo a una colina.
[10] alusión al juego de naipes libre, sin restricciones, jugado con libertad
[11] culto, educado
[12] nadie me aventaja
[13] *prima*: cuerda más delgada de la guitarra, vihuela, etc.; *bordona*: cuerda más gruesa, que hace el bajo
[14] buen cantor
[15] huella, camino
[16] titubeando, vacilando
[17] ensancha
[18] camino largo y bien hecho para las carreras de caballo
[19] (fig.) anda con firmeza, con valor

Nací como nace el peje[20]
en el fondo de la mar,
naides me puede quitar
aquello que Dios me dió.
Lo que al mundo truje yo
del mundo lo he de llevar.

Mi gloria es vivir tan libre
como el pájaro del Cielo,
no hago nido en este suelo
ande[21] hay tanto que sufrir;
y naides me ha de seguir
cuando yo remuento el vuelo.

Yo no tengo en el amor
quien me venga con querellas,[22]
como esas aves tan bellas
que saltan de rama en rama,
yo hago en el trébol mi cama
y me cubren las estrellas.

Y sepan cuantos escuchan
de mis penas el relato,
que nunca peleo ni mato
sino por necesidá;
y que a tanta alversidá
sólo me arrojó el mal trato.

Y atiendan la relación
que hace un gaucho perseguido,
que padre y marido ha sido
empeñoso[23] y diligente,
y sin embargo la gente
lo tiene por un bandido.

ii

Ninguno me hable de penas
porque yo penando vivo.
Y naide se muestre altivo
aunque en el estribo esté,[24]
que suele quedarse a pie[25]
el gaucho más alvertido.

Junta esperencia en la vida
hasta pa dar y prestar,
quien la tiene que pasar
entre sufrimiento y llanto;
porque nada enseña tanto
como el sufrir y el llorar.

Viene el hombre ciego al mundo
cuartiándolo[26] la esperanza,
y a poco andar ya lo alcanzan
las desgracias a empujones;
¡la pucha[27] que trae liciones[28]
el tiempo con sus mudanzas!

Yo he conocido esta tierra[29]
en que el paisano vivía
y su ranchito tenía
y sus hijos y mujer . . .
era una delicia ver
cómo pasaba sus días.

Entonces . . . cuando el lucero
brillaba en el cielo santo,
y los gallos con su canto
nos decían que el día llegaba,
a la cocina rumbiaba[30]
el gaucho . . . que era un encanto.

Y sentao junto al jogón[31]
a esperar que venga el día,
al cimarrón[32] le prendía[33]
hasta ponerse rechoncho,
mientras su china[34] dormía
tapadita con su poncho.

---

[20] origen muy humilde y desconocido. *Peje*: pez
[21] donde
[22] discordias, disputas
[23] luchador, trabajador
[24] aunque esté en una posición superior
[25] caer de una posición ventajosa
[26] ayudándolo, facilitándole el camino
[27] (Riopl.) frase vulgar de sorpresa
[28] lecciones
[29] A esta sección se le llama frecuentemente «La edad de oro del gaucho»
[30] se dirigía, caminaba hacia
[31] fogón, cocina
[32] mate amargo
[33] bebía, tomaba
[34] mujer, esposa

Y apenas la madrugada
empezaba a coloriar,
los pájaros a cantar,
y las gallinas a apiarse,[35]
era cosa de largarse
cada cual a trabajar.

Éste se ata las espuelas,
se sale el otro cantando,
uno busca un pellón[36] blando,
éste un lazo, otro un rebenque,[37]
y los pingos relinchando
los llaman dende el palenque.[38]

El que era pión domador
enderezaba[39] al corral,
ande estaba el animal
bufidos que se las pela . . .[40]
y más malo que su agüela
se hacía astillas el bagual.[41]

Y allí el gaucho inteligente,
en cuanto el potro enriendó,
los cueros[42] le acomodó
y se le sentó en seguida,
que el hombre muestra en la vida
la astucia que Dios le dió.

Y en las playas corcoviando
pedazos se hacía el sotreta.[43]
mientras él por las paletas[44]
le jugaba las lloronas,[45]
y al ruido de las caronas[46]
salía haciéndose gambetas.[47]

¡Ah tiempos! . . . si era un orgullo
ver jinetiar un paisano!
Cuando era gaucho baquiano,[48]
aunque el potro se boliase,[49]
no había uno que no parase
con el cabresto[50] en la mano.

Y mientras domaban unos,
otros al campo salían
y la hacienda[51] recogían,
las manadas repuntaban,[52]
y ansí sin sentir pasaban
entretenidos el día.

Y verlos al cair la noche
en la cocina riunidos,
con el juego bien prendido
y mil cosas que contar,
platicar muy divertidos
hasta después de cenar.

Y con el buche[53] bien lleno
era cosa superior
irse en brazos del amor
a dormir como la gente,[54]
pa empezar al día siguiente
las fainas[55] del día anterior.

¡Ricuerdo! . . . ¡Qué maravilla!
Cómo andaba la gauchada
siempre alegre y bien montada
y dispuesta pa el trabajo . . .
pero hoy en el día . . . ¡barajo![56]
no se la ve de aporriada.[57]

El gaucho más infeliz
tenía tropilla de un pelo,[58]
no le faltaba un consuelo[59]
y andaba la gente lista . . .
tendiendo al campo la vista
sólo vía hacienda y cielo.

---

[35] apearse, bajar de las ramas de los árboles
[36] (amer.) piel de carnero que sirve para acostarse sobre ella
[37] (Riopl.) látigo de cuero
[38] (Riopl.) poste para amarrar animales
[39] se dirigía al
[40] *bufidos*: voces de animales que bufan; *se las pela*: corre mucho
[41] *astillas*: pedazos pequeños de madera, etc.; *bagual*: caballo salvaje o mañero
[42] apero
[43] (Riopl.) caballo viejo y malo
[44] omóplatos del animal
[45] (amer.) espuelas grandes
[46] telas acolchadas que se ponen debajo de la silla de montar
[47] (Riopl.) esquince, movimientos evasivos rápidos
[48] práctico o experto de la pampa
[49] (Arg.) diese trabajo
[50] rienda
[51] ganado, rebaño
[52] reunían, juntaban
[53] estómago (de los pájaros y aves)
[54] con comodidad
[55] faenas, tareas
[56] ¡carajo!, expresión vulgar de disgusto
[57] golpeada, maltratada
[58] manada de caballos de un mismo color, un verdadero lujo
[59] una mujer, dinero, etc.

Cuando llegaban las yerras,[60]
¡cosa que daba calor!
tanto gaucho pialador[61]
y tironiador sin yel.[62]
¡Ah tiempos!, pero si en él
se ha visto tanto primor.

Aquello no era trabajo,
más bien era una junción,[63]
y después de un güen tirón
en que uno se daba maña,[64]
pa darle un trago de caña[65]
solía llamarlo el patrón.

Pues siempre la mamajuana[66]
vivía bajo la carreta,
y aquel que no era chancleta,[67]
en cuanto el goyete[68] via
sin miedo se le prendía
como güérfano a la teta.

¡Y qué jugadas se armaban
cuando estábamos riunidos!
Siempre íbamos prevenidos,
pues en tales ocasiones
a ayudarles a los piones
caiban muchos comedidos.[69]

Eran los días del apuro
y alboroto pa el hembraje,[70]
pa preparar los potajes,[71]
y osequiar bien a la gente,
y ansí, pues, muy grandemente
pasaba siempre el gauchaje.

Venía la carne con cuero,
la sabrosa carbonada,[72]
mazamorra[73] bien pisada,
los pasteles y el güen vino . . .
pero ha querido el destino
que todo aquello acabara.

Estaba el gaucho en su pago
con toda seguridá,
pero aura . . .[74] ¡barbaridá!
la cosa anda tan fruncida,
que gasta el pobre la vida
en juir de la autoridá.

Pues si usté pisa en su rancho
y si el alcalde lo sabe,
lo caza lo mesmo que ave
aunque su mujer aborte . . .
no hay tiempo que no se acabe
ni tiento[75] que no se corte.

Y al punto dése por muerto
si el alcalde lo bolea,
pues ay no más se le apea[76]
con una felpa[77] de palos,
y después dicen que es malo
el gaucho si los pelea.

Y el lomo le hinchan a golpes,
y le rompen la cabeza,
y luego con ligereza,
ansí lastimao y todo,
lo amarran codo con codo
y pa el cepo lo enderiezan.[78]

Áhi comienzan sus desgracias,
áhi principia el pericón:[79]
porque ya no hay salvación,
y que usté quiera o no quiera,
lo mandan a la frontera[80]
o lo echan a un batallón.

Ansí empezaron mis males
lo mesmo que los de tantos;
si gustan . . . en otros cantos
les diré lo que he sufrido.
Después que uno está perdido
no lo salvan ni los santos.

---

[60] hierras, acciones de marcar el ganado con hierros muy calientes
[61] gaucho experto en enlazar un animal por las patas delanteras
[62] incansable
[63] función, fiesta
[64] se las arreglaba, usaba su habilidad
[65] aguardiente
[66] damajuana: botella de bebida forrada de mimbre
[67] hombre que no bebe
[68] (Arg.) botella
[69] caían, llegaban muchos hombres serviciales, que ayudaban
[70] bulla, bullicio por las mujeres o hembras
[71] caldos o sopas de frijoles o legumbres
[72] (Arg., Chile y Perú) guisado nacional hecho con carne.
[73] (Amer.) plato hecho a base de maíz, leche y azúcar
[74] ahora
[75] correa fina sin curtir
[76] le descarga, le da
[77] especie de terciopelo, tejido de pelo largo. (fig.) paliza
[78] *cepo*: instrumento de tortura hecho de hierro que agarraba al individuo por las piernas y el cuello; *enderiezan*: enderezan, conducen, envían
[79] baile tradicional del Río de la Plata. (fig.) problemas, desgracias, desventuras
[80] límite entre el territorio cristiano y el ocupado por los indios. Había fortines y soldados para evitar las incursiones de los salvajes

iii

Tuve en mi pago en un tiempo
hijos, hacienda y mujer;
pero empecé a padecer,
me echaron a la frontera.
¡Y qué iba hallar al volver!
Tan sólo hallé la tapera.[81]

Sosegao vivía en mi rancho
como el pájaro en su nido.
Allí mis hijos queridos
iban creciendo a mi lao . . .
Sólo queda al desgraciao
lamentar el bien perdido.

Mi gala en las pulperías
era, cuando había más gente,
ponerme medio caliente,[82]
pues cuando puntiao[83] me encuentro,
me salen coplas de adentro
como agua de la vertiente.

Cantando estaba una vez
en una gran diversión,
y aprovechó la ocasión
como quiso el Juez de Paz . . .
se presentó, y ay no más
hizo una arriada en montón.[84]

Juyeron los más matreros[85]
y lograron escapar.
Yo no quise disparar.
Soy manso —y no había porqué.
Muy tranquilo me quedé
y ansí me dejé agarrar. [. . .][86]

ix[87]

Matreriando[88] lo pasaba
y a las casas no venía
Solía arrimarme de día;
mas, lo mesmo que el carancho,[89]
siempre estaba sobre el rancho
espiando a la polecía.

Viva el gaucho que ande mal
como zorro perseguido,
hasta que el menor descuido
se lo atarasquen[90] los perros,
pues nunca le falta un yerro
al hombre más alvertido.

Y en esa hora de la tarde
en que tuito[91] se adormece,
que el mundo dentrar parece
a vivir en pura calma,
con las tristezas de su alma
al pajonal enderiece.

Bala el tierno corderito
al lao de la blanca oveja,
y a la vaca que se aleja
llama el ternero amarrao;
pero el gaucho desgraciao
no tiene a quien dar su queja.

Ansí es que al venir la noche
iba a buscar mi guarida,
pues ande el tigre se anida
también el hombre lo pasa,
y no quería que en las casas
me rodiara la partida.[92]

---

[81] casa o rancho en ruinas y abandonado
[82] algo bebido, alegre
[83] Véase nota anterior
[84] se los llevó a todos detenidos o presos
[85] astutos, suspicaces; fuera de la ley
[86] De aquí hasta fines de este canto y de los cantos IV al VIII Fierro relata sus desventuras y calamidades en el ejército, su participación en un combate de indios, como mató a un negro (canto VII) y a un gaucho pendenciero (canto VIII), hasta que deserta del ejército y se vuelve «matrero». Hace una crítica muy dura contra la corrupción de las autoridades y expone los abusos que se cometen contra el gaucho.
[87] En el Canto IX Fierro relata sus primeras aventuras como «matrero», su pelea con la policía que quería detenerlo y el encuentro con Cruz, su gran amigo de ahora en adelante.
[88] actuando como un matrero o «gaucho malo»
[89] (amer.) uno de los nombres del caracará, ave de rapiña
[90] (fig.) se lo coman
[91] todito
[92] banda de policía

Pues aun cuando vengan ellos
cumpliendo con sus deberes,
yo tengo otros pareceres
y en esa conduta vivo:
que no debe un gaucho altivo
peliar entre las mujeres.

Y al campo me iba solito,
más matrero que el venao,
como perro abandonao
a buscar una tapera,
o en alguna vizcachera[93]
pasar la noche tirao.

Sin punto ni rumbo fijo
en aquella inmensidá,
entre tanta escuridá
anda el gaucho como duende,
allí jamás lo sorpriende
dormido, la autoridá.

Su esperanza es el coraje,
su guardia es la precaución,
su pingo es la salvación,
y pasa uno en su desvelo
sin más amparo que el cielo
ni otro amigo que el facón.[94]

. . . .

Ansí me hallaba una noche
contemplando las estrellas,
que le parecen más bellas
cuanto uno es más desgraciao,
y que Dios las haiga criao
para consolarse en ellas.

Les tiene el hombre cariño,
y siempre con alegría
ve salir las tres marías,[95]
que si llueve, cuanto escampa
las estrellas son la guía
que el gaucho tiene en la pampa.

Aquí no valen dotores,
sólo vale la esperencia,
aquí verían su inocencia
esos que todo lo saben,
porque esto tiene otra llave
y el gaucho tiene su cencia.[96]

Es triste en medio del campo
pasarse noches enteras
contemplando en sus carreras
las estrellas que Dios cría,
sin tener más compañía
que su soledá y las fieras.

Me encontraba, como digo,
en aquella soledá,
entre tanta escuridá,
echando al viento mis quejas,
cuando el grito del chajá[97]
me hizo parar las orejas.

Como lumbriz[98] me pegué
al suelo para escuchar,
pronto sentí retumbar
las pisadas de los fletes,
y que eran muchos jinetes
conocí sin vacilar.

Cuando el hombre está en peligro
no debe tener confianza;
ansí tendido de panza
puse toda mi atención,
y ya escuché sin tardanza
como el ruido de un latón.

Se venían tan calladitos
que yo me puse en cuidao,
tal vez me hubieran bombiao[99]
y me venían a buscar,
mas no quise disparar,
que eso es de gaucho morao.[1]

Al punto me santigüé
y eché de giñebra un taco,[2]
lo mesmito que el mataco[3]
me arrollé con el porrón:
«Si han de darme pa tabaco»[4]
dije, «ésta es güena ocasión».

---

[93] la madriguera o refugio de la vizcacha, roedor del tamaño de la liebre que vive en la pampa
[94] (Riopl.) puñal, cuchillo
[95] estrellas del Tahalí de Orión
[96] ciencia
[97] (Riopl.) Ave zancuda de color ceniciento
[98] gusano anélido que vive en lugares húmedos
[99] bombeado, (Arg.) espiado, observado
[1] morado, (Arg.) cobarde
[2] (fig. y fam.) trago
[3] (Riopl.) una especie de armadillo
[4] «dar pa tabaco»: castigar, reducir

Me refalé[5] las espuelas
para no peliar con grillos,
me arremangué el calzoncillo,
y me ajusté bien la faja,
y en una mata de paja
probé el filo del cuchillo.

Para tenerlo a la mano
el flete en el pasto até,
la cincha le acomodé,
y en un trance como aquél,
haciendo espaldas en él[6]
quietito los aguardé.

Cuanto cerca los sentí
y que áhi nomás se pararon
los pelos se me erizaron;
y aunque nada vían mis ojos,
«no se han de morir de antojo»,[7]
les dije cuanto llegaron.

Yo quise hacerles saber
que allí se hallaba un varón;
les conocí la intención,
y solamente por eso
fué que les gané el tirón,[8]
sin aguardar voz de preso.[9]

—«Vos sos un gaucho matrero»,
dijo uno haciéndose el güeno,
«vos matastes un moreno
y otro en una pulpería,
y aquí está la polecía
que viene a justar tus cuentas;
te va a alzar por las cuarenta[10]
si te resistís hoy día».

«No me vengan —contesté—
con relación de dijuntos;[11]
ésos son otros asuntos;
vean si me pueden llevar,
que yo no me he de entregar,
aunque vengan todos juntos.»

Pero no aguardaron más,
y se apiaron en montón.
Como a perro cimarrón[12]
me rodiaron entre tantos;
yo me encomendé a los santos
y eché mano a mi facón.

Y ya vide el fogonazo
de un tiro de garabina,[13]
mas quiso la suerte indina
de aquel maula[14] que me errase,
y áhi nomás lo levantase
lo mesmo que una sardina.

A otro que estaba apurao
acomodando una bola,
le hice una dentrada sola
y le hice sentir el fierro,
y ya salió como el perro
cuando le pisan la cola.

Era tanta la afición
y la angurria[15] que tenían,
que tuitos se me venían
donde yo los esperaba;
uno al otro se estorbaba
y con las ganas no vían.

Dos de ellos que traiban[16] sables,
más garifos[17] y resueltos,
en las hilachas envueltos
enfrente se me pararon,
y a un tiempo me atropellaron
lo mesmo que perros sueltos.

Me fuí reculando en falso
y el poncho adelante eché,
y cuando le puso el pie
uno medio chapetón.[18]
de pronto le di el tirón
y de espaldas lo largué.

---

[5] me quité; *refalar*: resbalar, rodar
[6] apoyando la espalda en el caballo
[7] irónicamente por: se le dará el gusto, logrará sus deseos
[8] (Arg.) me les adelanté o anticipé
[9] sin esperar a que me tomasen prisionero
[10] cuarenta es el punto más alto en el juego de cartas llamado brisca. Aquí quiere decir: vas a salir perdiendo más
[11] difuntos, muertos
[12] salvaje
[13] carabina, arma de fuego menor que el fusil
[14] (Arg.) persona taimada y tramposa
[15] (Amer.) avidez
[16] traían
[17] (Arg.) animados, seguros
[18] inexperto, sin experiencia

Al verse sin compañero
el otro se sofrenó;
entonces le dentré yo,
sin dejarlo resollar,
pero ya empezó a aflojar
y a la pun . . . ta disparó.

Uno que en una tacuara[19]
había atao una tijera
se vino como si juera
palenque de atar terneros,
pero en dos tiros certeros
salió aullando campo ajuera.

Por suerte en aquel momento
venía coloriando el alba,
y yo dije: «Si me salva
la Virgen en este apuro,
en adelante le juro
ser más güeno que una malva».[20]

Pegué un brinco y entre todos
sin miedo me entreveré,[21]
hecho ovillo me quedé
y ya me cargó una yunta,[22]
y por el suelo la punta
de mi facón les jugué.

El más engolosinao[23]
se me apió con un hachazo;
se lo quité con el brazo,
de no, me mata los piojos;
y antes de que diera un paso
le eché tierra entre los ojos.

Y mientras se sacudía
refregándose la vista,
yo me le fuí como lista[24]
y áhi nomás me le afirmé
diciéndole: «Dios te asista»;
y de un revés lo voltié.

Pero en ese punto mesmo
sentí que por las costillas
un sable me hacía cosquillas,
y la sangre se me heló.
Dende ese momento yo
me salí de mis casillas.

Di para atrás unos pasos
hasta que pude hacer pie,[25]
por delante me lo eché
de punta y tajos a un criollo,
metió la pata en un hoyo,
y yo al hoyo lo mandé.

Tal vez en el corazón
lo tocó un santo bendito
a un gaucho que pegó el grito,
y dijo: «¡Cruz[26] no consiente
que se cometa el delito
de matar ansí un valiente!»

Y áhi nomás se me apareció
dentrándole a la partida;
yo les hice otra embestida
pues entre dos era robo;[27]
y el Cruz era como lobo
que defiende su guarida.

Uno despachó al infierno
de dos que lo atropellaron.
Los demás remoliniaron,
pues íbamos a la fija,[28]
y a poco andar dispararon
lo mesmo que sabandija.[29]

Áhi quedaban largo a largo
los que estiraron la jeta,[30]
otro iba como maleta,[31]
y Cruz de atrás les decía:
«Que venga otra polecía
a llevarlos en carreta».

---

[19] (Arg.) caña fuerte o bambú; un palo o tranca
[20] alude a que algunas malvas (hierbas) son medicinales
[21] introduje, mezclé
[22] dos me atacaron
[23] ansioso, con grandes deseos
[24] (fig.) sin interrupción, directamente, inmediatamente
[25] pisar en terreno firme
[26] Cruz es un sargento de la policía, un gaucho también perseguido que se pone de parte de Fierro y entabla con él una duradera y firme amistad.
[27] una tarea muy fácil
[28] al seguro
[29] animalito asqueroso o molesto
[30] (fig. y fam.) murieron
[31] echado sobre el caballo porque estaba muy mal herido

Yo junté las osamentas,[32]
me hinqué y les recé un bendito,
hice una cruz de un palito,
y pedí a mi Dios clemente
me perdonara el delito
de haber muerto tanta gente.

Dejamos amontonaos
a los pobres que murieron,
no sé si los recogieron
porque nos fimos a un rancho,
o si tal vez los caranchos
áhi nomás se los comieron.

Lo agarramos mano a mano
entre los dos al porrón,
en semejante ocasión
un trago a cualquiera encanta,
y Cruz no era remolón[33]
ni pijotiaba garganta.[34]

Calentamos los gargueros[35]
y nos largamos muy tiesos
siguiendo siempre los besos
al pichel,[36] y por más señas,[37]
íbamos como cigüeñas
estirando los pescuezos.

«Yo me voy, le dije, amigo,
donde la suerte me lleve,
y si es que alguno se atreve
a ponerse en mi camino,
yo seguiré mi destino,
que el hombre hace lo que debe.

«Soy un gaucho desgraciado,
no tengo dónde ampararme,
ni un palo donde rascarme,
ni un árbol que me cubije,[38]
pero ni aun esto me aflige
porque yo sé manejarme.

«Antes de cair al servicio,
tenía familia y hacienda;
cuando volví, ni la prenda[39]
me la habían dejao ya.
Dios sabe en lo que vendrá
a parar esta contienda.»[40]

---

[32] cadáveres
[33] holgazán; blando, lento
[34] mezquinaba. Quiere decir que tomaba lo necesario
[35] gargantas
[36] *pichel*: vaso alto con la tapa en el asa. Quiere decir que tomaban muchos tragos
[37] para precisar más
[38] cobije, cubra, proteja
[39] la mujer, la compañera; todo lo que se ama intensamente
[40] En los cantos X, XI y XII es el gaucho Cruz quien canta respondiendo a Fierro —según era costumbre entre los cantadores gauchos— y cuenta su historia, muy semejante a la de éste. Reitera los abusos que se cometen con el gaucho y los sufrimientos que padece. *Contienda*: pena, lucha, pelea.

La vuelta de Martín Fierro[41]

1879

i

MARTÍN FIERRO

Atención pido al silencio
y silencio a la atención,
que voy en esta ocasión,
si me ayuda la memoria,
a mostrarles que a mi historia
le faltaba lo mejor.

Viene uno como dormido
cuando vuelve del desierto;
veré si a esplicarme acierto
entre gente tan bizarra,
y si al sentir la guitarra[42]
de mi sueño me dispierto.

Siento que mi pecho tiembla,
que se turba mi razón,
y de la vigüela al son
imploro a la alma de un sabio
que venga a mover mi labio
y alentar mi corazón.

Sí no llego a treinta y una
de fijo en treinta me planto,
y esta confianza adelanto,
porque recebí en mí mismo,
con el agua del bautismo
la facultá para el canto.

Tanto el pobre como el rico
la razón me la han de dar;
y si llegan a escuchar
lo que esplicaré a mi modo,
digo que no han de reir todos,
algunos han de llorar.

Mucho tiene que contar
el que tuvo que sufrir,
y empezaré por pedir
no duden de cuanto digo,
pues debe crerse al testigo
si no pagan por mentir.

Gracias le doy a la Virgen,
gracias le doy al Señor,
porque entre tanto rigor
y habiendo perdido tanto,
no perdí mi amor al canto
ni mi voz como cantor.

Que cante todo viviente
otorgó el Eterno Padre,
cante todo el que le cuadre
como lo hacemos los dos,
pues sólo no tiene voz
el ser que no tiene sangre. [. . .]

[. . .] Lo que pinta este pincel[43]
ni el tiempo lo ha de borrar,
ninguno se ha de animar
a corregirme la plana;[44]
no pinta quien tiene gana
sino quien sabe pintar.

---

[41] A *La vuelta de Martín Fierro* también se le llama *La vuelta* y constituye una segunda parte o continuación de la primera parte, *La ida*. La vuelta consta de treinta y tres cantos, mientras que la primera tenía solamente trece. El poeta emplea las misma formas estróficas ya conocidas. Comienza cantando Martín Fierro.

[42] recuérdese que el poema está escrito como si fueran gauchos que relatan sus historias mediante el canto

[43] brochita del pintor

[44] reformar, enmendar, mejorar lo que he hecho

Y no piensen los oyentes
que del saber hago alarde;
he conocido, aunque tarde,
sin haberme arrepentido,
que es pecado cometido
el decir ciertas verdades.

Pero voy en mi camino
y nada me ladiará;[45]
he de decir la verdá,
de naides soy adulón;
aquí no hay imitación
ésta es pura realidá.

Y el que me quiera enmendar
mucho tiene que saber.
Tiene mucho que aprender
el que me sepa escuchar.
Tiene mucho que rumiar
el que me quiera entender.

Más que yo y cuantos me oigan,
más que las cosas que tratan,
más que lo que ellos relatan
mis cantos han de durar;
mucho ha habido que mascar
para echar esta bravata.[46]

Brotan quejas de mi pecho,
brota un lamento sentido;
y es tanto lo que he sufrido
y males de tal tamaño,
que reto a todos los años
a que traigan el olvido. [. . .]

[. . .] Esas fiebres son terribles,[47]
y aunque de esto no disputo,
ni de saber me reputo,[48]
será, decíamos nosotros,
de tanta carne de potro
como comen estos brutos.

Había un gringuito cautivo
que siempre hablaba del barco.
Y lo augaron en un charco[49]
por causante de la peste.
Tenía los ojos celestes
como potrillito zarco.[50]

Que le dieran esa muerte
dispuso una china vieja;
y aunque se aflige y se queja,
es inútil que resista;
ponía el infeliz la vista
como la pone la oveja.

Nosotros nos alejamos
para no ver tanto estrago.
Cruz se sentía con amagos
de la peste que reinaba,
y la idea nos acosaba
de volver a nuestros pagos.

Pero contra el plan mejor
el destino se revela.
¡La sangre se me congela!
El que nos había salvado,[51]
cayó también atacado
de la fiebre y la virgüela.[52]

No podíamos dudar,
al verlo en tal padecer,
el fin que había de tener;
y Cruz que era tan humano:
«Vamos», me dijo, «paisano,
a cumplir con un deber».

Fuimos a estar a su lado
para ayudarlo a curar.
Lo vinieron a buscar
y hacerle como a los otros;
lo defendimos nosotros,
no lo dejamos lanciar.

Iba creciendo la plaga
y la mortandá seguía;
a su lado nos tenía,
cuidándolo con pacencia.
Pero acabó su esistencia
al fin de unos pocos días.

---

[45] torcerá hacia otro lado
[46] amenaza arrogante
[47] se refiere a una epidemia o peste que se desató entre los indios
[48] me considero
[49] *augaron*: ahogaron; *charco*: pantano, agua retenida en un hoyo de la tierra
[50] azul claro
[51] un indio bueno que deseaba ser cristiano
[52] viruela, enfermedad eruptiva, infecciosa y contagiosa

El recuerdo me atormenta,
se renueva mi pesar,
me dan ganas de llorar;
nada a mis penas igualo;
Cruz también cayó muy malo
ya para no levantar.

Todos pueden figurarse
cuánto tuve que sufrir;
yo no hacía sino gemir,
y aumentaba mi aflición
no saber una oración
pa ayudarlo a bien morir.

Se le pasmó la virgüela,
y el pobre estaba en un grito.
Me recomendó un hijito[53]
que en su pago había dejado;
«Ha quedado abandonado»,
me dijo, «aquel pobrecito».

«Si vuelve, busquemeló»,
me repetía a media voz:
«En el mundo éramos dos
pues él ya no tiene madre:
que sepa el fin de su padre
y encomiende mi alma a Dios.»

Lo apretaba contra el pecho
dominao por el dolor.
Era su pena mayor
el morir allá entre infieles;
sufriendo dolores crueles
entregó su alma al Criador.

De rodillas a su lado
yo lo encomendé a Jesús.
Faltó a mis ojos la luz,
tuve un terrible desmayo,
cai como herido del rayo
cuando lo vi muerto a Cruz.

vii[54]

Aquel bravo compañero
en mis brazos espiró;
hombre que tanto sirvió,
varón que fué tan prudente,
por humano y por valiente
en el desierto murió.

Y yo, con mis propias manos,
yo mesmo lo sepulté.
A Dios por su alma rogué
de dolor el pecho lleno,
y humedeció aquel terreno
el llanto que redamé.[55]

Cumplí con mi obligación,
no hay falta de que me acuse,
ni deber de que me escuse
aunque de dolor sucumba.
Allá señala su tumba
una cruz que yo le puse.

Andaba de toldo en toldo
y todo me fastidiaba.
El pesar me dominaba,
y entregao al sentimiento,
se me hacía cada momento
óir a Cruz que me llamaba.[56]

Cual más cual menos los criollos
saben lo que es amargura.
En mi triste desventura
no encontraba otro consuelo
que ir a tirarme en el suelo
al lao de su sepoltura.

---

[53] se refiere al hijo de Cruz, Picardía quien canta en los cantos XI al XXIX, contando toda su historia, llena de elementos picarescos

[54] Este canto constituye una verdadera elegía, de gran sobriedad y emoción en la que Fierro recuerda a su gran amigo Cruz.

[55] derramé, vertí

[56] Estaba tan afligido y quería tanto a su amigo que a cada momento creía oir la voz de Cruz. Después de la muerte de su gran compañero Fierro decide huir, lo que hace liberando y llevándose con él a una mujer cautiva, cuyo hijito mataron los indios salvajes. Fierro se encuentra luego con sus dos hijos y con el de Cruz.

Allí pasaba las horas
sin haber naides conmigo,
teniendo a Dios por testigo,
y mis pensamientos fijos
en mi mujer y mis hijos,
en mi pago y en mi amigo.

Privado de tantos bienes
y perdido en tierra ajena;
parece que se encadena
el tiempo y que no pasara,
como si el sol se parara
a contemplar tanta pena. [. . .]

viii

EL HIJO SEGUNDO DE MARTÍN FIERRO[57]

Lo que les voy a decir
ninguno lo ponga en duda,
y aunque la cosa es peluda[58]
haré la resolución,
es ladino[59] el corazón,
pero la lengua no ayuda.

El rigor de las desdichas
hemos soportao diez años,
pelegrinando entre estraños
sin tener donde vivir,
y obligados a sufrir
una máquina[60] de daños.

El que vive de ese modo
de todos es tributario;
falta el cabeza primario,
y los hijos que él sustenta
se dispersan como cuentas
cuando se corta el rosario.

Yo anduve ansí como todos,
hasta que al fin de sus días
supo mi suerte una tía
y me recogió a su lado;
allí viví sosegado
y de nada carecía.

No tenía cuidado alguno
ni que trabajar tampoco;
y como muchacho loco
lo pasaba de holgazán;
con razón dice el refrán
que lo bueno dura poco.

En mí todo su cuidado
y su cariño ponía;
como a un hijo me quería
con cariño verdadero,
y me nombró de heredero
de los bienes que tenía.

El Juez vino sin tardanza
cuanto falleció la vieja.
«De los bienes que te deja,
me dijo, yo he de cuidar,
es un rodeo regular
y dos majadas[61] de ovejas.»

Era hombre de mucha labia,[62]
con más leyes que un dotor.
Me dijo: «vos sos menor,
y por los años que tienes
no podés manejar bienes,
voy a nombrarte un tutor.»

Tomó un reuento de todo
porque entendía su papel,
y después que aquel pastel
lo tuvo bien amasao,[63]
puso al frente un encargao
y a mí me llevó con él.

[57] Como en los casos anteriores, el subtítulo indica que el mencionado protagonista empieza a cantar y prosigue hasta el canto XIX. En estos cantos relata toda su historia y sus aventuras con el viejo Vizcacha.
[58] peliaguda, difícil, ardua
[59] (fig.) sagaz, astuto
[60] multitud, gran cantidad
[61] rebaños
[62] elocuencia, tener poder de convencimiento con la palabra
[63] arreglado el asunto

Muy pronto estuvo mi poncho
lo mesmo que cernidor.
El chiripá[64] estaba pior,
y aunque para el frió soy guapo,
ya no me quedaba un trapo
ni pa el frío, ni pa'el calor.

En tan triste desabrigo
tras de un mes iba otro mes,
guardaba silencio el Juez,
la miseria me invadía.
Me acordaba de mi tía
al verme en tal desnudez.

No sé decir con fijeza
el tiempo que pasé allí.
Y después de andar ansí,
como moro sin señor,[65]
pasé a poder del tutor
que debía cuidar de mí.

XIV

Me llevó consigo un viejo
que pronto mostró la hilacha;[66]
dejaba ver por la facha
que era medio cimarrón,
muy renegao,[67] muy ladrón,
y le llamaban Vizcacha.

Lo que el Juez iba buscando
sospecho y no me equivoco,
pero este punto no toco
ni su secreto averiguo;
mi tutor era un antiguo
de los que ya quedan pocos.

Viejo lleno de camándulas,[68]
con un empaque a lo toro;[69]
andaba siempre en un moro[70]
metido no sé en qué enriedos,
con las patas como loro,
de estribar entre los dedos.[71]

Andaba rodiao de perros,
que eran todo su placer,
jamás dejó de tener
menos de media docena.
Mataba vacas ajenas
para darles de comer.

Carniábamos[72] noche a noche
alguna res en el pago;
y dejando allí el rezago
alzaba en ancas el cuero,
que se lo vendía a un pulpero
por yerba,[73] tabaco y trago.

¡Ah! viejo más comerciante
en mi vida lo he encontrao.
Con ese cuero robao
él arreglaba el pastel,[74]
y allí entre el pulpero y él
se estendía el certificao.[75]

La echaba de comedido;[76]
en las trasquilas, lo viera,
se ponía como una fiera
si cortaban una oveja;
pero de alzarse[77] no deja
un vellón o unas tijeras.

Una vez me dió una soba[78]
que me hizo pedir socorro,
porque lastimé un cachorro
en el rancho de unas vascas,
y al irse se alzó unas guascas,
para eso era como zorro.[79]

---

[64] *Chiripá*: (Riopl.), chamal con la punta de atrás pasada entre las piernas y sujeta por delante.
[65] sin obligaciones
[66] su carácter
[67] renegado; fig. muy áspero de carácter, siempre echaba maldiciones
[68] (fam.) hipocresías, astucias, trastiendas
[69] cara de pocos amigos
[70] (Arg.) un caballo negro manchado de blanco
[71] A menudo el gaucho empleaba como estribo, una correa terminada en un nudo; su uso constante producía la separación de los dedos mayores del pie, entre los cuales pasaba dicha correa.
[72] matábamos alguna res
[73] yerba mate
[74] Véase nota 63
[75] certificado; burlaban la ley que hacía obligatorio presentar el certificado de propiedad de la res para vender el cuero
[76] se consideraba a sí mismo cortés, servicial
[77] robarse
[78] paliza, golpes, castigo
[79] a los zorros les gusta comer guascas, tientos, tiras delgadas de cuero sin curtir

¡Ahijuna! dije entre mí,
me has dao esta pesadumbre,
ya verás cuanto vislumbre
una ocasión medio güena,
te he de quitar la costumbre
de cerdiar[80] yeguas ajenas.

Porque maté una vizcacha[81]
otra vez me reprendió.
Se lo vine a contar yo,
y no bien se lo hube dicho,
«Ni me nuembres[82] ese bicho»,
me dijo, y se me enojó.

Al verlo tan irritao
hallé prudente callar.
«Éste me va a castigar,»
dije entre mí, «si se agravia;»
ya vi que les tenía rabia
y no las volví a nombrar.

Una tarde halló una punta[83]
de yeguas medio bichocas,[84]
después que voltió unas pocas
las cerdiaba con empeño.
Yo vide venir al dueño
pero me callé la boca.

El hombre venía jurioso
y nos cayó como un rayo.
Se descolgó del caballo
reboliando el arriador;[85]
y lo cruzó de un lazazo[86]
áhi no más a mi tutor.

No atinaba don[87] Vizcacha
a qué lado disparar,
hasta que logró montar,
y de miedo del chicote,[88]
se lo apretó hasta el cogote[89]
sin pararse a contestar.

Ustedes crerán tal vez
que el viejo se curaría.[90]
No, señores, lo que hacía,
con más cuidao dende entonces,
era maniarlas de día
para cerdiar a la noche.

Ése fué el hombre que estuvo
encargao de mi destino.
Siempre anduvo en mal camino,
y todo aquel vecindario
decía que era un perdulario,[91]
insufrible de dañino.

Cuando el Juez me lo nombró,
al dármelo de tutor,
me dijo que era un señor
el que me debía cuidar,
enseñarme a trabajar
y darme la educación.

Pero qué había de aprender
al lao de ese viejo paco,[92]
que vivía como el chuncaco[93]
en los bañaos, como el tero,[94]
un haragán, un ratero,
y más chillón que un barraco.[95]

Tampoco tenía más bienes
ni propiedá conocida
que una carreta podrida
y las paredes sin techo
de un rancho medio deshecho
que le servía de guarida.

Después de las trasnochadas
allí venía a descansar.
Yo desiaba aviriguar
lo que tuviera escondido,
pero nunca había podído
pues no me dejaba entrar.

---

[80] cortar la cerda (pelo grueso y duro), que se vende a buen precio
[81] Véase primera nota 93
[82] nombres, menciones
[83] varias, un grupo
[84] viejas
[85] *reboliando*: agitando en el aire; *arriador*: arreador, látigo de cuero
[86] golpe fuerte con el lazo o arreador
[87] *atinaba*: acertaba; *don*: su uso aquí es irónico
[88] arreador, látigo, rebenque
[89] se apretó contra el cuello (cogote) del caballo para protegerse de los latigazos (chicote) y huir más rápido
[90] cambiaría
[91] pícaro, pillo
[92] farsante, astuto, hipócrita
[93] especie de sanguijuela
[94] un ave zancuda
[95] verraco, cerdo padre

Yo tenía unas jergas[96] viejas
que habían sido más peludas.
Y con mis carnes desnudas,
el viejo, que era una fiera,
me echaba a dormir ajuera
con unas heladas crudas.

Cuando mozo fué casao,
aunque yo lo desconfío.
Y decía un amigo mío
que de arrebatao y malo
mató a su mujer de un palo
porque le dió un mate frío.

Y viudo por tal motivo
nunca se volvió a casar;
no era fácil encontrar
ninguna que lo quisiera,
todas temerían llevar
la suerte de la primera.

Soñaba siempre con ella,
sin duda por su delito,
y decía el viejo maldito
el tiempo que estuvo enfermo,
que ella dende el mesmo infierno
lo estaba llamando a gritos.

XV[97]

Siempre andaba retobao,[98]
con ninguno solía hablar,
se divertía en escarbar
y hacer marcas con el dedo,
y cuanto se ponía en pedo[99]
me empezaba aconsejar.

Me parece que lo veo
con su poncho calamaco.[1]
Después de echar un buen taco[2]
ansí principiaba a hablar:
«Jamás llegués a parar
adonde veás perros flacos.»

«El primer cuidao del hombre
es defender el pellejo.
Lleváte de mi consejo,
fijáte bien en lo que hablo:
el diablo sabe por diablo
pero más sabe por viejo.»

«Hacéte amigo del Juez,
no le dés de qué quejarse;
y cuando quiera enojarse
vos te debés encoger,
pues siempre es güeno tener
palenque ande ir a rascarse.»[3]

«Nunca le llevés la contra
porque él manda la gavilla.[4]
Allí sentao en su silla
ningún güey le sale bravo.
A uno le da con el clavo
y a otro con la cantramilla.»[5]

«El hombre, hasta el más soberbio,
con más espinas que un tala,[6]
aflueja andando en la mala
y es blando como manteca.
Hasta la hacienda baguala
cai al jagüel en la seca.»[7]

«No andés cambiando de cueva,
hacé las que hace el ratón:
conserváte en el rincón
en que empezó tu esistencia.
Vaca que cambia querencia[8]
se atrasa en la parición.»

---

[96] (Chile y Arg.), piezas de lana que se ponen debajo de la silla de montar
[97] A este canto se le llama con frecuencia «Consejos del Viejo Vizcacha».
[98] enojado, malhumorado
[99] emborrachaba
[1] pobre, de mala calidad
[2] tomar un trago
[3] Quiere decir: a quien acudir por ayuda y protección.
[4] (fam.) banda de policía
[5] *el clavo*: el que está fijo en la punta de la picana o aguijada; *cantramilla*: clavo fijo hacia los dos tercios de la picana, para aguijar con él a los dos bueyes intermedios, de los seis que halaban la carreta
[6] árbol espinoso
[7] *jagüel*: represa rústica para conservar el agua de lluvia; *seca*: sequía, época en que no llueve
[8] de dueño

Y menudiando los tragos
aquel viejo como cerro,[9]
«no olvidés, me decía, Fierro,
que el hombre no debe crer[10]
en lágrimas de mujer
ni en la renguera[11] del perro.»

«No te debés afligir
aunque el mundo se desplome.
Lo que más precisa el hombre
tener, según yo discurro,
es la memoria del burro
que nunca olvida ande come.»

«Dejá que caliente el horno
el dueño del amasijo.[12]
Lo que es yo, nunca me aflijo
y a todito me hago el sordo.
El cerdo vive tan gordo
y se come hasta los hijos.»

«El zorro que ya es corrido
dende lejos la olfatea.
No se apure quien desea
hacer lo que le aproveche.
La vaca que más rumea
es la que da mejor leche.»

«El que gana su comida
bueno es que en silencio coma,
ansina, vos ni por broma
querás llamar la atención.
Nunca escapa el cimarrón
si dispara por la loma.»[13]

«Yo voy donde me conviene
y jamás me descarrío,
llevate el ejemplo mío
y llenarás la barriga.
Aprendé de las hormigas,
no van a un noque[14] vacío.»

«A naides tengás envidia,
es muy triste el envidiar,
cuando veás a otro ganar
a estorbarlo no te metas.
Cada lechón en su teta
es el modo de mamar.»

«Ansí se alimentan muchos
mientras los pobres lo pagan.
Como el cordero hay quien lo haga
en la puntita no niego,
pero otros como el borrego[15]
toda entera se la tragan.»

«Si buscás vivir tranquilo
dedicáte a solteriar.
Mas si te querés casar,
con esta alvertencia sea,
que es muy difícil guardar
prenda que otros codicean.»

«Es un bicho la mujer
que yo aquí no lo destapo,
siempre quiere al hombre guapo,
mas fijáte en la eleción;
porque tiene el corazón
como barriga de sapo.»[16]

Y gangoso con la tranca,[17]
me solía decir: «potrillo,
recién te apunta el cormillo
mas te lo dice un toruno:[18]
no dejés que hombre ninguno
te gane el lao del cuchillo.»[19]

«Las armas son necesarias,
pero naide sabe cuándo;
ansina si andás pasiando,
y de noche sobre todo,
debés llevarlo de modo
que al salir, salga cortando.»[20]

---

[9] era muy resistente para beber
[10] creer
[11] cojera
[12] masa de harina para hacer pan
[13] si huye por la loma es más visible que si corre por el llano o bajo
[14] (Riopl.) saco de cuero para guardar herramientas, etc.
[15] el cordero come sólo la punta de la hierba, pero el borrego llega hasta la raíz
[16] frío, veleidoso, voluble
[17] *gangoso*: que ganguea (habla como si hablase por la nariz); *tranca*: borrachera
[18] (fam.) hombre de edad madura
[19] se ponga en posición de quitártelo; fig. te conozca tus puntos débiles
[20] el cuchillo debe colocarse con el filo hacia abajo, de manera que hiera al enemigo de sólo estirar el brazo

«Los que no saben guardar
son pobres aunque trabajen.
Nunca por más que se atajen
se librarán del cimbrón,[21]
al que nace barrigón
es al ñudo[22] que lo fajen.»

«Donde los vientos me llevan
allí estoy como en mi centro
Cuando una tristeza encuentro
tomo un trago pa alegrarme;
a mí me gusta mojarme
por ajuera y por adentro.»

«Vos sos pollo,[23] y te convienen
toditas estas razones,
mis consejos y leciones
no echés nunca en el olvido.
En las riñas he aprendido
a no peliar sin puyones.»[24]

Con estos consejos y otros
que yo en mi memoria encierro
y que aquí no desentierro
educándome seguía,
hasta que al fin se dormía
mesturao[25] entre los perros.

Ignacio M. Altamirano

MÉXICO, 1834-1893

Altamirano era indio de pura raza y aprendió el castellano después de los catorce años, pero dotado de una gran inteligencia y voluntad, se educó, obtuvo una cultura extensa y llegó a ser la figura más influyente de todo el Romanticismo mexicano. Nació en Tixtla, pequeña población de la región montañosa del sur, en el actual estado de Guerrero. Su precocidad llamó la atención de las autoridades y ganó una beca para estudiar en el Instituto Literario de Toluca, cuando tenía quince años (1849). Allí tuvo la oportunidad de conocer a Ignacio Ramírez, el *Nigromante*, político y escritor de ideales liberales que lo ayudó mucho e influyó sobre él. Hizo estudios de español, latinidad, francés y filosofía y obtuvo el cargo de bibliotecario, ofreciéndosele así la oportunidad de leer asiduamente. Años después se trasladó a México e ingresó en el famoso Colegio de San Juan de Letrán, pero interrumpió sus estudios para pelear en favor de la causa liberal en la Revolución de 1854. Obtenido el triunfo regresó a sus estudios y su habitación se convirtió en el centro de reuniones y tertulias de los jóvenes más brillantes de la época, que pronto lo reconocían como maestro. Participó en la guerra de Reforma de Benito

[21] golpe
[22] (Arg.) inútilmente
[23] joven
[24] púas de metal colocadas en las espuelas de los gallos. Quiere decir que hay que estar alerta y preparado
[25] *mesturado*: mezclado, confundido

Juárez, y después de la victoria se hizo famoso como orador. De su jacobinismo de entonces evolucionó hacia el tono conciliador y armonizador que mantuvo posteriormente. Peleó contra la intervención francesa al lado de Juárez. Al restablecerse la república en 1867 se le elige Diputado y desde entonces se consagra por entero a su ideal: la creación de una verdadera literatura nacional. Fundó la gran revista *El Renacimiento* (1869) que aspiraba al de las letras: no ha habido en México un órgano literario de la importancia de éste, abierto a todos los escritores sin distinciones de partidos, credos y tendencias literarias. En 1889 se le nombró Cónsul General en España con residencia en Barcelona y luego Cónsul en París. Visitó Italia y sintiéndose enfermo volvió a ella en busca de salud, pero murió en San Remo.

La obra de Altamirano es rica y variada. La parte poética se reduce a *Rimas* (1880), compuesta de treinta y dos poemas. Se le ve afanoso por darle raíces nacionales y propias a la literatura, de aquí la insistencia en la nota descriptiva. El paisaje mexicano y la descripción de la naturaleza en sus diferentes matices le resulta esencial. Mucho más interés presenta su obra en prosa, especialmente la de narrador. Se le ha llamado el primer novelista mexicano en el sentido de que supo dar estructura artística y cuidar de otros aspectos técnicos de la novela, teniendo en cuenta los métodos de los grandes autores europeos. Dejó novelas, novelas cortas, cuentos y algunos cuadros o artículos de costumbres. Su primera novela lleva por título *Clemencia* (1869), con ambientes y personajes mexicanos. La trama, que transcurre durante la intervención francesa, está construida sobre una historia de amor. Altamirano se muestra muy sobrio como siempre, sin caer en excesos melodramáticos. Supera a sus antecesores en la forma de llevar el relato y en el interés por el desarrollo sicológico de los caracteres. Después publicó *La navidad en las montañas* (1871), novelita corta que pasa por ser la más leída obra del autor. La trama presenta a un buen sacerdote y un honrado capitán del ejército que se hacen muy amigos. El primero invita al militar a pasar las navidades en un pueblecito de las montañas, donde vemos el ambiente característico de esa fecha del año. Altamirano da expresión a su espíritu conciliador, pues desea que los odios se olviden y venga la unión y la paz para todos los mexicanos, después de tanto tiempo de luchas civiles. Aunque tiene una tesis política implícita, la obra está escrita con maestría, en una prosa muy serena y pulcra.

Otra de las buenas novelas de Altamirano es *El Zarco* (terminada en 1888 y publicada en 1901). Esta obra muestra buena meditación y plan, con sus magníficas descripciones del paisaje de las tierras calientes del sur. También abunda en rasgos sicológicos certeros y la prosa siempre bien trabajada del autor. Por estas virtudes y el interés del argumento se la coloca entre las mejores novelas mexicanas del siglo XIX. Con una base histórica y costumbrista, se entreteje el eterno cuento de amor de Altamirano, sin faltarle el tono ético de todas sus obras. La doctrina cívica consiste en que los malos pagan sus acciones y los buenos reciben su premio. Manuela es una bella muchacha a la que ama Nicolás, pobre, nada apuesto, aunque de buen corazón, pero ella se enamora del Zarco, bandido buen tipo y lleno de dinero y de joyas. La novela termina cuando el temible bandido es ahorcado y Manuela muere muy cerca de él. Sobresalen las descripciones del paisaje, el empleo de datos y personajes históricos y las notas costumbristas. La prosa es sencilla, sobría, pero muy expresiva y bien construida. Vuelve a verse una lección cívica: el orden social triunfa por encima del desorden, la indisciplina, el crimen y la burla de la ley.

Altamirano debe ser considerado como el verdadero padre de la novela nacional mexicana, con técnica moderna. Su ideología es siempre liberal y no oculta su preocupación moral y social. Su talento de narrador se vio obstaculizado por las muchas actividades cívicas, culturales y públicas a que se entregó. Con razón se le tiene como la figura más interesante del movimiento romántico mexicano.

FUENTE: *Obras literarias completas*, México, Ediciones Oasis, 1959; prólogo de Salvador Reyes Nevares.

El Zarco[1]

1901

XVIII

Entre los bandidos

Manuela, apasionada del Zarco y por lo mismo ciega, no había previsto enteramente la situación que le esperaba, y, si la había previsto, no se había formado de ella sino una idea convencional.

Su fantasía de mujer enamorada e inexperta le representaba la existencia en que iba a entrar como una existencia de aventuras peligrosas, es verdad, pero divertidas, romancescas, originales, fuertemente atractivas para un carácter como el suyo, irregular, violento y ambicioso.

Como hasta allí, y desde que se había soltado esa nueva plaga de bandidos en la tierra caliente,[2] al acabar la terrible guerra civil que había destrozado a la República por espacio de tres años, y que se conoce en nuestra historia con el nombre de guerra de Reforma,[3] no puede decirse que se hubiera perseguido de una manera formal a tales facinerosos, ocupado como estaba el gobierno de la nación en luchar todavía con los restos del ejército clerical, Manuela no había visto nunca levantarse un patíbulo para uno de esos compañeros de su amante.

Al contrario, había visto a muchísimos pasearse impunemente por las poblaciones y los campos, en son de triunfo, temidos, respetados y agasajados por los ricos, por las autoridades y por toda la gente.

Si alguna persecución se les hacía, de cuando en cuando, como aquella que había fingido el feroz comandante[4] conocido nuestro, era más

---

[1] La novela consta de veinticinco capítulos relativamente cortos. Casi todos los personajes, según testimonio del propio Altamirano son rigurosamente históricos, desde el bandido el Zarco hasta el presidente Benito Juárez que aparece en el capítulo XXIV. Se centra en una historia de amor —algo típico en todas las novelas del autor—, pero abunda en matices costumbristas, ofreciendo un cuadro excelente del México rural de la época. Ofrecemos como selección el capítulo XVIII en que se describen la sicología y acciones de una banda de bandidos, de las muchas que infestaban el país en esta época.

[2] el sur de México

[3] guerra civil mexicana (1858–1861), entre conservadores y liberales, concluyó con la victoria de los liberales acaudillados por Benito Juárez

[4] jefe militar de la región donde transcurre la acción. En el capítulo XIII se le pinta como un oportunista que envía informes falsos al general sobre la captura de los bandidos, a fin de estar bien con él. Es buen ejemplo de la corrupción reinante entre muchos funcionarios en esta época.

bien por fórmula, por cubrir las apariencias; pero en el fondo, las autoridades eran impotentes para combatir a tales adversarios, y todo el mundo parecía resignado a soportar tan degradante yugo.

Manuela, pues, se figuraba que esa situación, por pasajera que fuese, aún debía durar mucho, y que el dominio de los *plateados*[5] iba consolidándose en aquella comarca. Además, era ella muy joven para recordar las tremendas persecuciones y matanzas llevadas a cabo contra los bandidos de otras épocas por fuerzas organizadas por el gobierno del Estado de México y puestas a las órdenes de jefes enérgicos y terribles, como el célebre Oliveros.

Eso había pasado en tiempos ya remotos, a pesar de que no habían transcurrido desde tales sucesos ni quince años. Por otra parte, las circunstancias eran diversas. En aquella época se trataba de perseguir a cuadrillas de salteadores vulgares, compuestas de diez, de veinte, a lo sumo de cuarenta bandidos, y que se dispersaban al menor ataque y cuyo recurso constante era la fuga. Se estaba en una paz relativa, y podían las fuerzas organizadas de varios Estados concurrir a las combinaciones para atacar a una partida numerosa; las poblaciones y los hacendados ricos podían prestar sus auxilios, las escoltas recorrían constantemente los caminos, y hombres conocedores de todas las guaridas servían de guías, o eran los perseguidores.

Pero ahora era diferente. Ahora el gobierno federal se hallaba demasiado preocupado por la guerra que aún sostenían las huestes de Márquez, de Zuloaga, de Mejía[6] y de otros caudillos clericales que aún reunían en torno suyo numerosos partidarios; la intervención extranjera era una amenaza que comenzaba a traducirse en hechos, precisamente en el tiempo en que se verificaban los sucesos que relatamos, y, como era natural, la nación toda se conmovía, esperando una invasión extranjera que iba a producir una guerra sangrienta y larguísima, que, en efecto, se desencadenó un año después y que no concluyó, con el triunfo de la República, sino en 1867.[7]

Todas estas consideraciones no podían venir al espíritu de la joven con la lucidez con que se presentaban a los ojos de las personas sensatas; pero ella oía hablar a las gentes serias que visitaban a doña Antonia[8] o ésta le transmitía los rumores que circulaban, y aunque vagamente, como las gentes de la muchedumbre suelen resumir la situación pública, pero de un modo exacto, ella sacaba las consecuencias que le importaban para su vida futura.

Por lo demás, el estado que guardaban las cosas en la tierra caliente, era demasiado claro para que Manuela pudiera abrigar grandes temores por la vida del Zarco.

Lo cierto era que los *plateados* dominaban en aquel rumbo,[9] que el gobierno federal no podía hacerles nada, que el gobierno del Estado de México, entonces desorganizado, y en el que los gobernadores, militares o no, se sucedían con frecuencia, tampoco podía establecer nada durable; que los hacendados ricos tenían que huir a México y cerrar sus haciendas o someterse a la dura condición de rendir tributo a los principales cabecillas, so pena[10] de ver incendiados sus campos, destruidas sus fábricas y muertos sus ganados y sus dependientes.

Lo cierto era que no se trataba ahora de combatir a cuadrillas de pocos y medrosos[11] ladrones como aquellos a quienes se había perseguido en otro tiempo, sino a verdaderas legiones de quinientos, mil o dos mil hombres, que podían reunirse en un momento, que tenían la mejor caballada y el mejor armamento del país, que conocían éste hasta en sus más recónditos vericuetos;[12] que contaban en las haciendas, en las aldeas, en las poblaciones, con numerosos agentes y emisarios reclutados por el interés o por el miedo, pero que les servían fielmente, y

[5] un grupo de bandidos que actuaban en las regiones del Sur en esa época, alrededor de 1861, y cuyo jefe era el Zarco

[6] Márquez, Leonardo: general mexicano (1813–¿ ?), partidario del emperador Maximiliano; Zuloaga, Félix: general y político mexicano (¿ ?–¿ ?), jefe del gobierno en 1858 y 1859; Mejía, Tomás: general mexicano (1812–1867), que luchó contra Juárez, murió fusilado junto con el emperador Maximiliano.

[7] todo esto es rigurosamente histórico

[8] la madre de Manuela, la protagonista de esta novela

[9] región

[10] bajo penalidad de

[11] miedosos

[12] caminos estrechos, ásperos y escondidos

por último, que aleccionados[13] en la guerra que acababa de pasar, y en la que muchos de ellos habían servido tanto en un bando como en otro, conocían las tácticas lo bastante para presentar verdaderas batallas, en las que no pocas veces quedaron victoriosos.

Así, pues, Manuela, a quien el Zarco había también instruído en sus frecuentes entrevistas acerca de las ventajas con que contaban los bandidos, acababa por disipar sus dudas, sabiendo que su amante pertenecía a un ejército de hombres valerosos, resueltos y que contaban con todos los elementos para establecer en aquella desdichada tierra un dominio tan fuerte como duradero.

De modo que, por una parte, con el impulso irresistible de su pasión, y por otra, convencida por todas las razones que le daba su amante y el temor de las gentes que la habían rodeado, acabó por confiarse resueltamente a su destino, segura de que iba a ser tan feliz como en sus sueños malsanos lo había concebido.

Pero, en resumen, Manuela, que no había hecho más que pensar en los *plateados* desde que amaba al Zarco, no conocía realmente la vida que llevaban esos bandidos, ni aun conocía personalmente de ellos más que a su amante. Los había visto varias veces en Cuernavaca desfilar ante sus ventanas, formando escuadrones; pero la rapidez de ese desfile y la circunstancia de no haberse fijado con atención más que en el Zarco, que fue quien la cautivó desde entonces por su gallardía y su lujo, impidieron que pudiese distinguir a ningún otro de aquellos hombres.

Después, retraída en Yautepec,[14] y encerrada, justamente por el miedo que tenía doña Antonia de que fuese vista por semejantes facinerosos, Manuela no había vuelto a ver a ninguno de ellos, pues cuando habían llegado a entrar de día en la población, había tenido que esconderse, ya en el cuarto, ya en lo más oculto de las huertas, donde la gente se preparaba escondrijos, en los que permanecía días enteros, hasta que pasaba el peligro.

Así, pues, no conocía a los bandidos más que de oídas,[15] ya por los relatos seductores que le hacía el Zarco, entremezclados, sin embargo, de alusiones de peligros pasajeros, que, lejos de asustarla, le causaban emociones punzantes, o ya por las terribles narraciones de la gente pacífica de Yautepec, abultadas todavía más por doña Antonia, cuya imaginación había acabado por enfermar.

De estas noticias tan contradictorias, Manuela, con una parcialidad muy natural en quien amaba a un bandido, habíase formado una idea siempre favorable para éste y ventajosa para ella.

Pensaba que el terror de las gentes exageraba los crímenes de los *plateados*; que con la mira de inspirar mayor horror hacia ellos, sus enemigos los pintaban como a monstruos verdaderamente abominables[16] y que no tenían de humano más que la figura; que la vida de crápula[17] constante en que se les suponía encenagados[18] cuando no andaban en asaltos y matanzas, no era más que una ficción de las gentes, aterradas o llenas de odio; que los suplicios espantosos a que condenaban a sus víctimas no eran más que ponderaciones a fin de infundir pavor y arrancar dinero más fácilmente a las familias de los plagiados.[19]

Ella creía que el Zarco y sus compañeros eran ciertamente bandidos, es decir, hombres que habían hecho del robo una profesión especial. Ni esto le parecía tan extraordinario en aquellos tiempos de revuelta, en que varios jefes de los bandos políticos que se hacían la guerra habían apelado muchas veces a ese medio para sostenerse. Ni el *plagio*, que era el recurso que ponían más en práctica los *plateados*, le parecía tampoco una monstruosidad, puesto que, aunque inusitado antes, y por consiguiente nuevo en nuestro país, había sido introducido precisamente por facciosos políticos y con pretextos también políticos.

De manera que, a sus ojos, los plateados eran una especie de facciosos en guerra con la sociedad, pero por eso mismo interesantes; feroces, pero valientes; desordenados en sus

[13] enseñados, entrenados
[14] ciudad del estado de Morelos, México
[15] saber una cosa sólo por noticias de otra persona
[16] que producen aversión; aborrecibles
[17] embriaguez; libertinaje, desenfreno
[18] enviciados, sumidos en el vicio
[19] secuestrados

costumbres, pero era natural, puesto que vivían en medio de peligros y necesitaban de violentos desahogos como compensación de sus tremendas aventuras.

Razonando así, Manuela acababa por figurarse a los bandidos como una casta de guerreros audaces y por dar al Zarco las proporciones de un héroe legendario.

Aquella misma guarida de Xochimancas[20] y aquellas alturas rocallosas de las montañas en que solían establecer el centro de sus operaciones los *plateados*, aparecían en la imaginación de la extraviada joven como esas fortalezas maravillosas de los antiguos cuentos, o por lo menos como los campamentos pintorescos de los ejércitos liberales o conservadores que se habían visto aparecer, no hacía mucho, en casi todos los puntos del país.

Todo esto había pensado Manuela en sus horas de amor y de reflexión y ya resuelta a compartir la suerte del Zarco.

Así es que la noche de la fuga ella esperaba entrar en un mundo desconocido. De pronto, la noche tempestuosa, la lluvia, la emoción consiguiente al abandono de su casa y de su pobre madre, que siempre le hiciera mella,[21] a pesar de su pasión y de su perversidad, al verse ya entregada en alma y cuerpo al Zarco, todo esto le impidió comparar su situación con sus sueños anteriores y examinar a los compañeros de su amante. Por otra parte, nada había aún de extraordinario en aquellos momentos. Se escapaba de su casa con el elegido de su corazón; éste, caballero y bandido, había tenido que acompañarse de algunos amigos que afrontasen el peligro con él y que le guardasen la espalda; he ahí todo. Ella no los conocía, pero le le simpatizaban ya por el solo hecho de contribuir a lo que juzgaba su dicha.

Cuando obligados por la tempestad, tanto ella como el Zarco y sus compañeros, se refugiaron en la cabaña del guardacampo de Atlihuayán,[22] todos permanecieron en silencio y no echaron abajo sus embozos,[23] de modo que así, en la obscuridad y sin hablar, Manuela no pudo distinguir sus fisonomías ni conocer el metal de su voz. Algunas palabras en voz baja, cruzadas con el Zarco, fueron las únicas que interrumpieron aquel silencio que exigía el lugar.

Pero cuando a las primeras luces del alba, y calmada ya la lluvia, el Zarco dio orden de montar, Manuela pudo examinar a los compañeros de su amante: embozados en sus jorongos,[24] siempre cubiertos hasta los ojos con sus bufandas, no dejaban ver el rostro; pero su mirada torva y feroz produjo un estremecimiento involuntario en la joven, habituada a las descripciones que se le hacían de estas figuras de facinerosos. Entonces fue cuando Manuela, en un pedazo de papel que le dio el Zarco, escribió con lápiz aquella carta dirigida a doña Antonia en la que le daba parte de su fuga.

Después, echáronse a andar los prófugos con dirección a Xochimancas, encumbrando rápidamente la montaña en que vimos aparecer al Zarco por primera vez.

La comitiva continuó callada. De vez en cuando, Manuela, que iba delante con el Zarco, escuchaba ciertas risas ahogadas de los bandidos, a las que contestaba el Zarco volviéndose y guiñando el ojo, de un modo malicioso que disgustó a la joven.

Después la cabalgata comenzó a entrar en un laberinto de veredas, unas serpenteando a través de pequeños valles encajados entre las altas rocas, y otras frecuentadas por bandidos y leñadores.

Por fin, poco antes de mediodía se divisaron por entre una abra, formada por dos colinas monstruosas, las ruinas de Xochimancas, madriguera entonces de los *plateados*.

De una altura que dominaba aquella hacienda arruinada se oyó un agudo silbido, al que respondió otro lanzado por el Zarco, e inmediatamente un grupo de jinetes se desprendió de entre las ruinas y a todo galope se acercó a reconocer la cabalgata del Zarco, llevando cada uno de aquellos jinetes su mosquete preparado.

El Zarco se adelantó, y rayando[25] el caballo, habló con los del grupo, que se volvieron a toda brida a Xochimancas a dar parte.

---

[20] pueblo de México, al sur
[21] causase efecto
[22] pueblo de México, al sur
[23] telas con que se cubre la parte inferior de la cara
[24] (México) ruanas o ponchos
[25] (México), espoleando el caballo

Pocos momentos después, el Zarco dijo a Manuela, con tono amoroso:

—Ya estamos en Xochimancas, mi vida, ahí están todos los muchachos.

En efecto, por entre las viejas y derruidas paredes de las casuchas del antiguo *real*,[26] así como en los portales derrumbados y negruzcos de la casa de la hacienda, Manuela vio asomarse numerosas cabezas patibularias,[27] todas cubiertas con sombreros plateados, pero no pocas con sombreros viejos de palma; aquellos hombres, por precaución, tenían todos en la mano un mosquete o una pistola.

Algunas veces, al atravesar la comitiva, gritaban continuamente:

—¡Miren al Zarco! ¡Qué maldito . . . ! ¡Qué buena garra[28] se trae!

—¿Dónde te has encontrado ese buen trozo, Zarco de tal?[29] —preguntaban otros riendo.

—Esta es para mí no más —contestaba el Zarco en el mismo tono.

—¿Para ti no más . . . ? Pos ya veremos . . . —replicaban aquellos bandidos—. ¡Adios, güerita,[30] es usted muy chula[31] para un hombre solo!

—¡Si el Zarco tiene otras! ¿Pa' qué quiere tantas? —gritaba un mulato horroroso que tenía la cara vendada.

El Zarco, enfadado al fin, se volvió, y dijo con ceño:

—¡Se quieren callar, grandísimos. . . !

Un coro de carcajadas le contestó; la comitiva apretó el paso[32] con dirección a una capilla arruinada, que era el alojamiento del Zarco, y éste dijo a Manuela, inclinándose a ella y abrazándola por el talle:

—No les hagas caso, son muy chanceros.[33] ¡Ya los verás qué buenos son!

Pero Manuela se sentía profundamente contrariada. Vanidosa, como era, y aunque sabiendo que se entregaba a un forajido, ella esperaba que este forajido, que ocupaba un puesto entre los suyos semejante al que ocupa un general entre sus tropas, tuviese sus altos fueros y consideraciones. Creía que los capitanes de bandoleros eran alguna cosa tan temible que hacían temblar a los suyos con sólo una mirada, o bien que eran tan amados, que no veían en torno suyo más que frentes respetuosas y no escuchaban más que aclamaciones de entusiasmo. Y aquella recepción en el cuartel general de los plateados la había dejado helada. Más aún: se había sentido herida en su orgullo de mujer, y puede decirse en su pudor de virgen, al oir aquellas exclamaciones burlonas, aquellas chanzonetas[34] malignas con que la habían saludado al llegar, a ella, que por lo menos esperaba ser respetada yendo al lado de uno de los jefes de aquellos hombres.

Porque, en efecto, ella no podía olvidar tan pronto, por corrompida que se hallara moralmente, y por cegada que estuviera por el amor y la codicia, que era una doncella, una hija de padres honrados, una joven que, hacía poco, estaba rodeada por el respeto y la consideración de todos los vecinos de Yautepec. Jamás, en su vida, habían llegado a sus oídos expresiones tan cínicas como las que acababa de escuchar, ni las galanterías que suelen dirigirse a las jóvenes hermosas, y que alguna vez se habían arrojado a su paso, tenían ese carácter de infame desvergüenza y de odiosa injuria que acababan de lanzarle al rostro en la presencia misma del que debía protegerla, de su amante.

Sintió, pues, que el semblante se le encendía de cólera; pero cuando el Zarco se volvió hacia ella, risueño, para decirla: «¡No les hagas caso!», su amante le pareció, no solamente tan cínico como sus compañeros, sino cobarde y despreciable. Díjose a sí misma, y por una comparación muy natural en aquel momento, que Nicolás, el altivo herrero indio, cuyo amor había desdeñado, no habría permitido jamás que la amada de su corazón fuese ultrajada de esa manera. Por rápido que hubiera sido ese juicio, le fue totalmente desfavorable al Zarco, quien, si hubiese podido contemplar el fondo del pensamiento de Manuela, se habría estremecido viendo nacer en aquella alma, que rebosaba amor hacia él, como una flor pomposa, el gusano del desprecio.

---

[26] campamento de un ejército
[27] horrorosas, que hacen pensar en el patíbulo o cadalso
[28] presa, prenda
[29] (familiar). Calificativo cuando no se sabe el nombre
[30] (México) rubia; graciosa
[31] (México) guapa, bonita
[32] anduvo más de prisa
[33] bromistas
[34] bromas, burlas

La intensa palidez que sucedió al rojo de la indignación en el semblante de la joven, debió ser notable, porque el Zarco la advirtió, e inclinándose de nuevo hacia ella, le dijo con tono meloso:[35]

—¡No te enojes, mi alma, por lo que dicen esos muchachos! Ya te he dicho que tienen modos muy diferentes de los tuyos. ¡Es claro, pues, si no somos frailes ni catrines![36] Nosotros tenemos nuestros dichos aparte, pero es necesario que te vayas acostumbrando, porque vas a vivir con nosotros, y ya verás que todos esos chanceros son buenos sujetos y que te van a querer mucho. ¡Te lo dije, Manuelita, te dije que no extrañaras, y tú me has prometido hacerte[37] a nuestra vida!

Este *te lo dije* del Zarco resonó como un latigazo en los oídos de la atolondrada[38] joven. En efecto, comenzaba a sentir la indiscreción de su promesa y los extravíos y ceguedades de la pasión. Inclinó la cabeza y no contestó al Zarco sino con un gesto indescriptible en que se mezclaban la repugnancia y el arrepentimiento.

Entre tanto, habían llegado ya a la capilla arruinada que servía de alojamiento al Zarco, pues las habitaciones de la antigua casa de la hacienda estaban reservadas a otros jefes de aquellos bandoleros.

Aquel lugar, antes sagrado, se hallaba convertido ahora en una guarida de chacales. En la puerta, y a la sombra de algunos arbolillos que habían arraigado en las paredes llenas de grietas o entre las baldosas desunidas y cubiertas de zacate,[39] estaban dos grupos de bandidos jugando a la baraja en torno de un sarape[40] tendido, que servía de tapete y contenía las apuestas, los naipes y algunas botellas de aguardiente de caña y vasos. Algunos de los jugadores se hallaban sentados en cuclillas,[41] otros con las piernas cruzadas, otros estaban tendidos boca abajo, unos tarareaban[42] con voz aguda y nasal canciones tabernarias, todos tenían los sombreros puestos y todos estaban armados hasta los dientes.[43] No lejos de ellos se hallaban sus caballos atados a otros árboles, desembridados,[44] con los cinchos de las sillas flojos y comiendo algunos manojos[45] de zacate de maíz, y por último, trepado en una pared alta, vigilaba otro bandido, pronto a dar la señal de alarma en caso de novedad.

Así, pues, los malvados, aun seguros como se sentían en semejante época, no descuidaban ninguna de las precauciones para evitar ser sorprendidos, y sólo así se entregaban con tranquilidad a sus vicios o a la satisfacción de sus necesidades.

Manuela abarcó de una sola mirada semejante espectáculo, y al contemplar aquellas fisonomías de patíbulo, aquellos trajes cuajados[46] de plata, aquellas armas y aquellas precauciones, no pudo menos de estremecerse.

—¿Quiénes son éstos? —preguntó curiosa al Zarco.

—¡Ah! —contestó éste—, son mis mejores amigos, mis compañeros, los jefes . . . Félix Palo Seco, Juan Linares, el Lobo, el Coyote, y ese güerito, que se levanta es el principal . . . , es Salomé.

—¿Salomé Plasencia?

—El mismo.

En efecto, era Salomé, el capataz más famoso de aquellos malvados, una especie de *Fra Diavolo*[47] de la tierra caliente, el flacucho y audaz bandolero que había logrado, merced a la situación que hemos descrito, establecer una especie de señorío feudal en toda la comarca y hacer inclinar, ante su miserable persona, las frentes más soberbias de los ricos y propietarios del rumbo.

Salomé se adelantó a recibir al Zarco y a su comitiva.

—¿Qué hay, Zarco? —le dijo con voz aflautada y alargándole la mano—. ¡Caramba! —añadió mirando a Manuela—, ¡qué bonita

[35] dulce
[36] (México) individuos elegantes, pulidos
[37] acostumbrarte
[38] alocada
[39] hierba
[40] (México) manta de lana o algodón con franjas de colores vivos
[41] sentados de manera que las asentaderas descansan en los talones
[42] cantaban
[43] muy bien armados, con muchas armas
[44] sin las riendas; con las riendas quitadas
[45] ramos, haces
[46] llenos
[47] Pezza, Miguel, llamado Fra Diávolo: célebre jefe de bandidos italianos (1771–1806), luchó contra la dominación francesa en Nápoles y fue ahorcado.

muchacha te has sacado! —y luego, tocándose el sombrero y saludando a Manuela le dijo—: ¡Buenos días, güerita . . . , bien haya la madre que la parió tan linda . . . !

Los otros bandidos se habían levantado también y rodeaban a los recién llegados, saludándolos y dirigiendo requiebros[48] a la joven. El Zarco se apeó, riendo a carcajadas, y fue a bajar a Manuela, que se hallaba aturdida y no acertaba a sonreir ni a responder a tales hombres. No estaba acostumbrada a semejante compañía y le era imposible imitar sus modales y su fraseología cínica y brutal.

—¡Vamos, aquí hay refresco! —dijo uno de los del grupo, trayendo un vaso de aguardiente, de ese aguardiente de caña fuerte, mordente[49] y desagradable, que el vulgo llama chinguirito.

—No —dijo el Zarco, apartando el vaso—, esta niña no toma chinguirito, no está acostumbrada; lo que queremos es almorzar, porque hemos andado casi toda la noche y toda la mañana, y no hemos probado bocado.[50]

—A ver, mujeres —gritó a las gentes que había dentro de la capilla, de la cual se exhalaba, juntamente con el humo de la leña, cierto olor de guisados campesinos—, háganos de almorzar, y tomen esto —añadió alargando la maleta que contenía la ropilla de Manuela; ésta sólo conservó su saco de cuero, en que guardaba las alhajas, que nunca le parecieron más en peligro que en ese lugar.

Un grupo de mujerzuelas, desarrapadas[51] y sucias, se apresuró a recibir la maleta, y los recién llegados penetraron en aquel pandemónium, en que se aglomeraban objetos abigarrados[52] y extraños, y gentes de catadura[53] diversa.

Por acá, y cerca de la puerta, se veía la cocina de humo, es decir, el fogón de leña en que se cocían las tortillas, y junto al cual estaban la molendera[54] con su metate[55] y demás accesorios. Un poco más lejos había otro fogón, en el que se preparaban los guisados en ollas o en cazuelas[56] negras. Del otro lado había sillas de montar puestas en palos atravesados, mecates[57] en que se colgaba la ropa, es decir, calzoneras,[58] chaquetas, sarapes, túnicas viejas de percal[59] y lana; en un rincón se revolcaba un enfermo de fiebre, con la cabeza envuelta en un pañolón negro desgarrado y sucio; más allá un grupo de mujeres desgreñadas remendaban ropa blanca o hacían vendas, y al último, en el fondo de la capilla, junto al altar mayor, convertida en escombros, y dividida de la nave por una cortina hecha de sábanas y de petates, se hallaba la alcoba del Zarco, que contenía un catre de campaña, colchones tirados en el suelo, algunos bancos de madera y algunos baúles forrados de cuero. Tal era el moblaje que iba a ofrecer aquel galán a la joven dama a quien acababa de arrebatar de su hogar tranquilo.

—Manuelita —le dijo, conduciéndola a aquel rincón—, esto, como ves, está muy feo, pero por ahora hay que conformarse; ya tendrás otra cosa mejor. Ahora voy a traerte de almorzar.

La joven se sentó en uno de los bancos y allí cubierta con la cortina, sintiéndose a solas, dejó caer la cabeza entre las manos, desfallecida, abismada; y oyendo las risotadas de los bandidos ebrios, sus blasfemias, las voces agudas de las mujeres, aspirando aquella atmósfera pesada, pestilente como la de una cárcel, no pudo menos que mesarse los cabellos desesperada, y derramando dos lágrimas que abrasaron[60] sus mejillas como dos gotas de fuego, murmuró con voz enronquecida:

—¡Jesús . . . ! ¡lo que he ido a hacer![61]

[48] piropos, frases galantes
[49] mordiente, que quema por ser muy fuerte
[50] un poco de comida
[51] andrajosas, harapientas
[52] heterogéneos, de muchas clases
[53] caras, semblantes
[54] mujer que muele en el molino
[55] (México) piedra cuadrada donde se muele el maíz.
[56] utensilios para guisar o cocinar
[57] sogas gruesas
[58] (México) pantalones abiertos por los costados y con botones
[59] tela de algodón fina para vestidos
[60] quemaron
[61] La novela termina de la siguiente forma: Pilar y Nicolás (Pilar es prima de Manuela y Nicolás estuvo enamorado de Manuela), los buenos, se casan y salen en ayuda de Martín Sánchez Chagollan, nombrado por el presidente Juárez para perseguir a los bandidos, a los cuales vencen y toman prisionero al Zarco, que es luego fusilado y colgado de un árbol. Manuela al ver a Pilar y Nicolás felices y al Zarco muerto no puede más y cae muerta.

Ricardo Palma

PERÚ, 1833-1919

El vigoroso costumbrismo hispanoamericano llega a su cumbre con Ricardo Palma, el escritor más célebre que había dado el Perú hasta la aparición de César Vallejo. Nació en Lima, la opulenta capital del Virreinato del Perú, en la cual vivió la mayor parte de su vida. Comenzó sus estudios en el Colegio de San Carlos, famoso por su calidad académica y su conservadorismo, pero los interrumpió para dedicarse al periodismo, la literatura y la política. Palma militó siempre en el liberalismo. En 1860 se marchó a Chile como exiliado y allí publicó algunas de sus primeras «tradiciones». En 1863 pudo regresar a Lima y al año siguiente se le nombró Cónsul en Brasil. Años después hizo un rápido viaje por Francia, España y los Estados Unidos. Debido a su amistad con el presidente José Balta, ocupó posiciones políticas muy importantes (1868–1872), entre ellas la de Secretario de la Presidencia y Senador. Siempre mantuvo una conducta de conciliación y serenidad, a pesar de las turbulencias civiles de la época. La situación política, llena de luchas encarnizadas y de inquietudes e incertidumbres lo condujeron a una actitud de evasión prefiriendo «vivir en el pasado», como hicieron también Azorín y otros escritores españoles. Se le nombró Director General de la Biblioteca Nacional desde donde realizó una encomiable labor de restauración, porque ese centro cultural había sido completamente destruido durante la llamada Guerra del Pacífico (1879–1883) entre Chile y el Perú. En 1878 ingresó como miembro correspondiente de la Real Academia Española en reconocimiento a su labor de escritor. Participó en muchas polémicas literarias y políticas, pero ninguna tan violenta como la sostenida con el gran escritor Manuel González Prada, guía de la nueva generación.

Palma dejó una vasta obra en la que sobresale como poeta, lingüista, crítico literario, historiador, periodista, y especialmente como el más extraordinario costumbrista que ha dado Hispanoamérica. Como pasó su adolescencia y juventud durante el tardío romanticismo peruano, no pudo sustraerse a ese movimiento. Comenzó su vida literaria escribiendo varios dramas, de los cuales abjuró más tarde. Aunque su obra en prosa ha opacado sus creaciones poéticas —tan vilipendiadas por algunos críticos— Palma debe figurar entre los mejores del Romanticismo por el valor intrínseco de sus versos, aparte de que el poeta asoma muy a menudo en sus trabajos en prosa. Cultivó la poesía en su juventud, con influencias de Bécquer, Heine y las más diluidas de Víctor Hugo y Zorrilla. Sus abundantes versos burlones e irónicos deben mucho al realismo de Campoamor. Entre sus muchos libros de versos sobresalen *Armonías* (1861–1865), *Pasionarias* (1865–1870) y *Enrique Heine. Traducciones* (1887).

Lo más perdurable de su obra se encuentra en las «tradiciones», género inventado por él mismo. Aunque resulta difícil definir esta forma literaria tan original, podemos establecer que por lo general es una narración con base anecdótica o histórica, en que lo real y lo imaginario se mezclan y a la que no falta nunca humorismo, gracejo e ironía. Su estructura sobresale por su extrema flexibilidad, aunque se acerca mucho a la técnica del cuento. Palma escribió miles de *Tradiciones peruanas* (1872–1918), publicadas en once series. Las tradiciones cubren toda la historia de Perú, desde los días de los Incas hasta los primeros años del siglo XX, pero las más interesantes son las que tratan de los días del virreinato. Presentan cuadros vivos y realistas de la sociedad, costumbres y tipos humanos representativos de aquellas épocas. Palma extraía su inspiración de las fuentes más increíbles: las viejas crónicas, documentos legales, libros de ese tiempo, mapas, pinturas, edificios antiguos o el anecdotario de trasmisión oral. El encanto de este género radica en el color local, la sal y picardía de sus cuadros, lo pintoresco de muchos de los personajes y las situaciones, por lo general muy inesperadas.

Entre los grandes méritos de este autor se destaca su afortunado uso del idioma que en él adquiere matices nuevos. Tiene una prosa deliciosa, básicamente castiza, aunque siempre fue partidario de incorporar al español los giros y palabras nuevas surgidas en los países hispanoamericanos, porque contribuían a una mayor riqueza del idioma. Las tradiciones son verdaderos tratados de sicología no solamente criolla sino también española. Representan un modo ameno y regocijado de ver la historia, las costumbres y los caracteres sociales. Palma se acerca al pueblo en la sencillez del estilo y en el lado humorístico con que presenta ciertas realidades: sabe reír o tratar con ironía aquellas cosas que merecen tal tratamiento, vistas desde abajo o desde la calle donde vive el verdadero pueblo. Su obra refleja su espíritu liberal, y sin el propósito moral o ético —de un Altamirano, por ejemplo— no es difícil ver su defensa de la justicia, de lo honesto y de la bondad. Su excelente visión crítica queda plasmada en su imprescindible *La bohemia de mi tiempo* 1848–1860 (1887) y su talento para la historia en *Anales de la Inquisición en Lima* (1863). En Palma el tiempo transcurre, pero él lo hace retroceder o avanzar —según le convenga— con los cuadros que ofrece a nuestra vista.

FUENTE: *Tradiciones peruanas completas*, 5ta. ed., Madrid, Aguilar, 1964; prólogo de Edith Palma, nieta del autor.

Tradiciones peruanas[1]

1872–1918

Los polvos de la condesa

CRÓNICA DE LA ÉPOCA DEL DÉCIMOCUARTO VIRREY DEL PERÚ[2]

(*Al doctor Ignacio La-Puente.*)

i

En una tarde de junio de 1631 las campanas todas de las iglesias de Lima plañían[3] fúnebres rogativas, y los monjes de las cuatro órdenes religiosas que a la sazón[4] existían, congregados en pleno coro, entonaban salmos y preces.[5]

Los habitantes de la tres veces coronada ciudad cruzaban por los sitios en que, sesenta años después, el virrey conde de la Monclova[6] debía construir los portales de Escribanos y Botoneros, deteniéndose frente a la puerta lateral del palacio.

En éste todo se volvía entradas y salidas de personajes, más o menos caracterizados.

No se diría sino que acababa de dar fondo[7] en El Callao[8] un galeón con importantísimas nuevas[9] de España, ¡tanta era la agitación palaciega y popular! o que, como en nuestros democráticos días, se estaba realizando uno de aquellos golpes de teatro[10] a que sabe dar pronto término la justicia de cuerda y hoguera.[11]

Los sucesos, como el agua, deben beberse en la fuente; y por esto, con venia[12] del capitán de arcabuceros que está de facción en la susodicha puerta, penetraremos, lector, si te place en mi compañía, en un recamarín de palacio.

Hallábanse en él el excelentísimo señor don Luis Jerónimo Fernández de Cabrera Bobadilla y Mendoza, conde de Chinchón, virrey de estos reinos del Perú por S. M. don Felipe IV, y su íntimo amigo el marqués de Corpa. Ambos estaban silenciosos y mirando con avidez hacia una puerta de escape, la que al abrirse dió paso a un nuevo personaje.

Era éste un anciano. Vestía calzón de paño negro a media pierna, zapatos de pana[13] con hebillas de piedra, casaca y chaleco de terciopelo, pendiendo de este último una gruesa cadena de plata con hermosísimos sellos. Si añadimos que gastaba[14] guantes de gamuza,[15] habrá el lector conocido el perfecto tipo de un esculapio[16] de aquella época.

El doctor Juan de Vega, nativo de Cataluña y

---

[1] Las « tradiciones » que ofrecemos como selecciones pertenecen todas al período del virreinato. Se notará que a menudo Palma abandona el relato principal para ofrecer datos sobre los personajes históricos o legendarios que en vez de interrumpirlo aportan más valor a los cuadros que presenta.

[2] Fernández de Cabrera Bobadilla y Mendoza, Luis Jerónimo, Conde de Chinchón: noble y político español (s. XVII), gobernó de 1629 a 1639 como virrey del Perú.

[3] tocaban

[4] en esa época

[5] oraciones

[6] Portocarrero Lasso de la Vega, Melchor, Conde de la Monclova (fines del s. XVII), Virrey del Perú (1689–1705), a quien le llamaban *Brazo de Plata* después de quedar manco en la batalla de Arrás.

[7] anclar; llegar

[8] puerto de Lima

[9] noticias

[10] acto teatral, muy público

[11] la Inquisición

[12] con el permiso o licencia

[13] tela de algodón parecida al terciopelo

[14] usaba

[15] piel de una especie de antílope

[16] médico; referencia a Esculapio, dios de la Medicina, hijo de Apolo

recién llegado al Perú, en calidad de médico de la casa del virrey, era una de las lumbreras[17] de la ciencia que enseña a matar por medio de un *récipe*.

—¿Y bien, don Juan?— le interrogó el virrey, más con la mirada que con la palabra.

—Señor, no hay esperanza. Sólo un milagro puede salvar a doña Francisca.

Y don Juan se retiró con aire compungido.[18]

Este corto diálogo basta para que el lector menos avisado conozca de qué se trata.

El virrey había llegado a Lima en enero de 1639, y dos meses más tarde su bellísima y joven esposa, doña Francisca Henríquez de Ribera, a la que había desembarcado en Paita[19] para no exponerla a los azares[20] de un probable combate naval con los piratas. Algún tiempo después se sintió la virreina atacada de esa fiebre periódica que se designa con el nombre de terciana, y que era conocida por los Incas como endémica en el valle de Rimac.[21]

Sabido es que cuando, en 1378, Pachacutec[22] envió un ejército de treinta mil cuzqueños a la conquista de Pachacamac,[23] perdió lo más florido de sus tropas a estragos de la terciana. En los primeros siglos de la dominación europea, los españoles que se avecindaban en Lima pagaban también tributo a esta terrible enfermedad, de la que muchos sanaban sin específico conocido, y a no pocos arrebataba el mal.

La condesa de Chinchón estaba desahuciada.[24] La ciencia, por boca de su oráculo don Juan de Vega, había fallado.

—¡Tan joven y tan bella! —decía a su amigo el desconsolado esposo—. ¡Pobre Francisca! ¿Quién te habría dicho que no volverías a ver tu cielo de Castilla ni los cármenes[25] de Granada? ¡Dios mío! ¡Un milagro, Señor, un milagro! . . .

—Se salvará la condesa, excelentísimo señor —contestó una voz en la puerta de la habitación.

El virrey se volvió sorprendido. Era un sacerdote, un hijo de Ignacio de Loyola,[26] el que había pronunciado tan consoladoras palabras.

El conde de Chinchón se inclinó ante el jesuíta. Este continuó:

—¡Quiero ver a la virreina, tenga vuecencia fe, y Dios hará el resto.

El virrey condujo al sacerdote al lecho[27] de la moribunda.

ii

Suspendamos nuestra narración para trazar muy a la ligera el cuadro de la época del gobierno de don Luis Jerónimo Fernández de Cabrera, hijo de Madrid, comendador de Criptana entre los caballeros de Santiago, alcaide del Alcázar de Segovia, tesorero de Aragón, y cuarto conde de Chinchón que ejerció el mando desde el 14 de enero de 1629 hasta el 18 del mismo mes de 1639.

Amenazado el Pacífico por los portugueses y por la flotilla del pirata holandés *Pie de palo*, gran parte de la actividad del conde de Chinchón se consagró a poner El Callao y la escuadra en actitud de defensa. Envió además a Chile mil hombres contra los araucanos, y tres expediciones contra algunas tribus de Puno, Tucumán y Paraguay.

Para sostener el caprichoso lujo de Felipe IV y sus cortesanos, tuvo la América que contribuir con daño de su prosperidad. Hubo exceso de impuestos y gabelas,[28] que el comercio de Lima se vió forzado a soportar.

Data de entonces la decadencia de los minerales de Potosí y Huancavélica, a la vez que el descubrimiento de las vetas[29] de Bombón y Caylloma.

---

[17] (fig.) figuras o personalidades muy notables
[18] afligido
[19] puerto del Perú, capital de la provincia del mismo nombre
[20] peligros
[21] río del Perú que atraviesa Lima y desemboca en el Pacífico cerca de El Callao
[22] Pachacútec Yupanqui: emperador del antiguo Perú (¿?–1471), principal constructor del imperio Inca.
[23] antigua ciudad Inca en el Perú
[24] no había esperanzas de que curase
[25] mansiones con fincas y jardines
[26] un jesuíta. San Ignacio de Loyola: militar primero y luego religioso español (1491–1556), fundador de la Compañía de Jesús
[27] cama
[28] tributos, impuestos, contribuciones
[29] filones, depósitos de mineral o metal

Fué bajo el gobierno de este virrey cuando, en 1635, aconteció la famosa quiebra del banquero Juan de la Cueva, en cuyo Banco —dice Lorente—[30] tenían suma confianza así los particulares como el Gobierno. Esa quiebra se conmemoró, hasta hace poco, con la mojiganga llamada *Juan de la Cova, coscoroba.*[31]

El conde de Chinchón fué tan fanático como cumplía a un cristiano viejo. Lo comprueban muchas de sus disposiciones.[32] Ningún naviero podía recibir pasajeros a bordo, si previamente no exhibía una cédula de constancia de haber confesado y comulgado la víspera. Los soldados estaban también obligados, bajo severas penas, a llenar cada año este precepto, y se prohibió que en los días de Cuaresma[33] se juntasen hombres y mujeres en un mismo templo.

Como lo hemos escrito en nuestro *Anales de la Inquisición de Lima*,[34] fué ésta la época en que más víctimas sacrificó el implacable tribunal de la fe.[35] Bastaba ser portugués y tener fortuna para verse sepultado en las mazmorras[36] del Santo Oficio. En uno solo de los tres autos de fe a que asistió el conde de Chinchón fueron quemados once judíos portugueses, acaudalados comerciantes de Lima.

Hemos leído en el librejo del duque de Frías[37] que, en la primera visita de cárceles a que asistió el conde, se le hizo relación de una causa seguida a un caballero de Quito, acusado de haber pretendido sublevarse contra el monarca. De los autos dedujo el virrey que todo era calumnia, y mandó poner en libertad al preso, autorizándolo para volver a Quito y dándole seis meses de plazo para que sublevase el territorio; entendiéndose que si no lo conseguía, pagarían los delatores[38] las costas del proceso y los perjuicios sufridos por el caballero.

¡Hábil manera de castigar envidiosos y denunciantes infames!

Alguna quisquilla[39] debió tener su excelencia con las limeñas cuando en dos ocasiones promulgó bando contra las *tapadas*;[40] las que, forzoso es decirlo, hicieron con ellos papillotas y tirabuzones.[41] Legislar contra las mujeres ha sido y será siempre sermón perdido.

Volvamos a la virreina, que dejamos moribunda en el lecho.

iii

Un mes después se daba una gran fiesta en palacio en celebración del restablecimiento de doña Francisca.

La virtud febrífuga[42] de la cascarilla quedaba descubierta.

Atacado de fiebres un indio de Loja llamado Pedro de Leyva bebió, para calmar los ardores de la sed, del agua de un remanso, en cuyas orillas crecían algunos árboles de *quina.*[43] Salvado así, hizo la experiencia de dar de beber a otros enfermos del mismo mal cántaros[44] de agua, en los que depositaba raíces de cascarilla. Con su descubrimiento vino a Lima y lo comunicó a un jesuíta, el que, realizando la feliz curación de la virreina, prestó a la humanidad mayor servicio que el fraile que inventó la pólvora.[45]

Los jesuítas guardaron por algunos años el secreto, y a ellos acudía todo el que era atacado de terciana. Por eso, durante mucho tiempo, los polvos de la corteza de quina se conocieron con el nombre de *polvos de los jesuítas.*

---

[30] Lorente, Sebastián, *Historia del Perú bajo los Austrias, 1542–1598*, Lima, Librería de Benito, 1863.
[31] Nótese el juego de palabras, sobre todo en la última, cosco—*roba*. Quiere decir que fingía una bancarrota para beneficiarse.
[32] ordenanzas
[33] período de abstinencia entre el miércoles de Ceniza y la Pascua de Resurrección
[34] obra histórica muy interesante publicada por Palma en 1863. Véanse *Tradiciones peruanas completas* mencionadas en la *Fuente*
[35] la Inquisición
[36] calabozos, celdas de una cárcel
[37] autor de *Deleyte de la discrecion y fácil escuela de la agudeza*, etc., Madrid, 1743
[38] denunciadores, informantes
[39] inquina, susceptibilidad
[40] damas limeñas que se cubrían el rostro. Algo muy común en esa época
[41] se burlaron de ellos con astucia
[42] quitaba la fiebre en seguida
[43] corteza del quino usada en medicina para quitar la fiebre
[44] vasijas grandes de barriga ancha y de pie y cuello angostos
[45] Schwarz, Bertoldo: benedictino alemán (¿1310?–1384), a quien se atribuye la invención de la pólvora y los primeros cañones de bronce.

El doctor Scrivener dice que un médico inglés, Mr. Talbot,[46] curó con la quinina al príncipe de Condé,[47] al delfín,[48] a Colbert[49] y otros personajes, vendiendo el secreto al gobierno francés por una suma considerable y una pensión vitalicia.

Linneo,[50] tributando en ello un homenaje a la virreina condesa de Chinchón, señala a la quina el nombre que hoy le da la ciencia: *Chinchona.*

Mendiburu dice que, al principio, encontró el uso de la quina fuerte oposición en Europa, y que en Salamanca se sostuvo que caía en pecado mortal el médico que la recetaba, pues sus virtudes eran debidas a pacto de dos peruanos con el diablo.

En cuanto al pueblo de Lima, hasta hace pocos años conocía los polvos de la corteza de este árbol maravilloso con el nombre de *polvos de la condesa.*[51]

El resucitado

CRÓNICA DE LA ÉPOCA DEL TRIGÉSIMOSEGUNDO VIRREY[52]

A principios del actual siglo existía en la Recolección de los descalzos[53] un octogenario de austera virtud y que vestía el hábito de hermano lego. El pueblo, que amaba mucho al humilde monje, conocíalo sólo con el nombre de el *Resucitado.* Y he aquí la auténtica y sencilla tradición que sobre él ha llegado hasta nosotros.

i

En el año de los tres sietes (número apocalíptico y famoso por la importancia de los sucesos que se realizaron en América)[54] presentóse un día en el hospital de San Andrés un hombre que frisaba[55] en los cuarenta agostos, pidiendo ser medicinado en el santo asilo. Desde el primer momento los médicos opinaron que la dolencia del enfermo era mortal, y le previnieron que alistase el bagaje[56] para pasar a mundo mejor.

Sin inmutarse oyó nuestro individuo el fatal dictamen, y después de recibir los auxilios espirituales o de tener *el práctico a bordo,* como decía un marino, llamó a Gil Paz, ecónomo del hospital, y díjole, sobre poco más o menos:

—Hace quince años que vine de España, donde no dejo deudos,[57] pues soy un pobre expósito.[58] Mi existencia en Indias ha sido la del que honradamente busca el pan por medio del trabajo; pero con tan aviesa[59] fortuna que todo mi caudal, fruto de mil privaciones y

[46] médicos notables de la época
[47] Luis II, Príncipe de Condé, llamado el *Gran Condé*: militar francés (1621–1686), vencedor de los españoles en Rocroi (1643).
[48] nombre dado a los primogénitos de los reyes de Francia, desde 1439
[49] Colbert, Juan Bautista: político francés (1619–1683), el más sobresaliente ministro de Luis XIV.
[50] Linneo, Carlos de: naturalista sueco (1707–1778), célebre por sus estudios de botánica.
[51] La primera esposa del conde de Chinchón llamóse doña Ana de Osorio, y por muchos se ha creído que fue ella la salvada por las virtudes de la quina. Un interesante estudio histórico publicado por don Félix Cipriano Zegarra en la *Revista Peruana,* en 1879, nos ha convencido de que la virreina que estuvo en Lima se llamó doña Francisca Henríquez de Ribera. Rectificamos, pues, con esta nota la grave equivocación en que habíamos incurrido (Nota de Palma).
[52] Guirior, Manuel: marino y gobernante español (1708–1788), virrey del Perú (1776–1780).
[53] convento de los franciscanos
[54] año 1777
[55] (fig.) se acercaba
[56] prepararse las maletas. Palma emplea el tono humorístico más acentuado en ésta que en otras «tradiciones».
[57] familiares, parientes
[58] niño criado en una institución pública
[59] torcida, mal inclinada

fatigas, apenas pasa de cien onzas de oro[60] que encontrará vuesa merced en un cincho[61] que llevo al cuerpo. Si como creen los físicos, y yo con ellos, su Divina Majestad es servida llamarme 5 a su presencia, lego[62] a vuesa merced mi dinero para que lo goce, pidiéndole únicamente que vista mi cadáver con una buena mortaja del seráfico padre San Francisco, y pague algunas misas en sufragio de[63] mi alma pecadora.

10 Don Gil juró por todos los santos del calendario cumplir religiosamente con los deseos del moribundo, y que no sólo tendría mortaja y misas, sino un decente funeral. Consolado así el enfermo, pensó que lo mejor que le quedaba 15 por hacer era morirse cuanto antes; y aquella misma noche empezaron a enfriársele las extremidades,[64] y a las cinco de la madrugada era alma de la otra vida.

Inmediatamente pasaron las peluconas[65] al 20 bolsillo del ecónomo, que era un avaro más ruin que la encarnación de la avaricia. Hasta su nombre revela lo menguado del sujeto: *¡Gil Paz!* No es posible ser más tacaño[66] de letras ni gastar menos tinta para una firma.

25 Por entonces no existía, aún en Lima el cementerio general, que, como es sabido, se inauguró el martes 31 de mayo de 1808; y aquí es curioso consignar que el primer cadáver que se sepultó en nuestra necrópolis al 30 día siguiente fué el de un pobre de solemnidad llamado Matías Isurriaga, quien, cayéndose de un andamio sobre el cual trabajaba como albañil, se hizo tortilla[67] en el atrio[68] mismo del cementerio. Los difuntos se enterraban en un corralón o campo santo que tenía cada hospital, o en las bóvedas de las iglesias, con no poco peligro de la salubridad pública.

Dejemos por un rato en reposo al muerto, y mientras el sepulturero abre la zanja fumemos un cigarrillo, charlando sobre el gobierno y la política de aquellos tiempos.

Nuestro don Gil reflexionó que el finado[69] le había pedido muchas gollerías;[70] que podía entrar en la fosa común sin asperges,[71] responsos[72] ni sufragios: y que, en cuanto a ropaje, bien aviado[73] iba con el raído[74] pantalón y la mugrienta[75] camisa con que lo había sorprendido la flaca.[76]

—En el hoyo[77] no es como en el mundo —filosofaba Gil Paz—, donde nos pagamos de exterioridades y apariencias, y muchos hacen papel por la tela del vestido. ¡Vaya una pechuga[78] la del difunto! No seré yo, en mis días, quien halague su vanidad, gastando los cuatro pesos que importa la jerga franciscana.[79] ¿Querer lujo hasta para pudrir tierra? ¡Hase visto presunción de tal laya! ¡Milagro no le vino en antojo que lo enterrasen con guantes de gamuza, botas de campana y gorguera de encaje![80] Vaya al agujero como está el muy bellaco,[81] y agradézcame que no lo mande en el traje que usaba el padre Adán antes de la golosina.[82]

Y dos negros esclavos del hospital cogieron el cadáver y lo transportaron al corralón que servía de cementerio.

---

[60] monedas españolas antiguas de mucho valor
[61] faja o cintura; cinto
[62] doy, regalo
[63] para la salvación de
[64] piernas y brazos
[65] onzas de oro
[66] ruin, avaro
[67] (fam.) se destrozó, se reventó, se aplastó
[68] patio interior cercado de pórticos
[69] muerto
[70] (fig. y fam.) delicadezas, superfluidades
[71] antífona que comienza con esta palabra en latín. *Antífona*: breve pasaje de la Biblia que se canta o reza en un servicio religioso.
[72] oraciones por los difuntos
[73] vestido
[74] roto
[75] muy sucia
[76] la muerte. Nótese que en toda esta selección Palma construye el humorismo a base de lenguaje muy coloquial e idiomático.
[77] tumba
[78] (fig. y fam.): pecho del hombre o de la mujer; descaro, descoco
[79] quiere decir hábito de franciscano, con el cual quería que lo enterraran.
[80] adorno de lienzo para el cuello en forma de lechuga
[81] pícaro, astuto
[82] antes de comerse la manzana del árbol prohibido

ii

El excelentísimo señor don Manuel Guirior, natural de Navarra y de la familia de San Francisco Javier, caballero de la Orden de San Juan,[83] teniente general de la real armada, gentilhombre de cámara y marqués de Guirior, hallábase como virrey en el nuevo reino de Granada, donde había contraído matrimonio con doña María Ventura, joven bogotana, cuando fué promovido por Carlos III al gobierno del Perú.

Guirior, acompañado de su esposa, llegó a Lima de incógnito el 17 de julio de 1776, como sucesor de Amat.[84] Su recibimiento público se verificó con mucha pompa el 3 de diciembre, es decir, a los cuatro meses de haberse hecho cargo del gobierno. La sagacidad de su carácter y sus buenas dotes[85] administrativas le conquistaron en breve el aprecio general. Atendió mucho a la conversión de infieles, y aun fundó en Chanchamayo colonias y fortalezas, que posteriormente fueron destruídas por los salvajes. En Lima estableció el alumbrado público con pequeño gravamen de los vecinos, y fué el primer virrey que hizo publicar bandos contra el diluvio llamado juego de carnavales. Verdad es que, entonces como ahora, bandos tales fueron letra muerta.

Guirior fué el único, entre los virreyes, que cedió a los hospitales los diez pesos que, para sorbetes y pastas, estaban asignados por real cédula a su excelencia siempre que honraba con su presencia una función de teatro. En su época se erigió el virreinato de Buenos Aires y quedó terminada la demarcación de límites del Perú, según el tratado de 1777 entre España y Portugal, tratado que después nos ha traído algunas desazones[86] con el Brasil y el Ecuador.

En el mismo aciago[87] año de los tres sietes nos envió la corte al consejero de Indias don José de Areche,[88] con el título de superintendente y visitador general de la real hacienda, y revestido de facultades omnímodas tales, que hacían casi irrisoria la autoridad del virrey. La verdadera misión del enviado regio era la de exprimir la naranja hasta dejarla sin jugo. Areche elevó la contribución de indígenas a un millón de pesos: creó la junta de diezmos; los estancos[89] y alcabalas[90] dieron pingües[91] rendimientos; abrumó de impuestos y socaliñas[92] a los comerciantes y mineros, y tanto ajustó la cuerda[93] que en Huaraz, Lambayeque, Huánuco, Pasco, Huancavélica, Moquegua y otros lugares estallaron serios desórdenes, en los que hubo corregidores, alcabaleros y empleados reales ajusticiados por el pueblo. «La excitación era tan grande —dice Lorente —que en Arequipa los muchachos de una escuela dieron muerte a uno de sus camaradas que, en sus juegos, había hecho el papel de aduanero, y en el llano de Santa Marta dos mil arequipeños osaron, aunque con mal éxito, presentar batalla a las milicias reales.» En el Cuzco se descubrió muy oportunamente una vasta conspiración encabezada por don Lorenzo Farfán y un indio cacique los que, aprehendidos, terminaron su existencia en el cadalso.

Guirior se esforzó en convencer al superintendente de que iba por mal camino; que era mayúsculo[94] el descontento, y que con el rigorismo de sus medidas no lograría establecer los nuevos impuestos, sino crear el peligro de que el país en masa recurriese a la protesta armada, previsión que dos años más tarde y bajo otro virrey, vino a justificar la sangrienta rebelión de Tupac-Amaru.[95] Pero Areche pensaba que el rey lo había enviado el Perú para que, sin pararse en barras,[96] enriqueciese el real tesoro a expensas de la tierra conquis-

[83] una orden militar y religiosa española
[84] Amat y Junyent, Manuel de: militar y político español (s. XVIII), gobernador de Chile y luego virrey del Perú (1761–1776).
[85] cualidades relevantes
[86] (fig.): disgustos, molestias
[87] desgraciado, fatal
[88] Areche, José de: político español (s. XVIII), Visitador del Perú en 1780. Su dureza provocó la rebelión de Túpac-Amaru. Véase nota 95.
[89] sitios donde se venden las mercancías prohibidas
[90] impuestos antiguos sobre las ventas y permutas
[91] abundantes
[92] ardides o mañas para obtener algo
[93] apretó, fue muy estricto
[94] muy grande
[95] Condorcanqui, José Gabriel, llamado Túpac-Amaru: cacique peruano descendiente de los Incas (¿1740?–1781). Se sublevó contra los españoles y fue ejecutado.
[96] sin tener en cuenta obstáculos

tada, y que los peruanos eran siervos cuyo sudor, convertido en oro, debía pasar a las arcas de Carlos III. Por lo tanto, informó al soberano que Guirior lo embarazaba[97] para esquilmar[98] el país y que nombrase otro virrey, pues su excelencia maldito si servía para lobo rapaz y carnicero. Después de cuatro años de gobierno, y sin la más leve fórmula de cortesía, se vió destituído don Manuel Guirior, trigésimosegundo virrey del Perú, y llamado a Madrid, donde murió pocos meses después de su llegada.

Vivió una vida bien vivida.

Así, en el juicio de residencia como en el secreto que se le siguió, salió victorioso el virrey y fué castigado Areche severamente.

iii

En tanto que el sepulturero abría la zanja, una brisa fresca y retozona[99] oreaba[1] el rostro del muerto, quien ciertamente no debía estarlo en regla, pues sus músculos empezaron a agitarse débilmente, abrió luego los ojos y, al fin, por uno de esos maravillosos instintos del organismo humano, hízose cargo de su situación. Un par de minutos que hubiera tardado nuestro español en volver de su paroxismo o catalepsia, y las paladas de tierra no le habrían dejado campo para rebullirse y protestar.

Distraído el sepulturero con su lúgubre y habitual faena, no observó la resurrección que se estaba verificando hasta que el muerto se puso sobre sus puntales[2] y empezó a marchar con dirección a la puerta. El buho[3] de cementerio cayó accidentado, realizándose casi al pie de la letra aquello que canta la copla:

el vivo se cayó muerto
y el muerto partió a correr.

Encontrábase don Gil en la sala de San Ignacio vigilando que los topiqueros[4] no hiciesen mucho gasto de azúcar para endulzar las tisanas[5] cuando una mano se posó familiarmente en su hombro y oyó una voz cavernosa que le dijo: ¡Avariento! ¿Dónde está mi mortaja?

Volvióse aterrorizado don Gil. Sea el espanto de ver un resucitado de tan extraño pelaje,[6] o sea que la voz de la conciencia hubiese hablado en él muy alto, es el hecho que el infeliz perdió desde ese instante la razón. Su sacrílega avaricia tuvo la locura por castigo.

En cuanto al español, quince días más tarde salía del hospital completamente restablecido, y después de repartir en limosnas las peluconas, causa de la desventura de don Gil, tomó el hábito de lego[7] en el convento de los padres descalzos,[8] y personas respetables que lo conocieron y trataron nos afirman que alcanzó a morir en olor de santidad, allá por los años de 1812.

---

[97] obstaculizaba, dificultaba
[98] explotar, chupar los bienes del país hasta agotarlos
[99] juguetona
[1] secaba
[2] pies
[3] aves nocturnas. Se refiere al sepulturero
[4] personas de determinado lugar
[5] bebidas medicinales preparadas con ciertas hierbas
[6] (fig.) calidad, aspecto, apariencia
[7] ingresó a la orden como seglar, que no tiene órdenes religiosas
[8] franciscanos

¡A la cárcel todo Cristo!

CRÓNICA DE LA ÉPOCA DEL VIRREY INGLÉS[9]

i

Por los años de 1752 recorría las calles de Lima un buhonero o *mercachifle*,[10] hombre de mediana talla, grueso de manos y facciones toscas, pelo rubio, color casi alabastrino[11] y que representaba muy poco más de veinte años. Era irlandés, hijo de pobres labradores y, según su biógrafo Lavalle, pasó los primeros años de su vida conduciendo haces de leña para la cocina del castillo de Dungán, residencia de la condesa de Bective, hasta que un su tío, padre jesuíta de un convento de Cádiz, lo llamó a su lado, lo educó medianamente, y viéndolo decidido por el comercio más que por el santo hábito, lo envió a América con una pacotilla.[12]

No[13] *Ambrosio el inglés*, como llamaban las limeñas al mercachifle, convencido de que el comercio de cintas, agujas, blondas,[14] dedales y otras chucherías[15] no le produciría nunca para hacer caldo gordo,[16] resolvió[17] pasar a Chile, donde consiguió por la influencia de un médico irlandés, muy relacionado en Santiago, que con el carácter de ingeniero delineador lo empleasen en la construcción de albergues[18] o casitas para abrigo de los correos que al través de la cordillera, conducían la correspondencia entre Chile y Buenos Aires.

Ocupábase en llenar concienzudamente su compromiso, cuando acaeció[19] una formidable invasión de los araucanos, y para rechazarla organizó el capitán general, entre otras fuerzas, una compañía de voluntarios extranjeros, cuyo mando se acordó a nuestro flamante ingeniero. La campaña le dió honra y provecho; y sucesivamente el rey le confirió los grados de capitán de dragones, teniente coronel, coronel y brigadier; y en 1785, al ascenderlo a mariscal de campo, lo invistió con el carácter de presidente de la Audiencia, gobernador y capitán general del reino de Chile.

Ni tenemos los suficientes datos, ni la forma ligera de nuestras tradiciones nos permite historiar los diez años del memorable gobierno de don Ambrosio O'Higgins. La fortaleza del Barón, en Valparaíso, y multitud de obras públicas hacen su nombre imperecedero en Chile.

Habiendo reconquistado la ciudad de Osorno del poder de los araucanos, el monarca lo nombró marqués de Osorno, lo ascendió a teniente general y lo trasladó al Perú como virrey, en reemplazo[20] del bailío[21] don Francisco Gil y Lemus de Toledo y Villamarín, caballero profesor de la Orden de San Juan, comendador del Puent Orgivo y teniente general de la real armada.

En 5 de junio de 1796 se encargó O'Higgins del mando. Bajo su breve gobierno se empedraron[22] las calles y concluyeron las torres de la catedral de Lima, se creó la Sociedad de Beneficencia, y se establecieron fábricas de tejidos. La portada, alameda y camino carretero[23] del Callao fueron también obra de su administración.

En su época se incorporó al Perú la intendencia de Puno, que había estado sujeta al virreinato de Buenos Aires, y fué separado Chile de la jurisdicción del vierreinato del Perú.

---

[9] O'Higgins, Ambrosio, marqués de Osorno: militar y político español (¿1720?–1801), nacido en Irlanda; fue gobernador de Chile y virrey del Perú (1796–1801).
[10] *buhonero*: el que vende baratijas, por lo general en una tienda portátil; *mercachifle*: comerciante sin importancia
[11] (fig.) muy blanco
[12] mercancías que pueden llevar los pasajeros o marinos; (fig.) poca cosa o cosa de poco valor
[13] señor
[14] ciertos encajes
[15] baratijas bonitas
[16] mucho dinero o capital
[17] decidió
[18] refugios
[19] ocurrió
[20] substituto
[21] el que tenía una especie de encomienda o dignidad en la orden de San Juan
[22] cubrieron los caminos o calles con piedras o adoquines
[23] vía para carretas

La alianza que por el tratado de San Ildefonso,[24] después de la campaña del Rosellón,[25] celebró con Francia el ministro don Manuel Godoy,[26] duque de Alcudia y príncipe de la Paz, trajo como consecuencia la guerra entre España e Inglaterra. O'Higgins envió a la corona siete millones de pesos con los que el Perú contribuyó, más que a las necesidades de la guerra, al lujo de los cortesanos y a los placeres de Godoy y de su real manceba María Luisa.[27]

Rápida, pero fructuosa en bienes, fué la administración de O'Higgins, a quien llamaban en Lima el *virrey inglés*. Falleció el 18 de marzo de 1800, y fué enterrado en las bóvedas de la iglesia de San Pedro.

ii

Grande era la desmoralización de Lima cuando O'Higgins entró a ejercer el mando. Según el censo mandado formar por el virrey-bailío Gil y Lemus, contaba la ciudad en el recinto[28] de sus murallas 52.627 habitantes, y para tan reducida población excedía de setecientos el número de carruajes particulares que, con ricos arneses[29] y soberbios troncos, se ostentaban en el paseo de la Alameda. Tal exceso de lujo basta a revelarnos que la moralidad social no podía rayar[30] muy alto.

Los robos, asesinatos y otros escándalos nocturnos se multiplicaban y para remediarlos juzgó oportuno su excelencia promulgar bandos, previniendo que sería aposentado en la cárcel todo el que después de las diez de la noche fuese encontrado en la calle por las comisiones de ronda.[31] Las compañías de *encapados* o agentes de policía, establecidas por el virrey Amat, recibieron aumento y mejora en el personal con el nombramiento de capitanes, que recayó en personas notables.

Pero los bandos se quedaban escritos en las esquinas, y los desórdenes no disminuían. Precisamente los jóvenes de la nobleza colonial hacían gala de ser los primeros infractores. El pueblo tomaba ejemplo de ellos; y viendo el virrey que no había forma de extirpar el mal, llamó un día a los cinco capitanes de las compañías de encapados.

—Tengo noticias, señores —les dijo—, que ustedes llevan a la cárcel sólo a los pobres diablos que no tienen padrino[32] que les valga; pero que cuando se trata de uno de los marquesitos o condesitos que andan escandalizando el vecindario con escalamientos, serenatas, estocadas y holgorios,[33] vienen las contemporizaciones y se hacen ustedes de la vista gorda.[34] Yo quiero que la justicia no tenga dos pesas y dos medidas, sino que sea igual para grandes y chicos. Ténganlo ustedes así por entendido, y después de las diez de la noche . . . ¡a la cárcel todo Cristo!

Antes de proseguir refiramos, pues viene a pelo,[35] el origen del refrán popular *a la cárcel todo Cristo*. Cuentan que en un pueblecito de Andalucía se sacó una procesión de penitencia, en la que muchos devotos salieron vestidos con túnica nazarena y llevando al hombro una pesada cruz de madera. Parece que uno de los parodiadores de Cristo empujó maliciosamente a otro compañero, que no tenía aguachirle[36] en las venas y que, olvidando la mansedumbre a que lo comprometía su papel, sacó a relucir la navaja. Los demás penitentes tomaron cartas en el juego[37] y anduvieron a mojicón cerrado[38] y

---

[24] tratado de 1777 entre España y Portugal sobre la limitación de las posesiones españolas y portuguesas en la América del Sur
[25] territorio que formó parte de la corona de Aragón y que pasó a Francia por el Tratado de los Pirineos (1659)
[26] Godoy y Alvarez de Faria, Manuel: político español (1767–1851), de guardia de Corps pasó a Primer Ministro de Carlos IV (1792) porque era favorito y amante de la reina.
[27] María Luisa de Parma (1754–1819), reina de España por su matrimonio con Carlos IV, impuso a Godoy como Primer Ministro.
[28] espacio con límites
[29] arreos, guarniciones de las caballerías
[30] estar
[31] patrullas de la policía que vigilan las calles
[32] protector con influencia
[33] diversiones, fiestas bulliciosas
[34] fingen que no ven una cosa
[35] viene bien, es muy adecuado
[36] vino malo sin substancia o sabor
[37] participaron, intervinieron
[38] a mojicón limpio. *Mojicón*: familiar: porrazo, puñetazo, golpe en la cara

puñalada limpia, hasta que apareciéndose el alcalde, dijo: —¡A la cárcel todo Cristo!

Probablemente don Ambrosio O'Higgins se acordó del cuento cuando, al sermonear a los capitanes, terminó la reprimenda empleando las palabras del alcalde andaluz.

Aquella noche quiso su excelencia convencerse personalmente de la manera como se obedecían sus prescripciones. Después de las once y cuando estaba la ciudad en plena tiniebla, embozóse[39] el virrey en su capa y salió de palacio.

A poco andar tropezó con una ronda; mas reconociéndolo el capitán lo dejó seguir tranquilamente, murmurando:

—¡Vamos, ya pareció aquello! También su excelencia anda en galanteo, y por eso no quiere que los demás tengan un arreglillo y se diviertan. Está visto que el oficio de virrey tiene más gangas[40] que el testamento del moqueguano.[41]

Esta frase pide a gritos explicación. Hubo en Moquegua un ricacho nombrado don Cristóbal Cugate, a quien su mujer, que era de la piel del diablo, hizo pasar la pena negra.[42] Estando el infeliz en las postrimerías, pensó que era imposible comiese pan en el mundo hombre de genio tan manso como el suyo, y que otro cualquiera, con la décima parte de lo que él había soportado, le habría aplicado diez palizas[43] a su conjunta.

—Es preciso que haya quien me vengue —díjose el moribundo; y haciendo venir un escribano, dictó su testamento, dejando a aquella arpía[44] por heredera de su fortuna, con la condición de que había de contraer segundas nupcias antes de cumplirse los seis meses de su muerte, y de no verificarlo así, era su voluntad que pasase la herencia a un hospital.

Mujer joven, no mal laminada,[45] rica y autorizada para dar pronto reemplazo al difunto —decían los moqueguanos—, ¡qué gangas de testamento! Y el dicho pasó a refrán.

Y el virrey encontró otras tres rondas, y los capitanes le dieron las buenas noches, y le preguntaron si quería ser acompañado, y se derritieron en cortesías, y le dejaron libre el paso.

Sonaron las dos, y el virrey, cansado del ejercicio, se retiraba ya a dormir, cuando le dió en la cara la luz del farolillo de la quinta ronda, cuyo, capitán era don Juan Pedro Lostaunau.

—¡Alto! ¿Quién vive?

—Soy yo, don Juan Pedro, el virrey.

—No conozco al virrey en la calle después de las diez de la noche. ¡Al centro el vagabundo!

—Pero, señor capitán . . .

—¡Nada! El bando es bando y a ¡a la cárcel todo Cristo!

Al día siguiente quedaron destituídos de sus empleos los cuatro capitanes que, por respeto, no habían arrestado al virrey; y los que los reemplazaron fueron bastante enérgicos para no andarse en contemplaciones, poniendo, en breve, término a los desórdenes.

El hecho es que pasó la noche en el calabozo de la cárcel de la Pescadería, como cualquier pelafustán,[46] todo un don Ambrosio O'Higgins, marqués de Osorno, barón de Ballenari, teniente general de los reales ejércitos, y trigésimo virrey del Perú por su majestad don Carlos IV.

[39] se cubrió la parte inferior del rostro
[40] provechos, beneficios
[41] véase la explicación en los párrafos siguientes de la selección. *Moquegua*: ciudad y provincia del Perú
[42] le era infiel
[43] zurras de golpes, tundas
[44] ave fabulosa con cara de mujer y cuerpo de ave de rapiña. (fig.) mujer mala, también fea y flaca
[45] no mal parecida, guapa
[46] (fam.): holgazán perezoso; perdido

VI El Realismo y El Naturalismo

El Realismo: La narrativa
El teatro

El Naturalismo: La narrativa

Roberto J. Payró

ARGENTINA, 1867–1928

Como narrador, dramaturgo y periodista llegó a distinguirse el argentino Roberto J. Payró. Desde muy joven abrazó el periodismo y siempre se destacó por su inquietud social y su acrisolada moral. Unido a los radicales, tomó parte en la revolución de 1890 contra el presidente Miguel Suárez Celman. Fue uno de los fundadores del socialismo porteño en 1896, del que se separó más tarde, aunque no por eso dejó de defender los principios de la justicia social. Años después se vinculó a *La Nación*, uno de los grandes periódicos argentinos. Fue un gran periodista, con una obra extensa y variada. En 1907, gozando ya de renombre como periodista, narrador y dramaturgo, una herencia le permitió viajar a Europa, donde vivió casi quince años. Residió en Barcelona dos años y el resto en Bruselas. No abandonó Europa a pesar de la primera Guerra Mundial. Su defensa de los aliados y críticas a hechos censurables de los alemanes, lo pusieron al borde de la muerte a manos de éstos. Los belgas premiaron su valentía y heroísmo concediéndole su más alta condecoración.

Payró volvió a la Argentina en 1922, continuando su triple labor en el periodismo, en el teatro y en el género de ficción. Ocupa uno de los lugares más prominentes en cada una de estas actividades. Aunque sus obras dramáticas han decaído con el tiempo, contribuyó a orientar el teatro argentino hacia nuevos horizontes, mostrando su interés humano y su preocupación social. Sus piezas más importantes son: *Sobre las ruinas* (1904) y *Marco Severi* (1905), obras de tesis con un gran éxito en su época. A su regreso de Europa estrenó *Vivir quiero conmigo* (1923), cuyo protagonista es un egocéntrico insensible y escribió el sainete *Mientraiga* (estrenado póstumamente, en 1937) y que constituye una de las joyas del teatro popular argentino. Finalmente escribió *Alegría* (1928) en que insiste en sus preocupaciones sociales.

Lo más destacado de Payró está en la narrativa de tono costumbrista. Es uno de los escritores que más influencia ha ejercido en el desarrollo de la novela y el cuento en su patria. Escribía bajo la influencia de Galdós y Zola. Su personaje favorito es el «pícaro», a quien presenta siempre dentro de la realidad nacional que lo hace posible. En una carta de 1919 al gran crítico Roberto F. Giusti, le decía: «El hombre de presa —el pícaro— es nuestro enemigo en todos los campos y en todas las clases, el hombre de presa es el perturbador de la humanidad, hay que combatirlo sin descanso». Aunque su obra capital es *Divertidas aventuras del nieto de Juan Moreira* (1910), escrita en Bruselas, su narración más perfecta es *El casamiento de Laucha* (1906), donde un pícaro narra en primera persona y con todo desenfado, sus engaños a una mujer buena y trabajadora. Payró pinta desagradables a los pícaros, para indicarnos que únicamente pueden sobrevivir en una sociedad sin valores o asentada en falsos valores. Intermedio entre ambas obras fue *Pago Chico* (1908), conjunto de cuentos mordaces inspirados por las amargas experiencias del propio autor cuando vivía en Bahía Blanca. Sobresalen por su realismo, ambiente picaresco auténtico y su tono humorístico o irónico. *Divertidas aventuras del nieto de Juan Moreira*, relato en muchos aspectos autobiográfico, nos presenta al protagonista, Gómez Herrera, hombre de real energía, voluntad e inteligencia que no repara en medios para triunfar, de acuerdo con la sociedad en que vive, dominada por los pícaros y la corrupción. El autor parece sugerir que este hombre en otro medio social, habría usado sus innegables talentos y entusiasmos en forma constructiva.

Buscando las raíces de la realidad nacional —en la cual mostró siempre tanto interés— Payró se fue a lo histórico, dejando algunos de sus relatos más interesantes: *El falso Inca* (1905), *Historias de Pago Chico* (1920), *El capitán Vergara* (1925), *El Mar Dulce* (1927), *Nuevos cuentos de Pago Chico* (1928) y *Chamijo* (1930). Se le considera uno de los iniciadores de la novela moderna en su patria. Aunque el periodismo le robó un tiempo precioso y dejó una huella perdurable en su estilo, es un narrador inteligente que sabe dotar sus relatos de amenidad, de gracia chispeante y de tramas interesantes y muy fluídas. Tenía un penetrante don de observación que supo traducir en relatos encantadores, donde se reflejan la sicología y el habla del pueblo. La mayoría de las veces narra en forma directa, sin afeites entorpecedores, casi en un estilo periodístico. Escribe como si estuviese contando sus narraciones a viva voz. En sus obras combina una nota irónica y humorística con las inquietudes de un argentino preocupado por descubrir las raíces de los males nacionales, con ánimo de extirparlos para construir una sociedad mejor.

FUENTE: *Pago Chico y Nuevos cuentos de Pago Chico*, 11a. ed., Buenos Aires, Editorial Losada, 1967.

Pago Chico

1908

Libertad de sufragio[1]

Cierta noche, poco antes de unas elecciones, el Club del Progreso estaba muy concurrido y animado.

En las dos mesas de billar, la de carambola y la de casino, se hacían partidas de cuarto, con numerosa y dicharachera[2] barra. Las mesitas de juego estaban rodeadas de aficionados al truco, al mus y al siete y medio,[3] sin que en un extremo del salón faltaran los infalibles franceses, con el vicecónsul Petitjean a la cabeza, engolfados en su sempiterna partida de «manille».[4]

El grupo más interesante era, en la primera mesita del salón, frente a la puerta de la sala de billares, el que formaban el intendente Luna

[1] En un cuentecillo breve y esquemático centraliza Payró la acción alrededor del pícaro, en este caso un funcionario público. El relato tiene el valor de un cuadro costumbrista y destaca las corrupciones políticas de los países hispano-americanos. *Sufragio*: voto electoral.

[2] habladora, bromista

[3] diversos juegos de cartas o naipes

[4] juego de naipes o cartas

presidente del Concejo, varios concejales y el diputado Cisneros, de visita en Pago Chico para preparar las susodichas elecciones. Entregábanse a un animado truco de seis, conversadísimo, cuyos lances[5] eran a cada paso motivo de griterías, risotadas, palabrotas con pretensiones de chistes y vivos comentarios de los mirones que, en círculo alrededor, trataban más de hacerse ver por el diputado que de seguir los incidentes de la brava partida.

Junto a ellos, sentado en un sillón, con la pierna derecha cruzada sobre la izquierda, acariciándose la bota, abrazándola casi, el comisario Barraba,[6] con el chambergo[7] echado sobre las cejas y dejándole en sombra la mitad de la cara achinada, ancha y corta, de ralo[8] y duro bigote negro, hablaba ora con los jugadores, ora con los mirones, lanzando frasecitas cortas y terminantes como cuadra[9] a tan omnímoda autoridad.

Descontentos[10] no había en el club más que tres o cuatro: Tortorano, Troncoso y Pechín Pulci a caza de noticias, cuya tibieza les permitía andar por donde se les diera la real gana.

Los tres se hallaban cerca de la mesa del intendente y el diputado, podían oir lo que en ella se decía, y hasta replicar de vez en cuando —aunque con moderación, naturalmente— al comisario Barraba.

Alguien habló de las elecciones próximas y de las respectivas probabilidades de cada candidato.

—¡Qué elecciones ni qué elecciones! —exclamó Tortorano encogiéndose de hombros—. Nosotros nunca hemos tenido elecciones de veras, y no las tendremos jamás . . .

—La libertad de sufragio . . . —agregó Troncoso sarcásticamente.

Pero el comisario, echando hacia atrás la cabeza, tanto que casi dejaba ver el dedo de frente descubierta entre el chambergo y las cejas, lo interrumpió:

—¿Qué dice, amigo? ¿Qué no v'haber libertá?

—¡Vaya, comisario, nunca ha habido! —objetó Tortorano sonriendo.

—Sería una novedad muy grande —afirmó Troncoso retorciéndose el bigote con aire convencido.

—¿Y s'imagina, entonces, que yo estoy aquí p'a quitarles la libertá a los ciudadanos? ¿Y que yo, comisario, lo h'e permitir?

El diputado, el intendente y demás jugadores de la oligárquica mesa levantaron la vista sorprendidos. El ruido disminuyó de pronto en el salón, como si los concurrentes[11] se quedaran a la expectativa de un acontecimiento trascendental. Pedrín fue acercándose más al comisario . . .

—No digo eso —murmuró Troncoso mirando al suelo y preguntándose interiormente dónde iría a parar el hombre encargado en Pago Chico de asegurar el éxito de una candidatura dada, con exclusión total de la otra.

¿Se habría convertido de la noche a la mañana, después de tantas arbitrariedades y persecuciones?

—Yo tampoco digo que usted les quite la libertad. ¡No faltaba más!

Tortorano se encogió de hombros otra vez y se puso a armar un cigarrillo negro. Troncoso miró al comisario para ver si hablaba de veras.[12] Pedrín, aunque no tuviera nada de cándido, intervino con ingenuidad:

—Me alegro mucho de haber'oído —dijo—. Yo ya estaba por no ir a las elecciones. Pero desde que usté garante[13] la libertá . . .

—¡La garanto, canejo![14] ¡Ya lo creo que la garanto!

El diputado Cisneros se incorporó en su silla, casi resuelto a llamar al orden al extraviado[15] y demagogo funcionario policial. Las demás autoridades estaban, al oír semejantes despropósitos,[16] que no sabían lo que les pasaba.

—Pues si es así . . . —prosiguió Pedrín—, lo que es yo, el domingo no faltaré en el atrio p'a votar por don Vicente.

Pero no había acabado de decirlo cuando el comisario estaba ya parado, de un salto tan

---

[5] jugadas
[6] Nótese la ironía en la similitud entre este nombre y el de Barrabás, el ladrón que soltaron en lugar de Cristo
[7] sombrero de ala ancha
[8] con los pelos muy separados
[9] como corresponde, conviene
[10] oposicionistas, contrarios al gobierno
[11] asistentes, reunidos
[12] en serio, de verdad
[13] garantiza
[14] *la garanto*: la garantizo; canejo: (Arg.) ¡Caramba!
[15] desorientado, perdido, descaminado
[16] cosas fuera de razón o lógica; contrasentidos

violento y repentino que ni siquiera le dio tiempo para soltarse la bota.[17] Y así en un pie:

—¡Pare la trilla,[18] que una yegua si ha mancau!—[19] gritó—. ¿Qué es lo que dice, amiguito?

—Que ya que usté garante l'elección v'y a sufragar[20] por los cívicos . . . nada más.

—¡Dios lo libre y lo guarde! ¡Como de miarse en la cama!

—¿Pero no dice que habrá libertá de votar?

—Sí, para todos; pero libertá, ¡libertá de votar por el candidato del gobierno! . . .

Un gran suspiro de satisfacción compuesto de seis suspiros particulares se exhaló del truco oficial.

Y el ruido volvió entonces, más alegre y estrepitoso que nunca . . .

José López Portillo y Rojas

MÉXICO, 1850–1923

No debe olvidarse que en la segunda mitad del siglo XIX hay una verdadera conjunción de varias corrientes literarias, pues el Realismo, el Naturalismo, el Criollismo y el Modernismo se producen con enorme simultaneidad cronológica, de manera que es a veces muy difícil clasificar con exactitud la producción literaria de este período. Los autores cultivan una y otra tendencia o se inician en una y derivan hacia otra. Esto sin olvidar que el Modernismo, por ideales estéticos, representa una reacción contra el Realismo y un anhelo de separar esta literatura del Regionalismo o Criollismo en busca de la universalidad.

Con base en el costumbrismo de Luis G. Inclán (1816–1875), de José Tomás de Cuéllar (1830–1894), y de Ángel del Campo (1856–1908), el Realismo fue escuela de hondo arraigo en México, tomando dos orientaciones. En el realismo de raíz española se distinguió el trío que forman: Emilio Rabassa (1856–1930), considerado por algunos como el padre de ese movimiento en México; Rafael Delgado (1853–1914) y José López Portillo y Rojas. Federico Gamboa (1864–1939) es quien mejor representa la vertiente del naturalismo francés. José López Portillo y Rojas nació en Guadalajara, capital de Jalisco, proveniente de una familia acaudalada. Realizó estudios en su propia ciudad y en México y llegó a graduarse de abogado. Se hizo de una cultura extraordinaria conociendo a fondo casi todas las literaturas modernas, sobre todo la francesa e

[17] aflojarse, desatarse
[18] instrumento para trillar (separar el grano bueno de la paja)
[19] se ha mancado, golpeado, herido, estropeado
[20] votar en una elección

inglesa. Viajó extensamente por Francia, Inglaterra, Italia y el Oriente. Aunque estudió leyes, dedicó toda su vida al cultivo de la literatura y a la vida pública, desempeñando cargos muy importantes como Diputado al Congreso y del Estado de Jalisco, Magistrado del Tribunal Supremo de ese Estado; Profesor de Economía Política y Derecho Penal en Guadalajara; Subsecretario de Instrucción Pública; Secretario de Relaciones Exteriores y Gobernador del Estado de Jalisco. Su amor a las letras lo llevó a fundar la *República Literaria* (1886–1890), revista de ciencias, letras y artes de Guadalajara. Fue miembro correspondiente de la Real Academia Española y miembro de número de la Academia Mexicana, de la que fue presidente.

Aunque se distinguió más como narrador, su nada escasa producción literaria comprende poesía, teatro, relatos de viaje, crítica e historia. Por su poca importancia, deben simplemente mencionarse sus *Impresiones de viaje* (1873), *Armonias fugitivas* (1892), libro de poesías; y sus estudios críticos o históricos: *Rosario la de Acuña* (1920) y *Elevación y caída de Porfirio Díaz* (1921). Su obra de narrador presenta dos orientaciones: la de los relatos breves y las novelas de cierta extensión. A la primera pertenecen: *Novelas cortas* (1900); *Sucesos y novelas cortas* (1903); *Historias, historietas y cuentecillos* (1918). Entre sus novelas propiamente dichas sobresalen: *La parcela* (1898), su obra más lograda, con la cual inicia el relato de ambiente rural en México; *Los precursores* (1909); *Fuertes y débiles* (1919).

Los mejores aciertos de López Portillo residen en sus novelas cortas, primicias de su carrera como narrador y donde obtuvo el adecuado entrenamiento para el ensayo de los relatos más extensos. En estos cuentos y novelas cortas muestra una certera ejecución, originalidad en la búsqueda de asuntos y buen estudio sicológico de los caracteres, a más de un estilo muy sencillo y natural. En todos se combinan tres elementos: cierto tono romántico, pinceladas costumbristas que le sirven de fondo y no poca emoción poética. Entre sus mejores intentos en este campo están: «El espejo», «Un pacto con el diablo», «La fuga», «El primer amor», «La horma de su zapato» y «Reloj sin dueño».

Más tarde amplió sus perspectivas, ofreciendo su primera novela de cierta extensión, *La parcela* (1898), que tiene el mérito de ser la primera obra narrativa en concentrar su interés en lo rural, mediante la presentación de una sucesión de cuadros variados y muy animados. El asunto de la novela es bien sencillo: el conflicto de intereses entre dos terratenientes mexicanos por una parcela de terreno de muy poco valor. Tiene influencias del regionalismo de José María de Pereda, falta a la realidad esencial de las relaciones entre las clases rurales de México y no muestra preocupaciones sociales. Como bien ha dicho el Dr. Antonio Castro Leal, «La historia está sobria y hábilmente narrada, renunciando a desarrollos inútiles, a consideraciones sociales sobre la vida del campo en México —que hubieran sido tan fáciles— y logrando una rapidez y una limpieza de dibujo que hacen de ella una de las novelas más perfectas de nuestra literatura».

Volvió a mostrar interés por los campesinos y las clases rurales de su país en *Fuertes y débiles* (1919), aunque sin el realismo y las preocupaciones sociales que caracterizan el ciclo de la novela de la Revolución Mexicana. Once años después publicó *Los precursores* (1909), cuya trama, de orientación romántica, se concentra alrededor de dos huérfanos a quienes han criado en un hospicio unas monjitas de la Caridad.

Aunque López Portillo y Rojas tiende a idealizar la realidad o por lo menos a no presentarla en toda su intensidad, su obra es de capital importancia en el instante transicional hacia el Realismo. Además, hay que reconocerle el mérito de querer crear una literatura de base nacional con fundamento en la lengua materna, cuando era muy fuerte la influencia de las corrientes francesas en la literatura mexicana. Aunque sirvió bajo el régimen de Porfirio Díaz, no tuvo ideas reaccionarias y sí cierto tímido humanitarismo hacia las clases pobres que no llega a plantear con el vigor y realismo de la actual novela de tendencia social. Esto sería pedirle mucho considerando la época que le tocó vivir.

FUENTE: *Novelas cortas*, México, Colección de Escritores Mexicanos 1945.

Novelas Cortas

1900

Reloj sin dueño[1]

i

—¡Insoportable es ya la insolencia de estos periodistas —exclamó el juez don Félix Zendejas, golpeando coléricamente la mesa con el diario que acababa de leer.

Era don Félix hombre de mediana edad, como entre los treinta y los cuarenta años, grueso, sanguíneo, carirredondo, barbicerrado,[2] de centelleantes ojos, nariz larga, tupidísimas cejas y carácter tan recio como sus facciones. Hablaba siempre a voz herida,[3] y cuando discutía, no discutía, dogmatizaba. No toleraba objeciones; siempre tenía la razón o pretendía tenerla, y si alguno se la disputaba, exaltábase, degeneraba el diálogo en altercado, y el altercado remataba pronto en pendencia. Hubiérase dicho que la materia de que estaba formado su ser era melinita o roburita,[4] pues con la menor fricción, y al menor choque, inflamábase, tronaba y entraba en combustión espantosa; peligroso fulminante[5] disfrazado de hombre.

Pocas palabras había cruzado con su esposa Otilia durante la comida, por haber estado absorto en la lectura del periódico, la cual le había interesado mucho, tanto más, cuanto que le había maltratado la vesícula de la bilis; porque era su temperamento a tal punto excitable, que

[1] Siguiendo muy de cerca el estilo de Benito Pérez Galdós, López Portillo caricaturiza al juez Zendejas, pero sin que pierda su humanidad en ningún momento. La narración sigue los procedimientos del Realismo tradicional en el «detallismo» de las descripciones de tipos, escenarios y circunstancias. La nota burlesca se mezcla al verismo del cuadro costumbrista y ambiental, dándonos una idea de aspectos interesantes de la vida en esa época. El lenguaje adquiere una importancia extraordinaria en la presentación del personaje y su engranaje con la historia. La prosa se distingue por su dinamismo y la riqueza de vocabulario y sirve bien al tono popular y hasta picaresco del cuento. Aunque las partes descriptivas son las más abundantes, los diálogos son auténticos y rápidos y completan la acción que el autor quiere ofrecernos.

[2] de barba abundante y espesa

[3] en alta voz

[4] explosivos

[5] pólvora

buscaba adrede las ocasiones y las causas de que se le subiese la mostaza a las narices.

De la lectura sacó el conocimiento de que los *perros emborronadores de papel*,[6] como irreverente llamaba a los periodistas, continuaban denunciando a diario robos y más robos, cometidos en diferentes lugares de la ciudad y de diversas maneras; y todos de carácter alarmante, porque ponían al descubierto un estado tal de inseguridad en la metrópoli, que parecían haberla trocado en una encrucijada de camino real. Los asaltos en casas habitadas eran el pan de cada día; en plena vía pública y a la luz del sol, llevaban a cabo los bandidos sus hazañas; y había llegado a tal punto su osadía, que hasta los parajes más céntricos solían ser teatro de hechos escandalosos. Referíase que dos o tres señoras habían sido despojadas de sus bolsitas de mano, que a otras les habían sacado las pulseras de los brazos o los anillos de los dedos, y que a una dama principal le habían arrancado los aretes de diamantes a tirón limpio,[7] partiéndole en dos, o, más bien dicho, en cuatro, los sonrosados lóbulos de sus preciosas orejas. La repetición de aquellos escándalos y la forma en que se realizaban, denunciaban la existencia de una banda de malhechores, o, más bien dicho, de una tribu de apaches[8] en México, la cual tribu prosperaba a sus anchas como en campo abierto y desamparado.

Zendejas, después de haberse impuesto[9] de lo que el diario decía, se había puesto tan furioso, que se le hubieran podido tostar habas en el cuerpo, y, a poco más, hubiera pateado y bramado como toro cerril[10] adornado con alegres banderillas.

—¡Es absolutamente preciso poner remedio a tanta barbarie! —repitió, dando fuerte palmada sobre el impreso.[11]

Su esposa, que estaba acostumbrada a aquellos perpetuos furores, como lo está la salamandra a vivir en el fuego (en virtud, sin duda, de la ley de adaptación al medio), no se acobardó en manera alguna al sentir la atmósfera saturada de truenos y bufidos, que la rodeaba, y hasta se atrevió a observar con perfecta calma:

—Pero, Félix, ¿no te parece que la insolencia de los bandidos es mayor que la de los escritores?

Andaba ella cerca de los veintiocho años; era morena, agraciada, de ojos oscuros y de pelo lacio, con la particularidad de que peinábalo a la griega, a la romana o a la buena de Dios, pero siempre en ondas flojas y caídas sobre las orejas.

Lanzóle con esto el marido una mirada tal, que un pintor la hubiese marcado en forma de haces flamígeros salidos de sus pupilas; pero ella no se inquietó por aquel baño cálido en que Zendejas la envolvía, y continuó tomando tranquilamente una taza de té.

—Tú también, Otilia —vociferó el juez, con voz de bajo profundo—. ¡Como si no fuese bastante la rabia que me hacen pasar estas plumas vendidas! ¡Todos los días la misma canción! Robos por todas partes y continuamente. A ese paso, no habría habitante en la capital que no hubiese sido despojado . . . ¡Ni que se hubiesen reconcentrado cien mil ladrones en esta plaza! Para mí que todas esas son mentiras, que se escriben sólo en busca de sensación y venta de ejemplares.

—Dispensa, esposo, pero a mí no me parece mal que los periodistas traten tales asuntos; lo hallo conveniente y hasta necesario.

—Es demasiada alharaca[12] para la realidad de los hechos.

Eso no puede saberse a punto fijo.

—Yo lo sé bien, y tú no. Si las cosas pasaran como estos papeles lo gritan, habría muchas más consignaciones de ladrones y rateros . . . En mi juzgado no hay más que muy pocas.

—Y aumentará el número cuando la policía ande más activa. ¿No te parece?

—A mí no me parece.

—El tiempo lo dirá.

El temperamento tranquilo de Otilia tenía la virtud de neutralizar los huracanes y terremotos que agitaban el pecho de Zendejas; lo que no debe llamar la atención, por ser un hecho perfectamente averiguado, que la pachorra[13] es el mejor antídoto contra la violencia, como los colchones de lana contra las balas de cañón.

—En último caso —parlamentó el esposo—,

[6] así llamaba a los periodistas
[7] con muchos halones (acciones de halar)
[8] (fig.) malhechores, ladrones
[9] informado
[10] salvaje, bruto
[11] el periódico
[12] acto de ira, queja o admiración excesiva
[13] (fam.) flema, indolencia, cachaza

¿encuentras justo que esos perros (los periodistas) hagan responsables a los jueces de todo cuanto pasa? ¡Que desuellen[14] vivos a los gendarmes! ¡Que se coman crudos a los comisarios! Pero, ¡a los jueces! ¿Qué tenemos que ver nosotros con todos esos chismes? Y, sin embargo, no nos dejan descansar.

—La justicia tardía o torcida, da muy malos resultados, Félix.

—Yo, jamás la retardo ni la tuerzo, ¿lo dices por mí?

—Dios me libre de decirlo, ni aun siquiera de pensarlo: te conozco recto y laborioso; pero tus compañeros . . . ¿Cómo son tus compañeros?

—Mis colegas son . . . como son. Unos buenos y otros malos.

—Por ahí verás que no andan de sobra los estímulos.

—Pues que estimulen a los otros; pero a mí, ¿por qué? Dime, esposa, ¿qué culpa puedo tener yo de que a la payita[15] que aquí se menciona (señalando el periódico) le hayan arrebatado ayer, en el atrio de la catedral, a la salida de la misa de las doce, el collarzote de perlas con que tuvo el mal gusto de medio ahorcarse?

—Ya se ve que ninguna; pero de ti no se habla en el diario.

—De mí personalmente no; pero me siento aludido, porque se habla del cuerpo a que pertenezco.

—¿Qué cuerpo es ése? No perteneces a la milicia.

—El respetable cuerpo judicial.

—Sólo en ese sentido; pero esa es otra cosa.

—No, señora, no lo es, porque cuando se dice, grita y repite: «¡Esos señores jueces tienen la culpa de lo que pasa! ¡Todos los días absuelven a un bandido!» O bien: «¡Son unos holgazanes! ¡Las causas[16] duermen el sueño del justo!» Cuando se habla con esa generalidad, todo el que sea juez debe tomar su vela. Además, basta tener un poco de sentido común para comprender que esos ataques son absurdos. Todos los días absolvemos a un bandido; supongámoslo. Entonces, ¿cómo duermen las causas? Si hay absoluciones diarias, es claro que las causas no duermen. Por otra parte, si las causas duermen, es injustamente. ¿Cómo se dice, pues, que duermen el sueño del justo? Son unos imbéciles esos periodistas, que no saben lo que se pescan. 5

Don Félix descendía a lo más menudo de la dialéctica para desahogar su cólera; pasaba de lo más a lo menos; involucraba los asuntos; pero nada le importaba; lo preciso, para él, era cortar, hender, sajar[17] y tronchar,[18] como 10 bisonte metido en la selva.

—En eso sí tienes razón —repuso la esposa—, está muy mal escrito el párrafo.

—¿Confiesas que tengo razón?

—De una manera indirecta; pero no te 15 preocupes por tan poca cosa. Cumple tu deber; no absuelvas a los culpables; trabaja sin descanso, y deja rodar el mundo.

—Hago todo lo que quieres, sin necesidad de que me lo digas, mujer. No necesito que nadie 20 me espolee.[19] Pero lo que sí no haré nunca, será dejar al mundo que ruede.

A Otilia se le ocurrió contestarle: «Pues, entonces, deténle»; pero temiendo que Zendejas no llevase en paz la bromita, se limitó a 25 sonreír, y a decir en voz alta:

—¿Qué piensas hacer entonces?

—Mandar a la redacción de este diario un comunicado muy duro, diciendo a esos escritorzuelos cuántas son cinco.[20] 30

—Si estuviera en tu lugar, no lo haría, Félix.

—¿Por qué no, esposa?

—Porque me parecería ser eso lo mismo que apalear un avispero.

—Pues yo sería capaz de apalear el avispero y 35 los avispas.

—Ya lo creo, pero no lo serías de escapar a las picaduras.

—Me tienen sin cuidado las picaduras.

—En tal caso, no te preocupes por lo que 40 dicen y exageran los diarios.

La observación no tenía respuesta; Zendejas se sintió acosado, y no halló qué replicar; por lo que, cambiando de táctica, vociferó:

—Lo que más indignación me causa de todo 45

[14] quiten el pellejo; (fig.) hagan pagar muy caro
[15] (fig.) cándida, tonta
[16] casos, asuntos judiciales
[17] cortar
[18] partir, romper
[19] incite, como con la espuela
[20] la verdad de los hechos

esto, es saber que no sólo las mujeres, sino también los hombres barbudos se llaman víctimas de los criminales. ¡Pues qué! ¿No tienen calzones?[21] ¿Por qué no se defienden? Que tímidas hembras resulten despojadas o quejosas, se comprende; pero ¡los machos, los valientes! . . . Eso es simplemente grotesco.

—Pero ¡qué remedio si una mano hábil extrae del bolsillo el reloj o la cartera!

—No hay manos hábiles para las manos fuertes. A mí nadie me las ha metido en la faltriquera,[22] y ¡pobre del que tuviese la osadía de hacerlo! Bien caro le habría de costar. Tengo la ropa tan sensible como la piel, y al menor contacto extraño, echo un manotazo y cojo, agarro y estrujo cualquier cosa que me friccione.

—Pero, ¿si fueras sorprendido en una calle solitaria por ladrones armados?

—A mí nadie me sorprende; ando siempre vigilante y con ojo avizor para todo y para todos. Sé bien quién va delante, al lado o detrás de mí; dónde lleva las manos y qué movimientos ejecuta . . .

—Pero al dar vuelta a una esquina . . .

—Nunca lo hago a la buena de Dios, como casi todos lo hacen; sino que, antes de doblarla, bajo de la acera para dominar con la vista los dos costados del ángulo de la calle . . . Por otra parte, jamás olvido el revólver y en caso de necesidad, lo llevo por el mango a descubierto o dentro del bolsillo.

—No quiera Dios que te veas obligado a ponerte a prueba.

—Todo lo contrario. Ojalá se me presente la oportunidad de dar una buena lección a esos bellacos. ¡No les quedarían deseos de repetir la hazaña! Si todos los hombres se defendieran e hiciesen duro escarmiento en los malhechores, ya se hubiera acabado la plaga que, según dice la prensa, asuela hoy a la ciudad.

—Otilia nada dijo, pero hizo votos internos porque su marido no sufriese nunca un asalto, pues deseaba que nadie le hiciese daño, ni que él a nadie lo hiciese.

Así terminó la sobremesa.[23]

A renglón seguido,[24] levantóse Zendejas y entró en su cuarto para dormir la acostumbrada siestecita, que le era indispensable para tener la cabeza despejada; pues le pasaba la desgracia de comer bien y digerir mal, cosa algo frecuente en el género humano, donde reinan por igual el apetito y la dispepsia.

Entretanto, ocupóse Otilia en guardar viandas[25] en la refrigeradora y en dar algunas órdenes a la servidumbre.

ii

Tan pronto como Zendejas se vio en la alcoba, cerró la puerta y la ventana para evitar que la luz y el ruido le molestasen; despojóse del jaquet y del chaleco, puso el reloj sobre la mesa de noche para consultarle de tiempo en tiempo y no dormir demasiado; y desabrochó los botones del pantalón para dar ensanche al poderoso abdomen, cuyo volumen aumentaba exabrupto después de la ingestión de los alimentos. Y en seguida, tendióse a la bartola,[26] medio mareado por un sabroso sueñecillo que se le andaba paseando por la masa encefálica.

La máquina animal del respetable funcionario estaba bien disciplinada. ¡Cómo no, si quien la gobernaba se hallaba dotado de extraordinaria *energía*! Don Félix no hacía más que lo que quería, tanto de sí mismo como de los otros, ¡canastos![27] Así que hasta su sueño se hallaba sometido a su beneplácito; y cuando decía *a dormir doce horas*, roncaba la mitad del día; pero cuando se proponía descansar cinco minutos, abría los ojos pasada una doceava parte de la hora, o cuando menos, uno o dos segundos más tarde. ¡No faltaba más! Todo está sujeto a la

[21] ¿No son hombres?
[22] bolsillo
[23] conversación en la mesa después de la comida
[24] inmediatamente después, seguidamente
[25] vegetales
[26] sin ningún cuidado
[27] interjección de enojo o sorpresa

voluntad del hombre; sólo que los hombres carecen de *energía*. Él era uno de los pocos *enérgicos*, porque no se entregaba a la corriente, ni se descuidaba; y, ¡ya se las podían componer todos cuantos con él trataban, porque con él no había historias, ni componendas,[28] ni medias tintas,[29] sino puras cosas serias, fuertes y definitivas! ¡Canastos!

En prueba de todo eso, saltó del lecho media hora después de lo que se había propuesto; cosa que nadie sospechó, y que permanecerá reservada en el archivo de la historia hasta la consumación de los siglos. No obstante, el saber para sí mismo que se le había pasado la mano[30] en la siesta, le puso de un humor de dos mil demonios, por lo que se levantó de prisa, poniéndose de carrera todas las prendas de vestir de que se había despojado, y abrochando con celeridad, aunque con esmero, las que había dejado sueltas, para facilitar la expansión de las vísceras abdominales. Tomó en seguida el revólver y el sombrero, y salió del aposento con la faz airada de todo hombre de carácter, que no sufre que nadie le mire feo, ni le toque el pelo de la ropa.

Otilia, que se había instalado en el aposento inmediato para cuidar que los niños no hiciesen ruido y poder despedirse de él cuando saliese, no pudo menos de decirle:

—Ahora has dormido un poco más que de costumbre.

—Exactamente lo que me propuse —repuso Zendejas—, ni más ni menos.

—Celebro hayas descansado de tus fatigas.

—¿Quién te ha dicho que me fatigo? Podría trabajar las veinticuatro horas del día sin sentir el menor cansancio.

—Sí, eres muy fuerte.

—Me río de los sietemesinos[31] de mi época; tan enclenques[32] y dejados de la mano de Dios. No, aquí hay fibra . . .

Y doblando el brazo derecho hasta formar un ángulo agudo, señaló con la mano izquierda la sinuosa montaña de su bien desarrollado bíceps. Después de eso, se pellizcó los muslos, que le parecieron de bronce, y acabó por darse fuertes puñadas en los pectorales tan abultados como los de una nodriza. Aquella investigación táctil de su propia persona, llenóle de engreímiento y calmó su mal humor, hasta el punto de que, cuando él y la joven llegaron caminando despacio, al portal de la casa, había olvidado ya el retardo en que había incurrido por causa del dios Morfeo.[33]

—Conque hasta luego, Otilia —dijo a su esposa, estrechándole cariñosamente la mano.

—Hasta luego Félix —repuso ella, afablemente—. No vuelvas tarde . . . Ya ves que vivimos lejos y que los tiempos son malos.

—No tengas cuidado por mí —repuso el juez con suficiencia.

—Procura andar acompañado.

El juez contestó la recomendación con una especie de bufido, porque le lastimaba que su esposa no le creyese suficientemente valeroso para habérselas por sí solo hasta con los cueros[34] de vino tinto, y se limitó a decir en voz alta:

—Te recomiendo a los chicos.

Tomó en seguida su camino, mientras Otilia permanecía en la puerta viéndole con ojos afectuosos, hasta que dobló la esquina. Entró entonces la joven, y prosiguió las diarias y acostumbradas faenas del hogar, que absorbían todo su tiempo, pues era por todo extremo hacendosa.[35] La única preocupación que sentía, era la de la hora en que volvería Zendejas, pues la soledad de aquella apartada calle donde vivían, y la frecuencia de los asaltos de los malhechores, no la dejaban vivir tranquila.

Don Félix, entretanto, llevado del espíritu de contradicción que de continuo le animaba, y del orgullo combativo de que estaba repleta su esponjada persona, iba diciendo para sí: «¡Buenas recomendaciones las de Otilia! Que no vuelva tarde y que me acompañe con otros . . . ¡Como si fuera un muchacho tímido y apocado! Parece que no me conoce . . . No tengo miedo a bultos ni fantasmas, y por lo que hace a los hombres, soy tan hombre como el que más . . . Y ahora, para que mi esposa no torne a ofenderme de esa manera, voy a darle una lección,

[28] arreglos
[29] lo que es vago; lo que no es seguro
[30] había dormido en exceso
[31] niños que nacen a los siete meses
[32] enfermizos; débiles
[33] dios del sueño en la mitología griega
[34] pellejos, odres, recipientes de cuero
[35] diligente y solícita en los trabajos domésticos

volviendo tarde a casa, solo y por las calles menos frecuentadas . . . Y si alguien se atreve a atajarme el paso, por vida mía que le estrangulo, o le abofeteo, o le pateo, o le mato» . . .

Tan ensimismado iba con la visión figurada de una posible agresión, y de los diferentes grados y rigores de sus propias y variadas defensas que, sin darse cuenta de ello, dibujaba en el espacio, con ademanes enérgicos e inconscientes, las hazañas que pensaba iba a realizar; así que ora extendía la diestra en forma de semicírculo y la sacudía con vigor, como si estuviese cogiendo un cogote[36] o una nuca culpables, o bien repartía puñadas[37] en el aire, como si por él anduviesen vagando rostros provocativos, o alzando en alto uno u otro pie, enviaba coces furibundas a partes (que no pueden ni deben nombrarse) de formas humanas, que desfilaban por los limbos de su enardecida fantasía.

Cualquiera que le hubiese visto accionar de tan viva manera, sin que toque alguno de clarín hubiese anunciado enemigo al frente, habríale tenido por loco rematado,[38] siendo así que, por el contrario, era un juez bastante cuerdo, sólo que con mucha cuerda. Por fortuna estaba desierta la calle y nadie pudo darse cuenta de su mímica desenfrenada; de suerte que pudo llegar al juzgado con la acostumbrada gravedad, y recibir de los empleados la misma respetuosa acogida que siempre le dispensaban.

Instalado ante el bufete, púsose a la obra con resolución y se dio al estudio de varias causas que se hallaban en estado de sentencia, con el propósito de concluírlas y rematarlas por medio de fallos luminosos, donde brillasen a la vez que su acierto incomparable, su nunca bien ponderada *energía*. Y se absorbió de tal modo en aquella labor, que pasó el tiempo sin sentir, declinó el sol y se hizo de noche. Y ni aun entonces siquiera dio muestras de cansancio o aburrimiento, sino que siguió trabajando con el mismo empeño, a pesar de ser escasa y rojiza la luz eléctrica que el supremo gobierno había puesto a su disposición; pues solamente dos focos incandescentes había en la gran sala de despacho, los cuales, por ser viejos, habían perdido su claridad, y parecían moribundas colillas de cigarro metidas dentro de bombas de vidrio y pendientes del techo. Por fortuna, tenía el juez ojos de lince.[39]

Otro funcionario tan empeñoso como él, que se había quedado asimismo leyendo fastidiosos expedientes y borroneando[40] papel, vino a distraerle de sus tareas muy cerca de las ocho de la noche:

—¡Cuán trabajador, compañero! —le dijo.

—Así es necesario, para ir al día —contestó Zendejas.

—Lo mismo hago yo, compañero.

—Necesitamos cerrar la boca a los maldicientes. Nos acusan de perezosos, y debemos probar con hechos, que no lo somos.

—Es mi modo de pensar . . . Pero, ¿no le parece, compañero, que hemos trabajado ya demasiado, y que bien merecemos proporcionarnos alguna distracción como premio a nuestras fatigas?

—Tiene usted razón, compañero —repuso don Félix, desperezándose[41] y bostezando—, es ya tiempo de dejar esto de la mano.[42]

—Y de ir al Principal a ver la primera tanda.

—Excelente idea —asintió Zendejas.

La invitación le vino como de molde. Resuelto a volver tarde a casa, solo y por las calles menos frecuentadas (para demostrar a su cara mitad[43] que no tenía miedo, ni sabía lo que era *eso*, y apenas conocía *aquella cosa* por referencias), aprovechó la oportunidad para *hacer tiempo* y presentarse en el hogar después de la medianoche. Por tanto, pasados algunos minutos, que invirtió en poner las causas y los Códigos en sus lugares respectivos y en refrescarse la vista, tomó el sombrero y salió a la calle en unión del colega, con dirección al viejo coliseo.

Ambos jueces disputaron en la taquilla sobre quién debía ser el *pagano*; pero Zendejas, que no entendía de discusiones ni de obstáculos, se salió con la suya de ser quien hiciese el gasto, y los dos graves magistrados, orondos y campanudos,[44]

---

[36] parte superior y posterior del cuello
[37] golpes con el puño o mano
[38] que no tiene remedio
[39] (fig.) persona muy perspicaz o lista
[40] escribiendo
[41] estirando los miembros para librarlos del entumecimiento
[42] abandonar, dejar de trabajar
[43] esposa, mujer
[44] *orondos*: satisfechos, orgullosos; *campanudos*: retóricos, importantes

entraron en el templo de la alegría, donde ocuparon asientos delanteros para ver bien a las artistas. Proveyéronse, además, de buenos gemelos, que no soltaron de la mano durante la representación; de suerte que disfrutaron el placer de mirar tan de cerca a divetas[45] y coristas, que hasta llegaron a figurarse que podrían pellizcarlas.

Y aquello fue diálogo, risa y retozo, jácara[46] y donaire, chistecillos de subido color, música jacarandosa y baile, y jaleo, y olé, y el fin del mundo. Aquellos buenos señores, que no eran tan buenos como lo parecían, gozaron hasta no poder más con las picardihuelas del escenario, rieron en los pasos más escabrosos de las zarzuelas[47] a carcajada fuerte y suelta, haciendo el estrépito de un par de frescas y sonoras cascadas; se comunicaron con descoco[48] sus regocijadas impresiones, palmotearon de lo lindo, golpearon el entarimado con los pies, y pidieron la repetición de las canciones más saladas[49] y de los bailes más garbosos,[50] como colegiales en día de asueto, a quienes todo coge de nuevo, alegra y entusiasma.

Pasadas las nueve y media, salieron del teatro y fuéronse en derechura del salón Bach, donde cenaron despacio y opíparamente, hasta que, bien pasadas las once, dejaron el restaurante para irse a sus domicilios respectivos. Y después de haber andado juntos algunas calles, despidiéronse cordialmente.

—¡Hasta mañana, compañero, que duerma usted bien!

—¡Buenas noches, compañero, que no le haga daño la cena!

Zendejas se apostó en una esquina de la calle 16 de Septiembre para aguardar el tranvía que debía llevarle a su rumbo, que era el de la colonia[51] Roma; pero anduvo de tan mala suerte, que ante sus ojos se sucedían unos tras otros todos los carros eléctricos que parten de la plaza de la Constitución, menos el que necesitaba. Dijimos que tuvo esa mala suerte, pero debemos corregirnos, porque él la estimó excelente y a pedir de boca,[52] por cuanto retardaba su regreso al hogar, que era lo que se tenía propuesto, por motivos de amor propio de hombre y de negra honrilla de valiente. 5

Pocos minutos faltaban para la medianoche, cuando ocupó un carro de Tacubaya,[53] determinándose al fin volver a su domicilio, por ser ya tiempo acomodado para ello, según sus planes y propósitos. Cuando bajó, en la parada de 10 los Insurgentes,[54] habían sonado ya las doce; atravesó la calzada de Chapultepec[55] y entró por una de las anchas calles de la nueva barriada; y muy de propósito fue escogiendo las más solitarias e incipientes de todas, aquellas donde 15 había pocas casas y falta absoluta de transeúntes. Sentía vehemente deseo de topar con algún ladrón nocturno para escarmentarle; pero alma viviente no aparecía por aquellas soledades. No obstante, fiel a sus hábitos y a fin de no dejarse 20 sorprender por quienquiera que fuese, continuó poniendo por obra[56] las medidas precautorias que la prudencia aconseja; y, aparte de no soltar ni un instante de la mano la pistola, bajaba de la acera antes de llegar a las esquinas, miraba por 25 todas partes y prestaba oído atento a todos los ruidos.

Buen trecho llevaba andado, cuando, al cruzar por una de las más apartadas avenidas, percibió el rumor de fuertes y descompasados 30 pasos que de la opuesta dirección venían, y, muy a poco, vio aparecer por la próxima bocacalle la oscura silueta de un hombre sospechoso. Cuando el transeúnte entró en el círculo luminoso que el foco de arco pro- 35 yectaba, observó Zendejas que era persona elegante y, además, que traía una borrachera de padre y muy señor mío . . .[57] Tan bebido parecía aquel sujeto, que no sólo *equis* hacía, sino todas las letras del alfabeto; pero al verle 40 avanzar, dijo don Félix para su coleto:[58] «A mí no me la hace buena este ebrio ostentoso. ¿Quién sabe si venga fingiendo para sorpren-

[45] (México) divas, cantantes
[46] fiesta nocturna de gente alegre
[47] comedias españolas con partes cantadas y habladas
[48] descaro, desvergüenza
[49] que tienen sal; graciosas, agudas
[50] airosos, gentiles
[51] en México residencial, barrio
[52] muy buena o conveniente
[53] barrio de México
[54] una de las principales avenidas de México
[55] avenida muy importante de México
[56] poniendo en práctica
[57] extraordinaria, muy grande
[58] (fig. y fam.) interior, adentros; para sí

derme mejor? ¡Mucho ojo con él, Zendejas!»

Y no le perdió pisada, como suele decirse, a pesar de que, con ser tan ancha la calle, reducida y estrecha resultaba para las amplísimas evoluciones de aquel cuerpo desnivelado. Ítem más, en su alegría como de loco, con voz gemebunda y desentonada venía cantando:

¡Baltasara, Baltasara!
¡Ay! ¡Ay! ¡Qué cara tan cara!

O bien:

¡Ay, Juanita! ¡Ay, Juanita!
¡Ay qué cara tan carita!

O bien:

¡Ay, Carlota! ¡Ay, Carlota!
¡Ay qué cara tan carota!

Es de creer que aquel sacerdote de Baco[59] hubiese acabado de celebrar algunos misterios en compañía de una o varias sacerdotisas, y que por esa y otras razones, viniese recordando al par de sus nombres, la carestía de sus caras bonitas (charitas bonitas). ¡Seguramente por eso también, daba ahora tantos pasos en falso; aparte de otros muchos que ya llevaría dados!

Don Félix tomó sus medidas desde el momento en que se hizo cargo de la marcha irregular del sujeto . . . ¡Ni tan irregular! . . . ¡Tanto para la geometría como para la moral y para el orden público! Era preciso evitar una colisión; si era borracho, por desprecio, y si no lo era, para no ser sorprendido. Y se decía mentalmente observando las desviaciones de la recta en que aquel hombre incurría:

«¿Ahora viene por la derecha? ¡Pues hay que tomar por la derecha! . . . ¿Ahora camina en línea recta? ¡Pues hay que coger por cualquier lado! . . . ¡Demonio, demonio, cuán aprisa cambia de dirección! . . . ¡No, lo que es conmigo no topa! . . . ¡Sí topa! . . . ¡No topa! . . . ¡Voto al chápiro!»[60]

Cuando lanzó esta última exclamación, el ebrio, o lo que fuese, había chocado ya contra él, como un astro errático con un planeta decente y de órbita fija. ¿Cómo se realizó el accidente, a pesar de las precauciones de Zendejas? Ni el juez ni el ebrio llegaron a saberlo nunca.

El hecho fue que a la hora menos pensada se encontró don Félix, de manos a boca, o, mejor dicho, de estómago a estómago, con aquel péndulo viviente, que parecía ubicuo[61] a fuerza de huir porfiadamente de la línea perpendicular.

—¡Imbécil! —gritó Zendejas lleno de ira.

—¿Cómo? ¿Cómo? —articuló el sujeto con la lengua estropajosa—.[62] ¿Por qué no se hacen a un lado? . . . ¡También se atraviesan! . . . ¡También no dejan pasar! . . .

—¡Vaya con todos los diablos! —clamó de nuevo don Félix, procurando desembarazarse del estorbo de aquel cuerpo inerte.

Con algún trabajo, echando pie atrás y apuntalando[63] con el codo la masa que le oprimía, pudo verse al fin libre de la presura, y dejar al borracho a alguna distancia, entre caigo y no caigo.[64] Entonces le cogió por las solapas del jaquet, y por vía de castigo, le sacudió con furia varias veces, soltándolo luego para que siguiese las leyes de su peligrosa inestabilidad. El pobrete giró el tacón de un zapato, alzó un pie por el aire, estuvo a punto de caer, levantó luego el otro, hizo algunas extrañas contorsiones como de muñeco que se dobla y desdobla, y logrando al fin recobrar cierta forma de equilibrio, continuó la interrumpida marcha lenta, laboriosa y en línea quebrada.[65]

Y no bien se vio libre de las garras de Zendejas, recobró el buen humor y siguió canturreando con voz discorde e interrumpida por el hipo:

¡No me mates, no me mates,
con pistola ni puñal!

Don Félix prosiguió también su camino, hecho un energúmeno,[66] tanto por la testarada,[67] como por la mofa que aquel miserable iba haciendo de su desencadenado y terrible enojo. Mas, de repente, se le ocurrió una idea singular. ¿Y si aquel aparente borracho fuese un ladrón?

---

[59] dios griego del vino
[60] exclamación de enojo o enfado
[61] que se encuentra en todas partes al mismo tiempo
[62] (fig. y fam.) que no pronuncia bien
[63] sirviendo de puntal
[64] no se sabía si el borracho se iba a caer o no
[65] en zig-zag
[66] (fig.) furibundo, muy enojado
[67] cabezazo, golpe con la cabeza (testa)

¿Y si aquel tumbo[68] hubiese sido estudiado, y nada más que una estratagema de que se hubiese valido para robarle sin que él lo echase de ver? Pensar esto y echar mano al bolsillo del reloj, fue todo uno . . . Y, en efecto, halló . . . que no halló su muestra de plata, ni la leontina chapeada[69] de oro, que era su apéndice.

Hecho el descubrimiento, volvió atrás como un rayo, y no digamos corrió sino voló en pos del enigmático personaje, quien iba alejándose como le era posible, a fuerza de traspiés y de sonoras patadas con que castigaba el asfalto de la vía pública.

Tan pronto como le tuvo al alcance de la mano, apercollóle[70] férreamente por la nuca con la siniestra, en la misma forma concertada consigo mismo al salir de su casa, en tanto que con la diestra sacaba y echaba a relucir el pavoneado[71] y pavoroso revólver.

—¡Alto, bellaco! —gritó.

—¿Otra vez? . . . ¡No *jalen* tan recio! —tartamudeó el sujeto.

—¡Eres un borracho fingido! —gritó Zendejas.

—¡Ay! ¡Ay! ¡Policía, policía! —roncó el hombre.

—Ojalá viniera —vociferó don Félix—, para que cargara contigo a la comisaría, y luego te consignaran a un juez y te abrieran proceso.

—¿Me abrieran qué?

—Proceso.

—Por eso, pues, amigo, *por eso*. ¿Qué se le ofrece?

—Que me entregues el reloj.

—¿Qué reloj le debo?

—El que me quitaste, bandido.

—Este reloj es mío y muy mío . . . Remontoir . . .[72] Repetición.

—¡Qué repetición ni qué calabazas! Eres uno de los de la banda.

—No soy músico . . . soy propietario.

—De lo ajeno.

Mientras pasaba este diálogo, procuraba el borracho defenderse, pero le faltaban las fuerzas, y don Félix no podía con él, porque a cada paso se le iba encima, o bien se le deslizaba de entre las manos hacia un lado o hacia otro, amenazando desplomarse. Violento y exasperado, dejólo caer sin misericordia, y cuando le tuvo en el suelo, asestóle[73] al pecho el arma, y tornó a decirle:

—¡El reloj y la leontina, o te rompo la chapa[74] del alma!

El ebrio se limitaba a exclamar:

—¡Ah, Chihuahua! . . .[75] ¡Ah, Chihuahua! . . . ¡Ah, qué Chihuahua! . . .

No quería o no podía mover pie ni mano. Zendejas adoptó el único partido que le quedaba, y fue el de trasladar por propia mano al bolsillo de su chaleco, el reloj y la leontina que halló en poder del ebrio. Después de lo cual, se alzó, dio algunos puntapiés al caído, e iba ya a emprender de nuevo la marcha, cuando oyó que éste mascullaba entre dientes:

—¡Ah, Chihuahua! . . . ¡Éste sí que es de los de la banda!

—¿Todavía no tienes bastante? . . . Pues, ¡toma! . . . ¡toma! . . . ¡ladrón! . . . ¡bellaco! . . . ¡canalla! . . .

Cada una de estas exclamaciones fue ilustrada por coces furiosas que el juez disparaba sobre el desconocido, el cual no hacía más que repetir a cada nuevo golpe:

—¡Ay, Chihuahua! . . . ¡Ay, Chihuahua! . . . ¡Ay, qué Chihuahua! . . .

Cansado, al fin, de aquel aporreo[76] sin gloria, dejó Zendejas al ebrio, falso o verdadero, que esto no podía saberse, y emprendió resueltamente la marcha a su domicilio, entretanto que el desconocido se levantaba trabajosamente, después de varios frustrados ensayos, y se alejaba a pasos largos y cortos, mezclados de avances y retrocesos, y con inclinaciones alarmantes de torre de Pisa, tanto a la derecha como a la izquierda.

[68] vaivén violento; caída
[69] *leontina*: cadena de reloj de bolsillo; *chapeado*: cubierta con una chapa, hoja o lámina
[70] le cogió o asió por el cuello; le acogotó
[71] con pavón; de color azul obscuro
[72] clase de reloj
[73] le dio
[74] hoja o lámina de metal u otro material
[75] (México), expresión de sorpresa o enojo
[76] acción de aporrear, golpear

iii

Otilia no sabía cómo interpretar la tardanza de su esposo, y estaba seriamente acongojada. Pocas veces daban las diez a Zendejas fuera de casa; de suerte que, al observar la joven que pasaba la medianoche y que no llegaba su marido, figuróse lo peor, como pasa siempre en casos análogos.

«De seguro, algo le ha sucedido —se decía—; no puede explicarse de otra manera que no se halle aquí a hora tan avanzada . . . ¿Habrán sido los bandidos? . . . Y si le han conocido y él se ha defendido, como de fijo lo habrá hecho, pueden haberle herido, o matado tal vez . . . No lo permita Dios . . . ¡La Santísima Virgen le acompañe!»

Pensando así, no dejaba de tejer una malla interminable, que destinaba a sobrecama del lecho conyugal, y sólo interrumpía de tiempo en tiempo el movimiento de sus ágiles y febriles dedos, bien para enjugar alguna lágrima que resbalaba de sus pestañas, o bien para santiguar el espacio en dirección de la calle por donde debía venir el ausente . . . ¿Qué haría si enviudaba? No había en todo el mundo otro hombre como Félix . . . ¿Y sus pobres hijos? Eran tres, y estaban muy pequeños. ¿Capital? No lo tenían; el sueldo era corto, y se gastaba todo en medio vivir. Sufrían muchas privaciones y carecían de muchas cosas necesarias. Nada, que iban a quedar en la calle; se vería precisada a dejar aquella casa que, aunque lejana, era independiente y cómoda; ocuparía una vivienda en alguna vecindad. ¡Qué oscuras y malsanas son las viviendas baratas! Ahí enfermarían los niños.

Su imaginación continuaba trabajando sin cesar. Tendría que coser *ajeno*[77] para pagar su miserable sustento; los niños andarían astrosos[78] y descalzos; no concurrirían a colegios de paga, sino a las escuelas del gobierno, donde hay *mucha revoltura*; aprenderían malas mañas;[79] se juntarían con malas compañías; se perderían . . .

Llegó tan lejos en aquel camino de suposiciones aciagas,[80] que se vio en la miseria, viuda y sola en este mundo. Negro ropaje cubría su garbosa persona, y el crespón del duelo marital colgaba por sus espaldas; pero, ¡qué bien le sentaba el luto! Hacíala aparecer por todo extremo interesante. ¿Volvería a tener pretendientes?... Si algo valían su gracia y edad, tal vez sí; pero fijando la atención en su pobreza, era posible que no . . . Aficionados no le faltarían, pero con malas intenciones . . . ¿Y caería? ¿O no caería? . . . ¡La naturaleza humana es tan frágil! ¡Es tan sentimental la mujer! ¡Y son tan malos los hombres! Nadie diga *de esta agua no beberé*. ¡Oh, Dios mío!

Y Otilia se echó a llorar a lágrima viva sin saber bien si despertaban su ternura la aciaga y prematura muerte de don Félix, o la viudez de ella, o la orfandad de los hijos y su mala indumentaria, o el verlos en escuelas oficiales y perdidos, o mirarse a sí misma con tocas[81] de viuda (joven y agraciada), o el no tener adoradores, o el ser seducida por hombres perversos, que abusasen de su inexperiencia, de su sensibilidad y de su desamparo . . . ¡y, sobre todo, de su sensibilidad! . . . Porque bien se conocía a sí misma; era muy sensible, de aquel pie era precisamente de donde cojeaba.[82] Era aquella la coyuntura[83] donde sentía rajada la coraza de hierro de su virtud . . . Y si alguno era bastante avisado[84] para echarlo de ver, por ahí le asestaría la puñalada, y sería mujer perdida . . . ¡Oh, qué horror! ¡Cuán desdichada es la suerte de la mujer joven, hermosa, desamparada y de corazón! . . . ¿Por qué no tendría en vez de corazón un pedazo de piedra? . . . Aquella entraña era su perdición; lo sabía, pero no podía remediarlo.

Por fortuna, sonó repetidas veces el timbre de la puerta, en los momentos mismos en que ya la desbocada[85] imaginación de la joven empujábala al fondo del precipicio, y se engolfaba[86] en un mundo inextricable de desgracias, pasiones

---

[77] coser para ganar dinero
[78] descuidados, sucios
[79] costumbres, hábitos
[80] desgraciadas, fatales
[81] prendas para la cabeza; tocados
[82] era su defecto o debilidad
[83] alternativa
[84] alerta
[85] sin control
[86] se entregaba por completo a la idea de

y aventuras, de donde no era posible, no, salir con los ojos secos . . . El retintín[87] de la campanilla eléctrica la salvó, por fortuna, sacándola muy a tiempo de aquel baratro[88] de sombras y de sucesos trágicos en que se había despeñado. El sensible y peligroso corazón de la joven dio varios vuelcos de júbilo al verse libre de todos esos riesgos; viudez, tocas negras, muerte de los niños, acechanzas, tropiezos y caídas. Por otra parte, el timbre sonaba elegre y triunfal; con la especial entonación que tomaba cuando Zendejas volvía victorioso y alegre, por haber dicho cuántas son cinco al lucero del alba, o por haber dado un revés a un malcriado, o por haber regalado un puntapié a cualquier zascandil.[89] Así lo presintió Otilia, quien corrió a abrir la puerta, llena de gozo, para verse libre de tantos dolores, lazos y celadas[90] como le iba tendiendo el pavoroso porvenir.

Y, en efecto, venía don Félix radiante por el resultado de la batalla acabada de librar con el astuto ladrón que le había asaltado en la vía pública, y por el recobro del reloj y de la leontina.

—¡Félix! —clamó Otilia con voz desmayada, echándose en sus brazos—. ¿Qué hacías? ¿Por qué has tardado tanto? Me has tenido con un cuidado horrible.

—No te preocupes, esposa —repuso Zendejas—, a mí no me sucede nada, ni puede sucederme. Sería capaz de pasearme solo por toda la República a puras bofetadas.

—¿Dónde has estado?

—En el trabajo, en el teatro, en el restaurante . . .

—¡Cómo te lo he de creer! . . . Y yo, entretanto, sola, desvelada y figurándome cosas horribles . . . He sufrido mucho pensando en ti . . .

Bien se guardó la joven de referir a don Félix lo de las tocas, la sensibilidad de su corazón y la seducción que había visto en perspectiva.

Cogidos de la mano llegaron a la sala.

—Pero, ¡tate!,[91] si has llorado —exclamó don Félix, secando con el pañuelo las lágrimas que corrían por el rostro de ella.

—¡Cómo no, si te quiero tanto, y temo tanto por ti! —repuso ésta reclinando la cabeza sobre el hombro del juez.

—Eres una chiquilla —continuó Zendejas cariñosamente—, te alarmas sin razón.

—Félix, voy a pedirte un favor.

—El que gustes.

—No vuelvas a venir tarde.

—Te lo ofrezco, esposa. No tengo ya inconveniente, pues acabo de realizar mi propósito.

—¿Cuál, Félix?

—El de una buena entrada de patadas a un bandido . . . de esos de que habla la prensa.

—¿Con qué sí? ¿Cómo ha pasado eso? . . . Cuéntame, Félix —rogó la joven vivamente interesada.

Zendejas, deferente[92] a la indicación de su esposa, relató la aventura acabada de pasar, no digamos al pie de la letra,[93] sino exornada con incidentes y detalles que, aunque no históricos, contribuían en alto grado a realzar la ferocidad de la lucha, la pujanza del paladín y la brillantez de la victoria. La joven oyó embelesada la narración y se sintió orgullosa de tener por marido a un hombre tan fuerte y tan valeroso como Zendejas; pero, a fuer de[94] esposa cariñosa y de afectos exquisitos, no dejó de preocuparse por el desgaste que el robusto organismo de su esposo hubiese podido sufrir en aquel terrible choque; así que preguntó al juez con voz dulcísima:

—A ver la mano: ¿no te la has hinchado? . . . ¿No se te ha dislocado el pie?

—Fuertes y firmes conservo la una y el otro —repuso don Félix con visible satisfacción, levantando en alto el cerrado puño y sacudiendo por el aire el pie derecho.

—¡Bendito sea Dios! —repuso la joven, soltando un suspiro de alivio y satisfacción.

—Aquí tienes la prueba —prosiguió don Félix— de lo que siempre te he dicho: si los barbones[95] a quienes asaltan los cacos[96] se con-

[87] sonido prolongado
[88] báratro, poét. infierno
[89] individuo muy entremetido
[90] (fig.) trampas; emboscadas
[91] interjección, aféresis de *estáte*. ¡Detente! Aquí quiere decir que Zendejas se dio cuenta
[92] complaciente, condescendiente
[93] en todos sus detalles
[94] a fuerza de
[95] cabrones
[96] ladrones

dujeran como yo, si aporreasen a los malhechores y los despojasen de los objetos robados, se acabaría la plaga de los bandidos . . .

—Tal vez tengas razón . . . ¿Conque el salteador te había quitado el reloj y la leontina?

—Sí, fingiéndose borracho. Se dejó caer sobre mí como cuerpo muerto y, entretanto que yo me le quitaba de encima, me escamoteó[97] esos objetos sin que yo lo sintiese.

—Son muy hábiles esos pillos . . .

—Sí lo son; por fortuna, reflexioné pronto lo que podía haber pasado . . . A no haber sido por eso, pierdo estas prendas que tanto quiero.

Al hablar así, sacólas Zendejas del bolsillo para solazarse[98] con su contemplación. Otilia clavó en ellas también los ojos con curiosidad e interés, como pasa siempre con las cosas que se recobran después de haberse perdido; mas a su vista, en vez de alegrarse, quedaron confusos los esposos. ¿Por qué?

—Pero, Félix, ¿qué has hecho? —interrogó Otilia, asustada.

—¿Por qué, mujer? —preguntó el juez, sin saber lo que decía.

—Porque ese reloj y esa leontina no son los tuyos.

—¿Es posible? —volvió a preguntar Zendejas con voz desmayada, al comprender que la joven tenía razón.

—Tú mismo lo estás mirando —continuó ella, tomando ambas cosas en sus manos para examinarlas despacio—. Este reloj es de oro, y el tuyo es de plata . . . Parece una repetición.

La joven oprimió un resorte lateral, y la muestra dio la hora con cuartos y hasta minutos, con campanilla sonora y argentina.

—Y mira, en la tapa tiene iniciales: A.B.C.; seguramente las del nombre del dueño . . . Es muy bueno y valioso.

Zendejas quedó estupefacto y sintió la frente cubierta de gotitas de sudor.

—Y la leontina —continuó la joven, siguiendo el análisis— es ancha y rica, hecha de tejido de oro bueno, y rematada por este dije[99] precioso, que es un elefantito del mismo metal, con ojos de rubíes, y patas y orejas de fino esmalte.

Ante aquella dolorosa evidencia, perdió Zendejas la sangre fría y hasta la caliente, que por sus venas corría, púsose color de cera y murmuró con acento de suprema angustia:

—¡De suerte que soy un ladrón, y uno de los de la banda!

—¡Qué cosa tan extraña! . . . No digas eso.

—Sí, soy un cernícalo,[1] un hipopótamo —repitió don Félix, poseído de desesperación.

Y llevado de su carácter impetuoso, se dio a administrarse sonoros coscorrones[2] con los puños cerrados, hasta que su esposa detuvo la fiera ejecución cogiéndolo por las muñecas.

—Déjame —decía él, con despecho—, esto y más me merezco. Que me pongan en la cárcel. Soy un malhechor . . . un juez bribón.

—No, Félix; no ha sido más que una equivocación la tuya. Es de noche, el hombre estaba ebrio y se te echó encima. Cualquiera hubiese creído lo que tú.

—Y luego, que he perdido el reloj —agregó Zendejas.

—¡Es verdad! —dijo la joven—. ¿Cómo se explica?

El juez percibió un rayo de luz. A fuerza de dictar autos y sentencias habíase acostumbrado a deducir, inferir y sutilizar.

—¡Ya caigo en la cuenta! —exclamó, jubiloso y reconfortado—. Ese pretendido borracho había robado antes ese reloj y esta leontina a alguna otra persona . . . Después, me robó a mí, y al querer recobrar lo que me pertenecía, di con el bolsillo en que había puesto las prendas ajenas; pero se llevó las mías.

La explicación parecía inverosímil; Otilia quedó un rato pensativa.

—Puede ser —murmuró al fin—. ¿Estás cierto de haberte llevado tu reloj?

—Nunca lo olvido —repuso el juez con firmeza.

—Por sí o por no, vamos a tu cuarto.

—Es inútil.

—Nada se pierde . . .

—Como quieras.

Y los esposos se trasladaron a la alcoba de Zendejas, donde hallaron, sobre la mesa de

---

[97] robó sutilmente
[98] descansar, se entretuvo
[99] adorno, joya, alhaja pequeña

[1] (fig. y fam.) hombre ignorante y rudo
[2] golpes en la cabeza con el puño cerrado

noche, el reloj de plata del juez con su pobre leontina chapeada, reposando tranquilamente en el mismo lugar donde su propietario lo había dejado al acostarse a dormir la siesta.

Don Félix se sintió aterrado, como si hubiese visto la cabeza de Medusa.[3]

—Aquí está —murmuró con agonía— . . . De suerte que ese caballero (no le llamó ya borracho ni bandido) ha sido despojado por mi mano; no cabe la menor duda.

Otilia, afligida, no replicó nada, y el marido continuó:

—El acontecimiento se explica; ese señor, que debe ser algún alegre ricachón andaba de juerga por esta colonia . . . Se le pasó la mano en las copas,[4] iba de veras borracho, le confundí con un ladrón y le quité estas prendas . . . Robo de noche, en la vía pública y a mano armada . . . Estoy perdido . . . Mañana mismo me entrego a la justicia: el buen juez por su casa empieza.

—De ninguna manera —objetó Otilia horrorizada—, sería una quijotada[5] que te pondría en ridículo.

—¿Por qué en ridículo? —preguntó Zendejas con exaltación.

—Porque no dejaría de decir la gente, que te las habías habido con un hombre aletargado,[6] incapaz de defenderse, y que ¡buenas hazañas son las tuyas!

—Eso sí que no, porque sobran las ocasiones en que he demostrado que son iguales para mí los fuertes que los débiles, y que no le tengo miedo ni al mismo Lucifer.

—Pero la gente es maligna, y más los envidiosos.

—En eso tienes razón: ¡los envidiosos, los envidiosos! —repitió Zendejas—. «Todos los valientes me tienen envidia —siguió pensando para sí— y ¡con qué placer aprovecharían el *quid pro quo*[7] para ponerme en berlina!»[8] Y prosiguió en voz alta: —Pero ¿qué hacer entonces? ¡Porque no puedo quedarme con propiedad ajena!

—Voy a pensar un poco —repuso Otilia, preocupada— . . . Déjame ver otra vez las iniciales . . . A.B.C. ¿Cómo era el señor? Descríbemelo, Félix.

—Voy a procurar acordarme . . . Más viejo que joven; grueso, casi tanto como yo, todo rasurado.

—¿Con lentes?

—Creo que sí, pero los perdió en la refriega.

—Óyeme —prosiguió la joven pensativa—. ¿No será don Antonio Bravo Caicedo? . . . A.B.C.: coinciden las iniciales.

—¿El caballero rico y famoso, cuyo nombre llena toda la ciudad?

—El mismo.

—No puede ser, mujer.

—¿Por qué no?

—Porque es persona grave, de irreprochable conducta; anda siempre en compañía de sus hijas, que son muy guapas; y, aguarda, si no me equivoco es . . .

—¿Qué cosa, Félix?

—Miembro conspicuo de la Sociedad de Temperancia.

—Eso no importa —contestó la joven—, son los hombres tan contradictorios y tan malos . . . (Pensaba, en aquellos momentos, en los peligros de su viudez.)

—En eso tienes razón; son muy malos.

El juez se abstuvo, por instinto, de decir *somos muy malos*, sin duda porque recordó los excesos de pensamiento y de vista que acababa de cometer en el Principal.

Siguió, a continuación, una larga plática[9] entre los esposos, en la cual se analizaron y desmenuzaron[10] los acontecimientos, las suposiciones, todas las cosas posibles en fin; y mientras más ahondaron el asunto, más y más sospecharon que reloj y leontina perteneciesen al provecto,[11] riquísimo e hipocritón don Antonio Bravo Caicedo; mil indicios lo comprobaban, mil pequeños detalles lo ponían en evidencia . . . ¡Quién lo hubiera pensado! . . . ¡Que aquel señor tan respetable fuese tan poco respetable! Bien se dice que la carne es flaca . . . Pero Bravo Caicedo era gordo . . . ¡Qué cosa

---

[3] una de las tres Gorgonas (mitología griega)
[4] bebió demasiado
[5] una acción igual que las de Don Quijote
[6] adormecido, sin el uso de los sentidos
[7] latín. «una cosa por otra». Una confusión, un error
[8] (fig.) en situación ridícula
[9] conversación
[10] (fig.) examinaron atenta y críticamente en todos sus aspectos
[11] viejo; maduro

tan embrollada . . .[12] En fin, que por lo visto, la carne gorda es la más flaca . . .

Despejada la incógnita, o más bien dicho, despejado el incógnito, faltaba hallar el medio de hacer la devolución. ¿Mandar los objetos a la casa del propietario? . . . No, eso sería comprometerle, descubrirle, abochornarle . . . Y luego que, aunque lo más verosímil era que aquel grave personaje fuera el pesado borracho de la aventura, cabía, no obstante, en lo posible, que otro sujeto fuese el dueño verdadero de las alhajas. Don Antonio Bravo Caicedo (A.B.C.) había hecho el monopolio del pulque,[13] es verdad; pero no el de las tres primeras letras del abecedario.

IV

En fin, que, después de mirarlo, pensarlo y meditarlo bien, resolvió la honrada pareja que las prendas en cuestión quedasen depositadas en el juzgado de Zendejas, y que éste publicase un aviso en los periódicos, mañosamente[14] escrito para no delatarse a sí mismo ni sacar a plaza[15] las miserias del ricachón.

Elegido ese camino, don Félix, a fuer de hombre honrado, se negó a poner la cabeza en la almohada antes de haberse quitado aquel peso de la conciencia, dejando redactado y listo el documento para llevarlo a dos o tres redacciones vespertinas al siguiente día, a la hora del despacho. Trabajó febrilmente, hizo varios borradores,[16] consultó con Otilia, tachó, cambió, agregó, raspó y garrapateó de lo lindo[17] algunas hojas de papel, hasta que, al fin, cerca ya de la madrugada, terminó la ardua labor de dar forma al parrafejo, el cual quedó definitivamente concebido en los siguientes términos:

Aviso

Esta mañana, al comenzar el despacho, ha sido depositado, en este juzgado, un reloj de oro, Remontoir, con una leontina del mismo metal, rematada por un pequeño elefante, cuyos ojos son de rubí, y las orejas y las patas de negro esmalte. El reloj lleva las iniciales A.B.C., en la tapa superior, tiene el número 40180 y es de la marca Longines. *Lo que se pone en conocimiento del público para que puedan ser recogidos esos objetos por su propietario; bajo el concepto[18] de que el depositante ha puesto en manos del juez suscrito un pliego que contiene señas[19] exactas e individuales de la persona a quien, por equivocación, le fueron sustraídas esas alhajas, con mención de la calle, la hora y otros datos del mayor interés.*

Pero fue inútil la publicación repetida de aquellos renglones. Hasta la fecha en que esto se escribe, nadie se ha presentado a reclamar el reloj y la leontina; ya porque don Antonio Bravo Caicedo no sea el dueño de las alhajas, o bien porque, siéndolo, desee conservar el incógnito a toda costa y a todo costo. De suerte que[20] si alguno de los lectores tiene en su nombre las iniciales A.B.C., si se paseó aquella noche por la colonia Roma, si empinó bien el codo,[21] si tuvo algo que ver con Baltasara, Juanita o Carlota, y, por último, si perdió esas prendas en un asalto callejero, ya sabe que puede ocurrir a recogerlas al juzgado donde se hallan en calidad de depósito.

---

[12] complicada
[13] una bebida mexicana
[14] con astucia
[15] hacer públicas, publicar
[16] primeras copias de un escrito que se corrigen hasta llegar a la forma definitiva
[17] hizo muchos garabatos (letras muy mal hechas)
[18] con la idea
[19] información, datos personales
[20] de manera que
[21] si bebió mucho

Tomás Carrasquilla

COLOMBIA, 1858–1940

Nació este original escritor colombiano en Santo Domingo, pequeño pueblo de Antioquia, llamado por el autor el pueblo de las tres efes: «feo, frío y faldudo». Su padre era Ingeniero de Minas. Tuvo relativamente poca instrucción formal como él mismo confiesa en su «Autobiografía», de manera que casi todo lo aprendió de la observación directa de las cosas, la vida, y el paisaje. Luego lo enviaron a Medellín, a estudiar en la Universidad de Antioquia, pero es notorio que prefería la lectura de novelas a los libros de texto. La guerra civil de 1876 interrumpió sus estudios para siempre, aunque no sus lecturas. Era un apasionado y paciente lector de cuanto caía en sus manos, de allí que estuviese tan al día en los movimientos literarios y autores más importantes. Al regresar a su pueblo natal ocupó cargos modestos como secretario y juez municipal; en Bogotá se le nombró empleado en el Ministerio de Obras Públicas. Fue asiduo colaborador del diario *El Expectador*, uno de los mejores de Colombia. En 1919 se trasladó para Medellín y allí vivió el resto de su vida, leyendo, escribiendo, asistiendo a tertulias y gozando de «la dulce bohemia». Su patria reconoció sus méritos literarios otorgándole la condecoración de la Cruz de Boyacá en 1935 y el Premio Nacional de Literatura en 1936.

Tomás Carrasquilla tuvo al principio una simple gloria literaria regional ya que era muy estimado en su Departamento, pero a medida que su producción se fue conociendo esa fama llegó a ser nacional, y hoy en día la crítica lo ha acreditado en todo el mundo hispánico, por los firmes valores literarios de su obra total. Los dos gruesos volúmenes de sus obras completas comprenden: novelas, cuentos, crónicas, ensayos, comentarios, teatro y «acuarelas» breves. Escribió su primer cuento, *Simón el mago* para ingresar en el Casino Literario de Medellín y con él ganó mucha fama en su región. Las obras narrativas de Carrasquilla se pueden agrupar en tres tendencias. La primera está constituída por sus profundos estudios de la sicología infantil como se demuestra en el cuento ya citado y en los titulados «Blanca», «Rogelio», «San Antoñito», «El rifle», y muchos otros. En el segundo grupo estudia el fenómeno sicológico que él llamaba de «las ideas únicas», o sea de individuos con una idea dominante que los convierte en una amenaza para ellos mismos, para sus prójimos y la sociedad. Aunque este tema se toca en muchos de sus cuentos, alcanza verdadera profundidad en la novela *Frutos de mi tierra* (1896), en la que la neurosis de grandeza de Agustín, sin una buena base moral, termina por producir su perdición. Es una novela del pueblo humilde y sátira social. Esta obra está considerada como su libro capital. En *Grandeza* (1910), retrata muy bien las clases altas de Medellín y presenta la destrucción de una madre amorosa por que se concreta al «único» sentimiento: la grandeza. Un patriotismo demasiado apasionado acaba por arruinar la vida exitosa de la protagonista de *La marquesa de Yolombó* (1928).

Un tercer grupo de novelas caen dentro de las que podemos llamar relatos de evocación. Aquí tenemos su novela más extensa, *Hace tiempos* (1935–1936), dividida en tres tomos, titulados: *Por aguas y pedrejones*, *Por cumbres y cañadas* y *Del monte a la ciudad*. El autor dijo que es una especie de historia de la Antioquia de hace ochenta años. Está construída a base de recuerdos personales por lo que su tono es muy autobiográfico.

En su larga vida, Carrasquilla pasó a través de todos los movimientos literarios, pero no se afilió a ninguno porque trató siempre de conservar su individualidad. Por ese motivo es un escritor muy personal. La sencillez, su amor a su tierra natal (hombres y paisajes) y su fidelidad a la verdad marcan toda su producción. Aunque es escritor regional y en muchos aspectos, costumbrista, sentía honda pasión por los conflictos sicológicos. De esta manera, aunque sus relatos tienen escenarios regionales, supo plantear problemas de valor universal. Antioquia se nos aparece en todos sus aspectos: paisaje, naturaleza, hombres, productos y hasta el clima. Su lenguaje es muy abundante y lleno de colorido y viveza, y salpicado aquí y allá del habla regional. Inconcientemente supo fundir en su estilo, lo viejo y lo nuevo, lo popular y lo culto. De aquí que se sientan influencias lo mismo de Galdós y la Pardo Bazán que de Valle Inclán, Pérez Ayala y hasta de Marcel Proust. Tenía un delicioso y penetrante sentido de la ironía y del humor que saltan a cada momento de sus relatos, en los que no falta nunca el hondo sentido humano y la comprensión del autor por el corazón de los individuos. Su costumbrismo o regionalismo no es pesado o denso, sino cuadro de época lleno de animación y vida, por el dinamismo que le sabe imprimir su pluma. Carrasquilla es uno de los mejores narradores de Colombia y su estatura crece por días entre los escritores de este continente.

FUENTE: *Obras completas*, 2 vols., Medellín, Editorial Bedout y Hnos., 1958. Prólogos de Roberto Jaramillo y de Federico de Onís.

San Antoñito[1]

Aguedita Paz era una criatura entregada a Dios y a su santo servicio. Monja fracasada por estar ya pasadita de edad cuando le vinieron los hervores monásticos, quiso hacer de su casa un simulacro[2] de convento, en el sentido decorativo de la palabra; de su vida algo como un apostolado, y toda, toda ella se dio a los asuntos de iglesia y sacristía, a la conquista de almas, a la mayor honra y gloria de Dios, mucho a aconsejar a quien lo hubiese o no menester,[3] ya que no tanto a eso de socorrer pobres y visitar enfermos.

De su casita para la iglesia y de la iglesia para su casita se le iba un día, y otro, y otro, entre gestiones y santas intriguillas de fábrica, componendas[4] de altares, remontas y zurcidos[5] de

[1] El título indica desde el comienzo que el protagonista va a ser adorado por las mujeres, porque San Antonio es el santo del amor. Con mucha maestría artística, Carrasquilla recrea un ambiente de pueblo de fines del siglo XIX con su vida monótona y aburrida y su espíritu ultrarreligioso. Con el desenlace inesperado el autor parece querer satirizar y burlarse del ambiente cargado de religiosidad. El estilo se distingue por la mezcla del habla culta y la popular, del español normal y de múltiples expresiones regionales. El habla popular es rico en vocablos arcaicos, giros pintorescos y muchos diminutivos y sufijos. La prosa se compone de frases muy largas debido al uso de oraciones y adjetivos en series o paralelos, frases unidas por «y» y la repetición de las mismas palabras. El cuento está dentro del realismo del siglo XIX por su gusto por lo pintoresco, el detallismo de las descripciones y el regionalismo.

[2] imitación, réplica

[3] necesario

[4] arreglos

[5] *remontas*: composturas; *zurcidos*: cosidos

la indumentaria eclesiástica, *toilette* de santos, barrer y exornar[6] todo paraje que se relacionase con el culto.

En tales devaneos[7] y campañas llegó a engranarse en íntimas relaciones y compañerismos con Damiancito Rada, mocosuelo[8] muy pobre, muy devoto y monaguillo[9] mayor en procesiones y ceremonias. En quien vino a cifrar[10] la buena señora un cariño tierno a la vez que extravagante, harto raro por cierto en gentes célibes y devotas. Damiancito era su brazo derecho y su paño de lágrimas;[11] él la ayudaba en barridos y sacudidas, en el lavatorio y lustre de candelabros e incensarios; él se pintaba solo para manejar albas y doblar corporales[12] y demás trapos eucarísticos; a su cargo estaba el acarreo[13] de flores, musgos y forrajes[14] para el altar, y era primer ayudante y asesor en los grandes días de repicar recio,[15] cuando se derretía por esos altares mucha cera y esperma,[16] y se colgaban por esos muros y palamentas[17] tantas coronas de flores, tantísimos paramentones[18] de colorines.

Sobre tan buenas partes, era Damiancito sumamente rezandero[19] y edificante, comulgador insigne, aplicado como él solo dentro y fuera de la escuela, de carácter sumiso, dulzarrón y recatado;[20] enemigo de los juegos estruendosos de la chiquillería, y muy dado a enfrascarse en *La monja santa, Práctica de amor a Jesucristo* y en otros libros no menos piadosos y embelecedores.

Prendas tan peregrinas como edificantes, fueron poderosas a que Aguedita, merced a sus videncias e inspiraciones, llegase a adivinar en Damián Rada no un curita de misa y olla,[21] sino un doctor de la Iglesia, mitrado[22] cuando menos, que en tiempos no muy lejanos había de refulgir cual astro de sabiduría y santidad para honra y santificación de Dios.

Lo malo de la cosa era la pobreza e infelicidad de los padres del predestinado y la no mucha abundancia de su protectora. Mas no era ella para renunciar a tan sublimes ideales: esa miseria era la red con que el Patas[23] quería estorbar el vuelo de aquella alma que había de remontarse serena, serena, como una palomita, hasta su Dios; pues no, no lograría el Patas sus intentos. Y discurriendo, discurriendo cómo rompería la diabólica maraña, diose a adiestrar a Damiancito en tejidos de red y *crochet*; y tan inteligente resultó el discípulo, que al cabo de pocos meses puso en cantarilla[24] un ropón con muchas ramazones y arabescos que eran un primor, labrado por las delicadas manos de Damián.

Catorce pesos, billete sobre billete, resultaron de la invención.

Tras ésta vino otra, y luego la tercera, las cuales le produjeron obras de tres cóndores.[25] Tales ganancias abriéronle a Aguedita tamaña agalla.[26] Fuese al cura y le pidió permiso para hacer un bazar a beneficio de Damián. Concedióselo el párroco, y armada de tal concesión y de su mucha elocuencia y seducciones, encontró apoyo en todo el señorío del pueblo. El éxito fue un sueño que casi trastornó a la buena señora, con ser que era muy cuerda: ¡sesenta y tres pesos!

El prestigio de tal dineral; la fama de las virtudes de Damián, que ya por ese entonces llenaba los ámbitos de la parroquia, la fealdad casi ascética y decididamente eclesiástica del beneficiado formáronle aureola, especialmente entre el mujerío y gentes piadosas. «El curita de Aguedita» llamábalo todo el mundo, y en mucho tiempo no se habló de otra cosa que de sus virtudes, austeridades y penitencias. El curita ayunaba témporas[27] y cuaresmas antes

---

[6] adornar, hermosear
[7] delirios, locuras
[8] chiquillo, niño
[9] niño que ayuda en la misa y otros oficios religiosos
[10] poner
[11] persona que consuela o ayuda a otra con frecuencia
[12] lienzos o telas sobre los que se coloca la hostia y el cáliz
[13] transporte
[14] *musgos*: plantas de lugares húmedos; *forrajes*: hierbas, henos, pajas
[15] tocar las campanas fuertemente; (fig.) grandes fiestas
[16] líquido producido por las velas al quemarse
[17] palizadas, palenques
[18] adornos con que se cubre una cosa
[19] rezador, que rezaba mucho
[20] modesto, circunspecto
[21] ordinario, común
[22] obispado
[23] parece que se refiere al diablo
[24] una rifa (sorteo de una cosa, generalmente por medio de billetes o boletos)
[25] monedas de oro de Colombia
[26] (fig. y fam.) valor, ánimo esforzado
[27] tiempo de ayuno en las cuatro estaciones para la Iglesia católica

que su Santa Madre Iglesia se lo ordenase, pues apenas entraba por los quince; y no así, atracándose con el mediodía y comiendo cada rato, como se estila ogaño,[28] sino con una frugalidad eminentemente franciscana, y se dieron veces en que el ayuno fuera al traspaso cerrado. El curita de Aguedita se iba por esas mangas[29] en busca de soledades, para hablar con su Dios y echarle unos párrafos de *Imitación de Cristo*,[30] obra que a estas andanzas y aislamientos siempre llevaba consigo. Unas leñadoras contaban haberle visto metido entre una barranca, arrodillado y compungido, dándose golpes de pecho con una mano de moler. Quién[31] aseguraba que en paraje muy remoto y umbrío había hecho una cruz de sauce y que en ella se crucificaba horas enteras a cuero pelado,[32] y nadie lo dudaba pues Damián volvía ojeroso, macilento, de los éxtasis y crucifixiones. En fin, que Damiancito vino a ser el santo de la parroquia, el pararrayos que libraba a tanta gente mala de las cóleras divinas. A las señoras limosneras se les hizo preciso que su óbolo[33] pasara por las manos de Damián, y todas a una le pedían que las metiese en parte en sus santas oraciones.

Y como el perfume de las virtudes y el olor de santidad siempre tuvieron tanta magia, Damián, con ser un bicho raquítico, arrugado y enteco,[34] aviejado y paliducho de rostro, muy rodillijunto y patiabierto, muy contraído de pecho y maletón,[35] con una figurilla que más parecía de feto que de muchacho, resultó hasta bonito e interesante. Ya no fue curita: fue «San Antoñito». San Antoñito le nombraban y por San Antoñito entendía. «¡Tan queridito!» —decían las señoras cuando lo veían salir de la iglesia, con su paso tan menudito, sus codos tan remendados,[36] su par de parches[37] en las posas,[38] pero tan aseadito y decoroso—. «Tan bello ese modo de rezar, ¡con sus ojos cerrados! ¡La unción de esa criatura es una cosa que edifica! Esa sonrisa de humildad y mansedumbre. ¡Si hasta en el camino se le ve la santidad!»

Una vez adquiridos los dineros, no se durmió Aguedita en las pajas.[39] Avistóse con los padres del muchacho, arreglóle el ajuar;[40] comulgó con él en una misa que habían mandado a la Santísima Trinidad para el buen éxito de la empresa; diole los últimos perfiles y consejos, y una mañana muy fría de enero viose salir a San Antoñito de panceburro[41] nuevo, caballero en la mulita vieja de Señó Arciniegas, casi perdido entre los zamarros[42] del Mayordomo de Fábrica, escoltado por un rescatante que le llevaba la maleta y a quien venía consignado. Aguedita, muy emparentada con varias señoras muy acaudaladas[43] de Medellín, había gestionado de antemano a fin de recomendar a su protegido; así fue que cuando éste llegó a la casa de asistencia y hospedaje de las señoras Del Pino halló campo abierto y viento favorable.

La seducción del santo influyó al punto, y las señoras Del Pino, Doña Pacha y Fulgencita, quedaron luego a cuál más pagada de su recomendado. El Maestro Arenas, el sastre del Seminario, fue llamado inmediatamente para que le tomase las medidas al presunto[44] seminarista y le hiciese una sotana[45] y un manteo[46] a todo esmero y baratura, y un terno[47] de lanilla carmelita para las grandes ocasiones y trasiegos[48] callejeros. Ellas le consiguieron la banda, el tricornio y los zapatos; y Doña Pacha se apersonó en el Seminario para recomendar ante el Rector a Damián. Pero, ¡oh desgracia! no pudo conseguir la beca: todas estaban comprometidas y sobraba la mar[49] de candidatos. No por eso amilanóse[50] Doña Pacha: a su vuelta del Seminario entró a la Catedral e imploró los auxilios del Espíritu Santo para que la iluminase en conflicto semejante. Y la iluminó. Fue el caso

[28] hogaño, en este año, en esta época
[29] corrales, dehesas
[30] la célebre obra de Thomas de Kempis (1379–1471), escritor místico alemán
[31] alguien
[32] desnudo
[33] limosna, contribución para algo
[34] enfermizo, delgado
[35] con una joroba en el cuerpo
[36] ropa vieja o rota reparada o arreglada
[37] pedazos de tela de los remiendos
[38] asentaderas
[39] «no se durmió en los laureles»
[40] conjunto de muebles, enseres, ropas de una casa o persona
[41] traje, vestido
[42] (Fig. y fam.) hombres rústicos y groseros
[43] ricos, pudientes
[44] supuesto, probable
[45] vestido de los sacerdotes
[46] capa larga de los esclesiásticos
[47] vestido compuesto de pantalón, chaleco y chaqueta
[48] actividades
[49] gran cantidad
[50] se acobardó, sintió gran temor

que se le ocurrió avistarse[51] con Doña Rebeca Hinestrosa de Gardeazábal, dama viuda riquísima y piadosa, a quien pintó la necesidad y de quien recabó[52] almuerzo y comida para el santico. Felicísima, radiante, voló Doña Pacha a su casa, y en un dos por tres[53] habilitó de celdilla para el seminarista un cuartucho de trebejos[54] que había por allá junto a la puerta falsa; y aunque pobres, se propuso darle ropa limpia, alumbrado, merienda y desayuno.

Juan de Dios Barco, uno de los huéspedes, el más mimado de las señoras por su acendrado[55] cristianismo, as en el Apostolado de la Oración y malilla[56] en los asuntos de San Vicente, regalóle al muchacho algo de su ropa en muy buen estado y un par de botines, que le vinieron holgadillos[57] y un tanto sacados y movedizos de jarrete.[58] Juancho le consiguió con mucha rebaja los textos y útiles en la Librería Católica, y cátame[59] a Periquito hecho fraile.

No habían transcurrido tres meses, y ya Damiancito era dueño del corazón de sus patronas, y propietario en el de los pupilos y en el de cuanto huésped arrimaba a aquella casa de asistencia tan popular en Medellín. Eso era un contagio.

Lo que más encantaba a las señoras era aquella parejura de genio; aquella sonrisa, mueca celeste, que ni aún en el sueño despintaba Damiancito; aquella cosa allá, indefinible, de ángel raquítico y enfermizo, que hasta a esos dientes podridos y desparejos[60] daba un destello de algo ebúrneo,[61] nacarino; aquel filtrarse la luz del alma por los ojos, por los poros de ese muchacho tan feo al par que tan hermoso. A tanto alcanzó el hombre que a las Señoras se les hizo un sér necesario. Gradualmente, merced a instancias que a las patronas les brotaban desde la fibra más cariñosa del alma, Damiancito se fue quedando, ya a almorzar, ya a comer a casa; y llegó día en que se le envió recado a la señora de Gardeazábal que ellas se quedaban definitivamente con el encanto.

—Lo que más me pela[62] del muchachito —decía Doña Pacha— es ese poco metimiento, esa moderación con nosotros y con los mayores. ¿No te has fijado, Fulgencia, que si no le hablamos, él no es capaz de dirigirnos la palabra por su cuenta?

—No digás eso, Pacha ¡esa aplicación de ese niño! ¡Y ese juicio que parece de viejo! ¡Y esa vocación para el sacerdocio! Y esa modestia: ni siquiera por curiosidad ha alzado[63] a ver a Candelaria.

Era la tal una muchacha criada por las Señoras en mucho recato, señorío y temor de Dios. Sin sacarla de su esfera y condición mimábanla cual a propia hija; y como no era mal parecida y en casa como aquélla nunca faltan asechanzas,[64] las Señoras, si bien miraban a la chica como un vergel[65] cerrado, no la perdían de vista ni un instante.

Informaba Doña Pacha de las habilidades del pupilo como franjista[66] y tejedor, púsolo a la obra, y pronto varias señoras ricas y encopetadas,[67] le encargaron atimacasares[68] y cubiertas de muebles. Corrida la noticia por los *réclames*[69] de Fulgencia, se le pidió un cubrecama para una novia . . . ¡Oh! ¡En aquello sí vieron las Señoras los dedos de un ángel! Sobre aquella red sutil e inmaculada cual telaraña[70] de la gloria, albeaban[71] con sus pétalos ideales, manojos de azucenas, y volaban como almas de vírgenes unas mariposas aseñoradas,[72] de una gravedad coqueta y desconocida. No tuvo que intervenir la lavandera: de los dedos milagrosos salió aquel ampo[73] de pureza a velar el lecho de la desposada.[74]

Del importe del cubrecama sacóle Juancho un flux[75] de muy buen paño, un calzado hecho sobre

51 entrevistarse
52 pidió, solicitó
53 en un segundo
54 trastos o utensilios
55 depurado, purificado
56 carta que es segunda en valor en algunos juegos de naipes
57 grandes, anchos
58 talón, corva
59 mírame, ve
60 desiguales, no parejos
61 blanco; parecido al marfil
62 gusta, agrada
63 ha levantado la vista
64 tentaciones
65 jardín
66 bordador, que adorna con franjas
67 (fig.) altaneras, arrogantes, presumidas
68 tapetes
69 (francés): quiere decir «anuncios»
70 tejido que forma la araña
71 blanqueaban
72 parecían señoras
73 suma blancura
74 recién casada
75 terno de americana. Véase nota 47, anterior

medidas y un tirolés[76] de profunda hendidura y ala muy graciosa. Entusiasmada Doña Fulgencia con tantísima percha,[77] hízole de un retal[78] de blusa mujeril que le quedaba en bandera una corbata de moño,[79] a la que, por sugestión acaso, imprimió la figura arrobadora de las mariposas supradichas. Etéreo, como una revelación de los mundos celestiales, quedó Damiancito con los atavíos;[80] y cual si ellos influyesen en los vuelos de su espíritu sacerdotal, iba creciendo, al par que en majeza[81] y galanura, en las sapiencias[82] y reconditeces de la latinidad. Agachado en una mesita cojitranca,[83] vertía del latín al romance y del romance al latín ahora a Cornelio Nepote[84] y tal cual miaja[85] de Cicerón, ahora a San Juan de la Cruz,[86] cuya serenidad hispánica remansaba en unos hiperbatones dignos de Horacio Flaco. Probablemente Damiancito sería con el tiempo un Caro número dos.[87]

La cabecera de su casta camita era un puro pegote[88] de cromos y medallas, de registros y estampitas, a cuál más religioso. Allí Nuestra Señora del Perpetuo, con su rostro flacucho tan parecido al del seminarista; allí Martín de Porres, que armado de su escoba representaba la negrería del Cielo; allí Bernadette, de rodillas ante la blanca aparición; allí copones[89] entre nubes, ramos de uvas y gavillas[90] de espigas,[91] y el escapulario del Sagrado Corazón de alto relieve, destacaba sus chorrerones[92] de sangre sobre el blanco disco de franela.[93]

Doña Pacha, a vueltas de[94] sus entusiasmos con las virtudes y angelismo del curita, y en fuerza acaso de su misma religiosidad, estuvo a pique[95] de caer en una cisma:[96] muchísimo admiraba a los sacerdotes, y sobre todo, al Rector del Seminario, pero no le pasaba, ni envuelto en hostias, eso de que no se le diese becas a un sér como Damián, a ese pobrecito desheredado de los bienes terrenos, tan millonario en las riquezas eternas. El Rector sabría mucho; tanto, si no más que el Obispo; pero ni él ni su Ilustrísima le habían estudiado, ni mucho menos comprendido. Claro. De haberlo hecho, desbecaron[97] al más pintado, a trueque de colocar a Damiancito. La Iglesia Antioqueña iba a tener un San Tomasito de Aquino, si acaso Damián no se moría, porque el muchacho no parecía cosa para este mundo.

Mientras que Doña Pacha fantaseaba sobre las excelsitudes morales de Damián, Fulgencita se daba a mimarle el cuerpo endeble[98] que aprisionaba aquella alma apenas comparable al cubrecama consabido. Chocolate sin harina, de lo más concentrado y empumoso, aquel chocolate con que las hermanas se regodeaban[99] en sus horas de sibaritismo, le era servido en una jícara[1] tamaña como esquilón.[2] Lo más selecto de los comistrajes,[3] las grosuras[4] domingueras con que regalaban a sus comensales, iban a dar en raciones frailescas a la tripa[5] del seminarista, que gradualmente se iba anchando, anchando. Y para aquella cama que antes fuera dura tarima[6] de costurero, hubo blandicies por colchones y almohadas, y almidonadas blancuras semanales por sábanas y fundas, y flojedades cariñosas por la colcha grabada,[7] de candideces blandas y flecos desmadejados y acariciadores. La madre

---

[76] sombrero
[77] (Fig.) elegancia
[78] pedazo que sobra de una cosa recortada
[79] nudo o rodete en una tela
[80] vestidos; adornos
[81] calidad de majo; elegante, guapo
[82] sabidurías
[83] con patas de trancas (varas) de madera
[84] Nepote, Cornelio: escritor latino (s. I a. C.), autor de varias biografías
[85] pequeña parte de una cosa
[86] San Juan de la Cruz: poeta místico carmelita español (1542–1591)
[87] referencia a Miguel Antonio Caro, eminente latinista, filólogo, orador y político colombiano (1843–1909). Ser el Caro número dos representaba situarse cerca del gran erudito
[88] emplasto, quiere decir que tenía gran cantidad de estos artículos pegados a la cama
[89] copas grandes para guardar las hostias
[90] conjuntos, manojos
[91] parte superior del trigo y otras plantas
[92] chorros, salidas rápidas de un líquido
[93] tejido de lana
[94] trastornada por
[95] cerca
[96] división, disidencia, ruptura de la unidad
[97] no le dieron beca. Nótese como Carrasquilla juega con el idioma, inclusive creando palabras nuevas
[98] flaco, débil
[99] se deleitaban
[1] (amer.): vasija pequeña de una especie de calabaza
[2] *tamaña*: del tamaño de; *esquilón*: campana
[3] comistrajos, comida mala y rara
[4] comidas de carne
[5] estómago
[6] entablado, estrado
[7] cobertura exterior de la cama con grabados o bordados

más tierna no repasa ni revisa los indumentos[8] interiores de su unigénito cual lo hiciera Fulgencita con aquellas camisas, con aquellas medias y con aquella otra pieza que no pueden nombrar las *misses*. Y aunque la señora era un tanto asquienta[9] y poco amiga de entenderse con ropas ajenas, fuesen limpias o sucias, no le pasó ni remotamente al manejar los trapitos del seminarista ni un ápice[10] de repugnancia. Qué le iba a pasar; si antes se le antojaba, al manejarlas, que sentía el olor de pureza que deben exhalar los suaves plumones[11] de los ángeles. Famosa dobladora de tabacos, hacía unos largos y aseñorados, que eran para que Damiancito los fumase a solas en sus breves instantes de vagar.

Doña Pacha, en su misma adhesión al santico, se alarmaba a menudo con los mimos y ajonjeos[12] de Fulgencia, pareciéndole un tanto sensuales y antiascéticos tales refinamientos y tabaqueos.[13] Pero su hermana le replicaba, sosteniéndole que un niño tan estudioso y consagrado necesitaba muy buen alimento; que sin salud no podía haber sacerdotes, y que a alma tan sana no podían malearla las insignificancias de unos cuatro bocados más sabrosos que la bazofia[14] ordinaria y cotidiana, ni mucho menos el humo de un cigarro; y que así como esa alma se alimentaba de las dulzuras celestiales, también el pobre cuerpo que la envolvía podía gustar algo dulce y sabroso, máxime cuando Damiancito le ofrecía a Dios todos sus goces puros e inocentes.

Después del rosario con misterios[15] en que Damián hacía el coro, todo él ojicerrado, todo él recogido, todo extático, de hinojos[16] sobre la áspera estera antioqueña que cubría el suelo, después de este largo coloquio con el Señor y su Santa Madre, cuando ya las patronas habían despachado[17] sus quehaceres y ocupaciones de prima noche, solía Damián leerles algún libro místico, del padre Fáber[18] por lo regular. Y aquella vocecilla gangosa, que se desquebrajaba[19] al salir por aquella dentadura desportillada,[20] daba el tono, el acento, el carácter místico de oratoria sagrada. Leyendo *Belén*, el poema de la Santa Infancia, libro en que Fáber puso su corazón, Damián ponía una cara, unos ojos, una mueca que a Fulgencita se le antojaban transfiguración o cosa así. Más de una lágrima se le saltó a la buena señora en esas leyendas.

Así pasó el primer año, y, como era de esperarse, el resultado de los exámenes fue estupendo; y tanto el desconsuelo de las Señoras al pensar que Damiancito iba a separárseles durante las vacaciones, que él mismo, *motu proprio*,[21] determinó no irse a su pueblo y quedarse en la ciudad, a fin de repasar los cursos ya hechos y prepararse para los siguientes. Y cumplió el programa con todos sus puntos y comas; entre textos y encajes, entre redes y cuadernos, rezando a ratos, meditando con frecuencia, pasó los asuetos; y sólo salía a la calle a las diligencias y compras que a las Señoras se les ocurría, y tal vez a paseos vespertinos a las afueras más solitarias de la ciudad, y eso porque las Señoras a ello lo obligaban.

Pasó el año siguiente; pero no pasó, que antes[22] se acrecentaba más y más, el prestigio, la sabiduría, la virtud sublime de aquel santo precoz. No pasó tampoco la inquina[23] santa de Doña Pacha al Rector del Seminario: que cada día le sancochaba[24] la injusticia y el espíritu de favoritismo que aún en los mismos seminarios cundía[25] e imperaba.

Como a fines de ese año, a tiempo que los exámenes terminaban, se les hubiese ocurrido a los padres de Damián venir a visitarlos a Medellín, y como Aguedita estuviera de viaje a los ejercicios de diciembre, concertaron las patronas, previa licencia paterna, que tampoco en esta vez fuese Damián a pasar las vacaciones a su pueblo. Tal resolución les vino a las Señoras no tanto por la falta que Damián iba a hacerles, cuanto y más por la extremada pobreza, por la

---

[8] indumentaria, vestidos
[9] asqueada, que sentía asco
[10] (fig.) parte pequeñísima
[11] plumas
[12] mimos, halagos, caricias
[13] acciones de fumar cigarrillos o puros
[14] (fig.) comida mala; basura
[15] acto de rezar el rosario recordando la vida y pasión de Jesús con detenimiento
[16] de rodillas
[17] hecho
[18] Fáber, Bartolomé: agustino alemán (¿ ?–1739), predicador y escritor muy piadoso
[19] resquebrajaba, agrietaba, rompía
[20] con los dientes separados o abiertos
[21] por iniciativa propia, por sí mismo
[22] sin que antes
[23] mala voluntad, aborrecimiento
[24] (fig.) le echaba en cara
[25] se extendía, se propagaba

miseria que revelaban aquellos viejecitos, un par de campesinos de lo más sencillo e inocente, para quienes la manutención[26] de su hijo iba a ser, si bien por pocos días, un gravamen[27] harto pesado y agobiador. Damián, este sér obediente y sometido, a todo dijo amén con la mansedumbre de un cordero. Y sus padres, después de bendecirle, partieron, llorando de reconocimiento a aquellas patronas tan bondadosas, a mi Dios que les había dado aquel hijo.

¡Ellos, unos pobrecitos montañeros, unos ñoes,[28] unos muertos de hambre, taitas[29] de un curita! Ni podían creerlo. ¡Si su Divina Majestad fuese servida de dejarlos vivir hasta verlo cantar misa o alzar con sus manos la hostia, el cuerpo y sangre de mi Señor Jesucristo! Muy pobrecitos eran, muy infelices; pero cuanto tenían, la tierrita, la vaca, la media roza,[30] las cuatro matas de la huerta, de todo saldrían, si necesario fuera, a trueque de ver a Damiancito hecho cura. Pues ¿Aguedita? El cuajo[31] se le ensanchaba de celeste regocijo, la glorificación de Dios le rebullía por dentro al pensar en aquel sacerdote, casi hechura suya. Y la Parroquia misma, al sentirse patria de Damián, sentía ya vibrar por sus aires el soplo de la gloria, el hálito de la santidad: sentíase la Padua[32] chiquita.

No cedía Doña Pacha en su idea de la beca. Con la tenacidad de las almas bondadosas y fervientes buscaba y buscaba la ocasión: y la encontró. Ello fue que un día, por allá en los julios siguientes, apareció por la casa, como llovida del cielo y en calidad de huésped, Doña Débora Cordobés, señora briosa y espiritual, paisana y próxima parienta del Rector del Seminario. Saber Doña Pacha lo del parentesco y encargar a Doña Débora de la intriga, todo fue uno. Prestóse ella con entusiasmo, prometiéndole conseguir del Rector cuanto pidiese. Ese mismo día solicitó por el teléfono una entrevista con su ilustre allegado;[33] y al Seminario fue a dar a la siguiente mañana.

Doña Pacha se quedó atragantándose[34] de Te Deums y Magnificats, hecha una acción de gracias; corrió Fulgencita a arreglar la maleta y todos los bártulos[35] del curita, no sin *chocolear*[36] un poquillo por la separación de este niño que era como el respeto y la veneración de la casa. Pasaban horas, y Doña Débora no aparecía. El que vino fue Damián, con sus libros bajo el brazo, siempre tan parejo y tan sonreído.

Doña Pacha quería sorprenderlo con la nueva, reservándosela para cuando todo estuviera definitivamente arreglado, pero Fulgencita no pudo contenerse y le dio algunas puntadas.[37] Y era tal la ternura de esa alma, tanto su reconocimiento, tanta su gratitud a las patronas, que, en medio de su dicha, Fulgencita le notó cierta angustia, tal vez la pena de dejarlas. Como fuese a salir, quiso detenerlo Fulgencita; pero no le fue dado al pobrecito quedarse, porque tenía que ir a la Plaza de Mercado a llevar una carta a un arriero,[38] una carta muy interesante para Aguedita.

Él que sale, y Doña Débora que entra.[39] Viene inflamada por el calor y el apresuramiento. En cuanto la sienten las Del Pino se le abocan,[40] la interrogan, quieren sacarle de un tirón la gran noticia. Siéntase Doña Débora en un diván[41] exclamando:

—Déjenme descansar y les cuento.

Se le acercan, la rodean, la asedian.[42] No respiran. Medio repuesta un punto, dice la mensajera:

—Mis queridas, ¡se las comió el santico! Hablé con Ulpianito. Hace más de dos años que no ha vuelto al Seminario . . . Ulpianito ni se acordaba de él! . . .

—¡Imposible! ¡Imposible! —exclamaban a dúo las dos señoras.

—No ha vuelto . . . Ni un día. Ulpianito ha

---

[26] mantenimiento (alimentos, habitación, etc.)
[27] carga, peso
[28] viejos
[29] padres
[30] campo que se limpia de malezas para sembrarlo
[31] (fig. y fam.) calma, pachorra
[32] referencia a que en la ciudad de Padua, Italia murió y está el sepulcro de San Antonio de Padua (1195–1231)
[33] pariente
[34] tragando con dificultad; ahogándose
[35] enseres, conjunto de cosas de una persona
[36] lagrimar; llorar
[37] le adelantó detalles de la noticia
[38] el que conduce bestias de carga de un lugar a otro
[39] quiere decir: «Al salir él, Débora entra»
[40] se le acercan mucho; le hacen preguntas directas y constantes
[41] especie de sofá; canapé
[42] cercan, sitian

averiguado con el vicerrector, con los Pasantes, con los Profesores todos del Seminario. Ninguno lo ha visto. El Portero, cuando oyó las averiguaciones, contó que ese muchacho estaba entregado a la vagamundería. Por ai dizque[43] lo ha visto en malos pasos. Según cuentas, hasta donde los protestantes dizque ha estado . . .

—Ésa es una equivocación, Misiá Débora —prorrumpe Fulgencita con fuego.

—Eso es por no darle la beca —exclama Doña Pacha, sulfurada—. ¡Quién sabe en qué enredo habrán metido a ese pobre angelito!

—Sí, Pacha —asevera Fulgencita—. A Misiá Débora la han engañado. Nosotras somos testigos de los adelantos de ese niño; él mismo nos ha mostrado los certificados de cada mes y las calificaciones de los certámenes.

—Pues no entiendo, mis señoras, o Ulpiano me ha engañado —dice Doña Débora, ofuscada,[44] casi vacilando.

Juan de Dios Barco aparece.

—Oiga, Juancho, por Dios —exclama Fulgencita en cuanto le echa el ojo encima—. Camine, oiga estas brujerías. Cuéntele, Misiá Débora.

Resume ella en tres palabras; protesta Juancho; se afirman las Patronas; dase por vencida Doña Débora.

—Ésta no es conmigo —vocifera Doña Pacha, corriendo al teléfono.

Tilín . . . tilín . . .

—Central . . . ¡Rector del Seminario! . . .

Tilín . . . tilín . . .

Y principian. No oye, no entiende; se enreda, se involucra,[45] se *tupe*;[46] da la bocina[47] a Juancho y escucha temblorosa. La sierpe[48] que se le enrosca a Núñez de Arce[49] le *pasa rumbando*. Da las gracias Juancho, se despide, cuelga la bocina y aísla.

Y aquella cara anodina,[50] agermanada, de zuavo[51] de Cristo, se vuelve a las Señoras; y con aquella voz de inmutable simpleza, dice:

—¡Nos co-mió el se-bo el pen-de-je-te![52]

Se derrumba Fulgencia sobre un asiento. Siente que se desmorona,[53] que se deshiela moralmente. No se asfixia porque la caldera[54] estalla en un sollozo.

—No llorés, Fulgencita —vocifera Doña Pacha, con voz enronquecida y temblona—, ¡déjamelo estar!

Álzase Fulgencia y ase a la hermana por los molledos.[55]

—No le vaya a decir nada, mi querida. ¡Pobrecito!

Rúmbala Doña Pacha de tremenda manotada.

—¡Que no le diga! ¡Que no le diga! ¡Que venga aquí ese pasmado![56] . . . ¡Jesuíta! ¡Hipócrita!

—No, por Dios, Pacha . . .

—¡De mí no se burla ni el obispo! ¡Vagabundo! ¡Perdido! Engañar a unas tristes viejas; robarles el pan que podían haberle dado a un pobre que lo necesitara. ¡Ah malvado, comulgador sacrílego! ¡Inventor de certificados y de certámenes! . . . ¡Hasta protestante será!

—Vea mi queridita, no le vaya a decir nada a ese pobre. Déjelo siquiera que almuerce.

Y cada lágrima le caía congelada por la arrugada mejilla.

Intervienen Doña Débora y Juancho. Suplican.

—¡Bueno! —decide al fin Doña Pacha, levantando el dedo—, Jártalo[57] de almuerzo hasta que reviente. Pero eso sí, chocolate del de nosotras sí no le das a ese sinvergüenza. Que beba aguadulce o que se largue sin sobremesa.

Y erguida, agrandada por la indignación, corre a servir el almuerzo.

Fulgencita alza a mirar, como implorando auxilio, la imagen de San José, su santo predilecto.

A poco llega el santico, más humilde, con la sonrisilla seráfica un poquito más acentuada.

—Camine a almorzar, Damiancito —le dice

[43] «por ahí se dice»
[44] (fig.) confundida, trastornada
[45] se envuelve, se complica, se mezcla
[46] se confunde
[47] el teléfono
[48] (poét.) serpiente, culebra
[49] Núñez de Arce, Gaspar: poeta postrromántico español (1834–1903); se refiere a su poema *La selva oscura* de tono filosófico
[50] insignificante; insípida
[51] soldado de un regimiento de caballería francés, organizado en Argelia en 1831
[52] «nos engañó, nos tomó el pelo el estúpido o tonto»
[53] se deshace lentamente; desfallece
[54] se refiere al interior, el corazón
[55] músculos de los brazos
[56] parado, ensimismado; absorto
[57] hártalo, dale mucha comida

Doña Fulgencia, como en un trémolo de terneza y amargura.

Sentóse la criatura y de todo comió, con mastiqueo nervioso, y no alzó a mirar a Fulgencita, ni aun cuando ésta le sirvió la inusitada taza de agua de panela.[58]

Con el último trago le ofrece Doña Fulgencia un manojo de tabacos, como lo hacía con frecuencia. Recíbelos San Antoñito, enciende y vase a su cuarto.

Doña Pacha, terminada la faena del almuerzo, fue a buscar al protestante. Entra a la pieza y no lo encuentra; ni la maleta, ni el tendido de la cama.

Por la noche llaman a Candelaria al rezo y no responde; búscanla y no aparece: corren a su cuarto, hallan abierto y vacío el baúl . . . Todo lo entienden.

A la mañana siguiente, cuando Fulgencita arreglaba el cuarto del malvado, encontró una alpargata[59] inmunda de las que él usaba; y al recogerla cayó de sus ojos, como el perdón divino sobre el crimen, una lágrima nítida,[60] diáfana, entrañable.[61]

Florencio Sánchez

URUGUAY, 1875–1910

Las fórmulas del Realismo llegaron también al teatro hispanoamericano, iniciando su renacimiento y dotándolo de las técnicas y temas necesarios para su auge extraordinario en el siglo XX. Partiendo de una reacción contra el emocionalismo y exaltación del Romanticismo y recibiendo la influencia de los grandes dramaturgos europeos de la época —Ibsen, Strindberg, Chéjov, Hauptmann, Björnson, Sudermann— el teatro de Hispanoamérica se moderniza en temas, asuntos y técnicas. Es entonces cuando surge un grupo de dramaturgos en varios países, con una orientación seria y trascendente del drama y, aunque se sigue cultivando el teatro costumbrista y de tintes románticos para agradar al gran público, se componen piezas bajo la influencia directa del teatro de tesis y de ideas, de Ibsen y otros. La finalidad del teatro, según lo ven algunos de estos dramaturgos, es presentar con verismo la realidad de los problemas humanos, destacando el ambiente social, al que se critica fuertemente. Entre los principales autores dramáticos de este período deben citarse al argentino Gregorio Laferrère (1867–1913), autor de comedias realistas de costumbres; Florencio Sánchez y Ernesto Herrera del Uruguay; José Antonio Ramos de Cuba, Antonio Acevedo Hernández de Chile, Leónidas Yerovi, del Perú y otros muchos.

---

[58] agua dulce con raspadura (dulce hecho de azúcar)
[59] zapatillas o sandalias con suela de soga
[60] limpia, clara, pura
[61] íntima, tierna.

Hoy se considera a Florencio Sánchez como la cumbre del teatro realista hispanoamericano, ya que fue él, quien realmente sentó las bases que permitieron el auge del arte dramático en el Siglo XX, a más de ser el primer dramaturgo importante de los tiempos modernos. Nació nuestro autor en Montevideo, en el seno de una familia muy pobre, tuvo muy poca instrucción formal, pero leyó con intensidad y comenzó a escribir muy pronto, pues a los quince años se inició en el periodismo. Era un periodista combativo, enérgico y defensor de las grandes causas. Por esta época también escribió algunos cuentos. En 1887 se alistó, con otros intelectuales, periodistas y profesores en la revolución del caudillo Aparicio Saravia, que defendía los fueros de la democracia genuina. Terminada la guerra civil, se trasladó a Buenos Aires, donde colaboró en los periódicos *El País* y *El Sol*. En la ciudad de Rosario escribió para el diario *La República*, con su acostumbrado tono agresivo e idealista.

Sánchez era periodista por necesidad, pero llevaba el teatro en lo más profundo de su alma. En este género planteó algunos de los conflictos humanos y problemas sociales más serios, que podía captar gracias a su aguda sensibilidad e idealismo. Debido a su interés en los problemas sociales, se afilió al Centro Internacional de Estudios Sociales, grupo de ideas avanzadas y muy amante del teatro, pues ofrecía representaciones de obras de calidad.

Su constitución enfermiza, vida bohemia y alcoholismo quebrantaron su salud, circunstancias que unidas a su pobreza terminaron por minarlo con la tuberculosis. Nombrado por el gobierno de su país para representarlo en la Exposición Artística de Roma, vio en este viaje una posibilidad de cura, pero murió en Milán, Italia, menos de un año después de su salida de Buenos Aires.

Aunque había representado su primera obra, *Gente honesta* (1902) en Rosario (prohibida por la policía por su sátira social), es en el período de seis años que vive en Buenos Aires, cuando Sánchez produce las creaciones dramáticas que lo han inmortalizado. De 1903 a 1909 escribió unas veinte piezas que pueden dividirse, aunque en forma muy simple, en *dramas rurales* y *dramas urbanos*. Las del primer grupo son muy superiores, aunque en el segundo también se encuentran piezas de gran valor. A esta clasificación inicial corresponden *M'hijo el dotor* (1903), intenso drama gauchesco que lo consagró definitivamente ante el público. Su asunto se centra alrededor del conflicto entre la vida de la ciudad y la del campo y las diferencias sicológicas entre dos generaciones de inmigrantes. En *La gringa* (1904), una de sus piezas más representadas, plantea la disparidad existente entre el inmigrante emprendedor y enérgico y el criollo, muy virtuoso, pero sin la fuerza que exige el mundo moderno. La hija de los italianos y el hijo de los gauchos criollos se casan. El nuevo vástago lleva sangre de los dos, como simbolizando la raza del porvenir.

Entre sus obras, la más importante y mejor construída es *Barranca abajo* (1905), último drama de la trilogía que incluye *M'hijo el dotor* y *La Gringa*. En esta intensa tragedia se describe la decadencia de una familia gaucha, hasta llegar a su ruina total. Esos males son producidos por la oligarquía gobernante, que emplea todos los subterfugios de la ley, y la fuerza de la policía para despojar de sus tierras a las antiguas familias criollas. El personaje principal de esta obra —que ofrecemos como selección— es Zoilo, carácter recio que aumenta de estatura en su soledad, cuando hasta su familia lo abandona al verlo abatido por los golpes del destino. Siguiendo las fórmulas del Naturalismo en la crudeza de los diálogos y cierto determinismo, y a Ibsen en la técnica, Sánchez hace un uso excelente de los silencios, pausas, escenas mudas y sobriedad del diálogo, recursos con los que lleva más hondamente al corazón la intensidad dramática. La pieza refleja muy bien el drama del campo argentino e inclusive se imita el habla popular para aumentar el verismo ambiental. Su tema tiene una profunda intención social y es profundamente pesimista, terminando con el triunfo de la maldad como respondiendo a una ley de la vida. Por su fuerza trágica y su maestría de ejecución puede colocarse al lado del mejor teatro realista de la época.

Hacia 1905, Sánchez orientó su atención hacia los problemas de la vida urbana en Buenos Aires. Era un momento de transición en la estructura sociológica, humana y económica de las ciudades, producto de los cambios económicos y del crecimiento de la población urbana. Con ese material, nuestro autor escribió *En familia* (1905), *El desalojo* y *El pasado* (1906) y *Los derechos de la salud* y *Nuestros hijos* (1907). En estas obras vuelve a dar pruebas de un teatro serio y trascendente y no meramente de entretenimiento. El teatro de Sánchez es realista y muy pesimista; por lo general escoge un conflicto de hondo sentido humano y lo dramatiza de forma convincente, creando caracteres que perduran en el recuerdo del lector. Muestra siempre gran simpatía hacia los infelices, enfermos, y víctimas de las injusticias sociales. A pesar de sus ideas anarco-socialistas, no parece proponer la liquidación de la sociedad presente, sino que aboga por un orden social más justo en que cada individuo tenga lo que necesita. Se inclinaba más a las fórmulas tolerantes y bondadosas que a las radicales. Combinó en su teatro tres elementos esenciales: los problemas vitales reales, las técnicas más modernas de Ibsen y Hauptmann, y sobre todo una protesta social sostenida.

FUENTE: *Teatro de Florencio Sánchez,* 6ta, ed., Buenos Aires, Editorial Sopena, 1964; *Barranca abajo,* 2da. ed., Buenos Aires, Editorial Huemul, 1966 con introducción, notas y vocabulario de Jorge Raúl Lafforgue.

Barranca abajo[1]

1905

DRAMA EN TRES ACTOS

PERSONAJES

DON ZOILO
DOÑA DOLORES, esposa de don Zoilo
ROBUSTIANA, hija de don Zoilo
PRUDENCIA, otra hija de don Zoilo
RUDECINDA, hermana de don Zoilo
ANICETO, ahijado de don Zoilo
MARTINIANA
JUAN LUIS
BATARÁ
GUTIÉRREZ
SARGENTO MARTÍN

La acción se desarrolla en la campaña de Entre Ríos[2]

ACTO PRIMERO

Representa la escena un patio de estancia;[3] *a la derecha y parte del foro,*[4] *frente de una casa antigua, pero de buen aspecto; galería sostenida por medio de columnas. Gran parral*[5] *que cubre todo el patio; a la izquierda un zaguán. Una mesa, cuatro sillas de paja, un brasero con cuatro planchas, un sillón de hamaca, una vela, una tabla de planchar, una caja de fósforos, un banquito, varios papeles de estraza*[6] *para hacer parches, una azucarera y un mate. Es de día. Al levantarse el telón aparecen en escena doña Dolores, sentada en el sillón, con la cabeza atada con un pañuelo blanco; Prudencia y Rudecinda, planchando; Robustiana haciendo parchecitos con una vela.*

ESCENA I

ROBUSTIANA, DOÑA DOLORES, RUDECINDA *y* PRUDENCIA

DOLORES: Poneme pronto, m'hija, esos parches.

ROBUSTIANA: Paresé, en el aire no puedo hacerlo. (*Se acerca a la mesa, coloca los parches de papel sobre ella y les pone sebo de vela.*) ¡Aquí verás!

---

[1] Este drama fue estrenado en el Teatro Apolo de Buenos Aires el 26 de abril de 1905 por la compañía de los hermanos Podestá. Debe recordarse que el autor ha empleado el lenguaje típico de la pampa en esta obra. Ver apunte crítico en la introducción.

[2] *campaña*: campo; *Entre Ríos*: provincia de la Argentina, al norte de Buenos Aires, limita con el Uruguay

[3] (amer.): hacienda o finca

[4] fondo del escenario

[5] viña, conjunto de plantas de la uva

[6] una clase de papel ordinario

RUDECINDA: ¡Eso es! ¡Llenáme la mesa de sebo, si te parece! ¿No ves? Ya gotiaste encima el paño.

ROBUSTIANA: ¡Jesús! ¡Por una manchita!

PRUDENCIA: Una manchita que después, con la plancha caliente, ensucia toda la ropa . . . Ladiá esa vela . . .

ROBUSTIANA: ¡Viva, pues, la patrona!

PRUDENCIA: ¡Sacá esa porquería de ahí! (*Da un manotón a la vela, que va a caer a la enagua que plancha Rudecinda.*)

RUDECINDA: ¡Ay! ¡Bruta! ¡Cómo me has puesto la nagua!

PRUDENCIA: (*Displicente.*) ¡Oh! ¡Fue sin querer!

ROBUSTIANA: ¡Jua, jua, jua! (*Recoge la vela y trata de reanudar su tarea.*)

RUDECINDA: ¡A la miseria! ¡Tanto trabajo que me había dao plancharla! ¡Odiosa! . . . ¡Te la había de refregar por el hocico![7]

PRUDENCIA: ¡No hay cuidao!

RUDECINDA: ¡No me diera Dios más trabajo!

PRUDENCIA: (*Alejándose.*) Pues hija, estarías todo el día ocupada.

RUDECINDA: ¡Ah, sí! ¡Ah, sí! ¡Ya verás! ¡Zafada![8] ¡Sinvergüenza! (*La persigue.*)

ROBUSTIANA: ¡Jua, jua, jua! (*Al ver que no la alcanza.*)

RUDECINDA: (*Deteniéndose.*) Y vos . . . gallina crespa, ¿de qué te reís?

ROBUSTIANA: ¿Yo? ¡De las cosquillas!

RUDECINDA: Pues tomá para que te rías todo el día. (*Le friega*[9] *las enaguas por la cara.*) ¡Atrevida!

ROBUSTIANA: ¡Ah! . . . ¡Madre! ¡Bruja del diablo! . . . (*Corre hasta la mesa y toma una plancha.*) ¡Acercáte ahora! ¡Acercáte y verás cómo te plancho la trompa!

PRUDENCIA: ¡Ya la tenés almidonada, che,[10] Robusta!

RUDECINDA: (*A Prudencia.*) Vos, relamida, que te pintás con el papel de los festones[11] para lucirle al rubio . . .

PRUDENCIA: Peor es afeitarse la pera,[12] che, como hacen algunas . . .

ROBUSTIANA: ¡Jua, jua! (*Cantando.*)

Mañana por la mañana
se mueren todas las viejas . . .
y las llevan a enterrar
al . . .

PRUDENCIA: ¡Angelitos pal cielo!

DOLORES: Por favor, mujeres, por favor. ¡Se me parte la cabeza! Parece que no tuvieran compasión de esta pobre madre dolorida. Robustiana, preparáme esos parchecitos . . . ¡Ay, mi Dios y la Virgen Santísima! . . .

RUDECINDA: Si te hicieras respetar un poco por los potros de tus hijas . . . no pasaría esto.

ROBUSTIANA: Potro, pero no pa tu doma.

DOLORES: ¡Hija mía, por favor!

ROBUSTIANA: ¡Oh! ¡Que se calle ésa primero! ¡Es la que busca! (*Vuelven a planchar Rudecinda, rezongando,*[13] *limpia las manchas de sebo.*) Ahí tiene su remedio, mamá. ¡Prontito, que se enfría! (*Colocándole los parches.*) ¿Ta caliente? Ahora el otro, ¡ajajá! . . .[14]

DOLORES: Gracias. Quiera Dios y María Santísima que me haga bien esto. (*Rudecinda rezonga fuerte.*)

ROBUSTIANA: (*Por*[15] *Rudecinda.*) ¡Juera, Juera,[16] canelá![17] (*Prudencia arregla las planchas en el brasero.*)

DOLORES: (*A Robustiana.*) Mirá, hijita mía. Si hay agua caliente, cebáme un mate[18] de hojas de naranjo. ¡Ay, Dios mío!

ROBUSTIANA: Bueno. (*Antes de hacer mutis.*)[19] ¡Rudecinda! ¿Querés vos un matecito de toronjil?[20] ¡Es bueno pa la ausencia!

RUDECINDA: ¡Tomálo vos, bacaray![21] (*A Prudencia.*) ¡Ladiá el cuero! . . .[22] (*Toma otra plancha y la refriega sobre una chancleta ensebada.*)

---

[7] *refregar*: estregar, frotar; *hocico*: (Fam.): boca de una persona
[8] atrevida
[9] en el original dice «refrega»; le frota, le estrega
[10] (Arg.) tú
[11] bordados
[12] pelo de la punta de la barba
[13] gruñendo, refunfuñando; murmurando
[14] así
[15] aludiendo, refiriéndose a
[16] fuera
[17] canela, color canelo; pardo
[18] prepárame un mate (especie de té muy popular en la región rioplatense)
[19] retirarse un actor del escenario
[20] planta medicinal y digestiva
[21] (Riopl.) ternero nonato (nacido mediante operación cesárea de la madre)
[22] tuerce hacia un lado la piel

¡Coloradas las planchas! ¡Uf! ¡Qué temeridad! . . . (*Pausa. Prudencia plancha y doña Dolores suspira quejumbrosa.*)

ESCENA II

Ha salido ROBUSTIANA *y entra* DON ZOILO

(*Don Zoilo aparece por lo puerta del foro. Se levanta de la siesta. Avanza lentamente y se sienta en un banquito. Pasado un momento, saca el cuchillo de la cintura y se pone a dibujar marcas en el suelo.*)

DOLORES: (*Suspirando.*) ¡Ay, Jesús, María y José!

RUDECINDA: Mala cara trae el tiempo. Parece que viene tormenta del lao de la sierra.

PRUDENCIA: Che, Rudecinda, ¿se hizo la luna ya?

RUDECINDA: El almanaque la anuncia para hoy. Tal vez se haga con agua.

PRUDENCIA: Con tal que no llueva mucho.

DOLORES: ¡Robusta! ¡Robusta! ¡Ay, Dios! (*Zoilo se levanta y va a sentarse a otro banquito.*)

RUDECINDA: (*Ahuecando la voz.*) ¡Güenas tardes! . . . dijo el muchacho cuando vino . . .

PRUDENCIA: Y lo pior jué[23] que nadie le respondió. ¡Linda cosa!

RUDECINDA: Che, Zoilo, ¿me encargaste el generito pal viso[24] de mi vestido? (*Zoilo no responde.*) ¡Zoilo! . . . ¡Eh! . . . ¡Zoilo! . . . ¿Tas sordo? Decí . . . ¿Encargaste el generito rosa? (*Zoilo se aleja y hace mutis lentamente por la derecha.*)

ESCENA III

Los mismos, menos DON ZOILO

RUDECINDA: No te hagás el desentendido, ¿eh? . . . (*A Prudencia.*) Capaz de no haberlo pedido. Pero malhaya[25] que no suceda, porque se las he de cantar claro . . . Si se ha creído que debo aguantarle sus lunas,[26] está muy equivocao . . .

DOLORES: En el papelito que mandó a la pulpería[27] no iba apuntao.

PRUDENCIA: Yo lo puse . . .

DOLORES: Pero él me lo hizo sacar.

RUDECINDA: ¿Qué?

DOLORES: Dice que bonitas estamos para andar con lujos . . . ¡Ay, mi Dios!

RUDECINDA: ¿Ah, sí? Dejálo que venga y yo le voy a preguntar quién paga mis lujos . . . ¡Caramba! ¡Le han entrao las economías con lo ajeno!

ESCENA IV

Los mismos y MARTINIANA

MARTINIANA: ¡Bien lo decía yo! . . . De juro[28] que mi comadre Rudecinda está con la palabra. ¡Güenas tardes les déa[29] Dios! (*Con cierto alborozo.*) ¿Cómo le va?

PRUDENCIA: ¡Hola, ña[30] Martiniana!

MARTINIANA: ¿Cómo está, comadre? ¿Cómo te va, Prudencia? ¡Ay, Virgen Santa! Misia[31] Dolores siempre con sus achaques. ¡Qué tormento, mujer! . . . ¿Qué se ha puesto? ¿Parches de yerba? ¡Psch! . . . ¡Cusí, cusí![32] Usté no se va a curar hasta que no tome la ñopatía.[33] Lo he visto a mi compadre Juan Avería hacer milagros . . . Tiene tan güena mano pa darla . . . ¿Y qué tal, muchachas? ¿Qué se cuenta e nuevo? Me viá[34] sentar por mi cuenta, ya que no me convidan.

RUDECINDA: ¿Y mi ahijada?

MARTINIANA: ¡Güena, a Dios gracias! La dejé apaleando[35] una ropita del capitán Butiérrez,[36] porque me mandó hoy temprano al sargento a decirme que no me juera olvidar de tenerle, cuando menos, una camisa pronto pal sábado, que está de baile.

---

[23] peor fue
[24] forro de color o combinación de algunos vestidos
[25] (Riopl.) ¡ojalá!
[26] soportarle sus caprichos o neurastenia
[27] (amer.): tienda donde se venden comestibles, bebidas, droguería y otras mercancías
[28] seguro
[29] dé
[30] doña
[31] señora. En la América hispana tratamiento amistoso a señoras casadas o viudas
[32] más o menos, regular
[33] homeopatía. Sistema terapéutico que trata de curar las enfermedades por medio de substancias capaces de determinar una afección análoga a la que se quiere curar
[34] voy a (contracción)
[35] lavando; sacudiendo
[36] Gutiérrez. Uno de los personajes del drama

RUDECINDA: ¿Dónde?

PRUDENCIA: Será muy lejos, pues nosotros no sabemos nada.

MARTINIANA: Háganse las mosquitas muertas.[37] ¡No van a saber! El sargento me dijo que la junción sería acá.

PRUDENCIA: Como no bailemos con las sillas . . .

RUDECINDA: ¡Quién sabe! Tal vez piensen darnos alguna serenata. El comisario es buen cantor.

MARTINIANA: ¡Sí, algo de eso he oído!

DOLORES: ¡Ay, mi Dios! ¡Como pa serenatas estamos!

MARTINIANA: Lo que es a don Zoilo no le va a gustar mucho. Así le decía yo al sargento.

DOLORES: ¡Oh! Si fuéramos a hacerle caso, viviríamos peor que en un convento.

MARTINIANA: Parece medio maniático; aurita, cuando iba dentrando, me topé con él y ni las güenas tardes me quiso dar . . . No es por conversar, pero dicen por ahí que está medio ido de la cabeza. También, hijita, a cualquiera le doy esa lotería.[38] ¡Miren que quedarse de la mañana a la noche con una mano atrás y otra adelante,[39] como quien dice, perder el campo en que ha trabajao toda la vida y la hacienda y todo! Porque dejuramente[40] entre jueces y procuradores le han comido vaquitas y majadas.[41] ¡Y gracias que dio con un hombre tan güeno como don Luis! Otro ya les hubiera intimao al desalojo, como se dice. ¡Qué persona tan cumplida y de güenos sentimientos! ¡Oh! ¡No te pongás colorada, Prudencia! No lo hago por alabártelo . . . Che, decime: ¿tenés noticia de Aniceto? Dicen que está poblando en Sarandí[42] pa casarse con vos. ¿Se jubará esa carrera? ¡Hum! . . . Lo dudo dijo un pardo y se quedó serio . . .[43] ¡Ah! ¡Eso sí! Como honrao y trabajador no tiene reparo. Pero qué querés; se me hace que no harían güena yunta. ¿Es cierto que don Zoilo se empeña tanto en casarlos, che?

PRUDENCIA: Diga. ¿Me trajo aquella plantita de resedá?[44]

MARTINIANA: ¿Querrás creer que me iba olvidando? Sí y no. El resedá se quedó en casa; pero te traigo unas semillitas de una planta pueblera muy linda.

PRUDENCIA: ¡A verlas, a verlas! (*Acercándose.*)

MARTINIANA: (*Sacando un sobre del seno.*) Están ahí adentro de ese papel.

PRUDENCIA: (*Ocultando la carta*). ¿Se pueden sembrar ahora? . . .

MARTINIANA: Cuando vos querás; en todo tiempo.

PRUDENCIA: Pues yo misma voy a plantarlas. (*Va hacia el jardincito de la derecha y abre la carta.*)

MARTINIANA: Pues sí, señor, comadre. Dicen que anda la virgüela.[45] ¿Será cierto?

RUDECINDA: (*Que ha seguido con interés los movimientos de Prudencia.*) Parece . . . Se habla mucho. (*Deja la plancha y se aproxima a Prudencia.*)

MARTINIANA: Como calandria al sebo.[46] (*Volviendo a Dolores.*) ¡Caramba, caramba con doña Dolores! (*Aproximándose con el banco.*) Le sigue doliendo no más.

RUDECINDA: ¿Qué te dice don Juan Luis, che? Lee pa las dos.

PRUDENCIA: Puede venir el viejo.

RUDECINDA: A ver. Lee no más.

PRUDENCIA: (*Leyendo con dificultad.*) «Chinita[47] mía.»

RUDECINDA: ¡Si será zafao[48] el rubio! . . .

PRUDENCIA: «Chinita mía. Recibí tu adorable cartita y con ella una de las más tiernas satisfacciones de nuestro naciente idilio. Si me convenzo de que me amas de veras» . . . ¡Sinvergüenza, no está convencido todavía! ¿Qué más quiere? ¡Goloso![49]

RUDECINDA: No seas pava.[50] No dice semejante cosa. Hay un punto en la letra sí. Sí, punto . . . «me convenzo de que me amas de veras y . . .»

---

[37] personas que fingen ser muy inocentes
[38] por referencia a ese juego, cuando algo es adverso a alguien o tiene muchas probabilidades en su contra
[39] sin nada, muy pobre, arruinado
[40] seguramente
[41] (Riopl.) conjunto de ganado lanar y ovejas
[42] *poblando*: colonizando, estableciéndose donde antes no había habitantes; *Sarandí*: región y ciudad del Uruguay
[43] la frase indica duda. *Pardo*: negro, persona de color
[44] resedá, planta de jardín de flores amarillas y olorosas
[45] viruela, enfermedad eruptiva e infecciosa
[46] la frase se refiere a enfermos fingidos
[47] mujer a quien se ama
[48] zafado; atrevido
[49] que tiene mucho apetito sensual
[50] tonta, boba

PRUDENCIA: ¡Ah, bueno! (*Lee.*) «Que me amas de veras y espero recibir constantes y mejores pruebas de tu cariño. Tengo una sola que reprocharte. Lo esquiva que estuviste conmigo la última tarde . . .»

RUDECINDA: ¿Ves? ¿Qué te dije?

PRUDENCIA: Yo no tuve la culpa. ¡Sentí ruido y creí que venía mamá!

RUDECINDA: ¡Zonza! ¡Pa lo que te cuesta dar un beso! Seguí leyendo.

PRUDENCIA: ¡Si no fuera más que uno! (*Leyendo.*) «La última tarde . . .» ¡Ay! Creo que llega tata.[51]

RUDECINDA: No; viene lejos. Fijate prontito, a ver si dice algo pa mí.

PRUDENCIA: Esperáte . . . . «Dile a Rudecinda que esta tarde o mañana iré con el capitán Butiérrez a reconciliarlo con don Zoilo.»

MARTINIANA: (*Como dando una señal.*) Muchachas, ¿sembraron ya las semillas?

PRUDENCIA: Acabamos de hacerlo. (*Ocultando la carta.*)

ESCENA V

Los mismos y DON ZOILO

ZOILO: (*Con una maleta de lona en la mano, que deja caer a los pies de doña Dolores.*) Ahí tienen los encargos de la pulpería.

MARTINIANA: (*Zalamera.*) Güenas tardes, don Zoilo. Hace un rato no quiso saludar, ¿eh?

ZOILO: ¿Qué andás haciendo por acá? ¡Nada güeno, de juro!

MARTINIANA: Ya lo ve, pasiando un poquito.

ZOILO: Ahí se iba tu yegua campo ajuera, pisando las riendas.

MARTINIANA: (*Mirando al campo.*) Y mesmo. Mañerasa la tubiana.[52] (*Vase, hablando a gritos.*) Che, Nicolás; vos tenés güenas piernas, atajamelá, ¿querés?

ESCENA VI

Los mismos, menos MARTINIANA

RUDECINDA: (*Que ha estado revisando las maletas. A don Zoilo, que se aleja.*) ¡Che, Zoilo! ¡Eh! ¿Y mis encargos?

ZOILO: No sé.

RUDECINDA: ¿Cómo que no sabés? Yo he pedido (*recalcando*) por mi cuenta, pa pagarlo con mi platita, dos o tres cosas y un corte de vestido pa Prudencia, la pobre, que no tiene qué ponerse. ¿Ande[53] está eso?

ZOILO: Tará[54] ahí . . . (*Prudencia recoge la maleta y se va por la izquierda.*)

RUDECINDA: ¡Por favor, che! Mirá que voy a creer lo que andan diciendo. Que tenés gente en el altillo.[55]

ZOILO: Así será.

RUDECINDA: Bueno. Dame entonces la plata; yo haré las compras.

ZOILO: No tengo plata.

RUDECINDA: ¿Y el dinero de los novillos que me vendiste el otro día?

ZOILO: Lo gasté.

RUDECINDA: Mentira. Lo que hay es que vos pensás rebuscarte con lo mío, después de haber tirado en pleitos y enredos la fortuna de tus hijos. Eso es lo que hay.

ZOILO: Güeno; ladiáte de ái, o te sacudo un guantón.[56] (*Mutis.*)

ESCENA VII

Los mismos, menos DON ZOILO

RUDECINDA: Vas a pegar, desgraciao. (*Volviéndose.*) ¿Has visto, Dolores? Ese hombre está loco o está borracho . . .

DOLORES: (*Suspirando.*) ¡Qué cosas, Virgen Santa!

RUDECINDA: (*Tirando violentamente las ropas de la mesa donde está la plancha*) ¡Oh! . . . Lo que es conmigo va a enbromar poco . . . O me entrega a las buenas mi parte. o . . .

ESCENA VIII

Los mismos y ROBUSTIANA

ROBUSTIANA: Ahí tiene su mate, mamá . . . Púcha,[57] que hay gente desalmada en este mundo. Parece mentira. Es no tener ni pizca . . .

---

[51] padre; forma cariñosa o de respeto empleada en varios países hispanoamericanos
[52] *mañerasa*: muy astuta; *tubiana*: (Arg.) yegua tobiana (con grandes manchas de dos colores)
[53] dónde, en dónde, adónde
[54] estará
[55] (Riopl.) estás loco
[56] guantada, guantazo; (fig.) golpe con el puño
[57] (Riopl.) interjección vulgar de sorpresa. ¡Puta, prostituta!

RUDECINDA: ¿Qué estás rezongando vos?

ROBUSTIANA: Lo que se me antoja. ¿Por qué le has dicho esas cosas a tata?

RUDECINDA: Porque las merece.

ROBUSTIANA: ¿Qué ha de merecerlas el pobre viejo? ¡Desalmadas! ¡Y parece que les estorba y quieren matarlo a disgustos!

RUDECINDA: Calláte la boca, hipócrita. Buena jesuita[58] sos vos . . . Tisicona[59] del diablo . . .

ROBUSTIANA: Vale más ser eso que unas perversas y unas . . . desorejadas[60] como ustedes.

RUDECINDA: (*Airada, levantando una plancha.*) A ver, repetí lo que has dicho, insolente.

DOLORES: ¡Hijas, por misericordia, no metan tanto ruido! ¿No ven cómo estoy?

ROBUSTIANA: (*Burlona.*) ¡Ah, Dios mío! ¡Doña Jeremías![61] ¡Usted también es otra como ésas! Con el pretexto de su jaqueca y sus dolamas,[62] no se ocupa de nada y deja que todo en esta casa ande como anda. ¡Qué demontres! Vaya a acostarse si no quiere oir lo que no le conviene. (*Rudecinda y Prudencia*[63] *cambian gestos de asombro.*)

DOLORES: (*Levantándose.*) ¡Mocosa, insolente! ¿Esa es la manera de tratar a su madre? Te viá a enseñar a respetarme.

ROBUSTIANA: Con su ejemplo no voy a aprender mucho, no hay cuidao . . .

DOLORES: ¡Madre Santa! ¿Han oído ustedes?

ESCENA IX

Los mismos y PRUDENCIA

PRUDENCIA: (*Que ha oído el final de la escena.*) ¡Dejala, mamá! ¡La picó el alacrán!

ROBUSTIANA: Callate vos, pandereta.[64]

DOLORES: Qué la viá dejar. Vení pa cá . . . Decí . . . ¿qué malos ejemplos te ha dao tu madre?

ROBUSTIANA: No sé . . . no sé . . .

RUDECINDA: Mirenlá. Retratada de cuerpo presente.[65] ¡Tira la piedra y esconde la mano!

DOLORES: ¡No la ha de esconder! (*Cogiéndola por un brazo.*) ¡Hablá, pues, largá el veneno! (*La zamarrea.*)

ROBUSTIANA: ¡Déjeme!

RUDECINDA: Ahora se te van a descubrir las hipocresías, tísica.

PRUDENCIA: Las vas a pagar todas juntas, lengua larga.[66]

ROBUSTIANA: ¡Jesús! ¡Se ha juntao la partida! Pero no les viá tener miedo. ¿Quieren que hable? Bueno . . . ¿Saben qué más? Que las tres son unas . . . (*Doña Dolores le tapa la boca de una bofetada.*) ¡Ay . . . perra vida! . . . (*Enfurecida levanta la mano e intenta arrojarse sobre doña Dolores.*)

RUDECINDA: (*Horrorizada.*) ¡Muchacha! ¡A tu madre!

ROBUSTIANA: (*Se detiene sorprendida, pero reacciona rápidamente.*) ¡A ella y a todas ustedes! (*Se precipita sobre un banco y lo levanta con ademán de arrojarlo. Las tres mujeres retroceden asustadas.*)

ESCENA X

Los mismos y DON ZOILO

ZOILO: ¡Hija! ¿Qué es esto?

ROBUSTIANA: (*Deja caer el banco y se arroja en sus brazos sollozando.*) ¡Ay, tata! ¡Mi tatita! ¡Mi tatita!

ZOILO: ¡Calmesé! ¡Calmesé! ¿Qué le han hecho, hija? ¡Pobrecita! ¡Vamos! Tranquilícese que le va a venir la tos. Sí . . . ya sé que usted tiene razón. Yo, yo la voy a defender.

DOLORES: (*Dejándose caer en un sillón.*) ¡Ay, Virgen Santísima de los Dolores! ¡Se me parte esta cabeza! (*Rudecinda y Prudencia continúan planchando.*)

ZOILO: (*Entre iracundo y conmovido.*) ¡Parece mentira! ¡Tamañas mujeres! Bueno, basta hijita.

---

[58] quiere decir persona que practica el fingimiento o la hipocresía
[59] despectivo de tísica (que padece tuberculosis)
[60] que no tienen sentido moral
[61] se le llama Jeremías a quien siempre se está lamentando. Jeremías: uno de los cuatro profetas mayores (¿650–580 a. C), autor del libro *Lamentaciones* del Antiguo Testamento
[62] dolor de cabeza intermitente; achaques
[63] Debe decir Rudecinda y Dolores porque Prudencia ha salido en la escena VI y regresa en la IX
[64] necia, tonta; mamarracho.
[65] quiere decir que se ha mostrado como realmente es
[66] chismosa

¿No ve? ¿Ya le dentra[67] la tos? ¡Calmesé, pues! (*Robustiana tose.*)

ROBUSTIANA: Sí, tata; ya me pasa.

ZOILO: ¿Quiere un poco de agua? A ver ustedes, cuartudas,[68] si se comiden a traer agua pa esta criaturita. (*Rudecinda va a buscar el agua.*)

ROBUSTIANA: Me pe . . . ga . . . ron porque . . . les dije . . . la verdad . . . ¡Son unas sinvergüenzas!

ZOILO: Demasiado lo veo. ¡Parece mentira! ¡Canejo![69] ¡Se han propuesto matarnos a disgustos!

PRUDENCIA: ¡Fijesé, mamá, en el jueguito de esa jesuíta!

RUDECINDA: ¡Ahí tiene el agua! Hasta pa augarse. (*Con un jarro.*)

ZOILO: Tome unos traguitos . . . ¡así! ¿Se siente mejor? Trate de sujetar esa tos, pues . . . (*Sonriendo.*) ¡Qué diablos! . . . Tírele de la riendita.[70] ¿Quiere acostarse un poquito? Venga a su cama.

ROBUSTIANA: (*Mimosa.*) ¡No! . . . Muchas gracias. (*Lo besa*). Muchas gracias. Estoy bien; además, quiero quedarme aquí porque . . . ¡quién sabe qué enredos van a meterle ésas!

RUDECINDA: Mirenlá a la muy zorra . . .[71] Tenés miedo de que sepa la verdad, ¿no?

ZOILO: ¡Callesé usté la boca!

RUDECINDA: ¡Oh! . . . ¿Y por qué me he de callar? ¿Hemos de dejar que esa mocosa invente y arregle las cosas a su modo? ¡No faltaba más! La madre la ha cachetiao,[72] y bien cachetiada, porque le faltó al respeto . . .

DOLORES: ¡Ay, Dios mío!

PRUDENCIA: ¡Claro que sí! ¡Cuando menos, ella tendrá corona![73]

RUDECINDA: ¡Y le levantó la mano a Dolores!

ZOILO: ¡Güeno, güeno, güeno! ¡Que no empiece el cotorreo![74] Ustedes, desde un tiempo a esta parte, me han agarrao a la gurisa pal piquete,[75] sin respetar que está enferma y por algo ha de ser . . . (*Enérgico.*) ¡y ese algo lo vamos a aclarar ahora mesmito! (*A Dolores.*) A ver vos, doña Quejidos; vos que sos aquí la madre y la dueña e casa, ¿qué enriedo es éste?

DOLORES: ¡Virgen de los Desamparados, como pa historias estoy con esta cabeza!

ZOILO: ¡Canejo! Se la corta si no le sirve pa cumplir con sus obligaciones . . . (*A Rudecinda.*) Y vos, vamos a ver, aclarame pronto el asunto; no has de tener jaqueca también. Respondé . . .

RUDECINDA: (*Chocante.*) ¡Caramba, no sabía yo que te hubiesen nombrao juez!

ZOILO: No. A quien nombraron fué a ño rebenque.[76] (*Mostrando el talero.*) Así es que no seas comadre y respondé como la gente. Ya se te ha pasao la edad de las macacadas.[77]

RUDECINDA: Te voy a contestar cuando me digás qué has hecho de mis intereses.

ZOILO: (*Airado, conteniéndose.*) ¿Eh? ¡Hum! . . . Ta güeno. Esperáte un poco, que te voy a dar lindas noticias. (*Hosco, retorciendo el rebenque.*) Conque . . . ¿nadie quiere hablar? (*A Robustiana.*) Vamos a ver, hijita. Usted ha de ser güena. Cuéntele a su tata todas las cosas que tiene que contarle. Reposadita y sin apurarse mucho, que se fatiga . . .

ROBUSTIANA: No, tata; no tengo nada que decirle.

ZOILO: ¿Cómo es eso?

ROBUSTIANA: Digo . . . no. Es que . . . Lo único . . . es eso . . . que no me tratan bien.

ZOILO: Por algo ha de ser entonces. Vamos . . . empiece.

ROBUSTIANA: Porque no me quieren, será.

ZOILO: Bueno, hijita. Hable de una vez; no me vaya a disgustar usted también. (*Grave*).

ROBUSTIANA: Es que . . . si lo digo se disgustará más.

ZOILO: Ya caiste, matrera.[78] Ahora no tendrás más remedio que largar el lazo . . .[79] y tire

---

[67] entra (el verbo entrar está usado en lugar de empezar o comenzar)
[68] animales con patas robustas. La palabra está usada en forma despectiva
[69] (Arg.) ¡caramba!
[70] déjela que se vaya calmando sola
[71] mamífero carnicero. (fig.) persona astuta y taimada; hipócrita, disimulada
[72] cacheteado. Le ha dado con la mano en la cara
[73] la marca de los golpes; tormento, aflicción
[74] acción de hablar con exceso
[75] *gurisa*: (Arg.) muchacha; *piquete*: (Arg.) persona contra la que se descargan las agresividades y violencias
[76] Señor látigo
[77] monerías, por referencia a la conducta de los macacos (monos)
[78] astuta, sagaz
[79] (fig.) hablar, dar toda la información

sin miedo que no le viá mañeriar a la argolla.[80] ¡Está bien sogueao el güey viejo![81]

DOLORES: ¡Ay, hijas! no puedo más! Voy a echarme en la cama un ratito.

ZOILO: ¡No, no, no, no! ¡De aquí no se mueve nadie! A la primera que quiera dirse, le rompo las canillas[82] de un talerazo.[83] Empiece el cuento.

ROBUSTIANA: No, no . . . tata . . . Usté se va enojar mucho.

ZOILO: ¡Más de lo que estoy! Y ya me ves; tan mansito. Encomience . . . Vamos (*Recalcando.*) Había una vez unas mujeres . . .

ROBUSTIANA: Bueno; lo que yo tenía que decirle era que, en esta casa, no lo respetan a usted, y que las cosas no son lo que parece . . . (*Levantándose.*) Y entré por un caminito y salí por otro . . .

ZOILO: ¡No me juyás! . . . Adelante, adelante, sentáte. Eso de que no me respetan hace tiempo que lo sé. Vamos a lo otro.

ROBUSTIANA: Yo creo que nosotros debíamos irnos de esta estancia . . . De todos modos ya no es nuestra, ¿verdad?

ZOILO: ¡Claro que no!

ROBUSTIANA: ¡Y como no hemos de vivir toda la vida de prestao,[84] cuanto más antes mejor; menos vergüenza!

ZOILO: Es natural, pero no comprendo a qué viene eso . . .

ROBUSTIANA: ¡Viene a que si usté supiera por qué don Juan Luis nos ha dejao seguir viviendo en la estancia después de ganar el pleito, ya se habría mandao mudar!

RUDECINDA: ¡Ave María! ¡Qué escándalo de mujer intrigante . . ., Zoilo! . . . ¡Pero Zoilo! ¿Tenés valor de dejarte enredar por una mocosa?

ZOILO: Siga, m'hija . . ., siga no más. Esto se va poniendo bonito.

RUDECINDA: ¡Ah, no! ¡Qué esperanza! Si vos estás chocho[85] con la gurisa, nosotras no, ¿me entendés? ¡Faltaba otra cosa! ¡Mándese mudar de aquí, tísica, lengua larga! ¡Ya! . . . (*A Zoilo.*) No, no me mirés con esos ojos, que no te tengo miedo. A ver ustedes, qué hacen; vos, Dolores . . . Prudencia. Parece que tuvieran cola e paja . . .[86] Muévanse. Vengan a arrancarle el colmillo a esta víbora, pues. (*A Robustiana.*) Contestá, ladiada.[87] ¿Qué tenés que decir de malo de don Juan?

DOLORES: ¡Ay, mi Dios!

ZOILO: Siga, hija, y no se asuste, porque aquí está don talero con ganas de comer cola.[88]

ROBUSTIANA: Sí, tata. ¡Vergüenza da decirlo! . . . ¡Cuando usté se va pal pueblo, la gente se lo pasa aquí de puro baile corrido!

ZOILO: Me lo maliciaba.

ROBUSTIANA: ¡Con don Juan Luis, el comisario Butiérrez y una runfla[89] más!

ZOILO: ¡Ah! ¡Ah! Adelante.

ROBUSTIANA: Y lo peor es que . . ., es que . . . Prudencia . . . (*Llora.*) No, no digo más . . . (*Prudencia se aleja disimuladamente y desaparece por la izquierda.*)

ZOILO: ¡Vamos, pues, no llore! Hable. ¿Prudencia, qué?

ROBUSTIANA: Prudencia . . . al pobre . . . al pobre Aniceto, tan bueno y que tan . . . to que la quiere . . . le juega feo[90] con don Juan Luis.

ZOILO: ¡Ah! Eso es lo que quería saber bien. Ahora sí, ahora sí; no cuente más, m'hija; no se fatigue. Venga a su cuarto; así descansa . . . (*La conduce hacia el foro; al pasar junto a Dolores levanta el talero, como para aplastarla.*) ¡No te viá a pegar! ¡No te asustés, infeliz!

ESCENA XI

Los mismos, menos PRUDENCIA, ROBUSTIANA *y* DON ZOILO

RUDECINDA: (*Permanece un instante cavilosa y con aire despreciativo.*) Bueno, ¿y qué? (*Viendo*

---

[80] *mañeriar*: mañerear, (en Riopl.) tratar al animal con astucia e inteligencia para vencerlo; *argolla*: aro de metal; juego que consiste en pasar unas bolas por una argolla móvil
[81] el buey viejo sabe usar la soga; (fig.) el hombre viejo tiene experiencia y sabe como actuar
[82] *dirse*: irse; *canillas*: huesos largos de las piernas
[83] (Riopl.) golpe con el talero (rebenque o látigo)
[84] vivir a cuenta de otro
[85] el que siente extremado afecto por una persona o cosa
[86] estar como pegadas, inmóviles
[87] (fig.) hipócrita, mal intencionada
[88] (fig.) ansioso de pegarle a alguien
[89] o runflada, serie de cosas de una misma especie
[90] lo traiciona, no le es fiel

llorar a Dolores.) No te aflijas, hija. Ya lo hemos de enderezar a Zoilo. ¡Mocosa, lengua larga! ¡Quién hubiera creído!

ESCENA XII

Los mismos, DON ZOILO *y* BATARÁ

ZOILO: ¡Arrastradas! ¡Arrastradas! Merecían que las deslomara[91] a palos . . . Arrastradas . . . (*Llamando.*) ¡Batará! ¡Batará! (*Paseándose.*) ¡Ovejas! ¡Peores entoavía! ¡Las ovejas siquiera no hacen daño a naide! . . . ¡Batará! (*Volviendo a llamar.*)

BATARÁ: Mande, señor.

ZOILO: ¿Qué caballo hay en la soga?[92]

BATARÁ: ¡El doradillo tuerto, señor!

ZOILO: ¿Aguantará un buen galope?

BATARÁ: ¡Ya lo creo, señor!

ZOILO: Bien. Vas a ensillarlo en seguida y le bajás la mano[93] hasta el Sarandí. ¿Sabés ande está poblando Aniceto?

BATARÁ: Sí, señor.

ZOILO: Llegás y le decís que se venga con vos, porque tengo que hablarle . . . ¡Ah! . . . Te arrimás a lo de mi compadre Luna a decirle en mi nombre que necesito la carreta con güeyes pa mañana; que me haga el favor de mandármela de madrugada.

BATARÁ: Ta bien, señor.

ZOILO: Entonces, volá.

ESCENA XIII

Los mismos, menos BATARÁ

ZOILO: (*Después de pasearse un momento, a Dolores.*) Y usté, señora, tiene que mejorarse en seguidita de la cabeza; ¿me oye? ¡En seguidita!

DOLORES: ¡Ay, Jesús, María y José! ¡Sí, estoy un poco más aliviada ya! ¡Me han hecho bien los parchecitos!

ZOILO: ¡Pues se alivia del todo y se va rápido a arreglar con ésas las cacharpas[94] más necesarias pal viaje; mañana al aclarar nos vamos de aquí!

DOLORES: ¡Ave María Purísima!

ROBUSTIANA: ¿Y ande nos vamos?

ZOILO: ¡Ande a usté no se le importa! ¡Canejo! ¡Ya, muévanse! . . . (*Paseándose.*)

DOLORES: (*Yéndose.*) Virgen de los Desamparados, ¡qué va a ser de nosotras!

ESCENA XIV

RUDECINDA *y* DON ZOILO

RUDECINDA: Decime, Zoilo. ¿Te has enloquecido endeveras? ¿Ande nos llevás?

ZOILO: ¡Al medio del campo! ¡Qué se yo! ¡No me va a faltar una tapera[95] vieja ande meterlas!

RUDECINDA: ¡Ah! ¡Yo no voy! ¡Soy libre!

ZOILO: Quedáte si querés.

RUDECINDA: Pero primero me vas a entregar lo que me pertenece; mi parte de la herencia . . .

ZOILO: Pediselá a tu amigo el diablo, que se la llevó con todo lo mío.

RUDECINDA: ¿Cómo? (*Espantada.*)

ZOILO: ¡Llevándosela!

RUDECINDA: ¡Ah! ¡Madre! ¡Ya lo maliciaba! ¿Conque me has fundido[96] también? ¿Conque me quedo en la calle? ¡Ah! . . . ¡Canalla! ¡Sinvergüenza! La . . .

ZOILO: (*Imponente.*) ¡Phss! ¡Cuidado con la boca!

RUDECINDA: ¡Canalla! ¡Canalla! ¡Ladrón!

ZOILO: ¡Rudecinda!

RUDECINDA: ¡No te tengo miedo! Te lo viá decir mil y cincuenta veces . . . ¡Canalla! ¡Cuatrero! ¡Cuatrero!

ZOILO: (*Hace un ademán de irse, pero se detiene.*) ¡Pero hermana! ¡Hermana! . . . ¡Es posible!

RUDECINDA: (*Llora.*) Madre de mi alma, que me han dejado en la calle . . . me han dejado en la calle . . . Mi hermano me ha robao . . . (*Desaparece por el foro llorando a gritos. Zoilo, abrumado, hace mutis lentamente por la primera puerta izquierda.*)

---

[91] rompiera el lomo (espalda) a golpes
[92] caballo listo, disponible
[93] lo castigas (para que vaya a prisa)
[94] (amer.): trastos, cosas de muy poco valor
[95] (Riopl.) casa en ruinas
[96] arruinado, destruido

ESCENA XV

PRUDENCIA *y* JUAN LUIS

(Después de una breve pausa, aparece Prudencia. Mira cautelosamente en todas direcciones, y no viendo a nadie corre hacia la derecha, deteniéndose sorprendida junto al portón.)

PRUDENCIA: *(Ademán de huir.)* ¡Ah!

LUIS: Buenas tardes. ¡No se vaya! ¿Cómo está? *(Tendiéndole la mano.)*

PRUDENCIA: *(Como avergonzada.)* ¡Ay, Jesús! . . . ¡Cómo me encuentra! . . .

LUIS: *(Reteniéndole la mano, después de cerciorarse de que están solos.)* ¡Encantadora la encuentro, monísima, mi vidita!

PRUDENCIA: ¡No . . . no! . . . Déjeme . . . Váyase . . . ¡Tata está ahí!

LUIS: *(Entusiasmado, avanzando.)* ¡Y qué tiene! ¡Dormirá! ¡Vení, prenda![97]

PRUDENCIA: *(Compungida.)* No; váyase, sabe todo. Está furioso.

LUIS: ¡Oh! Ya lo amansaremos. ¿Recibiste mi carta?

PRUDENCIA: Sí. *(Después de mirar a todos lados, con fingido enojo.)* Usté es un atrevido y un zafao, ¿sabe?

LUIS: ¿Aceptás? ¿Sí? ¿Irás a casa de Martiniana?

PRUDENCIA: Este . . . Jesús, siento ruido. *(Huyendo hacia el foro.)* ¡Tata! ¡Lo buscan! *(Mutis por segunda izquierda.)*

LUIS: ¡Arisca[98] la china!

ESCENA XVI

ZOILO *y* JUAN LUIS

ZOILO: ¿Quién me busca? ¡Ah!

LUIS: ¿Qué tal, viejo? ¿Cómo le va? ¿Está bueno? Le habré interrumpido la siesta, ¿no?

ZOILO: Bien, gracias; tome asiento. *(Pronto aparecen en una de las puertas Prudencia, Rudecinda y Dolores; curiosean inquietas un instante y se van.)*

LUIS: No; traigo un amigo y no sé si usted tendrá gusto en recibirlo.

ZOILO: No ha de ser muy chúcaro[99] cuando no le han ladrao los perros.

LUIS: Es una buena persona.

ZOILO: Ya caigo. El capitán Butiérrez, ¿no? *(Se rasca la cabeza con rabia.)* ¡Ta güeno! . . .

LUIS: Y me he propuesto que se den un abrazo. Dos buenos criollos como ustedes no pueden vivir así, enojados. De parte de Butiérrez, ni que hablar . . .

ZOILO: *(Muy irónico.)* ¡Claro! ¡Ni que hablar! Mande no más, amigazo. ¡Usted es muy dueño! Vaya y dígale a ese buen mozo que se apee . . .[1] Yo voy a sujetar los perros.

LUIS: ¡Acérquese no más, comisario! Ya está pactado el armisticio. *(A voces desde la verja. Va a su encuentro.)*

ESCENA XVII

Los mismos y GUTIÉRREZ

LUIS: *(Aparatoso; empujando a Gutiérrez.)* Ahí lo tiene al amigo don Zoilo, olvidado por completo de las antiguas diferencias . . . *Pax vobis.*[2]

GUTIÉRREZ: ¡Cuánto me alegro! ¿Cómo te va, Zoilo? *(Extendiendo los brazos.)*

ZOILO: *(Empacado,[3] ofreciéndole la mano.)* Gü . . . en día . . .

GUTIÉRREZ: *(Cortado.)*[4] ¿Tu familia, buena? *(Pausa.)*

ZOILO: Tomen asiento.

LUIS: Eso es . . . *(Ocupando el sillón. Señala una silla.)* ¡Siéntese por acá, comisario! Tiempo lindo, ¿verdad? Arrime un banco pues . . . *(Zoilo se sienta.)* Las muchachas estarán de tarea seguramente y hemos venido a interrumpirlas. Seguro que han ido a arreglarse. Digalés que por nosotros no se preocupen. ¡Pueden salir así no más, que siempre están bien! *(Pausa embarazosa.)*

GUTIÉRREZ: *(Por decir algo.)* ¡Qué embromar! ¡Qué embromar con las cosas?

LUIS: ¿Con qué cosas?

GUTIÉRREZ: Ninguna. Decía por decir no más. Es costumbre.

---

[97] amada, novia
[98] áspera, insociable, huraña
[99] arisco, bravío, rebelde
[1] se baje (del caballo)
[2] «la paz sea con vosotros»
[3] (amer.): emperrado, obstinado
[4] (fig.) con vergüenza o timidez

ESCENA XVIII

Los mismos y RUDECINDA

RUDECINDA: (*Un tanto trastornada y hablando con relativa exageración.*) ¡Ay! . . . ¡Cuánto bueno tenemos por acá! . . . ¿Cómo está Butiérrez? ¿Qué milagro es éste, don Juan Luis? Vean en qué figura me agarran.

LUIS: Usted siempre está buena moza.

RUDECINDA: ¡Ave María! No se burle.

GUTIÉRREZ: Tome asiento. (*Ofreciéndole su silla.*)

RUDECINDA: ¡No faltaba más! Usted está bien; no, no, no. Ya me van a traer. (*A voces.*) ¡Robusta, sacá unas sillas! ¿Y qué tal? ¿Qué buena noticia nos traen? ¿Qué se cuenta por ahí? Ya me han dicho que usted, Butiérrez . . .

ZOILO: ¡Rudecinda! Vaya a ver qué quiere Dolores.

RUDECINDA: No; no ha llamado.

ZOILO: (*Levantándose.*) ¡Va . . . ya a ver . . . qué . . . quiere . . . Dolores!

RUDECINDA: (*Vacilante.*) Este . . . (*Después de mirar a Zoilo.*) Con permiso. (*Vase.*)

ESCENA XIX

Los mismos, menos RUDECINDA

LUIS: ¡Qué muchacha de buen genio esta Rudecinda! ¡Siempre alegre y conversadora . . . sí, señor! . . . ¿Y no tenemos un matecito, Zoilo? Lo encuentro serio. Seguro que no ha dormido siesta. Mi padre es así; cuando no sestea, anda que parece alunao . . .[5]

GUTIÉRREZ: (*Cambiando de postura.*) ¡Qué embromar con las cosas!

ESCENA XX

Los mismos y PRUDENCIA

PRUDENCIA: (*Con mucha cortedad.*) ¡Buenas tardes!

LUIS: (*Yendo a su encuentro.*) ¡Viva! . . . ¡Salió el sol! ¡Señorita!

PRUDENCIA: Bien, ¿y usted?

GUTIÉRREZ: ¡Señorita Prudencia! ¡Qué moza!

PRUDENCIA: Bien, ¿y usted? Tomen asiento. Estén con comodidad.

LUIS: Gracias; siempre tan interesante, Prudencita. Linda raza, amigo don Zoilo.

ZOILO: Che, Prudencia. Andá, que te llama Rudecinda.

PRUDENCIA: ¿A mí? ¡No he oído!

ZOILO: He dicho que te llama Rudecinda.

PRUDENCIA: (*Atemorizada, yéndose.*) ¡Voy! Con licencia.

ESCENA XXI

Los mismos, menos PRUDENCIA

LUIS: Pues yo no he oído.

ZOILO: (*Alterado.*) ¡Pero yo sí, canejo! ¿Me entiende?

LUIS: Bueno, viejo. Tendrá razón; no es para tanto.

GUTIÉRREZ: ¡Hum! . . . Qué embromar . . . Qué embromar con las cosas . . .

ZOILO: Ta bien. Dispense. (*Aproximando su banco a Juan Luis.*) Diga . . . ¿Tendrá mucho que hacer aura?

LUIS: ¿Yo?

ZOILO: El mismo.

LUIS: ¡No! Pero no me explico . . .

ZOILO: Tenía que decirle dos palabritas.

LUIS: A sus órdenes, viejo. Ya sabe que siempre . . .

GUTIÉRREZ: (*Levantándose.*) Andáte pa tu casa, Pedro, que paece que te echan.

ZOILO: Quedáte no más. Siempre es güeno que la autoridad oiga también algunas cosas . . . Esté, pues. Como le iba diciendo. Usted sabe que esta casa y este campo fueron míos; que los heredé de mi padre, y que habían sido de mis agüelos . . . ¿no? Que todas las vaquitas y ovejitas esistentes en el campo, el pan de mis hijos, las crié yo a juerza de trabajo y de sudores, ¿no es eso? Bien saben todos que, con mi familia, jué creciendo mi haber,[6] a pesar de que la mala suerte, como la sombra al árbol, siempre me acompañó.

LUIS: No sé por qué viene eso, francamente.

ZOILO: Un día . . . déjeme hablar. Un día se

[5] alunado, lunático; enojado

[6] capital

les antojó a ustedes que el campo no era mío, sino de ustedes; metieron ese pleito de reivindicación; yo me defendí; las cosas se enredaron como herencia de brasilero,[7] y cuando quise acordar amanecí sin campo, ni vacas, ni ovejas, ni techo para amparar a los míos.

LUIS: Pero usted bien sabe que la razón estaba de nuestra parte.

ZOILO: Taría cuando los jueces lo dijeron, pero yo dispués no supe hacer saber otras razones que yo tenía.

LUIS: Usted se defendió muy bien, sin embargo.

ZOILO: (*Levantándose terrible.*) No, no me defendí bien; no supe cumplir con mi deber. ¿Sabe lo que debí hacer, sabe lo que debí hacer? Buscar a su padre, a los jueces, a los letraos; juntarlos a todos ustedes, ladrones, y coserles las tripas a puñaladas, ¡pa escarmiento de bandoleros y saltiadores! ¡Eso debí hacer! ¡Eso debí hacer! ¡Coserlos a puñaladas!

LUIS: (*Confuso.*) ¡Caramba, don Zoilo! ¡Por favor!

GUTIÉRREZ: (*Interponiéndose.*) ¡Hombre, Zoilo! ¡Calmáte! ¡Respetá un poco, que estoy yo acá!

ZOILO: (*Serenándose.*) ¡Toy calmao! ¡Ladiáte de ahí! . . . ¡Eso debí hacer! ¡Eso! (*Sentándose.*) No lo hice porque soy un hombre muy manso de sí, y por consideración a los míos. Sin embargo . . .

LUIS: Repito, señor, que no acabo de explicarme los motivos de su actitud. Por otra parte, ¿no nos hemos portado con bastante generosidad? ¡Los hemos dejado seguir viviendo en la estancia! Nos disponemos a ocuparlo bien para que pueda acabar tranquilamente sus días.

ZOILO: (*Irguiéndose.*) ¡Cállese la boca, mocoso! . . . ¡Linda generosidad! ¡Bellacos!

LUIS: ¡Señor! . . . (*Poniéndose de pie.*)

ZOILO: ¡Linda generosidad! Pa quitarnos lo único que nos quedaba, la vergüenza y la honra, es que nos han dejao aquí . . . ¡Saltiadores! ¡Parece mentira que haiga cristianos tan desalmaos! . . . ¡No les basta dejar en la mitad del campo al pobre paisano[8] viejo, a que se gane la vida cuando ya ni fuerzas tiene, sino que entoavía pensaban servirse de él y su familia pa desaguachar[9] cuantas malas costumbres han aprendido! ¡Ya podés ir tocando[10] de aquí, bandido! Mañana esta casa será tuya . . . ¡Pero lo que aura hay adentro es bien mío! ¡Y este pleito yo lo fallo! ¡Juera de aquí!

LUIS: ¡Pero, señor!

ZOILO: (*Agarrando el talero.*) ¡Juera he dicho!

LUIS: Está bien . . . (*Se va lentamente.*)

ZOILO: (*A Gutiérrez, que intenta seguirlo.*) Y en cuanto a vos, entrá si querés a sacar tu prenda. ¡Pasá no más, no tengás miedo!

GUTIÉRREZ: Yo . . .

ZOILO: ¡Ah! . . . ¡No querés! Bueno, tocá también. Y cuidadito con ponérteme por delante otra vez. (*Gutiérrez hace mutis.*) ¡Herejes! ¡Saltiadores! ¡Saltiadores! (*Los sigue un momento con la mirada, balbuceando frases incomprensibles. Después recorre con la vista cosas que le rodean, avanza unos pasos y se deja caer abrumado en el sillón.*) ¡Señor! ¡Señor! ¡Qué le habré hecho a la suerte pa que me trate así! . . . ¡Qué, qué le habré hecho! (*Deja caer la cabeza sobre las rodillas.*)

TELÓN LENTO

---

[7] referencia a algo muy complicado
[8] gaucho
[9] (fig.) satisfacer un vicio, dar salida
[10] saliendo, marchándote

ACTO SEGUNDO

Representa la escena, a gran foro; telón de campo; a la izquierda un rancho con puerta y ventana practicable; sobre el mojinete[11] del rancho, un nido de horneros.[12] A la derecha rompimiento[13] de árboles. Un carrito con un barril de los que se usan para transporte de agua. Un banco largo debajo del alero del rancho, un banquito y un jarro de lata. Es de día. Al levantarse el telón aparecen en escena Robustiana pisando maíz en un mortero[14] y Prudencia cosiendo un vestido.

ESCENA I

ROBUSTIANA *y* PRUDENCIA

ROBUSTIANA: ¡Che, Prudencia! ¿Querés seguir pisando esta mazamorra?[15] Me canso mucho. Yo haría otra cosa cualquiera.

PRUDENCIA: Pisala vos con toda tu alma. Tengo que acabar esta pollera.[16]

ROBUSTIANA: ¡Que sos[17] mala! Llamala a mamá entonces o a Rudecinda.

PRUDENCIA: (*Volviéndose, a voces.*) Mamá . . . Rudecinda. Vengan a servir a la señorita de la casa y tráiganle un trono para que esté a gusto.

ESCENA II

Los mismos, DOÑA DOLORES *y* RUDECINDA

DOLORES: ¿Qué hay?

PRUDENCIA: Que la princesa de Chimango[18] no puede pisar maíz.

DOLORES: ¿Y qué podés hacer entonces? Bien sabés que no hemos venido acá pa estarnos de brazos cruzados.

ROBUSTIANA: Sí, señora, lo sé muy bien; pero tampoco viá permitir que me tengan de piona.

RUDECINDA: (*Asomándose a la ventana.*) ¿Ya está la marquesa buscando cuestiones? Cuándo no . . .

ROBUSTIANA: Calláte vos, comadreja.[19]

RUDECINDA: Andá, correveidile;[20] buscá camorra no más pa después dirle a contar a tata que te estamos martirizando.

ROBUSTIANA: (*Dejando la tarea.*) ¡Por Dios! . . . ¿Quieren hacerme el favor de decirme cuándo, cuándo me dejarán en paz? ¿Yo qué les hago para que me traten así? Bien buena que soy; no me meto con ustedes y trabajo como una burra, sin quejarme nunca a pesar de que estoy bien enferma. ¡Y ahora porque les pido que me ayuden un poco, me echan la perrada como a novillo chúcaro!

RUDECINDA: (*Que ha salido un momento antes con el pelo suelto, peinándose.*) ¡Jesús, la víctima! Si no hubiera sido por tus enriedos, no te verías en estos trances.

ROBUSTIANA: Por favor.

RUDECINDA: (*Remedando.*) ¡Por favor! ¡Véanle el aire de romántica! . . . Cómo se conoce que anda enamorada; no te pongás colorada. ¿Te crees que no sabemos que andás atrás[21] de Aniceto?

ROBUSTIANA: Bueno, por Dios. No hablemos más. Haré lo que ustedes quieran. Trabajaré hasta que reviente. (*Continúa pisando maíz.*) De todos modos no les voy a dar mucho trabajo, no; pronto no más. (*Aparte, casi llorosa.*) ¡Si no fuera por el pobre tata, que me quiere tanto!

PRUDENCIA: (*A Rudecinda.*) ¿Te parece que será bastante el ancho? Le puse cuatro paños.

DOLORES: ¡Ave María! ¡Qué anchura!

RUDECINDA: ¡No, señora . . . con el fruncido! ¡A ver! ¡A ver! Esperáte; tengo las manos llenas de aceite.

PRUDENCIA: ¿Y si la midiéramos con la tuya lila? ¿Ande la tenés?

RUDECINDA: A los pies de mi cama. Vení (*Mutis de ambas.*)

DOLORES: Ahora van a ver cómo sobra. Ese tartán[22] es muy ancho. (*Mutis.*)

---

11 (Arg. y Chile) remate del techo de un rancho
12 (Arg.) pajarillos de color pardo que construyen sus nidos de barro en forma de horno
13 telón recortado que en una decoración teatral deja ver otro u otros en el fondo
14 *pisando*: apretando con el pisón
15 comida a base de maíz hervido, típica del norte argentino y otros países cercanos
16 (amer.) falda
17 mira que eres
18 (Riopl.) ave de rapiña de unos 40 cm. de largo
19 animal carnicero nocturno que devora las gallinas, etc.
20 persona que trae y lleva chismes y cuentos
21 quiere conquistar
22 tela de lana con cuadros y listas cruzadas de diferentes colores

ESCENA III

ROBUSTIANA *y* DON ZOILO

ROBUSTIANA: (*Angustiada.*) ¡No quieren a nadie! ¡Pobre tatita! (*Llora un instante, apoyada en el mortero. Óyense rumores a la izquierda. Robustiana levanta la cabeza, se enjuga rápidamente las lágrimas y continúa la tarea, canturreando un aire alegre. Zoilo avanza por la izquierda a caballo, con un balde en la mano, arrastrando un barril de agua. Desmonta, desata el caballo y lo saca fuera; vuelve y acomoda la rastra.*)[23]

ZOILO: ¡Buen día, hija!

ROBUSTIANA: ¡La bendición, tatita!

ZOILO: ¡Dios la haga santa! ¿Pasó mala noche, eh? ¿Por qué se ha levantao hoy?

ROBUSTIANA: No; dormí bien.

ZOILO: Te sentí toser toda la noche.

ROBUSTIANA: Dormida sería.

ZOILO: Traiga, yo acabo.

ROBUSTIANA: ¡No, deje! ¡Si me gusta!

ZOILO: Pero le hace mal. Salga.

ROBUSTIANA: Bueno, Entonces yo voy a ordeñar, ¿eh?

ZOILO: ¿Cómo? ¿No han sacado leche entoavía?

ROBUSTIANA: No señor, porque . . .

ZOILO: ¿Y qué hacen ésas? ¿A qué hora se levantaron?

ROBUSTIANA: Muy temprano . . .

ZOILO: ¡Dolores! ¡Rudecinda! (*Llamando.*)

ROBUSTIANA: Yo fuí, que . . .

ESCENA IV

Los mismos y RUDECINDA

RUDECINDA: ¡Jesús! ¡Qué te duele!

ZOILO: ¿No han podido salir entoavía de la madriguera? ¿Por qué no han ordeñao de una vez?

RUDECINDA: ¡Qué apuro! Ya fué Dolores. (*Intencionada.*) Te vino con el parte alguna tijereta,[24] ¿no? ¿Cuánto pagás por viaje? (*Hace una mueca de desprecio a Robustiana, da un coletazo y desaparece. Pausa.*)

ESCENA V

ROBUSTIANA, DON ZOILO *y* BATARÁ

BATARÁ: (*Batará aparece silbando, saca un jarro de agua del barril y bebe.*) ¡Ta fría! (*A Robustiana.*) ¡Día! ¡Sión! ¡Madrina! Aquí le traigo pa usté. (*Le ofrece una yunta de perdices.*)[25]

ZOILO: ¿Y Aniceto?

BATARÁ: Ahí viene; se apartó a bombiar[26] el torito osco[27] que parece medio tristón.

ZOILO: ¿Encontraron algo?

BATARÁ: Sí, señor. Cueriamos[28] tres con la ternera rosilla que murió ayer.

ROBUSTIANA: ¡Ave María Purísima! ¡Qué temeridad!

BATARÁ: Y por el cañadón[29] grande encontramos un güey echado, y a la lechera chorriada[30] muy seria.

ZOILO: ¿Les dieron güelta[31] a la pisada?[32]

BATARÁ: Sí, señor. Pero pa mi que ese remedio no las cura. ¡Pucha![33] ¡Pidemia[34] bruta! Se empieza a poner serio el animal, desganao;[35] s'echa y al rato no más queda tieso como una guampa[36] clavada en el suelo. Debe ser algún pasto malo.

ROBUSTIANA: ¡Qué tristeza! ¡Era lo único que nos faltaba! ¡Que tras de que tenemos tan poco, se nos mueran los animales! ¡Y con el invierno encima!

ZOILO: ¡No hay que afligirse, m'hija! ¡No hay mal que dure cien años![37] ¡Aistá Aniceto!

---

[23] entablado o cajón sin ruedas para llevar, arrastrándolo, cosas pesadas

[24] *parte*: chisme, cuento, noticia; *tijereta*: (fig.) persona chismosa

[25] *yunta*: un par, dos; *perdices*: diversas clases de aves de carne muy delicada

[26] bombear. (Arg.) espiar u observar cautelosamente

[27] hosco, de color moreno muy obscuro

[28] cuereamos. (amer): desollar una res para sacarle el cuero

[29] (Riopl.) cañada; arroyo profundo

[30] la vaca que tiene rayas verticales

[31] fueron a ver otra vez

[32] (Arg.) la vaca que camina haciendo mucho ruido

[33] Véase, primera nota 57

[34] epidemia

[35] desganado, sin apetito

[36] (Arg. y Uruguay) cuerno, cornamenta (voz quechua)

[37] el refrán completo dice: «No hay mal que dure cien años ni cuerpo que lo resista»

ESCENA VI

Los mismos y ANICETO

ANICETO: Tres . . . y dos por morir. (*A Robustiana.*) Buenos días . . . (*a Zoilo.*) ¡Hay que mandar la rastra pa juntar los cueros! (*Sentándose en cualquier parte.*) Dicen que don Luis tiene un remedio bueno allá en la estancia.

ZOILO: Sí, una vacuna . . . Pero ése debe ser para animales finos.

BATARÁ: ¡Güena vacuna! Cuando vino el engeniero ese pa probar el remedio, se murió medio rodeo de mestizas[38] en la estancia grande; ¡bah! . . . Ese franchute[39] no más ha de haber sido el que trujo la epidemia.

ANICETO: Grano malo no es.

ZOILO: Últimamente, sea lo que sea . . . que se muera todo de una vez. Si fuera mío el campo, ya le habría prendido fuego. ¡Ensilláme el overo![40]

ESCENA VII

RUDECINDA, DON ZOILO, ANICETO *y* ROBUSTIANA

RUDECINDA: ¡Che, princesa! Podés ir a tender la cama, si te parece. ¿O esperás que las sirvientas lo hagan? Pronto es mediodía, y todo está sucio.

ROBUSTIANA: No rezongués. Ya voy . . . (*Vase.*)

RUDECINDA: ¡Movéte, pues! (*A Aniceto*) Buen día. ¿No han carniado?[41]

ZOILO: No sé qué . . . ¡Si no te carniamos a vos!

RUDECINDA: ¡Tas muy chusco![42] ¡No hablo con vos!

ANICETO: No hay nada, doña. Anduve mirando si encontraba alguna ternera en buenas carnes y . . .

RUDECINDA: Pues yo he visto muchas . . .

ANICETO: Ajenas serían . . .

ZOILO: No perdás tiempo, hijo, en escuchar zonceras.[43]

RUDECINDA: ¡Zonceras! ¿Y qué comemos entonces! ¿Querés seguir manteniéndonos a pura mazamorra? Charque[44] no hay más.

ZOILO: Pero hay mucho rulo, y mucha moña, y mucha comadrería.[45]

RUDECINDA: Mejor.

ZOILO: ¡Entonces no se queje, canejo!

RUDECINDA: ¡Avisá si también pensás matarnos de hambre!

ZOILO: Si tenés tanta, pegá un volido[46] pal campo. ¡Carniza[47] no te ha de faltar! . . . Podrás hartarte con tus amigos los caranchos.[48] Che, Aniceto. Voy a dir hasta el boliche[49] a buscar un parche poroso pa Robusta, que la pobre está muy mal de la tos . . . Reparáme un poco esto, y si se alborotan mucho las cotorras, meniáles chumbo[50] no más. (*Vase lentamente por la izquierda*)

RUDECINDA: Eso es; pa esa guacha[51] tísica todos los cuidaos; los demás que revienten. Andá no más . . . Andá no más, que poco te va a durar el contento. (*A Aniceto.*) ¿Y a usté lo han dejao de cuidador? Bonito papel, ¿no? ¡Ja! . . . ¡Ja! . . . El maizal con espantajo.[52] (*Mutis.*)

ESCENA VIII

ROBUSTIANA *y* ANICETO

ANICETO: ¡Pucha que son piores! (*Se lava las manos junto al barril, echándose agua con el jarro.*)

ROBUSTIANA: ¡Espérese! ¡Yo le ayudo!

ANICETO: No, dejá. Ya va a estar, hija.

ROBUSTIANA: (*Tomando el jarro y volcándole agua en las manos.*) ¡Hija! ¡La facha para padre de familia! ¿Quiere jabón?

---

[38] vacas híbridas o sea de padres de distintas razas
[39] despectivo: francés
[40] caballo de color dorado
[41] carneado. (En Riopl.) matar y descuartizar la res
[42] que tiene gracia y picardía
[43] tonterías
[44] charqui, pedazo de carne secada al sol o al aire
[45] *rulo*: especie de peinado; *moña*: lazo con que se adornan las mujeres; *comadrería*: (fig.) acción de chismear
[46] vuelo
[47] desperdicio de la carne de res; carne muerta
[48] (Arg.) uno de los nombres del caracará, un ave de rapiña
[49] (Riopl.) almacén pequeño
[50] no pierdas tiempo y dispárales un tiro
[51] (amer.): huérfana, sin padres
[52] un muñeco o figura que sirve para espantar los pájaros de los sembrados

ANICETO: ¡Gracias, ya está! (*Intenta secarse con el poncho.*)

ROBUSTIANA: ¡Ave María! No haga eso, no sea . . . (*Va corriendo adentro y vuelve con una toalla.*) ¡Jesús! No puedo correr . . . Parece que me ahogo.

ANICETO: ¡Ves! Por meterte a comedida.

ROBUSTIANA: Ya pasó (*Burlona.*) ¡Reteme[53] no más, tatita! ¡No digo! Si tiene el andar de padre de familia.

ANICETO: ¡Oh! . . . Te ha dado fuerte con eso.

ROBUSTIANA: ¡Claro! ¡Si me trata con seriedad!

ANICETO: ¿Yo?

ROBUSTIANA: ¡Siempre que me habla pone una cara! (*Remedando.*) «¡Gracias, hija! ¡Hacé esto, m'hija! ¡Buen día, m'hija.» O si no, se pone bueno y mansito como tata y me trata de usted. «¡Hijita, el rocío puede hacerle mal! Hija, alcancemé eso, ¿quiere?» ¡Ja, ja, ja! Cualquier día, equivocada, le pido la bendición.

ANICETO: ¡Vean las cosas que se le ocurren! Es mi manera así.

ROBUSTIANA: ¿Y cómo con otras no lo hace?

ANICETO: ¡Ah! Porque, porque . . .

ROBUSTIANA: ¡Dígalo, pues! ¿A que se anima?

ANICETO: Porque, bueno . . . y vamos a ver: ¿por qué vos me tratás de usted y con tanto respeto?

ROBUSTIANA: (*Confundida.*) ¿Yo? ¿Yo? Este . . . ¡miren qué gracia! Porque . . . ¿Quiere que le cebe mate?

ANICETO: ¡No señora! ¡Responda primero!

ROBUSTIANA: Pues porque . . . antes, como yo era chica y usted . . . tamaño hombre, me parecía feo tratarlo de vos.

ANICETO: ¿Y ahora?

ROBUSTIANA: (*Ruborizándose.*) Ahora . . . Ahora porque . . . porque me da vergüenza.

ANICETO: (*Extrañado.*) ¡Vergüenza de mí! ¡De un hermano casi!

ROBUSTIANA: ¡No . . . vergüenza no! Este. ¡Sí! ¡No sé qué! Pero . . . (*Como inquiriéndose por sus propios pensamientos.*) ¡Ay! ¡Si nos vieran juntos! ¡Conversando así de estas cosas! . . .

ANICETO: ¿De cuáles?

ROBUSTIANA: ¡Nada, nada! Este. ¡Caramba! Venga a sentarse y hablaremos como dos buenos amiguitos . . .

ANICETO: (*Con mayor extrañeza y curiosidad.*) ¿Y antes cómo hablábamos?

ROBUSTIANA: (*Impaciente.*) ¡Jesús . . . si parezco loca! ¡No sé ni lo que digo! Quería decir . . . No me haga caso, ¿eh? Bueno, ¡Siéntese! ¡A ver! ¿Qué iba a preguntarle? ¡Ah . . . ¡Ya me acuerdo! Diga . . . ¿Por qué venía tan triste esta mañana del campo?

ANICETO: (*Ingenuo.*) ¡Pensando en todas las desgracias de padrino Zoilo!

ROBUSTIANA: ¡Cierto! ¡Pobre tatita! ¡Me da una lástima! ¡A veces tengo miedo de que vaya a hacer alguna barbaridad! Pues . . . ¿Y en otras cosas pensaba?

ANICETO: ¡En nada!

ROBUSTIANA: ¿En nada, en nada, en nada más? Vamos . . . ¿A que no me dice la verdad?

ANICETO: Por Dios, que no . . .

ROBUSTIANA: ¿Se curó tan pronto? . . .

ANICETO: ¡Ay, hija! ¡No había caído!

ROBUSTIANA: ¿Otra vez? ¿Bendición, tatita?

ANICETO: Bueno. No te trataré más así si no te agrada . . .

ROBUSTIANA: Me agrada. Es que usted piensa siempre que soy muy chiquilla. Pero dejemos eso. ¿No venía pensando en alguna persona?

ANICETO: No hablemos de difuntos. Aquello tiene una cruz encima.

ROBUSTIANA: Yo siempre pensé que Prudencia le iba a jugar feo . . .

ANICETO: No me quería y se acabó.

ROBUSTIANA: Hizo mal, ¿verdad?

ANICETO: ¡Pa mí que hizo bien! Peor es casarse sin cariño.

ROBUSTIANA: Usted sí que la quería de veras. ¡Qué lástima! (*Pausa.*) Yo . . . todavía no he tenido novio . . . ninguno . . . ninguno . . . ninguno . . .

ANICETO: ¿Te gustaría?

ROBUSTIANA: ¡Miren qué gracia! ¡Ya lo creo! Un novio de adeveras pa que se casara conmigo y nos llevásemos a tata a vivir con nosotros. Siempre pienso en eso.

---

[53] réteme. Retar en lenguaje familiar quiere decir censúreme o repréndame

ANICETO: ¿Al viejo sólo? ¿Y las otras?

ROBUSTIANA: ¡Ni me acordaba! Bueno; la verdad es que para lo que sirven . . . Bien se las podía llevar un ventarrón.

ANICETO: (*Pensativo.*) Conque . . . pensando en novios . . . ¡Está bien! ¡Ta bueno!

ROBUSTIANA: (*Después de un momento.*) Diga . . . ¿Verdad que estoy más gruesa?

ANICETO: (*Sorprendido en su distracción.*) ¿Qué?

ROBUSTIANA: ¡Ave María, qué distraído! . . . ¿No me halla más repuesta?

ANICETO: ¡Mucho!

ROBUSTIANA: Si no fuera por la tos, estaría ya tan alta y robusta como Prudencia; ¿verdad? Sin embargo, Dios da pan al que no tiene dientes.

ANICETO: ¡Así es!

ROBUSTIANA: Yo en lugar de ella . . .

ANICETO: ¡Qué! (*Vivamente.*)

ROBUSTIANA: ¡Nada!

ANICETO: (*Levantándose.*) En lugar de ella . . . qué.

ROBUSTIANA: ¡Ay, qué curioso!

ANICETO: Diga, pues.

ROBUSTIANA: (*Azorada, de pie ante el gesto insistente de Aniceto.*) Pero . . . ¿Yo qué he dicho? No, no me haga caso. ¡Estaba distraída! ¡Ay, me voy! Soy muy aturdida. Adiós, ¿eh? (*Volviéndose.*) ¿No se va a enojar conmigo?

ANICETO: (*Tierno.*) ¡Venga, hija, escúcheme!

ROBUSTIANA: (*Vivamente.*) ¡Bendición, tata! (*Vase lentamente por detrás del rancho.*)

ESCENA IX

MARTINIANA, RUDECINDA, DOLORES *y* PRUDENCIA

MARTINIANA: (*Desde adentro izquierda.*) ¡Ave María Purísima! (*Con otro tono.*) ¡Sin pecado concebida! ¡Apiáte no más, Martiniana, y pasá adelante! (*Apareciendo.*) ¡Jesús, qué recibimiento! ¡Ni que juera el rey de Francia! . . . ¡Ay, cómo vienen todos! . . . (*Saludando.*) ¡Reverencias! ¡Quédense sentaos no más! ¡Los perdono!

RUDECINDA: ¡Ay, comadre! ¿Cómo le va? ¡La conocí en la voz!

MARTINIANA: Dejuramente, porque ni me había visto . . . Creí mesmamente que el rancho se hubiera vuelto tapera . . . (*Aparecen sucesivamente Dolores y Prudencia.*) ¡Doña Dolores! ¡Prudencia! Estaban atariadas, ¿verdad?

PRUDENCIA: No . . . Conversando no más.

RUDECINDA: Tome asiento, comadre. (*Acercando un banco.*)

MARTINIANA: ¡Siempre cumplida! Tanto honor de una comadre.

PRUDENCIA: ¿Y qué buenos vientos la traen?

MARTINIANA: ¡Miren, la pizcueta![54] Ya sabe que son güenos vientos.

PRUDENCIA: De aquel rumbo.

MARTINIANA: No pueden ser malos, ¿eh? Sin embargo, ande ustedes me ven, casi se me forma remolino en el viaje.

RUDECINDA: ¡Cuente!

PRUDENCIA: ¿Qué le ocurrió?

MARTINIANA: Nada. Que venía pa cá, y al llegar al portoncito e la cuchilla,[55] ¿con quién creerán que me topo? ¡Nada menos que con el viejo Zoilo!

PRUDENCIA: ¡Con tata!

MARTINIANA: «¿Ande vas, vieja . . . arcabucera?»[56] me gritó, «Ande me da la rial gana . . .» le contesté. Y ahí no más me quiso atravesar el caballo por delante. Pero yo, que no quería tener cuestiones con él por ustedes, ¿saben?, nada más, talonié la tubiana[57] vieja y enderecé pa cá al galope.

PRUDENCIA: ¡Menos mal!

MARTINIANA: ¡Verás, hijita! ¡La cuestión no acabó ahí! En cuanto me vido[58] galopiando, adivinen lo que hizo ese viejo hereje. «¿Ande te has de ir, avestruz loco?» me gritó, y empezó a revoliar las boliadoras. Sea cosa, dije yo, que lo haga, y asujeté. «¿Vas por casa?» «¿Qué le importa?» Y se armó la tinguitanga.[59] «Sí, señor; viá a visitar a mi comadre y a las muchachas, que las pobres son tan güenas y usté las tiene viviendo en la inopia,[60] soterradas en una madriguera», y que tal y que cual. ¡Pucha! . . .

---

[54] despierta, movediza
[55] una montaña o sierra baja y larga
[56] alcahueta, celestina
[57] le apliqué las espuelas a la yegua
[58] vio
[59] discusión, altercado
[60] pobreza, indigencia

Ahí no más se me durmió a insultos. Pero yo no me quedé atrás y le dije, defendiéndolas a ustedes, como era mi obligación, tantas verdades, que el hombre se atoró. Aurita no más me pega un chirlo,[61] pensé. ¡Pero, nada! . . . Se quedó un rato serio, y dispués, dentrando en razón dejuramente, me dijo: «Hacé lo que te acomode . . . ¡al fin y al cabo! . . .» ¿Qué le parece? ¡Dispués habrá quien diga que ña Martiniana Rebenque no sabe hacer las cosas! ¡Ah! ¿Y sabés lo que me dijo también al principio? . . . Que sabía muy bien que don Juan Luis había estao en casa aquel día que vos fuiste, Prudencia, a pasar conmigo . . . Qué temeridad, ¿no? . . .

ESCENA X

Los mismos y ROBUSTIANA

ROBUSTIANA: (*Aparece demudada, sosteniéndose en el marco de la puerta, con voz débil.*) ¿Me quieren dar un poco de agua?

RUDECINDA: Ahí está el barril.

ROBUSTIANA: (*Tose tapándose la boca con un pañuelo que debe estar ligeramente manchado de sangre.*) ¡No . . . puedo!

MARTINIANA: ¿Cómo te va, hija? . . . ¡Che! . . . ¿Qué tenés? (*Acude en su ayuda.*) Vengan, que a esta muchacha le da un mal . . .

DOLORES: (*Alarmada.*) Hija . . . ¿Qué te pasa?

MARTINIANA: (*Avanza sosteniéndola.*) ¡Coraje, mujer! No es nada, no se aflija . . . Con un poco de agua . . .

PRUDENCIA: (*Que se ha acercado llevando el agua.*) Tomá el agua. ¡Parece que echa sangre!

RUDECINDA: ¡De las muelas será! . . . ¡Más mañera esa zorra![62]

ROBUSTIANA: (*Bebe un sorbo de agua, sofocada siempre por la tos, y a poco reacciona un tanto.*) No fue nada . . . Llévenme adentro.

DOLORES: ¡Virgen Santa! ¡Qué susto!

MARTINIANA: (*Conduciéndola con Prudencia.*) Hay que cuidarse, hija, esa tos. Así . . . empiezan todos los tísicos . . . Yo siempre le decía a la finadita[63] hija de don Basilio Fuentes . . . Cuidáte, muchacha . . . Cuidáte, muchacha, y ella . . . (*Mutis.*)

ESCENA XI

Los mismos, menos ROBUSTIANA

DOLORES: Esta hija todavía nos va a dar un disgusto; verás lo que te digo.

RUDECINDA: No te preocupes. De mimosa lo hace. Pa hacer méritos con el bobeta[64] del padre.

DOLORES: ¡No exagerés! ¡Enferma está!

RUDECINDA: Bueno . . . Pero la cosa no es pa tantos aspavientos.

MARTINIANA: (*Reapareciendo con Prudencia.*) ¡Ya está aliviada!

DOLORES: ¿Se acostó?

MARTINIANA: Sí . . . Vestida no más . . . Sería bueno que usted fuera a verla, doña Dolores . . . ¡y le diera un tecito de cualquier cosa!

DOLORES: (*Disponiéndose a ir.*) Eso es . . . Un té de saúco,[65] ¿será bueno?

MARTINIANA: Sí, o si no una cucharada de aceite de comer . . . Suaviza el caño de la respiración (*Dolores hace mutis.*)

ESCENA XII

Los mismos, menos DOLORES

RUDECINDA: Y después, comadre, ¿qué pasó?

PRUDENCIA: Tata se fué y . . . qué.

MARTINIANA: Y nada más.

PRUDENCIA: ¿Qué noticias trae?

RUDECINDA: No tenga miedo . . .

MARTINIANA: Bueno; dice don Juan Luis que no halla otro remedio, que ustedes deben apurarse y convencer a doña Dolores y mandarse mudar con ella pa la estancia vieja . . . El día que ustedes quieran él les manda el breque[66] al camino y . . . ¡a las de juir! . . .

PRUDENCIA: ¿Y Robusta? ¿Y tata?

---

[61] herida larga en la cara
[62] sagaz, hábil
[63] muerta
[64] (Arg.) bobalicón, bobo, tonto
[65] arbusto cuyas flores aromáticas son medicinales
[66] (Arg.) coche de cuatro ruedas tirado por caballos

RUDECINDA: ¿Y Aniceto?

MARTINIANA: Ese es zonzo de un lao . . . A Robusta la llevan no más, y en cuanto al viejo, ya verán cómo poniéndole el nido en una jaula, cae como misto.[67] Ta aquerenciadazo[68] con ustedes. Y más si le llevan a la gurisa.[69]

RUDECINDA: ¿Y cómo?

PRUDENCIA: Yo tengo miedo por tata. ¡Es capaz de matar a Juan Luis!

MARTINIANA: ¡Qué va a matar ése! Y además, no tiene razón, porque don Juan Luis no se mete en nada. Son ustedes mesmas las que se resuelven. ¿Por qué le van a consentir a ese hombre, después que les ha derrochado el güen pasar que tenían, que las tenga aquí encerradas y muriéndose de hambre? ¡No faltaba más! ¡Si juese por algo malo, yo sería la primera en decirles: no lo hagan! Pero es pal bien de todos, hijas. Ustedes se van allá: primero lo convencen al viejo y después a vivir la güena vida. Vos con tu Juan Luis, que tal vez se case pronto, como me lo ha asigurao; usted, comadre, con su comisario . . . que me han dicho que anda en tratos pa poblar y ayuntarse[70] . . . ¿eh? Se pone contenta, y todo como antes.

PRUDENCIA: Sí, la cosa es muy linda. Pero tata, tata . . .

MARTINIANA: ¡Qué tanto preocuparte del viejo! Peor sería que juyeras vos sola con tu rubio, como sucede tantas veces; demasiado honrada que sos entoavía, hijita. A otros más copetudos que el viejo Zoilo les han hecho doblar el cogote[71] las hijas, por meterse a contrariarles los amores. Ustedes no van a cometer ningún pecao, y además, si el viejo tiene tanta vergüenza de vivir como él dice de prestao, más vergüenza debería de darle en seguir manteniéndose a costillas de[72] un pobre como el tape Aniceto,[73] que es el dueño de todo esto.

RUDECINDA: Claro está. Y últimamente, si él no quiere venirse con nosotras, que se quede; pa eso estaremos Dolores y yo, pal respeto de la casa . . . ¡qué diablos! (*Resuelta.*) ¡Se acabó! Voy a conversar con Dolores y verás cómo la convenzo.

MARTINIANA: ¡Así me gusta, comadre! Las mujeres han de ser de resolución.

ESCENA XIII

PRUDENCIA *y* MARTINIANA

PRUDENCIA: Rudecinda no sabe nada de aquello, ¿verdad?

MARTINIANA: ¡Qué esperanza! ¿Te has creído que soy alguna? . . . ¡No faltaba más!

PRUDENCIA: No; es que me parece que anda desconfiada.

MARTINIANA: No hagas caso. Hacé de cuenta que todo ha pasao entre vos y él. Además, pa decir la verdá, yo no vide nada . . . Taba en la cachimba[74] lavando.

PRUDENCIA: ¡Pschisss!

ESCENA XIV

Los mismos, RUDECINDA *y* DON ZOILO

ZOILO: ¿Ande está Robustiana?

PRUDENCIA: Acostada.

MARTINIANA: Mire, don Zoilo. Tiene que cuidar mucho a ésa; no la hallo bien. No me gusta ningún poquito esa tos. (*Zoilo desaparece.*)

RUDECINDA: No pude hablar con Dolores; pero es lo mismo. ¿Pa cuándo podrá ser, comadre?

MARTINIANA: Cualquier día. No tién más que avisarme. Ya saben que pa obra güena siempre estoy lista.

RUDECINDA: Bueno; pasao mañana. ¿Te parece, Prudencia? ¡O mejor, mañana no más!

ESCENA XV

Los mismos, ANICETO *y el* SARGENTO

ANICETO: ¡Pase adelante!

SARGENTO: Güen día. (*A Rudecinda.*) ¿Cómo le va, doña? (*A Prudencia.*) ¿Qué tal moza? ¿Qué hace, ña Martiniana?

---

[67] un pájaro
[68] está acostumbrada a, ha tomado mucho cariño a
[69] Robustiana
[70] casarse
[71] *doblar el cogote*: humillarse; *cogote*: parte superior posterior del cuello
[72] a costa de
[73] indio guaraní; forma despectiva de referirse al nativo del interior del país en la Argentina
[74] o cacimba; (Arg.) lugar donde hay un hoyo con agua potable (que se puede beber)

PRUDENCIA: ¿Cómo está, sargento? ¿Y el comisario?

SARGENTO: Güeno. Les manda muchos recuerdos y esta cartita pa usté.

RUDECINDA: Está bien, gracias.

MARTINIANA: ¿Anda de recorrida o viene derecho?

SARGENTO: Derecho . . . Vengo en comisión. (*Volviéndose a Aniceto.*) ¡Ah! . . . Y con usted tampoco anda muy bien el comisario. Dice que por qué no jué a la reunión de los otros días; que si ya se le ha olvidado que hay elecciones, y superior gobierno, y partidos.

ANICETO: Digalé que no voy ande no me convidan.

SARGENTO: ¡No se retobe,[75] amigazo! ¡La política anda alborotada y no es güeno estar mal con el superior! ¿Y don Zoilo? (*A Rudecinda.*) Me dijo el capitán que no se juesen a asustar las mozas, que no es pa nada malo. Estará un rato en la oficina. Cuando hablen con él, lo largan.

ESCENA XVI

Los mismos y DON ZOILO

ZOILO: ¿Qué andás queriendo vos por acá?

SARGENTO: Güen día, viejo. Aquí andamos. Este . . . vengo a citarlo.

ZOILO: ¿A mí?

SARGENTO: Es verdá.

ZOILO: ¿Pa qué?

SARGENTO: Vaya a saber uno . . . Lo manda y va.

ZOILO: ¿Y no tiene otras cosas que hacer que molestar vecinos?

SARGENTO: Así será. (*Batará se asoma, escucha un momento la conversación y se va.*)

ZOILO: Ta güeno. Pues . . . Decile a Butiérrez que si por casualidad tiene algo que decirme, mande o venga. ¿Me has oído?

SARGENTO: Es que vengo en comisión.

ZOILO: ¡Y a mí qué me importa!

SARGENTO: Con orden de llevarlo.

ZOILO: ¡A mí! ¡A mí!

SARGENTO: Eso es.

ZOILO: ¿Pero han oído ustedes?

SARGENTO: (*Paternal.*) No ha de ser por nada. Cuestión de un rato. Venga no más. Si se resiste, va a ser pior.

MARTINIANA: Claro que sí; mejor es dir a las güenas. ¿Qué se saca con resistir a la autoridá?

ZOILO: ¡Callá esa lengua vos! Vamos a ver un poco; ¿no está equivocao? ¿Vos sabés quién soy yo? ¡Don Zoilo Caravajal, el vecino don Zoilo Caravajal!

SARGENTO: Sí, señor. Pero eso era antes, y perdone. Aura es el viejo Zoilo, como dicen todos.

ZOILO: ¡El viejo Zoilo!

SARGENTO: Sí, amigo; cuando uno se güelve pobre, hasta el apelativo le borran.

ZOILO: ¡El viejo Zoilo! Con razón ese militar de Butiérrez se permite nada menos que mandarme a buscar preso. En cambio, él tiene aura hasta apellido . . . Cuando yo le conocí no era más que Anastasio, el hijo de la parda[76] Benita . . . ¡Trompetas! (*A voces.*) ¡Trompetas, canejo!

ANICETO: No se altere, padrino. A cada chancho le llega su turno.[77]

ZOILO: ¡No m'he[78] de alterar, hijo! Tiene razón el sargento. ¡El pobre Zoilo y gracias! ¡Pa todo el mundo! Y los mejores a gatas[79] si me tienen lástima. ¡Trompetas! Y si yo tuviera la culpa, menos mal. Si hubiera derrochado; si hubiera jugao; si hubiera sido un mal hombre en la vida; si le hubiera hecho daño a algún cristiano, pase; lo tendría merecido. Pero fui un bueno y servicial; nunca cometí una mala acción, nunca . . . ¡canejo!, y aura, porque me veo en la mala, la gente me agarra pal manoseo,[80] como si el respeto fuese cosa de poca o mucha plata.

SARGENTO: Eso es. Eso es.

RUDECINDA: ¡Ave María! ¡No esageres!

ZOILO: ¡Que no esagere! ¡Si al menos ustedes me respetaran! Pero ni eso, canejo. Ni los míos me guardan consideración. Soy más viejo Zoilo pa ustedes, que pal más ingrato de los ajenos . . . ¡Vida miserable! Yo tengo la culpa. ¡Yo! . . . ¡Yo! . . . ¡Yo! Por ser de-

[75] (Arg.) enoje, enfade
[76] (amer.) Mulata
[77] «cada uno recibe su merecido»
[78] cómo no me he
[79] (Arg.) apenas, casi
[80] (Arg.) tratar mal o sin respeto a una persona

masiado pacífico. Por no haber dejado un tendal[81] de bellacos. ¡Yo . . . tuve la culpa! (*Después de una pausa.*) ¡Y dicen que hay un Dios! . . . (*Pausa prolongada; las mujeres, silenciosas, vanse por el foro. Don Zoilo se pasea.*)

ESCENA XVII

DON ZOILO, ANICETO, SARGENTO *y* BATARÁ

ZOILO: Está bien, sargento. Lléveme no más. ¿Tiene orden de atarme? Proceda no más.

SARGENTO: ¡Qué esperanza! Y aunque tuviese. Yo no ato cristiano manso.

ZOILO: ¿No sabe qué hay contra mí?

SARGENTO: Decían que una denuncia de un vecino.

ZOILO: ¡También eso! ¡Quién sabe si no me acusan de carniar ajeno.[82] Lo único que me faltaba . . .

BATARÁ: (*Que se aproxima por detrás del rancho a Aniceto.*) Si quiere resistir, le escondo la carabina al malico.[83]

ANICETO: Salí de acá.

ZOILO: (*Al sargento.*) Cuando guste . . . Tengo el caballo ensillao. (*A Aniceto.*) Hasta la güelta, hijo. Si tardo, cuidemé mucho a la gurisa . . . que la pobrecita no está nada bien.

ANICETO: Vaya tranquilo.

ZOILO: Güeno. Marcharé adelante como preso acostumbrao.

SARGENTO: (*A Aniceto.*) ¡Salú, mozo! (*Batará le sigue azorado.*)

ESCENA XVIII

ROBUSTIANA *y* ANICETO

ROBUSTIANA: Aniceto . . . ¿Y tata?

ANICETO: Ahí lo llevan.

ROBUSTIANA: Preso, ¿verdad?

ANICETO: Preso.

ROBUSTIANA: ¡Ay, tatita! (*Echando a correr.*)

ANICETO: (*Deteniéndola.*) ¡No, no vaya! Se afligiría mucho . . .

ROBUSTIANA: ¡Tata no ha dao motivo! ¡Lo llevan pa hacerle alguna maldad! Dejemé ir. ¡Yo quiero verlo! ¡Capaces de matarlo, larguemé![84]

ANICETO: Venga acá. No se aflija. Es pa una declaración.

ROBUSTIANA: ¡No, no, no, no! ¡Usted me engaña! ¡Ay, tatita querido! (*Llora desconsolada.*)

ANICETO: Calmesé . . . no sea mala.

ROBUSTIANA: ¡Aniceto! ¡Aniceto! El corazón me anuncia desgracia; ¡dejemé ir!

ANICETO: ¿Qué sacaría con afligir más a su tata? Es una injusticia que lo prendan sin motivo. ¡Pero qué le hemos de hacer! Calmesé y esperemos. Antes de la noche lo tendremos de vuelta.

ROBUSTIANA: ¿Pero y mamá? ¿Y Prudencia? ¿Y la otra? ¿Qué han hecho por tata?

ANICETO: ¡Nada, hija! Ahí andan con el rabo caído,[85] con vergüenza seguramente.

ROBUSTIANA: ¡Qué idea! ¡Tal vez ellas no más! Serán capaces las infames. (*Enérgica.*) ¡Oh! . . . Yo lo he de saber.

ANICETO: ¡Quedesé quieta; no se meta con esas brujas que es pa pior!

ROBUSTIANA: Sí; son ellas, son ellas pa quedar más libres. ¡Ay, Dios Santo! ¡Qué infames!

ANICETO: No sería difícil. Pero calmesé. Tal vez todo eso sea pa mejor. No hay mal que dure cien años . . . Estese tranquilita y tenga paciencia.

ROBUSTIANA: ¡Ah! Usted es muy bueno. El único que lo quiere.

ANICETO: ¡Bien que se lo merece! Amalaya[86] me saliera bien una idea y verán cómo pronto cambiaban las cosas.

ROBUSTIANA: ¿Qué idea? Cuéntemela.

ANICETO: Después; más tarde.

ROBUSTIANA: ¡No! ¡Ahora! Dígamela pa consolarme.

ANICETO: Bueno; si me promete ser juiciosa . . . ¿Se recuerda lo que hace un rato me decía hablando de novios?

ROBUSTIANA: Sí.

ANICETO: Pues ya le tengo uno.

---

[81] (Arg. y Chile) multitud de cosas tendidas por el suelo
[82] robar
[83] soldado, miliciano
[84] suélteme, déjeme ir
[85] «con el rabo entre las piernas», avergonzadas
[86] ¡mal haya! Ojalá

ROBUSTIANA: ¿Como yo quería? (*Sorprendida.*)

ANICETO: Igualito . . . De modo que si a usted le gusta . . . un día nos casamos.

ROBUSTIANA: ¡Ay, Jesús!

ANICETO: ¿Qué es eso, hija? ¿Le hice mal? Si hubiera sabido . . .

ROBUSTIANA: No . . . un mareo. ¿Pero lo dice de veras? (*Asentimiento.*) ¿De veras? ¿De veras? ¿De veras? ¡Ay! . . . Aniceto . . . Me dan ganas de llorar . . . de llorar mucho. Mi Dios, ¡qué alegría! (*Llora estrechándose a Aniceto que la acaricia enternecido.*)

ANICETO: ¡Pobrecita!

ROBUSTIANA: ¡Qué dicha! ¡Qué dicha! ¿Ve? Ahora me río . . . De modo . . . que usté me quiere . . . ¿Y . . . usté cree que yo me voy a curar y a poner buena moza . . . y nos casamos? ¿Y viviremos con tata los tres, los tres solitos? ¿Sí? Entonces no lloro más.

ANICETO: ¿Aceta?[87]

ROBUSTIANA: ¡Dios! . . . ¡Si parece un sueño! Vivir tranquilos sin nadie que moleste, queriéndose mucho; el pobre tata, feliz, allá lejos . . . en una casita blanca . . . Yo sana . . . sana . . . ¡En una casita blanca! . . . Allá lejos . . . (*Radiante, va dejando resbalar la cabeza sobre el pecho de Aniceto.*)

TELÓN

ACTO TERCERO

Igual decoración que el acto segundo, más una cama de hierro bajo el alero, junto a la puerta. Es de día. Al levantarse el telón, aparece Zoilo encerando un lazo[88] *y silbando despacito. Al concluir, lo cuelga del alero. Luego de un pequeño momento, hace mutis por el foro, a tiempo que salen del rancho Rudecinda y Dolores.*

ESCENA I

RUDECINDA *y* DOÑA DOLORES

RUDECINDA: ¡Ahí se va solo! ¡Andá a hablarle! Le decís las cosas claramente y con firmeza. Verás cómo dice que sí; está muy quebrao ya . . . ¡Peor sería que nos fuésemos, dejándolo solo en el estado en que se halla!

DOLORES: Es que no me animo; me da no sé qué. ¿Por qué no le hablás vos?

RUDECINDA: Bien sabés que conmigo, ni palabra.

DOLORES: ¿Y Prudencia?

RUDECINDA: ¡Peor todavia! Animate, mujer. Después de todo no te va a castigar. Y como mujer dél que sos, tenés derecho a darle un consejo sobre cosas que son pal bien de todos.

DOLORES: No. De veras. No puedo. Siento vergüenza, miedo, qué sé yo.

RUDECINDA: ¡Jesús! . . . ¿Te dentró el arrepentimiento y la vergüenza después que todo está hecho? Además, no se trata de un delito.

DOLORES: No me convencés . . . Prefiero que nos vayamos callaos no más . . . Como pensábamos irnos la otra vez.

RUDECINDA: Se ofenderá más y no querrá saber después de nada . . .

DOLORES: ¿Y don Luis no le iba a escribir? . . .

RUDECINDA: Le escribió, pero el viejo rompió la carta sin leerla. Resolvete,[89] pues.

DOLORES: No . . . no . . . y no.

RUDECINDA: ¡Bueno! Se hará como vos decís. Pero después no me echés las culpas si el viejo se empaca. ¡Mirá! Ahí llega Martiniana con el breque. Si te hubieses decidido, ya estaríamos prontas. ¡Pase, pase, comadre!

---

[87] ¿acepta?
[88] untar cera o sebo a un lazo para hacerlo más flexible
[89] decídete

ESCENA II

Los mismos y MARTINIANA

MARTINIANA: ¡Buen día les dé Dios!

RUDECINDA: ¿Qué es ese lujo, comadre? ¡En coche!

MARTINIANA: Ya me ve. ¡Qué corte! Pasaba el breque vacío por frente a casa, domando esa yunta, y le pedí al pión que me trujese. (*Bajo.*) Allá lo vide al viejo a pie, por entre los yuyos.[90] ¿Le hablaron?

RUDECINDA: ¡Qué! ¡Esa pavota no se anima! Nos vamos calladas.

MARTINIANA: Como ustedes quieran. Pero yo, en el caso de ustedes, le hubiese dicho claro las cosas. El viejo, que ya está bastante desconfiao, puede creer que se trata de cosas malas. Cuando íbamos a juir la otra vez, era distinto. Entonces vivía entoavía la finadita Robustiana, Dios la perdone, y era más fácil de convencer.

RUDECINDA: Ya lo estás oyendo, Dolores.

DOLORES: Tendrán ustedes razón . . . Pero yo no me atrevo a decirle nada . . .

RUDECINDA: Entonces nos quedaremos . . . a seguir viviendo una vida arrastrada, como los sapos, en la humedad de este rancho, ¡sin tener qué comer casi, ni qué ponernos, ni relaciones, ni nada!

DOLORES: No sé por qué . . . pero me parece que me anuncia el corazón que eso sería lo mejor. Al fin y al cabo no lo pasamos tan mal . . . Y tenga los defectos que tenga, mi marido no es un mal hombre.

RUDECINDA: Pero bien sabés que es un maniático. Por necesidad, sería la primera en acetar la miseria . . . Pero lo hace de gusto, de capricho . . . Juan Luis le ofrece trabajo; nos deja seguir viviendo en la estancia como si fuera nuestra. ¿Por qué no quiere? Si no le gustaba que Juan Luis tuviese amores con Prudencia y que Butiérrez me visitase, y que nos divirtiésemos de cuando en cuando . . . con decirlo, santas pascuas . . .[91] Todo fue por hacerle gusto a ese ladiao de Aniceto, que andaba celoso de Prudencia, y por los chismes de la gurisa . . . Por eso no más. Ahora que se acabó el asunto, no veo por qué ha de seguir porfiando.

DOLORES: ¡Bien; no hablemos más, por favor! . . . ¡Hagan de mí lo que quieran! Pero no me animo, no me animo a hablarle. (*Vase.*)

ESCENA III

Los mismos, menos DOLORES

MARTINIANA: Últimamente, ni le hablen . . . Yo decía por decir . . . Mire, comadre . . . Vámonos no más. La cosa sería hacerlo retirar al viejo hoy del rancho. Vamos a pensar. Si me hubieran avisao hoy temprano, yo le hablo a Butiérrez pa que lo cite como la vez pasada. ¡Estuvo güeno aquello! ¡Lástima que la enfermedad de la gurisa no nos dejó juir! ¡Qué cosa! Si no juese que se murió la pobrecita, pensaría que lo hizo de gusto. Dios me perdone.

RUDECINDA: Bueno; ¿y cómo haríamos, comadre?

MARTINIANA: No se aflija. Ta tratando con una mujer de recursos . . . ¡Peresé! ¡Peresé! . . . ¡Vea, ya sé! . . . Pucha, si lo que no invento yo, ni al diablo se le ocurre. Vaya no más tranquila, comadre, a arreglar sus cositas . . .

RUDECINDA: ¿Contamos con usted, entonces?

MARTINIANA: ¡Phiss! Ni qué hablar. (*Rudecinda hace mutis.*)

ESCENA IV

MARTINIANA *y* PRUDENCIA

MARTINIANA: Güeno. Pitaremos[92] como dijo un gringo . . . (*Lía*[93] *un cigarrillo y lo enciende.*)

PRUDENCIA: ¿Qué tal, Martiniana?

MARTINIANA: Aquí andamos, hija . . . Ya te habrás despedido de toda esta miseria. Mire que se precisa anchetas[94] pa tenerlas tanto tiempo soterradas[95] en semejante madriguera. Fijate, che . . . ¡La mansión con que te pensaba obsequiar ese abombao[96] de Aniceto! . . . ¿Pensaría

---

[90] (amer.): yerbas silvestres
[91] (fam.): se acabó. Expresión con que se da a entender que no hay más remedio, que hay que conformarse
[92] nos iremos
[93] envuelve con un papel
[94] (Arg.) simplezas, tonterías
[95] enterradas
[96] tonto, idiota

que una muchacha decente y educada, y acostumbrada a la comodidad, iba a ser feliz entre esos cuatro terrones?[97] ¡Qué asombro! Mejor han hecho su casa aquellos horneritos, en el mojinete . . . ¡Qué embromar! ¡Che . . . che! . . . ¡La cama de la finadita! . . . ¿Sabés que me dan ganas de pedirla pa mi Nicasia? La mesma que lo hago . . .[98] Dicen que ese mal se pega . . . pero con echarle agua hirviendo y dejarla al sol . . . Ta en muy güen uso y es de las juertes. ¡Ya te armaste,[99] Martiniana! . . . ¡Pobre gurisa! . . . ¡Quién iba a creer! Y ya hace . . . ¿cuánto, che? ¡Como veinte días! ¡Dios la tenga en güen sitio a la infeliz! ¡Cómo pasa el tiempo! Che, ¿y era cierto que se casaba pronto con Aniceto?

PRUDENCIA: Ya lo creo. Aniceto no la quería; ¡qué iba a querer! ¡Pero por adular a tata! . . .

MARTINIANA: Enfermedad bruta, ¿eh? ¿Qué duró? Ocho días o nueve y se jué en sangre[1] por la boca. (*Suspirando.*) ¡Ay, pobrecita! ¿Y el viejo sigue callao no más?

PRUDENCIA: Ni una palabra. Desde que Robustiana se puso mal, hasta ahora no le hemos oído decir esta boca es mía . . . Conversa con Aniceto, y eso lejos de la casa . . . y después se pasa el día dando vueltas y silbando despacito.

MARTINIANA: Ha quedao maniático con el golpe. La quería con locura.

ESCENA V

Los mismos, ANICETO *y* DON ZOILO

(*Aniceto cruza la escena con algunas herramientas en la mano y va a depositarlas bajo el alero. Don Zoilo entra un instante después, silbando en la forma indicada.*)

ZOILO: ¿Acabó?

ANICETO: Sí, señor . . .

ZOILO: ¿Quedó juerte la cruz?

ANICETO: Sí, señor . . . Y alrededor de la verja le planté unas enredaderitas.[2] Va a quedar muy lindo.

ZOILO: Gracias, hijo. (*Bebe agua y tantea*[3] *el lazo.*)

MARTINIANA: Güen día, don Zoilo . . . Yo venía con el breque a pedirle que las dejara a Dolores y a las muchachas ir a pasar la tarde a casa.

ZOILO: ¿Qué?

MARTINIANA: Ir a casa. Las pobres están tan tristes y solas, que me dio pena . . .

ZOILO: ¿Cómo no? Es mucho mejor. (*Mutis.*)

MARTINIANA: Muchas gracias, don Zoilo. Ya sabía . . . (*Volviéndose.*) Che, Prudencia, andá, avisáles que está arreglao; pue vengan no más cuando quieran. (*Prudencia se va*)

ESCENA VI

ANICETO *y* MARTINIANA

ANICETO: ¡Eh! ¡Vieja! En seguidita, pero en seguidita, ¿me oye?, sube en ese breque y se me manda mudar.

MARTINIANA: Pero . . .

ANICETO: No levante la voz . . . (*Enseñándole el talero.*) ¿Ves esto? ¡Güeno! . . . ¡Sin chistar![4]

MARTINIANA: Yo . . .

ANICETO: ¡Volando he dicho! ¡Ya! . . . (*Martiniana se va encogida, bajo el temor del talero con que la amenaza durante un trecho Aniceto.*)

ESCENA VII

ANICETO *y* RUDECINDA

ANICETO: (*Volviéndose.*) ¡Son lo último de lo pior! ¡Ovejas locas!

RUDECINDA: ¿Y mi comadre?

ANICETO: Se jué.

RUDECINDA: ¿Cómo? ¡No puede ser!

ANICETO: Yo la eché.[5]

RUDECINDA: Marti . . . (*Queriendo llamarla.*)

ANICETO: (*A la vez, violento.*) ¡Callesé! ¡Llame a doña Dolores!

RUDECINDA: (*Sorprendida.*) ¿Pero qué hay?

ANICETO: Llamelá y sabrá. (*Rudecinda, asomándose a la puerta del rancho, hace señas.*)

---

[97] masas pequeñas de tierra apretada; familiar: terreno pequeño
[98] lo que hago (o sea, pedir la cama como ha pensado)
[99] conseguiste algo bueno
[1] se murió echando mucha sangre
[2] plantas o flores trepadoras
[3] examinar, probar con cuidado
[4] hablar, conversar
[5] o «yo la espanté, la expulsé»

ESCENA VIII

Los mismos y DOÑA DOLORES

DOLORES: ¿Qué pasa?

RUDECINDA: No sé . . . Aniceto . . .

DOLORES: ¿Qué querés, hijo?

ANICETO: Digan . . . ¿No tienen alma ustedes? ¿Qué herejía andan por hacer?[6]

DOLORES: (*Confundida.*) ¿Nosotras?

ANICETO: Las mismas . . . ¿No les da ni un poco de lástima de ese pobre hombre viejo? ¿Quieren acabar de matarlo?

RUDECINDA: Che . . . ¿con qué derecho te metés en nuestras cosas? ¿Te dejó enseñada la lección Robustiana?

ANICETO: Con el derecho que tiene todo hombre bueno de evitar una mala acción . . . Se quieren dir pa la estancia vieja . . . , escaparse y abandonarlo cuando más carece de consuelos y de cuidados el infeliz. ¡Qué les precisa darle ese disgusto que lo mataría! Vea, doña Dolores. Usted es una mujer de respeto y no del todo mala. Por favor. Impóngase de una vez . . . Mande en su casa, resignesé a todo y trate de que padrino Zoilo vuelva a encontrar en la familia el amor y el respeto que le han quitao . . .

DOLORES: Yo . . . , yo . . . , yo no sé nada, hijo.

RUDECINDA: Dolores hará lo que mejor le cuadre,[7] ¿has oído? Y no precisa consejos de entrometidos.

ANICETO: Callesé. ¡Usted es la pior! La que les tiene regüeltos los sesos[8] a esas dos desgraciadas. Ya tiene edá bastante pa aprender un poco e juicio . . .

RUDECINDA: ¡Jesús María! ¡Y después quedrán que una no se queje! ¡Si hasta este mulato guacho se permite manosiarla! ¿Qué te has creído, trompeta?[9]

ANICETO: Haga el favor. ¡No grite! ¡Podría oir!

RUDECINDA: Bueno. ¡Que oiga! Si lo tiene que saber después, que lo sepa ahora . . . Sí, señor . . . Nos vamos pa la estancia, a lo nuestro . . . Queremos vivir con la comodidad que Zoilo nos quitó por un puro capricho . . . ¡A eso! . . . Y si a él no le gusta que se muerda. ¡No vamos a estar aquí tres mujeres (*Zoilo aparece por detrás del rancho*) dispuestas a sacrificarnos toda la vida por el antojo de un viejo maniático!

ANICETO: ¿Usté qué dice, señora? (*A doña Dolores.*)

DOLORES: ¡Ay! ¡No sé! ¡Estoy tan afligida!

ANICETO: Bueno. Si usté no dice nada, yo . . . yo no voy a permitir que cometan esa gran picardía.

RUDECINDA: ¿Vas a orejarle . . .[10] como es tu costumbre? ¡Si no les tenemos miedo . . . a ninguno de los dos! Andá, contále, decile que . . .

ANICETO: Ah! Conque ni esa vergüenza les queda . . . ¡Arrastradas! . . . Conque se empeñan en matarlo de pena. Pues güeno, lo mataremos entre todos; pero les viá sobar el lomo[11] de una paliza primero, y todavía será poco. ¡Pa lo que merecen! ¡Desvergonzadas! ¿Qué se han pensao? . . . ¿Se creen que soy ciego? . . . ¿Se creen que no sé que la mataron a disgustos a la pobre chiquilina? ¿Se piensan que no sé que entre la vieja Martiniana y usté (*A Rudecinda*) que es otra . . . bandida, como ella, han hecho que a esa infeliz de Prudencia la perdiera[12] don Juan Luis?

RUDECINDA: ¡Miente!

DOLORES: Virgen de los Desamparados, ¿qué estoy oyendo?

ANICETO: La verdá. Usté es una pobre diablo y no ha visto nada. Por eso el empeño de irse. Pa hacer las cosas más a gusto . . . ¡Ésta con su Butiérrez y la otra con su estanciero! . . . y como si juese todavía poca infamia, pa tener un hombre honrao y güeno de pantalla de tanta inmundicia. (*Pausa. Dolores llora.*) Y ahora, si quieren ustedes, pueden dirse, pero se van a tener que dir pasando bajo el mango[13] de este rebenque.

RUDECINDA: (*Reaccionando enérgica.*) ¡Eh! ¿Quién sos vos? ¡Guacho!

ANICETO: ¿Yo? . . . (*Levanta el talero.*)

---

[6] quieren, planean

[7] le convenga, le sea conveniente

[8] *regüeltos*: revueltos, confundidos; *sesos*: aquí significa cerebro

[9] (fig.) persona despreciable y sin valor

[10] oirle, prestarle atención

[11] castigarles, pegarles

[12] le quitase la virginidad o la honra

[13] sitio por donde se agarra el rebenque, cuchillo, etc.

ESCENA IX

Los mismos y DON ZOILO

ZOILO: (*Imponente.*) ¡Aniceto! (*Estupefacción.*) Usté no tiene ningún derecho.

ANICETO: Perdone, señor.

RUDECINDA: Es mentira, Zoilo.

ZOILO: (*A Aniceto.*) Vaya, hijo . . . Haga dar güelta a ese breque que se va . . .

ANICETO: Ta bien . . . (*Mutis.*)

ESCENA X

Los mismos, menos ANICETO

(*Don Zoilo se aproxima silbando al barril, bebe unos sorbos de agua, que paladea con fruición.*)

RUDECINDA: ¿Has visto a ese atrevido insolente? ¡Pura mentira!

ZOILO: (*Se sienta.*) Sí, eso.

RUDECINDA: (*Recobrando confianza.*) Debe estar aburrido de tenernos ya.

DOLORES: ¡Zoilo! ¡Zoilo! ¡Perdonáme!

ZOILO: (*Como dejando caer lentamente las palabras.*) ¿Yo? Ustedes son las que deben perdonarme. La culpa es mía. No he sabido tratarlas como se merecían. Con vos fui malo siempre . . . No te quise. No pude portarme bien en tantos años de vida juntos. No te enseñé tampoco a ser güena, honrada y hacendosa. ¡Y buena madre sobre todo!

DOLORES: ¡Zoilo! ¡Por favor!

ZOILO: Con vos también, hermana, me porté mal. Nunca te di un güen consejo, empeñao en hacerte desgraciada. Después te derroché tu parte de la herencia, como un perdulario[14] cualquiera. (*Pausa.*) Mis pobres hijas también fueron víctimas de mis malos ejemplos. Siempre me opuse a la felicidad de Prudencia. (*Con voz apagada por la emoción.*) Y en cuanto a la otra . . . a aquel angelito del cielo, la maté yo, la maté yo a disgustos. (*Oculta la cabeza en la falda del poncho con un hondo sollozo. Rudecinda se deja caer en un banco, abrumada. Pausa prolongada. Don Zoilo, rehaciéndose.*) Güeno, vayan aprontando no más las cosas pa dirse. Va a llegar el breque.

DOLORES: (*Echándose al cuello.*) ¡No . . . no, Zoilo! ¡No nos vamos! ¡Perdón! ¡Ahora lo comprendo! Hemos sido unas perversas . . . unas malas mujeres . . . Pero perdónanos . . .

ZOILO: (*Apartándose con firmeza.*) Salga . . . ¡Dejemé! . . . Vaya a hacer lo que le he dicho . . .

DOLORES: ¡Por María Santísima! Te lo pido de rodillas . . . ¡Perdón . . . perdoncito! . . . Te prometemos cambiar para siempre.

ZOILO: ¡No! . . . ¡No! . . . ¡Levántese!

DOLORES: Te juro que viá ser una buena esposa . . . Una buena madre. Una santa. Que volveremos a la buena vida de antes, que todo el tiempo va a ser poco pa quererte y pa cuidarte. ¡Decí que nos perdonás, decí que sí! (*Abrazada a sus piernas*)

ZOILO: Salí. ¡Dejáme! (*La aparta con violencia Dolores queda de rodillas, llorando y apoyando los brazos en el suelo.*) Y usté, hermana. Vamos, arriba . . . ¡Arriba, pues! (*Rudecinda hace un gesto negativo.*) ¡Oh! . . . ¿Aura no les gusta? Vamos a ver . . . (*Se dirige a la puerta del rancho y al llegar se encuentra con Prudencia.*) ¡Hija! ¡Usted faltaba! Venga . . . ¡Abrace a su padre! ¡Así!

ESCENA XI

Los mismos y PRUDENCIA

PRUDENCIA: ¿Pero qué pasa?

ZOILO: Nada, no se asuste. Quiero hacerla feliz. La mando con su hombre, con su . . . (*Entra en el rancho.*)

ESCENA XII

Los mismos, menos DON ZOILO

PRUDENCIA: ¡Virgen Santa! ¿Qué ocurre? (*Afligida.*) ¡Mamá! Mamita querida . . . Levántese. Venga. (*Se levanta.*) ¿Le pegó? ¡Fué capaz de pegarle!

DOLORES: ¡Hija desgraciada! (*La abraza.*)

PRUDENCIA: (*Conduciéndola a un banco.*) ¿Pero qué será esto, Dios mío? (*A Rudecinda.*) ¡Vos, contáme! ¿Fue tata? (*Rudecinda no responde.*) ¡Ay, qué desgracia! (*Viendo a don Zoilo.*) ¡Tata, tata! ¿Qué es esto?

---

[14] persona muy descuidada; pícaro

ESCENA XIII

Los mismos y DON ZOILO

ZOILO: (*Tirando algunos atados*[15] *de ropa.*) Que se van . . . a la estancia vieja . . . ¡que fue del viejo Zoilo! . . . ¿No tenían todo pronto pa juir? ¡Pues aura yo les doy permiso pa ser dichosas! Güeno. Ahí tienen sus ropas . . . ¡Adiosito! Que sean felices.

DOLORES: ¡Zoilo, no!

ZOILO: ¡Está el breque! Que cuando vuelva no las encuentre aquí. (*Se va por detrás del rancho lentamente.*)

ESCENA XIV

DOLORES, PRUDENCIA, RUDECINDA *y* MARTINIANA

MARTINIANA: ¡Bien decía yo que eran cosas de ese ladiao de Aniceto! ¿Qué? ¿Y esto qué es? ¡Una por un lao . . . otra por otro . . . el tendal! . . . ¡Hum! Me parece que ño rebenque ha dao junción . . . ¡Eh! ¡Hablen, mujeres! ¿Jué muy juerte la tunda? ¡No hagan caso! Los chirlos suelen hacer bien pa la sangre . . . Y después, ¡qué dimontres! ¡No se puede dir a pescar sin tener un contratiempo! ¡Quién hubiera creído que ese viejo sotreta[16] le iba a dar a la vejez por castigar mujeres! . . . Pero digan algo cristianas, ¿Se han tragao la lengua?

RUDECINDA: (*Levantándose.*) Callesé, comadre. (*Sale Aniceto y durante toda la escena se mantiene a distancia cruzado de brazos.*)

MARTINIANA: ¡Vaya, gracias a Dios que golvió una en sí! A mí me jué a llamar Aniceto . . . ¿Qué hay? ¿Nos vamos o nos quedamos?

RUDECINDA: Sí. Nos vamos . . . ¡Echadas! ¡Ese guacho de Aniceto la echó a perder! ¡Dolores! ¡Eh! ¡Dolores! ¡Ya basta, mujer! . . . Tenemos que pensar en irnos . . . Ya oiste lo que dijo Zoilo.

DOLORES: No. Yo me quedo. Vayan ustedes no más.

RUDECINDA: ¡Qué has de quedar! ¿Sos sorda entonces? Vos, Prudencia . . . ¿estás vestida? Bueno, andando. (*A Dolores.*) ¡Vamos, levantáte, que las cosas no están pa desmayos! ¡Vaya cargando esos bultos, comadre!

MARTINIANA: Al fin hacen las cosas como Dios manda . . . (*Recoge los atados.*)

RUDECINDA: ¡Movéte pues, Dolores!

DOLORES: ¡No! Quiero verle, hablar con él primero; esto no puede ser.

RUDECINDA: Como pa historias está el otro.

MARTINIANA: Obedezca, doña . . . con la conciencia a estas horas no se hace nada. Dicen, aunque sea mala comparación, que cuando una vieja se arrepiente, tata Dios se pone triste. Aura que me acuerdo. ¿No me querrían dar o vender esta cama de la finadita? Le vendría bien a Nicasia, que tiene que dormir en un catre de guasquillas.[17] ¡Si cabiera en el pescante, la mesma que la cargaba, linda! Es de las que duran . . .

RUDECINDA: ¡Sí, mujer! Mañana mismo lo mandamos buscar. Verás cómo se le pasa. ¡Qué va a hacer sin nosotras!

MARTINIANA: (*A Prudencia.*) Comedíte,[18] pues, y ayudame a cargar el equipaje. Es mucho peso pa una mujer vieja. Andá con eso no más. En marcha, como dijo el finao Artigas . . .[19] (*Antes de hacer mutis.*) ¡Hasta verte, rancho pobre! (*Aniceto las sigue un trecho y se detiene pensativo observándolas.*)

ESCENA XV

ANICETO *y* DON ZOILO

(*Don Zoilo aparece por detrás del rancho, observa la escena y avanza despacio hasta arrimarse a Aniceto.*)

ZOILO: ¡Hijo!

ANICETO: (*Sorprendido.*) ¡Eh!

ZOILO: Vaya a acompañarlas un poco . . . y después repunta[20] las ovejitas pa carniar . . . ¿eh? . . . ¡Vaya!

ANICETO: (*Observándolo fijamente.*) ¿Pa carniar? . . . Bueno . . . Este . . . ¿Me presta el cuchillo? El mío lo he perdido . . .

---

[15] conjuntos de cosas atadas; paquetes
[16] (Riopl.) persona inútil
[17] cama muy humilde y pobre, hecha de tiras de cuero
[18] sé cortés, servicial
[19] Artigas, José Gervasio: general uruguayo (1764–1850), héroe de la Independencia de su país
[20] reúne (los animales que están dispersos en el campo)

ZOILO: ¿Y cómo? ¿No lo tenés ahí?

ANICETO: Es que . . . vea . . . le diré la verdad. Tengo miedo de que haga una locura.

ZOILO: ¡Y de ahí! . . . Si la hiciera . . . ¿no tendría razón acaso? . . . ¿Quién me lo iba a impedir?

ANICETO: ¡Todos! ¡Yo! . . . ¿Cree acaso que esa chamuchina[21] de gente merece que un hombre güeno se mate por ella?

ZOILO: Yo no me mato por ellos, me mato por mí mismo.

ANICETO: ¡No, padrino! ¡Calmesé! ¿Qué consigue con desesperarse?

ZOILO: (*Levantándose.*) Eso es lo mesmo que decirle a un deudo en el velorio: «No llore, amigo; la cosa no tiene remedio». !No ha de llorar, canejo! . . . ¡Si quiere tanto a ese hijo, a ese pariente! Todos somos güenos pa consolar y pa dar consejos. Ninguno pa hacer lo que Dios manda. Y no hablo por vos, hijo. Agarran a un hombre sano, güeno, honrao, trabajador, servicial, lo despojan de todo lo que tiene, de sus bienes amontonaos a juerza de sudor, del cariño de su familia, que es su mejor consuelo, de su honra . . . ¡canejo! . . . que es su reliquia; lo agarran, le retiran la consideración, le pierden el respeto, lo manosean, lo pisotean, lo soban,[22] le quitan hasta el apellido . . . y cuando ese desgraciao, cuando ese viejo Zoilo, cansao, deshecho, inútil pa todo, sin una esperanza, loco de vergüenza y de sufrimientos resuelve acabar de una vez con tanta inmundicia de vida, todos corren a atajarlo. ¡No se mate, que la vida es güena! ¿Güena pa qué?

ANICETO: Yo, padrino . . .

ZOILO: No lo digo por vos, hijo . . . Y bien, ya está . . . No me maté . . . ¡Toy vivo! Y aura, ¿qué me dan? ¿Me degüelven lo perdido? ¿Mi fortuna, mis hijos, mi honra, mi tranquilidad? (*Exclamación.*) ¡Ah, no! ¡Demasiado hemos hecho con no dejarle morir! ¡Aura arregláte como podás, viejo Zoilo! . . .

ANICETO: ¡Así es no más!

ZOILO: (*Abrazándolo afectuoso.*) Entonces, hijo . . . vaya a repuntar la majadita . . . como le había encargado. ¡Vaya! . . . ¡Déjeme tranquilo! No lo hago. Camine a repuntar la majadita.

ANICETO: Así me gusta. Viva . . . viva.

ZOILO: ¡Amalaya fuese tan fácil vivir como morir! . . .

ANICETO: ¡Oh! . . . ¡Qué injusticia!

ZOILO: ¿Injusticia? ¡Si lo sabrá el viejo Zoilo! ¡Vaya! No va a pasar nada . . . le prometo . . . Tome el cuchillo . . . Vaya a repuntar la majadita . . . (*mutis*)

ESCENA XVI

DON ZOILO

ZOILO: (*Zoilo lo sigue con la mirada un instante, y volviéndose al barril extrae un jarro de agua y bebe con avidez; luego va en dirección al alero y toma el lazo que había colgado y lo estira; prueba si está bien flexible y lo arma, silbando siempre el aire indicado. Colocándose después debajo del palo del mojinete trata de asegurar el lazo, pero al arrojarlo se le enreda en el nido de hornero. Forcejea un momento con fastidio por voltear[23] el nido.*) Las cosas de Dios . . . ¡Se deshace más fácilmente el nido de un hombre que el nido de un pájaro! (*Reanuda su tarea de amarrar el lazo, hasta que consigue su propósito. Se dispone a ahorcarse. Cuando está seguro de la resistencia de la soga, se vuelve al centro de la escena, bebe más agua, toma un banco y va a colocarlo debajo de la horca.*)

TELÓN

[21] (amer.): populacho, turba de gente; gente baja
[22] (fig.) lo zurran, vapulean, azotan
[23] dar vueltas; (amer.): derribar, volcar

Baldomero Lillo

CHILE, 1867–1923

Después del Realismo, llegó el Naturalismo de orientación francesa a la literatura hispanoamericana con la base documental y científica de los relatos, el determinismo, el crudo realismo en la pintura de todos los aspectos de la vida, su gran pesimismo y su protesta y preocupación social. El Naturalismo se avenía bien al momento de reajuste económico y social que vivían nuestros pueblos a fines del siglo XIX y principios del XX y encontró excelentes cultivadores. La escuela también influye en la forma de narrar de muchos autores que no se incluyen en este movimiento. Uno de los discípulos más aventajados que encontró el Zola de *Germinal* en Hispanoamérica, fue el chileno Baldomero Lillo, considerado hoy en día como uno de los grandes narradores de este continente. Pertenecía a la clase media y literariamente a la llamada «generación de 1900» que en las letras chilenas cumplió una misión renovadora semejante a la del 98 en España. En busca de lo nacional y nativo, este grupo se abrazó al «Criollismo», o sea a la literatura hecha con temas, personajes y palpitaciones nacionales. Lillo era de complexión débil y enfermiza, de figura larga, desgarbada y siempre vestía de negro. Su cara era flaca, el cabello negro y rebelde y la barba bravía y sin afeitar. Todo él emanaba una gran ternura, fácil de ver en todos sus relatos. Su padre era encargado de un establecimiento en las minas y dos hermanos suyos abrazaron la carrera literaria. Lillo fue minero y más tarde encargado de la tienda en una compañía minera. De esa manera tuvo un conocimiento directo, de primera mano, de la vida azarosa y difícil de estos trabajadores en momentos en que no existía la protección de la legislación obrera. En 1898 lo encontramos ya en la capital de la república. Allí, en Santiago presta su apoyo y simpatías a la incipiente organización de los trabajadores, que se iniciaba entonces con grandes dificultades. Su gran renombre literario lo llevó a un cargo en el departamento de publicaciones de la Universidad de Chile, que ocupó ininterrumpidamente hasta 1917, fecha de su retiro por razones de salud. Murió de tuberculosis después de haber escrito una gran obra literaria.

La producción de Lillo es más bien escasa: un soneto de la época juvenil, alrededor de cincuenta cuentos, una conferencia, un artículo y dos capítulos de una novela inconclusa, cuyo escenario es el llano de la región del salitre. Toda su obra muestra gran influencia de Zola, Maupassant, Tolstoy, Máximo Gorky y Fedor Dostoieski, y sobre todo, de la novela *Germinal* del primero. Se conservan cuatro colecciones de sus cuentos, dos publicadas por él y dos formadas con cuentos que han ido apareciendo. La primera se titula *Sub terra* (1904), cuya temática se centra, como lo indica el título, en los trabajadores mineros de Chile. Son éstos los cuentos que más renombre le han dado y sobre los que se ha cimentado su gloria literaria. Los cuentos más notables de esta colección son «La compuerta No. 12», «El Grisú», «El pago», «El chiflón del diablo», «El registro», «La barrena». Con todo realismo, va dándonos una visión directa y exacta de las vidas desoladas y amargas de los mineros, víctimas de las grandes compañías. Los obreros aparecen siempre indefensos, sin protección alguna. Pero lo que realmente distingue estos relatos de Lillo es su aguda sensibilidad que llega a ver, no el melodrama que otros habían visto en los mineros y trabajadores, sino el intenso drama humano de estos seres. Lillo tenía hondo sentido para captar el sufrimiento y el dolor de los hombres y su infinita ternura le dictaba una profunda preocupación social. Dio a la narrativa chilena un fervor humano que hasta ese momento no había tenido. La forma en que presenta las existencias más que dramáticas, trágicas de los mineros, llamó la atención sobre su estado miserable, de manera que se convirtió —sin deseos de propaganda— en uno de los precursores de la legislación social protectora que se dictaría más tarde.

Hemos escogido «El Pago» como selección. En este cuento aparecen muchos matices naturalistas: la captación fiel de la realidad cruda e inclusive cierto prurito científico al describir la labor de excavación; el determinismo a que están sometidos estos seres por su incapacidad para rebelarse contra el abuso y la opresión; así como la presencia de la inquietud social que no resta valores artísticos a la obra. Es de notar cómo el autor destaca con prolijidad el empeño y la responsabilidad con que trabaja Pedro María, la falta que hace el dinero en su casa y la actitud fría e inhumana de la compañía que, bajo pretextos ridículos, lo deja sin paga. El final del cuento acentúa la soledad en que ha quedado el pobre minero; no quiere regresar a su casa donde encontrará sólo miseria y dolor, ni desea verse con sus amigos y compañeros, en una actitud de querer morir lentamente ante su situación de desamparo. El lado trágico de este relato no está representado por la muerte, presente en muchos de los cuentos del autor, sino en la situación de indefensión del trabajador frente al poder de las compañías y la imposibilidad en que se encuentra de hacer valer sus derechos. La ejecución es impecable y el cuadro de la miseria de los mineros muy auténtico. El autor usa una prosa concreta, sobria y con muy escasas imágenes. La trama es esquemática, pero llena de dramatismo.

Tres años después publicó *Sub sole* (1907), con mayor variedad de temas: los trabajadores, los campesinos, la vida real, el folklore, el costumbrismo. Aquí sobresalen «En la rueda», «Quilapán», «En el conventillo», «El ahogado» —que pasa por ser su primer cuento— «El remolque» y otros. Uno de sus grandes críticos, J. S. González Vera recogió otros cuentos aparecidos en periódicos y revistas en sus *Relatos populares* (1942). Últimamente se publicó *El hallazgo y otros cuentos* (1956). El crítico chileno y estudioso de la obra de Lillo divide sus cuentos de acuerdo con su asunto en: cuentos mineros, costumbristas, marítimos, legendarios o de imaginación, humorísticos y sicológico-dramáticos.

A pesar de que produce casi toda su obra en el momento de esplendor del modernismo, no hay nada más lejano de ese movimiento que su estilo. Huye de la frase atildada o de las metáforas hacia un estilo sobrio y directo, como para no restar verismo a los conflictos que plantea. Lillo es uno de los grandes narradores de Hispanoamérica porque sabe mezclar un talento extraordinario para la captación de lo dramático, con una sensibilidad muy grande ante los problemas sociales que afectaban a su país en esa época.

FUENTE: *Antología de Baldomero Lillo*, Santiago, Chile, Editorial Zig-Zag, 1955. Selección y estudio crítico preliminar de Nicomedes Guzmán

Sub Terra

1904

El Pago[1]

Pedro María, con las piernas encogidas, acostado sobre el lado derecho, trazaba a golpes de piqueta[2] un corte de la parte baja de la vena.[3] Aquella incisión que los barreteros[4] llaman *circa* alcanzaba ya a treinta centímetros de profundidad, pero el agua que filtraba del techo y corría por el bloque llenaba el surco cada cinco minutos, obligando al minero a soltar la herramienta para extraer con ayuda de su gorra de cuero aquel sucio y negro líquido que, escurriéndose por debajo de su cuerpo, iba a formar grandes charcas[5] en el fondo de la galería.

Hacía algunas horas que trabajaba con ahinco para finiquitar[6] aquel corte y empezar la tarea de desprender carbón. En aquella estrechísima ratonera el calor era insoportable. Pedro María sudaba a mares[7] y de su cuerpo, desnudo hasta la cintura, brotaba un cálido vaho[8] que con el humo de la lámpara formaba a su alrededor una especie de niebla cuya opacidad, impidiéndole ver con precisión, hacía más difícil la dura e interminable tarea. La escasa ventilación aumentaba sus fatigas, el aire cargado de impurezas, pesado, asfixiante, le producía ahogos y accesos[9] de sofocación y la altura de la labor, unos noventa centímetros escasos, sólo le permitía posturas incómodas y forzadas que concluían por entumecer[10] sus miembros, ocasionándole dolores y calambres[11] intolerables.

Apoyado en el codo, con el cuello doblado, golpeaba sin descanso y a cada golpe el agua de la cortadura le azotaba el rostro con gruesas gotas que herían sus pupilas como martillazos. Deteníase, entonces, por un momento, para desaguar[12] el surco y empuñaba de nuevo la piqueta sin cuidarse de la fatiga que engarrotaba[13] sus músculos, del ambiente irrespirable de aquel agujero, ni del lodo en que se hundía su cuerpo, acosado[14] por una idea fija, obstinada, de extraer ese día, el último de la quincena, el mayor número posible de carretillas; y esa obsesión era tan poderosa, absorbía de tal modo sus facultades, que la tortura física le hacía el efecto de la espuela que desgarra los ijares[15] de un caballo desbocado.[16]

Cuando la *circa* estuvo terminada, Pedro María, sin permitirse un minuto de reposo, se preparó inmediatamente a desprender el mineral. Ensayó varias posturas, buscando la más cómoda para atacar el bloque, pero tuvo que resignarse a seguir con la que había adoptado hasta allí, acostado sobre el lado derecho, que era la única que le permitía manejar la piqueta con relativa facilidad. La tarea de arrancar el carbón, que a un novicio le parecería operación sencillísima, requiere no poca maña y destreza, pues si el golpe es muy oblicuo la herramienta resbala, desprendiendo sólo pequeños trozos, y si la inclinación no es bastante el diente de acero rebota y se despunta como si fuese de mazapán.[17]

[1] Como en casi todos los cuentos de *Sub Terra*, Lillo sigue muy de cerca el *Germinal* de Emilio Zola. Ver introducción para más detalles sobre esta obra.
[2] zapapico, herramienta para cavar
[3] filón de metal
[4] el obrero que extrae el mineral con una piqueta o barra
[5] aguas detenidas en hoyos
[6] acabar, concluir
[7] en gran cantidad
[8] vapor tenue que sale de una cosa
[9] acometimientos; llegadas
[10] entorpecer, impedir el movimiento de un miembro
[11] crispaciones; contracciones dolorosas de un músculo
[12] quitarle el agua
[13] entumecía. Véase nota 10 anterior
[14] perseguido constantemente
[15] ijadas, pelvis
[16] que corre sin freno o control
[17] pasta o dulce de almendra y azúcar cocido al horno

Pedro María empezó con brío la tarea, atacó la hulla[18] junto al corte y golpeando de arriba abajo desprendiéronse de la vena grandes trozos negros y brillantes que se amontonaron rápidamente a lo largo de la hendidura, pero a medida que el golpe subía, el trabajo hacíase muy penoso. En aquel pequeño espacio no podía darse a la piqueta el impulso necesario, estrechada entre el techo y la pared; mordía el bloque débilmente, y el obrero, desesperado, multiplicaba los golpes, arrancando sólo pequeños pedazos de mineral.

Un sudor copiosísimo[19] empapaba su cuerpo y el espeso velo que se desprendía de la vena, mezclado con el aire que respiraba, se introducía en su garganta y pulmones, produciéndole accesos de tos que desgarraban su pecho, dejándole sin aliento. Pero golpeaba, golpeaba sin cesar, encarnizándose[20] contra aquel obstáculo que hubiera querido despedazar con sus uñas y sus dientes. Y enardecido, furioso, a riesgo de quedar allí sepultado, arrancó del techo un gran tablón contra el cual chocaba a cada instante la herramienta.

Una gota de agua, persistente y rápida, comenzó a caerle en la base del cuello y su fresco contacto le pareció en un principio delicioso; pero la agradable sensación desapareció muy pronto para convertirse en un escozor[21] semejante al de una quemadura. En balde[22] trataba de esquivar aquella gota que, escurriéndose antes por el madero, iba a perderse en la pared y que ahora abrasaba su carne como si fuera plomo derretido.

Sin embargo, no cejaba con su tenaz empeño, y mientras el carbón se desmoronaba amontonándose entre sus piernas, sus ojos buscaban el sitio propicio para herir aquel muro que agujereaba hacía ya tantos años, que era siempre el mismo, de un espesor tan enorme que nunca se le veía fin.

Pedro María abandonó la faena al anochecer, y, tomando su lámpara y arrastrándose penosamente por los corredores, ganó la galería central. Las corrientes de aire que encontraba al paso habían enfriado su cuerpo y caminaba quebrantado y dolorido, vacilante, sobre sus piernas entorpecidas por tantas horas de forzada inmovilidad.

Cuando se encontró afuera sobre la plataforma, un soplo helado le azotó el rostro, y sin detenerse, con paso rápido, descendió por la carretera. Sobre su cabeza grandes masas de nubes oscuras corrían empujadas por un fuerte viento del septentrión,[23] en las cuales el plateado disco de la luna, lanzado en dirección contraria, parecía penetrar con la violencia de un proyectil, palideciendo y eclipsándose entre los densos nubarrones para reaparecer de nuevo, rápido y brillante, a través de un fugitivo desgarrón.[24] Y, ante aquellas furtivas apariciones del astro, la oscuridad huía por unos instantes, destacándose sobre el suelo sombrío las brillantes manchas de las charcas que el obrero no se cuidaba de evitar en su prisa de llegar pronto y de encontrarse bajo techo, junto a la llama bienhechora del hogar.

Transido de frío, con las ropas pegadas a la piel, penetró en el estrecho cuarto. Algunos carbones ardían en la chimenea y delante de ella, colgados de un cordel, se veían un pantalón y una blusa de lienzo, ropa que el obrero se puso sin tardanza, tirando la mojada en un rincón. Su mujer le habló entonces, quejándose de que ese día tampoco había conseguido nada en el despacho.[25] Pedro María no contestó, y como ella continuase explicándole que esa noche tenía que acostarse sin cenar, pues el poco café que había lo destinaba para el día siguiente, su marido la interrumpió, diciéndole:

—No importa, mujer, mañana es día de pago y se acabarán nuestras penas.

Y rendido, con los miembros destrozados por la fatiga, fué a tenderse en su camastro

---

[18] carbón
[19] abundante
[20] trabajando con furor y porfía
[21] sensación dolorosa como una quemadura
[22] inútilmente
[23] *septentrión*: norte. Es muy interesante la pintura de la naturaleza y sus concomitancias con el conflicto dramático: cuando el protagonista sale de la mina hay luna, pero el cielo está medio nublado, dando a entender la mezcla de pesimismo y optimismo que hay en el espíritu del protagonista. El día de pago —momento culminante de la historia— se presenta con lluvia pertinaz y ráfagas de viento como si la naturaleza se hiciese eco de la tragedia de estos hombres
[24] desgarro, rompimiento
[25] lugar donde se despachan (venden) mercancías

arrimado a la pared. Aquel lecho, compuesto de cuatro tablas sobre dos banquillos y cubiertas por unos cuantos sacos, no tenía más abrigo que una manta deshilada[26] y sucia. La mujer y los dos chicos, un rapaz de cinco años y una criatura de ocho meses, dormían en una cama parecida, pero más confortable, pues se había agregado a los sacos un jergón[27] de paja.

Durante aquellos cinco días transcurridos desde que el despacho les cortó los víveres, las escasas ropas y utensilios habían sido vendidos o empeñados,[28] pues en ese apartado lugarejo no existía otra tienda de provisiones que la de la Compañía, en donde todos estaban obligados a comprar mediante vales o fichas al portador.[29]

Muy pronto un sueño pesado cerró los párpados del obrero, y en aquellas cuatro paredes reinó el silencio, interrumpido a ratos por las rachas[30] de viento y lluvia que azotaban las puertas y ventanas de la miserable habitación.

La mañana estaba bastante avanzada cuando Pedro María se despertó. Era uno de los últimos días de junio y una llovizna fina y persistente caía del cielo entoldado,[31] de un gris oscuro y ceniciento. Por el lado del mar una espesa cortina de brumas cerraba el horizonte, como un muro opaco que avanzaba lentamente tragándose a su paso todo lo que la vista percibía en aquella dirección.

Bajo el zinc de los corredores, entre el ir y venir de las mujeres y las locas carreras de los niños, los obreros, con el busto desnudo, friccionábanse la piel briosamente para quitarse el tizne adquirido en una semana de trabajo. Ese día destinado al pago de los jornales era siempre esperado con ansia y en todos los rostros brillaba cierta alegría y animación.

Pedro María, terminado su tocado[32] semanal, se quedó de pie un momento apoyado en el marco de la puerta, dirigiendo una mirada vaga sobre la llanura y contemplando silencioso la lluvia tenaz y monótona que empapaba el suelo negruzco, lleno de baches[33] y de sucias charcas. Era un hombre de treinta y cinco años escasos, pero su rostro demacrado, sus ojos hundidos y su barba y cabello entrecanos[34] le hacían aparentar más de cincuenta.

Había ya empezado para él la época triste y temible, en la que el minero se ve debilitarse, junto con el vigor físico, el valor y las energías de su efímera juventud. 5

Después de haber contemplado un instante el triste paisaje que se desenvolvía ante su vista, el obrero penetró en el cuarto y se sentó junto a la chimenea, donde en el tacho[35] de hierro hervía ya el agua para el café. 10

La mujer, que había salido, volvió trayendo pan y azúcar para el desayuno. De menos edad que su marido, estaba ya muy ajada y marchita por aquella vida de trabajos y privaciones, que la lactancia[36] del pequeñuelo había hecho más difícil y penosa. 15

Terminado el mezquino refrigerio, marido y mujer se pusieron a hacer cálculos sobre la suma que el primero recibiría en el pago, y, rectificando una y otra vez sus cuentas, llegaron a la conclusión de que pagado el despacho les quedaba un sobrante suficiente para rescatar y comprar los utensilios de que la necesidad les había obligado a deshacerse. Aquella perspectiva los puso alegres y, como en ese momento comenzase a sonar la campana de la oficina pagadora, el obrero se calzó sus ojotas[37] y, seguido de la mujer, que llevando la criatura en brazos y el otro pequeño de la mano, caminaba hundiendo sus pies desnudos en el lodo, se dirigió hacia la carretera, uniéndose a los numerosos grupos que marchaban a toda prisa en dirección de la mina. 20 25 30 35

El viento y la lluvia que caía con fuerza les obligaban a acelerar el paso para buscar un refugio bajo los cobertizos que rodeaban el pique,[38] los que muy luego fueron insuficientes para contener aquella abigarrada[39] muchedumbre. 40

Allí estaba todo el personal de las distintas

[26] que ha ido perdiendo los hilos por vieja y usada
[27] colchón de paja muy pobre
[28] en depósito para garantizar un préstamo
[29] documentos instransferibles para comprar mercancías
[30] ráfagas cortas y súbitas
[31] (fig.) muy nublado. Compárese este párrafo con lo expresado en la nota 23.
[32] conjunto de vestidos y atavíos
[33] hoyos de las calles o caminos llenos de agua o lodo
[34] medio canosos
[35] (amer.) vasija grande de metal
[36] alimentación con leche
[37] (en Chile) sandalia de cuero muy rústica
[38] (amer.) costa
[39] variada, formada de personas diferentes

faenas, desde el anciano capataz hasta el portero de ocho años, estrechándose unos a otros para evitar el agua que se escurría del alero de los tejados y con los ojos fijos en la cerrada ventanilla del pagador.

Después de un rato de espera el postigo[40] de la ventana se alzó, empezando inmediatamente el pago de los jornales. Esta operación se hacía por secciones, y los obreros eran llamados uno a uno por los capataces que custodiaban la pequeña abertura, por la que el cajero iba entregando las cantidades que constituían el haber de cada cual. Estas sumas eran en general reducidas, pues se limitaban al saldo[41] que quedaba después de deducir el valor del aceite, carbón y multas y el total de lo consumido en el despacho.

Los obreros se acercaban y se retiraban en silencio, pues estaba prohibido hacer observaciones y no se atendía reclamo[42] alguno, sino cuando se había pagado al último trabajador. A veces un minero palidecía y clavaba una mirada de sorpresa y de espanto en el dinero puesto al borde de la ventanilla, sin atreverse a tocarlo, pero un «¡Retírate!» imperioso de los capataces le hacía estirar la mano y coger las monedas con sus dedos temblorosos, apartándose en seguida con la cabeza baja y una expresión estúpida en su semblante trastornado.[43]

Su mujer le salía al encuentro ansiosa, preguntándole:

—¿Cuánto te han dado?

Y el obrero, por toda respuesta, abría la mano y mostraba las monedas y luego se miraban a los ojos, quedando mudos, sobrecogidos y sintiendo que la tierra vacilaba bajo sus pies.

De pronto algunas risotadas interrumpieron el religioso silencio que reinaba allí. La causa de aquel ruido intempestivo era un minero que, viendo que el empleado ponía sobre la tablilla una sola moneda de veinte centavos, la cogió, la miró un instante con atención como un objeto curioso y raro, y luego la arrojó con ira lejos de sí.

Una turba de pilletes se lanzó como un rayo tras la moneda que había caído, levantando un ligero penacho en mitad de una charca, mientras el obrero, con las manos en los bolsillos, descendía por la carretera sin hacer caso de las voces de una pobre anciana que, con las faldas levantadas, corría gritando con acento angustioso:

—¡Juan, Juan! —Pero él no se detenía y muy pronto sus figuras macilentas,[44] azotadas por el viento y por la lluvia, desaparecieron arrastradas a lo lejos por el torrente nunca exhausto del dolor y la miseria.

Pedro María esperaba con paciencia su turno, y cuando el capataz exclamó en voz alta:

—¡Barreteros de la Doble![45] —se estremeció y aguardó nervioso, con el oído atento, a que se pronunciara su nombre; pero las tres palabras que lo constituían no llegaron a sus oídos. Unos tras otros fueron llamados sus compañeros, y al escuchar de nuevo la voz aguda del capataz que gritaba:

—¡Barreteros de la Media Hoja! —un calofrío recorrió su cuerpo y sus ojos se agrandaron desmesuradamente. Su mujer se volvió y le dijo, entre sorprendida y temerosa:

—No te han llamado. ¡Mira! —Y como él no respondiese empezó a gemir, mientras mecía en sus brazos al pequeño que, aburrido de chupar el agotado seno de la madre, se había puesto a llorar desesperadamente.

Una vecina se acercó:

—¿Que no lo han llamado todavía?

Y como la interpelada moviese negativamente la cabeza, dijo:

—Tampoco a éste —señalando a su hijo, un muchacho de doce años, pero tan paliducho y raquítico que no aparentaba más de ocho.

Aquella mujer, joven viuda, alta, bien formada, de rostro agraciado, rojos labios y blanquísimos dientes, se arrimó a la pared del cobertizo y desde ahí lanzaba miradas fulgurantes a la ventanilla, tras la cual se veían los rubios bigotes y las encarnadas mejillas del pagador.

Pedro María, entre tanto, ponía en tortura su magín[46] haciendo cálculos tras cálculos, pero

---

[40] ventanilla pequeña en una ventana o puerta mayor
[41] balance
[42] queja, reclamación
[43] perturbado, descompuesto
[44] descoloridas, mustias, flacas
[45] mineros de una sección de la mina llamada «Doble»
[46] (fam.) imaginación, mente

el obrero, como tantos otros que se hallaban en el mismo caso, echaba las cuentas sin la huéspeda, es decir, sin la multa imprevista, sin la disminución del salario o el alza repentina y caprichosa de los precios del despacho.

Cuando se hubo acercado a la ventanilla el último trabajador de la última faena, la voz ruda del capataz resonó clara y vibrante:

—¡Reclamos!

Y un centenar de hombres y de mujeres se precipitó hacia la oficina; todos ellos estaban animados por la esperanza de que un olvido o un error fuese la causa de que sus nombres no aparecieran en la lista.

En primera fila estaba la viuda con su chico de la mano. Acercó el rostro a la abertura y dijo:

—José Ramos, portero.

—¿No ha sido llamado?

—No, señor.

El cajero recorrió las páginas del libro y con voz breve leyó:

—José Ramos, 26 días, a veinticinco centavos. Tiene un peso de multa. Queda debiendo cincuenta centavos al despacho.

La mujer, roja de ira, respondió:

—¡Un peso de multa! ¿Por qué? ¡Y no son veinticinco centavos los que gana sino treinta y cinco!

El empleado no se dignó contestar y con tono imperioso y apremiante gritó a través de la ventanilla:

—¡Otro!

La joven quiso insistir, pero los capataces la arrancaron de allí y la empujaron violentamente fuera del círculo.

Su naturaleza enérgica se sublevó, la rabia la sofocaba y sus miradas despedían llamas.

—¡Canallas, ladrones! —pudo exclamar después de un momento con voz enronquecida. Con la cabeza echada atrás, el cuerpo erguido,[47] destacándose bajo las ropas húmedas y ceñidas[48] los amplios hombros y el combado[49] seno, quedó un instante en actitud de reto, lanzando rayos de intensa cólera por los oscuros y rasgados ojos.

—¡No rabies, mujer, mira que ofendes a Dios! —profirió alguien burlonamente entre la turba.

La interpelada[50] se volvió como una leona.

—¡Dios! —dijo—; ¡para los pobres no hay Dios!

Y lanzando una mirada furiosa hacia la ventanilla, exclamó:

—¡Malditos, sin conciencia, así se los tragara la tierra!

Los capataces sonreían por lo bajo[51] y sus ojos brillaban codiciosamente contemplando a la real hembra. La viuda arrojó una mirada de desafío a todos, y volviéndose hacia su chico, que, con la boca abierta, miraba embebecido una bandada de gaviotas que volaban en fila, destacando bajo el cielo brumoso su albo plumaje como una blanca cinta que el viento empujaba hacia el mar, le gritó, dándole un empellón:[52]

—¡Anda, bestia!

El impulso fué tan fuerte y las piernas del pequeño eran tan débiles que cayó de bruces en el lodo. Al ver a su hijo en el suelo, los nervios de la madre perdieron su tensión y una crisis de lágrimas sacudió su pecho. Se inclinó con presteza y levantó al muchacho, besándolo amorosamente y secando con sus labios las lágrimas que corrían por aquellas mejillas, a las que la pobreza de sangre daba un tinte lívido[53] y enfermizo.

A Pedro María le había llegado el turno y aguardaba muy inquieto junto a la ventanilla. Mientras el cajero volvía las páginas el corazón le palpitaba con fuerza y la angustia de la incertidumbre le estrechaba la garganta como un dogal,[54] de tal modo que cuando el pagador se volvió y le dijo:

—Tienes diez pesos de multa por cinco de fallas[55] y se te han descontado doce carretillas que tenían tosca.[56] Debes, por consiguiente, tres pesos al despacho.

Quiso responder y no pudo y se apartó de allí

[47] muy derecho y levantado. Nótese el tono de sensualismo con que describe a esta mujer. La codicia erótica con que los capataces la miran sin tener en cuenta su angustiosa situación, completa la pintura que Lillo quiere dejar de ellos como seres inhumanos, personificación de la compañía explotadora.
[48] muy pegadas al cuerpo
[49] convexo, redondo
[50] la mujer a quien se dirige la palabra
[51] oculta, secretamente
[52] empujón
[53] pálido
[54] cuerda o soga
[55] quiebras en las paredes o techos de la mina
[56] toba, piedra caliza

con los brazos caídos y andando torpemente como un beodo.

Una ojeada le bastó a la mujer para adivinar que el obrero traía las manos vacías y se echó a llorar, balbuceando, mientras apretaba entre sus brazos convulsivamente la criatura:

—¡ Virgen santa, qué vamos a hacer!

Y cuando su marido, adelantándose a la pregunta que veía venir, le dijo:

—Debemos tres pesos al despacho —la infeliz redobló su llanto, al que hicieron coro muy pronto los dos pequeñuelos. Pedro María contemplaba aquella desesperación mudo y sombrío, y la vida se le apareció en ese instante con caracteres tan odiosos, que si hubiera encontrado un medio rápido de librarse de ella lo habría adoptado sin vacilar.

Y por la ventanilla abierta parecía brotar un hálito[57] de desgracia; todos los que se acercaban a aquel hueco se separaban de él con el rostro pálido y convulso, los puños apretados, mascullando[58] maldiciones y juramentos. Y la lluvia caía siempre, copiosa, incesante empapando la tierra y calando[59] las ropas de aquellos miserables para quienes la llovizna y las inclemencias del cielo eran una parte muy pequeña de sus trabajos y sufrimientos.

Pedro María, taciturno,[60] cejijunto, vió alejarse su mujer e hijos, cuyos harapos adheridos a sus carnes fláccidas[61] les daban un aspecto más miserable aún. Su primer impulso había sido seguirlos, pero la rápida visión de las desnudas y frías paredes del cuarto, del hogar apagado, del chico pidiendo pan, lo clavó en el sitio. Algunos compañeros lo llamaron, haciéndole guiños[62] expresivos, pero no tenía ganas de beber; la cabeza le pesaba como plomo sobre los hombros y en su cerebro vacío no había una idea, ni un pensamiento. Una inmensa laxitud[63] entorpecía sus miembros, y habiendo encontrado un lugar seco se tendió en el suelo.

Cuando más tarde se despertó, los cobertizos estaban desiertos y las gotas de lluvia modulaban[64] aún su alegre sinfonía, escurriéndose rápidas por el alero de los tejados.

---

[57] aliento, vapor
[58] hablando entre dientes
[59] penetrando, traspasando
[60] callado, silencioso; triste, melancólico
[61] muy blandas
[62] señas
[63] debilidad, aflojamiento
[64] pasaban melódicamente de un tono a otro.

Javier de Viana

URUGUAY, 1868—1926

En este gran escritor uruguayo tenemos la reunión de varias tendencias de la época: por los temas es un criollista, por las fórmulas literarias se abraza al Naturalismo de Zola y en el estilo se le notan las huellas del Modernismo. Pasó su niñez en una estancia uruguaya y esto le dio un conocimiento directo y personal del gaucho y de su sicología. En 1879 se trasladó a Montevideo y allí se graduó de bachiller en Ciencias y Letras. Más tarde ingresó en la universidad para estudiar Medicina y luchó por una beca para especializarse en Siquiatría en París. Su fracaso en ambos intentos lo hicieron abrazarse al periodismo y frecuentemente visitaba la estancia familiar. Él mismo ha escrito en su Autobiografía: «He sido hacendado, criador de vacas y ovejas, tropero y hasta contrabandista; revolucionario muchas veces; candidato al congreso en varias ocasiones, sin haber nunca pasado de candidato . . . He sido, ante todo y sobre todo, periodista . . .». La revolución de 1904 destruyó el resto de sus bienes y se exilió voluntariamente en Buenos Aires, con el proyecto de vivir como escritor. En el ambiente más amplio de la capital argentina llegó a sobresalir como periodista, autor dramático y, especialmente como cuentista. Sus lecturas favoritas indican sus preferencias e influencias: Zola, Maupassant, Turguenev y Sacher-Masoch.

Sus obras completas forman casi veinte volúmenes en los que encontramos cuentos, novelas, piezas teatrales y artículos. Los primeros constituyen la parte fundamental de su producción sin negarle aciertos parciales en los demás géneros. En el cuento llegó a ser un verdadero maestro por su habilidad para integrar en ellos el medio ambiente, los personajes, y los conflictos dramáticos con las técnicas objetivas del Naturalismo y un estilo muy preciso y sobrio. Su primer cuento, «La trenza» fue escrito cuando solamente tenía diecisiete años. Pero se dio a conocer ampliamente en Montevideo y Argentina en 1896 con la publicación de su libro *Campo. Escenas de la vida de la campaña.* Es una colección de once cuentos que marcan las constantes de su método: técnica naturalista, amor por la naturaleza, ambientes sórdidos, personajes gauchos por lo general embrutecidos, cierto determinismo de ambiente, colorido muy sugerente en las descripciones y en las metáforas e imágenes. Tres años después ensayó la novela en *Gaucha* (1899), historia llena de violencia de la vida del campo, con la crudeza en las narraciones propia del líder de la escuela naturalista. En 1901 volvió otra vez al relato extenso con *Gurí y otras novelas* (1901), centrándose en lo sicológico en el primer relato. Más tarde publicó más de una docena de colecciones de cuentos, entre los que sobresalen: *Macachines* (1910), *Leña seca* (1911) —la que más ediciones ha logrado—, *Yuyos* (1912).

En Viana se notan dos etapas en el aspecto cronológico y dos tipos de temas. Su obra anterior a 1911 es la que más vale en conjunto porque el autor escribía con el debido tiempo y reposo, pero posteriormente tenía que darse mucha prisa en componer sus cuentos porque sus ingresos procedentes de periódicos del Uruguay y la Argentina eran su medio de vida, y entonces sus obras se resienten bastante de la prisa con que fueron escritos. Pero aun entre éstos hay verdaderas obras maestras del género por la estructura que llegó a dominar como pocos, y por el interés sostenido de los asuntos. En cuanto a los temas, tiene cuentos con tema gauchesco, que son los que más sobreviven y muchos de asunto político, que tienen más bien valor de época, sobresaliendo a veces por la sátira mordaz como los titulados «Por la causa», «La vencedura» y «El 31 de marzo». Viana ensayó también el teatro, dejando más de media docena de piezas largas y de un acto. Entre las primeras deben mencionarse los dramas en tres actos *La nena* (1905) y *La dotora* (1907). No se encuentra en su teatro el talento natural y la fuerza que han dado tanto reconocimiento a sus relatos breves.

Viana llegó a ser uno de los cuentistas más fecundos de este continente y aunque esto perjudicó su obra porque a veces se repite y a ratos le falta auténtica fuerza dramática, por los méritos intrínsecos de su obra total, debe colocársele entre los maestros del género. Este autor es un criollista de gran vigor, que pinta al gaucho degradado o por lo menos presa de las fuerzas del instinto o del vicio. Muestra predilección por el estudio de fuerzas deterministas como son la enfermedad, los ambientes, los vicios, así como por las descripciones seudo-científicas. Sabe adaptar muy bien la ejecución y extensión del cuento al conflicto dramático, que se mantiene siempre lleno de interés y animación, hasta el momento del desenlace. Su prosa es elegante y bien escrita con ritmo lleno de animación, sobresaliendo más por su sobriedad que por elementos decorativos. Se destaca por las metáforas que le brotan sin dificultad alguna, usando a menudo animales, árboles y otros elementos de la naturaleza en sus felices comparaciones.

FUENTE: *Macachines,* Montevideo, Claudio García y Cía., 1934.

Macachines

1910

Rivales[1]

i

Don Dalmiro Morales, parado en medio del brete,[2] haciéndose visera[3] con la mano, dijo indicando un jinete que se acercaba:

— Aquél es mi compadre Santiago . . . no hallas? . . .[4]

El peón interrogado, sin hacer caso de los tirones de la oveja que tenía sujeta de una pata, observó a su vez, confirmando:

— Es el mismo . . . ¿no conoce el azulejo sobre-paso?[5] Así es. ¡Viene a espiar el viejo! . . .

Entre gritos de hombres, balidos de ovejas, ruidos diversos y en medio del olor nauseabundo de las grasas y de los sudores, la esquila[6] seguía, afanosa en la tarde de enero.

El jinete fué acercándose, amenazando con el arreador[7] a la tropilla de perros que le rodeaba el caballo, ladrando, saltando, sordos a los: «¡Fuera! . . . ¡Fuera!» del dueño de casa.

— ¡Alléguese, compadre! . . . ¿Qué viento lo ha traído? — Y riendo, extendida la manaza velluda, arrastrando con dificultad el corpanchón[8] enorme, fué al encuentro de su compadre.

— ¿Cómo vamos? . . . ¿La gente? . . .[9]

— Buenos, gracias. ¿Y por allá?[10] ¿mi comadre y compañía? . . .

— Todos lindos.[11]

— Pase para acá, bajo la enramada . . . A ver, gurí,[12] alcanza esos bancos y prepárate una pava[13] y un mate.

— Todavía lidiando con las chivas?[14] — interrogó don Santiago.

— Así es; y usted ¿ya concluyó? — respondió Dalmiro.

— ¡Desde anteayer! dijo el visitante sonriendo con satisfación.

El dueño se mordió los labios y guardó silencio.

Don Santiago Rivas y don Dalmiro Morales eran dos ricos estancieros, linderos,[15] viejos camaradas ligados por una de esas francas y sólidas amistades paisanas, que se transmiten de padres a hijos sin interrupción y sin merma.[16]

Grandes, gruesos, sanos, simplotes y joviales los dos; feroces mateadores[17] ambos y ambos

---

[1] Los mejores cuentos de Javier de Viana tratan de la vida rural porque su mayor interés consistía en pintar la sicología y filosofía del gaucho como productos del medio ambiente, fórmula que lo acerca al determinismo naturalista. En el cuento *Rivales*, Viana destaca el lado humano y bondadoso del gaucho sin que le falte el ingrediente de la astucia y viveza naturales del hombre de la pampa. En ningún momento abusa de la lengua dialectal y la ejecución y estructura resultan impecables. Sobresale por su habilidad para captar los rasgos sicológicos esenciales del gaucho y la pintura del ambiente. En este cuento, además de estos aspectos, acude a la sobriedad del trazo en las descripciones para descansar por completo en el diálogo, en todo momento animado, lleno de intención y de realismo. Sus personajes son de carne y hueso y se pintan así mismos mientras actúan en la trama.

[2] (Riopl.) sitio donde se marca, esquila o mata el ganado

[3] poniéndose la mano en forma de arco sobre los ojos para evitar el sol y ver mejor

[4] ¿No piensas eso?

[5] el caballo es reconocido por su color, blanco con pintas azuladas y su caminar fácil y ligero

[6] proceso de sacar la lana a las ovejas

[7] látigo largo usado por los gauchos y pastores

[8] un cuerpo muy grande y fuerte

[9] ¿Comó está usted, su familia y demás amigos?

[10] ¿Cómo están por su casa?

[11] americanismo: buenos

[12] (Riopl.) niño, muchacho

[13] (Riopl.) tetera que se emplea para el mate

[14] *lidiando*: luchando, trabajando; *chivas*: aquí se refiere a las ovejas

[15] vecinos muy cercanos

[16] disminución

[17] inveterados tomadores de mate

encarnizados jugadores de truco,[18] — siempre andaban buscándose y no se juntaban nunca sin armar una disputa.

Eran rivales, eternos e irreconciliables rivales, que pasaban la vida haciéndose rabiar mutuamente con encarnizamiento infantil. Sin trepidar,[19] uno se haría matar por el otro en cualquier momento; si alguno de los dos necesitaba unos puñados de onzas de oro,[20] ya sabía que el trabajo era ensillar el caballo y trotar hasta la estancia del compadre, llenar el cinto[21] y volverse; sin dejar documento alguno, en claro,[22] ni un simple recibo: «entre hombres honraos no se precisan papeles; palabra es contrato.» Entre ellos nunca era demasiado grande un servicio solicitado; al contrario, uno y otro encontraban inmensa satisfacción en servirse.

En cambio ¡de cuántos ardides[23] se valían para aventajarse en todos los negocios, para comprar ganado de invernada[24] medio real[25] más barato que el vecino; para vender un real más caro! . . . ¡Qué alegría para don Santiago saber que la majada del compadre había dado diecinueve y tres cuartos por ciento de rendimiento, mientras la suya propia alcanzó al veinte! . . . ¿Y para vender las lanas, para conseguir una ínfima superioridad[26] en el precio? . . . Valíanse de todas las astucias, de todo el maquiavelismo gaucho para salir triunfantes.

Naturalmente, la avaricia no entraba para nada en esta eterna rivalidad. Por otra parte, las diferencias de utilidades eran siempre insignificantes: lo que buscaban era la superioridad moral, demostrar que se había sido más vivo: poder dar bromas al compadre. Era, ya lo hemos dicho, una rivalidad enteramente infantil. Doña Josefa, la esposa de don Santiago, lo había dicho gráficamente a propósito de una disputa en cierta partida de truco, en la cual, como siempre, — la parada[27] era un cigarrillo negro:

— ¡Parecen gurises[28] estos viejos! . . . ¡No pueden estar uno sin el otro y en cuanto se juntan, es para pelearse!

ii

En el año anterior, don Santiago había vendido sus novillos ganando en cada uno cinco centésimos más que don Dalmiro. Como habían invernado la misma cantidad — cuatrocientas reses — resultó que el primero obtuvo de su venta ocho mil veinte pesos oro y el segundo sólo ocho mil. En la venta de lanas don Santiago consiguió dos centésimos más que don Dalmiro, en cada diez kilos.[29] En las hierras,[30] con igual número de ganado, don Santiago marcó cinco terneros más que don Dalmiro — seiscientos setenta y ocho el primero, y seiscientos setenta y tres el segundo.

Y aún había más. Durante el año los compadres habían entrado en seis pencas[31] y, como es natural, cada uno jugaba en contra de los caballos del otro. Don Santiago había ganado dos; don Dalmiro ninguna.

Se comprende, pues, que don Dalmiro estuviese muy caliente[32] y ansioso de desquite.[33]

Tan caliente estaba que había quedado mal con su viejo amigo Faustino Elizalde — rico comerciante del pago[34] — impidiendo los amores del hijo de éste, Julián, con su hija Benita. Julián era buen muchacho; él lo apreciaba pero bastó que don Santiago manifestara su simpatía por tal unión, para oponerse rotundamente.

Súplicas, ruegos, todo fué inútil: don Dalmiro se mantuvo inflexible.

iii

Aquel año iba a ser su desquite ruidoso y lo saboreaba de antemano, mientras mateaba[35] con su compadre bajo la enramada.

---

[18] muy aficionados a un juego de cartas
[19] temblar, retemblar
[20] monedas españolas antiguas de mucho valor
[21] era costumbre en el pasado que el estanciero usara una faja o ceñidor doble para llevar monedas dentro.
[22] sin ningún documento escrito
[23] artificios, mañas, tretas
[24] ganado engordado en corrales durante el invierno
[25] diez céntimos de un peso
[26] una ligera ventaja
[27] lo que se apostaba
[28] plural irregular de gurí. Véase nota 12
[29] equivalente a 22 libras
[30] proceso de herrar o marcar el ganado
[31] carreras de caballos de los gauchos
[32] enojado, enfadado
[33] acción de desquitarse (resarcirse de una pérdida)
[34] (Riopl.) finca, heredad, pueblo, lugar donde se vive
[35] tomaba mate

— ¿Qué tal el peso?[36] — prosiguió don Santiago.

— Regulando[37] en veinte. ¿Y la suya?

— Por ahí.[38]

Ahora, la cuestión de vender. . . . — Yo ya tengo oferta.

— ¿Buena?

— Así, así.

Don Dalmiro resopló, se palmeó el vientre y, mirando fijamente al amigo, como para no perder uno solo de los gestos de asombro y desagrado que habrían de marcarse en su rostro, dejó caer esta frase:

— ¡Treinta y cinco! . . .[39]

Aquello era asombroso: los precios corrientes oscilaban entre veintiocho y treinta. Sin embargo, el compadre, sin demostrar extrañeza, le preguntó:

— ¿Cerró trato?[40]

— Sí.

— Hizo mal: yo vendí a treinta y siete.

— ¡A treinta y siete! . . .

Don Dalmiro se sintió mal.

— ¿A quién vendió?

— A Elizalde.

Don Santiago vió a su amigo sufrir de tal modo, que no quiso abusar de su triunfo; se despidió y partió.

iv

El buen hombre sufría horriblemente. Esa tarde concluyó la esquila. No cenó. Bebió mucha caña[41] y pensó. Pensó largo tiempo. Aquella derrota no era posible, de ningún modo posible. Por primera vez en su vida el viejo estanciero había cometido una mala acción, combatiendo deslealmente a su compadre: él no había vendido a treinta y cinco, mentira; pero había convenido con su comprador, Martínez, en venderle en medio más barato con tal que certificase la venta por aquel precio. ¡Y el compadre vendía a treinta y siete! . . . ¡Lo peor es que él le había declarado a don Santiago que era trato cerrado; ya no había enmienda! . . .

Al siguiente día, su determinación estaba tomada. Venciendo repugnancia, iría a ver a Elizalde. Ensilló, montó, salió. El almacenero lo recibió con afabilidad. Él, abandonando preámbulos[42] fastidiosos, dijo:

— ¿Quiere comprarme las lanas?

— Bueno.

— ¿Cuánto? . . . Usted las conoce.

— Conozco . . . Pagaré . . . treinta y dos . . .

— ¡Treinta y dos! . . . ¿Y a Santiago no le pagó treinta y siete? . . . ¿Es mejor que la mía la lana de Santiago?

— Mejor no; pero don Santiago sigue siendo cliente mío y amigo mío, mientras usted se ha enojado y ha hecho sin motivo que mi pobre muchacho ande medio loco por culpa suya no más . . .

— ¿Lo del casorio[43] con Benita?

— Pues![44]

Don Dalmiro se rascó la cabeza, pensó, resopló y dijo:

— Yo no he de dejar de ser su amigo.

— Pruébemelo dejando que se casen los muchachos. — El estanciero volvió a rascarse la cabeza y a resoplar y a toser y al rato respondió:

— Y si fuese así, ¿cuánto?

— Entonces igual a don Santiago, treinta y siete.

— No . . . treinta y ocho.

— Imposible.

— ¿Y medio?

— ¡No puedo, don Dalmiro!

— Bueno: treinta y siete y un cuarto . . . o nada.

— Por complacerlo, acepto, perdiendo.

— Trato hecho.

— Trato hecho.

Se estrecharon[45] las manos, y don Dalmiro galopó radioso para su casa.

---

[36] quiere decir la cantidad de lana que esperaba vender
[37] promediando
[38] más o menos lo mismo que usted
[39] 35 reales o $3.50 por cada kilo de lana
[40] ¿hizo o concluyó el negocio?
[41] americanismo: ron, aguardiente; brandy
[42] introducciones largas a una conversación
[43] matrimonio, boda
[44] así es
[45] dieron

V

A la semana siguiente, gran comilona[46] en casa de don Dalmiro, festejando la próxima boda de Julián y Benita. En medio de la fiesta, estando juntos don Santiago, Elizalde y el dueño de casa, el primero preguntó al último:

— ¿Cuándo carga Martínez? . . .

— No carga ya; me faltó[47] — respondió don Dalmiro.

— ¿Entonces?

— Vendí al señor — dijo, indicando a Elizalde.

— Verdad — dijo Elizalde.

— ¿A cómo?

— A treinta y siete y un cuarto — exclamó triunfante don Dalmiro. — ¡Un cuarto más que usted! . . .

Su amigo largó una carcajada.

— ¡No, viejo, no! . . . ¡Cinco reales y cuarto . . . porque yo vendí a treinta y dos! . . .

— ¿Entonces?

— Entonces fué una gauchada[48] mía, combinada con don Elizalde, para conseguir que usted dejase casar a esos muchachos que se están muriendo el uno por el otro.

Un instante don Dalmiro quedó como petrificado. Luego, reaccionando, dominado por la innata hidalguía gaucha, dijo:

— Entonces . . . hemos vendido igual.

Y tendiendo la mano a Elizalde:

— A treinta y dos, amigo.

---

[46] una gran comida con fiesta

[47] me falló

[48] un truco que indica la astucia o viveza del gaucho

Índice de Autores

0080